CATALOGUE
DES LIVRES

DE LA BIBLIOTHÈQUE

DE M. LE BARON

JAMES DE ROTHSCHILD.

TOME CINQUIÈME.

CATALOGUE
DES LIVRES

COMPOSANT LA BIBLIOTHÈQUE

DE FEU M. LE BARON

JAMES DE ROTHSCHILD.

TOME CINQUIÈME.

PARIS,

DAMASCÈNE MORGAND, LIBRAIRE,

ÉDOUARD RAHIR, SUCCESSEUR.

55, PASSAGE DES PANORAMAS.

1920.

CATALOGUE
DES LIVRES
DE LA BIBLIOTHÈQUE
DE M. LE BARON JAMES DE ROTHSCHILD

TROISIÈME SUPPLÉMENT

THÉOLOGIE

3204 (6 *a*). Le || Contrepoison || des cinquante deux || Chansons de Clement Marot, faulcement || intitulées par luy Psalmes de Dauid, faict || et composé de plusieurs bonnes doctrines & || sentences preseruatiues d'Heresie, tant pour || les sains, que pour les malades & debilitez || en la foy de nostre mere saincte Eglise. || A treshaut, trespuissant & magnanime Seigneur, || Monseigneur, le prince de Piedmont Duc de Sauoye. || Par Artus Desire. || Cantate domino canticum nouum : laus eius || in Ecclesia sanctorum. Psal. 86. || *En Auignon,* || *Par Loys Barrier.* || M.D.LXI [1561]. — [Au v° du dernier f., au-dessous de 18 vers :] *En Auignon,* || *Acheué d'imprimer le 8.* || *du Moys de May* 1561. In-8 de 80 ff. mal chiffr., car. ital., mar. r., fil., comp., dos orné, tr. dor. (*Masson et Debonnelle.*)

 Le titre est orné d'un cartouche dans lequel on lit : *Benedicam dominum in omni tempore.*
 Les ff. A ij-A iiij sont occupés par une épitre en vers « A treshaut, trespuissant et magnanime seigneur, monseigneur le prince de Piedmont, duc de Savoye ».

Au f. *A v* est une *Oraison que l'attheur* [sic] *de ce present livre fist à Nostre Dame de l'Aurette* [sic] *pour le feu roy Henry, deuxième de ce nom, estant envoyé audit lieu par ledict seigneur en l'an 1559*.

Artus Desiré, l'un des plus fougueux rimeurs de son temps a transformé à sa manière les Psaumes de Marot ; il en a fait des diatribes contre les calvinistes et les luthériens. Son livre parut pour la première fois chez *Pierre Gaultier* à Paris, en 1560 (avec privilège accordé par le parlement de Paris, « vu les certificats », le 21 août 1560 : Arch. nat., X¹ᴬ 1592, fol. 132). J. D. D. C. y répondit par un *Singulier Antidote* (1561), auquel Artus Desiré répliqua par des éditions amplifiées de ses chansons.

Le *Manuel du libraire* (II, col. 630) ne connaît l'édition d'Avignon que sous la date de 1562. Elle se termine (fol. *K i iij*) par une épître (en prose) « Aux citoyens et habitans de Genesve », et, au dernier f., par une épître en vers « A monsieur, monsieur de Varmond, maistre de la chapelle du plein chant du roy, aumosnier ordinaire de la royne mere et abbé de Vallete ».

Il y a deux ff. cotés 40, en sorte que le dernier f. chiffré porte 78, au lieu de 79. Le dernier f. n'est pas chiffré.

De la bibliothèque d'ERNEST STROEHLIN (Cat., 1912, II, n° 908).

3205 (6 *b*). Les ‖ Psalmes ‖ mis en vers F. ‖ Par ‖ Ch. de Nauieres, ‖ Gen. Sedanois. ‖ *A Anuers* ‖ *Chez Arnoult s' Conincx*. ‖ *An*. 1580. ‖ Auec Priuilege de son Alteze. — [Au v° du dernier f., au-dessous de 13 lignes de texte :] *A Anuers* ‖ *Chez la Veuue de Gi-* ‖ *rard Smits*. In-16 de 8 ff. lim., 462 pp. et 1 f. — Premier ‖ Livre ‖ des ‖ Hymnes ‖ anciens, mis en ‖ vers françois, ‖ Par ‖ Ch. de Nauieres ‖ Gen. Sedanois. ‖ *A Anuers* ‖ *Chez Artus Tauer-* ‖ *nier, à la Rose d'or*. ‖ *An*. 1580. In-16 de 46 pp. et 1 f. — Ens. 2 part. en un vol. in-16, mar. br. foncé, fil. et dent. à froid, dos orné, tr. dor. (*Zaehnsdorf*.)

Psalmes. — Le titre porte la marque d'*Arnoult s' Conincx*, représentant le roi David, avec cette devise : *Singet den Heere ende looft sinen naem*. P. 96.

Au v° du titre est un extrait du privilège accordé au même libraire pour trois ans le 30 janvier 1580.

Les 6 ff. qui suivent sont occupés par une épître en vers « A treshaut et genereus seigneur, monseigneur Gontern, conte de Schwartzburg, l'un des quatre contes du saint Empire romain, seigneur d'Arnstad, Sondershausen et de Lenteberch, conseiller de la Majesté impérialle, etc., et tresnoble dame son espouse, madame Catherine de Nassau, contesse de Schwartzburg, etc. » Cette épître est signée à la fin de la devise : *Arbre d'arb[risseau]*, et datée du 1ᵉʳ février 1580.

Le 8ᵉ f. lim. contient, au r°, un joli portrait de Navières, gravé en taille-douce (voy. la reproduction ci-dessus). Le poète est dit avoir 36 ans en 1580. Dans le cadre sont inscrites ses deux devises : *Arbre d'arbrisseau, Pront à l'un, prest à l'autre*. — Au v° est un *Sonnet de l'auteur à chaque fidele et sien ami*.

Les cent cinquante psaumes sont accompagnés de la musique, imprimée en caractères mobiles, et suivis d'une *Table* (pp. 435-443). Après cette table on trouve une *Paraphrase de l'Oraison dominicale* (p. 444), une *Paraphrase des commandemens de Dieu* (p. 446), la *Confession de foi* (p. 449), le *Cantique de Zacharie* (p. 450), le *Cantique de la vierge Marie* (p. 453), le *Cantique de Simeon* (p. 455), l'*Invocation du S. Esprit* (p. 456), l'*Hymne du soir* (p. 457), l'*Hymne de la nativité de Christ* (p. 459), la traduction de l'hymne *A solis ortus cardine* (p. 461). Toutes ces pièces sont accompagnées de la musique notée.

Le dernier f. contient une liste d'errata, un quatrain *Aux mordeurs*, et la souscription.

Hymnes. — Le titre est entouré d'un joli encadrement.

Les pp. 3-4 sont occupées par une épitre en vers « A serenissime prince. Mathias, par la grace de Dieu, archiduc d'Austrice, duc de Bourgoigne, de Stirie, Carinthe, Wirtenberg, comte de Habsbourg, Tirol, etc., fils et pere d'empereur, gouverneur et capitaine general des Pays-Bas ». Cette épitre est signée de la devise : *Arbre d'arbrisseau*, et datée du 8 mai 1580.

Les hymnes sont au nombre de 27. Les deux premières pièces sont l'*Hymne du S. Esprit* et l'*Hymne du soir*, déjà imprimées à la suite des Psaumes.

Navières, né à Sedan le 3 mai 1544, servit d'abord le prince d'Orange, puis fut écuyer de Robert de La Marck. Après la mort de ce prince en 1574, il continua de vivre dans sa ville natale et se qualifia capitaine de la jeunesse sedanaise. Le triomphe d'Henri IV lui fournit la matière de divers poèmes. Nous avons décrit déjà *L'heureuse Entree au ciel du feu roy Henry le Grand* (tome I, n° 890, art. 2). Le poète, qui avait abjuré le protestantisme, vivait alors à Paris. Il y mourut obscurément le 15 novembre 1616. Les frères Haag qui lui ont consacré un long article (*La France protestante*, VIII, pp. 9-12) ne peuvent citer que d'après le P. Lelong les *Psalmes* et les *Hymnes*.

Exemplaire provenant de la maison professe des Jésuites, à Anvers, ayant figuré à la vente d'Ernest Stroehlin (Cat., 1912, II, n° 862).

3206 (6 c). Les Cl. ‖ Pseavmes ‖ de David, ‖ Mis en vers François, ‖ par ‖ Philippes Des-portes ‖ Abbé de Thiron. ‖ Auec quelques Cantiques de la Bible, Hymnes, ‖ & autres œuures & Prieres Chrestiennes. ‖ Le tout reueu & augmenté par le mesme Autheur. ‖ *A Paris,* ‖ *Par la veufue Mamert Patisson, Imprimeur du Roy.* ‖ M.DCIIII [1604]. ‖ Auec priuilege de sa Majesté. In-12 de 2 ff. lim., 200 ff. chiffr. et 8 ff. non chiffr., car. ital. — Poesies ‖ Chrestiennes. ‖ Par ‖ Philippes Des-portes ‖ Abbé de Thiron. ‖ *A Paris,* ‖ *Par la vefue Mamert Patisson Impri-* ‖ *meur ordinaire du Roy.* ‖ M.DC.III [1603]. ‖ Auec priuilege de sa maiesté. In-12 de 18 ff. — Qvelqves ‖ Prieres et Me- ‖ ditations chre- ‖ stiennes. ‖ Par ‖ Philippes Des-portes ‖ Abbé de Thiron. ‖ *A Paris,* ‖ *Par la veufue Mamert Patisson Impri-* ‖ *meur ordinaire du Roy,* ‖ M.DC.III [1603]. ‖ Auec priuilege de sa Maiesté. In-12 de 25 ff. chiffr. et 1 f. de *Table*. — Ensemble 3 part. en un vol. in-12.

Pseaumes. — Le titre, imprimé en rouge et en noir, porte la marque de *Mamert Patisson*. Cette marque reproduit en l'étirant en largeur celle de *Robert II Estienne*, premier mari de *Denise Barbé*, devenue, en 1575, la femme de *Patisson* (Silvestre, n° 1134). La devise est la même : *Noli altum sapere, sed time.*

Le 2e f. contient, au r°, un extrait du privilège spécial accordé pour neuf ans, le 17 février 1603, à « messire Philippes Des-Portes, abbé des abbayes de Thiron et de Bomport, conseiller de Sa Majesté en ses conseils d'Estat et privé ». A la date du 10 avril suivant, le poète déclare permettre à la veuve Patisson d'user de ce privilège.

Au v° du même f. est une table des abréviations employées pour désigner les versions que Des Portes a suivies.

Les *Pseaumes* se terminent au f. 192 v°. Ils sont suivis de la *Priere d'Ezechiel, roy de Juda* (f. 193), du *Cantique de Symeon* (f. 195 v°), d'une

Paraphrase sur le Libera me, Domine (f. 196), de l'*Hymne des saintes vierges et martires* (f. 197), de l'*Hymne de sainct Sixte* (f. 198) et de l'*Hymne de saincte Agathe* (f. 199 v°).

Les derniers ff. contiennent une approbation donnée, le 10 janvier 1603, par JEAN DADRÉE, « Parisiensis theologus, Rhotomagensis ecclesiastes et poenitentiarius », et une seconde approbation d'ANTOINE FUSI (FUSIUS), « doctor Parisiensis, necnon pastor Sancti Bartholomei et SS. Lupi et Aegidii », en date de Paris, 6 mars 1603.

Poesies chrestiennes. — Le titre porte la même marque que celui des *Pseaumes*.
Le poète a réuni ici une *Priere en forme de confession*, une *Ode*, deux *Plaintes*, une *Priere* et 15 *Sonnets spirituels*.

Prieres et Meditations. — Le titre porte la marque décrite ci-dessus. Les *Prieres*, au nombre de quinze, sont toutes écrites en prose.

I.3.50

3207 (6 *d*). CONTENTA in hoc libro. || D. Erasmi Roterodami sacræ || Theologiæ Professoris vndecunq; doctissimi || Enarratio in primum Psalmum Dauidicum po- || tissimum iuxta Tropologiam. || ☾ Martini Dorpii itidē sacræ Theologiæ Professo || ris ad eundem Epistola, de Moriæ Encomio, deq; || noui testamenti ad Græcos codices emendatione. || Erasmi ad Dorpium suos labores defendentis || copiosa et plæna eloquentiæ Apologia. || ☾ Theo. Mar. Alustensis ad Studiosos. || Quo vestris non iam studiis modo, verum & crumenis con || sulam studiosi, (quod quotus est typographus qui faciat?) || idcirco hæc vobis separatim impressimus, vt nummulo emi || possint, Nam quæ in Germania sunt hiis coimpressa, pluri- || mos scio vestrum olim comparasse, Eadem denuo ob tantil || lam appendicis accessionem emere, vobis (si vos noui) gra- || ue foret. Omnes siquidem optimos libros vultis, vultis & || multos, sed qui paruo constent, Atqui nos nihil emimus || paruo, non vilissimarum rerum vllam, librorum compa- || ratione. Proinde vos nostram industriam adiuuate, qui cō || tra Mimi illius sentētiam, Magno emimus, et vendimus par || uo Valete. || *Louanij Theodoricus Marti* || *nus Alustensis suis typis excudebat.* — [Au bas du dernier f. r° :] ☾ *Louanii Theodoricus Martinus typis suis excudebat* || *Mense Octobri*. M.D.XV [1515]. In-4 de 44 ff. non chiffr., sign. *A, D* par 8, *B, C, E-I* par 4, lettres rondes.

Le titre est imprimé en rouge et en noir ; le v° en est blanc.
Le f. *A ii* est occupé par une épître d'ERASME « Beato Rhenano Slestadiensi », en date de Saint-Omer, 13 avril 1515.
Au f. *A iii* commence l'*Enarratio primi Psalmi, juxta tropologiam potissimum*, qui se termine au f. *E iij*. Ce traité venait de paraître dans les *Lucubrationes* d'Érasme (in libera Argentina, Math. Schurerius, mense septembri 1515, in-4).

L'épître de Martin Dorp occupe les ff. *E iij* v°, *E iiij*, *E i* et la moitié du f. *E ij* r°. A.-E. van Iseghem, dans sa *Biographie de Thierry Martens* (Malines et Alost, 1852, in-8, p. 256) en a déjà reproduit un passage qui nous montre, d'une manière touchante, les étroites relations que les

humanistes des Pays-Bas entretenaient entre eux : « Habes epistolam prolixam ac ineptam », dit Martin Dorp (fol. *f i* v°), « sed quae tibi ingrata esse non potest, utpote ab amantissimo tui profecta. Theodoricus Martinus Alustensis, calchographus noster, qui *Enchiridion* et *Panaegyricum* impressit, oravit me uti se commendem tuae humanitati. Cupivit plurimum videre te, cupivit hospitio liberaliter excipere, et ea de causa Anverpiam profectus, ut rescivit te non illic sed Lovanii esse, illico recurrit ac, totam noctem ambulans, venit postridie Lovanium, sesquihora ferme postquam abivisses. Si qua in re potest tibi gratificari, omnia pollicetur, et haud scio an omnium hominum vivat homo tui amantior. *Catonem* abs te castigatum mihique creditum castigate impressit, me erratorum vindice. Eam operam M. Joanni Nevio, Lilianorum gymnasiarchae, uti jussisti, dicavi, usu qui te ob hoc beneficium ita complectitur, ut cum redieris, «is aliquando sensurus. Editionum tuarum si aliquam domino abbati Haecmundensi, patrono meo, dicaveris scio gratissimum illi futurum et beneficium haud illiberaliter pensaturum. Quod ut facias te etiam atque etiam oro. Hollandus est et Hollandiae nostrae primas religionis, vir doctus quidem, sed religiosior tamen quam doctior... Nomen ejus est Menardus... »

La réponse d'Erasme remplit le reste du volume. A l'épître, qui est datée d'Anvers, 1515, est joint un *Encomium Selestadii carmine elegiaco per Erasmum Roterodamum* (19 distiques). Les personnages qui honorent la ville sont : Jakob Wimpfeling, Jakob Spiegel, Johann Kierher, Johann Witz, dit Sapidus, Paul Seidensticker, dit Phrygius, Storck, Beatus Arnold, Mathias Schürer et Beatus Bilde, dit Rhenanus.

Le v° du dernier f. est occupé par la grande marque de *Thierry Martens* ([Ferd. Vander Haeghen], *Marques typographiques des imprimeurs et libraires qui ont exercé dans les Pays-Bas*, 1894, *Alost, Anvers et Louvain*, n° 3). Voy. la reproduction à la p. 5.

3208 (40 *b*). Les commandemens || de saincte eglise : & la confession generale du iour de pas- || ques par les paroisses. Le petit traicte de maistre iehan || gerson qui aprent a bien mourir. — [Au r° du dernier f., au-dessous de 26 lignes de texte.] Finis. || ℂ *Imprime a paris par michel le noir.* S. d. [*v.* 1510], in-4 goth. de 12 ff. non chiffr. de 33 lignes à la page, sign. *A-B*, vél. bl.

Le titre est orné d'une figure qui représente une prédication du Christ.
Le texte commence ainsi au v° du titre : « Nous prirons Dieu pour toutes les choses dont nostre mere saincte Eglise a acoustumé de prier... »
Au f. A iiij commence *Une Confession generale qui se lit communement le jour de Pasques es eglises parrochiales* : « Bonnes gens, vous devez et estes tenuz aujourd'uy recevoir le saint sacrement de saincte Eglise... »
Fol. B iiij, 10° ligne : *S'ensuyt ung autre petit Traictié qui se appelle la Science de bien mourir, fait par maistre J. G.* : « Se les vrays amys d'ung malade font grant diligence envers luy pour sa vie et santé corporelle et deffaillable, Dieu et charité requierent qu'ils soient plus songneux pour son salut et vie espirituelle... »
Au v° du dernier f. est la grande marque de *Michel Le Noir* reproduite en petit par Silvestre (n° 60).

3209 (90 *a*). La Fontaine || de vie. || Qui a soif, vienne à moy, & boiue. Iehan 7. || *A Anuers,* || *De l'Imprimerie de Christophle Plantin.* || M.D.LXIIII [1564]. || Auec Priuilege. In-16 de 126 pp., mar. br. jans., doublé de mar. br., tr. dor. (*Thibaron et Joly*.)

Le titre est orné d'un bois qui représente une fontaine au milieu de laquelle est assis le Christ. — Au v° du titre est un avis « Au liseur », imprimé en caractères romains. Tout le reste du volume est imprimé en lettres de *Civilité*.
La Fontaine de vie est un recueil de passages de la Bible ; elle commence ainsi (p. 3) : « Vous tous ayant soif, venez aux eaus, et qui n'avez point d'argent, venez, achetez et mangez... »
A la p. 102 est une seconde pièce intitulée : *De la Charité fraternelle*.

Ce livre, qui a un caractère nettement protestant, avait paru d'abord en latin sous les dates de 1533 et 1538, puis, en français, chez *Estienne Dolet*, à Lyon, en 1542, chez *Jean de Tournes*, à Lyon, en 1543, chez *Jacques Berjon*, à Lyon, en 1549, chez *Jean Saugrain*, à Lyon, en 1560. Il avait été condamné par la Faculté de théologie et par le parlement de Paris. Voy. R. C. Christie, *Étienne Dolet*, trad. Stryienski, 1886, p. 522.

Exemplaire d'ERNEST STROEHLIN. On peut voir dans le Catalogue de cet amateur (II, n° 483) la reproduction du titre.

3210 (90 *b*). LE BASTON ‖ de la Foy ‖ chrestienne, ‖ propre ‖ Pour rêbarrer les ennemis ‖ de l'Euangile : par lequel ‖ on peut aussi connoitre ‖ l'ancienneté de nostre ‖ Foy, & de la vraye Eglise. ‖ Recueilli de l'Escriture sainte, & ‖ des liures des anciens Docteurs ‖ de l'Eglise, & des Conciles, & ‖ de plusieurs autres Auteurs ‖ Reueu & augmenté. ‖ *Imprimé à Lyon*, ‖ 1562. In-16 de 16 ff. lim., 562 pp., 19 ff. non chiffr. et 3 ff. blancs, v. f., fil., dent., dos orné, tr. dor.

Les 15 ff. qui suivent le titre contiennent une épitre de L. GUIDO « A l'Eglise de Dieu ».

Les 19 ff. qui terminent le volume sont occupés par *La Somme des choses contenues en ce livre* et par l'*Indice des matieres principales*.

Le Baston de la Foy chrestienne, dont l'auteur est GUY DE BRÈS, avait, dit-on, paru pour la première fois à Gand en 1555 (*France protestante*, nouv. éd., III, col. 88) ; mais c'est là sans doute une erreur. Ferdinand Vander Haeghen n'en fait aucune mention dans sa *Bibliographie gantoise*. D'après L. A. van Langerad (*Guido de Bray*, 1884, p. 88), la première édition porte la rubrique de Lyon, 1555. L'ouvrage, revu et complété, fut publié ensuite chez *Nicolas Barbier et Thomas Courteau*, [à *Genève*], 1559, in-8 (Bibl. de Bordeaux, Th. 8167) ; s. l. et s. n., 1560, in-8 (Biblioth. d'Amiens, fonds L'Escalopier, 1834) ; chez *Nicolas Barbier et Thomas Courteau*, [à *Genève*], 1561, in-8 (Cat. Stroehlin, 19:2, II, n° 743) ; à *Lyon*, 1562, in-16 (c'est notre édition) ; chez *Cl. Dehuchin*, [à *Genève*], 1563, in-8 (Biblioth. de Bordeaux, Th. 7093).

Outre les éditions françaises il existe de l'ouvrage une traduction anglaise dont voici le titre : *The Staffe of Christian Faith, profitable to all Christians, for to arme themselves agaynst the enimies of the Gospell, and also for to know the antiquitie of our holy fayth. and of the true Church. Gathered out of the works of the ancient doctors of the Church... Translated out of Frenche... by J. Brooke*... London, 1577, in-8 goth. (British Museum, 3901. b).

3211 (97 *a*). LE MAGNIFICAT ‖ DV PAPE, et ‖ de S. Mere ‖ Eglise Ro- ‖ maine. ‖ A tous ceux ‖ qui n'ont pas l'entendement ‖ renuersé. ‖

Quatrain. ‖
Prenez loisir de venir ici lire, ‖
Vous qui auez vsage de raison : ‖
Lisez y bien, si me saurez à dire ‖
Ou l'Antechrist a basti sa maison. ‖

A Montelimas. ‖ *Par Iean Ioyeux*. ‖ M.D.LXXXVI [1586]. ‖ Auec priuilege pour sept ans et trois mois. In-8 de 3 ff.

lim., 87 pp. et 1 f., mar. v., fil., dent., tr. dor. (*Rel. du XVIIIe siècle.*)

Cet ouvrage est une édition développée du *Glaive du geant Goliath* publié par le ministre Charles Léopard en 1561 (voy. notre t. I, n° 97). En tête est une épître « A messieurs les prelats et le clergé de Rome ». A la p. 2 commence le texte de 1561 : « Il n'appartient à homme du monde de juger du jugement du siege apostolique... » Il s'arrête à la p. 56 (*Glaive*, p. 48). Le chapitre suivant : *Marques tres-evidentes pour cognoistre l'Antechrist...* reproduit avec variantes la *Briefve Demonstration par la parole de Dieu pour connoistre l'Antechrist* (*Glaive*, pp. 49-51).

On trouve à la fin du volume (p. 65) l'*Exposition des propheties des faicts de l'Antechrist, qui sont les Vies de la papesse Jeanne, naïf pourtraict de la grande paillarde, et du pape Hildebrand, dict Gregoire septiesme, vive image du fils de peché et de perdition*. Les deux pièces sont reproduites à la fin de l'*Antithese des faicts de Jesus Christ et du pape, mise en vers françois* [d'après Simon Du Rosier, par un anonyme que l'on croit être François de Lancluse] ; (Genève, Eustache Vignon, 1584, in-8). Voy. ci-après, n° 3212, art. 6 et n° 3366, album de Kaspar Held.

Ce volume provient de la bibliothèque d'Ernest Stroehlin (Cat., II, 1912, n° 733). Le rédacteur du Catalogue croit que le *Magnificat* est le premier livre imprimé à *Montélimar*.

3212 (97 *b*). Recueil de pièces contre le pape et l'Église romaine. 6 pièces en un vol. in-8, mar. r., fil., dos orné, tr. dor. (*Rel. du XVIIIe siècle.*)

Voici la description des pièces contenues dans ce volume :

1. Le Mandement de || Iesvs Christ a || tous les Chrestiens || ses fideles. || ★ || Reueu & augmenté diligemment tout || de nouueau. || Iean XV. B. || C'est mon commandement, Que vous || aimiez l'vn l'autre, comme ie vous || ay aimez. Nul n'a plus grande di- || lection que ceste, de mettre sa vie || pour ses amis. Vous estes mes amis, || si vous faites toutes les choses que || ie vous commande. || M.D.LIX [1559]. *S. l.*, in-8 de 47 pp.

Le v° du titre est occupé par la *Préface*.

Cette pièce est ici mal placée ; elle devrait être reliée à la suite des *Arrests et Ordonnances royaux de la tressouveraine et supreme cour du royaume des cieux*, avec lesquels elle a été publiée (ci-après, art. 4).

2. Le || Mandement de || Lvcifer, a l'Antechrist Pape de Rome, & à tous || ses [sic] suppostz de son || Eglise. || *A Lyon,* || 1562. In-8 de 19 ff. non chiffr. et 1 f. blanc.

Voy. notre t. I, n° 98, art. 3.

3. Sentence || decretalle, et con- || demnatoire au fait de la paillarde Pa- || pauté & punition de ses demerites, || & forfaits, souz la sommaire || narration de longues || procedures. || Sap. 12. || Comme à enfans qui n'ont vsage de raison, tu || as fait iugement en derision : mais eux, qui || par increpations de moqueries et deshon- || neur, ne se sont amendez, resentiront vn || iugement de Dieu, tel qu'il leur apartient. || *Imprimé nouuellement,* || 1561. *S. l.*, in-8 de 23 ff. non chiffr. et 1 f. blanc, sign. e-f par 4.

Au v° du titre est un huitain « A Papauté ».

La *Sentence* commence ainsi (fol. a r) : « Divin Vouloir, tout cognoissant, tout puissant, gouverneur de la justice de l'Eternel en l'univers, à tous ceux qui ces presentes verront salut. Sçavoir faisons que, dez l'an mi deux cens, le temps marchant... ». A la fin est la date du 1er août 1561.

L'avant-dernier f. contient trois huitains : « Typographe, de l'execution de ceste sentence », « Au roy », « Salutation de l'executeur de ceste haute et divine justice à Papauté ». Cf. t. I, n° 98, art. 4.

4. Les || Arrests || et Ordonnances || Royaux de la tressouueraine || & supreme Cour du || Royaume des || Cieux : || Contenans non seulement permission : mais || aussi expres commandement, de lire, auoir || et retenir la saincte Escriture, translatée de || Latin en François, auec toutes

THÉOLOGIE

bonnes & fi- || deles expositions d'icelle, extraits des Regi- || stres des Prophetes, Euangelistes & Apo- || stres, iouxte la verité. Collationnez au vray || Original. || Outre-plus auons icy inseré Le man- || dement de Iesus Christ à || tous Fideles. || Le tout reueu & diligēmēt corrigé tout || de nouueau, et reduit par articles. || M.D.LIX [1559]. *S. l.*, in-8 de 32 pp.

Au v° du titre on lit les *Cries celestes faites par le Sainct Esprit pour la publication des presentes ordonnances*.

La seconde partie (*Le Mandement de Jesus-Christ*) est la pièce placée en tête du recueil.

5. MONOLOGVE DE || MESSIRE IEAN TAN- || TOST lequel recite vne dispute qu'il || ha cüe contre vne dame Lyon- || noise, à son aduis mal || sentant de la Foy : || ★ || Auec la suite dudit Monologue || laquelle fait mention d'vne au- || tre dispute qu'il ha eüe contre || vn petit garcon. || I. Corint. II. || Dieu ha esleu les choses foles de ce mon- || de, pour confondre les sages : & les || choses foibles pour confondre les || fortes. || M.D.LXII [1562]. *S. l.*, in-8 de 23 pp.

Au v° du titre sont deux huitains de « l'autheur du *Monologue* » :

> Je deffen bien du petit Monologue
> Faire lecture, et encor' moins le veoir....
>
> S'il n'estoit point de loups, ne moines,
> De nonnains, putains, ne chanoines....

La première pièce commence ainsi (p. 3) :

> Introite *de messire Jan Tantost.*
>
> Le diable y ait part à la feste !
> Vertu bieu, je me romps la teste...

Elle se termine (p. 12) par un dixain de « Messire Tantost au lecteur ». La seconde pièce, ou *Suite*, débute ainsi (p. 13) :

> En bonne foy, la pauvre pire
> Dedans le ventre me souspire...

Ces deux pièces ont bien la forme dramatique, et il est probable qu'elles ont été récitées sur quelque théâtre ou dans quelque assemblée à Lyon. Voy. *Romania*, t. XVII (1888), pp. 251-256.

6. Fragments du volume intitulé : *Antithese des faicts de Jesus Christ et du pape mise en vers françois...* ([Genève, Eustache Vignon], 1584, in-8 de 143 pp. (voy. Brunet, I, col. 324). *) n'existe pas dans le vol.*

Ce volume, dont il est question à l'article précédent, est une traduction, attribuée à François de Lancluse, de l'*Antithesis de praeclaris Christi et indignis papae facinoribus* de Simon Du Rosier (voy. l'article 3366 ci-après).

A la traduction sont jointes diverses pièces dont les suivantes :
Une pièce en 12 vers maladroitement intitulée sonnet (p. 103) ;
La *Description gentille et veritable de l'idole de la Messe adoré comme Dieu et forgé par l'Antechrist ; nommé vulgairement Jean le Blanc* (p. 104) :

> On m'a mis des dieux au ranc
> Et si ay nom Jean le Blanc... ;

Une *Epigramme de Jean le Noir, Jean le Blanc, Jean l'Enfumé et Jean le Gris* (p. 121) :

> Si quelqu'un desire savoir
> L'occasion de tant de maux...

La *Description* et l'*Epigramme* avaient été imprimées en 1575 sous le titre de : *Legende veritable de Jean le Blanc*. Montaiglon en a reproduit le texte dans son *Recueil de poésies françoises*, VIII, pp. 105-125.

Autre Epigramme de Jean Le Blanc (p. 122) :

> Homme ne suis, herbe, plante, ni beste...
> J'ay corps sans mains, bras, pieds, jambes et teste...

Énigme imprimée en 1575 à la suite du *Passe Temps de Jean le Blanc* (Montaiglon, *Recueil*, VIII, pp. 135-137). Cf. Biblioth. nat., ms. fr. 842, 18° pièce.

La *Vie du pape Hildebrand, dit Gregoire septieme, vive image de l'Antechrist*, en prose (p. 125).

La Vie de la papesse Jeanne, vive image de la grande paillarde romaine, en prose (p. 140).

On a déjà vu ces deux pièces réimprimées à la fin du *Magnificat du pape* (1586), n° 3211.

De la bibliothèque d'Ernest Stroehlin (Cat., II, 1912, n° 574).

SCIENCES ET ARTS

I.4.28

3213 (125 a). Le ǁ Sympose de ǁ Platon, ou de l'amour ǁ et de beauté, traduit de Grec ǁ en François, auec trois liures de Commentaires, ǁ extraictz de toute Philosophie, et recueillis ǁ des meilleurs autheurs tant Grecz que ǁ Latins, & autres, par Loys le Roy, ǁ dit Regius. ǁ Au Roy Dauphin, et à la ǁ Royne Dauphine. ǁ Plusieurs Passages des ǁ meilleurs Poëtes Grecs & Latins, citez aux Com- ǁ mentaires, mis en vers François, ǁ par I. du Bellay Angeuin. ǁ *A Paris.* ǁ *Pour Vincent Sertenas Libraire, demeurant en la rue neuue Nostre* ǁ *Dame, à l'enseigne S. Ian l'Euangeliste : Et en sa boutique* ǁ *au Palais, en la gallerie par ou on va* ǁ *à la Chancellerie.* ǁ 1559. ǁ Auec priuilege du Roy. In-4 de 4 ff. lim. et 200 ff. chiffr., réglé, v. f., fil., dos, coins et mil. ornés, tr. dor. (*Rel. du XVIe siècle.*)

Au v° du titre on trouve un sonnet français et trois distiques latins de J. Du Bellay.

Les trois ff. qui suivent contiennent une épître « Au roy-dauphin et à la royne-dauphine », en date de Paris, le 24 avril 1558, et l'*Argument du Sympose de Platon*, par L. Le Roy.

La traduction et les commentaires de Louis Le Roy se terminent au f. 180. A la suite est une épître du même Le Roy aux lecteurs, en date de Paris, au mois de novembre 1558 (ff. 180 v°-183). Ce morceau contient de nombreux détails sur la vie de l'auteur.

Dans ses notes sur le livre Ier, Le Roy a inséré (fol. 53-57) *L'Androgyne de mess.* Anthoine Heroët, *evesque de Digne; au roy François* (voy. nos n°ˢ 806, 807). « Je reciteray volontiers ceste composition », nous dit-il, « tant pour ce qu'elle est dressée sur l'exemple de Platon que pour son elegance, aussi pour reduire en memoire l'amytié et familiarité que j'ay eue avec l'autheur ce pendant que suivis en court monsieur le chancellier Olivier, personnage tressage et tressçavant, avec lequel il estoit ordinairement. Vray est qu'il n'a du tout suyvi Platon, comme chacun pourra congnoistre en les conferant ; mais s'est joué poëtiquement en ostant et adjoustant ainsi que bon luy sembloit. »

Le f. 184 est occupé, au r°, par un titre ainsi conçu :

Plusieurs ǁ Passages des ǁ meilleurs poetes ǁ Grecs & Latins, citez aux Com- ǁ mentaires Du Sympose de ǁ Platon, mis en vers ǁ François par ǁ I. Du Bellay Angeuin.

Le v° contient une note de Louis Le Roy qui, parlant des vers grecs et latins cités dans les Commentaires, dit : « D'autant que je ne me sentois assez expert en la poësie françoise pour les traduire dignement, j'ay prié le seigneur du Bellay, tresexcellent poëte en latin et en françois, de les translater, lequel, pour l'amytié qui est de long temps entre nous, a entreprins ceste charge, dont il s'est tant bien acquitté qu'il ne les a seulement traduictz fidelement, gardant la majesté de leurs sentences, qui est fort difficile en vers, mais aussi a representé les traictz, figures, couleurs et ornemens poëtiques des deux plus belles langues, avec telle dexterité qu'il semble en avoir egallé les uns et surmonté les autres. »

Les fragments traduits sont au nombre de 57. Un passage de l'Art poétique d'Horace (f. 195) est emprunté à la traduction de Jacques Pelletier. Voy. notre t. IV, n° 2774.

Au v° du dernier f. est un extrait du privilège accordé pour cinq ans à Louis Le Roy le 24 septembre 1558, avec mention de la cession faite par celui-ci à *Jehan Longis, Vincent Sertenas* et *Robert Le Mangnier*, libraires de Paris.

L'achevé d'imprimer est du 8 novembre 1558.

Le grand fleuron qui décore les plats de la reliure, présente, au centre, une pomme de pin vraisemblablement empruntée aux armes du propriétaire.

Ce volume a fait partie de la bibliothèque d'Ambr. Firmin-Didot (Cat., 1882, n° 193). Il provient, en dernier lieu, de la vente de Jules Le Petit (Paris, H. Leclerc, 23 avril 1917), n° 129.

3214 (136 a). Le chemin || de lospital et || ceulx qui en sont possesseurs et heritiers. || ℭ Et premierement. — [*Au v°*] Gens qui ont petit... — [*Au bas du dernier f. r° :*] ℭ Finis. S. l. n. d. [v. 1490], in-4 goth. de 6 ff. non chiffr. de 28 lignes à la page, sign. A, mar. br. fil. et comp. à petits fers, tr. dor. (*Thibaron et Echaubard*.)

Voici la reproduction du titre dont les deux premières lignes nous offrent de gros caractères analogues, mais non semblables, à ceux de *Pierre Le Caron à Paris* (cf. n°° 464, 526, 586 et 1083) :

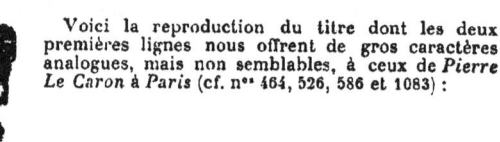

Le volume paraît sortir de presses lyonnaises qu'il ne nous a pas été possible d'identifier.

Voici un spécimen des lettres de forme employées pour l'impression du texte, lequel commence au v° même du titre :

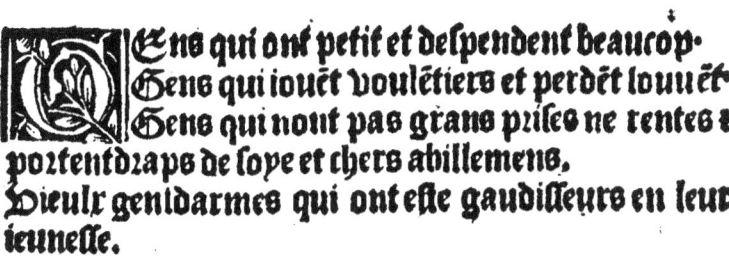

L'initiale est du style propre aux imprimeurs lyonnais.

Au v° du dernier f. est un grand bois, de style lyonnais, qui représente un chevalier devenu pèlerin (voy. ci-contre, p. 13).

Nous avons parlé avec détail de l'œuvre de ROBERT DE BALZAC à l'article 137.

Cet exemplaire provient de la bibliothèque d'ERNEST BANCEL (Cat., 1882, n° 90). Il a figuré en dernier lieu à la vente des livres de JULES LE PETIT (Paris, H. Leclerc, 23 avril 1917), n° 39.

3215 (185 a). [PETRI DE CRESCENTIIS Libri commodorum ruralium.] — [Au r° du dernier f., au-dessous de 30 lignes de texte :] *Petri de crescencijs ciuis bonoñ. ruraliū ꝯmodorum libri duodecim* || *finiunt feliciter p iohannē Schüszler ciuem augustensem impressi.* || *circit' xiiij. kalendas marcias. Anno vero a partu virginis salutife-* || *ro Millesimo quadringentesimo et septuagesimo primo ƶc.* [1471]. In-fol. de 208 ff., impr. en car. semi-goth., sans chiffres, récl. ni sign., mar. br. jans., tr. dor. (*Hardy-Mennil.*)

Première édition datée.

Le volume s'ouvre par une épître de Pietro de' Crescenzi à frère Amerigo da Piacenza, général des frères prêcheurs, épître qui est suivie de la table des douze livres.

Au bas du 4° f. v° commence une seconde épître : « Excellentissimo principi domino Karolo secundo, Dei gratia, Hierusalem et Sicilie regi illustri. »

L'ouvrage de Pietro de' Crescenzi, dont la vogue dura plusieurs siècles, fut composé entre 1304, année où frère Amerigo devint général des frères prêcheurs, et 1309, année de la mort du roi de Sicile Charles II d'Anjou.

3216 (196 *a*). Les reme- ‖ des et medeci- ‖ nes. Pour guerir tous ‖ Cheuaulx & bestes cheualines\ ‖ de quelque maladie ‖ que ce soit. ‖ Et sont bien approuuees. — [Au v° du dernier f., au-dessous de 6 lignes de texte :] ☾ Cy fine vng petit traicte pour ‖ guerir tous cheuaulx z bestes ‖ cheualines. *Imprime* ‖ *nouuellement a* ‖ *Lyon en la mayson de feu Barnabe* ‖ *Chaussard pres no-* ‖ *stre dame de con* ‖ *fort*. S. d. [*v.* 1530], in-8 goth. de 24 ff. non chiffr. de 22 lignes à la page, sign. *A-C*.

<small>Le titre est orné d'une petite figure qui représente un cavalier, suivi de son valet.
Le titre de départ, au v° du premier titre, est ainsi conçu : ☾ Cy commence vng petit traicte pour ‖ guerir cheuaulx & aultres bestes cheua- ‖ lines de plusieurs maladies faict ‖ et Compose par le tresbon ‖ Maistre Mareschal ‖ de Lozenne.

Voici le début du texte : « *Pour guerir cheval qui est entaché de malandres, de grappe, ou de quelque rongne que ce soit*. Prenez litarge d'or, une once ; de couperose, une once ; de souffre vif, une once, etc. »

Il existe de l'opuscule attribué au « bon mareschal de Lozenne » (probablement Lausanne) diverses éditions imprimées dans le premier tiers du xvi° siècle, mais dont aucune n'est datée. On en trouvera le détail dans le *Manuel du Libraire*. Une de ces éditions porte : « le bon mareschal de Lozenele », ce qui est une faute évidente.</small>

3217 (202 *a*). Entretiens sur la pluralité des Mondes. *A Paris, Chez la Veuve C. Blageart, Court-neuve du Palais, au Dauphin*. M.DC.LXXXVI [1686]. Avec Privilege du Roy. In-12 de 14 ff., 359 pp. et 1 pl. pliée, réglé, mar. r. jans., tr. dor. (*Hardy*.)

<small>Par Bernard Le Bovier de Fontenelle.
Les ff. lim. contiennent une longue préface et l'extrait d'un privilège accordé pour six ans à la veuve *Blageart* le 9 janvier 1686. L'achevé d'imprimer est du 8 mars de la même année.

Les Entretiens sont un exposé des découvertes de Galilée et du système de Descartes sur les tourbillons.
La planche astronomique placée à la fin du volume est signée du graveur *J. Dolivar*.</small>

3218 (295 *a*). Gli Ordini ‖ di cavalcare ‖ Di Federigo Grisone, ‖ Gentil' huomo Napoletano. ‖ Con gratia et motu proprio di Papa Giulio Terzo : ‖ Et con priuileggio dell' Illustriss. Vece Re di ‖ Napoli, che per Anni Dieci nõ si deb- ‖ biano stampare & stampati in ‖ altri luoghi, non si pos- ‖ siano uendere. ‖ *Anno Domini, M.D.L* [1550]. — [Au v° du f. 124 :] *In Napoli* ‖ *Appresso Giouan Paulo Suganappo :* ‖ *Nell' Anno del Signore*, MDL [1550]. In-4 de 2 ff. lim., 124 ff. chiffr. et 30 ff. non chiffr., car. ital.

Le f. qui suit le titre est occupé par une épître de l'auteur « All'illustriss. et eccellentissimo don Hippolito da Este, reverendissimo cardinal di Ferrara ».

Cette édition, qui paraît être la première, est antérieure de deux ans à la plus ancienne édition que Brunet ait connue.

L'auteur, Federigo Grisone, paraît avoir été de la même famille que le jurisconsulte Angelo Grisone, cité en 1394 et qu'Antonio Grisone, ambassadeur du roi de Naples à la cour de France en 1498 et auprès de Philippe de Ravestain, lieutenant du roi à Gênes en 1501. L'ouvrage eut un grand succès attesté par de nombreuses éditions et par des traductions en français, en espagnol, en anglais et en allemand.

Les feuillets non chiffrés qui terminent le volume contiennent 50 figures représentant des mors de divers systèmes.

BELLES-LETTRES

I. — Linguistique.

3219 (316 a). Natvre verborum magistri ‖ iohannis de galandia cum ‖ commento — [Au v° du dernier f., au-dessous de 20 lignes de texte :] ℭ *Expliciunt nature verboȝ magistri iohannis de garlandia Impresse Ro* ‖ *thomagi pro Iacobo le forestier ɔmorañ. τ intersignio floris lilii iuxta eccle-* ‖ *siam cathedralem*. S. d. [v. 1510], in-4 goth. de 16 ff. non chiffr., sign. *a-b* par 6, *c* par 4.

VI.5.3⌘

Le titre porte la marque de *Jacques Le Forestier* : les armes de France soutenues par deux anges et les armes de Rouen supportées par deux lions léopardés. Dans l'encadrement on lit: *Benedicamus Patrem et Filium cum Sancto Spiritu ; laudemus et superexaltemus eum in secula* (Silvestre, n° 158). Voy. la reproduction p. 16.

Le traité de Jehan de Garlande, composé dans la première moitié du xiii° siècle, est écrit en vers hexamètres ; en voici le début :

    Pro pueris parvis nitar describere metris
    Verborum genere naturas atque docere..

Le commentaire, qui est en prose, est imprimé en petits caractères.

Nature verborum magistri iohannis de galandia cum commento

CREGVLAE NICOLAI PEROTTI PONTIFICIS SYPONTINI.

3220 (316 *b*). REGVLAE Nicolai Perotti Pon || tificis Sypontini. — [A la fin, f. n vj v° :] ℭ *Impressum Florentiæ Philippi Giuntæ. Florētini.* || *Impensis Anno Salutis.* M.D.VIIII [1509]. || *Idibus Nouembris.* In-4 de 102 ff. non chiffr. de 40 lignes à la page, sign. *a-m* par 8, *n* par 6, lettres rondes, mar. r., fil. à froid, tr. dor.

> Le titre est orné d'une belle figure florentine, qui paraît avoir été exécutée par le même artiste que la scène qui se voit sur le titre d'*El Modo da insegnare compitare* (Catal. Destailleur, 1891, n° 984 et p. 154) :
> Cette figure, que nous reproduisons à la p. 17, se retrouve dans : le *Formulario di lettere et di orationi volgari con la proposta et risposta, composto per Christofano Landini.* Firenze, per maestro Antonio Mischomini, 1492, in-4 (P. Kristeller, *Early Florentine Woodcuts*, London, 1897, n° 230) et aussi dans les *Flores Poetarum*, s. l. n. d., in-4 (Kristeller, n° 153). Le volume de Perottis n'est pas cité par Kristeller.
> Au v° du titre est une épître de [GIOVANNI] CALFURNIO, de Brescia, « Antonio Moretto, Brixiensi, amicorum optimo ».
> Niccolò Perotti, archevêque de Siponto, était mort en 1480. Sa grammaire fut imprimée pour la première fois en 1483 et propagée par une foule d'éditions. On y remarque la traduction italienne d'un grand nombre de mots.

3221 (316 *c*). PHALERTISSIMI [*sic*] VIRI Iohā || nis de garlādia fertilissimū multo೪ equidem || vocabulo೪ ñros in vsus discurrētiū : mature || magistri Vincentii carrer examine correctū || atqȝ castigatū recēterqȝ familiarissimo p̄fati magistri Vin- || cētii cōmento explanatū. *Impressū in ciuitate Cadomeñ.* || *per Laurentiū hostingue. Impensis Iohannis mace.* — [Fol. diiij, au-dessous de 42 lignes de texte :] ℭ *Eximii viri Iohannis de garlandia ephebis insomnibusqȝ dediti ac indies re* || *sipiscere sperātibus officiosissimi viri magistri Vincentii carrer examine castiga* || *tus familiari demum vt maxime potuit explanatione comentus Ianuarii pri-* || *die ydus Anno a natiuitate millesimo quingentesimo octauo* [1509, n. s.] *aureus quem va* || *lentissimi quisqȝ ingenii peruisere tenentur Dictionarius feliciter explicit.* In-4 goth. de 18 ff., impr. en grosses et en petites lettres de forme, sign. *a* par 4, *b* par 6, *c* et *d* par 4.

> L'édition n'a qu'un simple titre de départ, imprimé en rouge et en noir. Ce titre est rendu inintelligible par la négligence de l'imprimeur. Il faut vraisemblablement lire *Solertissimi*, au lieu de *Phalertissimi*, *maturo* au lieu de *mature*, et suppléer le mot essentiel qui a été omis : *Dictionarium*. Au-dessous des 7 lignes de l'intitulé est une épître qui commence ainsi :
> « NICOLAUS CADIERUS magistrum Vincentium Carrer, virum eloquentia prestantissimum, plurima salute salvere jubet.
> « Oculorum meorum aciem in luculente tue lucubrationis accuratam perspectionem intendens, vir eloquentie salibus preter ceteros prepollens... »

Nicolas Cadier publia de 1509 à 1520 diverses éditions citées par Léopold Delisle dans son *Catalogue des livres imprimés ou publiés à Caen avant le milieu du XVI[e] siècle*, 1904, t. II, p. CIV.

Dbalertissimi viri Joh[an]nis de garlãdia tersissim[u] multor[um] equidem vocabulor[um] eos in usus discurrẽtiu[m]: mat[ur]e magistri Vincentii carrer examine correcti atq[ue] castigati receteroq[ue] familiarissimo p[re]fati magistri Vincẽtii cõmento explanat[um]. Imp[re]ssu[m] in ciuitate Cadome[n]. per Laurentiu[m] hostingue. Impe[n]sis Johannis mace.

Nicolaus Cadierus Magistru[m] vincentiu[m] carrer viru[m] eloque[n]tia p[re]stantissim[um] Plurima salute salutem iubet.

Oculorum meor[um] aciem in luculente tue lucubrationis accurata[m] perspectionem intendens (vir eloquentie salibus preter ceteros prepollens) nequiui animo meo dissuadere quin ad te sermonem conuerteret: indignum quippe est q[ue] ab ratione comp[er]tis dissonum: p[re]claram aliorum famam non commendare. Vnde pleroq[ue] id etatis homines plurim[um] arguẽdos iudicauerim q[ui] alienos labores alienasq[ue] vigilias. sib[i]ipsis assist[er]unt attribuuntq[ue]. Quis non censeat eos furtiuitatis vicio magis affectos esse q[ue] qui alior[um] bona multis dominis cõtractas? quosquide[m] iuris acerrima censura fures appellandos: inuita[m] te vt de hoc leges vulgatissimas tam Codice q[uam] Digestis intueri liceat vt dictum que de vita maronis litterarum monumentis sunt tradita? Ibi rep[re]henditur demens quidam tabula qui virgilianos Vsus ascribens sibi/cesaris fauorem cõsequutus est. At vero cognita veritate e domo cesaris procul eliminatus est. et i eam m[a]ro introductus cum omni[u]m beniuolentia et amore. Hec ego tibi diceda putaui (vir doctissime) vt cognoscas et tibi me congratulari et vehementi affectu gaudio q[uod] non minus splendida q[uam] frugifera tua doctrina in lucem prodeat. Laudo q[ue] laudis quam multi alij tibi attribuunt sum conscius q[uod] operam im pendens ad manifestandas complurium rerum verborumq[ue] significationes que multos etiam doctissimos prius latebant. Gaude et exulta vincẽti q[uod] id tuum opus peruetustum immortale tibi apud homines gloriam pariturum est. Gaudeat britannia q[uod] talem nacta sit alumnu[m] q[ui] nedum britannis sed omnium terrarum gentibus consulit vtilitateq[ue] affert non modicam. Gaudebunt vtiq[ue] calcographi quos vulgus librarios nuncupat q[uod] multum lucri facturi sint in hoc suo opere emendo atq[ue] vendendo. Vale et nicolaum tuum qui ista te compellat epistola memorie tue cõmendes.

Au v[o] du titre est une seconde épître qui doit être de Vincent Carrier: *Correctoris Epistola ad lectores*. Nous ne savons rien de ce Carrier, dont Léopold Delisle ne semble pas avoir rencontré le nom.

Jehan de Garlande classe les mots d'après leur signification. Il énumère successivement les parties du corps, les vêtements, les métiers, etc.

Le commentateur donne dans ses notes la traduction française d'un grand nombre de mots latins : *planta* = plante de pié ; *talus* = talon ; *poplex genu* = ventre de jambe : *palpebra* = chape de œil ; *cilium* = cyllet ; *supercilium* = sourcil ; *liripipium* = bech de soliers ; *plustula* = boucle ; *tibialium* = brodequin ; *cruralium* = houseau ; *crepitate* = panthoufle ; *pavellus* = arczon de selle ; *pulvillus* = oreiller ; *carentivilla*

= paneau de selle, etc., etc. Léopold Delisle a cité ce volume dans son *Catalogue*, n° 193, mais il n'a pu en voir d'exemplaire au moment où il faisait sa publication.

3222 (316 *d*). Synonyma Marci. Tulij. || Ciceronis Bene emenda- || ta z correcta Et iuuenibus || multum necessaria. — [Au bas du dernier f. v° :] ℭ *M. T. C. Synonima Feliciter Leydis. Expliciunt. S. d.* [*v.* 1509], in-4 goth. de 18 ff. non chiffr., impr. en lettres de forme sur 4 col. de 37 lignes à la page, sign. *A-B* par 6, *C* par 2, *D* par 4.

I.3.50

Le titre est orné d'une belle initiale et d'une grande marque dont nous donnons ci-contre la reproduction :
Cette marque appartient à *Jan Severszoon*, imprimeur à *Leyde*. Elle se vérifie sur le titre d'une édition des *Epistolae Fr. Philelphi*, 1509. Voy. Wouter Nijhoff, *L'Art typographique dans les Pays-Bas*, pl. VI.
Le v° du titre est blanc.

L'ouvrage commence, au f. *A ij*, par une épître de Cicéron à Lucius Venturius. L'auteur n'est nullement M. T. Cicéron, le grand orateur latin, mais Cicero Victurius, dont le nom se confond probablement avec celui du destinataire de l'épître. Les synonymes sont classés sous un mot principal. Le premier article est ainsi conçu : « *Nomina significantia occultationem* : Abditum, opertum, obscurum, absconditum, obtusum, retonditum, celatum, cecum, secretum, involutum, velatum, tectum, latens, occultum. »

3223 (316 *e*). Liber synonymorṽ magistri || Iohannis de Garlandia cum expositione magistri || Galfridi anglici. *nouiter impressus pro Radulpho* || *gaultier*. — [Au v° du dernier f., au-dessous de 36 lignes de texte :] ℭ *Liber synonymorum Magistri Iohannis de Garlandia,* || *vna cũ expositione magistri Galfridi anglici vigili diligentia* || *orthographieq; stilo correctus z emendatus : cũ notabilibus z margine insertis, feliciter finit. Impressus Rothomagi per* || *Richardum goupil Impensis honesti viri Raulini gaultier z* || *eadem vrbe cõmorantis in vico Sancti martini iuxta fardellũ.* || *Anno dñi Millesimo .CCCCC. xi. xvii. die Mensis Ianuarii* [1512, n. s.]. In-4 goth. de 44 ff. non chiffr., impr. en lettres de forme, sign. *ADG* par 8, *BB CC EE FF HH* par 4, notes margin.

VI.5.32

Le titre, imprimé en rouge et en noir, porte la marque de *Raulin Gaultier*, tirée en rouge (Silvestre, n° 197). Cette marque est encadrée de trois fragments de bordure tirés en noir. Voy. la reproduction p. 22. — Le v° du titre est blanc.
L'ouvrage est écrit en vers hexamètres ; il commence ainsi :

Ad mare ne videar latices deferre, camino
Igniculum, frondes vel densis addere silvis...

Les gloses, ajoutées par Geoffroy de Fontaines, dit l'Anglais, chancelier de l'Université de Paris vers la fin du xiii° siècle, sont naturellement en prose.

3224 (316 *f*). Stephanvs Fliscvs. *S. l. n. d.* [*Paris, vers* 1490], in-4 goth. de 82 ff. de 38 lignes à la page, sign. *a-i* par 8, *k* par 10.

> Le titre porte la marque de *Philippe Pigouchet*, marque dont la gravure paraît toute neuve (voy. la reproduction ci-contre).

Le v° du titre est blanc.

Le f. a *ij* r° contient une épître de Stefano Fieschi (Stefanus Fliscus), de Soncino, « juveni peritissimo Johanni Meliorantio, ornatissimo civi vicentino, cancellario paduano ». Dans certaines éditions cette épître est datée de Venise, 31 août 1456.

Le recueil de synonymes latins de Stefano Fieschi, publié pour la première fois vers 1470, paraît avoir eu un grand succès. Il fut imprimé en Italie avec le texte italien des phrases dont les divers équivalents latins sont groupés ; les éditions faites en Allemagne donnent les mêmes phrases en allemand ; nous les avons ici en français. Voici un spécimen du texte (fol. *a ij* v°) :

Dieu soit en nostre ayde.
Deus nos adjuvet. Deus sit nobis propicius. Deus sit nobis in adjutorio. Deus nobis res nostras secundet......

Voulentiers je sauroye se tu m'aymes de si bon cueur que je fais toy.
Vellem ita fortuna tulisset ut me mutuo diligeres. Optarem maxime quod datum esset desuper ut tanti me faceres quanti ego te facio...

Les synonymes sont suivis ici du petit *Tractatus de eloquentia* de Gasparino Barzizza, de Bergame, autrement dit Gasparinus Pergamensis (fol. *h v v°*) et du *Synonimorum Libellus* de Cicero Victurius (f. *h viij v°*).

Une édition que nous avons sous les yeux réunit l'ouvrage de Victurius et une nouvelle liste dressée par Stefano Fieschi, tout à fait différente du traité qui vient d'être décrit :

Synonyma || Ciceronis Victurii || rhetoris disertissimi : || vna cum Stephani Fisci, utriusque linguæ || peritissimi, Synonymis, || Ex omnibus grammaticæ orationis partibus secundum or- || dinem alphabeti constructa : quæ in humanum usum, || aut commodum euenire possunt. || Eiusdem Ciceronis Victurij, itemque Bartholomei Flac- || cij, viri eloquentissimi, medijs interiectis differentijs. || Opuscula verè aurea. || Nunc recens summa cum || diligentia, & fide recognita, castigata, aucta, || atque et studiosorum adolescentium vtilita- || tem impressa. || *Venetiis, Apud Ioannem Baptistam Bonfadium.* || M.D.LXXXVII [1587]. In-8 de 95 ff. non chiffr. et 1 f. blanc. (Bibliothèque de M. Émile Picot.)

3225 (316 *g*). Mvltorvm vocabvlorvm || equiuocorum interpretatio Magistri Iohānis || de Garlandia, grammatico et latini cupido per || maxime necessaria. || ℭ *Venale habetur Rothomagi in vico magno Sancti* || *Martini e regione pontis iuxta fardellum.* — [Au r° du dernier f., au-dessous de 26 lignes de texte :] ℭ *Liber equiuocorum quorundam* || *vocabulorum secundum ordinem* || *alphabeti Rothomagi Impressus* || *finit feliciter Anno christiane redem-* || *ptionis Millesimo quingentesimo.* || *vndecimo* [1511]. *Ad ix. Idus Augusti.* In-4 de 54 ff. non chiffr., impr. en lettres de forme, sign. AC par 8, BDEGI par 4, FHK par 6, notes marginales.

Le titre, imprimé en rouge et en noir, porte la marque de *Ranlin Gaultier*, tirée en rouge (Silvestre, n° 197). Le v° du titre est blanc. La comparaison avec le volume décrit sous le n° 3223 montre que celui-ci sort des presses de *Richard Goupil*.
Le traité de Jehan de Garlande est écrit en vers hexamètres ; la glose qui l'accompagne est en prose. L'auteur de cette glose doit être, comme pour les *Synonymes*, Geoffroy de Fontaines, dit l'Anglais. Voici le début de l'ouvrage :

Augustus, ti, to, Cesar vel mensis habeto ;
Augustus, tus, tui, vult divinatio dici ;
Mobile cum fiat *augustus* nobile signat...

Hain et Brunet citent diverses éditions des *Aequivoca* ; Léopold Delisle (*Catalogue des livres imprimés ou publiés à Caen*, 1903, I, p. 164, n° 192) en décrit une destinée aux écoles de Caen.

3226 (316 *h*). Timāni Kemeneri Guernensis viri || prestantissimi : regiminis ɀ constructionis Libellus : sedula Io || annis

Finetii Paulinensis opera nuperrime recognitus. oĩ- ‖ bus prope mēdulis abstersis. Cui Gerūdiorū et Supinorum ‖ nonnullarūqȝ regularum cōmunium eiusdē. Finetii, Fragmen ‖ ta. multum vtilitatis iuuenibus afferētia preponūtur ‖ Quinqȝ annotaciunculas passim in margine pro auditorū vsu ‖ addidit. ‖ *Venū exponitur a Ioanne de Porta* ‖ *in clauso Brunelli sub signo Cathe-* ‖ *dre commorante.* — [Au r° du dernier f., au-dessous de 21 lignes de texte :] ℭ *Finitur Syntactice grammatices Compendium non parua q̃* ‖ *dem industria ex grammaticis magis pluris approbatis a liberali* ‖ *um artium magistro Timanno Kemenero vvermeñ. Scholarum* ‖ *regente apud edes sancti Pauli Monsterij vvſeſalie* [sic] *metropolis* ‖ *diligentissimo conquisitum : ad eorum profectum qui huiusce ar-* ‖ *tis verissima admittuntur ebibere fundamenta. Exaratum accuratius Parrhisijs.* — [Au v° du dernier f., au-dessous du titre courant et de 8 lignes de texte :] *Impressus Parrhisiis Anno incarnati verbi Millesimo quin-* ‖ *gentesimo decimo tertio* [1513] *.xx. mensis Maij* [Suivent quatre distiques]. In-4 goth. de 8 ff. lim. et 26 ff. chiffr., impr. en lettres de forme.

Le titre est orné d'une marque de *Jehan de La Porte* que Silvestre n'a pas reproduite. Voy. ci-après, p. 26.

Au v° du titre est une épître de JACQUES DE L'AULNAY (JACOBUS DE ALNETO), de Vendôme, prêtre, à ses cousins Jacques et Jehan de Taix, « nobilibus bone indolis adolescentibus ». L'auteur de cette épître parle de son oncle, Jehan de Taix, chanoine de Vendôme, et d'Antoine de Laon, précepteur des deux jeunes gens. La pièce est datée du collège de la Marche, le 25 juillet [1511]. A la suite est un *Octostichon* du même Jacques de L'Aulnay, adressé à Jehan Finet.

Le r° du fol. a *ij* est occupé par une épître de « JOANNES FINETIUS, Paulinensis », à ses élèves Pierre Gaudet, de La Rochelle, André de Tournon et Louis Chinot, de Boulogne, épître datée du collège de Narbonne, le 25 août 1511.

Le v° du même f. contient une troisième épître adressée par Charles Le Maignen, de Laval, à ses élèves.

Les six autres ff. lim. sont remplis par les *Fragmenta a bonis authoribus excerpta* par lesquels Jehan Finet s'est proposé de faire connaître les règles auxquelles obéissent les gérondifs et les supins. Ces extraits sont datés du collège de Narbonne, le 25 juillet 1511.

Le traité de Tymann Kemner occupe les 26 ff. chiffrés. Ce traité ne paraît pas avoir eu autant de succès que les autres ouvrages du même auteur. Kemner, qui dirigeait en 1500 l'école de Deventer et qui, dès 1504, était à la tête de l'école de Saint-Paul à Münster, avait publié d'abord un *Compendium aureum etymologie et syntactice grammatices* (Colonie, apud H. Quentel, 1504, medio maii, in-4), cité par Panzer (Ann. VI, p. 353, n° 57), réimprimé à Münster et à Cologne en 1507 (Panzer, VII, p. 425, n° 1 ; VI, p. 363, n° 144), à Cologne en 1509 (Panzer, VI, p. 367, n° 178) ; à Lyon, chez J. Remy, en 1521 (Bibl. mazarine) et dont, sans doute, il a existé beaucoup d'autres éditions. Il avait fait paraître ensuite un *Opusculum de quatuor indeclinabilium orationis partium elegantia et significatione*, dont on cite des éditions de Cologne, H. Quentel, 1506, in-4 (Panzer, VI, p. 358, n° 102), s. l. n. d. (Bibl. nat.) ;

de Deventer, Jean de Breda, s. d., in-4 goth. (British Museum, 12935, bbb. 9 (1).) et de Gand, Pierre de Keysere, 1520, in-4 (Bibl. nat.).

Au v° du dernier f., au-dessous de la souscription, est un *Octostichon* d'ANTOINE CHARPENTIER, de Corbie (ANTONIUS CARPENTARIUS, Corbeiensis).

3227 (316 *i*). ELVCIDARIVS Carminum et his ‖ toriarum. continens varias poetarum ‖ fabulas. historias. prouincias. vrbes ‖ insulas. fluuios. ⁊ mōtes illustres ‖ Et est hoc opus denuo recog ‖ nitum ac diligēter a suo au ‖ ctore emendatum qui ‖ busdam etiam ‖ additis. — ℭ *Finis. S. l. n. d.* [*Deventer, v.* 1505], in-4 goth. de 54 ff. non chiffr., de 42 lignes à la page, sign. *ACEG* par 8, *BDFH* par 4, *I* par 6.

Voici le fac-similé du titre :

**Elucidarius Carminum et hi‌
storiarum. continens varias poetarum
fabulas. hiſtorias. prouincias. vrbes
insulas. fluuios. z mōtes illuſtres
Et eſt hoc opus denuo recog
nitum ac diligēter a ſuo au
ctore emendatum qui
busdam etiam
additis**

Au v° du titre est une préface qui nous fait connaître le nom de l'auteur. Elle se termine en effet par ces mots : « Vale, lector, et Torrentinum tui studiosum mutuo amore prosequere. » HERMANN VAN BECK, dit TORRENTINUS, connu par divers ouvrages de grammaire, était clerc de la vie commune. Il nous dit qu'il a dû souvent commenter les vers de tel ou tel auteur pour en faciliter l'intelligence. Il s'est proposé de réunir dans un manuel et d'expliquer une fois pour toutes les termes historiques, mythologiques et géographiques pouvant embarrasser un lecteur. Parmi les sources auxquelles il a puisé il cite le *Vocabularium grecum* de frère Giovanni Castione, ou Castrone, imprimé à Milan, vers 1478-1480 (Brunet, II, col. 409). L'espace réservé pour le titre grec du livre est resté blanc.

Le v° du dernier f. contient une marque reproduite p. 28.

Cette marque appartient à *Thierry de Borne*, imprimeur à *Deventer*. Elle se retrouve dans une édition des *Fastes* d'Ovide datée de 1511. Voy. Wouter Nijhoff, *L'Art typographique dans les Pays-Bas*, Deventer, pl. I, n° 2.

Dès l'année 1501 *Richard Pafraet* avait donné à Deventer une édition de l'*Elucidarius* (Panzer, *Annales*, VI, p. 483).

3228 (316 *j*). ELVCIDARIVS carminum z hi- ‖ storiarum Seu vocabularius poeticus nouissime ca ‖ stigatus Appendix Nicolai Bonespei Trecēsis de ‖ cultu eorundem Epistole graues z diuine eiusdem ‖ recenter adiecte z aucte. *S. l. n. d.* [*Caen, v.* 1510], in-4 goth. de 62 ff. chiffr. et 10 ff. non chiffr. de 48 lignes à la page pleine, impr. en lettres de **forme**, sign. *a e i* par 8, *b c d f g h k* par 4, *l* par 6, † par 4.

Le titre, reproduit p. 29, est orné de la marque de *Richard Macé*, au-dessous de laquelle sont placées trois initiales et une petite figure :

Au v° du titre est une grande figure : un maître, assis dans une chaire gothique, fait la leçon à un écolier placé devant lui : Voy. p. 30.

Au fol. *ii*, on trouve : un titre de départ, deux épigrammes latines de Nicolas Du Puis, dit Bonne-Espérance, de Troyes, datées « Ex palladio Celticorum symposio Parrhisiis, era Domini mil. d. VII [1507] », puis le commencement de la préface de Hermann van Beck, dit Torrentinus. La fin de ce morceau, qui se lit au v°, contient les mots grecs omis dans l'édition précédente.

Nicolas Bonne-Espérance a inscrit en marge les titres des articles ; il a, de plus, fait au texte quelques additions. Il a notamment ajouté un dernier article en cinq lignes, qui commence ainsi :

Zime, fermentum ; *zimes*, panis fermentatus. Hinc a*zimus*, ma, um, purus et sine fermento... »

A la suite sont deux sentences grecques et diverses pièces latines.

Le cahier *l* contient la *Tabula Elucidarii*.

Le cahier signé d'une † est occupé par l'*Appendix*. On y trouve trois épîtres de Nicolas Bonne-Espérance, dont la dernière est particulièrement

Lucidarius carminum & historiarum Seu vocabularius poeticus nouissime castigatus Appendix Nicolai Bonespei Trecésis de cultu eorundem Epistole graues t diuine eiusdem recenter adiecte t aucte

curieuse. Cette pièce, adressée à son élève Priam de Prie, protonotaire du Saint-Siège apostolique, jeune homme de grand avenir, nous fait connaître d'autres élèves de l'auteur : « Contemplare, queso, quinque nobiles tecum sub eadem ferula eo(s)demque preceptore prothonotarios : C. de Barro, J. Montemferrendum, Antho. de Miromonte, Hu. Cuziacum, Ge. Narbonensem, literis tanto ardore, me magistro, anhelantes.

Omitto claro sanguine alios : Jo. Roffeyum, Trecensem, C. de Veteri Castro, F. Pedem Ferreum, cognatos ; preterea F. et Anth. de Ganayo, Gil. Marlandum, B. d'Azaio, Jo. de Ponte, tibi obsequiosos, aliosque innumerabiles contubernales nostros paulisper intuere, tantis dotatos moribus : M. Ant. Bonetum gravitate Cathonem, ipsumque D. Reginaldum Numam religione referentes, atque A. de Hu, decurionis Metensis primogenitum elegante[m]. Clari sunt ut tu nobiles. Inquilini juvenes student, insudant, vigilant... »

A la suite des épîtres on trouve :
1° Une épigramme en six distiques de Nicolas Bonne-Espérance.
2° Un *Distichon Fausto ac F. T. Ambaceo, articissantibus* (?) *commune*.
3° Douze distiques intitulés : MICHAELIS ANGLICI *Nicolao de Puteo Carmen*.
4° Vingt-deux vers hexamètres intitulés : *N. B. T.* [= *Nicolai Bonespei Trecensis*] *Oratio heroica pro rege Francorum C*[*arolo*] *VIII*.
5° Une élégie en vingt distiques : *De immaturo atque inopinato Karoli octavi funere M. Bonespei T. Elegia*.
Le v° du dernier f. est blanc.

Ce volume n'est pas cité par Léopold Delisle dans son *Catalogue des livres imprimés ou publiés à Caen*.

BELLES-LETTRES

3229 (321 a). Gramere. || *A Paris,* || *De l'imprimerie d'André* || *Wechel.* || 1562. In-8 de 126 pp. et 1 f. — P. Rami || Libri duo [*sic*] de || veris sonis lite- || rarum et syllabarum, é scholis || Grammaticis, primi ab authore || recogniti et locupletati. || *Parisiis,* || *Apud Andream Wechelum.* || 1564. || Cum privilegio Regis. In-8 de 53 ff. chiffr. et 1 f. non chiffr. — Ensemble 2 parties en un vol. in-8, v. f., fil., tr. dor. (*Thouvenin.*)

IV. 7. 4

Gramere. — Première édition du livre de Pierre de La Ramée, dit Ramus ; elle est imprimée avec le système orthographique adopté d'abord par l'auteur, et dont les points principaux sont la distinction d'*u* et de *v*, d'*i* et de *j*, la suppression des doubles consonnes et l'indication de l'e muet par un signe diacritique.

Le titre porte la marque d'*André Wechel* (réduction avec quelques variantes du n° 131 de Silvestre).

Dans la préface, Pierre de La Ramée énumère les traités de grammaire publiés depuis trente ans par Jacques Du Bois, Robert Estienne, Estienne Dolet, Louis Megret, Guillaume Des Autels et Jean Pilot.

Libri duo. — L'ouvrage est tout entier consacré à la prononciation du latin. Pierre de La Ramée y maintient la distinction entre *u* et *v*, *i* et *j*.

Exemplaire d'Ambroise-Firmin Didot (Cat. 1881, n° 116).

II. — Rhétorique.

3230 (344 a). Regret || fvnebre con- || tenant les actions || et derniers propos de || Monseigneur, fils de France, fre- || re vnique du Roy, depuis || sa maladie iusques || à son trespas. || Par frere Iaques Berson, Parisien, Predicateur du || Roy, & de feu Monseigneur son frere Vnique, || à tous François salut en nostre Seigneur. || *A Paris,* || *A l'Oliuier de Pierre l'Huillier, rue S. Iaques.* || M.D.LXXXIIII [1584]. || Auec Priuilege du Roy. In-8 de 38 pp. et 1 f.

VI. 6. 1

Le titre porte la marque de *P. L'Huillier* (Silvestre, n° 499).

François, duc d'Anjou, était mort le 10 juin 1584. Son oraison funèbre fut aussitôt prononcée, car le privilège, dont un extrait occupe le r° du dernier f., est accordé pour trois ans à frère Jacques Berson le 28 du même mois de juin.

3231 (344 b). Oraison || fvnebre, || sur la mort de || Monsieur de Ronsard, || Par I. D. Perron Lecteur de || la Chambre du Roy. || *A Paris,* || *Par Federic Morel Impri-* || *meur ordinaire du Roy.* || M.D.LXXXVI [1586]. || Auec Priuilege dudict Seigneur. In-8 de 130 pp. de 22 lignes et 1 f.

VI. 6. 1

Le titre est orné de la petite fontaine de *Fed. Morel*. Cette marque diffère de celles que Silvestre a reproduites sous les n°ˢ 569 et 570.

Au v° du titre est une épître « A monsieur, monsieur Desportes, abbé d'Orcillac, de Tyron et de Josaphat. »

Le dernier f. contient, au r°, un sonnet de R. Cailler, Poitevin, et, au v°, une liste d'errata intitulée *Advertissement*.

L'édition, que nous venons de décrire, est, semble-t-il, la seconde. La première édition (dont nous ne possédons qu'un exemplaire endommagé) n'a qu'un simple faux-titre ainsi conçu :

>❦ Oraison || funebre sur la mort || de monsieur de || Ronsard. || Prononcee en la || chapelle de Boncourt || l'an 1586. le iour de la feste || sainct Matthias. Elle compte 44 ff. chiffrés de 23 lignes à la page. Ni l'auteur ni l'imprimeur ne sont nommés.

Le texte est très différent de celui de la seconde édition. Jacques Davy du Perron, qui n'était pas encore engagé dans les ordres, mais qui avait déjà de grandes prétentions littéraires, a remanié son discours et supprimé diverses longueurs. Cf. *Revue des livres anciens*, II, pp. 333-341.

3232 (344 c). Oraison || fvnebre faicte aux || obseques de la Royne || mere du roy. || Par || Messire Regnault de Beaune, Patriarche, & Arche- || uesque de Bourges, Primat d'Aquitaine, En pre- || sence du Roy, de la Royne, de Madame la Princesse || de Lorraine, des Princes de Bourbon, Cardinaux, || Ambassadeurs, Prelats & autres Seigneurs & || Dames, à Blois le iiij. iour de Feurier, 1589. || *A Bloys,* || *Pour Iamet Mettayer Imprimeur du Roy,* || *et P. l'Huillier Libraire Iuré.* || M.D.LXXXIX [1589]. || Auec Priuilege du Roy. In-8 de 54 pp. et 1 f. blanc.

3233 (344 d). Oraison || fvnebre || faite sur le tres- || pas de Henry troisiesme || Roy de France & de Polongne, || prononcee en l'Eglise de S. Mede- || ric le 21. iour d'Aoust 1595. || Par M. Claude Demorenne, Curé de la- || dicte paroisse, & predicateur ordinaire || du Roy. || *A Paris,* || *Chez Iamet mettayer, & Pierre* || *l'Huillier, Imprimeurs & Libraires* || *ordinaires du Roy.* || 1595. In-8 de 54 pp. et 1 f. blanc.

Le titre porte la marque des imprimeurs, réduction de celle qui figure dans le recueil de Silvestre sous le n° 494.

Henri III avait été assassiné le 2 août 1589. Six ans s'écoulèrent avant qu'il fût possible de prononcer devant des Parisiens son éloge funèbre.

3234 (344 e). Oraison || fvnebre || Prononcee en la Court des Aydes, sur || le decez de feu Monsieur Oulier || Conseiller en icelle. || P. M. L. P. R. || *A Paris,* || *Chez Iamet Met-*

tayer, Imprimeur ‖ *ordinaire du Roy*. ‖ 1596. In-8 de 16 pp.

> Le titre porte la marque de *J. Mettayer*, réduction de celle que Silvestre donne sous le n° 494.
> Les initiales désignent le président Guillaume Rebours, dont le nom a été ajouté en toutes lettres par un lecteur du temps.
> Le conseiller Oulier, ou mieux Houllier, mort le 4 janvier 1596, était, croyons-nous, le fils du célèbre médecin Jacques Houllier, mort en 1562. L'Estoile fait de lui un grand éloge (éd. Jouaust, VII, p. 44).

3235 (388 *a*). Oratione ‖ di Fr. Francesco ‖ Panigarola, Minore ‖ osseruante, ‖ In morte, e sopra il corpo ‖ dell' Ill.ᵐᵒ Carlo Bor- ‖ romeo Cardinale di S. Prasseda, ‖ & Arciuescouo di Milano. ‖ *In Parigi,* ‖ *Per Federico Morello Stampa-* ‖ *tore del Re.* ‖ M.D.LXXXV [1585]. ‖ Con Priuilegio. In-8 de 32 pp.

> Le titre, entouré d'un filet, porte une petite marque de *Fed. Morel*, très voisine de celle que Silvestre a reproduite sous le n° 569.
> Carlo Borromeo, canonisé en 1610, mourut à Milan le 4 novembre 1584, et ce fut à Milan que Panigarola prononça son oraison funèbre. Cette pièce fut d'abord imprimée en Italie. Il en existe une édition de *Brescia*, 1585, in-4 (British Museum, 1370. d. 6 (1).). Une version française fut jointe, en 1611, à la *Vie de saint Charles Borromée* traduite de Gio. Batt. Possevino.

III. — Poésie.

2. — *Poètes latins.*

3236 (412 *a*). Catvllvs. ‖ Tibvllvs. ‖ Propertivs. *S. l. n. d.* [*Lyon, v.* 1505], in-8 de 152 ff. non chiffr., sign. A-E par 8, E par 4, A-D par 8, E par 4, a-h par 8, i par 6, car. ital., mar. citr., dor. fil., dos, coins et mil. ornés, tr. dor.

> Contrefaçon de l'édition aldine du mois de janvier 1502 (t. I, n° 412). On sait aujourd'hui que ces contrefaçons étaient exécutées à *Lyon* pour *Baldassarre da Gabiano* et *Bartolommeo Trotti*. Voy. Baudrier, *Bibliographie lyonnaise*, VII, p. 2 ; VIII, p. 410.
> Au v° du titre est l'épître d'Alde à Marino Sanuto ; au f. *F ij* v°, l'épître de Girolamo Avancio au même Sanuto.
> Le f. *i vj* est blanc au v° ; le f. *i vij* est complètement blanc, et le dernier f., blanc au r°, répète au v° les mots : *Catullus.* ‖ *Tibullus.* ‖ *Propertius.*

3237 (420 *a*). Carmen lugubre Philip- ‖ pi Beroaldi de dominice ‖ passionis die. Eiusdē pea ‖ nes siue canticum de lau- ǁ dibus diue virginis. Et ǁ viri prudentis officia : ab Ascensio diluci ǁ de explanata. — [Au r° du dernier f., au-dessous du titre courant et de 8 lignes de texte :] I B. S. l. n. d. [*Genève, v.* 1505], in-8 goth. de 24 ff. non chiffr., sign. *a-c*.

<small>Le titre est orné d'une figure qui représente le Christ en croix. Cette figure reproduit dans leurs traits généraux un bois employé par *Guillaume Le Roy*, à *Lyon*, vers 1490, et un autre bois dont s'est servi *Pierre Hongre*, dans la même ville, vers le même temps (Claudin, *Hist. de l'imprimerie en France au XV° siècle*, III, pp. 81 et 342). Il faut en rapprocher la figure dont nous donnons plus loin le facsimilé (n° 3299, p. 82).</small>

<small>Au v° du titre est une épitre de Josse Bade « religiosis admodum patribus Cornelio et Petro Axellensibus, observantissimis candidissimi atque solidissimi chartusianorum ordinis professoribus », épitre datée de la veille des saints Pierre et Paul (28 juin) 1503.

Le poème de Beroaldo, que la traduction de Marot a fait connaître, est imprimé avec larges interlignes pour recevoir des annotations manuscrites. Les commentaires de Josse Bade sont imprimés en petites lettres de forme très compactes.</small>

Les initiales qui terminent le volume sont celles de *Jehan Belot*, imprimeur à *Genève* :

Vir prudens.

[bloc gothique :] tvtqui contra pondus remittitur et quanto magis vt geritur tanto acrius insurgunt vt palma oneri superposito non enim deorsum sed sursum incuruatur. Addût preterea q̃ in ea parte in qua frondes habet fructum nullum ferat. Quemadmodum optimi viri non ad aurem popularem aut inanem ostentationes sed ocio virtuti amore virtutum amplectuntur. Et hec in huius opusculi dilucidantiunculam.

I B

Le v° du dernier f. est blanc.

3238 (420 c). AD || AMPLISSIMOS Polonorum || Legatos, Parisiorum vr- || bem ingredientes, || Io. Aurati Poetæ Regii || Prosphonetici Versus. || *Parisiis.* || *Ex Officina Federici Morelli Typographi Regij.* || M.D.LXXIII [1573]. || Cum Priuilegio Regis. In-4 de 4 ff. non chiffr.

1520 . I . 54

    Le titre porte la marque de *Féd. Morel* (réduction, avec variantes, de la marque donnée par Silvestre sous le n° 830).
    Au v° du titre sont trois distiques.
    Le poème, intitulé *Parodia virgiliana in novem musas distributa*, ne compte que 27 vers hexamètres Il est suivi de 4 épigrammes.
    Au v° du dernier f. sont les armes de Henri de Valois, roi de Pologne.

3239 (420 b). FATALIS || ET ADMIRAN- || DA Caroli Marchisii || Lotharingi Caroli Ducis || Lotharingiæ primogeniti || Genethlias. || Ioanne Tognartio Medico Argonensi || Authore. || Sequitur Fortuna || laborem. || *Rhemis,* || *Apud Ioannem de Foigny Illustrissimi Cardinalis* || *a Lotharingia Typographum.* || 1564. || Cum Priuilegio Regis. In-4 de 12 ff. non chiffr., car. ital.

IV . 2 . 49

    La devise qui se lit sur le titre est celle de l'imprimeur.
    Le v° du titre est occupé par une assez longue liste d'*Errata*.
    Le f. A ij contient trois distiques de Jean Tognart, de Clermont-en-Argonne, « Ad marchisium Lotharingum » ; sept distiques du même « Ad Carolum, ducem Lotharingiae », deux distiques « Ad lectorem », et quatre distiques « Ad Zoilum ».
    Le jeune prince était né le 8 novembre 1563. Il prit plus tard le nom de Henri sous lequel il est connu comme duc de Bar et duc de Lorraine.
    De la bibliothèque des frères mineurs de Bayeux.

3. — *Poètes français.*

3240 (525 *b*). Cy commance le petit et abregé volume du livre vulgairement intitulé L'AVEUGLE VOYANT, lequel, pour eviter prolixité, aux liseurs communement ennuieuse, sommairement a esté reduyt en procedure de certaines apparentes visions survenues consecutivement a celuy qui est auteur du present euvre, selon que par droite entente et veritable substance de la lectre facilement est donnee d'icelles l'exposition. Ms. in-fol. sur vélin de 20 ff. (haut. 300 ; larg. 220 mill.), 23 lignes à la page, miniatures (xvi⁰ siècle), relié en mar. r., fil., coins fleurdelisés, dos orné, tr. dor. (*Rel. du XVIII⁰ siècle.*)

Le titre reproduit ci-dessus est écrit en rouge au v⁰ du 1ᵉʳ f., puis vient un prologue ainsi conçu : « Prologue du livre prenant adresse a la tres-digne presence de la personne qui a bon droit a le nom merité d'estre dicte et clamee a perpetuité des excellentes souveraine, des illustres la parangonne, des accomplies la dominante, de laquelle le commun nom je remetz a entendre a la discretion et promptitude d'esperit des personnaiges a qui, par son aultroy, sera le pouvoir permis d'avoir lecture de la chose qui d'honnesteté les semondra les faultes passer en soubzriant sans correction ne excuse, metans le bien au registre de bonne volunté, le loz attribuans a celle en contemplation de laquelle a eu commancement et prendra fin. »

Le poème commence ainsi au fol. 2 :

    Aynsy que j'eux mys en avant la main
    Pour commancer a mon pouvoir humain
    Escripture de bon ordre proveue...

L'auteur décrit en sept visions les phases de la vie. Il termine par une ballade dont le premier vers (fol. 19 v⁰) est ainsi conçu :

    En tous endroitz homme sourd veut ouyr,

et dont le refrain est :

    De bon vouloir il n'est homme repriz.

Le volume se termine par un quatrain et un anagramme :

    L'aveugle va qui ne voit son chemin,
    Mais, si cas est que l'euvre en soit loué,
    Ce sera faict aumonne au pelerin
    En honorant le sainct on s'est voué.
    Metable la diré.
    Telos.

Le manuscrit, exécuté en très gros caractères et dont tous les bouts de lignes sont coloriés en bleu, en rouge et en or, est orné de neuf miniatures, occupant chacune à peu près la moitié d'une page. La dernière nous montre le poète offrant son ouvrage à une dame qui pourrait bien être Marie d'Albret, comtesse de Nevers, morte en 1549. On peut conclure des premiers vers d'un rondeau qui se lit au fol. 4 v⁰ que le nom de la dame commençait par *M*, et l'on trouve dans l'anagramme final : *Metable la diré* : Marie d'Allebret.

3241 (563 *d*). ☾ LES EPITAPHES ∥ faictes sur le trespas de messire Robert ∥ de la Marche seigneur de Floren ∥ ges mareschal de France et ∥ cheualier de lordre du ∥ Roy nostre sire. || ~ *Il est permis a Iehan Andre z Gilles* || *Corrozet faire imprimer et vendre ces epita* || *phes et deffences a to⁹ autres iusques a vng* || *moys prochainement venant. Faict le .viii.* || *iour de Ianuier. Mil. v.c.xxxvi* [1537, n. s.]. || *I. I. de mesmes.* In-8 goth. de 4 ff. de 26 ou 27 lignes à la page, sign. *A*.

Le titre est orné d'une petite figure :

Les epitaphes
faictes sur le trespas de messire Robert
de la Marche seigneur de Flouen
ges mareschal de France et
cheualier de lordre du
Roy nostre sire.

Il est permis a Iehan Andre z Gilles
Corrozet faire imprimer z vendre ces epita
phes et deffences a to⁹ autres iusques a vng
moys prochainement venant. Faict le. viii.
iour de Ianuier. Mil.v.c..xxxvi.
I.I. de mesmes.

Les *Epitaphes* sont au nombre de sept, savoir :

1° (fol. *A i* v°) Soubz ce tombeau gist ung corps qui a fait
                Honneur au bon(s) et au mauvais grant honte...
46 vers.

2° (fol. A ij)   Cy gist la fleur des nobles capitaines,
　　　　　　　　Qui a monstré ses puissances haultaines...
22 vers.

3° (fol. A ij v°)   Cy gist le fort, hardy et couraigeux,
　　　　　　　　Le magnanime et tresavantageux...
24 vers.

Cette pièce et les deux suivantes se retrouvent à la suite de la *Complainte de la ville de Peronne sur le trespas de feu le mareschal de La Marche, seigneur de Florenges* (Bibl. nat., Rés. p. Yc. 215).

4° (fol. A iij)   Les preux Rommains le triumphe ordonnoient
　　　　　　　　Aux deffendeurs des villes et citez...
24 vers.

5° (fol. A iij v°)   Princes, seigneurs et chevaliers de l'Ordre,
　　　　　　　　Quand vous verrez ce tombeau reluisant...
8 vers.

6° (fol. A iiij)   Faictes honneur, trompettes et clerons,
　　　　　　　　Fifres, tabours, lances, escus et armes...

7° (*ibid*)   Si a l'entour de [ce] cercueil on cherche
　　　　　　　　Quel est mon nom, c'est Robert de La Marche...

38 vers. — Le 12° vers, au bas du f. A iiij r° a été emporté par le couteau d'un ancien relieur.

3242 (572 a). Cy commensce la lovãge ∥ des dames. — [A la fin :] *Explicit la beaulte des fẽmes de troys ∥ en troys.* S. l. n. d. [*Lyon, vers* 1495], gr. in-8 goth. de 8 ff., dont les pages les plus pleines ont 26 lignes, sign. a, mar. citr., guirlande de feuillage à petits fers, dos orné, tr. dor. (*Trautz-Bauzonnet.*)

L'édition n'a qu'un simple titre de départ.
Comme on le voit dans le facsimilé ci-contre, on trouve au début du poème les huit vers dont il est parlé à l'article 572.
Les caractères sont ceux de *Jehan Syber* à *Lyon*. Ils se vérifient dans une édition du *Roman de la Rose* (Bourdillon, éd. B, pl. VIII). Le *g* minuscule présente seul une légère différence.
Le poème se termine, au bas du f. a *vij* r°, par le mot *Explicit*. Il est suivi (au v° du même f.) par un rondeau :

L'ennuy d'ennoy, femme [*lis*, semé] de pleurs,
Bordé de deuil et de foiblesse...

Vient ensuite la *Beaulté des dames* en 21 articles :

Troys longs : { long nez,
　　　　　　　long bras,
　　　　　　　corpsaige, etc.

Exemplaire de Renard (Cat., 1881, n° 548) et d'Alphonse Willems (Cat., 1914, n° 176).

3243 (578 c). La patenostre ∥ des verollez. Auec leur com- ∥ plaincte contre les me- ∥ decins. — [A la fin :] Amen. S. l. n. d. [*Paris, v.* 1520], in-8 goth. de 4 ff., dont la page la plus pleine contient 23 lignes, sign. A, mar. r., fil., comp., doublé de mar. r., dent., tr. dor. (*Bauzonnet-Trautz.*)

Cy commenſce la louãge des dames.
Meſoiſans creues de douleur.
Oyans la louange des dames.
A vous nappartient rien du leur.
Manldictz ſoyes de corps τ dames.
Fuyes vous en paillars infames.
Car comme la cire au feu font.
Auſſy la grant vertu des femmes.
Vous malices art et confont.
Dames ſont le iardin fertile.
Racine dumaine nature.
Larbre cõuenable et vtile.
De terrienne nourriture.
Dames ſont la doulce paſture.
Ou il cõuient tout homme paiſtre.
Et tout humaine creature.
Loger fructifier et naiſtre.
Dames ſont vng entretenement.
Du monde τ vng plaiſant ſecours.
Ung pillier vng ſouſtenement.
Ung treſmelodieux ſecours.
Dames ſont fleuues de doulceurs.
Une mer de toute plaiſance.
Le treſor des riches amours.
Et le viuier de ſouffiſance.

a.

Le titre est orné d'une figure qui représente un jeune homme parlant à un médecin :

La patenoſtre
⁌ des Veroſlez. Auec leur com-
plaincte contre les me-
decins.

Au v° du titre, une autre figure représente un groupe de personnages hommes et femmes, agenouillés devant la statue de Vénus.

La pièce commence ainsi :

> *Pater noster* tresglorieux,
> Nostre saulveur, comme je croy,
> N'oublie pas les veroleux
> Qui disent leur priere(s) a toy.

Montaiglon, *Recueil de Poésies françoises*, I, pp. 68-72.

Exemplaire du COMTE DE LURDE et du BARON ALPHONSE DE RUBLE (Cat., 1899, n° 159), le seul connu.

3244 (581 *c*). LES GRĀS REGRETZ || du prebstre fortune ||

> Ditez au logis dinfortune ||
> Par mal vouloir desordonne ||
> Remply de cruelle Rancune.

— Fin des regretz du prebstre fortune || Par Auarice. *S. l. n. d.* [*Paris*, vers 1530], in-8 goth. de 4 ff. de 23 lignes à la page pleine, sign. *A*.

Le titre est orné d'une figure qui représente « Le prebstre fortuné » :

Cette figure est empruntée au *Chasteau de Labour* de Pierre Gringore. Le poème commence ainsi :

> Helas! qui me provocqua ire
> Contre mon maistre et mon seigneur
> Pour endurer cruel martyre
> Qui me tire
> A cruelle angoisse et douleur ?...

L'auteur de cette complainte nous apprend lui-même qu'il est prêtre ; qu'il est venu à Paris et y a été reçu à bras ouverts par un maître du collège d'Autun ; mais que, poussé par la misère, il s'est jeté la nuit sur son bienfaiteur endormi, et l'a tué, ainsi que son serviteur ; aussi n'attend-il plus que le gibet, qu'il n'a que trop mérité.

3245 (606 a). L'ADOLESCENCE || CLEMENTINE. Aultrement, || Les œuures de Clemēt Ma || rot de Cahors en Quercy, Valet de chã || bre du Roy, faictes en son adolescence, || auec aultres œuures par luy composées, || depuis sa dicte adolescence. || Reueues & corrigées selon la copie de || sa derniere recongnoissance, oultre tou || tes aultres impressions par cy || deuant faictez. || ♣ || *On les vent a Anuers* || *en la maison de Iehan* || *Steels a l'escu de Bourgongne.* || M.D.XXXIX [1539]. In-8 de 120 ff. non chiffr., sign. *a-p* par 8. — La Svite || de l'Adolescen || ce Clementi- || ne reueue. || cest assauoir, || ❦ Les Elegies de ❦ || Clement Marot || Les Epistres differentes. || Les Chantz diuers. || Le Cymetiere. || Le Menu. || La Mort ny mord. — In-8 de 56 ff. non chiffr., sign. *A-G* par 8. — ❦ Le premier || Livre de la || Metamor- || phose d'Oui- || de, transla- || te de Latin || en Francoys || par Clement || Marot de || Cahors || en Quercy. || La Mort ny mord. || M.D.XXXIX [1539]. In-8 de 23 ff., sign. *H-K 7*. — ❦ Recveil || des Œuures Ie || han Marot illus- || tre poete Fran- || coys. || † || Contenant || Rondeaulx. || Epistres. || Vers espars. || Chants royaulx. — [Au r° du dernier f., au-dessous de la marque de l'imprimeur :] *Imprimé en Anuers, par Guillaume du mont* || *L'an apres la natiuité de Iesu Christ.* || M.D.XXXIX [1539]. In-8 de 121 ff., sign. *K 8-BB*. — Ensemble 4 part. en un vol. in-8, mar. br., fil. à froid, large dent. dor., coins et dos ornés, tr. dor.

Adolescence Clementine. — On trouve à la fin, à la suite du *Different de Beauté, Force et Amour* (fol. *p 4*), le *Huictain à deux cordeliers*, le *Dieu gard de Marot à la court*, le *Rondeau de Cleme[n]t faict dudit jeune poëte champestre* (fol. *p 5*), et l'*Epistre de la veue du roy et de l'empereur* (fol. *p 6 v°*).

Suite de l'Adolescence. — A la suite du *Huictain pour estrenne envoyé avecques un present de couleur blanche*, on trouve : *Dizain sus le propos d'une nouuellement mariee* (fol. *G 5 v°*), *Huictain* : *Le roy aymant la decoration...* (fol. *G 6*), *Dizain sus le dict d'un theologien*, *Epitaphe de Alys, fille de joye*, l'*Alphabet du temps present* (fol. *G 6 v°*) et les *Proverbes enigmatiques* : *Le souhet en suspens cueur soustient...* (fol. *G 7 v°*).

Œuvres de Jehan Marot. — *Le Voyage de Venise* est suivi du *Dictier presenté à monseigneur de Nassau* (fol. *AA 7 v°*), de l'*Ordonnance de perspective salutaire* (fol. *AA 8 v°*) et de l'*Enfer de Clement Marot*.

Le dernier f. ne contient, au r°, que la marque de *Guillaume Du Mont* (Silvestre, n° 184) et la souscription ; le v° en est blanc.

Exemplaire d'Ad. Gaiffe, acquis à la vente d'E. Stroehlin (Cat., 1912, II, n° 888).

3246 (621 *a*). ☙ Sermon notable || pour le iour de la || Dedicace. || ✢ ✢ || ☙ || Act. 17. || Dieu qui a faict le mõde/ ⁊

BELLES-LETTRES

toutes les || choses qui sont en iceluy, comme ainsi || soit quil soit Seigneur du ciel ɀ et de la || terre/ il ne habite point aux tem- || ples faictz de la main : ɀ nest || pas seruy par les || mains hu- || maines. || *Nouuellement imprime.* || 1539. — *Fin du Sermon de la* || *Dedicace.* S. *l.* [*Genève*], in-8 goth. de 8 ff. non chiffr., sign. *A*, mar. bl. jans., tr. dor. (*Trautz-Bauzonnet.*)

Voici la reproduction du titre :

**C Sermon notable
pour le iour de la
Dedicace.**

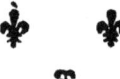

Act. 17.

Dieu qui a faict le mõde, q toutes les
choses qui sont en iceluy, comme ainsi
soit quil soit Seigneur du ciel q de la
terre, il ne habite point aup tem-
ples faictz de la main:q nest
pas seruy par les
mains hu-
maines.

Nouuellement imprime

1 5 3 9.

Les petits caractères gothiques employés pour l'édition sont ceux de *Jehan Michel,* imprimeur à *Genève.* Celui-ci avait obtenu du conseil de la ville, le 5 septembre 1539, la permission de publier le petit poème (voy. *Le Catéchisme de Calvin,* publié par Th. Dufour, p. 161).
Au vº du titre est un huitain *Au lecteur :*

    Ne croys, lecteur, ce grand troupeau tondu...

Le *Sermon,* qui compte 378 vers, commence ainsi (fol. *A* 2) :

    Terribilis vere locus iste.

    Peuple crestien, ce que j'ay recité
    Et proposé devant voz reverences....

Le poème a été composé et soumis à la censure des autorités de Genève en même temps que la *Bergerie* dont nous parlons à l'article précédent. L'attribution à Clément Marot ne paraît pas pouvoir être mise en doute. Brunet dit d'ailleurs (*Manuel*, V, col. 309) avoir rencontré un exemplaire du *Sermon* relié à la suite des Œuvres de Marot imprimées à Lyon par *Jehan Barbou* à la date de 1539.

M. R. Fromage a réimprimé le *Sermon*, d'après le présent exemplaire, dans le *Bulletin du Protestantisme français*, 1909, pp. 129-141. Un second exemplaire est conservé au musée Dobrée à Nantes (Catal., n° 247).

De la bibliothèque d'Ad. Gaiffe (vente d'Ernest Stroehlin, Cat., 1912, II, n° 896).

3247 (621 *b*). ❧ Berge- || rie. || Du bon Pasteur et du || mauuais, prins, & extraict du || dixiesme Chapitre de || sainct Iehan. *S. l. n. d.* [*Lyon?, vers* 1545], in-16 de 16 ff. non chiffr., sign. *A-B* par 8, réglé, mar. bl., jans., tr. dor. (*Cuzin.*)

Le premier mot du titre est placé dans un cartouche :

Au v° du titre est un *Dizain au lecteur* :

Lecteur bening, qui, selon conscience,
Poulx de ceste œuvre en verité juger...

La pièce commence ainsi, au f. A ij, après un bois qui représente un pasteur au-dessus duquel trône le Père céleste :

> Près de Paris, vostre grande cité,
> Sire, je fus, le karesme, incité
> D'aller aux champs entendre le propos
> Du bon Pasteur, aymant l'aise et repos...

Le volume est orné en tout de 12 figures. — Le v° du dernier f. est blanc.

Le *Sermon* imprimé pour la première fois par *Jehan Michel*, à *Genève*, en 1539, et censuré en mars 1543 (n. s.) par la Faculté de Théologie (voy. notre t. I, n° 108), avait paru dès 1541 à *Anvers*, avec le nom de l'auteur (voy. notre t. IV, n° 2737). Il fut réuni pour la première fois en 1596 aux œuvres de Clément Marot (voy. notre t. I, n° 614).

Exemplaire d'Ad. Gaiffe, provenant de la bibliothèque d'Ernest Stroehlin (Cat., 1912, II, n° 895).

L'EPISTRE
DE M. MALINGRE,
enuoyee a Clement Marot:
en laquelle est demandee
la cause de son depar-
tement de France.

Auec

La responce dudit Marot.

¶ Icy trouuerez vne louenge de France & des Bernoys, auec vn noble rolle
d'aucuns Francoys habitans en Sauoye,
& deux Epitaphes de Clement Marot.

Nouuellement imprimé
a Basle, par Iaq. Estauge,
ce 20. d'Octobre, 1546.

3248 (618 c). L'Epistre || de M. Malingre, || enuoyee a Cle-
ment Marot : || en laquelle est demandee || la cause de son

IV, 6, 135

depar- || tement de France. || Auec || La responce dudit Marot. || ☙ Icy trouuerez vne louenge de Fran- || ce & des Bernoys, auec vn noble rolle || d'aucuns Francoys habitans en Sauoye, || & deux Epitaphes de Clement Marot. || *Nouuel-lement imprimé* || *a Basle, par Iaq. Estauge,* || *ce 20. d'Oc-tobre,* 1546. In-8 de 12 ff. non chiffr., sign. *A* par 8, *B* par 4, mar. r. jans., tr. dor. (*Trautz-Bauzonnet.*)

<small>Nous donnons à la p. 45 la reproduction du titre.
Au v° du titre est un avis de *L'imprimeur au liseur.*
Le texte commence ainsi au f. A 2 :
M[athieu] Malingre en Jesus Christ salue
Clement Marot, poête de value...

L'*Epistre*, composée à Yverdon en 1542, a été réimprimée en 1868, par les soins d'Edwin Tross, d'après le présent exemplaire, le seul qui ait été signalé jusqu'ici.
Quant à l'imprimeur *Jacques Estauge*, il s'est fait connaître sous les appellations de *Parcus* et de *Kundig* ; mais son vrai nom paraît avoir été *Cadier*, ou *Quadier*. Il avait exercé à Lyon avant de s'établir à Bâle. Voy. un article de M. Alfred Cartier dans les *Mélanges offerts à M. Emile Picot*, 1913, I, pp. 307-313.
De la bibliothèque d'AD. GAIFFE (vente d'ERNEST STROEHLIN, 1912, II, n° 898).</small>

3249 (623 a). LES REGRETZ || D'amours faictz par vng amant, dict || le desconforté. Contenant le mal & || le bien des femmes, avec plusieurs || enseignementz donnez audit || desconforte, contre folle || Amour. || ☙ Ausquelz est adiouste le dard de || ialousie. Ensemble lhystoire de la- || mour parfaicte de Guisgardus & || Sigismonde, par laquelle est || contenu la fin D'amour || estre souuent varia || ble. Le tout fort || ioyeulx & re- || creatif. || Franc et loyal. || 1539. — [Au v° du dernier f. :] ❧ *Fin des Regretz d'amours* || *Nouuellement imprimez a Paris par* || *Alain lotrian, demeu-rant en la* || *rue neufue nostre Dame a* || *lenseigne de lescu de* || *France*. Pet. in-8 de 76 ff. non chiffr., lettres rondes, sign. *A-I* par 8, *K* par 4, v. f., dent., dos orné, tr. marbr. (*Rel. du XVIIIe siècle.*)

<small>Le titre est entouré de quatre fragments de bordure.
Au v° du titre sont trois distiques latins au lecteur.
Les vers ont pour auteur ANTOINE PRÉVOST, de Valréas, qui s'est nommé sur le titre de la première édition, imprimée par *Jehan Lambany* à Lyon en 1529.
Le volume s'ouvre par une ballade primitivement adressée à Jehan Dra-guignan, seigneur de Rioms, dont le nom a été supprimé ici. Cette ballade est signée de la devise : *Ton vouloir est le mien*, devise qui se retrouve dans *La Fleur de toute joyeuseté*. Le poète raconte ses amours malheu-reuses avec une dame dont il n'a pas craint, au début, de nous révéler le nom dans un acrostiche : Jehanne de Vesc, d'une des premières familles du **Bas-Dauphiné**.</small>

Les Regretz sont suivis de trois pièces, savoir :
1° (fol. *G iiij* v°). *Le Dard de Jalousie* :

> Ung jour d'esté que Flora tapissoit...

2° (fol. *G vij* v°). *Traicté recreatif de l'amour de Guisgardus et Sigismunde*, [traduction en vers du roman *De duobus amantibus* de Leonardo Bruni, dit Aretino, par Jehan Fleury] :

> Tancredus fut des Solerniciens...

3° (fol. *I viij* v°). *Epistre d'ung amant, envoyee a sa dame par maniere de reproche* :

> Cueur trop cruel, plus dur que n'est le marbre...

Cette pièce avait été imprimée à part vers 1530 (Montaiglon et Rothschild, *Rec. de Poésies françoises*, XI, pp. 192).

Le volume a fait l'objet d'une intéressante notice de M. Louis Loviot, qui en a décrit cinq éditions (*Revue des livres anciens*, I (1913), pp. 153-165).

Il est orné de 27 figures assez grossièrement gravées. Au v° du dernier f., au-dessous de la souscription, est la marque d'*Alain Lotrian* (l'écu de France).

3250 (627 a). ❧ S'ensvyvent sept Epistres de nouueau corrigées, esquelles a este adioustée vne Epistre au lecteur par le correcteur. ❧ Plus vne autre Epistre adioustee a madame de S. Vallier madame Françoyse de Poulignac par le dict correcteur. Ms. in-4 sur papier de 151 pp. (haut. 180 ; larg. 127 mill.), xvi° siècle, v. f., dos orné, tr. marbr. (*Rel. du XVIII° siècle.*)

Le titre est inscrit dans une composition architecturale dessinée à la sépia. En haut sont les armes mi-parties de Saint-Vallier (d'azur à six besans d'or, au chef d'or) et de Polignac (d'argent à trois fasces de gueules). Les armes sont accompagnées de cette sentence : « *Prenés l'armeure de Dieu, affin qu'au grand jour resistiés, et ayans tout faict soyés fermes.* Aux Ephe[siens]. » Au-dessous de ces mots : *par le correcteur*, une main moderne a ajouté le nom de celui-ci : Favre.

Les sept épîtres sont les sept premières pièces de la *Suyte des Marguerites* de Marguerite d'Angouleme, reine de Navarre.

Les pp. iii-vi sont occupées par une remarquable épître de « l'escrivain correcteur au lecteur ». Il y est dit que la révision a été faite par ordre de Mme Françoise de Polignac, dame de Saint-Vallier ; que cette révision a eu pour but de faciliter la lecture. Non seulement certains mots ont été remplacés par des mots d'une intelligence plus facile, mais l'orthographe a été modifiée. Les apostrophes, les cédilles et les accents ont été introduits dans le texte ; les voyelles élidées dans la mesure du vers ont été marquées d'une virgule transversale, enfin la ponctuation a été de même améliorée. La reine de Navarre était encore vivante quand cette révision fut faite, car le correcteur s'excuse auprès de l'auteur pour le cas où ce manuscrit lui tomberait sous les yeux.

La première Epistre commence à la p. viii ; elle est précédée des armes de Mme de Saint-Vallier, entourées de cette devise : *O fol, pance, craincts Dieu*.

> Est il ennuy qui soit au mien semblable,
> Est il travail si fort intollerable ?...

Suyte des Marguerites, 1547, p. 76.

La seconde Epistre (p. xxv) :

> Las ! oseray je ou escrire on parler
> Du grand ennuy que tant je veux celer ?...

Ibid., p. 86.

La tierce Epistre (p. xliiii) :
>Je sentz pour moy la raison si tresforte
>Que je n'ay point eu pœur d'ouvrir la porte....

Ibid., p. 98.
La quarte Epistre (p. lxiiii) :
>O quel ennuy, quelle peine et douleur,
>Quel desespoir, quel desplaisant malheur....

Ibid., p. 109.
La quinte Epistre (p. lxxix) :
>O vous, ma dame et m'amyc et maistresse,
>Pour qui j'ay eu tant de joyc et tristesse...

Ibid., p. 120.
La sexte Epistre (p. lxxxxviii) :
>Un si grand bien se peust il bien comprandre ?
>Un tel honneur se sçauroit il entendre ?...

Ibid., p. 131.
La septiesme ou derniere Epistre :
>Certain je suis, ma-dame sans pitié,
>Vou la cruelle et grande inimitié...

Ibid., p. 145.
A la p. cxliii est une répétition des armes de Mme de Saint-Vallier, placées dans une jolie arabesque.
Le volume se termine par l'*Epistre adjoustee pour ma-dame de Sainct Vallier, ma-dame Françoyse de Poulignac.*
>*Inscription d'icelle :*
>Humble salut Jehan Favre envoye
>Par cest escript qu'il met en voye...

L'Epistre commence ainsi :
>Le plus gran bien que je trouve a toute ame
>Si est souvent lire livres, ma-dame...

Jehan Favre, dont le nom nous est révélé par la dernière pièce, était un ami de Rabelais et un adhérent de la Réforme. En tête du *Tiers Livre de Pantagruel*, de l'édition de Valence, Claude La Ville, 1547, in-16, on trouve de lui un dizain au lecteur (voy. notre IV, n° 3202). Il est aussi l'auteur d'une traduction en vers français des Psaumes 108 et 113 (*ibid.*, n° 2737, p. 4).
Ce manuscrit porte l'ex-libris du comte Richard de Vesvrolte : Il a en dernier lieu appartenu à H. Destailleur (Cat., 1891, n° 1049) et à Ernest Stroehlin (Cat., 1912, II, n° 903).

3251 (647 *a*). Les Divins || Oracles de Zoroastre, ancien Philosophe || Grec, Interpretez en Rime Francoise, par || Francois Habert de Berry, Auec vn || Commentaire moral sur led' Zoroastre, || en poesie Francoise, et Latine. || Plus la Comedie du Monarque, et || autres petis œuures. ||
>Ce que Terre produict, est subiect à trespas, ||
>La vertu vient du Ciel, & mortelle n'est pas. ||

A Paris, || *De l'Imprimerie de Philippe Danfrie, et* || *Richard Breton, Rue sainct Iacques,* || *à l'Escreuisse.* || M. V^c. Lviij [1558]. || Auec priuilege du Roy. In-8 de lvj ff. chiffr., impr. en caractères de *Civilité*, mar. r., fil., dos orné, tr. dor. (*Rel. du XVIIIe siècle.*)

Au v° du titre est un onzain de « Pierre Habert, escriuain à Paris, aux lecteurs ». Celui-ci fait l'éloge du livre, puis il ajoute :
>Outre cela, tu verras a loisir,
>Dont receuras double contentement,

BELLES-LETTRES

Les traicts nouveaux d'une françoise letre
Que cy devant Paris n'a sceu permettre
Aux bons esprits la voir aucunement.

Il faut donc croire que ce volume est le premier qui ait été imprimé à Paris avec les caractères de *Civilité*, ou *lettres françaises*, que venait de graver *Robert Granjon*. Celui-ci s'était établi à Lyon, et avait cédé l'usage de ses nouveaux caractères à *Ph. d'Anfrie*, à Paris, et à *Amé Tavernier*, à Anvers, qui eux-mêmes les vendirent à d'autres.

Les *Oracles* sont accompagnés d'un *Commentaire moral* en vers français (f. vj v°) et d'un autre commentaire en vers hexamètres latins (f. xij v°).

La pièce principale du recueil est la *Comedie du Monarque*, dont les personnages sont : le Monarque, Pasiphile, flatteur, Bon Zele, precepteur du monarque, Sappho, femme impudique, Bacchus, Verité et Atropos (fol. xxj-xxxviij). Nous avons décrit précédemment une moralité facétieuse qui paraît avoir été composée vers 1535 par le même François Habert : *La cruelle Bataille et Paix du glorieulx sainct Pensard* (t. IV, n° 3021).

Le volume est complété par un certain nombre d'épigrammes, de sonnets, ou d'odes adressés à des personnages qui étaient sans doute les protecteurs du poète, savoir :

Aubigny (d'), lieutenant particulier de Cognac en Angoumois, f. xviij v°.
Bertrand, « thresorier du roy », f. liij.
Bertrand (Jean), lieutenant criminel de Paris, f. xlix v°.
Bouchetel (Guillaume), seigneur de Sacy, conseiller et secrétaire des commandements du roi ; *Deploration sur sa mort*, f. xxxix.-xlviij.
Carles, « secretaire de monseigneur le prince de Conde », f. lij v°.
Charpillet (François), Lyonnais, f. lij v°.
Du Bourg (Claude), seigneur de Guérigné, chevalier, conseiller du roi et trésorier de France établi à Riom, f. ij.
Fontenay (de), secrétaire du roi de Navarre, f. lj v°.
Frélu, général de Lyon, f. l.

Garnier, Parisien, receveur des tailles, f. lj v°.
Godefroy, conseiller du roi au Châtelet de Paris, f. l v°.
Granval (Claude de), « maistre d'hostel de ma dame la duchesse d'Aumale », f. liiij v°.
L'Enfant, « secretaire de monseigneur le cardinal de Lorraine », f. liij v°.
Lucé (de), « secretaire de monseigneur le prince de Ferrare », f. lj.
Lupin, « conseiller en la court de parlement », f. lij.
Maniquet (Hector), « secretaire de ma dame la duchesse de Sainct Paul », f. lj.
Oger (Guillaume), « procureur au Chastellet de Paris », f. liij.
Saint-Marcel (Jean de), seigneur d'Avanson, président du grand conseil, f. xlix.

La dernière pièce, écrite en prose latine, est adressée « Ad illustrissimum virum, dominum Voscum, regium supplicum libellorum magistrum, de viris hujusce tempestatis illustribus doctissimisque oratoribus et clarissimis philosophis, professoribus ac poëtis ». Habert y cite : Guillaume Budé, Galland, Pierre de La Ramée, Carpentier, principal du collège de Bourgogne, Salignac, Pierre Danès, Hector, précepteur du prince de Lorraine, Clément Marot, Saint Gelais, Pierre de Ronsard, Joachim Du Bellay et Olivier de Magny.

Exemplaire du DUC DE LA VALLIÈRE (Cat. par De Bure, n° 3130), de CH. NODIER (Cat., 1844, n° 417), de DESBARREAUX-BERNARD (Cat., 1879, n° 353) et de HENRY HOUSSAYE (Cat., 1912, n° 30).

3252 (655 *ter*). ❧ REMONSTRANCE ‖ au peuple Françoys, de son ‖ deuoir en ce temps, ‖ enuers la Maiesté ‖ du Roy. ‖ A laquelle sont adioustez troys Eloges, ‖ De la paix, ‖ De la trefue, ‖ & ‖ De la guerre. ‖ *A Paris*, ‖ *Chez André Wechel, rue sainct Iean de Beau-* ‖ *uais, à l'enseigne du*

I. 3. 36

cheual volant. || 1559. || Auec priuilege du Roy. In-4 de 14 ff. mal chiffr. (le f. *C iiij* n'étant pas compris dans le numérotage), car. ital.

<small>Par Guillaume Des Autels.</small>

<small>Cet exemplaire, qui porte la signature de François Rasse des Neux, chirurgien à Paris, 1559, est semblable aux exemplaires portés sous les n°⁸ 655 et 2882. Il fait partie du recueil décrit sous le n° 3257.</small>

3253 (655 a). ☛ Le Miroer || des Francz Taulpins, || Autrement ditz Antichristiens, & de la || nouuelle alliance du tresmiserable & re || prouué Luther, precurseur du filz de || perdition, Faict & composé sur les || contradictions d'iceluy, & de || tous ses faulx supportz, en la || foy deffectueux. || Auec priuilege. || ☛ *On les vend à Paris, en la grand' salle* || *du palays, au premier pillier, par Iehan* || *André, Libraire iuré de l'vniuersité*. || 1546 [1547, n. s.]. Pet. in-8 de 48 ff. non chiffr., sign. A-F, réglé, v. f., fil., comp., dos orné, tr. dor. (*Rel. du XVIᵉ siècle*.)

<small>Au v° du titre est une épître de l'auteur, Artus Desiré « A tresreverend pere en Dieu, monseigneur, monsieur d'Angers [Gabriel Bouvery] :</small>

<small>Noble prelat, pasteur de Jesuchrist,
Confutateur du mauldict Antechrist...</small>

<small>Le poème commence ainsi au f. *A ij* :</small>

<small>O vous humains qui passez par la voye,
Arrestez vous, afin que chascun voye...</small>

<small>Toute la pièce reflète la rage d'un fanatique tristement célèbre.
Au r° du dernier f. est un extrait du privilège accordé à *Jehan André* pour deux ans le 22 mars 1546 avant Pâques [1547, n. s.].
Au v° de ce même f. est la marque du libraire (Silvestre, n° 128) et la date de 1546.
On lit sur le titre de cet exemplaire le nom de Baccio Bandinelli, « academico Spensierate, detto il Ripercosso », le célèbre sculpteur et peintre florentin, né en 1487, mort en 1559. On y voit en outre la signature de Giorgio Moretti. La reliure porte les emblèmes du dauphin : deux dauphins affrontés, séparés par un sceptre fleurdelisé, dans lequel est passée une couronne.
De la bibliothèque d'Ernest Stroehlin (Cat., 1912, II, n° 906).</small>

3254 (660 a). Le Siecle || d'or. || ❧ || Et autres Vers diuers. || *A Lyon,* || *Par Iean de Tournes.* || *Et Guillaume Gazeau* || M.D.LI [1551]. In-8 de 230 pp., réglé, v. v., fil, dent., dos orné, tr. dor. (*P. Ducastin*.)

<small>Par Bérenger de La Tour.</small>

<small>Le titre porte la marque de *Jean de Tournes* (Silvestre, n° 187). — Au v° du titre est la table.
Les pp. 3-6 sont occupées par une épître « A monseigneur, monsieur de Bresé, evesque de Viviers », datée d'Albenas le 1ᵉʳ mai 1551.</small>

BELLES-LETTRES

Le corps du volume, imprimé en caractères italiques, contient :
1° *Le Siecle d'or*, en 71 strophes de six vers, pp. 7-22 :

> Avant moymesme, avant l'homme formé,
> Un vil chaos en soy tenoit fermé...

A la fin, la devise : *Souspir d'espoir*.
2° *Lamentations de Jeremie, en vers liriques*, 115 quatrains, pp. 23-43 :

> En mondaine affection
> Ne soit vostre ame endormie...

3° *Chants royaux*, au nombre de 4, savoir :

> *a* (p. 43). Le hault tonnant, qui de soy prend essence...
> *Refr.* L'astre esclairant l'un et l'autre hemisphere.
> *b* (p. 45). Au propre lieu de Thebes en Boëce...
> *Refr.* L'hideux serpent de qui chacun ha crainte.
> *c* (p. 48). L'architecteur plein de grand artifice...
> *Refr.* La seule tour non subjette à ruine.
> *d* (p. 51). Jadis on vit sus les monts de Judee...
> *Refr.* L'agneau mourant pour le salut du monde.

4° *Chant elegiaque de la republique sus la mort de hault et magnanime prince, François, premier de ce nom...* :

> Si les souspirs qu'en l'air j'ay espandus...

Voy. notre t. IV, n° 2884.
A la suite sont trois épitaphes (p. 65) et le *Cantique de Chrestienté* (p. 66).
5° *Epistres* (p. 76).
6° *Chansons* (p. 96).
7° *Elegies* (p. 119).
8° *Epigrammes* (p. 141).
9° *Conference de deux demoiselles [Anne et Claude], etc.* (p. 192).
10° *Marques de fol amour* (p. 196), *Marques d'amour honneste* (p. 200), *Marques d'amour divin* (p. 205).
11° *Blason du Miroir* (p. 211) :

> Heureux miroir, ô miroi bienheureux...

12° *Epitaphes* (p. 219).
Voici la liste alphabétique des personnages auxquels Bérenger dédie des vers :

Anne, femme aimée du poète, pp. 141, 192.
Artafel, p. 168.
Balazu : épitaphe, p. 222.
Balazu (Jean de), p. 156.
Balazu (Lyon de), p. 155.
Bellergua, « docteur es lois », p. 153.
Benoit (Jaques), marchand, p. 161.
Bertrand, « quart president à Tholose », p. 144.
Borne (François de), « abbé de Charaix », p. 151.
Brezé (Simon de Maillé de), évêque de Viviers, pp. 3 (épître), 141.
Brun, « Pratellois », p. 84.
Cabanes (Claudin de), p. 161.
Claude (peut-être Claude de Gabriac), amie du poète, p. 192.
Crussol ([Antoine]), pp. 141, 145.
Crussol (Louise de Clermont, femme d'Antoine de), pp. 96, 156.
Des Undes (Mlle), p. 148.
Du Besset (Jeanne), p. 76 : épitaphes, p. 219.
Du Chambon (Jean et Jacques), « enfans de grande amour et lettres », p. 183.

Du Faur (Les trois freres) : « monsieur l'abbé de la Case Dieu, monsieur le Tiers President et monsieur le Juge Mage de Tholose », p. 143.
Du Moulin ([Antoine]), « Masconnois », p. 160.
Durand, « lieutenant, Tholosan », p. 159.
Du Tornoër, « conseiller du roy à Tholose », p. 146.
Esprit, « fuyant la peste », p. 185.
Gabriac (Claude de), p. 150.
George, « pendu et anathromisé à Montpellier », p. 225.
Ysabeau : épigrammes satiriques contre elle, pp. 147, 149, 152, 166, 172, 177, 178, 183.
Ysnard : coq-à-l'âne à lui adressé, p. 86.
La Conche, « Dalphinois », p. 167.
La Croix, oncle du poète, p. 174.
La Faye, « licencié es loix », p. 192.
La Perrière (Guillaume de), p. 168.
— Pièce traduite de lui, p. 217.
Larnas (de), p. 157.

Las (de), « de Leytoure », p. 187.
La Val (Olimpie de), « sa maistresse d'alliance », p. 83.
Leugière (de), p. 77.
Lorme (Janet de) : épitaphe satirique, p. 221.
Loudun (Le baron de), frère du baron de Mireval, p. 160.
Marguerite d'Angoulême : épitaphes (deux pièces dont l'une est traduite du latin de Guill. de La Perrière), p. 217.
Mireval (Le baron de), frère du baron de Loudun, p. 160.
Montauruol (Jaques de), « enfant de grande spectation, à la cité de Tholose », p. 180.
Montréal (Les damoiselles de), p. 81.
Mont-Vert (de), « medecin qui le guerit d'une maladie », p. 165.
Pierre (Mlle) des Angelins, « Bourdeloise », p. 160. — Épitaphe, p. 219.
Rignaud (François) : épitaphe, p. 223.
Roberti, « Dalphinois, sus la devise : *Ne trop ne peu* », p. 163.
Thresorier (Les trois frères) : épitaphe satirique, p. 212.
Vayrenc (de), « licencié es lois », p. 165.
Valeton (Marguerite de), p. 220.
Villars (Le comte de), « vy roy à Tholose », p. 154.

Exemplaire de J.-L.-A. COSTE (Cat., 1854, n° 800).

3255 (660/ *a*). LES PROPOS du ‖ vray chrestien, re ‖ generé par la Parolle, & ‖ par l'Esprit de ‖ Dieu. ‖ Par M. Francois Guilletat. ‖ Rom. 7. b. ‖ Sans la Loy le peché estoit mort. Et quelque temps ‖ il viuoye sans loy. ‖ Item, Gal. 3. b. ‖ Christ nous a racheté de la malediction de la Loy, ‖ quand il a esté fait pour nous malediction. ‖ *A Geneue.* ‖ *Par Philbert Hamelin.* ‖ 1552. In-8 de 20 ff. lim. et 32 pp., notes marginales. — DISCOVRS ‖ chrestien sur les ‖ conspirations dressées contre ‖ l'Eglise de Christ, fait en for- ‖ me d'oraison. ‖ Par M. François Guilletat. ‖ Pseau. 20. b. ‖ Les vns se fioyent en chariotz, & les autres ‖ en cheuaux : mais nostre souuenance a ‖ esté du nom du Seigneur nostre Dieu. ‖ *A Geneue,* ‖ *Par Philbert Hamelin,* ‖ 1552. In-8 de 47 pp. — Ens. 2 part. en un vol. in-8, mar. r., fil., dos orné, tr. dor. (*Rel. du XVIIIe siècle.*)

Propos. — Les 19 ff. qui suivent le titre sont occupés par une épître en prose « Aux lecteurs ».
Le poème, écrit en vers octosyllabiques, commence ainsi (p. 1) :

    O Eternel, helas, combien
    Grief m'est le faiz de mon offense !...

Discours. — Les pp. 3-9 contiennent une épître « Aux lecteurs », dans laquelle l'auteur nous donne de précieux renseignements biographiques.
Le *Discours* est écrit en vers de dix syllabes ; en voici le début :

    Or est ton peuple en divers lieux et pars,
    O Souverain, pour ton sainct nom espars...

Il est suivi de 5 petites pièces, savoir :
1° (p. 38) *Priere du matin et Action de graces de la nuict passée* à *Dieu le createur ; et est sur le chant de :* Leve le cœur, preste l'oreille :

    O Dieu de vertu nompareille,
    Qui as fait la nuit et le jour...

2° (p. 40) *Priere du soir, quand on va se coucher :*

    Christ, du monde unique lumiere,
    Du chrestien le jour et clairté...

3° (p. 41) *Priere devant le repas*.

> O seigneur Dieu, du monde createur,
> Nous, grans pecheurs, te prions d'humble cœur...

4° (p. 42) *Action de graces après le repas*.

> C'est bien raison que te rendions
> Graces, Seigneur, nous, pleins de vices...

5° (p. 44) *Cantique que chanta le mesme auteur, François Guilletat, sur le chemin en allant à Strasbourg, lequel fut par luy achevé à Mets en Lorraine le lundy vingt quatriesme de may 1546. Et se chante sur le chant du Pseaume 14* :

> Quand Israël hors d'Egypte sortit
> Et de Jacob sa maison se partit...
>
> Vous qui portez reverence au grand Dieu,
> Chantez de luy en toute place et lieu...

François Guilletat, licencié ès lois, originaire de Gien, arriva comme réfugié à Strasbourg le 30 mai 1546 ; il y passa dix-sept mois au sein de l'église française dont Jean Garnier était le pasteur. D'après une note de M. Théophile Dufour, il fut admis à l'habitation à Genève le 4 septembre 1551. Il était encore dans cette ville en 1558. On le trouve ensuite à Beaune (1559), puis à Chalon-sur-Saône (1561).

Ce volume provient de la bibliothèque d'ERNEST STROEHLIN (Cat., 1912, II, n° 904).

3256 (680 *b*). DISCOVRS AV ROY ‖ sur la trefue de ‖ l'an M.D.LV. ‖ Par Ioach. du Bellay Ang. ‖ *A Paris,* ‖ *De l'Imprimerie de Federic Morel, rue S. Ian* ‖ *de Beauuais, au Franc Meurier.* ‖ M.D.LVIII [1558]. ‖ Auec Priuilege du Roy. In-4 de 6 ff. non chiffr., sign. *A*.   I.3.36

Le titre porte la marque de *Féd. Morel* (Silvestre, n° 830).
Le v° du titre est occupé par un sonnet :

> Le ciel, voulant tirer d'une rigueur cruelle...

Il n'y a pas d'extrait du privilège.
La pièce, qui fait partie du recueil décrit sous le n° 3257, porte la signature de FRANÇOIS RASSE DES NEUX, chirurgien à Paris, 1558.

3257 (681 *bis*). EPITHALAME sur ‖ le mariage de Tresillustre ‖ Prince Philibert Emanuel, Duc ‖ de Sauoye, et Tresillustre Prin- ‖ cesse Marguerite de France, sœur ‖ vnique du Roy, et Du- ‖ chesse de Berry : ‖ Par ‖ Ioach. du Bellay Angeuin. ‖ *A Paris,* ‖ *De l'imprimerie de Federic Morel, rue S. Ian* ‖ *de Beauuais, au franc Meurier.* ‖ M.D.LV.IIII [1559]. ‖ Auec Priuilege du Roy. In-4 de 14 ff. non chiffr., sign. A-C par 4, D par 2, car. ital., mar. r. du Levant, fil., dos orné, tr. dor. (*Rel. du XVII*e *siècle*.)   I.3.36

Double du n° 2898.
Le titre porte la marque de *Féd. Morel* (Silvestre, n° 830).
Au v° du titre est un avis « Au lecteur », où il est dit : « Cest *Epithalame*, ou chant nuptial, est chanté par trois vierges natifves de Paris, filles de Jan de Morel, gentilhomme ambrunois, et de damoiselle Antoinette Deloïne, sa femme, couple non moins docte que vertueux. Les noms des trois vierges sont : Camille, Lucrece et Diane, etc. »

Le poème est suivi (fol. *D i v°*) d'un sonnet et de deux distiques latins de J. Du Bellay et (fol. *D ij*) d'un sonnet et d'un distique latin de Charles de Utenhove, Gantois.

Au v° du dernier f. est un extrait du privilège général accordé au poète le 3 mars 1557.

Outre l'*Epithalame*, le volume que nous décrivons contient les pièces suivantes :

2. Discours au Roy sur le trefve de l'an M.D.LV. Par Joach. Du Bellay, 1551 (n° 3256).
3. Entreprise du Roy Dauphin pour le tournoy soubz le nom des chevaliers advantureux. A la Royne et aux dames. Par Joach. Du Bellay, Ang., 1558 (n° 3258).
4. Louange de la France et du Roy Tres-Chrestien Henri II. Ensemble un Discours sur la Poësie. Au Roy. Par Joach. Du Bellay, Ang., 1560 (n° 3259).
5. Chant pastoral de la Paix, par R. Belleau, 1559.
6. Remonstrance au Peuple françoys de son devoir en ce temps, envers la Majesté du Roy... [Par Guillaume Des Autelz.] 1559 (n° 3252).
7. L'heureux Partaige des excellens dons de la deesse Pallas, resignez du conseil et permission d'icelle au roy Henry second et a madame sa seur par le feu roy François, leur pere. Par M. G. Du Mayne, lecteur de ladicte dame, 1556 (n° 3263).
8. Le Laurier, dedié a Madame, seur unique du Roy, duchesse de Berry... Par M. G. Du Mayne..., 1556 (n° 3262).
9. Epistre en vers françois envoyee de Rome sur la venue de monseigneur le mareschal de Brissac... [Par G. Du Mayne.], 1556 (n° 3261).

Presque toutes ces pièces (les n°ˢ 1, 2, 5, 6, 7, 8, 9) portent la signature de François Rasse des Nœux, *chirurgien à Paris*, avec la date.

3258 (681 *b*). Entreprise du || Roy-Dauphin pour || le Tournoy, soubz le || nom des Chevaliers || aduanteureux. || A la Royne, & aux Dames. || Par Ioach. du Bellay Ang. || *A Paris,* || *De l'Imprimerie de Federic Morel, rue S. Ian* || *de Beauuais, au franc Meurier.* || M.D.LVIIII [1559]. || Auec Priuilege du Roy. In-4 de 14 ff. non chiffr., sign. *A-C* par 4, *D* par 2, car. ital.

Édition originale.

Le titre porte la marque de *Féd. Morel* (Silvestre, n° 830).

Au v° du titre est un extrait du privilège accordé à *Fed. Morel* le 3 mars 1558 (n. s.). La durée n'en est pas indiquée.

Le poème se termine par la devise *Flamma ferroque*. Il est suivi (fol. *B iij*) de l'*Entreprise de monsieur de Lorraine* et (fol. *B iiij*) d'*Inscriptions* pour le roi, la reine, le roi catholique, la reine catholique, le roi-dauphin, la reine dauphine, monsieur de Savoie, madame de Savoie, monsieur de Lorraine, madame de Lorraine, madame de Lorraine la douairière, le cardinal de Lorraine et le duc de Guise. Chaque inscription se compose de trois quatrains. Le recueil se termine par onze quatrains *Sur la paix et sur les mariages*, deux sonnets au roi, un sonnet à la reine-dauphine et un sonnet italien « All' illustrissimo card. di Lorena ».

Un avis de l'imprimeur, qui occupe le r° du dernier f., excuse l'auteur de les laisser paraître dans un moment de tristesse publique (alors que le roi Henri II venait de mourir), et prie le lecteur de les mettre « au ranc de tant de preparatifs de triomphe et de resjouissance qui pour ceste mesme occasion sont demourez inutiles ».

Cette pièce fait partie du recueil décrit sous le n° 3257.

3259 (681 *c*). Lovange de la || France et du Roy Tres- || Chrestien Henry II. || Ensemble vn Discours || sur la Poësie. ||

Au Roy. || Par Ioach. Dubellay Ang. || *A Paris,* || *Pour Vincent Sertenas, tenant sa boutique au Palais en la* || *gallerie par ou on va à la Chãcellerie : & en la rue neuue* || *nostre Dame à l'enseigne S. Iean l'Euangeliste.* || M.D.LX [1560]. || Auec Priuilege. In-4 de 8 ff. chiffr., car. ital.

<small>Le titre porte la marque de *V. Sertenas* (Silvestre, n° 1226).

Au v° du titre est un extrait du privilège accordé pour six ans à *Féderic Morel* le dernier jour de février 1560 (n. s.). Les caractères typographiques sont, en effet, ceux de *Morel*, qui dut partager l'édition avec *Sertenas*.

Cette pièce fait partie du recueil décrit sous le n° 3257.</small>

3259 *bis* (691 *bis*). ☞ CHANT PASTORAL || de la Paix. || Par R. Belleau. || *A Paris,* || *De l'imprimerie d'André Wechel.* || 1559. || Auec Priuilege du Roy. In-4 de 10 ff., car. ital.

I. 3. 36

<small>Cet exemplaire, semblable à celui qui est décrit sous le n° 691, porte la signature de FRANÇOIS RASSE DES NEUX, *chirurgien à Paris,* 1559. Il fait partie du recueil décrit sous le n° 3257.</small>

3260 (708 *a*). LE TOMBEAV || de tres-illu- || stre tres-ver- || tueuse et non iamais || asses loüée princesse Mar- || guerite de France duchesse || de Sauoie et de Berri || inscript || le tombeau de Minerue. || Par Marc Claude de Buttet || gentilhomme Sauoisien. || *À Anneci* || *Par Iaques Bertrand.* || cIɔ.Iɔ.Lxxv [1575]. In-8 de 8 ff. chiffr., car. ital. — IN OBITVM || Margaritæ Francisci Ma- || gni Gallorum regis filiæ || Emanuelis Philiberti Al || lobrogum et Subalpino- || rum principis coniugis in- || comparabilis elegia. || *Anecii Allobrogum* || *Excudebat Iacobus Bertrandus.* || cIɔ.Iɔ. Lxxv [1575]. In-8 de 3 ff. non chiffr. et 1 f. blanc. — Ens. 2 part. en un vol. in-8, mar. r., dos fleurdelisé, tr. dor. (*Trautz-Bauzonnet.*)

II. 7. 60

<small>*Tombeau.* — Le v° du titre est blanc.

Le r° du f. *A ij* contient un sonnet adressé au duc de Savoie.

Le *Tombeau* se compose de 23 sonnets suivis de la devise : Κέρας Ἀμαλθείας.

Le v° du dernier f. est blanc.

Elegia. — Le v° du titre est blanc.

Le poème se compose de 29 distiques. Il est suivi d'une épitaphe en 4 vers hexamètres et d'un distique signé : J. GESSEUS, Mauvesius [= JEAN DE LA GESSÉE, de Mauvesins].</small>

3261 (707 *b*). EPISTRE EN VERS || FRANCOIS, enuoyee de || Rome sur la uenue de Monseigneur || le Mareschal de Brissac. ||

I. 3. 35

Eñ laquelle sont contenues les louanges de la || saige, uer-
tueuse, & heureuse cõduicte du Roy || Henry deuxiesme,
en ces dernieres guerres. || Les raisons qui doyuent mouuoir
l'Italie, à esperer || plus de secours dudict seigneur Roy,
que de || tous les autres princes de la Chrestienté. || Aucuns
bien apparens presaiges de sa grandeur & || prosperité. ||
Auec le bon heur que la Royne porte au Roy. || & à tout le
Royaume de France. || *A Paris,* || *De l'Imprimerie de
Michel de Vascosan,* || *demeurant rue saint Iaques, à l'en-
sei-* || *gne de la Fontaine.* || M.D LVI [1556]. || Auec Priui-
lege du || Roy pour dix ans. In-4 de 16 ff. chiffr.

Par GUILLAUME DU MAYNE.
Le r° du 2° f., contient un avis de l'imprimeur « Aux Lecteurs ».
Au v° du même f. sont 20 vers décasyllabiques intitulés : *Un amy de
l'aucteur invite les nations voysines de la France à lire icy les louanges
du roy Henry deuxiesme.*
Les ff. 3-5 sont occupés par une épître (en prose) de l'auteur « A mon-
sieur Timoleon de Cossé, fils de monseigneur le mareschal de Brissac ».
Le poème, écrit en vers de dix syllabes, commence ainsi :

    Le Po, estant quasi jusqu'à la source
    Faict prisonnier, n'osoit prendre sa course...

Diverses notes sont imprimées en manchettes.

La pièce porte la signature de FRANÇOIS RASSE DES NEUX, *chirurgien à
Paris.* 1558. Elle fait partie du recueil décrit sous le n° 3256.

3262 (707 c). LE LAVRIER dedié || à Madame Seur unique || du
Roy, Duchesse de Berry. || Auquel sont traitees bien ample-
ment les louan- || ges de l'estude, & l'utilité qui en uient.
Et y sont || declairees les fables de la Nymphe Daphné & ||
Andromeda. || Par M. G. Du Mayne lecteur de || ladicte
Dame. || *A Paris,* || *De l'imprimerie de Michel de Vascosan,*
|| *demeurant rue saint Iaques, à l'ensei-* || *gne de la Fon-
taine.* || M.D.LVI [1556]. || Auec Priuilege du || Roy pour
dix ans. In-4 de 17 ff. chiffr. et 1 f. non chiffr.

Les ff. 2-5 r° sont occupés par une épître (en prose) « A Madame, seur
unique du roy, duchesse de Berry », en date de Paris le 7 novembre 1556.
Au v° du 5° f. est un avis « Aux lecteurs » dans lequel l'auteur fait
l'éloge des vers alexandrins, qu'il a choisis de préférence aux vers de dix
syllabes.
Le poème commence ainsi :

    Les poëtes ont mis Amour entre les dieux,
    Tenant sous son empire et la terre et les cieux...

Le dernier f. contient, au r°, un extrait du privilège accordé à Vascosan
pour dix ans en 1553. Ce privilège s'applique à la fois au *Laurier de
Madame,* au *Partage des dons de Pallas* et à l'*Epistre envoyee de Rome
sur la venue de Mgr. le mareschal de Brissac.*

L'exemplaire, qui porte la signature de FRANÇOIS RASSE DES NEUX, *chirurgien à Paris,* 1558, fait partie du recueil décrit sous le n° 3257.

3263 (707 d). L'ʜᴇᴠʀᴇᴠx Pᴀʀ- ‖ ᴛᴀɪɢᴇ des excellens dons ‖ de la Deesse Pallas, resignez du conseil & per- ‖ mission d'icelle au Roy Henry second ‖ & à Madame sa seur, par le feu ‖ Roy François leur pere. ‖ Par M. G. Du Mayne lecteur de ‖ ladicte Dame. ‖ *A Paris,* ‖ *De l'imprimerie de Michel de Vascosan,* ‖ *demeurant rue saint Iaques, à l'ensei-* ‖ *gne de la Fontaine.* ‖ M.D.LVI [1556]. ‖ Auec Priuilege du ‖ Roy pour dix ans. In-4 de 11 ff. chiffr. et 1 f. blanc.

I.3.36

Le f. 2 r° contient une épître en vers « Aux lecteurs ». — Au v° de ce même f. est une pièce en 16 vers adressée au roi Henri II « par un amy de l'aucteur ».
Le poème commence ainsi (fol. 3) :

> Le roy François, de Claude son espouse,
> Eut six enfans ; mais, comme Dieu dispose...

Les ff. 7-11 contiennent deux pièces à la louange de Timoléon de Cossé, fils aîné du maréchal de Brissac.

Cet exemplaire, qui porte la signature de Fʀᴀɴçᴏɪs Rᴀssᴇ ᴅᴇs Nᴇᴜx, *chirurgien à Paris*, 1558, fait partie du recueil décrit sous le n° 3257.

3264 (706 a). Sᴀᴛʏʀᴇs ‖ Chrestiẽnes de la ‖ cuisine Papale. ‖ *Imprimé par Conrad Badius,* ‖ M.D.LX [1560]. ‖ Auec Priuilege. Gr. in-8 de 131 pp., mar. r. jans., tr. dor. (*Thibaron.*)

II.7.5

Le titre, entouré d'un encadrement, porte la marque de *Conrad Badius* (Silvestre, n° 485), avec cette devise :

> Des creux manoirs et pleins d'obscurité
> Dieu par le Temps retire Verité.

Au v° du titre est un huitain *Aux caphars*.
Les pp. 3-5 sont occupées par une préface « Au lecteur ».
Les satires sont au nombre de huit. Entre la VII° et la VIII° se trouvent un *Colloque duquel sont interlocuteurs : monsieur nostre maistre Friquandouille, frere Thibaud et messire Nicaise* (p. 106), une *Complainte de messire Pierre Liset sur le trespas de son feu nez* (p. 119). Le volume se termine par un quatrain intitulé : *Escriteau sur la cuisine papale* (p. 129), un huitain *A messieurs Passe-Vent et Passe-par-Tout,* deux huitains *Aux cuisiniers* et *Aux rostisseurs* (p. 130), un dizain *De la defense de lire la sainte Escriture* (p. 131) et une *Epitaphe de messire Pierre Liset, preux et vaillant champion*.
L'auteur des *Satyres* est sans nul doute Cᴏɴʀᴀᴅ Bᴀᴅᴇ, bien que les délibérations du petit conseil de Genève ne le citent que comme imprimeur. Voy. *France protestante*, nouv. éd., I, col. 684.

Exemplaire d'E. Sᴛʀᴏᴇʜʟɪɴ (Cat., 1912, II, n° 1224).

3265 (706 b). Lᴀ Lᴇɢᴇɴᴅᴇ ᴅᴏʀéᴇ ‖ des Prestres et ‖ des Moines : ‖ *⁂* ‖ Descouurant leurs impietez secretes. ‖ Par A. Chanorrier. ‖ Ierem. II. ‖ O cieux, soyés esbahis sur ceste chose : ayés ‖ horreur, & soyez desolez grãdemẽt. ‖ *Imprimé l'an de grace* ‖ M.D.LX [1560]. S. l. [Genève],

IV.7.47

pet. in-8 de 8 ff. lim. et 80 pp., mar. v., fil., dos orné, tr. dor. (*Rel. du XVIII*ᵉ *siècle.*)

Le titre porte la marque de **Zacharie Durant**, imprimeur à *Genève* (Silvestre, n° 1075), avec cette devise française : *On n'allume point la chandelle pour la mettre sous le muy, mais sur le chandelier. Matth. V.*
Au v° du titre est un huitain de Chanorrier à sa *Legende* :

> Legende, sus, va-t'en droit à Paris,
> Va vistement, et sus chemin n'arreste ;
> Ne crain Du Prat, Divolé, ne Paris,
> N'Horry avec, qui pour bruler s'appreste...

Les ff. A *ij-Aiiij* r° contiennent une épître « Au lecteur » (en prose), datée « de Mensongier, ce premier jour de juing 1556 ».
A la suite est une *Preface* en vers qui commence au f. A *iiij* v° et occupe le reste des liminaires :

> C'est trop tardé, il faut que je m'avance...

La *Legende* est divisée en douze chapitres ; en voici le début :

> Je voudrois bien user de grand douceur
> Vous escrivant, pourveu que fusse seur...

Antoine Chanorrier, dit des Méranges, était pasteur à Massongy (ou Massongier), dans le Chablais, quand il écrivit ce poème. Il fut, peu de temps après, destitué par le gouvernement bernois pour avoir prêché sur la prédestination. Il devint alors pasteur à Blois, puis à Orléans. En 1572 il chercha un refuge à Genève, où il fut nommé ministre de l'hôpital en 1574. Deux ans plus tard il rentra en France et fut pasteur à Cluny.

Exemplaire d'E. STROEHLIN (Cat., 1912, II, n° 913).

3266 (746 a). DEVX || ECLOGVES || OV BERGERIES, || l'vne contenant l'institution, || puissance, & office || du bon Pa- || steur : || L'autre les abus du mauuais, & || monstrant que bienheu- || reux est qui a creu || sans auoir || veu. || Par F. D. B. P. || *A Lyon,* || 1563. In-8 de 19 ff. non chiffr. et 1 f. blanc, sign. *A-E* par 4, mar. r. jans., tr. dor. (*Trautz-Bauzonnet.*)

Les initiales sont celles de FERRAND DE BEZ, Parisien.
Le v° du titre contient un avis *Au lecteur,* où il est dit que Pan, le dieu des bergers, n'est pas le dieu des païens, mais le Dieu éternel, « car Pan vaut autant que Tout » : Christin, Christine, Pierre et André désignent Jésus-Christ, l'Église et les bons pasteurs.
Cet avis est suivi de 14 vers *Aux lecteurs chrestiens.*
Les ff. A *2-A 3* sont occupés par une épître *Au pasteur chrestien* :

> Pasteur chrestien, qui le proffit procures...

La première églogue a pour interlocuteurs : Christin, Christine, Pierre et André ; elle commence ainsi (fol. A *4*) :

> CHRISTIN.
> Trente trois ans y a que suis au parc venu
> Et que contre les loups l'ay tousjours soustenu...

La seconde pièce est précédée (fol. C *2* v°) d'un avis *Au lecteur,* où il est dit que le Pasteur messager représente Jean-Baptiste ; que Pan figure le Dieu éternel et que son fils est Jésus-Christ ; et que les trois pasteurs sont l'un chrétien, le second païen, et le troisième juif.
Les interlocuteurs sont en effet : Le Pasteur messager, le premier Berger, ethnique, le second Pasteur, juif, le troisième Pasteur, bon ou chrétien et le Fils de Pan. L'églogue commence ainsi (fol. C *3*) :

> LE PASTEUR MESSAGER.
> Il est temps de crier par desert et par bois
> Du supreme pasteur la venue ; ma voix
> Entendue doucq' sois...

L'auteur des *Bergeries*, Ferrand de Bez, n'a pas d'article dans *La France protestante*. Ce poète avait débuté, en 1548, par une traduction en vers de la cinquième Églogue de Virgile. Nous avons décrit précédemment ses *Epistres heroïques*, 1579 (t. I, n° 747).

Exemplaire d'ERNEST STRÖHLIN (Cat., 1912, n° 959).

3267 (746 *b*). EGLOGVE || DE DEVX BER- || GERS, || Demonstrant comme la ville de || Lyon a esté reduite à la Reli- || gion vrayement Chre- || stienne, par la pu- || re predication || de l'Euan- || gile. || *A Lyon,* || *Par Iean Saugrain.* || 1564. In-8 de 8 ff. non chiffr., sign. *A-B*, car. ital., mar. r. jans., tr. dor. (*Trautz-Bauzonnet.*)

Le v° du titre est blanc.
L'*Eglogue* commence ainsi (fol. *A 2*) :

> LE PREMIER BERGER.
> Escoute, viateur, où vas tu maintenant ?
> Quoy ? Fuis tu ton pays ? T'en vas tu, souvenant
> De tes belles maisons ? Pourquoy es tu tant triste ?...

Cette pièce peut avec grande vraisemblance être attribuée, comme la précédente, à FERRAND DE BEZ.

Exemplaire d'E. STROEHLIN (Cat., 1912, II, n° 918).

3268 (736 *b*). POEMES || CHRESTIENS || de B. de Montmeja, || & autres diuers || auteurs. || Recueillis et || nouuellement mis || en lumiere || Par Philippe de Pas. || *L'an* M.D.LXXIIII [1574]. *S. l.* [*Genève*], in-8 de 8 ff. lim., 286 pp. (la dernière cotée 268) et 1 f., mar. amar., fil., dos orné, tr. dor. (*Asper frères.*)

Les ff. *A ij-A iij* sont occupés par une épître de Philippe de Pas « A tresillustre prince, monseigneur Frederic comte palatin du Rhin, premier electeur de l'Empire », en date du 31 août 1574. Il y est dit que les pièces publiées dans le volume ont été recueillies « des mains des auteurs mesmes ou de leurs amis, les uns morts, les autres vivants ».
L'épître est suivie d'une *Descriptio simulacri Religionis in auro et gemmis opere elegantissimo*, 15 distiques de JOSEPH SCALIGER (f. *A iiij*) ; de la traduction en vers français de cette pièce par TH. DE SAUTEMONT (ff. *A iiij v°-Avj*) ; de 7 distiques *In effigiem auream Religionis D. Comiti palatino cum hoc poëmate oblatam*, signés J. S. Ch. [= JEAN SARRASIN, Charolais] (f. A vij) ; de l'*Epitaphe de B. DE MONTMEJA*, sonnet signé S. G. G. [= SIMON GOULARD, Senlisien] (f. A vij) ; de 4 distiques *In laudem Philippi Passi, horum poëmatum collectoris*, epigramma Jo. SARACENI, *Char.* (f. A vij v°) ; d'un sonnet « A Philippes de Pas », par P. ENOC (f. A vij v°) ; d'une *Ode* au même par TH. DE SAUTEMONT (f. A viij).
Les auteurs à qui les poésies sont empruntées sont au nombre de neuf. De ces auteurs les uns sont nommés en toutes lettres, les autres ne sont désignés que par des initiales. En voici un relevé alphabétique. Nous n'avons interprété les initiales que là où elles ne laissent aucun doute :
[BEZE (THÉODORE DE).] *Ode chantee au Seigneur* par T. D. B. :

> Las ! scray-je tousjours en moy..., pp. 52-54.

Du Lis (Samuel), pseudonyme de Simon Goulard : *Discours excellent escrit en vers grecs par Gregoire Nazianzene... contre les dissolutions des femmes fardees...* ; exprimé en vers françois, pp. 248-276, précédé (p. 247) de deux sonnets anonymes et suivi des *Regrets* et *Desirs de Gregoire Nazianzene* (pp. 276-286).

Goulard (Simon), Senlisien. *Imitations chrestiennes, Odes, Sonnets*, le tout signé S. G. S. (pp. 82-223).

Initiales :
A. J. *Meditation* (p. 78).
E. D. P. *Le Voyage de la Montagne* (p. 238).
J. G. [= Jacques Grévin ?]. *Ode* (p. 80).
L. M. *Complainte* et réponses (pp. 224-237). — Les mêmes initiales, désignant sans doute le même auteur, se trouvent à la fin d'un quatrain imprimé à la suite de l'*Epistre d'une damoiselle françoise sur la mort d'excellente... dame Leonor de Roye, princesse de Condé*, 1564.

Montméja (B. de). *Odes, Pseaumes, Sonnets*, etc. (pp. 1-51). On y remarque une *Elegie sur le trespas de madame de Roye*, [princesse de Condé] (p. 39) et deux pièces sur la mort de M. de Mazancourt (pp. 44-46).

Tagaut (J.). *Odes*.

L'éditeur du recueil, Philippe de Pas, qui appartenait à l'une des premières familles de l'Artois, avait été reçu en 1573 au nombre des diacres de l'église de Genève (Haag, *France protestante*, VIII, p. 148 b).

Exemplaire d'Ernest Stroehlin (Cat., 1912, II, n° 1233).

IV.9.2

3269 (746 a). La ǁ Sepmaine ou ǁ Creation du ǁ Monde de Guillaume ǁ de Saluste, Seigneur ǁ du Bartas. ǁ Reueuë & corrigé par l'Auteur. ǁ Auec Commentaires, Argumens, & Annotations, ǁ par Simon Goulard de Senlis. ǁ Le tout en meilleur ordre & forme qu'és ǁ precedentes Editions. ǁ *A Paris,* ǁ *Chez Michel Gadouleau, au Clos-* ǁ *Bruneau, à la Corne de Cerf.* ǁ M.D.LXXXIII [1583]. ǁ Auec Priuilege du Roy. In-4 de 14 ff. et 452 pp., car. ital. — La ǁ Ivdith de ǁ G. de Saluste, ǁ Seigneur du ǁ Bartas. ǁ Reueuë, & augmentee d'Argumens, Sommaires, ǁ & Annotations. ǁ A Madame Marguerite de France, ǁ Royne de Nauarre. ǁ *A Paris,* ǁ *Pour Michel Gadoulleau* [sic], *demeurant au clos-* ǁ *Bruneau, à la Corne de Cerf.* ǁ M.D.LXXXIII [1583]. ǁ Auec Priuilege du Roy. In-4 de 168 pp. — Ensemble deux part. en un vol. in-4, mar. r., fil., dos et mil. ornés, tr. dor. (*Hardy-Mennil.*)

La Sepmaine. — Le titre porte la marque de *M. Gadouleau* (Silvestre, n° 1097).

Les 4 ff. qui suivent sont occupés par une pièce latine signée Th. B. V. F. [= Theodorus Beza Vezelius fecit] ; deux distiques latins signés Th. G. A. (fol. ã ij) ; quatre distiques grecs rendus en un sonnet français, le tout par Jan de Serres (fol. ã ij v°) ; un sonnet de Simon de Campagnan et un autre de J. D. Ch. [= Joachim Du Chalard ?] (fol. ã iij) ; un sonnet signé : [J.] de Chambrun et un autre signé : G.'D. L. P., avec cette devise : *Laus viva Deo* (fol. ã iij v°) ; huit distiques latins signés : Annas Rulmanus ; un quatrain français de Jean Du Touret et de Rocque-Mantine, gentilhomme provençal ; un distique français de L. P. A. (fol. ã iiij) ; deux quatrains de [Roland Seigneur], sieur de Buissay ; trois distiques latins de Nicolas Bergeron, J. C. [= jurisconsulte] ; avec traduction en un huitain français par le même auteur (fol. ã iiij v°) ; un sonnet et deux quatrains de Pierre de Lostal, dont la devise est : *J'espere en respirant* (fol. ẽ i); un sonnet de B. Alizet et un sonnet signé : S. G. S. [= Simon Goulard, Senlisien].

Le f. ẽ ij est occupé par un avis du même Goulard « Au Lecteur ».

Les 10 ff. qui suivent sont remplis par l'*Argument*, l'*Histoire de la création*, l'*Indice* et l'*Extrait du privilege*.

Le privilège, daté du 11 février 1578, est accordé à Du Bartas. La durée n'en est pas indiquée. Le poète déclare en avoir fait cession à M. Gadouleau « jusques au temps finy et acomply ».

La Sepmaine, dont le succès fut extraordinaire, avait paru pour la première fois en 1578, peut-être même plus tôt. Les commentaires de Simon Goulard y furent joints à partir de 1582.

La Judith. — Le titre porte la marque de *M. Gadouleau*, comme ci-dessus. — Au v° du titre est le *Catalogue* des pièces contenues dans le volume : *La Judith, divisee en six livres, L'Uranie, ou Muse celeste* ([p. 118]), *Le Triomphe de la Foy, departi en quatre chants* ([p. 132]), *Poëme dressé pour l'accueil de la royne de Navarre faisant son entree à Nerac* ([p. 161]).

Les pp. 3-5 contiennent une épître « A madame Marguerite de France, royne de Navarre ». Chacune des trois premières pièces est accompagnée de sommaires et de notes marginales. *L'Uranie* est dédiée à Gabriel de Minut, seigneur de Castera ; *Le Triomphe de la Foy*, à Guy Du Faur, seigneur de Pibrac, conseiller du roi en son privé conseil, et président en sa cour de parlement à Paris.

Les pp. 165-168 sont occupées par la *Table*.

Les trois poèmes ici réunis (abstraction faite de *L'Entrée à Nérac*) sont les premières œuvres de Du Bartas ; ils avaient paru dès 1573, sous le titre de *Muse chrestienne*.

3270 (746 *b*). La || seconde || Sepmaine, || de || Guillaume de Salu- || ste Seigneur du || Bartas, || Reueuë, augmentee & embellie en diuers || passages par l'Autheur mesme. || En ceste nouuelle Edition ont esté adioustez l'argument || general, amples Sommaires au commencement de || chaque liure, Annotations en marge, & explica- || tions continuelles des principales difficultez du || texte, par S. G. S. || *A Geneue,* || *Pour Iaques Chouet.* || M.D.LXXXIX [1589]. In-12 de 12 ff. lim., [580] pp., 9 ff. non chiffr. et 1 f. blanc, mar. r., fil., dos orné, tr. dor. (*Hardy.*)

IV. 9. 38

Les ff. ¶ 2-¶ 7 r° contiennent un *Argument general sur les deux premiers jours de la Seconde Sepmaine*, signé : S. G. S. [= Simon Goulard, Senlisien]. — Les ff. ¶ 7 v°-¶ 11 r° sont occupés par *Divers Epigrammes à la louange du seigneur du Bartas* : quatre distiques latins de Jean Dorat, quatre autres de Federic Morel, P. T. R. [= primus typographus regius], trois pièces françaises d'Henri [III] Estienne, un sonnet de C. de Thouart, un sonnet de P. Del Bene, deux sonnets, une ode et un anagramme d'André Mage [de Fiefmelin] et un sonnet de S. G. S. [= Simon Goulard, Senlisien].

Les 3 dernières pages du cahier sont remplies par l'*Argument de la Seconde Sepmaine, pris de S. Aughstin*, et par le tableau des sept jours du poème, contenant environ 5.500 vers.

Les 9 ff. qui terminent le volume sont occupés par un nouueau sonnet de P. Del Bene, un sonnet de C. de Thouart « à monsieur l'abbé Del Bene » ; quatre sonnets d'A. Mage [de Fiefmelin] et une longue pièce de D. B. T. (ensemble 3 ff.) l'*Indice* et les *Fautes à corriger* (ensemble 6 ff.).

La Seconde Sepmaine avait paru pour la première fois à Paris, chez P. L'Huillier en 1584, in-4.

3271 (746 c). La || Svsanne de Didier || Oriet Escuier Lor- || rain, Portuois. || *A Paris,* || *Chez Denis du Val, au cheual volant,* || *rue S. Iean de Beauuais.* || M.D.LXXXI [1581]. || Auec priuilege du Roy. In-4 de 4 ff. lim. et 147 pp., mar. v. foncé, fil. et comp. à froid, dos et c. dorés, tr. dor. (*Capé.*)

> Au v° du titre est un extrait du privilège accordé pour neuf ans à *Denis Du Val* le 6 décembre 1580.
> Le f. ã *ij* contient une épître de l'auteur à sa sœur « madamoiselle, madamoiselle Susanne Oriet, femme de monsieur Renaut Go, citoien metzain, seigneur de Grozieus, Poully, Jeussy, La Grange au Bois, etc., et tresorier du roi ». Didier Oriet dit qu'il a voulu « mettre en avant le talent dont les muses l'auroient voulu douer » en composant un poème dont le nom de sa sœur lui a donné l'idée première.
> Au f. ã *iij* est un avis « Au Lecteur » où est exposé le plan de l'ouvrage.
> Le f. ã *iiij* est occupé par deux longues pièces latines anonymes.
> Le poème commence ainsi au f. 1 :
>> Saint celeste raion, qui sur ferme racine
>> Fondas le mont Parnass avec sa double eschine...
>
> Il se termine à la p. 144 par la devise : *Sic virtus sydera scandit.*
> Les pp. 145-146 contiennent une *Ode de Didier Oriet au seigneur Richard Chavenel, Lorrain, Portuois, son meilleur allié,* et la p. 147, une *Ode de Didier Oriet au seigneur Jean Raillard, Lorrain Spinalois, de present habitué à Sainte Marie aus Mines.*
> On a joint à cet exemplaire un f. autographe contenant un *Sonnet acrostiche* en l'honneur d'Esther Oriet, dont l'anagramme est : Riche Rosette. Cette pièce est datée de 1605.
> Exemplaire de la vente L. Potier (Cat., 1870, n° 870).

3272 (746 d). L'Vranologie, || ou le Ciel de Ian || Edouard du Monin PP. || Contenant, outre || l'ordinaire doctrine de la Sphere, plusieurs beaus dis- || cours dignes de tout gentil esprit. || A Monseigneur M. Philip- || pes Des-Portes. || Tome 4. || הַשָּׁמַיִם מְסַפְּרִים כְּבוֹד־אֵל || Psal. 19. || *A Paris,* || *Chez Guilhaume Iulien, pres le College* || *des trois Euesques, à l'Amitié.* || 1583. || Auec Priuilege du Roy. In-12 de 8 ff. lim., 209 ff. chiffr. et 1 f. non chiffr., car. ital., mar. bl. jans., tr. dor. (*C. Hardy.*)

> Le titre est orné d'une petite figure astronomique.
> Les initiales PP, jointes au nom de l'auteur, signifient : « poète philosophe ».
> L'indication « Tome 4 » indique la place que le volume occupait parmi les œuvres de l'auteur, après les *Adversaria* (1578), la *Beresithias* (1579) et les *Nouvelles Œuvres* (v. 1581).
> Au v° du titre est une table des principaux traités.
> Les ff. ã *ij-ã viij* r° contiennent une épître « A monseigneur, monsieur Philippes Des-Portes, tuteur unique des Muses et de leurs poursuivans ». Du Monin se dit, à la fin son « tres-devot ecolier ».
> Au f. ã *viij* v° sont quatre distiques latins de Jean Dorat et quatre distiques grecs de Nicolas Goulu, son gendre.
> L'*Uranologie,* écrite en vers alexandrins, est divisée en cinq livres.
> En tête du livre II (f. 29) est une dédicace, en distiques latins, suivie d'un sonnet à Antoine Séguier, lieutenant civil à Paris. Le livre III est adressé « A M. Antoine de La Baume, protonotaire du Perez, abbé de Baume » (f. 62). Le livre IV est dédié (f. 91) « A messieurs les regens et

BELLES-LETTRES

(non pedans) pedagogues de l'Université de Paris, et specialement ad *Jo. Magnum et Matth. Bossulum, fortissimos duos, atque adeo unicos literarii caeli atlantes* ». Le livre V, enfin (f. 126), est consacré « Au royal College de Bourgongne en Paris ».

Les pièces qui complètent le volume, pièces qui pour la plupart traitent de sujets astronomiques, sont dédiées à une foule de personnages, dont voici une table alphabétique :

Barberot (Jean), « excellent advocat de Gray », f. 189 v°.
Benoist (Frère), « Benedicti », f. 184 v°-185.
Bergeret (Louis), f. 209 v°.
Bertin, au sujet, « de mademoiselle sa maitresse, vue par l'auteur en l'eglise Notre Dame d'Amiens » (1583), f. 168 v°.
Bonvoisin (Jean), f. 172 v°.
Bourget (P.), sieur de Chaulieu, f. 173 v°.
Breteville (Nicolas de), gentilhomme rouennais, f. 162 v°.
Bridaut (Jules), jurisconsulte, f. 160 v°.
Camus (Pierre), Dijonnois, f. 174 v°.
Charbonnier (Jean), de Chalon-sur-Saône, f. 196 v°.
Charnière (Hélie de), gentilhomme manceau, f. 173.
Charon, sous-prieur des bernardins de Froidmont, f. 196 v°.
Chausse ([Jean]), f. 209 v°.
Chauverny (Nicolas de), de Vesoul, mort jeune, f. 181 v°.
Chavigni (Aimé de), « grand astrologue », f. 175 v°.
Clutin (Robert), bachelier en théologie, f. 159 v°.
Cordier (Jean), vers grecs, f. 185.
Cornu (Yves), f. 190 v°.
Courtois (Charles), médecin bourguignon, f. 162 v°.
Des Caurres (Jean), ou Caurreus, chanoine et principal d'Amiens, f. 159 v°. Cf. 185 v°.
Despautere (Jean) : épitaphe, f. 180.
Des Roches (Madeleine Neveu, dame) : dix distiques latins dont tous les mots commencent par P sur *La Puce de M*^{me} *Des Roches*, f. 184.
Dioneau (Jacques), « roial chirurgien », f. 161.
Du Monin (X.), frère cadet de Jan Edouard, f. 189 v°.
Du Pin (François), bachelier en théologie, f. 159 v°.
Gelai (Jean), f. 175 v°.
Giliabo (Mathieu), f. 209 v°.
Hallencourt (Susane de), f. 171 v°.
Henri III : *Remontrance* où l'auteur prouve que les poëtes sont privilegés touchant l'email et habits de soie communement defendus », ff. 197-203.

Herissi (Jean de), sieur du Pont, « gentilhomme phalesien », f. 161.
Initiales : J. P. [= Prévot?] L., f. 186 v°-187.
Jobert (Luc), f. 209 v°.
La Croix du Maine (François Grudé, sieur de), f. 175.
L'Avocat (Christofle), sieur des Feugères, f. 174.
La Martonie (Geofroid de), évêque d'Amiens, f. 164 v°.
Le Chevalier (Antoine), traducteur de Virgile, f. 188.
Le Chevalier (Robert), traducteur de Virgile, f. 188.
Levinstone (Alexander), Écossais, f. 188 v°.
Malartine (Jean de), f. 186.
Mathon (Philippe), de Salins, f. 190 v°.
Montfort (Claude de), « Monsfort », f. 182-183.
Moreau (Frère Antoine), bachelier en théologie, f. 183 v°.
Oravé (Honoré), f. 190 v°.
Othelin (François), gentilhomme bourguignon, f. 173 v°.
Perrot (Cyprian), ff. 173, 190 v°.
Petit (Jean), de Pontaudemer, f. 161 v°.
Prevot (Claudine), f. 177.
Raffar (Vincent), « Rafarius », f. 172 v°.
Ravand (J.) de Bocgrimot, f. 175.
Riolan (Jean), « segnalé philosophe et medecin », f. 159.
Roche (Antoine), « poëte amiennois », f. 187 v°.
Roche (François), « poëte amiennois », f. 187 v°.
Romieu (Jacques), f. 176.
Rouen (Jean de), Rouennais, f. 157 v°.
Rubentel (Mathurin), f. 175 v°.
Socour (de), probablement Saucourt, ou Soyecourt, f. 179.
Téard (Michel) de Barezc, jurisconsulte, f. 166.
Texier (Joachim), f. 190 v°.
Thou (Christophe de) : extrait de ses *Épitaphes*, f. 178.
Thuilhier (Henry), f. 162.
Thuilhier (René), f. 162.
Vomeni (Isabeau de), f. 176 v°.
Vurry (Jean-Edouard), f. 175 v°.
Willemin (Jean), médecin, écrit « Willevineus », f. 177 v°.
Zolinc (Frère Guillaume), f. 171.

Au f. 194 v° est un sonnet envoyé, de Rouen, à Du Monin par [Jessé] Hermier.

Au f. 203, sont deux distiques latins de Cyprien Perrot, « patric[ius] par[isiensis] ».

Le privilège, dont un extrait, non daté, occupe le f. 209 r°, est accordé à Du Monin et à son libraire *Guillaume Julien* pour six ans.

Du Monin, sur qui l'on peut consulter une notice succincte de M. Émile Picot (*Les Français italianisants*, II, pp. 229-240) était né à Gy en 1559. Ce fut un prodige. A dix-huit ans il connaissait la philosophie, les mathématiques, l'astronomie, composait des vers en français, en latin, en grec, en italien, en hébreu ; il prétendait surpasser Pic de La Mirandole. Ses connaissances, mal digérées, rendirent malheureusement son style obscur et souvent inintelligible. Il fut assassiné à Paris, dans son collège même, le 5 novembre 1586. Ce qui le recommande aujourd'hui à l'attention des érudits, ce sont les simplifications orthographiques pour lesquelles il fut un précurseur.

Exemplaire d'Ambr. Firmin-Didot (Cat., 1878, n° 317).

3273 (751 a). La || Philosophie || morale et ciuile, || Du Sieur de la Iessée. || Premiere Edition. || *A Paris,* || *Par Federic Morel, Imprimeur* || *ordinaire du Roy.* || M.D.XCV [1595]. || Auec Priuilege de sa Majesté. In-8 de 4 pp.

Le titre porte la Fontaine de *Frédéric II Morel* (Silvestre, n° 569).
Au v° du titre est un quatrain de Ph. d'Angennes, sieur du Fargis.
Les pp. 3-4 sont occupées par une épître « A messire Renauld de Beaune, patriarche archevesque de Bourges, primat d'Aquitaine, conseiller du roy en son conseil d'Estat, et grand aumosnier de France ».
La *Philosophie* se compose de deux parties contenant chacune 101 quatrains. Voici le premier quatrain :

> Apren sans honte, enseigne sans envie,
> Mais le sçavoir de l'homme bien-disant,
> Mais la valeur de l'homme bien-faisant
> A ne celer son auteur te convie.

3274 (755 a). Les || sept Livres || des Honnestes Loisirs || de Monsieur de la Motte Messemé, || Cheuallier de l'ordre du Roy, & Capitaine || de cinquante hommes d'armes des Or- || donances de sa Majesté. Intitulez chacun || du nom d'vn des Planettes. || Qui est vn || Discours en forme de Chronouiologie où sera verita- || blement discouru des plus notables occurrances || de nos guerres ciuiles, & des diuers || accidens de l'Autheur. || Dedié au Roy. || Plus, vn meslange de diuers Poëmes, || d'Elegies, Stances & || Sonnets. || *A Paris,* || *Chez Marc Orry, ruë sainct Iacques,* || *à l'enseigne du Lyon Rampant.* || 1587. || Auec Priuilege du Roy. — [A la fin, fol. 288 v° :] *A Paris,* || *De l'Imprimerie de Pierre Hury,* || *demeurant pres S. Hylaire,* || *à la Cour d'Albret.* In-12 de 12 ff. lim. et 288 ff. chiffr.

Au v° du titre sont les armes de François Le Poulchre, entourées du collier de Saint-Michel et accompagnées de cette devise : *Lenitati fortitudo comes.*

BELLES-LETTRES

Les ff. † ij-† vj r° contiennent une épître en vers au roi Henri III. — Les ff. † vj v°-† vij sont occupés par un *Advertissement au lecteur* (en prose) et par un sonnet.

Les 5 ff. qui complètent le cahier liminaire sont remplis par un sonnet de « monsieur DE PONS en Touraine et DE SAINT-BONNET [= CLAUDE D'ARGY], cheualier de l'ordre du roy et gentilhomme ordinaire de sa chambre » ; une ode latine de P. ANGLICUS BELSTATIUS, c'est-à-dire PIERRE LANGLOIS, SIEUR DE BELESTAT ; une ode latine de FRANÇOIS THORYS BELLION, traduite par lui-même en une ode française, et un sonnet du même.

Le f. Ai est occupé par un second titre ainsi conçu :
Les || Honnestes || Loisirs de Messire || François le Poulchre || Cheualier de l'Ordre du Roy Cappi- || taine de cinquante hommes d'armes || de ses Ordonnances, Seigneur de la || Motte Messemé. || *A Paris,* || *Chez Marc Orry, ruë sainct Iacques,* || *à l'enseigne du Lyon Rampant.* || 1587. || Auec Priuilege du Roy.

Le titre porte la marque de *M. Orry*, réduction de celle que Silvestre donne sous le n° 331.

Le poème principal, où l'auteur a recueilli assez confusément ses souvenirs des guerres civiles, remplit les ff. 2-228. Il est divisé en sept chants ou chapitres intitulés : *La Lune* (fol. 2), *Mercure* (fol. 21 v°), *Venus* (fol. 61), *Le Soleil* (fol. 109 v°), *Mars* (fol 129), *Jupiter* (fol. 157), *Saturne* (fol. 189). Il est suivi (fol. 229) des *Amours d'Adrastie*, recueil de 39 sonnets et 46 stances ; d'un *Meslange de vers d'amour*, composé de chansons, de stances et de sonnets (fol. 244), enfin d'un *Meslange de divers poëmes* (fol. 256).

Voici les noms des personnages à qui le sieur de La Motte-Messemé dédie ses vers :

Beaulieu (Mlle de), fol. 245 v°, 246.
Beauvau (Marguerite de), dame de Montereul et de Louppy en Lorraine, fol. 276.
Brisart, fol. 260.
Brisson ([Barnabé]), président, fol. 261 v°.
Brissonnet, fol. 265.
Brulart ([Pierre]), « secretaire d'Estat », fol. 256 v°.
Bueil (Loys de), seigneur de Racan, fol. 257 v°.
Chartier, fol. 261.
Guise ([Henri de Lorraine], duc de), fol. 256 v°.
[Harlay (Achille de)], « premier president », fol. 259.
[Hurault (Philippe), seigneur de Chiverny], chancelier, fol. 257 v°.
Joyeuse ([Anne duc] de), fol. 257.
Jumauville (Le seigneur de), fol. 259 v°.
Marion, fol. 261 v°.
Perreuse (Hector de), fol. 262.
Sainte-Marthe (Scévole de), « thresorier general de France », fol. 268.
[Sorbin (Arnaud)] de Sainte-Foy, évêque de Nevers, fol. 258.
Spifame, sieur de Buysseaux, conseiller, fol. 260.
Thou ([Christophe] de), président, fol. 261.
[Vaillant (Germain) de Guélis], abbé de Pimpont, fol. 288.

Le volume se termine par un sonnet de SCÉVOLE DE SAINCTE MARTHE (fol. 285 v°), une *Pindarelle* de DU FAUX-ROBIN, c'est-à-dire PASCAL ROBIN, SIEUR DU FAUX, une pièce latine signée : J. J. B. A. A., un sonnet anonyme, et les sonnets dédiés à Spifame, à Brisart et à Germain Vaillant de Guélis.

François Le Poulchre, qui prétendait descendre d'Attilius Pulcher, était né à Mont-de-Marsan en 1546 ; il avait épousé Philippe de Ludre, dont il parle au fol. † *vij* des *Loisirs*.

3275 (755 *b*). LES PREMIERS || EXERCICES POËTIQVES || de Ian de Vitel || Auranchois. || Contenant l'Hymne de Pallas, La prinse du Mont sainct Mi- || chel, L'imitation de deux idyll. du Grec de Theocrite, || Discours, Eclogues, Odes, Elegies, & Tombeaux. || A Tres-Illustre Prince et Reue- || rendissime Prelat Mõseigneur Charles de Bourbõ Cardinal || de Vandome, Archeuesque designé de Rouën, &c. || *A Paris*, M.D.LXXXVIII [1588]. || *Chez Estienne Preuosteau, demeurant au cloz* || *Bruneau, pres le puits Certain.* In-8 de 120 pp., 83 ff. chiffr. de [121] à 203, et 1 f. non chiffré, réglé, vél. bl., dos, mil. et coins ornés. tr. dor. (*Rel. du XVIe siècle.*)

Le titre porte la marque empruntée par *Est. Prevosteau* à son beau-père *Guillaume Morel* (Silvestre, n° 164).
La p. 3 est occupée par un sonnet au cardinal Charles de Bourbon.
La p. 4 contient trois distiques latins de JEAN DORAT et six distiques grecs de NICOLAS GOULU, son gendre. A la p. 5 sont deux pièces latines de CHARLES MALON, Parisien ; à la p. 6, un sonnet de P. BOUILLON D. B. ; à la p. 7, un sonnet de J[ACQUES] D[E] FONTENY, Parisien ; à la p. 8, un sonnet d'A. MELLÉ, de Laval.
D'autres vers adressés au poète se trouvent à la p. 120, en tête des *Odes* (quatrain d'ESTIENNE MARTEL) et au f. 200 r°, à la fin des *Tombeaux* (quatrain de ROBERT BERZIAU, gentilhomme parisien, et deux distiques latins de CARO. BERZEUS [= CHARLES BERZIAU], N. P.
Voici une table des personnages à qui Jean de Vitel a dédié ses œuvres, ou dont il a écrit l'éloge ou l'épitaphe :

Alençon (Pierre d'), « advocat en la cour de parlement à Paris », f. 145.
Angennes (Charles d'), « fils de monsieur de Rambouillet », f. 140 v°.
Bourbon (Charles de), « cardinal de Vandome, archevesque designé de Rouen, etc. », p. 9.
Brassier (Jan), « theologal de Bordeaux » (épitaphe), f. 179 v°.
Brassier (Jaques), « docteur es droits et advocat au parlement de Paris », père de Jean, f. 179 v°.
Brezay (Louys de), « evesque de Meaux », p. 91.
Brisson (Barnabé), « conseiller du roy en son conseil d'Estat et president en sa cour de parlement a Paris », p. 97.
Cenau, ou Cenalis (Robert), évêque d'Avranches, f. 149 v°.
Chandon (Jan de), « conseiller du roy en son conseil d'Estat », f. 134.
Du Bellay (Jan), sieur de La Chantelaye, f. 154.
Du Homme (Robert), seigneur du Menildray, f. 152 v° (sonnet à lui dédié), f. 165 v°, 166 (épitaphes en latin et en français).
Ferron (Les), sieurs de La Ferrière, f. 148 v°.
Groulart (Claude de), « conseiller du roy en son conseil d'Estat et premier president en sa cour de parlement de Rouen », f. 127 v°.
Guérin (Bertran), « Breton de Lambale », f. 196.
Guersens (Caïe Jules de), « seneschalus Rhedonensis aequissimus » (tombeau), f. 159 v°. — C'est l'auteur de la tragédie de *Panthée* (t. IV, n° 3023).
Guymarho (Bertran de), chanoine de Saint-Pierre de Vannes, f. 194 v°.
Harlay (Achille de), appelé « Du Harlay, conseiller du roy en son conseil d'Estat et premier president en sa cour de parlement de Paris », f. 121.
La Chambre (Aimé Jan de), « barron de Ruffey », f. 139 v°.
La Chattiere (M. de), f. 153 v°.
[La Moricière (François de)], seigneur de Viques, pp. 22-23.
Le Compte (Gille), « Avranchois », f. 143.
Louvel (Jan), « abbé de Mont-Morel » (tombeau), f. 171.
Mauclerc (Michel), « Parisien, bachelier en la faculté de Sorbone », f. 138 v°.
Musilac (Jaques de), « chanoine en l'eglise de sainct Pierre de Vennes et conseiller au siege presidial », f. 194 v°.
Pelée (Julian), « Angevin », f. 153.
Péricart (François), « evesque d'Avranches », f. 155.
Péricart (Georges), « evesque d'Avranches », p. 103 (églogue sur son entrée dans sa ville épiscopale); 149 v° (il est cité), f. 155 (tombeau).
Roscoët (Jan de), « in senatu Rhe-

donensi senator integerrimus » (pièces latines sur sa mort), f. 159 v°.
Rouen (Jan de), « precepteur de tres-illustre prince, monseigneur Charles, grand prieur de France », f. 166 v°.
Saint-Germain (Julian de), « abbé de Chally et confesseur de Sa Majesté », p. 63.
Sainct Quentin sur le Homme (Le seigneur de), f. 152 v°.
Simson (Simon), « chanoine de Sainct Quentin en Picardie », f. 137.
Thyriot (Jan), « Parisien, bachelier en la faculté de Sorbone » (tombeau), f. 196.
Thoulorge (Michel de), « lieutenant de Sainct Jan de l'Aulne en Bourgogne », f. 177 v°, 200 v°.
Viète (François de), « conseiller du roy et maistre des requestes ordinaire de son hostel », f. 135.
Viète (René de), « lieutenant du roy en l'election de Fontenay », f. 136.
Viques (Le seigneur de). Voy. La Moricière.
Vivien (Jan), « poëte angevin » (tombeau), f. 166 v°.

La pièce la plus intéressante du recueil est le poème intitulé : *Comment le Mont Sainct Michel fut surprins par les ennemis et après recouvré par le tres-belliqueux seigneur de Viques* (pp. 23-36). Ce morceau a été réimprimé séparément par Eugène de Robillart de Beaurepaire (Avranches, 1861, in-8).

Notre exemplaire, qui a fait partie des bibliothèques du COMTE D'AUFFAY (Cat., 1863, n° 265), de TURQUETY (Cat., 1868, n° 223) et de HERPIN (Cat., 1903, n° 236), provient en dernier lieu de la vente des livres de JULES LE PETIT (Paris, H. Leclerc, 23 avril 1917), n° 179.

3276 (755 b). PARADOXE || Que les aduersités sont plus necessaires || que les prosperités : Et qu'entre tou- || tes, l'estat d'vne estroitte prison est le || plus doux et le plus proffitable. || Par le Seigneur de Teligny. || M.D.LXXXVIII [1588]. || *Par Iean de Tournes* || *Imp. du Roy,* || *a Lyon.* In-8 de 47 pp., mar. v., fil., dos orné, tr. dor. (*Trautz-Bauzonnet.*)

Le seigneur de Teligny est ODET DE LA NOUE, fils du fameux capitaine François de La Noue, dit Bras de Fer.
Le titre, entouré d'un joli encadrement, est partiellement imprimé en lettres françaises, ou caractères de *Civilité* ; il porte la marque de Jean de Tournes (Silvestre, n° 884).
Les pp. 3-4 sont occupées par une épître (en prose) « A monsieur, monsieur de La Noue, mon pere ». Cette épître est datée du château de Tournai, le 23 novembre 1587.
Le *Paradoxe* commence ainsi (p. 5) :

   Bien qu'une opinion soit fausse et mensongere
   Aussi tost qu'on la void approuver au vulgaire...

Le poème est suivi de trois distiques latins signés A. D., *In Telignii versus* (p. 44), d'un sonnet de P. C. D. F. (p. 45), d'un sonnet de Jos. DU CHESNE (p. 46), de deux sonnets signés : J. DE CHAN.
Au v° du dernier f. est une nouvelle marque de Jean de Tournes (Silvestre, n° 191).
Exemplaire d'E. STROEHLIN (Cat., 1912, II, n° 930).

3277 (760 aa). DEVOTES || MEDITATIONS || chrestiennes, sur la || Mort & Passion de nostre Seigneur Iesuchrist : || Extraictes de l'Escriture saincte, par Monsieur || Dorron, Maistre des Requestes du Roy. || Et depuis mises en Vers François :

Auec plusieurs Prieres & Orai- || sons : Par Baptiste Badere Parisien, || Aduocat au Parlement de Paris. || Au Seigneur Balthasar de Grissac, || Lieutenant des Suisses de la Garde du Roy : Et Capi- || taine de quatre cens hommes de ladite Nation, en- || tretenue au seruice de sa Majesté. || *A Paris*, M.D.LXXXVIII [1588]. || *Chez François le Heudyer, au cloz Bruneau, ruë* || *Chartiere, aux trois Croissans*. || Auec Priuilege du Roy. In-8 de 6 ff. lim., 142 pp. et 1 f., vél. bl., fil., riche comp. dor., tr. dor. (*Rel. du XVI*[e] *siècle*.)

Le titre est orné d'une figure en taille-douce, représentant le Christ en croix entre les deux larrons.
Le f. ã 2 contient une épître de Badère « Au seigneur Balthazar de Grissac, lieutenant des Suisses de la garde du roy et capitaine de quatre centz hommes de laditte nation, entretenue au service de Sa Majesté ». — Au f. ã 3 r° est un sonnet du même au même, accompagné de la devise 'Εν τῇ σπουδῇ καὶ τῇ ἡρεμίᾳ ἡ φιλία. Au v° est un sonnet adressé à Grissac par CLAUDE DE MONGISON, Parisien, dont la devise est : *Invidiam virtus superat*.
Au f. ã 4 r° sont des *Vers acrostiches* « A la nation », signés seulement de la devise : *Stat inuicta fides*. L'acrostiche donne le nom de Baltasard de Grissac. — Au v° est un *Sonnet par ledit de Mongison à l'autheur, son amy*, accompagné de la devise : *Concordia res paruae crescunt, discordia maximae dilabuntur*.
Le f. ã 5 est occupé par une *Ode sur le suject des presentes Meditations, par le mesme de Mongison*. A la fin, la devise : *In otio negotium*.
Le f. ã 6 contient un *Dialogue de la doctrine qui nous est enseignée par le Crucifix*, signé : B. BADERE et accompagné de la devise : *Majorem charitatem nemo habet*. A la suite, *Quatrain sur la dignité de la Croix* par P. D. T.
A la p. 1 est encore un sonnet de *L'autheur au lecteur*, suivi de sa devise grecque et d'une traduction latine de cette même devise : *In studio et solitudine amicitia*.
A la p. 4 est un *Sonnet à l'autheur*, signé seulement de l'anagramme *J'estonne le ciel*.
Les *Meditations* sont écrites en sixains ou en quatrains ; elles sont suivies (p. 132) d'une traduction du *Veni Creator* et de sonnets pieux, dont l'un est signé : *Par* S. A. DESM. R. A. P.
Il ne nous a pas été possible de voir les *Meditations* originales de Claude Dorron. Le livre était déjà très rare en 1606. L'Estoile (éd. Jouaust, VIII, p. 233) dit, sous cette date, qu'elles sont fort belles, mais il ajoute qu'il « ne s'en recouvre point ».
Dorron est vraisemblablement aussi l'auteur des *Meditations avant et après la communion* mises en vers par le même Badère en 1595 (voy. notre t. IV, n° 2947).
Le dernier f. est occupé, au r°, par un avis du poète qui prie le lecteur d'excuser les fautes ; le v° en est blanc.
De la bibliothèque d'ERNEST STROEHLIN (Cat., 1912, n° 936).

3278 (759 c). TOMBEAV || de feu || Monsieur de || Giury, Maistre de || Camp de la Cauallerie || legere de France. || Dedié à Madame de Giury. || *A Paris,* || *Par Federic Morel, Imprimeur* || *ordinaire du Roy*. || 1594. || Auec Priuilege dudit Seigneur. In-8 de 39 pp.

Le titre est entouré d'un encadrement formé de quatre bordures.

Les pp. 3-14 sont occupées par une épître en prose « A madame de Givry », signée Du-Peyrat.

Le poète lyonnais a composé en l'honneur de son héros un sonnet (p. 15), des stances (pp. 17-24), des distiques latins (pp. 24-25) ; il a joint à son hommage un sonnet de Nuisement, c'est-à-dire Clovis Hesteau (p. 16), un distique latin de Fédéric Morel (p. 25), une *Complainte* de Ch. de Kerquifinen (pp. 26-28), dix distiques grecs de Nicolas Goulu et un de Fédéric Morel (p. 29), une pièce française de Gilles Durant [de La Bergerie] (p. 30), une pièce latine et une pièce française de Nicolas Richelet, Parisien (pp. 31-35), un distique latin de Fédéric Morel, quatre distiques latins et un distique grec de M. Charpentier [Carpentarius], une élégie latine et un sonnet français de J. Bougnier (pp. 38-39), un distique latin de Cl. Morel, un autre de Pierre de Nancel, de Tours, et un quatrain français de Nicolas Richelet (p. 39).

Au v° de la p. 39 est la marque de *Federic II Morel* (Silvestre, n° 507), avec cette devise grecque : Δύσμορον ὦον ἥτων γένος οὕς ἓν γράμμα κυλινδεῖ et, au-dessous, cette traduction latine : *Haec genus infelix hominum unica littera versat.*

3279 (763 *a*). Les || Abeilles, || et leur estat || royal. || A Monsieur le Prince. || Par Pierre Constant || Lengrois. || *A Paris*, || *Pour Philippe du Pré, Imprimeur* || *& Libraire Iuré, ruë des Amendiers*, || *à la Verité.* || cIɔ.Iɔ Ic [1599]. In-8 de 24 ff. chiffr., mar. r., fil., dos orné, tr. dor. (*Rel. du XVIII° siècle.*)

Le titre porte la marque de *Philippe Du Pré*, réduction, avec variantes, de celle qui porte le n° 360 dans le recueil de Silvestre.

Les ff. 2 et 3 r° contiennent une épître en prose « A monseigneur le Prince », suivie d'un psaume en vers.

Le v° du 3° f. est occupé par trois quatrains et un douzain, signés : E. Cholet, Lyonnois.

On trouvera un résumé de ce que l'on sait de Pierre Constant dans le *Recueil de pièces publié pour la Société des Bibliophiles françois par* M. Émile Picot, 1913, art. VIII.

Le poème consacré aux abeilles est écrit en vers alexandrins et commence ainsi :

> Je chante l'union et les divines mœurs
> De ces peuples volants qui traffiquent de fleurs.;.

Exemplaire imprimé sur papier gris, ayant appartenu au duc de La Vallière (Cat. par De Bure, n° 3209), à Mac Carthy (Cat., 1815, n° 2896) et à Huzard (Cat., III, n° 3817).

3280 (766 *a*). Le || Iardinet || de Poesie || de C. D. G. || *A Lyon*, || *Par Claude Morillon.* || M.D.C [1600]. || Auec permission. In-12 de 137 pp., car. ital., v. f., fil., dos orné, tr. dor. (*Rel. moderne.*)

Les initiales portées sur le titre sont celles de Christofle de Gamon. — Au-dessous est la marque de *Cl. Morillon*, qui manque au recueil de Silvestre.

Les pp. 3 et 4 contiennent des stances adressées au roi Henri IV.

Un avis « Au Lecteur » en prose occupe les pp. 5 et 6 ; il est suivi d'une épigramme.

Aux pp. 7 et 8 sont des stances de Ph. D. P. [= Philippe Des Portes] et de Du Pont, puis un quatrain de D. S.

Un portrait du poète, accompagné de la devise : *Virtus mihi carior auro*, et d'un quatrain de Ti. D. Ch. [= Timothée de Chillac], remplit la p. 9. La p. 10 est blanche.

La principale pièce du recueil (p. 11) est intitulée *Description des quatre saisons*. On trouve à la suite des stances adressées « à monseigneur le duc de Vantadour, [Anne de Lévis], pair de France et lieutenant general pour le roy en Languedoc » (p. 32), des stances « à monsieur Du Pont sur sa *Pandore d'amour* » (p. 51), *Le Coulombeau* « à monsieur Coulomb, lieutenant de bailly au pays de Vivarets » (p. 56), etc.

La p. 89 est occupée par un second titre ainsi conçu :
La || Mvse divine || de Christofle || de Gamon. || *A Lyon*, || *Par Claude Morillon.* || M.DC [1600]. || Auec permission.
Ce titre porte la marque dont il est parlé plus haut.
A la p. 91 est un avis « Au Lecteur » et, à la p. 92, un quatrain signé : Charles D. T.

La Muse divine contient diverses pièces d'un caractère religieux. Elle s'ouvre par un *Poëme tragique* adressé « à monsieur S. G. S. » [= Simon Goulard, Senlisien], et se termine (p. 137) par cinq distiques latins de N. Despotot.

Christophe de Gamon, qui exerçait la médecine à Annonay, était protestant. Nous avons précédemment décrit ses *Pescheries*, 1599 (t. I, n° 309) et cité des vers de lui insérés dans *Les Marguerites poétiques* d'Esprit Aubert, 1613 (t. I, n° 816) et dans l'*Histoire des Vaudois* de Jean-Paul Perrin, 1618 (t. II, n° 2030).

Exemplaire de Veinant (Cat., 1855, n° 524).

3281 (769 a). Poesie de || Dauid Iossier, || natif de Vitry le || François. || ❦ || Dans laquelle sont contenues || plusieurs instructions profitables || pour seruir à l'honneur de || Dieu, & à aimer ses prochains. || M.DCIIII [1604] *S. l.* [*Genève*], in-8 de 68 pp. et 2 ff. blancs, mar. bl. jans., tr. dor. (*Thibaron.*)

Les pp. 3-5 contiennent une épître de Jossier « A tresvertueuse et prudente fille Marie Varnier, bourgeoise de Vitry-le-François », en date de Vitry, le 29 avril 1603.
A la p. 6 est un avis « Au lecteur ».
Les pp. 7-8 sont occupées par un *Sonnet à l'auteur*, signé : Jean de Lannox, un quatrain d'Abraham Roussel, un quatrain de *L'auteur à sa muse* et une *Priere de l'auteur*.

Le corps du volume, imprimé en lettres de *Civilité*, contient des quatrains, des odes, des cantiques, des dizains, etc. A la p. 58 est le *Tombeau d'Anne de Colonis, damoiselle escossoise*. Viennent ensuite des sonnets « a monsieur le baron de Tirange », « à Jean de Verneuil, poëte françois » (p. 59), une épigramme « à Abraham Roussel » (p. 62), l'*Epithalame de Moïse Varnier et Magdelaine Morel*; l'*Anagrame de Marie Varnier* et une *Ode à elle-mesme* (p. 63), enfin diverses prières.

De la bibliothèque d'Ernest Stroehlin (Catal., 1912, II, n° 942).

3282 (778 a). Les || Estrenes || Royalles a tous || nobles & vaillans Cheualiers, Es- || cuyers, Seigneurs & Barons Chre- || stiens, & Catholiques François. || Par le Cheualier Chrestien, amateur || de l'Eglise Catholique, hors || laquelle n'y a nul salut. || *A Paris,* || *Par Guillaume Nyuerd Imprimeur & Libraire, te- || nant sa boutique ioignant le bout*

BELLES-LETTRES

du pont aux Musniers || *vers le grand Chastelet, au bon Pasteur.* || Auec Priuilege. S. d. [v. 1560], in-8 de 8 ff. chiffr., mar. br jans., tr. dor. (*Hans Asper.*)

Le titre porte les armes de France.
La pièce commence ainsi :

Les roys et tres-illustres princes
A ce jour de l'an volontiers
Aux plus vaillans de leurs provinces,
Saiges et loyaulx conseillers,
Donnent des presens singuliers...

Le poète termine en souhaitant à tous la vie éternelle.
L'auteur pourrait bien être le même que celui des *Estrennes chrestiennes à tous les estatz de ce royaume*, pièce de l'année 1561, qui paraît être de Calvi de La Fontaine, Parisien.

Exemplaire d'Ernest Stroehlin (Cat., 1912, II, n° 920).

3283 (782 a). ℂ Complaincte de || Germanie Faicte En ma- || niere Decho || en rhime || Françoyse. — [A la fin :] *M.D.Lij* [1552]. *S. l.* [*Paris*], in-4 goth. de 2 ff., impr. en grosses lettres de forme, mar. r. jans., tr. dor. (*Chambolle-Duru fils.*)

IV.6.80

La pièce n'a qu'un titre de départ, au-dessous duquel sont placés l'écu de France et les huit premiers vers.
L'impression est exécutée avec les grosses lettres de forme employées pour les missels. Nous donnons ci-après (p. 72) un facsimilé de la première page.
La composition compte trois huitains encadrant 21 vers qui sont accompagnés d'un écho. A la suite est la devise : *Sic erat in fatis*, puis viennent un distique latin sur Charles Quint, comparé à la montagne qui accouche d'une souris, et un avis aux lecteurs en français. Cet avis commence ainsi : « Mais [sic] amis, je vous ay bien voulu communiquer ce petit traicté faict en maniere d'echo en rithme françoyse, lequel a esté joué par deux personnages en la ville de Metz au commencement de ceste presente annee 1552, lequel traicté vous demonstre la pitié et misere du païs de Germanie a cause des guerres qui par cy devant ont tant vexé le païs... »
L'éditeur date de Paris, le 22° jour de mai 1552.

Exemplaire de M: Lebeuf de Montgermont (Cat., 1914, n° 271).

3284 (782 b). Le Trophée de la Parole || diuine victorieuse au pays bas, || au quel est chanté l'estat, & le changement || de la Religion, à la gloire de Dieu, || & à la confusiõ de ses ennemis. || Pseaulme 91. || Il ha cheminé sur le Serpent & Basilique, & il ha || conculqué le Lion & le Dragon. *S. l. n. d.* [*v.* 1562], in-8 de 4 ff. non chiffr., sign. A, car. ital., mar. br jans., tr. dor. (*Hans Asper.*)

II.7.64

Le texte commence ainsi, au v° même du titre :
Le Trophée de la Parole divine, victorieuse en ce Pays Bas. A monsieur V. C., gentilhomme G. et poëte tresinsigne.

Je ne veux plus chanter l'amour n'aucune fable
Ny consacrer ma muse a un dieu variable...

Complaincte de Germanie Faicte En maniere Decho, en rhüme Francoyse.

Ciel, terre, et Mer, qui rēdez tesmoignage
De mes tormens, de ma perte, & dommage:
Ouyr vous fault ma douloureuse plaincte.
Et toy mon Dieu, de ta montaigne saincte,
Doeil de pitie regarde les humains,
Et entre tous voy mes enfans Germains,
Leur doulx repos, vnion, & concorde
Sont amortis, & sans misericorde.

Le poète s'élève contre les cruautés de Granvelle, secondé par le bourreau Pierre Titelman. Il parle du comte Henri de Brederode et des gueux.

On trouve à la fin *L'Epitaphe sur la mort de cent et cinquante crapaux trouvés dans la cave du chasteau de Vrimursheim, avecq une grenouille et une taulpe ensemble enterrez audict lieu. Par V. C.*

> Cy gisent cent et cinquante papaux
> Transfigurez en forme des crapaux...

Le v° du dernier f. est blanc.

Exemplaire d'ERNEST STROEHLIN (Catal., 1912, II, n° 911).

3285 (788 a). LES ‖ EFFORTS ET AS ‖ SAVTS faicts et ‖ donnez à Lusignē la vigile ‖ de Noel, par Monsieur ‖ le Duc de Mōpen- ‖ sier Prince & ‖ Pair de Frāce. ‖ Lieutenant Gene- ‖ ral aux païs de Guienne. Et soub- ‖ tenus par Monsieur de Fron- ‖ tenay Prince de ‖ Bretaigne. ‖ *Imprimé nouuellement.* ‖ 1575. In-8 de 16 ff. non chiffr., sign. a-d par 4, mar. r. jans., tr. dor. (*Thibaron et Joly.*)

Au v° du titre est un sonnet « Au corps de feu Claude de Cousdun, seigneur de Chalié, de Forge, de Cheriné, de Lié, de Sainct Thibault, des Houches en Melle et de La Motte en Melle, gentil-homme aussi accompli que la France en ait nourri de son temps ». Ce sonnet est signé : P. G. S. D. L. C.

Le poème commence ainsi au f. a ij :

> Phœbus retrogradant commençoit la saison
> Des brouailleux frimatz, entrant en la maison
> Du signe decembral, et le froit Capricorne
> Chez luy le festoyoit selon la saison morne....

A la fin (f. c iv v°) sont répétées les initiales P. G. S. D. L. C.

La pièce est suivie de l'*Epitaphe de tous les mors de Lusignen, Melusine parlant,* quatrain par D. R. D. M. M.

Le volume se termine par un morceau intitulé : *Aux Muses en faveur de la noblesse qui estoit au siege de Lusignen* (f. d i) et par une épître « Au seigneur de Choupper ». Ces deux morceaux sont signés de la devise : *Ignoti nulla cupido.* Cette devise a été employée par PIERRE DES MIREURS dans *Le Tombeau de Marguerite de Valois,* 1551 (voy. notre tome Ier, n° 628, p. 443).

Quant aux initiales P. G. S. D. L. C., elles désignent peut-être P. G., sieur de La Coste, qui est nommé dans le poème.

Notre édition ne contient pas les sonnets qui terminent l'édition reproduite par Montaiglon (*Recueil de Poésies françoises,* VI, pp. 292-348).

Exemplaire d'ERNEST STROEHLIN (Cat., 1912, II, n° 922).

3286 (802 c). RECUEIL de poésies françaises du XVe et du XVIe siècle. Ms. in-4 sur papier de 46 ff. (haut. 195 ; larg. 144 mill.), bas.

Ce volume, écrit avec soin vers le milieu du XVIe siècle, contient les pièces suivantes :

1 (fol. 1). *Ensuyt une Declaration composée sur l'evangille* Missus, *par frere* GUILLAUME ALEXIS, *religieux de Lyre et prieur de Bussy.*

> Ainsy qu'on va seul, son ennuy passant
> Ung jour alloye a tout par moy pensant...

Œuvres poétiques de Guillaume Alexis, éd. Piaget et Picot, II, p. 41.

2 (fol. 16). *Ballade*.

> Throsne haultain et triclin virginal...
> *Refr.* Vivre en vertu et en foy bien mourir.

Ibid., II, p. 58.

3 (fol. 17 v°). *Rondeau*.

> Vueillent ou non les mauldictz envieulx...

Ibid., II, p. 60.

4 (fol. 18 v°). Sermon en prose. « *Benedictus Deus pater misericordiarum et totius consolationis qui consolatur nos...* Loué soit Dieu, pere des misericordes et Dieu de toutes consolations, qui nous consolle... »

5 (fol. 28 v°). *Oraison a Dieu* :

> O seigneur Dieu, mon pere, roy et maistre,
> Mon createur et ma vie et mon estre...

6 (fol. 29 v°). [*Neuvain.*]

> Prince eternel, qui congnoys nos miseres...

7 (fol. 30). *Epistre*.

> Puis que voz yeulx rempliz d'aultre lumiere
> Regardent droict a la beaulté premiere...

MARGUERITE D'ANGOULÊME, *Suyte des Marguerites*, p. 65.

8 (fol. 37). *Dixain(s)*.

> J'ay longuement senty dedans mon cœur...

MARGUERITE D'ANGOULÊME, *Dernières Poésies*, 1896, p. 368.

9 (fol. 37 v°). *Dixains* [lisez *Onzains*].

> *a.* Je tiens heureux l'œil qui peult regarder...
> *b.* Sy tost que j'eu dict « Le temps n'a pouvoir »...

Dernières Poésies, p. 369.

10 (fol. 38). [*Neuvain.*]

> Sy j'ay failly aymant ce que ne doy...

Ibid., p. 370.

11. [*Dixains.*]

> *a.* Amour, honneur ont eu debat ensemble...
> *b.* (fol. 38 r°). L'ung vit du feu, car tousjours est nourry...
> *c.* (fol. 39). Comme jaloux vous ne debvez porter...
> *d.* Plus j'ay d'amour, plus j'ay de fascherie...

Ibid., pp. 380-381.

12. [*Onzain.*]

> Vous m'avez dict que vous m'aimiez bien fort...

Ibid., p. 381.

13 (fol. 40). [*Dixain.*]

> Quand il a veu que sa meschanceté...

Ibid., p. 382.

14.

> La mort d'amour qui est la defflance,
> Le souspeçon, la double, experiance...

Ibid., p. 359.

15 (fol. 44). *Dixain* [lisez *Huitain*].

> Hors de propos se ayda d'ung cousteau...

Ibid., p. 370.

16 (fol. 44 v°). [*Dizain.*]

> Pour vraye amour cruaulté me rendez...

Ibid., p. 371.

17 (fol. 45). [*Huitain.*]

> Plaindre de Dieu ne me veulx ny ne doy...

18. [*Onzains.*]

> *a.* Non pour baiser ma dame et ma maistresse...
> *b* (fol. 45 v°). Quelle union de parfaicte amytié...
> *c* (fol. 46). Pour se trouver plus belle et plus beau taint...

19. [*Dizain.*]

> Baillez luy tout ce qu'il veult maintenant...

20 (fol. 46 v°). [*Onzain.*]

> Je sers Amour, mais c'est a bon escient...

On lit à l'intérieur du second plat : *Pour madame..... de.....* »
Ce manuscrit est porté au Cat. CHARDIN, 1811, n°   .

3287 (885 *a*). POÉSIES COMPLÈTES de Alfred de Musset. Contes d'Espagne et d'Italie. Poésies diverses. Un Spectacle dans un Fauteuil. Poésies nouvelles. *Paris, Charpentier, libraire-éditeur, 29, rue de Seine.* [*Imprimé par Béthune et Plon, rue de Vaugirard, 36.*] 1840. In-12 de 2 ff., 436 pp. et 2 ff., mar. r., fil., dos orné, tr. dor. (*Trautz-Bauzonnet.*)

Au v° du faux-titre est un catalogue de la *Bibliothèque Charpentier*.

Sous le titre de *Poésies nouvelles* (1835-1840), Musset a réuni *Rolla, Une bonne fortune, Lucie, La Nuit de mai, La Nuit de décembre, La Nuit d'août, La Nuit d'octobre, La Lettre à M. de Lamartine*, les stances *A la Malibran, L'Espoir en Dieu*, etc.

Au r° du dernier f. (après la *Table*) est un sonnet *Au lecteur* :

> Ce livre est toute ma jeunesse ;
> Je l'ai fait sans presque y songer...

Exemplaire relié sur brochure.

3288 (885 *b*). POÉSIES NOUVELLES de Alfred de Musset (1840-1849). *Paris, Charpentier libraire-éditeur, 19, rue de Lille.* [*Imprimerie Le Normant, rue de Seine, 10.*] 1850. In-12 de 2 ff., 170 pp. et 1 f., mar. r., fil., dos orné, tr. dor. (*Trautz-Bauzonnet.*)

Ce recueil contient 53 petites pièces : *Le Saule, fragment, A Laure, A mon ami Édouard B., A mon ami Alf^d T..., A Madame N. Ménessier,* etc., etc.

Exemplaire relié sur brochure.

3289 (888 *a*). A MONSIEVR DE SOVVRÉ ∥ Gouuerneur de Monsei- ∥ gneur le Daufin. ∥ Ode. *S. l. n. d.* [*Paris*, 1609], in-8 de 4 ff., sign. *a*, car. ital.

Cette pièce, signée de [Claude] Garnier, commence ainsi :

> Souvré, l'honneur des chevaliers françois,
> Qui fus choizi pour régler sous ta vois...

Gilles de Souvré, marquis de Courtenvaux, né vers 1542, fut nommé par Henri IV gouverneur du dauphin en 1609. Il devint maréchal de France en 1613 et mourut en 1623.

3290 (892 *a*). Le || Pater noster || des Catholiques. S. *l. n. d.* [*v.* 1615], in-8 de 4 ff. non chiffr., avec un simple faux titre, sign. A, car. ital., mar. br. jans., tr. dor. (*Hans Asper.*)

La pièce se compose de 24 quatrains, entre lesquels sont intercalées les paroles du *Pater*, et d'un quatrain final. En voici le début :

> Seigneur, secourez nous, car, helas! quel martyre
> De veoir ainsi traicter comme on fait vos enfans...

La date est à peu près indiquée dans les vers suivants :

> J'ayme les vieux François, leur croyance m'est chere ;
> Sainct Louys, le bon roy, en estoit enflambé
> Et le feu grand Henry entreroit en cholere,
> S'il revenoit, voyant comme l'on est tombé
> *In tentationem.*

Exemplaire d'E. Stroehlin (Cat., 1912, II, n° 910).

3291 (892 *b*). Le || Temple de Pudicité. || A || la Royne Mere du Roy. || Par || *I. D. R. G. S. D. R.* || *A Paris,* || *Pour Silvestre Moreau tenant sa boutique* || *au Palais, prés la Chambre des Comptes.* || M.DC.XVI [1616]. In-8 de 19 pp.

Les initiales portées sur le titre désignent : Jules de Richy, gentilhomme servant du roi.
Dans un *Advertissement* qui occupe les pp. 3-4 il est dit : « L'autheur fait icy parler les dames à mesure qu'elles entrent au temple. Quand elles sont dedans et ont fait la reverence à la royne, chacune se va asseoir en son rang, selon sa qualité et merite... »
Le temple de Pudicité est superbe ; pour le former,

> il semble qu'on ait pris
> Cueur de Beauvais, la nef d'Amyens à l'exemple,
> Et le portail de Reims et les tours de Paris.

Les dames que l'on voit successivement paraître sont : la duchesse d'Angoulême, la marquise de Guercheville, Mme de Vibraye, Mme de Randan, la princesse de Conti, la duchesse de Longueville, Mlle de Longueville, Mme de Fontaine-Guérin, Mme de La Frette, Mme de Toury, la duchesse de Guise douairière, Mme de Monglas, Mme de Salignac, Mme de Fresne, la duchesse d'Elbeuf, Mme de La Rochefaton, la marquise de Magnelé, Mme la connétable, la comtesse de La Torre, Mme de Beauchesne, la duchesse de Mercœur, Mme de La Chesnellière, la marquise de Ruffec, Mme de Pogny, Mme de Malessy, Mme de Malicorne, Mme de La Pierre, Mme de Larchant, Mme de Touvoye douairière, Mme de Viantays, Mme d'Armilly, Mme de La Resnière, Mme de La Guiche, Mme de Boislandry, Mme de Bussy d'Amboise, la comtesse de Beaumont, la comtesse de Joigny, la marquise de Noirmoutier, Mme de Boutteville, Mme de Vaucelas, Mme de Baffou, la princesse d'Orange, née La Trémoille.

3292 (838 *a*). La Verité decovverte. S. *l. n. d.* [*Hollande, vers* 1670], pet. in-8 de 1 ff. et 22 pp., mar. v. jans., tr. dor. (*Thibaron.*)

Ce petit volume contient une sorte de catéchisme protestant en vers. Il se compose de 56 dizains répartis en sept questions, savoir : *I. Du Purgatoire ; II. De l'Adoration des images ; III. De l'Invocation des saints ; IV. De l'authorité de l'Escriture sainte ; V. Du Pape ; VI. De la Confession auriculaire ; VII. De la Messe*. Il se termine par un *Abbregé du Papisme, qui a ses ceremonies juives, ses idolatries payennes, etc*. Les derniers vers nous révèlent le nom de l'auteur :

> Nous chanterons une autre fois
> Les poincts que je mets en reserve,
> Faites ici un peu d'arret,
> Et toy, mon doux sauveur, conserve
> Ton petit serviteur PERRET.

De la bibliothèque d'ERNEST STROEHLIN (Catal., 1912, II, n° 912).

3293 (931 *a*). CONTES REMOIS. [Par le comte Louis de Chevigné.]

> Il n'est cité que je préfère à Reims :
> C'est l'ornement et l'honneur de la France,
> Car, sans compter l'ampoule et les bons vins,
> Charmants objets y sont en abondance.
> LA FONTAINE.

Paris, Firmin Didot frères, rue Jacob, n° 56 ; Delaunay, au Palais Royal. [*Typographie de Firmin Didot frères.*] M.DCCC.XXXIX [1839]. In-12 de 2 ff. et 176 pp., cart., n. r.

Édition originale.

3294 (931 *b*). CONTES D'ESPAGNE ET D'ITALIE par M. Alfred de Musset.

> — What is it in that world of ours
> Which makes it fatal to be loved ?

Paris, A Levavasseur, libraire, au Palais Royal ; Urbain Canel, libraire, rue J.-J. Rousseau, n. 16. [*Imprimerie de David, Boulevard Poissonnière, n. 6.*] 1830. In-8 de viij et 238 pp., mar. r., fil., dos orné, tr. dor. (*Trautz-Bauzonnet.*)

Édition originale.
Le volume contient : *Don Paez, Les Marrons du feu, Portia*, 11 chansons ou fragments et *Mardoche*.

Exemplaire relié sur brochure.

3295 (956 *a*). LA MVSE || FOLASTRE. || Recherchée des plus beaux esprits || de ce temps. || De nouueau reueuë, corrigée || & augmentée. || *A Rouan,* || *Par Claude Morel.* || 1600. In-12 de 76 ff., car. ital., mar. r., fil., dos orné, tr. dor. (*Hardy.*)

Le titre est orné d'un fleuron.

L'édition contient 48 pièces, dont quelques-unes seulement sont accompagnées d'un nom d'auteur, savoir : *La Courtisane repentie, du latin de* P. GILLEBERT (f. 10 v°) ; *La Contre-Repentie du mesme* GILLEBERT (f. 13) ; *Complainte des satyres aux nymphes, imite[e] du* BEMBE (f. 16) ; *Stances sur les palles couleurs, par le sieur* BOUTEROUE (f. 23) ; *Stances du triquetrac, du mesme* (f. 24 v°) ; *Le Pallemail, par* BEROALDE DE VERVILLE (f. 26) ; *L'Alchimiste, du mesme* (f. 28) ; *Le Jeu du volant ou gruau, du mesme* (f. 30) ; *Folastries de P. DE RONSARD, non imprimées en ses œuvres* (ff. 39-57).

Les *Folastries* ne font pas partie de l'édition publiée sous la même date par Antoine Du Breuil, à Paris.

3296 (982 *a*). LE || RECVEIL || de plusieurs || Chansons || nouuelles. || Auec Plusieurs autres Chansons d'amours, plaisan- || tes & recreatiues, qui n'ont iamais esté || imprimées, iusques à present : nou- || uellement composees par di- || uers Autheurs. || *A Lyon,* || 1572. In-16 de 278 pp. (dont la dernière est cotée 288) et 3 ff. de *Table*.

Ce recueil contient 94 pièces, dont 4 sont signées de JACQUES MOYSSON, savoir :

P. 23. Le devoir et l'honneur
Doyvent gaigner ton cœur...

A la fin est la devise : *Plus mort que vif.*

P. 67. Un temps fut que je voulux
Ne servir qu'une maistresse...

P. 94. Si un sexe j'honore,
Si j'admire et adore...

A la fin ; *Plus mort que vif.*

P. 102. Un temps fut que je voulus
Ne servir qu'une maistresse...

Répétition, avec quelques variantes, de la seconde pièce. A la fin : *Plus mort que vif.*

On trouve encore dans le volume (p. 137) *La Deploration de Venus sur la mort du bel Adonis*, qui est de MELLIN DE SAINT-GELAIS :

Laissez le verde couleur,
O princesse citherce...

et (p. 199) *Le Chant du Desesperé, extrait des œuvres* [de] DU BELLAY :

La Parque si terrible
De tous les animaux...

Presque toutes les chansons sont destinées à être chantées en dansant. Voici celles qui ont un caractère historique :

P. 64. *Chanson nouvelle de Corps de Vache, lieutenant du capitaine Muniers, sur le chant :* La patience.

Ma patience
Vaincra par ses efforts...

P. 222. *Deploration de la mort du roy Henry,* [1559].

Plourez, France et Picardie ;
Vous devez pleurer et gemir...

P. 231. *Chanson nouvelle de la complainte des pauvres laboureurs et gens de village, sur le chant :* Dames d'honneur, je vous prie à mains jointes.

Dieu tout puissant, que nul ne peut desdire,
Voy le tourment et le cruel martyre...

P. 233. *Chanson nouvelle de tous les crys de Paris, et se chante sur la volte de Provence.*

> Voulez ouir chansonnette
> De tous les crys de Paris...

P. 241. *Chanson nouvelle contenant les triumphes et magnificences de l'entree du roy en sa ville de Paris.*

> Nostre prince tres sage,
> En vertu florissant...

P. 254. *Chanson nouvelle des triomphes et magnificences faites au mariage du roy et de madame Isabel d'Austriche, son espouse en la ville de Messiere ; et se chante sur le chant de :* Tremble, povre Verdun, *ou sur le chant de* Bourbon.

> Gentil peuple de France,
> Qui desirez sçavoir...

P. 258. *Chanson nouvelle de la louange des laboureurs sur le don de grace qu'il a pleu au roy leur faire ; sur le chant :* Vueille, mon Dieu, par ta grace.

> Or benissons la semence
> De Charles, nostre bon roy...

P. 261. *Chant d'allegresse des laboureurs.*

> Menons resjouissance,
> Nous, laboureurs gentilz...

3297 (983 a). RECVEIL ‖ des plus bel- ‖ les chansons ‖ de ce temps, tant musicales que ‖ rurales, anciennes, & ‖ modernes. ‖ *A Orleans,* ‖ *Par Eloy Gibier, Imprimeur demourant* ‖ *deuant les grandes Escholles de France.* ‖ 157[5]. In-16 de 155 pp., 2 ff. de *Table*, plus 8 ff. non chiffr. de supplément, mar. v., fil., dos orné, tr. dor. (*Bauzonnet.*)

Le dernier chiffre de la date n'est pas venu à l'impression ; ce doit être 1575.

Au vº du titre est un huitain de « JA. MOYSSON aux dames », accompagné de la devise : *Plus mort que vif.*

Le *Recueil* proprement dit contient 73 pièces, dont 28 sont accompagnées d'un nom d'auteur, d'initiales ou d'une devise, savoir :

BINET (CLAUDE), p. 99.
DES PORTES (PHILIPPE), pp. 22, 24, 48, 49, 83, 86, 97, 101, 118, 134.
Devise : *Esperant mieux,* pp. 39, 45, 88, 108, 109, 143, 145, 147.
DU BELLAY (JOACHIM), pp. 34, 129.
Initiales, G. F. [GABRIEL FOURMENNOIS ?], p. 33.
G. D. P., p. 81.
G. D. V., p. 151.
LA PÉRUSE (JEAN DE), p. 76.
MOYSSON (JACQUES), pp. 10, 13.
RONSARD (PIERRE DE), p. 3.

Les 8 ff. qui terminent le volume contiennent 4 chansons historiques, savoir :

1º (fol. *Aj*). *Chanson nouvelle sur la venue du roy et resjouissance des François, sur le chant :* Vueille, mon Dieu, par ta grace.

> Ainsi qu'une fiancee,
> A qui la flamme d'aymer...

2º (fol. *Aij*, signé *Bij*). *Chanson nouvelle des pompes et magnificences faictes à Lyon à la bien-venue de tres-hault et vertueux prince Henry de Valoys..., et se chante sur le chant :* O la folle entreprise.

> Goustez, goustés, François
> Le manifique cœur...

3° (fol. A iij v°). *Chanson nouvelle, resjouissance et magnificence du peuple de France sur le S. sacre qu'a receu a Reims ce grand et vertueux prince Henry de Valoys... Et se chante : Quand ce beau printemps je voy.*

Or sus, sus, gaillards François,
Ceste fois...

4° (fol. A v v°). *Chanson nouvelle de la saincte et divine alliance de mariage, fait [sic] a Reims le mardy 15. jour de fevrier 1575, de treshaut, vertueux, preux et magnanime prince Henry de Valoys... Et se chante :* Tant que vivray tousjours je t'aymeray.

Puis que le ciel nous va favorisant
A la saincte assemblee...

Exemplaire de L. TRIPIER (Cat., 1854, n° 341), très rogné en tête.

IV.9.41

3298 (990 a). CANTIQVE || simplement com- || posé et de la mala- || die, & de la conualescen- || ce du Roy de Nauar- || re, le 22. de Ian- || uier, 1589 : || ❧ || Lequel se chante sur le chant du Pseaume || sixiéme, qu'on chanta le tre- || ziéme iour dudit || mois és Salles de la Rochelle : En priant || Dieu pour ledit sieur Roi. || *Imprimé nouuellement.* || M.D.LXXXIX [1589]. S. l. [*La Rochelle*], in-8 de 15 pp., mar. bl. jans., tr. dor. (*Thibaron et Joly.*)

Le Cantique se compose de 25 strophes de 6 vers ; il commence ainsi :

Ne vueille pas, ô sire,
Me reprendre en ton ire....

A la suite sont des vers en hébreu (p. 10), en babylo-chaldéen (p. 11), en syrien (p. 12), en grec (p. 13), en latin (p. 14), en anglais, « imprimé comme le francois » (p. 14). L'imprimeur a dû se servir de lettres latines pour l'hébreu, le chaldéen et le syriaque.
Les caractères sont ceux de *Hiérosme Haultin à La Rochelle*.

Exemplaire d'E. STROEHLIN (Cat., 1912, II, n° 935).

IV.6.64

3299 (1017 a). ❧ CHANSON nouuelle. || Composee sus les dix || commandemens de || Dieu extraicte de || la saincte escri- || ture. S. l. n. d. [*Lyon*, v. 1540], in-4 de 4 ff. non chiffr., mar. br. jans., tr. dor. (*Chambolle-Duru.*)

Le titre, imprimé en lettres gothiques, est entouré d'un encadrement.
L'encadrement et les caractères appartiennent au matériel de *Jacques Moderne*, imprimeur à Lyon (voy. notre t. I, n° 190, p. 103).
Au v° du titre est une figure qui représente le Christ en croix, avec la Vierge et saint Jean debout près de lui. Cette figure, dont nous donnons le fac-similé p. 82, doit être rapprochée de celle que nous reproduisons p. 34.
Le cantique est imprimé en caractères ronds et accompagné, dans les marges, de nombreux renvois aux livres saints. En voici le début :

Tu n'auras point de Dieu estrange,
Mais a ung s[e]ul tu serviras...

Chacun des couplets compte 10 vers.

Le v⁰ du 4ᵉ f. est occupé par deux figures : saint Augustin écrivant et l'Annonciation aux bergers.

De la bibliothèque d'ERNEST STROEHLIN (Catal., 1912, II, n° 909).

3300 (1017 *b*). PREMIER LIVRE ‖ de Psalmes et Cantiques en ‖ vulgaire francoys, Composez en Musique par diuers. ‖ Autheurs, en quatre volumes. ‖ Tenor. ‖ *A Paris.* ‖ *De l'imprimerie de Michel Fezandat, au mont sainct Hilaire* ‖ *à l'hostel d'Albret.* ‖ 1552. ‖ Auec priuilege du Roy, pour dix ans. In-8 obl. de 1 f. et 29 pp. — SECOND LIVRE ‖ de Psalmes et Cantiques ‖ spirituelz, en vulgaire françoys, Composez en ‖ Musique par diuers Autheurs, en ‖ quatre volumes. ‖ Tenor. ‖ *A Paris,* ‖ *De l'imprimerie de Michel Fezandat, au mont sainct Hilaire* ‖ *à l'hostel d'Albret.* ‖ 1553. ‖ Auec priuilege du Roy, pour dix ans. In-8 obl. de 1 f. et [29] pp. — Ens. 2 part. en un vol. in-8 obl.

Premier Livre. — Le v⁰ du titre contient la table, où sont mentionnées 20 pièces. Voici la liste de ces pièces, que nous disposons par ordre alphabétique :

Au moins, mon Dieu, ne m'abandonne point
Puis que je suis tumbé dans le malheur..., p. 26.

Mélodie de LE GENDRE.

Au Roy des roys, immortel, invisible,
Seul dieu puissant, soit tout honneur et gloire..., p. 28.

Mélodie de CLAUDIN.

Ce meschant corps demande guerison,
Mon frere cher, et l'esprit au contraire..., p. 18.

(Cl. Marot, éd. Jannet, III, p. 18.)
Mélodie de Le Gendre.

Helas, mon Dieu, ton ire s'est tournee
Vers moy, ton serf, qui me poursuit sans cesse..., p. 24.

Mélodie de [Jean] Maillart.

Le corps vaincu par l'esprit bien apris
Mourir soudain desire incessamment..., p. 19.

Mélodie de Le Gendre.

Le fruict de Vie estoit vif en bois verd,
Le fruict de Mort, en bois mort sans racine..., p. 10.

Mélodie de Le Gendre.

O Eternel, plein de clemence grande,
Prens a mercy ton humble serviteur..., p. 13.

Mélodie de Le Gendre.

O grand bonté, o puissance infinie,
Je te supply de me faire la grace..., p. 23.

Mélodie de Le Gendre.

O Jesuschrist, dieu des hommes et anges,
Pour noz pechez voulustes mort souffrir..., p. 16.

Mélodie de Le Gendre.

Or est Noé venu son petit trac ;
Sus donc, au[x] champs, bergeres de respec..., p. 4.

Mélodie de Le Gendre.
La même pièce se trouve ailleurs avec une mélodie de Pierre Certon,

O Seigneur Dieu, ta loy parfaicte et saincte
Donne a mon cueur tant de resjouyssance..., p. 28.

Mélodie de Gardane.

O souverain pasteur et maistre,
Regarde ce troupeau petit..., p. 20.

Priere devant le repas (Marot, éd. Jannet, IV, p. 57).
Mélodie de Le Gendre.

Pere de nous, qui es es cieulx,
Sanctifié soit ton nom precieux..., p. 1.

(Marot, éd. Jannet, IV, p. 54.)
Mélodie de Mitantier.
La même pièce figure dans le *Second Livre* avec une mélodie de Claudin ; on la retrouve dans les *Cinquante Pseaulmes de David mis en musique a quatre parties par M. Pierre Certon* (Paris, Adr. Le Roy et Rob. Balard, 1555, in-8 obl.), fol. 2.

Pere eternel, qui nous ordonne
N'avoir soucy du lendemain..., p. 21.

Priere après le repas (Marot, éd. Jannet, IV, p. 57).
Mélodie de Le Gendre.

Resjouy toy, vierge Marie,
Pleine de grace abondamment..., p. 3.

(Marot, éd. Jannet, IV, p. 54.)
Mélodie de Va. Sohier.

Salut en toy, mon sauveur, j'ay trouvé
Quand j'ay voulu sans fin te requerir..., p. 11.

Mélodie de Va. Sohier.

> Si quelque injure l'on vous dict,
> Endurez le joyeusement..., p. 8.

Mélodie de Le Gendre.

> Soulas je veulx te donner en tous lieux,
> Ne te laissant en tribulation..., p. 27.

Mélodie de Le Gendre.

> Susanne un jour, d'amour sollicitée
> Par deux vieillards convoitans sa beaulté...,'p. 6.

Mélodie de [Jean Daniel, dit maistre] Mitou.

> Verbe eternel, par lequel toute chose
> A prins son estre et sa creation..., p. 14.

Mélodie de Le Gendre.

Au v° du dernier f. est un extrait d'un privilège accordé pour dix ans à maître Guillaume Morlaye, « joueur de leut », et lui permettant « d'imprimer ou faire imprimer chansons, messes, notetz en musique, tant vocales [sic] qu'instrumentales [sic] ». La date de ce privilège n'est pas indiquée.

Second Livre. — La table, placée au v° du titre, ne mentionne que 11 pièces, parce que le Pseaume CXV se chante sur la même mélodie que le Pseaume CXIV. Voici le détail des pièces :

> Du fons de ma pensée,
> Au fons de tous ennuys..., p. 18.

[Pseaume CXXX.] Cl. Marot, éd. Jannet, IV, p. 162.
Mélodie de Manchicourt.

> Estans assis aux rives aquatiques
> De Babylon pleurions mélancholiques..., p. 11.

[Pseaume CXXXVII. Cl. Marot, éd. Jannet, IV, p. 164.]
Mélodie de Charles.

> Helas, mon Dieu, tu me fais tant de biens
> Qu'impossible est que les puisse compter..., p. 3.

Mélodie de Val. Sohier.

> Leve le cueur, ouvre l'aureille,
> Peuple endurcy, pour escouter..., p. 28.

Mélodie de Le Gendre.

> Non point à nous, non point à nous, Seigneur,
> Mais à ton nom donne gloire et honneur..., p. 23.

[Pseaume CXV. Cl. Marot, éd. Jannet, IV, p. 156.]
Mélodie de Le Gendre.

> O combien est heureuse
> L'ame qu'a Dieu s'attent..., p. 26.

Mélodie de Le Gendre.

> O le grand bien, le don, la grace, l'heur
> Que Dieu nous faict de poulser nostre aureille..., p. 24.

Mélodie de Le Gendre.

> O Seigneur, que de gens,
> A nuyre diligens..., p. 6.

[Pseaume III. Cl. Marot, éd. Jannet, IV, p. 70.]
Mélodie de Certon.

> Pere de nous, qui es la hault es cieulx,
> Sanctifié soit ton nom precieux..., p. 1.

[Cl. Marot, éd. Jannet, IV, p. 54.]
Mélodie de Claudin.

La même pièce figure dans la *Première Partie* avec une mélodie de Mitantier.

BELLES-LETTRES

> Quand Israël hors d'Egypte sortit
> Et la maison de Jacob se partit..., p. 22.

[Psaume CXIV. Cl. Marot, éd. Jannet, IV, p. 155.]
Mélodie de Le Gendre.

> Qui est ce qui conversera,
> O Seigneur, en ton tabernacle?..., p. 15.

[Psaume XV. Cl. Marot, éd. Jannet, IV, p. 90.]
Mélodie de Maillard.

> Souverain Dieu, des humains redempteur,
> Je te supply, sois moy misericords..., p. 5.

Mélodie de Jacotin.

On remarquera que le recueil ne contient aucun des psaumes traduits par Théodore de Bèze, ni aucun de ceux qui figurent dans le recueil décrit dans notre tome IV, n° 2737.

Le privilège, rapporté par extrait au v° du dernier f., est accordé à *Michel Fezandat* pour dix ans. La date n'en est pas indiquée.

Nous ne possédons de ce recueil que la partie de *Tenor*.

3301 (1019 c). La pievse ‖ Alovette ‖ auec son ‖ tirelire. ‖ Le petit cors, & plumes de nótre Alouëtte, ‖ sont chansons spirituëlles, qui toutes luy ‖ font prendre le vol, & aspirer aux ‖ choses celestes, & eternelles. ‖ Elles sont partie recueillies de diuers Autheurs partie ‖ aussi composées de nouueau; la plus part sur les ‖ airs mondains, & plus communs, qui seruent ‖ aussi de vois à nótre Alouëtte, pour chanter ‖ les loüanges du commun Createur. ‖ ... ‖ *A Valencienne,* ‖ *De l'Imprimerie de Iean Veruliet,* ‖ *à la Bible d'or,* l'an M.DC.XIX [1619-1621]. 2 vol. in-8.

Recueil publié par le P. Antoine de La Chaussée, ou de Le Cauchie, jésuite, mort en 1625.

Partie premiere : 16 ff. lim., 400 pp. et 16 ff. Le titre est orné de la marque des Jésuites. — Au v° du titre est un avis au lecteur.

Les ff. *2-*3 contiennent une épître de l'imprimeur *Jean Vervliet* « A tres-illustre et tres-noble dame, madame Jacqueline de Licques, baronnesse de Pecques et d'Hayne, etc. ». — Les ff. *4-*7 r° sont occupés par un *Advertissement au lecteur chrétien.* On trouve ensuite (ff. *7 v°-**4) une pièce de vers français signée A. D. L. C. [= Antoine de La Chaussée], quatre pièces latines, qui sont probablement du même ; une pièce latine de M. F. C. M. F. E. ; deux sonnets de J. D. L. C. [probablement J. de La Chaussée] M. A. S. F., suivis de la devise : *Entre les épines chaussé* ; un sonnet de J. Dennet, sᵣ de B., dont la devise est : *Dieu seul contente* ; un sonnet de *L'Autheur à son Alouette* et un autre de *L'Alouette à son autheur.*

La *Table des chansons spirituelles qui se trouvent en céte Partie premiere* occupe les ff. **5-**7 (ces cantiques sont au nombre de 179). — D'autres tables des saints, des fêtes, des mois, des sujets auxquels se rapportent les cantiques, remplissent les 9 derniers ff. lim.

Les ff. qui terminent le volume sont occupés par un *Rondeau à quatre parties,* la *Table des chansons mondaines sur les airs et voix desquelles s'en retrouvent les spirituelles,* le texte latin et français des *Approbations* et l'*Extraict du privilege.*

La principale approbation est signée de Jean Boucher, « docteur de la Sorbonne et chanoine de Tournay » (c'est le célèbre ligueur, qui avait été obligé de quitter Paris). Une seconde approbation, datée du 18 avril 1619, est donnée par Henr. Smeyers, « licencié en la s. theologie, écolatre de Bruxelles et visitateur des livres ».

Le privilège, accordé à *Jean Vervliet* pour six ans, est daté de Bruxelles le 31 mai 1619.

Partie seconde, 1621 : 24 ff. lim., 414 pp. et 9 ff.

Le titre porte, comme celui de la *Partie premiere*, la marque des Jésuites. — L'avis au lecteur est répété au v°.

Les ff. *2-*5 r° contiennent deux épîtres de Jean Vervliet « A noble et puissante dame, madame Alexandrine de Langlee Wavrain, contesse de Hoochstrate, Hornes et Rennebourg, baronne de Leuze, Hacicourt, Cortresem, Pecques et Hayne, dame de Wert, Altena, Vimy et Larbus, etc. » Il est dit en tête de la seconde pièce que cette dame est « maintenant trépassée, mais, comme nous esperons, vivante es cieux ».

Les autres ff. liminaires sont occupés par un *Advertissement au lecteur* (f. *5 v°), une pièce française signée L. C. (f. *6 r°), une pièce latine signée G. D. (ff. *6 v°-*7 r°), une pièce française de G. D. M. N. (ff. *7 v°-*8) et des tables analogues à celles de la *Partie premiere*. — Les cantiques sont au nombre de 181.

Les 9 ff. qui terminent le volume contiennent la *Table des chansons mondaines*, les *Approbations* et l'*Extraict du privilege*. Les dernières pièces sont les mêmes que dans la *Partie premiere*.

Tous les cantiques contenus dans le recueil sont accompagnés des mélodies, imprimées en caractères mobiles. Au-dessous de chaque titre sont indiquées les compositions mondaines qui se chantaient sur le même air. Ces chansons sont au nombre de 800, en sorte que *La pieuse Alouette* est une sorte d'encyclopédie de la chanson au xvi° siècle et au commencement du xvii°.

Le P. de La Chaussée annonçait une troisième partie qui n'a pas paru.

3. — *Poètes italiens*.

3302 (1025 a). La || Comedie de || Dante, || De l'Enfer, du Pur- || gatoire & Paradis. || Mise en ryme Fran || çoise et commētee || par M. D. Grangier || Conseiller & Aulm^er || du Roy & Abbé de || S. Barthelemi || de Noyon. || A Paris. || 1596 [-1597]. 3 vol. in-12, mar. r., fil., dos ornés, tr. dor. (*Trautz-Bauzonnet.*)

Le titre, qui est le même pour les trois volumes, est inscrit dans un joli encadrement gravé par *Thomas de Leu*, au haut duquel est placé le portrait de Dante.

Enfer : Titre, portrait de Henri IV ; 9 ff. pour une épître au roi en date de Paris, 20 juin 1596, et un avis *Au lecteur* ; 28 ff. pour un *Repertoire des plus signalées matieres contenues és trois cantiques de la Comedie de Dante* et pour l'*Extraict du privilege* ; 438 pp. et 2 ff. blancs. — Le privilège, daté du 8 août 1594, est accordé pour dix ans à Balthasar Granger, qui déclare en avoir fait cession à George Drobet, libraire et relieur du roi. — L'achevé d'imprimer est du 22 juin 1596.

Le portrait de Henri IV, tiré au v° du f. A i, est signé de *T. de Leu* ; Il est accompagné de la devise : *Duo protegit unus*, et d'un quatrain.

Purgatoire : 1 f. et 587 pp. — Le titre est le même que celui de l'*Enfer*, mais la date a été changée en 1597.

Paradis : 2 ff. et 668 pp. — Les 2 ff. lim. sont occupés par le titre (daté de 1596) et le portrait du roi.

La traduction est écrite en strophes de 6 vers alexandrins, rimant ababcc. Chaque chant est suivi d'annotations tirées des auteurs italiens. Grangier dit, à la fin de son épître au roi, qu'il est le premier auteur qui ait entrepris de traduire en français *La divine Comédie* : « Pas un, que je sache, n'y avoit mis la main par cy devant »; il ignorait que, dès la première moitié du XVIᵉ siècle, François Bergaigne et deux autres auteurs au moins, dont les noms sont restés inconnus, s'étaient efforcés de mettre l'œuvre de Dante en vers français.

De la bibliothèque de ROBERT HOE (Catal., IV, 1912, n° 897).

3303 (1032 *a*). IL GRAN LA- ‖ MENTO che fa ‖ Turchetto, e Triultio ‖ hosti di Roma, perche i maritati ‖ non possono andar piu ‖ all' hostaria ‖ Inuocando tutti gli altri Tauernari, e buon ‖ compagni a dolersi con loro. ‖ Cosa noua e

IL GRAN LA﹅
·MENTO CHE FA
TVRCHETTO, E TRIVLTIO
hosti di Roma, perche i maritati
non possono andar piu
all'hostaria
Inuocando tutti gli altri Tauernari, e buon
compagni a dolersi con loro.
Cosa noua e piaƈ
ceuole.

pia- ‖ ceuole. — *Il Fine. S. l. n. d.* [*Rome*?, *v.* 1556], in-8 de 4 ff. non chiffr. de 21 lignes à la page, car. ital, sign. *A*.

> Le titre est orné d'une figure représentant un enfant nu, assis par terre, près d'une cruche, et paraissant se lamenter. Devant lui on voit un groupe de femmes et un homme vêtu d'une longue robe ; au-dessus de sa tête sont suspendus des poulets.
> Le poëme, écrit en tercets, commence ainsi au f. *a ij* :
>> Voi che, sprezzando il mondo e la sua sorte,
>> Vivete lieti ogn' hor ne l'hosteria,
>> Piangete il nostro caso amaro e forte...
>
> Cette pièce doit être rapprochée de deux pièces françaises relatives aux cabarets de Rouen : *Le plaisant Quaquet et Resjouyssance des femmes pource que leurs maris n'yvrongnent plus en la taverne* (ci-dessus t. IV, n° 2954, et *Recueil de poésies françoises*, VI, pp. 179-189) et le *Discours demonstrant sans feincte comme maints pions font leur plainte* (*Recueil de poésies françoises*, XI, pp. 71-86). Le *Discours* énumère tous les cabarets de Rouen, notre *Lamento* énumère ceux de Rome. Il est curieux de noter que le poëme italien parait appartenir, comme les monologues français, à l'année 1556. C'est à peu près la date des pièces qui étaient primitivement reliées avec le *Lamento*. Elles étaient toutes publiées entre 1551 et 1558.

3304 (1048 *a*). IL FELI- ‖ CISSIMO ACCORDO ‖ fatto tra la Cesarea Maestà, et il Christianissimo Re di Fran- ‖ cia, cō tutti loro cōuentioni et capituli. ‖ Et con l'esortatione che ‖ Fa il sommo Pōtefice per l'im- ‖ presa contra infideli a tutti ‖ Principi Christiani in ot- ‖ taua rima cosa nuoua, ‖ & bellissima. ‖ Con Priuilegio. — *Il Fine. S. l. n. d.* [*Venise*?, 1556], in-8 de 4 ff. non chiffr. de 28 lignes à la page, car. ital., sign. *A*.

> Le titre porte les armes du pape Paul IV Carafa.
> Le poëme, qui compte 24 octaves, commence ainsi, au v° même du titre :
>> Correva l'anno del Nostro Signore
>> Cinquanta sei col mille et cinquecento,
>> Della romana Ecclesia pastore,
>> Paulo quarto, come io narro e sento...
>
> La trève entre Henri II et Charles Quint avait été publiée le 13 février 1556. Voy. le n° 3350 ci-après.

3305 (1048 *b*). CŌSIGLIO, e deliberatio- ‖ ne del Teuere con gli altri fiumi ‖ suoi vassalli d'innondar Roma ‖ per vendicarsi de gli ol- ‖ traggi fattoli, come ‖ esso raccontà [*sic*]. ‖ — *Il Fine. S. l. n. d.* [*Rome*?, 1557], in-8 de 8 ff. non chiffr., dont chaque page contient 4 octaves, sign. *A*.

> Le titre est orné d'une figure qui représente la ville de Rome et le Tibre. On lit au-dessous : *Roma*.
> Le poëme, qui compte 56 octaves, commence ainsi, au v° même du titre :
>> Li comuni dolori, li stridi e'l pianto
>> e dogliosi suspiri, el gran lamento...
>
> Le v° du dernier f. est blanc.

BELLES-LETTRES

89

La Bibliothèque Marcienne à Venise possède un exemplaire d'une autre édition, complétée par une *Frotola bellissima che narra il danno che il Tevere ha fatto per Roma.* Cette édition, qui compte 8 ff., est ornée de la même figure et sort des mêmes presses. Voy. Segarizzi, *Bibliografia delle stampe popolari italiane della R. Biblioteca di S. Marco di Venezia,* I, 1913, n° 256.

On trouvera plus loin (n° 3362) une relation en prose du « diluvio di Roma ».

3306 (1048 c). DIALOGO di || Italia, & Francia in la- || mento della morte del || Eccellentiss. S. Pietro || Strozzi. || Nuouamente composto, & stampato. *S. l. n. d.* [1558], in-8 de 4 ff. non chiffr., car. ital., sign. A.

Le titre est orné d'une petite figure qui représente une femme portant une colonne.
Au v° du titre, un bois représentant la Renommée qui souffle dans une double trompette ; devant elle est l'écu des Strozzi.
La pièce, écrite en tercets, commence ainsi :

ITALIA.
O di nostro sperar contrario effetto !
è pero, Francia, ver che spento sia...

Le v° du 4° f. est occupé par un sonnet.

Saltan l'immortal lodi a mille a mille...

3307 (1048 d). TRE || CANZONI || sopra la-guerra || Turchesca, || Et sopra la Vittoria, nouamente contra || quella natione ottenuta. || Con licentia de' Superiori. — [A la fin :] *In Venetia,* || *Appresso Domenico, & Gio. Battista Guerra,* || *fratelli.* M DLXXI [1571]. In-4 de 8 ff. non chiffr., car. ital.

Le titre est orné d'un bel encadrement au bas duquel est une vue de Venise.
Le f. A 2 est occupé par un avis *Ai lettori.*
Les Canzoni commencent ainsi :

1 (fol. A 3). Musa, tu, che sovente
Del tuo spirto m'empiesti...
2 (fol. B 1). Qual tuon, qual doppio tuono,
Qual tuon d'alte novelle...
3 (fol. B 3). Hor cangia, amica Musa
La doglia in gaudio e in riso...

3308 (1048 e). CANZONE sopra la vittoria dell' armata Christiana contra la Turchesca. || Con vn Sonetto appresso. || *In Venetia,* || *Appresso Giorgio Angelieri,* || M.D.LXXII [1572]. In-4 de 4 ff., car. ital.

Le titre est orné d'un bandeau, au milieu duquel est un emblème avec la devise *Salus vitae.*
Le milieu du même titre est occupé par la marque d'*Angelieri* : un vase qui se répand goutte à goutte, avec la devise : *A poco à poco* ; c'est la marque employée par les *Onorati* ou *Honorat* à Lyon.
La *Canzone* commence ainsi :

Poi che l'alta cagione
Ch'è d'ogni altra cagion principio et fonte...

3309 (1048 *f*). L'acerbo || Pianto della moglie || Di Caracossa. — [Au v° du titre :] Il crudelissimo Lamento || della nobilissima Giouene, bella sopra à tutte || le belle, Consorte dell' immanissimo || Pirrato Caracossa. || E presentendo sua violentissima morte || Incominciò, così dicendo ; || Misera, in che sperar, ormai poss'io... — Il Fine. S. *l.* n. d. [*Venise, vers* 1571], in-8 de 4 ff. non chiffr., car. ital., sign. *A*.

Complainte en terza rima sur la mort d'un célèbre pirate. Voici la reproduction du titre :

Le British Museum (1071. g. 7 (91) et la Bibliothèque Marcienne à Venise possèdent un *Dialogo di Caracosa e Caronte, il quale gli nega il passo della sua barca*, poème accompagné d'une pièce sur la bataille de Lépante. Voy. Segarizzi, *Bibliografia delle stampe popolari italiane della R. Biblioteca nazionale di S. Marco di Venezia*, I, 1913, n° 13.

3310 (1048 *g*). LA CORONA || d'Arrigo III. || Re di Francia, || e di Polonia. || D'Ascanio Persio. || *In Venetia*, M.D.LXXIIII [1574]. In-4 de 4 ff. non chiffr., sign. *A*, car. ital.

>Le titre est orné d'une marque représentant la Louve romaine.
>Le poème, écrit « in verso volgare heroico patritiano » et mis dans la bouche de Mercure, commence ainsi :
>>Alme sorelle, che dal sommo padre eterno...

3311 (1048 *h*). CANZONE || al Christianiss. || et Inuittissimo || Henrico III || Re di Francia, et di Polonia : || Di || M. Nadal Zambone || Vinitiano. || *In Vinetia*, MDLXXIIII [1574]. In-4 de 4 ff. non chiffr., sign. *A*.

>Le titre porte les armes de France.
>Voici le premier vers de la pièce :
>>Sacro Spirto real nato a gl' imperi...

IV. — POÉSIE DRAMATIQUE.

2. — *Théâtre latin ancien et moderne.*

3311 (1063 *a*). PVB. TERENTII COMŒDIÆ sex. Ex Dan. Heinsii recensione. *Amsterodami Apud Guil : Ianssonium* A° cIɔ Iɔc. xix [1619]. In-32 de 235 pp. et 2 ff., mar. r., dos et mil. ornés, tr. dor. (*A. Motte.*)

>Le titre, entièrement gravé, est entouré d'un joli encadrement.
>L'édition, imprimée en très petits caractères, se termine par la *Vita P. Terentii ex* AELIO DONATO.
>Le v° du dernier f. est blanc.

3312 (1068 *a*). LE TRIOMPHE DE || IESVS CHRIST : || Comedie Apocalyptique, traduite du Latin de Iean || Foxus Anglois, en rithme Françoise, & augmentee || d'vn petit discours de la maladie de la Messe, || Par Iaques Bienuenu citoyen de Geneue. || *A Geneue.* || *Par Iean Bonnefoy, pour Iaques Bienuenu.* || M.D.LXII [1562]. In-4 de 78 ff. non chiffr., sign. *A-S* par 4, *T* par 6, mar. r. jans., tr. dor. (*Duru*, 1857).

>Le titre porte la marque de l'imprimeur, figurant la Patience, avec ces mots en exergue : *Possedez vos ames par vostre patience.* Luc, xi.
>Le 2° f. est occupé, au r°, par un sonnet du traducteur, accompagné de la devise : *Par tout*, et, au v°, par la liste des *Personnes*.

Les ff. *A iij* et *A iiij* contiennent un *Advertissement au lecteur*.
La comédie s'achève au f. *T iiij* r°, par un sonnet et la devise : *Par tout*.
Les ff. *T iiij* v° et *T v* r° sont remplis par la musique, à quatre parties, du *Chant nuptial* qui termine la pièce :

> O Christ, espoux plein de gloire,
> La memoire...

Le dernier f., qui doit être blanc, manque.

L'original latin de John Fox, *Christus triumphans*, avait paru à Londres en 1551 ; mais il semble que tous les exemplaires de cette première édition aient disparu. On ne cite plus que les éditions de Bâle, 1556, de Nuremberg, 1590, et de Londres, 1672 et 1676.

Le traducteur français, Jacques Bienvenu, qui n'a pas d'article dans *La France protestante*, est peu connu. C'est peut-être lui qui a signé des initiales J. B. et de la devise : *J'attens le temps* un huitain imprimé au v° du titre de *L'Interim* de Calvin (Alfred Cartier, *Arrêts du conseil de Genève*, 1893, p. 115). En janvier 1558, il publia un *Cantique sur l'alliance de Berne et de Genève*, que Calvin déclara « bon, beau et elegant en poësie, sens, substance et entendement » (Biblioth. de Genève). La même année il fit jouer la *Comedie du Monde malade et mal pensé* (Biblioth. de Genève) et probablement aussi une *Moralité à quatre personnages : Verité, Mensonge, Paix, Guerre* (même Biblioth.). A l'année 1558 appartient la *Response au livre d'Artus Desiré intitulé : Les Grandes Chroniques et Annales de Passe-Partout* (Biblioth. de Bordeaux, 15773, exemplaire de La Vallière, n° 3494). Bienvenu est encore l'auteur de la *Decoration de la fameuse abbaye des freres de Morges* (1572), d'un sonnet à Pierre Enoc (1572), sonnet que nous avons précédemment cité (t. IV, n° 2927), enfin, semble-t-il, de la *Comedie facecieuse et tresplaisante du voyage de frere Fecisti en Provence vers Nostradamus* (1599). Voy. Marc Monnier, *Genève et ses Poètes*. pp. 151-159.

Sur le *Christus triumphans* on peut consulter Charles H. Herford, *Studies in the literary relations of England and Germany in the sixteenth Century* (Cambridge, 1886, in-8), pp. 138-149.

Une traduction anglaise, due à l'imprimeur *John Daye*, fut publiée à Londres en 1579, 1581 et 1607.

Vente Delessert-Bartholdy, 1912, cat., n° 274.

3. — *Théâtre français*.

3313 (1072 g). ℭ Sotise a huit persōnaiges cest || a sauoir le monde abus Sot dis- || solu sot glorieux sot corrōpu sot || trōpeur sot ignorāt et sotte folle. || *Ilz se vendet* [sic] *a la iuifrie a lenseigne des deux* || *Sagittaires] et au palays au troisiesme pillier.* — [Au r° du dernier f. :] ℭ *Et a donne le roy nostre sire audit* || *Guillaume eustace libraire et relieur* || *de liures iure de luniuersite de Paris* || *lettre de preuilege] et terme de deux* || *ans pour vendre z distribuer sesditz* || *liures : affin de soy rembourser de ses fraitz z mises. Et defend ledict sei-* || *gneur a tous īprimeurs et libraires* || *de ce royaulme de nō īprimer ledict* || *liure iusques au temps dessus dit :* || *sur peine de confiscation des-* || *dictz liures] et damende* || *arbitraire.* || *Ainsi signe de Landes. S. d.* [1508], in-8 goth. de 38 ff. non chiffr. de 32 lignes à la page pleine, sign. *A-D* par 8, *E* par 6, mar. bleu foncé, fil. et comp. à petits fers, dos orné, tr. dor. (*Bauzonnet-Trautz.*)

Le titre porte la marque de *Guillaume Eustace* :

Au v° du titre est une figure qui représente l'auteur offrant son ouvrage au pape. Cette figure porte, dans un cartouche, les initiales du libraire.

Au v° du dernier f. est une nouvelle marque où l'on voit l'écu de France supporté par deux cerfs blancs ailés, le porc épic de Louis XII et les initiales de *Guillaume Eustace*. Au bas sont les mots : *Cum gratia et privilegio regis*. (Silvestre, n° 949.)

La pièce, qui doit être attribuée à ANDRÉ DE LA VIGNE, paraît avoir été jouée à Toulouse en 1507. Voy. Ém. Picot, *Recueil général des sotties*, II (1904), pp. 1-104.

Des bibliothèques de Yemeniz (Cat., 1867, n° 1926), du comte de Lignerolles (Cat., 1894, n° 1498) et d'Alphonse Willems (Cat., 1914, n° 328).

3314 (1050 b). ℭ Le novveav mōde auec lestrif ‖
Du pourueu et de lellectif ‖
de lordinaire et du nomme ‖
cest ung liure bien renomme ‖
ensuiuant la forme auctentique ‖
ordonnee par le pragmatique. ‖

Ilz se vendet [sic] *a la iuifrie a lenseigne des deux* ‖ *Sagittaires* ‖ *et au palays au troisiesme pillier*. — [Au v° de l'avant-dernier f. :] ☾ *Et a donne le roy nostre sire audit Guillaume* ‖ *eustace libraire τ relieur de liures iure de luniuer-* ‖ *site de Paris lettre de priuilege/ τ terme d' deux* ‖ *ans pour vendre et distribuer sesdictz liures :* ‖ *affin de soy rēbourser de ses fraitz τ mises.* ‖ *Et defend ledict seigneur a tous impri-* ‖ *meurs τ libraires de ce royaulme de nõ* ‖ *imprimer ledict liure iusques au tēps* ‖ *dessus dit : sur peine de confiscation* ‖ *desdictz liures/ et damende* ‖ *arbitraire.* ‖ *Ainsi signe des Landes. S. d.* [1508], gr. in-8 goth. de 30 ff. non chiffr. de 32 lignes à la page pleine, sign. A-C par 8, D par 6, mar. v. foncé, fil., dent. à petits fers, dos orné, tr. dor. (*Bauzonnet-Trautz.*)

<small>Le titre porte la marque de *Guillaume Eustace* :
Au v° du titre est la figure, précédemment décrite (n° 3313), qui représente l'auteur offrant son livre au pape. Cette figure est répétée au r° du dernier f.
Au v° du dernier f. est une seconde marque du libraire (Silvestre, n° 63).

La pièce, dont l'auteur ne peut être qu'André de La Vigne, est un plaidoyer en faveur du roi contre le pape, à l'occasion du conflit provoqué par les affaires de la Pragmatique Sanction. La moralité fut jouée à Paris le dimanche 11 juin 1508.

Des bibliothèques de G. Chartener (1885, n° 321) et d'Alphonse Willems (Cat., 1914, n° 323).</small>

3315 (1081 a). Sensvit la nef d' sã ‖ te Auec le gouuer ‖ nail du corps hu- ‖ maĩ : τ la cõdāna- ‖ ciõ des bācquetz A la louēge ‖ de diepte τ sobriete Et le traicte des passiõs de lame. ‖ *Imprime nouuellement a Paris en la rue neufue no* ‖ *stre Dame a lenseigne de sainct Iehan baptiste*. — [Au r° du dernier f. :] ☾ *Cy finist la nef de sāte* ‖ *et condampnation des bācq̄tz auec le traite* ‖ *des passiõs de lame Imprime nouuellemēt* ‖ *a Paris en la rue neufue nostre dame A lensei* ‖ *gne sainct iehan Baptiste pres saincte Gene* ‖ *uiefue des ardans. S. d.* [vers 1510], in-4 goth. de 90 ff. non chiffr., impr. à 2 col., sign. A, C, F, I par 8, B, D, E, G, H, K-R par 4, S par 6, mar. citr., fil., dos orné, tr. dor. (*Rel. du XVIII° siècle.*)

<small>Le titre, imprimé en rouge et en noir, est orné de la copie d'une figure gravée pour une édition de *La Nef des folles* de Josse Bade ; en voici la reproduction :</small>

Ensuit la nef d̄ sāte Auec le gouuernail du corps humaī: ⁊ la cōdānaclō des bācquetz A la louēge de diepte ⁊ sobriete Et le traicte des passiōs de lame. Imprime nouuellemēt a Paris en la rue neufue nostre Dame a lēseignt de sainct Jehā baptiste.

BELLES-LETTRES 97

Au v° du titre, est un bois qui représente l'auteur assis devant son pupitre.
Le volume contient les mêmes pièces que l'édition de *Vérard*, savoir :
Fol. *A ij*, *Prologue de l'acteur*, en 64 vers, dont les 19 derniers contiennent le nom de l'auteur en acrostiche.
Fol. *A ij v°*, *La Nef de santé*.
Fol. *H iiij v°*, *Le Gouvernail du corps humain*.
Fol. *I v v°*, *La Condamnation des banquets*.
Fol. *R iiij r°*, *La Passion de l'ame*.

Voici la reproduction de la souscription (f. *S vj*) :

**¶ Ly finist la nef de sãte
et condampnation des bācqtz auec le traite
des passiõs de lame Imprime nouuellemẽt
a Paris en la rue neufue nostre dame A lensei
gne sainct iehan Baptiste pres saincte Gene
uiefue des ardans.**

Le volume est orné en tout de 22 figures. Celles qui décorent le prologue sont des figures astronomiques et un homme anatomique.
Au v° de ce même f. est une grande marque de *Jehan Jehannot* que nous avons déjà reproduite dans notre tome IV, n° 3072, p. 430, et dont nous donnons (p. 98) un nouveau fac-similé.
Nous avons parlé à l'article 1081 de l'auteur de *La Nef de santé*, NICOLE DE LA CHESNAYE. Ajoutons que la moralité composée par lui se confond probablement avec la pièce jouée à Péronne vers 1500, sous le titre de *Mistere et Passion du Banquet*. Voy. La Pons-Mélicoq dans les *Mélanges historiques* publiés par Champollion-Figeac, t. IV, p. 329.
Le présent exemplaire provient de la collection de GIRARDOT DE PRÉFOND, dont il porte l'ex-libris ; il ne figure cependant pas au Catalogue de cet amateur, non plus qu'au Catalogue de MAC CARTHY, qui avait acquis la seconde bibliothèque de Girardot de Préfond. Il provient, en dernier lieu, de la vente HENRY et ALFRED HUTH (6ᵉ partie, 1917, n° 5245).

3316 (1094 a). LES || THEATRES || DE GAILLON. || A la Royne. || Par Nicolas Filleul de Rouen. || *A Rouen*, || *Chez George Loyselet*. || Auec Priuilege du Roy. || 1566. In-4 de 52 ff. non chiffr., car. ital., sign. *A-N*.

Le titre est entouré d'un riche encadrement.
Les ff. *A 2-A 4* sont occupés par une épitre en vers « A la royne ».
Le recueil contient quatre églogues, savoir : *Les Naïades, ou Naissance du roy*, fol. *B 1* ; *Charlot*, fol. *C 1 v°* ; *Tethys*, fol. *D 1* ; *Francine*, dédiée à Charles, cardinal de Bourbon, et précédée d'une épitre latine à ce prince, fol. *D 3 v°* ; une tragédie en cinq actes : *La Lucrece*, fol. *E 4 v°*, enfin une pastorale, également en cinq actes : *Les Ombres*, en tête de laquelle est un sonnet « A monsieur de Maisonfleur, gentil-homme servant de Leurs Majestez », fol. *K 2 v°*.
L'auteur, Nicolas Filleul, sieur de La Chesnaye, avait fait représenter à Paris, au collège d'Harcourt, en 1563, une tragédie d'*Achille*. C'est évidemment pour cette raison que le cardinal de Bourbon le chargea de composer les pièces qui devaient être jouées pendant les fêtes de Gaillon. On lit à la fin de l'épitre à la reine : « Les eglogues furent representées en

V.

l'Isle heureuse, devant les Majestez du roy et de le royne, le 26., *La Lucrece* et *Les Ombres*, au chasteau, le 29. jour de septembre 1566. »

Nous avons précédemment décrit une pièce de circonstance de Nicolas Filleul, le *Vœu à la royne*, 1568 (t. I, n° 727). On a encore de lui *La Couronne de Henry le Victorieux, roy de Pologne*, 1573. Guy Le Fèvre de La Boderie le cite en 1578 parmi les poètes (voy. t. IV, n° 3183), et Nicolas adresse la même année des vers à son ami Le Fèvre (t. IV, n° 2930).

Les Theatres de Gaillon ont été réimprimés, en 1873, pour la *Société des Bibliophiles normands* avec une introduction d'Eugène de Robillard de Beaurepaire.

xviii.

3317 (1093 a). La Famine, ou les || Gabeonites, || Tragedie prise de la Bible, & || suiuant celle de Saül. || Ensemble plusieurs autres Œuures poëtiques de || Iehan de la Taille de Bondaroy gentil- || homme du pays de Beauce, & de feu Iaques de la || Taille son frere, desquels œuures l'ordre se void en la || prochaine page. || *A Paris.* || *Par Federic Morel Imprimeur du Roy.* || M.D.LXXIII [1573]. Auec Priuilege dudit Seigneur. In-8 de 173 ff. chiffr. et 3 ff. non chiffr., car. ital. — Savl le fvrievx, || Tragedie prise de la || Bible, || Faicte selon l'art & à la mode des || vieux Autheurs Tragiques. || Plus, || Vne Remonstrăce faicte pour le Roy Charles IX, || à tous ses subiects, à fin de les encliner à la paix. || Auec || Hymnes, Cartels, Epitaphes, Anagrammatismes, || & autres Œuures d'vn mesme autheur. || *A Paris.* || *Par Federic Morel Imprimeur du Roy.* || M.D.LXXII [1572]. || Auec Priuilege dudit Seigneur. In-8 de 80 ff. chiffr., car. ital. — Daire, Tragedie || de feu Iacques de la || Taille, du Pays || de Beauce. || *A Paris.* || *Par Federic Morel Imprimeur du Roy.* || M.D.LXXIII [1573]. || Auec Priuilege dudit Seigneur. In-8 de 35 ff. chiffr., car. ital., et 1 f. blanc. — Alexandre, || Tragedie de Iacques || de la Taille, du pays || de Beauce. || *A Paris.* || *De l'Imprimerie de Federic Morel* || *Imprimeur du Roy.* || M.D.LXXIII [1573]. || Auec Priuilege dudict Seigneur. In-8 de 31 ff., car. ital. — La Maniere || de faire des vers || en Francois, comme || en Grec & en Latin. || Par || Feu Iaques de la Taille, du pays || de Beauce. || *A Paris.* || *De l'Imprimerie de Federic Morel* || *Imprimeur du Roy.* || M.D.LXXIII [1573]. || Auec Priuilege dudict Seigneur. In-8 de 22 ff. chiffr. et 1 f. non chiffr. — Ensemble 5 part. en un vol. in-8, mar. v. jans., doublé de mar. r., riche dor. à petits fers, tr. dor. (*Duru*, 1859.)

La Famine. — Le titre porte une marque de *Féd. Morel* (analogue, mais non semblable au n° 830 de Silvestre). — Au v° du titre est une table de toutes les pièces contenues dans le recueil.

Les ff. 2-4 sont occupés par une épître de Jehan de La Taille « A tres-illustre princesse Marguerite de France, royne de Navarre ». — Le 5° f. contient un avis « Au lecteur », un extrait des *Antiquitez* de Josèphe et 8 vers hexamètres latins.

La tragédie se termine au f. 45 ; elle est suivie d'une pièce intitulée *Le Courtisan retiré* (ff. 46-57), d'un sonnet « A un courtisan », d'une nouvelle marque de *Morel* ; d'une pièce intitulée *Le Combat de Fortune et de Pauvreté* (ff. 59-63) ; de la marque personnelle de Jean de La Taille :

un lion couronné et lampassé, avec la devise : *In utrunque paratus*. — *Les Corrivaux, comedie* (en prose) remplissent les ff. 65-98 ; ils se terminent (f. 99 r°) par un sonnet de JAQUES DE LA TAILLE. — Vient ensuite *Le Negromant, comedie de M.* LOUIS ARIOSTE, *nouvellement mise en françois par Jehan de La Taille de Bondaroy* (ff. 99 v°-142 r°).

Les derniers ff. sont remplis par des élégies, des chansons, des sonnets, etc. On y remarque *Le Blason de la Marguerite* (f. 159), *Le Blason de la Rose*, dédié à Rose de La Taille, cousine du poète (f. 160 v°), et deux pièces sur la mort d'Angélique de La Taille, sœur de Jean (ff. 161, 173). A la fin est un huitain d'une « jeune damoyselle », qui signe : *J'espere sans espoir*.

Le portrait de l'auteur est placé au v° du 1ᵉʳ des 3 ff. non chiffrés ; il est accompagné d'un huitain et de la devise : *In utrunque paratus*. Son emblème et sa devise sont répétés au r° du 2ᵉ f. ; le 3ᵉ est blanc.

On voit par l'épître dédicatoire que *La Famine* avait été précédée par *Saül*.

Saül. — Le titre porte la marque de *Féd. Morel*. — La date indique bien que cette pièce, composée avant *La Famine*, a aussi été imprimée la première.

Au v° du titre se trouvent un sonnet, huit vers hexamètres latins et la devise *In utrunque paratus*.

Les ff. 2-6 contiennent un discours *De l'art de la tragœdie*, « A treshaulte princesse Henriette de Cleves, duchesse de Nevers ».

L'*Argument* et les *Personnages* occupent le 7ᵉ f.

La pièce se termine au f. 35. Elle est suivie d'un sonnet à Henri de Bourbon, prince de Navarre (f. 36) ; d'une épitre « Au roy Charles IX » (f. 37) ; de la *Remonstrance pour le roy Charles IX à tous ses subjects*, poème dont nous avons décrit deux éditions datées de 1567 et de 1568 (t. III, nᵒˢ 2603, 2604) ; d'un *Hymne à Madame, sœur du roy* (f. 43) ; d'un *Cartel* ; d'une *Epistre* ; des *Regrets pour le seigneur de Mongommery a la mort du roy Henry second* (f. 52 v°) ; du *Tombeau du roy François II* (f. 55) ; des épitaphes du marquis de Beaupreau (f. 57), fils du prince de La Roche-sur-Yon ; de François de Clèves, duc de Nivernois, le père ; d'Antoine de Bourbon, roi de Navarre (f. 57 v°) ; de François de Clèves, duc de Nivernois, le fils ; du cœur d'Anne de Montmorency (f. 58 v°), de Jacques de La Taille, frère du poète ; de Louis Le Roux, seigneur de La Roche des Aubiers (f. 59 v°), etc. ; d'anagrammes adressées au roi, à Catherine de Médicis, à Marguerite de Valois, à Marie Stuart, à Antoine de Bourbon, roi de Navarre, à François de Clèves, duc de Nivernois, à Anne d'Este, duchesse de Guise, à Henriette de Clèves, duchesse de Nevers, au cardinal Charles de Bourbon (ff. 59 v°-61). On remarque encore parmi les poésies un sonnet « A damoiselle Catherine de Parthenay » (f. 62 v°), et *La rustique Amie* (ff. 67 v°-70). Le volume se termine par un avis « Au lecteur », en prose (ff. 70 v°-73 r°), une épitaphe latine de Jacques de La Taille, un recueil d'inscriptions pour les principaux personnages de la cour, etc.

Au v° du dernier f. est un extrait du privilège accordé à *Féd. Morel* pour neuf ans le 18 octobre 1570.

Daire. — Cette édition est semblable à celle qui est décrite sous le nᵒ 1094.

Alexandre. — Même marque au titre que précédemment. — Les ff. 2-4 sont occupés par une épître à Henri de Bourbon, roi de Navarre, et par les *Personnages*.

Les ff. 29 v°-31 contiennent un sonnet signé de la devise de JOACHIM DU BELLAY : *Coelo Musa beat* ; trois autres sonnets de Jean de La Taille ; 7 distiques latins et un quatrain français sur le roi François II ; des épigrammes au roi Charles IX, à la reine mère, à Mᵐᵉ de Nevers, à présent Mᵐᵉ de Longueville, et une pièce intitulée « D'un Jannin ».

La Maniere de faire des vers. — Même marque au titre que sur les titres des autres parties.

Le traité est précédé et suivi d'avis « Au lecteur ». Jean de la Taille s'évertue à déterminer la quantité des syllabes françaises et indique les diverses espèces de pieds ; mais il se garde bien de donner des exemples de vers faits comme ceux des Grecs et des Latins.

A la fin est la marque du poète, puis vient un nouvel *Extrait du privilege*.

3318 (1114 a). Le || Trompevr || pvny : || Ou l'Histoire Septentrionale. || Tragi-Comedie || par || Monsieur de Scudery. || *A Paris,* || *Chez Pierre Billaine, ruë Sainct Iacques,* || *à la Bonne-Foy, deuant S. Yues.* || M.DC.XXXIII [1633]. || Auec Priuilege du Roy. Gr. in-8 de 17 ff. lim., 170 pp. et 1 f., mar. r., fil., dos orné, tr. dor. (*Trautz-Bauzonnet.*)

Édition originale.

Le volume s'ouvre par un beau frontispice gravé par *Michel Lasne* et portant l'adresse du libraire.

Le titre est orné d'un fleuron à l'emblème et au chiffre de *P. Billaine*, gravé en taille-douce par *Briot*.

Les ff. *ã ij-ã vij* r° sont occupés par une épître « A madame, madame de Combalet. »

Les ff. *ã vij* v°-*ẽ i* contiennent une *Preface par* monsieur de Chandeville *sur les œuvres de monsieur de Scudery*.

Les 6 ff. qui suivent renferment des vers adressés à Scudéry, savoir : une élégie de Du Ryer (f. *ẽ ij*), un dizain de Mairet (f. *ẽ iij*), deux sixains de d'Inville (f. *ẽ iij* v°), un huitain de Boisrobert (f. *ẽ* [*i*]*iij* r°), un madrigal de Corneille (f. *ẽ iiij* v°), une épigramme de d'Autheuil (f. *ẽ v* r°), une épigramme de Guénente (f. *ẽ v* v°), deux épigrammes de Mondory (f. *ẽ vj*), une épigramme de G. de Coste (f. *ẽ vij* r°), un madrigal de S. Firmin (f. *ẽ vij* v°).

Le privilège (f. *ẽ viij*) est accordé pour six ans à *Pierre Billaine* le 28 décembre 1632. L'achevé d'imprimer est du 4 janvier 1633.

La tragi-comédie se termine à la p. 111 ; elle est suivie (p. [113]) d'*Autres* || *Œuures* || *de Monsieur* || *de Scudery*. Cette seconde partie contient deux *Odes, sur l'immaculee conception de la Vierge* (p. 115). un *Remerciment a M. M. J. D. P. D. C.* (p. 125), une *Paraphrase du Stabat mater* (p. 127), une *Ode au roy, faite à Suse* (p. 130), une *Ode à monsieur le comte du Pont de Courlay, faite en 1629* (p. 138), une *Ode à monsieur du Buons, maistre de camp* (p. 144), une *Ode sur l'Histoire de Normandie* (p. 149) (cette pièce figure en tête de l'*Histoire generale de Normandie* de Gabriel Du Moulin ; Rouen, Jean Osmont, 1631, in-fol., f. ã 4 v°), une *Elegie* (p. 152), *L'Inconstant par imitation* (p. 154), *Les Caprices de l'amour*, dialogue entre Tancrède, Iris, Cloris et Alcidon (p. 156), des *Stances* (p. 159), le *Prologue de Ligdamon. M. M. D. L.* (p. 161), des sonnets *A M. D. B. R., qui representoit l'Aurore au prologue de l'Amaranthe* (p. 163), *A Philis* (p. 164), *Pour Alcidon après un songe veritable* (p. 165) et deux petites épigrammes (p. 166), une épitaphe (p. 167) et six couplets « de differents balets » (pp. 168-170).

Le dernier f. contient, au r°, les *Fautes survenues à l'impression* ; il est blanc au v°.

3319 (1129 a). Poemes || dramatiqves || de || T. Corneille. || *A Paris.* || *Chez Guillaume de Luyne, Libraire Iuré,* || *au Palais, en la Gallerie des Merciers,* || *à la Iustice.* || M.DC.LXV [1665]. || Auec Priuilege du Roy. 2 vol. in-8.

I. Partie : 2 ff. pour le frontispice, daté de 1660, et le titre, 709 pp. et 1 f., plus 6 figg. (une pour chaque pièce). — Au v° de la p. 709 commence le texte du privilège qui se développe sur le f. suivant. Ce privilège est celui du 3 décembre 1657, dont le titulaire est *Augustin Courbé*. Il est dit à la fin du volume que l'édition a été achevée d'imprimer à Rouen, par *L. Maurry* au mois de décembre 1664.

La figure du *Feint Astrologue* porte : *Choveau* [sic] *in.*, *Le Doyen sc.* ; celles de *L'Amour à la mode* et du *Charme de la voix* sont signées du graveur *Mathous*, la figure du *Berger extravagant* porte seulement : *Le Doyen fecit*.

Il. Partie : 2 ff. pour le frontispice, daté de 1660, et le titre, 652 pp. et 2 ff., plus 6 figg. (une pour chaque pièce). Même privilège, même achevé d'imprimer. — Deux figures, celles des *Illustres Ennemis* et de *La Mort de l'empereur Commode* sont signées : *Choveau* [sic] *in., Le Doyen fecit*; deux autres, celles de *Berenice* et de *Darius* sont signées du graveur *Mathous*.

Bibliographie Cornélienne, n° 109, p. 143.

V. — Romans et Contes.

3320 (1521 a). La Pyrenee, || et Pastora- || le amoureuse, con- tenant || diuers accidens amoureux, de- || scriptions de païsages, histoires, fables & occur- || rences des choses aduenues de nostre temps, ser- || uant comme l'avant-coureur de l'Adolescēce : di- || uisée en deux liures. || Par || François de Belle-forest Comingeois. || *Chez Geruais Mallot, Rue S. Iean de Beau-* || *uais, à l'Aigle d'or.* || 1571. || Auec priuilege du Roy. In-8 de 6 ff. lim. et 244 pp., mar. citr. jans., tr. dor. (*Pagnant.*)

Le titre porte une aigle, marque de *Gervais Malot*.
Les ff. ã*ij*-ã*iiij* r° contiennent une épître « A mon bon seigneur et amy le seig. Jean de Villevault, enquesteur pour le roy et la royne mere en la seneschaussée de Clermont, et procureur en la court de parlement à Paris », épître datée de Paris, le 20 février 1571 et signée de Belleforest.
Au v° du f. ã *iiij* est un extrait du privilège accordé pour six ans à *Gervais Malot* le 17 novembre 1570.
Les 2 autres ff. lim. contiennent un sonnet de Jean Thirmoys, « Nor[mand] Argenthenois », accompagné de la devise : *Tant qu'il en reste* ; un sonnet de Pierre Tamisier et deux sonnets de Jacques Moisson, adressés, l'un à M. de Villevaut, l'autre à Belleforest.
Cette pastorale romanesque est entremêlée de vers. Ce qui lui donne quelque intérêt, c'est que Belleforest a transporté la scène dans les Pyrénées, dont il était originaire, et qu'on relève dans le récit quelques allusions à des personnages contemporains, par exemple à Silvia Pico della Mirandola, femme de François III de La Rochefoucauld, comte de Randan (p. 176).

3321 (1577 a). Paul et Virginie, par J.-H. Bernardin de Saint-Pierre. *Paris.* — *L. Curmer, 49, rue Richelieu.* [*Imprimerie d'A. Éverat.*] 1838. Gr. in-8 de LVI et 458 pp., plus 6 ff. placés avant la *Notice historique*, 1 f. de Table et 33 figures tirées hors texte, chagrin viol., fil., riche dorure, tr. dor. (*Reliure originale.*)

Au v° du faux-titre est un grand fleuron qui représente les attributs de l'imprimerie. A la suite est un frontispice gravé sur bois, puis vient le titre, lequel est orné d'un double médaillon (portraits d'*A. Éverat* et de *L. Curmer*).

On trouve après le titre une dédicace de Curmer « Aux artistes qui ont élevé ce monument typographique ».

La *Table des noms des dessinateurs et des graveurs* n'occupe pas moins de 6 ff. (ce sont les ff. placés avant la *Notice*).

La *Notice historique* (pp. vij-lii) est signée : Sainte-Beuve. Les pp. 317 à 418 contiennent *La Chaumière Indienne*, avec titre et faux-titre compris dans la pagination.

Curmer a voulu mettre en évidence le talent des artistes de son temps. La plupart des figures, des vignettes et des bordures ont été dessinées par *Tony Johannot* ; les autres sont dues à *Baptiste, Belaife, Brascassat, Français, Paul Huet, Eugène Isabey, Jacques, Laffitte, Marville, Meissonier* et *Steinheil*. La carte a été dressée par *Dufour*.

Les gravures sur bois ont été exécutées par *Bagg, Beneworth, Ad. Best, Bonner, Branston, Brevière, Miss Cliny, Fagnion, Folkard, C. Gray, Hart, Lacoste jeune, Laing, Laisné, Lavoignat, Porret, Powis, Slader, O. Smith, Thiébault, Vasey, Miss Williams, Miss Mary Anna Williams, Samuel Williams, Th. Williams*. Les gravures en taille-douce, au nombre de 7, sont de *Cousin, Pelée, Pigeot* et *Revel*. La carte a été gravée par *Dyonnet*.

3322 (1690 a). Histoire secrete de Bourgogne. Par Mlle de la Force. *A Paris. De l'Imprimerie de Didot l'aîné.* M.DCC.LXXXII [1782]. 3 vol. in-12, mar. r., fil., dos ornés. (*Rel. du temps.*)

Tome premier : 2 ff. et 231 pp. — *Tome second* : 2 ff. et 293 pp. — *Tome troisième* : 279 pp. (on n'y trouve pas l'avertissement indiqué par Brunet).

La première édition de l'*Histoire secrete* avait paru en 1694 à Paris. La présente réimpression fait partie d'une collection de romans publiée par Jean-Baptiste de La Borde, le fermier général que les *Chansons* ont rendu célèbre. Il parle lui-même de sa famille dans les notes qui forment le tome III (pp. 48-50).

Exemplaire aux armes de M. de Chalandray.

3323 (1695 a). Les facetievx ‖ Deviz des cent ‖ & six Nouuelles, Nouuelles, ‖ tresrecreatiues pour re- ‖ ueiller les bons & ‖ ioyeux esprits ‖ Françoys, ‖ Par le seigneur de la Motte, ‖ Roullant Lionnois. ‖ *A Lyon,* ‖ *Par Benoist Rigaud.* ‖ 1570. — *Cy finissent les facetieux Deuis des* ‖ *cent nouuelles, nouelles, ueues, corri-* ‖ *gees & additionnées selon leur sens* ‖ *naturel, & langaige plus pratiqué* ‖ *en Francoys par le seigneur de la Motte Lyonnois, & Imprimé à Lyon* ‖ *par Francoys Durelle.* ‖ *Fin.* In-16 de 12 ff. lim. et 212 ff. chiffr.

Le titre est entouré d'un encadrement. Il est suivi d'une *Epistre exortative aux lecteurs de bonne volonté*, d'une *Rime à plaisir* « aux lecteurs » et de la *Table*.

L'éditeur de ce volume, Roullant, sieur de La Motte, a remanié les *Cent nouvelles nouvelles*, qu'il a notablement abrégées et dont il a modernisé la langue. M. Loviot (*Auteurs et Livres anciens*, 1917, pp. 47-56), constate dans une notice consacrée aux *Facetieux Devis*, que, sur cent neuf contes, quatre-vingt six seulement sont empruntés aux *Cent Nou-*

velles (les n°* 59, 60, 63, 68, 70, 74, 83, 91, 93-97, 99 ayant été rejetés « comme indignes, sans saulces ne raisons »). Roullaut a emprunté à d'autres sources vingt-trois de ses contes.

Nous n'avons ici que la seconde édition ; la première est celle de *Paris, Jean Real*, 1549, in-8.

3324 (1770 a). LES MILLE ET UNE NUITS, contes arabes, traduits en françois par Galland ; nouvelle édition publiée sur les textes originaux, et augmentée de plusieurs nouvelles et contes traduits des langues orientales par M. Destains ; précédée d'une notice historique sur Galland par M. Charles Nodier. *A Paris, Chez Galliot, libraire, boulevard de la Madeleine, n° 11. [Imprimerie de Crapelet.]* M.DCCC.XXII [1822]. 6 vol. gr. in-8, demi-rel. mar. r., dos ornés, non rognés. (*A. Hering et Müller.*)

Tome premier : titre, faux-titre, xxvj et 475 pp. et 1 fig. — *Tome second*, 1823 : 2 ff., 487 pp. et 1 fig. — *Tome troisième*, 1823 : 2 ff., 504 pp. et 1 fig. — *Tome quatrième*, 1823 : 2 ff., 526 pp., 1 f. et 1 fig. — *Tome cinquième*, 1823 : 2 ff., 463 pp. et 1 fig. — *Tome sixième*, 1825 : vij et 502 pp., plus 1 f. blanc et 1 fig.

Les figures, dessinées par *R. Westall*, membre de l'Académie royale de Londres, sont signées des graveurs W. Finden (2), J. H. Watt (2), J. H. Robinson (2).

Les contes, traduits par Antoine Galland d'après les manuscrits arabes et présentés par lui sous une forme littéraire, avaient paru pour la première fois de 1704 à 1708 en 12 volumes in-12.

Exemplaire en papier vélin ; figures tirées sur papier de Chine.

VI. — FACÉTIES.

3. — *Ouvrages sur l'amour, les femmes et le mariage.*

3325 (1829 a). COLLOQVE || FAMILIER du vray, || pudic et syncere a- || mour, concilié entre deux a- || mans, traduict de latin en Fran- || çoys : & augmenté de plu- || sieurs authoritez & spi- || rituelz propos. Nou- || uellemēt impri- || mé. || Amplié oultre la premiere || edition. || 1544. || *En l'imprimerie de Denys Ianot, im- || primeur du Roy en langue Fran- || çoyse, & libraire iuré de l'vniuer- || sité de Paris.* — [Au f. cl v° :] *Cy fine ce present liure, in- || titulé, Colloque de pudic A- || mour, faict & traduict par mai- || stre Iaques du Clerc aduocat es || sieges royaulx de Compiengne, || & nouuellement imprimé à || Paris par Denys Ianot, || imprimeur du Roy || en langue Frā- || çoyse.* In-16 de 16 ff. lim.,

150 ff. chiffr. et 2 ff. non chiffr., mar. bl., dos et mil. ornés, tr. dor. (*Trautz-Bauzonnet.*)

Les ff. *Aa ij-Aa vj* r° contiennent une épître de Jacques Du Clerc « A trespuissant tresnoble et tresillustre prince, Charles, duc d'Orleans ». (Charles, troisième fils de François I*er*, mourut, âgé de treize ans, le 9 septembre 1545.)
Un *Prologue du translateur* occupe les ff *Aa vj* v°-*Bb ij* r°; puis vient un quatrain de « L'autheur au lecteur » (f. *Bb ij* v°).
La table des vingt chapitres remplit trois ff. (*Bb iij-Bb v*); elle est suivie d'un avis de Jacques Du Clerc en latin.
Le 6° f. liminaire est blanc.

L'ouvrage, qui est imité du *Liber de amore* composé au x° siècle par Pamphilus Maurilianus, avait paru pour la première fois en 1540 (La Croix du Maine, éd. de 1584, p. 180).

Le présent exemplaire décrit au *Bulletin de la librairie Morgand* (n° 2579) provient de la vente des livres de Jules Le Petit (Paris, H. Leclerc, 23 avril 1917), n° 43.

VII. — Philologie.

2. — *Dialogues et Entretiens.*

3326 (1859 a). Dialogues des Morts composez pour l'education d'un Prince. *A Paris, Chez Florentin Delaulne, ruë Saint Jacques à l'Empereur.* M.DCCXVI [1716]. Avec Priuilege du Roy. In-12 de xxv pp., 3 ff. et 314 pp.

Édition originale des Dialogues de Fénelon. Elle contient quarante-cinq dialogues et un morceau intitulé : *Titus Quintus Flaminius.* Quatre Dialogues avaient paru subrepticement en 1700.
Les pp. iii-xxv sont occupées par la *Preface.* On trouve à la suite : la *Table* qui occupe 3 pp., l'*Approbation*, datée du 26 avril 1716 et signée : La Marque Tilladet, le texte du *Privilege du roy.* Le privilège, daté du 17 mai 1711, est accordé au libraire *Florentin Delaulne* pour cinq ans.

4. — *Emblèmes.*

3327 (1871 a). Le Thea- || tre des bons en- || gins, auquel sont contenuz cent Em- || blemes moraulx. Composé par Guil- || laume de la Perriere Tolosain, || Et nouuellement par ice- || luy limé, reueu & || corrigé. || Auec priuilege. || De l'Imprimerie de Denys Ianot || *Imprimeur & libraire.* — [Au r° du f. *O iij* :] *Imprimé à Paris par Denys Ia- || not Imprimeur & libraire, de- || mourãt en la rue neufue no- || stre Dame, à l'enseigne || sainct Iehan Baptiste || pres saincte Gene- || uiefue des Ar- || dens.* S. d. [1540], in-8 de 107 ff. non chiffr. et 1 f. blanc, sign. A-N par 8, O par 4, mar. r. jans., tr. dor. (*Chambolle-Duru.*)

Le titre est entouré d'un bel encadrement d'architecture. En haut on remarque le chiffre de *Denys Janot*, avec la devise : *Amor Dei omnia vincit* ; en bas sont deux amants assis auprès d'un luth. Une banderole qui se déroule à côté d'eux porte : *Amor noster ut flos transiet* [sic].

Au v° du titre est le texte de la requête adressée par *Janot* au prévôt de Paris pour obtenir un privilège. Ce privilège lui est accordé, pour quatre ans, le 31 janvier 1539 [1540, n. s.] par J.-J. DE MESMES.

Les ff. A *iij-A v* sont occupés par une épître « A tres haulte et tres illustre princesse, madame Marguerite de France, royne de Navarre, sœur unicque du Treschrestien roy de France ».

Au f. A *vj* r° est un huitain de PIERRE DU CÈDRE, « Tolosain ».

L'ouvrage se compose de cent emblèmes contenus chacun en un dizain et accompagnés de cent figures finement gravées. Les pages, sauf les ff. A i v°-A ij r°, A iij v°-A v r°, sont toutes entourées d'encadrements.

Il y a quatre encadrements différents pour les figures et autant pour le texte.

Au v° du f. *O ij* est la devise de La Perrière, qui était aussi celle d'Estienne Dolet : *Delivre moy, Seigneur, des calumnies des hommes.* Dolet avait imprimé l'ouvrage en 1536.

Les dizains de La Perrière avaient d'abord paru à Lyon et à Paris sans figures (voy. Brunet, III, col. 830). Les gravures exécutées pour *Denys Janot* en font un des plus jolis livres de la première moitié du xvi° siècle.

Sur l'auteur et les diverses éditions et traductions du *Theatre des bons engins*, on peut consulter une note de M. Émile Picot dans le *Bulletin du Protestantisme français*, 1906, pp. 254-257.

3328 (1871 *b*). La || Morosophie || de Guillaume de la || Perriere To- || losain, || Contenant Cent Emblemes || moraux, illustrez de Cent || Tetrastiques Latins, re- || duitz en autant

de Qua-‖ trains Françoys. ‖ *A Lyon,* ‖ *Par Macé Bonhomme.*
‖ 1553. ‖ Auec Priuilege pour dix ans. — [Au v° du f. *P i :*]
Imprimé à Lyon par ‖ *Macé Bonhomme.* In-8 de 113 ff.
non chiffr. et 1 f. blanc, sign. *A-O* par 8, *P* par 2, mar. r.
jans., tr. dor. (*Chambolle-Duru*.)

Le titre est entouré d'un riche encadrement :

Au v° du titre et au r° du f. *A 2* se développe le texte du privilège, lequel est accordé pour dix ans à *Jean Mounier* et à *Jean Perrin*, libraires en la ville et université de Toulouse, le 11 août 1551. Les deux libraires obtiennent ce privilège en même temps pour deux ouvrages de La Perrière : *La Morosophie* et *Les Considerations des quatre mondes*, et pour un ouvrage d'Antonio Gouvea : *Antonii Goveani jurisconsulti de jurisdictione Libri duo adversus Eguinarium Baronem*. On lit à la fin : « Par le consentement et accord des susditz impetrans ha esté achevée la presente *Morosophie* à Lyon, par *Macé Bonhomme*, le 12. fevrier 1553. »

Au f. *A 2* v° est un portrait de Guillaume de La Perrière, âgé alors de 52 ans :

Les ff. *A 4-B 1* contiennent une épitre « A treshaut et tresillustre prince, monseigneur Antoine de Bourbon, duc de Vendosmoys ». — Les ff. *B 2-B 3* sont occupés par une épitre en distiques latins adressée au même personnage et signée de la devise de l'auteur : *Redime me a calumniis hominum*.

Au f. *B 4* r° sont un distique latin et un quatrain de Bernardo Poggio, de Lucques (Bernardus Podius, Lucencis). Au f. *B 4* v° est un sonnet de Guillaume de Cayret, « Tolosain », accompagné de la devise : *Quand tout cherra*. Au f. *B 5* est un dizain de Jacques de Maulevaut, Angevin.

Les emblèmes commencent au f. *B 5 v°*. Le r° de chacun des ff. qui suivent est occupé par deux distiques latins et leur traduction en un quatrain français. Toutes les pages à l'exception de celles qui contiennent le texte du privilège et le portrait sont entourées d'encadrements. On remarque dans un de ces encadrements les initiales J. M. [*Jean Mounier*],

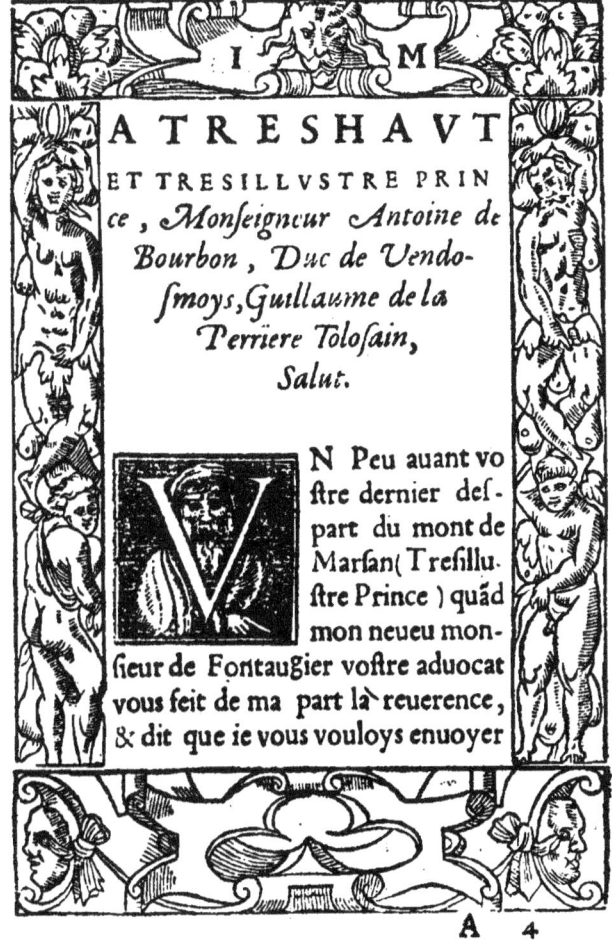

dans un autre les initiales J. P. [*Jean Perrin*], dans un troisième la date de 1551. L'ensemble est notablement inférieur au volume sorti des presses de *Denys Janot*. Nous reproduisons des spécimens des planches qui portent les initiales des deux libraires toulousains et qui ont probablement été gravées pour eux.

VIII. — ÉPISTOLAIRES.

3329 (1883, 1, art. 7 [*lis.* 10] a). Lettre de Bossuet au pape Innocent XI sur l'instruction de monseigneur le Dauphin. « A St Germain, le 8. de mars 1679 ». Ms. gr. in-4 de 17 ff., mar. bl. jans.

Traduction française de la lettre latine adressée par Bossuet, le 8 mars 1679, au pape Innocent XI. Le manuscrit, qui est de l'abbé Ledieu, porte un très grand nombre de corrections de la main même de Bossuet. La lettre a été imprimée pour la première fois en tête de la *Politique tirée des paroles de l'Ecriture sainte*, 1709 (éd. Lachat, XXIII, pp. 1-29 ; texte latin et texte français). On a joint au manuscrit une épreuve du portrait de Bossuet gravé par *Petit* d'après *H. Rigaud*.

IX. — POLYGRAPHES.

3330 (1904 a). LA TOVCHE NAIF- || VE, pour esprou- || uer lamy, & le flateur, inuētee par || Plutarque, taillee par Erasme, & || mise a lusage Francois, par noble || hōme frere Antoine du Saix, com- || mendeur de Bourg. Auec lart, de || soy ayder, & par bon moyen faire || son proffict de ses enne- mys. || 1537. || Quoy quil aduienne. || *On les vend a Paris chez Simon de* || *Colines, au Soleil dor, rue S. Iehan* || *de Beauluais.* In-4 de 66 ff. chiffr. — PETIT FATRAS || dung appren- || tis, surnommé Lesperon- || nier de discipline. || *On les vend a Paris chez Si-* || *mon de Colines, au Soleil dor,* || *rue S. Iehan de Beauluais.* S. d. [1536 ou 1537], in-4 de 40 ff. chiffr., sign. *A-E* par 8. — Ensemble 2 part. en un vol. in-4, v. f., fil. à froid, fil. et comp. dor., tr. dor. (*Rel. du XVIᵉ siècle.*)

Touche naïfve. — Les 6 ff. qui suivent le titre sont occupés par une épitre « Au roy treschrestien François premier », dont frère Antoine Du Saix se dit le « treshumble subject et tresobeyssant orateur ». L'épitre est imprimée en caractères italiques, le texte en belles lettres rondes.
La traduction du premier traité de Plutarque commence au 8ᵉ f. et se termine au f. 53 v° par les devises : *Quoy qu'il aduienne, Honneur à Dieu, graces et louenge*, et par cinq distiques latins « Ad lectorem ».
La traduction du second traité, d'après Erasme, commence au f. 54 et finit au f. 66 r° par la devise : *Quoy qu'il aduienne*.

Petit Fatras. — La collation est la même que celle du volume décrit dans notre t. I, n° 516.

Exemplaire imprimé sur VÉLIN, qui parait être l'exemplaire offert au roi François Iᵉʳ. Le titre et les ff. 2, 8 et 54 r° de la première partie, ainsi que le titre de la seconde, sont très richement enluminés en or et en couleur. L'initiale F. se détache en or sur fond d'azur dans la bordure qui orne le f. 2 r° (commencement de la dédicace). On remarque dans le vélin une marque analogue au filigrane du papier. Les pages sont toutes réglées avec soin. Le titre de *La Touche naïfve* est reproduit dans le Cat. Robert Hoe.
La reliure porte l'inscription suivante, répartie entre les deux plats : A. SAXANVS. ITA. || GALLICE. LVDEBAT.

Des bibliothèques de DAUPHIN DE VERNA (Lyon, 1895), de G. GUYOT DE VILLENEUVE (Cat., 1900, n° 284) et de ROBERT HOE (Cat., III, avril 1912, n° 2540).

HISTOIRE

I. — Géographie.

3331 (1921 a). Pomponivs mela de to || tius Orbis descriptione. Author Lu- || culentiss. Nūquā antea citra || m̄ontes impressus. — [Au r° du dernier f. :] ℭ *Anno. Salutiferæ incarna-* I. 3. 50

tionis. M.D.VII. *Decima* || *die Ianuarij* [1508, n. s.]. *Impressũ est hoc opus per Egidiũ Gormũ-* || *tium. & per Torinum Bituricum diligentiss. recognitum.* || *Parrhisijs.* In-4 de 56 ff. non chiffr., sign. *a c e g i* par 8, *b d f h* par 4, lettres rondes.

⁋ ANNO. Salutiferæ incarnationis. M.D.VII. Decima die Ianuarij. Impreſſũ eſt hoc opus per Egidiũ Gormũ= tium. & per Torinum Bituricum diligentiſſ. recognitum. Parrhiſijs.

Le titre porte la marque de *Jehan Petit* (Silvestre, nº 25). Nous en donnons la reproduction p. 113.

Au vº du titre est une épître de Geofroy Tory, de Bourges, à Philibert Babou, « Philiberto Baboo, civi biturico, serenissimi Gallorum regis dispensatori ac camerario meritissimo », en date de Paris, le 6 des nones de décembre 1507, erreur manifeste, puisqu'il n'y avait que quatre jours entre les calendes et les nones de décembre.

A la fin, au bas du f. *i vij* vº se lisent deux distiques de Charles Rousseau (Rousseus) *Ad Lectorem.*

Le dernier f. contient, au rº, la souscription et la marque de *Gilles de Gourmont* (Silvestre, nº 82). Le vº en est blanc.

HISTOIRE 115

3332 (1921 *b*). Pomponivs Mela. || Iulius Solinus. || Itinerarium Antonini Aug. || Vibius Sequester || P. Victor de regionibus urbis Romæ. || Dionysius Afer de Situ orbis Prisciano Interprete. — [A la fin, f. G ij, au-dessous du registre :] *Venetiis in ædibus* || *Aldi, et Andreæ* || *soceri mense* || *Octobri* M.||D.XVIII [1518]. In-8 de 233 ff. chiffr. et 3 ff. non chiffr., car. ital., mar. v. foncé, fil. à froid, dent. et comp. argentés, tr. argentées. (*Rel. du XVI*ᵉ *siècle*.)

    Le titre porte l'ancre aldine. — Le vᵒ du titre est blanc.
    Au 2ᵉ f. est un avis de Francesco da Asola au lecteur, avis reproduit par Renouard (*Ann. de l'imprimerie des Alde*, 3ᵉ éd., 1834, p. 83). — Le vᵒ est blanc.
    Le f. qui suit la souscription est blanc. Le dernier f. porte, au vᵒ, l'ancre aldine.
    Aldo Manuzio était mort le 6 février 1515 ; ce ne fut donc pas lui qui revit l'édition de Pomponius Mela et des autres ouvrages contenus dans le recueil ; la revision fut faite par Francesco et Federico da Asola, ses beaux-frères. Le texte établi par eux d'après des manuscrits vénitiens fut copié par les héritiers de *Filippo Giunta* à Florence en 1519 et par *Alessandro Paganini* à Tusculum en 1521.
    Le présent exemplaire porte un grand nombre de notes manuscrites dues à un lecteur italien du xviᵉ siècle et se termine par une table également manuscrite.

II. — Histoire.

2. — *Histoire des religions*.

3333 (2006 *a*). Tractatvs de immunitate ecclesiastica et de potestate Romani Pontificis Alexandri Pesantii Romani, Philosophiæ, Sacræ Theologiæ, Et vtriusque Iuris Doctoris, Comitis, & Equitis. Ad Sanctiss. D. N. Paulum Quintum Pontificem Opt. Max. Et ad Illustrissimum, & Reuerendissimum D. Scipionem Burghesium, S. R. E. Cardinalem eius Nepotem. *Romæ, Ex Typographia Gulielmi Facciotti.* M.DC.VI [1606]. Superiorum Permissu. In-4 de 56 pp. et 2 ff., mar. pourpre, fil., riches comp. dor., dos orné, tr. dor. (*Rel. du XVII*ᵉ *siècle.*)

    Le titre porte les armes du pape.
    Les pp. 3-5 sont occupées par une épître dédicatoire adressée au pape Paul V.
    Exemplaire aux armes de Gio. Battista Altieri, majordome du cardinal Scipione Borghese et évêque de Camorino, plus tard cardinal (1641), évêque de Todi, mort en 1654.

3334 (2009 *a*). [Privilegia a Paulo III, pont. max., confraternitati Sacratissimi Corporis Jesu Christi in ecclesia domus

Beatae Mariae super Minervam de Urbe concessa.] S. l. n. d. [*Rome, Ant. Blado*, 1546], gr. placard de 66 × 56 cent., sceau.

<small>Ce placard, publié par Gio. Domenico Cuppi, cardinal de Trani, évêque d'Ostie, doyen du Sacré Collège et protecteur de la confrérie du Saint Sacrement, contient deux bulles : l'une en date du 30 novembre 1539, l'autre en date du 8 décembre 1546. Le texte des bulles est imprimé en caractères italiques, mais la date de la seconde est en partie manuscrite. L'authenticité des actes est attestée, en présence d'Evangelista de Fabiis et de Vincenzo de Lenis, nobles romains, par Giordano Beccadelli, « civis romanus, prothonotarius apostolicus dictaeque confraternitatis secretarius », qui a signé le placard.

La pièce est richement enluminée. En haut sont les armes pontificales et deux médaillons représentant saint Pierre et saint Michel. Sur les côtés : à gauche, les armes des Médicis et un écu d'argent, au chevron de gueules, chargé d'un besan de sable et de deux besans d'or ; au chef d'azur, le tout surmonté de la devise : *Dux mihi semper eris* ; à droite, un écu échiqueté d'argent et de sable de 15 pièces, entouré de diverses bannières, et un écu à une mer agitée d'azur, chargée de deux navires. Au-dessus de ce dernier écu, la devise : *Inde salus*.</small>

3335 (2009 *b*). Regvlae dvae San- ‖ ctissimi Domini Nostri D. ‖ Pauli diuina prouidentia Papæ IIII. Vna videli- ‖ cet Reuocatoria omnium & singulorum Lega- ‖ torum & Nuntiorum Apostolicorum, in qui ‖ busuis non tamen Angliæ & Hiberniæ Re- ‖ gnis, ac aliis Prouinciis in ea expressis. ‖ Et alia etiam Reuocatoria facultatum concessarum ‖ ordinariis Collatoribus, quo ad beneficia in men ‖ sibus Apostolicis vacantia, aut alias reserua- ‖ ta & affecta. ‖ *Romæ Apud Antonium Bladum.* ‖ Anno M.D.LV [1555]. In-8 de 4 ff. non chiffr.

<small>Le titre porte les armes du pape avec la devise : *Diu felix*.
Les deux actes pontificaux, datés du 10 octobre 1555, ne sont donnés ici que par extraits, sous la signature d'A. Lomellini, « custos ». Le premier acte est surtout important ; il révoque implicitement les pouvoirs qui avaient été donnés au cardinal Reginald Pole, légat en Angleterre, et rend définitive la séparation de ce pays d'avec l'Église romaine.</small>

3336. Ad illvstrissimvm Dominvm ‖ D-Antonivm Pratvm Ma ‖ gnum Vtriusque Gal ‖ liae Cancellarium di ‖ gnissimum Diui Ro ‖ chi Narbonensis ‖ Vita per Ioan ‖ nem Pinum ‖ Tolosa ‖ num ‖ edi ‖ ta ‖ ★ ‖ *Vęnundatur ab Ioanne Paruo*. — [Au v° du dernier f. :] Finis. ‖ *Diui Rochi Narbonẽsis vita per Ioãnem* ‖ *Pinum Tolosanũ senatorẽ & oratorẽ Regiũ* ‖ *edita finit : impressa primũ Venetiis Per Ale-* ‖ *xandrũ de Bindonis Anno Domini millesimo* ‖ *quingentesimo deci-*

HISTOIRE 117

mosexto [1516] *nono Kalẽ. No-* ‖ *uembris : & Rursum Parrhisiis eodem anno* ‖ *per Iodocum Badium ad Idus Martias* [1517, n. s.]. In-4 de 16 ff. non chiffr. de 26 lignes à la page, impr. en lettres rondes, sign. *a-b* par 8, v. f., fil., dos orné, tr. dor.

> Au v° du titre est une épître de Josse Bade « Joanni Bibaucio, sacrarum legum professori consultissimo et eloquentissimo », en date des ides de mars 1517, « supputatione romana ».
> Les ff. a *ij*-a *iij* sont occupés par une épître de Jehan de Pins au chancelier Antoine Du Prat, en date de Venise, 24 octobre 1516. Jehan nous apprend que, pendant qu'il était à Venise comme ambassadeur, il a souffert d'une grave maladie et que, pour occuper ses loisirs forcés et témoigner en même temps de sa reconnaissance envers son bienfaiteur, il a composé cette Vie de saint Roch, à qui se recommandent tous ceux qui sont menacés de la peste.
> M. Philippe Renouard cite cette édition dans sa *Bibliographie de Josse Badius* (III, p. 165), mais il déclare n'en avoir pu voir aucun exemplaire.

5. — *Histoire de France.*

3337 (2088 a). Bibliotheque historique de la France, Contenant Le Catalogue des Ouvrages, imprimés & manuscrits, qui traitent de l'Histoire de ce Royaume, ou qui y ont rapport; avec des Notes critiques et historiques : Par feu Jacques Lelong, Prêtre de l'Oratoire, Bibliothécaire de la Maison de Paris. Nouvelle Edition Revue, corrigée & considérablement augmentée Par M. Fevret de Fontette, Conseiller au Parlement de Dijon. *A Paris, De l'Imprimerie de Jean-Thomas Herissant, Imprimeur ordinaire du Roi, Maison & Cabinet de Sa Majesté.* M.DCC.LXVIII [1768-1778]. Avec Approbation et Privilege du Roi. 5 vol. gr. in-fol., mar. r., larges dent., dos ornés, tr. dor. (*Rel. du XVIIIe siècle.*)

> *Tome premier* : 2 ff., xxxiv pp., 1 f. et 926 pp. impr. à 2 col. — La *Préface de cette nouvelle édition*, où sont nommés tous ceux qui y ont collaboré, occupe les pp. i-xiv ; la *Préface de la première édition*, les pp. xv-xxij. L'*Abrégé de la vie du Père Le Long* (né à Paris le 19 avril 1665, mort dans la même ville le 13 août 1721) remplit les pp. xxiij et xxiv. Aux pp. xxv et xxvj est un *Catalogue des ouvrages du Père Lelong*. La Table *des chapitres et articles*; l'*Approbation* et le *Privilège* remplissent le reste des ff. liminaires.
> L'*Approbation*, en date du 1er décembre 1767, est signée : Capperonnier. Le privilège, daté du 16 décembre 1767, est accordé pour douze ans à l'imprimeur Jean-Thomas Hérissant père.
> *Tome second*, 1769 : 2 ff., vj pp., 3 ff. et 892 pp.
> *Tome troisième*, 1771 : 2 ff., vij et 850 pp., plus cvij pp. pour les *Mémoires historiques sur plusieurs historiens modernes de France.*
> *Tome quatriéme*, 1775 : 2 ff., xvj et 536 pp., plus 285 pp. pour l'*Appendice à la Bibliothèque historique de la France.* — Le titre qualifie

ainsi M. Févret de Fontette : « Conseiller au Parlement de Dijon, l'un des Directeurs de l'Académie de cette Ville, & Associé-libre de l'Académie Royale des Inscriptions & Belles-Lettres ». *De l'Imprimerie de la Veuve Hérissant, Imprimeur ordinaire du Roi, Maison & Cabinet de Sa Majesté*.
— Les pp. j-ii contiennent un *Avertissement* signé de J. L. BARBEAU DE LA BRUYÈRE, en date du 17 février 1775. Les pp. *iij-ix* sont occupées par l'*Éloge de M. Févret de Fontette* (né à Dijon le 14 avril 1710, mort le 16 février 1772); les pp. x-xiv, par un *Éloge historique* du même, par M. DUPUY, secrétaire perpétuel de l'Académie des Inscriptions.

Tome cinquième, Contenant des Additions & les Tables, 1778 : viij et 771 pp. — Le titre porte : A *Paris,*

Chez { *Pierre-François Didot, jeune,* } *Quai des Augustins.*
{ *Debure, Fils aîné,* }
{ *Jean-Luc Nyon, aîné, rue Saint-Jean de Beauvais.* }
{ *Moutard, Imprimeur de la Reine, rue des Maturins.* }

De l'Imprimerie de la Veuve Hérissant, etc.

L'Avertissement de l'Editeur (pp. v-vj) est signé : I. L. BARBEAU DE LA BRUYÈRE, ce 15 octobre 1778.

Les titres, imprimés en rouge et en noir, sont tous ornés d'un fleuron aux armes royales.

Exemplaire en grand papier, aux armes de CLÉMENT-CHARLES-FRANÇOIS DE L'AVERDI, conseiller au parlement de Paris, contrôleur général des finances (1763), ministre d'Etat (1765), guillotiné le 24 novembre 1793. Ces armes sont : d'or à la bande de gueules, chargée d'un renard cernant d'argent.

Des bibliothèques d'ANTOINE-AUGUSTIN RENOUARD (Cat., 1854, n° 3249) et d'ERNEST ODIOT.

3338 (2104 *a*). [ORATIONES oratorum Caroli Francorum regis ad Venetos, ad Ludovicum Sforcia, ad Bononienses, etc., anno 1495.] — [Au f. *A viij* r°, au-dessous de trois lignes de texte :] *Impressum Lipczk per Melchiar Lotter. S. d.* [1495], in-4 goth. de 8 ff. non chiffr., impr. en lettres de forme, sign. *A*.

Le r° du 1ᵉʳ f. contient les lignes suivantes, qui ont peut-être la prétention d'être des vers :

Quid me diu impudentius contueris?
Parvo vendor ere; me, si sapis, emito.
Divicias diligenter legentibus affero immodicas,
Superat namque eloquentia Cresi thesauros Mideque divicias.

Au-dessous de ces quatre lignes est un avis *Ad lectorem.*
Le volume contient :

1° (fol. *A ij*) *Oratio habita ad Venetos a magnificis Caroli Francorum regis oratoribus, anno millesimo quadringentesimo nonagesimo quinto, die quinta aprilis, et Responsio Venetorum;*

2° (fol. *A iij*) *Eorundem Oratio ad Ludovicum Sforcia, ducem Mediolanensem, die 15. aprilis, et Ejusdem Responsio;*

3° (fol. *A iij* v°) *Prefatorum legatorum Oratio ad Bononienses, die 26. aprilis, et Bononiensium Responsio;*

4° (fol. *A iiij* v°) *Ad Herculem Estensem Ferrarie ducem Oratio, habita quarta may, et Ejus Responsio;*

5° (ibid.) *Ad Franciscum Gonzagam, marchionem mantuanum, die 12. marcii, et Ejusdem Responsio;*

6° (fol. *A v*) *Oratorum regiorum ad Florentinos, 21. may, et Florentinorum Responsio;*

7° (fol. *A v* v°) *Ad Senenses Oratio ultima may, et Responsio Senensium;*

8° (fol. *A vj*) *Ad Alexandrum Sextum, summum pontificem, Oratio legatorum Karoli, Francorum regis, 12. July, et Responsio pontificis;*

9° (fol. *A vj v°*) *Ad Ursinos Oracio, et Responsio Ursinorum;*
10° (fol. *A vij*) *Ad Ferdinandum Arrogonie et Neopolitanum regem Oratio, habita 26. Julij, et Neapolitani regis Responsio.*

Les ambassadeurs de Charles VIII étaient : Pierre de Rohan, marécha de Gyé, Philippe de Comines, chevalier, seigneur d'Argenson, Raoul de Lannoy, chevalier, conseiller et chambellan du roi, Jehan de Genay, président en la cour de parlement de Paris, et Rigaud d'Oreilles, chevalier, maître d'hôtel du roi.

De la bibliothèque du baron ALPHONSE DE RUBLE (Cat. d'avril 1914, n° 425).

3339 (2112 a). SENSVYT LE TRAICTE de la || páix faicte z ͵pmise entre le trescre- || stien Roy de france Loys xij. Et le || trespuissant Roy dangleterre. || Auec vne balade faicte sur les qua || tre estatz. *S. l. n. d. [Paris, août 1514]*, in-8 goth. de 4 ff. non chiffr., impr. en lettres de forme, mar. r. jans., tr. dor. (*Chambolle-Duru.*)

Le titre porte l'écu de France :

Au v° du titre commencent les lettres du roi annonçant la conclusion de la paix. Ces lettres, datées de Saint-Germain-en-Laye le 15 août 1514, sont signées : Loys et contresignées : Robertet. On trouve à la suite (fol. 2 v°) des mentions de la publication faite au Palais de Paris le 16 août, du *Te Deum* chanté le même jour à Notre-Dame, de la procession générale faite à Paris le 17 août. Après ces mentions viennent cinq huitains, intitulés *Balade*, qui commencent ainsi :

Tous prelatz, (et) gens ecclesiastiques,
Priez pour tous les crestiens roys ;
Le temps advenir vos praticques
Se feront meilleur(e)s que jamais...

Au v° du dernier f. il est fait mention de la publication faite, le 16 août, en la ville de Paris par le héraut Normandie.
La pièce se termine par le texte de la permission accordée pour huit jours à *Guillaume Sanxon*, libraire. Cette permission, datée du 17 août, est signée G. Maillart et Almaury.
De la bibliothèque de M. Lebeuf de Montgermont (Cat., 1914, n° 508).

3340 (2124 a). ℭ Lordonnance et ordre ‖ du tournoy/ ioustes/ z combat/ a pied/ z a cheual. ‖ ☞ Le tresdesire z plus que triumphant rencōtre/ entre ‖ veue/ assemblee/ z visitation/ des treshaultz/ z tres excel ‖ lens princes/ les Roys de france/ z de Angleterre. Et ‖ des Roynes leurs compaignes. Et aultres princes et ‖ princesses. ‖ ℭ Les festins et lordre qui y a este obserue. ‖ ℭ Les noms de ceulx qui ont iouste z combatu/ Et de ‖ ceulx qui ont le mieulx fait. ‖ ℭ Les ditz z deuiz des Roys z aultres Personnages ‖ mis z apposez au dessus des portes du festin fait a ca- ‖ laix/ a lentreveue du roy catholicque z du roy dangle ‖ terre/ z aultres choses singulieres. ‖ ☞ Cum priuilegio. ☞ *S. l. n. d.* [*Paris*, 1520], in-4 goth. de 28 ff. de 31 lignes à la page pleine, sign. *a* par 2, *b-e*, *a*, *c* par 4, *f* par 2, mar. r., fil., dos orné, tr. dor. (*Bauzonnet-Trautz*.)

Relation de la fameuse entrevue dite du camp du drap d'or.
Le titre porte les armes de France :
Au v° du titre commence un *Prologue* (en prose) : « Puis qu'il a pleu a l'eternelle clemence eslargir aux humains le tresdesiré tresor de paix... »
A la suite (fol. *a ij*) est une *Balade* :

Enfans de mars, heritiers de noblesse...
Refr. Françoys de France et Henry d'Angleterre.

Au bas du f. *a ij* v° est le texte du privilège accordé à *Jehan L'Escaillé*, [libraire ou imprimeur à Paris], pour un an, le 31 juillet 1520.
Le *Prologue de l'entreveue des dictz roys* (fol. *b i*) est signé : Le Serviteur. Nous avons parlé de ce personnage dans notre t. IV, n°⁸ 2783 et 2841.
La relation se termine au f. *c iij* v°. Elle est suivie d'une ballade ou plutôt d'un triple rondeau :

Au parlement de volunté divine
Ou presidoit Raison, qui tout domine...

et (fol. *c iiij* v°) d'une autre ballade, ou rondeau double :

Par fille et filz de illustre geniture...

Les Articles des joustes occupent 4 ff. ; la liste de tous les personnages ayant pris part au tournoi en remplit 6.

A la fin est un écu écartelé de France et d'Angleterre et la rose couronnée d'Angleterre avec ce distique :

> Hec rosa virtutis de celo missa sereno,
> Eternum florens, regia sceptra tenet.

ℭ Lordonnance et ordre
du tournoy/ iouftes/ & combat/ a pied/ & a cheual.

☞ Le trefdefire & plufque triumphant rencõtre/ entre Beue/ affemblee/ & Bifitation/ des trefhaultz/ & trefexcellenfeprinces/ fes Roys de france/ & de Angleterre. Et des Roynes feurs compaignes. Et auftres princes et princeffes.

ℭ Les feftins et lordre qui y a efte obferue.

ℭ Les noms de ceulx qui ont joufte & combatu/ Et de ceulx qui ont fe mieulx fait.

ℭ Les ditz & deuiz des Roys & auftres Perfonnages mis & appofez au deffus des portes du feftin fait a caffaix/ a fentreBeue du roy catholicque & du roy dangleterre/ & auftres chofes fingulieres. 2.

❧ Cum priuilegio ❧

La reliure porte les armes du marquis Henri de Fitz-James, qui sont les armes d'Angleterre, avec la devise : *Semper et ubique fidelis*.
De la bibliothèque de M. de Ligneris (Cat., 1913, n° 122).

Le duc d'alua	le conte de montasgu
Le duc de Bauiere	le conte doit feruan de dan
Le marquis d'Broudebourg	ber do admiral
Le prince d'orange	le conte comandadour filz
Le prince de Bezemano	du duc d'alua
Le prince stre marquis das	l'arceuesque de palermo
cot conte de Beaumont	leuesque de courbue
Et seigneur de chieures	capellan9 maior.
Le côte porcean, filz du dit de chieures.	leuesque de passence grant aulmosnier
le conte de gaure seigneur de fiennes	leuesque de Ebua ambassadeur

3341 (2124 *b*). Francisci Tae ‖ gii Phisici et Equitis ‖ candida et vera ‖ Narratio diræ ‖ ac cronicæ ‖ Papiæ obsi ‖ dionis. ‖ Cum Priuilegio. — [A la fin :] ℭ *Papiæ cussa, apud Iacob.* ‖ *de Burgofranco.* ‖ M.D.XXV [1525]. *Die XIII.* ‖ *Aprilis.* In-4 de 22 ff. non chiffr., sign. *A-D* par 4, *E* par 6.

Le titre est orné d'une bordure à compartiments dans laquelle se voit le monogramme de l'imprimeur.

FRANCISCI TAE
GII PHISICI ET EQVITIS
CANDIDA ET VERA
NARRATIO DIRÆ
AC CRONICÆ
PAPIÆ OBSI
DIONIS.

CVM PRIVILEGIO.

Au v° du titre est une épître de Taegio « Ad illustrem strenuumque cescœreum ducem Antonium de Lyeva. »

La relation occupe les ff. *A ij-E vj* r°. — Le v° du dernier f. contient cinq distiques adressés à l'auteur par Pier Giorgio Lepido (Petrus Georgius Lepidus), de Pavie, et quatre distiques de Costantino Celio.

La relation de Taegio, réimprimée par *Peter Quentel* à Cologne en 1525, a été rééditée au xviii° siècle par dom Bernhard Pez (Norimbergae, apud Joan. Adamum Schmid, 1736, in-8).

L'original latin fut, dès l'origine, traduit en italien par Cambiago ; mais cette version n'est plus connue aujourd'hui que par une édition de Pavie, Gio. Andrea Magri, 1655, in-4. Une autre traduction, amplifiée, fut donnée la même année et chez le même libraire par Ottavio Ballada, prévôt de San Giovanni. Une traduction française, signée d'un auteur bourguignon appelé Morillon, fut imprimée par Wigand Köln à Genève en 1525. M. Alfred Cartier a reproduit ce dernier texte d'après .'exemplaire qui a figuré en 1894 à la vente du comte de Lignerolles, exemplaire qui appartient aujourd'hui à M. le duc de La Trémoille (Genève, Ch. Eggimann et Cⁱᵉ, 1893, pet. in-4, tiré à 30 exemplaires).

Exemplaire de M. de Ligneris (Catal., 1912, n° 47).

3342 (2134 *a*). Larest du proces criminel faict a len || côtre de mesire Iacques de beaulne che || ualier seigneur baron de

samblancey || viconte de tours : conseiller et chamber || lan du Roy nostre sire bailli ɀ gouuer- || neur de thouraine.

S. l. n. d. [1527], in-8 goth. de 4 ff. de 18 lignes à la page pleine, sans sign., mar. r. jans., tr. dor. (*A. Motte.*)

<small>Le titre porte l'écu de France :
Le v° du titre est blanc.
Le 4° f., blanc au r°, est orné, au v°, d'une figure, à cinq compartiments, extraite d'un livre d'heures.
L'arrêt par lequel l'infortuné Semblançay est condamné à être pendu et étranglé à Montfaucon, est daté du 9 août 1527 et signé : BORDIER. L'exécution eut lieu le lundi 12 du même mois.
On lit, au v° du titre de cet exemplaire les vers suivants écrits d'une main du temps :</small>

<small>Despuys que Judas se pendit
Ne fust faicte telle traison
Que lhors que Jehan Prevost vendit
Jacques de Beaulne sans raison.</small>

<small>Jacques de Beaulne, seigneur de Samblancey
A Montfaucon près Paris fust pendu
Qui par Prevost, craignant fayre l'essey
De tel esploit, fut trahi et vendu,
Combien que il eu[st] aux grands honeurs tendu,
Ausquelx n'y a mul(z) arrest ny sejour...
L'an mil cinq cens vingt sept a [.....]
Fust mys en l'air, d'aoust le xij° jour.
O tresoriers, amasseurs de deniers,
Vous [aussi], clercz, se n'estez gros asniers,
Bien retenir debvez ce quotlibet,
Car pour rober, en ces [   ] jours derniers,
Vostre guidon fust pendu au gibet.</small>

<small>e la bibliothèque de M. DE LIGNERIS (Cat., 1912, n° 48).</small>

3343 (2135 a). ℭ LORAISON DE LA PAIX || faicte et pronõcee a Cambray le .ix°. daoust || Mil cinq cens vingt neuf/ par reuerend || pere en dieu Robert euesque de Van || ce docteur en theologie/ tresorier || de la saincte chappelle et || grant ausmonnier de Madame. || ℭ Auec priuilege. || ℭ *On les vend au Palais en la bouticque* || *de Galliot du pre Libraire iure de luniuersite* || *au premier pillier deuant la chappelle ou len* || *chante la messe de messeigñrs les presidens.* S. d. [1529], in-4 goth. de 8 ff., sign. *A-B*, mar. r. jans., tr. dor. (*Chambolle-Duru fils.*)

IV.6.61

<small>Nous donnons p. 126 la reproduction du titre.
Au v° du titre est le texte de la supplique adressée par *Galliot Du Pré* au prévôt de Paris afin d'obtenir un privilège, et la permission accordée au libraire pour six mois le 15 septembre 1529. Cette permission est signée : DU BOURG.
Le discours de l'évêque ROBERT CENAU est suivi (fol. B ij v°) de trois épigrammes latines en distiques et (fol. B iij v°) d'un extrait du traité signé à Cambrai le 9 août 1529. Cet extrait est signé : FRANÇOIS BAYARD.
Le v° du dernier f. ne contient que la marque de *Galliot Du Pré* (Silvestre, n° 47).
De la bibliothèque de M. LEBEUF DE MONTGERMONT (Cat., 1914, n° 513).</small>

Oraison de la paix

faicte et prondcee a Cambray le .ixe. daoust Mil cinq cens vingt neuf / par reuerend pere en dieu Robert euesque de Dance docteur en theologie / tresorier de la saincte chappelle et grant aumonnier de Madame.

Auec priuilege.

On les vend au Palais en la Boutieque de Galliot du pre Libraire iure de luniuersite au premier pillier deuant la chappelle ou len chante la messe de messeigñrs les presidens.

3344 (2135 b). La REDVCTION ET DELIVRANCE ∥ tresdesiree z ioyeuse de Nosseigneurs les enffās de Frāce. ∥ [Armes du

La reduction et deliurance
tresdesiree z ioyeuse de Nosseigneurs les enffās de Frāce:

dauphin et du duc d'Orléans.] ∥ ℭ Il est permis a Iaques Nyuerd Imprimer z vendre la ∥ Reduction et deliurance de

Nosseigneurs les enffans de || *France. Et deffences a tous les imprimer : ne den vendre : si* || *non de ceulx qui auront este imprimez par ledict Nyuerd.* || *Iusques a vng moys, Sur peine damende arbitraire. Fait* || *le .vi. iour de Iuillet. Lan mil cinq cens trente.* || Signe I. Morin. In-4 goth. de 2 ff., mar. r. jans., tr. dor. (*Chambolle-Duru fils.*)

<blockquote>
La pièce commence ainsi, au v° du titre : « De par le roy nostre sire. On faict assavoir que nosseigneurs les enffans de France sont, Dieu aydant delivrez... »

De la bibliothèque de M. LEBEUF DE MONTGERMONT (Cat., 1914, n° 514).
</blockquote>

3345 (2135 c). LE SACRE & CORONEMENT de la || Royne, Imprime par le Com- || mandemēt du Roy, nostre Sire. || *On le vend a Paris en la Rue Sainct Iacques* || *deuant Lescu de Basle, & deuāt Leglise de* || *la Magdaleine. A Lenseigne du Pot Casse* || *Auec Priuilege*. — [Au v° du dernier f. :] *Ce present Liure fut acheue dimprimer le* || *XVI. iour de Mars M.D.XXX* [1531, n. s.]. *Et est a vē* || *dre a Paris par Maistre Geofroy Tory de* || *Bourges, en la Rue Sainct Iacques, deuant* || *Lescu de Basle, Et deuant Leglise de la Ma-* || *gdeleine, A lenseigne du Pot Casse.* In-4 de 12 ff. non chiffr., mar. r. jans., doublé de mar. bl., large encadrement doré à petits fers, tr. dor. (*Cuzin. Marius Michel doreur.*)

<blockquote>
Le titre, entouré d'un bel encadrement, porte la marque de *Tory*.
Au v° du titre est un résumé du privilège.
La relation qui, d'après le titre de départ, est l'œuvre de GUILLAUME BOCHETEL, notaire et secrétaire du roi, signant en ses finances, occupe les ff. A ij-C ij.

Le sacre d'Éléonore d'Autriche eut lieu à Saint-Denis le dimanche 5 mars 1531 (n. s.). La reine était « habillée de corset, surcot d'hermynes, manteau, aornement de teste et aultres habitz royaulx. Et estoit sondict manteau de veloux violet dyapré, a cordons d'or ; sondict aornement de teste tout garny de pierrerie ; sondict corset tout couvert de perles et brodé d'or, et sondict surcot garny et enrichy de gros dyamans, rubiz et esmerauldes ; le tout de si grande excellence que la valeur et pris en estoit estimé a plus d'un million d'or ». Bochetel énumère longuement les personnages qui assistèrent à la cérémonie et la décrit en détail.

Au r° du f. *C iij* est le texte du privilège accordé à *Tory* par le prévôt de Paris, [Jehan] de La Barre, le 10 mars 1531 (n. s.) ; la durée en est d'un an.
Le v° du f. *C iij* est blanc, ainsi que le r° du f. *C iiij*. Le v° de ce dernier f. contient la souscription et une répétition de la marque de Tory, le tout placé dans un charmant encadrement qui diffère de celui du titre.
Une reproduction en fac-similé de cette pièce a été exécutée à Bruxelles, en 1865, pour le libraire G. A. van Trigt.

Exemplaire du COMTE DE LIGNEROLLES (Cat., 1894, n° 2655) et de M. DE LIGNERIS (Cat., 1912, n° 123).
</blockquote>

3346 (2137 a). Les entrees de la roy ‖ ne et de monseigneur le Daulphin/ Lieutenāt ‖ general du Roy : Et gouuerneur en   IV. 6. 60

ce pays de ‖ Normandie. Faictes a Rouen en Lan Mil cinq ‖ cens trente et vng. *S. l. n. d.* [*Paris*, 1532, n. s.], in-4 goth.

de 8 ff. non chiffr. de 34 lignes à la page pleine, sign. *A-B*, mar. r. jans., tr. dor. (*Chambolle-Duru fils.*)

<small>Le titre porte la marque d'*Alain Lotrian*, successeur des *Trepperel* (Silvestre, n° 75). Voy. p. 129.
La relation commence ainsi, au v° du titre : « Le samedy tiers jours de febvrier, ledict seigneur daulphin coucha en la maison du seigneur de Croisset, près ladicte ville, accompaigné de messeigneurs les ducz d'Orleans et d'Angoulesme... »
Cette pièce a été reproduite en 1866 par la Société des Bibliophiles normands, avec une notice de Pottier.
Exemplaire de M. Lebeuf de Montgermont (Cat., 1914, n° 515).</small>

3347 (2137 *a*). Ordōnāces du Roy nostre || Sire, sur Lestat des Treso- || riers, & manymēt des Finā || ces, nouuellement publiees || au Cōseil de la Tour carree || *Imprimees a Paris par Maistre* || *Geofroy Tory de Bourges, Mar* || *chāt, Libraire, & Imprimeur du* || *Roy.* || *Deuant Lesglise de la Magdelei* || *ne, A lenseigne du Pot Casse.* || Auec Priuilege. — [Au v° du dernier f. :] *Ces presentes Ordonnances* || *furent acheuees dimprimer* || *le Dixneufiesme . iour de Iuil-* || *let,* M.D.XXXII [1532]. *Par Mai-* || *stre Geofroy Tory, de Bour* || *ges, Marchant, Libraire, &* || *Imprimeur du Roy.* In-4 de 12 ff. non chiffr., sign. *A-C*, mar. bl. jans., tr. dor.

<small>Le titre, entouré d'un joli encadrement, porte la marque de *Tory*. Nous en donnons la reproduction.
Au v° du titre est un extrait du privilège accordé à *Tory* par « noz seigneurs les juges sur le faict des finances en la Tour carree » ; la date n'en est pas rapportée.
L'ordonnance royale est datée de Châteaubriant le 8 juin 1532 et contresignée : Bayard. L'enregistrement au parlement de Paris est du 22 juin suivant.
Certains exemplaires se terminent par un cahier de 6 ff., signé *D*, qui paraît avoir été imprimé après coup, et qui contient les ordonnances rendues sur le même sujet les 19 avril, 16 mai et 14 juin 1532 (Biblioth. nat., Rés. F. 1894). Cf. Aug. Bernard, *Geoffroy Tory*, 2ᵉ éd., 1865, p. 176, et A. Isnard, *Catalogue des actes royaux*, 1910, col. 117, n° 667.
Exemplaire de M. de Ligneris (Cat., 1912, n° 49).</small>

3348 (2141 *e*). ☾ Edict du roy || Touchant la iurisdiction des Prelats/ || Et inquisiteurs de la Foy de ce Roy || aulme. A lencontre des person- || nes Layes/ et ecclesiastiques || Chargees/ ou accusees || de Chrymes dheresie. || ✤ ★ ✤ || ✠ S. l. n. d. [1543], in-8 goth. de 8 ff. non chiffr. de 26 lignes à la page, sign. *A-B*, v. f., fil., dos orné, tr. dor.

<small>Le titre porte l'écu de France. Voy. la reproduction p. 132.
L'édit, donné à Paris le 23 juillet 1543 et contresigné : Berruyer, ordonne à tous les officiers de la justice de laisser les prélats et les inquisiteurs de la foi procéder contre les hérétiques suivant les règles établies par les canons de l'Église catholique.</small>

Ordōnāces du Roy noſtre
Sire, ſur Leſtat des Treſo-
riers, & manymēt des Finā
ces, nouuellement publiees
au Cōſeil de la Tour carree

Imprimees a Paris par Maiſtre
Geofroy Tory de Bourges, Mar
chāt, Libraire, & Imprimeur du
Roy.
Deuant Leſgliſe de la Magdelei
ne, A lenſeigne du Pot Caſſe.
Auec Priuilege.

A la suite (fol. *A iiij v°*) sont imprimés les articles arrêtés par « les doyen et faculté de théologie en l'université de Paris », le 10 mars 1543 (n. s.). Ces articles sont au nombre de 26 ; c'est un résumé de la doctrine catholique. A la fin les théologiens recommandent la Salutation angélique, défendent d'appeler Jésus-Christ autrement que par son nom (c'est-à-dire de l'appeler simplement Christ), prescrivent de ne pas manquer de faire précéder du mot *saint* le nom d'un apôtre, d'un évangéliste, ou d'un docteur de l'Eglise, et de ne pas manquer non plus de solliciter les prières du peuple pour les défunts.

3349 (2145 *d*). La Presa di Vulpiano || per Mons. Bresacho Capi- || tano del Christianissimo Re di Francia, la qual || narra gli Assalti, Scaramuzze, Batterie, || Mine, Trinciere, Fossi, Bastioni, Caual- || lieri, Con il numero de li Colo- || nelli, || et Capitani morti, feriti, et fatti || prigioni, de l'una parte, || et l'altra. S. l. n. d. [1555], in-8 de 4 ff. non chiffr., car. ital.

Le titre est orné d'une figure qui représente un coq.
La relation commence au v° du titre ; elle a la forme d'une lettre. Elle est datée « Dal campo, alli 24 di settembre 1555 », et signée : « Mattheo, detto il Mancino. »

Vulpiano, que fit attaquer Charles de Cossé, comte de Brissac, lieutenant général en Piémont, était défendu par deux capitaines espagnols : Morcato et Gotero.

3350 (2145 e). ☾ La pvblication ‖ de la Treue Faicte z accordee entre tres ‖ haults z tres puisãs princes. Henry par ‖ la grace de Dieu Roy de Frãce treschre- ‖ stien : secõd de ce nom, Charles empereur ‖ cinquiesme de ce nom, z Philippe sõ filz ‖ Roy Dangleterre ‖ Publiee a Paris, par les Herauts ‖ darmes du Roy nostre sire. Le dimenche ‖ xvj. iour de Feburier. Lan de grace mil ‖ cinq cens Cinquante cinq. ‖ ☞ Et aussi Lordre qui a este tenue tant ‖ de la Publication que de la Procession : ‖ faicte le lendemain. S. l. n. d. [*Paris*, 1556], in-8 goth. de 4 ff., impr. en grosses lettres de forme, sign. A, mar. r., fil. à froid, tr. dor.

II.7.47

> Le titre est orné de trois croissants enlacés.
> Au v° du titre est une fleur de lis surmontée de la couronne royale.
>
> L'édit portant publication de la trève est daté de Blois le 13 février 1556 (n. s.) et contresigné : de L'Aubespine.
> La publication, ordonnée par Antoine Du Prat, chevalier, seigneur de Nantouillet, prévôt de Paris, est faite par « Valloys, premier herault d'armes de France, sieur du Boullay, assisté de Bourgongne, Champagne et Piedmont, aussi heraults d'armes dudict seigneur, le dimenche seiziesme jour de febvrier mil cinq cens cinquante cinq. »
> La procession, faite le lendemain, se rendit de Saint-Jean-en-Grève à Notre-Dame, où un service solennel fut célébré par l'abbé de Saint-Magloire.
> Au bas du dernier f. v° sont placés le monogramme HD et l'initiale du roi.
> Cette édition a probablement été publiée par *Guillaume Nyverd*. Le musée Condé, à Chantilly, possède un exemplaire d'une autre édition qui parait devoir être attribuée à *Nicolas Buffet*.
>
> Exemplaire de Ligneris (Cat., 1912, n° 132).

3351 (2154 a). Lentree/ ‖ Sacre/ z Couronnement du Roy ‖ Charles neufiesme. Faicte en la ville ‖ de Reims : le mercredy xiiii. iour ‖ de May/ Mccccc. lxi. Auec ‖ les triumphes z ma- ‖ gnificẽces faictes ‖ audict Sacre. S. l. n. d. [*Troyes*, 1561], in-8 goth. de 8 ff. non chiffr. de 22 lignes à la page pleine, impr. en lettres de forme, sign. A-B, mar. br., fil. et comp. à froid, dos orné, tr. dor. (*Trautz-Bauzonnet*.)

IV.9.40

> Le titre est orné d'un grand fleuron aux initiales de l'imprimeur *François Trumeau*.
> Au v° du titre sont les armes de France.
> La relation commence ainsi (fol. A ij) : « Premierement marchoient en

ordre et allerent au devant du roy les gens de Eglise et de Justice, et les eschevins... »

Le v° du dernier f. ne contient que l'écu de France.

Exemplaire de M. DE LIGNERIS (Cat., 1912, n° 138).

3352 (2687 a). COPIE || des lettres || que Monseigneur le || reuerendissime Cardi- || nal de Lorraine, a enuoyé à Mada- || me de Guy se [sic] sa belle seur. Sur le || trespas de feu son frere Fran- || çois de Lorraine, Lieute- || nant general pour le || Roy, & grād mai- || stre de France. || Ensemble quelques petis œuures mo- || raux, sur le temps présent. || *A Paris,* || *Par Claude Blihart, demourant rue de la* || *Iufrie* [sic], *à l'Enseigne de l'Escu de France.* || 1563. || Auec Priuilege. In-8 de 11 ff. non chiffr. et 1 f. blanc. sign. *A-C.*

Cette édition est beaucoup plus complète que celle de *Benoist Rigaud* (t. III, n° 2688).

Au v° du titre est un sonnet qui commence ainsi :

> Peuple chrestien, qui de tressainct oracle
> Es inspiré, aye les yeux ouvers....

La lettre du cardinal, qui occupe les ff. *A ij-A iij* r°, est datée de Trente, le 15 mars ; en voici le début :

« Madame ma bonne seur, Dieu l'a voulu ; il n'y a remede. Vous [ne] pouvez rien demander en ce monde de gloire et de reputation plus qu'il luy en avoit donné et qu'il luy en demeure pour jamais... »

A la suite (fol. *A iij* v°) est une *Poësie morale du temps present* :

> O Paix, fille de Dieu, qui en tes sainctes loix...
>
> (58 vers.)

Au fol. *B i* commence une *Epistre au roy pour faire entendre à Sa Majesté que le fondement des articles, propositions et doctrine de Luther et ses adherans... a esté pris sur l'erreur des Taboristes en Boheme...* A la fin (fol. *C i*) le lecteur est averti que « la *Vie des Taboristes* a esté imprimée au logis de feu Vincent Sertenas ».

Le volume se termine par une *Epistre consolatoire au peuple desolé* (fol. *C i* v°) :

> Reveillez vous, ô peuples endormis...
>
> (34 vers) ;

par un *Sonnet où est monstré comme les elemens donnoient tesmoignage du dueil de monsieur de Guyse...* (fol. *C ij* v°) :

> Ores est mort pour l'honneur lilial... ;

par un *Autre Sonnet presenté* [au roy], *le jour de l'Assension, par messieurs de Paris, lors qu'ils luy firent un banquet en la maison de la ville* :

> Lors que je voy de mon roy la presence...

A la fin sont les initiales M. N. M. C., qui doivent être celles du poète qui a composé tous les vers.

On lit au v° du f. blanc : « *Hic liber est* Juliani Le Bret. *Me emit mense februario* 1580. Le Bret. »

De la bibliothèque du baron Alphonse de Ruble (Cat. d'avril 1914, n° 470).

3353 (2166 *a*). Discovrs || sur les rebel- || lions auquel est contenu || qu'elle [*sic*] est la misere qui accõpaigne les trahistres, || sedicieux & rebelles, & les recompen- || ses qui les suiuent selon leurs || rebellions. || Auec vn Arraisonnement fort proffitable sur l'infelicité qui || suit ordinairement les grans. A quoy est adiousté vn discours || sur l'excellence des princes du sang de France qui gouuernent || l'estat du Royaume. || A monseigneur le Duc d'Alençon || frere du Roy. || Par F. de Belleforest Comingeois. || *A Paris,* || *Chez Iean Hulpeau, au mont sainct Hilaire, à l'en-* || *seigne de l'escu de Bourgoigne.* || 1572. || Auec Priuilege. In-8 de 3 ff. lim., 5[1] ff. chiffr. et 1 f. non chiffr., v. f., tr. r. *Rel. du XVIIIe siècle.*)

Le titre porte une marque que Silvestre n'a pas reproduite :

Au v° du titre est un portrait de Belleforest, qui a dû être exécuté en 1570, puisqu'il est dit âgé de 40 ans et qu'il était né en 1530 :

La devise grecque doit signifier : « Rameau doré d'une belle forêt. »
Les ff. ã ij-ã iij contiennent une épître « A tres-hault et tres-puissant prince, monseigneur le duc d'Alençon, frere du roy », épître datée de Paris, le 20 juillet 1569.
Le *Discours* est suivi d'une ode de Pierre de La Roche, Saintongeois :

> France doit beaucoup à ses roys
> Qui l'ont regie d'autresfoys...

3354 (2186 *a*). Le vray ‖ Discovrs des ‖ derniers propos ‖ memorables, et trespas ‖ du feu Roy de tresbonne me- ‖

moire Charles ‖ neufiesme. ‖ *A Paris,* ‖ *Pour Lienard le Sueur Libraire, demeurant* ‖ *au mont sainct Hilaire, à l'enseigne* ‖ *des quatre Euangelistes.* ‖ 1574. ‖ Auec Priuilege. In-8 de 22 ff. chiffr. et 2 ff. non chiffr., mar. r. jans., tr. dor.

 Les 2 ff. qui suivent le titre contiennent une épître « A la royne mere du roy, regente de France ».
 Au f. 22 est un sonnet signé des initiales R. G. [= Robert Garnier ?]. — Au v° est une épitaphe en 12 vers signée A. I. [= Amadis Jamin ?].
 Le premier des 2 ff. qui terminent le volume contient, au r°, l'emblème de Charles IX, avec la devise : *Pietate et Justitia* et une inscription en deux lignes. Au v° est un second sonnet, signé R. G., comme le premier.
 Le dernier f. contient un extrait du privilège accordé pour un an à *Liénard Le Sueur,* marchand libraire. La Bibliothèque nationale possède, à côté de l'édition originale, une réimpression donnée à Lyon, la même année, par *G. Martin* (Lb⁸³. 370ᴬ).

3355 (2284 *a*). Mémoires de la vie de Frederic Maurice de la Tour d'Auvergne, Duc de Bouillon. Avec quelques particularitez de la Vie & des mœurs de Henri de la Tour d'Auvergne, Vicomte de Turenne. *A Paris, Au Palais, Chez Pierre Trabouillet, dans la Galerie des Prisonniers, à l'Image Saint Hubert, proche le Greffe des Eaux & Forests.* M.DC.XCII [1692]. Avec Privilege du Roi. In-12 de 4 ff. et 263 pp., mar. r. jans., tr. dor. (*Trautz-Bauzonnet.*)

 Par Jacques de Langlade, baron de Saumières, ancien secrétaire du duc de Bouillon.
 Frédéric-Maurice, né en 1605, succéda en 1623, comme duc de Bouillon, à son père, Henri de La Tour d'Auvergne. Il mourut en 1652. Son frère, si célèbre sous le nom de Turenne, était plus jeune que lui de six ans.

3356 (2313 *a*). Les ‖ Antiqvitez ‖ de la Ville ‖ de Paris. ‖ Contenans ‖ la recherche nouuelle des Fondations ‖ & Establissemens des Eglises, Chapelles, Monasteres, Hospitaux, Hostels, ‖ Maisons remarquables, Fontaines, Regards, Quais, Ponts, ‖ & autres Ouurages curieux. ‖ La Chronologie des ‖ Premiers Presidens, Aduocats & Procureurs Generaux du Parlement. ‖ Preuosts Gardes de la Preuosté de la Ville & Vicomte de Paris. ‖ Preuosts des Marchands & Escheuins de ladite Ville, auec l'ordre obserué en leur Ele- ‖ ction : Les Priuileges des Bourgeois, & Ordonnances d'icelle Ville. ‖ Iuges & Consuls des Marchands selon l'ordre des années de leur Election ; auec le pouuoir || de leur Iurisdiction, & estenduë d'icelle. || Le tout extraict de plusieurs Titres & Archiues, Cabinets & Registres publics, & particuliers Memoires qui ont || esté donnez par les plus curieux Obseruateurs des choses Antiques. || Enrichies de plusieurs belles figures. || *A Paris,* || *Chez* } || *Pierre Rocolet, Imp. ordinaire du Roy.* || *Cardin Besongne.* || *Henry le Gras, en la grand' Salle.* || &̃ || *la vefue Nicolas Trabouilliet.* || *M.DC.XL* [1640]. || Auec Priuilege du Roy. In-fol. de 3 ff., 802 pp. et 12 ff. de *Table,* plus 147 pp. et 4 ff. pour le *Livre quatriesme,* réglé, mar. r., fil., dos et coins fleurdelisés, tr. dor. (*Rel. du XVII*ᵉ *siècle.*)

Le titre, imprimé en rouge et en noir, porte les armes de la ville de Paris.
Le f. qui suit le titre contient une épître « A messieurs les prevost des marchands et eschevins de la ville de Paris », signée : Claude Malingre, « historiographe du roy ».
Le 3ᵉ f. lim. est occupé au rᵒ, par la *Preface* et, au vᵒ, par le *Privilege du roy* (même texte et mêmes mentions que pour les *Annales*).
Comme nous l'avons dit, dans notre note sur le nᵒ 2313, les *Antiquitez* ne sont qu'une refonte du livre d'Antoine Du Breuil.

Exemplaire aux armes de la ville de Paris.

3357 (2346 *c*). Discovrs || des choses memo- || rables aduenues a || Caors & païs de Quercy, en l'An || M. CCCC. XXVIII. || Extraict des Annales Consulaires || dudict Caors. || Dedié à Messieurs les Consuls de lad Ville. || *A Caors,* || *Par Iacques Rousseau, Imprimeur iuré en* || *l'Vniuersité.* 1586. In-8 de 31 ff. non chiffr. et 1 f. blanc, sign. A-C par 8, D-N par 2.

Le titre porte les armes de la ville de Cahors. Voy. ci-contre.
Au vᵒ du titre et au rᵒ du f. A *ij* est une épître de Jacques Rousseau « A messieurs, messieurs les consuls de Caors, maistres Pierre de Reganhac, licencié et juge en la temporalité de monsieur l'evesque et comte de Caors et syndic de son chapitre; Paul de La Croix, docteur et syndic general du païs de Quercy, et sires Giron d'Adine, bourgeois et sieur d'Auteserre; P. de Minard, bourgeois, receveur pour le roy des decimes du dyoceze de Caors ; Jacques Astorg, bourgeois ; Estienne Rastely, marchand bourgeois ; M. Durand Massip, procureur au siege presidial de ladicte ville ; sire Pons Alardi, marchand apoticaire. » L'imprimeur déclare que le présent extrait des annales de la ville n'est qu'un simple spécimen, et qu'il publiera les annales tout entières si les consuls lui accordent leur aide.
Au vᵒ du f. blanc qui termine le volume on lit cette note manuscrite :
« Si ce present livre continuet plusieurs annees, il y auroit plaisir d'aprendre les particularités de cette ville tres ancienne, tres catholique

et tres fidelle au[x] rois. FORQUEVAULX le 20° mai 1632. » Ce personnage est probablement un fils de l'auteur des *Vies des plus grands capitaines françois*, François de Pavie, baron de Fourquevaux, mort le 16 mars 1611.

DISCOVRS
DES CHOSES MEMO-RABLES ADVENVES A
Caors & païs de Quercy, en l'An M. CCCC. XXVIII.

Extraict des Annalles Confulaires dudict Caors.

Dedié à Meſſieurs les Conſuls de lad Ville.

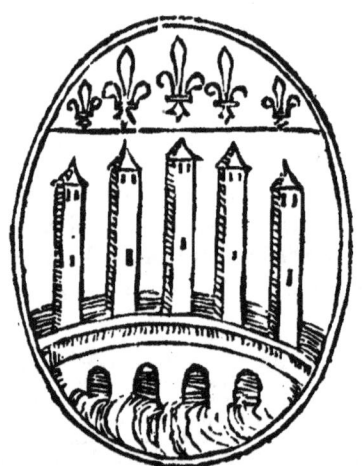

A CAORS,
Par Iacques Rouſſeau, Imprimeur iuré en l'Vniuerſité. 1586.

3358 (2358 a). Histoire des Secretaires d'Estat, contenant l'origine, le progrés, et l'etablissement de leurs charges, Auec les Eloges, les Armes, Blasons, & Genealogies de tous ceux qui les ont possedées jusqu'à present. Par le Sieur Fauuelet-du-Toc, Secretaire des Finances de Monsieur Frere Vnique du Roy. *A Paris, Chez Charles de Sercy, au Palais, au Sixiéme Pilier de la Grande Salle, vis à vis la Montée de la Cour des Aydes, à la Bonne-Foy couronnée.* M.DC.LXVIII [1668]. Auec Priuilege du Roy. In-4 de 8 ff. lim. et 356 pp.

<small>Le titre, imprimé en rouge et en noir, est orné d'une belle marque de Ch. de Sercy, gravée en taille-douce, avec la devise : *Fidem Fortuna coronat.*
Les ff. lim. contiennent une épître « A monsieur le comte de Montbrizon », un avis « Au lecteur » et le *Privilege du roy.*
Le privilège, daté du 29 décembre 1666, est accordé pour sept ans à Ch. de Sercy. L'achevé d'imprimer est du 12 août 1667.</small>

3359 (2357 a). De || l'etat || De la || France. || *A Cologne,* || *Chez Pierre de Marteau.* || *l'an* 1671. In-12 de 175 pp., mar. r. jans., tr. dor. (*Trautz-Bauzonnet.*)

<small>Le titre porte une sphère.
Suivant M. Rahir (*Catalogue d'une collection unique de volumes imprimés par les Elzevier, etc.*, 1896, n° 2466), le volume parait être sorti des presses de *Gisbert van Zyll*, à *Utrecht.*
L'auteur de ce livret, La Marinière, s'est nommé dans l'édition de Paris, 1650 ; mais son texte a été remanié par les divers éditeurs successifs.
Exemplaire du comte de Lignerolles (Cat., 1894, III, n° 3075).</small>

8. — *Histoire d'Allemagne.*

3360 (2410 b). Les ordonnãces que Lem || pereur en sa presence/ a fait lire z declairer aux gens des estatz de ses || pays de pardeca en leur assemblee vers sa Maieste le septiesme iour de || Octobre/ de lan .xv. cens z .xxxj. z lesquelles ont este publiees || par tous lesdictz pais le .xv de Nouembre ensuyuant || tant au reboutemẽt de la secte Lutherane/ z autres || sectes reprouuees, que pour pourueoir au || desordre des monnoyes/ z mettre ordre || sur la pollice de sesdictz pays. || Cum gratia et priuilegio. — [Au r° du dernier f., au-dessous de 10 lignes de texte :] ℭ *Imprime en Anuers par nous Guillame* || *Vorsterman* z *Michiel Hoochstraten.* || *Lan mil cinq cens trente* z *vng/* [1531] || *le dixhuytiesme iour de* || *Nouembre.* In-4 goth. de 18 ff. non chiffr. de 40 lignes à la page pleine, sign. *A-D* par 4, *E* par 2, mar. bl. jans., tr. dor. (*Hans Asper.*)

<small>Le titre est orné de la figure que nous avons reproduite sous le n° 2718 et de deux fragments de bordure.
Au v° du titre est le texte complet du privilège accordé pour six mois, par l'empereur, à *Michiel Hillenius*, alias *de Hoochstrate*, le 1ᵉʳ octobre 1531.
Le v° du dernier f. ne contient que le grand fleuron aux armes impériales que nous avons reproduit sous le n° 2720.
Exemplaire d'E. STROEHLIN (Cat., 1912, II, n° 789).</small>

3361 (2419 a). DISCOVRS || simple et ve- || ritable du trouble et || changement aduenu en la ville || d'Aix en Allemaigne, au mois de || Iuillet dernier 1611. || *Iouxte la coppie imprimee en* || *Flamen.* || 16011 [sic]. In-8 de 12 pp., mar. r., tr. dor. (*Chambolle-Duru.*)

<small>L'original flamand est intitulé : *Waerachtige ende sekere Beschrijvinge der beroerte binnen der Stadt Aken, ende waer wt de selve gesproten zijn. Mede hoe den jongen Grave van Solme daer binnen... ghecomen is... Nae de Copye van...* Aken, in-4 de 4 ff., fig. au titre (Biblioth. de l'Université de Gand. Voy. P. A. Tiele, *Bibliotheek van nederlandsche pamfletten*, 1858, I, n° 916).</small>

11. — *Histoire d'Italie.*

3362 (2447 a). NVOVI AVVISI || del diluuio di Roma || di Firenze, di Bologna, e di molte || altre Città di Romagna, e di || Lombardia. || Con le ruine, e danni, che per cio || sono auuenuti. || ✣ *S. l. n. d.* [1557], in-8 de 4 ff. non chiffr., sign. *A*.

<small>Le titre est orné d'un bois qui représente assez grossièrement une carte géographique.
La relation a la forme d'une lettre, datée de Rome, le 7 octobre 1557, et signée : L'OLDRADI. Elle commence ainsi : « Magnifico signor mio, Vi scrissi alli giorni passati della pace che si aspettava tra la Santità di N. S. e la Maestà del re di Spagna... »
Une traduction française de cette pièce et d'une autre analogue fut publiée par *Vincent Sertenas et Guillaume Niverd*, à *Paris* en 1557 : *Traicté de deux deluges advenuz, l'un à Rome, l'autre à Florence, l'an mil cinq cens cinquante sept* (Brit. Museum, 972. h. 20). Chose singulière, une réimpression de cette traduction fut faite à Paris, pour la veuve de *F. Plunnon* en 1588, in-8 (Brit. Museum, G. 15441 (17).)</small>

12. — *Histoire des Turcs.*

3363 (2459 a). Copia de ‖ Vna Lettera di Constantinopoli, la qual ‖ narra la grã rotta che a dato Nouamẽ ‖ te il Sophi al gran Turco, Cõ il ‖ numero & nome d̃ sette suoi ‖ grã Bassa, morti, & de ‖ i feriti e pregioni ‖ come intẽderai ‖ Cõ il significato de i segni o prodigii ap ‖ parsi nanti la partita sua, fatta da ‖ sapiẽtissimi Astrologi, & ‖ dal suo cõsiglio. ‖ Et la causa per la quale l'Armata e stata ‖ si tarda a venire per il soccorso ‖ di Siena. S. *l. n. d.* [1554], in-8 de 4 ff. non chiffr.

> Le titre est orné d'un bois qui représente un homme écrivant sur un pupitre, dans un cabinet.
> La lettre est signée : Franco, cap[itano].
>
> Le fait qu'il est parlé ici du siège de Sienne prouve que l'édition doit dater de l'année 1554 ; mais la mention a été intercalée dans une pièce plus ancienne. La lettre avait été, en effet, écrite à Constantinople le 4 octobre 1546 et, dès l'année suivante, il en avait été publié une traduction française dont voici le titre :
>
> La copie des lettres enuoyees de Con- ‖ stantinoble, qui cõtiennent la grande deffaicte, ‖ que nouuellement Sophi Roy de Perse » faict contre le ‖ grand Turc, auec le nombre de ceulx qui ont esté tuez, ‖ & prins. Esquelles aussi est faicte mention des meurs ‖ & coustumes desdicts Perses : & combien de gens ledict ‖ Sophi mene auec soy. quand il marche en guerre. Oultre ‖ plus, icy est declaree l'occasion de l'inimitié qui est entre ‖ ledict Sophi, & le Turc. ‖ Ceste presente epistre est nouuellement traduicte ‖ de language Italien en Francois. ‖ *A Paris,* ‖ *De l'imprimerie de Regnauld Chaudiere,* ‖ *& Claude son filz.* ‖ M.D.XLVII [1547]. ‖ Auec priuilege. In-8 de 4 ff., avec une marque au titre.
> La lettre est datée de Constantinople. le 4 octobre 1546.
> (Cat. Ch. Schefer par Ch. Porquet, 1899, n° 781).

VI. — Histoire littéraire.

3364 (2522 a). Diplôme de docteur ès droits délivré à Tiberio Almerico, de Pesaro, fils de Gio. Francesco Almerico, par l'Université de Pérouse, le 11 mai 1570. Ms. in-4 sur vélin de 14 ff., mar. olive, fil., large dent., dor. en plein, tr. dor. (*Rel. du XVIe siècle.*)

> Ce diplôme, élégamment calligraphié en noir et en or, est signé de Timoteo Muccio da Monte San Sabino, provicaire du cardinal Fulvio Corneo, évêque de Pérouse. Les promoteurs sont, pour le droit canon : Gio. Paolo Lancilotto, Marcantonio Eugenio et Bartolo Canta Gallina ; pour le droit civil : Rinaldo Ridolfi et Gio. Battista Fedeli ; les témoins sont : Luis Torres, Espagnol, Enea degli Ubaldi et Alessandro degli Oddi,

de Pérouse ; Lorenzo Cicchino et Pompeo Maffeo, Romains ; Orazio Cardanetto, Zerbino Hello, de Corneto, Muzio Roscio, de Teramo ; Tiburzio Vicenno, de Reate ; Ippolito Benedetto, d'Urbino, argumentant en droit canon ; Antonino Chiarello, de Reate, argumentant en droit civil ; Niccolò degli Alessandri, Carlo Saiano et Pierdomenico Tebaldo, de Pesaro. A la fin est la signature de Gabriello di fù Gentile degli Alessi, de Pérouse, juge ordinaire et notaire épiscopal.

Le premier plat de la reliure porte dans un cartouche les initiales T. A. P. I. V. D. [= Tiberius Almericus Pisaurensis, juris utriusque doctor].

Le r° du 1er f., écrit en lettres d'or, est orné d'encadrements peints et de 4 blasons.

3365 (2522 b). ALBUM AMICORUM de Veit Seytz (1561-1571). Ms. in-8 sur papier de 150 ff. (haut. 175 ; larg. 115 mill.), mar. br., fil. et comp. à froid, tr. dor.

Cet album, dont tous les feuillets ont été remontés pour agrandir les marges (la hauteur primitive du volume n'était que de 155 mill.) ne contient pas moins de 247 inscriptions, dont beaucoup sont accompagnées d'armoiries peintes. Il y avait dans les anciennes universités des artistes, spécialement entretenus par les étudiants allemands, qui exécutaient ces peintures dans les règles.

Veit Seytz, le propriétaire de l'album fut d'abord précepteur des jeunes Fugger et, grâce à ses élèves, se créa des relations avec des personnages importants tels que les princes de Nassau. En 1566 il est qualifié docteur en philosophie et en médecine (fol. 15 v°). L'année suivante, il poursuit le doctorat en droit (fol. 56), qu'il paraît avoir obtenu, puis il passe au service du nonce apostolique Melchior Bilia à Vienne (fol. 79).

Voici, d'après les dates des inscriptions, quelles furent les étapes de Seytz :

Dole, 1561 (fol. 3, 7) — 25 juillet 1565 (fol. 39 v°). Francis Newton date son inscription de Padoue, 25 janvier 1565 (fol. 119). Il faut évidemment lire 1566. Seytz était à Dole le 13 décembre 1664 (fol. 32 v°, 33) et le 1er février 1565 (fol. 29 v°).

Tauffkirchen, 6 septembre-25 octobre 1565 (fol. 86, 4 v°).
Padoue, 20 décembre 1565 (fol. 66 v°) — 20 mai 1568 (fol. 108).
Innspruck, 2 juin 1566 (fol. 31 v°, 39).
Padoue, 20 septembre 1566 (fol. 111 v°) — 14 mai 1567 (fol. 33 v°). — Une excursion à Venise paraît avoir eu lieu les 11 et 12 mai 1567 (fol. 139 r° et v°).
Halle, 8 juin 1567 (fol. 12 v°).
Tauffkirchen, 12 juin 1567 (fol. 117, 146) — 8 octobre 1567 (fol. 143 v°).
Müldorf, 1567 (fol. 66 v°).
Innspruck, 30 octobre 1567 (fol. 76).
Ferrare, 23, 28 novembre 1567 (fol. 21, 64 v°).
Müldorf, 10, 14, 17 février 1568 (fol. 58 v°, 75, 140 v°).
Vienne, 21 mars 1568 (fol. 138 v°).
Salzbourg, 1568 (fol. 63 v°).
Vienne, 1569 (fol. 45, 79).
Wels, 1570 (fol. 67 v°).
Munich, 18 mars 1571 (fol. 142).

Voici maintenant une table alphabétique des personnages dont on relève les noms dans l'album. Pour plusieurs d'entre eux la lecture est malheureusement douteuse.

Ackermann (Georg), « Agricola », docteur ès droits, 12 oct. 1563, fol. 3 v°-4 r° (avec une peinture représentant un professeur faisant son cours devant un nombreux auditoire).

Aichling (Hans), « der Zeit Herrn Hans Paul (?) Jacob Fuggers Diener (?) », 1565, fol. 115 v°.

Amezqueta (Carlos de), « Hispanus, Serenissimi principis Ferdinandi, archiducis Austriae, secretarius, » en partant de Halle avec Seytz, le 8 juin 1567, fol. 12 v°.

Annaberg (Anton von), 1565, fol. 34.
Annaberg (Jacob von), 1565, fol. 34.
Annaberg (Sigismund von), 1565, fol. 34.
Apianus. Voy. Benewitz.
Armbstorffer (Georg), Dole, 1562, fol. 1 v° (armoiries peintes, qui manquent dans Rietstap).
Arnstedt (Balthasar von), Padoue, 15 janv. 1567, fol. 21.

Bassiano (Alessandro), « Bassianus, Patavinus, Livianarum aedium patronus, venerandae antiquitatis observator et inquisitor....., marmoreas statuas possidens, in vico Joviano, prope ecclesiam cathedralem habitans », [1567], fol. 70 v°.
Bauhen (Nicolaus), « Hessus », docteur ès droits, Dole, 1563, fol. 149 (armoiries peintes qui manquent dans Rietstap).
Baumgardt (Wilhelm et Werner von), frères, Dole, 8 oct. 1565, fol 69 (armoiries peintes qui, d'après Rietstap, sont celles de la famille Baumgarten, d'Esthonie).
Bauxeler (Wilhelm von), Dole, 8 mars 1565, fol. 13 (armoiries peintes).
Belliger (Johann), Silésien, Padoue, 1ᵉʳ mai 1567, fol. 60.
Benewitz (Philipp), « Apianus, mathematicus ingolstadiensis », ex-libris gravé, daté de 1560, fol. 2 v°.
Berchem (Hieronymus van), Dole, 25 octobre 1563, fol. 4 v°. (Musique notée et armoiries peintes.) — Ce Berchem devint chanoine d'Ypres et mourut le 1ᵉʳ avril 1597. Voy. Alph. Roersch dans le *Musée belge*, XII, 1898, p. 81.
Bergerot (Henri), « Lucemburgensis », Dole, 1ᵉʳ juin 1565, fol. 144 v°. (Armoiries peintes ; en face, fol. 145, armoiries composées par Bergerot pour Seytz : de sinople à deux pelles au naturel, posées en sautoir ; cimier : un cheval issant d'argent.)
Berlichingen (Burckhard von), Padoue, 29 avril 1567, fol. 56.
Berner (Joachim), Dole, 1564, fol. 50. (Armoiries peintes, qui sont celles des Berner de Gottenradt : Rietstap, I, p. 180.)
Blanckenstein (Lambrecht), Venise, 12 mai 1567, fol. 139 v°.
Bohys (Conrad), Besançon, 12 février 1565, fol 44 v°.
Bisser (Anton), Padoue, 22 mars 1566, fol. 71 v°. (Armoiries peintes.) Une main postérieure a ajouté : « Obiit Senis, juris licentiatus, suae professionis peritissimus, Caesaris familiarissimus. »
Bollweiler (Constantin, Freihers von) und Weilerthal, Dole, 23 déc. 1564, fol. 28 v°-29. (Le nom est écrit Polweiller. Les armes, qui sont peintes sont celles que décrit Rietstap, si ce n'est que le pal est d'argent, et non d'or.)
Bollweiler (Georg, Freihers von), [1564], fol. 29 v°. (Le nom est écrit Bolwiller.)
Bonrieder (Johann), « Kaufpeurensis », Dole, 1561, fol. 2. (Armoiries peintes.) — Nicolas Reusner dédie à ce Bonrieder la 14ᵉ pièce du livre IV des *Emblemata*, 1581, p. 170. Dix distiques sur ses armes se trouvent dans les *Stemmata* du même Reusner, p. 291.
Borcke (Litich), Padoue, 20 janvier 1567, fol. 85.
Borssele (Maximilien de), 1563, fol. 38. (Armoiries peintes, qui sont écartelées ; le cimier est un baquet d'or.)
Boussu (Antoine), Dole, 25 octobre 1563, fol. 23. (Armoiries peintes que Rietstap ne décrit pas.)
Boxberger (Sebastian), de Wurzbourg, Vienne, 21 mars 1568, fol. 138 v° ; Vienne, 1569, fol. 45.
Brackh (Pangratz) von Asch, Padoue, 20 décembre 1565, fol. 86 v°. (Armoiries peintes conformes à la description de Rietstap, si ce n'est que l'écu est d'argent.)
Brettschneider (Georg), Padoue, 21 mars 1567, fol. 46 v°.
Bruneau (Guillaume), Flamand, maître de chapelle de l'archiduc Ferdinand d'Autriche, Innspruck, 2 juin 1566, fol. 39.
Brunner (Wolfgang), « Landspergensis », Tauffkirchen, 8 octobre 1567, fol. 143 v°.
Bubenhofen (Johann Konrad von), Dole, 24 mars 1564, fol. 87 v°. (Armoiries peintes, conformes à la description de Rietstap. Le nom est écrit « Buobenhofen ».)
Buecher (Frater Franciscus Valentinus), de Wels, 1570, fol. 67 v°.
Busbach (Christoph von), Luxembourgeois, Dole, 14 août 1565, fol. 117.

(Armoiries peintes, non décrites par Rietstap. Une main postérieure a ajouté : « J. U. doctor ».)

Canter (Gulielmus), Padoue, avril 1567, fol. 127.

Contet (Blaise), « Contetus », [Dole], 25 août 1565, fol. 35 v°. (Armoiries peintes, non décrites par Rietstap.) — Contet était professeur de belles-lettres à l'université de Dole (Beaune et d'Arbaumont, *Les Universités de Franche-Comté*, 1870, p. 204).

Corvinus (Elias). Voy. Rabe.

Cremona (Gio. Francesco), professeur de droit à Ferrare, 23 novembre 1567, fol. 64 v°.

Cricfus (Wolfgang), « pastor ecclesiae Pyffenring. (?) », 1568, fol. 67 v°.

Crucius (B.), 1567 (?), fol. 149 v°. (Armoiries peintes : fascé de gueules et de vair ondé, de six pièces.)

Crusius (Johann), « Pfreymbdensis », Dole, 27 avril 1565, fol. 106. (Armoiries peintes : d'argent à une cruche d'azur.)

Crusius (Peter), Dole, 1564, fol. 104. (Armoiries peintes : taillé d'argent sur gueules, à un lion passant et lampassé posé en pal, de l'un dans l'autre.)

De Gros (Jan) de Nieulande, 1563. (Armoiries peintes : d'azur à une fasce d'argent, accompagnée de trois flanchis d'or. Cimier et lambrequins conformes à la description de Rietstap, I, p. 835.)

Diepoldt (Franz), attaché à l'archiduc Ferdinand, 1567, fol. 68 v°.

Dietrich (Jakob), « Jacobus Theodoricus, Vetzlariensis Hessus », Padoue, 2 mai 1567, fol. 129. (Esquisse d'armoiries.)

Docourt (Jean), docteur ès droits, Dole, 7 mai 1564, fol. 90 v°.

Ebner (Christoph), Tyrolien, 3 juin 1567, fol. 35.

Eder (Christoph), de Salzbourg, Tauffkirch, 12 juin 1567, fol. 117.

Ehinger (Karl) von Balzhamm, Padoue, 3 mai 1567, fol. 128 v°. (Armoiries peintes, qui ne sont pas celles que décrit Rietstap.

Eysengrein (Wilhelm) « de Nemeto, illustrissimi Bavariae ducis ad S. D. N. Pium V. pontificem commissarius », Padoue, 14 mai 1567, fol. 55 v°.

Ellebode (Nicasius), « Ellebodius, Castelanus », s. d. [v. 1567], fol. 118. — On trouve trois distiques latins de lui dans le *Tempio della divina… Geronima Colonna d'Aragona*, 1568, II, fol. 8.

Erlbeck (Christoph) von Sinnigen und Kirchensittenbach, 1567, fol. 46.

Fay (Joannes Beatus), Dole, 6 août 1564, fol. 36. (Armoiries peintes, que ne décrit pas Rietstap.)

Ferchell (Bernhardt), « Phleger zu Saluriz (?) », 1567, fol. 116.

Feuchter (Joseph), « de Hala Suevica », Dole, 15 juillet 1564, fol. 99. (Armoiries peintes, omises par Rietstap. Une main postérieure a ajouté ces mots : « juris licentiatus ».)

Fischbach (Heinrich), « Wilmergensis », Dole, 21 mai 1565, fol. 107. (Armoiries peintes, omises par Rietstap.)

Fischer (Johann), « ecclesiae parochialis in… Mylldorff pastor », 1568, fol. 58 v°.

Fleming (Mathias), d'Aix-la-Chapelle, Dole, 22 octobre 1564, fol. 102. (Armoiries peintes, omises par Rietstap.)

Florat (Balthasar), « Floratus », Bavarois, Ferrare, 28 novembre 1567, fol. 141.

Flösser (Johann Erasmus), de Nuremberg, Padoue, 15 janvier 1567, fol. 83.

Flügel (Karl), « Carolus Phluegel » von Goldenstein und Neuenkheming, Padoue, 2 mai 1567, fol. 128. (Esquisse d'armoiries.)

Fonteius (Jo. Baptista), cité comme se trouvant à Vienne, auprès du nonce Melchior Bilia et de Veit Seytz, 1569, fol. 79. — C'est l'auteur de l'ouvrage intitulé : *De prisca Caesiorum gente commentariorum Libri duo* (Bononiae, 1582-1583, 2 part. in-fol.).

Fonteius (Jo. Melchior), Dole, 25 juillet 1565, fol. 103. (Armoiries peintes, qui manquent dans Rietstap. Une main postérieure ajoute cette note : « J. U. doctor. »

Fortman (Hermann), « ex ducatu montensi oriundus », Padoue, 2 mars 1567, fol. 123 v°.

Fraunberg (Heinrich Georg), Tauffkirch, 9 sept. 1565, fol. 86. (Armes peintes. Voy. Rietstap, II, p. 707.)

Freiburger (Johann), « reverendi episcopi Pataviensis a sacris, [1567], fol. 85 v°.

Frölich (Karl) von Frölichspurg, Padoue, 5 juin 1566, fol. 63.
Füger (Johann), « Fueger », Padoue, 13 mai 1567, fol. 131 v°. (Esquisse d'armoiries.)
Fugger (Justina Benigna), 1567, fol. 24.
Fugger (Maximilian), Padoue, 10 mai 1566, fol. 24.
Fugger (Severin), Tauffkirch, 5 octobre 1567, fol 28. (Armoiries peintes, conformes à la description donnée par Rietstap, I, p 724, pour les Fugger-Kirchberg-Weissenhorn.) — On trouve la signature de Severin sur le registre des juristes de la nation allemande à Padoue, à la date du 16 avril 1567 (Arch. univ. de Padoue, reg. 459. fol. 16).
Fugger (Sigismund Friedrich), 1568, fol. 24.
Fütlek (Michel), Silésien, 15 avril 1565, fol. 124 v°.

Gailing (Johann), Padoue, 26 septembre 1566, fol. 112. (Armoiries peintes, omises par Rietstap). Une main postérieure ajoute cette note : « Juris utriusque doctor, consiliarius ducis Bavariae. »
Gaysberger (Johann Franz), Dole, 1563, fol. 10. (Armoiries peintes. En regard, fol. 9 v°, est un joli dessin à la plume qui représente Diane et Actéon.)
Gallas (Jean), Flamand, Padoue, 26 janvier 1566, fol. 121.
Gerhart von Kestlan (Franz), de Brixen, Padoue, 2 mai 1567, fol. 130. (Esquisse d'armoiries.) — Franz était à Paris en 1572, lors de la Saint-Barthélemy. Voy. *Mémoires de Luc Geizkofler, traduits par Édouard Fick*, 1892, pp. 51, 75.
Ghent (Berthold van), de Nimègue, s. d. [v. 1567], fol. 32.
Gosse (Leopoldt), « Pfleger auf Mättän », 1567, fol. 137 v°.
Grün (Samuel), « Grynaeus, doctor et professor basiliensis », Dole, 1563, fol. 8.
Grünwald (Johann), « Greunwaltus », von Hoholting, Padoue, 29 avril 1567, fol. 58.

Haller von Hallerstein (Bartholomaeus), Dole, 1565, fol. 105. (Armoiries peintes. Voir Rietstap, I, p. 876).
Hardestain (Valtin), Venise, 11 mai 1567, fol. 139.
Härthl (Ulrich), « der Zeit des Fürsten von Ferara Diener », 1567, fol. 34 v°.
Hatzfeldt (Franz von), Dole, 9 mai 1564, fol. 97. (Armoiries peintes, qui diffèrent un peu de celles que décrit Rietstap, II, p. 899.)
Hauinstreit (Elias), de Görlitz, 1565, fol. 114.
Haussmann von Namendey (Philipp Jakob), Dole, 24 juin 1565, fol. 19. (Armoiries peintes, décrites par Rietstap, I, p. 904.)
Hecht (Kaspar), « juventutis Salveldinae informator », 27 décembre 1567, fol. 144.
Hegerbeets (Peter), [Padoue], 22 avril 1567, fol. 136 v°.
Heilandt (Martin), de Breslau, 10 novembre 1563, fol. 88 v°.
Hieber (Daniel), d'Augsbourg, Dole, 7 mai 1564, fol. 92. (Armoiries peintes, omises par Rietstap.)
Hindterhoffer (Wolf), « Burger und der Zeit Statrichter zu Vörklprunkh », 24 juillet 1572, fol. 140
Hoboken (Johann von), Padoue, 3 mai 1567, fol. 50 v°-51. (Armoiries peintes, qui diffèrent de celles que décrit Rietstap.)
Hochfelden (Paul von), « Hochfelden », de Strasbourg, Padoue, 8 mars 1567, fol. 113 v°.
Hoë (Leonhard), docteur ès droits, s. d. [vers 1566 ?], fol. 17. — Leonhard Hoë, « Obernburgensis », avait été reçu docteur à Pise le 12 février 1566 (Arch. univ. de Pise, reg. 37, fol. 88).
Hofreiter (Isaac), « Berichtschreiber zu Fells », 1565, fol. 146.
Hohenfels (Wolfgang Philipp Freiherr von), « Hoenfels », Herr in Reispolzkirch und Rüxingen, Dole, 20 mai 1565, fol. 26. (Armoiries peintes, conformes à la description de Rietstap, I, p. 971.)
Höldt (Johann). Müldorf, 14 février 1568, fol. 75. (Armoiries peintes, non décrites par Rietstap.)
Holtmans (Laurent), « Vesalius, territorii Clivensis », Dole, 9 avril 1564, fol. 89. (Armes peintes, conformes à la description de Rietstap, I, p. 977. — Une main postérieure ajoute : « J. U. doctor et rector ».
Houst (Antoine), Luxembourgeois, docteur ès droits, Dole, 2 mai 1564, fol. 91. (Armes peintes, non décrites par Rietstap.)
Hundt von Lauterbach (Jakob) in Kaltenberg, Padoue, 20 septembre

1566, fol. 111 v°. (Armoiries peintes, écartelées de Hundt et de Dachau, voir Rietstap, I, p. 1008.)

Huss (Jean), « Hussius », de Liège, [Dole], 23 août 1565, fol. 108.

Ypp[e]nperger (Helias), 1567, fol. 65 v°-66. (Armoiries peintes, non décrites par Rietstap.)

Jorsspeckh (Hilliprandt) zu Labensperg, vers 1565, fol. 43. (Armes peintes, non décrites par Rietstap.)

Keller (Andre), « Camer Cantzlei Verwantter zu München », 18 mars 1571, fol. 142.

Khörgl (Karl) in Furth und Süspach, Padoue, 29 avril 1567, fol. 57.

Knogler (Georg), « Bürger zu München », 18 mars 1571, « zu Ehren der Schwagerschafft », fol. 142.

Kohlein (Georg), Padoue, 20 mai 1566, fol. 108 v°.

Kopler (Balthasar), 13 novembre 1567, fol. 137.

Köppel (Matthaeus), de Salzbourg, Dole, juillet 1564, fol. 18 v°. (Armoiries peintes, conformes à la description de Rietstap, qui range les Köppel parmi les familles de Nuremberg.)

Kreig (Hanns Adrian von), Freiherr (?) zu Parstain und Hornberg, Padoue, 8 mars 1567, fol. 147 v°. — Le nom n'est pas certain.

Kremmer (Matthias Uriel), Padoue, 15 avril 1567, fol. 124.

Kremner (Michel), Padoue, 15 avril 1567, fol. 124.

Krinprechtinger (Sigismund), « Landsrichter zu Trimoning », 3 janvier 1568, fol. 61.

Lagkhmer (Franz), de Vienne, Padoue, 30 septembre 1566, fol. 122.

Langdorffer (Christoph), 1568, fol. 59.

Langenmantel (Georg Christoph), Padoue, 5 juin 1566, fol. 62 v°.

Lasser von Lasserek (Th.), Salzbourg, 1568, fol. 63 v°.

Lau (Nicolaus von), 1567, fol. 116 v°.

Lauffenholtzer (Wolfgang), « praefectus arcis Tratzpurgensis », 1567, fol. 120.

Le Grand (Nicolas), « notista illustrissimi principis Ferdinandi », Innspruck, 2 juin 1567, fol. 31 v°.

Lilien (Ludwig von), « Ludovicus a Liliis », [Dole], 22 mai 1565, fol. 54. (Armes peintes que ne décrit pas Rietstap.)

Linsmair (Johann), « Viennensis Austriacus », Padoue, 25 décembre 1566, fol. 83.

Lupo (Manfredo Barbarino), Dole, 21 avril 1564, fol. 90. (Musique notée et armes peintes que ne décrit pas Rietstap.)

Mader (Georg), « Castner zu Girberg (?) », 1571, fol. 138.

Mahel (Busso), « Witstahiensis », vers 1568, fol. 77 v°-78.

Manhart (Bernhard), 1564, fol. 30 v°. (Armoiries peintes.) — Le nom n'est pas certain.

Mary (John Hector), « Marius, Angl. », Dole, 14 mars 1564, fol. 89. — Mary avait été reçu docteur ès droits le 11 mars précédent.

Marteau (Jean), ou Martelli, « Martellus », Dole, 1565, fol. 92. (Musique notée et armoiries peintes, qui paraissent être de pure fantaisie.)

Martens (Jean), Dole, 25 mai 1564, fol. 96. (Armoiries peintes, que ne décrit pas Rietstap.)

Masin (Adrien), de Bruges, Padoue, 14 janvier [1567], fol. 70. (Armes peintes, écartelées, qui diffèrent de celles que décrit Rietstap.)

Masins (Thomas), d'Arras, Padoue, 9 mai 1567, fol. 41.

Mausesser (Hans), « Wirth zu Laubelbach », 1571, fol. 138.

Megrer (Theobald), du Sundgau, « Sungoius », Dole, 1562, fol. 148. (Armoiries peintes, non décrites par Rietstap.)

Möllensperg (Theodor), de Juliers, Padoue, 6 mai 1567, fol. 130 v°.

Monte (Albrecht de), [Padoue], 11 mai 1567, fol. 139 v°.

Moses (Beatus), « Rubeaquensis », Dole, 8 mai 1564, fol. 94. (Armoiries peintes, non décrites par Rietstap.)

Mosheim (Otto Sigismund von), Padoue, 13 mai 1567, fol. 132.

Mosheim (Seyfried von), Padoue, 13 mai 1567, fol. 132. (Esquisse d'armoiries. Les armes ne sont pas celles que décrit Rietstap.)

Mosorg (Johann), de Vienne, 8 octobre 1566, fol. 17 v°.

Müllenheim (Blasius von), « Myllenheim », Dole, juin 1564, fol. 6.

(Armoiries peintes, décrites par Rietstap, II, p. 278. Le cimier est une queue de paon au naturel.)

Müller (Hans), « diser Zeit Vogt uff Hohenkrayn », 1565, fol. 115. (Esquisse d'armoiries.)

Nassau-Saarbrücken (Johann Friedrich von), Herr zu Helflingen, Dole, 13 décembre 1564, fol. 32 v°.

Nassau-Saarbrücken (Johann Ludwig von), Herr zu Helflingen, Dole, 13 décembre 1564, fol. 33.

Nédonchel (Robert de), Padoue, 22 mars 1567, fol. 71. (Armoiries peintes. Les armes décrites par Rietstap, II, p. 311, sont ici écartelées : aux 2 et 3 contr'écartelés de sable et d'or ; à un écu brochant écartelé sur le tout : aux 1 et 4 d'or et de gueules, aux 2 et 3 d'or à trois trèfles d'azur.)

Negelin (Adam), Tauffkirch, 24 juillet 1567, fol. 147. (Armes peintes que ne décrit pas Rietstap.)

Neodicus (Johann), Padoue, 14 mai 1567, fol. 134. (Esquisse d'armoiries.)

Nesselrode (Wilhelm), « Nesselraidt », Dole, 14 juin 1564, fol. 97 v°. (Armoiries peintes, qui sont celles des Nesselrode de la Province rhénane : Rietstap, II, p. 305.) — Un autre Wilhelm von Nesselraid, ou Nesselrode, mourut à Padoue le 24 juillet 1605, Salomoni (*Urbis Patavinae Inscriptiones*, 1701, p. 249) rapporte son épitaphe en l'église Saint-Philippe et Saint-Jacques.

Neuvecotte (Nicolas de), Lorrain, Padoue, 2 mars 1567, fol. 84.

Newton (Francis), Padoue, 23 janvier 1565 [= 1567 ?], fol. 119.

Nys (Frans), de Maestricht, vers 1565 (?), fol. 102 v°. (Armes peintes que ne décrit pas Rietstap.)

Ottrer (Johann), Padoue, 14 mai 1567, fol. 33 v°.

Pacheleb (Karl) zu Ober-Waltersdorf, Padoue, 8 octobre 1566, fol. 82. (Armoiries peintes, décrites par Rietstap, II, p. 371.)

Paynet (Augustin), « Taurinensis, patriae Pedemontium legum professor », Ferrare, 23 novembre 1567, fol. 21.

Palm (Georg), de Nuremberg, Padoue, mai 1567, fol. 129 v°. (Esquisse d'armoiries.)

Paumgartner (Karl) von Paumgarten, Freiherr zu Hohenschwangen und Erbach, Dole, 1566, fol. 47 v°. (Armoiries peintes.)

Paumgartner von Paumgarten (Maximilian), Freiherr zu Hohenschwangen und Erbach, Dole, 1566, fol. 48 v°. (Armoiries peintes. Ces armes ne correspondent à aucunes de celles que décrit Rietstap.)

Peysser (Theodor), de Landshut, Padoue, 15 juin 1566, fol. 110. (Une main postérieure ajoute : « Juris utriusque doctor et consiliarius ducis Bavariae ».)

Pelhaimer (Chr.), 1565, fol. 44.

Pempelfurd (Heinrich), de Düsseldorf, Dole, 3 mai 1564, fol. 14 v°.

Pinson (Jakob) van Steinhuyssen, Padoue, 16 janvier 1566, fol. 38 v°. (Armoiries peintes, que ne décrit pas Rietstap.)

Pleuer (Johann), Padoue, 27 mars 1567, fol. 125.

Praylting (Hans), d'Ulm, 28 novembre [1567 ?], fol. 141.

Preyss (Hans), 1567, fol. 142 v°.

Preu (Sebastian), Bavarois, Padoue, 13 mai 1567, fol. 133. (Esquisse d'armoiries.)

Prindl (Eustachius), 1567, fol. 62.

Prugger (Hans), « Postmaister zu Serrynigg (?) », 1567, fol. 143.

Pucher (Bernhard), 1568, fol. 126.

Pumpler (Clement), « Statschreiber zu Müldorf », 10 février 1568, fol. 60 v°. (Armoiries peintes.)

Purkhais (Andreas), Müldorf, 1567, fol. 66 v°-67. (Armoiries peintes.)

Putsch von Hacking (Christoph Wilhelm) in Gerenstain, Innspruck, 30 octobre 1567, fol. 76.

Quadt (Bertram), Padoue, 5 mai 1567, fol. 42.

Quadt von Landskron (Wilhelm), « Quad », Dole, 2 janvier 1564, fol. 18. (Armoiries peintes, dont les 3° et 4° quartiers sont semblables : d'or à deux fasces échiquetées d'argent et de gueules. Pour le reste, voir Rietstap, II, p. 505. Une main postérieure ajoute : « rector et J. U. doctor. »)

Rabe (Elias), « Corvinus », Padoue, 25 mars 1566, fol. 16 v°. (Une main postérieure ajoute : « J. U. doctor. » On connaît de ce personnage un recueil de poésies latines : *Eliae Corvini Joachimici poëmatum Libri duo* ; Lipsiae, apud Vogt, 1568, in-8. — Brit. Museum, 11388, aa (2).)

Räkhenschinck (Thomas), Müldorf, 11 février 1568, fol. 73 v°-74. (Armoiries peintes que ne décrit pas Rietstap.)

Ram (Johann von), « Ramius », Padoue, 19 février 1566, fol. 109.

Randerant (Johann von), Dole, 1ᵉʳ février 1565, fol. 49 v°.

Rassfeldt (Willibrand von), Dole, 8 mai 1564, fol. 95 v°. (Armoiries peintes, que Rietstap ne décrit pas.)

Ratemberg (Mathias-Ludwig von), Tauffkirch, 12 juin 1567, fol. 146. (Armes peintes, que Rietstap ne décrit pas.)

Raumer (Philipp), 1565, fol. 114 v°. (Armoiries peintes. Les armes de Raumer : d'or à la demi-aigle de sable, sont ici parties d'azur à trois fleurs-de-lis d'argent, posées en pal.)

Rechenberg (Konrad von), Dole, 1561, fol. 7. (Armoiries peintes, qui, d'après Rietstap, sont celles des Rechenberg de Franconie.)

Rechlinger (Quirinus), Padoue, 5 mai 1567, fol. 45 v°.

Rediger (Thomas), Padoue, 1567, fol. 148 v°. (Armoiries peintes, conformes à la description de Rietstap, II, p. 535.)

Reich von Reichenstein (Jakob), Dole, 1565, fol. 33 v°.

Reich von Reichenstein (Johann), « Rich von Richenstein », vers 1564 (?), fol. 92 v°.

Reich von Reichenstein (Johann Augustin), Dole, 1561, fol. 3. (Armoiries peintes, conformes à la description de Rietstap, II. p. 540.)

Reinach (Johann Erhardt von), « Rinach », Dole, 25 juillet 1565, fol. 39 v°. (Armoiries peintes, qui, d'après Rietstap, sont celles des comtes Reinach de la Province rhénane et de la Franconie.)

Reinach (Melchior von), Dole, 25 juillet 1565, fol. 40.

Renntz (Jeronimus), 1565, fol. 36 v°. (Armoiries peintes, que Rietstap ne décrit pas.)

Rentio (Teodore), « Rentius », de Chio, Padoue, 10 octobre 1566, fol. 118 v°. — Rentio fut professeur à l'université de Turin.

Rheindorf (Peter), de Cologne, Dole, janvier 1564, fol. 5 v°. (Armoiries peintes, que ne décrit pas Rietstap.)

Rhodt (Dietrich), Dole, 23 septembre 1563, fol. 82. (Armoiries peintes, décrites par Rietstap, II, p. 562.)

Roccabruna (Claudius von), « Rocaprun », Botzen, vers 1566 (?), fol. 55.

Roffinello (Niccolò), « Eporidiensis diocesis [du diocèse d'Ivrée] sub ducatu Sabaudiae, servitor ecc. D. juris utriusque doctoris Viti Seitz, paratissimus ad omnia servitia ipsius domini doctoris. Viennae, tempore quo praefatus ill. inserviebat illustrissimo ac reverendissimo domino Melchiori Biliae, nuntio apostolico, anno Domini 1569, praesentibus D. Claudio de Rossis et Jo. Baptista Fonteio », fol. 79.

Rossi (Claudio di), d'Anvers, in arce Taufkirch, 23 juillet 1567, fol. 51 v°. (Armoiries peintes, que ne décrit pas Rietstap.) — Ce personnage, se qualifiant « Antwerpiensis Brabantius », s'inscrivait à Padoue, comme juriste, dans le livre de la nation d'Allemagne, le 18 avril 1567 (Arch. univ. de Padoue, reg. 459, p. 136). On voit à l'article précédent qu'en 1509 il était attaché au nonce Melchior Bilia à Vienne.

Rotmair (Georg), Padoue, 1ᵉʳ mai 1567, fol. 127 v°. (Armoiries peintes, que Rietstap ne décrit pas.)

Rottberg (Hans Christoph von), Padoue, 20 janvier 1567, fol. 84 v°.

Röttinger (Sebastian), Dole, 31 mai 1562, fol. 14.

Ruef (Thomas), Padoue, 30 septembre 1566, fol. 122 v°. — Thomas est en outre témoin de l'inscription faite par Paul von Hochfelden le 8 mars 1567, fol. 113 v°.

Ruttennach (Hans Friedrich von), genannt Mylandt, 1561, fol. 12. (Armoiries peintes que Rietstap ne décrit pas.)

Sayboldt (Georg), 1571, fol. 138.

Schad von Mittelbiberach (Johann Hector), Padoue, 18 septembre 1566, fol. 111. (Armoiries peintes, conformes à la description de Rietstap, II, p. 683.)

Schnöde (Melchior), 1566, fol. 68. (Joli ex-libris gravé avec inscription manuscrite. Pour les armes, voir Rietstap, II, p. 719.)

Schnurm (Adam Nicolaus), Dole, 5 mai 1564, fol. 98 r° et v°. (Armoiries peintes, que Rietstap ne décrit pas.)

Schonenburgk (Hugo, Augustin et Gottfried von), frères, Dole, 8 mai 1564, fol. 93. (Armoiries peintes, que Rietstap ne décrit pas.)

Schwartzentaller (Johann), Padoue, 5 octobre 1565, fol. 119 v°.
Seuz (Peter), « Norlingensis », Dole, 17 septembre 1563, fol. 87. (Armoiries peintes que Rietstap ne décrit pas. Une main postérieure ajoute : « Juris utriusque doctor. »)
Spandel (Christoph), « Rosaemontanus, ecclesiae myldorfensis pastor », Müldorf, 17 février 1568, fol. 140 v°.
Spaur (Anton Freiherr von), 2 juin 1567, fol. 26 v°.
Spaur (Johann Jakob Freiherr von), in Tauffkirch, 9 septembre 1565, fol. 27.
Spitz (Heinrich von), « Spizaeus, Embricensis territorii Clivensis », Dole, 9 mai 1564, fol. 101. (Armoiries peintes, que Rietstap ne décrit pas.)
Stab (Adam Veit), 1565, fol. 100. (Armoiries peintes, inconnues à Rietstap.)
Stamstrasser (Sebastian), Edelman, de Vienne, docteur ès droits, Padoue, 13 janvier 1566, fol. 16.
Stanhope (Michel), « Anglus », Padoue, 156 (?), fol. 119.
Stauff (Georg Leo, Freiherr von), Dole, 24 avril 1565, fol. 30. (Armoiries peintes, que décrit Rietstap, II, p. 827.)
Steiernagel (Peter), de Cronweissenburg, Dole, 29 juin 1565, fol. 65. (Armes peintes que ne décrit pas Rietstap.)
Stainheül (Lassar), de Landsberg, Tauffkirch, 16 juin 1567, fol. 146 v°.
Stephan (Karl), d'Augsbourg, 14 septembre 1567, fol. 135.
Stöger von Butteberg (Wolfgang), 23 août 1564, fol. 136. (Armoiries peintes, que Rietstap ne décrit pas.)
Stoop (Nicolas), « Stopius, Alostensis Flander », vers 1565 (?), fol. 52 v°. (Ex-libris gravé. Les armes sont conformes à la description de Rietstap, II, p. 848.)
Strauss (Jakob), docteur en philosophie et en médecine. Padoue, 3 janvier 1566, fol. 15 v°.
Stuursfoll (Wolf), 11 mai 1567, fol. 139.

Taschuz (Joseph), de Laibach ou Ljubljana, « Labacensis », Padoue, 24 janvier 1566, fol. 120 v°.
Taufkirchen in Gutenburg (Wolfgang Christoph von), 12 février 1568, fol. 7 v°. (Armoiries peintes des Taufkirchen de Bavière. Rietstap, II, p. 887.)
Theo... (Georg), peut-être Theobald, 1564, fol. 1. (Armoiries peintes : de gueules à une hache d'argent. La fin du nom manque.)
Thomassin (Jean Jules) de Liège, Dole, 22 mai 1565, fol. 64. (Armes peintes, que ne décrit pas Rietstap.
Thon (Johann Philippin von), « a Thono, pastor in Salurn », 1567, fol. 47.
Trigler (Ernst), Saalfelden, 1567, fol. 61.
Turso (Johann), Freiherr von Beuniz, Padoue, 5 octobre 1565, fol. 20.

Velss (Christoph Otto Moritz Freiherr von), 1564, fol. 27 v°. (Armoiries peintes. Ces armes sont écartelées. Le 1er quartier est attribué par Rietstap, II, p. 983, à la famille tyrolienne Velser de Presels.)
Veranphus (??) (Wolfgang), s. d. fol. 150. (Le nom est presque effacé.)
Vicen (Ange Engelhart), « Vicenus, de Vico Chattorum, Batavus », Dole, 1564, fol. 31. (Armoiries peintes, que ne décrit pas Rietstap.)
Vynmann (Dietrich), du Slesvig, Dole, 25 octobre 1563, fol. 5. (Peinture. Une main postérieure ajoute : « juris utriusque doctor. »)
Völzl (Abraham), Padoue, 13 mai 1567, fol. 132 v°. (Armoiries peintes. Ce ne sont pas celles que décrit Rietstap.)

Wagn in Wagnsperg (Balthasar), Padoue, 25 mars 1566, fol. 25.
Waldner von Freundstein (Wolfgang), Dole, 1563, fol. 11. (Armoiries peintes, conformes à la description de Rietstap, II, p. 1040.)
Walpot von Olprück (Johann Reichardt), Dole, 8 mai 1564, fol. 96 v°.
Waltysill von Bassenheim (Johann), Dole, 8 mai 1564, fol. 95. (Armoiries peintes, conformes à la description donnée par Rietstap à l'article Waldbott-Bassenheim de Bornheim, II, p. 1038.)
Wech (Georg Ludwig), 9 juillet 1569, fol. 81. (Armoiries peintes, que ne décrit pas Rietstap.)
Weilandt (Johann), Padoue, 22 mars 1567, fol. 22.
Weitmoser (Esaias), Padoue, 13 mai 1567, fol. 131 v°.
Welsperg (Paul von), Dole, 31 mai [1562 ?], fol. 15.
Wessenberg (Christoph von), Dole, 27 avril 1565, fol. 52. (Armoiries

peintes : d'argent à la fasce de sable, accompagnée de trois boules de gueules. Rietstap, II, p. 1077, dit : d'argent à la fasce de gueules, accompagnée de trois boules d'azur.)
Wurmser (Philipp Jakob), Dole, 1566, fol. 113. (Armoiries peintes, qui sont celles des Wurmser d'Alsace et de Bade. Rietstap, II, p. 1122.)
Würzdorn (Hans), Ferrare, 1567, fol. 141 v°.

De la bibliothèque d'ERNEST STROEHLIN (Cat., 1912, II, n° 989).

3366 (2522 b). ALBUM de Caspar Held, étudiant en théologie à Tübingen (1564). In-8 de 106 ff., mar. bl. jans. (*Hans Asper.*)

Cet album est formé d'un exemplaire de l'*Antithesis* de Simon Du Rosier et d'un certain nombre de feuillets intercalés.
Voici d'abord la description du volume imprimé :
Antithesis || De præclaris Christi || et indignis || Papæ facinoribus, || *.* || Cum decalogis·vtriusque oppositis, cúmque || amborum morum descriptione : quemad- || modum sancta Scriptura tradit. || *Per Zachariam Durantium.* || 1558. S. l. [Genève], in-8 de 7 pp. non chiffr. et 88 pp. chiffr.
Le titre porte la marque de Z. Durand, avec la devise : *Non accenditur lucerna ut sub modio, sed ut in candelabro ponatur* Matth. V (Silvestre, n° 1075). — Au v° du titre, SIMONIS ROSARII *Tetrastichon*.
Au fol. *A ii* est une épître en distiques de Simon Du Rosier « Illustrissimis viris senatorii ordinis, Joanni Steghel, celeberrimae urbis Bernae quaestori, et Hieronymo Manueli, Lausanae praefecto ».
Les ff. *A iij* et *A iiij* r° sont occupés par un avis de l'imprimeur au lecteur : « Zacharias Durantius typographus lectori. »
L'ouvrage, écrit en distiques, commence au fol. *A iiij* v°, d'où part la pagination. Il se compose de 18 chapitres ou antithèses opposant les faits du Christ à ceux du pape. Le texte est orné de 36 figures admirablement gravées sur bois, que l'on attribue, au moins celles qui se rapportent à la vie du Christ, à *Bernard Salomon*, dit le *Petit Bernard*. L'artiste s'est inspiré des planches du *Passional de Lucas Cranach*. L'imprimeur s'est efforcé de placer en regard l'image du Christ et celle du pape. Le volume se termine par un morceau en prose : *De praestantissimis Christi et indignissimis Antichristi moribus viri fidelis Declaratio lectori.*
D'après *La France protestante* (nouv. éd., V, col. 1057) l'édition qui vient d'être décrite est la seconde. Elle ne porte pas en tête de l'épître dédicatoire les mots : *Studio Simonis Rosarii*. Le même recueil résume le peu que l'on sait de la vie de Du Rosier. Nous ajouterons seulement que, d'après un dizain de lui, imprimé en tête du *Droit Chemin de musique* de Loys Bourgeois (1550), il était alors « bachelier », c'est-à-dire sous-maitre au collège de Rive à Genève (Alfred Cartier, *Arrêts du conseil de Genève de 1541 à 1550*, 1893, p. 152).
Le propriétaire du livre, Caspar Held, « Waldseensis », a couvert presque toutes les marges du volume de notes écrites en latin et en allemand. Il y a de plus ajouté un grand nombre de feuillets qui ont reçu, ou des notes, ou des inscriptions dues à des amis qui étudiaient la théologie à Tübingen en 1564.
Au v° du f. actuellement coté 1 sont les armes de Caspar Held : de ? à un sinistrochère tenant un bâton d'Esculape placé en pal et duquel issent une branche de laurier (?) et une croix. Les pièces de l'écu se retrouvent dans le cimier entre deux proboscides.
Au r° du f. 2 se lisent deux épigrammes latines de Held, *In Catalogum amicorum* ; au v° de ce même f. commence la table : *Catalogus amicorum et fautorum*, qui se termine au r° du fol. 3. On y trouve 43 noms ; mais il n'y en a en réalité que 42, l'un des noms figurant deux fois.
De ces inscriptions, 22 seulement nous ont été conservées, les feuillets qui terminaient primitivement le volume ayant été perdus. Voici la liste de ces 22 noms :

Beutler (Thomas), « Rauenspurgensis », Tübingen, 25 février 1564, fol. 43.

Bienemann (Kaspar), dit Melissander, Tübingen, 10 mars 1564, fol. 24. — Né à Nuremberg en 1540, surintendant général à Altenbourg, il a laissé des poésies latines. Il mourut en 1591. Sa vie a été publiée par J. H. Aker en 1718.

Fabricius. Voy. Schmidt.

Georg (Johann), « Georgii », Tübingen, 2 février 1564, fol. 75.

Heyperger (Karl), Tübingen, 11 mars 1564, fol. 82.
Holtzer (Johann), Tübingen, 10 mars 1564, fol. 84.

Jäger (Esaias), « Venator, Boiiloncarinanus », s. d., fol. 22.

Kiermer (Sebastian), de Ratisbonne, s. d., fol. 77.
Kirchmeir (Eustachius), Tübingen, 22 août 1564, fol. 106.
Krapf (Peter), d'Oppenheim, s. d., fol. 28.
Kupferschmid (Jakob), Tübingen, 5 mai 1564, fol. 47.

Melissander. Voy. Bienemann.
Münster (Ludwig), « Bisecaniensis », 21 juillet 1564, fol. 52.

Oesterreicher (Wenzel Christoph), 1564, fol. 81 v°.

Raab (Jakob), « Rabus », de Strasbourg, fils de Ludwig, Tübingen, 4 janvier 1564, fol. 13. — Converti au catholicisme en 1570, Johann Jakob Raab fit connaître sa résolution par une lettre adressée à son père et devint un ardent polémiste.
Raupach (Johann), « ex Silesiorum civitate Leoberga », Tübingen, 11 février 1564, fol. 86.
Reichardt (Christoph), « Neuburgensis », Tübingen, 13 septembre 1564, fol. 14. (Armes dessinées. Parti : au 1 de ? à un membre d'aigle de ? ; au 2 de ? au même membre d'aigle les serres placées en l'air. Cimier : un vol chargé des pièces de l'écu.)

Schmidt (Johann), « Fabricius, Campidonensis », 1564, fol. 48 v°.
Schopper (Jakob), « Biberacensis », 1564, fol. 45.
Silberborner (Georg), de Worms, 3 mai 1564, fol. 79 v°. (Devise : *Moyen par tout.*)
Spiller (Marcus), « Austriacus », Tübingen, 23 février 1564, fol. 81.
Sudels (Georg), 4 mars 1564, fol. 65. (A la table le nom est écrit Zudels.)

Venator. Voy. Jäger.

Weckerlin (Jakob), « Calvuensis », 1564, fol. 69.
Wildtperger (Georg), de Linz, Tübingen, 11 mars 1564, fol. 39.

La table placée en tête du volume (fol. 2 v°-3) nous a conservé les noms de plusieurs personnages qui s'étaient inscrits dans l'album, mais dont les inscriptions ont disparu. En voici la liste :

Brentl (Christoph), « Dichopolitanus ».

Einkirch (Peter).
Einodt (Crispinian).
Elephant (V.), « Elephas ».
Engelscald (Paul).

Heusinger (Andreas).
Holder (Wilhelm). — C'est l'auteur de plusieurs ouvrages de polémique virulente contre les calvinistes.
Holpp (Ulrich).

Meier (Jakob).

Planck (Martin), « Plancus », de Linz. (Le nom figure deux fois à la table.)

Schey (Urban), « Wickersheimensis ».
Schulthaiss (Martin).
Schulz (Friedrich), de Stuttgart.
Schwin (Andreas Emerich).
Sieder (Urban).
Stürzelig (Johann), « Holczheimensis ».

Vay (Gutpert), « Tubingensis ».

Wimpelin (Burckhard).

Zeycht (Konrad), « Munderkhingensis ».
Zimmermann (Wilhelm).

Au xvii⁰ siècle le volume était entre les mains de Johann Walther Held, qui a recueilli un certain nombre d'inscriptions nouvelles et qui a surchargé de sentences et de passages bibliques presque tous les espaces restés vides. Voici la table des inscriptions :

Bantzer (Hans Jörg), d'Augsbourg, Ulm, 4 septembre 1635, fol. 90. — Un Christoph Bantzer, orfèvre à Augsbourg, fut membre du grand conseil de cette ville en 1649 et mourut en 1653 (Marc Rosenberg, *Der Goldschmiede Merkzeichen*, 1911, p. 75).

Bloss (Johann   ), Ulm, 25 août 1635, fol. 73.
Bombarter (Anton), Ulm, 23 août 1635, fol. 73 v°.

Dockel (Georg), « physicus et medicinae doctor reipublicae », Ulm, octobre 1635, fol. 73 v°.

Eberlin (Hans Jakob), 30 août 1635, fol. 88 v°.
Ehrke (?) (Johann Bapt.), de Worms, Ulm, 25 août 1635, fol. 90 v°.

Held (Johann Baptist), avocat, Ulm, 9 août 1635 ; mort en 1636, fol. 79
Herseburg (Gottfried Friedrich von), Ulm, 25 août 1635, fol. 65 v°.
Honold (Jakob), professeur de logique, Ulm, 30 octobre 1635, fol. 86 v°.
— C'est peut-être le Jakob Honold à qui on doit deux opuscules sur les comètes, imprimés à Ulm, en 1681, in-4 : *Monitor hominum novissimus, das ist Kurtzer Bericht von dem ungewöhnlich grossen Cometen...*, et *Novus hominum Excitator*.

Horst (Gregor), « reipublicae ulmensis archiater », Ulm, 12 août 1635, fol. 6 v°. Horst est l'auteur de divers ouvrages médicaux imprimés à Wittenberg et à Ulm.

Köllin (David), Ulm, 28 octobre 1635, fol. 88 v°.
Köllin (Wolfgang), Ulm, 22 septembre 1635, fol. 90 v°.

Merckh (Johann Chunrad), maître d'école à Ulm, Ulm, 31 octobre 1635, fol. 84 v°.

Pfanner (Johann), « Viennensis, medicinae doctor », Ulm, 23 octobre 1635, fol. 75 v°.

Rulich (Jakob), « Ruohlich », prédicateur protestant, Ulm, septembre 1635, fol. 7 v°. — Jakob est probablement l'auteur de la *Leich-Predig auf dess Menschen Absterben*, imprimée en 1658, à Heidelberg, à la suite de l'*Homo novus* de Peter von Streithagen.

Schwehrburg (Johann Constantin Wilhelm Freiherr von), 3 août 1636, fol. 62 v°.

Thoner (Augustin), « medicinae doctor et physicus », Ulm, *ex musaeo*, 11 août 1635, fol. 73. — Thoner est l'auteur d'*Observationes* et d'*Epistolae medicinales*, imprimées à Ulm en 1651 et 1653. Quelques-unes de ses observations ont été insérées par Bonnet dans sa *Bibliothèque de médecine*, t. IV (1708, in-4).

Villing (Johann R.), Ulm, 1ᵉʳ novembre 1635, fol. 82 v°.
Visscher (Christoph), Ulm, 17 septembre 1635, fol. 50.

La dernière mention de Johann Walther Held est datée de 1660.

En 1760 cet album appartenait à C. A. Lozbeck, dont la signature figure sur le titre de l'*Antithesis*. Il provient, en dernier lieu, de la bibliothèque de M. E. Stroehlin (Cat., 1912, n° 988).

3367 (2522 c). Album amicorum de Bartholomaeus Kalthüber et de Johann Rüdiger (1566-1567). In-16 de 60 ff., vélin blanc.

Ce petit volume a été fait pour deux amis qui ont recueilli des inscriptions dédiées, tantôt à l'un, tantôt à l'autre, quelquefois à tous deux. Plus tard, il appartint à Andreas Poget (fol. 20 v°), à Paul Puschnik, « ludi moderator monasterii Victorii », 1573 (fol. 20 v°, 43), à Georg Bihler (fol. 44 v°), à Johann Friedrich, comte de Lemberg (fol. 53 v°), à Mathias von Münding, d'abord candidat au doctorat en droit (fol. 53 v°), puis docteur ès droits et gouverneur des pages du roi de Hongrie et de Bohême (fol. 48, 51), et secrétaire du roi (fol. 54).

Voici une table alphabétique des personnages qui se sont inscrits dans l'album :

[Ackermann] (Johann), dit Agricola, d'Amberg, Rastadt, 4 juin 1567, fol. 33 v°.

Brassicanus. Voy. Kuhlburger.

Caloburraeus. Voy. Schönpichler.

Förter (Sebastian), pour Joh. Rüdiger, 1567, fol. 14 v°.
Firinus (Eucharius), de Homberg, pour B. Kalthüber, fol. 21.

Harzer (Wolfgang), de Graz en Styrie, pour Kalthüber et pour Rudiger, 17 nov. 1567, fol. 38 v°.
Herndt (Georg), pour les mêmes, 1567, fol. 7.

Initiales :
B. H., pour J. Rüdiger, 1561, fol. 29 v°.

Kalthüber (Bartholomaeus), de Wotzperg, pour J. Rüdiger, fol. 29.
Kohlburger (Heinrich), dit Brassicanus, de Schmalkalde, pour J. Rüdiger, Strasbourg, 18 déc. 1566, fol. 26 v°.

Lay (Konrad), de Crailsheim, pour J. Rüdiger, Strasbourg, déc. 1566, fol. 40 v°.
Laun (Hieronymus), de Salzbourg, pour Kalthüber et Rüdiger, 15 mars 1568, fol. 15.

Michel (Kaspar), « Cealophanus », Strasbourg, déc. 1566, fol. 30.

Neuschwert (Mathias), Autrichien, pour Kalthüber et Rüdiger, 2 déc. 1567, fol. 24.

Petrowsky (Stanislaw), pour Georg Bihler, fol. 44 v°.
Pfeiffer (Baumhardt). « Pheiffer », 26 oct. 1578, fol. 17.
Philipp (Frère), « dominicanus conventualis in monasterio Victoriensi », fol. 25 v°.

Reichlin (Anton), « Dunzenheimensis pastor », fol. 19 v°.
Renner (Nicodemus), pour Andreas Poget et Paul Puschnik, nov. 1573, fol. 20 v°.
Roller (Georg), pour Kalthüber et pour Rüdiger, fol. 40.
Rot (Michel), pour J. Rüdiger, fol. 9.
Rüdiger (Johann), « Rüdinger, Schofflenzianus, olim pastor in Schyersheim », 1566 (?), pour B. Kalthüber, fol. 4.

Schmaltz (Martin), de Nuremberg, pour Rüdiger, 1567, fol. 41 v°.
Schönpichler (Karl), dit Caloburraeus, de Vienne, pour Paul Puschnik, fol. 43.
Stock (Friedrich), « Neuenmusensis », pour J. Rüdiger, fol. 35.

Wannesiegler (Philipp), pour B. Kalthüber et J. Rüdiger, fol. 36 v°.
Winckh (Ferdinand von), « Carinthius », pour J. Rüdiger, Strasbourg, déc. 1566, fol. 12.

Mathias von Münding, qui posséda le petit volume au xvii° siècle, y a inséré une curieuse liste des pages formée par lui. Nous la transcrivons ici :

Fol. 49. *Nomina meorum epheborum.*
Carolus Eugenius, marchio Badensis et S. R. I. princeps.
Franciscus Christophorus Kevenhiller, comes a Franckhenburg.
Ferdinandus Emericus, comes a Kollonitz.
Leopoldus Wilmhelmus, comes a Kollonitz.
Lobgott, comes a Kueffstein.
Ehrgott, comes a Kueffstein.
Leopoldus Rodericus comes de Collowrat.
v° Joannes Borbianus Belgioioso, comes Mediolanensis.
Michael Robatta, comes Forum [*sic*] Juliensis.
Ludovicus Franciscus liber baro a Zyvotin, Moravus.
Henricus Fridericus, comes a Guttenstern, Bohemus.
Joannes Georgius Strein, liber baro Bohemus.
Joannes Maximilianus Stribech, liber baro Slivy.
Anno 1654 fuerunt ephebi Ferdinandi IV, Romanorum regis defuncti.

Fol. 51. *Serenissimi Leopoldi, archiducis, regis Hungariae et Bohemiae, postea Romanorum imperatoris, anno 1657 :*
Ferdinandus Christophorus Teuffel, liber baro a Günterstorff, Austriacus.
Franciscus Augustinus comes a Thun, Tyrolensis.
Claudius Josephus Leopoldus, liber baro de Montroschier, Burgundus.
Carolus Julius Pozzecky, liber baro Moravus.
v° Christophorus Hortmannus, liber baro a Schallenberg, Austriacus.
Joannes Georgius Strein, liber baro a Schwartzenau, Bohemus.
Joannes Maximilianus, liber baro ab Althan, Austriacus.
Romboldus Philippus Antonius Conod a Porzia, Forum [*sic*] Juliensis.
Maximilianus a Schleinitz, liber baro Bohemus.
Fol. 52. Carolus Conov, eques Hibernus.
Franciscus Carolus Wisching, liber baro Austriacus.
Joannes Andreas ab Himmelberg, eques Charyntius.
Franciscus Tauffe, eques Hibernus.
Josephus Maria Vice Comes, Mediolanensis.
MATTHIAS DE MÜNDING, eorum praefectus.

Un des derniers propriétaires de l'album, le peintre ACHILLE DEVERIA, mort en 1857, a exécuté sur chacun des plats extérieurs un dessin à la plume. Le volume a fait partie, en dernier lieu, des bibliothèques de HENRI BORDIER et de son gendre E. STROEHLIN (Cat., 1912, n°   ).

3368 (2522 *d*). ALBUM AMICORUM de Jean Durand (1583-1592). In-8 de 2 ff. lim. et 380 pp., mar. r., comp. de mos. de mar. v., riche dorure à petits fers, tr. dor. et ciselée. (*Rel. du XVI° siècle.*)

Au v° du 1er plat on a collé un portrait gravé de Robert de La Marck, duc de Bouillon, daté de 1585.
En tête du volume est placé un f. contenant des commentaires en latin sur les vertus cardinales. On lit au-dessous, de la main de J. Durand : « Haec Bullingeri senioris manus est. »
Les 2 ff. lim. sont des feuillets de vélin. Au v° du 1er est un élégant écusson au milieu duquel est un blason. On lit dans l'écusson ces devises : *Ma duree est en Dieu, Haïr n'a tendu*. Au-dessus est un quatrain « Sur ma devise ».
Le 2° f. lim. est occupé, au r°, par un sonnet (*Frontispice pour ce livre*), accompagné de la devise : *Ma duree est en Dieu*, et un quatrain signé : *Hant rude n'ay*. H. G. Nervi, 1583. Au v° sont des sentences en hébreu, en français et en grec.
Le corps du volume est composé de feuillets de papier ornés des encadrements employés par *Jean de Tournes* dans son édition de la *Metamorphose d'Ovide*. La pagination est manuscrite.

Voici la table des personnages qui se sont inscrits dans l'album :

Aach (Walter), de Mayence, 15 déc. 1592, p. 337.
Abra (J. d') de Raconis, Parisien, Genève, 2 avril 1589, p. 139.
Amerbach (Basile), jurisconsulte, Bâle, 6 juin 1583, p. 109.

Bellujon ([Denis de]), d'Orange, Genève, 27 octobre 1592, p. 32.
Bernard (Jean-François), conseiller et patricien de Genève, 6 juin 1584, p. 300.
Bertrand (Corneille), professeur en hébreu à Genève, juin 1584, p. 41.
Bèze (Théodore de), Moulin, entre Payerne et Berne, 22 mai 1583, p. 1.
Bompar (Abraham de), « estudiant aux lois à Basle », Bâle, 7 juin 1583, p. 111.
Bonardel (Jean), « Occitanus, in Angliam properans », Genève, 18 mai 1586, p. 368.
Brosse (Pierre de), 1586, p. 135.
Bullinger ([Heinrich]) l'ancien, mort en 1575, page autographe ajoutée en tête du volume.
Bullinger (Heinrich), fils, « ecclesiae Tigurinae ad D. Petrum minister », 30 mai 1583, p. 7.
Bures (Guillaume de), « Buranus », de Rouen, professeur de théologie à Lausanne, 20 juin 1591, p. 85.

Chaillet (David), ministre de l'église de Neuchâtel, 9 juin 1583, p. 31.
Chandieu (Jacques de [La Roche]), « second fils de monsieur de Chandieu », 16 janvier 1585, p. 257.
Chandieu (Jean de [La Roche]), « fils de monsieur de Chandieu, ministre », 16 janvier 1585, p. 255.
Choart ([Paul]) de Buzanval, Parisien, gentilhomme du roi de Navarre, Genève, février 1584, p. 33.
Colerus (Vinc.). Voy. Kohler.
Couet ([Jacques]), ministre à Avallon, « In Villa Arnoldi », 28 juin 1584, p. 51.

Diesbach (Andreas von), [jeune escolier d'une des plus honorables familles de la ville de Berne], Genève, 3 janv. 1584, p. 371.
Du Pré (Christofle), s' de Passy-en-Brie, gentilhomme parisien, 14 janvier 1585, p. 81.

Erastus (Thomas). Voy. Lieber.
Eversfield (Anthony), gentilhomme du comté de Sussex, Genève, 26 avril 1592, p. 344.

Fedringer (Johann), « eccles. Bernensis », 24 mai 1583, p. 356.
Fries (Johann), « Frisius », maître de l'école de Zürich, 30 mai 1583, p. 16.
Fries (Johann Jakob), « Frisius », théologien à Zürich, [1584], p. 373.

Godefroy (Denis), avocat au parlement de Paris et « professeur aux lois », Genève, 15 mars 1584, p. 17.
Goulart (Simon), Senlisien, Saint-Gervais, 1ᵉʳ mai 1585, p. 59.
Grün (Johann Jakob), « Gryneus », 1583, p. 20.
Guérin (J.), « second regent à Geneve, maintenant ministre de la parole de Dieu », Genève, 6 juin 1584, p. 374.

Haller (Jakob), de Zürich, 1583, p. 18.
Haller (Wolfgang) de Zürich, 30 mai 1583, p. 12.
Henry (Abraham), « ministre de M. de Sancy », « Geneva in Galliam patriam discedens », 21 mars 1592, p. 141.
Hortin (Johann), « Hortinus », professeur d'hébreu à Berne, 1583, p. 353.
Hotman ([François]), jurisconsulte, Bâle, 4 juin 1583, p. 19.
Hübner (Peter), Silésien, professeur de grec à Berne, 24 mai 1583, p. 73.
Huldrich (Jakob), professeur de logique à Zürich, 1583, p. 17.

Im Wort (Christian), Berne, 24 mai 1583, p. 4.
Initiales : H. M. L. P., Genève, 1ᵉʳ février 1589, p. 71.

Jacomot (Jean), ministre de l'église de Genève, Genève, 29 avril 1585, p. 57.
Jezler (Johann), « docte ministre de l'escole de Schafhouse », Schaffouse, 1ᵉʳ juin 1583, p. 365.

Kohler (Johann Jakob), « Colerus », ministre à Zürich, 30 mai 1583, p. 9.

Labissiński (Georges Latalski, comte), Genève, 5 juin 1584, p. 45 (inscriptions en latin, en français et en allemand).

La Faye (Antoine de), « ministre à l'église de Paris », [1583], p. 26.

La Faye (Antoine de), « docteur professeur en theologie et fidele pasteur en l'eglise de Geneve », Genève, 8 juin 1584, p. 49.

La Pise (Vincent de), « Pisanus », ministre d'Annonay en Vivarais, 26 octobre 1583, p. 350.

La Planche (Adam de), « Plancius », avocat au parlement de Paris, « Catulani », 9 septembre 1584, p. 347.

[La Roche] Chandieu (Jacques de). Voy. Chandieu.

[La Roche] Chandieu (Jean de). Voy. Chandieu.

La Vie (Jean de), Genève, [1584], p. 37.

Lect (Jacques), « Lectius, apud Genevates senator et juris professor », 13 juin 1584, p. 305.

Le Jay (Nicolas), sr de La Touche, « fils de M. le maistre des Comptes Le Jay, 8 octobre 1585, p. 375.

Lentolo (Paolo), « Rhaetus, medicinae doctor, Geneva discedens », 29 avril 1592, p. 295.

Lieber (Thomas), dit Erastus, Bâle, 6 juin 1583, p. 28 (écrit de sa main gauche).

Meusel (Abraham), dit Musculus, ministre de Berne, 24 mai 1583, p. 3.

Meusel (Wolfgang), dit Musculus, fils du précédent, Berne, 24 mai 1583, p. 370.

Meyer (Johann Konrad), docteur ès droits, bourgmestre de Schaffouse, 1er juin 1583, p. 77.

Montescot (Michel de), ministre de l'église réformée de Rouen, Rouen, 28 juillet 1584, p. 53.

Morlan (Bernard), « Morlanus », Genève, 10 septembre 1586, p. 339.

Nassau (Ernest Casimir, comte en), 1589, p. 66.

Nassau (Louis Gonthier, comte en), [1589], p. 67.

Neville (Henry), « Anglus, baro de Aburgavenny », Genève, 25 avril 1592, p. 69.

Pefaur (François), « Pefaurius », Genève, 2 septembre 1586, p. 359.

Perrot (Charles), cousin de J. Durand, [Genève], 4 juin 1584, p. 35.

Perrot (Timothée), Genève, 1592, p. 36.

Pinauld (Jean), Poitevin, ministre de l'église de Genève, Genève, 28 avril 1585, p. 55.

Pineton (Pierre), médecin gascon, « Chambrunius occitanus », 7 juin 1583, p. 133.

Pisanus (Vincentius). Voy. La Pise.

Plater (Felix), Bâle, [1585], p. 21.

Poupo (Pierre), jurisconsulte, de Bar-sur-Seine, pendant son exil à Genève, 1er août 1590, p. 306.

Proust (François), receveur des tailles à Loudun, Paris, 3 septembre 1584, p. 355.

Reinwaldt (Elias), Silésien, jurisconsulte, 1591, p. 335.

Renauld (Antoine), « escolier en theologie de M. le duc Cas[imir] », Genève, 2 mai 1583, p. 357.

Richard (Christophe), de Bourges, ministre de Lausanne, 10 juin 1583, p. 377.

Robineau (Jean), sieur de Croissy, notaire et secrétaire du roi de France, 9 octobre 1584, p. 47.

Rotan (J. B.), « Rotanus », vers 1583 (?), p. 10.

Salvard (Jean-François de), ministre du saint évangile, Genève, 5 juin 1584, pp. 38-39.

Schleicher (Georg), de Nuremberg, Genève, octobre 1588, p. 341.

Schmid (Hans Heinrich), de Zürich, 30 mai 1583, p. 13.

Shelley (Richard), Anglais, Genève, 25 avril 1592, p. 367.

Solms (Ernest, comte de), seigneur de Müntzenberg et de Sonnenwald, Genève, 11 février 1589, p. 61.

Solms (Guillaume, comte de), seigneur de Müntzenberg et de Sonnenwald, Genève, 1er février 1589, p. 62.

Solms (Othon, comte de), seigneur de Müntzenberg et de Sonnenwald, Genève, 1ᵉʳ février 1589, p. 63.
Solms (Philippe, comte de), seigneur de Müntzenberg et de Sonnenwald, Genève, 1ᵉʳ février 1589, p. 65.
Solms (Reinhard, comte de), seigneur de Müntzenberg et de Sonnenwald, Genève, 1ᵉʳ février 1589, p. 64.
Sponde (Jean de), « Spondanus », Bâle, 4 juin 1583, p. 23.
Steiner (Heinrich), de Zürich, mai 1583, p. 376.
Stochain (Adolph von), 1591, p. 329.
Stück (Johann Wilhelm), de Zürich, 30 mai 1583, p. 8.
Swaning (Jakob), Danois, 8 juin 1583, p. 29.
Thobol (Adam), « Thobolius », Polonais, précepteur du comte Labisiński, Genève, 8 juin 1584, p. 364.
Tillier (Johann Anton), boursier de Berne, Berne, 25 mai 1583, p. 5.
Tillier (Johann Franz), jeune écolier, fils du précédent, Genève, 3 janvier 1583, p. 372.
Toussaint (Paul), de Montargis, « Tossanus, Argimontanus », 14 août 1592, p. 263.
Veines (Anne Griffon de), gentilhomme dauphinois, Genève, 6 juin 1584, p. 380.
Walther (Rudolph), « Gualtherus, ex ecclesiae Tigurinae ministris, aetatis suae LXIIII, ministerii sui XLII », 29 mai 1583, p. 6.
Wroth (Peter), Anglais, 8 octobre 1592, p. 87.
Zerchintes (Nicolaus), « civis Bernensis, senex 77 annos », 23 mai 1583, p. 2.
Ziegler (Hans), bourgeois de Zürich, 1583, p. 15.
Zwinger (Theodor), Bâle, 1583, p. 25.

La reliure porte à l'extérieur : sur le premier plat la devise : *Ma duree est en Dieu* ; sur le second, l'anagramme : *Haïr n'a tendu*.

De la bibliothèque d'ERNEST STROEHLIN (Cat., 1912, n° 990). Une notice de ce volume a été donnée dans le *Bulletin de la Société de l'histoire du Protestantisme français*, XII, p. 227.

3369 (2522 e). ALBUM AMICORUM de Daniel Rindfleisch de Memmingen (1590-1591). In-8 de 15 ff. interfoliés de papier blanc. — KNIGHTS made by K. Charles 2ᵈ, alphabetically digested. In-8 de 4 ff. — Ensemble 2 parties en un vol. in-8, mar. viol. jans. (*Hans Asper.*)

La première partie contient 16 inscriptions accompagnées de blasons peints, savoir :

Brenner (Jakob) der Jüngere, 6 sept. 1590, fol. 13 v°.
Camoza (Gio. Silvestro), Verone, 3 déc. 1590, fol. 1 v°.
Drahtschneider (Daniel), dit Flacotomus, de Danzig, Augsbourg, 25 déc. 1590, fol. 5.
Feyerabend (Karl), Augsbourg, 10 déc. 1590, fol. 15.
Hainczel (Tobias), 29 janv. 1591, fol. 12. — A la suite, deux peintures qui sont probablement de Hainczel : un cavalier (fol. 12 v°), une dame de Mantoue (fol. 13).
Hartlieb (Adam), dit Walsporn, Memmingen, 31 janv. 1591, fol. 4.
Im Hof (Constantin), Vérone, 1590, fol. 6.
Klewein (Joachim), de Nuremberg, 16 févr. 1591, fol. 9.
Köller (Johann) de Nuremberg, 16 févr. 1591, fol. 8.
Lombaerts (Fernand), Vérone, 1ᵉʳ déc. 1590, fol. 3 v°.
Lugler (Jakob) de Memmingen, [1590], fol. 2.

Payer (Hans) de Schaffouse, 4 oct. 1590, fol. 10.
Peter (Paul), Vérone, 1590, fol. 2 v°.
Rindfleisch (Daniel) der Jüngere, d'Asmtorf, Memmingen, 28 janv. 1591, fol. 14 (pièce sur vélin).
Rindfleisch (Georg), cousin du collecteur de l'album, Nuremberg, 16 févr. 1591, fol. 11 v°.
Sponn (Matthäus) der Jüngere, Vérone, 20 oct. 1591, fol. 7.

Les chevaliers créés par Charles II sont au nombre de 869. On y a joint les noms des chevaliers créés par Jacques II jusqu'en 1687. Ce travail paraît avoir été fait par Gr. King, Rouge Dragon, le célèbre héraut d'armes, dont le nom se lit au-dessous du titre.

De la bibliothèque de M. E. Stroehlin, à Champel près Genève (Cat., 1912, n° 993).

3370 (2522 *f*). Album amicorum de Johann Lange, de Liegnitz en Silésie (1592-1620). In-8, vél. bl.

Johann Lange, probablement fils de J. Lange, conseiller de l'empereur Ferdinand Ier (mort en 1564) avait étudié le droit. Nous voyons par les inscriptions de l'album que, en 1603, il était « rei publicae Wicingensis notarius ». En 1609, il est qualifié « senator et notarius ». Lange s'est servi pour recevoir les souvenirs de ses amis d'un exemplaire interfolié des *Icones* de N. Reusner et de Theod. Zwinger. Voici d'abord la description de ce volume :

Icones || siue || Imagines viuæ, lite- || ris Cl, Virorum, Italiæ, || Græciæ, Germaniæ, || Galliæ, Angliæ, || Vngariæ. || Ex Typis Valdkirchia- || nis in lucem pro- || ductæ : || Cum Elogiis variis : || per || Nicolaum Reusnerum || I. C & P. C. || *Basileæ* || *Apud Conr Valdkirch.* || cIɔ Iɔ xic [1589]. In-8 de 8 ff. lim. et 136 ff. non chiffr., signés *A-R* par 8, texte encadré. — Icones || aliquot || clarorum || virorum || Germaniæ, Angliæ, || Galliæ, Vn- || gariac : || cum || Elogiis || & || Parentalibus || factis || Theodoro Zvingero || Med. Philos. & Polyhistori || Clariss. || *Basileæ* || *Apud Conr. Valdkirch.* || cIɔ Iɔ xic [1589]. In-8 de 32 ff. non chiffr., sign. *A-D* par 4, texte encadré.

1re partie. — Au v° du titre sont des anagrammes de Nicolas Caas, grand chancelier de Danemark, accompagnés de trois distiques de N. Reusner.

Les ff.):(2-):(7 r° sont occupés par une épître en prose au même Caas, en date de Strasbourg, le jour des ides de février 1589.

Les deux autres ff. liminaires sont occupés par une pièce latine de Nicolas Clément, « Trelaeus, J. C. et eq., Mosellanus », et par 19 distiques de Jean Jacques Boissard.

Les portraits, qui reproduisent en partie ceux du célèbre musée de Paolo Giovio, comme nous l'apprend un titre de départ placé au f. *A i* r°, sont au nombre de 83. L'un de ces portraits, celui de Giovanni Manardo, est donné une première fois au fol. O 6 à l'article de Gio. Maria Cattaneo et à sa vraie place, au fol. P 2 v°; mais l'erreur est rectifiée à la fin du volume (fol. R 8 v°), où se trouve le vrai portrait de Cattaneo.

Chaque figure est accompagnée d'un distique latin et, le plus souvent, d'une inscription biographique en prose et d'épigrammes dues à divers auteurs. Ces pièces constituent une sorte d'anthologie. Voici la liste des auteurs à qui sont empruntés les vers.

Alunno (Demetrio), sur 1 portr.
Archio (Nic.) « Archius », sur 1 portr., fol. L 1.
Arias Montano (Benedicto), sur 3 portraits.

Balamio (Ferdinando), sur 1 portr., fol. I 2.
Bartholomaei (Johann), sur 1 portr., fol. H 8 v°.
Beaziano (Agostino), sur 3 portr.
Bild (Beatus), dit Rhenanus, sur 1 portr., fol. E 6.
Bembo (Bernardo), sur 1 portr., fol. A 8.
Bembo (Pietro), sur 1 portr., fol. P 1 v°.
Benzio (Trifone), sur 1 portr., fol. Q 2.

Boccarina (Bernardino), Aretino, sur 1 portr., fol. L 3.
Boissard (Jean-Jacques), sur 13 portr.
Bourbon (Nicolas), sur 1 portr., fol. O 5 v°.
Brant (Sebastian), sur 1 portr., fol. B 2.
Brie (Germain de) « Brixius », sur 1 portr., fol. F 1.

Calcagnini (Celio), sur 1 portr., fol. I 4.
Capilupi (Ippolito), sur 1 portr., fol. N 2.
Casanova (Marcantonio), sur 2 portr., fol. A 3, A 6 v°.
Cocci (Marcantonio), sur lui-même, fol. I 7.
Colluccio (Angelo) « Colotius », sur 1 portr., fol. F 2 v°.
Crinito (Pietro), sur 2 portr.
Cursio (Pietro), sur 1 portr., fol. P 3 v°.

Daccio (Andrea) « Dactius », sur 2 portr.
Da Ponte (Gio. Gioviano) « Pontanus », sur 2 portr.
Del Prato (Pardalfo) « Prateius », sur 1 portr., fol. O 5.
De Smet (Bonaventure), dit Vulcanius, sur 1 portr., fol. Q 6 v°.
Du Pin (Joseph) « a Pinu », sur 4 portr.

Everaert (Nicolas), dit Grudius, sur 2 part., fol. L 4, P 1.

Fasitelli (Onorato), sur 1 portr., fol. Q 7 v°.
Firling (Kaspar), de Glogau, sur 1 portr., fol. P 3.
Flamini (Marcantonio), sur 8 portr.
Fracastoro (Girolamo), sur 1 portr., fol. Q 2.
Franchini (Francesco) de Cosenza, sur 1 portr., fol. Q 2.
Fumano (Adamo), sur 1 portr., fol. O 3 v°.

Gallinario (Giovanni), sur 1 portr., fol. K 6.
Giraldi (Gio. Battista) Cinzio, sur 1 portr., fol. P 3 v°.
Goldschmidt (Georg), dit Fabricius, sur 17 portr.
Gravina (Pietro), sur 1 portr., fol. P 1.
Gribaldi (Matteo), sur 1 portr., fol. B 4 v°.
Grudius (Nicolas). Voy. Everaert.

Hassenstein (Bohuslaw), baron de Lobkowitz, sur 3 portr., fol. G 3, G 6 v°, H 1.

Initiales :
J. M. T. sur 1 portr., fol. M 8.
T. M., sur 1 portr., fol. Q 8.

Lascaris (Jean), trad. par Ant. Maiorano, sur 1 portr., fol. E 2 v°.
Latomus (Joannes), dont le nom vulgaire était probablement Metselaar, sur 54 portr.

Maiorano (Antonio), sur 3 portr., fol. D 5, E 3 v°, F 2 v°.
Mancinelli (Antonio), sur 1 portr., fol. H 2 v°.
Manuzio (Aldo), sur 1 portr., fol. I 8.
Marullo (Michele), sur 3 portr.
Mirteo (Pietro), sur 12 portr.
Molza (Francesco Mario), sur 1 portr., fol. F 3.
Musconio (Gio. Tommaso), sur 1 portr., fol. L 4 v°.

Palladio (Domizio), sur 1 portr., fol. H 3.
Pansa (Paolo), sur 1 portr., fol. Q 2 v°.
Pasquier (Estienne), sur 9 portr.
« Pedioneus » (J.), sur 1 portr., fol. A 3.
Poggio (Gio. Francesco), sur 1 portr., fol. D 3.
Poliziano (Angelo), sur 2 portr., fol. B 6 v°, H 8.
Possevino (Antonio), sur 1 portr., fol. Q 5.

Reusner (Nicolas), sur 5 portr.

Sabeo (Fausto), sur 2 portr., fol. A 7, F 3 v°.
Sabino (Giorgio), sur 1 portr., fol. N 1 v°, N 2.
Sacchi (Bartolommeo), dit Platina, sur 1 portr., fol. D 2.
Sannazaro (Jacopo), dit Actius Syncerus, sur 2 portr., fol. B 7 v°, C 6 v°.
Scaliger (Giulio Cesare), sur 11 portr.

Schede (Paul), dit Meliosus, sur 1 portr., fol. B 2 v°.
Schefer (Sebastian), sur 1 portr., fol. O 6.
Seidel (Bruno), sur 1 portr., fol. A 5.
Serone (Antonio), sur 1 portr., fol. Q 5.
Spagnoli (Battista), dit le Mantouan, sur 2 portr., fol. K 1 v°, K 7.
Spiriteo (Prospero), sur 1 portr., fol. C 6 v°.
Stiegel (Johann) « Stigelius », sur 1 portr., fol. P 2.
Strozzi (Ercole), sur 2 portr., fol. G 6, G 8 v°.

Tebaldeo (Antonio), sur 4 portr.
Thilo (Valentin), « Ligius », sur 16 portr.
Toscano (Gio. Matteo), sur 9 portr.
Treutler (Hieronymus), sur 1 portr., fol. A 5.

Utenhove (Charles), sur 1 portr., fol. N 7 v°.

Valerio (Giovanni Pierio), sur 4 portr.
Vallambert (Simon), sur 1 portr., fol. I 4.
Vergerio (Paolo), sur 1 portr., fol. B 3.
Vitali (Giano), sur 9 portr.
Vulcanius (Buonaventura). Voy. De Smet.

Wolf (Hieronymus), sur 1 portr., fol. Q 7.

Zanchi (Basilio), sur 4 portr.

Nous donnons plus loin la liste des portraits.
2ᵉ partie. — Au v° du titre est une dédicace de Valentin Thilo à Peter Roth, de Freistadt en Silésie, philosophe et médecin.
Au f. Aa 2 sont huit distiques adressés par le même au même et datés de Bâle, le 6 des ides de mars 1589.
Le f. Aa 2 v° est occupé par le portrait de Theodor Zwinger, médecin, et par un distique de V. T. L. [= Valentinus Thilo, Ligius]. Viennent ensuite : une épitaphe en prose, suivie d'un distique (fol. Aa 3), la *Precatio cygnea Theod' Zwingeri* (fol. Aa 3 v°-Aa 4), une épitaphe signée de Val. Thilo (fol. Aa 4 v°), une élégie, une épitaphe en distiques et un chronogramme par Val. Thilo (fol. Aa 5-Aa 6), une épitaphe en distiques et une inscription signée T. B. M. P. [= Theodorus Beza, *moerens ponebat*]; une épitaphe signée : A. F. M. P.; une autre signée : O. B. C. G. (fol. Aa 7); trois épitaphes en vers par Wolrad von Plessen (fol. Aa 7 v°); trois épigrammes de Nic. Reusner sur le *Theatrum vitae humanae* de Zwinger (fol. Aa 8); une épitaphe en prose ; 4 élégies latines et 2 distiques grecs par Pierre Nevelet, « Doschius » (fol. Bb 1-Bb 2) ; 6 élégies par Denis Lebey de Batilly, de Troyes (fol. Bb 3-Bb 5) ; une prosopopée par Jean d'Ailleboust, « Joan. Albosius, medicus gallus » (fol. Bb 5) ; 3 épigrammes par Johann Posthius (fol. Bb 5 v°) ; une élégie de Bartholomaeus Hübner, médecin d'Erfurt (fol. Bb 6-Bb 7) ; 5 épigrammes signées : Joan. Pascharius, regius medicus (fol. Bb 8) ; une élégie par Kaspar Firling, de Glogau, médecin, pièce écrite à Padoue (fol. Bb 8-Cc 5).
Outre le portrait de Zwinger, accompagné des pièces qui viennent d'être énumérées, le recueil contient 7 portraits auxquels sont jointes des épigrammes de :

Arias Montano (Benedicto), sur 2 portr.

Bembo (Pietro), sur 1 portr., fol. Cc 8.
Brie (Germain de) « Brixius », sur 1 portr., fol. Cc 8 v°.

Flamini (Marcantonio), sur 1 portr., fol. Dd 4 v°.

Initiales :

M. S., sur 1 portr., fol. Dd 8.
N. R. [= Nicolaus Reusner], sur 5 portr.
P. R., sur 1 portr., fol. Dd 4.

Latomus (Joannes), sur 3 portr.

Müller (Theobald), sur 1 portr., fol. Dd 6.

Palladio (Blosio), sur 1 portr., fol. Dd 4 v°.
Pascharius (Jacobus), sur 1 portr., fol. Dd 6.

Scaliger (Jules-César), sur 1 portr., fol. Dd 5.

Thilo (Valentin), « Ligius », sur 2 portr.
Thomas (Johann), « Freigius », sur 1 portr., fol. Dd 6.

Voici la table et le placement des portraits contenus dans les deux recueils. L'astérisque indique ceux qui se trouvent dans la seconde partie :

Accorso (Marino Angelo), fol. M 6 v°.
Achillino (Alessandro), fol. K 3 v°.
Alberti (Leon Battista), fol. F 4.
Alciato (Andrea), fol. O 4.
Alighieri (Dante), fol. A 7 v°.
Argyropoulo (Jean), m. en 1571, fol. E 1 v°.
Ariosto (Lodovico), fol. P 4.
Aristote, fol. A 2.

Bandinelli (Baccio), fol. R 4 v°.
Barbaro (Daniello), fol. N 8 v°.
Barbaro (Ermolao), fol. G 1 v°.
Bartolo de Sassoferrato, fol. B v°.
*Bauhin (Jean), fol. Cc 6.
Bembo (Pietro), cardinal, fol. M 8 v°.
Bernardo (Antonio) de La Mirandole, fol. O 1.
Bessarion, cardinal de Nicée, fol. D 4.
Biondi (Flavio), de Forli, fol. B 8 v°.
Bracciolini (Poggio), fol. B 6 v°.
Bruni (Leonardo), dit Aretino, fol. B 5.
Buonarroti (Michelangelo), fol. R 4.

Calderino (Domizio), fol. C 7.
Callimaco (Filippo), fol. H 3 v°.
Campani (Gio. Antonio), fol. D 1.
Casanova (Marcantonio), fol. M 3.
Cataneo (Gio. Maria), fol. R 8 v°. (Ce portrait devrait être au fol. O 6 v°, où se trouve par erreur le portrait de Gio. Maria Monardo.)
Cesarini (Giulio), cardinal, fol. N 5 v°.
Chalcondyle (Démètre), fol. E 6.
Chrysoloras (Emmanuel), fol. D 2 v°.
Cicéron (Marcus Tullius), fol. A 5 v°.
Cocci (Marcantonio) Sabellico, fol. I 6.
Collenuccio (Pandolfo), fol. I 1.
Contarini (Gasparo), cardinal, fol. P 7 v°.

Da Ponte (Giovanni Gioviano), fol. I 2 v°.
Della Torre (Marcantonio) « Turrianus », fol. K 8 v°.
Del Sarto (Andrea) « Andreas Sarlous [sic] », fol. R 3.
Divizio (Bernardo) da Bibbiena, cardinal, fol. L 2.
*Dolet (Estienne), fol. Dd 5 v°.
Donato (Girolamo), fol. K 2.

Ficino (Marsilio), fol. H 7.
Filelfo (Francesco), fol. C 2 v°.
Fillandier (Guillaume), dit Philander, fol. N 6.
Fiorentino (Cristoforo), fol. R 1 v°.
*Fisher (John), cardinal, fol. Dd 2 v°.
Fracastoro (Girolamo), fol. O 1 v°.
Franchini (Francesco), fol. N 6 v°.

Gaurico (Pomponio), fol. M 1 v°.
Gaza (Théodore), fol. D 7 v°.
Gello Fiorentino, « sarctor », fol. R 6.
Georges de Trébisonde, fol. D 6.
Giovio (Benedetto), fol. Q 4.
Giovio (Paolo), fol. Q 5 v°.

*Kis István, dit Szegedi István, « ungarus theologus », fol. Dd 7 v°.

La Ramée (Pierre de), dit Ramus, fol. Dd 4.
Lascaris (Jean), fol. F 1 v°.

Leoni (Pietro), fol. F 8.
Leoniceno (Niccolò), fol. L 6 v°.
Leto (Giulio Pomponio), fol. H 1 v°.
*Longueil (Christophe de), fol. Cc 7 v°.

Manardo (Giovanni), fol. P 2 v°. — (Ce portrait se trouve une seconde fois au fol. O 6 v°, à la place du portrait de Gio. Maria Cataneo.)
Marullo (Michele), « Tarchaniota, eques graecus », fol. L 3.
Medici (Lorenzo de'), fol. F 5 v°.
Mirteo (Pietro), de Forli, fol. M 8.
Molza (Francesco Maria), fol. Q 1.
Montano (Pietro), « poëta satyricus », fol. N 8.
*More (Sir Thomas), fol. Dd 1.
Musurus (Marc), fol. E 7.

Navagero (Andrea), fol. M 4 v°.
Nebrija (Antonio de), fol. L 5.

Perotti (Niccolò), fol. C 4.
Petrarca (Francesco), fol. B 1.
Pico (Giovanni), comte de La Mirandole, fol. G 7 v°.
Poliziano (Angelo), fol. G 4.
*Pole (Reginald), fol. Dd 4.
Pomponazzo (Pietro), fol. L 8.
Ptolémée (Claude), d'Alexandrie, fol. A 4.

Sacchi (Bartolommeo, ou Battista), dit Platina, fol. C 5 v°.
Sadoleto (Jacopo), fol. N 3 v°.
San Gallo (Antonio), fol. 130 v°.
Sannazaro (Jacopo), fol. O 8.
Savonarola (Girolamo), fol. H 5 v°.
Siciliano (Battista), « citharoedus incomparabilis », fol. R 2.
Spagnuoli (Battista), dit le Mantouan, fol. K 5.
Strozzi (Ercole), poète ferrarais, fol. I 7 v°.
*Szegedi István. Voy. Kis István.

Tomeo (Leonico), fol. P 6.
Trissino (Gio. Giorgio), fol. M 7.

Uzano (Niccolò da), médecin florentin, fol. Q 3 v°.

Valerio (M.), « sculptor gemmarum », fol. R 5.
Vecelli (Tiziano), fol. R 3 v°.
Vida (Marco Girolamo), fol. L 3 v°.
Vinci (Leonardo da), « florentinus [sic] pictor », fol. R 2 v°.

*Zwinger (Theodor), fol. Aa 2 v°.

Voici la liste des personnages qui ont inscrit des sentences ou apposé leurs signatures dans l'album de Johann Lange. Les chiffres renvoient aux feuillets intercalés dans le volume.

Abel (Michel), « Francofurdinus poëta », 24 févr. 1593, fol. 121.
Adlinger von Arnoldstein (Johann Arnold), conseiller du duc de Saxe Jean-Casimir, 1620, fol. 61 (armes peintes).
Albinus (Johannes). Voy. Weiss.
Amling (Wolfgang), Franconien, « Hutiae Anhaldinae minister », Servestae, mars 1595, fol. 179 v°.
Anger (Melchior) « Angerius », Heidelberg, 16 août 1598, fol. 127.
Anton (Rud.), professeur de philosophie, sept. 1598, fol. 93 v°.
Arnolt (Lorentz), docteur ès droits, Leipzig, 31 mai 1595, fol. 43 v° (armes peintes).
Aschenborn (Sigismund), Silésien, Prague, sept. 1620, fol. 182.
Aslarhus (Konrad), Bavarois, Genève, 2 juill. 1598, fol. 174 v°.
Auersperg (Weichard Freiherr von), Strasbourg, 22 août 1597, fol. 8.
Axt (Adolph von), « in Strenziano », 5 août 1603, fol. 112.

Baudissen (Joachim), médecin, 25 juin 1595, fol. 85 (armes peintes).
Bebel (Peter Hans), 1616, fol. 18.

Berletsch (Eytzell von), « ad Lemannum », 30 juin 1598, fol. 155 v°.
Bersman (Gregor), « Sernestae », 12 mars 1595, à l'âge de 58 ans, fol. 177.
— Bersman fut professeur à Leipzig et recteur du gymnase de Zerbst.
Beskow (Elias) « Bescovius, Cros. Sil[esius] », 13 mai 1595, fol. 182.
Bèze (Théodore de), Genève, 16 sept. 1597, fol. 167.
Bissel (Martin), « pastor Clafensis », 17 sept. 1609, fol. 148 v°.
Brahe (Otto), 2 juill. 1598, fol. 95 v°.
Bruneau (Jean) « Brunaeus », Genève, 8 août 1598, fol. 140.
Bucholtzer (Gottfried), secrétaire de la ville de Görlitz, fils d'Abraham Bucholtzer, 4 nov. 1598, fol. 169 v°. — Devise : *Inter spinas calceatus*.
Budowecz (Adam), baron de Budowa, « Sac. reg. Majestatis in Bohemia cubicularius », Prague, 22 sept. 1602, fol. 13 (blason peint).
Budowecz (Waclaw), baron de Budowa, etc. « regiae Majestatis a consiliis et cubiculis, et in regno Bohemiae appellationum praeses », Prague, 1ᵉʳ août 1620, fol. 9.

Cain (Bertelmi), 1620, fol. 129 v°.
Canitz (Christoph Friedrich von) in Fischbach, 20 nov. 1601, fol. 32 v°.
Chalemin (Peter) « Calaminus, doctor et professor theologiae », Heidelberg, 10 août 1597, fol. 50.
Chiton (Johann Joseph), « illustris curiae provincialis notarius et musicus », Liegnitz, 12 févr. 1598, fol. 161 v° (inscription musicale).
Chmielicki (Martin) « Chmielicius », médecin, Bâle, 1592, fol. 75.
Closius (Fabian), Liegnitz, 19 juin 1595, fol. 183 v°.
Closius (Friedrich), Francfort-sur-l'Oder, 3 avril 1595, fol. 163 v°.
Colladon (Isaïe), 20 sept. 1597, fol. 156.
Coppen (Bartholomaeus), de Rostock, Worms, 29 juill. 1597, fol. 150.
Cremer (Abraham), de Grünberg, « pastor ecclesiae Ober-Herzogunaldensis », 1609, fol. 149 v°.
Czepki (Daniel), Brieg, 17 déc. 1595, fol. 166 v°. — Devise : *Pietate duce, comite cruce.*

Daa (Claudius), Danois, Spire, 23 juill. 1598, fol. 116.
Dalby (Kristoph), Danois, Spire, 24 juill. 1598, fol. 174 v°.
Dasypodius (Konrad). Voy. Rauchfuss.
Debitsch (Wolfgang von), Heidelberg, 30 sept. 1598, fol. 98.
De Leenheere (Jacques), d'Anvers, 11 mars 1600, fol. 178 v°.
Des Maretz (Jean), « Paludius », philosophe, Genève, févr. 1598, fol. 171 v°.
Dolschütz (Adam), capitaine de Breslau, 10 juin 1620, fol. 37.
Drachstedt (Christoph), Brieg, 28 déc. 1598, fol. 173.
Drachstedt (Christoph), Saxon, « Wolaviae », 4 janv. 1604, fol. 168 v°. — Devise : *Fide et obsequio.*
Dribte (Franz Julius von) und Freidenthail (?), baron, 29 déc. 1596, fol. 7.
Ducheran (David), Breslau, 8 oct. 1611.
Du Noo (Abraham), de Francfort-sur-Mein, Dresde, 1598, fol. 12 v°.
Du Pin (Christophe seigneur) « Christophorus Pini herus », Genève, 11 juill. 1598, fol. 156 v°.
Dyck (Justus August von), mars 1620, fol. 86 (armes peintes). — Devise : *Contra aquas agger.*

Ebert (Jakob), Francfort-sur-l'Oder, 8 août 1593, fol. 69.
Enndern (Karl) von Serchacky, Francfort-sur-l'Oder, juin 1597, fol. 131.

Fisch (Esaias), « Esaias Piscis », « Strelá-Lit., sincerioris theologiae studens », « Oenopoli », avril 1600, fol. 159.
Friedrich (Johann), docteur ès droits, Francfort-sur-l'Oder, 6 déc. 1594, fol. 11 (armes peintes).
Fues (Bernhard), Francfort-sur-l'Oder, 1ᵉʳ mars 1594, fol. 170.
Fürstenau (Losrad), Genève, 9 juill. 1598, fol. 156.

Geisler (Andreas) in Polsdorf unnd Golsdorf, « aulae caesareae comes, Friderici, regis Bohemiae, necnon ducum Ligio-Brigensium consiliarius, ducatus Lignicensis cancellarius », Liegnitz, 15 juin 1620, fol. 65 v°.
Gelborn (Friedrich von) de Költschen, Liegnitz, 16 juin 1602, fol. 138.
Gentile (Scipione), jurisconsulte siennois, Nuremberg, 1598, fol. 101.
Geritz (Friedrich), « Gericius », médecin, Brieg, 3 oct. 1616, fol. 122.
Gerlach (Siegbrand), Frison, Heidelberg, 11 sept. 1598, fol. 168 v°.
Glitz (Gottfried) « Glicius » von Milzig, Glogau, 1611, fol. 91.

Godefrey (Denis), Strasbourg, 25 août 1597, fol. 55. — C'est le célèbre jurisconsulte, né à Paris en 1549, professeur à Genève de 1580 à 1589, mort en 1622.
Goluchowski (Nicolas) de Goluchow, Liegnitz, nov. 1598, fol. 127.
Graf (Georg), 6 avril 1613, fol. 180.
Grah (Joseph) « Grahius », Zerbst, 1597, fol. 174.
Grün (Johann Jakob) « Grynaeus », Bâle, 1597, fol. 73.
Grün (Simon), « Grunaeus, Lyg[nicensis] », Liegnitz, 9 mai 1595, fol. 175.
Güuterman (Christoph), « Neapoli [=Neustadt] », 13 août 1597, fol. 164 v°.
Gunz (Martin Mathias), de Budissin, ou Bautzen, en Lusace, Prague, 12 oct. 1620, fol. 180 v°.

Hacke (Bodo von), Francfort-sur-l'Oder, 2 sept. 1592, fol. 108.
Hanniel (Ignatz) « Schiffelbenensis », Francfort-sur-l'Oder, 11 sept. 1592, fol. 106 v°.
Haugwitz (Wolfram von), Wintzig, 29 juill. 1606, fol. 147.
Hedwiger (Christoph), de Liegnitz, Brieg, 21 déc. 1595, fol. 181.
Heldt (Elias), « reip. Gorens. senator et notarius », « in conventu Principum et Statuum Vratislaviae », 17 févr. 1620, fol. 147 v°.
Hill (Peter), 1620, fol. 41 (armes peintes).
Hirsch (Daniel) « Cervinus, Posnaniensis », « Oenopoli », 1er déc. 1611, fol. 182.
Hirschhorn (Ludwig von), « Dibennae », 12 nov. 1601, fol. 137.
Hooftman (L.), seigneur d'Articlar, Genève, 10 juill. 1598, fol. 82.
Hortinus (Johann), professeur d'hébreu à Berne, 8 sept. 1597, fol. 45.
Hübner (Peter), Berne, 8 sept. 1597, fol. 63.
Huckenhafen (Johann), Breslau, janv. 1596, fol. 160 v°.

Ilges (Fabian), « pharmacopaeus », Brieg, 4 oct. 1611, fol. 142 v°.
Ithius (Georg), pasteur, sept. 1609, fol. 162 v°.

Jacquemot (Jean), de Bar, Genève, juill. 1598, fol. 83.
Jauch (Heinrich), de Friedberg, Heidelberg, 20 juill. 1597, fol. 175.

Kämmerer (Ludwig) « Ludovicus Camerarius, J. C., serenissimo regi Bohemiae ab arcanioribus consiliis », 13 sept. 1620, fol. 34.
Kholo (Jacob von), Glogau, 2 août 1612, fol. 153.
Kiefer (Melchior) « Kyferus, Golebergensis », oct. 1593, fol. 163.
Knoblotz (Daniel), Glogau, 23 juill. 1613, fol. 119.
Kohler (Jeremias), « Colerus, ecclesiastes aulicus Shonausianus in Carolato », « Breslae », 22 sept. 1611, fol. 170 v°.
Kölleritz (Johann von) junior, Genève, 9 juill. 1598, fol. 117.
Köper (Georg), « Cöperus », docteur, Heidelberg, 10 sept. 1598, fol. 99.
Kreckwitz (Christoph von), Silésien, « ad Lemannum », 5 déc. 1597, fol. 155 (emblème peint).
Krellig (Matthaeus), Spire, 14 août 1597, fol. 146. — Devise : *Schlecht und recht.*
Krinckwitz und Wirchwitz in Adelsdorf (Abraham von), « Dibenae », 20 nov. 1601, fol. 123 v°.
Kunne (Ludwig), dit Jasitzky, [mort à Rome en 1607], s. d., fol. 96.
Kupfer (Jakob) « Jacobus Χάλκιος », « Tyrigetae Erphurd. », mai 1615, fol. 128 v°.

La Faye (Antoine de), Genève, juill. 1598, fol. 139.
Lange (Elias), « Langius, Sag. », Glogau, 2 août 1612, fol. 144.
Lange (Johann), Danois, Zerbst, 6 févr. 1597, fol. 159 v°.
Lange (Johann), « Marrhiacus Havelb. », août 1611, fol. 87.
Lange (Johann), « civis Sag », Glogau, 2 août 1612, fol. 144.
Lange (Simon), « Freistadiensis, puerilium ingeniorum ad Lithopolim Silesiae formator », 4 juin 1610, fol. 149.
Langenau und Grosstrentz (Christoph von), Silésien, Heidelberg, 2 août 1598, fol. 161 (long morceau emprunté à Théodore de Bèze).
La Roche-Chandieu (Isaïe de), « Esaïas Sadeel », Genève, 1598, fol. 125 v°.
Latocki (Samuel) « Latochius », 1616, fol. 133.
Laurent (Gaspard), Genève, 1598, fol. 24 v°.
Lect (Jacques) « Lectius », jurisconsulte, 9 juill. 1618, fol. 33.
Lentulo (Paolo di Scipione), médecin ordinaire de la ville de Berne, Berne, 9 sept. 1597, fol. 104.

L'Escuyer (Elisée), « Gallus, secretarius Anhaltinus », Strasbourg, 19 août 1597, fol. 177 vº (inscriptions en latin, en allemand, en italien et en français).
Libbet (Johann), Strasbourg, 21 juill. 1598, fol. 111.
Libing (Jonas), 3 août 1596, fol. 180 vº.
Liffort (Charles), Genève, 9 juill. 1598, fol. 107 vº.
Lignerolle « Lignariolus », Genève, 1598, fol. 45.
Loch (Colin), 1601, fol. 154 vº.
Loss (Heinrich), de Danzig, Zerbst, 26 févr. 1597, fol. 154.
Lotich (Friedrich Michel), Poméranien, Wintz, 20 oct. 1604, fol. 60.

Major (Johann), Zerbst, 25 juin 1597, fol. 175 vº. — Il fut professeur à Wurzbourg et à Wittenberg.
Marcus (P.), maître d'école de la Vieille-Prague, Prague, oct. 1628, fol. 183 vº.
Martin (Corneille), d'Anvers, « professor publicus in alma Julii », 30 janv. 1593, fol. 110 vº.
Moller (Melchior), « pastor Herndorfflanus », 17 sept. 1609, fol. 148.
Momhard (Georg), Liegnitz, 20 sept. 1614, fol. 147. — Devise : *Nunca mucho, costo poco.*
Monaw (Jakob), Breslau, déc. 1595, fol. 126.
Moravius (Thomas) « Scotus », Heidelberg, 11 sept. 1598, fol. 130 vº. — Thomas s'est fait connaître comme poète latin.
Morgenbesser (Michel), « Bregens. Silesius », 21 août 1603, fol. 177.
Muck (Johann) « Muccius », de Breslau, Liegnitz, 6 juin 1613, fol. 132.
Müller (Christoph), « Ascan. S[ilesius] », 21 oct. 1596, fol. 181 vº.
Müller (Johann) « Mylius », Gotbergae Silesiae, 1595, fol. 166.

Nébouillan (Jean) « Nebollani », « Neustadii Palatin. », 14 août 1597, fol. 162 vº.
Neefe (Hieronymus), « Halae Sysonum », juin 1596, fol. 25.
Neumann (Josias) « Neander, Bolesl[aviensis] », Francfort [sur l'Oder], 3 avril 1594, fol. 164.
Nostitz und Noes (Heinrich von) zu Döbschitz, en Silésie, 5 juin 1596, fol. 81.
Nostitz und Noes (Joachim von), le lundi de la Pentecôte 1596, fol. 82.
Nostitz und Noes (Johann von) « in Gros-undt Klein-Strentz, consiliarius Ligio-Bregensis et capitaneus ducatus Vaclaviensis, adjunctarum dioecesium et ducatus Helmstadiensis », 13 oct. 1603, fol. 49.
Nostitz (Otto von), s. d. [vers 1610 ?], fol. 95 (armes peintes).

Olivain (Louis) « Olivanus », Genève, 1ᵉʳ juill. 1598, fol. 162.

Pakosz (Pradislas) de Wliassewice, Augsbourg, 1597, fol. 78.
Pare (David), « Pareus », docteur en théologie, Heidelberg, 23 juill. 1597, fol. 126 vº.
Pare (Philipp) « Pareus, D. filius », Prague, 13/28 juill. 1620, fol. 162 vº.
Paritz (Johann), « ad D. Mariam Magdalenam Verbi divini minister primarius », Breslau, 16 août 1612, fol. 125.
Pastorius (Friedrich), docteur ès droits, à la diète de Canitz, nov. 1607, fol. 141.
Pauli (Lazarus), « in agro Parswicenci vineam Domini colens », 1ᵉʳ mars 1612, fol. 117 *bis.*
Pelarg (Ch.), 1592, fol. 26 vº.
Penser (Kaspar), docteur, 26 déc. 1596, fol. 24.
Peski (Jakob), 1620, fol. 59.
Pierius (Urban), docteur, Francfort-sur-l'Oder, 28 avril 1593, fol. 32.
Pilger (Peter), de Heidelberg, Spire, 11 août 1598, fol. 157.
Piscis (Esaias). Voy. Fisch.
Pitiscus (Bartholomaeus), G. S., Heidelberg, 22 août 1598, fol. 167.
Polan (Amandus) von Polansdorf, Bâle, 5 sept. 1597, fol. 73.
Pole (Andreas), Silésien, « Servestae », 27 sept. 1596, fol. 180.
Preus (Peter), « inclyti coenobii Lehnensis conventualis, necnon moderno tempore parochus ordinarius in Majori Schmagerna », 7 mai 1614, fol. 94 vº.
Proms (Casimir), 1618, fol. 78 vº.
Puch (Johann Baptist), Autrichien, Dresde, 30 nov. 1598, fol. 88.

Rauchfuss (Konrad), dit Dasypodius, Strasbourg, 22 avril 1597, fol. 152.

Rennecher (Hermann), Heidelberg, 2 août 1597, fol. 103 v°.
Reusner (Johann), « praepositurae Magdeburg. praefectus », 14 févr. 1597, fol. 176.
Reuter (Quirinus), juill. 1598, fol. 160.
Richardson (Thomas), « citizen and ironmonger of London », 11 mars 1604, fol. 176 v°.
Ritter (Peter), « Gorb. Lusat. », Wittenberg, 20 mars 1595, fol. 163 v°.
Rittershausen (Konrad von) « Rittershusius », Nuremberg, 6 oct. 1598, fol. 124. — Professeur à Altdorf.
Röber (Elias), docteur ès droits, professeur à l'université de Francfort-sur-l'Oder, 1595, fol. 165.
Rochony (Wolff Dietrich von), Strasbourg, 21 août 1597, fol. 51 v°.
Ropat (Adam) von Riffenberg, Breslau, 19 juill. 1595, fol. 172.
Roth (Peter), docteur, 12 févr. 1597, fol. 167 v°.
Rottkirch (Wolgang von) in Panthenau, 2 déc. 1598, fol. 123 (armes peintes).

Sachar (Johann) « Sacharius », « medicinae doctor », Dessau, 28 juin 1597, fol. 153. — Son nom vulgaire était peut-être Zucker.
Sadler (Georg), Transylvain, Francfort-sur-l'Oder, 19 juill. 1594, fol. 171.
Sahundt (Georg), « Servestae », 26 juin 1597, fol. 178.
Sahundt (Joachim), Heidelberg, 21 juill. 1597, fol. 178.
Salm (Samuel), de Leipzig, Heidelberg, 1597, fol. 178 v°.
Sanftleben (Veit), « patriae scholae moderator », oct. 1605, fol. 152.
Schede (Paul), dit Melissus, « Myrtilleti », 9 août 1597, fol. 73.
Scheffer (Werner), Genève, 5 juill. 1598, fol. 170 v°.
Schellendorf (Friedrich von), 1er juin 1607, fol. 151 v°.
Schelwig (Johann), « civis Steinensis », 1er mars 1612, fol. 117 v°.
Schmilauer (Peter), d'Iglau, Francfort-[sur-l'Oder], 1595, fol. 182 v°.
Schmit (Johann), conseiller, Grosausker (?), 1604, fol. 143.
Schönburgck (Johann Friedrich von), Genève, 29 juin 1598, fol. 105.
Schönburgk (Johann Mainhard von), Genève, 1598, fol. 105 v°.
Schonenberg (Christian), 18 juill. 1594, fol. 12. — Devise : *En adversité patience*.
Schulte (Kaspar), « Laster Trachenb. », 16 févr. 1608, fol. 164 v°.
Schultz (Johann) « Scultetus, Treist[adiensis], Görlitz, 4 nov. 1598, fol. 165 v°.
Schultz (Kaspar) « Schulthesii », docteur ès droits, consul de Liegnitz, 5 oct. 1611, fol. 66.
Schultz (Peter) « Scultetus, Wola-Silesius, P. L. Caesarius », Wincigiae, 25 nov. 1609, fol. 136. — Sur l'anagramme de Johann Lange trouvé par Schultz, voy. fol. 93.
Schultz (Weighard), Prague, 14 oct. 1620, fol. 178.
Schwartzenbach (Johann), de Zürich, « illustr. aulae Lignicencis ecclesiastes », Liegnitz, 18 déc. 1615, fol. 157 v°.
Schwarzbach (Salomon), « dominorum a Sylberstain praeceptor », 4 févr. 1597, fol. 27 v°.
Seliger (Daniel), « fürsttich Liegn. Kriegs-Cauzeley Verwandter (?) », Liegnitz, 6 juin 1613, fol. 160.
Senten (Theodor von), Francfort-sur-l'Oder, 1593, fol. 113.
Serbottendorf (Peter von), 29 avril 1615, fol. 120.
Setser (Zacharias), Bâle, 1597, fol. 126.
Sick (Peter), de Königsberg, Liegnitz, 22 mai 1601, fol. 158 v°.
Sieghart (Hieronymus), s. d. [vers 1610], fol. 152 v°.
Silber (Adam) « junior a Silberstein et Pilnikow, eques auratus », « Servestae », 2 févr. 1597, fol. 27. — Devise : *Literis et armis*.
Silber (Johann) « junior a Silberstein et Pilnikow, eques auratus », « Servestae », 2 févr. 1597, fol. 27.
Solding (Paul Paulin), Danois, Spire, 24 juill. 1598, fol. 179 v°.
Spaner (Johann), « Schoenberga-Moravus, legum studens in curia appellationum, amanuensis regis », Prague, 12 oct. 1620, fol. 172.
Specht (Joachim), docteur, Breslau, 31 déc. 1595, fol. 168.
Spolard (Anton), Heidelberg, 24 sept. 1598, fol. 158.
Stein (Simon) « Steinius », Heidelberg, 18 mai 1597, fol. 63.
Sturm (Christoph) de Werden, Heidelberg, 28 sept. 1598, fol. 130.
Sturm (Friedrich) de Werden, Heidelberg, 28 déc. 1598, fol. 117.

Tilesius (Melchior), « ludirector Bregensis », pendant la diète provinciale d'automne, 1602, fol. 153 v°.
Tilesius (Nathaniel), « ecclesiarum liberi baronis Milicensis superintendens », 1606, fol. 153 v°.
Timmerman (Bartholomaeus), « Bregensis Silesius », Breslau, 21 févr. 1596, fol. 172 v°.
Toussaint (Daniel) « Tossanus », Heidelberg, 16 juill. 1597, fol. 103.

Urban (Balthasar), docteur ès droits, Liegnitz, 8 févr. 1616, fol. 160.

Villarsel (Claude de), Bernois, Genève, 24 mai 1593, fol. 134 (joli portrait peint).
Vingarski. Voy. Wingarski.
Voit (Albrecht), Prussien, s. d. [v. 1615], fol. 115.
Von der Menz (Zacharias), 1620, fol. 79.
Vorberg (Georg), « Laubensis Lusatus », Leipzig, 7 juin 1597, fol. 173 v°.

Waldstein (Hannibal, Freiherr von), 8 mai 1594, fol. 10 ; Francfort-sur-l'Oder, 10 nov. 1594, fol. 6 (blason peint). — Devise : *Non sapere, sed facere.*
Waldstein (Johann Christoph, Freiherr von), 31 déc. 1594, fol. 6 v°. — Devise : *Omnia si perdas, famam servare memento.*
Waldstein (Zdenko, Freiherr von) « Zdenkonius Brtniczensis, baro a Waldstein, dominus in Ungersperg et Budowicz, Brtnicii haeres », Strasbourg, 22 août 1597, fol. 4.
Wallenrodt (Heinrich von), Strasbourg, 23 août 1597, fol. 108 v°.
Wayer (Andreas), Berne, 9 sept. 1597, fol. 94.
Weiss (Johann), « Albinus », de Francfort-sur-l'Oder, Mochow, 29 avril 1597, fol. 169.
Wesenbeke (Peeter), Altorf, 6 sept. 1598, fol. 36.
Wesenbeke (Peeter), « P[etri] J. C. filius », Altorf, 1598, fol. 151.
Wessely (Johann) « Wesselius, Boleslaviensis », Francfort-sur-l'Oder, 13 mai 1595, fol. 183.
Willer (Joachim), jurisconsulte, Spire, 14 août 1592, fol. 102.
Wingarski (Jan), 1620, fol. 65 v°.
Winterfelt (Wichmann von), Francfort-sur-l'Oder, 4 sept. 1592, fol. 107 (armes peintes).
Wolfhagen (Jakob) « Volphagius, pastor Warschoviensis », 1ᵉʳ déc. 1611, fol. 171 v°.

Zahradecki (Henri) de Zahradek, Strasbourg, 22 août 1597, fol. 43.
Zastrisel (Georges Sigismond de), Genève, 1598, fol. 10 v°.
Zerotin (Charles), Zerbst, 24 juin 1597, fol. 9 v°.
Zinckhod (Georg), Prague, 2 oct. 1620, fol. 139.
Zuber (Matthaeus), s. d. [v. 1609], fol. 93.

De la bibliothèque d'E. STROEHLIN, 1912, n° 992.

3371 (2522 *g*). ALBUM AMICORUM de Jan Isaac Vanden Brugge, dit Pontanus (1592-1627). In-8, mar. br. jans. (*Hans Asper.*)

Jan Isaac Vanden Brugge, né à Elseneur le 21 janvier 1571, mort à Harderwyck le 6 octobre 1639, s'est fait connaître à la fois comme historien et comme médecin. On trouvera dans la *Nouv. Biographie générale* (t. XL, col. 770) une liste sommaire de ses ouvrages. Son album se compose de 13 ff. entourés d'un encadrement gravé. J. van Dam, qui l'avait acquis en 1826, l'a interfolié pour y ajouter des notices sur les amis de Pontanus, et il a numéroté les feuillets de 1 à 28.
Les inscriptions sont au nombre de 26 ; en voici le détail :

Bèze (Théodore de), « Genevae, annum agens hujus vitae 83 », 9 oct. 1601, fol. 15.

Brinck (Ernest), « in Angliam concessurus », Harderwyck, 20 juill. 1607, fol. 27 v°.

Cambden (William), « Anglus », 8 sept. 1596, fol. 5 v°.
Canter (Jan), fils de Théodore, Rome, 29 janv. 1593, fol. 27.
Canter (Lambert), [fils de Théodore], Rome, [1593], fol. 3.
Cherler (Johann Heinrich), de Bâle, philosophe et médecin, Montbéliard, 15 mai 1601, fol. 13 v°.

Dhona (Achatius Burggraff zu) der Elter, 3/15 mars 1625, fol. 15.
Dousa. Voy. Vander Doese.

Fischer (Johann), dit Piscator, Herborn, 7 sept. 1600, fol. 23 v°.

Gruter (Jan), ou Gruytere, dit Gruterus, Heidelberg, 1ᵉʳ oct. 1600, fol. 3 v°.

Heile (Peeter van), « Belga », Draxholm en Danemark, 8 juill. 1599, fol. 9 v°.

Lemann (Burckhard), de Zürich, ministre, aetatis 71, 1601, fol. 15 v°.
Lipse (Juste), 13 mars 1596, fol. 17.

Piscator (Joh.). Voy. Fischer.
Pynacker (Corneille), de Delft, Leide, 1595, fol. 7.

Raphelenghien (François van), 26 nov. 1600 (pridie ante inexpectatum moestissimumque suum a Basilea discessum), fol. 11.

Sattler (Wolfgang), étudiant ès arts, en médecine et en droit, Bâle, 1600, fol. 19 v°.
Scaliger (Joseph), fils de Jules-César, Leide, 7 sept. 1595, fol. 13.
Schougart (Georg), Bâle, 28 mars 1601, fol. 12 v°.
Soping (Geoffroi), Franeker, 19 mars 1592, fol. 25.
Stock (Richard), « Stockaeus », Amsterdam, 15 mai 1592, fol. 5.
Stück (Johann Wilhelm), « Stuckius », de Zürich, 9 août 1601, fol. 7 v°.

Thomson (Richard), Cambridge, 20 mars 1596, fol. 19.
Tiling (Johann), Rostock, vers 1595 (?), fol. 25.

Vander Doese (Frans), dit Dousa, Leide, 23 oct. 1597, fol. 21 v°.
Vander Doese (Jan), dit Dousa, « Nordovix », 2 août 1595, fol. 21.
Vander Doese (Jan), dit Dousa, fils, « Nordovix », 6 mai 1592, fol. 17 v°.

Witfeld (Arnold), Copenhague, 1595, fol. 9.

Au xviiiᵉ siècle cet album appartint au physicien P. van Musschenbroek, mort en 1761 et dont la bibliothèque fut vendue à Leide en 1826. Il fut alors acquis par I. van Dam. Il a figuré en dernier lieu à la vente d'Ernest Stroehlin (Cat., 1912, n° 994).

3372 (2522 h). Album amicorum de Jacques Vander Cruis, dit Crucius, d'Anvers (1598-1608). In-8 de 8 ff. blancs, 172 ff. anciennement chiffr. et 13 ff. blancs, v. f., dos orné, tr. marbr. (Anc. rel.)

Cet album contient 40 inscriptions, recueillies entre 1598 et 1608. Ces inscriptions sont dues en grande partie aux mêmes auteurs que celles que l'on trouve dans l'album de Peeter De Hond à la Bibliothèque royale de Bruxelles (ms. II. 2254).
Voici la table des personnages dont Jacques Vander Cruis a recueilli les autographes :

Anton (Jan), « Antonius », Franeker, 8 août 1598, fol. 159.
Arcerius. Voy. L'Archer.

Basnage (Benjamin), « Normanno-Gallus », Leide, 12 juillet 1601, fol. 169 v°.

Basting (Jérémie), autographe et signatures donnés par son fils en 1598, fol. 80.

Chauvet (Daniel), « Chovetus, Picto-Gallus », Leide, 1600, fol. 150.

Clusius. Voy. L'Escluse.

Cunitz (Théodore), « Cunizius », Utrecht, 17 mars 1599, fol. 67.

De Hond (Jacques), « Hondius », Amsterdam, 9 mars 1599 (avec une petite mappemonde gravée par lui en 1589), fol. 126.

De Rekenare (Corneille), « Rekenarius », [imprimeur], Amsterdam, 14 janvier 1599, fol. 74.

De Schrijver (Samuel), « Grapheus, Batavus Dordrecensis », Franeker, [1598], fol. 100.

Dousa. Voy. Vander Doese.

Driesch (Jan), « Drusius », 1598, fol. 2.

Fabricius (Michel). Voy. Goldschmidt.

Falkenberg (Gerard), de Nimègue, fragment autographe pris d'un livre vendu aux enchères (la signature est apposée sur le f. même du volume), fol. 84.

Forest (Samuel), « Forestus, Gallo-Nervius », 30 mars 1602, fol. 152-154.

Goldschmidt (Michel), « Fabricius », de Danzig, Franeker, 6 mai 1598, fol. 160.

Grapheus (Samuel). Voy. De Schrijver.

Heinsius (Daniel), « Flander », Franeker, 18 février 1598, fol. 92-93.

Heurn (Jan), « Heurnius », Leide, 10 novembre 1598, fol. 142.

Hondius. Voy. De Hond.

L'Archer (Jean), « Arcerius », Franeker, 14 mars 1598, fol. 66.

L'Escluse (Charles de), « Clusius », d'Arras, Leide, 11 mars 1599, fol. 32.

Lubbert (Sibrand), Franeker, 4 mars 1598, fol. 82.

Lydius (Balthazar), Franeker, 6 mai 1598, fol. 167.

Lydius (Martin), Franeker, 7 mai 1598, fol. 79.

Mandewyl (Bernard), 26 février 1598, fol. 103.

Mandewyl (Michel), Franeker, 20 février 1592, fol. 90.

Martin (Willem), de Dordrecht, 1590, fol. 128.

Merle (Paul van), « Merula, G. F., P. N. », Leide, 7 mars 1599, fol. 33.

Neef (Corneille), « Nepos », Franeker, 3 avril 1598, fol. 104.

Nerdrus (Hendrik Anton), Franeker, 5 mars 1598, fol. 45.

Niellig (Charles), de Wesel, Leide, 6 octobre 1600, fol. 171.

Pipart (Daniel), 26 février 1598, fol. 97 v°-99.

Pratensis (Esaias). Voy. Vander Weyden.

Quevilliers (Gerson), « Quewellerius », Leide, 4 juillet 1602, fol. 164.

Radaeus (Aegidius). Voy. Vanden Rade.

Rekenarius. Voy. De Rekenare.

Sand (Thierry van), « Sandius », Franeker, 30 avril 1598, fol. 94.

Taffin (Jean), Amsterdam, 10 août 1601, « anno aetatis 72 », fol. 105.

Vanden Rade (Gilles), « Aegidius Radaeus, typographus », Franeker, mars 1598, fol. 75-76.

Vander Doese (Georges), « Dousa », 9 avril 1599, fol. 10.

Vander Doese (Jan), « Dousa », La Haye, 24 février 1599, fol. 9.

Vander Doese (Jan), « Dousa », fils, vers 1608 (?), à la fin du volume.

Vander Weyden (Isaïe), « Esaias Pratensis », d'Anvers, Delft, 14 mai 1608, fol. 169.

Vulkaan (Bonaventure), « Vulcanius », Leide, 31 mars 1599, fol. 31.

Wijngaard (Jan van), « a Vinea », Amsterdam, 12 août 1602, fol. 11.

Zalt (Peeter Willem), « Boemellanus », Franeker, 16 février 1598, fol. 95-97.

De la bibliothèque d'E. STROEHLIN (Cat., 1912, n° 995).

DERNIÈRES ACQUISITIONS

3373 (43 a). Svmmvla clarissi- || mi iurisconsultissimiq; viri Ray- || mundi demū reuisa ac castigatis || sime correcta breuissimo ꝑpendio || sacramentorū alta cōplectēs my || steria De sortilegiis symonia fur || to : rapina : vsura : atq; variis̄ casi || bus : que in plurimis iuris codi- || cum voluminibus confusu : īdi- || stinctaq; multiplicatione disper- || guntur : resolutiones abūde tra- || dens pastoribꝰ : sacerdotibꝰ : om- || nibusq; personis : diuino caracte || re insignitis summe necessaria. || ☙ *Ilz sont a vēdre a Caen cieulx* || *Michel angier libraire demou-* || *rant audit lieu pres les Cordeli-* || *ers deuant les grans escolles. S. d.* [*vers 1520*]. In-8 goth. de 204 ff. chiffr. et 8 ff. de table, mar. n., fil. et comp. à froid, tr. dor. (*Wallis*.)

    Le titre imprimé en gros caractères, est tiré en rouge et en noir.
    Les 7 ff. qui suivent le titre sont occupés par le prologue.
    L'ouvrage est un abrégé en vers didactiques de la *Summa de sacramentis* écrite au xiie siècle par saint Raimond de Peñafort. Il commence ainsi au f. ix :

        Summula de Summa Raymundi prodiit ista,
        Non ex subtili, sed vili scribimus ista....

    Les vers sont imprimés en grosses lettres de forme ; ils sont accompagnés d'une glose en caractères très fins. L'auteur de la glose est Guillaume de Rennes, qui écrivait au xiiie siècle. Les commentaires de Jehan Chappuys avaient accompagné déjà une édition de Strasbourg, 1504 (Bibl. nat., Rés. D. 9508) et une édition de Paris, 1525, citée par Panzer ; mais ils ne furent publiés à Caen qu'en 1535 et 1545.
    Léopold Delisle ne cite pas notre édition dans son *Catalogue des livres imprimés ou publiés à Caen*.

3374 (178 a). Les Discovrs || de l'estat de paix || et de guerre, de Messi- || re Nicolas Machiauelli, Secretaire || & citoyen Florentin, Sur la pre- || miere decade de Tite Liue, || traduict d'Italien en || Françoys. || *A Paris,* || *Par Estienne*

Groulleau, Libraire Iuré demou- || *rant en la rue Neuue nostre Dame à l'en-* || *seigne saint Iean Baptiste.* || 1559. — [Au r° du dernier f. :] *Fin des Discours de N. Machiauel, Impri-* || *mé* [sic] *à Paris, par Estienne Groulleau, Li-* || *braire Iuré en l'vniuersité, pour luy* || *Iean Longis, & Vincent Sertenas* || *& fut acheué d'imprimer, le* || *premier iour de Mars.* || 1559 [1560, n. s.]. In-8 de 14 ff. lim. et 278 ff. chiffr., vél. bl. (*Pagnant.*)

Le titre porte la marque d'*Estienne Groulleau*, avec les devises : *Nul ne s'y frote, Patere aut abstine* (Silvestre, n° 459).
Au v° du titre est un onzain adressé au traducteur par N. DE HERBERAY, SEIGNEUR DES ESSARS, et accompagné de la devise : *Acuerdo olvido*.
Les ff. ã *ij-*ã *iiij* r° sont occupés par une épître « A tresreverend prelat, M. Gabriel Le Veneur, evesque d'Evreux ». — Les ff. ã *iiij* v°-a v r° contiennent une seconde épître, adressée au lecteur, et les ff. a v v°-a *vj* r°, la traduction de la dédicace originale à Zanobi Buondelmonti et à Cosimo Rucellai. — La *Table* remplit les 15 pp. qui suivent.
Le dernier f. lim. contient, au r°, un sonnet italien de G. M., accompagné de la devise : *Per me stesso son Sasso*. Cette devise est celle de JEAN-PIERRE DE MESMES, et les initiales doivent se lire : GIAMPIETRO MESMES. — Au v° est un sonnet de L'ANGEVIN, c'est-à-dire JEAN MAUGIN, dit le Petit Angevin, signé de la devise : *Probe et tacite*.
Le dernier f. est orné, au r°, au-dessous de la souscription, d'un joli portrait de Machiavel dont on trouvera là reproduction dans l'ouvrage que prépare actuellement M. Édouard Rahir.
Les *Discorsi sopra la prima deca di Tito Livio* avaient paru à Venise en 1532 et 1540.
Le traducteur français JACQUES GOHORY publia d'abord la version du premier livre (*Paris, Denys Janot*, 1544, in-fol.). J.-Ch. Brunet possédait l'exemplaire dédié par Gohory lui-même au roi François Ier (*Manuel du Libraire*, III, col. 1279). Les trois livres de l'ouvrage furent imprimés par Denys Janot en 1548, in-fol.
Exemplaire d'ERNEST COURBET (Cat., 1917, n° 245).

3375 (193 a). LE PREMIER LI- || VRE de Marsille Fiscine/ de || la vie saine/ Traduict de || latin en Francoys par || maistre Iehã beau- || filz, Aduocat ou || chastelet de || Paris. || Plaisir faict viure. || Auec priuilege. || 1541 [1542, n. s.]. || ℭ *On les vend a Paris/ en la rue neufue* || *Nostre dame/ a lenseigne Sainct Iehan* || *Baptiste/ par Denys Ianot Libraire* z || *Imprimeur*. — LE SECOND LI || VRE de Marsille Fiscine/ de || la vie lõgue/ Traduict de || latin en Francoys par || maistre Iehã beau- || filz/ Aduocat ou || chastelet de || Paris. || Plaisir faict viure. || Auec priuilege. || 1541 [1542, n. s.]. || ℭ *On les vend a Paris/ en la rue neufue* || *Nostre dame/ a lenseigne Sainct Iehan* || *Baptiste/ par Denys Ianot Libraire* z || *Imprimeur*. 2 part. en un vol. in-8, car. goth., mar. br., fil. à froid, mil. et comp. dor., dos orné, tr. dor. (*Claessens.*)

BELLES-LETTRES

Premier Livre : 52 ff. chiffr. — Le titre est imprimé en rouge et en noir. — Au v° du titre est le texte de la supplique adressée au prévôt de Paris ou à son lieutenant, par l'imprimeur *Denys Janot* pour l'obtention d'un privilège de trois ans. Ce privilège est accordé par le prévot J. J. DE MESMES le 17 mars 1542 (n. s.). — Les ff. ã *iii-a iiij* r° contiennent une épître du traducteur « A monsieur maistre Matthieu Chartier, advocat en la court de parlement, filz de noble et saige, monsieur maistre Matthieu Chartier, aussi advocat en icelle court, seigneur de Lassy, Allanville et Vaugirard. » Ce dernier personnage fut pourvu, le 22 avril 1543, d'un office de conseiller clerc au parlement de Paris (*Cat. des actes de François Ier*, IV, n° 13011). — Le prologue de Ficin (fol. ã *iiij* v°-ã *vij* r°) est adressé à Lorenzo de' Medici.

Le traité est divisé en 27 chapitres.

Second Livre : 7 ff. lim., 1 f. blanc, 51 ff. chiffr. et 1 f. blanc. — Le titre, imprimé en rouge et en noir, est suivi, comme au *Premier Livre* de la supplique adressée au prévôt de Paris. Les ff. ãã *iii-ãã iiij* sont occupés par une épître « A venerable et scientificque personne, maistre Loys Lasseré, bachelier en theologie, grancher et chanoine en l'eglise monsieur sainct Martin de Tours et proviseur du royal college de Champagne, dict de Navarre, a Paris. » — Ficin dédie son ouvrage à Filippo Valori.

Le traité est divisé en vingt chapitres.

Au v° du dernier f. sont les devises : *Patere aut abstine, Nul ne s'i frotte.*

L'ouvrage de Marsiglio Ficino *De triplici vita* avait paru vers 1485. Jehan Beaufilz n'a mis en français que les deux premiers traités, laissant de côté le troisième. Le traducteur qui se qualifie « advocat et doyen du noble barreau du Chastelet de Paris », a multiplié sa devise : *Plaisir faict vivre*. Cette devise permet de lui attribuer la traduction des *Genealogies, Faictz et Gestes des saints peres papes, empereurs, etc.*, de Battista Sacchi, dit Platina (Paris, Pierre Vidoué pour Galliot Du Pré, 30 août 1519, in-fol.) et le remaniement du *Respit de la mort* de Jehan Le Fèvre, de Ressons (1533).

Exemplaire d'ERNEST COURBET (Cat., 1917, n° 59).

3376 (415 *a*). LES ‖ QVATRE LIVRES ‖ DE CATON, pour la doctrine de la ieunesse, ‖ par F. H. ‖ *A paris.* ‖ *De l'Imprimerie de Richard Breton, Libraire* ‖ *z Relieur Iuré, Rue S. Iaques, à l'Escre-* ‖ *uisse d'argent.* ‖ M. V^c. Lxvij [1567]. ‖ Auec Priuilege du Roy. In-8 de 48 ff. chiffr., car. de *Civilité*. — VNION DES ‖ SENTENCES de ‖ Philosophie. ‖ *A Paris,* ‖ *Par Richard Breton, Rue sainct Iaques* ‖ *à l'Escreuisse d'argent.* ‖ M. V^c. Lxv [1565]. ‖ Auec Priuilege du Roy. In-8 de 48 ff. chiffr., car. de *Civilité*. — Ensemble 2 part. en un vol. in-8, mar. r., fil., mil. et dos ornés, tr. dor. (*Pagnant.*)

Caton. — Le titre porte la marque de *Richard Breton* (Silvestre, n° 632). — Les initiales sont celles de FRANÇOIS HABERT. — Au v° du titre est un *Sonnet en forme de cantique à Dieu, par lequel appert aux lettres capitales le nom de l'autheur* (François Habert).

Les ff. ij-iiij contiennent une *Preface et Argument* en vers, dont voici le début :

> Considerant plusieurs hommes non meurs
> Vivre tousjours avec mauvaises mœurs...

Les distiques de Caton, traduits en quatrains, commencent ainsi (f. V) :

> Puis que de Dieu maint prophete a escript
> Qu'essence il est haute et spirituelle...

Au f. 46 commence la pièce intitulée : *De l'homme prudent, traduction de* Beroalde *par* F. Habert :

> L'homme prudent au temps d'adversité
> Doit maintenir une mesme constance...

Cette pièce est suivie (f. 47 v°) d'un *Cantique devant le repas* :

> O seigneur Dieu de haute providence... ;

d'un *Cantique après le repas* (f. 48) :

> Tous te rendons graces bien humblement...,

enfin d'un *Autre Cantique sur le chant* : Si mon travail (f. 48 v°) :

> Si mon esprit te peut donner plaisir...

Le contenu du volume est en tout semblable à celui de la réimpression rouennaise que nous avons décrite au t. IV, n° 3168, réimpression qui est également exécutée en caractères de *Civilité*.

Union des sentences de philosophie, 1565. — Le titre porte la marque de Richard Breton (Silvestre, n° 632). — Au v° du titre est un *Dixain* :

> Si tu desires en compaignie honneste...

Tout le reste de l'ouvrage est écrit en prose. Le 2ᵉ f. est occupé par un *Bref Advertissement à tous amateurs de vertu*, signé à la fin : *Grace avec vous*.

Les sentences sont disposées sous diverses rubriques : *Aage, Abstinence, Acheter, Admonitions, Adoration*, etc. ; les noms des philosophes sont imprimés en marge. Voici le début de la première sentence, empruntée à Pythagore : « L'aage, qui est le temps et l'espace de la vie humaine depuis la nativité jusques à la mort, Pythagoras le limitoit à quatre vingts ans.... »

Les ff. 47 et 48 sont occupés par des *Rencontres facetieux d'aucuns sçavans personnages*. A la fin est cette devise : *Le mien desir n'est point mortel*.

Exemplaire d'Ernest Courbet (Cat., 1917, n° 18 *bis*).

3377 (564 *a*). Les grans et || merveilleux faictz du seigneur Nemo auec || les priuileges quil a/ et la puissāce q̄l peult auoir Depuis le commencement du monde || iusques a la fin. — ℭ Finis. *S. l. n. d.* [*Paris, v.* 1530], in-8 goth. de 8 ff. non chiffr. de 25 lignes à la page pleine, impr. en lettres de forme, sign. *A-B*.

Cette édition paraît être l'une des plus anciennes du monologue de Jehan d'Abundance. Elle est antérieure à celles que nous décrivons sous les n°ˢ 565 et 566.
Le titre est orné d'une figure qui représente un homme vêtu d'une longue robe, haranguant des hommes d'armes :
Le texte commence au v° du titre.
Les caractères et la figure paraissent appartenir au matériel d'*Alain Lotrian à Paris*.

3378 (1033 *a*). Oratione Devotissima || del glorioso San- || cto Rocho. *S. l. n. d.* [*vers* 1525], in-16 de 4 ff.

Le titre est orné d'une figure en forme de médaillon :
La prière, écrite en vers, commence ainsi :

> Riccorro al tuo aiuto, eterno Idio

3379 (1905 a). Les || diverses || Leçons d'An- || toine du Verdier || Sieur de Vaupriuaz, &c. || suiuans celles de Pier- || re Messie. || Contenans plusieurs histoires, discours & faicts

memorables, || recueilliz des auteurs Grecs, Latins, & Italiens. || Augmentees & reueuës par l'Auteur en cete seconde edition. || Auec deux tables, l'vne des chapitres, l'autre des || principales matieres y contenues. || *A Lyon,* || *Par Estienne Michel.* || 1580. || Auec priuilege du Roy. In-8 de 11 ff. lim., 422 pp. et 11 ff. non chiffr., vél. bl. (*Pagnant.*)

Le titre porte la marque d'*Estienne Michel* (Silvestre, n° 417).
Les ff. °2-°4 r° sont occupés par une épître « A magnanime et vertueux seigneur, Anne d'Urfé, marquis de Baugé, baron de Chasteau Morand,

seigneur d'Urfé, gentilhomme de la chambre du roy et bailly pour Sa Magesté au païs de Forests. »

Les ff. *4 v°-*5 contiennent un sonnet au marquis de Baugé, signé de l'anagramme d'Antoine Du Verdier : *Tard ennuié de voir*; un sonnet adressé au même personnage par FLORY DU VENT, « son tres-humble serviteur et secretaire », dont l'anagramme est : *De luy un fort* ; un sonnet de GABRIEL CHAPPUYS, Tourangeau, à Du Verdier ; un sonnet au même, signé de PHILIPPES GANIEU, « advocat du roy au bailliage de Forests » ; une pièce en 22 vers hexamètres, également adressée à Du Verdier, par J. DE CHEVRIGNY, Beaunois, dont la devise est : Μελιτύεσσα ἡ εὐδία.

Oratione Beuotiſſima del glorioſo Sancto Rocho.

La *Table des chapitres* remplit les 5 autres ff. lim. — Au v° du f. **2 est un joli portrait de Du Verdier, dont on trouvera la reproduction dans l'ouvrage que prépare actuellement M. Rahir. Ce portrait est accompagné de six distiques latins de GUILLAUME PARADIN.

Les leçons sont réparties en cinq livres. La *Table des matieres* occupe 10 des ff. qui terminent le volume. Le dernier, blanc au r°, porte au v° la marque du libraire.

La *Silva de varia leccion* de Pedro Mexía, que Du Verdier a voulu continuer, avait paru à Séville en 1542 ; Claude Gruget en avait donné une traduction française en 1552. Les *Leçons* de Du Verdier, qui s'accrurent d'un sixième, puis d'un septième livre, furent réunies à celles de Mexía dans diverses éditions de la fin du XVI° siècle ou du siècle suivant.

Exemplaire d'ERNEST COURBET (Cat., 1917, n° 240).

3380 (2358 a). Traicté || de l'Espee || Francoise. || Par maistre Iean Sa- || uaron, sieur de Villars, Conseiller du Roy, ||

TRAICTÉ
DE L'ESPEE
FRANCOISE.

PAR MAISTRE IEAN SA-uaron, sieur de Villars, Conseiller du Roy, President & Lieutenant General en la Seneschaussée d'Auuergne, & siege Presidial à Clairmont.

AV ROY TRES-CRESTIEN.

A PARIS,

Chez A D R I A N P E R I E R, ruë S. Iacques, au Compas.

M. DC. X.

Auec Priuilege du Roy

President &' Lieutenant General en la || Seneschaussee d'Auuergne, & siege Presi- || dial à Clairmont. || Au Roy Tres-Crestien. || A Paris, || Chez Adrian Perier, ruë ||

S. *Iacques, au Compas.* || M. DC. X [1610]. || Auec Priuilege du Roy. In-8 de 56 pp., mar. r. jans., tr. dor. (*Chambolle-Duru.*)

<blockquote>
Le titre est orné d'une figure qui représente un dextrochère tenant une épée de connétable sur un fond croiseté et fleurdelisé. Une banderole se détachant sur le fond porte cette légende : *Pro religione et regno.*
Jean Savaron a composé ce traité pour l'instruction du jeune roi Louis XIII.
</blockquote>

La triumphante entree et couronnement de Fernant, de la royale maieste de Hongverie, et de Boheme, faicte a Stoel Bvttenburch le dernier iour Doctobre. Anno domini mil cinq cens vingt sept.

3381 (2409 *b*). ¶ LA TRIVMPHANTE ENTREE ET || COVRONNEMENT de Fernant/ de la royale maiesté de Hon- || guerie/ et de Boheme/ faicte a Stoel vvittē- || burch le dernier iour Doctobre. || Anno domini mil || cinq || cens vingt || sept. — *Finis*. *S. l.* [*Anvers*, 1527], in-4 goth. de 4 ff. non chiffr., de 37 lignes à la page pleine, sign. *a*, mar. bl. jans., tr. dor. (*Chambolle-Duru.*) IV. 4. 55

Le titre est orné d'une figure qui représente un navire monté par divers personnages.

L'impression paraît avoir été exécutée par *Guillaume Vorsterman* à Anvers.

Voici la reproduction des premières lignes du texte, au v° du titre :

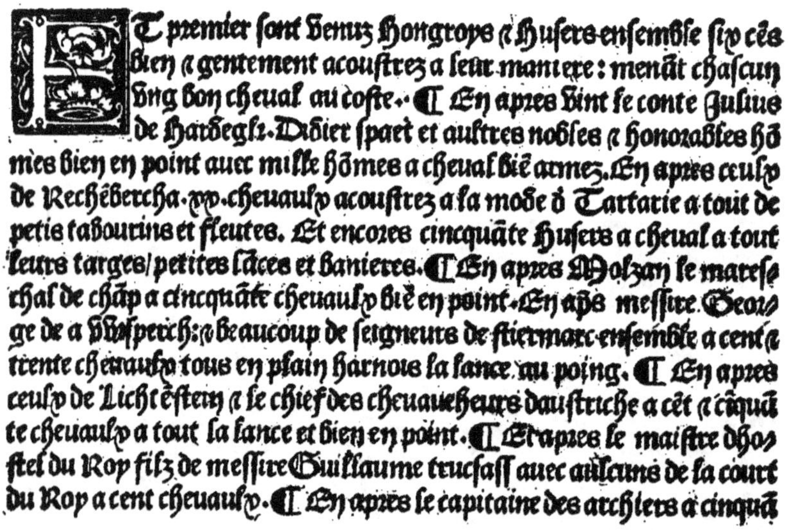
LE premier sont venuz Hongroys ⁊ Husers ensemble six cēs
bien ⁊ gentement acoustrez a leur maniere : menāt chascun
ung bon cheual au coste. ¶ En apres vint le conte Julius
de Hardegk. Didier spaet et aultres nobles ⁊ honorables hō
mes bien en point auec mille hōmes a cheual biē armez. En apres ceulx
de Rechēbercha. xx. cheuaulx acoustrez a la mode ď Tartarie a tout de
petis tabourins et fleutes. Et encores cincquāte Husers a cheual a tout
leurs targes/ petites lāces et banieres. ¶ En apres Molzan le mares
chal de chāp a cincquāte cheuaulx biē en point. En ap̄s messire Geor
ge de a Wolsperch: ⁊ beaucoup de seigneurs de stiermarc ensemble a cent ⁊
trente cheuaulx tous en plain harnois la lance au poing. ¶ En apres
ceulx de Lichtēstein ⁊ le chief des cheuaucheurs daustriche a cēt ⁊ cīquā
te cheuaulx a tout la lance et bien en point. ¶ Et apres le maistre dho
stel du Roy filz de messire Guillaume trucsass auec aulcuns de la court
du Roy a cent cheuaulx. ¶ En apres le capitaine des archiers a cinquā

Au v° du dernier f., au-dessous de 8 lignes de texte et du mot *Finis*, est une figure qui représente la Messe de saint Grégoire.

3382 (2431 *a*). LA TRESCELEBRABLE digne de me- || moire et victorieuse prise de la cite || de granade. — [A la fin :] Escript a granade le x. iour de ianuier || mil. CCCC. iiiixx. & xii. || *Finis*. *S. l. n. d.* [*Paris*, 1492], in-4 goth. de 6 ff. non chiffr. de 30 lignes à la page pleine, sign. *A*, mar. r. jans., tr. dor. (*Chambolle-Duru.*) IV. 4. 50

Le titre porte la marque de *Jehan Trepperel* (Silvestre, n° 74) ; le v° en est blanc.

La trescelebrable digne de mes moire et victorieuse prise de la cite de granade

La découverte du nouveau monde et la prise de Grenade furent les deux principaux événements du règne de Ferdinand le Catholique.

Voici la reproduction des premières du texte (f. A ij) :

C'est la trescelebrable digne de memoire et victorieuse prise de la tresorgueilleuse grāde et fameuse cite de grenade nagueres estant en la main seigneurie et dition des sarrazins infideles. Icelle prinse victorieusement faite a lexaltation de la foy et de toute leglise militante par le tresnoble et tresuictorieux roy despaigne, apresēt regnāt des le premier iour de iāuier dernierement passe. mil cccc quatre vingz et xii.

Le sūmaire cy apres succintement et en brief narre et recite contient en briefue substance ce qui a este diffusement tresamplement et biē au long escript en plusieurs et diuerses lettres de reuerēdz peres en dieu les euesques de pacēs. et aristonicen. tresfacōdz copieux et eloquēs orateurs des tresnobles et trespuissans Roy et roync despaigne. Lesd lettres dirigees et ēuoiees par lesdits orateurs en diuers

ADDITIONS ET CORRECTIONS

TOME PREMIER

2. La Bible, 1605. *Lire*, l. 1 : Vieil ‖

7. Le Pseautier, 1698. *Supprimer* : De l'imprimerie de Pierre Le Petit. Cet imprimeur était mort en 1686.

10, p. 6, à la fin, *Lire* :
>François de Beauvau, évêque de Bayonne, puis archevêque, etc.

13. Histoire de l'ancien Tobie, v. 1720. *Ajouter* en note :
>Il existe de ce livre une édition d'*Anvers*, Chr. Plantin, 1568, in-8. Voy. Bassé, *Collectio in unum corpus omnium librorum hebraeorum, etc.*, 1592, III, p. 3.

22. Heures à l'usage de Paris, v. 1498. *Lire* p. 18 :
>65° (fol. B iv r°). Sixain :
>>Glorieuse Vierge pucelle,
>>Qui de ta tressaincte mammelle...
>
>Début d'un poème bien connu de Pierre de Nesson. Voy. notre n° 2562, art. 59.
>65° bis. Ballade :
>>Anne troys mariz accointa
>>En vray tiltre de mariage....
>>*Refr.* Et fut la plus belle des troys.

31. Heures de l'Immaculée Conception, ms.,
>3° *Pater noster*, vray amateur... *Ajouter* :
>Ce *Pater* se retrouve, avec le nom de Jehan Molinet, dans un manuscrit de la Bibliothèque Sainte-Geneviève (n° 2734, fol. 3).
>4° *Ave ! Angelique salut. Ajouter* :
>Cette pièce est bien de l'évêque de Senlis Guillaume Petit ou Parvi. Voy. *La Formation de l'homme et son excellence... composé par feu Guillaume Parvi...* (Paris, 1538, in-8), fol. 138-140.
>6° Dame sans per... *Ajouter* :
>Cette pièce est de Guillaume Tasserie. Voy. le ms. 2734 de la Bibliothèque Sainte-Geneviève, fol. 34 v°.
>9° *Ajouter* :
>Guillaume Alexis, *Œuvres*, éd. Piaget et Picot, II, p. 65.

38. Divi Joannis Chrysostomi Liber, 1528. *Ajouter* après la l. 5 de la note :

> Les ff. a ij-a iiij contiennent une épître de Germain de Brie « Francisco Turnonio, archiepiscopo Biturigi, Aquitaniae primati », en date de Paris, le 18 avril 1528.

A la fin, *Ajouter* :

> Un autre exemplaire imprimé sur vélin, qui est l'exemplaire de dédicace, est conservé à la Bibliothèque nationale (*Vélins* 1713).

76. Tractatus de arte perfecte vivendi beneque moriendi, v. 1515. *Ajouter* :

> Voy., sur l'imprimeur *Pierre Mareschal*, Baudrier, *Bibliographie lyonnaise*, XI, pp. 461-518. Notre volume est décrit à la p. 516. Les figures « sont le chef-d'œuvre du maître dessinateur du xv° siècle que M. Alfred Cartier a dénommé le maître de l'*Ars moriendi de Jehan Siber.* »

78. Les Provinciales, 1657. *Ajouter* à la note :

> Des documents découverts par M. Louis Batiffol établissent que les « petites lettres », de la V° à la XVIII° ont été imprimées par *Denys Langlois*, avec la complicité occulte du pouvoir. Voy. la *Revue hebdomadaire* du 17 août 1912.

88. Brief Traité de Purgatoire, 1551. *Lire* à la note :

> Ce volume, qui n'a été décrit par aucun bibliographe, est l'œuvre de GUILLAUME FAREL. Le célèbre réformateur avait joint dès l'année 1534, le *Traité de Purgatoire* à sa *Summaire et briefve Declaration d'aucuns lieux fort necessaires a ung chascun chrestien pour mettre sa confiance en Dieu et ayder son prochain.* Voy. la réimpression de la *Declaration* donnée par Baum chez *J.-G. Fick* à Genève en 1867, pp. 128-137. L'édition de 1551 a été çà et là corrigée et augmentée.

96. Deux Satyres. L. 5, *lire* : *Genève*, au lieu de *Lausanne*.

L. 1 de la note, *lire* :

> Au titre, la marque d'*Adam et Jean Rivery*, imprimeurs à Genève. — M. Théophile Dufour nous informe que l'exemplaire de la bibliothèque Tronchin à Bessinges porte en toutes lettres : *A Geneue,* || *Par Adam & Iean Riueriz, freres.* || 1551. Ce volume est pour le reste semblable au nôtre.

L. 5 de la note, *lire* :

> Le nouvel éditeur de *La France protestante* nous apprend (t. IV, col. 497) que Joachim était en 1553 pasteur à Thonon et qu'en 1564 il exerçait le ministère à Grenoble.

98. Recueil de pièces. Art. 8, à la fin, *lire* :

> Le nom de PALÆRCÉS (Παλαια ερχεα), « les vieilles maisons », est un pseudonyme de Loys Des Masures, qui traduisit lui-même cette pièce en latin et s'en avoua l'auteur : *Lud. Masurii Nervii Babylon, sive Babylonicae tyrannidis Eversio, gallice ante aliquot annos in lucem edita, nunc primum vero ab authore ipso in latinum conversa* ([Genevae], apud F. Perrinum, 1569, in-4).

124. Timée de Locres, 1763. A la note, *lire* : frère du roi.

138. Essais de Michel, seigneur de Montaigne, 1580. *Lire* :

> *Livre prémier* : 4 ff. lim., y compris le titre, et 496 pp. — *Livre second* : 2 ff. pour le titre et les *Chapitres du second livre*, 649 pp. (la dernière cotée 650), 1 f. pour la fin des *Fautes*.

140. Essais de Michel, seigneur de Montaigne, 1588. *Lire* l. 6 : 4 ff. lim. et 504 ff. chiffr., avec diverses erreurs, de 1 à 176 et de 169 à 496.

198. Le Traicté des eaues artificielles. *Ajouter* au bas de la p. 109 :

M. le Dr Panel, dans son introduction à la réimpression du *Tractatus contra pertilentiam* de Thomas Le Forestier (Rouen, 1909, pet. in-4), range le *Traité des eaues artificielles* parmi les œuvres de cet auteur.

199. Livre nouveau nommé le Difficile des receptes, v. 1540.

Ce petit volume paraît être une traduction abrégée de l'*Opera nova intitolata Dificio di recette*, dont Brunet (I, col. 698) cite une édition de Venise, Vavassore, 1541. Le mot *Dificio*, pour *Edificio*, est traduit plus exactement ailleurs par *Bastiment*.

209. Mirabilis Liber. Art. 16, p. 120, *lire* :

JEAN DE ROQUETAILLADE, l'auteur de ces prophéties, vivait à Aurillac ; il fut incarcéré à Avignon en 1349, par ordre du pape Clément VI, ce qui ne l'empêcha pas de reproduire ses prédictions contre le Saint-Siège dans un traité intitulé : *Vademecum in tribulatione*, que Brown a imprimé (*Appendix ad Fasciculum rerum explendarum et fugiendarum*, Coloniae, 1535, in-fol., p. 469). Le fragment qui figure dans le *Mirabilis Liber* est tiré du *Liber fortalitium fidei* ; il est intitulé : *De signaculis crucis in vestimentis Judaeorum impressis*.

229. Dessins de J.-M. Moreau et de J.-J.-F. Lebarbier, 1774-1783. *Lire* :

Trente grands dessins de *Moreau le jeune*, et sept grands dessins de *J.-J.-F. Lebarbier*, plus trois fleurons de titre : un de *Moreau* et deux de *Monnet* (?).

248. Les plus excellents Bastiments de France, 1576-1579. L. 9 de la note, *lire* : Maune, 2 p. sur 2 pl.

277. Plusieurs Pieces et autres Ornements, 1693. *Ajouter* à la fin :

Un Jean Simonin était arquebusier à Lunéville en 1627. On a de lui une belle arquebuse (Musée d'artillerie, M. 131).

291. La noble Science des joueurs d'espée, 1538. L. 3, *lire* : Vorsterman.

297. Le roy Modus, 1560. *Ajouter* après le 1er alinéa de la note :

Le *Livre du roy Modus*, qui remonte au xive siècle, a été restitué par A. Chassant à HENRY DE FERRIÈRES.

314. Plusieurs belles Nouveaultez joyeuses, v. 1525. *Ajouter* à la fin de la note :

Pour l'original italien, voir Harrisse, *Excerpta Colombiniana*, p. 236, n° 397.
Simon de Milan doit se confondre avec SIMBONE LITTA, l'auteur du *Lamento de' Venetiani* et du poème intitulé : *Opera novamente composta*, etc., dont nous décrivons des traductions françaises plus loin, n° 569, et t. III, n° 2591.

410. *La Metamorphose d'Ovide figuree*, 1557. *Lire* : 91 ff. et 1 f. blanc. Vers la fin de la note, *lire* :

Le rédacteur du Catalogue Didot de 1879 (n° 448) fait remarquer avec raison qu'elles sont au nombre de 178, occupant 89 ff.
M. Alfred Cartier, de Genève, attribue les vers à CHARLES FONTAINE.

428. Art poëtique françois, 1551. *Lire* p. 237 à la fin de la note :

Le *Quintil Horatian*, ordinairement attribué à Charles Fontaine,....
M. Henri Chamard a restitué le *Quintil* à BARTHÉLEMY ANEAU (*Revue d'histoire littér. de la France*, 1898, pp. 54-71).

429. Art poëtique reduict, 1554. L. 2 de la note, *lire* :

En clairté l'œil s'esblouit, devise de LOUIS LE CARON.

435. Le Rommant de la Rose. *Modifier* ainsi la note :

Comme l'a démontré F. W. Bourdillon (*The early Editions of the Roman de la Rose*, 1906, in-4), cette édition a dû être précédée par celles d'*Ortuin et Schenk* (v. 1481) et de *Jehan Syber* (v. 1485). Claudin ne croit pas notre édition antérieure à 1487.

443. La belle Dame sans mercy, *Ajouter*, p. 249, au-dessous du fac-similé :

Les caractères sont ceux de *Denis Meslier*.

444. Complaincte du bergier, etc. Compléter ainsi la note :

Il est établi aujourd'hui que la *Complaincte du bergier et la Responce de la pastorelle* sont l'œuvre d'OTHON DE GRANSON, le poète qui a composé la *Complaincte de Mars et de Venus* traduite en anglais par Chaucer vers 1398. Ce dernier l'appelle dans son vers final : « the flour of hem that make in France. » Voy. A. Piaget, *Oton de Granson et ses poésies*, dans la *Romania*, t. XIX (1890).
D'après Claudin, les caractères de notre édition sont ceux du *Petit Laurens à Paris*.

446. Le Champion des dames.

L. 1 de la note, *lire* : MARTIN LE FRANC. L. 11, *ajouter* :
Ces caractères, d'après Claudin, doivent appartenir à *Gaspard Ortuin* ou à *Jacques Maillet*.

450. Le grant Testament Villon. *Ajouter* à la fin :

La majuscule que nous venons de reproduire appartient au matériel de l'imprimeur parisien *Estienne Jehannot* ; elle figure sur le titre d'une édition de *L'Oreloge de devocion* de Jehan Quentin. Cependant, d'après Claudin, les caractères sont ceux de *Denis Meslier* ; ils ont été employés aussi par *Nicolas Des Prez*, à *Paris*, et *Claude d'Aigue*, à *Lyon*.

457. Le Livre de la Deablerie.

Supprimer la description de la reliure moderne et *Lire* : mar. r., fil., large dent. dor., doublé de mar. bl., large dent., tr. dor. (*Reliure du XVIII* siècle.)
Exemplaire de GIRARDOT DE PRÉFOND.

466. Le Debat de la Dame et de l'Escuyer. *Lire* p. 269, l. 2 :

...un grand bois formé de deux chimères enroulées, marque de l'imprimeur lyonnais *Martin Havard*. L'un des bois reproduits ici se retrouve sur le titre d'un volume que nous décrivons au t. III, n° 2590 : *Le Discord des troys chevaliers* ; or ce volume sort bien des presses de Martin Havard. Le titre de notre *Debat* offre un emploi particulier de caractères de deux corps différents ; le même détail typographique se remarque sur le titre du *Discord*.

470. Le Debat du Laboureur et du Prestre. *Ajouter* au bas de la p. 270 :

D'après Claudin, les caractères sont ceux d'*Estienne Jehannot* et de *Pierre Le Dru* à Paris.

471. Œuvres poétiques de Jehan Molinet, ms. *Ajouter* à l'art. 8 :

Cette ballade se retrouve dans le *Mistere de saint Quentin*, en sorte que cette pièce doit être attribuée à Jehan Molinet. Voy. l'article de M. Ernest Langlois dans la *Romania*, 1893, p. 552.

Ajouter après le n° 30, p. 274 : Ce *Dictier* se trouve, sous le nom de JEHAN ROBERTET, dans un recueil manuscrit de la Bibliothèque nationale (fr. 1717, fol. 83).

474. Devote Exortation, v. 1500. *Ajouter* l. 2 de la note :

Ce bois est une mauvaise copie, avec variantes, d'une figure employée dans les livres d'heures de *Philippe Pigouchet* (voy. notamment le n° 18 ci-dessus, fol. *b iiij*).

476. Mattines en françoys. *Lire* p. 285, l. 14 :

...probablement par *Gaspard Ortuin* ou *Jacques Maillet*.

477. La Vie saincte Regne. *Lire* p. 287 :

Le poème commence ainsi :
Noble dame, de vertus decoree,
Noble Vierge, de saincteté parfaicte...

Il se compose de 62 strophes de 11 vers, d'une *Anthienne* en 12 vers, d'un *Versus* en 2 vers, d'une *Oratio* en 12 vers. L'acrostiche en 16 vers (*Johannes Piquelin*) est suivi d'une sorte d'avis en 4 vers.

480. Les Ballades de Bruit commun.

Cette pièce est imprimée avec les mêmes caractères que *Le Libelle des cinq villes d'Italye* du même André de La Vigne (Musée Condé, n° 1074 du Catal.) ; or le *Libelle* contient une vue de ville qui se rencontre dans les impressions de *Noël Abraham* (voy. notre t. II, p. 560). Il est probable que les deux livrets sortent des presses d'*Abraham*.

484. Les Triumphes de France. *Lire* à la note, l. 1 :

Brunet... n'a pas remarqué que le cahier *d* n'a que 6 ff., etc.

487. Traictez singuliers. *Lire*, p. 297, l. 15 : Pet. in-8 goth. de 106 ff..., sign. *A-I* par 8, *K* par 6, *L-N* par 8, *O* par 4.

Le dernier f., qui doit être blanc, manque.

508. Opuscules du Traverseur..., 1526. *Lire* l. 8 : In-4 goth. de 92 ff. de 33 lignes à la page, savoir : 4 ff. sans signature, puis cahiers signés *A-C*, etc.

515. L'Esperon de discipline, 1532. *Lire* p. 328, l. 11 :

Il est établi aujourd'hui que le volume a été imprimé par *Sébastien Gryphius* à Lyon (voy. *Revue des livres anciens*, II, 1917, p. 368).

522. L'Amant rendu par force au couvent de Tristesse. P. 333, *ajouter* au-dessous de la figure :

La figure et les caractères appartiennent au matériel de *Jehan Trepperel* et de ses successeurs, à Paris.

527-528. Sur *Bigorne* et *Chicheface*, voy. l'article publié par le regretté Francesco Novati dans les *Mélanges Picot*, t. II, p. 67.

531. La Comparation faicte des douze moys. *Lire* à la fin de l'avant-dernier alinéa :

Le même texte est également reproduit dans *Le grant Kalendrier et Compost des bergiers*, éd. de 1516, fol. O iv c. Voy. notre t. III, p. 361, art. 47.

536. La Complainte du nouveau marié. *Ajouter* à la fin :

Cette figure du chevalier faisait partie, vers 1500, du matériel de l'imprimeur *Martin Havard* (voy. notre t. III, n° 2590, p. 399).

541. La grant Danse Macabre. *Ajouter* p. 354, art. 9, l. 6 :

Elle a aussi été imprimée séparément sous cet autre titre : *Aye memoire de la mort, et jamais tu ne pecheras* (Paris, Guiot Marchant, s. d., in-4 goth.). Voy. Harrisse, *Excerpta Colombiniana*, n° 11.

543. Le Debat de l'Homme et de l'Argent. *Ajouter* à la fin :

Une édition s. d., dont Fernand Colomb avait acheté un exemplaire à Rome en 1515, est décrite dans le Catalogue de la Bibliothèque Colombine, II, p. 181.

545. Le De Profundis des amoureux. *Ajouter*, au-dessous de la figure :

Cette figure se retrouve au v° du 5° f. d'une édition des *Facecies de Poge*, imprimée par la veuve de *Jehan Trepperel*, à Paris. Voy. notre t. II, n° 1771.

564. Les Faintises du monde. *Ajouter* p. 375, l. 4 :

Il est maintenant établi que les *Faintises* sont l'œuvre de frère Guillaume Alexis. Voyez ses *Œuvres* publiées par A. Piaget et Ém. Picot, I, p. 57.

569. La Lamentation de Venise.

La *Lamentation*, ainsi que l'a montré M. Antonio Medin, est littéralement traduite du *Lamento de' Venetiani* de Simeone Litta (Medin e Frati, *Lamenti storici*, IV, p. 95).

571. Le Livre du Faulcon des dames. *Ajouter* au-dessous du fac-similé :

Les caractères et les figures appartiennent à l'atelier de *Guillaume Nyverd*, à Paris.

577. L'Ospital damours. *Lire* p. 388, l. 4 :

...des presses lyonnaises, probablement celles de *Gaspard Ortuin* ou de *Jacques Maillet*.

ADDITIONS ET CORRECTIONS

A la fin de l'article, *Ajouter* :

L'auteur est Achille Caulier, dont le nom est donné par un manuscrit de Vienne (n° 2619). Voy. Ferd. Heukenkamp, *Le Curial, par Alain Chartier*, etc., 1899, pp. i et ii. Le même Caulier a composé un *Lay a l'onneur de la vierge Marie* (Biblioth. de l'Arsenal, ms. 3021, fol. 259, xv° siècle).

578. L'Ospital damours. *Lire* p. 389, l. 5 :

...aux presses de *Gaspard Ortuin* ou de *Jacques Maillet*.

584. Les menus Propos. *Ajouter* p. 396 :

Ém. Picot, *Recueil général des sotties*, t. I, n° III.

589. Sermon joyeulx de la patience des femmes. *Ajouter* l. 3 de la note :

Ce bois se retrouve sur le titre de l'édition des *Faceeies de Poge* imprimée par la veuve de *Jehan Trepperel* à Paris (t. II, n° 1771).

608. Les Œuvres de Clement Marot, 1544. *Lire* p. 424, l. 1 de la note :

...celle du libraire *Pierre Sergent*, successeur de *Jehan Sainct Denys*.

637. Rymes de Pernette Du Guillet, 1545. *Lire* p. 450, avant-dernier alinéa de la note :

Les initiales D. V. Z. paraissent signifier : *D'un vray zele*, devise de Jean de Vauzelles.

638. Euvres de Louize Labé. *Lire* l. 11 de la note :

P. D. T. [Pontus de Tyard].

639. Les Fables du tresancien Esope. *Lire* l. 6 : In-8 de 104 ff., sign. *A* par 4, *B-N* par 8, *O* par 4. A la fin de la note, *Lire* :

L'édition décrite est la seconde ; la première avait paru en 1542.

661. Choreide. *Ajouter* p. 406, à l'avant-dernier alinéa de la note :

La *Moscheïde* est traduite ou imitée de la *Moschea* de Teofilo Folengo.

680. Les Œuvres françoises de Joachim Du Bellay, 1575. *Lire* p. 479, l. 5 :

J. Man. [Jacques Maniquet].

719. Commentaires des guerres ciuiles, 1565. *Ajouter* p. 497, l. 10 :

Au v° du titre est un sonnet, formant acrostiche, en l'honneur de Serbelloni. — Les 3 ff. qui suivent contiennent une épître dédicatoire au même personnage en date d'Avignon, 24 décembre 1563 ; deux distiques latins contre les huguenots ; un sonnet à la louange de Serbelloni. Les *Commentaires* sont suivis de deux pièces latines adressées à Henry par Pierre Choutart, d'Orléans ; d'une ballade dédiée par la ville d'Avignon à Serbelloni (cette pièce n'est signée que de la devise : *Des fleurs le fruict*, qui est celle de Vasquin Philieul) ; enfin d'un sonnet de Loys de Perussiis, « à la cité et peuple d'Avignon », accompagné de la devise : *Ny les hommes, ny la mort*.

778. Confession vrayement chrestienne, 1561. *Lire* p. 529, à l'avant-dernier alinéa de la note :

> Quel est l'auteur caché sous l'anagramme de J. ALPHUTIC DE MERANTONIE EN TOMNOIS ? M. Henri Stein a fort heureusement déchiffré cette anagramme ; c'est celle d'un protestant de Provins : J. CHIPAULT, DE DONNEMARIE-EN-MONTOIS. Voy. *Le Bibliographe moderne*, 1914-1915, pp. 1-9.

790. Le Purgatoire des prisonniers, 1583. *Ajouter* à la fin :

> Un remaniement de cette pièce a été publié en 1594 par PHILBERT BOYER, procureur en parlement, qui est peut-être l'auteur primitif : Le || Purgatoire || des Prisonniers. || En forme de remonstran- || ce faicte au Roy nostre Sire Henry || quatriesme, & à messieurs de sa Cour || de Parlement, pour la reuoquation du || xlviij. art. de l'Edict de Molins, à ce || qu'il leur plaise ne permettre que par || cy-apres il soit faict aucun emprison- || nement pour debte ciuille. || *A Paris,* || *Pour Claude de Monstrœil* || & || *Iean Riché.* || M.XCIIII [1594]. In-8 de 24 pp. — L'édition est accompagnée d'un portrait de Philbert Boyer et d'un quatrain de J. DAGONNEAU ; de deux pièces adressées au roi par Boyer, et d'un sonnet de L. HEBERT, dont la devise est : *Le desir croist avec[ques] l'esperance.* Voy. Cat. Lignerolles, II, n° 1259.

796. La grande Diablerie de Jean Vallette..., 1589. *Ajouter* à la fin :

> Nous décrivons plus loin (t. III, n° 2222, art. 4) une autre édition de la même pièce intitulée : *Les Regretz, Complaintes et Confusion de Jean Vallette, dit de Nogaret.*

799. Le Tyrannicide, 1589. *Rectifier* ainsi la note :

> Faut-il en conclure que *Le Tyrannicide...* est l'œuvre de CLAUDE DE KERQUIFINEN ? Cela paraît assez probable. Il importe de remarquer qu'il ne peut être ici question du Claude de Kerquifinen dont Du Verdier (éd. Rigoley de Juvigny, I, p. 350) cite trois traductions imprimées pour la première fois en 1565 et 1566. Ce personnage était mort avant le 12 août 1585 (voy. *Bull. de la Soc. des Bibliophiles bretons*, VIII (1885), p. 55). Il s'était d'abord laissé convertir à la Réforme, comme l'indique une de ses traductions, le *Dialogue des deux natures de Christ*, de Pierre Martyr, ouvrage que Du Verdier range avec raison parmi les livres calvinistes. Mais Claude laissa un fils du même nom, qui fut conseiller au parlement de Paris, et qui pourrait fort bien avoir composé notre poème.

803. Hecatomphile, 1539. *Modifier* ainsi le 3e alinéa de la note p. 540 :

> *Les Fleurs de Poësie françoise* se subdivisent elles-mêmes en deux parties : La première, anonyme en 1536 (Cat. Guyot de Villeneuve, 1901, n° 652) est un recueil, etc. ; la seconde, ajoutée au volume par l'éditeur de la réimpression, ne contient, etc.

808. Traductions de latin, 1550. *Lire* p. 547, art. D. B. :

> Un cordelier tomba entre les mains, fol. H iij v°.
>
> Cette pièce, à peine remaniée, a été réimprimée en 1590 et 1612 sous le titre de *Sermon du Cordelier au soldat.* On y a joint une *Responce des soldats,* qui est évidemment d'un autre auteur. Voy. Éd. Fournier, *Variétés historiques et littéraires*, II, p. 333.

P. 549 (pièces se retrouvant dans les œuvres de Saint-Gelais), *Ajouter* :

> Je ne veux point de trop volage amye, fol. H iiij (II, 222).

ADDITIONS ET CORRECTIONS

809. Le Recueil de poësie françoyse, 1550. *Lire* p. 551, l. 1 :

SAINCTE MARTHE (CHARLES DE) :
Aristippus, philosophe approuvé, fol. H 7 (*La Poësie françoise*, 1540, p. 166).
A soustenir le pourpris de science (ballade), fol. A 7 (*Poësie*, p. 106).
En beau papier je sçay tant bien signer, fol. C 7 v° (*Poësie*, p. 92).
Fureur vient après pacience, fol. B 4 (*Poësie*, p. 176).
Il fut un bruit, o Marot, qu'estois mort, fol. P 3 (*Poësie*, p. 59).
Il me desplaist, madame, que mon sort, fol. B 6 (*Poësie*, p. 186).
Un mal sur mal, dit-on, n'est point santé, fol. C 8 (*Poësie*, p. 99).

810. Les Blasons anatomiques, 1550. *Rectifier* ainsi la note :

Le recueil des *Blasons* avait paru pour la première fois chez *Charles L'Angelier, à Paris*, en 1543, in-16. On ne connaît aujourd'hui que deux exemplaires de cette première édition. L'un a figuré, en 1819, à la vente des livres de White Knight (pseudonyme du marquis de Blandford) (Cat., n° 469) ; il a repassé à la vente de R. S. Turner faite à Londres en 1888 (Cat., I, n° 375), puis à celle du baron J. Pichon (Cat. de 1897, n° 892) ; l'autre est porté sous le n° 655 dans le Catalogue de la vente Guyot de Villeneuve, 1901.

811. Blasons, 1807.

Méon a suivi dans son édition le texte de 1550, dont il a même reproduit les fautes.

817. Les Œuvres de Mre François de Malherbe, 1630. *Lire* à la l. 5 : 720 et 228 pp.

827. Œuvres de Bensserade. *Lire* l. 1 de la note :

...représentant les armes de la maison de Lorraine.

882. Poésies de Théophile Gautier, 1830.

L'autographe joint au volume est d'un homonyme de l'auteur.

887. Les Fleurs du Mal, 1858.

La première édition est datée de 1857.

991. Le Tresor et Cabinet des plus belles chansons. *Lire* au 4° alinéa de la note :

Cette chanson a été reproduite par Paul Lacroix dans le recueil de Delloye (ci-après, n° 1014), 1re livraison.

1018. Cantiques du premier advenement de Jesu-Christ, 1553. *Ajouter* à la fin de la note :

Les pp. 5-12 contiennent une ode et un sonnet d'ESTIENNE JODELLE, Parisien ; les pp. 13-15, une ode et un sonnet de REMY BELLEAU ; la p. 16, un sonnet de MARC-ANTOINE DE MURET.
Les noëls sont au nombre de 14 (le numérotage, qui est inexact, n'en indique que 13). Ils sont tous accompagnés de la musique notée. Nicolas Denisot y a joint cinq petites pièces appelées *Chants*. A la p. 104 est un sonnet de REMY BELLEAU.

1021. Chansons novelles en lengaige provensal.

Nous croyons pouvoir attribuer l'impression de ce livret à *Jacques Moderne*, de Lyon, en le rapprochant d'une pièce qui porte la marque de ce typographe : *La Balade des Lutheriens* (voy. Cat. Pichon, 1897, n° 774).

1032. Canti XI, composti dal Bandello, 1545. A l'avant-dernière l. de la note :

Strasbourg, *Lire* : Genève.

TOME SECOND

1060. La Tragedie d'Euripide, nommee Hecuba. *Rectifier* ainsi la fin de la note :

L'auteur de la traduction d'*Hecuba* et des poésies qui y sont jointes n'a signé ses œuvres que de la devise *Rerum vices*. On croit communément que c'est la devise de Lazare de Baïf, père du poète Jean-Antoine ; mais, suivant une observation du regretté René Sturel, ce doit être celle de GUILLAUME BOCHETEL, SEIGNEUR DE SACY, conseiller du roi et secrétaire de ses finances. Nous savons par François Habert et par Barthélemy Aneau que Bochetel avait traduit des pièces d'Euripide (Goujet, *Bibliothèque franç.*, IV, p. 179) ; or l'épître au roi qui précède notre volume paraît être de lui et non de Baïf. L'auteur de l'épître dit, en effet, qu'il a fait traduire la pièce de grec en latin par ses enfants et par leur précepteur. Bochetel avait quatre fils et cinq filles, et le précepteur de ses fils était Jacques Amyot, tandis que Baïf n'avait qu'un fils unique.

Le ms. 1688 (613) de Chantilly, qui contient la *Tragedie des Troades* d'Euripide traduite en vers français, doit aussi être attribué à Bochetel. On y reconnaît la main d'Adam Charles, le copiste employé par Amyot.

1073. Fragments d'un Mistere de la Conception.

Les fragments manuscrits appartiennent au *Mystère de la Passion* d'Arnoul Gréban. Ils correspondent aux v. 3993-4096, 4525-4623, 4671-5174 de l'édition qu'en ont donnée Gaston Paris et Gaston Raynaud. Deux pages, qui contenaient les v. 4041-4065, 4549-4574, ont été rendues illisibles par le collage.

1079. Istoire de la destruction de Troye. Ms. Après les premiers vers des deux ballades finales, *Ajouter* p. 17 :

Ces deux pièces se retrouvent, avec le nom de BLOSSEVILLE, dans un ms. de la Bibliothèque nationale (fr. 9223, fol. 65 v°-66 v°).

1104. Le Triomphe de la Ligue, 1607. *Ajouter* au second alinéa de la note :

On trouve un sonnet de Nérée sur l'*Ostende assigée* [sic], à la fin de *La nouvelle Troye* de Henry Haestens, 1615.

1121. L'Inconnue, 1655. *Ajouter* :

Par FRANÇOIS LE MÉTEL, ABBÉ DE BOISROBERT.

1122. Theodore. *Lire* p. 41, l. 1 :

A madame la Procureuse Generale [Marie-Madeleine de Castille-Villemareuil, seconde femme de Nicolas Fouquet].

1146. Polyeucte, *lire* l. 6 : mar. bl. jans., tr. dor. (*Mercier*.)

1503. Les Passages de oultre mer. *Rectifier* ainsi la note :

Cette compilation est souvent attribuée à Sébastien Mamerot : mais l'attribution est erronée. Mamerot est simplement l'auteur des *Passaiges d'oultremer faitz par les Françoys* (Paris, Michel Le Noir, 27 novembre 1518, in-fol. goth.). Voy. L. Delisle, dans le *Journal des savants*, 1894, pp. 40-41.

1518. Œuvres de Rabelais, 1711. *Rectifier* ainsi la collation :

Tome second : 1 f. blanc, titre, viij et 287 pp., plus 2 ff. de *Table*.
Tome troisième : 1 f. blanc, titre, xix et 272 pp., plus 2 ff. de *Table*.
Tome quatrième : 1 f. blanc, titre, lv et 288 pp., plus 2 ff. de *Table*.

1577. Paul et Virginie, 1806. *Lire* à la note :

Figures avec la lettre, imprimées en couleur.

1746. Petit Traité de Arnalte et Lucenda, 1581. *Lire* dans le dernier alinéa de la note, l. 6 :

La version italienne, faite sur cette traduction française, fut publiée à Lyon, par *Eustace Barricat* en 1555, in-16, puis par la *vefve de Gabriel Cotier*, etc.

1748. La Diane de George de Monte-mayor, 1587. *Ajouter* à la fin de la note, p. 276 :

On trouve dans les *Œuvres poétiques* de J. Bertaut (éd. Chenevière, 1891, p. 297) un sonnet *Sur la traduction de la Diane de Montemayor faicte par madame de Neufvy* ; nous ignorons si cette traduction a été imprimée.

1778. Les Bigarrures du seigneur des Accords.

Les deux planches pliées qui doivent se trouver aux ff. 174 et 200 du *Livre premier* manquent à notre exemplaire.

1808. Procez nouvellement intenté..., 1634. *Ajouter* au premier alinéa de la note :

Il faut le rapprocher... et d'un chant royal qui figure dans *La Muse normande* de David Ferrand : *Satyricum de botibus* (éd. Héron, I, p. 149).

1833. Contramours, 1581. *Lire* au 5ᵉ alinéa de la note :

C'était Piatino de' Piatti, auteur de poésies latines imprimées à Milan en 1502.

1837. Le Fort inexpugnable de l'honneur du sexe femenin, 1555. *Ajouter* à l'avant-dernier alinéa de la note, p. 337 :

François de Billon avait été secrétaire du duc de Parme Ottavio Farnese ; il est cité avec cette qualité en 1533. Voy. Alexandre Vitalis, *Correspondance politique de Dominique Du Gabre* (1903), p. 34.

1862. Les Propos memorables. *Lire* à la note :

Le volume, qui est une traduction des *Elegantissime Sentenze ed aurei Detti* de Niccolò Liburnio, se compose, etc.

1898. Lettres écrites de la Montagne, 1765.

Il existe de cet ouvrage au moins une édition datée de 1764. Jean-Jacques avait envoyé son manuscrit à Rey au mois de juillet 1764, et les premiers exemplaires arrivèrent aux mains des lecteurs en décembre de la même année. L'édition de MDCCLXIV, dont Eugène Ritter nous a communiqué jadis la description, se compose pour la *Première Partie*, de 1 f. pour le titre, 4 ff. pour l'*Avertissement*, la *Table*, l'*Avertissement du libraire*, l'*Errata* et l'*Avis au relieur*, et 334 pp. in-8. — La Seconde Partie compte : 1 f. de titre, 226 pp. et 1 f. pour le *Catalogue des livres qu'on trouve chez Marc-Michel Rey*.

1941. Itinerario de Ludouico de Varthema, 1518. *Ajouter* à la note, p. 418 :

<blockquote>Une traduction française des *Voyages* de Varthema, due à Balarin de Raconis, commissaire de l'artillerie sous François I**, a été publiée par Charles Schefer (Paris, Leroux, 1888, gr. in-8).</blockquote>

1948. Mundus novus. *Rectifier* la fin de la note, p. 424 :

<blockquote>L'édition donnée par *Jehan Lambert* à *Paris* contient les figures des constellations.</blockquote>

1952. Lettera di Amerigo Vespucci. *Lire* l. 3 : in-4 de 16 ff.

1967. Les Voyages de la Nouuelle France, 1632. *Lire* à la note, l. 1 :

<blockquote>Ce volume se compose de 9 ff. lim., 308 et 310 pp., plus 1 f. blanc pour les *Voyages*....</blockquote>

Au 3ᵉ alinéa :

<blockquote>Après l'*Advertissement* sont placés 4 ff. paginés 1-10, 11-4, 5-14, 15-8 pour la *Table des chapitres*.</blockquote>

1989. Histoire d'un Voyage faict en la terre du Bresil, 1578. *Lire*, à la 4ᵉ l. de la p. 466 : *Genève*, au lieu de *La Rochelle*.

2028. La vie de ma dame saincte Katherine. *Lire* au 4ᵉ alinéa de la note :

<blockquote>La *Vie*, traduite du texte latin écrit par RAIMOND DE CAPOUE vers 1392, est divisée, etc.</blockquote>

Ajouter au même alinéa :

<blockquote>Il existe de cette version française divers manuscrits plus anciens. Voy. notamment Lille, n° 108 (Le Glay, p. 129) et Carpentras, n° 464 (Lambert, I, p. 283).</blockquote>

2033. Histoire memorable de la persecution..., 1556. *Ajouter* au 2ᵉ alinéa de la note, p. 503 :

<blockquote>Crespin avait été autorisé par le Conseil de Genève, le 29 mars 1955, à faire cette publication (*Registre des particuliers*, 89, fol. 25 v°). — Communication de M. Alfred Cartier.</blockquote>

2096. Histoire de Mʳᵉ Jean de Boucicaut, 1620. *Ajouter* à la note :

<blockquote>Gustave Guyot de Villeneuve a établi avec beaucoup de sagacité que le *Livre des faits* de Boucicaut est probablement l'œuvre de l'ancien aumônier du maréchal, frère HONORAT DURAND. Voy. *Notice sur un manuscrit du XIV° siècle : les Heures au maréchal de Boucicaut* (Paris, pour la Société des Bibliophiles françois, 1889, in-fol.).</blockquote>

2109. Les lettres enuoyees a Paris, [1509]. *Lire* au début de la note :

<blockquote>Ces caractères sont ceux de *Claude d'Avost*, imprimeur à Lyon.</blockquote>

2122. La totale et vraie Description de tous les passaiges...,
1515. *Ajouter* à la note :

Certains exemplaires contiennent une carte double dont on trouvera la reproduction dans le Catalogue de M. Charles Fairfax Murray, *Early French Books*, 1910, n° 511.

TOME TROISIÈME

2143. La Magnificence des triumphes..., 1549. *Ajouter* à la fin de l'article :

La même signature : DE VILLEMOR, avec la date de 1549, se trouve à la fin d'un exemplaire d'une autre pièce publiée le même mois : *L'Ordre et les Articles du tournoy*, etc. (Cat. H. Destailleur, 1891, n° 204).

2156. Recueil de pieces relatives au prince de Condé. *Lire*, p. 11, l. 23 :

Quant à l'imprimeur, ce ne peut être qu'*Éloy Gibier*.

Ajouter à la fin de l'article :

L'exemplaire de la Bibliothèque du château de Chantilly contient trois autres pièces, savoir :
11 a. Sommaire Declaration et Confession de foy faite par Mgr le Prince de Condé contre les calomnies et impostures des ennemis de Dieu, du roy et de luy (5 juillet 1562).
11 b. Protestation faicte par la Royne d'Angleterre, par laquelle elle declare les justes et necessaires occasions qui l'ont meue de prendre la protection de la cause de Dieu...
12 a. Prieres ordinaires des soldatz de l'armée conduite par Mgr le Prince, etc.

2194, p. 42, art. 39 : *Beauvais*. *Lire* : *Beauvoir*.

2222, p. 62, 16ᵉ ligne. *Lire* : JEAN BOUCHER.

2242, p. 79, art. 11, avant-dernière ligne. *Lire* : *L'A banny du françois*.

2249. La Souffrance de la ville de Paris, 1591. *Lire* p. 86, l. 2 de la note :

Cette pièce a peut-être été imprimée à *Montauban*, d'où *Jean de Tours* a daté *L'Entreprise de la Ligue* (1590). Voy. Cat. Lignerolles, IV, n° 1474.

2292, p. 105, l. 24. *Lire* : Henriette-Anne d'Angleterre.

2367. L'Histoire de la guerre d'Escosse, 1556. *Ajouter* p. 160, l. 5 :

et à Bordeaux en 1862, avec un avant-propos du comte de Montalembert.

2373. Martyre de la Royne d'Escosse, 1588. *Lire*, à la fin du 2e alinéa de la note :

Nicolas Rapin, Poitevin.

2410. Les Cerimonies observees au coronement de l'Empereur, 1533. *Rétablir* ainsi les dernières lignes de la note :

Il diffère de la relation imprimée par *Guillaume Vorsterman à Anvers*, sous ce titre : *La Couronnation de l'empereur*, etc. (ci-après, n° 2717). Une autre édition est décrite par Mlle Pellechet dans son *Catalogue des livres de Claude Guilliaud* (1890), n° 85.

2416. De Morini quod Terouanam vocant... expugnatione, 1555. *Compléter* ainsi le 1er alinéa de la note :

Ajoutons que l'original latin avait été primitivement reproduit par B. P. Hişdău dans le journal *Lumina* (II-III) et que le même auteur en a donné, en 1865, dans son *Archiva istoricǎ a Romániei* (II, 70-76) une traduction roumaine due à P. Rășcan.

2418. Les Obseques... de l'empereur Charles cinquieme, 1559. *Ajouter* à la note :

Le Catalogue H. de Landau (II, 1890, p. 504) mentionne une édition italienne : *Descrittione della pompa funerale fatta in Brussella a li xxix. di Dicembre 1558. per la felice et immortal memoria di Carlo V. imperatore, et fatta ristampare di nuovo in Fiorenza tradotta di lingua fiamminga in italiana per M. Francesco Ricci, di Padova*. Fiorenza, 1589. In-8.

2461. La vraye Histoire du Siege... de Famagoste, 1572. *Ajouter* p. 231 :

D'après Du Verdier (I, p. 612), le traducteur français est François de Belleforest.

2524. Le Mercure galant, etc. P. 291, année 1691. *Ajouter* à l'article la relation suivante :

Relation || de || la Bataille || donnée Auprès de Fleurus par l'Armée du Roy. || 1. Juillet 1690. sous les ordres de M. le || Mareschal Duc de Luxembourg. || Avec un Plan qui marque tous les mouvemens que || ce General a faits pour la gagner. || *A Lyon*, || *Chez Thomas Amaulry*, || *ruë Merciere au Mercure Galant*. || M.DC.XC [1690]. In-12 de 8 ff., 200 et 58 pp.

P. 292, année 1692. *Ajouter* à l'article :

Relation || du || Combat de Stein-Kerke. || *A Paris*, || *Chez Michel Brunet*. || M.DC.XCII]1692]. In-12 de 4 ff. lim., dont le premier est blanc, et 232 pp.
Il est dit dans l'avis au lecteur que cette *Relation* est de la même main que l'*Histoire du siege du chasteau de Namur*.

P. 294, année 1702, mois de *Juin*.

Supprimer les mots : En même temps que ce volume, etc. — *Ajouter* après les *Relations diverses* : *Suite de la Journee de Nimegue*. — *Suite du Journal de l'armée du Roy en Italie* : 84, 144, 93 et 104 pp.

P. 295, année 1703. *Ajouter* :

Journal du Siege de Brisac, reduit sous l'obeissance du Roy, par Monseigneur le Duc de Bourgogne. Dedié a Sa Majesté Britannique. *A Paris, Chez Michel Brunet, grand Salle du Palais, au Mercure Galant*, M. DC. III [sic pour 1703]. Avec Priuilege du Roy. [*De l'Imprimerie de D. Jollet.*] In-12 de 33 ff. lim., 1 f. blanc et 298 pp.

ADDITIONS ET CORRECTIONS

P. 299. *Ajouter* en titre, après l'année 1723 :

MERCURE DE FRANCE

En tête du premier volume de 1724 on trouve une épître adressée au roi par les « auteurs du *Mercure* », et un *Avertissement* qui annonce le changement de titre.

P. 311. Année 1768. *Supprimer* le titre : MERCURE DE FRANCE.

2533, *Lire* à la 1re ligne de la note : Manuscrit flamand.

2580. Le Temple de mars. *Lire* au 3e alinéa de la note :

Les caractères sont ceux de *Jehan de Vingle*, imprimeur à Lyon. Voy. Claudin, *Histoire de l'imprimerie en France au XVe siècle*, tome IV.

2585. Le Conseil des oiseaux. [*Lyon* et non *Paris*]. *Ajouter* p. 393 :

Les caractères sont ceux que *Martin Havard* a employés dans l'édition de L'*Abuzé en court* (t. I, n° 521).

2591. Euvre nouvellement translatee de Italienne rime... *Lire* ainsi le 5e alinéa de la note :

L'original italien est l'œuvre de SIMEONE LITTA, ou SIMON DE MILAN, auteur dont nous avons décrit deux autres ouvrages traduits en français : un livre de recettes (t. I, n° 314) et la *Lamentation de Venise* (n° 569 et *Additions*). En voici le titre : *Opera novamente composta ne la quale se contiene come la sacra Maesta del Re è venuta de Franza e gran parte de li signori che a menato con seco el giorno che entrò in Milano e quando el se partì, e come tolsen Revolta ala rota del campo e la signoria, e come preseno el signore Bartholomeo Dalviano e come fu menato a Milano, e la legreza che hebe li Milanesi, e tutto quel ch'e stato fine al presente*. S. l. n. d. [1509], in-4 (Biblioth. ambrosienne à Milan, recueil S. Q. O. 7. 39, n° 4).

2593. Museus..., 1541.

Les vers de Marot, sauf le quatrain final, se trouvent dans l'édition des *Œuvres complètes de Marot* donnée par Jannet, t. II, pp. 121-126.
Une autre copie manuscrite du *Cantique* était jointe à un exemplaire de l'*Adolescence clementine*, édition d'Anvers, 1539, qui est porté au Catalogue du comte d'Hoym, n° 2282.

2594. Recueil de pièces sur la querelle de Marot et de Sagon. P. 413, art. 14. Contre Sagon et les siens. *Lire* :

In-8 de 4 ff. non chiffr., sign. A.

Article 15. Epistre responsive. *Lire* :

In-8 de 7 ff. et 1 f. blanc, sign. A-B.

Ajouter à la note :

A la suite, est réimprimée l'épître de P. S. « A Sagon et a ses Sagonneaux, pour Clement Marot. »

2640. F. A. F. Poete Regii libellus.

Les initiales désignent probablement FAUSTUS ANDRELINUS Forojuliensis.

2653, p. 456. *Lire* à la l. 24 de la note :

L'impression aura sans doute été faite à *Cologne*. Les mêmes grandes lettres, tout au moins, ont été employées dans cette ville par *Johann Koelhoff* et *Martinus de Werdena*.

2662. *Ajouter* au 2ᵉ alinéa de la note :

Prigent Calvarin épousa, par contrat du 29 juin 1523, *Jehanne Néret*, veuve de *Jehan de Gourmont*. Voy. *Bull. de la Soc. de l'histoire de Paris*, 1893, p. 122.

2671. Le Recœul du Triumphe solempnel... [1529]. *Lire* au début de la note :

Le titre est orné d'un grand écu aux armes de Croy-Renty.

Au 4ᵉ alinéa :

La pièce sort des presses de *Bonaventure Brassart* à *Cambrai*.

2683, *Ajouter* à la note :

Cet exemplaire porte sur le titre la signature de Michel Bachelier (xviiᵉ siècle).

2714. L'Ordonnance des royaulmes, duchez, etc., [1519]. *Lire* p. 495, au 5ᵉ alinéa de la note :

Le portrait de Charles Quint se retrouve sur le titre du volume suivant : Ordonnances de la court de Parlement/ et aultres officiers de Lempereur en son conte de Bourgoingne : touchant la iustice et administration dicelle. *Imprimees Mil D. XL* [1540]. — [A la fin :] *Imprimees pour Iehan du Molin/ marchand libraire de Lysle en Flandre mil cinq cens quarante*. In-4 goth. de 56 ff., dont le dernier porte, au v°, l'aigle impériale. L'impression paraît avoir été exécutée par *Martin De Keysere*, ou *L'Empereur* à *Anvers*. (Éd. Rahir.)

2745. Des. Erasmi Ecclesiastae Libri. *Ajouter* à la note, p. 17 :

L'exemplaire n° 3, dont on avait perdu la trace depuis 1906, s'est retrouvé dans la succession de Frederick Kellegg Trowbridge, de New York, mort en 1917.

2765. Vocabulaire. *Lire* au titre l. 4 : *Anthoine* ; l. 7 : *presidens*.

2769. Vocabularium, v. 1525.

La figure qui orne le titre se retrouve en tête d'une édition des *Faictz du seigneur Nemo* que nous décrivons plus loin (n° 3376).

TOME QUATRIÈME

2754. [Enseignements d'Anne de Beaujeu], 1535. *Ajouter* p. 28, à l'avant-dernier alinéa de la note :

A l'année 1532 également appartiennent trois pièces que Jehan Barril fit imprimer pour le chapitre général des frères mineurs de l'observance tenu à Toulouse. Deux de ces pièces racontent le martyre du frère André de Spolète ; la troisième est relative aux affaires des Indes orientales. (Biblioth. nat., Invent. Rés. K 679.)

ADDITIONS ET CORRECTIONS

2819. Œuvres poëtiques de Jehan d'Auton. Ms. *Ajouter* p. 143, lettre *a* :

> Ce rondeau (D'ung austre aimer...) figure, avec une mélodie à trois parties, dans un chansonnier manuscrit de la fin du xv⁰ siècle appartenant au comte Alexandre de Laborde, fol. 18 v°.

2841. L'Epistre de ma dame la daulphine de France [1518]. *Lire* ainsi, p. 177, le 3ᵉ alinéa de la note :

> Les caractères et l'écu, gravé sur métal, qui orne le titre appartiennent au matériel de *Jehan Richart*, imprimeur à Rouen, et se retrouvent, la même année, dans une édition du *Livre et Forest* de Bernardin Rince (Biblioth. nat., Rés. L³⁰. 2936).

2973. Recueil de poésies du xvıᵉ siècle. *Lire* p. 298, au-dessous de l'article 27 :

> Les 24 pièces dont nous venons de donner les premiers vers se retrouvent dans l'album de Marie de Montmorency, qui est décrit plus loin (n° 3197 et *Additions*). Elles ont été imprimées par M. F. Gohin dans les *Mélanges Picot*, 1913, I, pp. 395-407.

2973. Recueil de Chansons italiennes et françaises. *Ajouter* à la note p. 317 : Art. 30 : Tout aparmoy... :

> Et dans le chansonnier manuscrit du comte Alexandre de Laborde (fol. 11 v°), avec une mélodie à trois parties de Du Fay.

Art. 31 :

> Et dans le chansonnier manuscrit que nous venons de citer (fol. 22 v°), avec une mélodie à trois parties de Du Fay.

3197. Recueil de poésies françaises offert à Marie de Montmorency. *Ajouter* p. 587, après le 9ᵉ alinéa de la note (*Jalousie*) :

> Ce huitain et les 23 autres huitains qui suivent se retrouvent, avec les noms de Claude de Bombelles, seigneur de La Vaux, et de Marguerite d'Angoulême, dans un manuscrit de la Bibliothèque nationale (fr. 1700, fol. 25-30). Nous en avons donné le détail en décrivant le recueil n° 2965, p. 297. Ils offrent ici quelques variantes et sont placés dans un ordre différent. Nous venons de renvoyer à l'édition qu'en a donnée M. F. Gohin, en 1913, dans les *Mélanges Picot*, II, pp. 395-407.

3198. Cantiques sur la nativité de Nostre Seigneur Jesus Christ, 1558. *Ajouter* en tête de la note :

> Les initiales qui se lisent sur le titre ont été altérées par l'imprimeur et désignent Jean Girard, d'Auxonne. Le volume sort des presses de Pierre Fradin. Voy. Baudrier, *Bibliographie lyonnaise*, X, p. 230.

TABLE ALPHABÉTIQUE GÉNÉRALE

Dans l'ordre alphabétique l'*y* n'est séparé de l'*i* que s'il équivaut réellement à deux *i*, ou s'il représente la voyelle grecque.

Les différentes formes d'un même nom ont été rapprochées sans tenir compte de certaines variantes graphiques.

Les chiffres qui ne sont pas précédés de l'indication du tome se rapportent au tome I.

Aach (Walter), de Mayence : inscription dans un album (1592), V, 3368.

Abadie (Aug.), relieur à Toulouse, 760.

Abbadie (Jacques) : *Traité de la vérité de la religion chrétienne* (1689), 45.

Abain (Louis Chastaigner de La Rochepozay, sieur d'). Voy. Chastaigner.

Abbaye de Sainte-Geneviève à Paris : volume en provenant, IV, 2868.

Abbes de Cabrérolles, collabore à l'*Encyclopédie* (1751-1777), III, 2523, p. 279.

Abbeville, est déclarée rebelle au roi (fév. 1589), III, 2219, art. 9 ; 2194, p. 43.

Abclag beder Königen von Franckreych und Engelandt, auch Römischer Kay. Mayestät (1528), II, 2134.

Abel, architecte, cité par Guy Le Fèvre de La Boderie (1578), IV, 3183.

Abel : Schiller lui dédie son *Fiesko* (1784), II, 1475.

Abel (Michel) : inscription dans un album (1593), V, 3370.

Abercromby (Patrick), traducteur de l'*Histoire de la Guerre d'Escosse*, par Jan de Beaugué (1707), III, 2367.

Abysme arrivé à la ville de Pleurs (1618), III, 2445.

Abouchement (L') de notre sainct pere le Pape, l'Empereur et le Roy (1538), III, 2674 ; IV, 3108.

Abra (J. d') de Raconis : inscription dans un album (1589), V, 3368.

Abraham (Maître), est tué à la Saint-Barthélemy (1572), IV, 3191.

Abraham (Claude), cité par Fr. Habert (1549), IV, 2868.

Abraham (Noël), impr. à Lyon (1509), 480, *Additions* ; II, 2108, 2110.

Abrantès (Laure Permon, dame Junot, duchesse d') : Al. Dumas lui dédie *Kean* (1836), II, 1371.

Abregé (Nouvel) chronologique de l'histoire de France (1749), II, 2094.

Abregé de l'histoire de la Ligue (1709), III, 2251.

Abregé des Antiquitez de la ville de Paris (1664), III, 2306.

Abregé des estats de la Ligue (1709), III, 2251.

Abregé d'un discours fait avec Sa Saincteté par aucuns de ses confidans après le departement de M. l'evesque de Paris, 1576 (1589), III, 2194, p. 40.

Abriard (Mlle), citée par M. Guy, de Tours (1598), IV, 2948.

Abschrift (Die) aus dem Original, so der Türck... geschriben hat, trad. en français (1526), IV, 3142.

Abundance (Jehan d'), *Faictz de Nemo* (v. 1530), V, 3376 ; (v. 1540), 565, 566 ; — *Testament de Carmentrant* (v. 1540), II, 1086.

Abuzé (L') en court (v. 1491), 521 (v. 1510), IV, 2829.

Abyssinie. Voy. Alvarez (Francisco), *Ho Preste Joam das Indias* (1540), II, 1944.

Abzac : généalogie, III, 2495.

Académie françoise. Voy. *Lettre de M. de Scudery à l'illustre Academie* (1637), II, 1142, art. 13 ; — *Les Sentimens de l'Academie françoise sur la tragi-comedie du Cid* (1638), II, 1143 ; — *Dictionnaire* (1762), 329 ; — *Recueil des pièces d'éloquence présentées en 1743-1744*, 391.

Accademia olimpica : son emblème (1562), IV, 3077.

Accault (Michel), voyageur au Canada (1680), II, 1975.

Accents employés par Geofroy Tory en 1533, II, 1917; — employés par Jehan Favre dans un texte ms. vers 1540, V, 2250; — employés dans le corps des mots en 1555, II, 1837; — en 1557, II, 1089; — en 1568, 728; — en 1581, II, 1833.

Acciaiuoli (Donato), traducteur de Plutarque (xv* siècle), IV, 3151.

Accolto (Benedetto), cardinal : P. Manuzio lui dédie son édition des discours de Cicéron (1559), II, 1902, art. 5.

Accolto (Francesco), évêque d'Ancone : Bern. di Giunta lui dédie son édition d'Aristophane (1515), II, 1062.

Accoramboni (Fabio), publie le *Tractatus de lacte* composé par son père (1536), IV, 3161.

Accoramboni (Felice) : Lettres à Gio. Giorgio Trissino (1549-50), IV, 3078.

Accoramboni (Girolamo) : *Tractatus de lacte* (1538), IV, 3161.

Accort et Capitulation faict entre le roy de Navarre et le duc Cazimir ... 1587 (1588), III, 2242, art. 6.

Accordo (Il felicissimo) fatto tra la Cesarea Maestà et il christianissimo re di Francia (1556), V, 3304.

Accords (Les) et Promesses d'amitié traictées entre les roys d'Espagne et d'Angleterre (1616), III, 2374, art. 1.

Accorso (Marino Angelo) : portrait dans les *Icones* de N. Reusner (1589), V, 3370.

Aceilly (Le chevalier d'). Voy. Cailly.

Achille, musicien, cité par N. Rapin (1610), IV, 2944.

Achillino (Alessandro) : portrait dans les *Icones* de N. Reusner (1589), V, 3370.

Acigné (Pierre d') : Fr. Habert lui dédie *La Chrysopée* (1549), 646.

Acis et Galathée (1718), II, 1456.

Ackermann (Georg), « Agricola » : inscription dans un album (1573), V, 3365.

Ackermann (Johann), « Agricola », d'Amberg, inscription dans un registre (1567), V, 3367.

Ackermann (Johann), ou Agricola, d'Eisleben assiste au couronnement de Maximilien comme roi des Romains (1562), III, 2419.

Acquaviva (Anna d'), dite Mlle d'Atri, citée par Guy Le Fèvre de La Boderie (1578), IV, 2930. — Guill. Belliard lui dédie la traduction d'un épisode du *Furioso* (1578), IV, 2932.

Acreigne (C. d') : le *Legat testamentaire du prince des Sots* lui est dédié (v. 1615), IV, 3005, p. 365.

Actes de la seconde seance des estats generaux (18 oct. 1588), IV, 3127, art. 8.

Actes (Les) et Dispense du mariage entre Henry de Bourbon et Marie de Cleves (1573), IV, 3122.

Action de graces à Dieu et Chants de triomphe (1588), 792.

Actions (Les) du temps (1622), II, 1796, art. 10. — Voy. *Commentaires (Les) de César*.

Actions (Les grandes) et notables changements que le Roy d'Espagne Philippe IV a fait à son advenement (1621), III, 2437.

Actu (De inclito atque apud Germanos rarissimo) ecclesiastico... (1518), IV, 3136.

Adam et Eve, dizain (1541), IV, 2737.

Adam, traducteur de *Psaumes* (vers 1510), IV, 2736, p. 5.

Adam (Maître). Voy. Billaut (Adam).

Adam jeune, grav., II, 1909.

Adam (Jean), laboureur, et Marie L'Hôte, sa femme (1704), II, 1883, V, art. 5.

Adam (Lucien), cité, II, 1986.

Adam (P.), grav., II, 1180, 1665.

Adanson (Michel), collabore à l'*Encyclopédie* (1751-1777), III, 2523, p. 279.

Adda (Le marquis Girolamo d'), bibliophile, II, 1230; IV, 2745.

Adélaïde de France, fille de Louis XV : volume lui ayant appartenu, II, 1745.

Adélaïde-Henriette de Savoie, duchesse de Bavière : son portrait (1657), 833.

Adel[phus], probablement Frère ou Le Frère, traduit les *Psaumes*, 100, 113, 133 et 150 (1541), IV, 2737.

Adevineaux (Les) amoureux, cités, II, 1774.

A-Dieu (L') à Phœbus et aus Muses (1559), IV, 2915.

Adieu (L') de la Messe (1562), 98, art. 6.

A-Dieu (L') de madame de Puysieux à la cour (1624), II, 1798, art. 6.

Adieux (Tristes) des filles de joye au depart pour Mississipy (1722), 1000.

Adine (Giron d'), sieur d'Auteserre, consul de Cahors (1586), V, 3357.

Adlinger (Johann Arnold) von Arnoldstein : inscription dans un album (1620), V, 3370.

Admirée (L'), mattresse de Tahureau : J. de La Péruse parle d'elle (v. 1557), IV, 3022.

Admonition decernée par l'official de Paris (1562), III, 2549.

Adolescent (L'), compose des vers pour le *Puy du souverain amour* (1543), 804.

Adonias, sujet d'une tragédie de M. Philone (1586), II, 1093.
Adonville (Jacques d') : Regretz et Peines des maladvisez, cités. 137 ; — Les Moyens d'eviter melencolye (v. 1540), I, 481 ; cités, 137.
Adorno (Girolamo) : son emblème (1562), IV, 3077.
Adrastie, femme chantée par François Le Poulchre de La Motte-Messemé (1587), V, 3274.
Adrien (Saint) : sa Vie par le P. Martin Le Brun (1631), IV, 3097.
Adventures (Les) et Amours du capitaine Rodomont (1629), II, 1794 ; (1634), 1795.
Adventureux (Le jeune), 1515. Voy. La Marck (Robert III de), seigneur de Fleurange.
Advertissement à la republique sur le concile national, 1586 (1589), III, 2194, p. 40.
Avertissement à messieurs du Puy, 1563, art. 12.
Avertissement à tous vrais François (1589, 1758), III, 2194, p. 40.
Advertissement au lecteur par lequel est sommairement discouru de ce qui se passa en divers lieux de France... à la fin de l'an 1585, en l'an suyvant 1586, III, 2194, p. 40.
Advertissement aux François catholiques (1589), III, 2240, art. 8.
Advertissement certain contenant les pertes advenues en l'armee d'Espagne (1588), III, 2433.
Advertissement du sieur de Bruscambille sur le voyage d'Espagne (1615), II, 1790.
Advertissement fait au roy de la part du roy de Navarre et de M. le prince de Condé (1587), III, 2242, art. 5.
Advertissements de l'armée que dresse le roy... contre les heretiques de Poictou (1588), III, 2221, art. 16.
Advertissemens des courriers (lis. crimes) horribles commis par les seditieux catholiques romains (1565), cités, III, 2552.
Advertissements (Neuf) pour servir à l'utilité publicque... (1601), III, 2240, art. 10.
Advertissement sur la mort de Mgr. le prince de Condé (5 mars 1588), III, 2194, p. 41.
Advertissement sur l'intention... de Messieurs de Guise (1585), cité, III, 2202.
Advertissement venu de Rheims (1575), III, 2192.
Advertissemens veritables et Conseil salutaire aux provinces de Brabant... sur les comportemens du duc d'Anjou (1583), IV, 3135.
Advijs van eenen liefhebber des Nederlandts (1579), III, 2386.

Advis aux absens (v. 1633), IV, 3153, p. 530.
Advis de ceulx qui ont esté à Bloys (1589), III, 2702.
Advis de la glorieuse victoire obtenue... au golphe de Lepantho (1571), III, 2733.
Advis de messieurs les curez de Paris [1656], 78.
Advis donné à l'archeduc de Flandres par les duc de Baviere et comte de Bucquoy (1620), III, 2420, art. 46.
Advis d'un affectionné au Pays Bas (1579), III, 2386.
Advis et Remedes souverains pour se garder de peste (1558), 195.
Advis fidelle aux veritables Hollandois (1673), III, 2407.
Advis par lettres du succès des Turcz arrivé en l'isle de Malte (1565), II, 2019, art. 1.
Advis salutaire et tresnecessaire aux gens de bien qui se laissent battre par leurs femmes (v. 1625), II, 1796, art. 19.
Advis sur les Affaires presentes d'Allemagne & de Boëme (1620), III, 2420, n° 28.
Advocat (L') des dames, IV, 2799, art. 26.
Aerscns (François), seigneur de Sommerdyck et de La Plaate, III, 2406.
Æschine, Epistolae gr. (1499), II, 1873.
Affiges des grands operateurs de Mirlinde (1618), II, 1793, 1796, art. 33.
Affliction (L') des dames de Paris sur le despart de leurs serviteurs et amis (1623), II, 1726, art. 24, 1798, art. 7.
Agamemnon, sujet d'une tragédie de Ch. Toutain (1557), II, 1089.
Agart (Paul-Antoine d') : vers à Esprit Aubert (1613), 816.
Agathias, traduit par le président Cousin (1672), II, 2083.
Agathius Scholasticus : vers sur l'image de Plutarque, III, 2735 ; — traduits par Amyot (1559), III, 2735 ; (1567), II, 1899.
Agen. Imprimeur. Voy. Reboul (Antoine), 1545.
Agenda de marine, ms. (1680), III, 2364.
Agésilas : sa vie par Plutarque (1567), II, 1999. Cf. III, 2735. — Sujet d'une tragédie de P. Corneille (1666), II, 1168.
Agiatis, reyne de Sparte (1685), II, 1543.
Agis : sa vie par Plutarque (1567), II, 1899. Cf. III, 2735.
Aglaeus, cité par N. Rapin (1610), IV, 2944.
Agostini (Giovanni), chante dans les ballets (1661-1664), IV, p. 599.

Agricola (Al.), musicien (1503), IV, 2973, art. 30.
Agricola (Georgius et Johannes). Voy. Ackermann.
Agrippa (Corneille) : son *Invectiva de incertitudine scientiarum* est imitée par Paul Perrot (1596), IV, 2949.
— *Traité de l'excellence de la femme* (1578), cité, II, 1743.
Aguilar (Juan Manrique, marquis d'), ambassadeur de Charles Quint auprès du pape Paul III (1533), III, 2459.
Ahmed I, sultan : Traité avec l'empereur Mathias, 1616 (1617), III, 2466, 2467. — *Lettres patentes du Grand Turc, ennoyees à nostre S. Pere le Pape et à l'Empereur* (1623), III, 2468.
Ahmed Etmekdžizade, grand-vizir (1616), III, 2466.
Aich (Heinrich von), impr. à Cologne (1573), III, 2174.
Aichling (Hans) : inscription dans un album (1565), V, 3365.
Aigremont (M. d'), grav., 252.
Aiguevive (G. d'), cité par J. Gohory (1549), 188.
Aiguillon (Marie de Wignerod, duchesse d') : son oraison funèbre par Brisacier (1675), 365, art. 1 ; — par Fléchier (1675), 365, art. 2.
Aiguillon (Mme d'), sollicitée par Voltaire (1748), II, 1324.
Ailhaud de Méouille : notice généalogique, III, 2495, p. 252.
Ailleboust (Jean d'), « Albosius » : prosopopée de Th. Zwinger en tête des *Icones Germanorum* de Reusner (1589), V, 3370.
Ailly (L'abbé d'), publie les *Maximes* de Mme de Sablé (1678), 158.
Ailly (Louis d'), vidame d'Amiens : A. Fauquel lui dédie son *Discours du testament de la prinse de la ville de Guines* (1558), 666.
Aymard (B.) : vers à Joseph de La Pise (1639), III, 2348.
Aymard (Vincent), fait imprimer *Les Voyages avantureux* de Jan Alfonce (1559), II, 1957.
Aimée (L'), femme de Pierre de Brach (1576), IV, 2931.
Aymey (Jehan) : Fragment de compte, IV, 2819, art. 4 d.
Aimé-Martin (L.). Voy. Martin.
Aimery (Germain) : épître à lui adressée par Jehan Bouchet, et réponse (1525), 508.
Aimery (J. A. T.) : distiques latins à Flaminio de Birague (1585), IV, 2939.
Aymini : généalogie, III, 2495.
Aix en Provence. Imprimeur. Voy. Tholosan (Jean), 1611.
Ainval (Marie d'), III, 2536.

Aix (Le marquis d'), à La Serraz : volumes lui ayant appartenu, II, 1083 ; IV, 2803.
Aix-la-Chapelle. Voy. *Discours simple et veritable du trouble... advenu en la ville d'Aix* (1611), V, 3361.
Al..... (chevalier d') : Mélodie dans les *Chansons* de Piis (1785), 1003.
A la Barbe (Jehan), ou de Bourgogne auteur présumé du livre de *Mandeville*, III, 2633.
Alabat (Guillaume), éditeur du *Mystere des Actes des apostres* et libr. à Bourges (1538, n. s.), II, 1074.
Alain (Pierre) et André Chauvin, impr. à Angoulême (v. 1492), 41, 557, 561, 572. — Peut-être ces impressions appartiennent-elles à Antoine Caillaut à Paris.
Alamanni (Antonio) : vers dans les *Trionfi, Carri, ecc.* (1559), 1028.
Alamanni (Luigi) : sonnet à lui adressé par N. Martelli (v. 1543), IV, 3000, p. 358.
Alard d'Amsterdam : vers à Érasme (1553), III, 2568, art. 9.
Alardi (Pons), apothicaire à Cahors (1586), V, 3357.
Alardin, l'un des auteurs des *Cent Nouvelles nouvelles* (v. 1457), II, 1694.
Allarme (La furieuse) donnee à la ville de Constantinople par l'armee de Pologne (1621), III, 2470.
Albain (Saint) : sa *Vie* (v. 1530), IV, 3098.
Albano (Gio. Francesco). Voy. Clément XI, pape.
Albe (Hernando Álvarez de Toledo, duc d') : *Chanson nouvelle* de la victoire obtenue par lui sur le prince d'Orange (1568), 986, art. 7. — *Voyage en Flandre* (1570), III, 2377. — *Victoire sur Guillaume le Taciturne* (1572), III, 2378.
Albemarle (Anne Monk, duchesse d') : Brémond lui dédie ses *Memoires galans* (1680), II, 1708.
Alber (Erasmus) : *L'Alcoran des cordeliers* (1734), II, 2024.
Albergati (Vianesio), paraît être le véritable auteur de *La Pazzia* (1541), II, 1827.
Albert le Grand (?) : *Secreta mulierum*, s. d., 190.
Albert. Voy. Dürer.
Albert (A.), dess., II, 1072.
Albert (Jacques), *Estat de l'Ægypte* (1651), II, 1922.
Albert (Marie-Louise d') : lettres à elle adressées par Bossuet (1690-1695), IV, 3079, pp. 441-443.
Albertano de Brescia : *L'Art et Science de bien parler* (v. 1500), 524 ; (1517, n. s.), 525. — *Melibée et Prudence* (1504), II, 1506 ; (1514), 1507.

Albertas : notices généalogiques, III, 2495.
Alberti (Frà Leandro) : abrégé de l'Histoire de Titus et d'Hégésippe en prose latine, et épître à M. Bandello (1509), II, 1742.
Alberti (Leone Battista) : *Hecatomphile* (1543), 803. — *La Deiphire*, traduite en français par Gilles Corrozet (v. 1570), IV, 3073. — Portrait dans les *Icones* de Reusner (1589), V, 3370.
Alberto, joueur de lut. Voy. Della Ripa.
Alberts (R.-C.), libr. à La Haye (1727), III, 2273.
Albigeois : leur histoire, II, 2028-2030, 2032.
Albineus, ou Albinius : épigramme composée par lui et par N. Rapin (1610), IV, 2944.
Albinus (Johannes). Voy. Weiss.
Albirupeus. Voy. Blancheroche.
Albizzi (Bartolomeo degli) : *Opus auree... bonitatis et continentie, conformitatum scilicet vite beati Francisci ad vitam D. N. Jesu Christi* (1510), IV, 3100 ; (1513), II, 2023 ; — extraits de cet ouvrage publiés sous le titre d'*Alcoran des cordeliers* (1734), II, 2024.
Alboin, sujet d'une tragédie de Cl. Billard (1610), II, 1105.
Alboise (E.), collabore au *Monde dramatique* (1835-1839), II, 1072.
Albosius. Voy. Ailleboust.
Albreolus. Voy. Auriol.
Albret (Amanieu d'), évêque de Pamiers, assiste au concile de Pise (1511), IV, 3095.
Albret (Jacques d'), évêque de Nevers, cité par Nic. Bourbon (1538), IV, 2788.
Albret (Jehan d'), comte de Dreux, ambassadeur de François Iᵉʳ à la diète de Francfort (1519), III, 2660.
Albret (Jeanne d'). Voy. Jeanne.
Albret (Marie d'). Voy. Nevers (Marie d'Albret, comtesse de).
Albuquerque (Dom João d'), évêque de Goa : *Lettre à la royne de Portugal* (1549), III, 2638.
Albus. Voy. Le Blanc.
Alcabitius : *Revolutions des années* (1589), III, 2563, II, art. 2.
Alcaforada (Marianne) : *Lettres portugaises* (1669), II, 1885.
Alcaforado (Francisco) : *Relation historique de la découverte de l'isle de Madere* (1671), II, 1943.
Alcañizes (Le marquis d') : vers à Cervantes (1613), II, 1754.
Alcia (Alciato) et Pietro Bertelli, libr. à Padoue (1589-1596), 240.
Alciate (Pierantonio), impr. à Riva di Trento (1563), III, 2157.

Alciati (Andrea) : *Emblematum Liber* (1531), II, 1869 ; — *Les Emblemes*, trad. par Jean Le Fevre (1548), II, 1870 ; — trad. par Barthelemy Aneau (1549), II, 1871. — Il est cité par Nic. Bourbon (1538), IV, 2788. — Lettres à Gio. Giorgio Trissino (1544-1547), IV, 3078. — Il est cité par Guy Le Fèvre de La Boderie (1578), IV, 3183. — Son emblème personnel (1562), IV, 3077. — Épitaphe par Est. Forcadel (1579), IV, 2879. — Portrait dans les *Icones* de Reusner (1589), V, 3370.
Alcibiade : sa vie par Plutarque (1567), II, 1899. Cf. III, 2735.
Alciphron : *Epistolae* gr. (1499), II, 1873.
Alciphron, ou le petit Philosophe (1734). Voy. Berkeley (George).
Alcofribas Nasier (= François Rabelais), II, 1508, 1509, 1512.
Alcoran (L') *des cordeliers*. Voy. Bade (Conrad).
Alcripe (Philippe d'), sieur de Neri en Verbos, autrement dit Philippe Le Picard, sieur de Rien en bourse : sa *Nouvelle Fabrique des excellens traits de verité* (1579) est partiellement copiée par le sieur du Moulinet (1612), II, 1704.
Aldana (Cosme de), prétendu académicien du Val di Bregno (1589), 1049.
Alde (John), impr. à Londres (1562 ou 1563), 136.
Aldo. Voy. Manuzio.
Aldobrandini (Pietro) : lettre à la duchesse de Parme (1582), III, 2395.
Aldringer, général de l'armée impériale (1634), III, 2420, art. 96.
Aleaume (Louis) : vers latins adressés à Nic. Audebert et au doge Nic. Da Ponte (1583), IV, 2794.
Alector (1560), II, 1844.
Alègre : on lui attribue à tort les *Memoires de la vie de Henriette-Sylvie de Moliere* (1672-74), II, 1540.
Alègre (Gabriel, baron d'), prévôt de Paris : vidimus de l'ordonnance de Blois (1513), III, 2547. — Privilège donné par lui (1518), IV, 2828, p. 158.
Alemaing (Jehan), seigneur de Bouclane. Voy. L'Allemant.
Aleman (Mateo) : *Histoire de Guzman d'Alfarache* (1732), II, 1551.
Alemanus (Nicolaus). Voy. L'Allemant.
Alembert (Jean Le Rond d') : *Encyclopédie* (1751-1756), III, 2523. — Articles dans le *Mercure* (1778), III, 2524. — Traités divers d'astronomie et de mathématiques, ms., IV, 2757. — *Eloge de Montesquieu* (1826), II, 1913.
Alençon : épître composée au nom

des rossignols du parc pour Marguerite d'Angoulême (1551), IV, 3103. — Ducs d'Alençon, III, 2493, art. 24. — Imprimeurs. Voy. De Broise (1858-1860), Du Bois (Simon) (1530), Poulet-Malassis (1858-1860).
Alençon, héraut d'armes, II, 2059.
Alençon (Élisabeth d'Orléans, dite Mlle d'), danse dans un ballet (1662), IV, p. 599.
Alençon (François de Valois, duc d'), puis d'Anjou. Voy. Anjou.
Alençon (Pierre d'), avocat : vers à lui adressés par J. de Vitel (1588), V, 3275.
Alençon (Le P. Pierre d'), martyrisé au Maroc (1631), III, 2483.
Alés : notice généalogique, III, 2495.
Alès, grav., 1014.
Alés de Corbe : notice généalogique, III, 2495.
Alessandri (Giov. Antonio degli) : sonnet à lui adressé par N. Martelli (v. 1543), IV, 3000, p. 359.
Alessandri (Niccolò degli), témoin d'un doctorat à Pérouse (1570), V, 3364.
Alessandrino (Giorgio) : *Ennarrationes priscarum dictionum... Catonis, Varronis, Columellae* (1514), III, 2561.
Alessi (A. degli), contresigne la bulle de Sixte Quint contre Henri de Bourbon (9 sept. 1585), III, 2210.
Alessi (Gabriello degli), juge ordinaire et notaire épiscopal à Pérouse (1570), V, 3364.
Alessi (Stefano di), impr. à Venise (1551), II, 1467 ; (1553), 1051, 1052.
Aletinosgraphe de Clearetimelée, imprimeur imaginaire des *Mémoires* de Sully (v. 1638), III, 2238.
Alexandre, roi de Macédoine : *Epistolae* gr. (1499), II, 1873. — Vie par Quinte Curce (1629), II, 2078. — Vie par Plutarque (1567), II, 1899. Cf. III, 2735. — Sujet de tragédies de Jacques de La Taille (1573), V, 3317, et de Racine (1666), II, 1249, (1672), II, 1250.
Alexandre VI Borgia, pape : discours que lui adressent les ambassadeurs de Charles VIII (1495), V, 3338. — *Copia concordie et pacis inter pontificem et regem Karolum* (1495), III, 2653, art. 8. — *Missa celebrata in presentia regis Francie* (1495), *ibid.*, art. 9. -- *Vie* par Al. Gordon (1732), II, 2007.
Alexandre VII Chigi, pape : P. Corneille lui dédie sa traduction de *l'Imitation de J.-C.* (1653), 57, 58. — *Lettre du roy* sur son exaltation (1655), IV, 5153, p. 537. — Son portrait (1657), 833. — Bref accordé à la duchesse d'Aiguillon (1658), 865.
Alexandre (Clément), libr. à Angers (1529), III, 2340.
Alexandre (Nicolas), libr. à Paris (1615), II, 1796, art. 29 et 32 ; 1797, art. 5, 9, 10 et 12 ; (1620), III, 2420, art. 46 ; (1621), III, 2420, art. 53 ; 2642, 2645, 2646, 2647 ; (1622), III, 2473 ; (1625), III, 2476.
Alexandre (Frère Pierre), révise les *Psaumes* de Marot (1541), IV, 2737, p. 5.
Alexis (Saint) : sa *Vie et Legende* (v. 1500), IV, 3099.
Alexis (Le P.) d'Auxerre : vers au P. Raymond Breton (1666), II, 1986, art. 3.
Alexis Mihajlovič, tsar de Russie : ses relations avec la Chine, II, 1924.
Alexis (Frère Guillaume) : *Blason de faulses amours* (1489), III, 2579 ; (1515), IV, 2810, 2811 ; (v. 1525), 467 ; éditions de 1486, 1726, 1867, citées, III, 2579. — L'auteur du *Contreblason* lui répond (1512), IV, 2812. — *Le Debat de l'Omme et de la Femme* (v. 1500), 468. — *Le Martilloge des faulces lengues* (1493), 469. — *Le Martyrologue des faulses langues* (v. 1500), IV, 2815. — *Declamation sur l'evangile de Missus*, 31, art. 5 ; V, 3285, art. 1. — *Le Passe temps de tout homme et de toute femme* (v. 1530), IV, 2813 ; (v. 1535) ; IV, 2814. — *Le Miroer des moines mondains* (v. 1615), IV, 2816. — *Ballade*, V, 3285, art. 2. — *Rondeau*, 22, art. 18 ; V, 3285, art. 3. — Des vers de lui sont cités par P. Fabri, 426. — Il est cité par un poète anonyme, IV, 2799, art. 22. — Il est imité, *ibid.*, art. 23. — On lui attribue *Le Debat de l'Omme mondain et du Religieux*, IV, 2834 bis.
Alfani (Lucantonio) : vers dans les *Trionfi, Carri, ecc.* (1559), 1028.
Alfonce (Jean) : *Voyages avantureux* (v. 1559), II, 1957.
Algay (Étienne) de Martignac, rédacteur des *Memoires de Gaston, duc d'Orleans* (1685), III, 2262.
Algarotti (Francesco, conte) : *Il Congresso di Citera* (1768), II, 1745.
Alger : expédition de Charles Quint contre Alger (1542), IV, 3140 ; III, 2723. — Plan de la ville en 1682, III, 2524.
Ali Bassa Tabalipa, sultan du Monomotapa, II, 1278.
Aliamet (J.), graveur, 402, 856, 925 ; II, 1246, 1335, 1572, 1741, 2004.
Alibert (Noël), Lyonnais (1546), IV, 2876.
Aliboron (Maistre), 781.
Alibray (Vion d') : vers à Me Adam Billaut (1644), 829.

TABLE ALPHABÉTIQUE GÉNÉRALE 207

Alighieri (Dante). Voy. Dante.
Aligre (d'), fils, figure dans des ballets (1661-1662), IV, p. 599.
Aligre (Étienne d'), garde des sceaux : Donneau de Vizé lui dédie le *Mercure galant* (1673), III, 2524.
Aligre (Étienne d'), seigneur de La Rivière-Bois-Landry : le P. Lenet lui dédie son *Oraison funèbre de Franç. d'Aligre* (1712), 388.
Aligre (François d'), abbé de S. Jacques de Provins : son oraison funèbre par le P. Lenet (1712), 388.
Alincourt (Charles de Neufville de Villeroy, marquis d'). Voy. Villeroy.
Alincourt (Nicolas VI de Neufville, marquis d'), plus tard duc de Villeroy. Voy. Villeroy.
Alione (Giorgio) : *Opera jocunda* (1521), IV, 3058. — *Poésies françoises* (1836), 482.
Aliotti (Donato) : sonnet à lui adressé par N. Martelli (v. 1543), IV, 3000, p. 358.
Ali Pacha, gouverneur de Bude (1614), III, 2466.
Alis (de), dit de Cenac : sonnet à P. Boaistuau (1560, 1564), II, 1721, 1722.
Alissan (d'), musicien, joue dans un ballet (1659), IV, p. 599.
Alissot (Jehan), impr. à Paris, 1486, 31, n° 5.
Alix (Barthélemy), libr. à Paris (1736), 44.
Alix (La veuve de Jean-Barthélemy), libr. à Paris (1740), 843.
Alizet (B.) : sonnet à Du Bartas (1583), V, 3369.
Allainval : *Lettre à Mylord*** sur Baron*, citée, II, 1540.
Allaire (Jean) : vers à Clovis Hesteau (1578), 743.
Allais, flûtiste (1661-1664), IV, p. 599.
Allais, violoniste (1659-1671), IV, p. 599.
Allais, traducteur du *Werther* de Goethe (1827), cité, II, 1767.
Allais (J.-A.), grav., II, 1909.
Allancé (Le seigneur de), n'est pas l'auteur du *Breviaire des nobles* (1578), 445.
Allanson, grav., II, 1768.
Allard : généalogie, III, 2495.
Allard, collabore à l'*Encyclopédie* (1751), III, 2523, p. 279.
Allard (Marcelin) : *Ballet en langage foresien* (1605), II, 1446.
Alleaume (Jean), bailli de Provins, cité, III, 2609.
Allego, danseur (1645), IV, p. 599.
Alegresse pour le bon heur de la reunion de messieurs les princes (1614), 892.
Allemagne : *Histoire générale*, par le P. Barre (1748), III, 2408.

Allemand (Laurent), évêque de Grenoble : Symph. Champier lui dédie *Les Gestes de Bayard* (1525), II, 1505.
Allemandes notées, 411.
Allen (J.-B.), grav., III, 2325.
Allyer (Jean d'), libr. à Paris (1555), II, 1837. Voy. Dallier.
Allin (La veuve Remy d'), libr. à Paris (1625), II, 2017.
Alliot, ou Aliot (Gervais), libr. à Paris (1625), 298 ; (1644), II, 1826.
Alloy, peintre : volume lui ayant appartenu, IV, 3045.
Allouis, grav., 255.
Allut, éditeur de la *Syntra* d'Aloïse Sygée, 422.
Allut fils, collabore à l'Encyclopédie (1772), III, 2523, p. 279.
Alluye (Paul d'Escoubleau, marquis d'), plus tard marquis de Sourdis, danse dans des ballets (1645-1658), IV, p. 599.
Almaigne (Florent d') : son épitaphe par Jehan Bouchet (1545), 510.
Almaigne (Jehan d') : son épitaphe par Jehan Bouchet (1545), 510.
Almanach dauphin (1777), III, 2322.
Almanach du chasseur (1773), 302.
Almanach royal (1700), cité, III, 2358.
Almanach spirituel et perpetuel, necessaire à tout homme sensuel et temporel (v. 1530), V, 3157.
Almaury, accorde une permission d'imprimer (1514), V, 3339.
Almeras (d') : volume lui ayant appartenu, 22.
Americo (Tiberio) : diplôme de docteur ès droits (1570), V, 3364.
Alneto (de). Voy. L'Aunay (de).
Alnetus. Voy. L'Aunay.
Aloigny de Rochefort : notice généalogique, III, 2495.
Alopa (Lorenzo di Francesco de), impr. à Florence (1494), 392 ; (1496), II, 1900.
Alophe, dess., II, 1072.
Alouette (La pieuse), avec son lirelire (1619-1621), V, 3301.
Alphabet (L') du temps present, poème désavoué par Cl. Marot (1538), 605.
Alphonse III, roi d'Aragon : son *obit* (1291), III, 2529, p. 326.
Alphonse IV, roi d'Aragon : son *obit* (1336), III, 2529, p. 326.
Alphonse V, roi d'Aragon : son emblème (1562), IV, 3077.
Alphutic (J.), de Merantonie en Tomnois. Voy. Chipault (J.), de Dannemarie en Montois.
Alteclarus. Voy. Hautcler.
Althan (Johann Maximilian, Freiherr von), page de l'archiduc Léopold (1659), V, 3367.
Altieri (Gio. Battista), évêque de

Camerino, puis cardinal : volume relié à ses armes, V, 3333.
Alunno (Demetrio) : vers de lui dans les *Icones* de Reusner (1589), V, 3370.
Aluye : notice généalogique, III, 2495.
Aluye (Le marquis d'), figure dans le *Ballet de Psyché* (1656), II, 1455.
Alvarez (Francisco) : *Ho Preste Joam das Indias* (1540), II, 1944.
Alvarez (Joaõ), impr. à Coïmbre (1565), cité, III, 2633.
Álvarez Cabral (Pedro) : *Navigatione de Lisbona a Calichut nel 1500* (1501, 1521), II, 1950, 1951.
Álvaro (Pedro), explorateur de Cuba (1511-1518), II, 1955.
Alviano (Bartolomeo d'), commande l'armée vénitienne (1509), II, 2111. — Vers en son honneur (1513), 1047.
Amadis (P.), d'Auch : vers à Arnaud Sorbin (1568), II, 2028, 2029.
Amaeus. Voy. Amé.
Amaltéo (Il cav.) : vers au petit de Beauchasteau (1657), 833.
Amant, capitaine des fripiers juifs à Paris (1652), II, 2071, art. 1.
Amant (L') rendu cordelier (v. 1530), IV, 2829 bis.
Amant (L') rendu par force au couvent de Tristesse (v. 1525), 522.
Amant (L') sans partie, IV, 2799, art. 7.
Amant (L') victorieux (1652), 975.
Amante (L') loyalle qui depuis ha esté variable (1545), 805.
Amar, publie les *Œuvres* de Boileau (1821), 844.
Amarante au Cours (1652), 975.
Amasis : *Epistolae* gr. (1499), II, 1873.
Amassard (P.), impr. à Poitiers (1645), IV, 3153, p. 535.
Amaulry (Thomas), libr. à Lyon (1678), III, 2524 ; (1686), II, 2005 ; (1690), III, 2524, *Additions* ; (1893), 376 ; (1714), 175, art. 2.
Ambaceus (F. T.), sans doute d'Amboise, étudiant (v. 1510), V, 3228.
Ambassade à la Porte ottomane confiée à Walter Leslie, 1665-1666 (1672), III, 2482.
Ambassade (L') solennelle de la Porte Ottomane à la Cour de France (1742), III, 2524, p. 304.
Ambertin (Edme), avocat à Vitry : vers à Christofle de Beaujeu (1589), IV, 2942.
Ambillon (Le sieur d'). Voy. Bouchet (René).
Amboille (d'), mari malheureux (1535), 805.
Amboise : château, 248.
Amboise (Antoinette d'), dame de Ravel, veuve de Jacques d'Amboise, seigneur de Bussy : volume lui ayant appartenu, III, 2355.

Amboise (Charles d'), seigneur de Chaumont, préserve Trévise du pillage (1509), II, 2109. — Il est tué à Pavie (1525), II, 2127. Les relations allemandes l'appellent « Coment von Amboise », « Schamort [sic] von Amboise », etc.
Amboise (François d') : *Elegie sur le trépas d'Anne de Montmorancy* (1568), 728. — Sonnet à Hiér. Hennequin (1569), IV, 2923. — *Tombeau d'Elisabeth de France* (1569), 814. — *Tombeau de A. Sorbin* (1569), II, 2029. — *Tumulus D. Aegidii Burdini* (1570), IV, 2792. — *Au roy, sur son entrée, son mariage*, etc. (1571), IV, 2924. — Edition des *Epithetes* de M. de La Porte (1571), 432. — Vers à Mᵐᵉ Des Roches (1582, 1610), 737. — Pièce latine à Pontus de Tyard (1573), 698. — *Regrets sur la mort de divers animaux*, traduits d'Ortensio Lando, sous le nom de Thierry de Timofille (1576), II, 1824. — Vers à lui adressés par Joachim Blanchon (1583), IV, 2938. — *Les Neapolitaines* (1584), II, 1099.
Amboise (Georges Iᵉʳ d'), cité dans les pièces jointes au *Vergier d'honneur* (v. 1500), 479. — Vers à lui adressés, comme légat, par Fausto Andrelini (1506), IV, 2782. — Ses *Faictz et Gestes*, par Jehan d'Ivry (1509), 484. — *Vie*, par Louis Le Gendre et portrait (1726), III, 2511.
Amboise (Georges II d'), cardinal-archevêque de Rouen : lettres à lui adressées par François Iᵉʳ (18 juill. 1538), II, 2139.
Amboyse (Michel d'), dit l'Esclave fortuné : vers à Gilles Corrozet (1535), II, 2091. — *Deploration de la mort de Françoys de Valloys* (1536), III, 2597. — *Le Ris de Democrite*, traduit d'Antonio Fileremo Fregoso (1547), IV, 2999. — *Blason de la dent* (1550, 1807), 810, 811. — Vers à Béroalde de Verville (1599), II, 1522.
Ambrelino (Maistre) : vers dans *Le Frottegroing de Sagon* (1537), III, 2394, art. 18.
Ambrès, poëte, sans doute Jacques Colin, abbé de Saint-Ambroise, IV, 2965, art. 195.
Ambres (Le baron d') : *Memoires* (1586-1592), II, 2095, art. 14.
Ambroise (Saint) : hymne trad. par Guy Le Fèvre de La Boderie (1578), IV, 2930.
Ambroise (Le P.) d'Amiens, missionnaire en Amérique (1612), II, 1991.
Ambroise (Nicolas), cité par Nic. Bourbon (1538), IV, 2788.

Ambronay : abbaye de Notre-Dame, IV, 3096, art. 84.
Amé (Jacques), « Amacus », cité par Nic. Bourbon (1538), IV, 2788.
Amelin (J. de). Voy. Hamelin.
Amelot, danseur (1615), IV, p. 599.
Amelot (Jacques), théologien, cité par Guy Le Fèvre de La Boderie (1578), IV, 2930.
Amelot (Nicolas) de La Houssaye, *Dissertation sur les diverses cérémonies qu'ont employé les différentes nations dans les traitez de paix* (1726), III, 2514. — *Observations hist. et polit. sur les traitez des princes*, ibid.
Amelote (Le P.) : *Nouveau Testament* (1668), 9.
Amerbach (Basilius) : inscription dans un album (1583), IV, 3368.
Amerbach (Vitus) : *Commentaria in Ciceronis libros de Officiis* (1539), cités, III, 2722.
Amerighi (Michelangelo), dit Caravaggio : son portrait (1765), III, 2506.
Amerin (Thomas), cité dans les *OEuvres* d'Est. Forcadel (1579), IV, 2879.
Amersfoort : prise de cette ville par les Espagnols (1629), III, 2405, art. 16.
Amerval (Éloy d') : *Le Livre de la Deablerie* (1508), 457 et *Additions*. — *Le Diable se mocque des femmes qui n'osent filer le samedy* (v. 1540), 458. — *L'Avaricieux pensant jour et nuyt a son tresor* (v. 1525), 459. — *Lucifer demande frians et gourmans pour les damner* (v. 1510), IV, 2807 ; — *Des enfans qui desirent la mort du pere et de la mere* (v. 1540), IV, 2808.
Amezqueta (Carlos de) : inscription dans un album (1567), V, 3365.
Amfreville (L'abbé d') : propriétaire d'un recueil de lettres de Mme de Sévigné (1726), II, 1886.
Amherst (William) Tyssen-Amherst, premier baron Amherst of Hackney : volume lui ayant appartenu, IV, 3150.
Amy (*L'incognu et veritable*) de messieurs de Scudery et Corneille (1637), II, 1141, art. 7 ; 1142, art. 4.
Amy (L') du Cid à Claveret (1637), II, 1141, art. 5 ; 1142, art. 10.
Amy (Pierre) : vers à Rob. Garnier (1573, 1583), II, 1096, 1098.
Amichou (Matthias), nom donné à Miechowski par Franç. Gruget (1556), II, 1938.
Amiens : cette ville est déclarée rebelle au roi (févr. 1589), III, 2219, art. 9 ; 2194, p. 43. — Impr. et Libraire. Voy. Hubaut (La veuve de Robert), 1671.

Amyot (Jacques) : paraît avoir pris part à la traduction française de l'*Hecuba* d'Euripide (1544), II, 1060, *Additions*. — *Histoire æthiopique de Heliodorus* (1547), II, 1483. — *Les Amours pastorales de Daphnis et Chloé* (1718), II, 1484. — *Les Vies des hommes illustres par Plutarque*, translatées de grec (1559), avec corrections autographes, III, 2735 ; (1567), II, 1899. — *OEuvres morales de Plutarque* (1574), II, 1899. — Il protège François d'Amboise (1578), IV, 2924. — Il est cité par Guy Le Fèvre de La Boderie (1578), IV, 2930, 3183. — Il est cité dans les *OEuvres* d'Est. Forcadel (1579), IV, 2879. — Sa Vie par Séb. Rouillard (1628), III, 2832.
Amyot (Jacques), libr. à Rouen, revoit l'*Histoire de Rouen* de Fr. Farin (1710), III, 2337.
Amiraux de France (1695), III, 2493, art. 29.
Amling (Wolfgang) : inscription dans un album (1595), V, 3370.
Amman (Jost), grav., 393.
Amos (Maistre) d'Aramie : *Recepte pour faire revenir les dens* (v. 1515), IV, 2974.
Amour (Le nouvel) (1547), 806.
Amour (L') à la mode (1706), II, 1545.
Amour malade, ballet du roy (1657), IV, 3048.
Amoureuses (Les vieilles) (1754), II, 1686.
Amoureux (L') de vertu. Voy. Vienne (Philibert de).
Amoureux (L') transy sans espoir (v. 1510), IV, 2826.
Amouroux (Charles), impr. à Barcelone (1543), cité, IV, 3003.
Amours (Gabriel d'), seigneur du Serrin : Jean Le Masle lui dédie son *Exhortation aux rebelles* (1573), IV, 3186. — Vers à lui adressés par Le Masle (1580), IV, 2933.
Amours (Nicolas d'), président au parlement de Rouen, cité par Guy Le Fèvre de La Boderie (1578), IV, 2930.
Amours (Pierre d'), conseiller au parlement de Paris : vers à lui adressés par J. Le Masle (1580), IV, 2933.
Amours (Robert d'), cité par Fr. Habert (1549), IV, 2868.
Amours (Les) deguisez, ballet (1664), IV, 3055.
Amours (Les) de la maréchale de La Ferté (1754), II, 1686.
Amours (Les) de Mme de Maintenon (v. 1734), II, 1685 ; (1754), II, 1686.
Amours (Les) de Mgr. le dauphin avec la comtesse du Roure (v. 1734), II, 1685 ; (1754), 1686.

Amours des dames illustres de France (v. 1734), II, 1685.
Amour (L') se paye avec amour (1656), II, 1757.
Amours (Les) pastorales de Daphnis et Chloé (1718), II, 1484.
Ampère, auteur (?) du *Predespoyr de l'amant* (v. 1530), 580.
Amplification des particularitez qui se passerent à Paris lorsque M. de Guise s'en empara (1588), III, 2194, p. 42 ; (1709), 2251, p. 87.
Amsterdam (Description de la ville d') en vers burlesques, par P. Le Jolle (1666), 973. — Imprimeurs et Libraires. Voy. Arkstée et Merkus, 1750-1768. Bernard (Jean-Fréderic), 1725-1755. Blaeu (Jan), 1650-1664. Bordesius (Henri), art. Desbordes. Braakman (Adrian), 1704. Brunel (Pierre), 1721-1731. Caesus (Guillaume J.), 1629. Changuion (François), 1727-1770. Châtelain (Zacharie), 1720-1739. Claesz, ou Nicolai (Cornelis), 1598-1617. Commelin (Les héritiers de Hiérosme), 1626. Compagnie des libraires, 1731-1734. Desbordes (Henri), ou Bordesius, 1711. Desbordes (Jacques), 1720-1734. Dufour (J. E. Gabriel), 1797-1799. Elzevier (Daniel), 1667-1674. Elzevier (Louis), 1619-1643. Elzevier (Louis et Daniel), 1655-1664. Fouquet (Pierre) junior, 1777. Fritsch (Gaspar), 1717. Gallet (George), 1692-1699. Halfman (Jan), 1740. Harrevelt (E. van), 1770. Hoogenhuyse (André van), 1684 Jacobsz (Laurent), 1588. Jansson (J.), 1649. Jansson (J.) van Waesberge, 1668. Jansson (Willem), 1619. Jansson (Les) à Waesberge, 1726-1739. Joly (François), 1750. Le Cène (Michel-Charles), 1720. Le Curieux (Jacques), impr. imaginaire, 1666. L'Honoré et Châtelain, 1720-1726. Marret (Paul), 1696. Mortier (Pierre), 1732-1750. Muller (Fred.), 1867. Rey (Marc-Michel), 1749-1780. Renard (Louis), éd. d'estampes, v. 1700. Schneider (J.-H.), 1768. Schoonebeck (Adrien), 1695. Someren (Abraham van), 1698. Someren (Joannes van), 1678. Steenhouwer (Josue), 1715. Uytwerf (Herman), 1715. Uytwerf (Meynard), 1703. Uytwerf (Meynard II), 1754. Vrints (J.-B.), 1584. Waesberge (Jean), 1576. Wagenaar (Jaques), 1671. Wetstein (Henry), 1698. Wetstein (J.), 1735-1752. Wetstein (R. et G.), 1726-1739. Weyerstraet (La veuve d'Elisée), 1668. Wolfgang (Abraham), 1662-1680.
Amurath IV, envoie des présents à Philippe II (1625), III, 2477.

Anacharsis : *Epistolae* gr. (1499), II, 1873.
Anacréon : *Odae* (1554), 396 ; (1556), 397 ; — trad. en latin par Hélie André (1556), 397 ; — trad. en français par Remi Belleau (1556), 398 ; (1578), 399 ; — traduit par La Fosse (1703), III, 1285, art. 4. — Idylles de Théocrite qui sont attribuées à Anacréon (1556), 400.
Anagrammes. Voy. Devises et Anagrammes.
Anaïs (Mlle) : rondeau à elle adressé par Musset (1849), II, 1384.
Ananias, Asaria et Misaël : *Cantique* (1583), IV, 2935.
Añastro (Gaspardo) (1582), III, 2393, 2395.
Anatomie de la Messe (1555), citée, IV, 2750.
Anceau (B.) : vers à P. de Deimier (1600), 765.
Ancelin (Barthélemy), impr. à Lyon (1613), 816.
Ancelin (Michel) : vers à Jean Aubert (1581), 752.
Ancelin (Thibaud), impr. à Lyon (1585), III, 2516 ; (1595), III, 2243, art. 6 ; (1596), III, 2236 ; (1597), 782 ; (1599), 309 ; III, 2436 ; (1608), II, 1702. — Sa devise, III, 2172.
Ancelot (Marguerite Chardon, dame) : *Emerance* (1842), II, 1660.
Ancy-le-Franc, château, 248, 249.
Ancienville (Loys d'), seigneur de Domoy : vers à Jean Le Fèvre (1588), 431.
Ancona (Alessandro d'), IV, 3016, p. 385.
Ancre (Leonoro Galligai, maréchal d'), sujet d'un drame d'Alfred de Vigny (1831), II, 1365.
Andonville. Voy. Adonville.
Andrault : chansons (1553), 981.
Andraut (Joseph d'), seigneur de Regnac, conseiller au parlement de Bordeaux (1576), IV, 2931.
André (Maître), comédien italien, 499.
André (Le P.) : *Discours sur les graces* (1769), II, 2003. — *Essai sur le Beau* (1770), 131.
André (Hélie) : *Anacreontis Odae latinae factae* (1556), 397. — Vers sur la mort de Joachim Du Bellay (1560, 1575), 680.
André (Jean), libr. à Paris (1537), III, 2594, art. 17 ; V, 3241 ; (1540), IV, 2865 ; (1549), III, 2143 ; (1551), III, 2548.
André de Montfort : généalogie, III, 2495.
Andrey de Fontenai : généalogie, III, 2495.
Andreini (Isabella) : citée par S. G., s^r de La Roque (1609), IV, 2943.

Andrelini (Andrea) : recommandé au pape Jules II (1506), IV, 2782.
Andrelini (P. Fausto), *Livia* [1492], 421, art. 1. — *Ad serenissimum Carolum Francorum regem panegyricum Carmen* (v. 1495), 421, art. 2. — *De obitu Caroli VIII. Deploratio* (1504), 421, art. 4. — *De captivitate Ludovici Sphorcie* (1505), 421, art. 7. — *Epithalamium de Claudia regia et Francisco Valesiorum duce* (1506), IV, 2782. — *De secunda victoria neapolitana* (1507), 421, art. 8. — *Deploratio de morte Petri Coardi* (s. d.), 421, art. 9. — *Les Faictz et Gestes de M. le legat*, traduits par Jehan d'Ivry (1509), 484. — *Epistre* [pour Anne de Bretagne], traduite par Guill. Crétin (1509), 486. — *De neapolitana fornoviensique victoria* (1513), 421, art. 3. — *Libellus de morte Julii II*, signé F. A. F. (v. 1513), III, 2640. — *Elegiae* (s. d.), 421, art. 5. — *Aegloga moralissima* (s. d.), 421, art. 6. — *Epistolae morales* (v. 1507), II, 1875. — Il est cité par Nic. Bourbon (1538), IV, 2788.
Andry : vers au petit de Beauchasteau (1657), 833.
Andrie (Jean) : gentilhomme écolier (1579), IV, 2879.
Andrieu (Louis), chanoine d'Amiens : vers à lui adressés par Guill. Du Peyrat (1593), IV, 2945. — Vers sur la mort de Nic. Rapin (1610), IV, 2944.
Andromaque, tragédie. Voy. Racine (Jean).
Andromede, trag. de P. Corneille (1651), II, 1154, 1155 ; (1655), II, 1156.
Aneau (Barthélemy) : distiques latins dans les *Fata Francisci Valesii* d'Est. Dolet (1539), II, 2115. — Il est cité par Ch. Fontaine (1546), IV, 2876. — *Decades de la description... des animaux* (1549), III, 2599. — Traduction des *Emblemes* d'Alciat (1549), II, 1871. — *Le Quintil Horatian* lui est restitué (1551), 428, *Additions*. — *Histoire miraculeuse advenue au mont S. Sebastian* (1552), 641. — *Imagination poëtique* (1552), 642. — Traduction de la *Lettre du roy aux suverains estats du S. Empire* (1553), III, 2684. — *Alector* (1560), II, 1844. — Il est cité, II, 1060, *Additions*.
Anecdotes sur Mme la Comtesse du Barri (1775), III, 2294.
Aneret : cité par Est. Forcadel (1579), IV, 2879.
Anet (Château d'), 248 ; II, 1691.
Anet (d'), archer de la garde du dauphin (1549), IV, 2868.

Anfrie (Guillaume), sieur de Chaulieu : Thomas Sonnet, sieur de Courval, lui dédie sa *Deffence apologetique* (1623), 939.
Anfrie (Guillaume), abbé de Chaulieu. Voy. Chaulieu.
Anfrie (Philippe d') et Richard Breton, impr. à Paris (1558), 653 ; V, 3251 ; (1559), 171.
Anfrie (Thomas), sieur de Clermont : épitaphe (1623), 939.
Ange de Sainte-Rosalie (François Raffard, dit le P.), éditeur de l'*Histoire généalogique* etc., par le P. Anselme (1726), III, 2487.
Angelieri (Giorgio), impr. à Venise (1572), V, 3308.
Angennes (Charles d') : vers à lui adressés par J. de Vitel (1588), V, 3275.
Angennes (Nicolas d') de Rambouillet : cité par Guy Le Fèvre de La Boderie (1578), IV, 2930.
Angennes (Ph. d'), sieur du Fargis : quatrain à Jean de La Jessée (1595), V, 3273.
Anger (Melchior), « Angerius » : inscription dans un album (1598), V, 3370.
Angers : *Maniere de profession de foy que doivent tenir ceux du dioceze d'Angers* (1585), III, 2194, p. 36. — *Lettres de M. Jean de L'Espine, ministre..., et Jean Le Mercier, ancien de l'eglise d'Angers* (25 févr. 1586), *ibid*. — Voyage qu'y fait le prince de Condé (1585), III, 2194, p. 39. — Réduction de la ville au service du roi (1589), III, 2194, p. 44. — Abbaye de St Aubin, IV, 3096, art. 113. — Abbaye de St Nicolas, *ibid*., art. 144. — Abbaye de St Serge, *ibid*., art. 28. — Abbaye de la Toussaint, *ibid*., art. 78 *bis*. — Imprimeurs. Voy. Alexandre (Clément), 1529. Boigne (Charles de), 1529. Hernault (Anthoine), 1580.
Angeville : sonnet à Louis Des Masures (1557), 657.
Angevin (Le petit). Voy. Maugin (Jean).
Angibaut (Pierre), dit Champ-Doré : sonnet à lui adressé par M. Lescarbot (1611), II, 1964.
Angier (Michel), libr. à Caen (1518), III, 2339.
Angier (Michel et Girard), libr. à Rouen et à Caen (s. d.), 198.
Angier (Paul) : *L'Experience* (1568), 807. — Sa devise, III, 2172.
Angiolini (Guglielmo) : vers dans les *Trionfi, Carri, ecc.* (1559), 1028.
Angle, en Poitou, est occupé par les troupes royales (1588), III, 2221, art. 15.

Anglebert (Jean-Henry d'), joueur de clavecin (1664), IV, p. 599.
Anglemont (Edouard d') : *Le duc d'Enghien* (1832), II, 1620.
Angleterre. Histoire religieuse, V, 3335 ; II, 2042. — Histoire civile, III, 2365-2374 ; 986 ; 381 ; II, 1692. — *Chronologie des roys* (1714), III, 2493, art. 17.
Anglicus (P.) Belstatius. Voy. Langlois (Pierre), sieur de Belestat.
Anglure (Anne d'), baron de Givry : Guill. Du Peyrat lui dédie ses *Essais poëtiques* (1593), IV, 2945.
Anglure (Jacques d') : épîtres échangées avec Jehan Bouchet (1545), 511.
Angola (1751), II, 1565.
Angot (Charles), libr. à Paris (1675), 365, art. 1.
Angot (Robert), sieur de l'Esperonnière : vers à Th. Sonnet (1610), 201 ; (1621), 938 ; (1623), 939.
Angoulême. Voy. Corlieu (François de) : *Recueil en forme d'histoire... d'Engolesme* (1566), IV, 3132. — *Ce qui se passe entre les habitants et le duc d'Espernon* (août 1588), III, 2221, art. 16. — Imprimeurs. Voy. Alain (Pierre), v. 1492. — Chauvin (André), v. 1492. — Minières (Jean de), 1568.
Angoulesme, héraut d'armes (1547), IV, 2855, p. 194.
Angoulême (Charles, comte d') : cité dans les pièces jointes au *Vergier d'honneur*, 479. — Complainte sur sa mort, par Octavien de Saint-Gelais (1496), III, 2562, art. 14.
Angoulême (Charles, duc d') : Simon de Colines lui dédie l'*Extraict ou Recueil des isles nouvellement trouvees en la grand mer Oceane* (1533, n. s.), II, 1955.
Angoulême (Charles bâtard de Valois, duc d') : *Mémoires sous Henri IV en 1589*, II, 2095, art. 13. — Son ambassade en Allemagne (1620), III, 2420, art. 24 et 25. — Il figure dans un ballet (1635), IV, p. 599.
Angoulême (Charlotte de Montmorency, duchesse d'), femme de Charles bâtard de Valois : Jules de Richy fait son éloge (1616), V, 3291.
Angoulême (François, comte d'), plus tard François Ier. Voy. François.
Angoulême (Henri, chevalier d'), plus tard grand prieur : Sc. de Sainte-Marthe lui dédie ses *Premieres Œuvres* (1569), 715. — J.-A. de Baïf lui dédie ses *Passetemps* (1573), 684. — Il lui adresse des *Etrenes* (1574), 686. — Il est cité par J. Dorat (1586), IV, 2789. — Sc. de Sainte-Marthe lui adresse des vers (1600), IV, 2921. — Vers dans *La Main d'Estienne Pasquier* (1610), 737.
Angoulevent (Le sieur d'). Voy. Joubert (Nicolas).
Angran, grav., 255.
Anhalt (Georges d'), prince d'Ascagne : portrait (1581), II, 2039.
Anhalt (Le baron d'), général de l'armée impériale (1622), III, 2420, art. 68.
Anhalt-Bernbourg (Chrétien Ier, prince d') : est fait prisonnier par les Impériaux (1620), III, 2420, art. 42. — Il est mis au ban de l'Empire (1621), *ibid.*, art. 51.
Aniane : abbaye de Saint-Sauveur, IV, 3096, art. 43.
Anisson (Jean), directeur de l'Imprimerie royale à Paris (1691), II, 2045 ; (1697), IV, 2749 ; (1698), 64 ; (1699), 65.
Anjou : *Histoire*, par Jehan de Bourdigné (1530, n. s.), III, 2340. — *Ducs*, III, 2493, art. 19 et 24. — Le roi de Navarre se retire dans la province (1588), III, 2221, art. 12.
Anjou (d') : vers à lui adressés par Joachim Blanchon (1583), IV, 2938.
Anjou (Antoinette d'), dite Mlle de Mézières, citée par Fr. Habert (1549), IV, 2868.
Anjou (François de Valois, duc d'Alençon, puis d') : Guy Le Fèvre de la Boderie lui dédie *L'Encyclie* (1571), 733. — J.-A. de Baïf lui dédie ses *Jeux* (1572), 684. — Il lui adresse des *Etrenes* (1574), 686. — *Declaration* (24 mars 1574), III, 2186. — Arnauld Sorbin lui dédie l'*Oraison funebre de Marguerite de France* (1575), 340. — *Elegie à la royne de Navarre* (1575), IV, 3025, art. 4. — *Cantique* sur sa delivrance (1575), 984. — *Lettre au roy, son frere* (1578, 1714), III, 2380, 2188, art. 11. — *Requeste presentee à Son Alteze par les protestans* (1578), III, 2381. — Pomponne de Bellièvre lui adresse une *Proposition* au nom du roi (1578), III, 2382. — Guy Le Fèvre de La Boderie lui dédie La *Galliade* (1578), IV, 3183. — Le même auteur lui adresse des vers (1578), IV, 2930. — Clovis Hesteau lui dédie ses *Œuvres poëtiques* (1578), 743. — *Advis* publié en sa faveur par un Flamand (1579), III, 2386. — *Discours [sur son droit] fait par un gentilhomme tournesien* (1581), III, 2391. — Les catholiques de Guyenne et de Languedoc lui adressent une *Remonstrance* sur son voyage au Pays-Bas (1581), III, 2699. — *Entrée à Anvers* (1582), III, 2392. — *Discours de l'attentat de Salzedo* (1582), III, 2396. — *Apologie* (1582), III, 2397. — *Entrée à Gand* (1582)

III, 2398. — *Placcaet* (1582), III, 2399. — *Priere à Dieu pour l'heureux succez des affaires de Son Altesse* (v. 1582), IV, 2959. — Factum contre lui (1583), III, 2400. — *Advertissemens veritables sur ses comportemens* (1583), IV, 3135. — Jean de La Jessée lui dédie ses *Premieres Œuvres* (1583), 750. — Joachim Blanchon lui adresse des vers (1583), IV, 2938. — Son *Oraison funebre* par Jacques Berson (1584), V, 3230. — *Larmes et Regretz* sur son trépas, par Jean de La Jessée (1584), 751. — Il est cité par Jean Dorat (1586), IV, 2789. — Son portrait (1623), 608.

Anjou (Françoise d'), femme de Philippe de Boulainvilliers, lui apporte le comté de Dammartin, III, 2597.

Anjou (Nicolas II d'), cité par Fr. Habert (1549), IV, 2868.

Anjou (René d'), baron de Mézières : épitaphe par Fr. Habert (1549), IV, 2868.

Annaberg (Anton von) : inscription dans un album (1565), V, 3365.

Annaberg (Jakob von), id., *ibid.*

Annaberg (Sigismund von), id., *ibid.*

Anne, reine d'Angleterre : Henri Arnaud lui dédie son *Histoire de la glorieuse rentrée des Vaudois dans leurs valées* (1710), II, 2035.

Anne d'Autriche, reine de France, est reçue en France à St Jean de Luz (9 nov. 1615), III, 2269 ; — fait son entrée à Tours (25 janv. 1616), III, 2272 ; — fait son entrée à Orléans (3 mai), III, 2273 ; — fait son entrée à Paris (16 mai), III, 2274. — François Le Charron lui dédie le *Discours funebre sur les obseques de Philippe III* (1621), III, 2438. — Elle fait danser un ballet à Lyon (1622), II, 1450. — Elle paraît dans un ballet (1635), IV, p. 599. — P. Corneille lui dédie *Polyeucte* (1643), II, 1146. — Scarron lui dédie le *Virgile travesti* (1648), II, 1906. — Son *Oraison funebre* par Mascaron (1666), 355 ; — par J. Fr. Senault (1666), 356, art. 1 ; — par Fr. Faure (1666), 356, art. 2 ; — par André Carmagnole (1666), 356, art. 3 ; — par l'abbé Le Clerc (1666), 356, art. 4 ; — par l'abbé Fernier (1666), 356, art. 5 ; — par l'abbé de Drubec (1667), 356, art. 6. — Portraits (1657), 833 ; (1745), III, 2238. — Volumes reliés pour elle, 173 ; II, 1777.

Anne de Boleyn, femme de Henri VIII, citée par Nic. Bourbon (1538), IV, 2788.

Anne de Bretagne, reine de France : Complainte sur sa maladie par Octavien de Saint-Gelais, III, 2582, art. 3. — Épithalame sur son mariage avec Charles VIII, *ibid.*, art. 16. — Épître composée pour elle par Fausto Andrelini (1509), 485. — Jehan Le Maire lui dédie *Le tiers Livre des Illustrations de Gaule* (1512), II, 2090 ; — il lui adresse des *Couplets* sur sa convalescence (1512), *ibid.* — *Deploration* sur sa mort, par Laurens Des Moulins (1514), IV, 2817. — Consolation sur sa mort (1518), IV, 2828, art. 12. — Épitaphe, par Jehan Bouchet (1545), 510.

Anne de Danemark, femme de Jacques I, roi d'Angleterre ; ses obsèques (1619), III, 2374, art. 2.

Anne de Gonzague de Clèves : son *Oraison funebre* par Bossuet (1685), 352.

Anne, femme aimée par Bérenger de La Tour (1551), V, 3254.

Anne, belle jeune fille morte à 16 ans (1579), IV, 2879.

Anne, femme chantée par M. Guy, de Tours (1598), IV, 2938.

Annebaut (Claude d'), cité par Ch. Fontaine (1546), IV, 2876.

Annebaut (Jacques d'), cardinal : Ch. Fontaine lui adresse des vers (1557), IV, 2877.

Annecy. Imprimeur. Voy. Bertrand (Jacques), 1575.

Anne-Marie d'Orléans, dite Mademoiselle, plus tard duchesse de Savoie, dame dans un ballet (1681), IV, p. 599.

Annoot (C.), impr. à Gand (1841), cité, III, 2398.

Annotomia della Messa (1552), IV, 2750.

Ansart (Dom André-Joseph), traducteur de l'*Eloge de Charles-quint* par Jacques Masen (1774), III, 2409.

Anse, danseur (1657), IV, p. 599.

Anselin, grav., III, 2328.

Anselme (Pierre Guibours, dit le P.) : *Histoire genealogique et chronologique de la Maison royale de France* (1726-1733), III, 2487.

Anselme (Antoine) : *Oraison funebre de Marie Eleonor de Rohan* (1682), 368 ; — *Oraison funebre de Marie-Madeleine-Gabrielle de Rochechouart* (1705), 383.

Anstrude : généalogie, III, 2495.

Anthologia gnomica (1579), 393.

Antigone, sujet d'une tragédie de R. Garnier (1585), II, 1095.

Anti-Guisart (L') (1586), III, 2216 ; (1587), III, 2194, p. 37.

Anti-Joseph, ou bien plaisant et fidelle Narré d'un ministre... (1615), II, 1796, art. 37.

Antilles, II, 1983-1987.

Antinori (Carlo) : *Thesaurus cornucopiae* (1496), 316.

Antiquitez (Les) de la ville de Paris (1640), V, 3356.
Antoine : sa Vie par Plutarque (1567), II, 1899. Cf. III, 2735. — Sujet d'une tragédie de Rob. Garnier (1585), II, 1095.
Antoine de Bourbon, duc de Vendôme, puis roi de Navarre, cité par Fr. Habert (1549), IV, 2868. — Guillaume de La Perrière lui dédie *La Morosophie* (1553), V, 3328. — Ch. Fontaine lui adresse des vers (1557), IV, 2877. — Il a pour secrétaire M. de Fontenay (1558), V, 3251. — Anne de Marquets lui adresse des vers (1561), IV, 2918. — Vers à lui dédiés et épitaphe par Jean de La Taille (1572), V, 3317.
Antoine le Bon, duc de Lorraine, entretient à son service Jehan de L'Espine du Pont Alais et Pierre Gringore, 502, p. 313. — Il a pour médecin Symphorien Champier (1517), III, 2355. — Pierre de Blarru lui dédie la *Nanceis* (1518), IV, 2781. — Portrait (1540), IV, 2871, p. 213.
Antoine de Portugal : *Sommaire Declaration* (1582), III, 2443.
Anthoine (Hubert), impr. à Bruxelles (1620), III, 2420, art. 47.
Antoine (Jean), libr. à Metz (1673), II, 1223.
Anton (Jan) : inscription dans un album (1598), V, 3372.
Anton (Rud.) : inscription dans un album (1598), V, 3370.
Antonillus (Claudius), cité par Nic. Rapin (1610), IV, 2944.
Antonin (Saint) de Forcignoli : extr. de l'*Historiale*, 209, art. 10 et 13.
Antonini (L'abbé Annibal) : *Memorial de Paris et de ses environs* (1749), III, 2311.
Antremont (Jacqueline d'), femme de l'amiral de Coligny, citée, III, 2177.
Anvers : explication de la devise de cette ville (1528), II, 2133. — Philippe, prince d'Espagne, y fait son entrée (1550), III, 2376. — Guillaume de Poëtou célèbre les marchands anversois (1565), III, 2605. — Les Etats généraux des Pays-Bas s'y assemblent (1579), III, 2384. — Le duc d'Anjou y fait son entrée (19 févr. 1582), III, 2392. — *Discours miraculeux... avenu à Envers* (1582), II, 1725. — Anvers traite avec le duc de Parme (17 août 1585), III, 2194, p. 35. — Les Espagnols sont battus près de cette ville par les habitants de Berg op Zoom (1625), III, 2405, art. 13. — Marie de Médicis y fait son entrée (1631), III, 2281. — L'armée du prince d'Orange y cause de l'étonnement (1634), III, 2405, art. 26. — Imprimeurs et Libraires. Voy. Bellère (Jean), 1554-1569. Bergen (Adriaen van), 1519-1529. Cnobbart (La veuve de J.), 1646. Coecke (Peeter), 1560. Coppens (Gilles), de Diest, 1550-1566. De Bruyn (Corneille), supposé (?), 1580. De Grave (Nicolas), 1535. De Keysere (Martin), ou L'Empereur, 1529-1533. Françoise Le Rouge, sa veuve, 1536. De Schrijver (Jan), dit Grapheus, 1546. Des Gois (Antoine), 1537-1543. Diest (Gillis van), 1550-1566, art. Coppens. Du Mont (Guillaume), 1539. Du Moulin (Jean), 1575-1577. Eckert (Hendrick) de Homberg, v. 1500. Ghelen (Jan van), 1534. Goinus (Antonius), art. Des Gois. Grapheus (Joannes), art. De Schrijver. Hoochstraten (Michel Hillenius van), 1516-1536. Kauffmann (Theodor), 1575. Keerberg (Jan), 1604. Laet (Jan), 1549. La Rivière (Guillaume de), 1580. L'Empereur (Martin), art. De Keysere. Liesvelt (Jacques van), 1528. Loe ou Loy (Jean), 1553. Meranus (Martinus), art. Nuyts. Merare (Martin), art. Nuyts. Moretus (Balthasar), 1632. Nicolas (Cornille), art. Claesz. Nuyts (Martin), ou Nutius, dit Meranus, ou Vermeere, 1539. Peetersen (Hendrick) van Middelburch, 1527-1540. Pissart (Pacquier), 1544. Plantin (Christophe), 1559-1583. Ravelenghien (François), ou Raphelenghien, 1579-1580. Richman (Guillaume), 1565. Sauvage (Jacob et Henri), 1726. s'Conincx (Arnoult), 1580. Silvius (Guillaume), 1565. Smits (La veuve de Girard), 1580. Steels (Jehan), 1539-1546. Strout (Pierre), 1568. Swingen (Henri van), 1596. Tavernier (Artus), 1580. Thielens (Antoine), 1596. Thuret, march. d'estampes, v. 1705. Tilliard (Hippolyte), 1829. Tillon (Robert), 1615. Varhouen (Abraham), 1619. Vermeere, art. Nuyts. Vernouillet (Adrien), 1620. Vervliet (Daniel), 1585. Vorsterman (Guillaume), 1507-1538. — Impression anonyme, IV, 3135.
Anville (J.-B. Bourguignon d') : Cartes pour l'*Histoire de l'Isle espagnole* du P. de Charlevoix (1730), II, 1987.
Anziehung (Erheblicher unn beweglicher Ursachen) der Execution... (1573), III, 2174.
Anzola : Fr. Calepino, son gendre, lui dédie le *Splendore delle virtuose giovani* (1563), 260.
Anzolcilo (Gio. Maria) : Fracanzio da Monte-Alboddo lui dédie les *Paesi novamente retrovati* (1508), II, 1950.

Aoust (Jacques d'), bailli d Abbeville : épître à lui adressée (1529), IV, 2767.
Apchon (A. d'), évêque de Tarbes : J. de La Péruse lui adresse des vers (v. 1557), IV, 3022.
Apestigny (Pierre d'), cité par Nic. Bourbon (1538), IV, 2788.
Apianus. Voy. Benewitz.
Apocalypse : Figures (1547), IV, 2739 ; (1574), IV, 2740.
Apoigny, financier dénoncé comme voleur (1707), IV, 3074.
Apollonius de Tyane : *Epistolae* gr. (1499), II, 1873.
Apologia Madriciae conventionis dissuasoria (1526), III, 2667.
Apologie contre le traité de Madrit (1526), citée, III, 2668.
Apologie faicte par le grant abbé des Conards (1539), 621, art. 12 ; (s. d.), III, 2594, art. 12.
Appologie (L'), ou Contradiction de la part du roy de France (1527), III, 2668.
Apologie (Premiere) pour Monseigneur et les Estats des Pays-Bas (1582), III, 2397.
Apostolides (Aristoboulos) : vers grecs en tête du *Thesaurus cornucopiae* (1496), 316.
Apparition (L'espouventable et prodigieuse) advenue à la personne de Jean Helias (1623), II, 1729.
Apparition (L') de Ganellon, de Anthoine de Leve... (1542), IV, 2830.
Apparitions (Les prodigieuses et monstrueuses) qui se sont veues... (1623), II, 1730.
Appendix ad illustrissimum archiepiscopum parisiensem (1633), IV, 3153, p. 531.
Appianus, beau-père de Nic. Ambroise, cité par Nic. Bourbon (1538), IV, 2788.
Appien : un extrait de son *Histoire* précède la *Rodogune* de P. Corneille (1647), II, 1151.
Appointement (L') de Romme (1495), traduit en latin, III, 2653, art. 8.
Après-Soupés (Les) de la société (1781-1782), II, 1459.
Apulée : *L'Amour de Cupido et de Psiché* (1546), III, 2567.
Aquilario (Francesco) : *Vulcanus, sive Carmen de duobus incendiis quae Venetiis evenerunt* (1574), cité, III, 2449.
Aquitaine : *Annales* de cette province par Jean Bouchet (1644), III, 2342.
Arabie. Voy. Vartema (Lodovico de). *Itinerario* (1518), II, 1941.
Aragon (Rois d') : leurs obits dans un Bréviaire ms. exécuté pour Martin le Vieux, v. 1400, III, 2529.
Aragon (Hippolyte d'), baronne d'Alby, conspire contre Barcelone (1645-1648), III, 2283.
Aragon (Luis de), cardinal : Pietro Martire d'Anghiera lui dédie une de ses *Décades* (1516), II, 1955.
Aramon (Gabriel de Luetz, seigneur d') : *Voyage à Constantinople, en Perse*, etc. (1546-1555), II, 2095 ; art. 1.
Aratus : sa Vie par Plutarque (1567), II, 1899. Cf. III, 2735.
Arbeau (Thoinot), anagramme de Jehan Tabourot.
Arboussier : généalogie, III, 2495.
Arbre (L') des vertus (1516), III, 2562, art. 35.
Arbre (L') des vices (1516), III, 2562, art. 34.
Arbre (L') des vices et Myroer des pecheurs (1516), III, 2562, art. 17.
Arc (Jehanne d'). Voy. Micqueau (Louis), *Aureliae urbis memorabilis ab Anglis Obsidio anno 1428* (1560), III, 2652. — Trippault (Léon), *Histoire et Discours au vray du siege qui fut mis devant la ville d'Orleans en 1428* (1576), II, 2100 (1606), 2101 ; — sous le titre de *Vie et deplorable Mort de la Pucelle d'Orleans* (1619), II, 2102. — Jehan Du Pré parle d'elle (v. 1534), IV, 2862. — Épitaphe, par Jehan Bouchet (1545), 510. — *Epistre au trescrestien roy François*, IV, 2828, art. 6. — Sujet d'un roman de Franç. Beroalde de Verville : *La Pucelle d'Orleans* (1599), II, 1522. — Sujet d'une tragédie anonyme (1606), II, 1103. — Sujet d'une tragédie attribuée à La Mesnardière (1642), IV, 3027. — Sujet d'une tragédie de Schiller (1801), II, 1479. — Voy. Voltaire, *La Pucelle d'Orléans* (1755), 960.
Arcadelt (Jacques) : *Chansons* (1549-1552), 980 ; (1573-1575), 983.
Arcenet (Mlle), citée par Cl. de Taillemont (1556), IV, 2910.
Arcerius. Voy. L'Archer.
Arces (Jean d'), baron de Livarot, cité par J. Dorat (1586), IV, 2789.
Archambault (Jacques), cité par Franç. Habert (1549), IV, 2868. — P. Sorel lui dédie ses *Œuvres* (1566), 722.
Archange (Le P.) de Pembrocq, approuve l'*Histoire de la mission des peres capucins* publiée par le P. Claude d'Abbeville (1614), II, 1991.
Archidamus. Voy. Crespin (Anthoine).
Archinto (Ambrogio), ami de Sancto Brascha (1481), III, 2634.
Archio (Nicc.) : vers de lui dans les *Icones* de N. Reusner (1589), V, 3370.
Archipoëte (L') des pois pillez (1603), IV, 3004.

Archisot (L'), echo satyrique (1605), IV, 3005, p. 364.
Architecture (L') françoise (1727), 250.
Architeclin (sic), IV, 3010, p. 370.
Arctos (C. d'), publie l'*Instruction* de Girard Corlieu (1559), 171.
Ardelet, violon (1671), IV, p. 599.
Ardélie : sa *Complainte sur la mort de Philandre*, par S. G., sieur de La Roque (1609), IV, 2943.
Ardennes (Louise d'Ille d'), danse dans un ballet (1664), IV, p. 599.
Ardillon (Anthoine), ou Ardilhon, abbé de Fontenay-le-Comte : épître à J. Bouchet (1522), 507. — Epîtres à lui adressées par J. Bouchet (1545), 511. — Il est cité par Nic. Bourbon (1538), IV, 2788.
Ardinghelli (Luigi) : sonnet à lui adressé par N. Martelli (v. 1543), IV, 3000, p. 359.
Ardoncourt (d'), informateur du roi d'Angleterre (1620), III, 2420, art. 47.
Ardres, prise par les Espagnols (1596), 761.
Arduin (François) : vers à Esprit Aubert (1613), 816.
Arect, colonel suisse (1598), IV, 3127, art. 12.
Arène (Antoine), cité, 293.
Aretino (Pietro) : sonnet à lui adressé par N. Martelli (v. 1543), IV, 3000, p. 358. — *L'Horatia* (1546), II, 1465. — *La Puttana errante* (v. 1680), II, 1836.
Aretino (Leonardo Bacci, dit) : *Histoire de Tancredus*, traduite par Franç. Habert (1551), 647.
Argens (J.-B. de Boyer, marquis d') : *Mémoires historiques et secrets concernant les amours des rois de France* (1739), II, 1683. — Traduction de *Timée de Locres* (1763), 124.
Argenson (René de Voyer, marquis d'), signe une permission (1708), II, 1286, art. 2.
Argental (Charles-Augustin Ferriol, comte d'), auteur des *Mémoires du comte de Comminge* (1735), II, 1560; — sollicité par Voltaire (1748), II, 1324.
Argenteuil : abbaye de Notre-Dame, IV, 3096, art. 77.
Argentré (Charles Du Plessis d') : *Collectio judiciorum de novis erroribus* (1755), 107.
Argenville (Antoine-Nicolas Dezallier d'), collabore à l'*Encyclopédie* (1751-1777), III, 2523, p. 280.
Argy (Claude d'), seigneur de Pons et de Saint-Bonnet : sonnet à François Le Poulchre de La Motte Messemé (1587), V, 3274.
Argis (d') : vers à M° Adam Billaut (1644), 829.

Argoud : généalogie, III, 2495.
Argouge (M¹¹° d'), citée par M. Guy, de Tours (1598), IV, 2948.
Argyropoulo (Jean) : portrait dans les *Icones* de Reusner (1589), V, 3370.
Ariagne, danseur (1635), IV, p. 599.
Arias (Benedicto) Montano : vers de lui dans les *Icones* de N. Reusner (1589), V, 3370.
Arimant (Le marquis d') : vers à M° Adam Billaut (1644), 829.
Ariosto (Lodovico), *Orlando furioso* (1773), 1033). — Il est loué par Est. Forcadel (1548, 1579), IV, 2879. — *Le Conte de l'infante Genievre*, trad. en vers par Cl. de Taillemont (1556), IV, 2910. — *Isabelle et Zerbin*, trad. par Bérenger de La Tour (1558), 662. — *Angelique, Rodomont, La Folie de Roland* et autres épisodes imités par Ph. Des Portes, IV, 3197, pp. 586-587. — *Bradamante* : épisodes imités par Guillaume Belliard (1578), IV, 2932 ; sujet d'une tragédie de Rob. Garnier (1585), II, 1695. — *Regrets de Bradamante et de Roger*, imités par Guill. Du Peyrat (1593), IV, 2945. — *Regrets de Bradamante*, imités par M. Guy, de Tours (1598), IV, 2948. — *Regrets de Roland et de la belle Fleurdelis sur la mort de Brandimart*, imités par le même (1598), IV, 2948. — Chanson traduite par Sc. de Sainte-Marthe (1600), IV, 2921. — *La Rodomontade et la Mort de Roger*, sujets d'une tragédie de Ch. Bauter (1605), II, 1101. — Continuation de l'*Angelica* par S. G., sieur de La Roque (1609), IV, 2943. — *Le Negromant*, comedie mise en françois par Jean de La Taille (1573), V, 3317. — Portrait dans les *Icones* de Reusner (1589), V, 3370. — Emblème (1562), IV, 3077.
Ariste. *Excuse à Ariste*, [par P. Corneille] (1637), II, 1141, art. 2 ; 1142, art. 7. — *Lettre à *,* sous le nom d'Ariste* (1637), II, 1141, art. 8 ; 1142, art. 11. — *Response de *** à *** sous le nom d'Ariste* (1637), II, 1141, art. 9. — *Lettre pour monsieur de Corneille contre les mots de la lettre sous le nom d'Ariste* (1637), II, 1142, art. 13.
Aristide : sa Vie par Plutarque (1567), II, 1899. Cf. III, 2735.
Aristide (Ælius) : *Orationes* (1517), 334.
Aristophane : *Comoediae* gr. (1498), II, 1061 ; (1515), II, 1062.
Aristote : *Epistolae* gr. (1499), II, 1873. — *Secret des secretz*, ms., IV, 2755 ; impr. s. d., 191, 192. — Por-

trait dans les *Icones* de N. Reusner (1589), V, 3370.
Arkstee et Merkus, libr. à Amsterdam et à Leipzig (1750), II, 1245 ; (1758), II, 1864, III, 2195 ; (1768), II, 1752, 1756.
Arlaud (B.), dess., II, 1911.
Arlotto. Voy. Mainardi.
Armagnac (Georges d'), évêque de Rodez, cardinal, cité par Nic. Bourbon (1538), IV, 2788. — Il fait publier une traduction languedocienne de l'*Instruction pour les curez de Gerson* (1556), 47. — Il publie les *Statuta synodalia dioecesis Ruthenensis* (1556), 123. — Il publie les *Advis et Remédes souverains pour se garder de peste* (1558), 195. — Vers à lui adressés par Ch. Fontaine (1557), IV, 2877. — *Lettre à la royne de Navarre* (1563), III, 2160.
Armagnac (Louis de Lorraine, comte d'), danse dans des ballets (1661-1670), IV, p. 599. — Le libraire Sercy lui dédie le recueil des *Œuvres* de Benssserade (1697), 827.
Armagnac (Catherine de Neufville de Villeroy, comtesse d'), danse dans un ballet (1662), IV, p. 599.
Armand (Antoine) : vers dans le *Tombeau de Marguerite de Valois* (1551), 628.
Armand (Claude), dit Alphonse, libr. à Lyon (1621), III, 2345 ; (1622), III, 2420, art. 69.
Armandier (J.) : vers à La Pujade (1604), 768.
Armand Mustapha, commentateur des *Voyages d'Afrique* (1632), II, 1945.
Armano (Stefano Tiepolo Tiberio d') : Lod. Dolce lui dédie *Didone* (1547), II, 1469.
Armee (L') du roy qu'il avoit contre les Veniciens (1509), trad. en allemand, II, 2111.
Armée française : son histoire, III, 2359-2364.
Armement (Le grand) du prince palatin (1621), III, 2420, art. 55.
Armerstorff (Paul d'), commissaire de Charles Quint à la diète de Francfort (1519), III, 2661.
Armbstorffer (Georg) : inscription dans un album (1562), V, 3365.
Armilly (Mme d'), louée par Jules de Richy (1616), V, 3291.
Arnal, ou Arnald, danseur (1664-1671), IV, p. 599.
Arnaud : généalogie, III, 2495.
Arnaud : *Du Coq à l'Asne* (1589), 195.
Arnaud de Villeneuve : *L'Eschole 'de Salerne* (1651), 972.
Arnauld (Antoine Ier) : vers dans *La Main d'Estienne Pasquier* (1584, 1610), 737.
Arnauld (Antoine II) : Pièces jointes aux *Provinciales* (1657), 78. — *Grammaire generale* (1660), 315. — *Nouveau Testament* (1667), 8. — *Lettre à Mme P. au sujet de la Xe Satire de M. Despréaux* (1701), 841, 842. — Sa Vie et son Portrait (1696), III, 2507. — Cité, III, 2632, p. 441.
Arnauld (Antoine II) et Pierre (Nicole) : *La Logique* (1662), 130.
Arnaud (Catherine) : Guillaume Des Autelz lui adresse des vers (1551), III, 2572.
Arnauld (Claude), l'un des secrétaires de Sully, III, 2238.
Arnauld (David), id., *ibid.*
Arnaud (Frédéric), libr. à Francfort (1697), II, 1224.
Arnaud (Henri) : *Histoire de la glorieuse rentrée des Vaudois dans leurs valées* (1710), II, 2035, 2036.
Arnauld (Isaac), l'un des secrétaires de Sully, III, 2238.
Arnaut (Nicolas), seigneur et héraut de la Sottise (1605), IV, 3005.
Arnauld (Pierre), l'un des secrétaires de Sully, III, 2238.
Arnauld (Rob.) d'Andilly : *Hist. des Juifs par Flavius Joseph*, trad. en franç. (1668), II, 2066 ; (1700), II, 2067.
Arnaud (Thomas), impr. à Avignon (1616), III, 2349.
Arnauldeau (B.) : vers latins à la fin des œuvres d'Ausone (1590), IV, 3169, p. 564.
Arnaudin (d'), censeur royal (1722), III, 2317.
Arnold (Beatus) : son éloge par Érasme (1515), V, 3207.
Arnold (Jo.) : *De calcographiae inventione* (1585), III, 2516.
Arnolt (Lorentz) : inscription dans un album (1589), V, 3370.
Arnonville (d') : vers à lui adressés par Guill. Du Peyrat (1593), IV, 2945.
Arnoullet (Balthazar), impr. à Lyon (1549), III, 2599 ; IV, 3076 ; (1550), 649.
Arnoullet (Jean), grav. (1566), III, 2343.
Arnoullet (Olivier), impr. à Lyon (1534), 501 ; (s. d.), 465 ; IV, 2963, 2599. p. 144.
Arnoult (Claude) : *Pro Henrico, rege Navarrae, Oratio ad Gregorium XIII* (1573), III, 2182.
Arnoux, caissier de la *Gazette* (1775), IV, 3153, p. 547.
Arnstedt (Balthasar von) : inscription dans un album (1567), V, 3365.
Arondeau, docteur en théologie : vers à J. Le Masle et réponse (1580), IV, 2933.
Aroux de La Serre : généalogie, III, 2495.

Arpajon (Le comte d') et de Rhodès : Saint-Amant lui dédie la 3ᵉ partie de ses Œuvres (1649), 964.
Arpajon (Le vicomte d'), marquis de Sevirac : Ad. Billaut lui dédie ses Chevilles (1644), 829.
Arpajon (Anne-Alexandrine-Louise d'). Voy. Mouchy.
Arques : Combats livrés entre cette place et Dieppe (13-28 sept. 1589), III, 2236, art. 8.
Arquien (Louise-Marie de La Grange d'), plus tard reine de Pologne, danse dans des ballets (1661-1666), IV, p. 600.
Arrac de Vignes : généalogie, III, 2495.
Arran (Le comte d'). Voy. Hamilton.
Arras. Imprimeurs et Libraires. Voy. Bauduin (Gilles), 1595. Bourgeois (Jean), 1596. La Rivière (Guillaume de), 1598.
Arras (Jehan Caron, ou d'). Voy. Caron.
Arrest de la cour de parlement. Voy. Parlement.
Arrest de l'innocence de messire Gaspard de Coligny (1566), III, 2164.
Arrest de querelle des serviteurs de la ville de Paris contre leurs maistres (v. 1620), II, 1796, art. 21.
Arrest donné, prononcé et executé contre Jean d'Oldenbarnevelt (1619), III, 2405, art. 1.
Arrest du royaume de la Basoche donné au profit d'Angoulevent (1607), cité, IV, 3005, p. 365.
Arrest (L') du roy des Rommains (1508), 523.
Arrest du tres-haut Conseil des Dix contre George Corner (1628), III, 2452.
Arrest notable donné au profit des femmes contre l'impuissance des maris (1625), II, 1796, art. 17.
Arrests (Les) et Ordonnances royaux de la tressouveraine et supreme cour du royaume des Cieux (1559), V, 3212, art. 4.
Arrestz et Resolutions des docteurs de la faculté de Paris sur la question de sçavoir s'il falloit prier pour le roy (1589), III, 2222, art. 6.
Arrighetti (Gio. Lorenzo) : sonnet à lui adressé par N. Martelli (v. 1543), IV, 3000, p. 358.
Arrivabeni (Andrea degli), impr. à Venise (1536), cité, IV, 3161.
Arrivee du roy de Boheme au Palatinat (1622), III, 2420, art. 60.
Arrivet, grav., 916.
Arrowsmith (Le P.) : son supplice (1629), III, 2650.
Arsène (Le P.) de Paris, missionnaire en Amérique (1612), II, 1991.
Arses (Jeanne d'), dame de Solellas :

son épitaphe par A. de L'Ortigue (1617), 822.
Arsinski (Daniel) : son voyage en Chine (1670), II, 1924.
Ars moriendi (v. 1515), 76.
Artafel : vers à lui adressés par Bérenger de La Tour (1551), V, 3254.
Artagnan (Joseph de Montesquiou, comte d'), figure dans un ballet (1664), IV, p. 600.
Artaud, *Dictionnaire des halles* (1696), 330.
Artaxercès : sa Vie par Plutarque (1567), II, 1899. Cf. III, 2735. — Sujet d'une tragédie de Boyer (1683), II, 1279.
Art (L') et Science de bien parler et de soy taire (v. 1500), 524 ; (1527), 525.
Art (L') et Science de bien vivre et de bien mourir, 541, art. 11.
Art (L') et Science de rethoricque (v. 1520), IV, 2795.
Arthuys de Vaux : généalogie, III, 2495.
Articles accordez entre le marquis de Spinola et les princes protestants (1621), III, 2420, art. 53.
Articles accordés entre le roi et M. le cardinal de Bourbon (1581, réimpr. 1758), III, 2194, p. 42.
Articles accordez, jurez et signez à Melun par Henry de Bourbon... (1590), III, 2241, art. 5.
Articles accordez par le roy à la Republique de Genes (1685), IV, 3153, p. 541.
Articles accordez par M. le prince d'Orange... aux ecclesiastiques, magistrats et bourgeois de Bois-le-Duc (1629), III, 2405, art. 19.
Articles de l'accord... entre les princes et estats, tant catholiques qu'evangelistes à Ulm (1620), 2420, art. 34.
Articles de la Paix accordée entre... Loüis le Juste, roi de France et de Navarre, et le roy de Marroque (1631), III, 2484.
Articles et Conditions du traicté... entre l'Altesse du prince de Parme et la ville d'Anvers (17 août 1588), III, 2194, p. 35.
Articles de la trefve arrestee à Champigny (1576), cités, III, 2696.
Articles et Ordonnances de la discipline militaire (1602), III, 2401.
Articles generalles de la paix nouvellement accordee entre l'Empereur et le Grand Turc (1623), III, 2467.
Articles (Aucuns) proposez par les chefs de la Ligue en l'assemblee de Nancy (juin 1588), III, 2194, p. 41.
Articles que les paysans d'Austriche ont proposez aux commissaires de

l'Empereur (1626), 2420, art. 76.
Artifice (*L'*) *des filles pour attirer les amans* (1627), II, 1796, art. 6.
Artis (Gabriel d'), est peut-être l'auteur de l'*Histoire abregée des martirs françois* (1684), II, 2041.
Artois (Philippe-Charles de Bourbon, comte d') : M. de Piis lui dédie ses *Chansons nouvelles* (1785), 1003. Voy. Charles X.
Artois (Marie-Thérèse de Savoie, comtesse d') : volumes lui ayant appartenu, 131 ; II, 1759, 1998 ; III, 2358.
Art poëtique françois (1548). Voy. Sibilet (Thomas).
Artus (Le roy), II, 1489.
Artus, danseur (1671), IV, p. 600.
Arvers (Félix) : *La Course au clocher* (1839), II, 1391.
Arwans, censeur à Bouillon (1789-1790), III, 2525, p. 320.
Ascanio, cardinal : Pietro Martire d'Anghiera lui dédie une de ses *Decades* (1516), II, 1955.
Ascelin (Frère Nicolas), ou Anselme : *Voyage en Tartarie* (1634), II, 1935.
Aschenborn (Sigismund) : inscription dans un album (1589), V, 3370.
Asdrubal : tragédie sur sa mort par Montfleury (1705), II, 1276.
Ashburnham (Le comte d') : manuscrits lui ayant appartenu, IV, 2753, 2800, 3085.
Aslard (Mlle d'), citée dans *Le Verger poëtique* (1597), 782.
Aslarhus (Konrad) : inscription dans un album (1598), V, 3370.
Asola (Andrea da), impr. à Venise, beau-père et associé d'Aldo Manuzio (1513), 419 ; (1518), V, 3332.
Asola (Federico da), fils d'Andrea, revise le texte de Pomponius Mela (1518), V, 3332.
Asola (Francesco da), revise avec son frère le texte de Pomponius Mela et y joint une préface (1518), V, 3332.
Asper frères, relieurs à Genève, V, 3269, 3369.
Asper (Hans), rel. à Genève, V, 3290, 3281, 3283, 3371.
Asperger (Andreas), impr. à Augsbourg (1621), III, 2420, art. 43.
Aspremont (d'), cité dans les pièces jointes au *Vergier d'honneur*, 479.
Assalone, chanteur (1661), IV, p. 600.
Assas (Nicolas, chevalier d') : sujet d'une nouvelle de Restif d' La Bretonne (1784), II, 1916, art. 18.
Assassinat (*L'*) *du roy, ou Maximes du vieil de la montagne vaticane* (1615), III, 2243, art. 18.
Asseliers (J. van), contresigne un placard de François, duc d'Anjou (1582), III, 2399.

Asselineau (Jean), médecin : vers latins à Germain Audebert (1583), IV, 2794.
Assemblée (*L'*) *des frippiers... de Paris* (1652), II, 2071, art. 4.
Assertio juris imperat. Caroli V. in Geldriae ducatu (1539), citée, III, 2722.
Assy (Antoine Hennequin, seigneur d'), 1589. Voy. Hennequin.
Assy (François d'), traduit le *Peregrino* de Caviceo (1527), II, 1744.
Assiegement (*Le cruel*) *de la ville de Gais* (1589), 1024.
Assier (François Gourdon de Genouillac, seigneur d'). Voy. Genouillac.
Assises (*Les*) *tenues à Gentilly par le sieur Baltazar* (1623), II, 1803.
Assonleville (Le conseiller d'), correspondant du cardinal de Granvelle (1580), III. 2388 ; (1582), III, 2395.
Assoucy (Charles Coypeau d') : *Le Jugement de Paris* (1648), 969. — *L'Ombre de Moliere* (1673), II, 1222. — *Avantures* (1677), II, 1533. — *Avantures d'Italie* (1679), II, 1533. — *Pensée* (1679), II, 1533. — *Prison* (1679), II, 1533.
Asselineau (Charles) : Notice sur le *Roman bourgeois* de Furetière (1854), II, 1532.
Assomption (*L'*) *de la glorieuse vierge Marie a xxxviij personnages* (v. 1530), IV, 3011.
Asti. Imprimeurs. Voy. Silva (Francesco di), 1521. — Zangrandi (Virgilio), 1601.
Astrée (1607), II, 1527 ; (1633), 1528.
Astrologie [*des bergiers*] (1516), III, 2562, art. 38.
Astruc père et fils, de Bordeaux (1759), II, 2072.
Asturix (Titus), « Rhetus », cité par Nic. Bourbon (1538), IV, 2788.
Athanase (Saint) : *Opuscules sur les Psalmes de David* (1542), 5. — Paraphrase de son *Symbole* par Franç. Beroalde de Verville (1593), 759.
Athénée : *Banquet des savans* (1789-1791), II, 1901.
Athènes. Voy. Postel (Guillaume), *De republica Atheniensium* (1645), IV, 3102.
Athénodore (Claude), médecin, cité par Nic. Bourbon (1538), IV, 2788.
Attaingnant (Pierre), impr. à Paris (1531), 411, article 4. — Sa veuve (1553), 981.
Attendez-moy sous l'orme, comedie (1694), II, 1289.
Attend mieulx (*L'humble*), surnom poétique d'Hugues Laurens, 596.
Attichy (Jean d'), cité par Nic. Bourbon (1538), IV, 2788.
Atticus secundus, pseudonyme de Sarrazin, II, 1906.

Atto, chanteur (1661), IV, p. 600.
Aubais (Charles de Baschi, marquis d'): *Pieces fugitives* (1759), II, 2095.
Aubenas : deux jésuites y sont tués (3 févr. 1593), III, 2243, art. 5.
Auber : généalogie, III, 2495.
Aubery (Benjamin), sieur du Maurier, l'un des secrétaires de Sully, III, 2238 ; ministre de France en Hollande (1613-1624), III, 2406. — Vers dans *Le Cabinet des Muses* (1619), 974.
Aubery (Félix), prévôt des marchands de Paris (1740), III, 2497.
Aubery (Louis), sieur du Maurier : *Memoires pour servir à l'histoire de Hollande* (1680), III, 2406.
Aubery (M.) : vers à J. Le Vasseur (1608), 772.
Aubert, grav., II, 1072.
Aubert et Cⁱᵉ, libr. à Paris (1842), III, 2300 ; (1843), 2324.
Aubert (Claude) : vers à Jean Aubert, son frère (1581), 752.
Aubert (Esprit) : *Les Marguerites poëtiques* (1613), 816.
Aubert (Guillaume) : vers sur Marguerite d'Angoulême (1554), 627. — *Histoire des guerres faictes par les chrestiens contre les Turcs* (1559), II, 2084. — Édition des *Œuvres françoises* de Du Bellay (1560-1575), 680. — *Elegie sur le trespas de Joach. Du Bellay* (1561), 683. Cf. 680. — Sc. de Sainte-Marthe lui dédie une élégie (1569), 715. — Sc. de Sainte-Marthe parle de lui (1600), IV, 2921.
Aubert (Jean) : *Discours de la felicité de messeigneurs de La Rochefocault* (1581), 752.
Aubert (Jean), condamné aux galères comme complice de la mort de B. Brisson (1594), III, 2253.
Aubert (M.), grav., III, 2506.
Aubert (Pierre), impr. à Genève (1610), IV, 3160 ; (1630), II, 1529.
Aubert (Richard), libr. à Rouen (s. d.), 781.
Aubert du Petit-Thouars : généalogie, III, 2495.
Auberton (Le P. Dominique), voyageur à Jérusalem en 1507, II, 1940.
Auberville (Charles d'), bailli de Caen, cité par Guy Le Fèvre de La Boderie (1578), IV, 2930.
Aubier (Nicodème) : Séb. Rouillard compose contre lui *Le Lumbifrage* (v. 1608), II. 1846.
Aubigné (L'abbé d') : lettres à lui adressées par Mᵐᵉ de Maintenon sa sœur (1756), II, 1895.
Aubigné (Agrippa d'), revendique la paternité des vers insérés dans le *Balet comique* de B. de Beaujoyeulx (1582), II, 1445. — *La Confession de Sancy* (1744), III, 2188, t. V. — *Histoire universelle* (1616-1620), II, 2086 ; (1626), 2087. — *Avantures du baron de Fæneste* (1630), II, 1529.
Aubigny (d'), lieutenant particulier de Cognac : François Habert lui adresse des vers (1558), V, 3251.
Aubigny (Le baron d'), cité par Guillaume de Poëtou (1565), III, 2605.
Aubin, architecte, cité par Guy Le Fèvre de La Boderie (1578), IV, 3183.
Aubin, grav. d'écriture, 1037 ; III, 2312, 2523, p. 276.
Aubin (Mˡˡᵉ), citée par M. Guy de Tours (1598), IV, 2948.
Aublé (Marin), cité par Ch. Fontaine (1546), IV, 2876.
Aubonne, baronnie, II, 1932.
Aubouin (Pierre), libr. à Paris (1687), 175 ; (1688), 178 ; (1690), II, 2069 ; (1694), II, 2069 ; (1695), 951 ; (1697), 63.
Aubray (Claude d') : J. Dorat lui adresse des vers en l'honneur d'Henri III (1574), 2319.
Aubry (Mˡˡᵉ), chanteuse (1669), IV, p. 600.
Aubry (Auguste), libr. à Paris (1863), 937.
Aubri (Bernard), libr. à Paris (1530), III, 2624.
Aubry (C.), traducteur du *Werther* de Goethe (1777, 1797), II, 1767.
Aubry (François), impr. à Lyon (1599), IV, 2949.
Aubry (Jean-Thomas), docteur de Sorbonne, curé de Sᵗ Louis en l'Ile : volumes lui ayant appartenu, II, 1530 ; IV, 2878.
Aubrier, grav., III, 2506.
Auche (d'), violon (1671), IV, p. 600.
Audebert (François), impr. à Paris (1619), 1023.
Audebert (Germain), *Venetias*, ms. (v. 1583), IV, 2794. — Vers en tête des *Poëmata* de Sc. de Sainte-Marthe (1596), 716. — Il est cité par Sc. de Sainte-Marthe (1600), IV, 2921.
Audebert (Nicolas) : vers latins adressés à son père, Germain Audebert (1583), IV, 2794. — Il copie lui-même la *Venetias*, ibid. — Vers dans *La Main d'Estienne Pasquier* (1584, 1610), 737. — Vers à Sc. de Sainte-Marthe (1596), 716. — Vers à Ch. de Massac (1605), 771.
Audenet (A.) : volumes lui ayant appartenu, 545, 567, 781 ; II, 1504 ; III, 2638, 2711, 2717, 2728 ; IV, 2834, 2838 ; V, 3166.
Audiger : *La Maison reglée* (1692), 286.
Audiguier (Vital d'), seigneur de La Menor : vers dans *Les Marguerites poëtiques* d'Esprit Aubert (1613), 816. — Traduction française des

Novelas de Cervantes (1615), citée, II, 1756. — Traduction des *Relaciones de la vida de Marcos de Obregon*, de V. Espinel (1618), II, 1554. — *L'espouvantable et prodigieuse Apparition advenue a Jean Helias* (1623), II, 1729.
Audin, libr. à Paris (1623), 866.
Audinet (Claude), libr. à Paris (1677), II, 1533. — Sa veuve (1684), III, 2307.
Audran (Benoît), grav., 255, 329 ; II, 1225, 1484 ; III, 2328.
Audran (G.), grav., IV, 3096, art. 112 *quatuor*.
Audran (J.), grav., III, 2499, 2506.
Audran (K.), grav., 40, 57.
Auersperg (Weichard Freiherr von) : inscription dans un album (1597), V, 3370.
Auffay (Le comte Albert d') : volumes lui ayant appartenu, 622 ; II, 1103 ; III, 2189 ; V, 3275.
Auge (Daniel d'), « Augentius » : vers grecs sur la mort de Ronsard (1586), IV, 2889.
Auger, « Augerius », cité par Nic. Bourbon (1538), IV, 2788.
Auger (Le P. Edmond) : *Bref Discours sur la mort de feu M. le cardinal de Lorraine* (1575), III, 2191.
Auger de Mauléon, publie les *Lettres du cardinal d'Ossat* (1624), II, 1878 ; — publie les *Lettres de Paul de Foix* (1628), 1877.
Augereau (Antoine), impr. à Paris (1532), 493.
Augy (Claude d'), libr. à Genève (1583), II, 1092.
Augier (Émile), *Théâtre* (1856-57), II, 1408. — *Diane* (1852), 1409. — *Philiberte* (1853), 1410. — *Ceinture dorée* (1855), 1411. — *Le Mariage d'Olympe* (1855), 1412. — *La Jeunesse* (1858), 1413. — *Les Lionnes pauvres* (1858), 1414. — *Un beau Mariage* (1859), 1415. — *Les Effrontés* (1861), 1416. — *La Contagion* (1866), 1417. — *Paul Forestier* (1868), 1418. — *Les Fourchambault* (1878), 1419.
Augsbourg. Imprimeurs et Libraires. Voy. Asperger (Andreas), 1621. Carl (Johann), 1620. Grimm (Siegmund), 1519. Lutz (Hans Georg), 1614-1616. Lutz (Thobias), 1577-1613. Othmar, 1504. Portenbach (Les héritiers de Hans), 1577-1580. Portenbach (Hans Georg), 1581-1599. Schönsperger (Hans), 1482. Steiner (Heinrich), 1531. Willer (Elias et Georg), 1595-1617. Willer (Georg), 1564-1592. Wirsung (Marcus), 1519.
Augurello (Gio. Aurelio) : *Trois Livres de la Chrysopée*, trad. par Fr. Habert (1549), 646.

Auguste (Antoine), d'Aigueperse : vers à Nic. Bourbon (1538), IV, 2788. — Vers à lui adressés, *ibid*.
Augustin (Saint) : *Confessions* (1688), 39. *Tractatus de Antichristo* (v. 1525), 209, art. 3. — Passages extraits de ses œuvres par Bossuet (1581), IV, 3079, pp. 448, 450, 451.
Aulnoy (Marie-Catherine Jumelle de Berneville, comtesse d') : *Relation du voyage d'Espagne* (1691), II, 1926 ; (1699), 1927. — *Recueil des plus belles pieces des poëtes françois* (1692), 979. — *Memoires de la cour d'Angleterre* (1695), II, 1692. — On lui attribue sans preuves *Les illustres Fées* (1698), II, 1735.
Aultriac (d') : vers à lui adressés par Joachim Blanchon (1583), IV, 2938.
Aultruy (Jean d') : *Larmes sur la memoire de Henry le Grand* (1610), III, 2259.
Aumale : généalogie, III, 2495.
Aumale (Charles de Lorraine, duc d') : vers à lui adressés par Joachim Blanchon (1583), IV, 2938. — Édits contre sa personne et ses biens (févr. 1589), III, 2194, p. 43, n°° 50 et 54 ; III, 2219, art. 11 ; (27 avril 1589), III, 2194, p. 44. — Il est défait par le duc de Longueville (17 mai 1589), III, 2219, art. 13, 14 ; 2230. — Extrait d'un manuscrit trouvé après sa mort dans son cabinet, III, 2236, art. 1.
Aumale (Marie de Lorraine, duchesse d'), femme du précédent : vers à elle adressés par Flaminio de Birague (1585), IV, 2939.
Aumale (Claude II de Lorraine, duc d') : vers à lui adressés par Ch. Fontaine (1557), IV, 2877. — Franç. de Belleforest lui dédie sa *Remonstrance* (1567), 724. — *Deploration de la France sur sa mort* (1573), 788.
Aumale (Louise de Brézé, duchesse d'), femme du précédent : Complainte sur la mort de son mari (1573), 411, art. 62 : 986, art. 11.
Aumale (Claude de Lorraine, chevalier d') : vers à lui adressés par N. Rapin (1610), IV, 2944.
Aumale (Henri II de Nemours, duc d'), abbé de Saint-Remy de Reims : lettre à lui adressée par Rangouze (1649), II, 1879.
Aumale (Henri d'Orléans, duc d') : volumes lui ayant appartenu, III, 2503, 2617.
Aumale (Louise-Marie-Françoise-Élisabeth de Savoie, dite Mlle d'), plus tard reine de Portugal, danse dans des ballets (1662-1664), IV, p. 600.
Aumôniers (Grands) de France (1717), III, 2493, art. 32.
Aumont (Arn. d'), collabore à l'*Ency-*

clopédie (1751-1777), III, 2523, p. 280.

Aumont (Frédéric d'), est tué à Pavie (1525), II, 2127.

Aumont (Jean d'), comte de Chasteauroux, cité par Guy Le Fèvre de La Boderie (1578), IV, 2930. — Maréchal de France, il assiège la citadelle d'Orléans (déc. 1588), III, 2194, p. 43. — Il fait pendre le P. Jessé, cordelier (1589), III, 2241, art. 7.

Aumont (Louis-Marie-Augustin, duc d') : volumes lui ayant appartenu, II, 1908 ; III, 2502.

Aumont (Roger d'), évêque d'Avranches : lettre à lui adressée par Rangouze (1649), II, 1879.

Auneau (Bataille d') (1587), III, 2218.

Aunillon (Le président), acquiert le privilège de la *Gazette* (v. 1748), IV, 3153, p. 547.

Auquesnes (Mahiot d'), l'un des auteurs des *Cent Nouvelles nouvelles* (v. 1457), II, 1694.

Aurat (chanteur (1669-1671), IV, p. 600.

Auratus. Voy. Dorat.

Aurélien, empereur : *Epistola de officio tribuni militum* (1525), III, 2498.

Aurigny (Gilles d') : huitain à Claude Colet (1549, n. s.), 651. — *Le Tuteur d'amour* (1553), 652.

Aurimont (Mme d') : épitaphe (1579), IV, 2879.

Auriol (Estienne d', « Albreolus », cité par Nic. Bourbon (1538), IV, 2788.

Auroy (Amable), libr. à Paris (1688), II, 1975 ; (1691), 1972, 1973.

Auroux (N.), grav., 835.

Ausber (Robert), libr. à Rouen (?) (1542), IV, 2761.

Ausone : *Opera omnia* (1590), IV, 3169. — Épigramme traduite par Joachim Du Bellay (1561), IV, 2891.

Ausoult (Jean), impr. à Lyon (1547), 612 ; (1553), 613.

Autel (Le comte d'), danse dans un ballet (1681), IV, p. 600.

Autheuil (d') : vers à G. de Scudéry (1633), V, 3318.

Auteuil (Le comte d') : volumes lui ayant appartenu, 216 ; II, 1445.

Autheur (L') du vray Cid espagnol à son traducteur françois (1637), II, 1142, art. 8.

Auto del emperador Juveniano, cité, IV, 3016.

Auton (Jehan d') : *Œuvres poétiques*, ms., IV, 2819. — *L'Exil de Genes la superbe* (1509), 484. — Rondeaux et Ballade, IV, 2964, art. 33, 36, 97. — Epître à Jehan Le Maire et réponse (1512), II, 2090. — Il est cité comme un modèle par Guill. Crétin (1512), II, 2090, art. 5. — Epître à lui adressée par Jehan Bouchet (1522), 507. — Épitaphe par le même (1545), 510.

Autreau : *Contes en vers* (1762), 923, 926 ; (1778), 927 ; (v. 1855), II, 1909.

Autrey (Le baron d') : *Le Karesme et Mœurs du politique* lui sont dédiés (1589), III, 2241, art. 2.

Autriche (Le prince d'), cité en 1525. Voy. Ferdinand.

Autriche (Albert, archiduc d') : son mariage avec l'infante Isabelle (1599), III, 2436.

Autriche (Charles d'), archiduc de Carinthie et de Styrie, père de l'empereur Ferdinand II, cité, III, 2420, art. 9.

Autriche (Isabelle-Claire-Eugénie, archiduchesse d') : le P. M. Le Brun lui dédie la *Vie de saint Adrien* (1631), IV, 3097. — Son portrait (1662), 831.

Autriche (Don Juan d') : sa Vie par Lorenzo Vander Hammen (1627), II, 2512. — *Response à un petit livret intitulé : Declaration de l'intention du seig^r don Jehan d'Autrice* (1578), III, 2379. — *Tre Canzoni sopra la guerra Turchesca* (1571), V, 3307. — *Canzone sopra la vittoria dell' armata christiana...* (1572), V, 3308. — *La Nereïde*, par P. de Deimier (1605), 766. — Sujet d'une pièce de Cas. Delavigne (1836), II, 1350. — Voy. Lépante.

Autriche (Mathias, archiduc d') : Ch. de Navières lui dédie une traduction des *Hymnes anciens* (1580), V, 3205.

Auvergne (Jehanne, comtesse d') et de Boulogne, m. en 1423 : le *Traité des eaues artificielles* est écrit à sa requête, 198.

Auvergne (Martial d') : *Mattines en françoys* (v. 1490), 476 et *Additions*. Cf. 31, art. 10. — Imitation de ses *Arrests d'Amours* par La Fontaine (1665), 919, 2e part., art. 11. — Vers à lui empruntés, IV, 2845. — Montaiglon lui attribue *L'Amant rendu cordelier*, IV, 2829 bis.

Auvers : château, 249.

Auvray (Guillaume), libr. à Paris (1586), II, 1982 ; (1600), III, 2240, art. 9.

Auvray (Jean), cité, IV, 3005, p. 366.

Auvrelat (Marguerite d'), compose des vers pour le *Puy du souverain amour* (1543), 804.

Auxerre : abbaye de Saint-Germain, IV, 3096, art. 31. — Bailli (1424-1465), IV, 2805, p. 125. — Imprimeur et libraire. Voy. Bouquet (Gilles), 1664-1667.

Auxerre (Jacques d') : épitaphe par J. Bouchet (1545), 510.

Auzenet (M¹¹ᵉ), citée par Cl. de Taillemont (1556), IV, 2910.
Auzières (Dom Pierre), commence une histoire du Languedoc (1708), III, 2347, p. 146.
Auzoult (Adrien), compose des vers pour le *Puy du souverain amour* (1543), 804.
Auzoult (Richard), impr. à Rouen, (v. 1500), cité, III, 2620.
Avalos (Hernando de), marquis de Pescara : son emblème (1562), IV, 3077.
Avancio (Girolamo) : épître à Marino Sanuto à la fin des œuvres de Catulle (1502), 412.
Avanson (Jean de Saint-Marcel, seigneur d'). Voy. Saint-Marcel.
Avant-Coureur (L') de la Gazette, ou la Defaite de l'armée bavaroise (1645), IV, 3153, p. 535.
Avaricieux (L') pensant jour et nuyt a son tresor (v. 1525), 459.
Avaux (Claude de Mesmes, comte d') : négociations d'Osnabrug en 1647 (1726), III, 2544.
Avaux (Jean-Antoine de Mesmes, comte d') : J. Chevillard lui dédie l'armorial des *Premiers Presidens au parlement de Paris* (1718), III, 2493, art. 40.
Avellaneda. Voy. Fernandez de Avellaneda.
Aveline, grav., III, 2310.
Aveline, junior, grav., III, 2506.
Aveline (A.), grav., III, 2315.
Aveline (F.) fils, grav., II, 2094 ; III, 2506.
Aveline (Pierre), grav., 255, 843, 928 ; II, 1978.
Ave (L') Maria des Espaignolz (v. 1523), IV, 2831.
Ave Maria en françoys (en prose), 320, art. 20.
Avenarius, libr. à Leipzig, associé de Brockhaus (1839), II, 1352.
Aventin (Gustave), anagr. d'Auguste Veinant, II, 1794.
Aventurer (S') en perdant (1656), II, 1757.
Avantures (Les) du baron de Fæneste (1630), II, 1529.
Avertissement. Voy. *Advertissement*.
Avescat (B. d') : sonnets dans les *Traitez* de B. de Loque (1588), III, 2219, art. 2.
Avesnes-le-Comte, incendié par Henri IV (1595), IV, 3128.
Aveugle (L') voyant, ms. (xvıᵉ s.), V, 3240.
Avice : vers à Regnault (1639), II, 1116.
Avieille, dess., II, 1768.
Avienus (Jakob) : Konrad Gessner lui dédie son *Tractatus de lacte* (1541), IV, 3162.

Avignon. Voy. Perussis (Louis de) : *Hist. des guerres du comté Venaissin* (éd. de 1759), II, 2095. — *Discours d'un déluge qui s'y produit le 21 août 1616*, III, 2349. — Imprimeurs et Libraires. Voy. Arnaud (Thomas), 1616. Barrier (Loys), 1561. Bonhomme (Barthélemy), 1555. Channey (Jehan de), v. 1530. Roux (Pierre), 1563-1565.
Avignon (Laurent d') : vers en tête du *Dictionnaire des rimes* de Jean Le Fèvre (1588), 431.
Avila (Alonso de), explorateur de Cuba (1511-1518), II, 1955.
Avila (Enrico Caterino d') : extraits de son Histoire par Bossuet, IV, 3079, p. 449.
Avis d'une mere, 1728. Voy. Lambert (Anne-Thérèse de Marguenat de Courcelles, marquise de).
Avision, ou Songe, ms. (xvᵉ s.), IV, 2796, art. 3.
Avost (Claude d'), impr. à Lyon (1509), III, 2109. (Les caractères sont les siens.)
Avost (Hiérosme d') : vers à La Croix du Maine (1584), III, 2515.
Avril (Le P.), voyageur, cité, II, 1924.
Avril (Jean), prieur de Corzé : vers à lui adressés par J. Le Masle (1580), IV, 2933.
Avril (Jean) : sonnet en tête des *Œuvres* d'Alain Chartier (1617), 442.
Avrilly (Jacques, seigneur d'). Voy. Hellenvilliers.
Avvisi (Nuovi) del diluvio di Roma (1557), V, 3362.
Axel (Corneille et Pierre d'), chartreux : Josse Bade leur dédie ses commentaires sur Filippo Beroaldo (1503), V, 3237.
Axt (Adolph von) : inscription dans un album (1603), V, 3370.
Azay (B. d'), élève de Nic. Du Puis (v. 1510), V, 3228.
Azalbert (Jeanne d'), femme d'Estienne Forcadel, IV, 2879.
Aze, grav., II, 1909.

Babel (P.-E.), grav., 244, 251, 255 ; II, 2094.
Babeuf (Conspiration de), par Louis Reybaud, ms., IV, 3131.
Babou (Georges), seigneur de La Bourdaisière, cité par Guy Le Fèvre de La Boderie (1578-79), IV, 2930.
Babou (Jean), baron de Sagonne, cité par Guy Le Fèvre de La Boderie (1578), IV, 2930.
Babou (Isabeau), dame de Sourdy, citée par Guy Le Fèvre de La Boderie (1578), IV, 2930.
Babou (Philibert) : Geofroy Tory lui dédie son édition de Pomponius Mela (1508), V, 3331.

Bacci (Leonardo). Voy. Aretino.
Bacci (Pietro). Voy. Aretino.
Bachaumont (Fr. Le Coigneux de) et Chapelle : *Voyage* (1825), II, 1919, art. 2.
Bachelier (Michel) : volume lui ayant appartenu au xviie siècle, III, 2683, *Additions*.
Back (Hans) von Wirtzburg : *Eyn schönes Lied von der Schlacht vor Pavia* (1525), II, 2129.
Bachellier, grav., III, 2342.
Bacquenois (Nicolas), impr. à Reims (1557), cité, III, 2545.
Bade (Charles, marquis de) : sa mort (1622), III, 2420, art. 63.
Bade (Charles-Eugène, marquis de), page de Ferdinand IV, roi des Romains (1654), V, 3367.
Bade (Conrad), impr. à Paris et à Genève et poète : *Satyres chrestiennes de la cuisine papale* (1560), V, 3264.
Bade (Conrad) : *L'Alcoran des cordeliers*, traduit d'Erasmus Alber (1734), II, 2024. Cf. III, 2552. — Sa marque est employée en 1589, probablement à La Rochelle, III, 2194, p. 38.
Bade (Josse), commente le *Carmen lugubre* de Filippo Beroaldo (1503), V, 3237 ; publie et imprime la *Vita S. Rochi* de Jehan de Pins (1517), V, 3336.
Bade-Durlach (George-Frédéric Ier, margrave de), cité (1620), 2420, art. 36. — Sa défaite à Wimpfen (1622), *ibid.*, art. 61 et 63.
Badère (Baptiste), *Devotes Meditations* (1588), V, 3276 ; (1595), IV, 2947.
Badet (Bernard), cité par Nic. Bourbon (1538), IV, 2788.
Baffou (Mme de) : son éloge par Jules de Richy (1616), V, 3291.
Bagg, grav., V, 3321.
Baglioni (Pierre), sieur de Saillant, défend la cause du roi à Lyon (1589), III, 2222, art. 7.
Bagneux (*Junonie ou les Amours de Mme de*) (v. 1734), II, 1685 ; (1754), II, 1686.
Bagnyon (Jehan) : *Fierabras* (1552), IV, 3060.
Bagnol : vers à lui adressés par Joachim Blanchon (1583), IV, 2938.
Baïf (G. de) : vers dans le *Tombeau de Passerat* (1606), 713.
Baïf (Jean-Antoine de) : vers français et grecs à P. de Ronsard (1550), 670, 671. — Vers dans le *Tombeau de Marguerite de Valois* (1551), 628. — Vers grecs et latins à M.-A. de Muret (1552), II, 1069. — Vers à lui adressés par Tahureau ; sonnet à Tahureau ; épigramme grecque et sonnet français au même (1554, 1574), 702, 703. — Vers à lui adressés par J. de La Péruse (1557), IV, 3022 ; — par Ch. Toutain (1557), II, 1089 ; — par Charles Fontaine (1557), IV, 2877 ; — par Du Bellay (1559), IV, 2896. — Vers français, latins et grecs sur la mort de Jacques de La Chastre (1569), IV, 2791. — Sonnet à Hiér. Hennequin (1569), IV, 2923. — Elégie à Sc. de Saincte-Marthe (1569), 715. — *Tombeau d'Elisabeth de France* (1569), 814. — Vers dans le *Tumbeau de Gilles Bourdin* (1570), 815. — Vers composés pour l'entrée de Charles IX à Paris (1571), IV, 3117, art. 1. — *Les Amours* (1572), *Les Jeux* (1572), *Euvres en rime* (1573), *Les Passetems* (1573), 684. — Vers grecs et français sur la mort de Jeanne d'Albret (1572), III, 2170. — *Complainte sur le trespas du feu roy Charles IX* (1574), 685. — *Etrenes de poëzie fransoeze* (1574), 686. — Vers à lui adressés par Jean Le Bon (1574), IV, 3171. — Traduction des poëmes latins de J. Dorat en l'honneur de Henri III (1574), III, 2319. — *Premiere Salutation au roy* (1575), 685 ; IV, 2902. — On lui attribue la traduction du *De armis Consilium* de P. Charpentier (1575), IV, 3126, art. 1. — *Mimes* (1576), 687 ; (1597), 688. — Vers dans le *Tumulus Remigii Bellaquei* (1577), 695. — Il est cité par Guy Le Fèvre de La Bodorie (1578), IV, 2930, 3183. — Il est cité par Est. Forcadel (éd. de 1579), IV, 2879. — Vers à lui adressés par J. Le Masle (1580), IV, 2933. — Vers à Rob. Garnier (1585), II, 1095. — Vers à lui adressés par Flaminio de Birague (1585), IV, 2939. — Vers latins et français sur Ronsard (1586), IV, 2889. — Il est cité par J. Dorat (1586), IV, 2789. — Vers dans le *Tombeau de Ronsard* (1586, 1623), 668. — *Epitafes de feu mgr. Anne de Joieuse* (1587), 685. — Vers à Ph. Des Portes (1600), 740. — Il est cité par Sc. de Sainte-Marthe (1600), IV, 2921. — Vers à lui adressés par N. Rapin (1610), IV, 2944. — Vers dans *Les Marguerites poëtiques* d'Esprit Aubert (1613), 816.
Baïf (Lazare de) : huitain, IV, 2965, art. 148. — On lui attribue la traduction de *l'Hecuba* d'Euripide (1544), II, 1060. Le vrai traducteur doit être Bouchetel (voy. ce nom). — Epitre à lui adressée par J. Bouchet (1545), 510. — Il est cité par Guy Le Fèvre de La Boderie (1578), IV, 3183.
Baïf (Lazare de) le jeune : vers dans les *Traductions de latin* (1550), 808.

Bayle (Pierre) : *Dictionnaire historique et critique* (1720), III, 2502.
Bailhard des Combaux : généalogie, III, 2495.
Baillehache : généalogie, III. 2495.
Baillet (Pierre), libr. à Paris (1631), II, 2085.
Baillet (Thibaut), cité par Jehan Bouchet (1545), 511.
Bailleul, cité par J.-A. de Baïf (1559), IV, 2896.
Bailleul (Mlle de), danse dans un ballet (1662), IV, p. 600.
Bailleul, dess., II. 1674.
Bailleul (F.) l'aîné, grav., III, 2310.
aillieul (Gaspard de), grav., III, 2337.
Bailleul(N.) le jeune, grav. en lettres, III, 2310.
Bailly, libr. à Paris (1769), II, 2003.
Bailly, « Balius », musicien, cité par N. Rapin (1610), IV, 2944.
Baillière, libr. à Londres (1834), II, 1376.
Baillon (Jean), cité par Fr. Habert (1549), IV, 2868.
Baillony (Pierre). Voy. Baglioni.
Bains (Les) de Fewer (1613), IV, 2950.
Balagny (Jean de Monluc, maréchal de). Voy. Monluc.
Balay : généalogie, III, 2495.
Balamio (Ferdinando) : vers de lui dans les *Icones* de N. Reusner (1589), V, 3370.
Balançon, est chargé par Charles Quint de négocier avec François Ier (1536), II, 2138, art. 6 et 7.
Balarnaut (J. de), secrétaire du maréchal de Damville (1579), IV, 2879.
Balathier : généalogie, III, 2495.
Balazu (de) : épitaphe par Bérenger de La Tour (1551), V, 3254.
Balazu (Jean de) : vers à lui adressés par Bérenger de La Tour (1551), V, 3254.
Balazu (Lyon de), id., *ibid*.
Balbiani (Le comte), blessé à Marignan (1515), IV, 3002.
Balbiani (Valence), femme du chancelier de Birague : son tombeau (1588), III, 2304.
Baldelli (Le comte), cité, II, 1950.
Baldin (Jean), ministre à Genève (1554), 85.
Baldini (Bernardino), prétendu académicien du val de Bregno (1589), 1049, 1050.
Baldo (Francesco) : lettres à Gio. Giorgio Trissino (1517), IV, 3078.
Baldung Grien, ou Grün (Hans), peintre, cité par Jehan Pelerin (1521), IV, 2763.
Bâle : *Regime contre la pestilence* composé par les médecins de cette ville (v. 1510), IV, 3163. — Mandat donné par le Conseil en faveur de Guillaume Farel (1524), II, 2047. — Imprimeurs et Libraires. Voy. Bebel (Johann), 1525. Bischoff (Nicolaus), dit Episcopius, 1535. Cadier (Jacques), ou Estauge, 1546-1548. Cousin (Martin), 1574. Davantes (Pierre), 1572. Decker (J.), 1800. Episcopius, art. Bischoff. Estauge (Jacques), 1546-1548. Faber (Joannes), art. Schmidt. Froben (Hieronymus), 1535. Gengenbach (Pamphilus), 1519. Henricpetri (Johann), 1574. Herbster (Johann), dit Oporinus, 1538-1556. Ses héritiers, 1575. König (Ludwig), 1601. Oporinus (Johannes), art. Herbster. Petri (Adam), 1521. Schabeler (Johann), 1525. Schmidt (Johann), 1528. Schröter (Johann), 1599. Vallemand (Pierre), 1573. Waldkirch (Konrad), 1589.
Bale (John) : extrait de ses œuvres (1588), III, 2222, art. 1.
Ballada (Ottavio), V, 3311.
Ballade de la mort (1535), IV, 2754.
Ballard (Christophe), impr. de musique à Paris (1673), II, 1220 ; (1689), II, 1267 ; (1696), II, 1268.
Ballard (Christophe), impr. de musique à Paris (1718), II, 1468.
Ballard (Robert), impr. de musique à Paris, associé d'Adrien Le Roy (1573), 983 ; (1578), 679 ; (1582), II, 1445 ; (1584), 983.
Ballard (Robert), chef d'orchestre (1615), IV, p. 600.
Ballard (Robert), impr. de musique à Paris (1654), IV, 3047 ; (1656), 57, 58 ; II, 1455 ; (1657), IV, 3048, 3049 ; (1659), IV, 3050, 3051 ; (1661), IV, 3052 ; (1664), II, 1192 ; (1670), IV, 3040-3042 ; (1671), IV, 3043, 3044 ; (1673), IV, 3046.
Ballechou (Jean-Joseph), grav., 255 ; III, 2506.
Ballesdens (Jean), communique son exemplaire pour la réimpression du traité de Guill. Postel *De republica Atheniensium* (1645), IV, 3102. — Volumes lui ayant appartenu, 209, 533 ; II, 1081 ; III, 2252.
Ballet (Le magnifique et royal) dansé à Lyon (1622), II, 1450.
Ballet de Cassandre (1651), IV, p. 597.
Ballet de la Felicité (1639), IV, p. 597.
Ballet de la Marine (1635), II, 1453.
Ballet de la Merlaizon (1635), IV, p. 597.
Ballet de la Paix, dansé à Münster (1645), IV, p. 597.
Ballet de la Raillerie (1659), IV, 3050.
Ballet de la revente des habits du ballet (1655), IV, p. 598.
Balet de la Vallée de Misere (1634), IV, 3153, p. 532.
Balet de l'Oracle de la Sibile de Pansoust (1645), IV, 3153, p. 535.

Ballet de Psyché (1656), II, 1456.
Balet des Andouilles (1628), II, 1796, art. 31.
Ballet des Arts (1663), IV, 3053.
Ballet des Ballets (1671), IV, 3043.
Ballet des Bien-Venus, dansé à Compiegne (1653), IV, p 597.
Ballet des deux Magiciens (1636), II, 1454.
Ballet des Saisons (1661), IV, 3052 ; (1722), II, 1457.
Ballet des Triomphes (1635), II, 1452.
Ballet du Courtisan (1612), II, 1447.
Ballet du Temps (1634), IV, 3047.
Ballet en langage foresien (1605), II, 1446.
Ballet royal d'Alcidiane (1658), IV, p. 598.
Ballet royal de Flore (1669), IV, 3056.
Ballet royal de la naissance de Venus (1655), IV, p. 598.
Ballet royal de la Nuit (1653), IV, p. 597.
Ballet royal de l'Impatience (1659), IV, 3051.
Ballet royal des Muses (1666), IV, p. 598.
Ballet royal des Nopces de Pelée et de Thetis (1654), IV, p. 597.
Ballet royal des Plaisirs (1655), IV, p. 597.
Ballet royal des Proverbes (1654), IV, p. 597.
Ballet royal d'Hercule amoureux (1662), IV, p. 598.
Ballet royal du Triomphe de l'Amour (1681), IV, p. 598.
Ballet (François), huissier à la cour des Monnaies (1563-1572), III, 2546, art. 1, 2, 5-8, 10, 12, 15.
Ballet (Pierre), libr. à Lyon (1515), II, 1067.
Balligault (Félix), impr. à Paris (v. 1490), III, 2620. Cf. II, 1948.
Ballonfeau (Jac.) : *Sonnet sur la mort de M. de Martigues* (1569), III, 2607.
Balma (P. a). Voy. La Baulme.
Balon, danseur (1645), IV, p. 600.
Balore (Claude de), chevalier de Malte : sa mort (1625), III, 2476.
Balsamo (Frà Paolo), définiteur des franciscains (1510), IV, 3100.
Balsi (Luca), blessé à Marignan (1515), IV, 3002.
Baltasarino. Voy. Beaujoyeux (Balthasar de).
Baltazar, bailli de St Germain-des-Prés (1623), II, 1803.
Baltazar, *Histoire de la guerre de Guienne* (1651-1653), II, 2095, art. 18.
Balthasar, musicien (1664), IV, p. 600.
Balthazard, capitaine des Suisses : vers à lui adressés par Christofle de Beaujeu (1589), IV, 2942.

Balthus (Le P. J.-F.), *Reponse à l'Histoire des oracles de M. de Fontenelle* (1707), citée, II, 2005.
Balus, violon (1669-1671), IV, p. 600.
Balus, fils, violon (1671), IV, p. 600.
Baluze (Étienne) : volumes lui ayant appartenu, 635 ; III, 2572.
Balsac (Antoinette de), abbesse de Malnoue, citée par Guy Le Fèvre de La Boderie (1578), IV, 2930.
Balzac (J.-L. Guez de) : *Lettre à Mr de Scudery sur ses Observations du Cid* (1638), II, 1142, art. 19. — *Lettre à M. de Corneille* (1646), IV, 3032. — Epitre à Costar sur les Œuvres de Scarron, II, 1906. — Il est cité (1676), II, 1828. — Sujet d'un roman de Paul Lacroix (1839), II, 1619.
Balsac (François de), sieur d'Entragues : Michel Du Ry l'attaque dans *Le bon François* (1589), III, 2226.
Balzac (Honoré de), *Le Centenaire* (1822), II, 1585. — *Le Sorcier* (1837), 1586. — *Scènes de la vie privée* (1830), 1587. — *Physiologie du mariage* (1830), II, 1843. — *La Peau de chagrin* (1831), 1588. — *Les cent Contes drolatiques* (1832-1837), II, 1713. — *Histoire intellectuelle de Louis Lambert* (1833), 1589. — *Scènes de la vie privée* (1834-37), 1590. — *Scènes de la vie de province* (1834-37), 1591. — *Scènes de la vie parisienne* (1835), 1592. — *Le Lys dans la vallée* (1836), 1593. — *Histoire de la grandeur et de la décadence de César Birotteau* (1838), 1594. — *Dom Gigadas* (1840), 1595. — *Un grand Homme de province à Paris* (1839), 1596. — *Béatrix* (1840), 1597. — *Pierrette* (1840), 1598. — *Histoire de l'Empereur* (1842), III, 2300. — *Les deux Frères* (1842), 1599. — *Honorine* (1845), II, 1600. — *Splendeurs et Misères des courtisanes* (1845), 1601. — *Les Parens pauvres* (1847-48), 1602. — *La dernière Incarnation de Vautrin* (1848), 1603. — *Mercadet* (1851), II, 1392. — Il est son propre libraire (1828), II, 1607. — Voy. Girardin (Delphine Gay, dame de), *La Canne de M. de Balzac* (1836), II, 1604.
Balsac (Louis de) : vers à Clovis Hesteau (1578), 743.
Balsac (Robert de), seigneur d'Entragues : *Le Chemin de l'ospital* (v. 1490), V, 3214 ; (v. 1525), 137. Cf. 481.
Bancel (Ernest) : volumes lui ayant appartenu, IV, 2963, 3045 ; V, 3214.
Banchereau (G. de) : vers à Guill. Bouchet (1608), II, 1702.
Bandello (Matteo) : *Titi Romani Egesippique Atheniensis Historia*

(1509), II, 1742. — *Canti* (1545), 1032. — Cité, II, 1721, 1723.
Bandinelli (Baccio) : portrait dans les *Icones* de Reusner (1589), V, 3370. — Volume lui ayant appartenu, V, 3253.
Bandini (Mario) : lettre à Gio. Giorgio Trissino (1545), IV, 3078.
Banier (L'abbé Antoine), traducteur d'Ovide (1767-1771), 409.
Banissement (Le) de l'esperance des chambrieres de Paris (v. 1620), II, 1796, art. 20. Voy *Revocation.*
Banne d'Avejan : généalogie, III, 2495.
Banneville (de), figure dans un ballet (1635), IV, p. 600.
Banny (Le) de liesse, IV, 2850. Voy. Habert (François).
Banquet (Le) d'honneur sur la paix faicte entre Cl. Marot, Fr. Sagon, etc. (1539), 621, art. 18.
Banquet (Le) du boys (v. 1490), 526.
Bantzer (Christoph), orfèvre à Augsbourg (1649), V, 3366, p. 153.
Bantzer (Hans Jörg) : inscription dans un album (1635), V, 3366, p. 153.
Banville (Théodore de) : vers de lui dans *Le Parnasse satyrique du XIX* siècle* (s. d.), 962.
Baptist (J.), grav., 12.
Baptiste, danseur (1636-1639), IV, p. 600.
Baptiste, musicien. Voy. Lulli.
Baptiste aîné, acteur du Théâtre français : volume lui ayant appartenu, II, 1460.
Baptiste, dess. (1838), V, 3321.
Baquoy, ou Bacoi, grav. (1724), III, 2317, 2487.
Baquoy (Jean Charles), grav., 228, 276, 402, 409, 856, 919, 925, 1034 ; II, 1179, 1246, 1711, 1741, 1916, art. 12 ; 2015 ; III, 2569.
Baquoy (Maurice ?), grav., 255.
Baquoy (Pierre-Charles), grav., 242, 401 ; II, 1679.
Bar (Comtes et Ducs de), III, 2493, art. 24 et 25.
Bar (C. de), protonotaire, élève de Nic. Du Puis (v. 1510), V, 3228.
Bar (Dom J. de) : *L'Etat de la France* (1749), III, 2358.
Barador Dei, vicomte de Cologne, III, 2623.
Baragnes (Rollin), libr. à Paris (1617), cité, IV, 3005, p. 366.
Baraillon, figure dans un ballet (1671), IV, p. 600.
Barain (Fyot, seigneur de), danse dans un ballet à Dijon (1627), II, 1451.
Barante (Ignace Brugière de) : *Les Fées* (1697), II, 1297
Barantin (Mlle), citée par M. Guy, de Tours (1598), IV, 2948.
Barat (Jacques de), « Baratanius », cité par Nic. Bourbon (1538), IV, 2788.
Baraton : *Poësies diverses* (1705), 846.
Barba (J.-N.), libr. à Paris (1819), II, 1343 ; (1821), II, 1344 ; (1823), II, 1345 ; (1826), II, 1358 ; (1828), II, 1346 ; (1829), II, 1347 ; (1830), II, 1367 ; (1831), II, 1365 ; (1832), II, 1348, 1368 ; (1834), II, 1373 ; (1836), II, 1350, 1351 ; (1837), II, 1374.
Barbade (La) : Voy. Ligon (Richard) : *Histoire de l'isle des Barbades* (1674), II, 1923.
Barbadigo (Agostino), doge de Venise (1496), II, 1936.
Barbançon (Marie de), femme de Jacques-Auguste de Thou. Voy. Thou.
Barbarigo (Le comte Angelo), cité par Denis Possot (1532), IV, 3091.
Barbaro (Daniello) : portrait dans les *Icones* de Reusner (1589), V, 3370. — Son emblème (1562), IV, 3077.
Barbaro (Ermolao) : portrait dans les *Icones* de N. Reusner (1589), V, 3370.
Barbavera (Ambrogio), cité par J. Dorat (1586), IV, 2789.
Barbe (Sainte) : *Legende* en prose (1518), II, 2020. — *Vie* par personnages (v. 1530), IV, 3012 ; (v. 1535), II, 1078.
Barbé (Guillaume), libr. à Paris (1562), 711.
Barbe (S.) : *Le Parfumeur françois* (1696), 200.
Barbeau (J.-L.), achève la publication de la *Bibliothèque historique* du P. Lelong (1778), V, 3337.
Barbey d'Aurevilly (Jules) : *Une vieille Maîtresse* (1853), II, 1663. — *Le Chevalier des Touches* (1664), II, 1664 ; — *Les Diaboliques* (1874), II, 1665.
Barbeyrac (Jean) : *Histoire des anciens traitez* (1739), III, 2544.
Barberini (Antonio), cardinal : lettre à lui adressée par Rangouze (1649), II, 1879. — Portrait (1657), 833.
Barberini (Maffeo). Voy. Urbain VIII, pape.
Barberot (Jean) : sonnet à lui adressé par J.-Éd. Du Monin (1583), V, 3272.
Barberousse : sa défaite devant Tunis (1535), III, 2411.
Barbesière (Mlle de), danse dans un ballet (1661), IV, p. 600.
Barbets, II, 2032.
Barbez (M. de), cité en 1697, IV, 3079, p. 458.
Barbezieux (Antoine de La Rochefoucauld, seigneur de). Voy. La Rochefoucauld.
Barbezieux (Louis-François-Marie Le Tellier, marquis de) : J. Chevillard lui dédie l'armorial des *Secretaires*

d'Estat (v. 1700), III, 2493, art. 42.
— Ses amours (1709), II, 1691.
Barbier (A.), impr. à Paris (1830), II, 1364, 1587, 1770, 1843 ; (1831), II, 1583 ; (1833), II, 1770 ; — impr. à Sèvres (1834), II, 1590 ; (1838), II, 1644.
Barbier (Ant.-Alex.), bibliographe, cité, II, 1483.
Barbier (Auguste) : *Iambes* (1832), 954. — *Satires et Poëmes* (1837), 955. — *Beata*, nouvelle publiée dans le *Dodécaton* (1837), II, 1714. — Vers de lui dans *Le Parnasse satyrique du XIX*e *siècle* (s. d.), 962.
Barbier (Mlle) : vers sur ses poèmes dramatiques par Baraton (1705), 846. — *Le Jugement de Paris* (1718), II, 1458.
Barbier (Jehan), impr. à Paris (1509), 484.
Barbier (Nicolas), impr. à Genève (1559-1561), cité, V, 3210.
Barbier (P.), dess., IX, 3167.
Barbier d'Aucour (Jean) : *Lettre sur le retranchement des festes* (1666, réimpr. 1693), 950. — *Apollon charlatan* (1750), II, 1245.
Barbin (Claude), libr. à Paris (1660), II, 1183 ; (1661), II, 1185 ; (1662), 1186 ; (1163), 918 ; II, 1181, 1182, 1187, 1188, 1189 ; (1664), II, 1248 ; (1665), 150, 919 ; II, 2177, 2447 ; (1666), 151, 919, 942 ; III, 1174, 1532 ; (1667), 901, 920, 943 ; II, 2095, art. 13 ; (1668), 911, 944, 945 ; II, 1251 ; (1669), 921 ; II, 1133, 1236, art. 4 ; 1254, 1669, 1885 ; (1670), 217 ; II, 1133, 1236, art. 5 ; 1265 ; 1535 ; (1671), 152, 157, 912, 922 ; II, 1256, 1535, 1943 ; (1672), 224 ; II, 1133, 1236, art. 8 ; 1540 ; III, 2524 ; (1673), II, 1133, 1213, 1216, 1260 ; III, 2451, 2524 ; (1674), 840 ; II, 1176, 1640 ; IV, 3042, 2451, 2524 ; (1675), 153 ; II, 1176, 1236, art. 3 ; (1676), 366, art. 3 ; II, 1237-1239 ; III, 2524 ; (1677), II, 1262, 1749, 1750 ; III, 2524 ; (1678), 154, 155 ; II, 1537, 1749, 1750, 1755 ; III, 2524 ; (1680), 839. (1682), II, 1177; III, 2618 ; (1684), II, 1241, 1858 ; (1685), II, 1920 ; III, 2262 ; (1687), II, 1242 ; (1689), 818 ; II, 1265, 1266, 1267 ; (1691), II, 1926 ; (1692), 1851, 1863 ; (1693), 156 ; (1695), II, 1692, 1751 ; (1697), II, 1243 ; III, 2292. — Sa veuve (1699), II, 1671, 1672, 1927 ; (1701), 841 ; III, 2284 ; (1704), II, 1753 ; (1707), 1547.
Barbot, danseur (1651-1661), IV, p. 600.
Barbote (Jean), libr. à Paris (1622), III, 2420, art. 63 ; (1625), *ibid*., art. 73.
Barbotière (J.-V.) : Sonnet à Pierre Le Loyer (1579), 746.

Barbou (Hugues), imprimeur : vers à lui adressés par Joachim Blanchon (1583), IV, 2938.
Barbou (Jehan), impr. à Lyon (1539), 607.
Barbou (Jean-Joseph), libr. à Paris (1726-1733), III, 2487.
Barbou (Joseph-Gérard), impr. à Paris (1766), II, 1271 ; (1774), III, 2409, 2569.
Barbou du Bourg, collabore à l'*Encyclopédie* (1751-1777), III, 2523, p. 280.
Barcelone, est l'objet d'une conspiration d'Hippolyte d'Aragon, baronne d'Alby (1645-1648), III, 2283. — Imprimeur. Voy. Amouroux (Charles), 1543.
Barclay (Jean), cité (1676), II, 1828.
Barco (Gabrielle, baronne de) : volume lui ayant appartenu, IV, 2738.
Bardi (Alessandro de') : sonnet à lui adressé par N. Martelli (v. 1543), IV, 3000, p. 358.
Bardin, impr. à St Germain-en-Laye (1880), II, 1719 ; (1881), II, 1720.
Bardin (Médard) : *Elegie de feu Vatable* (1547), III, 2598.
Bardon : généalogie, III, 2495.
Barentin : vers à Fr. Béroalde de Verville (1599), II, 1522.
Barentsz (Willem), dirige trois expéditions aux terres arctiques (1594-1597), II, 1962.
Baret (Jean), avocat, ami de M. Guy, de Tours (1598), IV, 2948. — *Histoire sommaire des... troubles de Moldavie* (1620), III, 2429.
Bargeton de Cabrières : généalogie, III, 2495.
Barguin (François), seigneur de Villeseptier, cité par Fr. Habert (1549), IV, 2868.
Barye, sculpteur et peintre, 271.
Barillonnet, figure dans un ballet (1671), IV, p. 600.
Barillot et fils, libr. à Genève (1748), 101 ; (1750), 102.
Barjot (Le président), a pour secrétaire Jean Le Fèvre de La Boderie, IV, 252.
Barker (Christopher), impr. à Londres (1584), III, 2194 ; (1586), *ibid*.
Barlet (Desiré) : vers sur la mort d'Ant. Fiancé (1582), 753.
Bargedé (Claude), lieutenant particulier des prévôtés de Vezelay (1550), IV, 2831.
Bargedé (Nicole) : *Odes penitentes* (1550), IV, 2881.
Barnaud (Nicolas) : on lui attribue *Le Reveille-Matin des François* (1574), IV, 3125.
Barneveldt (Jean) (1619). Voy. Olden Barnevelt.

Barny (Antoine) : vers à Joachim Blanchon (1583), IV, 2938.
Baro (Balthasar), publie l'*Astrée* d'H. d'Urfé (1633), II, 1528. — *La Conclusion d'Astrée* (1632), II, 1528. — Il figure dans des ballets (1635), IV, p. 600. — Portrait (1632), II, 1528.
Baro (Hercule), jurisconsulte, cité par Guy Le Fèvre de La Boderie (1578), IV, 3183.
Baro (Roulox) : *Relation du voyage... au pays des Tapuies dans la terre ferme du Brasil en 1647* (1651), II, 1922.
Baron (C.), grav., II, 2006.
Baron (Eguinaire), combattu par Antonio Gouvea (1551), V, 3238.
Baron (Jean) : vers en l'honneur de N. Cornet, 349.
Baron (Michel Boyron, dit), acteur (1671), IV, p. 600. — *L'Homme à bonne fortune* (1686), II, 1280. — *La Coquette et la fausse Prude* (1687), II, 1281. — Privilège pour l'impression de son *Théâtre* (1739), II, 1549.
Barot (Jean de), baron de Tayes : vers à Jean de Beaugué (1552), III, 2367.
Barotti (Giov. Andrea) : *Vita di Ludovico Ariosto* (1773), 1033.
Barran (Henry de) : *Tragique Comedie françoise de l'homme justifié par Foy* (1554), IV, 3015.
Barrault, figure dans un ballet (1636), IV, p. 601.
Barre (Le P.) : *Histoire générale d'Allemagne* (1748), III, 2408.
Barré (Jehan) : son épitaphe par Jehan Bouchet (1545), 510.
Barreiros (Gaspardo) : épigramme sur la *Syntra* d'Aloïsia Sygea (1566), 422.
Barrera (Juan de), impr. à Coïmbre (1565), cité, III, 2638.
Barrère (Pierre) : *Nouvelle Relation de la France equinoxiale* (1743), II, 1994.
Barry, sieur du Peschier. Voy. Du Peschier.
Barry, danseur (1663), IV, p. 601.
Barry (Charles), II, 2095, art. 18.
Barricat (Eustace), impr. à Lyon (1555), cité, II, 1746, *Additions*.
Barrier (Loys), impr. à Avignon (1561), V, 3204.
Barril (Jean), marchand à Toulouse : épître à la reine de Navarre et édition à elle dédiée (1535), IV, 2751 ; autres éditions publiées à ses frais, IV, p. 28 et *Additions*. Cf. IV, 2963, p. 286, art. 18.
Barois (Jacques) fils, libr. à Paris (1739), II, 1300 ; (1747-1752), III, 2524 ; (1765), III, 2310.
Barrois (Joseph) : manuscrits lui ayant appartenu, IV, 2753, 2800, 3085.
Barrois (Théophile), libr. à Paris (1788), 307 ; (1791), 307.
Barroqui. Voy. Zbaraz.
Barthélemy l'Anglais. Voy. Glanville (Barthélemy de).
Barthélemy (Auguste-Marseille) : *Némésis* (1832), 955. — Vers de lui dans *Le Parnasse satyrique du XIXᵉ siècle*, 962.
Barthélemy (Édouard de), éditeur des *Portraits* de Mˡˡᵉ de Montpensier (1860), III, 2286.
Barthélemy (Nicolas), de Loches, cité par Nic. Bourbon (1538), IV, 2788.
Barthez (P. Joseph), médecin, collabore à l'*Encyclopédie* (v. 1765-1777), III, 2523, p. 280.
Bartholomaei (Johann) : vers de lui dans les *Icones* de Reusner (1589), V, 3370.
Bartholomaeus Flaccius : *Differentiae* (1587), V, 3224.
Bartholdy (Mᵐᵉ) : volume lui ayant appartenu, V, 3267.
Bartolo da Sassoferrato : portrait dans les *Icones* de Reusner (1589), V, 3370.
Bartolommeo Coglione ou Colleoni, 1042.
Bartolommeo da Pisa. Voy. Albizzi (Bartolommeo degli).
Bartolozzi (F.), grav., II, 1474.
Barzizza (Gasparino), dit Pergamensis : *Tractatus de eloquentia* (v. 1490), V, 3224.
Basa (Francesco), complice de Nic. Salzedo (1582), III, 2396.
Basan (Pierre-François), grav. et marchand d'estampes, 409 ; III, 2506.
Basanier (Martin), cité par Jean Dorat (1586), IV, 2789. — Il publie l'*Histoire notable de la Floride* du capitaine Laudonnière (1586), II, 1982.
Basil (Jakob), tué à Marignan (1515), IV, 3002.
Basile (Saint) le Grand : *Sermo* (v. 1517), 132. — *Epistolae* gr. (1499), II, 1873.
Basilea (Fadrique de), impr. à Burgos (1499), cité, IV, 3059.
Basilic (Jean). Voy. Jean.
Basilic (Perrette), correspondante poétique de Fr. Habert (1542), 644.
Basin (Jehan), de Sendacourt, éditeur de la *Nanceis* de Pierre de Blarru (1518), IV, 2781.
Baskerville (G.), impr. à Birmingham (1773), 1033.
Basnage (Benjamin) : inscription dans un album (1601), V, 3372.
Basnage (Jacques), réfuté par Bos-

suet dans sa *Defense de l'Histoire des variations* (1691), II, 2046.
Basoche d'Aix : chansons composées par elle (v. 1530), 1021.
Basoche de Paris (1607), IV, 3005, p. 365.
Basoche d'Issoudun (v. 1535), IV, 3021.
Bassac : abbaye de St Étienne, IV, 3097, art. 132.
Bassano : réponse à ses vers macaroniques par Giorgio Alione (1521), IV, 3058, p. 412.
Bassé (Nicolas), impr. à Francfort-sur-Mein (1592), III, 2518.
Bassette (La), sorte de jeu (1682), II, 1542.
Bassiano (Alessandro), de Padoue : inscription dans un album (1567), V, 3365.
Bassigny. Voy. Le Bon (Jean) : *Le Tumulte de Bassigni* (1573), III, 2694.
Bassompierre (François de), danse dans un ballet (1619), II, 1449. Cf. IV, p. 601. — *Mémoires*, cités, II, 1527.
Bassompierre (Anne-François, marquis de), est battu par le comte de Salm (1634), III, 2420, art. 97.
Basson (Thomas), impr. à Leide (1585), cité, III, 2204 ; (1607), II, 1104.
Bastard, maître des enfants de la chapelle de Bourges (1549), IV, 2868.
Bastard (peut-être le même) : chansons (1549-1552), 980.
Bastard (Loys) : épître à lui adressée par Jehan Bouchet (1545), 511.
Bastier : vers à Joachim Blanchon (1583), IV, 2938 ; son éloge, *ibid*.
Basting (Jérémie) : autographe dans un album (1598), V, 3372.
Baston (Le) de la foy chrestienne (1562), V, 3210.
Baston (Josquin), musicien, IV, 2965, art. 174.
Basvoit, grav., II, 2006.
Bataille de Neerwinden (août 1693), III, 2524.
Bataille (La) des Geans contre les dieulx (1575), IV, 3025.
Bataille (La grande et signalée) donnée entre l'armée catholique et l'armée protestante du duc Christian de Brunsvic (1622), III, 2420, art. 64.
Bataille (La dure et cruelle) et Paix du glorieulx sainct Pensard (v. 1535), IV, 3021.
Bataille (La) faicte par dela les mons devant la ville de Pavie (1525), IV, 3106.
Bataille (Gabriel), musicien (1613), IV, 2993, art. 2.
Bate, chambellan de la reine d'Angleterre, cité par Nic. Bourbon (1538), IV, 2788.
Batius (Jacques), impr. à Louvain (1547), III, 2416.
Bats (Pierre de), libr. à Paris (1668), 148.
Battagia (Michele) : vers de Jacomo Morello en son honneur (1553), 1051.
Battaglia (Frà Girolamo), définiteur des franciscains (1510), IV, 3100.
Battman, remplit une mission auprès de Marie Stuart (1567), III, 2370.
Batut de La Peyrouse : généalogie, III, 2495.
Batz de Trenquelléon : notice généalogique, III, 2495.
Bauchart (Ernest-Quentin) : volumes lui ayant appartenu, 70, 128, 403, 465, 483, 607, 617, 623, 638, 639, 702, 703, 722 ; II, 1064, 1132, 1287, 1300, 1563, 1733, 1752, 1756, 1759, 1761, 1763, 1842, 2044, 2091 ; III, 2285, 2679, 2730.
Bauche (Jean-Baptiste-Claude II), dit d'abord Bauche fils, libr. à Paris (1749), III, 2311 ; (1765), III, 2310.
Bauchon (Catherine), femme de Noël Pissot, libr. à Paris (1728-1753), III, 2524.
Baude (Henri) : *Le Debat de la Dame et de l'Escuyer* (v. 1490), 466. — *Complainte de l'Escuyer a la Dame* (v. 1530), IV, 2809.
Baudeau (L'abbé), rédacteur au *Mercure de France* (1778), III, 2524, p. 314.
Baudelaire (Charles) : *Les Fleurs du mal* (1858), 867. — *Les Paradis artificiels* (1860), II, 1829. — Vers de lui dans *Le Parnasse satyrique du XIXe siècle*, 962.
Baudelet (Michel), cité par Guill. de Poëtou (1565), III, 2505.
Baudelocque (Louis-Auguste), médecin : volumes lui ayant appartenu, 443, 578, 632 ; IV, 2909.
Baudet (S.), grav., III, 2506.
Baudet-Bauderval (A.), dess., 223-226.
Baudier (Dominique), dit Baudius, cité par N. Rapin (1610), IV, 2944. — Vers sur la mort de Rapin, *ibid*.
Baudisson (Joachim), médecin : inscription dans un album (1595), V, 3370.
Baudoin, comte de Flandres, et Ferrant filz au roy de Portingal (1478), III, 2626.
Baudouin, fils, impr. à Paris (1818), 862.
Baudouin frères, impr. à Paris (1821), 1008 ; (1822), 1009 ; (1828), 1011.
Baudouin (Alexandre), imprimeur, est poursuivi avec Béranger (1822), 1009.
Baudouin (François), jurisconsulte, cité par Guy Le Fèvre de La Bode-

TABLE ALPHABÉTIQUE GÉNÉRALE 231

rie (1578), IV, 3183 ; — cité par J. Dorat (1586), IV, 2789.

Baudouin (François-Jean), impr. à Paris (1783-1784), III, 2524.

Baudouyn (Jehan), impr. à Rennes (1532), cité, III, 2339.

Baudoin (Jean), traduit un épisode de *Don Quichotte* (*Le Curieux impertinent*) dès 1608, II, 1749. — Vers dans *Le Cabinet des Muses* (1619), 974. — Publie les comédies des Cinq Auteurs : *La Comedie des Tuileries* et *L'Aveugle de Smyrne* (1638), II, 1171-1173. — Vers dans *Les Muses illustres* (1658), 976.

Baudouin (P.), impr. à Paris (1838), II, 1644 ; (1839), II, 1624.

Baudrand de Pradel : généalogie, III, 2495.

Baudry (Catherine), citée par M. Guy, de Tours (1598), IV, 2948.

Baudrier (Le président), cité, 211.

Bauduin (Gilles), impr. à Arras (1595), IV, 3128.

Baufremont (Guillaume de), sieur de Clerevau, et Claude de Baufremont, frères : sonnets à eux adressés par J.-Éd. Du Monin (1583), V, 3272.

Baugé (Guillaume), curé de Nohan, possesseur d'un recueil de prophéties, 209, art. 90.

Bauhen (Nicolaus) : inscription dans un album (1563), V, 3365.

Bauhin (Jean) : portrait dans les *Icones* de N. Reusner (1589), V, 3370.

Bauyn (L'abbé) : *Oraison funebre du duc de Longueville*, 1672, 364, art. 1 ; — *Oraison funebre de Turenne*, 1676, 366, art. 3.

Baumgardt (Wilhelm et Werner von) : inscriptions dans un album (1565), V, 3365.

Bauter (Charles), dit Meliglosse : *La Rodomontade* (1605), II, 1101.

Bauter (X.) : sonnet à Ch. Bauter, son frère (1605), II, 1101.

Bautrieu (Guillaume), sieur du Matras, « grand raporteur au privé Conseil » : vers à lui dédiés par J.-Éd. Du Monin (1583), V, 3272.

Bautru (Guillaume) : Maynard lui dédie une ode (1633), IV, 3153, p. 530.

Bauxeler (Wilhelm von) : inscription dans un album (1565), V, 3365.

Bauzonnet, relieur à Paris, 291, 455, 457, 469, 502, 520, 584, 586, 590, 656, 657, 812, 818 ; II, 1445, 1694 ; III, 2562, 2581, 2602, 2654, 2673, 2684 ; IV, 2779, 2805, 2933, 2981, 3020, 3158, 3296. — Bauzonnet [et] Trautz, 96, 447, 600, 602, 614, 625, 635, 639, 690, 956, 991, 992, 1026 ; II, 1685, 1785, 1816, 1915 ; III, 2671 ; IV, 2798, 2848, 2849, 2858, 2957, 2982-2987 ; V, 3243, 3313, 3314, 3340.

Bavière (Frédéric de), comte palatin du Rhin : *Breve Compilation des tresdivines victoires donnees à ce prince* (1532), citée, IV, 2754, p. 28.

Bavière (Frédéric de), comte palatin, puis roi de Bohême. Voy. Frédéric.

Bavière (Renée de Lorraine, femme de Guillaume, duc de), citée par Est. Forcadel (1579), IV, 2879.

Bavière (Jean de), duc de Deux-Ponts : *Lettre d'avis à M. de Schomberg* (1583), III, 2185, t. III, art. 22.

Bavière (Jean-Casimir de), comte palatin du Rhin, signe un traité avec le roi de Navarre (11 janv. 1587), III, 2242, art. 6.

Bavière (Jeanne de Genouillac, femme de Jean-Philippe de), comte palatin (1557), IV, 2877.

Bavière (Jean-Théodore de), prince-évêque de Liége : Pierre Rousseau lui dédie le *Journal encyclopédique* (1756), III, 2525.

Bavière (Joseph-Clément de), prince-archevêque de Cologne, III, 2361.

Bavière (Marie de), archiduchesse d'Autriche, citée, III, 2420, art. 9.

Bavière (Philippe de), comte palatin du Rhin : Philippe de Pas lui dédie les *Poëmes chrestiens de B. de Montmeja* (1574), V, 3268.

Bavière (Wolfgang, duc de), comte palatin du Rhin : son *Epitaphe* par Ant. de La Roche Chandieu (1569), 731.

Bavo, cousin germain de Priam, II, 2090.

Bayart, cité par P. Perrot (1599), IV, 2949.

Bayard (Gilbert), seigneur de Neufville : *La Deffense du roy treschrestien contre l'esleu en empereur* (1528), III, 2670. — *Christianissimi Francorum regis Defensio*, citée, *ibid.* — Extrait du traité de Cambrai (1529), V, 3343. — Contresigne des actes du roi (1532), V, 3347 ; (1542), IV, 3110.

Bayard (Pierre de Terrail, dit le chevalier) : ses *Gestes* par Symph. Champier (v. 1526), II, 1505.

Bayencourt (Anthoine de), seigneur de Bouchavennes : N. de Haupas lui dédie *Le premier Livre de la Contemplation de nature humaine* (1555), II, 1796, art. 11.

Bayeux : abbaye de St Vigor, IV, 3096, art. 103. — Volume ayant appartenu aux frères mineurs de cette ville, V, 3239.

Bayonne : Charles IX y a une entrevue avec sa sœur Élisabeth, reine d'Espagne (30 mai 1565), III, 2163.

Bazin, grav., 23.

Bazin (Jehan), traduit en français les *Navigationes* de Vespuce (1507), II, 1953.

Bazinville (Guillaume Prévost de) (1594). Voy. Prévost.
Bazoche, danseur (1635), IV, p. 601.
Béarnais (Pièces en patois), II, 1796, art. 25.
Beaton (James), archevêque de Glasgow : vers latins à lui adressés par Adam Blackwood (1564), IV, 2790.
Beau (René) : vers dans *La Main d'Estienne Pasquier* (1584, 1610), 737.
Beaublé, calligraphe, IV, 3167.
Beaubrueil (Jean de) : vers à Joachim Blanchon (1583), IV, 2938.
Beaucaire (de) : vers à Anth. de La Pujade (1604), 768.
Beauce (Jean), auteur apocryphe de la *Lettre contenant la description de l'entrée triomphale de don Pedro de Tholede* (1609), III, 2255.
Beauchamp (Pierre), danseur et compositeur de ballets (1653-1671), IV, p. 601.
Beauchamps (de), donne l'hospitalité à Jean Le Bon en Avignon (1574), IV, 3171.
Beauchamps (de) : vers sur les conquêtes et la convalescence du roi (1745), 907.
Beauchasteau, figure dans *L'Impromptu de l'hostel de Condé* de Montfleury (1663), II, 1276.
Beauchasteau (François-Mathieu Chastelet de) : *La Lyre du jeune Apollon* (1657), 833.
Beauchastel : *Lettre à M. Maurice* (1610), IV, 3160.
Beauchesne (Mme de) : son éloge par Jules de Richy (1616), V, 3291.
Beaudous. Voy. *Conqueste (La) du chasteau d'amours*, III, 2627.
Beaufilz (Jehan), traduit en français les deux premiers livres de Marsiglio Ficino *De triplici vita* (1542). Il avait traduit déjà d'autres ouvrages (1519, 1535), V, 3375.
Beaufort (Ducs de), III, 2493, art. 24.
Beaufort (François de Vendosme, duc de), figure dans des ballets (1635-1663), IV, p. 601. — *Apologie* (1664), III, 2282. — *Oraison funebre*, par Mascaron (1670), 355.
Beaugué (Jean de) : *Histoire de la guerre d'Escosse* (1556), III, 2367 et *Additions*.
Beauharnais : généalogie, III, 2495.
Beauhère (Anne), amie de M. Guy de Tours (1598), IV, 2948.
Beaujeu (Aimar de), cité par Nic. Bourbon (1538), IV, 2788.
Beaujeu (Anne de). Voy. Bourbon.
Beaujeu (Christofle de) : Convoi de M. le duc de Joyeuse (1588), IV, 2941. — *Amours* (1589), IV, 2942.
Beaujoyeux (Baltasarino, dit Balthasar de), ou probablement Belgiojoso : *Balet comique de la royne* (1582), II, 1445.
Beaulieu : abbaye de Saint-Pierre, IV, 3096, art. 121.
Beaulieu, auteur de la musique du *Balet comique* (1582), II, 1445.
Beaulieu (Mlle de) : vers à elle adressés par Fr. Le Poulchre (1587), V, 3274. — C'est peut-être de la même que parle Sc. de Saincte-Marthe (1600), IV, 2921.
Beaulieu : vers à Pierre Corneille (1634), II, 1136.
Beaulieu (Eustorg de) : *Les Gestes des solliciteurs* (1530), 518 ; (1537), 519. — *Le Pater et Ave des solliciteurs* (v. 1530), 520. — Chanson, citée, IV, 2964, art. 106. — *Blason de la joue, Blason de la langue, Blason du nez, Blason de la dent, Blason du cul, Blason du blasonneur du cul, Blason du pet, L'Excuse du corps pudique* (1550), 810 ; (1807), 811.
Beaumarchais (P.-Aug. Caron de) : *Eugénie* (1767), II, 1339. — *Le Barbier de Séville* (1775), II, 1340. — *La folle Journée* (1785), II, 1341, 1341 bis. — On lui attribue à tort *La Cour plénière* (1788), III, 2296. — Une pièce de lui dans les *Chansons populaires de la France* (1843), 1014.
Beaumavielle, chanteur (1671), IV, p. 601.
Beaumont, l'un des auteurs des *Cent Nouvelles nouvelles* (v. 1457), II, 1694.
Beaumont (Le duc de), né en 1553, IV, 2892. Voy. Henri IV.
Beaumont (La comtesse de) : son éloge par Jules de Richy (1616), V, 3291.
Beaumont, évêque de Rodez : lettre à lui adressée par Rangouze (1649), II, 1879.
Beaumont (de), chanteur (1663-1671), IV, p. 601.
Beaumont, enfant, figure dans un ballet (1664), IV, p. 601.
Beaumont, grav., III, 2487, 2495, 2497.
Beaumont (E.), dessin., 1014.
Beaumont (François de), baron des Adrets, combat en Dauphiné (1564), IV, 2976.
Beaumont-en-Ange : abbaye de Notre-Dame, IV, 3096, art. 116.
Beaune. Imprimeur. Voy. Simonnot (François), 1666.
Beaune (Jacques de), seigneur de Semblançay : *Arest du procès criminel faict contre lui* (1527), V, 3342. — Ses débiteurs sont poursuivis par Jacques de La Hogue, IV, 2779, p. 62.
Beaune (Regnault de), évêque du Puy

et ensuite de Mende, puis archevêque de Bourges : vers à lui adressés par Guy Le Fèvre de La Boderie (1578-1579), IV, 2930. — Rob. Garnier lui dédie *La Troade* (1585), II, 1095. — *Remerciement faict au roy au nom des Estats* (1588), IV, 3127, art. 5. — *Briefve Exhortation faicte aux Estats* (10 oct. 1588), IV, 3127, art. 11. — *Oraison funebre de la royne d'Escosse* (1588), III, 2373. — *Oraison funebre de la royne, mere du roy* (1589), V, 3232. — Jean de La Jessée lui dédie sa *Philosophie morale et civile* (1595), V, 3273.

Beauplan (Amédée de) : romance et mélodie de lui dans les *Chants et Chansons populaires de la France* (1843), 1014.

Beaupoil : généalogie, III, 2495.

Beaupré (Mlle de) : vers à Me Adam Billaut (1644), 829.

Beaupré, trompette (1670), IV, p. 601.

Beaupré (Jean-Nicolas) : volume lui ayant appartenu, IV, 2818.

Beaupreau (X. de Bourbon, marquis de) : épitaphe par Jean de La Taille (1572), V, 3317.

Beauregard : vues du château, 248.

Beauregard (Mlle de), citée par M. Guy, de Tours (1598), IV, 2948.

Beaurepaire : son fils est tué à la Saint-Barthélemy (1572), IV, 3191.

Beau-Sonnet : vers à Me Adam Billaut (1644), 829.

Beautemps (Pierre), Auvergnat : vers à Guillaume Du Peyrat (1593), IV, 2945.

Beautez (Les) appartenantes a femme, 458.

Beauvais : *Heures* à l'usage du diocèse (v. 1502), IV, 2741. — *Chronologie des evesques* (v. 1710), III, 2493, art. 23. — Jehan Régnier y est prisonnier, IV, 2805, p. 125. — Abbaye de St-Lucien : autographe de l'abbé Jacques-Bénigne Bossuet (1706), II, 1883, p. 370, art. 5.

Beauvais (Le sieur de), est tué à la Saint-Barthélemy (1572), IV, 3191.

Beauvais (Bellier, baron de), danse dans un ballet (1669), IV, p. 601.

Beauvais (François de), seigneur de Briquemault : arrêt rendu contre lui (1572), IV, 3186, art. 3 ; — quatrain contre lui, IV, 3190 ; — *Regretz et Complainctes*, IV, 3192.

Beauvais (Jehan de), pèlerin en Terre sainte (1532), IV, 3091.

Beauvais-Nangis (Mme de) : Marc de Papillon lui dédie ses grossières *Enigmes* (1597), 762.

Beauval (Jeanne Olivier, dite Bourguignon, femme de Jean Pitel de), actrice (1671), IV, p. 601.

Beauvau (François de), archevêque de Narbonne : volume lui ayant appartenu, 10.

Beauvau (Marguerite de), dame de Montereul et de Louppy : vers à elle dédiés par Fr. Le Poulchre (1587), V, 3274.

Beauverger (M. de), III, 2435, art. 3.

Beauvezer (Arnaud-Rodolphe), chevalier de Malte : sa mort (1625), III, 2476.

Beauvoir (imprimé par erreur Beauvais) : siège de cette ville (oct. 1588), III, 2194, p. 42.

Beauvoir (Jehan de Montespedon, seigneur de), v. 1457. Voy. Montespedon.

Beauvoir (Roger de), collaborateur du *Monde dramatique* (1835-1839), II, 1072.

Beauxamis (Thomas) : *La Marmite renversee et fondue* (1572), IV, 3156.

Beauzée (Nicolas), collabore à l'*Encyclopédie* (1751-1777), III, 2523, p. 280.

Beaziano (Agostino) : vers de lui dans les *Icones* de Reusner (1589), V, 3370.

Bebel (Johann), impr. à Bâle (1525) cité, IV, 2738, p. 8.

Bebel (Peter Hans) : inscription dans un album (1616), V, 3370.

Beccadelli (Giordano), noble romain (1546), V, 3334.

Beccarie, de Pavie : généalogie, III, 2495.

Béchet (Veuve Charles), libr. à Paris (1832), II, 1368 ; (1834), II, 1590, 1591 ; (1835), 1590, 1592.

Béchet (Denis), libr. à Paris (1666), III, 2366.

Beck (Hermann van), dit Torrentinus : *Elucidarius* (v. 1505), V, 3227 ; (v. 1510), 3228.

Beckford (William), beau-père du dixième duc de Hamilton : volumes lui ayant appartenu, III, 2583 ; IV, 2768, 3086, 3114, 3117.

Bectoz ou Bectone (Claude de) : chanson insérée dans les *Œuvres* de M. de Saint-Gelais (1547), 629, art. 10.

Beda (Noël), ou Bédier, fait imprimer *La petite Dyahlerie* (v. 1525), III, 2542.

Bède le vénérable : *De computo per gestum Argitorum, De loquela, De ratione unciarum* (1525), III, 2498. — Hymne traduite par Guy Le Fèvre de La Boderie (1578), IV, 2930.

Redford, rel. à Londres, 332 ; II, 1061, 1947.

Bégasson : généalogie, III, 2495.

Bégon, intendant du Maine, fait graver les portraits des hommes illustres (1696-1700), III, 2507. — Diéreville lui dédie la *Relation du voyage*

du *Port-Royal de l'Acadie* (1708), II, 1977.
Bègue (François de) : *Lou Jardin deys musos* (1665), 1022.
Béguillet (Edme), collabore à l'*Encyclopédie* (1751-1777), III, 2523, p. 280.
Béguin : généalogie, III, 2495.
Béguin (Jehan) : *Epistre du coq en l'asne* à lui adressée et réponse (1536), IV, 2963, p. 287.
Béhague (Le comte Octave de) : volumes lui ayant appartenu, 195, 249, 251, 590, 608, 622, 652, 661, 775, 776, 780, 791, 991, 992 ; II, 1530, 1533, 1544, 1548, 1793, 1905, 1998, 2100 ; III, 2408, 2521 ; IV, 2808 ; V, 2951.
— Cité, IV, 2748.
Behaigne (Hôtel de), ou d'Orléans, à Paris, 122.
Beyle (Henri), dit Stendhal : *Vie de Rossini* (1824), III, 2514. — *Promenades dans Rome* (1829), II, 1930. — *Le Rouge et le Noir* (1831), II, 1583. — *Le Philtre*, nouvelle publiée dans le *Dodecaton* (1837), II, 1714. — *La Chartreuse de Parme* (1839), II, 1584.
Bein (J.), grav., II, 1180, 1288.
Beys (Charles), auteur probable de vers à P. Corneille (1634), II, 1136. — *L'Ospital des fous* (1639), II. 1115. — Vers à M⁰ Adam Billaut (1644), 829.
Beys (Gilles), libr. à Paris (1579), 248 ; (1581), II, 1833 ; (1583), 754 ; (1589), IV, 2940. — Madeleine Plantin, sa veuve, épouse Adrian Perier, II, 1965.
Beitmann (Jean), impr. à Iena (1617), IV, 2972.
Bejar (Le duc de), marquis de Gibraleon, etc. : Cervantes lui dédie le *Don Quichotte* (1605), IV, 3065-3067.
Béjart (Geneviève), actrice, IV, p. 601.
Béjart (Louis), acteur (1664), IV, p. 601.
Belaife, dess. (1830), V, 3321.
Bel-Air (B. L., sieur de) : quatrain à S. Rouzeau (1605), 770.
Belamy, cité, 411, art. 61.
Belart, impr. à Paris (v. 1500), 61.
Belard, musicien, cité par N. Rapin (1610), IV, 2944.
Belcourt (Le sieur de) : lettre à lui adressée par un inconnu (1583), III, 2400.
Belegrung (Die) der Stat Pavia (1525), II, 2128.
Belerga (J. de) : vers à Bérenger de La Tour (1558), 662.
Belet (René), sieur de La Chapelle : vers à J. Le Masle et réponse (1580), IV, 2933.
Belgiojoso (Baldessarre). Voy. **Beaujoyeux**.

Belgiojoso (Giovanni Borbiano, conte), page de Ferdinand IV, roi des Romains (1654), V, 3367.
Belin (François), avocat à Beaune : épitaphe par Philibert Guide (1583), IV, 2935.
Belin (François), libr. à Paris (1782), II, 1916, art. 16 ; (1789), II, 2075, 2077.
Belin (Simon), est tué à Besançon (1575), III, 2190.
Belin-Leprieur, impr. à Paris (1845), II, 1661.
Bell, dess., III, 2506.
Bellan (Louis Gédoin, sieur de) : *Histoire de Dias et de Quixaire* (1621), citée, II, 1756.
Bellarmino (Roberto), est probablement l'auteur de la *Responce aux principaux articles... de l'Apologie du Belloy* (1587, 1588), III, 2240, art. 6. — Son autorité est alléguée par les ligueurs (1591), III, 2449. — Il est candidat à la papauté (1621), III, 2642. — Il est allégué par Bossuet, IV, 3079, p. 449.
Belle (La) aveugle (1652), 975.
Belle (La) enlevée (1652), 975.
Belle (La) guense (1672), 975.
Belle (La) invisible (1656), II, 1757.
Belle (La) sourde (1652), 975.
Belle (La) voulée (1652), 975.
Belleau (Remy) : *Chants* à la fin des *Cantiques* de Nic. Denisot (1553), 1018, *Additions*. — *Odes d'Anacreon*, traduites en vers français (1556), 398 ; (1578), 399. — Vers à lui adressés par Ch. Fontaine (1557), IV, 2877. — *Epithalame sur le mariage de mgr. le duc de Lorraine* (1559), IV, 2906. — Vers à lui adressés par Joach. Du Bellay (1559), IV, 2896. — *Chant pastoral de la paix* (1559), 691 ; V, 3259 *bis*. — *Sylva cui titulus : Veritas fugiens* (1561), 692. — *Chant pastoral sur la mort de Joach. Du Bellay* (1560), 682 ; (1575), 680. — Sonnet en tête de *L'Olimpe* de Jacques Grévin (1560), 710. — Épître insérée dans les *Œuvres* de P. de Ronsard (1567), 667. — Commentaire sur les *Amours* du même (1623), 668. — *Epithalame sur les nosses de René Dolu* (1569), 693 ; IV, 2907. — Sonnet à Sc. de Sainte-Marthe (1569), 715. — Sonnet sur la mort de Jacques de La Chastre (1569), IV, 2791. — Sonnet en tête de la *Franciade* de Ronsard (1572), 678. — Vers à Robert Garnier (1574), II, 1095 ; (1585), II, 1097. — *De bello huguenotico* (1651), 972. — *Les Amours et nouveaux Eschanges des pierres precieuses* (1576), 694. — *Tumulus* (1577), 695. — Il est cité par Guy Le Fèvre de

La Boderie (1578), IV, 3183. — Sonnet à Palingene (1579), 716. — *Œuvres poëtiques* (1585), 690. — Il est cité par J. Dorat (1586), IV, 2789. — Vers à sa louange par J. Dorat et Ph. Des Portes, III, 2304. — Sonnet à Sc. de Sainte-Marthe et vers de celui-ci (1600), IV, 2921. — Vers dans les *Marguerites poëtiques* (1613), 816.
Bellefonds (La maréchale de) : Lettre à elle adressée par Bossuet (1672), II, 1883, I, art. 1.
Belleforest (François de) : Vers à André Thevet (1554), II, 1931. — *Remonstrance* (1567), 724. — *Tombeau d'Elisabeth de France* (1569), 814. — *Chant funebre sur la mort de Sebastien de Luxembourg* (1569), III, 2607. — *La Pastorale amoureuse* (1569), IV, 3179. — Elégie dans le *Tombeau de Gilles Bourdin* (1570), 815. — Traduction du *Commentaire* d'Alonso de Ulloa (1570), III, 2377. — *La Pyrenée* (1571), V, 3320. — Traduction de l'*Histoire du siege de Famagoste* (1572), III, 2461, Additions. — *Discours sur l'heur des presages advenus* (1572), IV, 3123 ; (1574), III, 2181. — *Discours sur les rebellions* (1572), V, 3353. — Sonnet à lui adressé par Jean Le Masle (1572), IV, 3186, art. 1. — Sonnet à Ant. Du Verdier (1572), 749. — *L'Innocence de... madame Marie, royne d'Escosse* (1572), III, 2371. — Sonnet à H. de Sainct-Didier (1573), 292. — Le libraire Nic. Chesneau lui demande une traduction des *Sermoni funebri* d'Ortensio Lando ; il n'a pas le temps de l'exécuter (1576), II, 1824. — Il est peut-être l'auteur de vers signés F.D.B.H. sur la mort de Belleau (1577), 695. — Sonnet à Jean Le Masle (1578), 445. — Il est cité comme érudit par Guy Le Fèvre de La Boderie (1578), IV, 3183. — Vers à lui adressés par Sc. de Sainte-Marthe (1579), IV, 2921 ; — par Jean Le Masle (1580), IV, 2933. — Vers à P. Le Loyer (1579), 746. — Il continue les *Histoires prodigieuses* de Bandello, II, 1723.
Bellegarde (César de Saint-Lary, baron de), cité par Est. Forcadel (1579), IV, 2879.
Bellegarde (Roger de Saint-Lary, duc et maréchal de) : vers à lui adressés par Guy Le Fèvre de La Boderie (1578), IV, 2930. — Il est cité par Est. Forcadel (1579), IV, 2879. — Michel Guy lui dédie ses *Œuvres poëtiques* (1598), IV, 2948. — P.-V. Palma-Cayet lui dédie la *Chronologie septenaire* (1605 et 1609), III,

2705. — Il est peut-être l'auteur de l'*Histoire des amours du grand Alcandre* (1652), III, 2188, t. IV.
Belle-Isle : *Le Mariage de la reine de Monomotapa* (1682), II, 1278.
Belle-Isle (Ch.-L. Fouquet, duc et maréchal de) : Pinard lui dédie la *Chronologie militaire* (1760), III, 2360.
Bellère (Jean), libr. à Anvers (1554), III, 2416 ; (1555), III, 2416 ; (1556), II, 1068, art. 5, 6, 7 ; (1569), 53.
Bellet (René), sieur de La Chapelle : Vers à la louange du duc de Guise (1569, 1621), III, 2168. — Sonnet en tête de la *Franciade* de Ronsard (1572), 678.
Belleville, maître de ballets (1619), IV, p. 602.
Belleville (Gilles, seigneur de) et de Montagu, IV, 2798, art. 8.
Bellièvre (Pomponne de), ambassadeur de France en Pologne (1574), III, 2425. — *Proposition faicte à Son Altèze et messieurs des Estats des Païs Bas* (1578), III, 2382. — *Extraict et Aphorismes de sa harangue a la royne d'Angleterre* (1587), III, 2194, p. 37. — Marc Lescarbot lui adresse des *Stanses* (1598), III, 2707. — N. Rapin lui adresse des vers (1610), IV, 2944.
Belliger (Johann) : inscription dans un album (1567), V, 3365.
Bellin (Henry) : sonnet en tête de *La Galliade* de Guy Le Fèvre de La Boderie (1578), IV, 3183.
Bellin (Jacques-Nicolas), dresse les cartes jointes à l'*Histoire et Description generale de la Nouvelle France* du P. de Charlevoix (1744), II, 1978. — Il collabore à l'*Encyclopédie* (1751-1772), III, 2523. — *Description geographique de la Guyane* (1763), II, 1995.
Bellingen (Fleury de) : *L'Etymologie, ou Explication des proverbes françois* (1656), II, 1868.
Bellivard, grav., 251.
Bellizard et Cie, libr. à St-Pétersbourg (1834), 1641.
Bellocq (Pierre) : *Lettre de Mme de N... à Mme la marquise de... sur la satyre de M. D*** contre les femmes* (1694), 948, art. 2. — *Recueil de pieces curieuses* (1694-1696), III, 2632.
Belloy (Pierre de) : *Apologie catholique contre les libelles*, etc. (1585), citée, III, 2240, art. 6. — *Responce* [par le cardinal P. Bellarmino ?] (1588), *ibid*. — *Memoires et Recueil de l'origine, alliance*, etc., *de la maison de Bourbon* (1587), III, 2194, p. 45 ; 2199.
Bellone (Le sieur de) : *Chansons fo*-

lastres et Prologues (1612), 993, 994, 3⁰ partie.
Belloni (Gio. Giacopo) : vers à Quinziano Stoa (1515), II, 1067.
Bellotto (Enrico), compagnon d'Alione (v. 1510), IV, 3058, p. 415.
Bellujon (Denis de) : inscription dans un album (1592), V, 3368.
Belmondo (C.-A.), grav., III, 2524.
Belo, figure dans un ballet (1661), IV, p. 602.
Belot, notaire à Paris (1607), II, 1702.
Belot (Jehan), impr. à Genève (v. 1505), V, 3237.
Belot (Jean de), cité par Sc. de Sainte-Marthe (1600), IV, 2921.
Belot (Jean), curé de Mil-monts : *Centuries prophétiques* (1621), IV, 2762.
Belot (Rouge) : *Complainte douloureuse de l'Ame damnee* (v. 1490), 533. — *Petit Dialogue entre Dieu et le Diable* (1504), III, 2583, art. 7.
Belot de Pozay : généalogie, III, 2495.
Beltrano (Ottavio), impr. à Naples (1631), cité, III, 2457.
Belua (Antoine), pèlerin à Jérusalem (1519), IV, 3089.
Beludet (Estienne) : *Miracles de Nostre Dame de Lyesse* (v. 1560), III, 2709.
Belsunce, s'intéresse à la traduction basque du Nouveau Testament (1571), 10.
Belzunce (Henry-Xavier de), évêque de Laon (1723), III, 2493, art. 22.
Bembo (Bernardo) : vers de lui dans les *Icones* de N. Reusner (1589), V, 3370.
Bembo (Giovanni), doge de Venise : sa mort (1618), III, 2450.
Bembo (Pietro) : lettre à Gio. Trissino et réponse (1506), copies, IV, 3078. — Il contresigne le privilège général accordé à Alde par Léon X (1513), III, 2561. — *Prose* (1525), IV, 2768. — *Rime* (1530), 1030. — Sonnet à lui adressé par N. Martelli, IV, 3000, p. 358. — *Complainte des satyres aux nymphes*, traduite par Joachim Du Bellay (1560), IV, 2894 ; (1600), V, 3294. — Ses lettres amoureuses sont imitées par Est. Du Tronchet, m. vers 1585 (1615), II, 1876. — Vers de lui dans les *Icones* de N. Reusner (1589), V, 3370. — Pièce imitée de lui (1617), IV, 2972. — Portrait dans les *Icones* de N. Reusner (1589), V, 3370. — Emblème (1562), IV, 3077.
Benard, peintre. Voy. Orley (Bernard van).
Bénard, grav. (v. 1765-1790), III, 2523 ; IV, 3167.
Bénard (J.-F.), grav. (v. 1705), 252.
Bénard (Pierre), cité par Fr. Habert (1549), IV, 2868.

Bénard (Simon), libr. à Paris (1672), III, 2971. — Sa veuve (1695), 377 ; (1704), 362.
Bencivieni (Gio. Battista) « Bencivenny », abbé de Bellebranche (1579), IV, 2879.
Ben Echobi : *Liber [prophetiarum]* (v. 1525), 209, art. 1.
Benedetto, « philologus florentinus », revoit le texte de Catulle, de Tibulle et de Properce (1503), 413.
Benedetto (Ippolito), d'Urbino, argumente lors d'un doctorat à Pérouse (1570), V, 3364.
Benée (Pierre), « Benaeus » : vers latins à François d'Amboise (1568), 728.
Benefice (Le) commun de tout le monde (1558), IV, 2756.
Benehar (de), gouverneur de Vendôme, est décapité (1589), III, 2241, art. 7.
Benewitz (Philipp), dit Apianus : ex-libris inséré dans un album (1560), V, 3365.
Beneworth, grav., II, 1768 ; V, 3321.
Benjamin, danseur (1635), IV, p. 602.
Benjamin, dess., II, 1072.
Benoît (Saint) : son tombeau à Saint-Faron de Meaux, IV, 3096, art. 3 *bis*, 3 *ter*.
Benoist : vers à lui adressés par Joachim Blanchon (1583), IV, 2938.
Benoist (Frère), « Benedicti » : vers à lui adressés par J.-Éd. Du Monin (1583), V, 3272.
Benoist, peintre : vers sur ses ouvrages (1705), 846.
Benoît XIII Orsini, pape : ses armes (1724), III, 2493, art. 3.
Benoist (A.), cité, II, 1527.
Benoist (A. D.), Sonnet à J. d'Escorbiac (1613), 821.
Benoist (G.), grav., III, 2506.
Benoist (G.-Ph), grav., II, 1913.
Benoist (Le P. Jean) : *Histoire des Albigeois et des Vaudois* (1691), II, 2032.
Benoist (Philippe) : *Chansons* (1549-1552), 980.
Benoist (René), cité comme orateur par Guy Le Fèvre de La Boderie (1578), IV, 3183. — Celui-ci lui adresse des vers (1578), IV, 2930. — Jean Le Masle lui adresse des vers (1580), IV, 2933. — Il approuve les *Méditations* de B. Badere (1595), IV, 2947.
Benoni-Verels : volume lui ayant appartenu, II, 1854.
Bense-Dupuis; vers à M⁰ Adam Billaut (1614), 829.
Bensserade (Isaac de) : Vers à M⁰ Adam Billaut (1644), 829. — Vers dans le *Recueil de diverses poësies* (1652), 975. — *Ballet du Temps*

(1654), IV, 3047. — *Ballet de Psyché* (1656), II, 1455. — *Amour malade*, ballet du roy (1657), IV 3048. — *Ballet de la Raillerie* (1659), IV, 3050. — *Ballet royal de l'Impatience* (1639), IV, 3051. — *Ballet des Saisons* (1661), IV, 3052. — *Les Nopces de village* (1663), IV, 3054. — Il est cité par Guéret (1663), II, 1849. — *Les Amours deguisez* (1664), IV, 3055. — *Le Palais d'Alcine* (1664), II, 1192. — *Ballet royal de Flore* (1669), IV, 3056. — *Festes de l'Amour et de Bacchus* (1672), IV, 3045. — *OEuvres* (1697), 827. — Il est cité dans les *Pieces curieuses* (1694), III, 2632, p. 411.

Bentivoglio (Ippolita Sforza) : lettres à Gio. Giorgio Trissino (1512), IV, 3078.

Benvenuti (Benvenuto), messager de Vespuce (1504), II, 1952.

Benville (Le seigneur de), IV, 2855, p. 194.

Benzio (Trifone) : vers de lui dans les *Icones* de N. Reusner (1589), V, 3370.

Benzon : volumes lui ayant appartenu, 22, 625, 633, 703 : II, 1838 ; III, 2591.

Beolco (Angelo), dit Ruzante : *Anconitana* (1551), II, 1467. — *Opere :* [*Rhodiana, Anconitana, Piovana, Vaccaria, Moschetta, Fiorina, Due Dialoghi, Tre Orationi, Dialogo*] (1584), II, 1466.

Bérain (J.), peintre, dess. et graveur : dessins originaux, II, 1460. — Figures dans le *Mercure*, III, 2524, pp. 286, 294, etc. — *Ornemens* (v. 1705), 252.

Bérangé, musicien (1657), IV, p. 602.

Beranger (P.-J. de) : *Chansons* (1816), 1006 ; (1821), 1007 ; (1825), 1010 ; (1828), 1011 ; (1833), 1012 ; (1861-1864), 1013. — Procès (1821-1822), 1008, 1009. — Une pièce de lui dans les *Chants et Chansons popul. de la France* (1843), 1014. — Vers dans *Le Parnasse satyrique du XIXe siècle* (s. d.), 962.

Bérauld (Nicolas) : distique latin à Clément Marot (1532), 596 ; (1534), 597, 599, 600 ; (1533), 601 ; (1538), 605 ; (1596), 614. — Vers à Nic. Bourbon, qui parle de lui (1538), IV, 2788.

Béraud de Courville : généalogie, III, 2495.

Berbis (Jehanne), citée dans les pièces jointes au *Vergier d'honneur* (v. 1505), 479.

Berbisey (Guillaume) : vers en tête du *Dictionnaire des rimes* de Jean Le Fèvre (1588), 431.

Berbisey (Jean) : id., *ibid*.

Berbisy (de), danse dans un ballet à Dijon (1627), II, 1451. Cf. IV, p. 602.

Berchem (Hieronymus van) : inscription dans un album (1563), V, 3365.

Bercy (*Discours du curé de*) et *Responce* (1620), II, 1861.

Bercy (C.-A. de), grav., II, 2016 ; III, 2347.

Bérenger : vers à Bér. de La Tour (1558), 662.

Bérenger (Guillaume) : *Responce à plusieurs injures et railleries escrites contre... Montagne* (1667), 147 ; (1668), 148.

Berg (Henri, comte de), s'empare de Juliers (1622), III, 2405, art. 2. — Ses victoires (1622), *ibid*., art. 4. — Son échec devant Lunel (1625), *ibid*., art. 15. — Il assiège Huys ter Eem (1629), *ibid*., art. 16. — *Manifeste* (1632), *ibid*., art. 24.

Bergaigne (François), traducteur de Dante, cité, V, 3302.

Bergen (Adriaen van), impr. à Anvers (1519), 492 ; (1522), 491, 492 ; (1529), III, 2711.

Bergerac : imprimeur imaginaire (1615). Voy. La Babille (Martin), II, 1788.

Bergeret, commis du marquis de Croisset, obtient un privilège pour la publication des traités diplomatiques (1684), IV, 3153, p. 541.

Bergeret, reçu à l'Académie française : réponse à son discours par Jean Racine (1685), II, 1241.

Bergeret, dess., II, 1909.

Bergeret (Louis) : vers à lui adressés par J.-Éd. Du Monin (1583), V, 3272.

Bergerie du bon Pasteur (v. 1541), V, 3247.

Bergeron (Nicolas) : épigrammes latines à Guy de La Garde (1550), IV, 2880. — Distiques latins à Du Bartas (1583), V, 3269.

Bergeron (Pierre) : *Traicté de la navigation et des voyages de descouverte et conqueste modernes* (1629), II, 1942. — Il publie l'*Histoire de la premiere descouverte et conqueste des Canaries* de Pierre Bontier et Jean Le Verrier (1630), 1942. — Il est peut-être l'éditeur des *Voyages d'Afrique* (1632), II, 1945. — *Relation des voyages en Tartarie* (1634), II, 1935 ; — *Traicté des Tartares* (1634), 1935 ; — *Abregé de l'histoire des Sarasins et Mahometans* (1634), 1935.

Bergerot (Henri) : inscription dans un album (1565), V, 3365.

Bergerotti (Anna), chanteuse (1656-1684), IV, p. 602.

Bergier (Bertrand), de Montembeuf :

vers à lui adressés par Joachim Du Bellay (1559), IV, 2896 ; (1560), IV, 2894 ; (1561), IV, 2900.
Bergier (Jacques), du canton de Fribourg (1598), IV, 3127, art. 12.
Bergier (Méry), dit Mérigot : épitaphe par J. Bouchet (1545), 510.
Bergotti (Antonio), impr. à Modène (1525), III, 2666.
Beringen (Geoffroy), impr. à Lyon : vers à Nic. Bourbon (1538), IV, 2788.
Beringhen, sert dans l'armée hollandaise (1631), IV, 2405, art. 22.
Beringhen (Mᵐᵉ de), abbesse de Farmoutiers : lettres à elle adressées par Bossuet (1687-1700), II, 1883, pp. 363, 366 ; IV, 3079, pp. 441, 444.
Beringhen (Henri-Camille, marquis de) : l'abbé Guilbert lui dédie la *Description historique... de Fontainebleau* (1731), III, 2333. — Exemplaire de dédicace.
Beringhen (Jacques-Louis, marquis de), figure dans un ballet (1665), IV, p. 602.
Berg op Zoom : les habitants défont les Espagnols près d'Anvers (1625), III, 2405, art. 13.
Berjon (Jacques), impr. à Lyon (1549), cité, V, 3209.
Berjon (Jean), impr. à Paris (1619), III, 2420, art. 6, 7, 12, 16.
Berjon (Mathieu), impr. à Genève (1605), 2 ; (1618), II, 2030.
Berkeley (George) : *Alciphron* (1734), 83.
Berlaymont (Charles de), baron de Hierges, de Perwez, de Beaurain, etc. : ms. lui ayant appartenu, IV, 2797.
Berlaymont (Charles, baron de) : Grég. de Hologne lui dédie sa *Lambertias* (1556), II. 1068, art. 6.
Berlaymont (Jean de) : id., *ibid.*
Berlaymont (Lancelot de) : id., *ibid.*
Berlaymont (Louis de) : id., *ibid.*
Berletsch (Eytzell von) : inscription dans un album (1598), V, 3370.
Berlichingen (Burckhard von) : inscription dans un album (1567), V, 3365.
Berlin. Imprimeurs et Libraires. Voy. Duncker et Humblot, 1815. Haude et Spener, 1763. Kunst (Christian), 1760. Unger (Joh. Friedrich), 1801. Voss (Christian), 1760. Winter (Louis), 1763. — Impressions anonymes, II, 2035, 2036.
Berlioz (Hector), collabore au *Monde dramatique* (1835-1839), II, 1072.
Bermond (Laurens de) : vers à P. de Deimier (1600), 765.
Bermondet (Gaultier de) : sonnet sur sa mort par Joachim Blanchon (1583), IV, 2938.

Bermudez y Caravajol (Hernando) : vers à Cervantes (1613), II, 1754.
Bernaerts, grav., II, 1519, 2007.
Bernay : abbaye de Notre-Dame, IV, 3096, art. 25.
Bernay (Nicolas de) : Guy de La Garde lui dédie l'*Histoire et Description du Phœnix* (1550), IV, 2880.
Bernard (Saint) : *De contemptu mundi* (v. 1510), IV, 2750. — Oraisons, IV, 2820, p. 144. — On lui attribue le *Floretus*, IV, 2778, p. 59.
Bernard (Le petit). Voy. Salomon (Bernard).
Bernard, chanteur (1669-1671), IV, p. 602.
Bernard de Beaulieu : généalogie, III, 2495.
Bernard de Trevies : *Pierre de Provence*, II, 1497.
Bernard (B.) : vers sur Est. Pasquier (1610), 737.
Bernard (Catherine) : Guillaume Des Autelz lui adresse des vers (1551), III, 2572. — Œuvres d'elle dans le *Recueil de pieces curieuses* (1694-1696), III, 2632.
Bernard (Charles) : vers à Gilles Durand de La Bergerie (1594), 757.
Bernard (Corneille), de Genève : inscription dans un album (1584), V, 3368.
Bernard (Gabriel) de Rieux : volume lui ayant appartenu, III, 2493.
Bernard (Guy), évêque et duc de Langres : ses armes, III, 2488.
Bernard (Guillaume), libr. à Rouen (1508), cité, II, 2105.
Bernard (Hector), curé de Courmesnil, cité par Guy Le Fèvre de La Boderie (1578), IV, 2930.
Bernard (Jacques), ministre à Genève (1554), 85.
Bernard (Le P. Jean), carme (1613) II, 1726.
Bernard (Jean-François), de Genève inscription dans un album (1584), V, 3368.
Bernard (Jean-Frédéric), grav. et libr. à Amsterdam (17.5), III, 2524 ; (1727), III, 2293 ; (1731), III, 2285 ; (1738), III, 2285 ; (1741), II, 1519 ; (1755), 847.
Bernard (P.-Joseph), dit Gentil Bernard : une pièce de lui dans les *Chants et Chansons populaires de la France* (1843), 1014.
Bernardin (Saint) : *Petite Dyablerie* (?), III, 2542.
Bernardino (El conte) (1510), 1042.
Bernardino, capitaine (1510), 1042.
Bernardino : *Lettre à M. du Mayne* (1589), III, 2231.
Bernardo (Antonio) de La Mirandole : portrait dans les *Icones* de Reusner (1586), V, 3370.

Berne : son alliance avec Genève (1584), IV, 3026. — Imprimerie. Voy. Société typographique (1780-1781).
Berner (Joachim) : inscription dans un album (1564), V, 3365.
Berny (Samuel), orfèvre à Paris (1656), 273.
Bernier (Mlle), citée par M. Guy, de Tours (1598), IV, 2948.
Bernier : *Remarques sur Rabelais* (1823), II, 1520.
Bernier de La Brousse : vers à Jean Prévost (1614), II, 1106.
Bernis (François Joachim de Pierres, abbé, puis cardinal de) : vers sur les conquêtes et la convalescence du roy (1745), 907. — Mme de Pompadour veut lui faire donner le privilège de la *Gazette* (1747), IV, 3153, p. 547. — *Epitre aux Graces* (1769), II, 2003.
Bernouc (Jacques), cité par Guillaume de Poëtou, son cousin (1565), III, 2605.
Bernouilly (Jean), collabore à l'*Encyclopédie* (v. 1765-1777), III, 2523, p. 280.
Bernuy (Éléonore de). Voy. Du Faur de Saint-Jory.
Béroalde (François) de Verville : *La Muse celeste* (1593), 759. — Ode à M. Guy, de Tours (1598), IV, 2948. — *La Pucelle d'Orleans* (1599), II, 1522. — *Le Pallemail, L'Alchimiste, Le Jeu au volant, ou gruau* (1600), IV, 3294. — *Le Moyen de parvenir* (v. 1600), IV, 3071 ; (v. 1650), II, 1781 ; (v. 1700), II, 1783. — Cf. I, 471, art. 42. — *Le Palais des curieux* (1612), II, 1782. — Vers de lui (1617), IV, 2972.
Beroaldo (Filippo) : *Carmen lugubre de Passionis die* (v. 1505), V, 3237. — *Tristes Vers*, traduits par Cl. Marot (1546), 610. — *De l'homme prudent*, traduit par François Habert (1548), IV, 3168. — *L'Histoire de Titus et Gisippus et autres petiz œuvres* interpretés par François Habert (1551), 647.
Berot (Frère David), approuve la *Tragedie de Colligny* par Fr. de Chantelouve (1574), IV, 3024.
Bérot (Jean), éditeur du *Commentarium expeditionis tuniceae* (1547), III, 2416.
Berquen (Robert de) : *Liste de messieurs les gardes de l'Orphevrerie de Paris* (1656), 273.
Berquin (Arnaud), collabore au *Mercure de France* (1778), III, 2524, pp. 314, 317.
Berquin (Loys de), traduit *Le Chevalier chrestien* d'Érasme (v. 1525), éd. de 1542, IV, 2748.
Berry : Histoire de cette province par J. Chaumeau (1566), III, 2343. — Généalogie des ducs, III, 2493, art. 19.
Berry : vers en tête du *Dictionnaire des rimes* de Jean Le Fèvre (1588), 431.
Berry (Jehan, duc de), fait écrire *Melusine* (1387), II, 1495. — Épitaphe par J. Bouchet (1545), 510.
Berry (Caroline-Ferdinande-Louise de Bourbon, duchesse de) : Ch. Nodier et N. Delangle lui dédient une édition de la *Conjuration de Fiesque* du cardinal de Retz (1825), II, 1919, art. 1. — Manuscrit lui ayant appartenu, IV, 3154.
Berryer (Nicolas-René), lieutenant de police : sollicité par Voltaire (1748), II, 1324. — L'abbé Antonini lui dédie le *Memorial de Paris* (1749), III, 2311.
Berruyer, contresigne un édit du roi (1543), V, 3348.
Berruyer (Jehan), cité par Nic. Bourbon (1538), IV, 2788.
Bersée (N. de), ami d'Odet de La Noue (1584-1591), IV, 3187.
Bersman (Gregor) : inscription dans un album (1595), V, 3370.
Berson (Jacques) : *Oraison funebre de Monseigneur [François, duc d'Anjou]* (1584), V, 3230.
Bertau, danseur (1671), IV, p. 602.
Bertaut (Jean) : vers dans le *Tombeau de Ronsard* ([1586], 1623), 668. — Il est cité par Sc. de Sainte-Marthe (1600), IV, 2921. — *Œuvres poétiques* (1605), 820. — Vers à lui adressés par Nic. Rapin (1610), IV, 2943. — *Stances sur la mort du feu roy* (1611), 890, art. 16. — Vers dans les *Marguerites poëtiques* (1613), 816. — Vers dans le *Cabinet des Muses* (1619), 974. — Il est cité, III, 1748, *Additions*.
Bertault (Pierre), libr. à Paris (1602), 769.
Bertelli (Pietro), grav. et libr. : *Diversarum nationum Habitus* (1589-1596), 240.
Bertcrham (J.-B.), grav., II, 2067.
Bertet de Gorze : généalogie, III, 2495.
Berthaut (Pierre-Gabriel), grav., 260-262.
Berthelet (Thomas), impr. à Londres, cité par Nic. Bourbon (1538), IV, 2788.
Berthelin de Neuville, illuminateur des Menus Plaisirs du roi (juin 1739), III, 2524, p. 303.
Berthellot : épître à lui adressée par J. Bouchet (1545), 511.
Berthelot : poésies diverses à la suite des *Satyres* de Régnier (1614, 1617),

934, 935. — Vers dans *Le Cabinet satyrique* (1666), 958.
Berthelot (Jacques), libr. à Rouen (v. 1510), 198. — Marie Robin, sa veuve, libr. à Rennes (1544), *ibid.*
Berthelot (Mlle J.) : Jean de La Péruse parle d'elle (v. 1557), IV, 3022.
Berthelot (Pierre), impr. à Lyon (1496), cité, 198.
Berthet, grav., II, 1459, 1916, art. 9, 12, 14, 19, 30.
Berthod : vers au petit de Beauchasteau (1657), 833. — *La Ville de Paris en vers burlesques* (1666), citée, III, 2306.
Berthod, musicien : Tristan L'Hermite lui dédie sa *Lyre* (1662), 831.
Berthoud, grav. (1797), II, 1767.
Berthoud (Ferdinand), horloger, collabore à l'*Encyclopédie* (1751-1777), III, 2523, p. 280.
Bertier (de), évêque de Montauban : lettre à lui adressée par Rangouze (1649), II, 1879.
Bertin : notice généalogique, III, 2495.
Bertin : vers à lui adressés par J. Éd. Du Monin (1583), V, 3272.
Bertin (MM. de) : leur *Tombeau* (1595), 146.
Bertin : *Le Jugement de Paris* (1718), II, 1458.
Bertin, grav., III, 2525.
Bertin (Armand) : volumes lui ayant appartenu, II, 1511 ; IV, 3183.
Bertin d'Antilly : *La Fortune au village* (1761), II, 1335.
Bertinière (Jacques de) : vers en l'honneur de Nic. Cornet (1698), 349.
Bertius (P.), éditeur de Boèce (1633), 135.
Bertoldo in corte, intermède parodié par Favart (1759), II, 1335.
Bertonnier, grav., II, 1909.
Bertrand, trésorier du roi : vers à lui adressés par François Habert (1558), V, 3251.
Bertrand : vers à lui adressés par P. de Brach (1576), IV, 2931.
Bertrand (Anthoine de) : *Amours de P. de Ronsard* mis en musique (1578), 679.
Bertran (Jacques), de Chézy : distiques latins à la fin des *Fata Francisci Valesii* d'Est. Dolet (1539), II, 2115.
Bertrand (Jacques), impr. à Annecy (1575), V, 3260.
Bertrand (Jean), garde des sceaux : vers à lui adressés par Ch. Fontaine (1557), IV, 2877.
Bertrand (Jean), lieutenant criminel de Paris : vers à lui adressés par Franç. Habert (1558), V, 3251.
Bertrand (Louis), impr. à Compiègne (1764), III, 2331.

Bertrand (N.), président à Toulouse : épitaphe, par Est. Forcadel (1579), IV, 2879.
Bérulle (Pierre, cardinal de) : *Vie*, par Germain Habert (1646), II, 2013.
Berville : vers à lui adressés par Joachim Blanchon (1583), IV, 2938.
Berzevicki (Martin), dit Berzevicaeus, cité par J. Dorat (1586), IV, 2789.
Berziau, contresigne une *Declaration du roy de Navarre* (1589), III, 2219, art. 12.
Berziau (Charles), « Berzeus » : distiques latins à J. de Vitel (1588), V, 3275.
Besançon : Lettre adressée au gouverneur de cette ville par Ulrich, duc de Wurtemberg (1524), II, 2048.
— *Brefve Histoire touchant la surprise de la cité de Besançon* (20 juin 1575), III, 2190. — Chanson sur cet événement (1575), 411, art. 61. — Imprimeur imaginaire. Voy. Grandvel (Nicolas), 1768.
Besançon (Jacques de), miniaturiste, cité, III, 2531.
Besançon (Nicolas) : vers à Gilles Durand de La Bergerie (1588, 1594), 756, 757.
Besant (Le) de Dieu. IV, 2800, art. 3.
Beschreibung (Warhafftige) der Schlacht zu Prag (1620), citée, III, 2420, art. 43.
Beschreibung (Kurtze und zur Warnung nützliche) desz Auszzugs Donneti (1588), III, 2223.
Beschrijvinge (Waerachtige ende sekere) der beroerte binnen der Stadt Aken (1611), citée, V, 3361.
Bescourt : violence qu'y commet un capitaine français (1578), III, 2330.
Beskow (Elias) : inscription dans un album (1595), V, 3370.
Besly : Lettre sur Alain Chartier (1616), 442.
Besly (Jean de), « Belius » : vers à Nic. Rapin et réponse (1610), IV, 2941.
Besnier (Le P.) : *Discours sur la science des etymologies* (1750), 318.
Besongne (Augustin), libr. à Paris (1646), cité, II, 1812 ; (1668), 148.
Besongne (Cardin), libr. à Paris (1640), III, 2313 ; V, 3356.
Besongne (Jacques), impr. à Rouen (1621), III, 2346.
Besongne (Jean), impr. à Rouen (1699), II, 1707.
Besongne (Jean-Baptiste), impr. à Rouen (1708), II, 1977.
Besongne (Nicolas), libr. à Paris (1658-1698), cité, III, 2358.
Besogne (Nicolas), sieur de Fréville : vers au petit de Beauchasteau (1657), 833.
Besons (de) : *Jugemens sur la no-*

TABLE ALPHABÉTIQUE GÉNÉRALE

blesse de Languedoc (1670), II, 2095, art. 8.
Bespier, traduit en français *The present State of the Ottoman Empire*, de Rycaut (1677), III, 2482.
Bessarion (Le cardinal) : portrait dans les *Icones* de N. Reusner (1589), V, 3370.
Bessé (Henri de), sieur de La Chapelle-Milon. Voy. La Chapelle.
Bessera (Francisco), chevalier de Malte : sa mort (1625), III, 2476.
Bessin (Jacques), libr. à Paris (1614), 892.
Bessin (Jean), libr. à Paris (1622), III, 2420, art. 65, 68 ; (1626), *ibid.*, art. 75, 76 ; (1645), IV, 3153, p. 535.
Besson, musicien (1659-1664), IV, p. 602.
Best (Ad.), grav. (1838), V, 3321.
Bestereau (Guillaume), moine ivrogne (1549), IV, 2868.
Bestiaires (xiv° s.), IV, 2800, art. 3 ; (v. 1500), III, 2585.
Béthencourt (Gallien de), communique à P. Bergeron le ms. de l'*Histoire de la descouverte des Canaries* (1630), II, 1942.
Béthencourt (Jehan de), conquérant des Canaries (1402), II, 1942.
Bethlen (Gabriel), ou Bethlen Gabor, prince de Transylvanie (1619), III, 2420, art. 15 ; (1620), *ibid.*, art. 40, 41 ; (1621), *ibid.*, art. 50, 56 ; III, 2351. — Sa mort prétendue (1621), III, 2420, art. 57. — Il traite avec l'empereur (1622), III, 2420, art. 59. — Les Turcs se déclarent contre lui (1622), III, 2473.
Béthune, héraut d'armes, 488-492. Voy. Ladam (Nicaise).
Béthune et Plon, impr. à Paris (1836), II, 1593 ; (1838), II, 1362 ; (1839), II, 1596 ; (1840), 876, 877 ; II, 1353 ; V, 3286 ; (1843), II, 1363.
Béthune (Henri de), archevêque de Bordeaux : lettre à lui adressée par Rangouze (1649), II, 1879.
Béthune (Philippe de), comte de Selles et de Charost, envoyé en Allemagne (1620), III, 2420, art. 24, 25.
Bétolaud (R. de), cité par Sc. de Sainte-Marthe (1579,1600), IV, 2921.
Betuleius (Xystus). Voy. Birck (Sixt).
Beugnes, grav., III, 2524.
Beuil (Le sieur de), pseud. de Louis-Isaac Le Maistre de Sacy. Voy. Sacy.
Beukelaar (Joachim), peintre à qui P. de Brach adresse des vers (1576), IV, 2931.
Beuter, cité par N. Rapin (1610), IV, 2944.
Beutler (Thomas) : inscription dans un album (1564), V, 3366.
Beveren (de) : Rochefort lui dédie son *Histoire des Antilles* (1681), II, 1983.
Bevilaqua (Les héritiers de), impr. à Turin (1580), cités, III, 2248.
Bevilaqua (Mario) : lettre à Pompeo Trissino (1583), IV, 3078. — Volume lui ayant appartenu (1580), 38.
Beyer, grav. (1843), 1014, p. 645.
Beyer (Léopold), dess., III, 2514.
Bez (Ferrand de) : *Deux Eclogues, ou Bergeries, contenant : l'une l'institution du bon Pasteur...* (1563), V, 3266. — On lui attribue l'*Eglogue de deux bergers demonstrant comme la ville de Lyon...* (1564), V, 3267. — *Epistres heroïques* (1579), 747.
Bezannes : généalogie, III, 2495.
Bèze : abbaye des Saints Pierre et Paul, III, 3096, art. 118.
Bèze (Théodore de), cité par Ch. Fontaine (1546), IV, 2876. — Vers à Érasme (1553), III, 2568, art. 10. — Interlocuteur du *Dialogue de l'ortografe* de Jacques Pelletier (1555), 322. — Discours prononcé au colloque de Poissy (1561), II, 2055, 2056. — *Pseaumes* (1563, 1605), 6, 620, art. 2. Cf. 205. — *Response à l'interrogatoire de Poltrot* (mars 1563), III, 2156, art. 14 ; 2158. — *Discours contenant en bref... la vie de Jean Calvin* (1564), II, 2051. — Epigramme latine traduite par Pierre Enoc (1572), IV, 2927. — *Ode chantee au Seigneur* (1574), V, 3268. — *Histoire ecclesiastique* (1580), II, 2038. — *Vrais Pourtraits des hommes illustres* (1581), II, 2039. — Vers latins en tête de *La Sepmaine* de Du Bartas (1583), V, 3269. — Inscription dans des albums (1583), V, 3368 ; (1597), V, 3370 ; (1601), V, 3371. — *Vie*, par Ant. de La Faye, traduite par P. Salomeau (1610), II, 2061. — Il est cité par Nic. Rapin (1610), IV, 2944.
Béziers : concile tenu dans cette ville contre les Albigeois, II, 2029. — *Journal sur les guerres de Besiers*, par Louis Charbonneau (1583-1586), II, 2095, art. 11.
Bezou (V.), libr. à Paris (1836), II, 1351 ; (1837), II, 1374 ; (1839), II, 1391. — Il a pour successeur Ch. Tresse (1840), II, 1353.
Bézout, signe l'approbation de l'*Encyclopédie* (1765), III, 2523.
Bianchi (Brigida), dite Aurelia : vers au petit de Beauchasteau (1657), 833.
Bianco (Paolo), patron de navire (1532), IV, 3091.
Biancolelli (Domenico), acteur (1670-1671), IV, p. 602. — *Les Enfans trouvés* (1735), II, 1321.

Biard : vers à Ph. Des Portes (1600), 740.
Bibaut (Josse), « Bibaucius » : Josse Bade lui dédie une édition de la Vie de saint Roch par Jehan de Pins (1517), V, 3336.
Bibbiena (Bernardo Dovizio, dit da). Voy. Dovizio.
Bible, en latin (1652), 1 ; — en français (1605), 2. — *Psaumes*, en latin (1586), 3 ; (1653), 4 ; — *Psalmus CXIII*, transformé en chant politique (1588), III, 2223 ; — *Psaumes* traduits en prose française (1542), 5 ; (1698), 7 ; — en vers latins (v. 1500), IV, 2736 ; — en vers français, par divers auteurs (1541), IV, 2737 ; — par Cl. Marot (1541), IV, 2737 ; (1546), 608, 610 ; (1550), 619 ; dénoncés comme hérétiques par Artus Desiré (1560), V, 3204 ; — par Cl. Marot et Th. de Bèze (1563), 6, 620 ; (1605), 2 ; — par Ch. de Navières (1580), V, 3205 ; — par Ph. Des Portes (1604), V, 3206. — Paraphrase de *Job*, de l'*Ecclesiaste*, etc., par J. A. de Thou (1592), 423. — Paraphrase sur le livre de la *Sagesse*, par P. Sorel (1566), 722. — *Nouveau Testament* en français (1525), IV, 2738 ; (1667), 8 ; (1668), 9 ; — traduit en basque (1571), 10. — *Revelacion de sant Pablo* (v. 1520), III, 2527. — Histoires de la Bible, 11-14. — Figures de la Bible, 15, 16 ; IV, 2739, 2740.
Bibliotheque (La) d'Aretin (v. 1680), II, 1836.
Bibliotheque imaginaire (1615), II, 1798, art. 1 ; 1799.
Bichard, ou Pichard, grav., 262.
Bichon (Guillaume), libr. à Paris (1588), 794 ; III, 2240, art. 4.
Bidault, dess., 251.
Bien Advisé, Mal Advisé, moralité (xv⁰ s.), IV, 2797, art. 3.
Bienemann (Kaspar), dit Melissander : inscription dans un album (1564), V, 3366.
Biens (Les) et les Maux qui sont en amours, IV, 2799, art. 22.
Bientina (Jacopo da) : vers de lui dans les *Trionfi, Carri, ecc.* (1559), 1028.
Bienvenu (Jacques), traduit du latin, de John Fox, *Le Triomphe de Jesus-Christ* (1562), V, 3212. — Vers à Pierre Enoc (1572), IV, 2927.
Biet (Antoine) : *Voyage de la France equinoxiale en l'isle de Cayenne* (1664), II, 1993.
Bigand, peintre, 271.
Bigeot (Claude Estienne) : *Le Bourguignon interessé* (v. 1669), III, 2289.
Biglia (Conte Antonio) : *Relatione del seguito contra il Palatino e Rotta d'esso* (1620), citée, III, 2420, art. 43.
Bigne, peut-être Gace de La Bigne, cité comme un modèle par Guillaume Crétin (1512), II, 2090, art. 5.
Bignon (Guillaume), cité par Fr. Habert (1549), IV, 2868.
Bignon (Jean), libr. à Paris (1544), 608.
Bignon (Jérôme) : le P. Du Tertre lui dédie le t. III de l'*Histoire des Antilles* (1671), II, 1984. — Le *Dictionnaire* de Ménage lui est dédié (1694, 1750), 318.
Bignon (Jérôme), prévôt des marchands, engage Félibien à écrire l'*Histoire de Paris* (1711), III, 2315 ; — reçoit une plainte de Mme de Simiane au sujet de la publication des lettres de Mme de Sévigné (1726), II, 1886. — Volumes lui ayant appartenu, 536, 555.
Bignon de Maupertuis (Jérôme) : *Discours de réception à l'Académie française* (1744), 391.
Bignon (Thierry) : le P. Du Tertre lui dédie le tome IV de l'*Histoire des Antilles* (167), II, 1984.
Bigorne (v. 1537), 527 et *Additions*.
Bigot : généalogie, III, 2495.
Bigot (Mlle), citée par M. Guy, de Tours (1598), IV, 2948.
Bigot (Émery), président au parlement de Rouen : vers à lui dédiés par Guy Le Fèvre de La Boderie (1578), IV, 2930.
Bigot (Émery II) : Lettres autographes à Ménage (1657-1658), II, 1882.
Bigot (Étienne) : ms. lui ayant appartenu, IV, 2751.
Bigot (Gilles), d'Usson : vers pour les *Croniques annales* d'Alain Bouchard (1541), III, 2339.
Bigot (Guillaume), cité par Nic. Bourbon (1538), IV, 2788.
Bigot de Pontbodin : généalogie, III, 2495.
Bigres de Jussy : vers au petit de Beauchasteau (1657), 833.
Bihler (Georg) : album lui ayant appartenu, V, 3367.
Bikla (Frédéric de), exécuté à Prague (1621), III, 2420, art. 54.
Bilde (Beatus), dit Rhenanus : épître à lui adressée par Érasme (1515), V, 3207. — Vers de lui dans les *Icones* de N. Reusner (1589), V, 3370.
Billaine (Louis), libr. à Paris (1662), III, 2456 ; (1663), II, 1166, 1187, 1189, 1925 ; (1664), II, 1130, 1131, 1164 ; (1665), II, 1167 ; (1666), 919, 942 ; II, 1168, 1174, 1532 ; III, 2366 ; (1667), 920 ; (1668), 944, 945 ; II, 1133 ; (1669), 921 ; (1671), 922 ; II,

1133, 1169, 1257, 1258, 1943 ; (1674), 840 ; II, 1923 ; (1677), 1971.
Billaine (Pierre), libr. à Paris (1623), III, 2628 ; (1624), II, 1867 ; (1633), V, 3318 ; (1639), III, 2708.
Billard : vers en tête du *Balet comique* (1582), II, 1445.
Billard (Claude), sieur de Courgenay : *Tragedies* (1610), II, 1105.
Billard (Claude II), sieur de Courgenay : vers à Claude I*er*, son père (1610), II, 1105.
Billart (Marie) : livre d'heures lui ayant appartenu (v. 1502), IV, 2741.
Billardon de Sauvigny (E.) : *Les Après Soupés* (1781-83), II, 1459.
Bil'ault : généalogie, III, 2495.
Billaut (Adam), *Chevilles* (1644), 829. — Testament (1656), 996. — Une pièce de lui dans les *Chants et Chansons populaires de la France* (1843), 1014.
Billet : généalogie, III, 2495.
Billet (Chaillot), libr. imaginaire (?) à Paris (1564), IV, 2913.
Billi, Billy : généalogies, III, 2495.
Billy (Geoffroy de), abbé de S*t* Vincent : vers à lui adressés par Guy Le Fèvre de La Boderie (1578), IV, 2930.
Billy (Jacques de), abbé de S*t* Michel en l'Her : vers à lui dédiés par Guy Le Fèvre de La Boderie (1578), IV, 2930. — Il est cité par le même (1578), IV, 3183. — Jacques Pelletier lui dédie la *Louange de la parole* (1581), 701. — Le cardinal de Granvelle lui écrit (1582), III, 2395. — Vers à lui adressés par N. Rapin (1610), IV, 2944.
Billy (Jean de), prieur de la chartreuse de Gaillon : vers à lui adressés par Guy Le Fèvre de La Boderie (1578), IV, 2930.
Billon (Charles de), d'Issoudun : épître à J. Bouchet (1545), 511. — Il est cité par Franç. Habert (1549), IV, 2868. Cf. IV, 3021.
Billon (François de) : *Le Fort inexpugnable de l'honneur du sexe femenin* (1555), II, 1837 et *Additions*. Cf. IV, 2951.
Binche. Imprimeur. Voy. Cordier (Guillaume), 1544.
Bindley (James) : volumes lui ayant appartenu, II, 1743 ; IV, 2781.
Bindoni (Alessandro de'), impr. à Venise (1516), V, 3336.
Bindoni (Francesco di Alessandro) et Maffeo Pasini, impr. à Venise (1541), II, 1468.
Bineau (Jacques), éditeur des *Memoires du duc d'Angoulême* (1667), II, 2095, art. 13.
Bineaulx (Guillaume), libr. à Paris (1509), cité, II, 2113.

Binet (M*lles*), citées par M. Guy, de Tours (1598), IV, 2948.
Binet (Claude) : *Chanson* (1575), V, 3296. — Vers à M*me* Des Roches (1582, 1610), 737. — Vers à Robert Garnier (1585), II, 1095. — Il est cité par J. Dorat (1586), IV, 2789. — Sonnet sur Christophe de Thou (1586), III, 2204, p. 113. — Sonnet sur la mort de Ronsard (1586), IV, 2889. — *Discours sur la vie de Ronsard* (1586), IV, 2889 ; (1623), 668. — Sonnets sur les États généraux (1588), IV, 3127, art. 3. — Vers en tête du *Dictionnaire des rimes* de J. Le Fèvre (1588), 431. — Vers à Jean Bonnefons (1588), 756. — Vers à Gilles Durand de La Bergerie (1588, 1594), 756, 757. — *Eclogue meslée* (1623), 668.
Binet (Denis), impr. à Paris (1689), III, 2222, art. 6.
Binet (Guillaume), libr. à Paris (1600), III, 2610.
Binet (Jacques) : Vers à Léon Trippault (1581), 319.
Binet (L.), dess. et grav., 409, 856 ; II, 1459, 1916, art. 9, 14, 17, 19, 21, 23.
Binet (P.) : Vers dans le *Tombeau de Ronsard* (1623), 668.
Bion : *Idyllia* (1556), 400. — Traduction française par Gail (an III), 401.
Biondi (Flavio), de Forli : portrait dans les *Icones* de N. Reusner (1589), V, 3370.
Biossay : vers à Claude Pellejay (1571), 732.
Birago, ou Birague (Diane de) : vers à elle adressés par son frère Flaminio (1585), IV, 2939.
Birague (Flaminio de) : Vers à Robert Garnier (1585), II, 1095. — *Premieres Œuvres* (1585), IV, 2939.
Birague (Françoise de), femme de Jean de Laval, citée par J. Dorat (1586), IV, 2789.
Birague (Louis de) : sonnets italiens à son frère Flaminio (1585), IV, 2939.
Birague (René de) : lettre à lui adressée par le roi (20 oct. 1565), II, 2019, art. 7. — Sonnet à lui adressé par P. de May (1572), IV, 3181. — Il est cité par J. Dorat (1586), IV, 2789. — Tombeau à Paris (1588), III, 2304.
Birck (Sixt) : *Susanna* (1538), II, 1068, art. 4.
Birckenfeld (Le comte palatin de) (1622), III, 2420, art. 62.
Birmingham. Imprimeur. Voy. Baskerville (G.), 1773.
Biron (Ducs de), III, 2493, art. 24.
Biron (Armand de Gontaut, baron et maréchal de) : vers contre lui (1589),

796. — Vers à lui adressés par Guill. Du Peyrat (1593), IV, 2945. — Arrêt du parlement contre lui (29 juill. 1602), III, 2236, art. 23.
Biron (Armand-Charles de Gontaut, duc de) : son blason (1723), III, 2493, art. 21.
Biron (Louise de Gontaut, dite M¹¹ᵉ de), danse dans un ballet (1681), IV, p. 602.
Byron (Lord) : *The Prisoner of Chillon* (1816), 1057.
Biscaras (Le marquis de), danse dans un ballet (1663), IV, p. 602.
Bischoff (Nicolaus), dit Episcopius, impr. à Bâle (1535), IV, 2745.
Bisoton (Anne), de Loches, citée par François Habert (1549), IV, 2868.
Bisoton (Marie), de Bourges, id., *ibid.*
Bissel (Martin) : inscription dans un album (1609), V, 3370.
Bisselin (Olivier) : *Tables de la declinaison... que fait le soleil* (1559), II, 1957.
Bisser (Anton) : inscription dans un album (1566), V, 3365.
Bissy : romance dans les *Chansons de La Borde* (1773), 1002.
Byssipat (Guillaume de), seigneur de Hanaches, vicomte de Falaise : *Plaincte* sur sa mort par Guillaume Cretin (1512), II, 2090, art. 5, p. 540.
Bisticci (Vespasiano de') : *Commentario della vita di messere Palla Strozzi*, ms. (xvᵉ s.), IV, 3152.
Bizerte : prise de cette ville (1573), IV, 3146.
Bizet (Jacques) : vers à lui adressés par Joachim Du Bellay (1559), IV, 2896.
Biziaux, relieur, 609.
Bizouard : vers en tête du *Dictionnaire des rimes* de Jean Le Fèvre (1588), 431.
Blachière (L.), ministre : *Lettres envoyées à l'eglise de Niort et Sainct Gelais* (20 déc. 1585), III, 2194, p. 36.
Blackwood (Adam) : *In novae religionis asseclas Carmen* (1564), IV, 2790. — *Pompa funebris Gaspardi Collignaei* (1572), IV, 3170. — *Adversus Georgii Buchanani dialogum de jure regni apud Scotos Apologia* (1581), citée, III, 2373. — *Martyre de la Royne d'Escosse* (1588), *ibid.* — Vers à Sc. de Sainte-Marthe (1596), 716. — *Panegyric pour la bien-venue de Mgr de Rosny*, trad. du latin par J. Prévost (1613), II, 1106.
Blackwood (Henry) : vers latins à lui adressés par son frère Adam (1564), IV, 2790.
Blado (Antonio), impr. à Rome (1546), V, 3334 ; (1555), V, 3335.

Blaeu (Jan), impr. à Amsterdam (1650), 405 ; (1664), 104. — Ses successeurs (1684), II, 1063.
Blageart (Claude), impr. à Paris (1677-1685), III, 2524 ; (1683), II, 1279. — Sa veuve (1685-1687), III, 2524 (1686), II, 2005 ; V, 3217.
Blagcart (Michel), impr. à Paris (1631), III, 2405, art. 22 ; 2430, art. 84, 85, 87 ; (1634), IV, 3153, p. 532.
Blainville : *Arithmetique universelle* (1730), citée, III, 2337.
Blainville (Louis de Varigniez, seigneur de), danse dans un ballet (1619), II, 1449 ; IV, p. 602.
Blamont : quatrain sur cette ville, IV, 3197, p. 589.
Blanchard : généalogie, III, 2495.
Blanchard, grav., II, 1288, 1909.
Blanchard (Antoine), impr. à Lyon (1526), IV, 3164 ; (v. 1532), IV, 3177.
Blanchard (Le P. François), abbé de Sᵗᵉ-Geneviève : une vue de la Toussaint d'Angers lui est dédiée, IV, 3096, art. 78 *bis.*
Blanchard (H.), collaborateur du *Monde dramatique* (1835-1839), II, 1072.
Blanchard (Jacques), grav., III, 2507.
Blanche de Naples, reine d'Aragon, femme de Jacques II : son *obit* (1310), III, 2529, p. 326.
Blanchemain (Prosper), 671, 673-676.
Blancheroche (Pierre de), dit Albirupeus : épître latine à Garcia (1630), IV, 3153, p. 531.
Blanchet (Jean), impr. à Poitiers (1596), 716 ; (1600), IV, 2921 ; — cité, II, 1106 ; III, 2434.
Blanchet (Pierre) : épitaphe par J. Bouchet (1545), 510.
Blanchon, grav., 262.
Blanchon (Claude) : vers à lui adressés par son frère Joachim (1583), IV, 2938.
Blanchon (Joachim), *Premieres Œuvres poëtiques* (1583), IV, 2938. — Il est cité par Jean Dorat (1586), IV, 2789.
Blanchon (Justin) : vers à lui adressés par son frère Joachim (1583), IV, 2938.
Blanckenstein (Lambrecht) : inscription dans un album (1567), V, 3365.
Blanckwalt (Justus), traduit en allemand le *Discours sur les causes de l'execution* (1573), III, 2174.
Blandford (Le marquis de), emploie le pseudonyme de White Knight, 810, *Additions.* — Volume ayant figuré à sa vente en 1819, IV, 2775.
Blangy (Le comte de), traduit en français les *Elogia civium cadomensium* de Jacques de Cahaignes (1880), III, 2508.
Blanque (La) des filles d'amour (1615),

II, 1796, art. 29 ; 1797, art. 10. Voy. aussi *Pot (Le) aux roses.*
Blanqui (Auguste) : *Réponse à la Revue retrospective* (1848), III, 2301.
Blasé (Jacques), évêque de Saint-Omer (1610), II, 2027.
Blason (Le) de Faulses Amours (v. 1515), III, 2579 ; IV, 2810, 2811.
Blason (Le) de la Femme (1551), IV, 2951.
Blason de la ligature du bouquet (v. 1560), 812, art. 8.
Blason de la Marguerite (1573), V, 3317.
Blason de l'Amour. IV, 3197, p. 587.
Blason de la Rose (1578). V, 3317.
Blason des Barbes (1551), 775.
Blason des Herbes, Arbres et Fleurs (v. 1560), 812, art. 7.
Blason du Gobellet (1562), IV, 2952.
Blasons (Les) anatomiques (1550), 810 et *Additions.*
Blasons, poésies anciennes, recueillies par Méon (1807), 811 et *Additions.*
Blasphémateurs : ordonnance du roi contre eux (1588), III, 2221, art. 18.
Blaublom (Loys), dit Cyaneus, impr. à Paris (1535), 601.
Blaurer (Ambrosius) : son portrait (1581), II, 2039.
Bled (Pierre) et Marguerite, sa veuve (1695), II, 1883, IV, art. 9.
Blégny (Nicolas), dit Abraham Du Pradel : *Les Adresses de la ville de Paris* (1691), III, 2320. — *Le Livre commode* (1692), 2321.
Bleyn (Michel), traduit le *Libellus de moribus in mensam servandis* de Vérulan (1580), 418. — Vers en tête du *Verger poétique* (1597), 782.
Bleyswyk (F.), grav. (1715-1717), III, 2521.
Blessebois (Paul-Alexis, dit Corneille), *Marthe Le Hayer, ou M*lle *de Sçay ;* — *Filon réduit à mettre cinq contre un* (v. 1680), II, 1836. — Voy. sur Blessebois la curieuse étude de M. Louis Loviot dans la *Revue des livres anciens*, tome II (1916), pp. 283-310.
Bleuet (Claude), libr. à Paris (1774), 848 ; II, 1752.
Bleuet (Pierre-François), dit le jeune, libr. à Paris (1797), II, 1559.
Blihart (Claude), impr. à Paris (1562), III, 2602 ; (1563), V, 3352.
Blin (Pierre), impr. en taille-douce à Paris (1786-1792), IV, 3167.
Bline, cité par Est. Forcadel (1579), IV, 2879.
Blois : A. Chanorrier y est pasteur (v. 1561), V, 3266. — Château, 248. — Etats de 1588, III, 2188, t. III, art. 35 et 39 ; 2194, p. 43 ; 2221, art. 7 ; 2222, art. 8 ; 2251, p. 87 ; 2701, 2702 ; IV, 3127, art. 3-8 et 11. — On y présente à Marie de Médicis un homme qui ne boit ni ne mange (1618), II, 1727. — Abbaye de Saint-Laumer, IV, 3096, art. 21. — Imprimeurs. Voy. L'Huillier (Pierre), 1589. Mettayer (Jamet), 1589. — Impression anonyme (1589), citée, II, 2219, art. 11.
Blois (Mlle de). Voy. Orléans (Françoise-Marie de Bourbon, duchesse d').
Blois (de) : mélodie dans les *Chansons* de Piis (1785), 1003.
Blois (A. de), dess., 12.
Blois (Anne-Marie de Bourbon, dite Mlle de) : son mariage avec le prince de Conti (janv. 1680), III, 2524.
Blondeau : vers en tête du *Dictionnaire des rimes* de Jean Le Fèvre (1588), 431.
Blondeau, danse dans un ballet à Dijon (1627), II, 1451 ; IV. p. 602.
Blondeau (Ad.), impr. à Paris (1842), II, 1659.
Blondefontaine (de), fait publier les *Austrasiae Reges et Duces* de Nic. Clément (1591), III, 2335.
Blondel, financier dénoncé comme voleur (1707), IV, 3074.
Blondel (Aubin), prêtre, est condamné à être pendu comme complice de l'assassinat de B. Brisson (1594), III, 2253.
Blondel (F.), dess. et grav., 244, 250, 251, 261 ; III, 2524 (année 1733).
Blondel (Jacques-François) : *De la distribution des maisons de plaisance* (1737-1738), 245. — *Architecture françoise* (1752-1756), 251. — Il collabore à l'*Encyclopédie* (1751-v. 1770), III, 2523, p. 280.
Blondel (Louis-Nicolas), chanteur (1663-1671), IV, p. 602.
Blondel (P. Marin) : ode à J. de La Péruse (v. 1557), IV, 3022. — Vers sur la mort de La Péruse (1598), II, 1088.
Bloss (Johann) : inscription dans un album (1635), V, 3366.
Blosseville : ballade, III, 1079, *Additions* ; IV, 2963, art. 21.
Blosseville. Voy. Saint-Maard (Hugues de), vicomte de Blosseville.
Blot (Édouard), impr. à Paris (1859), II, 1429.
Boaistuau (Pierre), publie la première édition de l'*Heptameron* de Marguerite d'Angoulême (1558), II, 1697. — *Histoires prodigieuses* (1560), II, 1721 ; (1564), II, 1722. — Vers à lui adressés par Sc. de Sainte-Marthe (1579), IV, 2921.
Bobt, grav., II, 1479.
Boccaccio (Giovanni) : *La Genealogie des dieux* (1499, n. s.), exempl. sur vélin, IV, 3094 ; — exempl. sur pa-

pier, II, 2001. — *Temple* (1517), 506.
— *Décameron* (1757-1761), II, 1741.
— *Titi Egesippique Historia*, traduite par Matt. Bandello (1509), II, 1742 ; — traduite en vers français par Fr. Habert (1551), 647 ; — *Histoire de Tancredus*, traduite par Fr. Habert (1551), 647. — *Rufianella* (v. 1515), IV, 2998.
Boccarino (Bernardino) : vers de lui dans les *Icones* de N. Reusner (1589), V, 3370.
Boccia (Bernardino), ou Della Boccia : vers dans les *Trionfi, Carri, ecc.* (1559), 1028.
Bochart, sieur de Champigny : Jean Nicot lui dédie son *Thresor* (1606), 326.
Bocher (Gabriel) : volumes lui ayant appartenu, II, 1241.
Bochetel. Voy. Bouchetel.
Bodin (Félix) : *Histoire des États généraux* de 1355 (1823-1824), citée, III, 2299. — Il collabore avec Ad. Thiers aux deux premiers volumes de l'*Histoire de la Révolution française* (1823), III, 2299.
Bodin (Jean), publie une édition d'Oppien (1549), IV, 2773, p. 52.
Boèce. Voy. Boëtius.
Boerhaave (Hermann) : *Systeme sur les maladies veneriennes* (1735), cité, II, 1320.
Boësset (Jean-Baptiste), musicien (1656), IV, p. 602.
Boëtius (Anicius Manlius Torquatus Severinus) : *De consolatione philosophiae* (1633), 135. — *De confort*, ms., IV, 2753.
Boettiers, dess., III, 2506.
Boffrand : *Description de ce qui a été practiqué pour fondre la figure equestre de Louis XIV*, 244. — *Livre d'architecture* (1745), 244.
Bogard (Arnault) : *Prognostication pour plusieurs annees* (1553), IV, 3166
Bogard (Jacques), libr. à Paris (1546), 610 ; (1547), IV, 2772.
Bogard (Jean), impr. à Douai (1579), III, 2385.
Bogislas IV, duc de Poméramie : *Coppie de la lettre escrite à l'empereur* (1630), III, 2420, art. 81.
Bohème : Ferdinand Ier d'Autriche en est couronné roi (1527), IV, 3138 ; V, 3381. — L'électeur palatin Frédéric V en est élu roi (1619), III, 2420, art. 11 et suiv. Voy. Frédéric.
Bohier (Antoine), abbé de Saint-Ouen de Rouen, construit l'abbatiale, IV, 3096, art. 112 octies.
Bohys (Conrad) : inscription dans un album (1565), V, 3365.
Böhm (Michel), libr. à Rotterdam (1720), III, 2502.

Bohucky (Jonathan), de Hranice, impr. à Prague (1619), cité, III, 2420, art. 16.
Boyceau (Jacques), sieur de La Barauderie : *Traité du jardinage* (1638), 187.
Boiceau (Jean), seigneur de La Borderie : *Le Vol de l'Aigle en France* (1540), IV, 2865. — Vers à Jean de La Péruse et vers adressés à Boiceau par Guill. Bouchet (1557), IV, 3022. — *Menelogue de Robin* (1660), 1025. — Il ne doit pas être confondu avec Paul Angier, 806 (voy. La Borderie). — Épitaphe par Guill. Du Peyrat (1593), IV, 2945.
Boiceau (Marie Doyron, femme de Jean) : épitaphe par J. Bouchet (1545), 510.
Boieldieu (Fr. Adrien) : mélodie dans les *Chants et Chansons populaires de la France* (1843), 1014.
Boigne (Charles de), libr. à Angers (1529), III, 2502.
Boeleau, mari malheureux (1535), 805.
Boileau ([Gilles]), avocat en parlement, vers au petit de Beauchasteau (1657), 833. — Vers dans *Les Muses illustres* (1658), 976.
Boileau-Despréaux (Nicolas) : *Satires* (1666-1668), 942-945. — Boursault lui répond dans *La Satire des Satires* (1669), II, 1227. — *Dissertation sur la Joconde* (1669), 921. — *OEuvres* (1674), 840 ; (1701), 841, 842, 842 bis ; (1747), 843 ; (1788), II, 1918, art. 5 ; (1821), 844. — *Stances pour M. de Moliere* (1682), II, 1177. — Il est attaqué dans *Le Triomphe de Pradon* (1684), 946. — *Dialogue ou Satyre X* (1694), 919. — Réponse, par Pradon (1694), 948, art. 1. — *Lettre de Mme de N... à Mme la marquise de... sur la satyre de M. D{***}* (1694), 948, art. 2. — Voy. Perrot, *L'Apologie des femmes* (1694), 948, art. 3. — Morceaux divers dans le *Recueil de pieces curieuses* (1694-1696), III, 2632. — *Epitre à Hamilton* (1731), II, 1912. — *Correspondance* (1858), 844. — *Parallele d'Horace, de Boileau et de Pope*, par Voltaire (1764), 930.
Boilesve (Yves) : éloge funèbre par J. Bouchet (1545), 511.
Boyleve (Jehan) : épitaphe par J. Bouchet (1545), 510.
Boilly (Alphonse), grav., 1014.
Boilly (Jules), dess., 1014.
Boynard (Olivier), libr. à Orléans (1606), II, 2101 ; cf. 2102 ; (1610), III, 2266.
Boine (M. de), ministre de la Marine : Turpin lui dédie l'*Histoire civile et naturelle du Royaume de Siam* (1771), III, 2485.

Boisdauphin (Urbain de Laval, seigneur de). Voy. Laval.
Boisgelin : généalogie, III, 2495.
Boisy (Hélène de) : vers sur sa mort, IV, 2965, art. 71-73, 90.
Bois-Jouin, près Coron, patrie de Jehan Pélerin, IV, 2763, p. 37.
Boislandry (M*me* de) : son éloge par Jules de Richy (1616), V, 3290.
Bois-le-Duc, est assiégé par le prince d'Orange (1629), III, 2405, art. 16 ; — capitule (14 sept. 1629), *ibid.*, art. 18, 19.
Boisrobert (François Le Métel, abbé de) : huitain à G. de Scudéry (1633), V, 3318. — Vers *A Mgr le cardinal duc de Richelieu* (v. 1633), IV, 3153, p. 531. — Vers à P. Corneille (1634), II, 1136. — *La Comedie des Tuileries* (1638), II, 1171, 1172. — *L'Aveugle de Smyrne* (1638), II, 1173. — Vers à M*r* Adam Billaut (1644), 829. — Vers à Scarron, II, 1906, t. IV. — *L'Inconnue* (1655), II, 1121 et *Additions*. — *La Belle invisible* (1656), citée, II, 1757. — Vers au petit de Beauchasteau (1657), 833. — *Theodore, reyne de Hongrie* (1658), II, 1122.
Boissard (Jean-Jacques) : vers de lui dans les *Icones* de N. Reusner (1589), V, 3370.
Bois-Seguin, gouverneur de Poitiers : lettre à lui adressée par Henri III (1588), III, 2194, p. 41.
Boissel (Henry), impr. à Rouen (1872), III, 2189.
Boisselier (Gervais) : vers en tête du *Dictionnaire des rimes* de Jean Le Fèvre (1588), 431.
Boissy (Le marquis de), combat en Hainaut (1596), III, 2435, art. 3.
Boissy (Louis de) : *Les Dehors trompeurs* (1740), II, 1332. — Rédacteur au *Mercure* (1755-1758), III, 2524, p. 307.
Boissière (Claude de) : *Art poëtique* (1554), 429.
Boissières (Jean de) : vers à Clovis Hesteau (1578), 743. — Vers à P. Le Loyer (1579), 746. — Cité, III, 2172.
Boissieu (J.-J. de), dess. et grav., III, 2523.
Boyssonné (Claude de), cité par Nic. Bourbon (1538), IV, 2788.
Boyssonné (Jean de), cité par Ch. Fontaine (1546), IV, 2876.
Boissot (F.) : J. de La Péruse parle de lui (1557), IV, 3022.
Boitard (B.), dess., III, 2506.
Boitel (P.) : *Les tragiques Accidents* (1616), cités, II, 1723.
Boivin (Daniel), sieur de Trouville et du Boisguillebert : ouvrage à lui dédié (1585), 181.

Boizot (Ant.), dess., II, 2094 ; III, 2506.
Bojan (J.-F.), grav., 252.
Boke (The) of Curtesye (v. 1525), IV, 2769.
Boke (The) of Wysdome (1532), 136.
Boleni (Francesco), Milanais, cité par Nic. Bourbon (1538), IV, 2788.
Bollano (Giov. Andrea) : épître à la fin du *Livre et Oraison a la louange du mariage de M. le daulphin*, de Bernardino Rineio (1518), IV, 3105.
Bollioud, de Lyon, signe une attestation (1619), II, 2102.
Bollioud de Saint-Julien : généalogie, III, 2495.
Bollweiler (Constantin, Freiherr von) : inscription dans un album (1564), V, 3365.
Bollweiler (Georg, Freiherr von) : inscription dans un album (1564), V, 3365.
Bologne : discours qu'y prononcent les ambassadeurs de Charles VIII (1495), V, 3338. — *Istoria nova che tracta tutte le guerre che sono state a Bologna* (1512), 1043. — Couronnement de Charles Quint (1530), III, 2410, 2716, 2717 ; IV, 3139. — Inondation (1557), V, 3362. — Imprimeurs. Voy. Bonardo (Vincenzo), 1539. Faelli (Gio. Battista de'), 1630.
Bollogne (Jules de) : *Oraison funebre de Marie-Therese d'Autriche* (1683), 369, art. 2.
Boloy (E.) : vers à J. Le Vasseur (1608), 772.
Boloy (N. de) : vers à J. Le Vasseur (1608), 772.
Bolomier (Guillaume), vice-chancelier de Savoie, IV, 3060.
Bolomier (Henry), fait écrire le roman de *Fierabras* (vers 1460), IV, 3060.
Bomaviel. Voy. Beaumavielle.
Bombarter (Anton) : inscription dans un album (1635), V, 3365, p. 153.
Bombelles (Claude de), seigneur de La Vaulx : huitains (1578), IV, 2965, art. 4, 6, 8, 10, 12, 14, 16, 18, 20, 22, 24, 26 ; 3197, p. 587. Voy. *Additions*.
Bombille : vers au P. Raymond Breton (1666), II, 1986, art. 3.
Bompar (Abraham) : inscription dans un album (1583), V, 3368.
Bon (Pierre), capitaine (1557), IV, 2877.
Bona (Le cardinal), cité (1676), II, 1828.
Bonaparte (Lucien) : Béranger lui dédie ses *Chansons nouvelles* (1833), 1012.
Bonard (François) : *Chansons* (1549-1552), 980.

Bonardel (Jean) : inscription dans un album (1586), V, 3368.
Bonardo (Vincenzo), impr. à Bologne (1539), IV, 2760.
Bona Spes (Nicolaus). Voy. Du Puis (Nicolas).
Bonaventure (Saint) : *Vie et Legende de mgr. sainct Françoys* (v. 1510), II, 2022. — *Louanges de la sainte Vierge*, mises en vers par P. Corneille (1665), 417.
Bonchamp : généalogie, III, 2495.
Boncour, danseur (1656), IV, p. 602.
Bonet, dess., III, 2507.
Bonet (Marc-Antoine), élève de Nic. Du Puis (v. 1510), V. 3228.
Bonfadio (Giovanni), libr. à Venise, (1587), V, 3225.
Bonfons (La veuve Jean), impr. à Paris (s. d.), 812 ; III, 2709 ; citée, 2304.
Bonfons (Nicolas), impr. à Paris (1573), cité, III, 2630 ; (1574), IV, 2740 ; (1575), 985 ; II, 1827 ; (1576), cité, III, 2304 ; (1581), II, 1746 ; cité, III, 2304 ; (1586), III, 2304 ; (1587), II, 1748 ; (1588), III, 2304 ; (1589), III, 2563 ; (1597), III, 2616 ; (1600), II, 1551 ; (1607), III, 2305 ; (s. d.), IV, 2989. — Il publie les *Antiquitez de Paris* de Gilles Corrozet (1586-1588), III, 2304.
Bonfons (Pierre), libr. à Paris (1600), II, 1551. — *Les Fastes, Antiquitez et Choses plus remarquables de Paris* (1607), III, 2305.
Bongars (Jacques), affiche, dit-on, à Rome même, l'opposition faite par le roi de Navarre contre l'excommunication (1585), III, 2194, p. 36. — Il est cité par Jean Dorat (1586), IV, 2789. — Vers à lui adressés par Nic. Rapin (1610), IV, 2944.
Bongrain (Pierre), cité par Ch. Fontaine (1546), IV, 2876.
Bonhomme (Barthélemy), impr. à Avignon (1555), IV, 2996.
Bonhomme (Macé), impr. à Lyon (1549), II, 1871 : cité, IV, 3076 ; (1552), 642 ; (1553), V, 3328 ; (1555), 418.
Bony, chanteur (1669-1671), IV, p. 602.
Boni (Francesco) : sonnet à lui adressé par N. Martelli (v. 1543), IV, 3000, p. 359.
Boni (Guillaume), musicien, cité par Guy Le Fèvre de La Boderie (1578), IV, 3183.
Bonier : vers en tête du *Dictionnaire des rimes* de Jean Le Fèvre (1588), 431.
Bonin du Cluseau : généalogie, III, 2495.
Bonino (Eufrosino), publie les Discours d'Aristide (1517), 334. — Vers dans les *Trionfi, Carri*, etc. (1559), 1028.
Bonnaire (Félix), libr. à Paris (1834), II, 1632 ; (1835), II, 1647 ; (1836), II, 1653 ; (1837), 955 ; II, 1633 ; (1839), II, 1634 ; (1840), II, 1635.
Bonnard, danseur (1654-1671), IV, p. 602.
Bonnard, enfant, figure dans un ballet (1654), IV, p. 602.
Bonnart, dess., II, 1460 (dessins originaux), 1674, 2082.
Bonnardot (Alfred), éditeur des *Rues et Églises de Paris* (1876), III, 2302.
Bonnassies (Jules), cité, II, 1224.
Bonneau, acteur (1671), IV, p. 602.
Bonne d'Artois, duchesse de Bourgogne, 1674, 2082.
Bonnefoy (Jean), impr. à Genève (1562), V, 3312.
Bonnefoy (Jean) : vers sur Est. Pasquier (1610), 737.
Bonnefond : chansons (1549-1552), 980.
Bonnefons, violon (1671-1672), IV, p. 603.
Bonnefons (Jean I) : *Pancharis* (1588), 756. — *Imitations tirées du latin de J. Bonnefons* par G. Durand de La Bergerie (1588, 1594), 756, 757. — Vers à lui adressés par N. Rapin (1610), IV, 2944. — Vers sur la mort de Rapin, *ibid.*
Bonnefons (Jean II) : *Henrico magno, Lacrymae* (1610), 890, art. 12.
Bonnemère (Antoine), impr. à Paris (1525), III, 2538 ; (1534), II, 1498 ; (1536), 603 ; (1538), 604.
Bonnemet : volumes lui ayant appartenu, II, 1514, 1518, 2026 ; III, 2188.
Bonne-Nouvelle (Prieuré de), à Rouen, IV, 3096, art. 14.
Bonner, grav., V, 3321.
Bonnerrier (François), seigneur du Plessis : vers sur la mort d'Ant. Fiancé (1582), 753. — Sonnet à Flaminio de Birague (1585), IV, 2939. — Il se confond peut-être avec le Du Plessis cité en 1598, 763.
Bonnet (L'abbé) : épitaphe par Joachim Du Bellay (1560), IV, 2894.
Bonnet, musicien (1602), IV, 2994, art. 11.
Bonneuil (Mlle de), figure dans le *Ballet de Psyché* (1656), II, 1455 ; IV, p. 603.
Bonneval : abbaye de Saint-Florentin, IV, 3096, art. 83.
Bonneval, est tué à Tours (1589), III, 2222, art. 2.
Bonneval (Le comte de) : une pièce de lui dans les *Chants et Chansons populaires de la France* (1843), 1043.
Bonneval (Renée Anne de), dame de Chefboutonne : épitaphe, IV, 2965, art. 1.

Bonneville (Nicolas), libr. à Paris (1796), II, 1916, art. 32.
Bonnier : volume lui ayant appartenu, II, 1514.
Bonnynée : vers à Jean Bertaut (1606), 820.
Bonnivet (Guillaume Gouffier, seigneur de). Voy. Gouffier.
Bonomo (Pietro), est l'un des acteurs du *Ludus Diane* (1500), II, 1066. — Il prononce une harangue au nom de l'empereur (1518), IV, 3136.
Bonot : généalogie, III, 2495.
Bonrieder (Johann), de Kaufbeuren : inscription dans un album (1561 ?), V, 3365.
Bontemps (Alexandre), figure dans des ballets (1654-1664), IV, p. 603.
Bontemps (Gerard) : *La Galerie des curieux* (1646), citée, II, 1812.
Bontemps (Roger). Voy. Roger.
Bontemps (Roger), impr. imaginaire à Cologne (1702), II, 1709.
Bontier (Pierre) et Jean Le Verrier : *Histoire de la premiere desconverte et conqueste des Canaries* (1630), II, 1942.
Bonus. Voy. Le Bon.
Bonvoisin (Jean) : sonnet à lui adressé par J.-Ed. Du Monin (1583), V, 3272. — *Epithalame pour l'heureux mariage de Mgr. d'Avrilly* (1584), IV, 2937.
Bonzi (Jean de), évêque de Béziers : V. Gérard lui dédie le *Triomphe de la glorieuse vierge Marie* (1607), 73.
Boonen (Jacques), archevêque de Malines : *Epistola* (1656), 78.
Boquet, dess., II, 1462 (dessins originaux).
Boquetus. Voy. Bouquet.
Borbonius. Voy. Bourbon.
Borcke (Litich) ; inscription dans un album (1567), V, 3365.
Borde (L.), écrivain et graveur, II, 1464.
Bordeaux. Voy. Lurbe (Gabriel de) : *Burdigalensium rerum Chronicon* (1590), IV, 3169. — *Chronique bourdeloise* (1594), IV, 3133. — Entrée de Louis XIII (7 oct. 1615), III, 2268. — *Histoire lamentable d'une jeune damoiselle* (1618), 119. — Lettres patentes de Louis XV en faveur des juifs de cette ville (1759), II, 2072. — Abbaye de Sainte-Croix, IV, 3096, art. 20. — Imprimeurs et Libraires. Voy. Chapuis Mathieu, 1688. Guyard (Jehan), 1529-1537. Lacornée (J.-B.), 1759. Marchand (Jacques), 1615. Millanges (Simon), 1570-1605. — Impression anonyme (1659), II, 1530.
Bordeaux (Cristofle de) : *Deploration sur la mort du P. Jehan de Ham* (1562), III, 2602. — *Noëlz nouveaux* (1580), IV, 2989. — *Le Varlet à louer* (v. 1590), 781.
Bordeaux (Jean I" de), libr. à Paris (1570), III, 2460 ; (1572), 741.
Bordeaux (Jean II de), libr. à Paris (1610), II, 1785 ; (1622), III, 2405, art. 4 ; (1623), III, 2405, art. 3, 72 ; (1629), 824.
Bordeaux (Jean ? de), dit Burdigala : vers à lui adressés par N. Rapin (1610), IV, 2914.
Bordelet, libr. à Paris (1739), II, 1549 ; (1742), II, 1303 ; (1747), II, 1549.
Bordelon (L'abbé) : Lenglet du Fresnoy lui attribue *La Voiture embourbée* (1714), II, 1546. — *Entretiens sérieux et comiques des cheminées de Madrid* (1756), II, 1548.
Bordes : généalogie, III, 2495.
Bordes (Henry) : volumes lui ayant appartenu, 1005 ; III, 2235, 2285 ; IV, 3063, 3111, 3132, 3169, 3199, 3200-3203.
Bordes (Jean) : quatrain à Estienne Pasquier (1586), II, 1778. — Vers en tête du *Dictionnaire des rimes* de Jean Le Fèvre (1588), 431.
Bordes (Le P. Jean de), réfute B. de Loques (1597), III, 2219, art. 2.
Bordesius (Henri), libr. à Amsterdam. Voy. Desbordes.
Bordet (Pierre) : François La Salla lui adresse une *Epistre de l'asne au coq* (1537), 528.
Bordeu (Théophile de), médecin, collabore à l'*Encyclopédie* (1751-1777), III, 2523, p. 280.
Bordier, contresigne l'arrêt rendu contre Semblançay (1527), V, 3342.
Bordier : vers pour le *Ballet de Madame* (1615), II, 1448 ; — pour le *Ballet du roy* (1619), II, 1449 ; — pour le *Ballet des Triomphes* (1635), II, 1452.
Bordier (Henri) : volume lui ayant appartenu, III, 2608.
Bordigone, chanteur (1661-1664), IV, p. 603.
Bordon (Pierre), fonde une colonie au Brésil (1556), II, 1989.
Bordone (Benedetto) : miniature à lui attribuée (1526), IV, 2764.
Boreel (Guillaume) : Bon. et Abr. Elzevier lui dédient leur édition des œuvres de Cicéron (1642), II, 1903.
Borel, dess., II, 1287.
Borel (Jean), libr. à Paris (1576), II, 1700.
Borel (Petrus), le Lycanthrope : *Madame Putiphar* (1839), II, 1657.
Borel (Pierre) : *Dictionnaire* (1750), 318.
Borel du Miracle, chanteur. Voy. Du Miracle.

Borghese (Bartolommeo), prétendu fils du pape, est exécuté à Paris (20 nov. 1608), III, 2255.
Borghese (Camillo). Voy. Paul V, pape.
Borghese (Scipione), cardinal : Alessandro Pesanti lui dédie son *Tractatus de immunitate ecclesiastica* (1606), V, 3333.
Borgia (Cesare) : sa *Vie* par Al. Gordon (1732), II, 2007.
Borgia (Lucrezia) : Jac. Cavicco lui dédie le *Peregrino* (1508), II, 1744. — Aldo Manuzio lui dédie les poésies latines des deux Strozzi (1513), 419. — Lettres originales à Gio. Giorgio Trissino (1515-1518), IV, 3078. — Sujet d'un drame de Victor Hugo, II, 1463.
Borgia (Rodrigo). Voy. Alexandre VI, pape.
Borgio. Voy. Bourgeois (Jean).
Borgnin (Compà), « gran scanscierè drà vall de Bregn » (1589), 1049, 1050.
Borgofranco (Giacomo da), impr. à Pavie (1525), V, 3341.
Bory : *L'Imprimerie à Marseille*, citée, 1021.
Borja (Nacleta de) : demande à elle adressée par Ausias March (XVᵉ siècle), IV, 3003.
Borluut de Nortdonck : volume lui ayant appartenu, II, 1074.
Borne (Thierry), impr. à Deventer (v. 1509), V, 2227.
Bornet, dess., II, 1287.
Borra, architecte et dess., III. 2500.
Borromeo (Carlo). Voy. Charles (Saint).
Borron (Robert de) : *L'Hystoire du sainct Grenal* (1516), II, 1487. — *Meliadus* (1528), II, 1489.
Borssele (Maximilien de) : inscription dans un album (1563), V, 3365.
Bosco (A.-A.) : vers à P. de Deimier (1605), 766.
Bosq, grav., 433, 925 : II, 1180, 1909.
Bosq et Devilliers jeune, grav., 433 ; II, 1180, 1909.
Bosguillon, traduit en français l'oraison funèbre latine de Le Tellier par Ant. Hersan (1688), 372, art. 2.
Bosredon, grav., 1014.
Bosroger : vers au petit de Beauchasteau (1657), 833.
Bossange (Hector), libr. à Paris (1829), 873.
Bossi (Benigno), grav., 256.
Bossozel (Guillaume), impr. à Paris (1533), III, 2303.
Bossuet (?) : lettre à M. Robinot (s. d.), II, 1883, V, art. 6.
Bossuet (Antoine), frère de l'évêque de Meaux : lettres et papiers (1682-1698), II, 1883, V, art. 2 ; IV, 3079, pp. 456-460.

Bossuet (Bénigne) : pièces le concernant (1641-1653), II, 1833, V, art. 1 ; IV, 3079, p. 456.
Bossuet (François) : actes le concernant (1640, 1648), IV, 3079, pp. 455-456.
Bossuet (Jacques-Bénigne) : *Oraison funebre de Henriette-Anne d'Angleterre* (1676), 350. — *Lettre au pape Innocent XI sur l'education du dauphin*, ms. avec corrections autogr. (1679), V, (3329). — *Discours sur l'histoire universelle* (1681), II, 2000 ; (1734), II, 1918, art. 3. — Il approuve les ouvrages de Claude Fleury (1681-1682), II, 2068. 2069. — *Conference avec M. Claude* (1682), 81. — *Sermon presché à l'ouverture de l'assemblée générale du clergé* (1682), 51. — *Traité de la communion sous les deux especes* (1682), IV, 2743. — *Oraison funebre de Marie-Terese d'Austriche* (1683), 351. — *Oraison funebre d'Anne de Gonzague* (1685), 352. — *Oraison funebre de Michel Le Tellier* (1686), 353. — *Oraison funebre de Louis de Bourbon, prince de Condé* (1687), 354. — *Catechisme du diocese de Meaux, Catechisme des festes* (1687), III, 2540. — *Histoire des variations des eglises protestantes* (1688), II, 2044. — *Recueil d'oraisons funebres* (1689), 347 ; (1734), 348. — *Explication de la messe* (1689), 43. — *Avertissement aux protestans sur les lettres du ministre Jurieu* (1689-1690), II, 2045. — *Defense de l'Histoire des variations* (1691), II, 2046. — *Etat present des controverses et de la religion protestante* (1691), II, 2046. — *Instruction sur les estats d'oraison* (1697), IV, 2749. — *Oraison funebre de N. Cornet* (1698), 349. — *Divers Ecrits ou Memoires sur le livre intitulé : Explication des Maximes des saints* (1698), 64. — *Réponses de Mgr. l'evesque de Meaux aux Lettres et Ecrits de Mgr. l'archev. de Cambray* (1699), 65. — *Politique tirée... de l'Ecriture sainte* (1709), 179. — *Elevations à Dieu* (1727), 67. — *Meditations sur l'Evangile* (1731), 68. — *Traité de l'amour de Dieu* (1736), 44. — Lettres autographes et papiers divers, II, 1883 ; IV, 3079. — *Oraison funebre par le P. De La Rue* (1704), 382. — Portrait gravé par *Petit* d'après H. Rigaud, V, 3329. — Volumes reliés à ses armes, 64, 65, 75.
Bossuet (Jacques-Bénigne II) : correspondance autographe avec son oncle l'évêque de Meaux (1696-1698), et pièces signées de lui, II, 1883 ;

IV, 3079, p. 444. — L'évêque de Meaux le demande pour coadjuteur (1703), II, 1883, IV, art. 10. — Il publie les *Élévations à Dieu* de son oncle (1727), 67. — Il publie les *Méditations sur l'Evangile* du même (1731), 68. — Volume à lui envoyé par l'évêque de Meaux, 65. — Volume relié à ses armes (1736), 43.

Bossuet (Louis), neveu de l'évêque de Meaux : pièces signées de lui (1704-1707), II, 1883, IV, art. 11 ; V, art. 4.

Bossuet (Marie) : lettre (1682), IV, 3079, p. 460.

Bossut (Claude de), baron d'Escry : vers à lui adressés par Jean Aubert et par Gilles Richer (1581), III, 752.

Boston (William), évêque de Westminster, cité par N. Bourbon (1638), IV, 2788.

Bota (Astrusino, ou Manuele), de Savigliano : ms. lui ayant appartenu, IV, 2801.

Botero (Le prince), gouverneur de Tarragone : *Lettre escritte au secretaire d'Estat du roy d'Espagne* (1641), III, 2440.

Botero (Gio.), Piémontais, auteur du *Mespris du monde*, trad. de l'italien par René de Lucinge, seigneur des Alymes (1586), cité, III, 2560.

Bothwell (J. Hephburn, comte de), amant de Marie Stuart, III, 2370.

Boton (Pierre), de Mâcon, cité, III, 2172.

Bottes, mises à la mode sous Louis XIII, II, 1808.

Bouchage (Pierre), dit Noble : Guill. Des Autelz lui adresse des vers (1550), 654 ; (1551), III, 2572.

Bouchard (Alain) : *Croniques annales des pays d'Angleterre et Bretaigne* (1531), III, 2339.

Bouchard (J.), médecin : vers en tête du *Dictionnaire des rimes* de Jean Le Fèvre (1588), 431.

Bouchardy (E.), dess., II, 1072.

Bouchardon, peintre et dess., 251 ; III, 2523.

Bouchaud (Mathieu-Antoine), collabore à l'*Encyclopédie* (1751-1777), III, 2523, p. 280.

Bouchel (Laurent) : vers à Mme Des Roches (1582, 1610), 737.

Boucher : généalogie, III, 2495.

Boucher, danseur (1645), IV, p. 603.

Boucher (Arnould) : vers à lui adressés par Joachim Du Bellay (1559), IV, 2896.

Boucher (François) : *Dessins originaux pour les OEuvres de Molière* (1734), 220. — Dessins pour l'*Histoire de la maison de Bourbon* (1779), 238. — Autres dessins, II, 1450. — Gravures exécutées d'après ses dessins, 239, 244, 409, 843 ; II, 1335, 1741, 2002 ; III, 2524.

Boucher (Jean) : *Histoire de Pierre de Gaverston* (1588), III, 2222, art. 1 (où on a imprimé Pierre Boucher) ; 2240, art. 5. — *Sermons de la simulée conversion... de Henry de Bourbon* (1594), III, 2252. — *Apologie pour Jehan Chastel*, à lui attribuée (1595), III, 2254. — Comme chanoine de Tournai, il approuve divers ouvrages (1610), II, 2027 ; (1619), V, 3306.

Boucher (Juste-François), fils : *Livre de meubles* (v. 1780), 262. — Figures gravées d'après ses dessins, III, 2523, p. 277.

Boucher (Sœur Loyse) : oraison composée pour elle, IV, 2820, p. 144.

Boucher (Pierre de), fait transcrire le *Roman de la Rose*, IV, 2800, p. 115.

Boucher (Le P. Pierre) : *Histoire veritable et naturelle de la Nouvelle France* (1664), II, 1970.

Boucher d'Argis (Antoine-Gaspard), collabore à l'*Encyclopédie* (1751-1777), III, 2523, p. 280.

Boucher de Morlaincourt : généalogie, III, 2495.

Boucherat (Louis), chancelier : ouvrage à lui dédié (1698), 128. — *Oraison funebre*, par le P. de La Roche (1700), 379.

Boucheron (Auguste), libr. à Paris (1834), II, 1641.

Bouchet (Gabriel) : épître à lui adressée par Jehan Bouchet, son père (1545), 511.

Bouchet (Guillaume), impr. à Poitiers : vers joints à la *Medée* de Jean de La Péruse (1557), IV, 3022 ; (1598), II, 1088. — Notice sur lui, II, 1702.

Bouchet (Guillaume), sieur de Brocourt : *Les Serées* (1608), II, 1702.

Bouchet (Jacques), impr. à Poitiers (1522), 507 ; (1526), 508 ; (1545), 510, 511. — Sonnet en tête de la *Medée* de Jean de La Péruse (1557), IV, 3022 ; (1598), II, 1088. — Il est cité par Sc. de Sainte-Marthe (1600), IV, 2921.

Bouchet (Jacques et Guillaume), frères, associés de Jean et Enguilbert de Marnef, impr. à Poitiers (1554), 702 ; (1557), IV, 3022 ; — seuls (1571), IV, 3023.

Bouchet (Jehan) : *Les Regnars traversant les perilleuses voyes des folles fiances du monde* (1504), III, 2583. — *L'Amoureux transy sans espoir* (v. 1510), IV, 2826. — *Deploration de l'Eglise militante* (1512), 504, 508. — *Le Temple de bonne renommee* (1517), 505. — *L'Instruction du jeune prince* (1517), 506. —

Le Labirynth de Fortune (1522), 507. — *Opuscules* (1526), 508 et *Additions*. — *Les Triumphes de la noble et amoureuse dame* (1535), 509. — *Les anciennes et modernes Genealogies des roys de France* (1536), II, 2092 ; (1537), 2093. — Vers à Jean Boiceau de La Borderie (1540), IV, 2875. — *Les Genealogies. Effigies et Epitaphes des roys de France* (1545), 510. — *Epistres morales et familieres* (1545), 511. — Vers à André Thevet (1554), II, 1931. — *Annales d'Aquitaine* (1644), III, 2342. — *Ballade*, IV, 2964, art. 93. — Il n'est pas l'auteur des *Rondeaulx nouveaulx*, 587. — Il est cité, II, 2133.
Bouchet (Joseph) : sonnet, 510.
Bouchet (Marie), citée par son père, Jehan Bouchet, 511.
Bouchet (Pierre) : épitaphe par Jehan Bouchet (1545), 510.
Bouchet (René), sieur d'Ambillou, échange des vers avec Sc. de Sainte-Marthe (1600), IV, 2121. — C'est l'auteur de *Sidere* (1609), IV, 2921, p. 245. — Sonnet à Nic. Rapin (1616), IV, 2944.
Bouchetel (Guillaume), ou Bochetel, seigneur de Sacy : *Le Sacre et Coronement de la royne* (1531, n. s.), V, 3345. — Il est cité par Nic. Bourbon (1538), IV, 2788. — On doit lui attribuer la traduction de l'*Hécube* d'Euripide (1544), 1060, *Additions*. — Vers à lui adressés par Fr. Habert (1549), IV, 2868. — *Blason du c.* (1550), 810 ; (1807), 811. — *Deploration* sur sa mort (1558), V, 3251.
Bouchon-Dubournial, traducteur des *Novelas* de Cervantes (1825), cité, II, 1756.
Bouchu (Étienne-Jean), collabore à l'*Encyclopédie* (1751-v. 1770), III, 2523, p. 280.
Boucicaut (Jehan de) : son *Histoire* (1620), II, 2096 et *Additions*.
Boudan, grav. géographe (1692), II, 1973.
Boudan (L.), grav., II, 2506.
Boude (François), impr. à Toulouse (1648), 407.
Boudet, impr. à Paris (1743), III, 2524.
Boudet (Michel de), évêque de Langres, cité par Nic. Bourbon (1538), IV, 2788.
Boudeville (Guion), impr. à Toulouse (1547), IV, 2884 ; (1558), 195.
Boudot (Jean), libr. à Paris (1688), 372, art. 2 ; (1689), II, 1441 ; (1700), 379 ; (1708), II, 1235.
Bouet du Portal : généalogie, III, 2495.
Bouette (Robert), conseiller au parlement, est un des juges d'Anne Du Bourg (1559), IV, 3101.

Bougeant (Le P. Guillaume Hyacinthe) : avertissement en tête des *Dons de Comus* (1739), 290.
Bougenier (Simon), joue dans la *Passion* de Valenciennes (1547), IV, 3010, p. 375.
Bougnet, grav., II, 1675.
Bougnier (J.) : sonnet dans le *Tombeau de M. de Givry* (1594), V, 3277.
Bougros (Mlle), citées par M. Guy, de Tours (1598), IV, 2948.
Bouguier (G.) : vers dans le *Tombeau de Marguerite de Valois* (1551), 628.
Bouhier (Le président Jean), publie un *Supplément au Journal du regne de Henry IV* (1736), cité, III, 2236. — L'abbé d'Olivet lui dédie ses *Remarques de grammaire sur Racine* (1738), II, 1270. — Notes sur les *Bibliotheques* de La Croix du Maine et de Du Verdier (1772-1773), III, 2517.
Bouhier (Vincent), sieur de Beaumarchais, trésorier de l'Épargne (1614), IV, 3068, p. 427.
Bouhours (Le P.), collabore aux *Lettres sur la princesse de Cleves* (1678), II, 1538. — *Vie de saint Ignace* (1679), II, 2026.
Bouilland, danseur (1670-1671), IV, p. 603.
Bouillart (Dom Jacques) : *Histoire de l'Abbaye royale de Saint Germain des Préz* (1724), III, 2317.
Bouillé (Mlle de), citée par M. Guy, de Tours (1598), IV, 2948.
Bouillerot (Joseph), impr. à Paris (1620), III, 2420, art. 17 et 40 ; (1621), III, 2420, art. 54 ; (1622), III, 2420, art. 64, 68 et 71.
Bouillet (Jean), médecin, collabore à l'*Encyclopédie* (1751-1777), III, 2523, p. 280.
Bouillet (Jean-Henri-Nicolas), ingénieur, collabore à l'*Encyclopédie* (1751-1777), III, 2523, p. 280.
Bouillon (de) : *Œuvres* (1663), 918.
Bouillon (le cardinal duc de), évêque de Liége) : le président Fonck lui adresse une lettre (1580), III, 2388.
Bouillon (Frédéric-Maurice de La Tour d'Auvergne, duc de), combat dans les rangs de l'armée hollandaise (1631), III, 2405, art. 22. — *Mémoires de sa vie* (1692), V, 3355.
Bouillon (Guillaume-Robert de La Marck, duc de) : avertissement sur sa mort (janvier 1588), III, 2194, p. 41.
Bouillon (Henri de La Tour d'Auvergne, duc de) : *Mémoires* de 1567 à 1586 (1666), III, 2165.
Bouillon (Emmanuel-Théodore de La Tour d'Auvergne, cardinal de) : traité à lui dédié par Bossuet (1670),

IV, 3079, p. 450. — Volume lui ayant appartenu, II, 2000.
Bouillon (Marie-Anne Mancini, duchesse de), danse dans un ballet (1665), IV, p. 603. — La Fontaine lui dédie *Les Amours de Psyché et de Cupidon* (1669), II, 1669. — M. J. lui dédie une *Suite du Virgile travesti* (1674), II, 1906. — Pradon lui dédie *Phedre et Hippolyte* (1677), II, 1263.
Bouillon (Henri-Robert de La Marck, duc de): *Responce* à lui adressée par les habitants de Rouen (20 avril 1562), III, 2156, art. 5.
Bouillon (Charles-Godefroid de La Tour, duc de): Pierre Rousseau lui dédie le *Journal encyclopédique* (1760), III, 2525.
Bouillon (P.): sonnet à J. de Vitel (1588), V, 3275.
Bouis, dess., III, 2506.
Boujoi (Jeanne): vers à elle adressés par Joachim Blanchon (1583), IV, 2938.
Boujou (Jacques): vers dans *Le Tombeau de Marguerite de Valois* (1551), 628. — Vers à lui adressés par Joachim Du Bellay (1549, 1559, 1563), IV, 2890, 2896.
Boulay-Paty: envoi autographe à lui adressé par Cas. Delavigne (1836), II, 1351.
Boulainvilliers (Henri, comte de). *Histoire de l'ancien Gouvernement de la France* (1727), III, 2557. — *Memoires présentés à Mgr. le duc d'Orleans* (1727), III, 2293.
Boulainvilliers (Philippe de), comte de Dammartin: épitaphes (1536), III, 2597.
Boulainvilliers (Philippe de), comte de Dampmartin, aide Ch. de La Mothe à publier les Œuvres de Jodelle (1574), 698. — Il est cité comme architecte par Guy Le Fèvre de La Boderie (1578), IV, 3183.
Bouland, dess. et grav., 272.
Boulanger (B. de), seigneur de Perrouzeaux: vers à Nic. Bargedé (1550), IV, 2881.
Boulanger (Louis), libr. à Paris (1638), III, 2629.
Boulanger (Louis): Dessins de costumes pour *Lucréce Borgia*, drame de Victor Hugo, II, 1463.
Boulanger (Nicolas-Antoine), ingénieur, collabore à l'*Encyclopédie* (1751-1759), III, 2523, p. 280.
Boulaud (Christophe), avocat (1546), IV, 2876.
Boule, dit Bulla, mauvais poète cité par Nic. Bourbon (1538), IV, 2788.
Boulé et Cⁱᵉ, impr. et libr. à Paris (1838), II, 1594.
Boulenger (Jules-César): vers à

Mᵐᵉ Des Roches (1582, 1610), 737.
Boulenger (Lambert), membre du bureau de l'église réformée de Paris (1562), II, 2056.
Boulhon: vers à lui adressés par Joachim Blanchon (1583), IV, 2938.
Boulier (B.): vers en tête du *Dictionnaire des rimes* de Jean Le Fèvre (1588), 431.
Bouligneux (X. de La Palu, comte de), danse dans un ballet (1681), IV, p. 603.
Boulland (de): *Chansons* (1549-1552), 980.
Boulland (Auguste) et Cⁱᵉ, libr. à Paris (1824), 868; III, 2514.
Boullé (Guillaume) libr. à Lyon (1534), 599.
Boullet (Jean): vers en tête du *Dictionnaire des rimes* de Jean Le Fèvre (1588), 431.
Boullioud, conseiller au siège présidial de Lyon: Offray lui dédie une *Suite du Roman comique*, II, 1906.
Boullon (Martin), libr. à Lyon (v. 1525), IV, 2799.
Boulmier, bibliographe, 634.
Boulogne (Vues du château de), dit Madrid, 248, 249.
Boulogne (Louis-F. de), dess., II, 1245.
Boulogne le jeune, dess., III, 2328.
Boulonnois, acteur (1672), IV, p. 603.
Bounet: vers à lui adressés par Joachim Blanchon (1583), IV, 2938.
Bouny: id., *ibid*.
Bounin (Gabriel): *Trayedie sur la defaite et occision de la Piaffe* (1579), citée, 734. — *Satyre, au roy* (1586), 755.
Bouquet (Le joyeux) des belles chansons nouvelles (1583), 989.
Bouquet, dit Boquetus, cité par Jean Dorat (1586), IV, 2789.
Bouquet (Aug.), grav., 271.
Bouquet (Basile), impr. à Lyon (1575), III, 2504.
Bouquet (Gilles), impr. à Auxerre (1664-1667), II, 1986.
Bouquet (Léon), collabore au *Monde dramatique* (1835-1839), II, 1072.
Bouquet (Dom Martin), collaborateur de D. Bernard de Montfaucon (1719), III, 2499.
Bouquet (Simon): *Bref et sommaire. Recueil de ce qui a esté faict... à la joyeuse entrée de Charles IX à Paris* (1571), IV, 3117, art. 1. — *Ordre tenu à l'entrée de Mᵐᵉ Elizabet d'Austriche à Paris* (1571), IV, 3117, art. 3.
Bourbon (Anne-Geneviève, dite Mᵘᵉ de), danse dans un ballet (1635), IV, p. 603.
Bourbon (Antoine de), roi de Navarre. Voy. Antoine.

Bourbon (Antoine de), seigneur de Rubempré, assiste au mariage de Henri de Bourbon, prince de Condé (1572), IV, 3122.
Bourbon (Chant de), V, 3295.
Bourbon (Charles de), évêque de Clermont, cité dans les pièces jointes au *Vergier d'honneur* (v.1505), 479.
Bourbon (Charles, duc de), connétable de France, prend part aux joutes du 21 janvier 1515, II, 2119. — Épitaphe anonyme, IV, 2964, art. 26. — Épitaphe par Jehan Bouchet (1545), 510.
Bourbon (Charles, cardinal de) : vers à lui adressés par Ch. Fontaine (1557), IV, 2877. — Les *Theatres de Gaillon* sont composés par son ordre (1566), V, 3316. — Lettre au pape (3 oct. 1572) et bref à lui adressé par le pape (1ᵉʳ nov.), III, 2180. — Il célèbre le mariage de Henri de Bourbon, prince de Condé (déc. 1572), IV, 3122. — Vers à lui adressés par Guy Le Fèvre de La Borderie (1578), IV, 2930. — Vers à lui adressés par Flaminio de Birague (1585), IV, 2939. — *Declaration des causes qui l'on meu à s'opposer à ceux qui s'efforcent de subvertir la religion catholique* (1585), III, 2200. — (1587), 2194, p. 34. — Il est réfuté par Du Plessis-Mornay (1585), 2201 ; (1587), 2194, p. 34. — Il est cité par Jean Dorat (1586), IV, 2789. — Jean de Vitel lui dédie ses *Premiers Exercices poëtiques* (1588), V, 3275. — Lettres à lui envoyées par le pape (15 juill. 1588), III, 2221, art. 5. — *Articles accordés entre le roi, la reine... et le cardinal* (21 juill. 1588), III, 2194, p. 42. — *Lettres patentes declaratives de ses droits* (26 août 1588), III, 2221, art. 9. — *Traicté sur la declaration du roy,* [par Ant. Hotman] (août 1588), III, 2240, art. 4. — Ses droits à la couronne sont soutenus par l'auteur du *Fleau de Henry, soy disant roy de Navarre* (1589), III, 2244. — Son portrait (1745), III, 2238.
Bourbon (Charles II de), cardinal en 1583, cité par Est. Forcadel (1579), IV, 2879. — Jacques-Aug. de Thou lui dédie ses *Threni* (1592), 423.
Bourbon (Claude), cité par son neveu Nic. Bourbon (1538), IV, 2788.
Bourbon (Ducs de), III, 2493, art. 24.
Bourbon (Éléonore de), femme de Philippe-Guillaume de Nassau, prince d'Orange, III, 2406.
Bourbon (François de), dauphin d'Auvergne : Guillaume Paradin lui dédie les *Annales de Bourgogne* (1566), III, 2352.

Bourbon (Henriette-Catherine de) : vers à elle adressés par S. G., sʳ de La Roque (1609), IV, 2943.
Bourbon (Jacques bâtard de), *La grande et merveilleuse et tres cruelle Oppugnation de Rhodes* (1526), II, 2018.
Bourbon (Jacques), cité par son frère Nicolas (1538), IV, 2788.
Bourbon (Jehan Iᵉʳ), grand-père de Nicolas, cité (1538), IV, 2788.
Bourbon (Jehan II), père de Nicolas, cité (1538), IV, 2788.
Bourbon (Jehan III), frère de Nicolas (1538), IV, 2788.
Bourbon (Louis, cardinal de), préside à l'enterrement de François Iᵉʳ (1547), IV, 3112 ; — sacre Catherine de Médicis (1549), IV, 3114, art. 2. — Il est cité par Jean Dorat (1586), IV, 2789.
Bourbon (Louis-Henri, duc de) : Jacques Chevillard lui dédie l'*Armorial de Bourgogne et de Bresse*, III, 2493, art. 55.
Bourbon (Louise de) : épîtres à elle adressées par Jehan Bouchet (1545), 511.
Bourbon (Louise-Françoise de), dite Mᵉˡˡᵉ de Nantes, veuve de Louis III, duc de Bourbon, danse dans un ballet (1681), IV, p. 631. — Volume lui ayant appartenu, 348.
Bourbon (Madeleine de) : épîtres à elle adressées par Jehan Bouchet (1545), 511.
Bourbon (Nicolas), de Vandeuvre : vers sur la mort de Louise de Savoie (1531), IV, 2787. — Vers en tête de *La Suite de l'Adolescence clementine* (1534), 598 ; (1535), 601 ; (1538), 605 ; (1539), 607 ; (1544), 608 ; (1596), 614. — *Nugarum Libri octo* (1538), IV, 2788. — Vers en tête des *Icones Veteris Testamenti* (1547), 16. — Vers en tête des *Psaumes* traduits par Cl. Marot (1550), 619. — Vers dans le *Tombeau de Marguerite de Valois* (1551), 628. — Distiques adressés à Guill. Le Rouillé (1551), IV, 3103. — Vers adressés à Érasme (1553), III, 2568, art. 3. — Vers de lui dans les *Icones* de N. Reusner (1589), V, 3970.
Bourbon (Nicolas II) : Vers à J. Bertaut (1606), 820. — Vers à J. Le Vasseur (1608), 772. — *Imprecations et Furies contre le parricide...*, trad. par J. Prévost (1610), III, 2243, art. 14. — Vers sur la mort de Nic. Rapin (1610), IV, 2944.
Bourbon (Pierre II, duc de) : Charles VIII lui adresse des lettres (1495), III, 2653, art. 3, 4, 5, 8. — *Copie litterarum missarum consulatui et*

communitati civitatis Parisiensis, ibid., art. 6. — Louis de Luxembourg lui adresse une relation, *ibid.*, art. 9. — Ms. exécuté pour lui, IV, 3151.
Bourbon (Anne de France, duchesse de), dame de Beaujeu, femme du précédent : *Enseignements moraux à sa fille* (v. 1520), III, 2559 ; (1535), IV, 2754 ; (1878), cités, III, 2559.
Bourbon (Renée de) : épitaphe par Jehan Bouchet (1545), 510.
Bourbon (Suzanne de) : Anne de Beaujeu compose pour elle des *Enseignements* (v. 1520), III, 2559 ; (1535), IV, 2754 ; (1878), cités, III, 2559.
Bourbon (Victoire de), dite Madame de France : volume lui ayant appartenu, 68.
Bourbon-Lancy (Le P. Archange de) : *Éloge funèbre d'E. Du Chastelet, marquis de Trechateau* (1685), 371.
Bourbon-Verneuil (Henri de), évêque de Metz : lettre à lui adressée par Rangouze (1649), II, 1879.
Bourdaloue (L.) : *Oraison funebre de Henri de Bourbon, prince de Condé* (1684), 370.
Bourdeilles (François de), seigneur de Montauris, figure sans doute dans l'*Heptameron* sous le nom de Symontault, et sa femme, Anne de Vivonne, sous celui d'Ennasuicte (v. 1541), II, 1697.
Bourdeilles (Guy de) : épître à lui adressée par Jehan Bouchet (1545), 511.
Bourdeilles (Pierre de). Voy. Brantôme.
Bourdelot (Pierre Michon, dit l'abbé) : *Relation des assemblées faites à Versailles* (1683), III, 2327.
Bourdet, dess., II, 1072.
Bourdic-Viot (Mme de) : une pièce d'elle dans les *Chants et Chansons populaires de la France* (1843), 1014.
Bourdier de Beauregard (Valentin) : volume lui ayant appartenu, 412.
Bourdigné (Jehan de) : *Hystoire agregative des annales et cronicques d'Anjou* (1529), III, 2340.
Bourdillon : volume lui ayant appartenu, III, 2233.
Bourdin (Gilles), procureur général au parlement, prononce une mercuriale en avril 1559, IV, 3101. — Son *Tombeau*, par François d'Amboise (1570), IV, 2792. — Son *Tombeau*, par divers auteurs (1570), 815. — Il est cité par Jean Dorat (1586), IV, 2789.
Bourdonné, danseur, IV, p. 603.
Bourdot (François), de Gray : volume lui ayant appartenu, 411.
Bourg (Laurens de) : vers à Fr. de Belleforest (1569), III, 2607.

Bourgelat (Claude), vétérinaire, collabore à l'*Encyclopédie* (1751-1777), III, 2523, p. 280.
Bourgeois, dess., III, 2523.
Bourgeois (Anicet) : *La Vénitienne* (1834), II, 1373.
Bourgeois (Jean), de Soissons : vers à Nic. Bourbon (1583), IV, 2788.
Bourgeois (Jean), impr. à Arras (1596), IV, 2977.
Bourgeois (Jean), prétendue victime des fripiers juifs à Paris (1652), II, 2071, art. 1.
Bourgeois (Marie), enfant (1557), IV, 2877.
Bourgeois (P.), « Burgius » : vers sur la mort de Ronsard (1586), IV, 2889.
Bourgeois (Le) de Falaise, comedie (1694), II, 1291.
Bourgeois de La Richardière, grav., II, 1577.
Bourgeois (Le) Gentilhomme, comedie-ballet (1670). Voy. Molière.
Bourges : abbaye de Saint-Sulpice, IV, 3096, art. 51. — Libraire. Voy. Alabat (Guillaume), 1538.
Bourges (Clémence de) : Louise Labé lui dédie ses *Euvres* (1555), 638.
Bourges (Hiérosme de), évêque de Châlons-sur-Marne, cité par J. Dorat (1586), IV, 2789.
Bourges (Louis de), ou Burgensis, médecin, cité par Guy Le Fèvre de La Boderie (1578), IV, 3183.
Bourget (P.), sieur de Chaulieu : sonnet à lui adressé par J.-Éd. Du Monin (1583), V, 3272.
Bourgevin : généalogie, III, 2495.
Bourgogne : Histoire de cette province, III, 2352-2354. — Généalogie des ducs, par J. Chevillard, III, 2493, art. 19. — Nobiliaire (v. 1720), *ibid.*, art. 55.
Bourgogne, héraut d'armes de Charles Quint (1529), III, 2670.
Bourgogne, héraut d'armes de France (1556), V, 3350.
Bourgogne et Martinet, impr. à Paris (1837), II, 1590, 1591.
Bourgogne (Louis de France, duc de). Voy. Louis.
Bourgogne (Maximilien de), abbé de Saint-Vaast : ouvrage à lui dédié, 149.
Bourgoing (Frère), jacobin, est brûlé à Tours (1590), III, 2241, art. 1.
Bourgoing (Simon), ou Bourgouin, traducteur des *Vies d'Hannibal, de Scipion et de Pompée*, par Plutarque (v. 1510), IV, 3151. — Il est cité par Antoine du Saix (1531), 515.
Bourgouin (François), ministre à Genève (1554), 85.
Bourgoult, commanderie, IV, 2799, art. 12.

Bourgueil : abbaye de Saint-Pierre, IV, 3096, art. 32.
Bourguet (J.): *Livre de taille d'épargne* (1702), 274.
Bourgueville (Anne de), femme de Jean Vauquelin de La Fresnaye : son anagrammatisme par Guy Le Fèvre de La Boderie (1571), 733.
Bourgueville (Charles de) : son anagrammatisme par Guy Le Fèvre de La Boderie (1571), 733.
Bourguignon (Le) interessé (v. 1669), III, 2289.
Bourguignon (Olivier), cité par Nic. Bourbon (1538), IV, 2788.
Bourment (Albert et Fassin), cités par Denis Possot (1532), IV, 3091.
Bourneaus (J. de) : distiques latins à Fr. d'Amboise (1568), 728.
Bourriquant (Fleury), libr. à Paris (1608), 114, 772 ; cité, III, 2255 ; (1610), 890, art. 7 ; (1620), 2420, art. 21 ; (s. d.), 991, 992 ; II, 1797, art. 21.
Bourriquant (Jean), libr. à Paris (1616), III, 2420, art. 1.
Bours (Jean de), évêque de Laon, assiste au mariage de Henri de Bourbon, prince de Condé (1572), IV, 3122.
Boursault (Edme) : *Le Medecin volant* (1665), II, 1226. — *Lettres* (1669), II, 1880. — *La Satire des satires* (1669), II, 1227. — *La Comedie sans titre* (1685), II, 1228. — *Les Mots à la mode* (1694), II, 1229.
Bourse (Bastien), joue dans la *Passion* de Valenciennes (1547), IV, 3010, p. 376.
Boursier, Parisien : vers à lui dédiés par Guy Le Fèvre de La Boderie (1578), IV, 2930.
Bourzay (L'abbé de) : lettre à lui adressée par Rangouze (1649), II, 1879.
Bousquet : épître en tête du *Banquet de Platon* (1732), 126.
Bousquet (Marc-Michel), impr. à Genève (1726), II, 1888.
Bousquet (Marc-Michel) et Cⁱᵉ, libr. à Lausanne et à Genève (1742), II, 1852 ; (1747), II, 1273.
Boussard (Didier), de Neufville : épître à Pierre de Blarru et réponse (1518), IV, 2781, p. 65.
Boussu (Antoine) : inscription dans un album (1563), V, 3365.
Boutault (Charles), sieur de Beauregard, cité par M. Guy, de Tours (1598), IV, 2948.
Boutefeu (Le) des calvinistes (1584), III, 2242, art. 1.
Bouteillers (Grands) de France, III, 2493, art. 36.
Bouterouc (Alexandre) : *Stances sur les palles couleurs* (1600), V, 3294. — Vers de lui (1617), IV, 2972.
Boutet : vers au petit de Beauchasteau (1657), 833.
Boutet, flûtiste (1670-1671), IV, p. 603.
Bouteville, danseur (1657), IV, p. 603.
Bouteville (Mᵐᵉ de) : son éloge par Jules de Richy (1616), V, 3290.
Bouthilier de Pont-Chavigny (Louis de), cité, III, 2282.
Bouty, curé de Villiers-en-Bierre : pièce d'éloquence couronnée par l'Académie Française (1744), 391.
Boutigny (Mathieu de) : *Le Rabais du caquet de Fripelippes et de Marot* (1537), III, 2594, art. 6 ; (1539), 621, art. 8.
Bouton (Claude), seigneur de Corberon : manuscrit exécuté pour lui et portrait (1540), IV, 2871.
Bouton (Le P. Jacques), *Relation de l'establissement des François en l'isle de Martinique* (1640), II, 1985.
Boutonné (Rolet), libr. à Paris (1621), 938.
Boutourlin (Le comte) : volumes lui ayant appartenu, II, 2024.
Boutrois, grav., 262 ; II, 1909.
Bouttats (Gasp.), grav., II, 2094.
Bouvery (Gabriel), évêque d'Angers : Artus Desiré lui dédie *Le Miroer des Francz Taulpins* (1547, n. s.), V, 3253.
Bouverie, archéologue (1750), III, 2500.
Bouvier : généalogie, III, 2495.
Bovinet, grav., II, 1577.
Bowle (Carrington), grav. et éditeur à Londres : *New and complete Book of cyphers* (1777), 265. — (Avec Carver) : *A complete Round of cyphers* (v. 1780), 266.
Boxberger (Sebastian), de Wurzbourg : inscription dans un album (1569), V, 3365.
Boyer, élu à Bourges (1549), IV, 2868.
Boyer (Claude), *Artaxerce* (1683), II, 1279. — Pièces de lui dans le *Recueil de pieces curieuses* (1694-1696), III, 2632.
Boyer (J. F.), ancien évêque de Mirepoix : *Discours academique* (1744), 391.
Boyer (Paul), sieur de Petit-Puy : *Veritable Relation de tout ce qui s'est fait et passé au voyage que M. de Bretigny fit à l'Amerique occidentale* (1654), II, 1992. — Vers au petit de Beauchasteau (1657), 833.
Boyer (P., probablement Philbert) : vers sur Est. Pasquier (1610), 737.
Boyer (Philbert) : *Le Purgatoire des prisonniers* (1583), 790 ; (1594), IV, 2961 ; (v. 1625), 791.
Boyol : vers à lui adressés par Joachim Blanchon (1583), IV, 2938.

Bozaeus. Voy. Woeriot (Pierre), III, 2335.
Bozérian, relieur à Paris, 401, 847.
Bozérian jeune, relieur, II, 1675, 1682.
Bozzola (Gio. Battista), impr. à Brescia et à Riva di Trento (1562-1563), III, 2157.
Braakman (Adrian), libr. à Amsterdam (1704), II, 1975.
Brabant : inondations (1530), IV, 3134.
Bracci (Marco) : sonnet à lui adressé par N. Martelli (v. 1543), IV, 3000, p. 358.
Bracciolini (Poggio). Voy. Poggio.
Brach (Pierre de) : *Poëmes* (1756), IV, 2931. — Vers dans le *Tombeau de Monluc* (1592), II, 2131. — Vers à lui adressés par Guill. Du Peyrat (1593), IV, 2915. — Vers à Gilles Durand de La Bergerie (1594), 757. — Vers sur la mort de sa femme, par Marie de Gournay (1595), 146. — Il traduit la *Gerusalemme* de Torquato Tasso (1596), IV, 3001. — Sonnet à Ant. de La Pujade (1604), 768.
Brachfeld (Paul), libr. à Francfort-sur-Mein, Leipzig et Francfort-sur-Oder (1595-1598), cité, III, 2518.
Brackh von Asch (Pangratz) : inscription dans un album (1565), V, 3365.
Bradamante. Voy. Ariosto (Lodovico).
Bradel, relieur à Paris, 394 ; II, 1336 ; IV, 2024.
Bragadino (Marco) : *Lettre envoyee de Constantinoble a la tresillustre Seigneurie de Venise* (1561), III, 2731.
Bragelongne (Hierosme de) : vers en tête des *Antitheses* de J. Le Vasseur (1608), 772. — Celui-ci lui dédie *Le Bocage de Jossigny* (1608), ibid.
Brahe (Otto) : inscription dans un album (1598), V, 3370.
Braillon (Jean), médecin (1546), IV, 2876.
Brakelman (Liévin), négociant à Gand (1565), III, 2605.
Brancas (Françoise de), danse dans des ballets (1662-1666), IV, p. 603.
Brancas (Suzanne Garnier, comtesse de), danse dans un ballet (1654), IV, p. 603. — *Les Fausses Prudes, ou les Amours de M*^{me} *de Brancas* (v. 1734), II, 1685 ; (1734), II, 1686.
Brand (Sebastian) : *Consilium patris* (v. 1500), cité, 562. — Distiques dans *Les Regnars traversant les perilleuses voyes* (1504), III, 2583. — Vers de lui dans les *Icones* de N. Reusner (1589), V, 3370.
Brande (de), va au-devant de Marie de Médicis à Angoulême (1619), III, 2276.
Brandebourg (Albert, marquis de), reçoit les insignes cardinalices (1518), IV, 3136.
Brandebourg (Casimir, marquis de), assiste au couronnement de l'archiduc Ferdinand comme roi de Bohême (1527), IV, 3138.
Brandebourg (Georges, marquis de), assiste au couronnement de l'archiduc Ferdinand comme roi de Bohême (1527), IV, 3138.
Brandebourg (Jean-Georges, marquis de), est mis au ban de l'Empire (1621), III, 2420, art. 51.
Brandebourg (Joachim-Ernest, marquis d'Anspach et de) : *Articles de l'accord... entre les princes et estats, tant catholiques qu'evangelistes* (1620), III, 2420, art. 34. — *Articles accordez entre le marquis de Spinola et les princes protestants* (1621), III, 2420, art. 53. — *Vertrags Artikul* (1621), cité, *ibid*.
Brandy (de), commandant de Montmélian pour le duc de Savoie (1600), III, 2240, art. 9.
Branston, grav. (1838), V, 3321.
Brantes (Léon d'Albert, seigneur de), plus tard duc de Luxembourg, danse dans un ballet (1619), II, 1449 ; IV, p. 603.
Brantôme : abbaye de Saint-Pierre, IV, 3096, art. 47.
Brantome (Pierre de Bourdeilles, seigneur de) : la reine Marguerite de Valois lui dédie ses *Memoires*, III, 2237.
Braque : généalogie, III, 2495.
Brascassat (Jacques-Raymond), peintre et dess. (1838), V, 3321.
Brascha (Sancto) : *Itinerario alla santissima città di Gerusalemme* (1481), III, 2634.
Brassart (Bonaventure), impr. à Cambrai (v. 1523), IV, 3089 ; (1529), III, 2671 (impression attribuée à tort aux presses d'Anvers).
Brassicanus. Voy. Kohlburger.
Brassier (Jacques), avocat : vers à lui adressés par J. de Vitel (1588), V, 3275. — Vers à la fin du *Chronicon burdigalense* de Gabriel de Lurbe (1590), IV, 3169, p. 565.
Brassier (Jean), théologal de Bordeaux : épitaphe par J. de Vitel (1588), V, 3275.
Brazier : collaborateur du *Monde dramatique* (1835-1839), II, 1072.
Bréard (Rommain), compose des vers pour le *Puy du souverain amour* (1543), 804.
Brébeuf (Guillaume de) : vers au petit de Beauchasteau (1657), 833.
Brébeuf (Le P. Jean de), traduit en langage canadien la *Doctrine chrestienne* du P. Ledesme (1632), II, 1967. — *Relation de ce qui s'est*

passé dans *le pays des Hurons* (1637), II, 1969.
Brèche (Jehan) : épître à Jehan Bouchet et réponse (1545), 511.
Brécourt (Guillaume Marscoureau, sieur de), acteur (1664), IV, p. 603. — *L'Ombre de Molière* (1675), II, 1176 ; (1682), II, 1177.
Breda : siège de cette ville (1624-1625), III, 2405, art. 6-12. — Les Hollandais y défont les Espagnols (juin 1625), III, 2405, art. 14.
Breda (A. de), curé de S¹ André à Paris, approuve la traduction de l'*Imitation de Jesus Christ* par Sacy (1662), 59 ; — approuve la traduction de Josèphe par Arnauld d'Andilly (1666), II, 2066.
Breda (Jean de), impr. à Deventer (v. 1500), cité, V, 3226.
Breda de Guisbert : généalogie, III, 2495.
Brederode (Henri, comte de) : portrait (1540), IV, 2871, p. 213. — Il est parlé de lui dans *Le Trophée de la Parole* (v. 1562), V, 3283.
Brégy (Charlotte Saumaise de Chazan, comtesse de) : Donneau de Vizé lui dédie *Le nouveau Mercure galant* (1677), III. 2524.
Brey : vers sur les conquêtes et la convalescence du roi (1745), 907.
Breydenbach (Bernard de) : *Le grant voyage de Jherusalem* (1517), III, 2635.
Brémond (Gabriel) : *Memoires galans* (1680), II, 1708. — Il retouche la *Vie de Guzman d'Alfarache* (1695), II, 1551.
Brenner (Jakob) le jeune : inscription dans un album (1590), V, 3369.
Brenot : Vers en tête du *Dictionnaire des rimes* de Jean Le Fèvre (1588), 431.
Brenot (P.) : volume lui ayant appartenu, IV, 2745.
Brenouzet (Jean), impr. à La Rochelle (1604), 93.
Brentel (Christoph) : inscription autrefois existante dans un album (v. 1564), V, 3366.
Brentz (Johann), ou Brentius, assiste au couronnement du roi des Romains (1562), III, 2419.
Brès (Guy de) : *Le Baston de la foy chrestienne* (1562), V, 3210.
Brès (Jacques), impr. à Genève (1560), 3101.
Brescia, prise par Louis XII (1509), 1041 ; II, 2110 ; (1512), 1043, 1045. — Imprimeurs et Libraires. Voy. Bozzola (Gio. Battista), 1562-1563. Britannico (Giacomo), 1674.
Brescia (Albertano da) : *L'Art et science de bien parler et de soy taire* (v. 1500), 524 ; (1527), 525.

Brésil : ouvrages relatifs à ce pays, II, 1922, 1988-1991, 1997.
Breslay (Pierre), Angevin, cité par Jean Dorat (1586), IV, 2789.
Bresse : *Nobiliaire* (v. 1720), III, 2493, art. 55.
Bressieu (Maurice) : vers à lui dédiés par Guy Le Fèvre de La Boderie (1578), IV, 2930.
Bret (Antoine), rédacteur de la *Gazette* (v. 1770-v. 1787), IV, 3153, p. 547 ; — éditeur des *Œuvres* de Molière (1773), II, 1179.
Bretagne : *Croniques annales* par Alain Bouchart (1531), III, 2339. — *Discours de la guerre que les Anglois et Flamans se sont efforcez faire en Bretagne* (1558), IV, 3115. — *Nobiliaire* (1720), III, 2493, art. 54.
Bretagne (N... duc de) : réjouissances à l'occasion de sa naissance (juill. 1704), III, 2524.
Bretagne (A.) : vers en tête du *Dictionnaire des rimes* de Jean Le Fèvre (1588), 431.
Bretagne (Pons de), tué à la Saint-Barthélemy (1572), IV, 3191.
Breteau, danseur (1671), IV, p. 603.
Bretel (René), libr. à Paris (1622), II, 1797, art. 16.
Breteuil : abbaye de Notre-Dame, IV, 3096, art. 60.
Breteville (Nicolas de) : vers à lui adressés par J. Éd. Du Monin (1583), V, 3272.
Bretez (Louis) : *Plan de Paris* (1739), III, 2312.
Brethe, avocat au parlement de Paris, cité par M. Guy, de Tours (1598), IV, 2948.
Brethe (Mˡˡᵉ), citée par le même, *ibid.*
Brétigny (Charles Poncet de) : *Relation de son voyage en Guyane*, par Paul Boyer (1654), II, 1992.
Breton, secrétaire du roi (1536), II, 2138, art. 4.
Breton (Fr.) : vers sur la mort d'Antoine Fiancé (1582), 753.
Breton (Jean), docteur (1548), IV, 2879.
Breton (Le P. Raymond) : *Petit Catechisme traduit en la langue des Caraïbes* (1664), II, 1986, art. 1. — *Dictionnaire caraïbe-françois* (1665), 1986, art. 2. — *Dictionnaire françois-caraïbe* (1666), 1986, art. 3. — *Grammaire caraïbe* (1667), 1986, art. 4.
Breton (Richard), impr. à Paris (1558), 653 ; V, 3251 ; (1559), 171 ; V, 3251 ; (1565, 1567), V, 3375.
Brettschneider (Georg) : inscription dans un album (1567), V, 3365.
Breughel (Pierre) : son portrait (1765), III, 2506.

Breuilly, assassin (v. 1632), IV, 3153, p. 531.
Brèves (Hélie de), pseudon. de Loménie de Brienne (1671), 977.
Breviaire (Le) des nobles. Voy. Chartier (Alain).
Breviarium romanae curiae (1537), cité, III, 2722.
Breviarium secundum ordinem Cisterciencium, ms. (v. 1400), IV, 2529.
Brevière, dess. et grav. (1623), V, 3321.
Bréville (Mathurin), libr. à Paris (1552), IV, 3115.
Brevio (Giovanni), imité par Gabriel Chappuy (1584), II, 1701.
Breyer (Lucas), ou Breyel, libr. à Paris (1568), II, 1876; (1572), 684; (1573), 684; (1576), 687; (1580), IV, 2771.
Brézé (Louis de), ou Brézay, évêque de Meaux : vers à lui adressés par J. de Vitel (1588), V, 3275.
Brézé (Pierre de), ou Brézay : son épitaphe par J. Bouchet (1545), 510.
Brézé (de), évêque de Viviers : Bérenger de La Tour lui dédie *Le Siècle d'or* (1551), V, 3254.
Brézé (Le marquis de), danse dans un ballet (1639), IV, p. 603.
Bry (Jean de), conventionnel, mort en 1834 : volume lui ayant appartenu, IV, 3074.
Bry (Jean-Théodore de), grav. et libr. à Oppenheim (1618), 216.
Bry de La Clergerie (Gilles) : *Eglogue* (1602), 769.
Brian (Le P. Alexandre) : lettre de lui (1582), II, 2010.
Briançon de Reynier (Louis de) : *Lou Crebo-Couer d'un payzan* (1665), 1022.
Brianville (L'abbé Finé de) : son *Histoire sacrée en tableaux* est approuvée par Bossuet (1669), II, 1883, III, art. 2.
Briarius. Voy. La Bruyère.
Briasson (Antoine-Claude), libr. à Paris (1730), II, 1319; (1735), cité, II, 1748; — la mention, empruntée au Catal. Desbarreaux-Bernard, est fautive — ; (1746), 170; (1750), 318; (1751-1772), III, 2523.
Briau (Jacques), cité par Ch. Fontaine (1546), IV, 2876; (1557), IV, 2877.
Brice (François) : *Granicus*, roman, cité, II, 1545.
Brice (Germain), d'Auxerre. Voy. Bric (Germain de).
Brice (Germain) : *Description de ce qu'il y a de plus remarquable dans la ville de Paris* (1684), III, 2307.
Briceau : *Ornements* (1709), 275.
Brichanteau-Nangis (Alphonse de), chevalier de Malte : sa mort (1625), III, 2476.

Briçonnet (Guillaume), évêque de Saint-Malo : *Pro rege Ludovico XII. Appologia* (1507), II, 2107. — Il assiste au concile de Pise (1511), IV, 3095. — Il est cité (1523), II, 2047. — Son portrait (1755), III, 2506.
Bridaut (Jules) : vers à lui adressés par J.-Éd. Du Monin (1583), V, 3272.
Brie (Edme Villequin, dit de), acteur (1671), IV, p. 603.
Brie (Catherine Le Clerc, femme d'Edme Villequin, dit de), actrice (1664-1671), IV, p. 603.
Brie (Eustache de), libr. à Paris (1507), III, 2822 ; (1508), 540.
Brie (Germain de) : *Epitaphes d'Anne de Bretaigne* (1514), IV, 2784. — *Divi Joannis Chrysostomi Liber contra gentiles* (1528), 38. — Vers sur la mort de Louise de Savoie (1531), IV, 2786, 2787. — Il est cité par Nic. Bourbon (1538), IV, 2788. — Vers de lui dans les *Icones Germanorum* de Reusner (1589), V, 3370.
Brie (Jehan de) : *De l'utilité et profit de la cognoissance des choses acquises à un berger* (1589), III, 2563, art. 1.
Brielle (Claude), Lyonnaise, citée par Ch. Fontaine (1546), IV, 2876.
Brielle (Marie), id., *ibid.*
Brienne (Henri Auguste de Loménie, comte de). Voy. Loménie.
Brière (Annet), impr. à Paris (1551), 775, 776; (1555), 429; IV, 2641; (1560), II, 1721.
Brigard : *Chansons* (1549-1552), 960.
Brigaulet (J.) : vers en tête du *Dictionnaire des rimes* de Jean Le Fèvre (1588), 431.
Bright (Benjamin Heywood) : volumes lui ayant appartenu, 488 ; III, 2633.
Brigite (Sainte) : *Pronosticatio*, 209, art. 5.
Brignoil (Mme de) : vers à elle adressés par Joachim Blanchon (1583), IV, 2938.
Brigny (de), danse dans un ballet (1656), IV, p. 604.
Brigot, évêque de Tabraca, fournit à Turpin des mémoires pour l'*Histoire de Siam* (1771), III, 2485.
Brillet : généalogie, III, 2495.
Brillet (L.), sieur de Limon : vers à Jean Godard (1594), 760.
Brinck (Ernest) : inscription dans un album (1607), V, 3371.
Bringuenarilles (1556), IV 3203.
Brinon (Mme de) : correspondance autographe avec Bossuet (1691-1694), II, 1883, 1, art. 13, 15, 19, 20, 24 ; IV, 3079, p. 442. — Lettres à elle

adressées par Mᵐᵉ de Maintenon, II, 1895.
Brinon (Jehan de), premier président, plénipotentiaire de France, traite avec l'Angleterre (1525), III, 2665.
Brinon (Jean), seigneur de Villaines : cité par Ch. Fontaine (1546), IV, 2876. — Vers à lui adressés par Fr. Habert (1549), IV, 2868. — M.-A. de Muret lui dédie ses *Juvenilia* (1552), II, 1069. — Il est cité par Jean Dorat (1586), IV, 2789.
Brion (François-Christophe de Lévis, comte de), danse dans des ballets (1635-1645), IV, p. 604.
Brion (Nicolas), est tué à Besançon (1575), III, 2190.
Brionne (Henri de Lorraine, comte de), danse dans un ballet (1681), IV, p. 604.
Briot, grav. (1633), V, 3318 ; (1638), II, 1139 ; (1639), II, 1115.
Briot, traducteur de l'*Histoire de l'estat present de l'empire ottoman*, de Rycaut (1672), III, 2482.
Briquemault. Voy. Beauvais (François de).
Briquet (Ap.), cité, II, 1541.
Briqueville-Bretteville : généalogie, III, 2495.
Brisach : siège de cette ville en 1703, III, 2524, *Additions*.
Brisacier (de) : *Oraison funebre de la duchesse d'Aiguillon* (1675), 365, art. 1.
Brisart : vers à lui dédiés par Fr. Le Poulchre (1587), V, 3274.
Briseux (C.-E.) : *Traité du beau essentiel dans les arts* (1752), 243.
Brismann (Pascal), de Perlberg : épigramme à lui adressée (1579), 393.
Brissac. Voy. Cossé.
Brissarc (Jean), du canton de Fribourg (1598), IV, 3127, art. 12.
Brissard, dess., II, 1177.
Brissard (C.) : *La Louange des cornes* (1617), IV, 2972.
Brisset (Pierre) : distiques latins en tête de l'*Adolescence clementine* de Cl. Marot (1532), 596 ; (1534), 597, 599, 600 ; (1535), 601.
Brisset (Roland) : vers à lui adressés par Guill. Du Peyrat et vers de celui-ci (1593), IV, 2945. — Vers à Fr. Béroalde de Verville (1599), II, 1522.
Brisson, cité par Nic. Rapin (1610), IV, 2944.
Brisson (Barnabé) : vers à Mᵐᵉˢ Des Roches (1582, 1610), 737. — Robert Garnier lui dédie *Antigone* (1585), II, 1095. — Il est cité par Jean Dorat (1586), IV, 2789. — Vers à lui adressés par Fr. Le Poulchre (1587), V, 3274. — Vers à lui adressés par Jean de Vitel (1588), V, 3275. —

Christofle de Beaujeu lui dédie le *Convoy de M. le duc de Joyeuse* (1588), IV, 2941. — Le même lui dédie ses *Amours* (1589), IV, 2942. — *Discours sur sa mort* en 1591 (1595), III, 2253.
Brissonnet : vers à lui dédiés par Fr. Le Poulchre (1587), V, 3274.
Brissot-Thivars, libr. à Paris (1828), II, 1607.
Bristol (Lord Digby, comte de), ambassadeur d'Angleterre à Madrid (1623), III, 2374, art. 4.
Britannico (Giacomo), impr. à Brescia (1574), III, 2579.
Britannicus, tragedie (1670), II, 1255.
Brives-la-Gaillarde, inondée en 1634, III, 2344.
Brixi (Germain de). Voy. Brie (Germain de).
Brixius, *id*.
Brizac (Estienne de), ou Brissac, commis au greffe de la cour des Monnaies (1563-1572), III, 2546, art. 1, 2, 5-8, 10-12, 15.
Brizel (L'abbé), cité, 930.
Brochart : on lui attribue le *Rudimentum noviciorum*, III, 2639.
Brocher (Jacques) : sonnet à H. de Sainct Didier, 292.
Brockhaus et Avenarius, libr. à Leipzig (1839), II, 1352.
Brodeau, contresigne une ordonnance du roi de Navarre rétablissant la religion catholique dans ses états (1572), III, 2179.
Brodeau (Victor) : vers sur la mort de Louise de Savoie (1531), IV, 2786, 2787. — Il est cité par Nic. Bourbon (1538), IV, 2788. — *Blason de la bouche* (1539), 803 ; (1550), 810 ; (1807), 811. — Vers dans le *Recueil de poësie françoyse* (1550), 809. — Ses ouvrages sont censurés, 108.
Brodequin, cité par Cl. Marot, IV, 2964, art. 108.
Broé (Pierre) : *Des bonnes meurs..., euvre composé en latin par Verulan* (1555), 418.
Broedelet (Guillaume), libr. à Utrecht (1697), II, 1975.
Broglie (Victor-Maurice, comte de), danse dans un ballet (1663), IV, p. 604.
Broide (Philippe), conseiller-pensionnaire de la ville de Douai : *Discours* (1579), III, 2335.
Broly, joue dans la *Tragedie de Kanut* (1575), IV, 3025.
Brombser von Rüdisheim (Johann Reichhard) : Pierre Kopff lui dédie l'*Elenchus librorum* de J. Cless (1602), III, 2519.
Brooke (J.), traducteur anglais du *Baston de la foy chrestienne* (1577), V, 3210.

Brooke (Sir Thomas) : volumes lui ayant appartenu, IV, 2826, 2921, 3060, 3072.
Brossaeus. Voy. La Brosse.
Brosse (Pierre de) : inscription dans un album (1586), V, 3368.
Brosselard (C.), collabore au *Monde dramatique* (1835-1839), II, 1072.
Brosses (Charles de), comte de Tournay et de Montcalcon, collabore à l'*Encyclopédie* (1751-1777), III, 2523, p. 280.
Brossette : *Éclaircissements sur les Œuvres de Boileau* (1717), 843. — Correspondance avec Boileau (1858), 841.
Brotin, danseur (1636), IV, p. 604.
Brouage : siège de cette ville par le prince de Condé (1585), III, 2194, p. 39.
Brouard, violon (1657-1674), IV, p. 604.
Brouilly (X. de Piennes, dite Mlle de), danse dans un ballet (1681), IV, p. 604.
Broussaud : vers à lui adressés par Joachim Blanchon (1583), IV, 2938.
Bruchet, financier dénoncé comme voleur (1707), IV, 3074.
Bruchet (Le P. Nicolas), missionnaire, II, 1986, art. 3.
Brueys : généalogie, III, 2495.
Brueys (Claude) : *Comedie, Cocqualani* (1665), 1022.
Bruеys (L'abbé David-Augustin de) : *Le Grondeur* (1693), II, 1282. — *Le Muet* (1693), II, 1283.
Bruet de La Garde : généalogie, III, 2495.
Bruges : une tentative d'assassinat y est commise contre le duc d'Anjou (juill. 1582), III, 2396. — Imprimeurs. Voy. Mansion (Colard), v. 1477. Moerman (Thomas), 1582.
Bruys d'Ouilly (Léon) : Lamartine lui dédie ses *Recueillements* (1839), 867.
Brulart : blason de cette famille (1615), II, 1779.
Brulart de Sillery (Fabius) : épitre à Hamilton (1731), II, 1912.
Brulart (Nicolas Ier), secrétaire d'État, contresigne une ordonnance de Charles IX contre les protestants (1572), IV, 3121. — Vers à lui adressés par Joachim Blanchon (1583), IV, 2938. — Il contresigne divers édits (1585), III, 2199, 2207, 2208. — Vers à lui adressés par Fr. Le Poulchre (1587), V, 3274. — Vers à lui adressés par Nic. Rapin (1610), IV, 2944.
Brulart (Marguerite Chevalier, femme de Nicolas), citée par Guy Le Fèvre de La Boderie (1578), IV, 2930.
Brulart (Nicolas II), marquis de Sillery : Marc Lescarbot lui dédie ses *Stances sur le retour de la paix* (1598), III, 2707.
Brulart (Nicolas III) : *Oraison funebre* par le P. Archange Cenamy (1693), 376.
Brumen (Thomas), libr. à Paris (1573), III, 2182 ; (1582), II, 2010 ; (1585), IV, 3092.
Brumoy (Le P. Pierre), éditeur de la *Conjuration de Nicolas Gabrini, dit de Rienzi*, par le P. Du Cerceau (1733), III, 2455. — Avertissement en tête des *Dons de Comus* (1739), 290.
Brun, poète qui se fait appeler « le Serviteur », IV, 2841.
Brun (Jean) : vers à Bérenger de La Tour (1558), 662.
Brun (Pierre), de Berne (1598), IV, 3127, art. 12.
Brunchamel (Rasse de) : *Floridan et la belle Ellinde*, trad. de Nicolas de Clémenges (1518), IV, 3062.
Brune, peintre, 271.
Bruneau, danseur (1654-1664), IV, p. 604.
Bruneau (Antoine), avocat (1694), II, 1690.
Bruneau (Guillaume), musicien flamand : inscription dans un album (1560), V, 3365.
Bruneau (Jean) : inscription dans un album (1598), V, 3370.
Bruneau (Jeanne), veuve de Vincent Sertenas, libr. à Paris. Voy. Sertenas.
Brunel (de), aide Ch. de La Mothe à publier les œuvres de Jodelle (1574), 696.
Brunel, procureur à Rouen : pièce de lui dans le *Recueil de pieces curieuses* (1694-1696), III, 2632.
Brunel (Pierre), libr. à Amsterdam (1721), II, 1853 ; (1726-1731), III, 2544.
Brunel (Simon), est peut-être le traducteur de la lettre de François Ier à Paul III (1543), III, 2678.
Brunellière, grav., 1014.
Brunes de Montlouet : généalogie, III, 2495.
Brunet, musicien (1659-1663), IV, p. 604.
Brunet, chanoine d'Auxerre : vers au P. Raymond Breton (1666-1667), II, 1986, art. 3 et 4.
Brunet (La veuve de Bernard), impr. à Paris (1762), 329.
Brunet (Charles), cité, II, 1796 ; IV, 3020, p. 392.
Brunet (Jacques-Charles) : *Notice sur les Chroniques de Gargantua* (1834), II, 1521. — *Poësies d'Alione* (1836), 482. — *Recherches bibliographiques sur les éditions du roman de*

Rabelais (1852), *ibid.* — Volumes lui ayant appartenu, 1, 8, 11, 12, 140, 318, 536, 555, 620 ; II, 1519, 1905, 2023, 2026, 2069 ; III, 2237, 2251 ; IV, 2841, 2882, 2957.
Brunet (Jean), libr. à Paris (1614), III, 2243, art. 19 ; (1629), III, 2405, art. 17 ; (1631), III, 2420, art. 36 ; (1634), III, 2420, art. 99 et 100.
Brunet (Michel II), libr. à Paris (1692), 286, 2524 ; (1693), 2524.
Brunet (Michel III, ou Médard-Michel), libr. à Paris (1693-1710), III, 2524 ; (1698), 1735 ; (1711), 2442.
Bruni (Leonardo), dit Aretino : portrait dans les *Icones* de Reusner (1589), V, 3370.
Brunner (Wolfgang), de Landsberg : inscription dans un album (1567), V, 3365.
Brunot, agent de change à Paris (1781-1783), II, 1459.
Brunsvic-Luebourg (Christian, duc de), évêque luthérien de Halberstadt : ses défaites (1622), 2420, art. 64, 68, 70. — Sa mort prétendue (1622), *ibid.*, art. 71. — Son arrivée à Berg op Zoom (1625), III, 2405, art. 7 ; 2406.
Brunsvic-Lunebourg (Ernest-Auguste, duc de) : Donneau de Vizé lui dédie *Le Mercure galant* (oct. 1686), III, 2524.
Brunsvic (Les princes de) et de Lunebourg : Montfleury leur dédie *Le Gentilhomme de Beauce* (1670), II, 1276.
Brunus. Voy. Le Brun.
Bruscambille (Des Lauriers, dit) : *Prologues* (1610), II, 1784, 1785 ; (1618), 1786. — *Paradoxes et facecieuses Fantaisies* (1620), 1787. — *Œuvres* (1622), 1788 ; (1626), 1789. — *Advertissement sur le voyage d'Espagne* (1615), 1790. — *Peripatetiques Resolutions* (1619), 1791. — Dix pièces de lui dans le *Nouveau Recueil de pieces comiques* (1663), II, 1822.
Bruschi (Gasparo) : vers à Érasme et à Gilbert Cousin (1553), III, 2568, art. 1.
Bruslard aîné, violoniste (1669), IV, p. 604.
Bruslard, cadet, violoniste, *ibid.*
Bruslard de Sillery. Voy. Brulart.
Bruslon (de), danse dans un ballet (1645), IV, p. 604.
Brusquet (Jean-Antoine Lombard, dit) : Joachim Du Bellay parle de lui (1559), IV, 2896.
Brutus (Estienne Junius) : *Vindiciae contra tyrannos* (1579), IV, 3126, art. 3.
Brutus (M.) : *Epistolae*, graece (1499),

II, 1873. — Sa Vie par Plutarque (1567), II, 1899. Cf. III, 2735.
Bruxelles : Pompes funèbres de Charles Quint (29-30 déc. 1558, III, 2417, 2418. — Les Etats-Généraux des Pays-Bas y forment une union (9 janv. 1577), III, 2385. — Marie de Médicis y fait son entrée (1631), III, 2281. — Imprimeurs et Libraires. Voy. Anthoine (Hubert), 1620. De Backer (Georges), 1694. Du Castel (Jean), pseud., 1664. Dyck (Pierre van), pseud., 1664. Egmont (Pierre ab), pseud., v. 1669. Foppens (François), 1654-1709. Fricx (Eugène-Henry), 1701-1703. Kerner (Les héritiers de Mathias), pseud. de Fr. Foppens, 1709. Lambert, 1705. Lebègue (Alphonse), 1856-1857. Meerbeque (Jean de), 1631. Poulet Malassis, 1866. Vanbuggenhoudt (J.), 1857. Velpius (La veuve de Hubert-Antoine), 1631. Velpius (Butger), 1580, 1599. Vleugart (Ph.), 1669.
Bruyère (Mlle de), citée par Cl. de Taillemont (1556), IV, 2910.
Bruyère (Quantian), impr. à Gien (1562), IV, 3158.
Bruyères (Jean), crieur public à Lyon (1561), III, 2687.
Buache (Phil.), géographe, collabore à l'*Encyclopédie* (1777), III, 2523, p. 279.
Buada (Antonio), Armazanico : sonnet à Guy de La Garde (1550), IV, 2880.
Buatier (Ben.), cité par Nic. Bourbon (1538), IV, 2788.
Bubenhofen (Johann Konrad von) : inscription dans un album (1564), V, 3365.
Buccapaduli (Antonio), secrétaire de Grégoire XIII, répond à un discours de M.-Ant. de Muret (1573), III, 2693.
Buceloy (Simon), bourgeois de Caen, IV, 2855, p. 195.
Bucer. Voy. Butzer.
Buchanan (George), Épigramme lat. à M.-A. de Muret (1552), II, 1069. — Il est cité par Jean de La Péruse (v. 1557), IV, 3022. — Joachim Du Bellay parle de lui (1559), IV, 2896. — *L'Adieu aux Muses*, traduit par Du Bellay (1561), IV, 2891. — Distiques latins à Jacques Grévin (1562), 711. — *Histoire de Marie, royne d'Escosse* (1572), III, 2370. — Vers latins dans le *Tombeau de Monluc* (1592), II, 2131.
Bucher (L'abbé François), éditeur du *Nouveau Mercure* (1717-1721), III, 2524.
Bücher (Frère Franz Veit), de Wels : inscription dans un album (1570), V, 3365.

Buchheim (Paul). Voy. Fagius.
Buchholtzer (Gottfried) : inscription dans un album (1598), V, 3370.
Buckel (Jakob), doit être le nom vulgaire de Jacques Omphalius, III, 2681.
Buckingham (George Villiers, duc de), signe la *Declaration du roy de la Grand' Bretaigne contenant sa resolution proposee à Sa Majesté Catholique* (1621), III, 2374, art. 3. — Son voyage à Madrid (1623), *ibid.*, art. 4. — Il paraît dans un ballet (1653), IV, p. 604. — Son portrait (1780), III, 2279.
Bucquet, de l'Académie des Sciences, rédacteur au *Mercure de France* (1778), III, 2524, p. 314.
Bucquoy (Charles de Longueval, comte de), seigneur de Vaulx : le cardinal de Granvelle et le président Fonck lui adressent des lettres (1580), III, 2388.
Bucquoy (Charles-Bonaventure de Longueval, comte de), commandant de l'armée impériale, ordonne plusieurs sièges et massacres (1619), III, 2420, art. 10. — Ses victoires (1619), *ibid.*, art. 15 ; (1620), art. 22, 35, 40, 42, 46, 49. — Il assiège Brno ou Brünn en Moravie (1521), III, 2420, art. 50. — Sa mort, *ibid.*, art. 56.
Bude, ou Ofen : histoire du siège de cette ville (oct. 1686), III, 2524.
Budé (Bon), cité par Jean Dorat (1586), IV, 2789.
Budé (Dreux), cité par Nic. Bourbon (1538), IV, 2788.
Budé (Guillaume), cité par Nic. Bourbon (1538), IV, 2788. — Vers sur sa mort par Fr. Habert (1541), 643. — Il est cité par Ch. Fontaine (1546), IV, 2876. — *Les antiques Merveilles* (1554), IV, 3084. — Fr. Habert parle de lui (1558), V, 3251. — Il est cité par Guy Le Fèvre de La Boderie (1578), IV, 3183. — Son portrait (1581), II, 2039.
Budowecz (Adam), baron de Budova : inscription dans un album (1602), V, 3370.
Budowecz (Waclaw), baron de Budowa, id. (1620), *ibid*.
Bueil (Anne de), dame de Fontaines, duchesse de Bellegarde (1598), IV, 2948.
Bueil (Honorat de), seigneur de Racan. Voy. Racan.
Bucil (Jacques de), seigneur de Fontaines : épitaphe par M. Guy, de Tours (1598), IV, 2948.
Bueil (Loys de), comte de Sancerre : vers à lui adressés par J. Le Masle (1580), IV, 2933.
Bueil (Loys de), seigneur de Racan : vers à lui adressés par Fr. Le Poulchre (1587), V, 3274.
Buély : vers à lui adressés par Joachim Blanchon (1583), IV, 2938.
Buffereau (Françoys) : *Le Mirouer du monde* (1517), 434.
Buffet (Michel), impr. à Paris (1574), II, 2189.
Buffet (Nicolas), impr. à Paris (1545), cité, III, 2722 ; (1547), IV, 2838, 2845 ; (1556), cité, V, 3350 ; — Sa veuve (1557), 411, art. 3 ; (1558), III, 2147 ; (1559), 471, art. 101 ; III, 2602, 2417.
Buffon (Georges-Louis Le Clerc, comte de), collabore à l'*Encyclopédie* (1751-1777), III, 2523, p. 280.
Bugenhagen (Johann) : son portrait (1581), II, 2039.
Bug-Jargal (1826), II, 1605.
Bugnyon (Philibert) : vers sur Joachim Du Bellay (1568), IV, 2901.
Buissy : généalogie, III, 2495.
Buisson (François), libr. à Paris (1786), II, 1916, art. 14.
Buldet, marchand d'estampes à Paris, III, 2569.
Bulla. Voy. Boule.
Bullet, dess., III, 2317.
Bullinger (Heinrich) le vieux : pièce autographe placée en tête d'un album en 1583, V, 3368. — Son portrait (1581), II, 2039.
Bullinger (Heinrich), le fils : inscription dans un album (1583), V, 3368.
Bullion (Claude de), cité par Jean Dorat (1586), IV, 2789.
Bullioud (Robert), cité par Nic. Bourbon (1538), IV, 2788.
Bullot (Joseph), impr. à Paris (1744-1754), III, 2524.
Buloz (François) : envoi autographe à lui adressé par Cas. Delavigne (1841), II, 1354.
Bündnusz (Christliche)... wider den Türcken (1538), III, 2729.
Bunel (Pierre), cité par Nic. Bourbon (1538), IV, 2788. — Épitaphe par Estienne Forcadel (1579), IV, 2879.
Bunet, peintre du roi : vers à lui adressés par Guill. Du Peyrat (1593), IV, 2945.
Buon (Gabriel), libr. à Paris (1559), IV, 2911, 2912 ; (1563), 675, 676, 714 ; (1565) ; IV, 2997 ; (1566), 722 ; (1567), 667, IV, 2920 ; (1572), 678 ; IV, 2997, 3186, art. 2 ; (1574), V, 3186, art. 4 ; (1579), IV, 2888 ; (1586), IV, 2889.
Buon (Nicolas), libr. à Paris (1623), 668.
Buonaccorsi (Filippo), dit Callimaco : vers de lui dans les *Icones* de Nic. Reusner (1589), V, 3370.
Buonaccorto (Andrea) : *Le Discours de la guerre esmeue envers le seigneur Grand Turc* (1561), IV, 3145.

Buonarroti (Michelangelo), cité par Jehan Pélerin (1521), IV, 2763 ; — cité par Joachim Du Bellay (1559), IV, 2896. — Portrait dans les *Icones* de Nic. Reusner (1589), V, 3370.
Buoncompagni (Ugo). Voy. Grégoire XIII, pape.
Buondelmonti (Zanobi) : Machiavel lui dédie, à lui et à Cosimo Rucellai, ses *Discours* sur Tite Live, V, 3373.
Buor (Noémi), femme de Louis II Régnier de La Planche (1611), III, 2149.
Buous (de) : ode à lui adressée par G. de Scudéry (1633), V, 3318.
Buovi (Gio. Antonio), poète imaginaire du val de Bregno (1589), 1049, 1050.
Burchiello (Domenico) : *Sonetti* (v. 1515), IV, 2998, art. 1-4.
Burckhardt, dominicain saxon, auteur d'une relation de voyage en Terre Sainte, III, 2639.
Burdet, grav., II, 1288, 1520.
Bureau, danseur, IV, p. 604.
Bureau d'adresse, à Paris (1630), IV, 3153.
Bureau (Charles), trésorier de France : épître à lui adressée par Fausto Andrelini (v. 1504), 421, art. 5.
Bureau (Jean), de Tournus (1546), IV, 2876.
Bureau (Laurent), carme : épître à lui adressée par Fausto Andrelini (1504), 421, art. 4.
Burel (Jean), chroniqueur du Puy, IV, 3092.
Buren (Le comte de) : portrait (1540), IV, 2871, p. 213.
Bures (Guillaume de), de Rouen : inscription dans un album (1583), V, 3368.
Burette, musicien (1659), IV, p. 604.
Burg (Daniel), blessé à Marignan (1515), IV, 3002.
Burgaud des Marets : volumes lui ayant appartenu, 1022, 1023.
Burgensis. Voy. Bourges (de).
Bürger, traducteur allemand des *Aventures de Münchhausen* (1788), cité, II, 1769.
Burges (Jehan), libr. à Rouen (v. 1503), cité, II, 2105.
Burges (Jehan), le jeune, libr. à Rouen (s. d.), III, 3012.
Burges (Nicolas de), libr. à Rouen (1545), 804.
Burgius. Voy. Bourgeois.
Burgos : Charles-Quint y reçoit le défi de François Ier et de Henri VIII (1528), II, 2133, 2134. — Imprimeurs et Libraires. Voy. Basilea (Fadrique de), 1499. Giunta (Giovanni), ou Juan Junta, 1528.

Burgos (Andrés de), impr. à Évora (1557), II, 1981.
Burgos (Juan de), impr. (1496), 204, p. 117.
Bury (Château de), 248.
Buridan (Mme de), danse dans un ballet (1659), IV, p. 604.
Burye (X. de), figure sans doute dans l'*Heptaméron* sous le nom de Geburon (v. 1541), II, 1697.
Burin : généalogie, III, 2495.
Burlat (Hugues), réfute B. de Loque (1597), III, 2219, art. 2.
Burnel : vers à Pierre Corneille (1634), II, 1136.
Burnet (Gilbert) : notes prises dans un de ses ouvrages par Bossuet (v. 1685), IV, 3079, p. 351.
Busbach (Christoph von), Luxembourgeois : inscription dans un album (1565), V, 3365.
Buschel, libr. à Leipzig (1780), II, 1916, art. 14.
Busleiden (François de), archevêque de Besançon : vers à lui adressés (vers 1502), V, 2736.
Busnoys (Antoine), musicien, IV, 2973, art. 17. — Rondeau, 471, art. 17. — Pièces à lui adressées par Jehan Molinet, 471, art. 18 et 64.
Busquet (Pierre), curé de Bazoches, cité par Guy Le Fèvre de La Boderie (1579), IV, 2930.
Busseron (Pierre), médecin : *Horae sapphicae* (1538), IV, 2742.
Bussy, cité par J. Dorat (1586), IV, 2789.
Bussy (Roger de Rabutin, comte de) : *Histoire amoureuse des Gaules* (v. 1665), II, 1684 ; (v. 1734), 1685. — *Maximes et Almanach d'amour* (1666), 857. — *Histoire genealogique de la maison de Rabutin*, ms. (1684), IV 3149.
Bussy d'Amboise (Jacques de), seigneur de Vauray, tué à Pavie (1525), II, 2127.
Bussy d'Amboise (Louis de Clermont, seigneur de) : son histoire racontée par Fr. de Rosset (1619), II, 1724.
Bussy d'Amboise (Mme de) : son éloge par Jules de Richy (1616), V, 3290.
Bussy-Saint-Georges, tué à la Saint-Barthélemy (1572), IV, 3191.
Bussolero (Giovannino), compagnon d'Alione (v. 1510), IV, 3058, p. 415.
Butin (Le grand) que les Hollandais ont fait sur l'Espagnol auprès de Breda (1625), II, 2405, art. 14.
Butler (Samuel) : son portrait (1757), III, 2525.
Butt (Edmund), cité par Nic. Bourbon (1538), IV, 2788.
Butt (William), médecin, id., *ibid.*
Butterich (de) : *Harangue faite au roy*

en *1576* (1744), III, 2188, t. III, art. 9.
Buttet (Marc-Claude de) : *Epithalame d'Emanuel-Philibert* (1559), 708. — *Ode funebre sur le trespas du roi* (1559), IV, 2912. — *Vers* (1561), 707. — *Tombeau de Marguerite de France, Elegia* (1575), V, 3260. — Il est cité par Jean Dorat (1586), IV, 2789.
Butzer (Martin), ou Bucer, dénoncé par Pierre Du Chastel (1549), III, 2144. — Son portrait (1581), II, 2039.
Buyer (Barthélemy), impr. à Lyon (1478), III, 2626 ; (1480), 2633.

Caas (Nicolas), chancelier de Danemark : N. Reusner lui dédie ses *Icones* (1589), V, 3370.
Cabanes (Claudin de) : vers à lui adressés par Bérenger de La Tour (1551), V, 3254.
Cabaret : ses *Chroniques de Savoye* sont remaniées par Servion (1464-1466), puis par Symphorien Champier (1517), III, 2355.
Cabat, peintre, 271.
Cabestain (Isabelle de), mère d'Estienne Forcadel, IV, 2879.
Cabinet (*Le*) *des Fées :* dessins de Marillier pour ce recueil (1785-1789), 225.
Cabinet (*Le*) *des Muses* (1619), 974.
Cabinet (*Le*) *satyrique* (1666), 958.
Cabotin : vers au petit de Beauchasteau (1657), 833.
Cabou, danseur (1653-1664), IV, p. 604.
Cabriellus, probablement Chevreau, cité par Nic. Bourbon (1538), IV, 2788.
Cabrières : destruction de cette ville (1545), II, 2033.
Cabut (Louis), libr. à Rouen (1680), II, 1707.
Ca da Mosto (L.) : *Navigatione alle terre de' Nigri della bassa Ethiopia nel 1454* (1508), II, 1950 ; (1521), 1951. — *Navigatione de Lisbona a Callichut nel 1462*, *ibid.*
Cadas (A.), dess., III, 2347.
Cadet Buteux, personnage comique (1815), 1005.
Cadet de Gassicourt (Louis-Claude), collabore à l'*Encyclopédie* (1751-1777), III, 2523, p. 280.
Cadier (Jacques), ou Quadier, nom véritable de l'imprimeur Jacques Estauge (1546), V, 3248.
Cadier (Vincent) : épître à Vincent Carrier (1509), V, 3221.
Cadot (Alexandre), libr. à Paris (1853), II, 1663 ; (1864), II, 1430.
Cadot (P.) : vers au petit de Beauchasteau (1657), 833.

Caeciliana, citée par Nic. Bourbon (1538), IV, 2788.
Caelia, id., *ibid.*
Caen : abbaye de Saint-Étienne, IV, 3096, art. 123. — Conards (1537), III, 2594, art. 16. — Imprimeurs et Libraires. Voy. Angier (Michel), 1518. Angier (Michel et Girard), s. d. Cavelier (Jean), 1671. Hostingue (Laurent), 1509. Le Bas (Jacques), 1609. Le Chandelier (Pierre), 1580-1591. Macé (Charles), 1605. Macé (Jehan), 1509. Macé (Richard), s. d. Macé (Robinet), s. d. Mangeant (Jacques), 1615. — Impression anonyme (1612), II, 1447.
Caesus (Guill. I.), libr. à Amsterdam (1629), II, 2078.
Cahagne : vers sur les conquêtes et la convalescence du roi (1745), 907.
Cahaignes (Jacques de) : *Elogiorum civium Cadomensium Centuria prima* (1609), III, 2508. — Traduction française (1880), citée, *ibid.* — *Oratio de unitate* (1609), *ibid.*
Cahaignes (Pierre de), régent en l'université de Caen, cité par Guy Le Fèvre de La Boderie (1579), IV, 2930.
Cahors : *Discours des choses memorables advenues en 1428* (1586), V, 3357.
Cahusac (Louis de) : costumes pour son *Zoroastre* (1749), II, 1462. — Il collabore à l'*Encyclopédie* (1751-vers 1759), III, 2523, p. 280. — Dessins de costumes pour son opéra de *Naïs* (1764) et pour son ballet des *Fêtes lyriques* (1766), II, 1462.
Caignet (Jean) : vers sur Est. Pasquier (1584, 1610), 737. — Vers à Gilles Durand de La Bergerie (1594), 757.
Cailhava (Léon) : volumes provenant de sa bibliothèque, 520, 735 ; IV, 3157. — Volume cité, IV, 2748.
Caillau (Jehan) : rondeau, IV, 2799, p. 109.
Caillau (Simonet) : Montaiglon lui attribue le *Debat de deux demoiselles*, IV, 2798, art. 1.
Caillaut (Anthoine), impr. à Paris (v. 1490-1500), 61. — C'est probablement de ses presses que sortent les volumes que nous avons crus imprimés à Angoulême, nᵒˢ 41, 557, 561, 572.
Caillé, chanoine (1546), IV, 2876.
Cailleau (André), libr. à Paris (1721-1751), III, 2524 ; (1732), III, 2333.
Cailleau (André-Charles), ou Caillau, libr. à Paris (1756-1768), III, 2524 ; (1779), 1056.
Cailleau (Hubert), joue dans la *Passion* de Valenciennes (1547) et en peint les scènes, IV, 3010, p. 377.

Cailler (Raoul), ou Callier : vers à Mme Des Roches (1582, 1610), 737.
— Sonnet en tête de l'*Oraison funebre de Ronsard* par Jacques Davy du Perron (1586), V, 3231.
— Élégie sur la mort de Ronsard (1586), IV, 2889 ; (1623), 668. — Il publie les *Œuvres* de N. Rapin, son oncle, et y joint diverses pièces (1610), IV, 2944.

Cailler (Suzanne), ou Callier : vers sur la mort de N. Rapin, son oncle (1610), IV, 2944.

Cailly (Jacques de), dit le chevalier d'Aceilly : *Diverses Poésies* (1825), II, 1819, art. 3.

Cailloué (Jacques), libr. à Rouen (1620), II, 1787 ; (1622), II, 1788 ; (1629), II, 1794. — Sa veuve est enfermée à la Bastille (1694), II, 1690.

Caylus (La comtesse de) : lettres à elle adressées par Mme de Maintenon, impr. en 1756, II, 1895.

Caylus (Claude-Philippe de Tubières de Grimoard de Pestel de Lévis, comte de), *Contes orientaux* (1743), II, 1772. — *Histoire de Guilleaume* (v. 1760), II, 1819.

Caylus, ou Quélus (Jacques de Lévis, comte de) : vers sur sa mort par Joachim Blanchon (1583), IV, 2938.
— Son *Tombeau* (1588), III, 2304.
— Il est cité par Jean Dorat (1586), IV, 2789.

Cain (Bertelmi) : inscription dans un album (1620), V, 3370.

Cayne (Claude), impr. à Lyon (1634), III, 2453.

Cayret (Guillaume) : sonnet à Guill. de La Perrière (1553), V, 3328.

Cayrol (de) : volume lui ayant appartenu, II, 2017.

Caisne (de) de Lanvoisin, dess., III, 2350.

Calabre : généalogie, III, 2495.

Calais : *Discours du testament de la prise de cette ville*, par Ant. Fauquel (1558), III, 2147. — *Hymne* de Du Bellay sur cet événement (1559), IV, 2897. — La ville est prise par les Espagnols (1596), 761. — Chanson sur cet événement, IV, 2977.

Calais (Jehan de) : *Lamentations*, IV, 2799, art. 12.

Calamatta, grav., II, 1633.

Calaminus. Voy. Chalemin.

Calcagnini (Celio) : vers de lui dans les *Icones* de N. Reusner (1589), V, 3370.

Calderino (Domizio) : portrait dans les *Icones* de N. Reusner (1589), V, 3370.

Calderon de la Barca (Pedro) : *Peor esta que estava*, comédie imitée par Le Sage (1739), II, 1300.

Kalendier (*Le grant*) *et Compost des bergiers* (1516), III, 2562 ; (1589), 2563.

Calendrier historial (1563), 6.

Calendrier historial et lunaire (1566), 205.

Calepino (Francesco) : *Splendore delle virtuose giovani* (1563), 280.

Calepino (Girolamo), libr. à Venise (1563), 280.

Calfurnio (Giovanni), publie les *Regulae* de Niccolò Perotti (1509), V, 3220.

Calianthe : stances à Ch. Bauter (1605), II, 1101.

Calicut, II, 1950, 1951.

Calidus (J.) : vers à J. Prévost (1610), II, 1106.

Calle (Le capitaine de), III, 2638.

Callia. Voy. La Caille.

Callières (François de) : *Des mots à la mode* (1692), II, 1851. — Boursault tire une comédie de cette satire (1692), 1229. — *Des bons mots et des bons contes* (1692), II, 1863.

Calliergi (Zaccaria), impr. à Rome (v. 1517), 132.

Calligraphie, 34-36 ; IV, 2794, 3000, 3197.

Callimaco (Filippo Buonaccorsi, dit). Voy. Buonaccorsi.

Callistrate, IV, 2879.

Calmet (Dom) : réfutation de sa *Bibliothèque Lorraine* (1754), III, 2336.

Caloburraeus. Voy. Schönpichler.

Calvarin (Prigent), impr. à Paris (1520), III, 2662 et *Additions*.

Calvet (Jean) : vers sur la mort d'Ant. Fiancé (1582), 753.

Calvimont (Leon ? de), seigneur de La Double : vers à lui adressés par P. de Brach (1576), IV, 2931. — Vers à lui adressés par Guill. Du Peyrat (1593), IV, 2945.

Calvin (Jean) : *Briefve Instruction* (1544), 84. — Ses ouvrages sont censurés (1542, 1545, 1550), 108, 110. — Il est dénoncé par Pierre Du Chastel (1549), III, 2144. — Il combat les libertins spirituels (1550), 87. — *Declaration pour maintenir la vraye foy* (1554), 85. — *Forme des prieres ecclesiastiques*, 2, 6 ; traduite en basque (1563), 6. — *L'Institution de la religion chrestienne* est condamnée par le parlement de Paris (1562), III, 2549. — *Vie de Calvin*, par Théod. de Bèze (1564), II, 2051.
— Portrait (1581), II, 2039.

Calvin (Pierre), avocat du roi à Châtellerault (1598), IV, 2948.

Calvo (Andrea), impr. à Milan (1541), III, 2721.

Calvo (Minizio), impr. à Rome (1524), II, 1956.

Calvus. Voy. Chauveau.

TABLE ALPHABÉTIQUE GÉNÉRALE 267

Cambden (William) : inscription dans un album (1596), V, 3371.
Cambi (Filippo) : vers dans les *Trionfi, Carri*, ecc. (1559), 1028.
Cambiago, traducteur de Francesco Taegio (1525), V, 3341.
Cambon (François-Tristan de), évêque de Mirepoix : volume lui ayant appartenu, 390.
Cambrai : poème de Nic. Ladam sur la paix conclue dans cette ville en 1508, 489. — Pièces diverses sur la paix de 1529 ou paix des dames, II, 2135 ; III, 2671 ; V, 3343. — Lettre adressée par Alessandro Farnese aux autorités de la ville (1580), III, 2712. — *Journal du siège de 1677*, III, 3153, p. 540. — Capitulation accordée au chapitre (1677), *ibid*. — Imprimeurs et Libraires. Voy. Brassart (Bonaventure), v. 1523-1529. Le Coq (Philipot), 1508.
Cambray (Mlle de), figure dans un ballet (1664), IV, p. 304.
Cambray (Jacques de), chancelier de Bourges (1546), IV, 2876 ; — ambassadeur en Transylvanie (1557), IV, 2877.
Cambray (Jehan de), impr. à Lyon. Voy. Moylin.
Cambray (Jean-Jacques de), seigneur de Solangy : vers à lui adressés par R. Corbin, sieur du Boisserau (1574), 734.
Cambridge : imprimeur. Voy. Crownfield (Cornelis), 1712.
Camerano (Cesare), joueur de farces, compagnon d'Alione (v. 1510), IV, 3058, p. 415.
Camerarius (Joachim). Voy. Cammermeister.
Camers (Varinus). Voy. Favorino.
Camet, danseur (1671), IV, p. 604.
Camille, femme chantée par Gilles Durand de La Bergerie (1594), 757.
Camille, violoniste (1669-1671), IV, p. 604.
Camilli (Camillo), traducteur italien du *Sumario* de Pedro Cornejo (1582), cité, III, 2248.
Camillo (Giulio), cité par Nic. Bourbon (1538), IV, 2788.
Camillus (Furius) : sa *Vie* par Plutarque (1567), II, 1899. Cf. III, 2735.
Camiran, conseiller. Voy. Gaultier.
Camisards, II, 2037.
Cammermeister (Joachim Liebhard, dit), ou Camerarius : *Monosticha gnomica* (1579), 393. — Portrait (1581), II, 2039.
Camoza (Gio. Silvestro) : inscription dans un album (1590), V, 3369.
Campagnan (Simon) : sonnet à Du Bartas (1583), V, 3269.
Campagne (La) de la reyne (1668), II, 1689.

Campan (Martial), périgourdin, médecin, cité par Jean Dorat (1586), IV, 2789.
Campano (Gio. Antonio) : portrait dans les *Icones* de N. Reusner (1589), V, 3370.
Camp du drap d'or (1520), V, 3340.
Campeggi (Girolamo) : lettre à Gio. Giorgio Trissino (1517), IV, 3078.
Campeggi (Tommaso) : lettre à Gio. Giorgio Trissino (1538), IV, 3078.
Campigny (Adam), est peut-être l'auteur de vers adressés à P. Corneille (1634), II, 1136.
Campion, dess. et grav., 57.
Campion (Le P. Edmund), emprisonné en Angleterre (1582), II, 2010.
Campistron (Jean Gilbert de) : *Acis et Galathée* (1718), II, 1456. — Cet opéra est parodié par Favart (1759), II, 1335. — Le poète est cité, III, 2632, p. 441.
Campo Pio (Marcantonio), compose des vers pour la *Relation des Assemblées faites à Versailles* (1683), III, 2327.
Campora (Le cardinal), candidat à la papauté (1621), III, 2643.
Camps (L'abbé François de) : *Dissertation historique du sacre et couronnement des rois de France* (1722), III, 2524.
Campson (Pierre), dit Philicinus : *De clade Hannoniae* (1543), cité, III, 2722.
Camuz, traducteur de l'*Histoire de Marie, Royne d'Escosse* (1572), III, 2370.
Camus : vers à Ant. de La Pujade (1605), 767.
Camus, censeur (1789), II, 2076.
Camus de Pontcarré (Geofroy-Macé), premier président du parlement de Normandie : Louis Du Souillet lui dédie l'*Histoire de la Ville de Rouen* par Fr. Farin (1731), III, 2337.
Camus (Philippe) : *Olivier de Castille* (v. 1492), II, 1491. — *Le Livre de Clamadès* (1502), III, 2625. — C'est peut-être le traducteur de *Pierre de Provence* (1453), II, 1497.
Camus (Pierre) : vers à lui adressés par J.-Éd. Du Monin (1583), V, 3272.
Camus (Jean), libr. à Paris (1638), II, 1143. — Sa veuve (1646), II, 2013.
Camusat (Nicolas), publie le texte latin de Pierre des Vaux de Cernay (1615), II, 2028. — *Meslanges historiques* (1619), cités, III, 2460.
Canada : voyages, descriptions, histoire, II, 1964-1978.
Canale (Agostino) : son emblème (1562), IV, 3077.
Canape (Jean), médecin (1546), IV, 2876.

Canaples (de), capitaine (1546), IV, 2876.
Canaples (Alphonse de Créquy, comte de), plus tard duc de Lesdiguières, danse dans des ballets (1653-1663), IV, p. 604.
Canaries. Voy. Bontier (P.) et Jean Le Verrier : *Histoire de la premiere descouverte et conqueste des Canaries* (1630), II, 1942. — Alcaforado (Franc.), *Relation historique de la découverte de Madere* (1671), II, 1943.
Candale (Henri de Nogaret d'Espernon de) : J.-P. Perrin lui dédie la seconde partie de son *Histoire des Vaudois* (1618), II, 2030.
Candale (Louis-Charles-Gaston de Nogaret de La Valette, duc de), danse dans des ballets (1651-1656), II, 1455 ; IV, p. 604.
Candy (Jean-Aimé), impr. du roi à Lyon (1655-1657), IV, 3153, p. 537.
Candia (Francesco) : son emblème (1562), IV, 3077.
Candida, cité par Nic. Bourbon (1538), IV, 2788.
Candide, ou l'Optimisme (1759), II, 1567, 1568.
Candilius, cité par Nic. Bourbon (1538), IV, 2788.
Candisch : relation d'un voyage de circumnavigation (1588), III, 2433.
Canel (Urbain), libr. à Paris (1823), 866 ; (1826), 869 ; II, 1603 ; (1830). II, 1364, 1843 : V, 3293 ; (1831), II, 1588 ; (1832), 954 ; II, 1621 ; (1834), III, 2513.
Cangay (Mlle), citée par M. Guy, de Tours (1598), IV, 2948.
Cangé, bibliophile, cité, 523.
Canillac (Le baron de), combat en Hainaut (1596), III, 2435, art. 3.
Canin (Jean), impr. à Dordrecht (1585), cité, III, 2194, p. 35.
Canitz (Christoph Friedrich von) : inscription dans un album (1601), V, 3370.
Canivet (Jean), libr. à Paris (1569), 784 ; III, 2167.
Canonici : ms. lui ayant appartenu, IV, 2794.
Canossa (Girolamo), donne un livre à Mario Bevilaqua (1580), 38.
Canossa (Lodovico), évêque de Bayeux : volume lui ayant appartenu, 38.
Canot, dess., III, 2408.
Canson (de) : vers à Pierre Corneille (1634), II, 1136.
Cantacuzène (Jean), traduit par le président Cousin (1672), II, 2083.
Cantagallina (Bartolo), jurisconsulte (1570), V, 3364.
Cantelmo (Margherita Maroscelli), duchesse de Sora : lettres à Gio. Giorgio Trissino (1512-1514), IV, 3078.
Canter (Jan) : inscription dans un album (1593), V, 3371.
Canter (Lambert) : id., ibid.
Canter (Wilhelm) : inscription dans un album (1567), V, 3365.
Canti (Le seigneur de), cité dans *Le Verger poëtique* (1597), 782.
Cantimpré (Thomas de) : *Liber apum*, cité, III, 2538. — Il faut peut-être lui attribuer les *Secreta mulierum*, 190, p. 98.
Cantique crestien de la misericorde du seigneur Dieu (1547), IV, 2739, p. 11.
Cantique d'action de graces pour la deffaicte et dissipation de l'armée d'Espagne (1588), 990.
Cantique de Debora, traduit en rime (1574), IV, 2978.
Cantique (Le) de la paix (1614), 892.
Cantique pour le roy de Navarre sur la signalee victoire [de Coutras], *1587* (1589), III, 2194, p. 40.
Cantiques de noëlz anciens (v. 1590), IV, 2982.
Cantique simplement composé de la maladie du roy de Navarre (1589), V, 3297.
Cantique sur la delivrance de Mgr. le duc d'Alançon (1575), 984.
Cantiques spirituels divers, 1015, 1017, 1019, 1020 ; IV, 2978, 2979 ; V, 3291-3293.
Cantiques sur la nativité de Nostre Seigneur Jesus-Christ (1558), IV, 3198 et *Additions*.
Canu, sieur de Bailleul : vers au petit de Beauchasteau (1657), 833.
Canzone sopra la vittoria dell' armata christiana contra la Turchesca (1572), V, 3308.
Canzoni (Tre) sopra la guerra turchesca (1571), V, 3307.
Capé, relieur, 27, 182, 183, 396, 400, 413, 643, 667, 712 ; II. 1062, 1080, 1195, 1292, 1900, 1921 ; III, 2330, 2414, 2503, 2567, 2655 ; IV, 2803, 2911, 2930, 2935, 2947 ; V, 3271.
Capel (Guillaume), médecin, cité par Jean Dorat (1586), IV, 2789.
Capella (De). Voy. La Chapelle (de).
Capella (Galeazzo) : *Commentarii de rebus gestis pro restitutione Francisci II. Mediolanensium ducis* (1538), III, 2726.
Capello del Campo (Paulo), 1042.
Capilupi (Ippolito) : vers de lui dans les *Icones* de N. Reusner (1589), V, 3369.
Capiomont, impr. à Paris, associé de Viéville (1872), II, 1383 ; (1876), II, 1667.
Capitaine (Ulysse) : *Notice sur le Jour-*

nal encyclopédique (1868), citée, III, 2525, p. 320.
Capitolario del mestier et arte de la lana, ms. (1526), IV, 2764.
Capitula sanctissimi foederis initi inter summum Pont. Caesareamque Majestatem et Venetos contra Turcas (1533), III, 2459.
Cappel (Ange), du Luat : vers à lui adressés par Nic. Rapin (1610), IV, 2944.
Cappelier (Le baron Gaspard), ou Caplier, exécuté à Prague (1621), III, 2420, art. 54.
Capperonnier, signe l'approbation donnée à la *Bibliotheque historique* du P. Lelong (1767), V, 3337.
Cappy : notice généalogique, III, 2195.
Caprice (v. 1644), 968.
Capron (Jules) : volumes lui ayant appartenu, 492, 987, 988, 990 ; II, 2127, 2130 ; III, 2376, 2377, 2379, 2380, 2382-2386, 2393, 2397, 2400, 2414 ; IV, 2745.
Cap vert, II, 1923.
Caquet (Le) des bonnes chambrieres (v. 1549), IV, 3173.
Caquet (Le) des femmes du faux-bourg Mont-Marthre (1622), II, 1796, art. 2.
Caquet (Le) des poissonnieres sur le departement du roy (1623), II, 1796, art. 9.
Caquet (Le plaisant) et Resjouyssance des femmes, etc. Voy. *Quaquet*.
Caquets (Les) de l'acouchée (1623), II, 1796.
Caraccioli (Giovanni), prince de Melphe, commande l'armée française en Luxembourg (1544), III, 2680. — Fr. Habert parle de lui (1549), IV, 2868.
Caracossa. Voy. *Pianto (L'acerbo) della moglie di Caracossa* (v. 1571), V, 3309.
Caractères de Civilité, ou Lettres françaises, 171, 653 ; IV, 2950, 2957, 3186 ; V, 3209, 3251, 3281, 3375.
Caraffa (Carlo), nonce du pape à Vienne : lettres au P. Giacinto da Casale, à Gianfr. Guidi Bagni, nonce à Bruxelles, et au cardinal Ludovisi (1621), III, 2420, art. 58. — Le cardinal Ludovisi lui écrit, *ibid.*
Caraheu (Jeannette), joue dans la *Passion* de Valenciennes (1547), IV, 3010, p. 377.
Caraheu (Philippe), travaille à la *Passion* de Valenciennes (1547), IV, 310, p. 375.
Caraïbes, II, 1923, 1986.
Caramouel, théologien, cité par Pascal (1657), 78.
Carangonor, II, 1950, p. 428.
Caravalz (= Caravalle), II, 2110.

Carbone (Girolamo) : lettre à Gio. Giorgio Trissino (1518), IV, 3078.
Carbonnet, trompette (1670), IV, p. 604.
Carboust (Jean), dit Carbostus, cité par Nic. Bourbon (1538), IV, 2788.
Carcamanan (Mlle), chanteuse (1663), IV, p. 605.
Cardanetto (Orazio), témoin d'un doctorat à Pérouse (1570), V, 3364.
Cardenas : volume lui ayant appartenu, 403.
Cardinal (Le) de Mazarin joué par un Flamand (1671), III, 2287.
Cardinaux : leurs armes (nov. 1686), III, 2524.
Cardinaux en 1721, III, 2493, art. 7.
Cardinaux françois, par Jacques Chevillard (1721), III, 2493, art. 4.
Cardine (La mère), entremetteuse : *Deploration* (1570), IV, 2957. — Elle est citée en 1625, II, 1796, art. 27.
Cardinot, paraît être l'un des auteurs des *Menus Propos* (1461), 583.
Cardonne (Jean de) : vers à Arnaud Sorbin (1568), II, 2028, 2029.
Cardovino (Mario), cité par Guillaume de Poëtou (1565), III, 2605.
Carey (Mme B.), citée, II, 1926.
Carey (H.), cité par Nic. Bourbon (1538), IV, 2788.
Caresme et Charnage, IV, 3021, p. 394.
Carignan (Thomas-François de Savoie, prince de), danse dans un ballet (1654), IV, p. 604.
Carinus (Louis), cité par Nic. Bourbon (1538), IV, 2788.
Carl (Johann), impr. à Augsbourg (1620), cité, III, 2420, art. 44.
Carle (Le comte de), danse dans le *Ballet de Psyché* (1656), II, 1455 ; IV, p. 604.
Carle (Geoffrey) : Antonio Fileremo Fregoso lui dédie le *Riso di Democrito* (1506), IV, 2999.
Carle (Lancelot de), cité par Nic. Bourbon (1538), IV, 2788. — *Blason du pied, Blason du genoil, Blason de l'esprit, Blason de l'honneur, Blason de la grace* (1539), 803 ; (1550), 810 ; (1807), 811. — Jacques Pelletier lui dédie la traduction du *Second Livre de l'Odyssée* (1547), 699. — Vers à lui adressés par Joachim Du Bellay (1549, 1561), IV, 2890. — Il est loué par Pontus de Tyard (1551), IV, 2908. — Vers à lui adressés par Ch. Fontaine (1557), IV, 2877. — Vers à lui adressés par Du Bellay (1559), IV, 2896. — *Panegyrique de François de Lorraine, duc de Guise* (1563), cité, III, 2692. — François d'Amboise lui dédie une *Elegie* (1568), 728. —

Il est cité par Jean Dorat (1586), IV, 2789.

Carles, secrétaire du prince de Condé : vers à lui adressés par François Habert (1558), V, 3251.

Carlier (L'abbé) : *Histoire du duché de Valois* (1764), III, 2331.

Carlier (Gilles), joue dans la *Passion* de Valenciennes (1547), IV, 3010, p. 375.

Carlo (Giovanni Stefano di), de Pavie, impr. à Florence (v. 1506), II, 1952.

Carlon (Martial) : vers latins en tête de l'*Histoire d'Engoulesme* de François de Corlieu (1566), IV, 3132.

Carlos (Don) : un pâtissier de Madrigal se fait passer pour lui en France (1596), III, 2434.

Carlos (Don), infant d'Espagne (1623), III, 2374, art. 7.

Carmagnole : chanson sur la réduction de cette ville (1579), 989, art. 3.

Carmagnole (André) : *Oraison funèbre d'Anne d'Autriche* (1666), 356, art. 3.

Carmeau (Nicolas), fonde une colonie au Brésil (1556), II, 1989.

Carmélites de Paris : Sermon prononcé chez elles par Bossuet (1661), IV, 3079, p. 447.

Carmes déchaussés de Charenton : volume leur ayant appartenu, 22.

Carmolcus (= Charmolue ?) (Jacques), cité par Nic. Bourbon (1538), IV, 2788.

Carmona (M. Salvador), grav., II, 1474 ; III, 2508.

Carnandet, cité, 474.

Carnaval (Le), mascarade royale (1666), IV, p. 598.

Carnavalet (François de), cité par Jean Dorat (1586), IV, 2789.

Carneau (Le P. Étienne), celestin : vers au petit de Beauchasteau (1657), 833. — Vers dans *Les Muses illustres* (1658), 976.

Carnesecchi (Amerigo) : sonnet à lui adressé par N. Martelli (v. 1543), IV, 3000, p. 359.

Carnesecchi (Bartolommeo) : id., *ibid.*

Carnesecchi (Cristofano) : id., *ibid.*, p. 358.

Carninis (Leonardo de) : vers à la fin de l'*Epistola Christophori Colombi* (1493), II, 1947.

Caroli (Pierre) : Guillaume Farel est défendu contre ses attaques par Nicolas Des Gallars (1545), 86.

Caroline, reine d'Angleterre : L. Riccoboni lui dédie son *Histoire du théatre italien* (1728), II, 1464.

Carolstadt, dit Carolstadius, dénoncé par Pierre Du Chastel (1549), III, 2144.

Carolus : épigrammes (1537), III, 2594, art. 16.

Caron, l'un des auteurs des *Cent Nouvelles nouvelles* (v. 1457), II, 1694.

Caron, comédien, éditeur de farces, IV, 3020.

Caron (Antoine), peintre, cité par Jean Dorat (1586), IV, 2789.

Caron (Jacques), joue dans la *Passion* de Valenciennes (1547), IV, 3010, p. 376.

Caron (Jehan), dit d'Arras : *Melusine* (v. 1505), II, 1495.

Carpentarius, Carpenteius. Voy. Le Charpentier.

Carpentier, principal du collège de Bourgogne à Paris (peut-être le même que Le Carpentier) : François Habert parle de lui (1558), V, 3251.

Carpentier (Antoine) : *Jugement sur P. Borel*, 318.

Carpentier de Marigny : vers à M° Adam Billaut (1644), 829.

Carpi (Pio da). Voy. Pio.

Carpius (Leo), cité par Nic. Bourbon (1538), IV, 2788.

Carra (Jean-Louis), collabore à l'*Encyclopédie* (1751-1777), III, 2523, p. 280.

Carracci (Agostino) : peintre, III, 2523. — Portrait de M. A. Amerighi, dit Caravaggio (1765), III, 2506. — Son portrait, *ibid.*

Carratoyron (Chansons du), vers 1530, 1021.

Carré (François) : vers à L. de Fontenettes (1654), 971.

Carré (Jérôme), 930. Voy. Voltaire.

Carre (Pierre), marin flamand, dépose sur le naufrage de l'*Armada* (1588), III, 2219, art. 5.

Carrella (Delantado de), plénipotentiaire de l'empereur (1538), III, 2674.

Carrier, joue dans la *Tragedie de Kanut* (1575), IV, 3025.

Carrier (Frère Ange), récollet (1632), II, 1968.

Carrier (Vincent), publie une édition du *Dictionarium* de Jehan de Garlande (1509), V, 3221.

Carrion (Louis) : vers sur Est. Pasquier (1584, 1610), 737. — Il est cité par Jean Dorat (1586), IV, 2789.

Carrion de Nisos : généalogie, III, 2495.

Cars (Laurent), grav., 220.

Cars (Laurent), fils, dess. et grav., II, 2016 ; III, 2359.

Carses (Le comte de), danse dans un ballet (1635), IV, p. 604.

Carte generalle de la Nouvelle France (1692), II, 1973.

Cartebeuse (Joachim de), de Soleure (1598), IV, 3127, art. 12.

Cartel (Jean), impr. à Genève (1610), II, 2061.
Carteromachos (Scipion). Voy. Fortiguerra.
Cartier (A.) : *Chansons* (1549-1552), 980.
Cartier (Alfred), bibliographe, 76, *Additions* ; 410, *Additions* ; II, 1684, 1697, 1870, 2033, *Additions* ; 2065 ; III, 2158, 2214 ; IV, 2805, p. 126 ; 2855, p. 201 ; 2867, 2875, 2950 ; V, 3341.
Cartier (Gabriel), impr. à Genève (1583), II, 1092.
Cartier (Jacques), explorateur du Canada (1534-1542), II, 1964.
Cartouche (Le Vice puni, ou), poëme (1726), 851. — Sujet d'une pièce de Le Grand (1742), II, 1303.
Cartrian (Gilles), dit Velu, joue dans la *Passion* de Valenciennes (1547), IV, 3010, p. 376.
Carvajal (Bernardino de), évêque de Sabine, assiste au concile de Pise (1511), IV, 3095.
Casa, ou Caza, cité par Nic. Rapin (1610), IV, 2944.
Casanova (Marcantonio) : vers de lui dans les *Icones* de N. Reusner (1589), V, 3370. — Portrait, *ibid.*
Casaubon (Isaac) : vers à lui adressés par Nic. Rapin (1610), IV, 2944. — Commentaires sur Théophraste (1712), 134.
Casbois (Dom Nicolas), collabore à l'*Encyclopédie* (1751-1777), III, 2523, p. 280.
Caseneuve (de): *Origines françoises* (1750), 318.
Casca, cité par Nic. Bourbon (1538), IV, 2788.
Cas de conscience proposé par un confesseur (1703), cité, IV, 3079, p. 455.
Casimir, impr. à Paris (1836), II, 1366.
Cassaigne (L'abbé), donne à Bossuet des nouvelles de l'Académie (1671), IV, 3079, p. 440.
Cassia, citée par Nic. Bourbon (1538), IV, 2788.
Cassin (Noël), dess. et grav., 364, art. 2.
Castanea, rimeur. Voy. Chastaigner.
Castel (Jehan de), cité, IV, 2826, p. 156.
Castel des Rius (D. Emanuel d'Oms et de Santa-Pau, marquis de) : Donneau de Vizé lui dédie le *Mercure galant* (mars 1701), III, 2524, p. 294.
Castellanus. Voy. Du Chastel.
Castellesi (Adriano), cardinal : lettres à Gio. Giorgio Trissino (1510), IV, 3078.
Castellono (Juan Antonio de), impr. à Milan (1546), III, 2431.
Castelnau (de), chevalier de l'Ordre : Jean d'Intras lui dédie *Le Lict d'honneur de Chariclée* (1609), II, 1525.
Castelnau (François-Guillaume de), cardinal de Clermont Lodève, fait imprimer à ses frais le livre de Sante Pagnini (1526), IV, 2770.
Castelnau (Marie-Charlotte de), danse dans un ballet (1664), IV, p. 604.
Castelnau (Michel de), sieur de La Mauvissière : vers à lui adressés par J. Le Masle (1580), IV, 2933.
Castiglione (Zanotto), impr. à Milan (1513), II, 2023.
Castilhon (Louis), collabore à l'*Encyclopédie* (1751-1777), III, 2523, p. 280.
Castille : succession chronologique des rois (1701), III, 2493, art. 14.
Castille (L'abbé de) : lettre à lui adressée par Rangouze (1649), II, 1879.
Castille (Pierre de), fils du président Jeannin, emmène Lescarbot en Suisse (1617), II, 1964.
Castille (Mme de), femme du précédent : Marc Lescarbot lui dédie *Les Bains de Fewer* (1613), IV, 2950.
Castille-Villemareuil (Marie-Madeleine de). Voy. Fouquet.
Castillon (Frédéric de), collabore à l'*Encyclopédie* (v. 1760-1777), III, 2523, p. 280.
Castillon (Jean de), ou Castiglione, collabore à l'*Encyclopédie* (1751-1777), III, 2523, p. 280.
Castillon de Mouchan : généalogie, III, 2495.
Castione (Frère Giovanni), ou Castrone, cité (v. 1505), V, 3227.
Castregat (Jehan d'Enghien, seigneur de Kessergat, ou), dit « l'amant de Brucelles », l'un des auteurs des *Cent Nouvelles nouvelles* (v. 1457), II, 1694.
Castres. Voy. Faurin : *Journal sur les guerres de Castres* (1541-1601), II, 2095, art. 15.
Castries. Voy. La Croix de Castries.
Castrin (François) : vers à lui adressés par N. Rapin (1610), IV, 2944.
Castro (Inez de), III, 2444.
Castro (Jean), musicien (1611), IV, 2927.
Catalogen (Die) oft Inventarisen vanden quaden verboden boucken (1550), 109.
Catalogue des livres composez par les religieux de S. Germain des Prez (1724), III, 2317.
Catalogue des livres [et objets d'art] du cabinet de feu M. Randon de Boisset (1777), 270.
Catalogue des livres examinés et censurez par la Faculté de theologie de Paris (1544-1551) (1551), III, 2548.

Catalogue historique du cabinet de M. de Lahve (1764), 269.
Catalogues des foires de Francfort, III, 2518.
Catalogus doctorum Wormatiae praesentium (1541), cité, III, 2722.
Catalogus librorum musicorum qui venales reperiuntur in officina Joannis a Doorn (1639), III, 2519.
Cataneo (Gio. Maria) : portrait dans les *Icones* de N. Reusner (1589), IV, 3370.
Câteau-Cambrésis (Paix de) en 1559 : 709 ; III, 2601, 2686.
Catéchisme (Le) du Palatin (1621), III, 2420, art. 49.
Catéchisme (Petit), traduit en la langue des Caraïbes (1664), II, 1986, art. 1.
Catel (François) : épitaphe hébraïque d'Anne de Montmorency (1567), IV, 2966, art. 29.
Cathelin (Louis-Joseph), grav., 228 ; II, 1179.
Catherine (Sainte) d'Alexandrie : oraison à elle adressée, IV, 3154, art. 4.
Catherine (Sainte) de Sienne : Vie, traduite de Raymond de Capoue (1520), II, 2025 et *Additions*.
Catherine de Bourbon, princesse de Navarre, puis duchesse de Bar : le *Discours sur la mort de la royne de Navarre* lui est dédié (1572), III, 2170, 2171. — Vers à elle adressés par Flaminio de Birague (1585), IV, 2939. — Pierre de Brach lui dédie la traduction du chant IV de la *Gerusalemme* de T. Tasso (1596), IV, 3001. — Jean Hays lui dédie ses *Premieres Pensées* (1598), 763. — *Regrets* sur sa mort (1604), 888.
Catherine de Bourbon, fille naturelle de Henri IV : vers à elle adressés par S. G., sieur de La Roque (1609), IV, 2943.
Catherine de Médicis, duchesse d'Urbin, fiancée du dauphin, fait son entrée à Marseille (12 oct. 1533), III, 2410. — Sonnet à elle adressé par Niccolò Martelli (v. 1543), IV, 3000, p. 357. — François Habert lui dédie *La nouvelle Juno* (1547), IV, 2867. — Le même publie des vers adressés à Catherine dauphine (1549), IV, 2868. — *Ordre et Forme qui a esté tenue à son sacre et couronnement* (1549), IV, 3114. — Vers à elle adressés par Joachim Du Bellay (1549, 1563), IV, 2890. — François de Billon lui adresse une épitre (1550), II, 1837. — B. de Salignac lui dédie *Le Voyage du roy au Pays Bas* (1554), III, 2685. — Vasquin Philieul lui dédie sa traduction de Pétrarque (1555), IV, 2996.
— Elle est louée par Ch. Fontaine (1557), IV, 2877. — Vers à elle adressés par Du Bellay (1559), IV, 2896. — Celui-ci lui consacre une inscription (1559), V, 3258. — Fr. Habert lui dédie *Les Regretz et tristes Lamentations sur le trespas du roy Henry II* (1559), 648. — *Discours à l'appui de ses droits de régente* (1561), III, 2150. — Vers à elle adressés par Anne de Marquets (1561), IV, 2918. — Jean Nestor lui dédie son *Histoire des hommes illustres de la maison de Medici* (1564), III, 2454. — Ronsard lui dédie *La Promesse* (1564), IV, 2887. — Elle assiste à l'entrevue de Bayonne (30 mai 1565), III, 2163. — Jean Talpin lui dédie son *Examen* (1567), 173. — Jacques Grévin lui dédie son *Proëme sur l'histoire des François et... Medici* (1567), IV, 2914. — J. Vauquelin de La Fresnaye lui dédie son poème *Pour la monarchie* (1567), 726. — Ronsard lui dédie son *Discours sur les miseres de ce temps* (1568), IV, 2886. — N. Filleul lui adresse son *Vœu* (1568), 727. — Sa correspondance avec B. de Salignac, marquis de La Mothe-Fénelon, ambassadeur à Londres (1571), III, 2370. — Épigramme à elle adressée par Jacques de La Taille (1573), V, 3317. — J.-A. de Baïf lui adresse des *Etrenes* (1574), 686. — Jean Choisnyn lui dédie son *Discours de l'election du roy de Pologne* (1574), III, 2426. — Du Cerceau lui dédie ses *Excellents Bastiments* (1576-1579), 248. — Vers à elle adressés par Est. Forcadel (1579), IV, 2879. — Elle envoie une flotte aux Açores (1582), III, 2443. — Vers à elle adressés par Joachim Blanchon (1583), IV, 2938 ; — par Flaminio de Birague (1585), IV, 2939. — Elle est louée par Jean Dorat (1586), IV, 2789. — *Ce qui est accordé entre elle et le roy de Navarre* (19 déc. 1586), III, 2194, p. 40. — *Pourparler avec le duc de Guise sur le fait des places de Picardie* (1587), III, 2188, p. 26, art. 24. — *Articles accordés entre le roi, la reine, sa mère, et M. le cardinal de Bourbon* (21 juill. 1588), III, 2194, p. 42. — Charlotte de Minut lui dédie le traité *De la Beauté* (1587), II, 1838. — *Oraison funebre*, par Regnault de Beaune (1589), V, 3232. — *Discours merveilleux de la vie... de la reine*, attribué à Henri Estienne (1744), III, 2188. — P. Perrot de La Salle parle d'elle (1599), IV, 2949. — Portrait (1623), 668.

TABLE ALPHABÉTIQUE GÉNÉRALE

Catinat (Nicolas de) : sa campagne en Piémont (1690-1691), III, 2524, p. 291.
Caton (Denis) : *Sententiae* (1496), 394. — *Dictz*, traduits en vers français, mss., IV, 2755, 2777. — *Motz dorez* (1531), 415. — *Motz dorez*, traduits par Fr. Habert (1569), V, 3376 ; (v. 1590), IV, 3168.
Caton (M.) : *De re rustica* (1514), III, 2561 ; (1543), 185. — *Vie* par Plutarque (1567), II, 1899. Cf. III, 2735.
Caton d'Utique : *Vie* par Plutarque (1567), II, 1899. Cf. III, 2735.
Catullus, Tibullus, Propertius (1502), 412 ; contrefaçon, V, 3236 ; (1503), 413.
Cauche (François) : *Relation du voyage fait à Madagascar en 1647* (1651), II, 1922.
Caulet d'Hauteville : volumes lui ayant appartenu, III, 2524, p. 317.
Caulier (Achille) : *L'Ospital d'amours* (v. 1490), 577, 578, *Additions*. — *Sentence contre la belle dame sans mercy*, IV, 2799, art. 14.
Caumartin (Jean-François-Paul Lefèvre de), évêque de Blois : ouvrage à lui dédié (1723), 82.
Caumartin (Louis-Urbain Le Fèvre de), marquis de Saint-Ange : volume lui ayant appartenu, IV, 2879.
Caunes : abbaye de Saint-Pierre, IV, 3096, art. 124.
Caunier (Mlle), citée par M. Guy, de Tours (1598), IV, 2948.
Caupain (Jacques), poète et musicien (1549), IV, 2868.
Caurreus. Voy. Des Caurres.
Cause, dess. et grav. (1726), II, 1908.
Cauton (Adolphe), est exécuté (1616), III, 2420, art. 1.
Cauvet (G.-P.) : *Recueil d'ornemens* (1777), 259.
Cauvigny (F. de), sieur de Coulomby : vers à Ann. de L'Ortigue (1617), 822. — Vers dans *Le Cabinet des Muses* (1619), 974.
Cavagnes (Arnauld de) : arrêt rendu contre lui (1572), III, 3166, art. 3 ; quatrain contre lui, 3190.
Cavé (Edmond-Ludovic-Auguste), écrit avec Auguste Dittmer sous le pseudonyme de Dufongeray. Voy. Dufongeray.
Caveiller (Estienne), impr. à Paris (1539), 426 ; (1542), III, 2414.
Caveiller (Jean), impr. à Paris (1558), IV, 3076.
Cavelier (Guillaume II), libr. à Paris (1694), 948, art. 1 ; (1718), III, 2524, p. 298 ; (1726), III, 2487. — Sa veuve (1727), III, 2524.
Cavelier (Guillaume III), dit Cavelier fils, puis Cavelier père, libr. à Paris (1718), III, 2524, p. 298 ; (1733),
III, 2487 ; (1743), 244 ; (1745), 244.
Cavelier (Jean), impr. à Caen (1671), II, 1907.
Cavelier de La Salle, explorateur du Mississipi, II, 1924. — Ses voyages décrits par le P. Chr. Le Clercq et le P. Zén. Membré (1691), II, 1973 ; — par le chevalier de Tonti (1697), II, 1974 ; — par Hennepin (1704), II, 1975.
Cavellat (Hiérosme), libr. à Paris (1550), 670, 671 ; (1553), III, 2430 ; (1572), IV, 3188 ; (1573), III, 3194. — Il est cité par Jean Dorat (1586), IV, 2789.
Cavellat (Léon), libr. à Paris (1600) 802.
Caviceo (Jacopo) : *Dialogue treselegant intitulé le Peregrin* (1527), II, 1744.
Cavillon (François), libr. à Nice (v. 1525), IV, p. 8.
Caxton (William), impr. à Westminster (1483), 1055.
Cayet (Pierre-Victor Palma) : *Chronologie novenaire* (1608), III, 2704. — *Chronologie septenaire* (1609), III, 2705. — *Le Divorce satyrique* (1744), III, 2188, p. 27.
Caze : généalogie, III, 2495.
Caze : *Recueil de pieces curieuses* (1694-1696), III, 2632.
Cazenave, dess., II, 1072.
Cazenove (Raoul de), cité, II, 2052.
Cazes, dess., III, 2317, 2408.
Cazes (P.-J.), dess., II, 2347.
Cazes (R.), dess., II, 1072.
Cazin, impr. à Paris (1753), 850 ; (1778), 927 ; (1780), 925 ; (1781), 859.
Cazin (Le docteur), de Noyon, cité, 190, p. 98.
Cazotte : *Le Diable amoureux* (1772), II, 1574. — *Olivier* (1798), II, 1681. — Une pièce de lui dans les *Chants et Chansons populaires de la France* (1843), 1014.
Cazotte, auteur supposé par Restif de La Bretonne (1802), II, 1916, art. 34.
Céat (André), poète du xve siècle (?), 541, art. 4.
Cébès : *Tabula* (v. 1517), 132. — *Tableau* (1543), 133.
Cecil (Sir William) : Cotgrave lui dédie son *Dictionnaire* (1632), 327.
Celestine (La) (1527), IV, 3057.
Celio (Costantino) : vers à Francesco Taegio (1525), V, 3341.
Cellier (Claude), libr. à Paris (1693), II, 1544.
Cellot (Louis), impr. à Paris (1757-1768), II, 2524 ; (1771), 1065.
Celot (Guy), fermier du gros et huitième de la ville de Paris (1598), IV, 3127, art. 12.

Celse (Aurelius Cornelius) : *De re medica* (1528), IV, p. 8.

Celtes (Conrad Pickel, dit), un des acteurs du *Ludus Diane* (1500), II, 1066.

Cenac (Alis, dit de). Voy. Alis.

Cenamy (Archange), *Oraison funebre de Nicolas Brulart* (1693), 375.

Cenami (Pandolfo), banquier (1532), IV, 3091.

Cenau (Robert), ou Cenalis : *L'Oraison de la paix faicte a Cambray* (1529), V, 3343.

Cenau (Robert III), évêque d'Avranches : vers à lui adressés par J. de Vitel (1588), V, 3275.

Cendre (Sœur Antoinette) : oraison composée pour elle (1501), IV, 2820, p. 144.

Cent cinq Rondeaux d'amours, ms., IV, 2855.

Centenaire (Le) (1822), II, 1585.

Centre (Le) de l'amour (v. 1700), II, 1872.

Centuries prophetiques (1621), IV, 2762.

Ce qui est accordé entre la royne, mere du roy, et le roy de Navarre (19 déc. 1586), III, 2194, p. 40.

Ce qui s'est passé à Malte depuis la prinse du chasteau S. Elmo par les Turcs (1565), II, 2019, art. 2.

Cercia (Antoine), impr. à Genève (1559), 90.

Ceremonies (Les) faictes à l'entrée du roy et de la royne en leur bonne ville de Paris (1616), III, 2273.

Ceremonies (Les) observées au couronnement de Christine, reyne de Suede (1650), IV, 3153, p. 536.

Cerimonies [sic] *(Les) observees au coronement de l'empereur... a Bologne la Grasse* (1530), III, 2410 et *Additions.*

Ceremonies (Les) observées par les chevaliers de Mâlte à l'eslection du nouveau grand maistre (1623), III, 2647.

Ceremonies (Les veritables) royales faictes à la reception de messieurs les chevaliers de l'ordre du S. Esprit (1633), III, 2490.

Cerfbœr (A.), de Medelsheim, traducteur des *Contes* de Musaeus (1846), II, 1768.

Cerisay (de) : vers à lui adressés par J. Le Masle (1580), IV, 2933.

Cerises (Les) et la Méprise (1769), 931.

Cerisy (L'abbé de) : lettre à lui adressée par Rangouze (1649), II, 1879.

Cerisolles (Bataille de) en 1544, II, 2095, art. 9.

Cerizoles (de) : vers à Thomas Sonnet, sieur de Courval (1621), 939.

Cernel (Mme de), grav., IV, 3167.

Certificat de plusieurs seigneurs qui assisterent le roy [Henry III] depuis qu'il fut blessé (1589), impr. en 1744, III, 2188.

Certon (Pierre) : *Chansons* (1549-1553), 980 ; V, 3299. — Il est cité par Guy Le Fèvre de La Boderie (1578), IV, 3183.

Certon (Salomon), appelé Serton, cité par Nic. Rapin (1610), IV, 2944. — Vers sur la mort de Rapin (1610), *ibid.*

Cervantes Saavedra (Miguel de) : *Don Quixote* (1605), IV, 3065, 3066 ; (1608), 3067 ; — traduit par Cesar Oudin (1614), 3068 ; — *Segunda Parte* (1615), 3069 ; — traduite par Fr. de Rosset (1618), 3070. — *Histoire de l'admirable Don Quixotte* (1677-78), II, 1749, 1750 ; (1768), 1752 ; — *Tome cinquiéme* (1695), 1751. — Cf. *Nouvelles Avantures de l'admirable Don Quichotte*, trad. d'Avellaneda par Le Sage (1704), 1753. — *Don Quichotte chez la duchesse*, ballet de Favart (1760), II, 1335. — *Novelas exemplares* (1613), II, 1754. — *Nouvelles*, traduites par Cotolendi (1678), II, 1755 ; — traduites par Saint-Martin de Chassonville (1768), 1756. — Portraits, II, 1752, 1756.

Cervin (Claude), de Blois (1549), IV, 2868.

Cervini (Marcello), cardinal de Sainte-Croix : P. Manuzio lui dédie le tome II des œuvres philosophiques de Cicéron (1555), II, 1902, art. 2. — Voy. Marcel II, pape.

Cesano (Bartolommeo), libr. à Venise (1551), II, 1467.

César (Jules) : sa *Vie* par Plutarque (1567), II, 1899. Cf. III, 2735. — Sa mort est le sujet d'une tragédie de Voltaire (1735), II, 1522.

Cesarini (Alessandro), cardinal : P. Manuzio lui dédie le tome III des discours de Cicéron (1559), II, 1902, art. 5.

Cesarini (Giulio) : portrait dans les *Icones* de N. Reusner (1589), V, 3370.

Césy (de Harlay, comte de), ambassadeur de France à Constantinople (1528), III, 2480.

Cessoles (H. de) : volume lui ayant appartenu, 414.

Cessole (Jacques de) ; *Le Jeu des eschez moralisé* (1504), II, 1506.

Cetina (Le docteur), approuve les *Novelas exemplares* de Cervantes (1613), II, 1754. — Il approuve la seconde partie de *Don Quixote* (1615), IV, 3069. Il est appelé alors « Gutierre de Cetina ».

Cévennes : *Histoire du soulevement*

des fanatiques, par Fr. Duval (1773), II, 2034.
Chaban, renégat provençal, tue Muley Abd-el-Melek, sultan du Maroc (1631), III, 2483.
Chabannes (Chrestofle de), comte de Curtou, cité par Guy Le Fèvre de La Boderie (1578), IV, 2930.
Chabannes (Jacques de), seigneur de La Palice : son *Apotheose* par Guillaume Crétin (1526), 437. — Vers en son honneur par Ant. Du Saix (1532), 516. — Épitaphe, par le même (1537), 516.
Chabanon de Maugry : romance dans les *Chansons* de La Borde (1773), 1002.
Chabin (Jean), impr. à Lyon (1552), III, 3201.
Chabot, dit le jeune Jarnac, tué à la Saint-Barthélemy (1572), IV, 3191.
Chabot (Guy), seigneur de Jarnac : son duel (1547), IV, 2855, p. 194.
Chabot (Jacques), seigneur de Jarnac, cité dans les pièces jointes au *Vergier d'honneur* (v. 1500), 479.
Chabot (Magdelayne), id., *ibid.*
Chabot (Philippe), seigneur de Brion, comte de Buzançay, amiral de France, cité par Nic. Bourbon (1538), IV, 2788. — François Ier lui adresse une lettre (1542), III, 2677. — Jean Le Fèvre lui dédie la traduction des *Emblemes* d'Alciat (1548), II, 1870. — Complainte sur sa mort, par Saint-Romard (1550), 808. — Épitaphe, par Jodelle, III, 2304.
Chabot de Souville : généalogie, III, 2495.
Chabrol (Le comte Édouard de) : volume lui ayant appartenu, III, 2701.
Chabrol (Mathieu), chirurgien, collabore à l'*Encyclopédie* (v. 1760-1777); III, 2523, p. 280.
Chaillet (David) : inscription dans un album (1583), V, 3368.
Chaillot (Monastère de) : sermon que Bossuet y prononce (1660), IV, 3079, p. 447.
Chairterre (Pol.), pseudon. (?) : vers à Jacques Alphutic, c'est-à-dire à Chipault (v. 1561), III, 2609.
Chais (Mlle de), citée par M. Guy, de Tours (1598), IV, 2948.
Chaix (A.) et Cie, impr. à Paris (1881), II, 1433.
Chalabre, bibliophile, IV, 2715, p. 17.
Chalain (de), danse dans un ballet (1645), IV, p. 605.
Chalais (Henry de Talleyrand, marquis de), danse dans un ballet (1619), II, 1449 ; IV, p. 605.
Chalais (Henry de Talleyrand, comte de) : Pièces de son Procès (1781), III, 2279. — Portrait, *ibid.*

Chalandray : volumes lui ayant appartenu, II, 1892 ; V, 3322.
Chalant (Jean), cité par Charles Fontaine (1546), IV, 2876.
Chalcondylas (Démètre) : lettre à Gio. Giorgio Trissino (1508), IV, 3078. — Portrait dans les *Icones* de Nic. Reusner (1589), V, 3370.
Chalemin (Pierre), « Calaminus » : inscription dans un album (1597), V, 3370.
Chalesme (de) : *Recit fidele en abbregé de toutes les particularitez qui sont dans l'Amerique* (1676), II, 1961.
Chaliot, mari malheureux (1535) ; éloge de sa femme, 805.
Challamel, dess., II, 1072.
Challenge (Mathurin), impr. à Paris, associé de Jean Mettayer (1573), 292.
Challes (Grégoire, ou Robert de), est probablement l'auteur d'une suite de *Don Quichotte* (1713), II, 1752.
Chalon-sur-Saône : *La triste et lamentable Complainte du capitaine La Quinte et de ses compagnons justiciez dans Paris et à Chalon sur Saone* (1607), 113.
Chalon (Philibert de), prince d'Orange : épître à lui adressée par Jehan Bouchet (1525), 511.
Chalon (René de) : portrait (1540), IV, 2871, p. 213.
Chalonneau (Benoist), libr. à Paris (1600), II, 2242, art. 10.
Châlons : *Chronologie des evesques* (1721), III, 2493, art. 23. — *Histoire... d'un homme qui a egorgé et mangé sept enfans* (1619), 120.
Chalopin (Charlotte), citée par M. Guy, de Tours (1598), IV, 2948.
Chalopin (Les sœurs) : id., *ibid.*
Chalouppe (R.) : vers à Jean d'Intras (1609), II, 1524.
Chaluau : vue du château, 248.
Chalup : généalogie, III, 2495.
Chalvet : Pierre Le Loyer lui dédie *Le Muet insensé* (1579), III, 746.
Chalvet de Rochemonteix : généalogie, III, 2495.
Chambaut (Jacques) : vers à Gabriel Meurier (1583), II, 1866.
Chambellan (David), libr. à Paris (1636), II, 1454.
Chambéry : Imprimeurs. Voy. Du Four (Geoffroy), 1613. Pomar (Claude), 1596.
Chambéry (M. et Mme de) : vers à eux adressés par Joachim Blanchon (1583), IV, 2938.
Chambolle-Duru, relieur, 785 ; II, 1807 ; III, 2416, 2556, 2557, 2578, 2662, 2663, 2674, 2675-2677, 2680, 2681 ; IV, 2736, 2739, 2747, 2756, 2762, 2765, 2769, 2774, 2776, 2787,

2790, 2809, 2815, 2821, 2828, 2829 bis-2831, 2841, 2844, 2850-2852, 2856, 2866, 2883, 2912, 2922, 2924-2926, 2937, 2941, 2946, 2956, 2960, 3067, 3087, 3090, 3105, 3115, 3134, 3298, 3380-3382.
Chambolle-Duru fils, relieur, IV, 2783, 2816, 2836, 2843, 2971, 3001, 3011, 3014, 3159, 3168, 3171, 3184, 3188 ; V, 3282.
Chambon de Gotz (P.) : sonnet à Pierre de Brach (1576), IV, 2931.
Chamborant : généalogie, III, 2495.
Chambord : vues du château, 248, 249. — *Monsieur de Pourceaugnac* y est joué (1670), II, 1212, 1213 ; — *Le Bourgeois gentilhomme* y est joué (1670), II, 1214.
Chambre : généalogie, III, 2495.
Chambre des Comptes : édits vérifiés par elle en 1645, IV, 3153, p. 535.
Chambrières, IV, 3173, 3176.
Chambriers (Grands) de France, III, 2493, art. 35.
Chambrun (J. de) : sonnet à Du Bartas (1583), V, 3269.
Chameau, dit Chamelius, cité par Jean Dorat (1586), IV, 2789.
Chamfort (Sébastien-Roch Nicolas, dit) : *Eloge de La Fontaine* (1774, 1822), II, 1909. — *Contes en vers* (1778), 927. — Il collabore au *Mercure* (1789), III, 2524, pp. 316, 317. — *Maximes, Pensées*, etc. (1857), II, 1865.
Chamhoudry (Louis), libr. à Paris (1652), 975 ; (1655), II, 1159 ; (1658), 976.
Chamier (Daniel) : *La Honte de Babilon* (1612), 94.
Chamillart (Isabelle-Thérèse Le Rebours, marquise de) : volumes lui ayant appartenu et reliés à ses armes, 45, 69, 77, 128.
Chamilly (Noël Bouton de), comte de Saint Léger : on croit que les *Lettres portugaises* lui sont adressées (1669), II, 1885.
Chamlay, maître des requêtes : vers à lui adressés par Nic. Rapin (1610), IV, 2944.
Champagne : *Comtes*, III, 2493, art. 24. — *Nobiliaire, ibid.*, art. 53.
Champagne, héraut d'armes (1556), V, 3350 ; (1568), II, 2059.
Champagne : généalogie, III, 2495.
Champaigne : vers en tête du *Dictionnaire des rimes* de Jean Le Fèvre (1588), 431.
Champagne (J.-B.), dess., III, 2506, 2507.
Champaigne (Philippe de), peintre, III, 2506.
Champagne-La Suse (Péronnelle de), première femme de Jacques de Montgommery, citée par Jean Dorat (1586), IV, 2789.
Champarmoy (Charles Philippe, seigneur de). Voy. Philippe.
Champ-Doré (Pierre Angibaut, dit), navigateur, II, 1964.
Champein : mélodie dans les *Chansons* de Piis (1785), 1003.
Champenois (Antoine), impr. à Paris (1615), III, 2271 ; (1621), IV, 2762.
Champier (Symphorien) : épître à lui adressée par Humbert Fournier (1509), II, 2090. — On doit peut-être lui attribuer l'*Euvre nouvellement translatee de italienne rime* (1509), III, 2591. — *Grans Croniques des ducz et princes de Savoye et Piemont* (1517, n. s.), III, 2355. — *Les Gestes... du chevalier Bayard* (v. 1525), II, 1505.
Champion (Dom Hilaire), dess., IV, 3096, art. 145, 146.
Champlain (Samuel) : M. Lescarbot lui adresse un sonnet (1611, 1618), II, 1964, 1965. — *Voyages et Descouvertures faites en la Nouvelle France* (1620), II, 1966. — *Voyages de la Nouvelle France* (1632), 1967.
Champmeslé (Charles Chevillet, sieur de) : *Les Fragmens de Moliere* (1682), II, 1221. — *Je vous prens sans verd* [avec La Fontaine] (1699), II, 1232. — *La Coupe enchantée* (id.), II, 1233. — Privilège pour l'impression de son *Théatre* (1739), II, 1549.
Champollion-Figeac (Aimé), éditeur des *Mémoires de Retz* (1859), cité, II, 2285.
Champ-Repus (Marigues de) : ouvrage lui ayant appartenu, III, 2562.
Champvallon (François-Bonaventure de Harlay, marquis de), danse dans un ballet (1669), IV, p. 605.
Chan (J. de) : sonnets à Odet de La Noue (1588), V, 3275.
Chanaleilles (Le marquis de) : volume lui ayant appartenu, III, 2455.
Chancel de La Grange : généalogie, III, 2495. Voy. aussi La Grange-Chancel.
Chanceliers de France, III, 2493, art. 27.
Chancy, musicien (1635), IV, p. 605.
Chandelier (René) : vers à lui adressés par Guillaume Des Autelz (1551), III, 2572.
Chandeville (de) : préface en tête du *Trompeur puny* de G. de Scudéry (1633), V, 3318. — *Poésies* (1652), 975.
Chandieu (Antoine de La Roche-) : *Epitaphe de Wolfgang de Baviere* (1569), 731. — *Response aux calomnies contenues au Discours et Suyte du Discours sur les miseres*

de ce temps (1563), 677. — *Ode sur les miseres des Églises françoises* (1569), 731 ; (1601), II, 1070. — Il aide Du Plessis-Mornay à réfuter Du Perron (1600), II, 2062. — Poésies diverses (1601), II, 1070.
Chandieu (Jacques de La Roche-) : inscription dans un album (1585), V, 3368.
Chandieu (Jean de La Roche-) : id., *ibid*.
Chandon, conseiller d'État : vers à lui adressés par Guill. Du Peyrat (1593), IV, 2945.
Chandon (Jean de) : vers à lui adressés par Jean de Vitel (1588), V, 3275.
Chandon (Jerosme) : vers sur Estienne Pasquier (1584, 1610), 737.
Chandos (John) : épitaphe par Jehan Bouchet (1545), 510.
Chandoure, danseur (1657), IV, p. 605.
Changy (Michault de), l'un des auteurs des *Cent Nouvelles nouvelles* (v. 1457), II, 1694.
Changuion (Daniel-Jean), libr. à La Haye (1789), II, 1916, art. 26.
Changuion (François), libr. à Amsterdam (1727), III, 2293 ; (1770), II, 1916, art. 6.
Channey (Jehan de), impr. à Avignon, cité, 1021.
Chanorrier (A.) : *Legende doree des prestres et des moines* (1560), V, 3265.
Chanson (J.-L.), impr. à Paris (1807), 811.
Chanson d'un bergier (1516), III, 2562, art. 29.
Chanson d'une bergiere (1516), III, 2562, art. 30.
Chanson contre Le Merle, d'Yssoire (1579), citée, III. 2698.
Chanson lamentable contenant les infortunes et desastres survenus au prince d'Espinoy (1581), 411, art. 57, 987.
Chanson nouvelle, comme Le Merle s'est rendu au roy (1580 et 1586), citée, III, 2698.
Chanson nouvelle contenant la forme et maniere de dire la messe (1562), 98, art. 5.
Chanson nouvelle sur la prinse de Calais par les Bourguignons en avril, 1596, IV, 2977.
Chanson nouvelle pour encouraiger les Catholicques à se prevalloir contre le prince d'Oranges (1581), 988.
Chanson nouvelle sur les regrets du baron de La Motte (1608), 114.
Chansons en forme de vau de ville, à quatre parties (1573-1584), 983.
Chansons jeouses en lingage poelevin (1660), 1025.

Chansons manuscrites notées, 411.
Chansons manuscrites italiennes et françaises notées (xv° siècle), IV, 2973.
Chansons (Plusieurs belles) nouvelles (v. 1515), IV, 2975.
Chansons (Plusieurs belles) nouvelles, citées (1542), 582.
Chansons (Unze belles) nouvelles (v. 1515), IV, 2974.
Chansons nouvelles à quatre parties (1549-1552), 980 ; (1553), 981.
Chansons nouvelles en lengaige provensal (v. 1530), 1021 et *Additions*.
Chansons (Deux) nouvelles, fort plaisantes et recreatives (1571), 982.
Chansons nouvelles sur le siege de la ville de Grenoble (1564), IV, 2976.
Chantzons sainctes pour vous esbatre (1524), IV, 2983.
Chansons (Deux) spirituelles : l'une du siecle d'or.... (1562), 98, art. 10.
Chansons (Deux) spirituelles pour le temps de carême (v. 1531), 1017.
Chant elegiaque de la Republique sur la mort de... Françoys premier (1547), IV, 2884.
Chantecler (Charles), cité par Sc. de Sainte-Marthe (1600), IV, 2921.
Chanteloup (de) : P. de Lune lui dédie son *Maistre d'hostel* (1662), 285.
Chantelouve (Françoys de) : *La Tragedie de feu Gaspard de Colligny* (1575), IV, 3024 ; (1744), III, 2188.
Chantemesle (de) : vers à lui adressés par Christofle de Beaujeu (1589), IV, 2942.
Chantilly (Château de), 248, 249. — Fête de septembre 1688, III, 2524.
Chantoys : vers à lui adressés par Joachim Blanchon (1583), IV, 2938.
Chants de triomphe faicts en Flandres sur la victoire de l'empereur (1621), III, 2420, art. 49.
Chants et Chansons populaires de la France (1843), 1014.
Chape (Robert), avocat, est tué à la Saint-Barthélemy (1572), IV, 3191.
Chapeauville (Jean), vicaire de Liège (1610), II, 2027.
Chappelain (A.), est peut-être l'auteur de vers adressés à P. Corneille (1634), II, 1136.
Chappellain (Charles), libr. à Paris (1607), II, 1527 ; (1613), II, 1792 ; (1620), III, 2420, art. 19, 36. — (1628), II, 1877 ; III, 2237 ; (1630), 817.
Chapelain (Jean), traduit *La Vida del picaro Guzman de Alfarache* (1621), II, 1551. — Notice sur lui par Th. Gautier (1844), III, 2509.
Chapelle, danseur (1635), IV, p. 605.
Chapelle (Claude-Emmanuel Luillier, dit) : pièces de lui dans le *Recueil de pieces curieuses* (1694-1696), III,

2632. — *Voyage* (avec Bachaumont), (1825), II, 1919, art. 2.
Chappelet (Le) des vertus (v. 1525), III, 2557.
Chapitres (Les) ou Articles de la tressaincte confederation faicte... contre les Turqz (s. d.), III, 2728.
Chaponay (Le marquis Henri de) : volumes lui ayant appartenu, 515, 516, 609, 635, 741, 749 ; IV, 2909.
Chaponneau (Jehan), révise le *Mystere des Actes des Apostres* d'Arnoul et Simon Greban (1538, n. s.), II, 1074. — Épître à lui adressée par Jehan Bouchet (1545), 511.
Chappot (Henry), pélerin en Terre Sainte (1532), IV, 3091.
Chapt de Rastignac : généalogie, III, 2495.
Chappuis : généalogie, III, 2495.
Chapuis (Antoine) : vers en tête du *Dictionnaire des rimes* de Jean Le Fèvre (1588), 431.
Chapuis (Claude) : *Blason de la main* (1539), 803 ; (1550), 810 ; (1807), 811. — *Blason du ventre* (1539), 803 ; (1550), 810 ; (1807), 811. — *Blason du c.n* (1539), 803 ; (1550), 810 ; (1807), 811. — *Blason du cul* (1539), 803 ; (1550), 810 ; (1807), 811. — *Blason du c. de la pucelle* (1550), 810 ; (1807), 811. — Huitains dans *L'Amour de Cupido et de Psiché* (1546), III, 2567. — Huitain, IV, 2965, art. 120. — C'est le véritable auteur du *Discours de la court* publié par François Gentillet (1558), 653.
Chappuys (Gabriel) : Traduction du *Sumario* de P. Cornejo (1577-1579), III, 2248 ; — Sonnet à Antoine Du Verdier (1580), V, 3375. — Traduction de la 2ᵉ et de la 3ᵉ partie de la *Diana* de Montemayor (1582), II, 1748. — *Les facetieuses Journées* (1584), II, 1701. — *Le Misaule* (1585), 181. — Vers en tête du *Dictionnaire des rimes* de Jean Le Fèvre (1588), 431. — Traduction de *La Vida del picaro Guzman de Alfarache* (1600), II, 1551.
Chapuis (Mathieu), impr. à Bordeaux (1688), cité, II, 2095, art. 12.
Chappuset (Guillaume), d'Issoudun (1549), IV, 2868.
Chappuzeau (Samuel) : *Le Theatre françois* (1674), II, 1071. — Il n'a pas prêté sa plume à J.-B. Tavernier (1675), II, 1932.
Charas : Stances sur son *Traité des viperes*, par Dufour de La Crespelière (1669), 959.
Charavay : manuscrits lui ayant appartenu, IV, 3079, pp. 450, 454.
Charbonneau (Mˡˡᵉ), citée par M. Guy, de Tours (1598), IV, 2948.
Charbonneau (François), assassiné par Hubert et Breully (v. 1633), IV, 3153, p. 531.
Charbonneau (Louis) : *Journal sur les guerres de Besiers* (1583-1586), II, 2095, art. 11.
Charbonnier (François), publie les *Chants royaulx* de Guill. Crétin (1527), 485.
Charbonnier (Jean), de Chalon-sur-Saône : vers à lui adressés par J.-Éd. Du Monin (1583), V, 3272.
Charbonnière, danseur (1635), IV, 605.
Chardavoine (Jean) : *Chansons* (1588), citées, IV, 2993, art. 3.
Chardin : manuscrits lui ayant appartenu, IV, 2755, 2964 ; V, 3285.
Chardon (Henri), du Mans, cité, IV, 2983, p. 332.
Chardon (Jacques), impr. à Paris (1718), III, 2524 ; (1724), III, 2314 ; (1731), III, 2333 ; (1737-1738), 245 ; (1748), II, 2080 ; (1752), 251 ; (1756), 251 ; (1762), III, 2329.
Charenton : figure représentant le temple de cette ville (févr. 1686), III, 2524.
Charitée, femme aimée de S. G., sieur de La Roque (1609), IV, 2943.
Charlemagne : son passage des Alpes, II, 2122. — *Chronique de Turpin* (1527), II, 1485. — *Les quatre Filz Aymon* (1531), II, 1486. — *Fierabras* (1552), IV, 3060.
Charles (Saint) Borromée : *Oratione funebre*, par Franc. Panigarola (1585), V, 3285.
Charles Quint, roi d'Espagne et empereur d'Allemagne, d'abord archiduc d'Autriche : Poèmes sur sa naissance, par Jehan Molinet, 471, art. 20 et 38. — Son projet de mariage avec Claude de France est annulé par Louis XII (1506), IV, 3104. — Il participe au traité de Cambrai (1508), 489. — Manifeste aux électeurs de l'Empire (1519), III, 2661. — *Adlocutio in conventu Hispaniarum* (1519), IV, 3137. — *L'Ordonnance des royaulmes*, etc., avec portrait (1519), III, 2714. — Cortés lui adresse ses *Narrationes* (1524), II, 1955. — Tacgio (Francesco), *Narratio obsidionis Papine* (1525), V, 3341. — *La Bataille faicte pardela les mons devant la ville de Pavie* (1525), IV, 3106. — *Schlacht vor Pavia* (1525), II, 2125, 2127. — Stubenfol (Peter), *Die Belegruny der Stat Pavia* (1525), II, 2128. — Back (Hans) von Wirtzburg, *Eyn schönes Lied von der Schlacht vor Pavia* (1525), II, 2129. — *Den Strijdt gheschiet voer de stadt van Pavye* (1525), II, 2130. — *Thomae philologi de liberatione Francisci regis*

(1525), III, 2666. — *Apologia Madriciae conventionis dissuasoria* (1526), III, 2667. — *Responce sur les lettres du roy de France aux princes electeurs* (1527), III, 2668. — *La Maniere de la deffiance faicte par les heraulx des roys de France et d'Engleterre a l'empereur* (1528), II, 2133. — *En ceste maniere a esté deffijés l'empereur* (1528), III, 2669. — *Abclag beder Königen von Franckreych unnd Engelandt...* (1528), II, 2134. — Pièces diverses sur le traité de Cambrai (1529), II, 2135; III, 2671; V, 3343. — *Oraison aux Espagnols a cause de son partement* (1529), II, 2715. — *Mandement publié en la ville de Malines* (1529), III, 2711. — *Le excellent et plus que humain Voyage entreprins par Charles Cesar pour son couronnement* (1530), IV, 3139. — *Prima e seconda Coronatione di Carlo Quinto* (1530), III, 2716. — *Les Cerimonies observees au coronnement... a Bologne* (1530), III, 2410. — *La Coronation de l'empereur Charles...* (1530), III, 2717. — *Ordonnances... tant au reboutement de la secte lutherane que pour pourveoir au desordre des monnoyes* (1531), V, 3360. — Julien Fossetier lui dédie *Le Conseil de volentier morir* (1532), 512. — *Capitula foederis initi inter Summum Pont., Caesareamque Majestatem et Venetos contra Turcas* (1538), III, 2459. — *Les Chapitres ou Articles de la... confederation...* (1538), III, 2728. — *Christliche Bündtnuz unn Kriegszrüstung...* (1538), III, 2729. — *Copie d'une lettre mandee de Thuniz* [par Francesco da Ferrara] *de la prinse de La Gollette* (1535), III, 2411. — *Coppie des lettres envoiees par l'Imperialle Majesté... touchant la prinse de La Goullette* (1535), III, 2718. — *Keyserlicher Majestät Eroberung des Königreychs Thunisi* (1535), 2412. — Du Bellay (Guillaume), *Double d'une lettre envoyee a ung Alemant touchant les differens entre le roy et l'empereur* (1536), IV, 3109. — *Recueil d'aucunes lectres et escriptures* (1536), II, 2138. — *Nouvelles de Rome touchant l'empereur* (1536), III, 2720. — Nicolas Bourbon parle de lui (1538), IV, 2788. — *L'Abouchement de N. S. P. le pape, l'empereur et le roy faicte a Nice* (1538), III, 2674. — *L'Embouchement*, etc. (1538), IV, 3108. — *Triumphes d'honneur faitz par le commandement du roy a l'empereur en la ville de Poictiers* (1539), III, 2675. — *Le Vol de l'Aigle en France*, [par Jean Boiceau, seigneur de La Borderie] (1540), IV, 2865. — *Triumphe ende Eere ghedaen... der K. M. binnen der stede van Poictiers. Triumphe ghedaen te Parijs* (1540), II, 2140. — *Warhaffte, auch gantz glaubwirdige newe Zeytung wie Keyserlich Maiestat... zu Paris... ankummen ist* (1540), II, 2141. — *Pacification d'entre l'empereur et le roy de France* (1542), IV, 2761. — *Cry de la guerre ouverte entre le roy de France et l'empereur* (1542), IV, 3110. — *La Complaincte des citoyens de Milan envoyee a l'empereur* (1542), III, 2413; — *Response aux remonstrances faictes a l'empereur*, etc. (1542), 2114. — *Le Voyage et Expedition de Charles le quint en Africque contre la ville de Argiere* (1542), IV, 3140. — *Caroli V. Expeditio in Africam ad Argieram*, per Nicolaum Villegagnonem (1542), III, 2723. — Sonnet à lui adressé par N. Martelli (v. 1543), IV, 3000, p. 360. — *Dialogue nouveau a trois personaiges : l'embassadeur de l'empereur, dame Paix*, etc. (1544), IV, 3019. — *Trialogue, ou Ambassade du roy François I. en enfer* (1544), II, 1082. — *Double d'une lettre faisant mention de la supplication faicte par... l'empereur... aux princes electeurs de l'Empire, demandant passage pour aller en Espaigne* (1547), III, 2415. — Francisco de Xerez lui dédie la *Conquista del Peru* (1547), II, 1996. — *Ordonnantie ende Edict om t'extirperen die secten* (1550), 109. — Il accorde des privilèges pour l'impression des *Vite* de Vasari (1550), III, 2505, et de la *Vita di Consalvo di Cordova* par Paul Jove (1550), 2510. — *Complaincte de Germanie* (1552), V, 3282. — *Le Siege de Metz*, par Bertrand de Salignac (1553), III, 2145. — *Treve faicte et accordee entre Henry, roy de France, Charles, empereur, et Philippe, son filz...* (1556, n. s.), V, 3350. — *Il felicissimo Accordo tra la Cesarea Maestà et il re di Francia* (1556), V, 3304. — *Discours au roy sur la trefve de l'an 1555*, par Joachim Du Bellay (1559), IV, 2893. — *Pompes funebres faictes en la ville de Bruxelles* (1558), III, 2417, 2418 et Additions. — Résumé des événements accomplis aux Pays-Bas sous son règne (1569), III, 2375. — *Éloge*, par Jacques Masen (1774), III, 2409. — *Généalogie*, par Gilles Corrozet (1553), III, 2430. — *Emblème* (1562), IV, 3077.

Charles VI, empereur d'Allemagne (1711), III, 2493, art. 10.
Charles Iᵉʳ, roi d'Angleterre, d'abord prince de Galles : son mariage projeté avec Marie-Anne d'Autriche, et son voyage à Madrid (1623), III, 2374, art. 4. — *Responce aux dernieres propositions du roy d'Espagne sur le faict de son mariage* (1623), *ibid.*, art. 5. — *Lettre envoyée au pape* (1623), *ibid.*, art. 6. — Son départ de Madrid (1623), *ibid.*, art. 7. — Son mariage avec Henriette de France (1625), *ibid.*, art. 9. — Benjamin de Soubise sollicite son intervention auprès de Louis XIII (1625), III, 2278. — Figure représentant son exécution, 214.
Charles II, roi d'Angleterre, d'abord prince de Galles : son baptême (1630), III, 2374, art. 9. — Harangue aux deux chambres (1679), IV, 2153, p. 540. — Liste des chevaliers créés par lui, V, 3369. — Volume lui ayant appartenu, 316.
Charles le Téméraire, duc de Bourgogne, est le sujet du *Chevalier delibéré* d'Olivier de La Marche (1484), III, 2784 ; IV, 2806. — Sa campagne contre les Lorrains et sa mort sont racontées par Pierre de Blarru (1519), IV, 2781. — Pièce sur sa mort, par Jehan Molinet, 471, art. 75. — Épitaphe, par J. Bouchet (1545), 510. — Portrait (1587), III, 2353.
Charles II, roi d'Espagne : son mariage avec Louise d'Orléans (1679), III, 2524.
Charles Martel, duc d'Austrasie et chef du royaume de France : épitaphe, par Jehan Bouchet (1545), 510.
Charles V, roi de France. Voy. *Histoire de Jean de Boucicaut* (1620), II, 2096.
Charles VI, roi de France. Voy. *Histoire de Jean de Boucicaut* (1620), II, 2096. — *Lettres patentes en faveur de l'université de Poitiers* (1432), III, 2342.
Charles VII, roi de France : *Chroniques*, par Gilles Le Bouvier, dit Berry (1528), II, 2099. — *Aureliae urbis Obsidio*, auctore J. Miquello (1560), III, 2652. — *L'Histoire et Discours au vray du siege... d'Orleans* (1576), II, 2100 ; (1606), 2101 ; sous un nouveau titre (1610), 2102. — *Protestations sur la determination du concile de Basle* (1561), III, 2541.
Charles VIII, roi de France : *Chronique*, par Pierre Desrey (1572), II, 2098. — *Ordonnance touchant le fait de la justice de Languedoc* (1491), 105. — Octavien de Saint-Gelais lui dédie *Le Sejour d'honneur*, 478. — Le même compose des vers à la louange du roi, III, 2582, art. 7, 10, 13, 15, 16. — *Donnet* à lui offert, IV, 2799, art. 4. — Guillaume Tardif lui dédie la traduction des *Facecies* de Pogge, II, 1773. — *Orationes oratorum regis ad Venetos, ad Ludovicum Sforcia...* (v. 1495), V, 3338. — Son passage des Alpes (1495), II, 2122. — *Copia litterarum publicatarum Florentie* (1495), III, 2653, art. 2. — *Double des lectres envoiees a M. de Bourbon* (1495), cité, III, 2653, art. 8. — *Littere misse duci de Borbonio* (1495), *ibid.*, art. 4, 5, 8. — *Descriptio apparatus bellici...* (1495), *ibid.*, art. 1. — *Accessus in urbem Romam* (1495), *ibid.*, art. 3, 7. — *Copia concordie et pacis inter pontificem et regem* (1495), *ibid.*, art. 3. — *Missa celebrata per pontificem in presentia regis* (1495), *ibid.*, art. 9. — *Accessus in Neapolim* (1495), art. 10. — *Proësses et Vaillances faictes... touchant la conqueste de Naples* (1552), IV, 3060. — Poème de Jehan Molinet sur l'expédition de Naples, 471, art. 26. — Autre par Giorgio Alione (v. 1508), p. 413. — Fausto Andrelini lui dédie son *Panegyricum Carmen* (v. 1495), 421, art. 2. Cf. art. 3. — Voy. Champier (Symphorien), *Gestes de Bayard* (v. 1526), II, 1505. — Voy. Octavien de Saint-Gelais, *Le Vergier d'honneur*, 479. — Regrets sur sa mort par Fausto Andrelini, 421, art. 4 ; — par Nic. Du Puis, V, 3228. — Epitaphe par Octavien de Saint-Gelais, IV, 2821. Cf. 479. — Prosopopée, par André de La Vigne (1507), IV, 2822.
Charles, premier fils de François Iᵉʳ, cité par Jean Dorat (1586), IV, 2789.
Charles IX, roi de France : notes autographes écrites par lui, quand il était enfant, sur un exemplaire des *Vies* de Plutarque (1559), III, 2735. — Voy. Monluc (Blaise de), *Commentaires*, II, 2131, 2132. — Voy. Henry (Honoré), *Commentaires des guerres civiles de nostre temps* 1561-1565), 719. — Voy. Perussis (Louis de), *Histoire des guerres du comté Venaissin*, II, 2095, art. 2. — La Popelinière (Lancelot de Voisins de), *La vraye et entiere Histoire des troubles* (1572), III, 2152 ; (1578), 2153. — Voy. Le Frère (Jean), *La vraye et entiere Histoire des troubles* (1573), II, 2154. — *Discours sur ce qu'aucuns seditieux*

ont dit que pendant la minorité des rois leurs meres ne sont capables de la regence (impr. en 1579), III, 2150. — Les Œuvres de Du Bellay lui sont dédiées par Guill. Aubert (1560, 1575), 680. — Entrée, Sacre et Couronnement en la ville de Reims (1561), V, 3351. — Mandement à M. le seneschal de Lyon (26 juill. 1561), III, 2687. — Ample Discours des actes de Poissy (sept. 1561), II, 2055, 2056. — Discours prononcé au colloque de Poissy (1561), II, 2055, 2056. — Sommaire Exposition des ordonnances [du 31 janv. 1562], par Joachim Du Chalard, III, 2151. — Histoire de ce qui est advenu depuis le partement du duc de Guise (1562), III, 2155. — Requeste presentee au roy et a la royne par le Triumvirat (4 mars 1562), III, 2156, art. 9. — Declaration faicte par M. le prince de Condé... (8 avril 1562), III, 2156, art. 1. — Traicté d'association faicte par Mgr. le prince de Condé... (11 avril 1562), ibid., art. 2. — Responce des habitans... de Rouen... (20 avril 1562), ibid., art. 5. — Seconde Declaration de M. le prince de Condé (25 avril 1562), ibid., art. 3. — Lettre de Mgr. le prince de Conde envoyée à la cour de Parlement (27 avril 1562), ibid., art. 4. — Remonstrance envoyée au roy par les habitans du Mans (29 avril 1562), ibid., art. 6. — Discours sur la liberté ou captivité du roy, ibid., art. 7. — Les Moyens de pacifier le trouble qui est en ce royaume... (2 mai 1562), ibid., art. 8. — Responce faicte par Mgr. le prince de Condé (19 mai 1562), ibid., art. 9. — Ode hystoriale de la bataille de Sainct Gile (27 sept. 1562), 28, art. 11. — Discours des moyens que M. le prince de Condé a tenus... (1er oct. 1562), 2156, art. 12. — Discours des choses faictes par M. le prince de Condé... (9 déc. 1562), ibid., art. 13. — Literae ad sacrosanctam Synodum Tridentinam (18 janv. 1563), III, 2157. — Response à l'interrogatoire qu'on dict avoir esté fait à Jean de Poltrot (12 mars 1563), III, 2156, art. 14 ; 2158. — Hymne de la paix, par Jean Passerat (mars 1563), 714. — La Declaration presentée au conseil privé par Mgr. le prince de Condé (15 mai 1563), III, 2159. — Lettres sur le faict des armes (24 juin 1563), III, 2689. — Discours sur la reduction du Havre de Grace (2 août 1563), III, 2161. — Lettre d'un cardinal [Georges d'Armagnac] envoyée à la royne de Navarre (18 août 1563), III, 2160. — Privilèges donnés à Jacques Kerver, libr. à Paris (1563-1572), III, 2928, p. 324. — Lettres sur la deffence de ne porter bastons à feu (23 janv. 1564), III, 2690. — Chanson nouvelle du siege de Grenoble (1564), IV, 2976. — Testament [et Mort] de Leonor de Roye, princesse de Condé (juill. 1564), III, 2162. — Voyage en France (1564-1565), par Abel Jouan, réimpr. en 1759, II, 2095, art. 3. — Ample Discours de l'arrivée de la royne catholique à Sainct Jehan de Lus (1565), II, 2095, art. 9^d. — Recueil des choses memorables qui ont esté faites à Bayonne à l'entreveue du roy... avec la roine Catholique, sa sœur (30 mai 1565), III, 2163. — Lettre à Mgr. le duc de Nemours (20 oct. 1565), II, 2019, art. 7. — Lettres patentes pour la surseance de l'execution du droit imposé sur le papier (1565), III, 2550. — J. de Clamorgan lui dédie La Chasse du loup (1566), 305. — Ordonnance sur le cours et mise des solz parisis (1566), III, 2546, art. 3. — Ordonnance sur le descry des monnoyes de billon estrangeres (1566), ibid., art. 4. — Jean de La Taille lui adresse une épitre (1567), III, 2603. — Jean Talpin lui dédie l'Institution d'un prince chrestien (1567), 173. — Jean Dorat lui dédie les Epitaphes d'Anne de Montmorency (1567), IV, 2966. — Voy. Belleforest (François de), Remonstrance aux princes françois (1567), 724. — Voy. Vauquelin de La Fresnaye (Jean), Pour la monarchie de ce royaume (1567), 726. — Voy. Memoires de Henry, duc de Bouillon (v. 1567-1586), impr. en 1666, III, 2165. — Voy. Valancier (Estienne), Complainte de la France... (1568), IV, 2922. — Voy. Du Rosier (P.), Deploration de la France (1568), 723. — Ein schön new Lied von dem Krieg inn Franckreich (1568), III, 2166. — Edict contenant interdiction et deffence de toute presche, assemblée, et exercice d'autre religion que de la catholique (sept. 1568), II, 2058. — Edict contenant declaration qu'il ne se veult d'oresenavant plus servir de ses officiers qui sont de la nouvelle pretendue religion (25 sept. 1568), II, 2059. — Ordonnance sur le faict de ses monnoyes (1568), III, 2546, art. 8. — Voy. Sorbin (Arnaud), Allegresse de la France pour l'heureuse victoire obtenue entre Coignac et Chasteauneuf (13 mars 1569), 729.

— Voy. Valet (Antoine), *Chant triumphal sur la victoire obtenue par le roy à l'encontre des rebelles* (13 mars 1569), 730. — Arnaud Sorbin lui dédie les *Conciles de Tholose, Besiers et Narbonne* (1569), II, 2029. — Guillaume de La Taysonnière lui dédie sa *Sourdine royale* (1569), 664. — Voy. Hennequin (Hiérosme), *Regrets sur les miseres advenues à la France par les guerres civiles* (1569), IV, 2923. — Voy. Liberge (M.). *Le Siege de Poictiers* (1569), III, 2168. — *Chanson poëtevine sur le siege de Poitiers* (1569), 1025. — *Arrest de la court de parlement contre Gaspart de Colligny* (13 sept. 1569), III, 2167. — Le même mis en huict langues (1569), IV, 3118. — *Complainte du regret de Gaspard de Colligny* (1569), 784. — *Ordonnance sur la valeur et pris des escuz sol* (1569), III, 2546, art. 9. — Jean Dorat lui dédie ses *Novem Cantica de pace* (août 1570), 689 ; IV, 2903. — Voy. Pasquier (Estienne), *Au roy, Congratulation de la paix* (1570), IV, 3117, art. 4. — Voy. *Ordonnance sur le pris et valleur des escuz sol et pistolez* (16 sept. 1570), III, 2546, art. 10. — Monluc (Blaise de), *Remonstrance à la majesté du roy sur son gouvernement de Guienne* (nov. 1570), III, 2169. — Sc. de Sainte-Marthe lui adresse son *Hymne de l'avant-mariage* (26 nov. 1570), 718. — *Edict sur le pris des especes d'or et d'argent* (4 mars 1571), III, 2546, art. 11. — Voy. Le Fèvre de La Boderie (Guy), *Epithalame* (1571), 733. — Voy. La Roche (Pierre de), *Prosphoneumatique au roy...* (1571), IV, 2925. — Voy. Rose (François), *Hymne sur l'entrée du roy en sa ville de Paris* (6 mars 1571), IV, 2926. — *Ordre et Forme qui a esté tenu au couronnement de Mme Elizabeth d'Austriche* (25 mars 1571), IV, 3117, art. 2. — *Bref et Sommaire Recueil de ce qui a esté faict à l'entrée à Paris...* (6, 29 mars 1571), IV, 3117. — Chansons sur ces événements, V, 3295. — Voy. Natey de La Fontaine (Nic.), *Le magnifique Triomphe et Esjouissance des Parisiens faictes en la decoration des entrées du... roy... et de la royne*, 785. — Voy. Prevosteau (Jacques), *Inscriptions des appareils, arcs triumphaux, figures, etc., dressez en l'honneur du roy au jour de son entrée en la ville de Paris*, 786. — Voy. Amboise (François d'), *Au roy, sur son entrée, son mariage et sa chasse* (1571), IV, 2924. — *Edict sur la reformation de l'imprimerie* (mai 1571), III, 2553. — L'astrologue Antoine Crespin lui adresse une épître (1571), III, 2565. — Les libraires P. L'Huillier et Guill. Chaudière lui dédient une édition des *Chroniques* de Monstrelet (1571), II, 2098. — Lettre à l'évêque de Paris au sujet de la bataille de Lépante (31 oct. 1571), III, 2733. — *Brief Discours sur la mort de la royne de Navarre* (9 juin 1572), III, 2170, 2171. — *Copie du Testament de Jeanne, royne de Navarre* (8 juin 1572), III, 2172. Cf. 2170, 2171. — *Discours du triumphe des nopces du roy de Navarre avec Mme Marguerite de France* (18 août 1572), III, 2240, art. 1. — *Discours sur les causes de l'execution faite és personnes de ceux qui avoient conjuré contre le roy* (24 août 1572), III, 2173. — *Erheblicher unn beweglicher Ursachen Anziehung der Execution und Straff gehalten über die so sich wider iren angebornen König... hetten verschworen*, III, 2174. — *Schreckliche und betrawerliche Zeytung von dem... Mord an den Christen in Franckreich*, III, 2175. — *Le Reveille-Matin des François* (1574), IV, 3125. — *Discours simple et veritable des rages exercées par la France*, III, 2176. — *Mort prodigieuse de Gaspart de Coligny* (1572), IV, 3191. — *Complainte et Regretz de Gaspard de Colligny* (1572), IV, 3189. — Cette pièce avait paru dès 1569 (I, 784). — *Elegie satyrique sur la mort de Gaspar de Colligny* (1572), IV, 3190. — *Chant d'allegresse sur la mort de Gaspar de Colligni*, par Jean Le Masle (1572), IV, 3186, art. 1. — Blackwood (Adam), *Pompa funebris Gaspardi Colignaei* (1572), IV, 3170. — Du Chesne (Léger), *De internecione Gasparis Collignii Sylva. Ad Carolum, Galliarum regem* (1572), IV, 3186, art. 2. — Du Chesne (Léger), *Exhortation au roy pour vertueusement poursuyvre ce que il a commencé contre les huguenots* (1572), IV, 3186, art. 3. — *Exhortation du peuple de Paris faict au roy pour poursuyvre l'extermination des heretiques* (1572), IV, 3193. — *Discours sur les occurences des guerres intestines de ce royaume*, par J. T. [Jean Touchard] (1572), IV, 3180. — Belleforest (François de), *Discours sur les rebellions* (1572), V, 3353. — Belleforest (François de), *Discours sur l'heur des presa-*

ges advenuz de nostre temps (1572), IV, 3123 ; (1574), III, 2181. — Coppier (Jacques) de Vellay, *Deluge des huguenotz, avec leur tumbeau* (24 août 1572), III, 2608. — *Tumbeau des Brise-Croix* (1572), 787. — Nouvelet (Claude), *Hymne trionfal au roy sus l'equitable justice que sa Majesté feit des rebelles* (1572), IV, 3181. — Chansous sur la Saint-Barthélemy (1572), 986, art. 9 et 10. — Hotman (François), *Vie de Gaspard de Colligny* (1643), III, 2177. — Chantelouve (Franç. de), *La Tragedie de feu Gaspard de Colligny le 24. d'aoust 1572* (1575), IV, 3024. — *Declaration de la cause et occasion de la mort de l'admiral* (28 août 1572), IV, 3119. — *Instructions envoyees en Allemagne au sujet de la Saint-Barthélemi* (1744), III, 2188. — *Ordonnance du roy de Navarre par laquelle il veut que la religion catholique... soit remise en tous... ses pays et royaume* (3 oct. 1572), III, 2179. — *Copie des lettres du roy de Navarre et de messeigneurs le cardinal de Bourbon et prince de Condé envoyees à N. S. P. le pape ; ensemble les responses* (3 oct., 1er nov.), III, 2180. — *Declaration pour le faict de ceulx de la nouvelle opinion qui se sont absentez* (8 oct. 1572), IV, 3121. — *Les Regrets et Complainctes de Briquemault* (oct. 1572), IV, 3192. — *Edit et Lettres Patentes sur les monnaies* (sept.-oct. 1572), III, 2546, art. 12-15. — *Les Actes et Dispense du mariage entre Henry de Bourbon, prince de Condé, et Marie de Cleves* (déc. 1572), IV, 3122. — *Newe Zeitung von der Statt Roschell und derer Belägerung* (déc. 1572-juill. 1573), III, 2183. — Chansons sur la prise de La Rochelle par les huguenots, 986, art. 12 et 16 ; — *Histoire des deux derniers sieges de La Rochelle* (1573 et 1628), III, 2280 ; — *Histoire memorable de la ville de Sancerre, contenant les entreprinses, siege, etc.* (3 janv.-19 août 1573), par Jean de Léry (1574), III, 2184. — Arnould (Claude), *Pro Henrico, rege Navarrae, Oratio ad Gregorium XIII. P. M.* (9 févr. 1573), III, 2182. — *Deploration de la France sur la mort de Claude de Lorraine, duc d'Aumale* (14 mars 1573), 788. — Ambassade envoyée auprès du pape (1573), III, 2693. — *Harangue faicte de la part du roy par Jean de Montluc devers les seigneurs de Poulonne* (10 avril 1573), III, 2185. — Épigramme adressée au roi par Jacques de La Taille (1573), V, 3317. — Le Masle (Jean), *Brief Discours sur les troubles qui depuis douze ans ont agité le royaume de France* (1573), IV, 3185. — Le Masle (Jean), *Exhortation aux rebelles et seditieux de bien tost abjurer leur heresie* (1573), IV, 3186. — Coquy (Frère Hilaire), *Triomphe glorieux de l'Eglise chrestienne et du jugement de Dieu contre Gaspard de Coligny* (1573), IV, 3124. — Odde de Triors (C.), *Le Bannissement et Adieu des ministres des huguenotz* (1573), IV, 3182. — *Discours contre les huguenotz, auquel est contenue et declarée la source de leur damnable religion* (1573), IV, 3194. — *Responce prophetique d'un gentilhomme françois... le jour de la feste sainct Barthelemy* (1573), IV, 3195. — J.-A. de Baïf dédie ses *Euvres* au roi et lui adresse des *Etrenes* (1573-1574), 686. — H. de Sainct-Didier lui dédie son *Traicté sur l'espée* (1573), 292. — *Arrest contre Geoffroy Vallée* (8 févr. 1574), III, 2188, t. III, art. 4. — *Declaration de tres-illustres princes, les ducs d'Alençon et roy de Navarre* (mars 1574), III, 2186. — *Chanson nouvelle sur le reglement des capitaines et soldats qui vont par les champs* (1574), 986, art. 6. — Du Chesne (Léger), *Tumulus Gabrielis Mongommerii* (1574), IV, 3186, art. 4. — *Vray Discours des derniers propos et trespas du roy* (1574), V, 3354. — Baïf (J.-A. de), *Complainte sur le trespas du feu roy* (1574), 685. — *Chanson sur l'entreprise et conspiration de la mort du roy* (1574), 986, art. 7. — *Chanson sur ses funérailles*, ibid., art. 15. — *Oraisons funebres*, par Arnauld Sorbin (1574), 339. — Vers adressés antérieurement au roi par P. de Brach (1576), IV, 2931 ; — par Guy Le Fèvre de La Boderie (1579), IV, 2930 ; — par Joachim Blanchon (1583), IV, 2938 ; — par Jean Dorat (1586), IV, 2789 ; — par Scévole de Sainte-Marthe (1600), IV, 2921. — *La Chasse royale* (1625), 298. — Portraits (1572), 678 : (1623), 668. — Volumes ayant appartenu au roi, III, 2454, 2565, 2735.

Charles X, roi de la Ligue. Voy. Bourbon (Charles, cardinal de).

Charles X, roi de France : son *Sacre*, par Victor Hugo (1824), 871.

Charles II, duc de Lorraine, loué par Ch. Fontaine (1557), IV, 2877. — *Epithalame*, par Jean Laurenceau (1559), III, 2576. — *Epithalame*, par

Remy Belleau (1559), IV, 2906. — Vers à lui dédiés par Joachim Du Bellay (1559), V, 3258 ; (1561), IV, 2898. — Vers à lui adressés par Jean Tognart (1564), V, 3239. — Jean Dorat parle de lui (1586), IV, 2789. — Nicolas Clément lui dédie les *Austrasiae Reges et Duces* (1591), III, 2335. — Son portrait, *ibid.*

Charles III, duc de Lorraine : ses défaites (1634), III, 2420, art. 97 et 98. — Sa retraite sur Besançon (1635), *ibid.*, art. 102.

Charles III de Gonzague, duc de Mantoue : son portrait (1657), 833.

Charles II d'Anjou, roi de Naples : Pietro de' Crescenzi lui dédie ses *Libri commodorum ruralium* (v. 1305), V, 3215.

Charles III, duc de Savoie, fait son entrée à Bologne (1530), III, 2410. — Antoine Du Saix lui dédie *L'Esperon de discipline* (1532), 515.

Charles, « Carolus » : *Epigramme* sur Marot, 621, art. 14.

Charles, musicien : mélodie de lui (1553), V, 3299.

Charles (Adam), copiste, II, 1060, *Additions.*

Charles-Emmanuel Iᵉʳ, duc de Savoie : René de Lucinge, seigneur des Alymes lui dédie son ouvrage *De la naissance, duree et cheute des Estats* (1588), III, 2560. — Remonstrance à lui faite par un de ses conseillers (1588), III, 2219, art. 6 ; 2194, p. 42. — Dépêche par lui adressée au roi d'Espagne (8 mars 1589), III, 2188, t. III, art. 31. — Antoine Favre lui dédie *Les Gordians et Maximins* (1596), II, 1100. — Il désavoue le traité de Lyon (1601), III, 2528, p. 325.

Charles-Emmanuel II, duc de Savoie : son portrait (1657), 833. — Remontrance à lui adressée par Jean Léger (1669), II, 2031.

Charlet (de), président aux enquêtes du parlement de Paris : vers à lui adressés par J. Le Masle (1580), IV, 2933.

Charleval, château, 248.

Charlevoix (Le P. Pierre François-Xavier de) : *Histoire de l'Isle Espagnole ou de S. Domingue* (1730-31), II, 1987. — *Histoire et Description de la Nouvelle-France* (1744), II, 1798.

Charlieu, libr. à Paris (1857-1859), II, 1427-1429.

Charlot, violoniste (1664-1671), IV, p. 605.

Charlot (Antoine), impr. à Nancy (1655), 304.

Charlot (Catherine), femme de Jacques Charpentier, IV, 2913.

Charlot (Claude), poète (1553), 652.

Charlotte de Savoie, reine de France, citée, 466.

Charlotte, maîtresse de Gilles Durand de La Bergerie (1593), IV, 2945.

Charlus (Le comte de), III, 2435, art. 3.

Charmois (de), rédacteur au *Mercure de France* (1788), III, 2524, p. 316.

Charmot (La veuve), impr. à Paris (1694), II, 1690.

Charnacé (Jacques de) : distique grec à Adam Blackwood (1572), IV, 3170.

Charnière (Hélie de) : sonnet à lui adressé par J.-Éd. Du Monin (1583), V, 3272.

Charpentier, « Carpentarius » : vers latins dans le *Tombeau de M. de Givry* (1594), V, 3277.

Charpentier, violon (1669-1671), IV, p. 605.

Charpentier, auteur de l'opéra de *Circé* (1675), II, 1133.

Charpentier (Mᵉ), grav. de musique, III, 2524.

Charpentier, libr. à Paris (1834), II, 1369, 1370 ; (1839), II, 1767 ; (1847), II, 1378 ; (1848), II, 1377, 1379, 1380, 1381 ; V, 3288 ; (1849), II, 1384 ; (1850), II, 1382, 1385 ; V, 3287 ; (1851), II, 1386, 1387 ; (1861), II, 1388 ; (1865), II, 1389 ; (1868), II, 1390.

Charpentier et Cⁱᵉ, libr. à Paris (1872), II, 1383.

Charpentier (Antoine) : épître à la fin d'un traité de Tymann Kemener (1513), V, 3226.

Charpentier (D.), Parisien : sonnet à Ch. Rauter (1605), II, 1101.

Charpentier (Fr.). Voy. *Recueil de pieces curieuses* (1694-1696), III, 2632.

Charpentier (Georges), libr. à Paris (1876), II, 1667 ; (1877), II, 1668.

Charpentier (Henry), libr. à Paris (1726-1733), III, 2487.

Charpentier (Jacques), médecin, adversaire de Jacques Grévin (1564), IV, 2913 ; — cité par Jean Dorat (1586), IV, 2789.

Charpentier (Pierre), revoit *Le Livre de la Deablerie* (1508), 457.

Charpentier (Pierre) : *Advertissement sainct et chrestien touchant le port des armes* (1575), IV, 3126, art. 1 ; — refuté par Pierre Fabre (1576), *ibid.*, art. 2.

Charpentier (P.-L.), grav., III, 2523, 2524.

Charpy (de) : vers à Mᵉ Adam Billaut (1644), 829.

Charpillet (François), banquier à Lyon (1549) : vers à lui adressés

par François Habert (1549), IV, 2868 ; (1558), V, 3251.
Charretier, ami d'Odet de La Nouc (1584-1591), IV, 3187.
Charrier (Jan) : sonnet en tête des *Triomphes* de Pétrarque (1555), IV, 2996.
Charrières en Limousin, est occupé par les troupes royales (1588), III, 2221, art. 15.
Charrin (P. J.) : une pièce de lui dans les *Chants et Chansons populaires de la France* (1843), 1014.
Charriot, huissier-priseur à Paris (1777), 270.
Charon, bernardin : vers à lui adressés par J.-.d. Du Monin (1583), V, 3272.
Charron, danseur (1669), IV, p. 605.
Charron (Pierre) : *De la sagesse* (1646), 149.
Charte aux Normands, ms., IV, 2751.
Chartener (Georges) : volumes lui ayant appartenu, II, 1089, 1866 ; III, 2221, 2368, 2589, 2600 ; IV, 2906 ; V, 3314.
Chartier, conseiller du roi (1549), IV, 2868.
Chartier : vers à lui dédiés par François Le Poulchre (1587), V, 3274.
Chartier (Les deux sœurs), ou Le Chartier (?), citées par M. Guy, de Tours (1598), IV, 2948.
Chartier (Alain) : *Œuvres* (ms.), 440 ; (1529), 441 ; (1617), 442. — *La belle Dame sans mercy* (v. 1500), 443. — *Le Quadriloge*, ms., IV, 2796. — *Le Lay de paix*, ms., IV, 2796, art. 4. — *Le Debat des deux Fortunes*, 2799, art. 16. — *Le Debat de Reveille Matin*, IV, 2804. — *Le Breviaire des nobles* (ms.), IV, 2796, art. 7 ; (1573), 445 ; — abrégé, IV, 2796, art. 12. — *Ballades*, IV, 2963, art. 6, 13, 29, 30 ; 2996, art. 45. — Des vers de lui sont cités par P. Fabri, 426. — Vers qui lui sont empruntés, IV, 2842. — Il est cité par Achille Caulier dans l'*Ospital d'amours*, 577 ; — par Geofroy Tory (1529), III, 2570. — *La Pastorelle de Granson* n'est pas de lui, 444 et *Additions*. — Les *Croniques de Charles VII* lui sont attribuées à tort (1528), II, 2099.
Chartier (Guillaume), fonde une colonie au Brésil (1556), II, 1989.
Chartier (Mathieu I"), seigneur de Lassy, etc. (1543), V, 3375.
Chartier (Mathieu II), avocat au parlement de Paris : Jacques Gohory lui dédie la traduction du livre *De Vita sana* de Marsiglio Ficino (1542, n. s.), V, 3375.
Chartres : on y ressent un tremblement de terre (26 janv. 1579), III, 2341. — Henri III s'y retire (1588), III, 2221, art. 13. — Henri IV y est sacré (27 févr. 1594), III, 2243, art. 8 et 9. — Abbaye de Saint-Père, ou Saint-Pierre, IV, 3096, art. 90. — Ducs, III, 2493, art. 24. — Imprimeur. Voy. Cottereau (Claude), 1594.
Chartres (Philippe II d'Orléans, duc de) : Donneau de Visé lui dédie *Le Mercure galant* (juill. 1690), III 2524.
Chartres (Louis d'Orléans, duc de) : J. Chevillard lui dédie les *Porte-Oriflammes de France* (1721), III, 2493, art. 31.
Chartreuse (La) de Parme (1839), II, 1584.
Chasans (de), danse dans un ballet à Dijon (1627), II, 1451 ; IV, p. 605.
Chasot, neveu de Bossuet, cité (1697), IV, 3079, p. 458.
Chasot (Isaac), conseiller à Metz : Quittances et lettres (1653, 1658, s. d.), II, 1883, p. 371 ; IV, 3079, p. 460.
Chassagnon : vers à Ch. Fontaine (1557), IV, 2877.
Chessanion (Jean) : *Histoires memorables* (1586), citées, II, 1723.
Chassant (A.), cité, 297, *Additions*.
Chasse (La) au fusil (1788), 307.
Chasse (La) des dames d'amour, avec la reformation des filles (1625), II, 1796, art. 2. — Voy. aussi *Mecontentement (Le)* et *Contenu (Le) de l'assemblée*.
Chasselat, dess., II, 1909, 1913.
Chasseneuz (Barthélemi de), retarde l'exécution ordonnée contre les Vaudois (1540), II, 2033.
Chassereau : vers à lui adressés par Sc. de Sainte-Marthe (1579), IV, 2921.
Chassicourt (Mlle de) : vers à elle adressés par François Habert (1542), 644.
Chastaigner, ou Castanea : *Traité plaisant et sentencieux de Figue, Noix et Chastaigne* (v. 1530), IV, 3017.
Chastaigner (Louis de), seigneur de La Rochepozay, ambassadeur à Rome, prête obéissance pour le roi au pape (18 juin 1576), IV, 3127, art. 2. — Francesco Liberati lui dédie son *Discours sur la comete* (1577), III, 2566. — Vers à lui dédiés par Guy Le Fèvre de La Boderie (1578), IV, 2930. — Sc. de Sainte-Marthe parle de lui, IV, 2921.
Chaste (de), gouverneur du Velay pour Henri IV, perd la place de Solignac (1590), III, 2247.
Chasteau (A.), sieur de Montjavoult :

vers à lui adressés par Guill. Du Peyrat (1593), IV, 2945.
Chasteaubriant : huitain à lui adressé, IV, 2965, art. 206.
Chasteaubriant. Voy. Foix et Laval.
Châteaubriant (François-Auguste, vicomte de) : *Attala, René* (1805). II. 1682. — Une pièce de lui dans les *Chants et Chansons populaires de la France* (1843), 1014.
Chasteaucler (Charles de) : vers à Sc. de Sainte-Marthe (1569), 715.
Chasteau d'Assier (Mlle), figure dans un ballet (1664), IV, p. 605.
Chasteau Double : chansons sur la prise de cette ville (1579), 989, art. 4 et 5.
Chasteau-Gaillard (Jacques-Pierre, dit) : chanson à la suite du *Discours du testament de la prinse de la ville de Guines*, par A. Fauquel (1558), 668.
Chateaugiron (Le marquis de) : volume lui ayant appartenu, III, 2496.
Château-Gontier : abbaye de Saint-Jean-Baptiste, IV, 3096, art. 139.
Chasteaumorand (Diane de), est peut-être Astrée (1607), II, 1528.
Chasteauneuf (Antoine de), évêque de Tarbes, cité par Nic. Bourbon (1538), IV, 2788.
Châteaurenault (Fr. L. Rousselet, comte de) : relation d'un combat livré par lui aux Anglais (1689), IV, 3153, p. 541.
Chasteauroux (Le comte de). Voy. Aumont.
Chasteau-Thierry (Ducs de), III, 2493, art. 24.
Chasteau-Thierry (Louise-Julie de La Tour, dite Mlle de), figure dans un ballet (1681), IV, p. 605.
Chastel (Le) de leal amours, cité, II, 1830.
Chastel, notaire royal à Troyes (1732), II, 1883, p. 370.
Chastel (Jean), auteur d'un attentat contre Henri IV : son *Apologie* (1595), III, 2254. — P. Perrot de La Sale parle de lui (1599), IV, 2949.
Chasteluin (L'abbé) : *Dictionnaire hagiologique*, cité, 318.
Chastellain (George) : *Exhortation pour le salut de l'ame* (1516), III, 2562, art. 18. — *Temple de Jehan Bocace* (1517), 506. — *Epitaphes de Hector et d'Achilles* (1526), 487. — *Ballades* (1516), III, 2562, art. 51 et 52. — *Rondeau* à lui attribué, III, 2578, p. 379. — *Epitaphe*, par Jehan Le Maire (1507), III, 2432. — Il est cité par Jehan Bouchet (v. 1510), IV, 2826, p. 156 ; — par Geofroy Tory (1529), III, 2570. — Il est allégué comme une autorité orthographique (v. 1530), IV, 2767.
Châtelain (Jean-Baptiste-Claude), grav., 228.
Châtelain (Zacharie), libr. à Amsterdam, associé de L'Honoré (1720), II, 1738 ; (1721), II, 1754 ; (1726), II, 2544 ; — seul (1739), III, 2544.
Chastellard : généalogie, III, 2495.
Chastelard : vers à lui adressés par Joachim Blanchon (1583), IV, 2938.
Chastelet, compositeur (1639), IV, p. 605.
Chastellier : généalogie, III, 2495.
Chastelier. Voy. Du Chastelier.
Chastellux (Mlle de), citée par Cl. de Taillemont (1556), IV, 2910.
Chastellux (Philippe de), seigneur de Basarne, etc. (1550), IV, 2881.
Chastenet : vers à Joachim Blanchon (1583), IV, 2738.
Chastenet (Leonard de), baron de Murat : J. Prévost lui dédie sa tragédie de *Clotilde* (1613), II, 1106.
Châtillon-sur-Seine. Imprimeur. Voy. Robert (Jeanne), 1878.
Chastillon (de), reçoit l'ordre de Saint-Michel (1547), IV, 3113.
Chatillon (Histoire veritable de la duchesse de) (1699), II, 1668.
Châtillon, lithogr., II, 1909.
Chastillon (Agathe de), femme de Claude de Marolles : son portrait (1656), III, 2265.
Chastillon (Gaspard de Coligny, maréchal de) : D. L. H. lui dédie la *Vie de messire Gaspar de Coligny* (1623), III, 2177.
Chastillon (Hiérosme) : Antoine de Harsy lui dédie son édition des *Œuvres poétiques de M. de S. Gelais* (1574), 630 ; (1582), 631.
Chastillon (L. de), dessin., 371, art. 1.
Chastillon (Odet, cardinal de), cité par Nic. Bourbon (1538), IV, 2788. — Vers à lui adressés par Joachim Du Bellay (1549-1563), IV, 2890. — Rabelais lui dédie son *Quart Livre* (1552), II, 1514. — Epitre à lui adressée en tête des *Hymnes* de Ronsard (1555), 672. — Vers à lui adressés par Ch. Fontaine (1557), IV, 2877. — Ronsard lui dédie un poème à la louange du connétable Anne de Montmorency (1559), 673.
Chataeus. Voy. Le Chat.
Chatterton, sujet d'un drame d'Alfred de Vigny (1835), II, 1366.
Chaubert (Hugues-Daniel), libr. à Paris (1752-1766), III, 2524 ; (1759), II, 2095.
Chauchet (Benoist), libr. à Paris (1582), II, 1725.
Chaudet, dessin., II, 1913.
Chaudière (Claude), libr. à Paris, as-

socié de Regnault, son père (1550), IV, 2880.
Chaudière (Guillaume), libr. à Paris (1569), 729; II, 2029; (1572), II, 2098; IV, 3156; (1574), 49, 338, 339; (1575), 340, 341; (1578), 50, 342, 343; IV, 3183; (1579), 339 (?); IV, 2879; (1580), cité, III, 2198; (1589), III, 2241, art. 4; 2214; (1594), III, 2252; (1599), II, 1962.
Chaudière (Regnault), libr. à Paris (1519), III, 2710; (1520), 548; (1527), II, 1485; (1536), III, 3091; (1547), cité, V, 3363; — avec Claude, son fils (1550), IV, 2880.
Chaudron père, danseur et violon (1656-1671), IV, p. 605.
Chaudron fils, chanteur et violon (1671), IV, p. 605.
Chaufflière : vers à lui adressés par Guill. Du Peyrat (1593), IV, 2945.
Chauffour, mari malheureux (1535) : éloge de sa femme, 805.
Chaufourier, ou Chaufournier, dessin. et grav., III, 2315, 2317.
Chaulieu (L'abbé Guillaume Anfrie de) : œuvres de lui dans le Recueil de pieces curieuses (1694-1696), III, 2632. — Épitre à Hamilton (1731), II, 1912. — Œuvres (1774), 848.
Chaulieu (Anfrie, marquis de), publie les Œuvres de son oncle, l'abbé de Chaulieu (1774), 848.
Chaulnes, ou Chaunes, château, 249.
Chaulnes Charlotte d'Ailly, duchesse de), danse dans un ballet (1635), IV, p. 605.
Chaumeau (Guillaume), procureur de la ville de Bourges, III, 2343.
Chaumeau (Jean), seigneur de Lassay : Histoire de Berry (1556), III, 2343.
Chaumont (Le chevalier de) : son voyage à Siam (juillet 1686), III, 2524.
Chaumont (Jean de), sieur de Guitry, signe le traité entre le roi de Navarre et le duc Jean-Casimir (11 janv. 1587), III, 2242, art. 6.
Chaussard (Barnabé), impr. à Lyon, associé de Pierre Mareschal (1504), 558; (s. d.), 455, 494, 496, 538, 594; seul (v. 1520-1530), 284; (s. d.), IV, 2809. — Sa veuve (1532), 456; citée, 543. — Ses héritiers (1532), cités, 541, art. 11; (1545), 283; (s. d.), 582; III, 3173, cités, 1021.
Chausse : vers à lui adressés par J.-d. Du Monin (1583), V, 3272.
Chautemps (Jean), de Genève, fait imprimer, en 1544, L'Enfer de Marot, IV, 2858.
Chauveau : vers au petit de Beauchasteau (1657), 833.
Chauveau, danseur (1669-1671), IV, p. 605.

Chauveau (Charles), de Loudun, dit Calvus, cité par Nic. Bourbon (1538), IV, 2788.
Chauveau (François), dessin. et grav., 40, 57, 58, 317, 364, art. 1; 366, art. 2; 840-842, 897, 911-913, 969; II, 1118, 1129, 1131, 1155, 1174, 1175, 1209, 1237, 1258, 1460 et 1461 (dessins originaux), 1675, 1857, 2083. — Son nom est écrit Choveau, V, 3318.
Chauveau (Guilbert), dit Montjoye, roi d'armes, porte un défi à Vérone (1509), II, 2109. — Le Pas des armes de l'arc triumphal... tenu a l'entree de la royne a Paris (1514), II, 2113. — L'Ordre des joustes faictes a Paris (1514), 2114. — La Publication des joustes (1515, n. s.), II, 2119.
Chauverny (Nicolas de), de Vesoul : épitaphe par J.-Éd. Du Monin (1583), V, 3272.
Chauvet (Daniel), « Chovetus » : inscription dans un album (1600), V, 3372.
Chauvet (Jean-Baptiste), grav., III, 2573.
Chauvet (Rémond), ministre à Genève (1554), 85.
Chauvetet (Jean), impr. et libr. à Langres (1609), III, 2543.
Chauvin (André) et Pierre Alain, impr. à Angoulême (v. 1492). Voy. Alain.
Chavagnac : généalogie, III, 2495.
Chavannes (de) : vers à Ch. d'Assoucy (1648), 969.
Chavenel (Richard) : vers à lui adressés par Didier Oriet (1581), V, 3271.
Chavigny, ou Chevrigny (Jean-Aimé de), Beaunois : sonnet à Antoine Du Verdier (1572), 749. — Vers à Antoine Du Verdier (1580), V, 3378. — Larmes et Suspirs sur le trespas de M. Ant. Fiancé (1582), 753. — Sonnet à lui adressé par J.-Éd. Du Monin (1583), V, 3272.
Chaville : vues du château, 249.
Chavrais (Mlle de), citée par M. Guy, de Tours (1598), IV, 2948.
Chazaud, éditeur des Enseignements d'Anne de France (1878), III, 2559.
Chédeau : volumes lui ayant appartenu, 28, 204; IV, 2973.
Chédel (Pierre-Quentin), grav., 255; II, 1335, 2094; III, 2361.
Chelles, abbaye, IV, 3096, art. 145, 146.
Chemant (de), président de Piémont (1546), IV, 2876.
Chemerault (X. de Barbézieux, dite Mlle de), danse dans un ballet (1661), IV, p. 605.
Chemin (Le) de l'ospital (v. 1490), V, 3214; (v. 1520), 137.
Chemin (Le) de Paris a Lyon, de

Lyon a Venise et de Paris a Rome par Lyon... jusques en Jherusalem (v. 1520), II, 1929.
Chemin (Le) de Romme (1517), III, 2635, p. 446, art. 7.
Chemise (La) sanglante d'Henry le Grand en l'année 1615, III, 2236, p. 70.
Chemnitz (Le Dr) : lettre à lui adressée par l'électeur de Brandebourg (1583), III, 2242, art. 1.
Chemondat : notes généalogiques (Gand, 1663), IV, 2855, p. 194.
Cheneril (1579), IV, 2879.
Chenest (Alfred) : volume lui ayant appartenu, 629.
Chénier (Marie-Joseph) : une pièce de lui dans les *Chants et Chansons populaires de la France* (1843), 1014.
Chenonceau : château, 248.
Chenu, grav., III, 2506.
Chenu (Jules) : volume lui ayant appartenu, 569.
Chenu (Pierre), grav., 255, 272, 402.
Chéradame (Jean), cité par Nicolas Bourbon (1538), IV, 2788.
Chéreau (Mlle), citée par M. Guy, de Tours (1598), IV, 2948.
Chéreau, grav., III, 2506.
Chéreau, marchand d'estampes à Paris (1752), 243 ; (s. d.), 261.
Chéreau (Achille), cité, IV, 2797, art. 3.
Chéreau (veuve de F.), marchand d'estampes à Paris (1748), 276.
Chéreau (Jacques), grav., III, 2361.
Chéreau (Jacques) le jeune, grav., 143.
Cherler (Johann Heinrich) : inscription dans un album (1601), V, 3371.
Chéron (Élisabeth), dessin., III, 2506.
— Voy. *Recueil de pieces curieuses* (1694-1696), III, 2632.
Cheron (Gédéon) : *Traitté de la justification* (1644), 95.
Chéron (L.), dessin. et grav., II, 1246, 1911.
Cherrier (L'abbé), censeur royal, approuve *L'Antiquité expliquée* de Montfaucon (1719), III, 2499.
Chertsey (Andrew), traduit en anglais *La Fleur des commandemens*, III, 2538.
Chéruel, éditeur des *Mémoires* de Mlle de Montpensier (1858-1859), III, 2286.
Chesnai (P.), banquier à Poitiers : J. de La Péruse lui adresse des vers (v. 1557), IV, 3022.
Chesnault (Charles), impr. à Paris (1657-1666), 896, 897.
Chesneau, tué à la Saint-Barthélemi (1572), IV, 3191.
Chesneau (Jean) : *Voyage de Gabriel de Luetz, seigneur d'Aramon, à Constantinople, etc.*, en 1546-1555 (1759), II, 2095, art. 1.
Chesneau (L.), dit Querculus, cité par Nic. Bourbon (1538), IV, 2788.
Chesneau (Nicolas), impr. et libr. à Paris (1563), 337 ; (1567), 173 ; (1568), 420 ; (1572) ; III, 2462 ; IV, 3186, art. 1 ; (1573), IV, 3185, 3186 ; (1574), 696, 704, 734 ; III, 2426 ; (1576), II, 1821 ; (1583), 299.
Chesterfield (Philipp Dormer Stanhope, comte de) : L. Riccoboni lui dédie ses *Capitoli dell' Arte rappresentativa* (1728), II, 1464.
Cheval (Geoffroy), chirurgien, membre du bureau de l'Eglise réformée de Paris (1562), II, 2056.
Chevalier, violoniste (1669-1671), IV, p. 605.
Chevallier (François) : vers à Gratien Du Pont (1534), III, 2596.
Chevalier (G. de) : *Le Decez ou Fin du monde* (1584), IV, 2936.
Chevalier (J.), dessin., III, 2506.
Chevalier (Michel), libr. à Paris (1605), II, 1446 ; (1607), 113.
Chevalier (Nicolas) : vers en l'honneur de Ronsard (1623), 668.
Chevalier (Pierre), libr. à Paris (1599), II, 1797, art. 3 ; (1602), III, 2240, art. 11 ; (1610), 890, art. 8 ; 891, art. 1 ; IV, 2944 ; (1619), II, 1724 ; (s. d.), II, 1796, art. 20.
Chevalier (Robert) : ses *Avantures* rédigées par Le Sage (1736), II, 1976.
Chevalier (Le) aux dames (1517), 529.
Chevalier (Le) chrestien. Voy. Erasme.
Chevalier (Le) chrestien : *Estrenes royalles* (v. 1560), V, 3281.
Chevalier (Le) de la Tour (1514), II, 1507.
Chevalier (Le) deliberé. Voy. La Marche (Olivier de).
Chevaliers créés par le roi d'Angleterre Charles II, V, 3369.
Chevallon (La veuve de Claude), libr. à Paris (1539-1543), citée, III, 3076.
Chevance, garçon libraire à Paris, poursuivi en 1694, II, 1690.
Chevareau (P.), dessin., II, 1892.
Cheverny, chancelier de France. Voy. Hurault.
Cheverue : généalogie, III, 2495.
Chevigné (Le comte Louis de) : *Contes rémois* (1839), V, 3292.
Chevigni (J. de), Beaunois. Voy. Chavigny.
Chevillard (Jacques), héraldiste et graveur : *Cartes de Blazon* (v. 1715), III, 2493.
Chevillard (Jacques-Louis) le fils : *Nobiliaire de Champagne* (1721), II, 1 2493, art. 53. — *Dictionnaire heraldique* (1722), III, 2494. — *Premiers*

Presidens au parlement de Paris (1724), III, 2493, art. 40. — Planche gravée par lui, III, 2493, art. 34.
Chevillet, grav., II, 1246.
Chevillot (Pierre), libr. à Paris (1579), III, 2197 ; (1586), 755.
Chevotet (J.-M.), dessin., 250, 251 ; III, 2315.
Chevreau (Urbain) : *La Suitte et le Mariage du Cid* (1638), II, 1139. — Vers à M⁰ Adam Billaut (1644), 829.
Chevreuse (Charles-Honoré d'Albert, duc de), danse dans des ballets (1668-1669), IV, p. 605. — Racine lui dédie *Britannicus* (1670), II, 1255.
Chevreuse (Jeanne-Marie Colbert, duchesse de), danse dans un ballet (1669), IV, p. 605.
Chevreuse (Marie de Rohan, duchesse de) : son portrait (1781), III, 2279.
Chevry (M™⁰ de), citée en 1704, IV, 3082.
Chevrier (de) : *Memoires pour servir à l'histoire des hommes illustres de Lorraine* (1754), III, 2336.
Chevrière, cité par Ch. Fontaine (1557), IV, 2877.
Chevrière de Pauly : armes de cette famille, III, 2532.
Chevrigny (J. de), Beaunois : vers à Ant. Du Verdier (1580), V, 3375. Voy. Chavigny.
Chézy : abbaye de Saint-Pierre, IV, 3096, art. 115.
Chiacheron, acteur (1670-1671), IV, p. 605.
Chiantore et Mascarelli, impr. à Pignerol (1880), cités, II, 2036.
Chiarello (Antonino), de Reate, argumente lors d'un doctorat à Pérouse (1570), IV, 3364.
Chiari (Daniele), de Parme : Aldo Manuzio lui dédie son édition d'Aristophane (1498), II, 1061.
Chiarini, chanteur (1661-1664), IV, p. 605.
Chicanneau, danseur et violoniste (1663-1671), IV, p. 605.
Chicheface (v. 1537), 528 et *Additions.*
Chicoisneau (Marie), citée par M. Guy, de Tours (1598), IV, 2948.
Chicot, fou de Henri III : pamphlet publié sous son nom (1588), III, 2221, art. 14.
Chief (Le) de joyeuse destinee, IV, 2799, art. 5.
Chieregato (Valerio) : son emblème (1562), IV, 3077.
Chieusses : généalogie, III, 2495.
Chièvre (Le seigneur de), lieutenant de Philippe le Beau dans les Pays-Bas (1506), III, 2334.
Chiffelin (Olivier), peintre, IV, 2763, p. 38.

Chifflet (Le P.), obtient un privilège pour sa *Grammaire françoise* (1710), II, 1233.
Chiffre (Introduction pour congnoistre a lire le) (v. 1530), IV, 2767.
Chiffres, Cartouches, Compartiments, etc. (v. 1700), 264.
Chigi, cardinal : son portrait (1657), 833.
Chigi (Agostino) : son portrait (1657), 833.
Chigi (Fabio). Voy. Alexandre VII.
Chigi (Mario) : son portrait (1657), 833.
Chillac (Timothée de) : quatrain, signé d'initiales, à Christofle de Gamon (1600), V, 3280.
Chilliat (Michel), obtient un privilège pour *L'Amour à la mode* (1706), II, 1545.
Chimay (d'Aremberg, prince de) : portrait (1540), IV, 2871, p. 213.
Chinon. Imprimeur imaginaire : François Rabelais (v. 1700), II, 1783.
Chinot (Louis), étudiant (1511), V, 3226.
Chion, le Platonicien : *Epistolae* gr. (1499), II, 1873.
Chipard, avocat, cité par Jean Dorat (1586), IV, 2789.
Chipault (Jacques), de Dannemarie-en-Montois, dit Jacques Alphutic de Merandonie en Tomnois : *Confession vrayement chrestienne* (1561), 778. — *Traicté du decès de Nicolas Verjus* (v. 1561), III, 2609 et *Additions.*
Chiquelle (Jean), impr. à Lausanne (1586), II, 1093.
Chiton (Johann Joseph) : inscription dans un album (1598), V, 3370, p. 164.
Chiuss' (Compà), poète imaginaire du Val de Bregno (1589), 1049, 1050.
Chlendowski (Louis), libr. à Paris (1847), II, 1602 ; (1848), II, 1603.
Chmielicki (Martin), médecin : inscription dans un album (1592), V, 3370, p. 164.
Choart de Buzanval (Paul) : inscription dans un album (1584), V, 3368, p. 156.
Choderlos de Laclos : *Les Liaisons dangereuses* (an II), II, 1576.
Chodkiewicz, général polonais (1621), III, 2470. — Sa mort, III, 2471.
Choffard (Pierre-Philippe), dessinateur et graveur, 238 (dessins originaux), 243, 409, 855, 925, 1003, 1033 ; II, 1065, 1572, 1675, 1662, 1741, 1914.
Chollet, grav., II, 1180, 1520.
Choiselet (M™⁰) : *Responce à la Misere des clercs des procureurs* (1628), II, 1796, art. 15.
Choiseul (Chrestophle de), abbé de Mureaux : Remy Belleau lui dédie ses *Odes d'Anacreon* (1556), 398.
Choiseul (Étienne-François, duc de),

fait rédiger la *Description géographique de la Guyane* (1763), II, 1995. — M. de Roussel lui dédie son *Essai historique sur le régiment de Navarre* (1766), III, 2342.
Choiseul (Gilbert de) : *Oraison funèbre du duc de Longueville* (1672), 364, art. 2.
Choisy : vue du château, 249.
Choisy (François-Timoléon de) : *Imitation de J.-C.* (1692), 60.
Choisy (Martin de) : une pièce de lui dans les *Chants et Chansons populaires de la France* (1843), 1014.
Choisnin (Gilles), médecin, cité par Guy Le Fèvre de La Boderie (1578), IV, 2930.
Choisnyn (Jehan), de Châtelleraut : *Discours au vray de tout ce qui s'est passé pour l'entiere negociation de l'election du roy de Polongne* (1574), III, 2426.
Chojeński (Jean), évêque de Plock : Girolamo Accoramboni lui dédie son *Tractatus de lacte* (1536), IV, 3161.
Cholières (J. D., sieur de). Voy. Dagonneau (Jean).
Chollet, joue dans la *Tragedie du roy Kanut* (1575), IV, 3025.
Chombert. Voy. Schomberg.
Choppin : vers adressés à Regnault (1639), II, 1116.
Choppin (René), avocat au parlement de Paris : vers à lui adressés par J. Le Masle (1580), IV, 2933. — Vers à Mme Des Roches (1582, 1610), 737.
Choquet, dessin., II, 1305.
Choquet de Lindu, ingénieur, collabore à l'*Encyclopédie* (1777), III, 2523, pp. 279, 280.
Choret (Jacques) : vers en tête du *Dictionnaire des rimes* de Jean Le Fèvre (1588), 431.
Chorier (Nicolas), abuse du nom d'Aloïsia Sygée, 422.
Chose, prononcée *chouse* (v. 1625), II, 1797.
Chouaine (Fr.) : sonnets à Amadis Jamyn (1575, 1582), 738, 739. — Vers à Ph. Des Portes (1600), 740.
Chouayne (Ph.) : vers dans *Le Cabinet des Muses* (1619), 974.
Chouax (Le seigneur de), cité par Antoine Du Saix (1537), 516.
Chouet (Jacques), impr. à Genève (1565), II, 2051 ; (1589), V, 3270 ; (1591), cité, III, 2194 ; (1606), cité, II, 2061 ; (1612), cité, II, 2708.
Choupper (Le seigneur de) : vers à lui dédiés (1575), V, 3284.
Chouquet (G.), cité, II, 1445.
Choutart (Pierre), d'Orléans : vers à Honoré Henri (1565), 719, *Additions*.

Choveau, grav., II, 1131. Voy. Chauveau.
Chrestien, de Provence : sonnet à S. G., s^r de La Roque (1609), IV, 2943.
Chrestien de Troyes : *Perceval le Galloys* (1530), III, 2624. — Il est cité par Geofroy Tory (1529), III, 2570.
Chrestien (Claude) : vers à lui adressés par N. Rapin (1610), IV, 2944.
Chrestien (Florent) : *Sylva cui titulus Veritas fugiens* (1561), 692. — Vers dans *L'Olimpe* de Jacques Grévin (1562), 711. — Traduction de la *Venerie* d'Oppien (1575), IV, 2773. — Vers grecs adressés à Germain Audebert (1583), IV, 2794. — Il est l'un des auteurs de la *Satyre menippée* (1593-1594, 1709), III, 2251, p. 87. — Vers à lui adressés par Nic. Rapin (1610), IV, 2944.
Chrestien (Guillaume), libr. à Leyde (1638), II, 1140.
Chrestien (Ysabeau), femme de Jehan Régnier, IV, 2805, p. 125.
Chrestien (Jehan), avocat (1549), IV, 2868.
Chrestien (Jean) : vers à lui adressés par Joachim Blanchon (1583), IV, 2938. — Sonnet à G. de Chevalier (1584), IV, 2936. — Vers dans *Le Cabinet des Muses* (1619), 974.
Chrestien (Paris), crieur juré à Paris (1563), III, 2546, art. 1.
Christian II, roi de Danemark, met à sac la ville de Stockholm (1517), III, 2176.
Christian IV, roi de Danemark : son arrivée dans la Frise orientale (1625), III, 2405, art. 13. — Le comte de Mansfeld est député vers lui (oct. 1625), *ibid.*, art. 15. — Ses troupes combattent les Impériaux (avril 1626), *ibid.*, art. 75. — Elles défont le duc de Saxe (1627), *ibid.*, art. 79.
Christie (Richard Copley) : *Etienne Dolet*, cité, 634 ; II, 2117 ; V, 3209.
Christin, nom donné à Jésus-Christ, V, 3266.
Christine, nom désignant l'Église, V, 3266.
Christine de Bourbon, plus tard duchesse de Savoie, danse dans un ballet (1615), IV, p. 606. — Son portrait (1657), 833.
Christine de Danemark, douairière de Milan, puis duchesse de Lorraine : *Epithalame*, par J. Mallard (1540), IV, 2871. — Inscription à elle dédiée par Joachim Du Bellay (1559), V, 3258.
Christine, princesse de Lorraine : vers à elle adressés par Flaminio de Birague (1585), IV, 2939.
Christine, reine de Suède : son couronnement (1650), IV, 3153, p. 536.

TABLE ALPHABÉTIQUE GÉNÉRALE 291

— *Relation de la mort de Monaldeschi* (6 nov. 1657), par le P. Le Bel (1664), III, 2283. — Portrait (1657), 833. — Sujet d'un drame d'Alexandre Dumas (1830), II, 1367.
Christmann (Dié) : distiques latins à Pierre de Blarru (1518), IV, 2781, p. 65.
Christophe (J.) : vers à Léon Trippault (1581), 319.
Cronique du roy Francoys premier (1860), citée, III, 2597.
Chronique du temps de Charles IX (1829), II, 1608 ; (1832), II, 1609.
Chronique et Histoire composee par Turpin (1527), II, 1185.
Cronicques abregies depuis l'an tresze jusques a l'an vingt sept (v. 1527), IV, 2834.
Cronicques abregiez des guerres faictes depuis l'an 1520 (1525), IV, 3106.
Croniques (Les) des roys de France (1501), III, 2651.
Chrysoloras (Emmanuel) : portrait dans les *Icones* de N. Reusner (1589), V, 3370, p. 162.
Chuby (Jehanne) : livre d'heures lui ayant appartenu, 25.
Chuppin (Antoine), libr. à La Rochelle (?) (1578), II, 1989 ; — à Genève (1580, 1585), II, 1990 ; cité, III, 2194.
Ciabuch (Compà), « consiglië drà vall de Bregn » (1589), 1049, 1050.
Ciampello (Lucrezia) de' Gori : vers à elle adressés par son mari N. Martelli (v. 1543), IV, 3000, p. 357.
Cyberanc (Annemond), seigneur de Boyc, cité par Antoine Du Saix (1537), 516.
Cibo (Le cardinal) : lettre à lui adressée par Bossuet (1688), II, 1883, p. 363, art. 8.
Cibot : vers à lui adressés par Joachim Blanchon (1583), IV, 2938.
Cicchino (Lorenzo), témoin d'un doctorat à Pérouse (1570), V, 3364.
Cicéron (M. Tullius) : *Opera* (1555-1559), II, 1902 ; (1642), II, 1903 ; (1661), II, 1904. — *Orationes* (1543), 335. — Traduction du discours *pro Marcello* par Nic. Rapin (1610), IV, 2941. — Traduction d'une des *Verrines* par Maucroy (1685), II, 1920. — *Questions tusculanes nouvellement traduictes* (v. 1544), 127. — *Le Livre des Offices*, trad. par D. Miffant (v. 1500), III, 2556. — *Epistolae ad familiares* (v. 1470), II, 1874. — Vie par Plutarque (1567), II, 1899. Cf. III, 2735. — Portrait dans les *Icones* de N. Reusner (1589), V, 3370. — Autre portrait dans le recueil de 1642, II, 1903.

Cicéron Victurius : *Synonyma* (v. 1509), V, 3222. Cf. 3224.
Cid (Le), tragi-comédie de Pierre Corneille (1637), II, 1138, 1139 ; (1638), II, 1140 ; (1642), II, 1143. — Querelle du *Cid*, II, 1141-1143. — *La Suitte et le Mariage du Cid*, par Urbain Chevreau (1638), II, 1139.
Cigongne (Armand) : volumes lui ayant appartenu, 505, 564.
Cimatore (Pietro) : vers dans les *Trionfi, Carri, ecc.* (1559), 1028.
Cimon : sa vie par Plutarque (1567), II, 1899. Cf III, 2735.
Cinese (Il), opéra parodié par Favart (1759), II, 1335.
Cini (Gio. Battista) : vers dans les *Trionfi, Carri, ecc.* (1559), 1028.
Cinna, ou la Clemence d'Auguste, tragédie par P. Corneille (1643), II, 1145, 1145 bis.
Cinqarbres (Jean de) : épitaphe hébraïque d'Anne de Montmorency (1567), IV, 2966, art. 26. — *Tombeau d'Elisabeth de France* (1569), 814.
Cinq (Les) Auteurs : *La Comedie des Tuileries* (1638), II, 1171, 1172 ; — *L'Aveugle de Smyrne* (1638), II, 1173.
Cinq (Les) Commandemens de l'Eglise (1516), III, 2562, art. 25.
Cinq-Mars (Henri Coiffier de Ruzé, marquis de) : son portrait (1780), III, 2279.
Cintra (Pedro de) : son voyage au Sénégal en 1462 (1508, 1521), II, 1950, 1951.
Cipriani (Gio. Batt.), dessin., 1033 ; II, 1474.
Cipriano (Le P.) : ses missions aux Indes, III, 2638.
Circé, sujet du *Balet comique* de B. de Beaujoyeulx (1582), II, 1445 ; — sujet d'une tragédie de Th. Corneille (1675), II, 1133.
Cyron, ou Cyrot : *Chansons* (1549-1552), 980.
Cisner (Nicolaus), assiste au couronnement du roi des Romains (1562), III, 2419.
Citerne (Guillaume), libr. à Paris (1623), III, 2374, art. 5 ; (1630), 825.
Citoys (Jean), impr. à Lyon (1557), IV, 2877. — Ch. Fontaine lui adresse des vers, *ibid*.
Citri de La Guette (Samuel) : *Histoire de la conqueste de la Floride*, trad. de F. de Souto (1685), II, 1981.
Civilité (Caractères dits de). Voy. Caractères.
Clabonius, cité par Nic. Bourbon (1538), IV, 2788.
Claesens, rel. à Bruxelles, V, 3375.
Claesz (Cornelis), ou Cornelis Nicolai, impr. à Amsterdam (159°-1617), II, 1962.

Clagny : vues du château, 249.
Clagny (M. de) : vers à lui adressés par Joachim Du Bellay (1559), IV, 2896.
Clairambault (Pierre de), signe l'approbation de l'*Histoire généalogique de la Maison Royale de France* par le P. Anselme (1726-1733), III, 2487.
Claire : sonnet dans la *Poesie* de L. Le Caron (1554), 705.
Clamades (1502), III, 2625.
Clamorgan (J. de) : *La Chasse du loup* (1566), 305.
Clare (Charles O'Brian, comte de Thomond de) : volumes lui ayant appartenu, III, 2347.
Clarence, héraut d'Angleterre : défi porté par lui au roi de France (1522), III, 2663.
Clarigène, sujet d'une tragédie de P. Du Ryer (1639), II, 1112.
Claris : généalogie, III, 2495.
Claude (Legende de sainct), II, 2020.
Claude, femme chantée par Jean Le Masle (1580), IV, 2933.
Claude, femme chantée par M. Guy, de Tours (1598), IV, 2948.
Claude d'Abbeville (Clément Foulon, dit le P.) : *Histoire de la mission des peres capucins en l'isle de Maragnan* (1614), II, 1991.
Claude de France : le roi annule son projet de mariage avec Charles d'Autriche (1506), IV, 3104. — Son mariage avec François, comte d'Angoulême, plus tard François Iᵉʳ, est le sujet d'un poème de Fausto Andrelini (1506), IV, 2782. — Jehan Le Maire lui dédie le second livre des *Illustrations de Gaule* (1512), II, 2090. — Lettre sur sa pompe funèbre par Gilbert Ducher (1526), IV, 3107. — Épitaphe par Jehan Bouchet (1545), 510. — Elle est louée par J. Dorat (1586), IV, 2789.
Claude de France, fille de Henri II : *Epithalame* sur son mariage avec le duc de Lorraine, par R. Belleau (1559), IV, 2906. — *Epithalame*, par Jean Laurenceau (1559), III, 2576. — Inscription à elle dédiée par Joachim Du Bellay (1559), V, 3258. — Jacques Grévin lui dédie son *Theatre* (1562), 711. — *Epistre* à elle adressée par Louis Des Masures (1564), IV, 2883. — *Oraison funebre*, par Arnauld Sorbin (1575), 341. — Elle est louée par Jean Dorat (1586), IV, 2789.
Claude (Jean), ministre. Voy. Bossuet (Jacques-Bénigne). *Conference* (1682), 81 ; — *Le Salut dans l'Eglise romaine, le Fanatisme établi dans la Réforme par les ministres Claude et Jurieu* (1689), II, 2045.

Claudin, musicien : *Chanson* (1530), citée, IV, 2973, art. 23. — *Psaumes* (1552-1553), V, 3299.
Claudin (A.), libr. à Paris (1874), cité, III, 2341. — Manuscrit lui ayant appartenu, IV, 2819.
Claudine, femme ainée de Jean Le Masle (1580), IV, 2933.
Clausel de Montals (Claude Hippolyte), évêque de Chartres : lettre au marquis de Loyal (v. 1840), IV, 3079, p. 450.
Clausse (Henri), sʳ de Marchaumont : vers à lui adressés par Christofle de Beaujeu (1589), IV, 2942.
Clausse (Denise de Neufville, femme de Henri) : vers à elle adressés par Christofle de Beaujeu (1589), IV, 2942.
Clauweet (Charles), de Valenciennes : manuscrit lui ayant appartenu, IV, 3010.
Clavareau, dessin., II, 1564.
Claveret : vers à Pierre Corneille (1634), II, 1136. — *Lettre au Sʳ Corneille* (1637), II, 1142, art. 6. — *Lettre à monsieur de Corneille* (1637), II, 1142, art. 3. — Voy. *L'Amy du Cid à Claveret* (1637), II, 1141, art. 5 ; 1142, art. 10.
Clavet (Loys), libr. à Lyon (1608), 114.
Claveurier (Maurice) : épitaphe par Jehan Bouchet (1545), 510.
Claye (Le prieur de), 1697. Voy. Hacquebée (G.).
Claye (Le prieur de) en 1704 : lettre à lui adressée par l'abbé Jacques Bénigne Bossuet, II, 1883, p. 370.
Claye (Jules) et Cⁱᵉ, impr. à Paris (1851), II, 1394 ; (1852), II, 1395, 1403, 1409, 1422 ; (1853), II, 1404, 1410, 1412 ; (1855), II, 1411, 1412 ; (1856), 878 ; II, 1405 ; (1858), 844 ; II, 1413, 1414 ; (1859), II, 1399, 1415 ; (1860), II, 1402, 1406, 1420 ; (1861), II, 1416 ; (1862), II, 1400 ; (1864), II, 1401, 1421 ; (1865), II, 1389, 1439 ; (1866), II, 1417 ; (1867), II, 1407, 1440, 1441 ; (1868), II, 1418, 1423 ; (1870), II, 1423 ; (1872), II, 1431, 1443 ; (1873), II, 1432 ; (1875), II, 1444.
Cléandre : *L'Affliction des dames de Paris...* (1623), II, 1796, art. 24 ; 1798, art. 7.
Clelie (La fausse) (1671), II, 1534.
Clémenges (Nicolas de) : son roman de *Floridan et la belle Ellinde* est traduit par Rasse de Brunchamel (1518), IV, 3062.
Clemens non papa, musicien : *Chansons* (1549-1552), 980.
Clément VII Medici, pape : lettres à Gio. Giorgio Trissino (1515), IV, 3078. — Les *Prose* de P. Bembo lui sont dédiées avant son élévation

au pontificat, IV, 2768. — Passeport accordé à Gio. Giorgio Trissino (1526), IV, 3078. — Il fait partie de la ligue contre l'empereur Charles Quint (1527), III, 2668, art. 4. — Bulle contre les Luthériens, traduite en français (1533), II, 2049. — Entrée à Marseille (12 oct. 1533), III, 2410. — Entrevue avec François Ier et Charles Quint (1538), III, 2674 ; IV, 3108.
Clément XI Albani, pape : son élection (1700), III, 2493, art. 6. — Lettre à lui adressée par Bossuet (1702), IV, 3079, p. 445. — Armes, III, 2493, art. 3.
Clément d'Alexandrie : extraits de ses œuvres par Bossuet (v. 1665), IV, 3079, pp. 448, 451.
Clément (Jacques), régicide : son supplice (1589), III, 2233, 2233 bis. — Figure représentant son crime et son supplice (1744), III, 2188.
Clément (Nicolas) : *Austrasiae Reges et Duces* (1591), III, 2335. — Vers latins en tête des *Icones* de N. Reusner (1589), V, 3370, p. 159.
Clemery (François de) : vers latins à Louis Des Masures (1560), 406.
Cleomédon : sujet d'une tragédie de P. Du Ryer (1636, 1638), II, 1109, 1110.
Cléomène : sa Vie par Plutarque (1567), II, 1899. Cf. III, 2735.
Clérac. Voy. *Anti-Joseph* (1615), II, 1796, art. 37.
Clérambault, musicien (1671), IV, p. 606.
Clerc (Blaise), emprisonné à Besançon (1575), III, 2190.
Clerc (Thibaud), emprisonné à Besançon (1575), III, 2190.
Clercius (Joannes). Voy. Le Clerc (Jean).
Clerginet (Alix), supérieure de la maison de la Propagation de la foi : lettre écrite pour elle par Bossuet (v. 1660), II, 1883, p. 365, art. 34. Cf. IV, 3079, p. 443, art. 57.
Clermont : la recette générale d'Auvergne y est transférée (17 avril 1589), III, 2194, p. 44. — Abbaye de Saint Allyre, IV, 3096, art. 52. — Imprimeur. Voy. Durand (Jean), 1579.
Clermont en Beauvaisis. Imprimeur. Voy. Daix (A.), 1851.
Clermont (Charles-Henri, comte de), vicomte de Tallard : J. D. V. lui dédie son *Discours sur les faits plus memorables du duc de Joyeuse* (1588), IV, 2960.
Clermont (Claude-Catherine de), dite Mⁱˡᵉ de Dampierre, femme d'Alberto de' Gondi, duc et maréchal de Retz. Voy. Gondi.

Clermont (F. de), seigneur de Dampierre : Jean de La Péruse lui adresse des vers (v. 1557), IV, 3022.
Clermont (Françoise de Poitiers, femme d'Antoine de), comte de Tonnerre : Joachim Du Bellay lui dédie une ode (1549, 1561), IV, 2890.
Clermont (Jeanne de), abbesse, citée par Scévole de Sainte-Marthe (1600), IV, 2921.
Clermont d'Amboise (Louis de), seigneur de Bussy, cité par Scévole de Sainte-Marthe (1600), IV, 2921.
Clermont-Tonnerre (François de) : *Oraison funebre de Philippe, duc d'Orléans* (1701), 380.
Clervan : avertissement sur sa mort (1588), III, 2194, p. 41.
Clesel, conseiller de l'empereur Ferdinand II, III, 2420, art. 27.
Clesius (Bernardus). Voy. Gless.
Cless (Johann) : *Elenchus librorum ab anno Dom. 1500 ad 1602* (1602), III, 2519.
Clevant (Claude Antoine de Vienne, sieur de), signe le traité entre le roi de Navarre et le duc Jean-Casimir (11 janv. 1587), III, 2242, art. 6.
Clèves (Catherine de), comtesse d'Eu : *Epithalame* à elle adressé par Jean Dorat (1570), IV, 2904. — Le même parle d'elle (1586), IV, 2789.
Clèves (Engilbert de), comte de Nevers. Voy. Nevers.
Clèves (François Ier de), duc de Nevers. Voy. Nevers.
Clèves (François II de), duc de Nevers, id.
Clèves (Guillaume, duc de) : son différend avec Charles Quint, III, 2722.
Clèves (Marie de), duchesse d'Orléans, morte en 1487, IV, 2798, art. 1.
Clèves (Marie de) : actes de son mariage catholique avec Henri de Bourbon, prince de Condé (1572), IV, 3122.
Clèves (Marie de), marquise des Isles : Jean Dorat lui adresse des vers (1586), IV, 2789.
Clèves d'Arnicourt (de), commis au *Mercure* (1745-1751), III, 2524, pp. 305, 306.
Clichy. Imprimeurs. Voy. Dupont (Paul), 1869-1872. Loignon (M.), 1869.
Clinchamp (de) : volumes lui ayant appartenu, 70, 446, 453, 629 ; II, 1508, 1509, 1511.
Clinchant (de), danse dans des ballets (1635-1661), IV, p. 606.
Cliny (Miss), grav., V, 3321.
Clisson (Mⁱˡᵉ de), danse dans un ballet (1681), IV, p. 606.
Clitel, nom supposé, cité par Estienne Forcadel (1579), IV, 2879.

Clytie, amie d'Estienne Forcadel (1579), IV, 2879.
Cloquemin (Abraham), libr. à Lyon (1607), 73.
Cloridan : ses *Amours*, par S. G., sieur de La Roque (1609), IV, 2943.
Clorine : vers à elle adressés par Ch. Toutain (1557), II, 1089, p. 164.
Closius (Fabian) : inscription dans un album (1595), V, 3370, p. 164.
Closius (Friedrich) : inscription dans un album (1595), V, 3370.
Clotilde, sujet d'une tragédie de Jean Prévost (1613), II, 1106.
Clouet (Jean), dit Janet, peintre, cité par Joachim Du Bellay (1559), IV, 2896.
Clouet (Jean), d'Angers : vers à J. Dorat (1586), IV, 2789.
Clousier (Charles), libr. à Paris (1687), 175 ; (1688), 178 ; (1690), II, 2069 ; (1694), II, 2069 ; (1695), 951 ; (1697), 63.
Clouzier (François), libr. à Paris (1664), II, 1993.
Clouzier (Gervais), libr. à Paris (1675), II, 1932 ; (1681), II, 2068. — Sa veuve (1681), II, 2068.
Clousier (Jacques), libr. à Paris (1738), 325 ; (1739), II, 1549 ; (1742), II, 1303.
Clousier (Jacques-Gabriel), impr. à Paris (1774), II, 1531 ; (1775), II, 1340 ; (1778), II, 1915.
Clousier (Michel), libr. à Paris (1709), III, 2499 ; (1713), II, 1752. — Sa veuve (1724), III, 2499 ; (1725), 143.
Clouvet (Alb.), grav., III, 2506.
Clouzot (Henri), cité, IV, 2984.
Cluny : A. Chanorrier y est pasteur (1576), V, 3265.
Cluni (de) : vers au petit de Beauchasteau (1657), 833.
Clusius (Carolus). Voy. L'Escluse (Charles de).
Clutin (Robert) : vers à lui adressés par J.-Éd. Du Monin (1583), V, 3272.
Cnevetus. Voy. Knevet.
Cnobbart (La veuve de Jean), libr. à Anvers (1646), II, 1552.
Cobourg : on y observe des prodiges (1620), III, 2420, art. 31.
Cobus, sauteur (1671), IV, p. 606.
Cocaskis, dessin., 144.
Coccaie (Merlin). Voy. Folengo (Teofilo).
Cocci Sabellico (Marcantonio) : vers sur lui-même dans les *Icones* de N. Reusner (1589), V, 3370, p. 160. — Portrait, *ibid.*, p. 162.
Coccodrillo (Il capitano). Voy. Fornaris (Fabrizio de).
Cochart (Claude), sergent au châtelet de Paris, est condamné aux galères comme complice de la mort de B. Brisson (1594), III, 2253.

Cocheris (Hippolyte), éditeur de l'*Histoire de Paris* de l'abbé Lebeuf (1863-67), III, 2316.
Cochin (Charles-Nicolas I**er**), dit Cochin père, grav. (1688-1754), 244, 254 ; III, 2315, 2347, 2487.
Cochin (Magdeleine Horthemels, femme de Charles-Nicolas), II, 1547 ; III, 2347 ; IV, 3096, art. 146 *ter*.
Cochin (Charles-Nicolas II), dit Cochin fils, dessin. et grav. (1715-1790), 239, 245, 251, 269, 402, 843, 925, 1033 ; II, 1065, 1335, 1342, 1474, 1531, 1564, 1711, 1741, 1914, 2004, 2094 ; III, 2523, 2524. — Il signe l'approbation de la *Seconde Suite d'estampes pour servir à l'histoire des modes et du costume* (1777), III, 2569.
Cocquelle, grav., III, 2523.
Coct (Anémond de), traduit en français la lettre du duc Ulrich de Wurtemberg au gouverneur de Besançon, II, 2048.
Code de la librairie (1744), 111.
Codoré (Olivier), graveur et libr. à Paris (1571), IV, 3117, art. 1 et 2.
Codro Urceo (Antonio) : Aldo Manuzio lui dédie l'édition des *Lettres* de Basile le Grand, de Libanius, etc. (1499), II, 1873.
Codur (Siméon). Voy. Gerard (Valentin) : *Triomphe de la glorieuse vierge Marie contre les calomnies du livre du ministre S. Codur* (1607), 73.
Coecke (Peeter), grav. et libr. à Anvers (1550), III, 2376.
Coelho (George) : épigramme sur la *Syntra* d'Aloïsia Sygée (1566), 422.
Coëtlogon (Louise-Philippe de), danse dans des ballets (1661-1669), IV, p. 606.
Coëtquen (Marguerite de Rohan-Chabot, marquise de) ou Cosquin, danse dans un ballet (1669), IV, p. 606.
Cœursilly (Vincent de), libr. à Lyon (1623), 939.
Cœuvres (François-Annibal d'Estrées, marquis de), ambassadeur de France à Rome (1621), III, 2643.
Cohon (de), évêque de Dol : lettre à lui adressée par Rangouze (1649), II, 1879.
Coignac (Joachim de) : *Deux Satyres* (1551), 96.
Coignard (La veuve de Charles), libr. à Paris (1706), II, 1545.
Coignard (Jean-Baptiste I**er**), libr. à Paris (1688), 39.
Coignard (Jean-Baptiste II), libr. à Paris (1691), III, 2615 ; (1694), 948, art. 3 ; (1698), 128 ; (1721), III, 2359.
Coignard (Jean-Baptiste III), libr. à Paris (1733), II, 2082 ; (1736), II,

2006 ; (1744), 391 ; (1745), 907 ; (1747), 843.
Coignée, capitaine, tué à la Saint-Barthélemy (1572), IV, 3191.
Coignet (Jacques), avocat au parlement de Paris : vers à lui adressés par J. Le Masle (1580), IV, 2933.
Coïmbre. Imprimeurs et Libraires. Voy. Álvarez(Juan), 1565. Barrera (Juan de), 1565.
Coindre, dessin., II, 1072.
Coiny (J.-J.), grav., 914 ; II, 1559, 1566, 1909 ; III, 2298.
Coinot : vers en tête du *Dictionnaire des rimes* de Jean Le Fèvre (1588), 431.
Coypel (Antoine), peintre et dessin., II, 1484, 1752.
Coypel (Charles), peintre, 220, 329 ; III, 2487.
Coypel (Noël), peintre, III, 2506.
Coysevox (Antoine), sculpteur, III, 2506. — Vers sur ses ouvrages par Baraton (1705), 846.
Coislin (Armand Du Cambout, duc de), danse dans un ballet (1664), IV, p. 606.
Coislin (Charles-César, chevalier de), danse dans un ballet (1663), IV, p. 606.
Coislin (Pierre-Adolphe, marquis de) : volumes lui ayant appartenu, 505, 625 ; II, 1573, 1772 ; III, 2333 ; IV, 2932.
Coislin (Pierre-César Du Cambout, marquis de), colonel des Suisses, danse dans des ballets (1635-1639), IV, p. 606. — Jean Baudouin lui dédie *L'Aveugle de Smyrne*, tragi-comédie par les Cinq Auteurs (1638), II, 1173.
Coke (John) : *The Debate betwene the heraldes of Englande and Fraunce* (1550), II, 1856.
Colardeau (Charles-Pierre) : romance de lui dans les *Chansons* de La Borde (1773), 1002.
Collardeau (J.) : vers à P. Corneille (1634), II, 1136.
Colasse : *Ballet des Saisons* (1722), II, 1457.
Colbert (Jacques-Nicolas) : discours qui lui est adressé par Racine lors de sa réception à l'Académie française, II, 1273. — Comme archevêque de Rouen, il reçoit l'acte de soumission de l'abbé Couët (1703), IV, 3079, p. 455.
Colbert (Jean-Baptiste) : Paul Boyer lui dédie la *Veritable Relation de tout ce qui s'est fait et passé au voyage que M. de Bretigny fit à l'Amérique occidentale* (1654), II, 1992. — J.-Fr. Gronove lui dédie son édition de Plaute (1569), II, 1063. — Gilles Ménage lui dédie son édition des *Poësies* de Malherbe (1689), 818. — Il est attaqué dans le *Tableau de la vie et du gouvernement de messieurs les cardinaux*, etc. (1693), 950. — Anecdotes sur son ministère (1759), III, 2290. — Volumes lui ayant appartenu, 469, 533 ; II, 1192, 1536 ; III, 2364, 2366.
Colburn (H.), libr. à Londres (1816), II, 1580.
Colechon, poissonnière, IV, 3020, art. 5.
Colerus. Voy. Kohler.
Colet (Claude) : une pièce de lui est jointe aux œuvres de Cl. Marot (1534), 599. — *Dixain de trois disciples de Marot* (1537), III, 2594, art. 2. — Il compose des vers pour *Les Disciples et Amys de Marot* (1537), *ibid.*, art. 8 ; (1539), 621, art. 11. — *Remonstrance a Sagon, a La Hueterie*, etc. (1537), III, 2594, art. 10 ; (1539), 621, art. 9. — *L'Oraison de Mars aux dames de la court* (1549, n. s.), 651. — Vers à lui adressés par Fr. Habert (1549), IV, 2868. — Vers dans les *Traductions de latin en françoys* (1550), 808. — Dizain à Gilles d'Aurigny (1553), 652.
Colet (H.), compose l'accompagnement des *Chants et Chansons populaires de la France* (1843), 1014.
Colier, résident à la Porte pour les Etats généraux de Hollande : son *Journal* (1672), III, 2482.
Coligny (François de), seigneur de Chastillon, amiral de Guyenne : Jean de Léry lui dédie son *Histoire d'un voyage fait en la terre du Bresil* (1578), II, 1989. — Épitaphe par Guillaume Du Peyrat (1593), IV, 2945.
Coligny (Gaspard de), amiral de France : vers à lui adressés par Ch. Fontaine (1557), IV, 2877. — Il établit en Floride une colonie calviniste (1562), II, 1982. — *Recusations envoyées à la cour de parlement de Paris* (18 juill. 1562), III, 2156, art. 10. — *Response à l'interrogatoire de Poltrot* (12 mars 1563), III, 2156, art. 14 ; 2158. — *Declaration presentée au conseil privé par Mgr. le prince de Condé le 15. de may 1563 touchant la juste deffense de M. l'amiral* (1563), III, 2159. — On lui attribue à tort la *Response à l'Epistre de Charles de Vaudemont, cardinal de Lorraine* (1565), III, 2692. — *Arrest de l'innocence de messire Gaspard de Coligny* (31 janv. 1566), III, 2164. — *Arrest de la cour de parlement contre lui* (13 sept. 1569), III, 2167. — *Le même mis en huict langues*

(1569), IV, 3118. — *Complainte* sur sa condamnation (1569), 784; IV, 3189. — Il assiste au mariage de Henri de Bourbon (18 août 1572), III, 2240, art. 1. — *Discours sur les causes de l'execution faite és personnes de ceux qui avoient conjuré contre le roy* (24 août 1572), III, 2173. — Même pièce traduite en allemand, III. 2174. — *Schreckliche und betrawerliche Zeytung von dem... Mord an den Christen in Franckreich* (1572), III, 2175. — *Discours simple et veritable des rages exercées par la France, des... meurtres eommiz es personnes de Gaspar de Colligni*, etc. (1572), III, 2175. — *Declaration du roy de la cause... de la mort de l'admiral* (28 août 1572), IV, 3119. — *Complainte et Regretz de Gaspard de Colligny* (1572), IV, 3189. — *Elegie satyrique* sur sa mort (1572), IV, 3190. — *Mort prodigieuse de Gaspart de Coligny* (1572), IV, 3191. — Voy. Touchard (Jean), *Discours sur les occurrences des guerres intestines de ce royaume* (1572), IV, 3179. — Voy. Nouvelet (Claude), *Hymne trionfal au roy sur l'equitable justice*, etc. (1572), IV, 3181. — Voy. Le Masle (Jean), *Chant d'allegresse sur la mort de Gaspar de Colligni* (1572), IV, 3186, art. 1. — Voy. Du Chesne (Léger), *De internecione Gasparis Collignii Sylva* (1572), IV, 3186. art. 2. — *Exhortation au roy pour vertueusement poursuyvre ce que il a commencé contre les huguenots, avec les epitaphes de Gaspar de Colligny*, etc.; traduction du latin de Legier Du Chesne (1572), IV, 3186, art. 3. — Voy. Blackwood (Adam), *Pompa funebris Gaspardi Collignaei* (1572), IV, 3170. — *Tumbeaux des brise-croix*, invective contre lui (1572), 787. — *Chanson* sur sa mort (1572), 986, art. 10. — Il est cité par Estienne Forcadel (1579), IV, 2879. — Il est cité par Jean Dorat (1586), IV, 2789. — Voy. Chantelouve (Franç. de), *La Tragedie de feu Gaspard de Colligny* (1575), IV, 3024; (1744), III, 2188. — Sa *Vie* par Fr. Hotman (1643), III, 2177. — *Memoires, ibid.*

Coligny (Henry de), amiral de Guyenne : vers à lui adressés par Guill. Du Peyrat (1593), IV, 2945.

Coligny (Louise de), quatrième femme de Guillaume de Nassau, prince d'Orange, III, 2406.

Colignon, grav , 1014.

Colin d'Amiens, artiste cité en 1521, IV, 2763.

Colin, fils de Thenot le maire, IV, 3020, art. 2.

Collin (Les deux sœurs), citées par M. Guy, de Tours (1598), IV, 2948.

Colin (Germain) : *Epistre* à Clement Marot (1537), 621, art. 8. — Il n'est pas l'auteur du *Rabais du caquet de Fripelippes et de Marot, ibid.* — Épîtres à Jehan Bouchet et réponses (1545), 511. — Vers dans les *Traductions de latin en françois* (1550), 808.

Colin (Jacques), ami d'Antoine Du Saix (1537), 516. — *Rondeau*, IV, 2965, art. 195. — *Epistre amoureuse* (1547), 806.

Colin (Nicolas), traduit la première partie de la *Diana* de J. de Montemayor (1587), II, 1748.

Colin (Pierre) : *Chansons* (1549-1552), 980.

Colin de l'Isle : généalogie, III, 2495.

Colines (Simon de), impr. à Paris (1523-1524), cité, IV, 2738, p. 7; (1525), 28, 38; (1530), II, 1835; IV, 2785; (1533), II, 1955; (1537), 516; V, 3330; (1543), III, 2537.

Collaccio (Frà Matteo) : lettre à Gasparo Trissino (1480), copie, IV, 3078.

Colladon (Isaïe) : inscription dans un album (1597), V, 3370, p. 164.

Colladon (Nicolas), ministre à Genève (1554), 85.

Collaert (J.), grav., 72.

Collas du Longprey : généalogie, III, 2495.

Collauri (Giovanni) : Aldo Manuzio lui dédie son édition des œuvres de Pontanus (1505), III, 2574.

Collebert (Gerard), libr. à Reims (1557), cité, III, 2545.

Collectio... omnium librorum qui in nundinis Francofurtensibus ab anno 1564 usque ad nundinas autumnales anni 1592 extiterunt (1592), III, 2518.

Collection d'auteurs français imprimée par ordre du roi pour l'éducation du dauphin (1783-1788), II, 1918.

Collection de petits classiques français (1825-1826), II, 1919.

Collège ambrosien, siège d'une typographie à Milan (1621), 42.

Collège de Bourgogne à Paris : J.-Éd. Du Monin lui dédie le livre V de *L'Uranologie* (1583), V, 3272.

Collège de Navarre à Paris : moralités qui y sont jouées en 1426, IV, 3013, art. 2.

Collège des Jésuites à Saint-Nicolas : volume en provenant, IV, 2885.

Collenuccio (Pandolfo) : portrait dans les *Icones* de N. Reusner (1589), V, 3370.

TABLE ALPHABÉTIQUE GÉNÉRALE   297

Colleoni (Bartolomeo), ou Coglione (1510), 1042.
Collerye (Roger de): Œuvres (1536), 517. — Sermon joyeux pour advertir la nouvelle mariee... (v. 1595), 590, art. 2.
Colletet (François): vers à Louis Martin (1651), 972. — Vers au petit de Beauchasteau (1657), 833. — Vers à Jean Loret (1658), 897. — Il publie Les Muses illustres et y glisse de ses vers (1658), 976. — Abregé des Antiquitez de Paris (1664), III, 2306. — Autres ouvrages sur Paris, cités, ibid.
Colletet (Guillaume): vers dans le Tombeau de Ronsard (1623), 668. — La Comedie des Tuileries (1638), II, 1171, 1172. — L'Aveugle de Smyrne (1638), II, 1173. — Vers à M° Adam Billaut (1644), 829. — Vere au petit de Beauchasteau (1657), 833. — Vers dans Les Muses illustres (1658), 976. — Notice sur lui par Théophile Gautier (1844), III, 2509.
Colletet (M¹¹ᵉ de): vers au petit de Beauchasteau (1657), 833.
Collette, dessin. et grav., II, 1072.
Collier (Ph.), agent de librairie à Paris (1856), II, 1639.
Collin. Voy. Colin.
Collio, dans le val Trompia : un incendie y fait de grands ravages (1619), III, 2446.
Collombat (Jacques), impr. à Paris (1738), III, 2495.
Colloque entre le pape, l'empereur et autres princes catholiques (1620), III, 2420, art. 27.
Colloque familier du vray pudic et syncere amour (1544), V, 3325.
Collowrat (Leopold Roderich, Graf von), page de Ferdinand IV, roi des Romains (1654), V, 3367, p. 155.
Colluccio (Angelo): vers de lui dans les Icones de N. Reusner (1589), V, 3369, p. 160.
Colnet, libr. à Paris (an XII), II, 1767.
Colnet de Monplaisir: généalogie, III, 2495.
Cologne. Imprimeurs et Libraires. Voy. Aich (Heinrich von), 1573. Bontemps (Roger), imaginaire, 1702. Compagnie des libraires, 1742. Egmond (C.), libr. imaginaire, 1694. Gaillard (Pierre), libr. imaginaire, 1701. Gymnicus (Martin), 1546. Koelhoff (Johann), v. 1510. La Vallée (Pierre de), impr. imaginaire, 1657. Le Blanc (Jean), impr. imaginaire, 1694. Marteau (Pierre), impr. imaginaire, 1668-1721. Marteau (Pierre de), id., 1671. Quentel (H.), 1506. Quentel (Peter), 1525. Sambix (Jean), libr. imaginaire, 1674.

Werdena (Martinus de), v. 1500. — Impression anonyme (1569?), III, 2375.
Colomb (Christophe): Epistola (1493), II. 1947. — Description de ses trois premiers voyages (1508, 1521), II, 1950, 1951. — Il est dépouillé par Martin Waltzemüller de l'honneur de sa découverte (1507), II, 1953.
Colomb (Fernand): volumes lui ayant appartenu, IV, 2809, 2829 bis, 2998, 3011, 3021, 3058, 3134.
Colombani (Raffaele): épître à Baccio Valori en tête de la Pastorale de Longus (1598), III, 2622.
Colombel (Mathieu), libr. à Paris (1634), III, 2420, art. 97 et 98 ; (1645), IV, 3153, pp. 534, 535 ; (1649), ibid., p. 536 ; (1654), ibid., p. 536 ; (1656), ibid., p. 537.
Colombel (Robert), impr. à Paris (1581), 701 ; (1584), II, 1877.
Colomby-Cauvigny. Voy. Cauvigny (François de), sieur de Colomby.
Colombières, défend Saint-Lô contre les catholiques (juin 1574), III, 2189.
Colomiés (Arnaud et Jacques), frères, impr. à Toulouse (1568), II, 2028.
Colomiés (Jacques), impr. à Toulouse (1534), III, 2596 ; (1549), 212.
Colon (Bernard): Oratio funebris in obitum Guilelmi de Lamoignon (1679), 367, art. 1.
Colon (Jean), est tué à Besançon (1575), III, 2190.
Colonis (Anne de): son tombeau par David Jossier (1604), V, 3281.
Colonna: emblème de cette famille (1562), IV, 3077.
Colonna (Agnesina Feltria), comtesse d'Albi, duchesse de Tagliacozzo : l'Itinerario de Vartema lui est dédié (1518), II, 1941.
Colonna (Francesco): Hypnerotomachia Poliphili (1499), II, 1743.
Colonna (Guido) : traduction abrégée de son Historia trojana (v. 1510), IV, 3061.
Colonna (Marcantonio): lettre à Gio. Giorgio Trissino (1515), IV, 3078. — Son emblème, IV, 3077.
Colonna (Pirro): sonnet à lui adressé par N. Martelli (v. 1543), IV, 3000, p. 358.
Colonna (Vittoria) : lettre à Gio. Giorgio Trissino (1537), IV, 3078. — Vers à elle adressés par Nicc. Martelli (v. 1543), IV, 3000, p. 357.
Colson (Le docteur), cité, 190, p. 98.
Columelle : Libri de re rustica (1514), III, 2561 ; (1543), 185
Colvencere (George), théologien de Douai (1635), 55.
Coman (M¹¹ᵉ de): Interrogatoire et Declaration (1611), III, 2236, art. 4.

Combalet (M**me** de) : G. de Scudéry lui dédie *Le Trompeur puny* (1633), V, 3318.
Combat (Le furieux) donné à l'assaut general contre... Ratisbonne par le roy de Hongrie (1634), III, 2420, art. 99.
Combat (Le grand) et furieuse Deffaite de l'avant-garde de l'armée imperialle (1634), III, 2420, art. 96.
Combys : généalogie, III, 2495.
Combles : généalogie, III, 2495.
Comedia de Calisto y Melibea, traduite en français (1527), IV, 3059.
Comedie (La) des comedies (1630), II, 1108.
Comediens (Les) françois : *Chansons folastres et Prologues* (1612), 993 ; (1615), 994, 3ᵉ partie.
Comète de 1577, III, 2566.
Comin (Vincent), ou Commin, libr. à Paris (1491), 25 ; — traducteur de *La Mer des histoires*, III, 2639.
Comines (Philippe de), prend à son service Jehan Pélerin (1472), IV, 2763, p. 37. — Ambassadeur de Charles VIII en Italie : discours qu'il y tient (1495), V, 3338. — *Memoires* (1648), II, 2104. — Extraits des *Memoires* par Bossuet, IV, 3079, p. 448.
Comligue, grav., III, 2569.
Commandemens (Les) de Dieu, 320, art. 4.
Commandemens (Les dix) de la Loy (1516), III, 2562, art. 24.
Commandemens (Les cinq) de l'Eglise (1516), III, 2562, art. 25.
Commandemens (Les) de saincte Eglise, 320, art. 5 ; V, 3207.
Commandemens (Les dix) du dyable (1516), III, 2562, art. 32.
Commelin (Les héritiers de Hiérosme), libr. à Amsterdam (1626), II, 2087.
Comment chascun se doibt vestir selon son estat (v. 1520), 458.
Comment le pere et la mere doivent chastier leurs enfans en jeunesse, 458.
Commentaires (Les) de Cesar, [suite des *Actions du Temps*] (1622), II, 1796, art. 12.
Commentarium, seu potius Diarium expeditionis Tuniceae a Carolo V. susceptae (1547), III, 2416.
Commercy (Charles-François de Lorraine, prince de), dansé dans un ballet (1681), IV, p. 606.
Commercy (Mˡˡᵉ de), dansé dans un ballet (1681), IV, p. 606.
Commesuram (?), l'un des auteurs des *Cent Nouvelles nouvelles* (v. 1457), II, 1694.
Comminges (Gaston-Jean-Baptiste, comte de), dansé dans des ballets (1639-1645), IV, p. 606.
Comminges (Sibylle-Angélique d'Amalby, comtesse de), dansé dans des ballets (1654-1661), IV, p. 606.
Commire (Le P.) : *Le Soleil et les Grenouilles* (1672), 915.
Comnène (Anne), traduit par le président Cousin (1672), II, 2083.
Comon et Cⁱᵉ, libr. à Paris (1845), II, 1656.
Compagnie des libraires à Amsterdam (1731), II, 1555 ; (1733), II, 1556 ; (1734), 287 ; II, 2024.
Compagnie des libraires à Cologne (1742), II, 2014.
Compagnie des libraires associés à Paris (1702), II, 1244 ; (1725), 143 ; (1742), II, 1303 — liste des associés ; (1747), II, 1549 — liste des associés ; (1758), II, 2006 ; (1773), II, 1179.
Compagnon de Marchéville : volumes lui ayant appartenu, III, 2971, 3021, 3058.
Compain (Nicolas), de Bourges, cité par Nic. Bourbon (1538), IV, 2788 ; — par François Habert (1549), IV, 2868, p. 210.
Comparaison de Londres à Rome (1588), III, 2373.
Comparaison (La) des biens et des maulx qui sont en amours, IV, 2799, art. 22.
Comparation (La) faicte des douze moys de l'an comparagez aux .xij. eages de l'omme (v. 1490), 531.
Comparetti, cité, II, 1492.
Compère (Louis), musicien : épître à lui adressée par Jehan Molinet, 471, art. 98.
Compiègne : on y dansé le *Ballet des Bien-Venus* (1655), IV, p 597. — Abbaye de Saint-Corneille, IV, 3096, art. 15. — Imprimeur. Voy. Bertrand (Louis), 1764.
Compilation (Breve) des tresdivines victoires donnees à Frederic, comte palatin (1532), citée, IV, 2754, p. 28.
Complaincte (La) de dame Bazoche, poème désavoué par Cl. Marot (1534), 600, 601, 603, 605.
Complainte (La) de Grece, 471, art. 27.
Complaincte (La) de la Terre Saincte (1532), IV, 2818.
Complainte de la ville de Peronne sur le trespas de feu le mareschal de La Marche (1537), citée, V, 3241.
Complainte (La) de l'Escuyer & la Dame, IV, 2809.
Complainte de monsieur de Heze, 411, art. 56.
Complaincte (La) de monsieur le Cul, citée, 715.
Complaincte de Narcisus et d'Echo (v. 1530), III, 2578, p. 379.

TABLE ALPHABÉTIQUE GÉNÉRALE   299

Complaincte (La) des citoyens de Milan (1542), III, 2413.
Complaincte (La) des quatre Elemens, 582.
Complaincte (La) de Trop Tard Marié, par Pierre Gringore (v. 1535), 497.
Complaincte de Trop Tard Marié, anonyme (v. 1540), 553.
Complaincte de Trop Tard Marié, même pièce que la *Complaincte du Nouveau Marié*, citée, 554, p. 367.
Complainte (La) de Venise (v. 1508), IV, 2832, 2833.
Complainte (La) douloureuse de l'Ame damnee (v. 1490), 533 ; (1504), III, 2583, art. 6 ; (1519), 541, art. 10.
Complainte (La triste et lamentable) du capitaine La Quinte (1607), 113.
Complainte d'ung amoreux, 440, art. 9.
Complaincte (La) d'ung damné (1504), III, 2583, art. 1.
Complaincte d'une damoyselle fugitive (1545), 805.
Complainte d'une reine morte (1535), IV, 2754.
Complaincte (La) du nouveau marié : Or escoutez communement (v. 1525), 534, 535 ; (v. 1540), 536.
Complaincte (La) du nouveau marié : Dehors, yssez de ceste nasse (v. 1490), 536.
Complaincte (La) du prisonnier d'amours, IV, 2799, art. 17 ; 3174.
Complainte du prince d'Anthoin (1581), 411, art. 57 ; 987.
Complainte (La) du regret de Gaspard de Colligny (1569), 784. Cf. IV, 3189.
Complainte (La) du Temps passé (v. 1590), IV, 2953.
Complainte et Regretz de Gaspard de Colligny (1572), IV, 3189. Cf. 784.
Complainte (La triste et lamentable) faicte par François de La Motte (1608), 114.
Complainte faicte pour madame Marguerite, archeduchesse d'Austriche (1530), 337.
Complainte lamentable de la mort de Mgr. Franç. de Lorraine (1563), 783.
Complaincte (La) que fait l'amant a sa dame par amours, citée, 624.
Complainte (La piteuse) que fait la Terre Sainte (1500), 494.
Complaintes (Les) des monniers aux apprentis des taverniers (v. 1590), IV, 2955.
Complaintes funebres sur le trespas du tres-grand Henry IV (1610), 891, art. 1.
Complaynt (A) of them that be to soone maryed (1535), citée, 554.
Comploration sur le trespas de defuncte madame la Regente (1535), IV, 2779, p. 62.
Compt (L'abbé de), collabore à l'*Encyclopédie* (1751-1777), III, 2523, p. 280.
Comte (Le) de Gabalis (1670), 217.
Comte (Le) de Permission : l'archipoète des pois pillez lui adresse *La Surprise et Fustigation d'Angoulvent* (1603), IV, 3004.
Comte (Le) de Valmont (1774), II, 1575.
Comtesse (Mlle), citée par M. Guy, de Tours (1598), IV, 2948.
Conan (François de), jurisconsulte, cité par Guy Le Fèvre de La Boderie (1578), IV, 3183.
Conan (Marguerite de). Voy. Rieux.
Conart (Jean), publie le *Recueil de diverses poësies* (1652), 975.
Conards de Caen (1537), III, 2594, art. 16.
Conards de Rouen, interviennent dans la querelle de Marot et de Sagon (1537), 622 ; II, 1842 ; III, 2594, art. 12, 13, 16.
Conception (De la) Nostre Dame, II, 2020.
Conceptions (Subtiles) des plus excellens esprits (1604), 333.
Concert (Le) des enfans de Bachus (1633), 995.
Conches : abbaye de Saint-Pierre, IV, 3096, art. 33.
Conches (Jehan de) : dizain accompagnant l'*Epistre composee par Marot, de la veue du roy et de l'empereur* (1538), 621, art. 21 ; III, 2674 ; IV, 3108. — Dizain à Hugues Salel (1540), 633. — Dizain en tête de l'*Æglogue* de Cl. Marot (1544), 608.
Conciles de Tholose, Besiers et Narbonne, rendus en françois par Arnauld Sorbin (1569), II, 2029.
Concini (Concino), maréchal d'Ancre : factum publié contre lui : *Le Courrier picard* (v. 1615), III, 2243, art. 2. — Voy. *Conjuration (La) de Conchine* (1618), III, 2275.
Conclave de 1691, III, 2493, art. 5 ; — de 1700, III, 2493, art. 6.
Condemnation et Hautban imperial, à l'encontre de Jean George l'aisné, marquis de Brandeburg, Chrestien, prince d'Anhalt, et George Frideric, comte de Hohenloe (1621), III, 2420, art. 51.
Condé (Henri Ier de Bourbon, duc d'Enghien, plus tard prince de) : vers à lui adressés par Ch. Fontaine (1557), IV, 2877. — Lettre au pape (3 oct. 1572) ; bref à lui adressé par le pape (1er nov.), III, 2180. — Actes de son mariage catholique (1573), IV, 3122. —

Declaration faite avec le roi de Navarre et le duc de Montmorency (10 août 1585), III, 2209 ; (1587), III, 2194. p. 35). — Opposition faite par lui à l'excommunication (6 nov. 1585), III, 2194, p. 36. — *Mandement du roy contenant injonction à ses officiers de se saisir des personnes et biens de ceux qui ont porté les armes pour M. le prince de Condé* (11 nov. 1585), III, 2194, p. 36. — Jean Dorat parle de lui (1586), IV, 2789. — Ode à lui adressée en 1586 (1589), III, 2194, p. 40. — *Advertissement fait au roy de la part du roy de Navarre et de M. le prince de Condé* (1587), III, 2242, art. 5. — Narration de sa mort (5 mars 1588). III, 2188, t. III, art. 26. — *Advertissement sur sa mort*, III, 2194, p. 41.

Condé (Marie de Clèves, princesse de), femme de Henri Ier : chanson sur sa mort (1574), 986, art. 19.

Condé (Henri II de Bourbon, prince de) : vers à sa louange par M. Guy, de Tours (1598), IV, 2948. — Pierre Constant lui dédie *Les Abeilles* (1599), V, 3278. — Scévole de Sainte-Marthe parle de lui (1600), IV, 2921. — R. et Ch. de Massac lui dédient *Le XIIIe Livre des Metamorphoses d'Ovide*, traduit en français (1605), 771. — Nic. Rapin lui adresse des vers (1610), IV, 2944. — Bruscambille lui dédie ses *Imaginations* (1615), II, 1788. — Il fait danser un ballet à Dijon (1627), II, 1451. — *Oraison funebre* par Bourdaloue (1684), 370. — *Oraison funebre* par Edme Mongin (1717), 390. — Volumes lui ayant appartenu, II, 2085.

Condé (Charlotte de Montmorency, princesse de), femme de Henri II : Jean Le Laboureur lui dédie l'*Histoire et Relation du voyage de la royne de Pologne* (1648), III, 2427.

Condé (Henri-Jules de Bourbon, duc d'Enghien, puis prince de), danse dans des ballets (1661-1665), IV, p. 612. — Donneau de Visé lui dédie le *Mercure galant* (sept. 1686), III, 2524. — Jacques Chevillard lui dédie *Les Grands Maistres de France*, III, 2493, art. 33. — *Oraison funebre* par le P. Gaillard (1709), 386.

Condé (Louis Ier de Bourbon, prince de) : vers à lui adressés par Ch. Fontaine (1557), IV, 2877. — Il a pour secrétaire M. Carles (1558). V, 3251. — Remi Belleau lui dédie *L'Innocence premiere* (1561), 692. — *Declaration pour monstrer les raisons qui l'ont contrainct d'entreprendre la defense de l'authorité du roy* (8 avril 1562), III, 2156, art. 1. — *Traicté d'association avec les princes*, etc. (11 avril 1562), 2156, art. 2. — *Seconde Declaration* (25 avril 1562), 2156, art. 3. — *Lettre envoyée a la cour de parlement de Paris* (27 avril 1562), 2156, art. 4. — *Les Moyens de pacifier le trouble qui est en ce royaume, envoyez à la royne* (2 mai 1562), 2156, art. 8. — *Responseà la requeste du triumvirat* (19 mai 1562), 2156, art. 9. — *Recusations envoyées à la cour de parlement de Paris* (18 juill. 1562), 2156, art. 10. — *Remonstrance de Mgr. le prince de Condé et ses associez à la royne* (8 août 1562), 2156, art. 11. — *Remonstrance a la royne sur le jugement de rebellion* (8 août 1562), 2156, art. 11. — *Discours des moyens que M. le prince de Condé a tenus pour pacifier les troubles* (1er octobre 1562), 2156, art. 12. — *Discours des choses faictes par M. le prince de Condé... depuis son partement d'Orleans* (9 déc. 1562), impr. 1563, 2156, art. 13. — *La Declaration presentée au conseil privé par Mgr. le prince de Condé, le 15. de may 1563, touchant la juste deffense de M. l'amiral* (1563), III, 2159 et *Additions*. — *Ein schön new Lied von dem Krieg inn Franckreich*, etc. (1568), III, 2166. — Épitaphe, par Estienne Forcadel (1579), IV, 2879.

Condé (Léonor de Roye, princesse de), première femme de Louis Ier : *Testament* (1564), III, 2162. — *Elegie sur sa mort*, par B. de Montméja (1574), V, 3268.

Condé (Françoise d'Orléans, princesse de), seconde femme de Louis Ier : vers à elle adressés par Flaminio de Birague (1585), IV, 2939.

Condé (Louis II de Bourbon, prince de). Voy. Bessé (Henri de), sieur de La Chapelle-Milon : *Relation des campagnes de Rocroi et de Fribourg* (1826), II, 1919, art. 7. — Il défait l'armée bavaroise à Nordlingen (1645), IV, 3153, p. 535. — P. Corneille lui dédie *Rodogune* (1647), II, 1151. — Traité passé par lui avec les autres princes contre Mazarin, III. 2282. — Il est mis en scène par Mlle de Montpensier sous le nom de Cyrus (1659), II, 1530. — Pinchesne lui dédie son édition des *Œuvres* de Voiture (1660), II, 1905. — Il figure dans des ballets (1661-1662), IV, p. 606. — La Peyrère lui dédie sa *Relation de l'Islande* (1663), II, 1925. — *Te Deum* pour sa victoire de Senef (1674), IV, 3153, p. 539. — Son

Oraison funebre, par Bossuet (1587), 354; — par H.-F. de Tassy (1687), 375, art. 1; — par Du Jarry (1687), 373, art. 4. — *Honneurs funebres*, 373, art. 2 et 3. — Dessin de son mausolée, 252.
Condé (Louis-Joseph de Bourbon, prince de): Roussel lui dédie l'*Essai historique sur le régiment de Condé* (1767), III, 2362.
Condé-Saint-Libiaire: Louis Pluyette en est nommé curé (1687), II, 1883, p. 368.
Condicions (Les neuf) des femmes, IV, 2964, art. 102.
Conestaggio (Girolamo): un fragment de son *Istoria dell'unione del Portogallo alla Castiglia* est imité par Mlle de Scudéry (1684), II, 1858.
Conference (La) entre l'empereur et le comte palatin (1620), III, 2420, art. 35.
Confession de la foy chrestienne (1562), 98, art. 9.
Confession et Repentance d'Espernon (1589), 797.
Confession generale de tous les pechés (1535), IV, 2754, p. 28.
Confession generale qui se lit communement le jour de Pasques (1510), V, 3208.
Confession vrayement chrestienne (en vers), 778 et *Additions*.
Confirmation et Ratification de la paix conclue entre l'empereur et le grand seigneur des Turcs (1617), III, 2466.
Confirmatio nova articulorum pacis ad Silva-Torok conclusorum (1616), citée, III, 2466.
Conflans: vue du château, 249.
Confrarie (La grande) des soulx d'ouvrer (v. 1540), II, 1775.
Conido (Juan de), marin servant dans l'armada espagnole (1588), III, 2219, art. 5.
Conjuration (La) de Conchine (1618), III, 2275.
Conjuration de la donna Hyppolite d'Arragon, baronne d'Alby, sur la ville de Barcelonne (1664), III, 2283.
Conjurations (Les) faites à un demon (1619), 218.
Connetables de France (1697), III, 2493, art. 26.
Conod de Porzia (Rembold Philipp Anton), page de l'archiduc Léopold (1659), V, 3367, p. 155.
Conov (Charles), chevalier irlandais, page de l'archiduc Léopold (1657), V, 3367, p. 155.
Conqueste (La) du chasteau d'amours (v. 1500), III, 2627.
Conqueste (La) que fit le grant roy Charlemaigne es Espaignes (1552), IV, 3060.
Conrad Ier, empereur: Demetrio Alabardo de' Minuzi lui dédie son traité *De notis romanis*, III, 2498.
Conrart (Jacques): Borel lui dédie son *Dictionnaire* et Conrart lui adresse des vers, 318.
Conrart (Valentin): *Les Entretiens de M. de Voiture et de M. Costar* lui sont dédiés (1654), II, 1857.
Conseil (Le) des oiseaux (v. 1500), III, 2585.
Conseil (Le) des sept sages de la Grece (v. 1550), IV, 2752.
Conseil d'État: noms et armes de ses membres jusqu'en 1724, III, 2493, art. 41. — Arrêt qui maintient Moyse Perpignan et autres dans le droit de continuer leur commerce (1775), II, 2073.
Conseil (Le) de volentier morir (1532), 512.
Conseil salutaire d'un bon François aux Parisiens, 1589 (1709), III, 2251, p. 87.
Consentini (Antonio), historien, cité, III, 2416.
Considerations sur les causes de la grandeur des Romains et de leur decadence (1734), II, 2079; (1748), 2080.
Consiglio e Deliberatione del Tevere d'innondar Roma (1557), V, 3305.
Consolatio de morte Henrici magni (1610), 891, art. 5.
Consolation chrestienne (1525), citée, IV, 2738, p. 8.
Consolation de Hubert et Breully sur l'assassinat par eux commis en la personne de Fr. Charbonneau (v. 1633), IV, 3153, p. 531.
Consolation de la paix et Couronnement de la royne et de Louis XIII (1610), IV, 2266.
Consommation (La) de l'idole de Paris (1562), 98, art. 7.
Constant, négocie avec Henri III pour la reine de Navarre (1584), III, 2195.
Constant (peut-être le même), cité par Nic. Rapin (1610), IV, 2944.
Constant (Benjamin de): *Adolphe* (1816), II, 1580.
Constans (Isaac): vers à J. d'Escorbiac (1613), 821.
Constant (Pierre): *Les Abeilles* (1599), V, 3279.
Constantin (Antoine), libr. à Lyon (1544), 609, 635.
Constantin de La Lorie: généalogie, III, 2495.
Constantinople. Voy. La Borderie (Bertrand de), *Discours du voyage de Constantinople* (1542), IV, 2872; (1547), 806, art. 9. — Voy. Ches-

neau (Jean), *Voyage du seigneur d'Aramon* (1546), II, 2095, art. 1. — Jeux et spectacles donnés dans cette ville (1583), III, 2734.
Contareno (Agostino), ou Contarini, capitaine de navire (1479), IV, 3087.
Contareno (Gasparo), ou Contarini, cardinal, légat du pape en Allemagne (1538), II, 2050. — Portrait dans les *Icones* de N. Reusner (1589), V, 3370, p. 162.
Cantareno (Marcantonio), ou Contarini, ambassadeur vénitien auprès du pape Paul III (1533), III, 2459.
Conte d'Alsinois, anagramme de Nicolas Denisot, 1018, Voy. Denisot.
Compte (Le) du Rossignol (1546), IV, 2864.
Contemplation (Devote) exitant a la crainte de Dieu (v. 1520), 1015.
Contemptu (De mundi) (v. 1510), IV, 2780 ; cité, IV, 2779, p. 61.
Contenance (La), ou *Les Contenances de la table* (v. 1500), 538 ; (v. 1525), 539.
Contenu (Le) de l'assemblée des dames de l'assemblée du grand Habitavit (1615), II, 1796, art. 32 ; 1797, art. 3. — Cf. *Chasse (La) des dames d'amour* et *Meconlentement (Le)*.
Conternio (Francesco) : lettre à Marcantonio Da Mula (1538), IV, 3078.
Contes (Nouveaux) (1774), 932.
Contes (Nouveaux) à rire (1702), II, 1709.
Comptes (Les) du monde adventureux (1571), II, 1699. — Six de ces contes sont copiés par Verboquet (1640), II, 1705.
Contes orientaux (1743), II, 1772.
Contes rémois (1839), V, 3292.
Contet (Blaise) : inscription dans un album (1565), V, 3365.
Conti (Aniano de') : « Decontius » : vers latins adressés à Germain Audebert (1583), IV, 2794.
Conti (Armand de Bourbon, prince de) : lettre à lui adressée par Hangouze (1649), II, 1879. — Son portrait (1657), 833.
Conti (Anne-Marie Martinozzi, princesse de), femme d'Armand, danse, avant son mariage, dans un ballet (1654), IV, p. 606. — Son *Oraison funebre* par Gabriel de Roquette (1672), 363.
Conti (Domenico), dit Fenice : vers à son frère Quinziano (1515), II, 1067.
Conti (François de Bourbon, plus tard, prince de), cité par Estienne Forcadel (1579), IV, 2879.
Conti (Jeanne de Coësme, princesse de), première femme de François de Bourbon : vers à elle adressés par Flaminio de Birague (1585), IV, 2939.

Conti (Louise-Marguerite de Lorraine, princesse de), seconde femme de François de Bourbon : Claude Billard lui dédie la tragédie de *Polyxene* (1610), II, 1105. — Son éloge par Jules de Richy (1616), V, 3290.
Conti (François-Louis de Bourbon, prince de), reçoit la principauté d'Orange (1673), III, 2348. — Son *Oraison funebre* par Massillon (1709), 385.
Conti (G.), publie *La Secchia rapita* d'Alessandro Tassoni (1768), 1037 ; — la *Gerusalemme* de Torquato Tasso (1771), 1034.
Conti (Gio. Francesco) : *Tragedia de passione Jesu Christi* (1515), II, 1067.
Conti (Louis-Armand Ier de Bourbon, prince de), paraît avoir collaboré à la *Carte geographique de la cour* (1668), II, 1687. — La Fontaine lui dédie le *Recueil de poësies* dont le véritable éditeur est Loménie de Brienne (1671), 977. — Préchac lui dédie la 1re partie de ses *Nouvelles galantes* (1678), II, 1708. — Il épouse Mlle de Blois (janv. 1680), III, 2524.
Conti (Marie-Anne de Bourbon, dite Mlle de Blois, princesse de), femme de Louis-Armand Ier, danse dans un ballet (1681), IV, p. 606.
Conti (Louis-François de Bourbon, prince de) : on dit qu'il est élu roi de Pologne (1697), IV, 3079, p. 457, art. 14.
Continuation de ce qui est advenu en l'armée du roy depuis la prinse des faux bourgs de Paris..., 1590 (1741), II, 2236, art. 18.
Continuation des Erreurs amoureuses (1551), IV, 2908.
Contrasto del Danaro e dell'Uomo, cité, 543.
Contrasto, overo Battaglia delo Carnovale et dela Quaresima (v. 1500), 1027.
Contrat de mariage du roy de Pologne avec la princesse Marie (1645), IV, 3153, p. 535.
Contreblason (Le) de faulces amours (1512), IV, 2812.
Contre Sagon et les siens, III, 2594, art. 14 et *Additions*.
Contristé (Le), nom poétique de Jacques de Sivry (1578), IV, 2934.
Contrôleurs généraux des finances : leur chronologie, III, 2493, art. 39.
Controverses des sexes masculin et femenin (1337), 624.
Conversations nouvelles sur divers sujets (1684), II, 1858.
Convoy (Le) du cœur de... Henry le Grand... jusque au college royal de La Fleche (1610), III, 2243, art. 12.

Cools (Martin), curé de Sainte-Gudule à Bruxelles (1553), IV, 3166.

Cop (Luc), Le Cop, ou De Cop, jurisconsulte : vers à lui adressés par Nicolas Bourbon (1538), IV, 2788.
— Vers grecs et latins à Pierre Enoc (1572), IV, 2927.

Cop (Michel), ministre à Genève (1554), 85.

Cop (Nicolas), Le Cop, ou De Cop, médecin : vers à lui adressés par Nicolas Bourbon (1538), IV, 2788.

Copernic. Voy. Kopernicki.

Copia de las Carlas que los padres ..de la Cie de Jesus que andan en el Japon escrivieron (1565), citée, III, 2638.

Copia della dichiaratione del bando imperiale seguito contro il conte palatino Federico (1621), citée, III, 2420, art. 51.

Copia der Friedens-Puncten ...zu Ulm (1620), citée, III, 2420, art. 24.

Copia de una lettera di Constantinopoli (1554), V, 3363.

Copia kayserlicher Achts-Erklärung (1621), citée, III, 2420, art. 51.

Copie de diverses lettres escriptes de Goa (1549), III, 2638.

Coppie de l'opposition faicte par le roy de Navarre et mgr. le prince de Condé contre l'excommunication (1585), III, 2194, p. 36.

Coppie de quelques lettres de l'empereur interceptes (1621), III, 2420, art. 58.

Copie des certains articles de la paix [de Câteau-Cambrésis] (1559), III, 2686.

Copie des lettres du roy de Navarre et de messeignieurs le cardinal de Bourbon, et prince de Condé (1573), III, 2180.

Copie des lettres du treschrestien roy de France envoyees a tresreverend pere en Dieu monsieur l'archevesque de Rouen (1538), II, 2139.

Coppie des Lettres envoyees au Pape par Monsieur de Mayenne (1589), III, 2703.

Copie (La) des lettres envoyees de Constantinople, etc. (1547), citée, V, 3363.

Copie des lettres missives envoyées de Rome, traictans de l'election du Pape Marcel second (1555), III, 2641.

Copie des lettres que les habitans de Paris escrivent aux villes du royaume (1588), III, 2194, p. 41.

Copie du mandament et articles lesquelles ont esté publié [sic] en la ville de Malinnes (1529), III, 2711.

Copie d'une lettre contenant la description de l'entrée triomphale de Don Pedro de Toledo à Fontainebleau (1609), III, 2255.

Coppie d'une lettre envoyee d'Angleterre a D. Bernardin de Mendoze (1588), III, 2219, art. 5 ; 2194, p. 42.

Copie d'une lettre mandee de Thunis de la prinse de la Gollette... (1535), III, 2411.

Copie d'une lettre missive envoyée aux gouverneurs de La Rochelle (1583), III, 2696.

Copie d'une lettre n'aguieres venue de Malte (1565), II, 2019, art. 5.

Copie d'une missive escrite de Seville en Espagne (1596), III, 2435, art. 1.

Coppie du testament de... Jeanne..., royne de Navarre (1572), III, 2172.

Copie (The) of a letter sent out of England to Don Bernardin Mendoza (1588), citée, III, 2219, art. 5.

Copin de Delft, miniaturiste (1521), IV, 2763.

Coppen (Bartholomaeus) : inscription dans un album (1597), V, 3370, p. 164.

Coppens (Gilles), de Dieslheim, impr. à Anvers (1550), III, 2376 ; (1556), II, 1068, art. 5, 6 et 7.

Coppier (Jacques) : *Deluge des huguenotz* (1572), III, 2608.

Coppinger (C.) : volumes lui ayant appartenu, 483 ; II, 1508, 1521, 2138 ; III, 2410, 2668, 2670, 2671.

Coq (Le) à l'asne envoyé de la court (1622), II, 1798, art. 3.

Coq-à-l'asne sur le mariage d'un courtisan crotesque (1620), II, 1796, art. 40 ; 1797, art. 2 ; 1800.

Coq (Du) à l'asne sur les tragœdies de France (1589), 795.

Coquart (A.), grav., III, 2524.

Coquelei (Lazare), conseiller au parlement de Paris : le duc de Mayenne lui adresse des instructions (1589), III, 2251, p. 87.

Coqueluche (La) (1510), IV, 2825.

Coqueluche (Le prince de la), II, 1842.

Coquet : généalogie, III, 2495.

Coquet, joue dans la *Tragedie de Kanut* (1575), IV, 3025.

Coquet, général des finances, figure avec son fils dans un ballet (1651), IV, p. 606.

Coquet, danseur (1653-1663), IV, p. 606.

Coquy (Frère Hilaire) : *Triomphe glorieux de l'Eglise chrestienne* (1573), IV, 3124.

Coquillart (Guillaume), *Droitz nouveaulx* (v. 1512), 460 ; — *Œuvres* (1532), 461 ; (1533), 462.

Coquillon (Barthélemy) : *Complaincte de l'Université de la mort du Roy Henry* (1559), III, 2602.

Coquin (R.), grav., III, 2493, art. 28 et 29.

Coral (Benoist), libr. à Lyon (1665), 835.
Coras : Voy. *Remarques sur les Iphigenies de Racine et de Coras* (1750), II, 1245.
Coras (Jean de), jurisconsulte, cité par Guy Le Fèvre de La Boderie (1578), IV, 3183.
Corbaria (R. L. de). Voy. Carninis (Leonardo de).
Corbeil, Imprimeur. Voy. Crété, 1836-1877.
Corbeny : abbaye de Saint-Marcoul, IV, 3096, art. 138.
Corberon (M. de), enseveli sous les ruines d'une maison à Lyon (1540), 642.
Corbichon (Jehan), traducteur de Barthélemi l'Anglais, ou de Glanville, cité, 198.
Corbie : abbaye, IV, 3096, art. 5.
Corbie (Jean de), notaire apostolique (1572), IV, 3122.
Corbin (Jacques) : vers à P. de Deimier (1600), 765.
Corbin (Robert), seigneur du Boycereau : vers à lui adressés par François Habert (1549), IV, 2868. — *Le Songe de la Piaffe* (1574), 734.
Corbin (Thomas), Bordelais : épître à lui adressée par Jacques Pelletier (1555), 322.
Corbinelli : lettres (1773), II, 1891.
Corbon (Jehan), libr. à Paris (v. 1530), IV, 3017.
Corbus (Estienne) : vers à Nicolas Bourbon (1538), IV, 2788.
Corcelles : vers de lui en tête du *Dictionnaire des rimes* de Jean Le Fèvre (1588), 431.
Corday (Charlotte) : son exécution racontée par Restif de La Bretonne (1794), II, 1916, art. 29, *Octobre*.
Cordes (de), élu : vers à lui adressés par Joachim Blanchon (1583), IV, 2938.
Cordes (Arnould de), seigneur de Marbray, joue dans la *Passion* de Valenciennes (1547), IV, 3010, p. 374.
Cordesse, danseur (1661), IV, p. 607.
Cordier (Guillaume), impr. à Binche (1544), IV, 3019.
Cordier (Jean) : vers grecs à lui adressés par J.-Éd. Du Monin (1583), V, 3272.
Cordier (Mathurin) : extraits de ses *Proverbes* (1606), 326.
Cordier (René-Pierre) : vers sur les conquêtes et la convalescence du roi (1745), 907.
Cordonnier, dit Sutor, détracteur d'Érasme (1538), IV, 2788.
Cordonnier (Paul). Voy. Saint-Hyacinthe (Themiscul de).
Coresus et Callirhoé, sujet d'une tragédie de La Fosse (1704), II, 1285.
Coret (Quintin), joue dans la *Passion* de Valenciennes (1547), IV, 3010, p. 374.
Corfmat, relieur, 445.
Corgueron, maître de la chapelle du roi (1546), IV, 2876.
Corguilerey (Philippe de), sieur du Pont, fonde une colonie au Brésil (1556), II, 1989.
Coriolan : sa Vie par Plutarque (1567), II, 1899. Cf. III, 2735.
Coriolanus, tragédie (1601), cité, IV, 3188.
Corlieu (François de) : *Recueil en forme d'histoire de ce qui se trouve de la ville et des comtes d'Engolesme* (1566), IV, 3132.
Corlieu (Girard) : *Instruction pour tous estats* (1559), 171 ; (1573), 172.
Cormery : abbaye de Saint-Paul, IV, 3096, art. 120.
Cormier : vers à lui adressés par J. Le Masle (1580), IV, 2933.
Cormon, libr. à Paris, associé de Magen (1841), II, 1612.
Cornaro (Gabriello), capitaine de navire (1532), IV, 3091.
Cornazano : *De re militari* (1536), 1031.
Corneille (Jehan) : vers à lui adressés par Nic. Bourbon (1538), IV, 2788.
Corneille (J.-B.), dessin., 39.
Corneille (P.) : vers à lui adressés par Nic. Bourbon (1538), IV, 2788.
Corneille (Pierre) : madrigal en tête du *Trompeur puny* de G. de Scudéry (1633), V, 3318. — *Melite* (1654), II, 1135. — *La Vefve* (1634), II, 1136. — *La Suivante* (1637), IV, 3028. — *La Place royale* (1637), IV, 3029. — *Medée* (1639), IV, 3030. — *L'Illusion comique* (1639), II, 1137. — *Le Cid* (1637) ; II, 1138, 1139 ; (1638), II, 1140 ; (v. 1642), II, 1123. — *Excuse à Ariste* (1637), II, 1141, art. 2 ; 1142, art. 7. — *L'Autheur du vray Cid espagnol à son traducteur françois* (1637), II, 1112, art. 8. — *Observations sur le Cid*, [par Georges de Scudéry] (1637), II, 1141, art. 1. — *Lettre apologétique du sieur Corneille, contenant sa response aux Observations* (1637), II, 1141, art. 4. — *Les Fautes remarquées en la tragi-comedie du Cid*, [par Georges de Scudéry] (1637), II, 1142, art. 1. — *La Voix publique à monsieur de Scudery sur ses Observations du Cid* (1637), II, 1141, art. 5. — *L'incognu et veritable Amy de messieurs de Scudery et Corneille* (1637), II, 1141, art. 7. — *Le Souhait du Cid en faveur de Scuderi* (1636), II, 1141, art. 13. — *Lettre du sieur Claveret à monsieur de Corneille* (1637), II, 1142,

art. 9. — *L'Amy du Cid à Claveret* (1637), II, 1141, art. 5. — *Lettre à *.* sous le nom d'Ariste* (1637), II, 1141, art. 8. — *Responce de *** à *** sous le nom d'Ariste* (1637), II, 1141, art. 9. — *Lettre pour monsieur de Corneille contre les mots de la Lettre sous le nom d'Ariste* (1637), II, 1142, art. 12. — *Lettre de Mr de Scudery à l'illustre Academie* (1637), II, 1142, art. 13. — *La Preuve des passages alleguez dans les Observations sur le Cid* (1637), II, 1141, art. 6 ; 1142, art. 14. — *Discours à Cliton sur les Observations du Cid* (1637), II, 1141, art. 11. — *Examen de ce qui s'est fait pour et contre le Cid* (1637), II, 1142, art. 15. — *Le Jugement du Cid, composé par un bourgeois de Paris* (1637), II, 1142, art. 16. — *Epistre familiere du sieur Mairet au sieur Corneille sur la tragi-comedie du Cid* (1637), II, 1142, art. 12. — *Lettre du des-interessé au sieur Mairet* (1637), II, 1141, art. 14. — *Lettre de Mr de Balzac à Mr de Scudery sur ses Observations du Cid* (1638), II, 1142, art. 19. — *Les Sentimens de l'Academie françoise sur la tragi-comedie du Cid* (1638), II, 1143. — *Horace* (1641), II, 1144 ; (1647), IV, 3031 ; II, 1123 ; — *Cinna* (1643), II, 1145, 1145 bis ; (1646), IV, 3032 ; — *Polyeucte* (1643), II, 1146 ; (1648), 1147 ; (1664), 1148 (1665) ; — *La Mort de Pompée* (1644), II, 1149. — *Le Menteur* (1644), IV, 3033, 3034. — *La Suite du Menteur* (1645), II, 1150, 1150 bis. — *Rodogune* (1647), II, 1151. — Figure gravée par Mme de Pompadour pour *Rodogune* (1760), 239. — *Theodore, tragedie* (1646), IV, 3035, 3036. — *Heraclius* (1647), II, 1152, 1153. — *Andromede* (1651), II, 1154, 1155 ; (1656), II, 1156. — *Air chanté aux grandes machines d'Andromede* (1656), 996. — *D. Sanche* (1650), II, 1157, 1158 ; (1655), II, 1126, 1159. — *Nicomede* (1651), II, 1160 ; (1653), II, 1161. — *Pertharite* (1653), II, 1162. — *OEdipe* (1659), II, 1163. — *La Toison d'or* (1661), II, 1164. — *Sertorius* (1662), II, 1165, IV, 3037. — Guéret parle d'*OEdipe* et de *Sertorius* (1663), II, 1849. — *Sophonisbe* (1663), II, 1166. — *Oton* (1665), IV, 3037 bis. — *Othon* (1665), II, 1167. — *Agesilas* (1666), II, 1168 ; — *Tite et Berenice* (1671), II, 1133, 1169 ; (1679), II, 1170. — *La Critique de Berenice*, [par l'abbé Montfaucon de Villars] (1671), II, 1257, 1258. — *Pulcherie* (1673), II, 1133. — *Surena* (1675), II, 1133. — *OEuvres* (1644), II, 1123 ; (1652), II, 1124 ; (1654), II, 1125 ; (1655), II, 1126, 1127 ; (1657-1656), II, 1128 ; — *Theatre* (1660), II, 1129 ; (1664), II, 1130 ; (1664-1666), II, 1131 ; (1664-1676), II, 1132 ; (1668), II, 1133, 1133 bis ; (1682), 1134, 1134 bis. — *Vers à Me Adam* [Billaut] (1644), 829. — *Imitation de Jesus-Christ* (1656), 57, 58. — *Remerciement au roy* (1663), 834. — *Louanges de la sainte Vierge* (1665), 417. — *Poëme sur les victoires du roy* (1667), 903. — *Les Victoires du roy sur les Estats de Hollande* (1672), IV, 2971. — Traduction latine par le P. de La Rue (1672), *ibid.* — *A Monseigneur sur son mariage* (1680), 906. — *OEuvres diverses* (1738), III, 2611. — Dessins de J.-M. Moreau pour les OEuvres de Pierre et Thomas Corneille, éd. de 1817, 231. — Vers sur les ouvrages de Corneille par Baraton (1705), 846.

Corneille (Thomas) : *Poëmes dramatiques* (1665), V, 3319 : (1666), II, 1131 ; (1669-1675), II, 1133 ; (1682), 1134, 1134 bis. — *Tragedies et Comedies* (1665-1678), II, 1132 ; — Quatre de ses pièces : *Le feint Astrologue*, *D. Bertran de Cigarral*, *Le Berger extravagant*, *L'Amour à la mode*, réunies sous le titre d'*OEuvres de Corneille*, 4e partie (1654), II, 1125 ; (1655), II, 1127, 1155. — *Laodice* (1668), II, 1133. — *Le Baron d'Albikrac* (1669), II, 1153. — *La Mort d'Annibal* (1670), II, 1133. — *La Comtesse d'Orgueil* (1675), II, 1133. — *Ariane* (1672), II, 1133. — *Theodat* (1673), II, 1133. — *La Mort d'Achille* (1674), II, 1133. — *D. Cesar d'Avalos* (1676), II, 1133. — *Circé* (1675), II, 1133. — *L'Inconnu* (1676), II, 1133. — Réponse que Jean Racine lui adresse lors de sa réception à l'Académie française (1685), II, 1241. — *Notes sur Vaugelas* (1738), 375.

Cornejo (Pedro) : *Sumario de las guerras civiles de Flandres* (1577). — *Origen de la civil dissension de Flandres* (1580). — *Compendio y breve Relacion francesa* (1590, 1591, 1592), cités, III, 2248. — *Bref Discours et veritable des choses plus notables arrivees au siege de la ville de Paris* (1590), III, 2248 ; (1709), 2251.

Cornélie, sujet d'une tragédie de R. Garnier (1574, 1585), II, 1097, 1095.

Cornélie vestale, tragédie (1768), II, 1336.

Corneo (Fulvio), cardinal, évêque de Pérouse (1570), V, 3364.

Cornet (Charles-François), publie

l'oraison funèbre de son oncle par Bossuet, 1698, 349.

Cornet (Jehan), sieur d'Hunval et de Wardières, auteur d'un livre de raison, III, 2536.

Cornet (Nicolas) : son *Oraison funebre* par Bossuet (1698), 349. Cf. 348.

Cornetano (Le cardinal). Voy. Castellesi (Adriano).

Cornibus (Petrus de). Voy. Des Cornes.

Cornille, dessin., 261.

Cornillon : abbaye de Saint-Robert, IV, 3096, art. 102.

Cornouaille (Alexis de), capitaine des arbalétriers de Paris, est condamné aux galères comme complice de la mort de B. Brisson (1594), III, 2253.

Cornu, danseur (1645). IV, p. 607.

Cornu (Yves) : vers à lui adressés par J.-Éd. Du Monin (1583), V, 3272.

Cornuau (Philippe), tuteur de Bénigne Bossuet (1704), II, 1883, p. 371.

Cornuel (Anne Bigot, dame), citée, III, 2632, p. 441.

Corónica de don Álvaro de Luna (1546), III, 2431 ; (1785), citée, *ibid.*

Corónatione (Prima et seconda) di Carlo Quinto... fatta in Bologna (1530), III, 2716.

Corps de Vache, lieutenant du capitaine Muniers (1572). V, 3295.

Corpus juris civilis (1664), 104.

Corrosius. Voy. Du Courroy.

Corrozet (Galliot), compose des vers pour *Les Antiquitez de Paris* de Gilles Corrozet (1586), III, 2304.

Corrozet (Gilles), ne doit pas être le traducteur du *Carcel de amor* (1526), II, 1747. — *Blasons domestiques*, inspirés par l'*Aediloquium* de Geofroy Tory (1530), IV, 2785. — *La Fleur des Antiquitez de Paris* (1533), III, 2303. — *Les antiques Erections des Gaules* (1535), II, 2091. — On lui attribue, probablement à tort, les vers qui accompagnent les *Simulachres et historiees Faces de la mort* (1538), 237. — *Tableau de Cebès* (1543), 133. — *Hecatongraphie* (1543), 640. — *Fables du tresancien Esope* (1544). 630 et *Additions*. — *Le Retour de la paix en France* (1544), IV, 2863. — *Le Compte du Rossignol* (1546), IV, 2864. — Vers joints aux *Icones historiarum Veteris Testamenti* (1547), 16. — Traduction du *Conseil des sept Sages de la Grece* (v. 1550), IV, 2752. — *Epitome des histoires des roys d'Espaigne et Castille* (1553), III, 2430. — Il publie la traduction de la *Sofonisba* de Gio. Giorgio Trissino (1559), IV, 3057. — *Les menues Pensees d'amours* (v. 1560), 812, art. 11. Cf. 500, art. 5. — Il traduit en français la *Deiphire* de L. B. Alberti (v. 1570), IV, 3073. — *Les Propos memorables* (1583), II, 1862. — *Le Blason des armes de la ville de Paris* (1586), III, 2304. — *Les Antiquitez, Croniques et Singularitez de Paris* (1586-1588), III, 2304. — Ouvrages publiés par lui comme libraire à Paris (1535), II, 2091 ; (1537), III, 2594, art. 17 ; V, 3241 ; (1541), III, 2593 ; (1542), IV, 2873 ; (1543), 133 ; (1544), IV, 2863 ; (1545), cité, IV, p. 23 ; (1546), IV, 2864 ; (1547), 699 ; IV, 2999 ; (1548), 427 ; (1556), III, 2367 ; (1565), III, 2606.

Corsali (Andrea) : *Lettera al principe Laurentio de' Medici* (1516), citée, II, 1952, p. 431.

Corteys, émailleur à Limoges. Voy. Courtois.

Cortereal : lettre relative à son premier voyage par P. Pasqualigo, 1500 (1508. 1521). II, 1950, 1951.

Cortés (Hernando), explorateur de Cuba (1511-1518), II, 1955. — Traduction française de ses *Narrationes* (1533, n. s.), II, 1955.

Corti (Lancino), dit Curtius : vers à Matteo Bandello (1509), II, 1742.

Corvinus (Elias). Voy. Rabe.

Corvinus (Georg), impr. à Francfort-sur-Mein (1563), 411 ; (1579), 393.

Cosa nova. El Lamento de Italia (1510), 1042.

Cosco (Leandro da), traduit d'espagnol en latin la lettre de Christophe Colomb (1493), II, 1947.

Cosmeanes, agent du roi de Portugal aux Indes (1549), III, 2638, p. 441.

Cossé (Charles II de), comte de Brissac : vers à lui dédiés par Guy Le Fèvre de La Boderie (1578-79), IV, 2930.

Cossé (Jeanne de) : Nicolas Bourbon lui adresse des vers (1538), IV, 2788.

Cossé (Jeanne de), dite M¹¹ᵉ de Brissac (1578). Voy. Espinay.

Cossé (Philippe de), évêque de Coutances : vers à lui adressés par Nic. Bourbon (1538), IV, 2788.

Cossé (Timoléon de) : vers à sa louange par Guill. Du Mayne (1556), V, 3261. — *Son Tombeau* par Ant. de Cotel (1578), 745.

Cossin (Louis), grav., 366, art. 2 ; 417.

Cosson, impr. à Paris (1831), II, 1365, 1606 ; (1832), II, 1615, 1616 ; (1834), II, 1617 ; (1847), II, 1602 ; (1848), II, 1603.

Costa de Beauregard : volume lui ayant appartenu, II, 1494.

Costar (Pierre) : *Entretiens avec M. de Voiture* (1654), II, 1857. — Balzac

lui adresse une épître sur les œuvres de Scarron, II, 1906.
Costard, libr. à Paris (1771), III, 2485.
Costé (Auguste), Douaisien : vers en tête du *Balet comique* de B. de Beaujoyeux (1582), II, 1445.
Costé (G. de) : vers à Georges de Scudéry (1633), V, 3318.
Costé (J.-L.-A.) : volumes lui ayant appartenu, III, 2684 ; V, 3254.
Costé (Loys), libr. à Rouen (1602), 775.
Coste (Pierre), éditeur des *Essais* de Montaigne (1725), 143.
Coste d'Arnobat, traducteur des *Novelas exemplares* de Cervantes (1775), cité, II, 1756.
Costes (Les trois demoiselles de), citées par M. Guy, de Tours (1598), IV, 2948.
Costeley (La), chanteuse, citée par Guy Le Fèvre de La Boderie (1578), IV, 3183.
Costin (Miron) : *Chronique de Moldavie*, citée, III, 2429.
Cot (Pierre), libr. à Paris (1708), 67 ; (1709), 179.
Cota (Rodrigo), auteur de la *Celestine* (?) (1499), IV, 3059.
Cotel (Antoine de) : *Mignardes et gaies Poesies* (1578), 745.
Cottel (Catherine), est probablement désignée par J. de La Péruse sous les initiales C. C. (v. 1551), IV, 3022.
Cotel (René de) : sonnet à Flaminio de Birague (1585), IV, 2939.
Cotelle (J.), grav., 372, art. 1.
Cotereau. Voy. Cottereau.
Cotgrave (Ramble) : *Dictionarie* (1632), 327.
Cothard (Pierre). Voy. Couard.
Cothereau. Voy. Cottereau.
Cotibi, ministre à Poitiers : chansons sur sa conversion (1660), 1025.
Cotier (La veuve de Gabriel), libr. à Lyon (1572), II, 1746.
Cotin (L'abbé), cité par Guéret (1663), II, 1849.
Cotinet (Arnould), libr. à Paris (1661), II, 2132 ; (1662), II, 1780.
Cotman (Levin) : vers à Gilbert Cousin (1553), III, 2568, p. 371, art. 26.
Cotolendi (Charles), traducteur des *Novelas exemplares* de Cervantes (1678), II, 1755.
Cotronei (Bruno), cité, IV, 3058, p. 415.
Cotta (J. G.), libr. à Tübingen (1801), II, 1477, 1478 ; (1802), II, 1326, 1330 ; (1804), II, 1480.
Cottard, grav., 251.
Couard (Pierre), ou Cothard : vers sur sa nomination au siège de premier président du parlement de Paris (1497), par Fausto Andrelini, 421, art. 4. — Fausto lui dédie son poème *De secunda victoria Neapolitana* (1505), 421, art. 8. — Le même auteur compose un poème sur sa mort (1505), 421, art. 9.
Cottard (Pierre), libr. à Paris (1683), III, 2327.
Cotte (Robert de), architecte et dessin., 261.
Cottel. Voy. Cotel.
Cottereau (Claude), Cotereau ou Cothereau : Épître à Jehan Bouchet et épîtres à lui adressées par celui-ci (1525), 511. — Estienne Dolet lui dédie le *Genethliacum Claudii Doleti* (1540), 634. — Il est probablement l'auteur de la traduction française de ce poème, traduction à laquelle il joint diverses pièces (1540, n. s.), 634.
Cottereau (Claude), impr. à Chartres (1594), III, 2243, art. 8 et 9.
Cottereau (Michel) : vers sur sa mort par M. Guy, de Tours (1598), IV, 2948.
Cotterel (Dom Guillaume), prieur, répare l'abbaye de Saint-Ouen à Rouen, IV, 3096, art. 112 *sexies*.
Cottevaille (Anthoine) : *Stances et Regrets sur la mort de Henry le Grand* (1610), 890, art. 9.
Cottier (Charles) : volume lui ayant appartenu, IV, 2770.
Cottignola (Betuzzo da) : *Frotoleta contra Veniciani* (1508), 1040.
Cottin : généalogie, III, 2495.
Cottin (J.), directeur de la Compagnie des Indes (1762), III, 2295.
Cotton, maître des requêtes, cité par J. Dorat (1586), IV, 2789.
Couché, grav., 1014.
Couché (N.), grav., II, 1305.
Coucy : château, 248.
Coucy : généalogie, III, 2495.
Coucy (Madame de) : Marc Lescarbot lui adresse une épître *Sur la treve par elle traitée pour sa ville de Vervin* (1598), III, 2707.
Couët (L'abbé) : note de Bossuet sur sa soumission (1703), IV, 3079, p. 454.
Couët (Jacques), ministre : inscription dans un album (1584), V, 3368. — *Traicté de la predestination* (1599), 92.
Couguet (Ange) : vers sur la main d'Estienne Pasquier (1584, 1610), 737.
Couillard (Antoine), seigneur du Pavillon : deux pièces de lui sont jointes aux *Œuvres* de Marot (1596), 614.
Coulanges (Philippe-Emmanuel, marquis de). Voy. *Recueil de pieces curieuses* (1694-1696), III, 2632 — Lettres à lui adressées par Mme de Sévigné (1726), II, 1886. — Vingt

neuf lettres publiées par Perrin (1751), II, 1889.
Coulanges (X. Du Gué Bagnols, marquise de) : cinquante lettres publiées par Perrin (1751), II, 1889.
Coulaud (François), cité par Ch. Fontaine (1557), IV, 2877.
Coulet, libr. à Montpellier (1875), 898.
Coulomb, bailli de Vivarais : Christophe de Gamon lui dédie le *Coulombeau* (1600), V, 3279.
Coulombel. Voy. Colombel.
Coulombiers, tué à la Saint-Barthélemy (1572), IV, 3191.
Coulombs : abbaye de Notre-Dame, IV, 3096, art. 88.
Coulommiers. Imprimeur. Voy. Moussin (A.), 1847-1864.
Coulon, libr. à Paris (1639), II, 1749.
Coulon (C.), de Lyon : volumes lui ayant appartenu, 134, 653 ; II, 1518 ; III, 2254.
Couperin (Louis), claveciniste et dessus de viole (1656-1657), IV, p 607.
Couperin (François I*r*), dit le jeune, organiste et claveciniste (1659), IV, p. 607.
Couppel (Jehan), compose des vers pour le *Puy du souverain amour* (1543), 804.
Courade : vers à M* Adam Billaut (1644), 829.
Courajod (Louis), cité, IV, 3095, p. 475.
Courbé, grav., II, 1679, 1909.
Courbé (Augustin), libr. à Paris (1633), II, 1528 ; (1637), II, 1139 ; IV, 3028 ; (1638), II, 1171, 1172, 1173 ; (1641), II, 1120, 1144, 1147 ; (1642), II, 1123, art. 1 ; IV, 3027 ; (1643), II, 1146 ; (1644), II, 1114, 1123, 1149 ; IV, 3033, 3034 ; (1645), II, 1150 ; (1646), 828 ; II, 1119, 1151 ; (1646), IV, 3035, 3036 ; (1647), II, 1123, art. 2 ; 1124, 1152, 1153, 1963 ; IV, 3031 ; (1648), II, 1120, 1147 ; (1650). 317 ; II, 1157, 1158 ; (1651), II, 1922 ; (1653), II, 1133, 1148 ; III, 2522 ; (1654), II, 1125, 1135, 1230, 1857 ; (1655), II, 1127 ; (1656), II, 1128 ; (1657), II, 1128 ; (1659), II, 1163 ; (1660), II, 1129, 1905 ; (1661), II, 1131, 1164 ; (1662), II, 1165 ; IV, 3037, 3038 ; (1668), II, 1133.
Courbet (Ernest), cité, II, 1702. — Volumes lui ayant appartenu, V, 3374-3376, 3379.
Courcelles (Le marquis de), danse dans un ballet (1663), IV, p. 607.
Courcy (F. de), peintre, 937.
Courcillon (Le marquis de) : Destouches lui dédie *L'Irrésolu* (1713), II, 1808.
Cour des Aides : *Oraison funebre sur le decez de feu M. Oulier, conseiller* (1596), V, 3234. — *Noms et Armes des membres de la cour* (1730), III, 2493, art. 45.
Cour des Monnaies : *Ordonnance sur le descry des grosses pieces de billon en forme de deniers jocondalles* (1563), III, 2546, art. 1. — *Ordonnance sur le descry de certaines especes de monnoyes forgees soubz les coings et armes du duc de Savoye* (1563), III, 2546, art. 2. — *Noms et Armes des membres de la cour* (1694-1720), III, 2493, art. 46.
Cour (La) plénière, heroï-tragi-comedie (1788), III, 2296.
Courgenay (Ant. de) : vers à Jean Baret (1620), III, 2429.
Courlay (Le seigneur de) : sonnet à lui adressé (1556), II, 1938. — Ce personnage se confond sans doute avec François Gruget.
Courlenge, architecte cité par Guy Le Fèvre de La Boderie (1578), IV, 3183.
Couronnation (La) de l'empereur Charles cinquiesme de ce nom faicte a Boloingne (1530), III, 2717. Cf. 2410.
Couronneau (Denis), cité par Nic. Bourbon (1538), IV, 2788.
Coronnement (Le) du tresillustre roy de Behemen, archiduc Ferdinande (1527), IV, 3138.
Courrier (Le) burlesque sur les affaires de Paris (1731), III, 2285.
Courrier (Le) facetieux (1650), II, 1813 ; (1668), II, 1814.
Courrier (Le) picard (v. 1615), III, 2243, art. 2.
Court (Jean de), peintre du roi : vers à lui adressés par Joachim Blanchon (1583), IV, 2738.
Courteau (Thomas), impr. à Genève (1559-1561), V, 3210.
Courtenvaux (Jean de Souvré, marquis de) : J. de La Fons lui dédie son *Discours veritable sur la mort de Henry le Grand* (1610), III, 2243, art. 13. — Il danse dans le *Ballet du roy* (1619), II, 1449 ; IV, p. 607.
Courteille (M*me* de), citée, II, 1560.
Courtépée (L'abbé Claude), collabore à l'*Encyclopédie* (1751-1777), III, 2523, p. 280.
Courtier (J.) : vers grecs à B. Tagault (1558), 665.
Courtille (L'abbé de la), II, 1842.
Courtin (peut-être Jacques Courtin de Cissé) : Jean Le Masle lui adresse des vers (1580), IV, 2933.
Courtin (La baillive) : son éloge (1545), 805. — Fr. Habert lui adresse des vers (1549), IV, 2868.
Courtin de Cissé (Jacques) : vers à M*me* Des Roches (1582, 1610), 737.
Courtisan (Le) à la mode (1626), II, 1798, art. 12.

Courtisan (Le) crotesque (1624), II, 1796, art. 39; (1663), II, 1812.
Courtivron (Henri Le Compasseur, sieur de Dalcheux, puis baron de), cité (1588), III, 2194, p. 42.
Courtois, ou Corteys, émailleur à Limoges : vers à lui adressés par Joachim Blanchon (1583), IV, 2938.
Courtois, danseur (1651), IV, p. 607.
Courtois (Charles), médecin : vers à lui adressés par J.-Éd. Du Monin (1583), V, 3272.
Courtois (Robert), impr. à Poitiers (1676), II, 1961.
Courval (Thomas Sonnet, sieur de). Voy. Sonnet.
Cousdun (Claude de), seigneur de Chalié, de Forge, etc. : *Les Efforts et Assauts faicts et donnez à Lusignen* sont dédiés à sa mémoire (1575), V, 3284.
Cousin : vers à lui adressés par Joachim Du Bellay (1559), IV, 2896.
Cousin : vers à lui adressés par Joachim Blanchon (1583), IV, 2938.
Cousin, grav., II, 1909 ; V, 3321.
Cousin (Charles) : volumes lui ayant appartenu, III, 2568, 2702.
Cousin (Gilbert) : distiques grecs et latins à Érasme (1535), IV, 2745. — *Effigies Erasmi* (1553), III, 2568. — Portrait, *ibid.*
Cousin (Jacques), libr. à Rouen (v. 1503), cité, II, 2105.
Cousin (Jean), peintre, dessin. et grav., 133 ; III, 2567 ; IV, 2739, p. 11. — Il est cité comme architecte par Guy Le Fèvre de La Boderie (1578), IV, 3183.
Cousin (Louis) : *Histoire de Constantinople* (1672-1674), II, 2083.
Cousin (Martin), impr. à Bâle (1574), IV, 2978.
Coussin (B.) : vers en tête du *Dictionnaire des rimes* de Jean Le Fèvre (1588), 431.
Coustelier (Antoine-Urbain), libr. à Paris (1715-1717), III, 2521 ; (1719), 632.
Coustelle (R.) : vers à Louis Herron (1636), 826.
Coustume de Normandie, ms., IV, 2751.
Coustumes de la cité et ville de Rheims (1586), III, 2545.
Coustumes et Usaiges de Lille (1534), 106.
Coustumes generales et particulieres du bailliage de Vermandois (1557), citées, III, 2545.
Cousturier (Abraham), libr. à Rouen (1614), II, 1107 ; (s. d.), IV, 2953-2955.
Coutarel : notice généalogique, III, 2495.
Couteau (Antoine), impr. à Paris (1526), 487 ; II, 1747 ; (1529), III, 2340 ; (1531), III, 2339.
Couteau (Gillet), impr. à Paris (1492), cité, II, 2105 ; (s. d.), IV, 2815.
Couteau (Nicolas), impr. à Paris (1527), IV, 3059 ; (1530), 502 ; (1532), II, 1999 ; (1535), 509 ; (1538), II, 1074.
Couterot (Edme), libr. à Paris (1686), II, 2043.
Couterot (Jean), libr. à Paris (1682), 978.
Cove (Christofle de), seigneur de Fontenailles : Michel d'Amboise lui dédie la traduction du *Riso de Democrito* d'Ant. Fileremo Fregoso (1547), IV, 2999.
Covelle (Robert). Voy. Voltaire : *La Guerre civile de Genève* (1768), 909.
Covilha (Pero de), explorateur de l'Abyssinie, II, 1944.
Coxie (Michel), peintre et dessin., II, 2567.
Cracovie. Imprimeur. Voy. Haller (Johann), 1512.
Cramail (Adrien de Monluc, prince de Chabanais, comte de), insère *Le Courtisan crotesque* dans les *Jeux de l'incognu* (1630), II, 1796, art. 39.
Cramoisy (Sébastien), impr. à Paris (1627), II, 2088 ; (1631), III, 2484 ; (1637), II, 1969.
Cranach (Lucas) : *Passional*, cité, V, 3366, p. 151.
Cranenbroeck (Gilles), impr. à Malines (1583), II, 1866.
Cranmer (Thomas), archevêque de Cantorbéry : Nicolas Bourbon lui adresse des vers (1538), IV, 2788.
Craon : abbaye de Saint-Clément, IV, 3096, art. 11.
Crapart, libr. à Paris (1790), III, 2526.
Crapelet, impr. à Paris (1816), II, 1580 ; (1818), 144 ; (1822), II, 1288, 1305 ; V, 3324 ; (1847), II, 1578 ; (1849), II, 1384 ; (1852), II, 1521.
Crasso (Leonardo), publie l'*Hypnerotomachia Poliphili* (1499), II, 1743.
Crasso (Valerio) : Carte des vallées vaudoises (1668), II, 2031.
Crassot (J.) : vers à Jacques Le Vasseur (1608), 772.
Crassous (Paulin), traducteur du *Voyage sentimental* de Sterne (1801), II, 1766.
Crassus (M.) : sa vie par Plutarque (1567), II, 1899. Cf. III, 2735.
Crasto (Le P. Alfonso) : ses missions aux Indes, III, 2638.
Cratès : *Epistolae gr.* (1499), II, 1873.
Crébillon (Claude-Prosper Jolyot de), dit Crébillon fils : *Tanzai et Néadarné* (1740), II, 1563. — Il paraît être le véritable auteur des *Lettres de Ninon de L'Enclos* (1750), II, 1892. — On lui attribue d'abord *Angola* (1751), II, 1565.

Crébillon (Prosper Jolyot de) : *Semiramis* (1717), II, 1299. — Vers sur les conquêtes et la convalescence du roi (1743), 907. — Il approuve, comme censeur, *Le Méchant* de Gresset (1747), II, 1334. — *Œuvres complètes* (1779), II, 1562.
Crecia (Mlle de), danse dans un ballet (1615), IV, p. 607.
Credo (Le) (1516), III, 2562, art. 23.
Credo (en vers), 320, art. 3.
Credo (Le grant) de Venise (1509), 540.
Creighton (George). Voy. Critton.
Creighton (Le P. William), jésuite : le P. Edm. Auger lui adresse son *Discours sur la mort de feu M. le cardinal de Lorraine* (1575), III, 2191. — Il est impliqué dans la poursuite contre W. Parry (1585), III, 2194, p. 34.
Creil : château, 248.
Creil (Le docteur de) : lettres à lui envoyées par Mauclerc en 1593 (1709), III, 2251, p. 87.
Cremeaulx (Claude de), seigneur de Charney : G. Chappuys lui dédie la traduction de la 3ᵉ partie de la *Diana* de Montemayor (1582), II, 1748.
Cremer (Abraham) : inscription dans un album (1609), V, 3370, p. 164.
Cremona (Gio. Francesco) : inscription dans un album (1567), V, 3365, p. 145.
Crémone, prise par Louis XII (1509), II, 2110.
Crémoux : vers à lui adressés par Joachim Blanchon (1583), IV, 2938.
Crépy, grav., II, 1553.
Créquy (Ducs de), III, 2493, art. 24.
Créquy (Charles, duc de), son *Entrée à Venise* (1634), III, 2453.
Créquy (Charles III, sire de), danse dans un ballet (1653), IV, p. 607.
Créquy (Armande de Saint-Gelais-Lusignan de Lansac, duchesse de), danse dans des ballets (1654-1665), II, 455 ; IV, p. 607.
Créquy (Jehan, seigneur de), l'un des auteurs des *Cent Nouvelles nouvelles* (v. 1457), II, 1694.
Crequillon (Thomas) : *Chansons* (1549-1552), 980.
Crescenzi (Pietro de') : *Libri commodorum ruralium* (1471), V, 3215.
Crescimbeni (G.-M.), traduit en italien les *Vies des Poetes provensaux*, de Jean de Nostre-Dame (1710), cité, III, 2504.
Crespy, marchand d'estampes à Paris (1702), 274.
Crespin (Anthoine) Nostradamus : *Epistre dediee au Tres-Hault et Tres-Chrestien, Charles IX. roy de France* (1571), III, 2565. — *Epistre au roy et aux autheurs de disputations sophistiques* (1577), citée, *ibid.*
Crespin (Jean), impr. à Genève (1554), 85 ; (1555), cité, III, 2750 ; (1557), *ibid.* ; (1558), II, 1472 ; (1561), cité, IV, 2750. — *Recueil de plusieurs personnes qui ont enduré la mort...* (1555), cité, II, 2033 et *Additions*. — *Tragedie du roy Franc Arbitre*, [traduite de Francesco Negro] (1558), II, 1472. — *Histoire des martyrs* (1597), II, 2040. — *Histoire abregée des martyrs françois* (1684), II, 2041.
Crespin de Billy : généalogie, III, 2495.
Cressels (Conrad) : vers à P. de Deimier (1600), 765.
Cressin (Anthoine) : *Vray Discours de la guerre et siege de Malte* (1565), II, 2019, art. 4.
Cressonnet (Gabriel), archer, est condamné aux galères comme complice de la mort de B. Brisson (1594), III, 2233.
Crété, impr. à Corbeil (1836), II, 1642 ; (1837), II, 1586, 1643 ; (1840), II, 1595, 1598 ; (1847), II, 1637 ; (1848), 1379-1381 ; (1849), II, 1628 ; (1877), II, 1668.
Crétin (Guillaume) : épîtres à Jehan Molinet et réponses, 471, art. 89, 91, 95, 96. — Épître à lui adressée par Jehan Le Maire (1512), II, 2090. — *Plaincte sur le trespas de Guill. de Byssipat* (1512), II, 2090, art. 5. — *Chants royaulx* (1526), 487 ; (1527), 485. — *Rondeau*, IV, 2964, art. 3. — Il est cité par Geofroy Tory (1529), III, 2570.
Creutziger (Kaspar), dit Cruciger : portrait (1581), II, 2039.
Crevenna : volumes lui ayant appartenu, II, 2097.
Cricfus (Wolfgang) : inscription dans un album (1568), V, 3365, p. 145.
Cry de la guerre ouverte entre le roy de France et l'empereur (1542), IV, 3110.
Cries (Les) faites en ceste cité de Geneve (1560), II, 2052.
Crillon (Louis Des Balbes de Berton de) : vers contre lui (1589), 796. — Il est blessé mortellement à Tours (8 mai 1589), III, 2222, art. 2 et 3. — Portrait (1755), III, 2506.
Criminale (Le P. Antonio) : ses missions aux Indes, III, 2638.
Crinito (Pietro) : vers de lui dans les *Icones* de N. Reusner (1589), V, 3370, p. 160.
Cris de Paris, 982.
Crissé (de) : épître à lui adressée par Jehan Bouchet (1545), 511.
Critico (Domenico), ambassadeur vénitien en Portugal : lettre sur le voyage de Cabral, 1501 (1508, 1521)

II, 1950, 1951 ; (1517), III, 2635, p. 446, art. 4.
Critique (La) de Berenice (1671), II, 1257, 1258.
Critique (La) du Legataire, comedie (1708), II, 1286, art. 2.
Critique (La) du Tartuffe (1670), II, 1198.
Criton, ou Dialogue sur la grace et la beauté, traduit de l'anglois (1769), II, 2003.
Critton (George), Creighton, ou Crittonius : vers sur la main d'Estienne Pasquier (1584, 1610), 737. — Vers sur la mort de Ronsard (1586), IV, 2869 ; (1623), 668. — Vers sur la mort de Nic. Rapin (1610), IV, 2944.
Croce (Giulio Cesare). Voy. *Bertoldo in corte*, intermède parodié par Favart (1759), II, 1335.
Crocio (Bono) : lettre à Gio. Giorgio Trissino (1508), IV, 3078.
Crock (Liévin), négociant à Gand (1565), III, 2605.
Crock (Cornelis), ou Crocus : *Joseph, comoedia sacra* (1546), II, 1068.
Croy : généalogie de cette maison, III, 2493, art. 57. — Elle prétend se rattacher à saint Étienne, roi de Hongrie, II, 1102.
Croy (Ducs de), III, 2493, art. 24.
Croy (Adrien de), comte de Rœux. Voy. Rœux.
Croy (Charles de), évêque de Tournay : portrait (1540), IV, 2871, p. 213.
Croy (Charles, duc de) et d'Arschot : les jésuites de Mons lui dédient *La Tragicomedie de S. Estienne* (1605), II, 1102.
Croy (Charles-Alexandre de), comte de Fontenoy : Pierre Thierry lui dédie *Le Cimetiere d'amour* (1597), IV, 3188. — A. A. D. lui dédie la *Description de l'assiette, maison et marquisat d'Havré* (1606), IV, 3196.
Croy (Henry de), auteur du prologue qui précède *L'Art de rethoricque* de Jehan Molinet (1593), IV, 2795.
Croy (Jehan de), mort en 1472 : Philippe Camus traduit pour lui *Olivier de Castille*, II, 1491.
Croy (Philippe de), seigneur de Quiévrain, l'un des auteurs des *Cent Nouvelles nouvelles* (v. 1457), II, 1694.
Croy (Philippe de), duc d'Arschot : portrait (1540), IV, 2871, p. 213.
Croy (Robert de), évêque de Cambrai (1547), IV, 3010, p. 374.
Croy-Renty : armes (1529), III, 2671, *Additions*.
Croisades, II, 1503 et *Additions* ; 2084.
Croisey, grav., II, 1995.
Croix (La) de par Dieu (v. 1500), 320.
Croixmare (Jacques ? de), prince du puy de Rouen, cité par Guy Le Fèvre de La Boderie (1579), IV, 2930.

Cromot : généalogie, III, 2495.
Cromwell (Thomas), cité par Nic. Bourbon (1538), IV, 2788.
Cron (Jean) : volume lui ayant appartenu en 1544, III, 2682.
Cronberger (Jacome), impr. à Séville (1552), II, 1979, art. 4.
Croquet, cité par Cl. Marot, IV, 2964, art. 108.
Croullecul (L'abbé de), II, 1842.
Croutelle (L.), grav., 433 ; II, 1180, 1287.
Crownfield (Cornelis), impr. à Cambridge (1712), 134.
Crozat de Tugny (Joseph-Antoine) : volumes lui ayant appartenu, II, 1537, 1543 ; III, 2521 ; IV, 2859.
Crozet (Louis-Joseph-Mathias) : volumes lui ayant appartenu, 544 ; II, 1077, 1490.
Cruautez (Les) commises contre les catholiques de la ville de Vendosme... (1589), III, 2241, art. 7.
Crucé, procureur, paraît être l'auteur du *Dialogue d'entre le maheustre et le manant* (1594), III, 2251, p. 88.
Cruciger (Kaspar). Voy. Creutziger.
Crucius (B.) : inscription dans un album (1567), V, 3365, p. 145.
Crucius (Jacques). Voy. Vander Cruis.
Crugi de Marcillac : généalogie, III, 2495.
Cruse (Loys), dit Garbin, impr. à Genève (1487), cité, IV, 2765, p. 41 ; (s. d.), II, 1491, cité, 463, p. 266.
Cruseau (Estienne), avocat fiscal à Bordeaux : pièce latine à la suite des œuvres d'Ausone (1590), IV, 3169, p. 564.
Crusius (Johann) : inscription dans un album (1565), V, 3365, p. 145.
Crusius (Peter) : inscription dans un album (1564), V, 3365, p. 145.
Crussol : lettres adressées par les rois à des membres de cette famille, II, 2895, art. 9ᵇ.
Crussol (Antoine de), comte de Tonnerre : vers à lui adressés par Bérenger de La Tour (1551), V, 3254 ; — par Ch. Fontaine (1557), IV, 2877.
Crussol (Louise de Clermont, femme d'Antoine de) : vers à elle adressés par Bérenger de La Tour (1551), V, 3354 ; — par Ch. Fontaine (1557), IV, 2877.
Crussol (Charles, vicomte de), d'Uzès : vers à lui adressés par Ch. Fontaine (1546), IV, 2876. — Est. Forcadel lui dédie *Le Chant des Seraines* (1548), IV, 2878. Voy. 2879.
Crussol (Emmanuel, comte de), plus tard duc d'Uzès, danse dans des ballets (1663-1665), IV, p. 607.
Crussol (Julie-Marie de Sainte-Maure, comtesse de), danse dans un ballet (1666), IV, p. 607.

Crussol (G. de), ou Cursol : vers à Pierre de Brach (1576), IV, 2931.
Crussol (Jean, Jacques, Louis, Charles et Galiot de), ont pour précepteur Pierre Saliat (1557), IV, 2877.
Crysius. Voy. Kruse.
Cuba : sa conquête (1511-1518), II, 1955.
Cubières-Palmézeaux : *Vie de Restif [de La Bretonne]* (1811), II, 1916, art. 36.
Cuevas (Alphonse de) : *Instrument publique des actes de Romme* (1527), III, 2668.
Cuevas (Francisco de), mari d'Aloïsia Sygée, 422.
Cuincy (de), ami d'Odet de La Noue (1584-1591), IV, 3187.
Cuyret (André), dit Le Mercier : épigramme dans la *Suite du Labeur* de G. de Poëtou (1566), 720.
Cuisinier (Nouveau) royal et bourgeois (1734), 287.
Cujas (Jacques), cité par Guy Le Fèvre de La Boderie (1578), IV, 3183 ; — par Jean Le Masle (1578), 445. — Vers à lui adressés par Nic. Rapin (1610), IV, 2944. — Il est un des personnages du *Ballet de l'Oracle* ; il y est représenté par M. de Montesquiou (1645), IV, p. 630.
Cunitz (Théodore) : inscription dans un album (1599), IV, 3372, p. 170.
Cunrad (Alerimand), baron d'Infridembourg : *Discours et Advis sur les causes des mouvemens de l'Europe* (1620), 2420, art. 17 ; *ibid.*, art. 18. — *Oratio paraenetica de authoritate regum*, citée, *ibid.*, art. 17.
Cupidon, libr. imaginaire à Paris (v. 1700), II, 1872 ; (1722), 1000.
Cuppi (Gio. Domenico), cardinal de Trani, publie des bulles pontificales (1546), V, 3334. — Andrea Matteo lui dédie les *Nouvelles d'Indie* (1549), III, 2638.
Curmer (Louis), libr. à Paris (1838), V, 3321 ; (1843), III, 2324 ; (1844), III, 2325.
Curre (Charles), de Mamers : *Les Triumphes de France*, traduits par Jehan d'Ivry (1509), 484 et *Add.*
Cursio (Pietro) : vers de lui dans les *Icones* de N. Reusner (1589), V, 3370, p. 160.
Curtius (Lancinus). Voy. Corti.
Curton (Le baron de), cité en 1547, IV, 2855, p. 194.
Cusseron (de) : huitain à Gilles d'Aurigny (1553), 652.
Cusson (Jean), impr. à Paris (1668), II, 1253.
Custodia (Thomas). Voy. Ward.
Cuzac (X. de Rotundis de Caheuzac, dit), danse dans un ballet (1635), IV, p. 607.

Cuzy (Hugues de), « Cuziacus », protonotaire, élève de Nic. Du Puis (v. 1510), V, 3228.
Cuzin (A.), relieur à Paris, 91, 92, 94, 109, 112, 113, 115, 116, 118, 119, 194, 213, 218, 248, 259, 288, 399, 411, 610, 613, 759, 822, 928*, 932, 940, 941, 954, 955, 974, 982, 1006 ; — II, 1067, 1085, 1099, 1105, 1319, 1355, 1583, 1584, *1606, 1607, 1608, 1610-1612, *1666, 1714, *2003, *2004, *2010, *2053, *2135, 2140 ; — III, 2165, 2171, 2181, 2391, 2659 ; — IV, 2869, 2881, 2885, 2889, 2998, 3021, 3026-3029, 3032, 3033, 3057, 3058, 3161, 3162, 3164. (L'astérisque indique les volumes doublés.)
Cyaneus (Loys), impr. à Paris. Voy. Blaublom.
Cylindre, cité par Est. Forcadel (1579), IV, 2879.
Cyprien (Saint) : extraits de ses œuvres par Bossuet (v. 1690), IV, 3079, p. 452.
Cyprien (Le P.), martyrisé au Japon (1631), III, 2483.
Cyrille, auteur de prophéties, 209, art. 5.
Czarnkowski (André), médecin (1536), IV, 3161.
Czepki (Daniel) : inscription dans un album (1595), V, 3370, p. 164.

Daa (Claudius) : inscription dans un album (1598), V, 3370, p. 164.
Daccio (Andrea), « Dactius » : vers de lui dans les *Icones* de N. Reusner (1589), V, 3370, p. 160.
Dacier (André) : vers sur ses traductions par Baraton (1680), 846. — *Remarques sur Longin* (1701), 841, 842.
Dacier (Anne Le Fèvre, dame) : vers sur ses traductions, par Baraton (1680), 846. — *Les Comedies de Terence*, avec traduction et remarques (1717), II, 1064.
Dacier (Jean) : vers en tête des *Kalendae* de Passerat (1606), 713.
Da Costa de Machado (J. J.) : *Historia das navegações* (1844-1858), citée, II, 1981.
Dadré (Jean), théologien, approuve la traduction des *Psaumes* par Des Portes (1603), V, 3206.
Dagaut : vers à lui adressés par Joachim Du Bellay (1559), IV, 2896.
Dagneau (J.), libr. à Paris, associé de D. Giraud (1852), II, 1395, 1396, 1424.
Dagonneau (Jean), sieur de Cholières : sonnet à Estienne Tabourot (1586), II, 1778. — *Les Après-Disnées* (1588), II, 1703 et *Additions.* — Quatrain à Philbert Boyer (1594), IV, 2961. — Vers de lui dans *Les*

Marguerites poëtiques (1613). 816.
— Vers dans *Le Cabinet des Muses* (1619), 974.
Daguerre : vers à M* Adam Billaut (1644), 829.
Daguin, bibliophile, II, 1237, 1552. — Volumes lui ayant appartenu, IV, 2971, 3021, 3030, 3058, 3068, 3070.
Daye (John), impr. à Londres et poète (1561), cité, III, 2369 ; (1571), cité, III, 2370 ; (1579), cité, V, 3312.
Daicre, timbalier (1670-1671), IV, p. 607.
Daillé (Jean), publie le *Testament* de Du Plessis-Mornay et le récit de sa mort (1624), II, 2064. — Extraits de ses ouvrages par Bossuet (v. 1680), IV, 3079, p. 451.
Dailmé, bibliophile, IV, 3079, p. 450, art. 7.
Daix (A.), impr. à Clermont en Beauvaisis (1851), II, 1629.
Dalayrac (Nicolas) : deux mélodies dans les *Chants et Chansons populaires de la France* (1843), 1014.
Dalby (Kristoph) : inscription dans un album (1598), V, 3370, p. 164.
Dale (Antoine van) : *Oracula veterum ethnicorum*, cités (1686), II, 2005.
Dalechamps (Jacques), cité par Ch. Fontaine (1557). IV, 2877.
Dalibon, libr. à Paris (1823-1826), II, 1520.
Dalla Stufa (Gio. Battista) : sonnet à lui adressé par N. Martelli (v. 1543), IV, 3000, p. 359.
Dallier (Jean), libr. à Paris (1549), IV, 3114 ; (1554), 659 ; (1555), II, 1837 (le nom est écrit d'Allyer) ; (1563), III, 2419, 2546, art. 1 (d'Allier) ; (1564), III, 2546, art. 2 ; (1565), II, 2095, art. 9⁶ ; 2552 ; (1566), III, 2546, art. 3-5 ; (1567), III, 2546, art. 6 ; (1568), III, 2058, 2059, 2546, art. 7 et 8 ; (1569), 784, III, 2167, 2546, art. 9 ; IV, 3118 ; (1570), III, 2377, 2546, art. 10 ; (1571), III, 2546, art. 11 ; 2733 ; (1572), III, 2546, art. 12-16 ; 2608 ; IV, 3120, 3122 ; (1573), 292. — Sa marque, III, 2150.
Dal Pin (Antonio), 1042.
Dal Puget (Jacob et Emmanuel), de Bordeaux (1759), II, 2072.
Dal Puget (Salon), de Bordeaux (1759), II, 2072.
Daluce Locet, anagramme de Claude Colet (1537), III, 2594, art. 1 et 10.
Daluseau, danseur (1670-1671), IV, p. 607.
Dam (I. van) : album lui ayant appartenu (1826), V, 3371.
Damant (Pierre), publie le *Recueil d'aucunes lectres et escriptures*, etc. (1536), II. 2138.
Damas (Claude de) : Barthélemy

Aneau lui dédie les *Decades* (1549), III, 2599.
Damboysius (Franciscus), IV, 2792. Voy. Amboise (François d').
Dambourg (Mᴵᴵᵉ), danse dans un ballet (1656), IV, p. 607.
Dambrun, grav., 228, 401, 845, 858, 1056 ; II, 1502, 1576, 1676, 1914 ; III, 2569.
Dame (La) fardée (1652), 975.
Dame (La belle) sans mercy. Voy. Chartier (Alain).
Dammartin : Henri IV essaie vainement de reprendre cette place (6 janv. 1590), III, 2241, art. 6.
Dammartin (Le comte de). Voy. Boulainvilliers.
Damoneville, libr. à Paris (1726), III, 2487 ; (1733), III, 2487 ; (1742), II, 1303 ; (1743), II, 1994 ; (1747), II, 1549 ; (1756), II, 1548.
Damours (Louis) : les *Lettres* de Ninon de L'Enclos lui sont d'ordinaire attribuées (1750), II, 1892.
Dampierre : château, 248.
Dampierre, poète cité par Nicolas Bourbon (1538), IV, 2788.
Dampierre (M. de), un des chefs de l'armée française en Luxembourg (1544), III, 2680.
Dampierre (Mᴵᴵᵉ de), danse dans un ballet (1665), IV, p. 607.
Dampierre (Le comte de), général de l'empereur Ferdinand II (1620), III, 2420, art. 23. — Sa mort (1620), *ibid.*, art. 40.
Dampierre (Le marquis de), a un commandement dans l'armée impériale (1623), III, 2420, art. 67.
Da Mula (Marcantonio) : lettres à Gio. Giorgio Trissino (1538-1543), IV, 3078. — Lettre à lui adressée par Francesco Conternio (1538), *ibid.*
Damville (François-Christophe de Lévis-Ventadour, comte de Brion, duc de), danse dans des ballets (1653-1657), IV, p. 607.
Danchet (Antoine). Voy. *Recueil de pieces curieuses* (1694-1696), III, 2632. — Dessins de costumes pour son opéra de *Tancrede*, joué en 1702 et repris en 1750, II, 1462. — Vers sur ses ouvrages par Baraton (1705), 846.
Dancoisne : volume lui ayant appartenu, 489.
Dancourt (Florent Carton, dit) : *Les Vandanges de Suresne* (1695), II, 1284.
Daneau (Lambert) : sonnet à Jean de Léry (1578), II, 1989.
Danel (Hugues), sergent au Châtelet de Paris, est condamné à être pendu comme complice de la mort de B. Brisson (1594), III, 2253.

Danès (Guillaume), marchand à Paris (1532), IV, 3091.
Danès de Marly (Jacques), veuf de Madeline de Thou (1642), IV, 3130.
Danès (Pierre) : Nicolas Bourbon lui adresse des vers (1538), IV, 2788. — Ch. Fontaine lui adresse des vers (1546), IV, 2876. — Il est précepteur des enfants du roi (1557), IV, 2877. — François Habert parle de lui (1558), V, 3251. — Oger Ferrier lui dédie l'épitaphe de J.-C. Scaliger (1559), IV, 3114, art. 4. — Il est cité comme érudit par Guy Le Fèvre de La Boderie (1578), IV, 3183.
Danfric (Philippe), ou d'Anfrie, imprimeur, graveur et mathématicien à Paris (1558), V, 3251 ; (1559), IV, 3057. Cf. III, 2528, p. 325.
Dangeau : épître à Hamilton (1731), II, 1912.
Dangeau (La marquise de) : lettres à elle adressées par Mme de Maintenon, publiées en 1756, II, 1895.
Dangeau (Louis), pseudonyme de Louis Vian, II, 1853.
Dangènes (François de), seigneur de Monlouet : Jean de La Taille lui dédie *Daire*, tragédie de son frère, Jacques de La Taille (1573), II, 1094.
Dangers (Les) et Inconveniens que la paix faite avec ceux de la Ligue apporte au roy, 1586 (1589), III, 2194, p. 40.
Dangu (Nicolas), figure sans doute dans l'*Heptameron* sous le nom de Dagoucin (v. 1541), II, 1697.
Danguy : généalogie, III, 2495.
Daniel (Le P. Gabriel) : *Histoire de la milice françoise* (1721), III, 2359.
Daniel (Jehan), dit maistre Mitou : *Chansons sainctes* (v. 1524), IV, 2983. — *Noëls joyeux* (v. 1525), 2984. — *Plusieurs Noëls nouveaulx* (v. 1525), 2985. — *Chançons joyeuses de noël* (v. 1525), 2986, 2982, art. 20. — *Le Franc Archier de Cherré* (v. 1580), 2844. — *Le Pionnier de Seurdre* (v. 1580), 2852. — *Pronostication nouvelle* (1533), IV, 2853. — *Ballade*, 570, art. 5. — *Chansons* (1549-1552), 980. — Mélodie de lui (1552), V, 3299.
Daniel (Pierre) : pièce latine sur la mort de Jacques de La Chastre (1569), IV, 2791.
Danielis a Jesu Apologia, ouvrage désavoué par les jésuites (1633), IV, 3153, p. 531.
Daniell, bibliophile : volume lui ayant appartenu, II, 1484.
Danneau, III, 2524, p. 283, 285. Voy. Donneau de Visé.
Dannez (Jacques), membre du bureau de l'Église réformée de Paris (1562), II, 2056.
Danois, grav., 1014 ; II, 1072.
Danoot, banquier à Bruxelles (1777), 270.
Danse (La grant) Macabré (1517), 541 ; (1523), 542. Cf. 474 (1519).
Dances (Plusieurs basses) (v. 1540), 293.
Dantan, dessin., II, 1072.
Dante Alighieri : *La Comedie*, mise en ryme françoise par Grangier (1596-1597), V, 3302. — *Hymne*, traduite par Guy Le Fèvre de La Boderie (1578), IV, 2930. — Portrait dans les *Icones* de N. Reusner (1589), V, 3370, p. 162.
Dantin, tailleur d'habits et entrepositaire de librairie à Lyon (1657), 896.
Daphnis et Chloé (1718), II, 1484.
Da Ponte (Giovanni Gioviano), dit Pontanus : *Opera* (1505), III, 2574. — Vers de lui et portrait dans les *Icones* de Nic. Reusner (1589) ; V, 3370, pp. 160, 162.
Da Ponte (Gottardo), ou Pontico, impr. à Milan (1509), II, 1742 ; (1510), IV, 3100 ; cité, II, 2023 ; (1539), 1049.
Da Ponte (Lucio Francesco), dit Pontanus : Gioviano, son père, lui dédie son poème *De Stellis* et son *Liber Meteorum* (1505), III, 2574.
Da Ponte (Niccolò), doge de Venise : Germain Audebert lui dédie sa *Venetias* (1583), IV, 2794.
Dard (Le) de jalousie, V, 3246.
Dard (Le baron) : volume lui ayant appartenu, III, 2605. — Autre, cité, IV, 2748, p. 19.
Dardano (Bernardino) : pièces latines en l'honneur de Jacques Olivier (1512), 504.
Dardanus, sujet d'un opéra de La Bruère (1783), II, 1462.
Dardène (A.) : sonnet à Arnaud Sorbin (1568), II, 2028, 2029.
Daret, grav., 831 ; II, 1144, 1171-1173, 1528 ; III, 2506.
Darius, ou Daire, sujet d'une tragédie de Jacques de La Taille (1573), II, 1094.
Darlu (Étienne-Pierre), échevin de Paris (1741), III, 2497.
Darnley (Henry Stuart Lord) : sa mort (1567), III, 2371.
Darron (Claude), est, d'après La Monnoye, le personnage mis en scène par Jacques Pelletier dans son *Dialogue de l'ortografe* (1555), 322. — Ne s'agit-il pas plutôt de Claude Dorron, l'auteur des *Meditations chrestiennes* ? Voy. V, 3277.
Dasonneville (F.), grav., IV, 3096, art. 42 *bis*.

Dassier : généalogie de cette famille, III, 2495.
Dassier, dessin., II, 1913.
Dassoucy. Voy. Assoucy (Ch. Coypeau d').
Dasypodius (Konrad). Voy. Rauchfuss.
Dat (G.) : quatrain à Anth. La Pujade (1604), 768.
Dati (Giuliano) : *Lettera* (1493), citée, II, 1952.
Daubenton (Louis-Jean-Marie), collabore à l'*Encyclopédie* (1751-1777), III, 2523, p. 280 ; — rédacteur au *Mercure de France* (1778), III, 2524, p. 314.
Daubigny, peintre et grav., 1014.
Daubray (Claude) : Jean Dorat lui adresse des vers en l'honneur de Henri III (1574), III, 2319.
Daudet (Alphonse) : *Fromont jeune et Risler aîné* (1876), II, 1667.
Daufresne (Robert), libr. à Paris (1623), II, 1729.
Daulé (J.), grav., 329, 843 ; II, 1246 ; III, 2408, 2495, 2506.
Daumont, libr. à Paris (v. 1775), 258.
Dauphin, danseur (1635-1636), IV, p. 607.
Dauphin fils (1671), *ibid.*
Dauphin (Pierre), impr. à Lyon (1594), 800.
Dauphiné : *Mémoires de ce qui s'est passé en Dauphiné* (avril-décembre 1587), III, 2194, p. 40.
Daurat. Voy. Dorat.
Dauron (Le seigneur), interlocuteur du *Dialogue de l'ortografe* de Jacques Pelletier (1555), 322. — Voy. ci-dessus l'article Darron.
Dauterlin (Dominique), voyageur à Jérusalem en 1547, II, 1940.
Dauthereau, libr. à Paris (1827), II, 1767.
Davantes (Pierre), libr. à Bâle (1572), III, 2152 ; — à La Rochelle (1573), III, 2153.
Da Veira (Le P. João) : ses missions aux Indes, III, 2638.
Davy (S.) : Sonnet à Pierre Le Loyer (1579), 746.
Davy du Perron (Jacques) : distiques latins à Guy Le Fèvre de La Boderie (1578), IV, 2930. — Il est cité comme poète par le même (1578), IV, 3183. — *Oraison funebre de M*^r *de Ronsard* (1586), V, 3231 ; (1623), 668. — Vers à lui adressés par Guillaume Du Peyrat (1593), IV, 2945. — *Stances sur la venue du roy* (v. 1597), IV, 2962. — Il dispute contre Du Plessis Mornay à Fontainebleau (1600), II, 2062. — Il publie contre lui les *Actes de la conference* (1601), 2063. — Du Plessis Mornay le combat dans son *Advertissement à messieurs de l'Eglise romaine* (1601), 2063. — Quatrain à S. G., sieur de La Roque (1609), IV, 2943. — Vers à lui adressés par Nic. Rapin (1610), IV, 2944. — Les professeurs royaux lui dédient leurs *Monodiae* sur la mort de Henri IV (1610), 890, art 5 ; 891, art. 3. — Vers dans *Les Marguerites poëtiques* d'Esprit Aubert (1613), 816. — Vers dans *Le Cabinet des Muses* (1619), 974. — Il est allégué par Bossuet, IV, 3079, p. 449.
David (Le roi) : *Epistre*, IV, 2828, art. 1. — *Psaumes*. Voy. Bible.
David (Monomachie de) et de Goliath, par Joachim Du Bellay (1561), IV, 2900.
David : vers en tête du *Dictionnaire des rimes* de Jean Le Fèvre (1588), 431.
David, chanteur (1669-1671), IV, p. 607.
David, directeur de la Compagnie des Indes (1762), III, 2295.
David, impr. à Paris (1822), II, 1585 ; (1830), V, 3293 ; (1832), 953 ; II, 1368.
David, relieur à Paris, 431 ; IV, 2944.
David (C.), grav., II, 1528.
David (Christophe Ier), libr. à Paris (1705), II, 1276.
David (Estienne), huissier à la cour des Monnaies (1566), III, 2546, art. 5.
David (H.), grav., 57, 969 ; II, 1129, 1131.
David (Jean), joueur de flûte (1549), IV, 2868.
David (Jean), avocat, accompagne Pierre de Gondi à Rome (1576), III, 2196. — *Abregé d'un Discours fait avec Sa Sainteté* (1576), trouvé dans les papiers de David (1589), III, 2194, p. 40.
David (J.-C.), dessin., IV, 3096, art. 112 *quinquies*.
David (Martin), fonde une colonie au Brésil (1556), II, 1989.
David (Michel-Antoine), dit l'aîné, libr. à Paris (1745), 907 ; (1747), 843 ; (1751), III, 2523 ; (1762-1769), 2523.
David (Michel-Étienne), dit d'abord l'aîné, libr. à Paris (1726-1753), 2187 ; (1739), II, 1549 ; (1742), 1503 ; (1747), II, 1549.
David (Pierre), l'un des auteurs des *Cent Nouvelles nouvelles* (v. 1457), II, 1694.
Davis (W.), libr. à Londres (v. 1670), 332.
Davison (T.), impr. à Londres (1816) : 1057.
Davity : vers à Jean Bertaut (1606), 820.
Dawkins, voyageur (1750), III, 2500.
Dazy, danseur (1653), IV, p. 607.

De Backer (George), impr. à Bruxelles (1694), II, 1178.
De Backer (Louis), cité, II, 1935.
Debat (Le) de deux demoiselles, l'une nommee la Noire et l'autre la Tannee, IV, 2798, art. 1 ; 2799, art. 21.
Debat (Le) de la Dame et de l'Escuyer (v. 1490), 466.
Debat (Le) de l'Amoureulx et de la Dame, IV, 2799, art. 10.
Debat (Le) de l'Estrange et de l'Escondit, IV, 2799, art. 11.
Debat (Le) de l'Homme et de l'Argent (s. d.), 543.
Debat (Le) de l'Homme marié et de l'Homme non marié, IV, 2799, art. 19.
Debat (Le) de l'Omme mondain et du Religieux (v. 1500), III, 2586 ; IV, 2834 bis.
Debat (Le) d'entre le Gris et le Noir, IV, 2798, art. 2.
Debat Le) de Reveille Matin, IV, 2804.
Debat (Le) des dames de Paris et de Rouen sur l'entree du roy (v. 1508), IV, 2835.
Debat (Le) des deux bons serviteurs (v. 1490), III, 2587.
Debat (Le) des deux Fortunez, IV, 2799, art. 16.
Debat (Le) des heraulx d'armes de France et d'Angleterre, refuté par John Coke (1550), II, 1856.
Debat (Le) du Corps et de l'Ame, 541, art. 8.
Debat (Le) du Cueur et de l'OEil, IV, 2799, art. 8.
Debat (Le) du Vieux et du Jeune (v. 1500), III, 2588.
Debat (Le) du Vin et de l'Eaue (v. 1500), 544 ; (1530), IV, 2836.
Debat (Le) sans conclusion, IV, 2799, art. 15.
De Beer (Jan) : sa mort en 1668, IV, 2855, p. 194.
Debitsch (Wolfgang von) : inscription dans un album (1598), V, 3370, p. 164.
Debray, libr. à Paris (1808), 860.
Debraux (Émile) : deux pièces de lui dans les Chants et Chansons populaires de la France (1843), 1014.
De Broen (W.), grav., II, 1518, 1518 bis ; III, 2502.
De Broise, libr. à Paris et impr. à Alençon, associé de Poulet-Malassis (1858), 887 ; (1860), II, 1829.
De Bruyn (Corneille), impr. à Anvers (1580), III, 2389.
De Bure (L'abbé) : vers au petit de Beauchasteau (1657), 833.
De Bure (Guillaume), fils aîné, libr. à Paris (1777), 270 ; (1778), V, 3337 ; (1783), II, 1680.
De Bure (Jean), l'aîné, libr. à Paris (1736), II, 1998 ; (1758), ibid.

De Bure (J.-J.) : volumes lui ayant appartenu, 4, 14, 216, 217, 524, 533, 572 ; II, 1336, 1879, 1604 ; III, 2579.
De Bure (L.), libr. à Paris (1824), II, 1909.
Decamps (Alexandre) : Le Musée (1834), 271.
Decker (J.), libr. à Bâle (1800), II, 1767.
Declaration de la Patenostre (1516), III, 2562, art. 20 et 21.
Declaration (La) de la voulonté du roy faicte depuis son departement de Paris (1588), III, 2221, art. 10.
Declaration (La) de la volonté du roy sur les nouveaux troubles de ce royaume (avril 1585), III, 2242, art. 4.
Declaration (La) de l'estat de l'air (1589), III, 2563, p. 364, art. 4.
Declaration (Vráie) de l'horrible trahison de Guillaume Parry en 1584 (1758), citée, III, 2194, p. 33.
Declaration des causes qui ont meu les ducs, comptes, etc., du royaume d'Escosse à prendre les armes (1582), III, 2194, p. 35.
Declaration des causes qui ont meu Mgr le cardinal de Bourbon et les pairs, princes, etc. de s'opposer à ceux qui ...s'efforcent de subvertir la religion catholique (1585), III, 2200 ; (1587), 2194, p. 34.
Declaration des heureux succez en Allemagne (1620), III, 2420, art. 40.
Declaration des princes catholiques... pour la remise ...d'un quart des tailles et crues (19 janv. 1589), III, 2194, p. 43.
Declaration des Protestants d'Allemagne au roy d'Angleterre (1620), III, 2420, art. 47.
Declaration de tres-illustres princes et seigneurs, les ducs d'Alençon et roy de Navarre (1574), III, 2186.
Declaration (La) du Grand Turc contre Bethleem Gabor (1622), III, 2473.
Declaration (Sommaire) et Confession de foy faite par Mgr. le prince de Condé (1562), citée, III, 2156. Additions.
Declaration et Desadveu des Peres jesuites (1633), IV, 3153, p. 531.
Declaration faite par la Ligue en forme de serment (30 janv. 1589), III, 2194, p. 43.
Declaratioun (Ane) of the.. causis moving us of the Nobilitie of Scotland... (1582), citée, III, 2194, p. 35.
Declaration (A true and plaine) of the horrible treasons practised by W. Parry (1584), citée, III, 2194, p. 34.
Declaration (La) presentee au conseil privé par Mgr. le prince de Condé,

le 15. de may 1563, touchant la juste deffense de M. l'amiral, III, 2159.
Decombius. Voy. Des Combes.
Decontius (Anianus). Voy. Conti (Aniano de').
Decourchant, impr. à Paris (1830), II, 1359 ; (1834), II, 1376 ; III, 2513.
Découverte (La) australe (1781), II, 1916, art. 15.
Decouverte de quelques pays et nations de l'Amerique septentrionale (1681), II, 1924*.
Deduccion (La) du proces de l'Honneur femenin, IV, 2799, art. 26.
Deele (Joos van), négociant à Gand (1565), III, 2605.
Deffaite (La grande et memorable) de cinquante et deux mille Turcs, par le roy de Pologne (1626), III, 2478.
Deffaitte (La nouvelle) de deux mil cinq cens Imperiaux par le comte d'Ebrestein (1641), III, 2420, art. 105.
Defaicte (La) de sept vieux regimens de l'empereur (1631), III, 2420, art. 84.
Defaite (La nouvelle) des Espagnols pres d'Anvers, par ceux de Bergue Opzoom (1625), III, 2405, art. 13.
Deffaite (La) des Imperialistes par le roy de Suede (1631), III, 2420, art. 83.
Defaite (La) des reistres et autres rebelles par monseigneur le duc de Guyse (1575), III, 2193.
Deffaicte (La nouvelle) des reistres par Mgr. le duc de Guyse (1587), III, 2217.
Deffaicte (La furieuse) des trouppes de cavalerie et infanterie imperialles et espagnolles, aux approches de la ville de Mastrich (1634), III, 2405, art. 27.
Deffaicte (La furieuse) des trouppes de l'armée espagnolle conduite par le duc de Feria (1634), III, 2420, art. 94.
Deffaicte (La nouvelle) des trouppes du comte Henry de Bergue (1625), III, 2405, art. 15.
Defaicte (La) des troupes du duc de Wittemberg, et marquis de Tourlack (1622), III, 2420, art. 63.
Defaite (La nouvelle) des troupes du prince palatin faicte en Silezie et en Moravie (1620), III, 2420, art. 22.
Deffaicte (La) des trouppes holandoises sorties de Bergue sur le Jon (1622), III, 2405, art. 4.
Deffaicte (La) des Turcs, avec la prise ..de la ville de Saincte Maure (1625), III, 2476.
Deffaicte (La) du comte de Mansfeld... par monsieur le duc de Lorraine (1622), III, 2420, art. 65.
Defaicte (L'entiere) du general Tilly par le roy de Suede (1631), III, 2420, art. 87.
Deffaicte (La nouvelle) et Surprinse des reistres par mgr. le duc de Guyse dedans Aulneau (24 nov. 1587), III, 2218.
Deffaitte (La) de trois mille cinq cens hommes de l'armee protestante (1622), III, 2420, art. 62.
Deffaicte (La) et Destrousse du conte Guillaume devant Luxembourg (1544), III, 2680.
Deffaite (La) generale de l'armée du comte de Mansfeld, et de l'evesque d'Alberstad par l'armée d'Espagne (1622), III, 2420, art. 70.
Deffaicte (La nouvelle) generalle de l'armée du duc de Lorraine (1634), III, 2420, art. 97.
Deffaicte (La grande et memorable) nouvellement arrivée de cent cinquante mille Turcs (1620), III, 2471.
Deffaicte (La nouvelle) obtenue sur les trouppes d'Henry de Valois par mgr. le duc de Mayenne (1589), III, 2222, art. 3.
Deffaicte (La notable) sur les trouppes du comte de Mansfeld par monsieur le duc de Lorraine (1622), 2420, art. 66.
Defaite (La) totale du convoy du marquis de Spinola par le prince d'Orenge estant devant Breda (1625), III, 2405, art. 10.
Defaites des armées othomanes ..en Hongrie (sept. 1687), III, 2524, p. 290.
Defaucompret (A.-J.-A.) : volume lui ayant appartenu, III, 2735.
Defehrt, grav., III, 2523. Voy. Defer.
Deffence (La) contre les emulateurs, ennemys et mesdisans de la France (1523), III, 2589.
Deffense de Sagon contre Cl. Marot (1537), citée, 621.
Deffence (La) des servantes de Paris pour la conservation de leurs moustaches (1639), II, 1809.
Deffence (La) du prince des sots (1605), IV, 3005.
Defense pour le roy de France... a l'encontre des injures et detractions de Jacques Omphalius, 1544. Voy. Du Bellay (Jehan).
Defer, ou de Fer, publie la *Relation*, rédigée par Froger, du voyage de M. de Gennes aux côtes d'Afrique et en Amérique (1698), II, 1997.
Defer, Defehrt ou de Fer, grav., III, 2523.
Defer de Maisonneuve, libr. à Paris (1793), II, 1914.
Defillement (Le nouveau) de l'Armee imperialle (1635), 2420, art. 102.
Definition d'amour (1551), IV, 2951.
Defoe (Daniel) : *La Vie et les Avantures surprenantes de Robinson*

Crusoe (1720-21), II, 1758 ; (1770), 1759.
Degan, danseur (1656-1684), IV, p. 608.
Degive, censeur à Bouillon (1775), III, 2525, p. 320.
De Graeve (J. G.), dit Graevius, commentateur de Cicéron, 128.
De Grave (Nicolas), impr. à Anvers (1535), III, 2718.
De Gros (Jan) : inscription dans un album (1563), V, 3365, p. 145.
De Groot (Antoine), impr. à La Haye (1735), 288.
De Groot (Hugo), dit Grotius, III, 2406.
Deguilleville (Guillaume de) : *Le Romant des trois pelerinaiges* (v. 1500), 439.
Dehay (Timothée), libr. à Paris (1830), II, 1359.
De Heger (François), impr. à Leide (1643), II, 1840.
De Hond (Jacques), « Hondius » : inscription dans un album (1599), V, 3372, p. 170.
De Hondt (Pierre), libr. à La Haye (1727), III, 2293 ; (1739), III, 2544.
De Hooghe (Romain), dessin., II, 1695, 1908 ; III, 2407.
Dehors (Pierre), curé de Gisors, pèlerin à Jérusalem (1519), IV, 3089.
Dehuchin (Claude), impr. à Genève (1563), cité, V, 3210.
Deilleau, impr. à Nancy (1752), II, 1893 ; (1753), II, 1894.
Deimier (Pierre de) : *Premieres Œuvres* (1600), 765. — *La Nereïde* (1605), 766. — Vers à Thomas Sonnet, sieur de Courval (1623), 939.
Deyverdun (George), traducteur du *Werther* de Gœthe (1775), cité, II, 1767.
De Jonghe (Adriaan). Voy. Le Jeune.
De Keysere (Martin), ou L'Empereur, impr. à Anvers (1529), III, 2715 ; IV, 2748, p. 19 ; (1530), IV, 3139 ; (1531), 194 ; (1532), 494, 512, IV, 2818 ; (1533), 210. — Françoise Le Rouge, sa veuve (1536), II, 2138 ; citée, III, 2722.
De Keysere (Pierre), ou Caesar, impr. à Gand (1520), cité, V, 3226 ; (1540), cité, II, 2140.
Del (... ?), traducteur du *Psaume 113* (1541), IV, 2737 ; traducteur de *Psaumes* (v. 1540), IV, 2737, p. 5.
Delaborde (Le comte Jules), cité, III, 2162.
Delacroix (Eugène), peintre, 171.
De Laet (Jean) : *Histoire du Nouveau Monde* (1640), II, 1980.
Delafosse (Jean-Charles) : *Nouvelle Iconologie historique* (1768), 257, 261. — *Livre de Trophées ; Cahiers d'attributs* (v. 1775), 258.

Delaguette (La veuve) et fils, libr. à Paris (1788), II, 2074.
Delahaye, grav. géographe (1726), II, 2016 ; (1730), II, 1967.
Delaistre, grav., II, 1909.
Delalain (Auguste), impr. et libr. à Paris (1768), 257 ; (1769), 931 ; (1770), III, 2526 ; (1771), 1034 ; (1772), 916 ; (1776), II, 1916, art. 10.
Delaleu, bibliophile : volumes ayant figuré à la vente de ses livres en 1775 : II, 1074 ; IV, 2755.
Delamare : manuscrit lui ayant appartenu, IV, 2800.
Delamence. dessin., 250, 251, III. 2310.
Delangle (N.), libr. à Paris, publie avec Charles Nodier une *Collection de petits classiques français* (1825-26), II, 1919 ; — publie les *Poésies* de Ch. Nodier (1827), II, 1919 B, art. 2 ; — publie les *Poésies* de Mme Désormery (1828), II, 1919 B, art. 3.
Delangle frères, libr. à Paris (1827-1828), II, 1919, B, art. 2 et 3 ; (1830), II, 1821.
Delannoy (Ferd.), dessin., 1014.
Delaroche (Paul), peintre, 271 ; II, 1349.
Delaroue, administrateur de la *Gazette* (1791), IV, 3153, p. 547.
Delarue (Le P.). Voy. La Rue.
Delas (Léger), impr. à Paris (1597), 762.
De Later (J.), ou Laeter, grav., 12.
Delatour (Louis-Denis), impr à Paris (1732), 126 ; II, 1976. — Marie-Anne Mérigot, sa veuve (1738), 325 ; (1758), II, 1998.
Delatour (Louis-François), libr. à Paris (1757), 163 ; III, 2496.
De Lattre (Arnould), joue dans la *Passion* de Valenciennes (1547), IV, 3010, p. 376.
De Lattre (Jean), joue dans la *Passion* de Valenciennes (1547), IV, 3010, p. 376.
Delaulne (Les), libr. à Paris (1698), II, 1735. — A cette date exerçaient : les veuves de Nicolas et de Pierre Delaulne, Léon Delaulne, Jean Delaulne, François Delaulne, Florentin Delaulne et Pierre III Delaulne.
Delaulne (Florentin), libr., puis impr. à Paris (1717), II, 1674, 1674 *bis* ; (1718), II, 1859, 1860 ; (1719), III, 2499. — Sa veuve (1724), III, 2499 ; (1725), 143.
Delaunay, grav. Voy. Launay.
Delaunay, libr. à Paris (1829), II, 1930.
Delaunay-Vallée, libr. à Paris, associé de Mame (1830), II, 1360, 1587.
Delauney : on lui attribue l'*Histoire d'un pou françois* (1781), II, 1820.

Delaunois, impr. en taille-douce à Paris (1834), 271.
Delavigne: son fils, Casimir Delavigne, lui dédie *Le Paria* (1821), II, 1344.
Delavigne (Casimir): *Trois Messéniennes* (1818), 862. — *Nouvelles Messéniennes* (1822), 863. — *Sept Messéniennes nouvelles* (1827), 864. — *Les Vêpres siciliennes* (1819), II, 1343. — *Le Paria* (1821), II, 1344. — *L'Ecole des vieillards* (1823), II, 1345. — *La princesse Aurélie* (1828), 1346; — *Marino Faliero* (1829), 1347; — *Louis XI* (1832), 1348; — *Les Enfans d'Édouard* (1833), 1349; — *Don Juan d'Autriche* (1836), 1350; — *Une Famille au temps de Luther* (1836), 1351; — *La Popularité* (1839), 1352; — *La Fille du Cid* (1840), 1353; — *Le Conseiller rapporteur* (1841), 1354.
Del Bene (Alphonse), abbé de Hautecombe: J. Passerat lui dédie son *Hymne de la paix* (1563), 714.
Del Bene (Barthélemy), évêque d'Agen: lettre à lui adressée par Ramgouze (1649), II, 1879.
Del Bene (Françoys): Bapt. de Barlemont lui dédie le *Coronnement de Petrarque*, traduit de Senuccio Del Bene (1565), IV, 2997.
Del Bene (Jeanne): son épitaphe par Sc. de Sainte-Marthe (1600), IV, 2921.
Del Bene (Pierre): *Tombeau d'Elisabeth de France* (1569), 814. — Sonnet à Flaminio de Biragne (1585), IV, 2939. — Vers à lui adressés par Jean Doral (1586), IV, 2789. — Sonnets sur la mort de Ronsard (1586), IV, 2889. — Sonnets en tête et à la fin de *La seconde Sepmaine* de Du Bartas (1589), V. 3270.
Del Bene (Senuccio): *Coronement de Françoys Petrarque*, traduit en françois (1565), IV, 2997.
Del Bianco (Gio. Francesco): vers dans les *Trionfi, Carri, ecc.* (1559), 1028.
Delcambre (H.), impr. à Paris (1857), II, 1658.
Del Carreto (Fabrizio), grand maître de Rhodes: Jakob Mandel lui dédie une relation ecclésiastique (1518), IV, 3136.
De Leenheere (Jacques): inscription dans un album (1600), V, 3370, p. 164.
Deleyre (Alexandre): *Le Génie de Montesquieu* (1758), II, 1864.
Delespine (Charles-Jean-Baptiste), impr. à Paris (1747), III, 2408.
Delespine (Jean-Baptiste), libr. à Paris (1705), 846.
Delessert (Benjamin): volumes lui ayant appartenu, 85; II, 1490.

Delessert-Bartholdy (Mme): volume lui ayant appartenu, V, 3212.
Delestrens (Jacques): vers à G. Roussat (1550), 211.
De Leuw (Denis), dit Rickel. Voy. Rickel.
Delez (Gabriel): pièces latines accompagnant l'*Itinéraire de Terre sainte* de Barthélemy de Salignac (1525), IV, 3090.
Delfino (Costantino), patron de navire, IV, 3091.
Delfino (Giovanni), capitaine de navire (1519), IV, 3089.
Delft (Gilles de), ou Delfus: *Versus Psalmorum penitentie* (v. 1500), IV, 2736.
Deliberation (La) *des Trois Estatz de France sur l'entreprinse des Angloys et Suysses* (v. 1513), IV, 2837.
Delicatesse (De la) (1671). Voy. Villars (N. de Montfaucon, abbé de).
Delices (Les) *et les Galanteries de l'Isle de France* (1709), II, 1691.
Delyen (J.), peintre, II, 2016.
Delignon (J.-L.), grav., II, 1287, 1305, 1576, 1676, 1909. Voy. Lignon.
Delio (Guillaume), cité par Guillaume de Poëtou (1565), III, 2605.
Delio (Hubert): son épitaphe par Guillaume de Poëtou (1565), III, 2605.
Delisle: vers à M. Adam Billaut (1644), 829.
Delisle (Guillaume), dresse les cartes qui accompagnent l'*Histoire des chevaliers hospitaliers de S. Jean de Jerusalem* de Vertot (1726), II, 2016. — Une carte de lui figure dans l'*Encyclopédie* (1777), III, 2523, p. 279.
Delisle (Léopold), cité, 561; V, 3221, 3225.
Delius (Claude): vers sur la Main d'Estienne Pasquier (1584, 1610), 737.
Della Casa (Giovanni): sonnet à lui adressé par N. Martelli (v. 1543), IV, 3000, p. 358. — Henri Estienne lui dédie son édition de Moschus (1556), 400.
Della Chiesa (Buonaventura): vers latins en tête des *Opera jocunda* de Giorgio Alione (1521), IV, 3058.
Della Maria: mélodie dans les *Chants et Chansons populaires de la France* (1843), 1014.
Dell'Anguillara (Giov. Andrea): son emblème (1562), IV, 3077.
Della Ripa (Alberto), joueur de luth, cité par Guy Le Fèvre de La Boderie (1578), IV, 3183.
Della Ripa (Isotta), lettre à Gio. Giorgio Trissino (1505), IV, 3078.
Della Rovere (Francesco Maria), duc

d'Urbin : son emblème (1562), IV, 3077.
Della Rovere (Giuliano). Voy. Jules II, pape.
Della Rovere (Guido Ubaldo), duc d'Urbino : lettre à Gio. Giorgio Trissino (1539), IV, 3078.
Della Saita (Francesco) : lettre relative à l'expédition de Joâo de Nova, 1502 (1508, 1521), II, 1950, 1951.
Della Scala. Voy. Scaliger.
Della Torre (Marcantonio), « Turrianus » : portrait dans les *Icones* de N. Reusner (1589), V, 3370.
Della Torre (Michele de' conti), lettre à Ciro Trissino (1550), IV, 3078, p. 162.
Delloye (H.-L.), associé de V. Lecou, libr. à Paris (1836), II, 1351 ; seul (1837), II, 1374 ; (1838), II, 1362 ; (1839), II, 1352 ; (1840), 876, 877. — Il édite les *Chants et Chansons populaires de la France* (1843), 1014.
Del Monte (Gio. Maria). Voy. Jules III, pape.
Dell' Ottonaio (Gio. Battista) : vers dans les *Trionfi, Carri, ecc.* (1559), 1028. — *Canzoni o vero Mascherate carnascialesche* (1560), 1028.
Dell' Ottonaio (Paolo), éditeur des *Canzoni o vero Mascherate carnascialesche* de son frère Gio. Battista (1560), 1028.
Delorme (Anatole), d'Orléans, bibliophile : volume lui ayant appartenu, IV, 3073.
Delormel (Pierre), impr. à Paris (1728), II, 1464.
Del Peirou de Bar : généalogie, III, 2495.
Del Prato (Pardolfo), « Prateius » : vers de lui dans les *Icones* de N. Reusner (1589), V, 3370, p. 162.
Del Sarto (Andrea) : portrait dans les *Icones* de N. Reusner (1589), V, 3370, p. 162. — Portrait dans *L'Europe illustre* (1765), III, 2506. — Sujet d'un drame de Musset (1850), II, 1385. Cf. 1376, 1377.
Deluge (L'effroyable) et Innondation arrivé en la ville de Brive la Gaillarde (1634), III, 2344.
Delvau (Alfred) : *Dictionnaire de la langue verte* (1867), 331.
Delvaux (R.), grav., 925, 928 ; II, 1305, 1474, 1670, 1676, 1909, 1914, 1916, art. 26 ; 2002.
Demay (P.), secrétaire du duc de Savoie (1572). Voy. May (P. de).
Demandes (Les) d'amours (v. 1490), II, 1830 ; (v. 1525), 1831 ; (v. 1540), 1832 ; (v. 1560), 812, art. 9 et 10.
Demandes joyeuses d'un amant à sa dame (v. 1560), 812, art. 13.
Demandes (Plusieurs) joyeuses en forme de quolibet (v. 1540), II, 1774.

Demandouls (Madeleine), victime de Gaufridy (1611), 118.
De Marot et Sagon les Treves (1537), III, 2594, art. 16.
Démétrius : sa Vie par Plutarque (1567), II, 1899. Cf. III, 2735.
De Meyer (Jean), de Gand : manuscrit lui ayant appartenu, IV, 2855.
De Meyere (Jacques) : hymnes traduites par Guy Le Fèvre de La Boderie (1578), IV, 2930.
Démocrite : *Epistolae* gr. (1499), II, 1873.
Démocrite, comédie (1700), II, 1293.
Democrito (Riso de), IV, 2999.
Dæmonologie (La) de Sorbonne la nouvelle (1709), III, 2251, p. 87.
Demonville, impr. et libr. à Paris (1771), III, 2485 ; (1804), II, 1767.
Demorenne (Claude). Voy. Morenne (Claude de).
Démosthène : Les *Philippiques*, traduites par Maucroy (1685), II, 1920. — Lettres en grec (1499), II, 1873. — Sa Vie par Plutarque (1567), II, 1899. Cf. III, 2735.
Demoustier (C. A.) : *Lettres à Émilie* (1809), II, 2002.
De Nain (Robert), libr. à Paris (1648), III, 2427.
Denesle : vers sur les conquêtes et la convalescence du roi (1745), 907.
Denet (Nicolas) ou Denets : vers sur la Main d'Estienne Pasquier (1584, 1610), 737. — Vers à Jean Bonnefons (1588), 756. — Vers à Gilles Durand, sieur de La Bergerie (1594), 757.
Deneuilly, libr. à Paris (1733-1736), III, 2487.
Deny (M.), grav., 228, 928.
Denyaut (Jacques) : vers latins à Jean Grisel (1594), 764 ; — à Jean Hays (1594), 763.
Deninville (Nicolas), libr. à Paris (1600), 802.
Denis, cité par Guillaume Du Peyrat (1593), IV, 2945.
Denis (Les demoiselles), citées par M. Guy, de Tours (1598), IV, 2948.
Denis, trompette (1671), IV, p. 608.
Denis (Ferdinand), cité, II, 1945.
Denis (Guillaume), commis de Michel Noiret, trompette juré à Paris (1571), IV, 3117, art. 1.
Denis (Jean), joue dans la *Passion* de Valenciennes (1547), IV, 3010, p. 375.
Denis (Nicolas), fonde une colonie au Brésil (1556), II, 1989.
Denys (Toussaint), libr. à Paris (1515), II, 2122.
Denise (Estienne), libr. à Paris (1558), III, 2147 ; IV, 2859.
Denise (Frère Nicolas) : *Sermon contenant l'excellence du pur et saint vierge Joseph* (v. 1510), IV, 3155.
Denisot (François) : Épigramme latine

à la fin du *Rabais du caquet de Fripelippes et de Marot* (1537), III, 2594, art. 6 ; (1539), 621, art. 8.

Denisot (Girard): vers dans le *Tombeau de Marguerite de Valois* (1551), 628.

Denisot (Nicolas), dit le conte d'Alsinois : épigramme latine à la fin du *Rabais du caquet de Fripelippes et de Marot* (1537), 2594, art. 6 ; (1539), 621, art. 8. — Grandis Ligulei lui adresse un rondeau, III, 2594, art. 19. — Il publie le *Tombeau de Marguerite de Valois* (1551), 628. — Épigramme latine à M.-A. de Muret (1552), II, 1069. — *Cantiques du premier advenement de Jesu-Christ* (1553), 1018 et *Additions*. — Vers à Olivier de Magny (1554), 659. — Sonnet en tête de *L'Hercule chrestien* de P. de Ronsard (1555), 672. — Il est peut-être l'auteur d'une partie des nouvelles publiées sous le nom de Bonaventure Des Perriers (1568), II, 1696. — Il est cité comme poète par Guy Le Fèvre de La Boderie (1578), IV, 3183.

Demet (J.), sieur de B. : sonnet en tête de *La pieuse Alouette* (1619), V, 3301.

Denombrement des places quittees sur la riviere de l'Isle (1587), III, 2194), p. 40.

Denon (Le baron Dominique Vivant) : romance de lui dans les *Chansons de La Borde* (1773), 1002. — Dessins, 916, 1002.

Denys : épîtres en grec (1498), II, 1873.

Dent (John) : volume lui ayant appartenu, IV, 2768.

Dentu (E.), libr. à Paris (1867), 331 ; (1874), II, 1665.

Dépée (E.), impr. à Sceaux (1836), II, 1822 ; (1838), II, 1634, 1715 ; (1839), II, 1619, 1822 ; (1840), II, 1597, 1635 ; (1846), II, 1625 ; (1847), 1626, 1651 ; (1848), II, 1602 ; (1853), II, 1663.

Deploration (La) de France sur la mort de Clement Marot (1544), 623.

Deploration de la France sur la mort de Claude de Lorraine, duc d'Aumale (1573), 788.

Deploration de la mort de feu Françoys de Valois (1547), IV, 2838.

Deploration (La) de la mort lamentable de Henry le Grand (1610), 890, art. 1.

Deploration et Complaincte de la mere Cardine (1570), IV, 2957.

De Potter (L.), libr. à Paris (1845), II, 1600, 1601.

De Profundis (Le) des amoureux (v. 1525), 545 ; (v. 1532), IV, 3177.

Derazes (Jean), seigneur de Verneuil, lieutenant général en Poitou (1660), 1025.

De Rekenare (Corneille), libr. à Gand (1582), III, 2398. — Il est peut-être l'auteur de la relation de l'*Entrée de François, duc d'Anjou, à Gand*, *ibid.* — Inscription dans un album (1599), V, 3372, p. 170.

Derly, grav., II, 1909.

Derome (J.-A.), relieur à Paris, 1028.

Derome le jeune, relieur à Paris, 33, 42, 125, 272, 843, 927, 1002 ; II, 1065, 1472, 1678, 1689, 1733, 2023 ; III, 2285, 2521 ; IV, 2755, 2781, 3100.

Derossantius (Andreas). Voy. Rossant (André de).

Deroute (La) de douze mille hommes hongrois (1619), III, 2420, art. 19.

Deroute (La derniere) du comte de Tilly (1625), III, 2420, art. 74.

Deroute (La) et l'Adieu des filles de joye de la ville et faubourgs de Paris (1668), II, 1689 ; (v. 1734), 1685 ; (1754), 1686.

Deroutte (La) generalle, et derniere Deffaicte des trouppes de l'armée imperialle, conduites par monsieur le duc de Lorraine (1634), III, 2420, art. 98.

Des Adrets (Le baron). Voy. Beaumont.

Des Aimars (Antoine Escalin), baron de La Garde, dit le capitaine Polin : cité par Ch. Fontaine (1557), IV, 2877. — Vers à lui adressés par Du Bellay (1559), IV, 2896.

Desaint (Jean), libr. à Paris (1726), II, 2016 ; (1734), 348 ; — associé de Charles Saillant (1738), II, 2006 ; (1749), II, 2094 ; (1750-1758), II, 2006.

Desaint (Nicolas), libr. à Paris (1766), 71.

Des Airs aîné, chanteur et danseur (1653-1664), IV, p. 608.

Des Airs cadet, danseur (1656-1664), *ibid.*

Des Airs fils, en troisième (1659-1671), *ibid.*

Des Airs quatrième (1664), *ibid.*

Des Airs cinquième (1669), *ibid.*

Des Alès (Françoys), cité par Fr. Habert (1549), IV, 2868.

Des Alymes (René de Lucinge, sieur des). Voy. Lucinge.

Des Alleurs : *Oraison funebre de Marie Terese d'Austriche* (1684), 369, art. 4.

Des Arpens (Michel) : épître à Jehan Bouchet et réponse (1545), 511.

Des Arpentis : Robert Corbin lui dédie *Le Songe de la Piaffe* (1574), 734.

Des Arpentis (Mlle) : vers à elle adressés par Guill. Du Peyrat (1593), IV, 2945.

Desaugiers : mélodie dans les *Chansons* de Piis (1785), 1003. — *Le Terme d'un règne* (1815), 1005. — *Chansons* (1827), 1004. — Quatre pièces de lui dans les *Chants et Chansons populaires de la France* (1843), 1014.

Des Autels (Mlle), figure dans des ballets (1661-1662), IV, p. 608.

Des Autelz (Guillaume) : *Traité touchant l'ancien ortographe françois* (1548 ou 1549). cité, III, 2571. — *Repos de plus grand travail* (1550), 654. — Il est loué par Pontus de Tyard avec qui il échange des vers (1551), IV, 2908 ; (1555), 2909. — *Replique aux furieuses Defenses de Louis Meigret* (1551), III, 2572. — *Suite du Repos de plus grand travail* (1551), III, 2572. — Vers à lui adressés par Ch. Fontaine (1557), IV, 2877. — *Remonstrance au peuple françoys* (1559), 655 ; IV, 2882 ; V, 3252. — Vers à M.-Cl. de Buttet (1561), 707. — Ronsard lui dédie son *Élegie sur les troubles d'Amboise* (1563), 675. — Sonnet à P. de Ronsard (1567), 667. — Volume lui ayant appartenu, 597.

Des Avenelles (Albin) : *Le Remede d'amour*, translaté d'Eneas Silvius (v. 1515), IV, 3072.

Desbalditaeus. Voy. Esbaudit (d').

Des Bardins, héraut (1664), IV, p. 608.

Desbarreaux-Bernard (Le D^r), II, 1846. — Volumes lui ayant appartenu, 143, 201, 273, 310, 401, 437, 503, 519, 600, 647, 663, 741, 760, 778, 985, 1033 ; II, 1578, 1579, 1846, 1917 ; III, 2596 ; V, 3251.

Des Barres (Bénigne), sieur d'Espiry : vers en tête du *Dictionnaire des rimes* de Jean Le Fèvre (1588), 431.

Des Barres (Bernard) : vers en tête du *Dictionnaire des rimes* de Jean Le Fèvre (1588), 431.

Des Bas Chasteliers (Mlle), citée par M. Guy, de Tours (1598), IV, 2948.

Des Bledz, notaire imaginaire, II, 1775.

Desbordes (Henri), ou Bordesius, libr. à Amsterdam (1711), II, 1518 ; (1732), II, 1707.

Des Bordes (Jacques), libr. à Amsterdam (1720), II, 2034 ; (1734), II, 2079.

Desbrosses, musicien et danseur (1659-1671), IV, p. 608. — Il travaille avec Lulli aux *Festes de l'Amour et de Bacchus* (1672), IV, 3045.

Desbrugnières : son *Testament* (1788), III, 2296.

Des Buats (Jacques), vicomte de Falaise : vers à lui dédiés par Ch. Toutain (1557), II, 1089.

Des Buttes, ancien caissier de la marine, dénoncé comme voleur (1707), IV, 3074.

Descamps-Scrive, publie *Les Trophées* de J.-M. de Heredia (1907), IV, 2970.

Des Cars, cité dans les pièces jointes au *Vergier d'honneur*, 479.

Des Cars (de Peyrusse, comte) : vers à lui adressés par Joachim Blanchon (1583), IV, 2938.

Des Cars (Anne de Peyrusse), cardinal de Givry (1557), IV, 2877.

Des Cars (Charles), baron d'Eixe, cité par Est. Forcadel (1579), IV, 2879.

Des Cars (Jean), seigneur de La Vauguyon, prince de Carancy : Arnauld Sorbin lui dédie l'*Oraison funebre de S. Maigrin*, 1578, 343.

Descartes (René) : *Discours de la methode* (1637), 129. — Son système des tourbillons est résumé par Fontenelle (1686), V, 3217. — Épigramme sur lui par Baraton (1705), 846.

Des Caurres (Jean), ou Caurreus : vers à lui adressés par J.-Éd. Du Monin (1583), V, 3272. — Vers à La Croix du Maine (1584), III, 2515. — Il est cité par Jean Dorat (1586), IV, 2789.

De Sceppere (Corneille), réimprime le *Commentarium* d'Etrobius (1554), III, 2416.

De Sceppere (Jacques) : *Voluptatis ac Virtutis Pugna* (1546), II, 1068, art. 3.

Des Certeaux (La marquise), nourrice de Louis XIV, II, 1691.

Des Chachastes, dame de Narbonne, complice d'un assassinat (1611), 116, 117.

Des Champs : généalogie, III, 2495.

Des Champs, chanteur (1669-1671), IV, p. 608.

Deschamps (Émile) : vers de lui dans *Le Parnasse satyrique du XIXe siècle*, 962.

Des Champs (Eustache Morel, dit) : *Lay de complainte pour les guerres*, ms., IV, 2796, art. 5. — *Ballades*, 561 ; III, 2562, art. 60 ; IV, 2796, art. 4 ; 2799, p. 106.

Des Champs (Hector), impr. à Paris (v. 1500), 61.

Des Champs des Tournelles (Louis) : volumes lui ayant appartenu, II, 1764.

Des Chasses, cité par M. Guy, de Tours (1598), IV, 2948.

Deschiffrement d'une lettre escritte par le commandeur Moreo au roy d'Espaigne (1590), cité, III, 2231.

De Schrijver (Corneille), dit Grapheus : *La tresadmirable Entree du treshault... prince Philipes*,

prince d'Espaigne, en la ville d'Anvers (1550), III, 2376.
De Schrijver (Jan), dit Grapheus, impr. à Anvers (1546), II, 1068, art. 1.
De Schrijver (Samuel), « Grapheus » : inscription dans un album (1598), V, 3372, p. 170.
Des Combes (Achille), dit Decombius, cité par Nicolas Bourbon (1538), IV, 2788.
Desconfiture (La) des huguenots en l'entreprinse qu'ils avoient dressé contre... Dampmartin (1590), III, 2241, art. 6.
Desconforté (Le), surnom poétique d'Antoine Prévost (1539), V, 3249.
Des Cornes (Pierre), ou de Cornibus : *Epitaphia* (1542), III, 2575.
Des Couteaux (Philibert?) ou Descouteaux père, flûtiste (1659-1671), IV, 608.
Des Couteaux, fils, fifre (1661-1671 ?), IV, 609.
Des Coutures (Simon), président à Limoges : vers à lui adressés par Joachim Blanchon (1583), IV, 2938.
Descouverture (La) du style impudique des courtizannes de Normandie (1618), II, 1797, art. 12.
Descry des angelotz, ducatz à la marionette... (1566), III, 2546, art. 5.
Descry des florins d'or et dalles d'argent nouvellement forgez es païs bas de Flandres (1567), III, 2546, art. 6.
Descry des nouueaulx escuz forgez es païs du duc de Savoye (1568), III, 2546, art. 7.
Descriptio apparatus bellici regis Franciæ Karoli (1495), III, 2653.
Description d'amour par dialogue (1551), IV, 2951.
Description de la nature d'amours (v. 1560), 812, art. 4.
Description de l'assiette, maison et marquisat d'Havré (1606), IV, 3196.
Description (La) de la superbe et imaginaire entrée faicte à la royne Gillette passant à Venise (1582), II, 1797, art. 2 ; (1614), 1796, art. 16.
Description de l'empire du Prete-Jean (1674), II, 1923.
Description de l'isle de la Jamaïque (1674), II, 1923.
Description de l'isle de Saint Christophe (1674), II, 1923.
Description de l'isle des Hermaphrodites, 1605 (1744), III, 2188, t. IV.
Description des appareilz, arcs triumphaux, figures et portraictz dressez en l'honneur du roy (1571), 786.
Description (La totale et vraie) de tous les passaiges... par lesquelz on peut passer... es Ytalies (1515), II, 2122.

Description de tous potentats... lesquelz ont esté au couronnement de Maximilian, roy des Romains, à Francfort (1563), III, 2419.
Description du Ballet de Madame (1615), II, 1448.
Description (La) du politicque (1588), 794.
Description (La) et Ordre du camp [du drap d'or] (1520), III, 2662.
Description géographique de la Guyane (1763), II, 1995.
Description poétique de l'histoire du beau Narcissus (1550), 649.
Descrittione della pompa funerale fatta in Brussella a li 29 di dicembre 1558, citée, III, 2418, *Additions*.
Descros (Frédéric) : sonnet à Jos. Du Chesne, sieur de La Violette (1584), IV, 3026.
Des Deux Fontaines (Mme) : vers à elle adressés par Christofle de Beaujeu (1589), IV, 2942.
Des Eaux (Mme), de Bourges (1549), IV, 2868.
Deselles (Estienne) : *Observations mathematiques du nombre de quatorze, tant sur la naissance, mort et principalles actions de feu Henry le grand...* (1611), III, 2261.
Desenne, dessin., 433, 925 ; II, 1180, 1288, 1909.
Deseperation (La grande merveilleuse) des usuriers (v. 1540), 546.
Desespoir (Le) amoureux, avec les nouvelles Visions de Don Quichotte (1714), II, 1753.
Des Flottes : vers à lui adressés par Joachim Blanchon (1583), IV, 2938.
Des Fontaines, gentilhomme provençal, paraît être l'auteur de l'*Entretien des bonnes compagnies* (1644), II, 1826. — Vers à Me Adam Billaut (1644), 829.
Desfontaines, dessin., IV, 3167.
Des Fontaines (L'abbé P.-Fr. Guyot : *Histoire de D. Juan de Portugal* (1724), III, 2444. — *Voyages de Gulliver*, [traduits de l'anglais, de Swift] (1727), II, 1761 — (1770), 1762 ; — *Le nouveau Gulliver* (1730), 1763. — *Racine vengé* (1739), II, 1272 ; (1750), II, 1245. — Il revoit la traduction de l'*Histoire romaine* de L. Echard (1744), II, 2082.
Des Forges, danseur (1671), IV, p. 609.
Desfossez (Le P. Archange) : *Lettre des peres capucins nouuellement establis en la ville de Constantinople* (1627), III, 2479.
Des Fresnes (Jehan), compose des vers pour le *Puy du souverain amour* (1543), 804.
Des Fronteaux (Mlle), chanteuse (1668-1671), IV, p. 609.

Des Gallars (Daniel) : vers à lui adressés par Pierre Enoc (1572), IV, 2927.
Des Gallars (Nicolas) : *Pro G. Farello... Defensio* (1545), 86. — Il approuve la condamnation de Servet (1554), 85.
Desgerantins, dessin., III, 2523.
Des Gois (Antoine), imprimeur à Anvers, traducteur de *La vraye... Narration et Recit du faict de question entre Charles V., empereur, et Guillame, duc de Cleves* (1541), III, 2722. — P. Campson, dit Philicinus, lui dédie son *De Clade Hannoniae* (1543), *ibid.* — Volumes imprimés par lui (1541), IV, 2737 ; (1543), cité, IV, 2748.
Des Gouttes (Florimond), dit Guttanus, cité (1538), IV, 2788.
Des Gouttes (Jean), dit Gutta ou Guttanus, cité par Nic. Bourbon (1538), IV, 2788. — Vers sur Claude Dolet (1540), 634. — Vers à lui adressés par Ch. Fontaine (1548), IV, 2876.
Des Granges, danse dans un ballet (1670), IV, p. 609.
Des Greffins, avocat, cité par Guy Le Fèvre de La Boderie (1579), IV, 2930.
Des Hasotes, gentilhomme de Narbonne, condamné comme assassin (1611), 116, 117.
Des Hayes (Guillaume) : sa naissance en 1538, IV, 2855, p. 194.
Des Hayes (Louis), baron de Boisguéroult, m. en 1557, IV, 2855, p. 194.
Des Hayes (Marguerite) : sa naissance en 1537, IV, 2855, p. 194.
Des Hayes (Philippe) : sa naissance en 1536, IV, 2855, p. 194.
Des Hayes (Pierre I*r*), libr. à Paris (1574), 742 ; III, 2449 ; (1588), III, 2221, art. 15 ; (1589), III, 2241, art. 2.
Des Hayes (Pierre II), libr. à Paris (1620), III, 2420, art. 25 ; (1629), III, 2405, art. 18 et 19 ; (1631), III, 2420, art. 89 ; (1648), 830.
Des Hazards (Hugues), évêque et comte de Toul (1507-1517) : épître à lui adressée par Pierre de Blarru (1517), IV, 2781, p. 65.
Des Hommetz, compose des vers pour le *Puy du souverain amour* (1543), 804.
Des Houlières (Antoinette Du Ligier de La Garde, dame). Voy. *Recueil de pieces curieuses* (1694-1696), III, 2632. — Son *Triomphe*, par M*lle* L'Héritier (1696), II, 1734. — Vers à sa mémoire par Baraton (1705), 846. — *Œuvres choisies* (1795), 845.
Desiré (Artus) : *Le Miroër des Francz Taulpins* (1547, n. s.), V, 3253. —
Contrepoison des cinquante deux chansons de Cl. Marot (1561), V, 3204. — Vers en tête du *Dictionnaire des rimes* de Jean Le Fèvre (1588), 431.
Des Yveteaux (Nicolas Vauquelin, sieur). Voy. Vauquelin.
Desjardins, grav., 1014.
Des Landes, contresigne un privilège (1508), V, 3313, 3314.
Deslandes : sonnet à N. Frénicle (1629), 824.
Des Landes (Laurent) : épitaphe (1549), IV, 2868.
Des Lauriers, dit Bruscambille. Voy. Bruscambille.
Deslyons (Jean) : *Oraison funebre de Diane Henriette de Budos, duchesse de Saint Simon* (1671), 359.
Desm... (S. A.) : sonnet à B. Badère (1588), V, 3276.
Desmahis (Joseph-Franç.-Édouard de Corsembleu), collabore à l'*Encyclopédie* (1751-1761), III, 2523, p. 280.
Des Maizeaux : *Vie de Saint-Évremond* (1709), II, 1911.
Des Marais, dit Paludanus, cité par Nic. Bourbon (1538), IV, 2788.
Desmarais, dessin., III, 2524.
Desmares, financier dénoncé comme voleur (1707), IV, 3074.
Desmaretz, dessin., 386.
Des Maretz (Christoflin Havelois, dit), de Valenciennes (1547). Voy. Havelois.
Des Maretz (Jean), « Paludius » : inscription dans un album (1598), V, 3370, p. 164.
Des Maretz (Nicolas), joue dans la *Passion* de Valenciennes (1547), IV, 3010, p. 375.
Desmarest (Nicolas), collabore à l'*Encyclopédie* (1751-1777), III, 2523, p. 280.
Desmarets de Saint-Sorlin : *Mirame* (1642), II, 1117.
Des Marins (Bertrand), de Masan : ballades copiées par lui, IV, 2799, pp. 106 et 107.
Des Marquetz (Anne). Voy. Marquetz (Anne de).
Desmartins, violoniste et danseur (1669-1671), IV, p. 609.
Des Masures (Louis), loué par Pontus de Tyard (1551), IV, 2908. — *Œuvres poétiques* (1557), 657. — Vers à Ch. Fontaine (1557), IV, 2877. — Vers à lui adressés par Joachim Du Bellay (1559), IV, 2896. — Traduction de l'*Énéïde* de Virgile (1560), 406. — *Babylone, ou la Ruine de la grande cité et du regne de la grande paillarde babylonienne*, sous le nom de L. Palercée (1563), 98, art. 8, et *Additions*. — *Epistre*

à M**me** la duchesse de Lorraine (1564), IV, 2883. — *Bergerie spirituelle* (1566), II, 1090. — *Eclogue spirituelle sur l'enfance de monseigneur Henri, marquis du Pont* (1566), II, 1091. — Il ne se confond probablement pas avec M. Philone (1583, 1586), II, 1092, 1093.
Des Méranges (Nicolas Chanorrier, dit). Voy. Chanorrier.
De Smet (Bonaventure), dit Vulcanius : vers de lui dans les *Icones* de N. Reusner (1589), V, 3370, p. 160.
Des Michels de Champorcin : généalogie, III, 2495.
Des Minières (Jehan), compose des vers pour le *Puy du souverain amour* (1543), 804.
Des Mireurs (Pierre) : vers à P. de Ronsard (1550), 670. — Vers dans le *Tombeau de Marguerite de Valois* (1551), 628. — Sa devise se retrouve en 1575 dans *Les Efforts et Assauts donnez à Lusignen*, V, 3284.
Des Moëlles (Jacques), joue dans la *Passion* de Valenciennes et dresse le plan du théâtre (1547), IV, 3010, pp. 375, 377.
Des Montagnes (Victor), curé de Saint-Eusèbe : *Lettre au P. Segueran, jesuite* (1632), IV, 3153, p. 530.
Des Montilz (Michel), cité par Nicolas Bourbon (1538), IV, 2788.
Des Monts : vers à lui adressés par Joachim Blanchon (1583), IV, 2938.
Des Moulins (Laurens) : *Deploration de la royne de France* (1514), IV, 2827. Cf. 2734, p. 72. — *Le Depucelage de la ville de Tournay*, cité, IV, 2784, p. 72. — *Le Catholicon des maladvisez*, cité, IV, 2784, p. 72. — *L'Honneur des nobles*, cité, 137.
Desmoutiers : une pièce de lui dans les *Chants et Chansons populaires de la France* (1843), 1014.
Des Noyers, musicien et danseur (1635-1671), IV, p. 609.
Des Œillets (Alix Faviole, dite M**lle**), actrice (1664), IV, p. 609.
Desolation (La) des freres de robe grise (1563), 98, art. 2.
Desonets, danseur (1661-1664), IV, p. 609.
Desordres de la bassette (1682), II, 1542.
Desorgues : une pièce de lui dans les *Chants et Chansons populaires de la France* (1843), 1014.
Desormeaux : *Histoire de la maison de Bourbon*. Dessins et gravures pour cet ouvrage, 238.
Desormery (Eveline) : *Poésies* (1828), II, 1919 B, art. 3.

Des Osres (Jherome). Voy. Osorio.
Despay, dessin., III, 2347.
Despeche (La) du postillon, faicte par le comte de Bucquoy, pour chercher le palatin (1621), III, 2420, art. 49.
Despautere (Jean) : épitaphe par J.-Éd. Du Monin (1583), V, 3272.
Despense (La) que l'on peult faire par chascun jour (v. 1525), 580.
Des Periers (Bonaventure) : *Dizain de trois disciples de Marot* (1537), III, 2594, art. 2. — Il est cité, *ibid.*, art. 4. — Il compose des vers pour *Les Disciples et Amys de Marot* (1537), 2594, art. 8 ; (1539), 621, art. 11. — *La Prognostication des prognostications* (1537), III, 2594, art. 11. — *OEuvres* (1544), 625. — Chanson insérée dans les *OEuvres* de Mellin de Saint-Gelais (1547), 629, art. 9. — *Nouvelles Recreations* (1558), II, 1696. — Deux nouvelles de lui dans le *Tombeau de la Melancholie* (1634, 1639), II, 1810, 1811. — Neuf de ses contes sont copiés par Verboquet (1640), II, 1705.
Despilly (Jean-Baptiste), libr. à Paris (1765), III, 2310.
Despinois : mélodie dans les *Chants et Chansons populaires de la France* (1843), 1014.
Desplaces, grav., 255.
Des Planches (Jean), impr. à Dijon : vers en tête du *Dictionnaire des rimes* de Jean Le Fèvre (1588), 431. — Impression de lui (1589), 1024.
Des Planques (Pierre), cité par Guillaume de Poëtou (1565), III, 2605.
Des Portes (Philippe) : épitaphe d'Anne de Montmorency (1567, 1568), IV, 2966, art. 20 ; 2967, 3197, p. 589. — Pièces diverses, IV, 3197. — Sonnet sur la mort de Jacques de La Chastre (1569), IV, 2791. — Vers dans le *Tumbeau de Gilles Bourdin* (1570), 815. — Chansons (1575), IV, 2994, art. 8 et 56 ; V, 3296. — Huit chansons jointes au recueil de Daniel Drouin (1575), 985. — Vers en tête de la *Bergerie* de Remi Belleau (1575, 1585), 690 ; III, 2304. — Vers dans le *Tumulus R. Bellaquei* (1577), 695. — Il est cité par Guy Le Fèvre de La Boderie (1578), IV, 3183. — Vers à lui adressés par Joachim Blanchon (1583), IV, 2938. — J.-Éd. Du Monin lui dédie *L'Uranologie* (1583), V, 3272. — Jacques Davy du Perron lui dédie l'*Oraison funebre de Ronsard* (1586), V, 3231. — Robert Garnier lui dédie une élégie sur la mort de Ronsard (1586), IV, 2889. — Il est cité par Jean Dorat (1588), IV, 2789. — Leber lui attribue la pièce intitulée *Du Coq à l'asne* (1589), 795. — Ode

sur le plaisir de la vie rustique (v. 1590), IV, 3184. — Vers échangés avec Guillaume Du Peyrat (1593), IV, 2945. — Vers dans le *Nouveau Recueil de plusieurs chansons* (1597), III, 2616. — *Premieres Œuvres* (1600), 740. — *Stances à Christophe de Gamon* (1600), V, 3279. — Vers à lui adressés par Sc. de Sainte-Marthe (1600), IV, 2931. — *Poësies chrestiennes* (1603), V, 3206. — *Prieres et Meditations chrestiennes* (1603), V, 3206. — *Les Pseaumes mis en vers françois* (1604), V, 3206. — Vers dans le *Tombeau de Passerat* (1606), 713. — Vers à lui adressés par S. G., sieur de La Roque (1609), IV, 2943. — Vers à lui adressés par Nicolas Rapin (1610), IV, 2944. — Vers dans *Les Marguerites poëtiques* d'Esprit Aubert (1613), 816. — Manuscrit paraissant lui avoir appartenu, IV, 2965.

Despréaux (Jean Étienne) : une pièce de lui dans les *Chants et Chansons populaires de la France* (1843), 1014.

Des Prez, capitaine des enfants de Paris : vers à Guy Le Fèvre de La Boderie et vers à lui adressés (1578-79), IV, 2930.

Desprez, grav., III, 2523.

Des Preyz (Jehan), impr. à Langres (1596), 294.

Desprez (Guillaume), libr. à Paris (1662), 130 ; (1670), 79, 80 ; (1671), 359 ; (1672), 363, 364, art. 2 ; (1690), 59.

Desprez (Guillaume II), impr. et libr. à Paris (1725), III, 2315 ; (1743), 241.

Desprez (Guillaume-Nicolas), impr. et libr. à Paris (1765), III, 2310.

Des Prez (Nicolas), impr. à Paris (1513), 421, art. 3 ; 450, *Additions*.

Des Prunes, mari malheureux (1535), 805.

Desq : volume lui ayant appartenu, 635.

Desrais, dessin., 242, 928.

Desrey (Pierre), revoit le texte de *La Grant Danse Macabré*, 541. — *Chronique de Charles VIII* (1572), II, 2098.

Desrochers (F.), grav., III, 2524.

Des Roches (Le chevalier), navigateur (1629), II, 1945. — Il figure dans un ballet (1635), IV, p. 609.

Des Roches (Mesdames), mère et fille : *Œuvres* (1578), 744. — Guy Le Fèvre de La Boderie parle d'elles (1579), IV, 2930. — Jacques Pelletier leur dédie la *Louange des trois Graces* (1581), 701.

Des Roches (Catherine) : vers à Mme Des Roches, sa mère (1582, 1610), 737. — Sonnet à Flaminio de Birague (1585), IV, 2939. — Vers à elle adressés par Nic. Rapin (1610), IV, 2944.

Des Roches (Madeleine Neveu, dame) : quatrain à C.-J. de Guersens (1571), IV, 3022. — *La Puce* (1582, 1610), 737, p. 505. — J.-Éd. Du Monin lui dédie des vers dont tous les mots commencent par P (1583), V, 3272. — Elle est citée par Sc. de Sainte-Marthe (1600), IV, 2921.

Des Roches (Simone), veuve de Jehan de Gretz (1547), IV, 2855, p. 194.

Des Ruaux : généalogie, III, 2495.

Dessins de costumes pour l'Opéra (1739-1767), II, 1462.

Dessins (Trois) de costumes pour une fête donnée par Louis XIV, II, 1461.

Dessins originaux et Croquis d'habillements, mascarades, scènes et décorations de théâtre, etc. du xviiie au xviiie siècle, II, 1460.

Destailleur (Hippolyte), cité, 248, 257. — Volumes lui ayant appartenu, III, 2537, 2542, 2567, 2591, 2597, 2701 ; IV, 3114, 3117 ; V, 3250.

Destains : Additions aux *Mille et une Nuits* (1822), V, 3324.

Destinée d'Echo ou Chant nuptial sur le mariage du roy (1600), III, 2610.

Destouches, musicien (1659-1671), IV, p. 609.

Destouches (Philippe Néricault) : *Le Curieux impertinent* (1711), II, 1306. — Cette comédie est tirée de *Don Quichotte*, II, 1749. — *L'Ingrat* (1712), II, 1307. — *L'Irresolu* (1713), 1308. — *Le Medisant* (1715), 1309, 1310. — *Le triple Mariage* (1716), 1311. — *L'Obstacle impreveû* (1718), 1312. — *Le Glorieux* (1732), 1313. — *Le Dissipateur* (1736), 1314. — *La belle Orgueilleuse* (1741), 1315. — *La Force du naturel* (1750), 1316. — *Discours académique* (1744), 391. — Vers sur les conquêtes et la convalescence du roi (1745), 907. — Lettres autographes à Mme de Graffigny (1750), IV, 3083. — *Œuvres dramatiques* (1757), II, 1304 ; (1822), 1305.

Destruction (La) de Jerusalem (v. 1478), II, 1494.

Destruction (La) des taverniers brouilleurs de vins, 530.

Destruction (La grant) de Troye (en prose) (v. 1510), IV, 3061.

Destruction (La) de Troye la grant abregee (v. 1490), IV, 3175.

Destruction (La) de Troye la grant par personnaiges (v. 1520), IV, 3014.

Des Undes (Mlle) : vers à elle adressés par Bérenger de La Tour (1551), V, 3254.

Des Ursins (Anne-Marie de La Trémoille, princesse) : lettres à elle adressées par Mme de Maintenon (1756), II, 1895.

Des Vallées (Antoine): anagrammatismes à la suite des œuvres d'Ausone (1590), IV, 3169, p. 564.
Des Vaux : vers à Thomas Sonnet, sieur de Courval (1621), 938.
Desvelois, chanteur (1669-1671), IV, p. 609.
Des Vignes, notaire imaginaire, II, 1775.
Devacurtius. Voy. Lénoncourt.
De Veer (Gerrit), dit Gerard Le Ver ou de Vera : *Trois Navigations admirables faictes par les Hollandois et Zelandois au septentrion* (1599), II, 1962.
Deventer. Imprimeurs. Voy. Borne (Thierry de), v. 1509. Breda (Jean de), v. 1500. Pafraet (Richard), 1499, 1501.
Devéria (Achille), peintre et dessin., 870 ; II, 1072, 1520, 1605, 1909, 1913.
— H. de Balzac lui dédie *Honorine* (1845), II, 1600. — Album lui ayant appartenu, V, 3367.
Devic (Dom Claude) : *Histoire generale de Languedoc* (1730-1733), III, 2347.
Devienne : mélodie dans les *Chants et Chansons populaires de la France* (1843), 1014.
Devilly, libr. à Metz (1789), II, 2075.
Devilliers jeune, grav., 433, II, 1180.
Devin. Voy. *Recueil de pieces curieuses* (1694-1696), III, 2632.
Devis (Les amoureux) (v. 1560), 812, art. 5.
Devises et Anagrammes :
Acuerdo olvido, Nicolas de Herberay, seigneur des Essarts (1559), V, 3574.
Ad astra per aspera virtus, Pierre Baillet, libr. à Paris (1631), II, 2085.
Ad coelum volito ut in Deo quiescam, Claude Le Villain, libr. à Rouen (1615), II, 1876.
Adnitendum intrare volenti, Jean de Lorme (1572), IV, 3181.
Adversis duro, Antoine Constantin, libr. à Lyon (1544), 635.
Adversis ventis et undis, le chevalier Orologgi (1562), IV, 3077.
Ad verum iter te maxima servo, Giovanni Grimani, patriarche d'Aquilée (1562), IV, 3077.
A espoir en Dieu, Jehan Lambert, impr. à Paris (1493), 469.
Agam sola virtute beatus, B. Tagault, 665.
Ἀγαθῇ Τύχη, Françoys Juste, impr. à Lyon (1534-1535), IV, 3063.
Ἀγαθῇ ξὺν Θεῷ Τύχη, Françoys Juste, impr. à Lyon (1534-1536), 597, 600, 602.
A l'aventure, Denis Rocé, libr. à Paris (v. 1500), 421, art. 5.

Albus intus ut in cute, Jean Blanchet, impr. à Poitiers, et son successeur, Julian Thoreau (1613-1614), II, 1106.
Alcofribas Nasier = François Rabelais (v. 1533), II, 1508, 1509, 1512.
Alcripe (Philippe d'), sieur de Neri en Verbos = Philippe Le Picard, sieur de Rien en bourse, II, 1704.
A lieu et temps, Alfonso Iᵉʳ d'Este (1562), IV, 3077.
A l'immortalité, l'Académie française, 329.
Alphutic (Jacques) de Merandonie en Tomnois = Jacques Chipault de Dannemarie en Montois (1561), 778, *Additions*; III, 2609.
Altiora, Luigi d'Este, cardinal (1562), IV, 3077.
Amat libraria curam, A. Moetjens, libr. à La Haye (1700), III, 2632.
Amé de moult je soye = Aimé de Montgesoie (v. 1450), IV, 2797, art. 1.
Amitié par vertu, J. V. Barbotière (1579), 746.
Amor Dei omnia vincit, Denys Janot, impr. à Paris (v. 1530), 639 ; V, 3327.
Amor nobis haec otia fecit, Jean d'Intras (1609), II, 1526.
Amor noster ut flos transiet [sic], Denis Janot, impr. à Paris (1540), V, 3327.
Amore ben ly custode ; liga non pò, IV, 3197, p. 590.
Amour immortelle, Pontus de Tyard (1573), 698 ; IV, 2908.
Amour ou mort, M. de L'Aigle, 292.
Amour secrette victorieuse, un inconnu (v. 1554), 702.
Ἀνάγκη, Paolo Giovio (1562), IV, 3077.
An grace mere de fruit = Marguerite de France (1556), IV, 2910.
Ἀπλανός, Anne de Montmorency (1562), IV, 3077.
Après la guerre vient paix, *Dialogue nouveau* (1544), IV, 3019.
Arbre d'arbrisseau, Charles de Navières (1580), V, 3205.
Ardet amans spe nixa fides, Guillaume Desprez, impr. et libr. à Paris (1725), III, 2315.
Art donné des arts = André de Rossant (1584), III, 2515.
Arte, Marte, Sorte, Christofle de Beaujeu (1588), IV, 2942.
As a far fasses, Martin le Vieux, roi d'Aragon, III, 2529, p. 327.
Aspicit unam, Sinibaldo, comte Fiesco (1562), IV, 3077.
Ateindre à ce bonheur = Catherine Brondeau (?) (1557), IV, 2877.

A toy le cœur; aux autres la parolle, IV, 3197, p. 590.
Audaces Fortuna juvat, Jean Richer, impr. à Paris (1588), II, 1713.
Audaces Fortuna juvat timidosque repellit, Laurent Hilaire, impr. à Lyon (1521-1530), IV, 3164.
A un seul Dieu honneur et gloire, Louis Meigret, III, 2571.
Au point il poind, Estienne Valancier, IV, 2922.
Aut cum hoc, aut in hoc (avec un bouclier), Hernando de Ávalos, marquis de Pescara (1562), IV, 3077.
Avec le temps, François de Vernassal (1549), III, 2486.
Avec le temps, Nicolas Natey de La Fontaine (1571), 785.
Βάλλ'οὕτως, Alessandro Farnese, cardinal (1562), IV, 3077.
Bati lieu d'honneur = Anthoine Du Breuil (1588), III, 2304 ; (1609), 956.
Bello pax comes est, Dialogue nouveau (1544), IV, 3019.
Bona fide, Pierre Billaine, libr. à Paris (1624), II, 1867.
Bona salus induras, P. Amadis, d'Auch (1568), II, 2028, 2029.
Brisant le sort = Roland Brisset (1599), II, 1522.
Car il est nay rare Phebus = Charles Bauter, Parisien (1605), II, 1101.
Ce herault en Paris brave = Charles B[auter], Parisien (1600), 802.
Ce que Dieu touche ard, Jean Touchard (1572), IV, 3180.
Certum in incerto, Ghisbert Liévin (1570), IV, 3010, p. 368.
Chiere priere, devise inscrite sur un livre d'heures du XVᵉ siècle, III, 2532.
Civis in utrumque paratus, Jean Citoys (1557), IV, 2877.
Clamer mon Dieu, Marie Du Moncel (1543), 804.
Clarus vates orbis, anagr. de Carolus Bauterus (1605), II, 1101.
Coelo Musa beat, Joachim Du Bellay, 628, 671 ; IV, 2901 ; V, 3317.
Coelo Musa beat, poète inconnu (1590), 628.
Caelum non solum, Jean-Pierre de Mesmes (1550), 671.
Collaudat validas Fortuna mentes, personnage inconnu, IV, 3197, p. 590.
Collet a collet, Claude Colet, 651.
Cominus et eminus, Louis XII, IV, 3077.
Concordia res parvae crescunt, Jean Steels, libr. à Anvers (1546), II, 1068, art. 1.

Concordia res parvae crescunt, discordia magnae dilabuntur, Ph. Vleugart, impr. à Bruxelles (v. 1669), III, 2289.
Concordia res parvae crescunt, discordia maximae dilabuntur, Claude de Mongisson (1588), V, 3276.
Constans qui vagus ante, David Douceur, libr. à Paris (1606), 327.
Constancia cedo, Simon Rouzeau (1605), 770.
Constantia et labore, Christophe Plantin, impr. à Anvers (1571), 733.
Constantia nubila solvet, Louis de Luxembourg, comte de Ligny, IV, 3077.
Conte d'Alsinois = Nicolas Denisot, IV, 3184.
Contra aquas agger, Justus August von Dyck (1620), V, 3370, p. 164.
Crescentibus liliis crescam, Vincent de Cœurcilly, libr. à Lyon (1623), 939.
Croyre fault, Michel de Nostre Dame, 213.
Cultu fertilior, Toussaint Du Bray, libr. à Paris (1607, 1611), II, 1527 ; 890, art. 16.
Curvata resurgo (avec une palme), Augustin Courbé, libr. à Paris (1637-1662), II, 1120.
Daluce Locet = Claude Colet (1537), III, 2594, art. 1 et 10 ; 621, art. 9.
De bien en mieulx, Maximien, 500, art. 1 ; 543 ; III, 2594, art. 4 ; IV, 2835, 2854.
De bonne vie bonne fin. C. Odde de Triors (1573), IV, 3182.
De clairté plus grand'clairté, Claire, maîtresse de Loys Le Caron (1554), 705.
De Dieu parvenir (?), IV, 2754, p. 26.
De labeur heur, Berenger (1558), 662.
Delivre moy, Seigneur, des calomnies des hommes, Guillaume de La Perrière (1540), V, 3327.
De luy un fort, anagr. de Flory Du Vent (1580), V, 3379.
De mal en bien, Jacques de La Hogue (1535), IV, 2779.
De muerte vida, Hiérosme d'Avost (1584), III, 2515.
Deo duce, Raphaël Du Petit Val, impr. à Rouen (1598), II, 1088.
Deo duce, ferro comite, Simon Millanges, impr. à Bordeaux (1592), II, 2131.
De peu peu, Mort prodigieuse de Gaspart de Coligny (1572), IV, 3191.

Des fleurs le fruict, Vasquin Philieul (1565), 719, *Additions*.
Desir hardy entend icy = Henry de Sainct Didier (1573), 292.
De vertus ay ma gloire = Marguerite de Valoys (1550). IV, 2880.
Devoir de voir, Claude de Taillemont (1555), 638 ; IV, 2910.
Dieu et non plus, Michel d'Amboyse (1535, 1547), II, 2091 ; IV, 2998.
Dieu pour guide, Philibert Guide, dit Hégémon (1583), IV, 2935.
Dieu seul contente, J. Dennet, sieur de B. (1619), 3301.
Dieu soit loué de toult, Jan Severszoon, impr. à Leyde (v. 1509), V, 3222.
D'immortel zele, Jean de Vauzelles (1555), 638.
Diu felix, Paul IV pape (1555), V, 3335.
Diutius regnabo, Mathieu Chastelet de Beauchasteau (1657), 833.
Diversa ab aliis virtute valemus, Pedro Navarro, IV, 3077.
Diversité c'est ma devise, *Le Mercure* (1755), III, 2524, p. 307.
Domine, ignosce illis ; quid enim faciunt nesciunt, 1021, p. 629.
Domine, justicia tua in eternum et lex tua veritas, Estienne Dolet (?), 28.
Domine, quid me vis facere ? E. G. D. [Jean Girard, d'Auxonne] (1558), IV, 3198 et *Additions*.
Domine, redime me a calumniis hominum, ut custodiam mandata tua, Estienne Dolet, 28. Voy. Preserve moy, seigneur.
Donec optata veniant, Benoist Rigaud, libr. à Lyon (1573), 788.
Donec totum impleat orbem, Henri II, IV, 3077.
Dulcia vallantur duris, Charles Chappelain, libr. à Paris (1630), 817.
Dum tempus habemus operemur bonum, Benoist Rigaud, libr. à Lyon (1565), II, 2019, art. 5.
D'un vray zele, Jean de Vauzelles, 237.
Duo protegit unus, Henri IV (1596), V, 3202.
Durior est spectatae virtutis quam incognitae conditio, Estienne Dolet, impr. à Lyon (1539), II, 2115.
Du roc sort manne =? *Nouveaux Recits ou Comptes moralisez* (1575), III, 2630.
Durum patientia frango, Laurent de Saint-Seigne, 411, art. 10.
Dux mihi semper eris? (1546), V, 3334.
Δύσμενον ὦον ἤτων γένος οὕς ἓν γράμμα κυλινδεῖ, Fréderic II Morel, impr. à Paris (1594), V, 3277. Voy. *Haec genus infelix*.
Ecce Agnus Dei qui tollit peccata mundi, sur une reliure (v. 1592), III, 2518.
Ecce in pace amaritudo mea amarissima, Arnaud Sorbin (1568), II, 2028.
'Εξ πόνου ὁ κλέος, Macé Bonhomme (1552), 642.
En adversité patience, Christian Schonenberg (1594), V, 3370, p. 167.
En amour la mort, Jean Pallet (1571), IV, 2925.
En bruslant je vis, Jean Guignard, libr. à Paris (1628), III, 2332.
En clairté l'œil s'eblouit, Loys Le Caron (1554), 429 et *Additions*; 705.
En endurant Durant endure, ? Durant, IV, 3106, p. 495.
En heur content se dit = Estienne Du Tronchet (1585), II, 1876.
En labeur liesse, Guillaume de Poëtou (1566), 720.
En luy hante Orfée = Anthoine Le Fèvre de La Boderie (1578), IV, 3183, p. 575.
En miel le fiel, Pierre de La Roche (1571), IV, 2925.
En moy la mort, en moy la vie, Hierosme de Marnef et Guillaume Cavellat, impr. à Paris (1573), IV, 3194. — Charles Sevestre, libraire à Paris (1633), 995.
En pire n'ira = Jean Perrin, seigneur de Chervé (1615), II, 1876.
Enseigne moy, mon Dieu, Que ton vouloir je face, Jehan Guyard, impr. à Bordeaux (1537), 519.
Entes murir que mudar, IV, 3197, p. 590.
Entes muerto que mudado, IV, 3197, p. 590.
'Εν τῇ σπουδῇ καὶ τῇ ἠρεμίᾳ ἡ φιλία, Baptiste Badere (1588), V, 3276. Voy. *In studio*, etc.
'Εν θύρα κακός, de Walerande (?) (1608), III, 2404.
En tout patience, Claude Platin (?), 543.
Entre les épines chaussé, J. de La Chaussée (1619), V, 3301. Voy. *Inter spinas*.
Envie d'envie en vie, Jacques Gohory, 188.
Erit altera merces, Marcantonio Colonna (1562), IV, 3077.
Ero mors tua, o Mors ; morsus tuus ero, Inferne, sur une reliure (v. 1592), III, 2518.
Esperance, Pierre II de Bourbon, duc de Bourbon (v. 1500), IV, 3151.
Esperant myeulx, Jehan Le Blond,

seigneur de Branville, III, 2597.
— Anonyme, auteur de chansons (1575), V, 3296.
Espoir, Claude de Mongisson (1615), II, 1876.
Espoir conforte, 411, art. 12.
Espoir de mieulx en soulas nous faict vivre Jusque a la fin, Françoys Girault (v. 1525), 513, 514.
Espoir en Dieu, devise accompagnant un portrait de Charles VII (1528), II, 2099.
Espoir sans espoir, Estienne Forcadel, IV, 2878.
Est si luisant en digne race = Laurent de Sainct Seigne, 411, art. 10.
Et florida pungunt, M. D. L. (1600), 740.
Etiam post funera fides, Henri de Foix, comte de Candale (v. 1565), IV, 3197, p. 590.
Et nugae soria ducunt. Guillaume Bouchet (1608), II, 1702.
Et fructu et foliis, J. Barbou, impr. à Paris (1774), III, 2569.
Excelsae firmitudini, Alfonso II d'Este, duc de Ferrare, IV, 3077.
Experientia rerum magistra, Jehan Thibault (1529), II, 2135.
Expiabit aut obruet, Girolamo Adorno (1562), IV, 3077.
Fatali nexu ? (1547), 180.
Fatis agor, Giov. Andrea Dell' Anguillara (1562), IV, 3077.
Favet Momus, luna influit, fleuron d'un libraire d'Amsterdam (1734), II, 2024.
Felice l'alma che per Dio sospira, Pierre Poupot (1586), II, 1778 ; (1588). 431 ; (1611), II, 1990.
Feriunt summos fulmina montes, Francesco di Candia (1562), IV, 3077.
Fermeté jusqu'à la mort, IV, 3197, p. 590.
Festina lente, Mathieu de Vauzelles (?) (1537), III, 2594, art. 7 ; 621.
Fy d'avoir sans sçavoir, Hiérosme Le Jeune (1578), III, 2330.
Fide et obsequio. Christoph Drachstedt, Saxon (1604), V, 3370, p. 164.
Fidei laurus victoria mortis, IV, 3197, p. 590.
Fidem Fortuna coronat, Charles de Sercy, libr. à Paris (1668), V, 3358.
Fi des biens, qui n'a joye, Rouvière des Essards (xviie siècle), IV, 3197, p. 590.
Fides curiae nulla (1588), III, 2221, art. 7.
Fine probatur opus, IV, 3197, pp. 585, 590.
Finis ab origine pendet, Michel-Charles Le Cène, libr. à Amsterdam (1720), III, 2288.

Finis coronat, Jehan Serre (1530), IV, 2857, p. 199.
Flamma ferroque, Joachim Du Bellay (1559), V, 3258.
Flectimur, non frangimur undis, la famille Colonna, IV, 3077.
Fortior in adversis, Jean Millot, libr. à Paris (1612), II, 1964.
Franc et Loyal, Antoine Prévost (1539), V, 3249.
Genio et ingenio, Estienne Pasquier (1610), 737.
Grace avec vous, Françoys Habert (?), V, 3376.
Grace et Amour, Jehan Daniel, dit maistre Mitou (1524), 570, art. 5 ; IV, 2853, 2983, 2984, 2986.
Gros cul doré, l'abbé des conards de Rouen (1537), III, 2594, art. 12.
Gustave Aventin = Auguste Veinant, II, 1794.
'Αγίος Δαδιδ ὀσφικῶς ἐνδρύοι, Guy Le Fèvre de La Boderie (1571), 733.
Ha bien touché = Jehan Bouchet, 507, 508.
Hac coelum petitur, Jean Hulpeau, libr. à Paris (1572), V, 3353.
Haec genus infelix hominum unica littera versat, Fédéric II Morel, impr. à Paris (1594), V, 3277.
Voy. Δύσμοσον, etc.
Haïr n'a tendu = Jehan Durant (1583), V, 3368.
Haute le François = Charles Fontaine, 613.
Hant rude n'ay = Jehan Durant (1583), V, 3368.
Hardiesse j'anyme = Jehan Des Minières (1543), 804.
Heureux qui naist ainsi, Toussaint Quinet, libr. à Paris (1642), 964.
Hic terminus haeret, Claude Gouffier, seigneur de Boisy (1550), V, 3150.
His nititur orbis, Jean de Meerbeque, libr. à Bruxelles (1631), IV, 3097.
Hoc opus, hic labor, Accademia olimpica (1562), IV, 3077.
Hoc uno Jupiter ultor, Paul III, pape, IV, 3077.
Homo homini, nemini nemo, André Thevet (1554), II, 1931.
Honneur a Dieu, graces et louenge, Antoine Du Saix (1537), V, 3330.
Honneur en tout, poète inconnu (1539), 621, art. 18.
Honneur me guyde, Hugues Salel, IV, 2862.
'Ο Θεός καὶ ὁ Χρόνος, Miles de Norry (1583), 754 ; (1586), IV, 2789.
Ignoti nulla cupido, Pierre Des Mireurs (1552), 628. — Autre auteur inconnu (1575), V, 3284.

TABLE ALPHABÉTIQUE GÉNÉRALE 331

Il me plait la trouble, Virginio Orsini, IV, 3077.
Imbuta recens servabit odorem, Guillaume Linocier (1586), IV, 2789.
Immortalité, Nicole Bargedé, IV, 2881.
Inclinata resurgit, Francesco Maria Della Rovere, duc d'Urbin (1562), IV, 3077.
In Deo, devise d'un imprimeur hollandais (1683), II, 1199.
Inde salus (1546), V, 3334.
Indesinenter, P. Gosse, J. Néaulme et Cⁱᵉ, libr. à La Haye (1726), II, 1888.
In dies, Francesco Tatti, dit Sansovino (1562), IV, 3077.
In dies arte ac fortuna, Jean Bellère, libr. à Anvers (1556), II, 1068, art. 5.
Initium sapientie timor Domini, Benoist Rigaud, libr. à Lyon (1573), IV, 3146. — de Villemor (xvɪᵉ siècle), III, 2143.
In manibus tuis sortes meae, Jean, cardinal de Lorraine (v. 1543), IV, 3000.
In me mors, in me vita, Hiérosme de Marnef et Guillaume Cavellat, impr. à Paris (1573), IV, 3194. Voy. En moy la mort.
In otio negotium, Claude de Mongisson (1588), V, 3277.
In silentio et spe, Gonsalvo Pérez, IV, 3077.
In silentio fortitudo, Pierre Tréperel, impr. à Orléans (1560), III, 2652.
In studio et solitudine amicitia, Baptiste Badère (1588), V, 3276. Voy. Ἐν σπουδῇ...
In sudore vultus tui vesceris pane tuo, Eloy Gibier, impr. à Orléans (1519), 319.
Intacta virtus, le comte Odoardo Thiene, IV, 3077.
Inter pericula constans, Abraham Mounin, impr. à Poitiers (1643-1644), III, 2342.
Inter spinas calceatus, Gottfried Bucholtzer, secrétaire de la ville de Görlitz (1598), V, 3370, p. 164. Voy. Entre les épines.
Inter utrumque, François Gruget (1556), II, 1938.
In utrumque paratus, Jean de La Taille de Bondaroy (1567, 1573), III, 2603 ; V, 3317. — Devise appliquée à Jacques VI, roi d'Ecosse : *in utrumque paratus [in bellum et in pacem]* (1581), II, 2039.
In vanum laboraverunt, Agostino Canale (1562), IV, 3077.
Invidiam virtus superat, Claude de Mongisson (1588), V, 3277.

Y presche le salut = Charles Pinselet (1589), III, 2233.
J'adore le soleil qui m'aveugle les yeulx, IV, 3197, p. 590.
J'ayme qui m'ayme, Croy (1606), IV, 3196.
Jam illustrabit omnia, Philippe II (1562), IV, 3077.
J'aquers vie = Jaques Yver (1576), II, 1700.
Je me plaictz en mon soucy, IV, 3197, p. 590.
Je rapporte fidèlement ce que je decouvre, Jacques Chevillard, généalogiste, III, 2493.
Je ravie la mort, Les de Marnef et Bouchetz frères, impr. à Poitiers (v. 1557), IV, 3032.
Je soustiendray, Croy (1606), IV, 3196.
J'espere de te servir (1543), 804.
J'espere en Dieu qui m'aidera, Antoine Charlot, 304.
J'espere en respirant, Pierre de L'Ostal (1583), V, 3269.
J'espere sans espoir, une jeune demoiselle amie de Jean de La Taille (1573), V, 3317.
J'estonne le ciel, sonnet à Baptiste Badère (1588), V, 3277.
Jesus. Ecce agnus ille Dei qui tollit peccatum mundi, Christoph Froschhauer, impr. à Zürich (1549), II, 1068, art. 2.
Je vis au feu comme la salemandre, IV, 3197, p. 590.
J'y assure ton los = Toussains Le Roy (1608-1615), IV, 2991-2993.
Juvandi munere feror, Battista Pittoni (1562), IV, 3077.
Κέρας Ἀμαλθείας, Marc-Claude de Buttet (1561), 707 ; IV, 2912 ; V, 3260.
Labore et constantia, Christophe Plantin, imprimeur à Anvers, III, 2392, 2395. — Adrian Périer, impr. à Paris, gendre de Plantin (1617), II, 1965.
Labore et vigilantia, Reinier Leers, libr. à Rotterdam (1681), II, 1983.
Laborem pro generositate optavi et superavi, Jean Le Féron (1550), IV, 3150.
La est mon but, Joachim Du Chalard (1562, 1573), III, 2151.
Laetor pieriis modis, P. L. L. (1605), 770.
La fin couronne l'œuvre (?), 796.
La mort n'y mort, Clément Marot, 596-613 ; III, 2674 ; IV, 2859, 3108 ; V, 3245. — Anonyme, IV, 3197, p. 590.
La richesse peult = Charles Pinselet, III, 2233.
Laurus cor beat = Carolus Bauter (1605), II, 1101.

Laurus semper viret, Louis Du Souillet, libr. à Rouen (1731), III, 2337.
Laus viva Deo, G. D. L. P. (1583), V, 3269.
Le desir croist avec[ques] l'esperance, L. Hébert (1594), 790, *Additions* ; IV, 2961.
Le labeur est caché = Charles B (?) (1600), 802.
Legier esprit ravy = Pierre Gaultier (1543), 804.
Le mien desir n'est point mortel (1565), V, 3376. — Cf. *Non est mortale quod opto*.
Lenitati fortitudo comes, François Le Poulchre de La Motte Messemé (1574), V, 3274.
Léon Ladulfi = Noël Du Fail (1547), II, 1776.
Le peché y rendra l'ire = Pierre Le Chandelier (1572), III, 2152.
Les agitez en mer, Christ, seule ancre sacrée, Asseure et en tout temps seule sauve et recrée, Eustache Vignon, impr. à Genève (1597), II, 2040.
Le S[c]erafin vole = Nicolas Le Fèvre [de La Boderie] (1578), IV, 3183, p. 575.
Le tout d'ung rien, Marguerite d'Auvrelat (1543), 804.
Le vray perdu = Pierre Du Val (1543), 804.
Los en croissant, le roi René d'Anjou, IV, 2746.
L'un après l'autre, Guillaume Bouchet (v. 1557), IV, 3022.
L'un guide Orfée = Guy [ou mieux Guidon] Le Fèvre [de La Boderie] (1571), 733 ; (1578), IV, 2930.
Ma duree est en Dieu, Jean Durand (1583), V, 3368.
Mais la mort n'y mort, IV, 3197, p. 590.
Majorem charitatem nemo habet, Baptiste Badere (1588), V, 3277.
Mandata per auras refert, Le nouveau Mercure (1717-1721), III, 2524.
Manet ultima celo, Henri III, V, 2938, 2939.
Μελιτόεσσα ἡ εὐδία, J. de Chavigny, ou Chevrigny, Beaunois (1580), V, 3379, p. 176.
Me non terra fovet, caelesti rore viresco, Fleury Bourriquant, libr. à Paris (1608), 772.
Menti bonae Deus occurrit, Geofroy Tory (1526), 28 ; (1531), IV, 2786.
Metable la diré = Marie d'Allebret (?) (v. 1525), V, 3240.
Mieux que pis. Guillaume Crétin (1512), II, 2090, art. 5.

Mi riposo no es flaquezza, Valerio Chieregato, IV, 3077.
Mobilitate viget, le Mercure de France (1768), III, 2524, p. 311.
Modo Juppiter adsit, Gio. Battista Nicolucci, dit Pigna, IV, 3077.
Mon espoyre en Dieu, Jehenne de La Mark, comtesse de Montfort, II, 1488.
Moriar, post oriar. Pierre Boton, de Macon, III, 2172.
Moriar ut vivam, Jean de Boyssière, III, 2172.
Moriens vivo, Arnauld Sorbin (1574), 338 ; III, 2172.
Mori mihi vivere est, Jean Gueullart, impr. à Paris, III, 2172.
Mors et vita. Michel Sylvius, impr. à Lyon, III, 2172.
Mors rediviva piis, Thibaud Ancelin, impr. à Lyon, III, 2172.
Mortalibus immutabile fatum, IV, 3197, p. 590.
Mort en vie, Paul Angier, III, 2172.
Mort ou merci, N. L. R. de La Boicière (1557), IV, 3022.
Mourant verdoyer, P. de May (1572), IV, 3181.
Mourir et vivre, l'auteur du *Blason des basquines et vertugalles*, III, 2172.
Mourir pour vivre, l'éditeur du *Testament de Jeanne, royne de Navarre* (1572), III, 2172. — Le Noble (1579), III, 2172.
Μούσαις ἄνευ χρόνου χρόνος, François d'Amboise. Voy. *Musis sine tempore*.
Moyen par tout, Georg Sylberborner, de Worms (1564), V, 3366, p. 152.
Musa vetat mori, sur un frontispice (1605), II, 1101.
Musis sine tempore tempus, François d'Amboise (1570-1573), 698 ; IV, 2792, 2924.
Natura potentior ars, Tiziano Vecelli, IV. 3077.
Natus e viro vires = Renatus Voierius, René de Voyer, IV, 2926.
Ne enviez a tresor = Estienne Rouzeau (1605), 770.
Ne pis ne mieux, Saint-Romard, 617 ; III, 2593.
Neque ferro neque flamma, Marie Stuart, reine d'Écosse, contrepartie de la devise *Flamma ferroque* (1558), IV, 3114, art. 5.
Ne trop, ne peu, Roberti, Dauphinois (?), V, 3254, p. 52.
Ny les hommes ny la mort, Loys de Perussis (1565), 719, *Additions*.
Nil penna, sed usus, Guillaume Chrestien, libr. à Leide (1638), II, 1140.
Ni mas altos pensamientos, Ni tan

grande fuego en el alma, Pierre de Deimier (1600), 765.
Ni trop, ni peu, Charles Clauweet, de Valenciennes (1580), IV, 3010, p. 368.
Noli altum sapere, sed time, Robert II Estienne, imprimeur, et Mamert Patisson, son gendre, 740 ; II, 1095 ; V, 3206.
Non accenditur lucerna ut sub modio, sed ut in candelabro ponatur, Zacharie Durand, imprimeur à Genève (1558), V, 3366, p. 151.
Non capio ni capior, Giuseppe Orologgi (1562), IV, 3077.
Non cedit umbra soli, Gio. Jacopo Trivulzio, IV, 3077.
Non coronabitur nisi qui legitime certaverit, Grégoire Dupuis, libr. à Paris (1724), III, 2317.
Non herba, nec arbor, B. Coral, impr. à Lyon (1665), 835.
Non otiosus in otio, Guillaume Des Autelz, IV, 2908.
Non plus, Geoffroy Tory (1526), 28 ; III, 2570.
Non qui inceperit, sed qui perseveraverit, le comte Brandolino di Val di Marino, IV, 3077.
Non sapere, sed facere, Hannibal Freiherr von Waldstein (1594), V, 3370, p. 168.
Non, sinon la, Maurice Scève (1555), 638.
Nous brulons le monde ; c'est pour le conserver, Jean Guignard, libr. à Paris (1628), III, 2332.
Nous sommes tous fous, de Villemor (xvi⁰ siècle), III, 2143.
Nudrisco il buono et spengo il reo, IV, 3197, p. 590.
Nul bien sans Dieu, Benoist Rigaud, libr. à Lyon (1565), II, 2019, art. 1.
Nul bien sans peine dure, l'auteur de *Destinée d'Echo* (1600), III, 2610.
Nul gain i reçois = Nicolas Vignier fils (1608), II, 2024.
Nul ne s'y frote, Denis Janot, impr. à Paris, 133 ; III, 2567 ; IV, 2876 ; V, 3375. — Estienne Groulleau, impr. à Paris (1547), IV, 2739 ; (1559), V, 3374. — Nicolas Bonfons, impr. à Paris (1574), IV, 2740. — *Épitaphe de Briquemault* (1572), IV, 3192.
Obdurandum adversus urgentia, Julien Jacquin, libr. à Paris (1645), IV, 3153, p. 534.
O fol, panse, craindz Dieu, Françoise de Polignac, dame de Saint-Vallier (v. 1540), V, 3250.
Olenix du Mont Sacré = Nicolas de Montreux (1587), IV, 2940.

Omnia mecum porto, Gabriel Buon, libraire à Paris, IV, 2912.
Omnia si perdas, famam servare memento, Johann Christoph, baron de Waldstein (1597), V, 3370, p. 168.
Omnis arbor bona fructus bonos faciet, Frédéric Morel, imprimeur à Paris (1574), III, 2186, 2319.
Omnis honos, amor omnis in uno, II, 2083.
On n'allume point la chandelle pour la mettre sous le may, mais sur le chandelier, Zacharie Durant, imprimeur à Genève (1560), V, 3266, p. 151. Voy. *Non accenditur, etc.*
Operatur qui caelitus, un ami de l'auteur des *Comptes du monde adventureux* (1571), II, 1699.
Optimum loqui usque ad mensuram, Gratien Du Pont (1534), III, 2596.
Ou la, ou non, Jehan, cardinal Du Bellay, III, 2681, 2682.
O que l'absence est grand chose en amour, IV, 3197, p. 590.
Ou rien, ou tout, J.-A. de La Fargue (1568), II, 2028, 2029.
Par bon vouloir, III, 2568, art. 24, p. 371.
Par sit fortuna labori, Pierre Vidoué, impr. à Paris (1526), IV, 3107.
Par tout, Jacques Bienvenu, IV, 2927 ; V, 3312.
Par ung vray zelle, Jehan de Vauzelles (1532), IV, 2754.
Patere aut abstine, Denys Janot, imprimeur à Paris, III, 2726 ; IV, 2876 ; V, 3375. — Estienne Groulleau, impr. à Paris (1559), V, 3374.
Povreté empeche les bons esprits de parvenir, Barth. Berton, impr. à La Rochelle ; Jean Moussat, imprimeur à Maillé (1616-1620), II, 2086:
Per desviar, Médard Bardin (1547), III, 2598.
Perimit et tuetur, François de Lorraine, duc de Guise (1562), IV, 3077.
Per ipsum facta sunt omnia, Jean de Tournes, imprimeur à Lyon (1547), 626.
Per me stesso son Sasso, Jean-Pierre de Mesmes (1559), V, 3374.
Per opposita, Girolamo Faletti, comte de Trignano (1562), IV, 3077. — Mathieu Guillemot, libraire à Paris (1607), III, 2428.
Petit a petit, Jehan Petit, libraire à Paris (1533), II, 1488. — Jehan Le Douxton (v. 1561), III, 2609. — Olivier de Varennes, libraire à Paris, III, 2708.
Peu et repos, poète inconnu, 777.

Philippe d'Alcripe, sieur de Neri en Verbos = Philippe Le Picard, sieur de Rien en bourse (1579), II, 1704.
Phoebus jubet verum loqui, Guy de La Garde, IV, 2880.
Pietas excitavit justitiam, Charles IX, après la Saint-Barthélemy (1572), IV, 3120.
Pietate duce, comite cruce, Daniel Czepki (1595), V, 3370, p. 164.
Pietate et justitia, Charles IX, II, 2019, art. 7 ; III, 2636 ; IV, 3193 ; V, 3354. — Henri III (1576), IV, 3127, art. 2.
Più presto morto che di mancar d'amor, IV, 3197, p. 590.
Plaisir faict vivre, Jehan Beaufilz (1542, n. s.), V, 3375.
Plus bien que rien, Arnauld Sorbin, 340.
Plus mort que vif, Jacques Moysson (1572), V, 3295, 3296.
Plus oultre, Charles Quint, 540 ; II, 2130, 2138, 2140 ; III, 2638 ; IV, 2759. — Philippe II, IV, 2949. Voy. *Plus ultra*.
Plus que moins, Gilles Corrozet, 133, 607, 812, art. 11 ; II, 1862, 2091 ; III, 2304 ; IV, 2752, 2863.
Plus ultra, Charles Quint, IV, 3077. Voy. *Plus oultre*.
Plus voir qu'avoir, Jean de Léry (1611), II, 1990.
Point ne mord Mort, IV, 3010, p. 377.
Πόνος δ'ἄρα κῦδος ὀρέξει, Gabriel Bounin (1586), 755.
Possedez vos ames par vostre patience, Jean Bonnefoy, imprimeur à Genève (1562), V, 3312.
Post tenebras spero lucem, Juan de La Cuesta, imprimeur à Madrid (1605), IV, 3065.
Potior victima obedientia, Abraham Pacard, libraire à Paris (1620), II, 2096.
Pour dompter follie, Francesco Sanseverino, comte de Gaiazzo, IV, 3077.
Preserve moy, o Seigneur, des calumnies des hommes, Estienne Dolet (1542-1543), II, 1509, 2116. Voy. *Domine, redime me...*
Proba me, Deus, et scito cor meum, Nicolas Bonfons, imprimeur à Paris, II, 1746.
Probe et tacite, Jean Maugin, dit le Petit Angevin (1547), IV, 2739, p. 11 ; (1559), V, 3374. Voy. Soing et Secret.
Pro bono malum, Lodovico Ariosto, IV, 3077.
Procul hinc este prophani, C. B. A. P. (1605), II, 1501.
Pront à l'un, prest à l'autre, Charles de Navières (1580), V, 3205 ; (1610), 890, art. 2. Voy. *In utrumque paratus*.
Protege nos sub umbra, R. Velpius, imprimeur à Bruxelles, III, 2725.
Quand ? Non plutôt, La Tricarite (1556), IV, 2910.
Quand tout cherra, Guillaume de Cheyret (1553), V, 3328.
Qui me alit me extinguit, Jean de Poitiers, seigneur de Saint-Valier, IV, 3077.
Quis dabit gallo intelligentiam ? Jean Moreau, imprimeur à Troyes (1573), IV, 3124.
Qui voit s'esbat, Guillaume Gaulteron de Cenquoins (1542), IV, 3141.
Quoy qu'il advienne, Antoine Du Saix (1532-1537), 515, 599 ; V, 3330. — Auteur inconnu (1549), IV, 3173.
Raison par tout, Pierre Gringore, 495, 499.
Redime me a calumniis hominum, Guillaume de La Perrière (1534), III, 2596 ; V, 3328. Voy. *Domine, redime me...*, Preserve moy, Seigneur...
René d'Hissafènes = Henry de Sassefen (1543), 804.
Repos après travail, Renault Goz (fin du xvie siècle), II, 2118.
Rerum vices, Guillaume Bochetel, seigneur de Sacy, II, 1060, *Additions*.
Riche rosette = Esther Oriet (1605), V, 3272.
Rien qui ne veult, Marie Du Val (1543), 804.
Rien sans l'esprit, Pierre Du Val (1543), 804.
Roy hier, demain rien, Guillaume Royhier (1588), 431.
Sans poinct sortir hors de l'orniere, Louis de La Trémoille, IV, 3077.
Satiabor cum apparuerit gloria tua, Jean Le Féron (1555), IV, 3150, p. 527.
Sat vincit qui parta tuetur, B. Coral, imprimeur à Lyon (1665), 835.
Sauciat et defendit, Gio. Francesco Orsini, comte de Pitigliano, IV, 3077.
Scabra et impolita ad amussim dolo atque perpolio, Estienne Dolet, imprimeur à Lyon (1539-1543), II, 2115, 2116.
Scrutamini scripturas, Jean Poupy, libraire à Paris (1580), IV, 2933.
Scutum spina rosae, François Rose, IV, 2926.
Secreto lapide tutus, A. D. S. D. [= A. de Saint-Denis ?], auteur

des *Comptes du monde adventureux* (1555), II, 1699.
Sejour un jour, l'auteur d'une ode dédiée à Jean Chaumeau (1566), III, 2343.
Selon la fortune la valeur, Béroalde de Verville (1599), II, 1522.
Semper et ubique fidelis, Henri, marquis de Fitz-James, V, 3340.
Sequitur fortuna laborem, Jean de Foigny, imprimeur à Reims (1564), V, 3239. — Sa veuve (1586), III, 2545.
Servir à Dieu, c'est regner, Yves Rouspeau, Saintongeois (1583), IV, 2935.
Sic aetas non retinenda fugit, J. Gosselin, libraire à Paris (1617), 822.
Sic erat in fatis, l'auteur de la *Complaincte de Germanie* (1552), V, 3282.
Sic transit mundus, Jehan Guyard, imprimeur à Bordeaux (1530), 518.
Sic virtus sydera scandit, Didier Oriet (1581), V, 3272.
Sine tempore tempus, Michel d'Amboise, seigneur de Vezeuil (1599), II, 1522. Voy. Μούσαις..., *Musis*.
Singet den Heere ende looft sinen naem, Arnoult s'Conincx, libraire à Anvers (1580), V, 3205.
Si peu que plus, D. Savyon (1556), IV, 2910.
Si te fata vocant, Pietro Bembo, IV, 3077.
Sit nomen Domini benedictum, Benoist Rigaud, libraire à Lyon (1565), II, 2819, art. 2.
Soing et secret, Jean Maugin, dit le Petit Angevin (1546), III, 2567. Voy. *Probe et tacite*.
Sola fides sufficit, Jehan Marchand, imprimeur à Paris (v. 1500), 421, art. 4. — Pierre Jacobi, imprimeur à Saint-Nicolas-du-Port (1521), IV, 2763.
Solus Deus super omnia, 797.
Σῶς ὁ Τέρπανδρος, Pierre de Ronsard (1550), 671.
Souffrir fait offrir, une demoiselle amie de l'auteur des *Comptes du monde adventureux* (1571), II, 1699.
Souffrir non souffrir, Maurice Scève, 635, 636.
Souffrir pour parvenir, IV, 2812, 2846.
Souspir d'espoir, Bérenger de La Tour (1551), V, 3254.
Souvenir tue, Claude Bouton (v. 1540), IV, 2871.
Spe labor levis, Jehan Bouchet, 507, 508; II, 2093.
Spero, Pierre de Saincte Lucie, dit le Prince, impr. à Lyon (?), III, 2559.
Spero certe, teneo melius, Pierre Billaine, libr. à Paris (1624), II, 1867.
Spes mea Deus, Marie d'Ainval, mari de Michel Cornet (vers 1520), III, 2536.
Spes mea Deus, Eustache Mareschal, imprimeur à Toulouse (1535), IV, 2754.
Spes mea Deus, Barth. Bonhomme, imprimeur à Avignon (1555), IV, 2996.
Spes mea Jesus, Jehan Thibault (1529), II, 2135.
Splendor summus, haud intuendus, Claude de Monstrœil, imprimeur à Paris (1609), IV, 2943.
Stat invicta fides, Baptiste Badère (1588), V, 3277.
Suave, Léon X, pape, IV, 3077.
Sufficit si opportune, Thesée Paschal (1596), II, 1100.
Σὺν ἐλπίδι, Jean Passerat, IV, 2903.
Σὺν νόῳ εὐποιητέον, Odet de La Noue (1575), III, 2695.
Τάγ' αὔριον ἔσετ' ἄμεινον, Philippe Robert, jurisconsulte (1583), II, 1777.
Tal volta ride che mi crepa il core, IV, 3197, p. 590.
Tanto monta, Francesco Faettato, IV, 3077.
Tant qu'il en reste, Jean Thirmoys (1571), V, 3320 ; (1576), II, 1700.
Tard ennuyé de voir = Antoine Du Verdier, 760 ; (1580), V, 3379.
Te duce ad astra volabo, Jean, cardinal de Lorraine (v. 1543), IV, 3000.
Terar dum prosim, J. Wetstein et G. Smith, libraires à Amsterdam (1735), III, 2286.
Terrestria flamina vetant, Lodovico Dolce (1562), IV, 3077.
Θεοῦ συμπαρόντος, Girolamo Ruscelli, IV, 3077.
Thoineau Arbot = Jehan Tabourot (1596), 294.
Ton vouloir est le mien, Antoine Prévost (1539), V, 3249.
Tost et tard, Mathieu de Vauzelles? (1537, 1539), III, 2594, art. 7 ; 621.
Toute chose a sa fin, Rouvière des Erards (1647), IV, 3197, p. 590.
Tout en espoir (1568), 807.
Toutes les choses que vous voulez que les hommes vous facent, faites leur aussi semblablement, Benoist Rigaud, libraire à Lyon (1565), II, 2019, art. 1 et 6.
Tout est à Dieu (1562), IV, 3158.
Tout par esgard, François La Salla, 528.

Tout par honneur, l'auteur de la *Complainte de Venise*, IV, 2833.
Tout par raison, Pierre Gringore, IV, 2825.
Tout pour le mieux, Claude Colet. Voy. *Tutto*...
Tout vient à point, qui peut attendre, Denis Rocé, libr. à Paris, 421, art. 5.
Τὸ ζητούμενον ἁλωτόν, Gio. Giorgio Trissino, IV, 3078.
Translata proficit arbor, Lodovico Domenichi (1562), IV, 3077.
Travail en repos, Guillaume Des Autelz, 597, 655 ; IV, 2908, 2909.
Triste et joyeux, G. Moisson, dit le Triste (1535), II, 2091.
Trop ne peu, l'auteur de la *Deffence contre les emulateurs* (1523), III, 2589.
Tutto per il meglio, Claude Colet, 651. Voy. Tout pour le mieux.
Ultro succurrere votis, Jean Saugrain, libraire à Paris (1559), III, 2601.
Un et seul, Pol. Chairterre, III, 2609.
Un pour tout, Gilles d'Aurigny, 651.
Unus sic ferit arcus = Franciscus Juretus (1589), III, 2594.
Usque ad aras, L'auteur de stances adressées à Ch. Bauter (1605), II, 1101.
Utinam novissima provideat, Jehan L'Homme, imprimeur à Rouen (1544), 623.
Utcunque, Sforza Pallavicini, IV, 3077.
Ut valeo, Bernardo Nani, IV, 3077.
Valer, Alphonse, roi d'Aragon, IV, 3077.
Vela de quoy, Françoys Sagon (1537), III, 2594, art. 1 et 8 ; 621, art. 8.
Vela que c'est, Mathieu de Boutigny, 621, art. 8.
Veritas odium parit, Jean de Hoogheland (1615), II, 1876.
Veritas vincit, imprimeur allemand inconnu (1528), II, 2134.
Vertu s'en recule, l'auteur des *Regrets et Complaintes de Briquemault* (1572), IV, 3192.
Verus honor lucidus, Louis Herron (1636), 826.
Vigilanti, Claude Gautier, libraire à Paris (1578), IV, 2932.
Virescit vulnere virtus, Job. B... (1583), IV, 2935.
Viresque acquirit eundo, Adrien Schoonebecke, graveur à Amsterdam (1695), II, 2011.
Virtus ex labore donata, l'auteur de vers adressés à Jean Le Fèvre (1588), 431.
Virtus in rebelles, Charles IX (pour la Saint-Barthélemy, 1572), IV, 3120.
Virtus laudata crescit, Guillaume Belliard (1578), IV, 2932.
Virtus mihi carior auro, Christophe de Gamon (1600), V, 3279.
Virtute duce, comite fortuna, Antoine Gryphius, imprimeur à Lyon, 749.
Vita della morte, Jean de La Jessée, III, 2172. 2193.
Vitam mortuo reddo, les de Marnefz et Bouchet frères, imprimeurs à Poitiers (1557), IV, 3022.
Vive recte et gaude, la belle Rubella (1539), 607.
Volentes, Daniele Barbaro, IV, 3077.
Vostre [*lisez* Ta?] douceur et ma foy sont uniques au monde, IV, 3197, p. 590.
Vray prelude = Pierre Du Val (1543), 804.
Yo spero para mi trabajo loner fin a my dolor, IV, 3197, p. 590.
Devis (Les plaisans) recitez par les *supposts du seigneur de la Coquille* (1594), IV, 3006.
Devis (Le joyeulx) *recreatif de l'esprit troublé* (v. 1537), IV, 2963.
Devis sur la vigne (1549). Voy. Gohory (Jacques).
Dezallier (Antoine), libr. à Paris (1683), 369, art. 1 et 2 ; (1687), 873, art. 1 ; (1690), 374, art. 2 et 3 ; 375, art. 1 et 2 ; (1691), 361 ; (1692), 60 ; (1696), III, 2507 ; (1700), III, 2507 ; (1712), 70.
De Vos (Martin), dessin., 72 ; II, 2023.
De Vris (A.), dessin., 187.
Dezède, ou Dezaides : mélodie dans les *Chants et Chansons populaires de la France* (1843), 1014.
Dezeimeris (Reinhold), éditeur des œuvres de Pierre de Brach (1861), IV, 2931.
Dhona (Achatius Burggraf zu) der Eltere : inscription dans un album (1625), V, 3371, p. 169.
Diable (Le) amoureux (1772), II, 1574.
Diable (Le) boiteux (1707), II, 1547 ; (1756), 1548.
Diable (Le) se mocque des femmes qui n'osent filer le samedy après midy (v. 1540), 458.
Diablerie (La grande) de Jean Vallette, dit de Nogaret (1589), 796.
Diablerie (La petite) (v. 1525), III, 2542.
Diaceto (Lodovico da) : Bartolomeo Maraffi lui dédie une traduction italienne d'*Arnalte y Lucenda* (1570), II, 1746.
Diaceto (Anna d'Acquaviva, dite Mlle d'Atri, femme de Lodovico da), comte de Chasteauvillain : vers à

elle adressés par Flaminio de Birague (1585), IV, 2939.
Dialogo di Caracossa e Caronte (v. 1571), cité, V, 3309.
Dialogo di Italia et Francia in lamento della morte del S. Pietro Strozzi (1558), V. 3306.
Dialogue de Jacquemard et de la Samaritaine (1615), II, 1779.
Dyaloge (Le) des creatures moraligié (1482), II, 1854.
Dialogue d'entre le maheustre et le manant, 1594 (1709), III, 2251, p. 87.
Dialogue du Fleuret et de l'Épée (juin 1678), III, 2524.
Dyalogue du Mondain et du Celestin (v. 1525), 517.
Dialogue entre deux amis (1694), cité, III, 2586.
Dialogue entre Dieu et le diable, III, 2583, art. 7.
Dialogue nouveau a trois personaiges, c'est a sçavoir : l'embassadeur de l'empereur, etc. (1514), IV, 3019.
Dialogue plaisant et recreatif (v. 1590), IV, 2956.
Dialogue pour parler, de deux personnages: le Bienveillant Public et le duc d'Anjou (1581), III, 2391.
Dialogue second du Reveille-Matin des François (1574), IV, 3125.
Dialogue spirituel de la Passion (1520), 548.
Dialogue treselegant intitulé le Peregrin (1527), II, 1744.
Dialogues (Deux) du nouveau langage françois italianizé (1575), 323.
[*Dialogues françáis-allemands*] (1514), IV, 2766.
Diane, femme chantée par Guill. Du Peyrat: sonnet (1593), IV, 2945.
Diane de Castro (1728), II, 1539.
Diaz (Bartolomeo), explorateur de l'Abyssinie (1540), II, 1944.
Diaz (Juan) : son portrait (1581), II, 2039.
Dibdin (Thomas Frognall) : volume lui ayant appartenu, 640.
Dict (Le) de Chascun, 535.
Dit (Le) de la Tramontane, IV, 2800, art. 4.
Dict (Le) d'ang mort, III, 2562.
Dit (Le) du Singe, IV, 3058, pp. 414 et 415.
Dicté des trespassez (1516), III, 2562, art. 54.
Dictionary (A new) of the terms of the canting crew (v. 1670), 332.
Dictionnaire (Le) des halles (1696), 330.
Dictionnaire (Le grand) des pretieuses (1660), II, 1847; (1661), 1848.
Ditz (Les) d'amours et Ventes (v. 1490), 549; (v. 1550), 550.
Ditz (Les) des bestes (v. 1490), 551.

Ditz (Les) des oyseaulx (1516), III, 2562, art. 48.
Dictz (Les) des saiges (v. 1510), IV, 2839.
Dictz des Trois Mors et des Trois Vifz, 541, art. 3 ; 542.
Dictz (Les) et Complainctes de Trop Tard Marié (v. 1540), 553.
Dictz (Les) et Complainctes de Trop Tost Marié (v. 1540), 554.
Diderot (Denis) : *Encyclopédie* (1751-1756), III, 2523.
Didier (Eugène), libr. à Paris (1852), 885.
•Didier (François), impr. à Lyon (1568), IV, 2967.
Didon, sujet d'une tragédie de Lodovico Dolce (1547), II, 1469. — Épître d'elle à Énée, par S. G., sieur de La Roque (1609), IV, 2943.
Didot (Ambroise-Firmin) : volumes lui ayant appartenu, 448, 471, 529, 536, 545, 555, 560, 567, 571, 587, 598, 599, 618, 677, 712 ; II, 1083, 1131, 1192, 1491, 2113 ; III, 2334, 2568, 2571, 2652 ; IV, 2798, 2829, 3149, 3154, 3172, 3173, 3174, 3176, 3183 ; V, 3213, 3229.
Didot (Ambroise-Firmin et Hyacinthe-Firmin), frères, impr. à Paris (1839), V, 3292 ; (1844), III, 2509.
Didot (Firmin), dit le jeune, impr. à Paris (1785), II, 1675 ; (1791), II, 1502 ; (1792), II, 1501 ; (an II), 854 ; (an III), 401 ; (1797), II, 1767 ; (1799), II, 1287 ; (1801), II, 1766 ; (1821), 863 ; (1824), 868. — Volumes lui ayant appartenu, II, 1518, 1854.
Didot (François), libr., puis impr. à Paris (1726-1733), III, 2487 ; (1738), 325 ; (1756), cité, II, 2095, art. 13.
Didot (François-Ambroise), dit l'aîné, libr., puis impr. à Paris (1765), III, 2310 ; (1777), 270 ; (1781), 1036 ; II, 1459 ; (1782), V, 3322 ; (1783), II, 1459, 1918, art. 1 ; (1784), II, 1918, art. 2 et 3 ; (1787), 914 ; II, 1918, art. 4 et 5.
Didot (Henri), libr. à Paris, associé de Saugrain (1797), II, 1670.
Didot (Jules) l'aîné, impr. à Paris (1823), II, 1520 ; (1824), II, 1180, 1909 ; (1825), II, 1909, 1919 ; (1826), II, 1520, 1913, 1919 ; (1833), 1012.
Didot (Pierre), dit l'aîné, impr. à Paris (1792), III, 2298 ; (an III, 1795), 845 ; (an IV, 1796), II, 1676, 1679 ; (an V, 1797), II, 1681 ; (1801), II, 1579, 1766 ; (1806), II, 1577 ; (1808), 860 ; (1809), II, 2002 ; (1820), 865 ; (1821), 844 ; II, 1909 ; (1822), II, 1909 ; (1823), II, 1909.
Didot (Pierre-François), dit le jeune, impr. de Monsieur à Paris (1778), V, 3337 ; (1785), II, 1675 ; (1789-

1791), II, 1901 ; — sans titre (1799), II, 1287.

Didyme, scholiaste d'Homère (1656), 395.

Diepoldt (Franz) : inscription dans un album (1567), V, 3365, p. 145.

Dieppe : pièces pour et contre cette ville (xv° siècle), IV, 2796, n°° 20-87. — Jean L'Allemant y est envoyé pour instruire une querelle survenue entre les catholiques et les protestants (1560), II, 2054.

Diéreville. Voy. *Recueil de pieces curieuses* (1694-1696), III, 2632. — *Relation du voyage du Port-Royal de l'Acadie* (1708), II, 1977.

Diesbach, capitaine suisse, tué à Pavie (1525), II, 2127.

Diesbach (Andreas von), de Berne : inscription dans un album (1584), V, 3368, p. 156.

Diesbach (Humbert de), colonel suisse (1598), IV, 3127, art. 12.

Diest (Gilles van), impr. à Anvers (1550-1566). Voy. Coppens (Gilles) van Diest.

Dietrich (Jakob), de Wetzlar : inscription dans un album (1567), V, 3365, p. 145.

Diez (Rodrigo) : réponse à Ausias March (xv° siècle), IV, 3003.

Different (Le) de Cl. Marot et de Fr. Sagon (1539), 621, art. 16.

Differents (Les) arrivez à Rome, entre les ambassadeurs de France et d'Espagne (1621), III, 2643.

Difficile (Le) des receptes (s. d.), 199 et *Additions*.

Dificio di ricette (1541), cité, 199, *Additions*.

Digby (Le chevalier Kenelm) : J. Baudouin lui dédie *La Comedie des Tuileries*, par les Cinq Auteurs (1638), II, 1171, 1172.

Digny (François de), seigneur d'Angluz (1550). IV, 2881.

Digoyne (Christian de), seigneur de Thienges, l'un des auteurs des *Cent Nouvelles nouvelles* (v. 1457), II, 1694.

Dijon : ballet dansé dans cette ville (1627), II, 1451. — Abbaye de Saint-Bénigne, IV, 3096, art. 93-93 ter. — Imprimeurs et Libraires. Voy. Des Planches (Jean), 1589. Fay (Antoine de), 1711. Grangier (Pierre), 1539. Palliot (Pierre), 1641-1664. Ressayre (Jean). 1685. Socard (Louis), 1687. Spirinx (Nicolas), v. 1632.

Dijon (Nicolas de) : *Le Pontife de la justice, Pierre Scarron* (1668), 358.

Dillembourg : impression anonyme (1569), III, 2375.

Dinant : c'est peut-être dans cette ville qu'a été imprimé *Le Testament de la Guerre*, 471, art. 101.

Dinaux, cité, 489.

Dinteville (Jean de), seigneur de Polizy, cité par Nic. Bourbon (1538), IV, 2788.

Dinteville (Louis de), chevalier de Rhodes, cité par Nic. Bourbon (1538), IV, 2788.

Dinteville (M°° de) : lettre à elle adressée (1589), III, 2241, art. 4.

Diodati (François), grav., III, 2482.

Diodore de Sicile : *Histoire universelle* (1758), II, 1998.

Diogène : épîtres en grec (1499), II, 1873.

Diogenes, ou du moyen d'establir une bonne et asseurée paix (1581), 789.

Dion de Syracuse : sa Vie par Plutarque (1567), II, 1899. Cf. III, 2735.

Dione : vers à lui adressés par Joachim Blanchon (1583), IV, 2938.

Dioncau (Jacques), chirurgien : vers à lui adressés par J.-Ed. Du Monin (1583), V, 3272.

Dionis (Mlle) : *Origine des Graces* (1779), II, 2004.

Dionysio, capitaine, 1042.

Dionysius (Aelius) : traité sur les mots grecs indéclinables (1496), 316.

Dionysius Afer : *De situ orbis* (1518), V, 3332.

Diou (Le commandeur de) : le duc de Mayenne lui adresse des instructions (25 mai 1589), III, 2251, p. 87.

Dirae in parricidam (1610), 890, art. 14.

Dirois (François) : lettres à lui adressées par Bossuet (1672-1676), II, 1883, pp. 362-363 ; IV, 3079, p. 441.

Disciples (Les) et Amys de Marot contre Sagon (1537), III, 2594, art. 8 ; 621, art. 11.

Discord (Le) des troys chevaliers (v. 1495), III, 2590.

Discours à Cliton sur les Observations du Cid (1637), II, 1141, art. 11 ; 1142, art. 15.

Discours ample et veritable de la defaite obtenue aux Faux-bourgs de Tours, sur les trouppes de Henry de Valois, par Mgr le duc de Mayenne (1589), III, 2222, art. 2.

Discours au roi Henri III sur les moyens de diminuer l'Espagnol, 1584 (1758), III, 2195.

Discours au vray de la reduction du Havre de Grace (1563), III, 2161.

Discours au vray du siege et de la prise de la ville de Noyon (1591), III, 2250.

Discours (Le) au vray sur la mort et trespas de Henry de Valois (1589), III, 2232.

Discours contre les conspirations pretendues... sur l'estat d'Angleterre (1572), III, 2371.

Discours contre les huguenotz, au

Discours est contenue et declarée la source de leur damnable religion (1573), IV, 3194.
Discours (Sommaire) de ce qui est advenu en l'armée du roy depuis que le duc de Parme s'est joinct à celle des ennemis, 1590 (1741), III, 2236, art. 16.
Discours (Vray) de ce qui est advenu en la ville de Bruges au mois de juillet 1582 (1582), III, 2396.
Discours de ce qui est arrivé à Blois jusques à la mort du duc et du cardinal de Guise, 1588 (1709), III, 2251, p. 87.
Discours de ce qui s'est passé en la celebration du mariage d'entre le roy d'Espagne et Marguerite d'Austriche (1599), III, 2436.
Discours de ce qui s'est passé en la prise de la ville de Marseille, 1596 (1741), III, 2236, art. 21.
Discours de ce qui s'est passé en l'armée du roy depuis la bataille donnée près d'Evry (1590), III, 2236, art. 10.
Discours de ce qui s'est passé en l'armée du roy depuis le 13. du mois d'avril dernier jusqu'au 2. du mois de may [1590], 1741, III, 2236, p. 11.
Discours de ce qui s'est passé en l'armée du roy depuis le 23. juillet jusques au 7. aoust 1590 (1741), III, 2236, art. 13.
Discours de ce qui s'est passé en l'armée du roy depuis son arrivée devant Paris jusques au 9. de juillet 1590 (1741), III, 2236, art. 12.
Discours de la bataille de Cerizolles (1544), réimpr., II, 2095, art. 9ª.
Discours de la bataille, siege et prise des ville et chasteau de Dourlens (1595), IV, 3128.
Discours (Ample) de l'arrivée de la royne catholique... à Sainct Jehan de Lus (1565), réimpr., II, 2095, art. 9ᵈ.
Discours (Veritable) de la conference tenue à Fontainebleau (1600), II, 2062.
Discours de la court (1558), 653.
Discours de la deffaicte des garnisons espagnoles du pays de Haynault (1596), III, 2435, art. 3.
Discours (Le) de la guerre esmeue envers le seigneur Grand Turc par l'esmotion d'aucuns ses sujetz (1561), IV, 3145.
Discours (Le) de la guerre et descente que les Anglois et Flamans se sont efforcez faire en Bretaigne (1558), IV, 3115.
Discours (Vray) de la guerre et siege de Malte (1565), II, 2019, art. 4.
Discours de la methode (1637). Voy. Des Cartes.

Discours entier de la persecution et cruauté exercée en la ville de Vaissy (1563), II, 2057.
Discours (Le) de la prinse de Calais (1558), III, 2147.
Discours de la reprise de l'isle, forts et chasteau de Marans (1588), III, 2194, p. 42.
Discours (Brief) de la tempeste et fouldre advenue en la cité de Londres (1561), III, 2369.
Discours (Brief) de la vie et mort de M. Theod. de Beze (1610), II, 2061.
Discours (Brief) de l'entreprise et assemblee faicte par les princes chrestiens pour aller courir contre les Turcs (1560), IV, 3144.
Discours de l'execrable forfait commis par un garson de Rumilly (1606), 112.
Discours de l'ordre tenu par les habitans de la ville de Rouen à l'entree du roy (1588), III, 2221, art. 6.
Discours (Le) demonstrant sans feincte Comme maints pions font leur plainte, cité, V, 3303.
Discours deplorable du meurtre et assassinat de tres-haut feu Henry de Lorraine, duc de Guyse, etc. (1588), III, 2221, art. 7.
Discours deplorable d'un estrange accident survenu... au bourg de Plurs (s. d.), cité, III, 2445.
Discours (Ample) des actes de Poissy (1561), II, 2055, 2056.
Discours des choses faictes par monsieur le prince de Condé... depuis son partement d'Orleans (1563), III, 2156, art. 13.
Discours des choses memorables advenues à Caors en l'an 1428 (1586), V, 3357.
Discours (Le vray) des derniers propos du feu roy Charles IX (1574), V, 3354.
Discours des dessains et entreprises vaines du roy de Navarre (1588), III, 2221, art. 12.
Discours (Brief et simple) des grands appareils de Philippe, roi d'Espagne, 1588 (1758), III, 2194, p. 42.
Discours des Moyens que monsieur le prince de Condé a tenus pour pacifier les troubles (1562), III, 2156, art. 12.
Discours d'estat sur la blessure du roy (1595), III, 2243, art. 6.
Discours de tout ce qui s'est passé à la prise de la ville et bastille de Paris (1594), III, 2706.
Discours du curé de Bersy (1620), II, 1801.
Discours (Brief) du merveilleux et terrible accident advenu par feu en la ville de Venise (1574), III, 2449.
Discours du premier passage de M

le duc de Mercure au bas Poictou (octobre 1585), III, 2194, p. 39.
Discours (Bref) du rencontre faict par les Chrestiens et les Turqz (1560), IV, 3143.
Discours du triomphe des nopces du roy de Navarre (1572), III, 2240, art. 1.
Discours (Le) du voyage de Constantinople (1542), IV, 2872. — Cf. I, 806, art. 9.
Discours espouventable de l'horrible tremblement de terre advenu es villes de Tours, Orleans et Chartres (1579), III, 2341.
Discours (Ample) et Advis de l'estat et assiette des armées chrestiennes et turquesques (1572), III, 2462.
Discours et Traité de la prise des ville et chasteau de Mauleon (1588), III, 2225.
Discours (Brief) et veritable des principales conjurations de ceux de la maison de Guyse, 1565 (1709), III, 2251, p. 87.
Discours facetieux des hommes qui font saller leurs femmes (v. 1600), II, 1087.
Discours facecieux et tres-recreatifs pour oster tout ennuy (1618), II, 1786.
Discours fait par un gentilhomme tournesien a un seigneur de Henault (1581), III, 2391.
Discours funebre, sur la mort de l'empereur Ferdinand II (1637), III, 2420, art. 103.
Discours historial des evenemens arrivés en Languedoc (1586), II, 2095, art. 9*.
Discours lamentable de trois jeunes enfans de Tours (1611), 115.
Discours lamentable sur l'attentat et parricide commis en la personne de Henry IIII (1610), III, 2257, 2258.
Discours merveilleux d'vn acte remarcable et deplorable advenu au village de Bescourt (1578), III, 2330.
Discours miraculeux et epouvantable avenu a Envers... (1582), II, 1725.
Discours nouveau de la grande science des femmes (1622), II, 1798, art. 4.
Discours ou Epithalame sur le mariage du roy (1600), 802.
Discours (Brief) ou Relation touchant l'arrivement en Espagne de la S^{me} royne Marguerite d'Austrice (1599), III, 2725.
Discours pitoiable des execrables cruautés commises par les hereticques huguenotz contre les cathollicques de Nyort (1589), III, 2222, art. 9.
Discours plaisant et recreatif entremeslé de plusieurs discours... (v. 1600), IV, 2956.

Discours prodigieux de ce qui est arrivé en la compté d'Avignon (1616), III, 2349.
Discours simple et veritable du trouble advenu en la ville d'Aix en Allemagne (1611), V, 3361.
Discours sommaire des choses qui se sont passées es sieges de l'isle de Maran 1585-1588, III, 2194, p. 39.
Discours sommaire du siege de Beauvoir (1588), III, 2194, p. 42, et *Additions*.
Discours succinct du voyage de Sa Majesté en Lorraine, 1591 (1741), III, 2236, art. 19.
Discours sur ce qu'aucuns seditieux ont temerairement dit et soustenu que, pendant la minorité des rois de France, leurs meres ne sont capables de la regence (1579), III, 2150.
Discours sur la bienséance (1688). Voy. Pic (Jean).
Discours sur la blessure de Mgr. le Prince d'Orange (1582), III, 2394.
Discours (Vray) sur la deffaicte des Duc d'Aumalle et sieur de Ballagny (1589), III, 2219, art. 13.
Discours sur la liberté ou captivité du roy (1562), III, 2156, art. 7.
Discours (Brief) sur la mort de la royne de Navarre (1572), III, 2170, 2171.
Discours sur la mort de monsieur le president Brisson (1595), III, 2253.
Discours sur l'apparition de l'effroyable Tasteur (1613), cité, IV, 3005, p. 365.
Discours sur l'art de la navigation (1681), II, 1924, art. 4.
Discours sur la seureté de la vie et de l'estat des roys (1613), III, 2243, art. 16.
Discours sur la treve accordée par le roy Tres-Chrestien au roy de Navarre (1589), III, 2240, art. 7.
Discours sur la venue en France, proggrez et retraicte du duc de Parme, 1590 (1741), III, 2236, art. 15.
Discours sur le droit pretendu par ceux de Guise sur la couronne de France (1585), III, 2198; (1587), 2194, p. 34.
Discours sur l'enterrement de M. le mareschal de Montmorency (1579), III, 2197.
Discours sur les antiquitez trouvees pres le prieuré S. Martin lès Bourdeaux (1595), IV, 3133.
Discours sur les causes de l'execution faite es personnes de ceux qui avoient conjuré contre le roy et son estat (1572), III, 2173; — trad. en allemand (1573), 2174.
Discours (Le) sur l'espouventable

tremblement de terre advenu en la ville de Ferrare (1570), III, 2448.
Discours (Excellent et libre) sur l'estat present de la France, 1588 (1758), III, 2194, p. 42.
Discours sur l'ordre observé à l'arrivée de dom Pedro de Theolede (1608), cité, III, 2255.
Discours tragique et veritable de Nicolas Salcedo ([1582]), cité, III, 2396.
Discours tres-facetieux et veritable d'un ministre de Clerac (1615), II, 1796, art. 37.
Discours (Le) veritable de ce qui s'est passé au voyage de la royne (1600), III, 2242, art. 10.
Discours veritable de ce qui s'est passé en la guerre de Savoye (1600), III, 2240, art. 9; — réimpr., 2236, art. 22.
Discours veritable de la victoire obtenue par le roy en la bataille donnée près le village d'Evry (1590), 1741, III, 2236, art. 9.
Discours veritable de l'estrange et subite mort de Henry de Valois, 1589 (1709), III, 2251, p. 87; (1744), 2188, t. III, n° 34.
Discours veritable des particularitez qui se sont passées en la reduction de la ville de Marseille, 1596 (1741), III, 2236, art. 20.
Discours veritable des visions advenues à la personne de l'empereur des Turcs sultan Amurat (1589), III, 2464.
Discours veritable d'un Juif errant (1609), III, 2631.
Discours veritable sur ce qui est arrivé à Paris le 12e de May 1588 (1588), III, 2221, art. 1.
Dissertation sur les tragedies de Phedre et Hippolyte (1677), II, 1264.
Distinction entre l'u et le v, etc. Voy. Orthographe.
Distiques didactiques sur la morale religieuse (v. 1633 ?), IV, 3153, p. 531.
Distrait (Le), comedie (1698), II, 1292.
Dit, Ditz. Voy. Dict, Dictz.
Dittmer (Auguste), écrit avec Edmond-Ludovic-Auguste Cavé sous le pseud. de Dufongeray. Voy. Dufongeray.
Divertissement (Le) royal (1670), IV, 3040, 3043.
Divertissements de Versailles (1674), II, 1209.
Division du temps (1516), III, 2562, art. 37.
Divisions (Les grandes) survenues entre les trouppes des armées imperialles et espagnolles (1634), III, 2420, art. 95.
Divizio (Agnolo) da Bibbiena : vers dans les *Trionfi, Carri, ecc.* (1559), 1028.
Divizio (Bernardo) da Bibbiena : lettre à Gio. Giorgio Trissino (1519), IV, 3078. — Portrait dans les *Icones* de N. Reusner (1589), V, 3370, p. 162.
Divry (Jehan). Voy. Ivry (Jehan d').
Dix (Les) Commandemens de la Loy (1516), III, 2562, art. 24.
Dix (Les) Commandemens du dyable (1516), III, 2562, art. 32.
Dix histoires du Nouveau Testament (1547), IV, 2739.
Dix (Les) Nations chrestiennes (1516), III, 2562, art. 62.
Dobschütz (Adam) : inscription dans un album (1620), V, 3370, p. 164.
Doche (Joseph-Denis), dit Doche père : mélodie dans les *Chants et Chansons populaires de la France* (1843), 1014.
Dockel (Georg.) : inscription dans un album (1635), V, 3366, p. 153.
Docourt (Jean) : inscription dans un album (1564), V, 3365, p. 145.
Doctrinal (Le) des femmes mariées (v. 1490), 555.
Doctrinal (Le) des filles (v. 1490), 556; (v. 1492), 557; (v. 1504), 558.
Doctrine (La) des princes et des servans en court (v. 1492), 561.
Doctrine (La) du pere au filz (v. 1492), 562; (v. 1525), 563; IV, 2840.
Dodart père, fournit à Bossuet des renseignements sur l'anatomie, IV, 3079, p. 449.
Dodart, fils, ami de J. Racine, II, 2014.
Dodart, collabore à l'*Encyclopédie* (1751-1777), III, 2523, p. 280.
Dodecaton (1837), II, 1714.
Dodieu (Claude), seigneur de Vély, cité par Nic. Bourbon (1538), IV, 2788.
Dogirolius. Voy. Ogerolles (d').
Dohna (Le baron de) : capitulation conclue avec lui par M. d'Espernon (8 déc. 1587), III, 2194, p. 40. — Son expédition en France et sa mort (1588), III, 2223.
Dolce (Lodovico) : *Il Ragazzo* (1541), II, 1468. — *Didone* (1547), 1469. — *Giocasta* (1549), 1470. — *Marianna* (1565), 1471. — Son emblème (1562), IV, 3077.
Dole (Antoine van), libr. à La Haye (1735), 288.
Dolé (Louis), dit Dolaeus, cité par N. Rapin (1610), IV, 2944.
Dolet (Claude) : son *Genethliacum* par Estienne Dolet (1540), 634. — Son *Avant-Naissance* (1539), 634.
Dolet (Estienne), adversaire de Gratien Du Pont (1533), 624. — Epître à Clément Marot et réponse (1538),

614. — *Francisci Valesii Fata* (1539), II, 2115 ; — *Les Gestes de Françoys de Valois* (1540), 2115 ; (1543), 2116, 2117. — *Genethliacum Claudii Doleti* (1540), 630. — *L'Avant-Naissance de Claude Dolet* (1539), 634. -- *Les Questions tusculanes de Ciceron traduites en françois* (v. 1544), 127. — *Forme et Manière de la punctuation* (1560), 656. — Ses ouvrages sont censurés, 108, 110. — Il est cité comme grammairien (1562), V, 3229. — Imprimeur à Lyon (1539), 634, II, 2115 ; (1540), 634 ; II, 2115 ; (1542), 5, 618 ; II, 1509 ; IV, 2748 ; IV, 3110 ; cité, V, 3209 ; (1543), 650 ; II, 2116. — Portrait dans les *Icones* de N. Reusner (1588), V, 3370, p. 162. — Volume paraissant lui avoir appartenu, 28.
Dolivart (J.), ou Dolivar, grav., 252 ; III, 2524 ; V, 3216.
Dolu (Geneviève), citée par Guy Le Fèvre de La Boderie (1579), IV, 2930.
Dolu (René) : *Epithalame sur son mariage* par R. Belleau (1569), 693 ; IV, 2907.
Dombes (Henri de Bourbon, prince de) : J.-A. de Thou lui dédie son *Ecclesiastes* (1592), 423.
Domenichi (Lodovico) : traducteur de *La Vita di Consalvo Ferrando di Cordova*, par Paolo Giovio (1550), III, 2510. — Emblème (1562), IV, 3077.
Domyn (Charles), huissier à la cour des Monnaies (1563-1572), III, 2516, art. 1, 2, 12, 15.
Dominicains, II, 2024.
Dominici (Bernard) : *Sermon funebre fait à Nancy aux obseques de François, duc de Guise* (1563), 337.
Dominique, acteur. Voy. Biancolelli.
Don aîné, chanteur (?) (1657), IV, p. 609.
Don cadet, musicien (1657-1671), *ibid.*
Donat (Tib. Claud.) : *Virgilii Vita* (1638), 403, 404.
Donato (Elia) : *Vita P. Terentii* (1619), V, 3311.
Donato (Francesco) : lettre à Gio. Giorgio Trissino (1544), IV, 3078.
Donato (Girolamo) : portrait dans les *Icones* de N. Reusner (1589), V, 3370.
Donato (Nicolas), doge de Venise, sa mort (1618), III, 2450.
Dondey-Dupré, père et fils, impr. à Paris (1828), II, 1482.
Dondey-Dupré (Prosper), impr. à Paris (1834), II, 1373. — Sa veuve (1836), II, 1371, 1604 ; (1839), II, 1372, 1391 ; (1842), II, 1622, 1660 ; (1845), II, 1650 ; (1848), II, 1662, 1716 ; (1849), II, 1627, 1628, 1638,

1662 ; (1851), II, 1386, 1392, 1629 ; (1854), II, 1397 ; (1855), II, 1398.
Doneau (Hugues) : Cujas lui attribue *Le Reveille-Matin des François* (1574), IV, 3125.
Donneau de Vizé (Jean), éditeur du *Mercure galant* (1672-1710), III, 2524. — Il est cité, III, 2632, p. 441.
Donneraill (Nichols), auteur supposé par Restif de La Bretonne (1785), II, 1916, art. 20.
Donnet (Le) baillé au feu roy Charles, VIII. de ce nom, IV, 2799, art. 4.
Don Sanche d'Arragon, com. hér. de P. Corneille (1650), II, 1157, 1158 ; (1655), II, 1159.
Dons (Les) de Comus (1739), 290.
Donsin, cité par Estienne Forcadel (1579), IV, 2879.
Doorn (Jan), libr. à Utrecht : *Catalogus librorum musicorum* (1639), III, 2519.
Dorat : généalogie, III, 2495.
Dorat (? Disnematin ?, dit), cité par J. Dorat, son fils (1586), IV, 2789.
Dorat (Claude-Joseph) : *Irza et Marsis* (1769), 931. — *Les Cerises et la Méprise* (1769), 931. — *Sélim et Sélima* (1769), 931. — *Epitre à l'auteur de la Comedie des Graces* [Saint-Foix] (1769), II, 2003. — *Les Graces*, à Mlle F..., *ibid.* — *Les Baisers* (1770), 986. — Dessins de Ch. Eisen et C.-P. Marillier, pour les *Baisers*, 222. — *Fables* (1772), 916. — Deux romances de lui dans les *Chansons* de La Borde (1773), 1002. — *Contes en vers* (1778), 927. — Il collabore au *Mercure de France* (1778), III, 2524, p. 314. — *Mélanges littéraires* (1778), cités, 2526.
Dorat (Jacques) : *Complaintes funebres sur le trespas du tres-grand Henry IV* (1610), 891, art. 2.
Dorat (Jean) : distiques grecs et ode latine en tête des *Odes* de Ronsard (1550), 671. — Traduction grecque du *Tombeau de Marguerite de Valois* (1551), 628. — Epigramme latine à M. A. de Muret (1552), II, 1069. — Pièce latine en tête des *Hymnes* de Ronsard (1555), 672. — Pièce latine, traduction latine et ode grecque accompagnant l'*Hymne de Bacus* de Ronsard (1555), 672. — Epigramme latine à R. Belleau (1556), 398, 399. — Vers latins à Charles Toutain (1557), II, 1089. — Vers à lui adressés par Charles Fontaine (1557), IV, 2877. — Vers à lui adressés par Joachim Du Bellay (1559), IV, 2896. — Vers à M. Cl. de Buttet (1561), 707. — Traduction latine de quelques sonnets de Grevin (1562), 711. — Vers à P. de

Ronsard (1567), 667, 668. — *Tumulus... Annae Mommorantii* (1567), IV, 2966. — *Epitaphes sur le tombeau de... Anne, duc de Montmorency* (1567), IV, 2966 ; (1568), 2967. — *Tombeau d'Elisabeth de France* (1569), 814. — Pièce latine sur la mort de Jacques de La Chastre (1569), IV, 2791. — Il édite lui-même ses œuvres (1570), IV, 2903, 2904. — Vers dans le *Tumbeau de Gilles Bourdin* (1570), 815. — *Novem Cantica de pace* (1570), 689 ; III, 2882 ; IV, 2903. — *Epithalame... sur le mariage de... Henry de Lorraine, duc de Guise* (1570), IV, 2904. — Vers en tête de l'*Hymne de clemence* de Cl. Pellejay (1571), 732. — Vers sur l'entrée de Charles IX à Paris (1571), IV, 3117, art. 1. — Vers pour l'entrée de la reine Elisabeth d'Autriche à Paris (1571), IV, 3117, art. 3. — Vers à Guy Le Fèvre de La Boderie (1571), 733. — Distiques lat. en tête de *La Franciade* de Ronsard (1572), 678. — Vers latins en tête de l'*Hymne trionfal* de Cl. Nouvelet (1572), IV, 3181. — *Ad amplissimos Polonorum legatos Versus* (1573), V, 3238. — Vers en tête des *Tumbeaux des brisecroix* (1573), 787. — Vers latins à lui adressés par Jean Le Bon (1574), IV, 3171. — *In Henrici III... foelicem reditum* (1574), III, 2319. — *De regis Henrici III. foelici auspicio* (1574), ibid. — Vers latins sur la *Venerie* d'Oppien (1575), IV, 2773. — *Chant de joye à N. D. de Liesse* (1576), IV, 2905. — Vers en tête des *Amours* de Belleau (1576), 694 ; (1585), 690. — Vers dans le *Tumulus R. Bellaquei* (1577), 695. — *Eglogue* récitée devant le roi (6 févr. 1578), IV, 2968. — Vers à lui adressés par Guy Le Fèvre de La Boderie (1578), IV, 2930. — Vers latins et grecs en tête de *La Galliade* de Guy Le Fèvre de La Boderie (1578), IV, 3183. — Il est loué par le même, ibid. — Vers à Clovis Hesteau (1578), 743. — Vers à J. Le Masle, qui lui-même traduit une pièce de Dorat (1580), IV, 2933. — Vers sur la mort d'Antoine Fiancé (1582), 753. — Vers à Joachim Blanchon (1583), IV, 2938. — Distiques latins en tête de *L'Uranologie* de J.-Ed. Du Monin (1583), V, 3272. — Vers à La Croix du Maine (1584), III, 2515. — Vers à Robert Garnier (1585), II, 1095. — Distiques latins à Flaminio de Biragüe (1585), IV, 2939. — *Poëmatia* (1586), IV, 2789. — Vers en tête des *Touches* d'Estienne Tabourot (1586), II, 1778. — Epigramme latine en tête de l'*Histoire notable de la Floride* de Basanier (1586), II, 1982. — Vers grecs et latins dans le *Tombeau* de Ronsard (1586), IV, 2889 ; (1623), 668. — Distiques latins à Jean de Vitel (1588), V, 3275. — Distiques latins en tête de la Seconde Sepmaine de Du Bartas (1589), V, 3270. — Distiques grecs à la suite des œuvres d'Ausone (1590), IV, 3169, p. 564. — Anagramme à Guillaume Du Peyrat ; vers de Du Peyrat sur la mort de Dorat (1593), IV, 2945. — Vers en tête des *Poëmata* de Scévole de Sainte-Marthe (1596), 716. — Vers à Philippe Des Portes (1600), 740. — Ses vers à Anne de Marquets sont publiés en 1605, IV, 2918.

Dorat (Louis), cité par J. Dorat, son père (1586), IV, 2789.

Dorchet (de) : vers à lui adressés par Joachim Blanchon (1583), IV, 2938.

Dordrecht. Impr. et Libraire. Voy. Canin (Jean), 1585.

Doré (Jean-Didier), libr. à Paris (1776), II, 1916, art. 10.

Doresse, chanoine d'Arles : *Response* à ses arguments par Paul Maurice (1610), IV, 3160.

Dorgez, grav., 272.

Doria (Andrea), menacé par Gio. L. Fieschi (1547), III, 2447.

Doria (Gio. Battista) : lettre à Gio. Giorgio Trissino (1538), IV, 3078.

Dormal, agent du *Journal encyclopédique* à Liège (1757-1759), III, 2524.

Dormi (François de) : vers latins à lui adressés par Adam Blackwood (1564), IV, 2790.

Dornant : généalogie, III, 2495.

Dorothée, poète cité par Nic. Rapin (1610), IV, 2944.

Dorp (Martin) : épître à Erasme et réponse d'Erasme (1515), V, 3207.

Dorron (Claude) : *Devotes Meditations*, mises en vers par Baptiste Badere (1588), V, 3276.

Dorsaine, lieutenant particulier d'Issoudun (1549), IV, 2868.

Dorsaine, seigneur de Tizay : Pierre Enoc lui dédie ses *Opuscules poëtiques* (1572), IV, 2927.

Dortous de Mairan : *Discours de réception à l'Académie Françoise*, 1744, 391.

Dosme, avocat (1550), IV, 2881.

Doson (Helin), avocat, cité par Est. Forcadel (1579), IV, 2879.

Douai. Impr. et Libraires. Voy. Bogard (Jean), 1579. Patté (Gérard), 1635.

Douay (Le P. Anastase) : *Relation des*

voyages de Cavelier de La Salle (1691), II, 1973.
Douaires (*Les sept*) *des sauvez*, III, 2558.
Double de la publication d'une lettre du discord du roy et de l'empereur (1542), III, 2677.
Double (Le) de l'original qu'il a esté escript et mandé par le Grand Turck... (1526), IV, 3142.
Double d'une lettre envoyee a ung Alemant touchant les differens qui sont entre le roy... et l'empereur (1536), IV, 3109.
Double d'une lettre envoiée à un certain personnage contenante le discours de ce qui se passa au cabinet du roy de Navarre... (1585), III, 2242, art. 3.
Double d'une lettre faisant mantion de la suplication faicte par la Majesté imperialle... aux princes électeurs de l'Empire... (1547), III, 2415.
Double (Léopold) : volumes lui ayant appartenu, 28, 696 ; III, 2233, 2244, 2363, 2506 ; IV, 2882.
Douceur (David), libr. à Paris (1606), 326 ; (1608), cité, IV, 3005, p. 365.
Douchet (Jacques-Philippe-Auguste), collabore à l'*Encyclopédie* (1751-1777), III, 2523, p. 280.
Douecte (J.), sieur de La Grandnoe : huitain en tête des *Amoureux Devis* (v. 1560), 812, art. 5.
Douen (O.), cité, II, 1932.
Douglas, cité par J. Dorat (1586), IV, 2789.
Douy (Jean), peintre (1584), 737.
Doullens. Voy. Dourlens.
Doullie (Estienne), juré maçon à Paris, est condamné aux galères comme complice de la mort de B. Brisson (1594), III, 2253.
Doulssecker, libr. à Strasbourg (1707-1708), cité, II, 2005.
Douri (Firmin), curé de S¹-Candre de Rouen : son *Tombeau* (1578), cité, II, 1743. — Il est cité par Guy Le Fèvre de La Boderie (1579), IV, 2930.
Dourlens, ou Doullens : *Discours de la bataille, siege et prise des ville et chasteau de Dourlens* (1595), IV, 3128.
Dousa. Voy. Vander Doese.
Doussat (Dom Joseph), collaborateur de Bernard de Montfaucon (1719), III, 2499.
Douze (Les) Vertus des nobles, IV, 2796, art. 12.
Dovalle (Charles) : *Le Sylphe* (1830), 880.
Doxologie (1535), IV, 2754.
Doyat, danseur (1670), IV, p. 609.
Doyen (G.), impr. à Paris (1827-1828),
II, 1919 B, art. 2 et 3 ; (1832), 954; II, 1620.
Drachstedt (Christoph) : inscription dans un album (Brieg, 1598), V, 3370.
Drachstedt (Christoph) : inscription dans un album (« Wolaviae », 1601), V, 3370.
Draguignan (Jehan), seigneur de Rioms : ballade à lui adressée par Antoine Prévost (v. 1530), V, 3249.
Drahtschneider (Daniel), dit Flacotomus, de Danzig : inscription dans un album (1590), V, 3369.
Drake (Sir Francis) : *Voyage aux Indes occidentales en 1585*, III, 2195.
— Il commande les forces anglaises contre l'Espagne (1589), III, 2194, p. 44.
Drame (Le) de la vie (1793), II, 1916, art. 30.
Draudius (Georg) : *Bibliotheca classica* (1625). III, 2520. — *Bibliotheca exotica, ibid.* — *Bibliotheca Librorum Germanicorum, ibid.*
Draudius (Heinrich) : vers à Georges Draudius (1625), III, 2520.
Draudius (Johann), fils de Georges : épître à son père (1625), III, 2520.
Dreppe (J.), dessin., III, 2523, p. 279.
Dreppe (L.), dessin. et grav., 927.
Dreppe (S.), dessin., II, 1916, art. 26.
Dreux, avocat général : Montfleury lui dédie *L'Ecole des filles* (1660), II, 1276.
Dreux (Catherine de), citée dans les pièces jointes au *Vergier d'honneur*, 479.
Dreux (Perceval de), seigneur du Blanc Fossé et de Cormeilles : manuscrit lui ayant appartenu, II, 1079.
Dreux du Radier : *L'Europe illustre* (1755-1765), III, 2506.
Dribte (Franz Julius von) und Freidenthail : inscription dans un album (1596), V, 3370.
Driesch (Jan), dit Drusius : inscription dans un album (1598), V, 3372.
— Il est cité par Nic. Rapin (1610), IV, 2944.
Drobet (Georges), libr. à Paris (1596-1597), V, 3302.
Drogues (Les cent) admirables du merveilleux operateur (v. 1618), II, 1793.
Droit (Du) des magistrats sur leurs subjects (1574), IV, 3126, art. 4.
Drouet, graveur d'écriture, 1034 ; II, 1678, 1678 bis.
Drouin (Daniel) : *Recuil de chansons d'amours* (1575), 985.
Drouineau (Gustave) : *Rienzi* (1826), II, 1358 ; — *Françoise de Rimini* (1830), 1359.
Droullin de Mesniglaise : généalogie, III, 2495.

Droyer, grav., III, 2279.
Drubec (François Mallet de Granville de) : *Oraison funebre d'Anne d'Austriche* (1667), 356, art. 6.
Drulion (Marie), citée par M. Guy, de Tours (1598), IV, 2948.
Drulion (Les demoiselles), *ibid*.
Drusius. Voy. Driesch.
Duaren (François), jurisconsulte, cité par Guy Le Fèvre de La Boderie (1578), IV, 3183. — Il est cité par Sc. de Sainte-Marthe (1600), IV, 2921.
Du Arley, peintre : vers à lui adressés par S. G., s' de La Roque (1609), IV, 2943.
Du Bar : *Chansons* (1549-1552), 980.
Du Barry (Jeanne Gomart de Vaubernier, C****) : *Anecdotes* sur elle (1775), III, 2294. — Volumes lui ayant appartenu, III, 2239, 2263, 2421.
Du Bartas (Guillaume de Saluste, sieur). Voy. Saluste.
Du Bellay (Eustache), évêque de Paris, est un des juges d'Anne Du Bourg (1559), IV, 3101.
Du Bellay (Guillaume), cité par Antoine Du Saix (1532), 515. — *Double d'une lettre envoyee a ung Alemant touchant les differens*, etc. (1536), IV, 3109. — *Literae ad electores Imperii* (1537), III, 2672. — *Double d'une lettre escripte par ung serviteur du roy Treschrestien* (1536), cité, III, 2673. — Bertrand de La Luce lui adresse une épître (1537), III, 2673. — Il est cité par Nicolas Bourbon (1538), IV, 2788. — Il intervient en faveur des Vaudois (1540), II, 2033. — Nic. Durand de Villegagnon lui dédie son *Expeditio Caroli V. imp. in Africam* (1542), III, 2723. — Paolo Manuzio lui dédie le tome II des *Discours de Ciceron* (1559), II, 1902, art. 5. — Fragments de ses *Ogdoades* (1572), II, 2118. — Il est cité comme érudit par Guy Le Fèvre de La Boderie (1578), IV, 3183.
Du Bellay (Jacques), cité par Antoine Du Saix (1532), 515.
Du Bellay (Jacques) : vers à lui adressés par J. Le Masle (1580), IV, 2933.
Du Bellay (Jean), cardinal, évêque de Paris, cité par Nic. Bourbon (1538), IV, 2788. — Il rédige l'épître de François Ier au pape Paul III (1543), III, 2678. — *Adversus Jacobi Omphalii maledicta* (1544), III, 2681. — *Response a une epistre envoyee de Spire* (1544), III, 2682. — Sonnet à lui adressé par Jacques Pelletier (1547), 699. — Vers sur son retour en France par Joachim Du Bellay (1549, 1563), IV, 2890. — Vers à lui adressés par Charles Fontaine (1557), IV, 2877. — *Ode* à lui adressée par Joachim Du Bellay (1561), IV, 2900.
Du Bellay (Jean), sieur de La Chantelaye : vers à lui dédiés par J. de Vitel (1588), V, 3275.
Du Bellay (Joachim) : dizain dans les *Œuvres* de Jacques Pelletier (1547), 699. — G. des Autelz lui dédie l'*Eloge de la trefve* (1550), 655. — Sonnet en tête des *Odes* de Ronsard (1550), 671. — Il traduit en français *Le Tombeau de Marguerite de Valois* (1551), 628. — Il est loué par Pontus de Tyard (1551), IV, 2908. — Charles Fontaine répond à sa *Defense et Illustration de la langue françoise* (1551), 428. — *Ode sur la naissance du petit duc de Beaumont* ([1553], 1561), IV, 2892. — *Discours au roy sur la trefve de l'an 1555* (1558), V, 3256 ; (1559), IV, 2893. — François Habert parle de lui (1558), V, 3251. — *Epithalame sur le mariage de... Philibert Emanuel* (1558), 681 ; (1559), V, 3257 ; (1561), IV, 2898. — Vers latins et français à Jérôme de La Rovère (1559), 336. — Traduction des vers grecs et latins cités dans les commentaires de Loys Le Roy sur le *Sympose* de Platon (1559), V, 3213. — *Les Regrets* (1559), IV, 2896. — *Hymne au roy sur la prinse de Calais* (1559), IV, 2897. — *Entreprise du roy dauphin pour le tournoy* (1559), V, 3258. — *Louange de la France et du roy* (1560), V, 3259. — Sonnet en tête de *L'Olimpe* de J. Grevin (1560), 710. — Sonnet à Louis Des Masures, 1560, 406. — *Divers Jeux rustiques* (1560), IV, 2894. — *Tumulus Henrici secundi* (1561), IV, 2899. — *Recueil de poësie* (1561), IV, 2890. — *Deux Livres de l'Eneïde... traduits en françois* (1561), IV, 2891. — *La Monomachie de David et de Goliath* (1561), IV, 2900. — *Le premier Livre des Antiquitez de Rome* (1562), IV, 2895. — Vers à P. de Ronsard (1567), 667, 668. — *Docte et singulier Discours sur les quatre estats du royaume* (1568), IV, 2901. — *Chant du desesperé* (1572), V, 3295. — Sonnet à Jacques de La Taille (1573), V, 3317. — *Œuvres françoises* (1575), 680. — *Chansons* (1575-1586), IV, 2994 ; V, 3296. — Il est cité par Guy Le Fèvre de La Boderie (1578), IV, 3183. — Cité par J. Dorat (1586), IV, 2789. — Vers latins dans le *Tombeau de Monluc* (1592), II, 2131.
Du Bellay (Martin) : *Memoires* (1572), II, 2118.
Du Bellay (René), publie les *Memoi-*

res de Martin Du Bellay et les fragments conservés des *Ogdoades* de Guill. Du Bellay (1572), II, 2118.
Du Bernay : vers à lui adressés par J. Le Masle (1580), IV. 2933.
Du Besset (Jeanne) : vers à elle adressés et épitaphe par Bérenger de La Tour (1551), V, 3254.
Dubochet (J.-J.) et Cⁱᵉ, libr. à Paris (1842), III. 2300.
Du Boys, tué à la Saint-Barthélemy (1572), IV, 3191.
Du Bois, avocat au parlement, cité par M. Guy, de Tours (1598), IV, 2948.
Du Bois, violon (1671), IV, p. 609.
Du Bois, dit de Hoves : notice généalogique, III, 2495.
Du Bois (Dom Antoine), prieur des chartreux de Dijon : Estienne Tabourot lui dédie les *Icones et epitaphia quatuor postremorum ducum Burgundiae* (1587), III, 2353.
Du Bois (François) ou Silvius, théologien de Douai, 55.
Du Bois (Gaspard), dit Nemius, archevêque de Cambrai, approuve le *Nouveau Testament* de Mons (1667), 8.
Du Boys (Guillaume), dit Sylvius, médecin, cité par Nic. Bourbon (1538), IV, 2788.
Du Bois (Jacques) : *Grammaire* (1531), citée, V, 3229.
Du Boys (Jacques) : *Comedie et Resjouyssance de Paris* (1559), III, 2621.
Du Bois (Guillaume), cardinal, son blason (1721), III, 2493, art. 4.
Du Bois (Jean), médecin : vers à lui adressés par Ch. Fontaine (1557), IV, 2877.
Du Bois (Jan), cité par Guill. de Poëtou (1565), III, 2605.
Du Bois (Simeon), dit Bosius : vers à lui adressés par Joachim Blanchon (1583), IV, 2936.
Du Bois (Simon), impr. à Paris, à Alençon, puis de nouveau à Paris (1525), IV, 2738 ; (v. 1525), 202 ; (1527), 485, 500 ; (v. 1530), IV, 3157. — Liste de ses impressions (1525-1533), IV, 2738, pp. 8-9.
Du Bois-[Goibaud] (Philippe), traduit les *Livres de Ciceron de la vieillesse et de l'amitié* (1698), 128.
Du Boissereau (Le sieur). Voy. Corbin (Robert).
Du Bordet (Jean), fonde une colonie au Brésil (1556), II, 1834.
Du Bos (Jehan), de Soignies, pèlerin à Jérusalem (1519), IV, 3089.
Du Bosc (Jean), libr. à Rouen (1614), 934.
Du Bosquiel (Gérard), cité par Guillaume de Poëtou (1565), III, 2605.
Du Bosquiel (Pierre), cité par Guillaume de Poëtou (1565), III, 2605.
Du Bouchet, cité par Fr. Habert (1549), IV, 2868.
Du Bouchet, cité par Sc. de Sainte-Marthe (1600), IV, 2921.
Du Bouchet (Jean) : *Preuves de l'Histoire généal. de la maison de Coligny* (1663), cité, III, 2177. — Volume lui ayant appartenu, III, 2651.
Du Bouchet (Joachim), seigneur de Villiers : vers à lui adressés par Pierre Enoc (1572), IV, 2927.
Du Boulay, héraut d'armes du nom de Valois (1556), V, 3350.
Du Bouloz, dessin., 1014.
Du Bourg, délivre un privilège (1529), V, 3343.
Du Bourg (Anne) : *Vraye Histoire contenant l'inique jugement et fausse procedure* faite contre lui (1550), IV, 3101. — *Oraison au senat de Paris* (1560), II, 2053.
Du Bourg (Antoine), chancelier, cité par Nic. Bourbon (1538), IV, 2788.
Du Bourg (Claude) : vers à lui adressés par François Habert (1558), V, 3251. — Sa mission à Constantinople (1569), III, 2460.
Du Bourg (François) : épître à lui adressée par Jehan Bouchet, 511.
Du Bourg (J.), évêque de Rieux : vers à Am. Jamyn (1580), IV, 2771.
Du Bourg (L.-F.), dess. et grav., II, 1519, 1685, 1906.
Du Bourg (M.) : vers à lui adressés par Joachim Blanchon (1583), IV, 2938.
Du Bray (Toussaint), libr. à Paris (1605), 771 ; (1607), II. 1527 ; (1611), 890, art. 16 ; (1612), II, 1447 ; (1620), III, 2429 ; (1627), 823 ; (1633), IV, 3153, p. 530.
Du Breil : vers à La Croix du Maine (1584), III, 2515.
Du Breuil : notice généalogique, III, 2495.
Du Breuil (Mˡˡᵉ), citée par M. Guy, de Tours (1598), IV, 2948.
Du Breuil (Antoine) : vers à Nicolas Bonfons (1588), III, 2304. — *Les Muses gaillardes* (1609), 956. — Libr. à Paris (1600), III, 2242, art. 2 ; (1609), 956 ; (1614), 892 ; III, 2267 ; (1615), 576 ; III, 2268, cité, II, 2631 ; (1616), 935 ; III, 2272, 2273, 2274, art. 1 ; (1620), III, 2420, art. 22.
Du Breul (Dom Jacques) : son *Theatre des antiquitez de Paris* est refondu par Cl. Malingre (1640), III, 2313 ; V, 3356.
Dubreulié, grav., 255.
Du Buissay (Le sieur), 1583. Voy. Seigneur (Roland), sieur du Buissay.

Du Buisson, danseur (1671), IV, p. 609.
Du Buisson (André) : vers latins à Pierre de La Roche (1571), IV, 2925.
Du Buysson (Michel) : *Chansons* (1549-1552), 980 ; (1553), 981. — *Chansons à boire* (1694), III, 2632.
Dubuisson (Pierre-Paul) : *Armorial des principales Maisons et Familles du Royaume* (1757), III, 2496.
Du Caylar : généalogie. III, 2495.
Du Cange (Charles Du Fresne, sieur) : sa vie et son portrait (1696), III, 2507.
Du Carroy (François), impr. ou libr. à Paris (1611), III, 2261.
Du Carroy (Jean), impr. à Paris (1598). IV, 2348.
Du Carroy ([Claude Sourcy], veuve [de Jean]), impr. ou libr. à Paris (1622), II, 1798, art. 5 ; (1625). II, 1796, art. 27, 28, 30 ; III, 2278, 2405, art. 11 et 15 ; (1626), II, 1796, art. 8 ; (1627), III, 2479.
Ducas (Michel), traduit par le président Cousin (1672), II, 2083.
Ducasse (P.) : vers à Jean d'Intras (1609), II, 1525.
Du Castel (Jean), pseudonyme de François Foppens, impr. à Bruxelles (1664), III, 2283.
Ducastin, rel. à Paris, III, 2406, 2584 ; V, 3216, 3254.
Du Cèdre (Pierre) : huitain à Guillaume de La Perrière (1540), V, 3327.
Du Cerceau (Le P.) : *Conjuration de Nicolas Gabrini dit de Rienzi* (1733), III, 2455. — *Son Éloge, ibid.* — *Les Incommoditez de la grandeur, ibid.* — *Diverses Pieces de Poësie, ibid.* — *Contes en vers* (1778), 927.
Du Cerceau (Jacques Androuet) : *Les plus excellents Bastiments de France* (1576-1579), 248.
Ducessois, impr. à Paris (1830), II, 1614 ; (1831), II, 1712 ; (1833), II, 1770.
Du Chalard, vice-amiral, explore les côtes du Maroc (1630-1631), II, 1945 ; III, 2483, 2484.
Du Chalard (Joachim) : *Sommaire Exposition des ordonnances du roy Charles IX* (1562), impr. 1573, III, 2151. — *Extrême Onction de la marmite papale*, 1563, 99. — Il est peut-être l'auteur d'un sonnet adressé à Du Bartas (1583), V, 3269.
Du Chambon (Jean et Jacques) : vers à eux adressés par Bérenger de La Tour (1551), V, 3254.
Duchange (G.), grav., II, 2094 ; III, 2506.
Du Chastel (Pierre), dit Castellanus, lecteur du roi, évêque de Tulle puis de Mâcon, cité par Nic. Bourbon (1538), IV, 2788. — Est. Dolet lui dédie les *Francisci Valesii Fata* (1539), II, 2115 ; (1540), 2115 ; (1543), 2117. — *Oraisons funèbres de François Ier* (1547), IV, 3112. — *Articles contenans les causes qui ont meu le Roy nostre sire Henry deuxiesme à faire la procession generale a Paris* (1549), III, 2144.
Du Chastelier (Guy) : vers à lui adressés par Sc. de Sainte-Marthe (1579), IV, 2921.
Du Chastelier (X., femme de Jean), citée par Sc. de Sainte-Marthe (1600), IV, 2921.
Du Chastenay : vers à lui adressés par Sc. de Sainte-Marthe (1579), IV, 2921.
Du Chemin (J.) : vers français et italiens à P. de Brach (1576), IV, 2931.
Du Chemin (Jean), évêque de Condom : vers français dans le *Tombeau* de Monluc (1592), II, 2131.
Du Chemin (Nicolas), impr. à Paris (1549), 411, art. 45 ; 980 ; (1552), 980 ; (1565), II, 2019, art. 4.
Du Chemin du Mesnil-Durand : généalogie. III, 2495.
Ducher (Gilbert) : *Epistola ad D. Gulielmum Pratianum super pompa in funere Claudiae, Francorum reginae* (1526), IV, 3107. — Vers à Nicolas Bourbon (1538), IV, 2788.
Ducheran (David) : inscription dans un album (1611), V, 3370.
Du Chesnay : vers adressés à lui et à Mlle de Villers, sa femme (1595), 146.
Duchesnay : vers à Audiger (1692), 286.
Du Chesne, danseur (1671), IV, p. 610.
Du Chesne (André) : *Les Tiltres d'heur et de vertu de feu... Henry IV* (1610), III, 2260. — *L'Epithete d'honneur d'Henry le Grand* (1610), citée, *ibid*. — Il publie *La Jeunesse d'Estienne Pasquier* (1610), 737. — Il publie les *OEuvres d'Alain Chartier* (1617), 442. — Il identifie la chronique de Gilles Le Bouvier, II, 2099. — *Bibliotheque des autheurs qui ont escrit l'histoire de France* (1627), II, 2088. — *Histoire d'Angleterre, d'Escosse et d'Irlande* (1666), III, 2366.
Du Chesne (Charles) : *Recit veritable de ce qui s'est passé au voyage du roy Henry IV. de Dieppe jusques à son retour, depuis le decés du roy Henry III* (1589), III, 2236, art. 8.
Du Chesne (François), impr. à Paris (v. 1625), II, 1797, art. 20.
Du Chesne (Guillaume), revoit *Le Livre de la Deablerie* (1508), 457.
Du Chesne (Jean-Nicolas), libr. à Pa-

ris (1794), II, 1916, art. 29; (1802), II, 1916, art. 34.

Du Chesne (Joseph), sieur de La Violette : *L'Ombre de Garnier Stoffacher* (1584), IV, 3026. — Il publie les *Poësies chrestiennes* d'Odet de La Noue (1594), IV, 3187.

Du Chesne (Leger) : vers latins à lui adressés par Adam Blackwood (1564), IV, 2790. — Vers dans le *Tumbeau de Gilles Bourdin* (1570), 815. — *De internecione Gasparis Collignii Sylva* (1572), copie ms., IV, 3186, art. 2. — *Exhortation au roy pour vertueusement poursuyvre ce que saigement il a commencé contre les huguenots, traduite du latin* (1572), copie ms., IV, 3186, art. 3. — *Tumulus Gabrielis Mongommerii* (1574), copie ms., IV, 3186, art. 4. — *Franc. Gonzagae Genethliacum* (1576), IV, 2793. — Vers dans le *Tumulus R. Bellaquei* (1577), 695.

Du Chesne (Nicolas), procureur au Châtelet, condamné aux galères comme complice de la mort de B. Brisson (1594), III, 2253.

Du Chesne (Nicolas), libr. à Paris, au Temple du Gout (1750), II, 1915 ; (1752-1754), III, 2526 ; (1752-1768), III, 2524 ; (1755), 107 ; (1758), II, 1335 ; (1759-1760), II, 1335 ; (1761), II, 1335, 1572 ; (1762), 852 ; II, 1335 ; (1763), II, 1335. — N. Cailleau, sa veuve (1767), II, 1916, art. 1 ; (1771), II, 1338 ; (1776), II, 1916, art. 10 ; (1777), II, 1916, art. 11 ; (1778), II, 1915 ; (1779), 1056 ; (1781), II, 1546 ; (1782), II, 1916, art. 19 ; (1788), II, 1916, art. 18 ; (1793), II, 1916, art. 30 et 31. — La veuve et son fils (1789), II, 1338 ; (1799), II, 1287.

Du Chic : généalogie, III, 2495.

Du Chot, hautbois (1671), IV, p. 610.

Du Choul (Jean), ou Du Chol : *Dialogue de la ville et des champs* (1565), IV, 3075.

Du Clerc (Jacques) : *Colloque familier du vray amour* (1544), V, 3325.

Du Cloc (Jacob), personnage grotesque (1549), IV, 2849.

Du Clos, chanteur (1671), IV, p. 610.

Du Clos, flûte et hautbois (1670-1671), *ibid*.

Du Clos, trompette (1670-1671), *ibid*.

Du Clos (A. G.), grav., 655, 1033, 1034, 1037 ; II, 1247, 1474, 1711.

Du Clos (A.-J.), grav., II, 1179, 1339.

Duclos (Charles Pinot, sieur) : costumes pour ses *Caractères de la Folie* (1743), II, 1462. — Il collabore à l'*Encyclopédie* (1751-1772), III, 2523, p. 280.

Du Clos (J.), grav., 57, 409.

Du Clos Lestoille : généalogie, III, 2495.

Du Clou (Mlle), figure dans des ballets (1654-1671), IV, p. 610.

Du Clou (Françoise Gétard, veuve de Jacques), fondeur et impr. à Paris (1618), IV, 3070 ; (1619), II, 1723.

Du Collet (Antoine) : vers à François d'Amboise (1568), 728.

Du Corail (Le P. Jean), martyrisé au Maroc (1631), III, 2483.

Du Costé (Guillaume), dit Lateranus, cité par Nicolas Bourbon (1538), IV, 2788.

Du Cotart (Hierosme), l'un des gardes suisses du roi (1598), IV, 3127, art. 12.

Du Coudray, aide Du Plessis-Mornay à réfuter Du Perron (1600), II, 2062.

Du Coudret (Laurent), impr. à Paris (1583), 790.

Du Courroy (Eustache), ou Corrosius, musicien, cité par N. Rapin (1610), IV, 2944.

Ducray-Duminil (François-Guillaume) : romance et mélodie de lui dans les *Chants et Chansons populaires de la France* (1843), 1014.

Du Crioult (Jacques), médecin : vers à Thomas Sonnet (1610), 201. — Sonnet lui dédie la *Thimethelie* (1623), 939.

Du Crocq (Pierre), libr. à Paris (1610), II, 2027.

Du Croisy (Nicole Gassot, dite), plus tard Mlle de Bellerose, actrice (1671), IV, p. 610.

Du Croisy (Philibert Gassot, dit), acteur (1664-1671), IV, p. 610.

Du Danion, cité par Fr. Habert (1549), IV, 2868.

Du Deffant (Marie de Vichy-Chambon, marquise) : l'abbé Des Fontaines lui dédie sa traduction de *Gulliver* (1727), II, 1761.

Dudley (John), cité par Nic. Bourbon (1538), IV, 2788.

Du Dot (R.), grav., 57.

Ductecum (Jean et Lucas de), grav., cités, III, 2418.

Du Fay « Faius, gymnasiarcha », cité par J. Dorat (1586), IV, 2789.

Du Fay, bibliophile, ouvrage lui ayant appartenu, II, 1518.

Du Fail (Noel) : *Propos rustiques* (1547), II, 1776.

Du Faur, danseur (1661), IV, p. 610.

Du Faur (Les trois frères) : vers à eux adressés par Bérenger de La Tour (1551), V, 3354. — Vers à eux adressés par Estienne Forcadel (1579), IV, 2879.

Du Faur (Guy) de Pibrac : Robert Garnier lui dédie l'*Hymne de la Monarchye* (1567), IV, 2920. — Vers composés pour l'entrée de Charles

IX à Paris (1571), IV, 3117, art. 1. — Il accompagne Henri III en Pologne (1574), III, 2425. — *Quatrains* (1574), 735 ; (v. 1590), IV, 3184. — *Les Plaisirs de la vie rustique* (1578), 736 ; (v. 1575), IV, 2929 ; (v. 1590), IV, 3184. — Vers à lui adressés par Guy Le Fèvre de La Boderie (1578), IV, 2930. — Il est cité comme jurisconsulte par le même auteur (1578), IV, 3183. — Jacques Pelletier lui dédie la *Louange de la science* (1581), 701. — Du Bartas lui dédie *Le Triomphe de la Foy* (1583), V, 3269. — Germain Audebert lui dédie le livre II de la *Venetias* (1583), IV, 2794. — Vers à lui adressés par Joachim Blanchon (1583), IV, 2938. — Robert Garnier lui dédie son *Marc Antoine* (1585), II, 1095. — Vers à lui adressés par Jean Dorat (1586), IV, 2789. — Vers à lui adressés par Scévole de Sainte-Marthe (1600), IV, 2921. — Vers à lui adressés par Nicolas Rapin (1610), IV, 2944. — Vers de lui dans *Les Marguerites poëtiques* (1613), 816.

Du Faur, seigneur de Saint-Jory (Eléonore de Bernuy, femme de Michel) : épitaphe par Est. Forcadel (1579), IV, 2879.

Du Faur (Pierre) : Gratien Du Pont lui dédie *Les controverses des sexes masculin et femenin* (1534), III, 2596.

Dufaure-Fondamente, libr. à Paris (1653), III, 2522.

Du Fautray (Mme) : son tombeau par Michel Guy, de Tours (1598), IV, 2948.

Du Ferrier (Arnaud), se prononce au parlement pour la tolérance envers les protestants (1559), IV, 3101. — *Literae Caroli christianissimi Francorum regis, ad synodum Tridentinam, una cum oratione habita a D. Raynaldo Ferrerio* (1563), III, 2157. — Il assiste à l'entrevue de Nérac (juill. 1584), III, 2242, art. 3.

Du Feu, danseur (1664), IV, p. 610.

Du Fief (Pierre) : élégie et sonnet à H. de Sainct-Didier (1573), 292.

Duflos (Cl.), grav., II, 1908 ; III, 2507.

Duflos (P.), grav., 916, 1056 ; II, 1674, 1764.

Dufongeray (pseud. d'Edmond-Ludovic-Auguste Cavé et d'Auguste Dittmer), *Souvenir d'un soldat*, nouvelle publiée dans le *Dodecaton* (1837), II, 1714.

Du Fort, danseur (1671), IV, p. 610.

Du Fou (Françoys), seigneur du Vigean : Maximien lui dédie *L'Arrest du roy des Rommains* (1508), 523. — Epître à lui adressée par Jehan Bouchet (1545), 511. — Epitaphe par le même (1545), 510.

Du Fouilloux (Bénigne de Meaux, dite Mlle), figure dans le *Ballet de Psyché* (1656), II, 1455 ; IV, p. 610.

Du Four : *Chansons* (1549-1552), 980.

Du Four, se prononce au parlement pour la tolérance envers les protestants (1559), IV, 3101.

Dufour, financier, collabore à l'*Encyclopédie* (1751-1777), III, 2523, p. 280.

Du Four, dessin., III, 2347.

Du Four (Antoine), docteur en médecine : vers à lui adressés par J. Le Masle (1580), IV, 2933.

Du Four (Estienne) : sonnet à H. de Sainct-Didier (1573), 292.

Du Four (Geoffroy), impr. à Chambéry (1613). II, 1726.

Du Four (J.) : vers à Simon Rouzeau (1605), 770.

Dufour (Jean-Edme), et Phil. Roux, libr. à Maestricht (1775-1776), II, 1767 ; (1779), II, 1562.

Dufour (J.-E. Gabriel), libr. à Paris et à Amsterdam (1797-1799), II, 1914.

Dufour (Pierre), libr. à Paris (1761), II, 1572.

Dufour (Théophile), 96 *Additions* ; IV, 2829, p. 161 ; 2860, p. 204.

Du Four de La Crespelière, *Recreations poëtiques* (1669), 959.

Du Fourny (Honoré Caille, sieur), éditeur de l'*Histoire généalogique*, etc., par le P. Anselme (1712), III, 2487.

Du Franc (François) : vers à lui adressés par P. de Brach, 1576, IV, 2931.

Du Fresne, violoniste (1671), IV, p. 610.

Du Fresny (Charles Rivière, dit), *Theatre* (1704), II, 1296. — *Les Fées* (1697), 1297. — *Le double Veuvage* (1701), 1296, art. 1. — *L'Esprit de contradiction* (1707), 1296, art. 2. — *Le faux Honneste-Homme* (1703), 1296, art. 3. — *Le faux Instinct* (1707), 1296, art. 4. — *Le Jaloux honteux* (1708), 1296, art. 5. — Il publie le *Mercure galant* (1710-1714), III, 2524. — Il obtient, avec La Roque et Fuzelier, le privilège du *Mercure* (juillet 1721), *ibid.* — *L'Ecole des amis* (1737), II, 1298. — *Parallèle d'Homère et de Rabelais* (1742), II, 1519. — Une pièce de lui dans les *Chants et Chansons populaires de la France* (1843), 1014.

Du Fresnoy, danseur ou musicien (1653), IV, p. 610.

Du Gard aîné, danseur (1670), IV, p. 610.

Du Gard cadet (1670), *ibid.*

Du Garreau : généalogie, III, 2495.

Du Gast (La présidente), vers à Flaminio de Birague (1585), IV, 2939.

Du Gast (Jacques), impr. à Paris (1633), III, 2420, art. 92 ; (1645), IV, 3133, p. 538.
Du Gort (Robert), libr. à Rouen (1558), IV, 2756.
Dugoure ou Dugourg, dessin., II, 1909 ; III, 2279.
Du Guerrier, dessin., 831.
Du Guesclin (Adelayde), tragédie de Voltaire (1734), citée, II, 1322.
Du Guesclin (Bertrand) : ses *Prouesses et Vaillances* (1522), II, 1504. — Son épitaphe par Jehan Bouchet (1545), 510.
Du Guillet (Pernette) : *Rymes* (1545), 637.
Du Haillan. Voy. Girard (Bernard de), sieur du Haillan.
Duhamel, grav., 242; II, 1287.
Du Hamel (Richard), libr. à Paris (1537 et 1540), cité, III, 2342.
Du Herlin. Voy Herlin (de).
Du Homme (Robert) : vers à lui dédiés et épitaphe, par J. de Vitel (1588), V, 3275.
Du Hot (Pierre), maître de chapelle de la régente des Pays-Bas (1565), III, 2605.
Duyse (Fl. van), critique musical, IV, 2993, art. 2.
Duysent (Corn. Cl.), grav., II, 2081.
Du Jardin : *Enseignement pour espidimie resister* (xve s.), 579.
Du Jardin (Pierre), sieur de La Garde : *Factum* (1615), III, 2236, art. 2. — — Enquête sur ses dires, ibid., art. 6. — *Manifeste* (1619), ibid., art. 3.
Du Jardin (R.) : vers à Cl. Hesteau (1578), 743.
Du Jarry (Laurent Juillard, abbé) : *Oraison funebre de Condé* (1687), 373, art. 4. — *Oraison funebre de Marie-Christine de Baviere, dauphine* (1690), 374, art. 3. — *Oraison funebre du duc de Montausier* (1690), 375, art. 2.
Du Jau ou Du Gast (Luce) : *Meliadus*, II, 1489. — *Tristan*, II, 1490.
Du Jonquoy (Jean), joue dans la *Passion* de Valenciennes (1547), IV, 3010, p. 375.
Du Lac, avocat, cité par Sc. de Sainte-Marthe (1600), IV, 2921.
Du Lac (J.), copie des vers pour le *Brief Discours de l'incendie de Venise* (1574), III, 2369, 2449.
Du Laurens (Jacq.) : Nicolas Rapin lui adresse des vers (1610), IV, 2944.
Du Laurens (Henri-Joseph), *Etrennes aux gens d'Eglise* (1774), 961.
Dulaurier (Edouard), éditeur de l'*Histoire generale du Languedoc* par D. Devic et D. Vaissète (1874), III, 2347, p. 147.

Du Lyon (Antoine), conseiller au parlement (1546), IV, 2876.
Du Lis (Charles), sonnet sur la mort de Ronsard (1586), IV, 2889. — Vers en tête des *Kalendae* de Passerat (1606), 713. — Jean Thomas lui dédie sa traduction latine des *Tablettes* de P. Mathieu (1629), 774.
Du Lis (Charles), sujet d'une nouvelle de Restif de La Bretonne (1784), II, 1916, art. 18.
Du Lys (Loys), ou Lilius ; vers à P. Boaistuau (1560, 1564), II, 1721, 1722.
Du Lis (Samuel), pseudonyme supposé de Simon Goulard, traduit le *Discours escrit par Gregoire Nazianzenus contre les femmes fardees* (1574), V, 3268. — Poésies de lui citées en 1574, V, 3268. — Il publie les *Mémoires de la Ligue* (1590-1599), III, 2194, p. 44 ; 2195.
Dulompré, grav., II, 1909.
Du Long Pont (Simon), joue dans la *Passion* de Valenciennes (1547), IV, 3010, p. 376.
Du Luc (Le comte), donne asile à J.-B. Rousseau à Soleure, 849.
Du Lude (Henri de Daillon, comte), danse dans des ballets (1653-1664), IV, p. 610.
Du Ludre. Voy. Ludre (de).
Du Lut (Mlle), citée par Michel Guy, de Tours (1598), IV, 2948.
Du Maine (Guillaume), dit Mainus, cité par Nicolas Bourbon (1538), IV, 2788 ; — cité par Ch. Fontaine (1546), IV, 2876. — *Epistre envoyee de Rome sur la venue de Mgr. le mareschal de Brissac* (1556), V, 3261. — *Le Laurier* (1556), V, 3262. — *L'heureux Partage des excellens dons de la deesse Pallas* (1556), V, 3263.
Du Mangin (Nicolas), évêque de Spalatro : vers au cardinal d'Armagnac (1556), 123.
Du Manoir, danseur (1635-1636), IV, p. 610.
Du Manoir (Guillaume), violon (1656-1671), ibid.
Du Manoir (Guillaume-Michel), violon (1654-1671), ibid.
Du Mans (Mme) : lettre à elle adressée par Bossuet (1690), II, 1883, I, art. 10.
Du Marsais (César Chesneau, sieur), collabore à l'*Encyclopédie* (1751-1756), III, 2523, p. 280. — Son éloge (1756), ibid.
Dumas (Alexandre), père, *Stockholm, Fontainebleau et Rome* (1830), II, 1367. — *Teresa* (1832), 1368. — *Catherine Howard* (1834), 1369. — *Angèle* (1834), 1370. — Il collabore au *Monde dramatique* (1835-1839), II, 1072. — *Kean* (1836), 1371. — *Scènes historiques* publiées dans

le *Dodecaton* (1837), II, 1714. — *L'Alchimiste* (1839), II, 1372.
Dumas (Alexandre), fils, *Péchés de jeunesse* (1847), 886. — *Un cas de rupture* (1854), II, 1666. — *Théâtre* (1868-80), II, 1423. — *La Dame aux camélias* (1852), 1424. — *Diane de Lys* (1853), 1425. — *Le Demi-Monde* (1855), 1426. — *La Question d'argent* (1857), 1427. — *Le Fils naturel* (1858), 1428. — *Un Père prodigue* (1859), 1429. — *L'Ami des femmes* (1864), 1430. — *La Princesse Georges* (1872), 1431. — *La Femme de Claude* (1873), 1432. — *La Princesse de Baydad* (1881), 1433.
Du Maurier. Voy. Aubery du Maurier.
Du Merle : généalogie, III, 2495.
Dumersan (Théophile Marion, dit), collabore au *Monde dramatique* (1835-1839), II, 1072. — Il écrit l'introduction aux *Chants et Chansons populaires de la France*, 2ᵉ série et 3ᵉ série (1843) ; chanson et notices de lui dans le recueil, 1014.
Du Mesnil : généalogie, III, 2495.
Du Mesnil (Gilles-Paulus), impr. à Paris (1698), II, 1997 ; (1710,1712), II, 1771 ; (1730), II, 1763 ; (1737), II, 1298.
Dumesnil-Voyer : carte jointe à l'*Histoire de l'abbaye royale de Saint-Denys* par D. M. Félibien (1706), III, 2328.
Du Miracle (Borel), chanteur (1671), IV, p. 610.
Du Miracle (Borel), cadet, chanteur (1671), *ibid.*
Du Mirail, danseur (1671), IV, p. 611.
Du Mirail (Emmanuel) : vers à lui adressés par Pierre de Brach (1576), IV, 2931. — Vers grecs et latins dans le *Tombeau* de Monluc (1592), II, 2131.
Du Mirail (Estienne), vers à P. de Brach (1576), IV, 2931.
Du Moncel (Marie), compose des vers pour le *Puy du souverain amour* (1543), 804.
Du Monin (Jean Édouard) : vers sur la mort d'Ant. Fiancé (1582), 753. — *L'Uranologie* (1583), V, 3272. — Vers à La Croix du Maine (1584), III, 2515. — Vers échangés avec Jean Dorat (1586). IV, 2789.
Du Monin (X.) : vers à lui adressés par son frère aîné, Jan Edouard (1583), V, 3272.
Du Mont, « Montanus » : Épigramme à la fin des *Trèves de Marot et de Sagon* (1539), 621, III, art. 14.
Du Mont, danseur et violoniste (1650-1671), IV, p. 671.
Du Mont, baron de Courset : notice généalogique, III, 2495.

Dumont, dessin., III, 2523.
Dumont, libr. à Paris (1836), II, 1604, 1642, 1822 ; (1838), II, 1654, 1715 ; (1839), II, 1372, 1619, 1822 ; (1840), II, 1655 ; (1841), II, 1823 ; (1842), II, 1659.
Du Mont (Adam), impr. à Orange (1573), cité, IV, 3125.
Du Mont (Guillaume), impr. à Anvers (1539), V, 3244.
Du Mont (Nicolas), impr. à Paris (1571), IV, 2925, 2926.
Du Mont (Nicolas) : *Les Honneurs et Triomphes faits au roy de Pologne* (1574), III, 2425. — *Advertissement venu de Rheims* (1575), III, 2192.
Du Mont (Jean), baron de Carlscroon : *Corps universel diplomatique du droit des gens* (1726-1731), III, 2544 ; cité, II, 2133. — *Ceremonial diplomatique* (1739), III, 2544.
Du Motrai (David), dénoncé comme voleur (1707), IV, 3074.
Du Mouchet de La Mouchetière : généalogie, III, 2495.
Du Moulin (Antoine) : pièce latine à la fin des *Francisci Valesii Fata* d'Est. Dolet (1539), II, 2115. — Il publie le *Recueil des œuvres de feu B. des Periers* (1544), 625. — Il publie les *Rymes de Pernette Du Guillet* (1545), 637. — Il publie le *Panegyric des damoyselles de Paris* (1545), 805. — Ch. Fontaine lui adresse des vers (1546), IV, 2876. — Guillaume des Autelz lui adresse des vers (1550), 654. — Sonnet à sa louange par Pontus de Tyard (1551), IV, 2908. — Vers à lui adressés par Bérenger de La Tour (1551), V, 3254. — Il adresse des vers au même Bérenger de La Tour (1558), 662. — Epitaphe par Estienne Forcadel (1579), IV, 2879.
Du Moulin (Charles), jurisconsulte, cité par Guy Le Fèvre de La Boderie (1578), IV, 3183.
Du Moulin (Gabriel) : ode à lui adressée par Georges de Scudéry (1633), V, 3318.
Du Moulin (Jean), libr. à Anvers (1576-1577), cité, III, 2387.
Du Moulinet, comédien : *Facecieux Devis* (1612), II, 1704.
Du Moulinet (Louis), évêque de Séez : vers à lui dédiés par Guy Le Fèvre de La Boderie (1578), IV, 2930.
Du Moustier, musicien (1654-1663), IV, p. 611.
Du Moustier (Mᵖᵉ), enfant, figure dans un ballet (1656), *ibid.*
Du Moustier (Daniel), peintre et dessin., 817 ; III, 2506. — Volumes lui ayant appartenu, 799 ; IV, 3009, 3158.
Du Moustier (Estienne), peintre :

vers à lui adressés par S. G., sr de La Roque (1609), IV, 2943.
Dun, chanteur. Voy. Don.
Duny : mélodie de *La Fille mal gardée* de Favart (1758), II, 1335.
Dünker, dessin. et grav., II, 1698 ; III, 2323.
Duncker et Humblot, libr. à Berlin (1815), II, 1481.
Du Nod de Charnage : généalogie, III, 2495.
Du Noo (Abraham) : inscription dans un album (1598), V, 3370.
Dunus (Thaddaeus), traducteur de Bernardino Ochino (1536), 90.
Duparc, grav., II, 1909.
Du Parc (Jacques) : chant royal, 31, art. 18.
Du Parc (René Berthelot, dit), acteur (1664), IV, p. 611.
Du Parc (Marquise-Thérèse de Gorle, dite Mlle), actrice (1664), IV, p. 611.
Dupaty (Emmanuel) : Mme Ancelot lui dédie *Emerance* (1842), II, 1660.
Du Pau (Les trois demoiselles), citées par M. Guy, de Tours (1598), IV, 2948.
Du Pavillon (Antoine Couillart, seigneur). Voy. Couillart.
Du Peyrat (La dame), mère de Guillaume : sonnet sur sa mort (1593), IV, 2945.
Du Peyrat (Guillaume) : vers à lui adressés par Joachim Blanchon (1583), IV, 2938. — Vers à Jean Bonnefons (1588), 756. — Vers à G. Durand, sieur de La Bergerie (1588, 1594), 756, 757. — *Essais poëtiques* (1593), IV, 2945. — *Tombeau de feu M. de Givry* (1594), V, 3277. — Vers à lui adressés par Michel Guy, de Tours (1598), IV, 2948. — Sonnet sur la mort de Henri IV (1610), III, 2243, art. 14.
Du Peyrat (Jean Ier) et son fils Jean II, cités par Nicolas Bourbon (1538), IV, 2788. — Jean Ier est cité par Ch. Fontaine (1546), IV, 2876. — Il est lieutenant de Lyon (1549), IV, 2868.
Du Peyrat (Jean II) : épitaphe (1593), IV, 2945.
Du Peyrat (Magdeleine), fille de Jean Ier (1546), IV, 2876.
Du Pelletier : vers à Regnault (1639), II, 1116. — Vers à Me Adam (1644), 829. — Vers à Ch. d'Assoucy (1648), 969. — Vers dans le *Recueil de diverses poësies* (1652), 975. — Sonnet à Paul Boyer (1654), II, 1992. — Vers au petit de Beauchasteau (1657), 833. — Vers à Jean Loret (1658), 897.
Duperatius. Voy. Du Peyrat.
Du Perenno : généalogie, III, 2495.

Du Périer, tué à la Saint-Barthélemy (1572), IV, 3191.
Duperier, fabricant de pompes portatives (1721), III, 2524.
Du Perier (Marguerite) : épitaphe par S. G., sr de La Roque (1609), IV, 2943.
Duperous, grav., III, 2315.
Du Perré (Mlle), citée par M. Guy, de Tours (1598), IV, 2948.
Du Perrier (Jean), vers à P. de Deimier (1600), 765.
Du Perron (Jacques Davy). Voy. Davy.
Du Perron (Jean), vers à Clovis Hesteau (1578), 743. — Jean est probablement désigné aussi par les initiales J.D.P. Voy. *Initiales*.
Du Peschier (Barry, sieur) : *La Comedie des comedies* (1630), II, 1108.
Du Petit Val (David) : vers à Pierre Corneille (1634), II, 1136. — Impressions exécutées par lui à Rouen (1598), II, 1088 ; (1599), 764 ; (1606), II, 1103 ; (1619), 974.
Du Pille, danseur (1664), IV, p. 611.
Du Pin : vers au petit de Beauchasteau (1657), 833.
Du Pin (1669), violoniste, IV, 611.
Dupin, grav., 242, 931.
Dupin (André-Marie-Jean-Jacques), dit l'aîné : *Plaidoyer pour Béranger* (1821), 1008.
Dupin (Aurore). Voy. Sand (George).
Du Pin (Christophe) : inscription dans un album (1598), V, 3370.
Dupin (Claude) : *Observations sur un livre intitulé : De l'Esprit des loix* (1757-1758), 103.
Du Pin (François) : vers à lui adressés par Jean-Edouard Du Monin (1583), V, 3272.
Du Pin (Joseph). « a Pinu » : vers de lui dans les *Icones* de N. Reusner (1589), V, 3370.
Du Pin (Jules), enfant, figure dans des ballets (1661), IV, p. 611.
Du Pin (Louis-Ellies) : réfutation de ses écrits par Bossuet (v. 1692), IV, 3079, p. 452. — Il publie les *Dialogues* de La Bruyère (1699), 66.
Dupin (P.), grav., III, 2506.
Du Plan Carpin. Voy. Giovanni (Frà) dal Piano del Carpino.
Dupleix (Joseph) : procès de la Cie des Indes contre lui (1762), III, 2295.
Du Plessy, graveur en lettres, III, 2493, art. 12, 20, 24.
Du Plessi-Bertaux (J.), dessin. et grav., II, 1679, 1767, 1909 ; III, 2297.
Du Plessis : sonnet à Jean Hays (1598), 763.
Du Plessis (Jacques) : *Hymne trium-*

phal sus la reduction du comte d'Oye (1558), IV, 3114, art. 5.
Duplessis (Pierre-Alexandre Gratet). Voy. Gratet-Duplessis.
Du Plessis-Praslin (César de Choiseul, comte), maréchal de France, figure dans un ballet (1653), IV, p. 611.
Du Plessis-Praslin (Marie-Louise Le Loup de Bellenave, comtesse), plus tard marquise de Clérembaut, danse dans des ballets (1665-1666), IV, p. 611.
Du Pon (Jan), Lillois, cité par Guillaume de Poëtou (1565), III, 2605.
Duponchel (C.), grav., II, 1287.
Du Pont, capitaine, se rend coupable de violences à Bescourt (1578), III, 2330.
Du Pont : vers à lui adressés par Michel Guy, de Tours (1598), IV, 2948. — Stances à Christ. de Gamon (1600), V, 3280. — Vers sur sa *Pandore d'amour*, par Gamon, *ibid.*
Dupont (Ambroise) et C¹ᵉ, libr. à Paris (1827), 872; (1839), II, 1584.
Du Pont (Gratien) : *Controverses des sexes masculin et femenin* (1534), III, 2596; (1537), 624. — *Rondeaux*, IV, 2799, pp. 107, 109. — Il est cité par Jehan Du Pré (v. 1534), IV, 2862.
Dupont (H.), dessin., II, 1770.
Dupont (Jacques), censeur à Louvain, 8.
Du Pont (Jehan), « de Ponte », élève de Nicolas Du Puis (v. 1510), V, 3228.
Dupont (Paul), impr. à Clichy, puis à Paris (1869), II, 1442; (1872), II, 1717.
Du Pont Alais (Jehan de l'Espine). Voy. L'Espine.
Du Pont de Courlay (Le comte) : ode à lui adressée par Georges de Scudéry (1629), V, 3318.
Du Pont de Romémont (François-Pierre) : volume lui ayant appartenu, IV, 2885.
Du Pont-Gravé. Voy. Gravé, sieur du Pont.
Du Port (Jacques), commentateur de Théophraste, 134.
Du Port (Jean), vers latins en tête de l'*Histoire d'Engolesme* de François de Corlieu (1566), IV, 3132.
Du Pradel (Abraham), pseudonyme de Nicolas Blégny (1691, 1692). Voy. Blégny.
Du Prat (Antoine), chancelier et cardinal : *Oratio habita Bononiae* (1516), III, 2657. — Jehan de Pins lui dédie sa *Vita divi Bachi* (1516), V, 3336. — Epître à lui adressée en tête des *Concordata inter... Papam Leonem decimum et... regem Franciscum* (1518), III, 2658.

— Bernardin Rince lui dédie *Le livre et forest* (1518), III, 2659. — Il dénonce au pape les progrès des luthériens (1533), II, 2049. — Vers à lui adressés par Cl. Marot (v. 1535), IV, 2964, art. 59. — Jehan Bouchet lui dédie ses *Genealogies* (1537), II, 2093; (1545), 510. — Vers à lui adressés par Pierre Busseron (1538), IV, 2742. — Epitaphe par Jehan Bouchet (1545), 510.
Du Prat (Antoine), seigneur de Nantouillet, prévôt de Paris : Gilles Corrozet lui dédie *Les Propos memorables* (v. 1547), II, 1862. — Il fait publier la trêve conclue avec Charles Quint (févr. 1556), V, 3250.
Du Prat (Guillaume), archidiacre de Rouen, puis évêque de Clermont : lettre à lui adressée par Gilbert Ducher sur la pompe funèbre de Claude de France (1526), IV, 3107. — Ant. Alaigre lui dédie sa traduction du *Mespris de la court* (1542), 807.
Du Pré : sonnet à Paul Boyer (1654), II, 1992.
Dupré (A.), impr. à Poitiers (1848), II, 1377.
Du Pré (Christophle), sieur de Passy-en-Brie : inscription dans un album (1585), V, 3368.
Du Pré (Claude), Lyonnais (1579), IV, 2879.
Du Pré (Denis), impr. à Paris (1566), 422; (1567), 724; (1568), 723, 728; (1569), IV, 2923; (1570), IV, 2792; (1571), 732, IV, 3117, art. 1 et 2; (1574), II, 2424, 2425; (1575), III, 2192, 2193.
Du Pré (Galliot Iᵉʳ), libr. à Paris (1514), II, 2113; cité, III, 2339; (1516), II, 1487; (1517), 505, 506; (1526), 487; II, 1747; III, 2667; cité, 2668; (1527), 485, 500; IV, 3059; (1528), II, 1489; III, 2670; (1529), 442; III, 2340; V, 3343; (1530), 437, 447, 502 ; III, 2624 ; (1531), III, 2339; (1532), 452, 461, 493, 564 ; II, 1999; cité, III, 2303; (1533), 453; (1535), IV, 2779 ; (1536), II, 2092; (1537), cité, III, 2342; (1540), cité, III, 2342; (1547), 699.
Du Pré (Galliot II), libr. à Paris (1568), II, 1596; (1573), 698.
Du Pré (Jehan), impr. à Paris (v. 1485), II, 2105; (1520), 548; (1539), III, 2675 ; (1540), cité, II, 2140.
Du Pré (Jehan) : *Le Palais des nobles dames* (v. 1534), IV, 2862.
Du Pré (Philippe), impr. à Langres (1599), V, 3278.
Du Pré de Saint-Maur (Nicolas-François) : *Réponse à M. Le Franc de Pompignan*, reçu à l'Académie française (1762), 852.

Du Pré Passy (Christophe) : vers sur Estienne Pasquier (1584, 1610), 737.
Dupréel (J.-B.-M.), grav., 925 ; II, 1501, 1909, 1914.
Du Pron, danseur et musicien (1657-1664), IV, p. 611.
Du Puy, lieutenant particulier à Lyon (1546), IV, 2876.
Du Puy : vers à M* Adam [Billaut] (1644), 829.
Du Puy : Ménage lui dédie ses *Origines de la langue françoise* (1650), 317.
Du Puy, cité par Fénelon en 1704, IV, 3082.
Du Puy (Les frères): le libraire Courbé leur dédie les *Relations curieuses de l'Isle de Madagascar et du Bresil*, etc. (1651), II, 1922.
Du Puy (Claude) : vers à lui adressés par N. Rapin (1610), IV, 2944.
Dupuy (Henry), impr. à Paris (1832), II, 1630, 1631.
Dupuy (Louis) : *Eloge de M. Févret de Fontette* (1775), V, 3337.
Du Puy (Pierre), éditeur du *Journal de Pierre de l'Estoile* (1621), III, 2187. — *Memoires et Instructions pour servir a justifier l'innocence de messire Franç. Aug. de Thou*, ms., IV, 3130. — Notes sur la *Satyre menippée* (1709), III, 2251.
Du Puis : notice généalogique, III, 2495.
Dupuis (C.), grav., II, 2094, III, 2506.
Du Puis (François), Beauvaisien : pièce latine sur la mort de Jacques de La Chastre (1569), IV, 2791.
Du Puis (Grégoire), libr. à Paris (1704), 355 ; (1717-1718), III, 2524 ; (1724), III, 2317.
Du Puis (Guillaume), dit Puteanus, médecin, cité par Nic. Bourbon (1538), IV, 2788.
Du Puys (Jacques), libr. à Paris (1557), cité, IV, 3076 ; (1566), 305.
Dupuis (La veuve de Jean), libr. à Paris (1676), 366, art. 1.
Dupuis (Le P. Mathias) : le P. Raymond Breton lui fournit des mémoires (vers 1660), II, 1986.
Dupuis (N.), grav., II, 2094 ; III, 2506.
Du Puis (Nicolas), dit Bonaspes, corrige et publie l'*Elucidarius* de Hermann van Beck (v. 1510), V, 3228.
Du Quesnoy : notice généalogique, III, 2495.
Durant : *Croniques abregiez des guerres faictes depuis l'an 1520* (1525), IV, 3106.
Durand : notice généalogique, III, 2495.
Durand, lieutenant : vers à lui adressés par Béranger de La Tour (1551), V, 3354.

Durant, peintre en émail, collabore à l'*Encyclopédie* (1751-1777), III, 2523, p. 281.
Durand, agent du *Journal encyclopédique* à Liège (1756-1757), III, 2525.
Durand, rel. à Paris, rue des Carmes (v. 1795), 854.
Durand (Anne), citée par Ch. Fontaine (1546), IV, 2876.
Durand (Clement), aumônier de la reine : vers à Borel (v. 1650), 318.
Durand (Etienne), contrôleur des guerres : *Description du Ballet de Madame* (1615), II, 1448.
Durant (Gilles), sieur de La Bergerie: vers sur la main d'Estienne Pasquier (1584, 1610), 737. — Vers sur la mort de Ronsard (1586), IV, 2889 ; (1623), 668. — *Imitations tirées du latin* (1588), 756. — Il est peut-être l'auteur de vers signés G. D. L. en tête du *Tyrannicide* (1589), 799. — Vers échangés avec Guillaume Du Peyrat (1593), IV, 2945. — *Œuvres poëtiques* (1594), 757. — Vers latins et français dans le *Tombeau de M. de Givry* (1594), V, 3287. — Vers dans le *Nouveau Recueil de plusieurs chansons* (1597), III, 2616. — Vers à lui adressés par Nicolas Rapin (1610), IV, 2944.
Durant (Guillaume), compose des vers pour le *Puy du souverain amour* (1543), 804.
Durand (Guillaume), distique latin à la fin des *Francisci Valesii Fata* d'Est. Dolet (1539), II, 2115. — Vers à lui adressés par Ch. Fontaine (1546), IV, 2876. — Commentaire sur le *Libellus de moribus in mensam servandis* de Vérulan, cité, 418.
Durand (Frère Honorat), paraît être l'auteur de la *Vie de Boucicaut*, II, 2096, *Additions*.
Durant (Jean), impr. à Genève (1569), 731 ; (1584), IV, 3026.
Durand (Jean), impr. à Clermont (1579), cité, III, 2698.
Durand (Jean), *Album amicorum* (1583-1592), V, 3368.
Durand (Laurent), libr. à Paris (1743), II, 1994 ; (1747), II, 1549 ; (1750), II, 2006 ; (1751 et années suiv.), III, 2523 ; (1757), III, 2496 ; (1758), II, 2006.
Durand (Nicolas), chevalier de Villegagnon, *Caroli V. Imperatoris Expeditio in Africam ad Argieram* (1542), III, 2723. — *Le Voyage et Expedition de Charles le quint en Africque, contre la ville de Argiere* (1542), IV, 3140. — Il fait une expédition au Brésil (1555-1559), II,

1964. — *Response* à ses lettres (v. 1566), II, 1988.
Durand (Pierre-Étienne), dit Durand aîné, libr. à Paris (1762-1772), III, 2523 ; (1764), 1037 ; (1767), II, 1897 ; (1768), III, 2421 ; (1771), 1034.
Durand (Zacharie), impr. à Genève ; (1558), V, 3366. — Inscription dans un album (1560), V, 3265.
Durand de Lançon : Bibliothèques de La Croix du Maine et de Du Verdier annotées par lui, III, 2517.
Duranti (Jean-Estienne), premier président de Toulouse : épître à lui adressée par Gabriel Giraudet (1583), IV, 3092.
Durantin : armes de cette famille, III, 2532.
Duras (Claire de Kersaint, duchesse de) : *Ourika* (1824), II, 1582.
Du Rastel de Rocheblave : notice généalogique, III, 2495.
Durat : notice généalogique, III, 2495.
Durey, libr. à Paris (1823-1827), III, 2299.
Durey d'Harnoncourt (Mlle), grav. de musique, III, 2524.
Durelle (Françoys), impr. à Lyon (1570), V, 3323 ; (1571), II, 1699.
Du Renouart (Mlle), citée par Guy Le Fèvre de La Boderie (1579), IV, 2930.
Dürer (Albert), peintre, cité par Jehan Pelerin (1521), IV, 2763 ; — cité par Geofroy Tory (1529), III, 2570.
Du Resnel du Bellay (L'abbé Jean-François) : *Discours de réception à l'Académie françoise* (1744), 391.
Duret (Charles), seigneur de Chevry et de La Grange, secrétaire de Sully, III, 2238.
Duret (Louis), médecin du roi, cité par Guy Le Fèvre de La Boderie (1578), IV, 3183 ; — cité par Jean Dorat (1586), IV, 2789.
Durfort (Jean de), seigneur de Duras : vers à lui adressés par P. de Brach (1576), IV, 2931.
Du Ry (Antoine), impr. à Lyon (1526), IV, 2770.
Du Ry (Michel), *Le bon François, ou de la foy des Gaulois* (1589), III, 2226.
Durie (George), abbé de Dunfermel : vers latins à lui adressés par Adam Blackwood (1564), IV, 2790.
Du Ryer (André), sieur de La Garde-Malezair : *L'Alcoran* (1649), 100.
Du Ryer (Pierre) : élégie à Georges de Scudéry (1633), V, 3318. — Vers à Pierre Corneille (1634), II, 1136. — *Cleomedon* (1636), II, 1109 ; (1638), II, 1110. — *Lucrece* (1638), II, 1111. — *Clarigene* (1639), II,

1112. — *Saül* (1642), II, 1113. — *Esther* (1644), II, 1114.
Du Rieu : notice généalogique, III, 2495.
Duriez et Cie, libr. à Paris (1843), II, 1363.
Duriez de Verninac : volumes lui ayant appartenu, II, 1079, 1514.
Durival le jeune (Claude Luton, dit), collabore à l'*Encyclopédie* (1751-1777), III, 2523, p. 281.
Durival (Nicolas Luton, dit), collabore à l'*Encyclopédie* (1751-1777), III, 2523, p. 281.
Dürlin (Wolfgang), publie une relation de la mort de Dohna (1588), III, 2223.
Du Rosier (P.) : *Deploration de la France* (1568), 723.
Du Rosier (Simon) : *Antithesis de praeclaris Christi et indignis papae facinoribus* (1584), V, 3323. — *Antithese des faicts de Jesus Christ et du pape* (1584), V, 3212, art. 6.
Du Rosne (Antoine), libr. à Lyon (1560), III, 3143, 3144 ; (1547), III, 3112.
Du Roure (La comtesse) : Voy. *Les Amours de Mgr. le dauphin avec la comtesse du Roure* (v. 1734), II, 1685 ; (1784), 1686.
Duru (Henri), relieur à Paris, 99, 149, 221, 426, 579, 697, 701, 749, 916, 925, 931, 959, 975 ; II, 1146, 1160, 1197, 1494, 1793, 1828, 1848, 1909 ; III, 2303, 2304, 2538, 2578, 2596, 2617-2619, 2668, 2694 ; IV, 2767, 2857, 2877, 2928, 2932, 2942, 2943, 2949, 3084, 3099, 3172, 3177 ; V, 3312, 3317.
Duru et Chambolle, relieurs à Paris, 459, 897 ; IV, 2807, 2808.
Du Ruau (Nicolas), impr. à Troyes (v. 1580), 550 K.
Du Ruel : notice généalogique, III, 2495.
Durus. Voy. Le Dur.
Durval (Jean-Gilbert) : vers au petit de Beauchasteau (1657), 833.
Du Saix (Frère Antoine) : *L'Esperon de discipline* (1532), 515 et *Additions*. — Deux pièces de lui sont jointes aux œuvres de Clément Marot (1534), 599. — *Petitz Fatras d'ung apprentis* (1537), 516 ; V, 3330. — *La Touche naïfve pour esprouver l'amy*, [traduite de Plutarque] (1537), V, 3330.
Du Saix (Sœur Claudine), citée par Ant. Du Saix (1537), 516.
Du Saix (P.), cité par Ant. Du Saix (1537), 516.
Du Saix (Philibert), seigneur de Coursant : son épitaphe (1531), 515.
Du Saix (Sœur Philiberte), citée par Antoine Du Saix (1537), 516.

Du Sauzet (Henri), libr. à La Haye (1713-1717), III, 2521.
Du Seuil : Dibdin lui attribue à tort une reliure, II, 1484.
Du Souhait : vers à P. de Deimier (1600), 765. — *Discours sur l'attentat à la personne du roy par Nicole Mignon* (1600), III, 2242, art. 12. — Vers dans *Les Marguerites poetiques* d'Esprit Aubert (1613), 816.
Du Souillet (Louis), libr. à Rouen, revoit et publie l'*Histoire de Rouen* de Fr. Farin (1731), III, 2337.
Du Taillis (Guillaume), 2605, cité par Guill. de Poëtou (1565), III, 2605.
Du Teil (Honoré) : vers à la Croix du Maine (1584), III, 2515.
Du Tertre : *Chansons* (1549-1552), 980 ; (1553), 981.
Dutertre, dessin., II, 1916, art. 12.
Du Tertre (Le P. Jacques, dit Jean-Baptiste) : le P. Raymond Breton lui fournit des mémoires (v. 1660), II, 1986. — *Histoire générale des Antilles* (1667-1671), II, 1984.
Du Thier (Mlle) : épigramme à Flaminio de Biragne (1585), IV, 2939.
Du Thier (Jean) : vers à lui adressés par Du Bellay (1559), IV, 2896. — Joachim du Bellay lui dédie ses *Jeux rustiques* (1560), IV, 2894. — Traduit en français *La Pazzia* (1575), II, 1827.
Du Thier (Julien) : vers à La Croix du Maine (1584), III, 2515.
Du Tiers (P.) : vers à Bérenger de La Tour (1558), 662.
Du Tillet (Jean) : vers dans le *Tombeau de Marguerite de Valois* (1551), 628. — Il est en relations avec L. Regnier de La Planche (1561), III, 2149.
Du Tillet de Montramé : notice généalogique, III, 2495.
Du Tillot, marquis de Felino : *Suite de vases tirée de son cabinet*, 1764, 256.
Du Tin (Charles) : vers en tête du *Vergier poëtique* (1597), 782.
Du Tornoer : vers à lui adressés par Bérenger de La Tour (1551), V, 3254.
Du Touret (Jean), et de Rocque-Martine : quatrain à Du Bartas (1583), V, 3269.
Du Tremblay, contrôleur de la Grande écurie du roi, cité par Guy Le Fèvre de La Boderie (1578), IV, 2930.
Du Tremblay (Mlle), citée par Guy Le Fèvre de La Boderie (1578), IV, 2930.
Du Tronchay (Georges) : vers dans le *Tumulus R. Bellaquei* (1577), 695.
Du Tronchet (Bonaventure) : odes échangées avec Charles Fontaine (1554), IV, 3084, art. 4. — Vers à Guillaume de La Tayssonnière (1556), 663. — Vers à Charles Fontaine (1557), IV, 2877.
Du Tronchet (Estienne) : *Monologue de Providence divine* (1561), IV, 2917. — *Lettres missives* (1615), II, 1876.
Dn Trousset (Jean-Baptiste-Henri) de Valincourt. Voy. Valincourt.
Du Val, cité par P. Perrot de La Salle (1599), IV, 2949.
Du Val le jeune : vers au petit de Beauchasteau (1657), 833.
Duval (Alexandre) : deux pièces de lui dans les *Chants et Chansons populaires de la France* (1843), 1014.
Duval (Amaury), peintre, 271.
Duval (Denis), impr. à Paris (1574), 686 ; (1581), V, 3271 ; (1606), 326. — Vers sur la mort de P. de Ronsard (1586), IV, 2889.
Du Val (Estienne), bourgeois de Caen : essais de plume (v. 1550), IV, 2855, p. 195.
Du Val (Estienne), seigneur de Mondreville : vers à lui dédiés par Guy Le Fèvre de La Boderie (1578-79), IV, 2930.
Duval (François) : *Histoire du soulevement des fanatiques dans les Sevenes* (1713), II, 2034.
Du Val (Guillaume), professeur royal en philosophie : volume lui ayant appartenu, 772.
Du Val (Jean), de Caen : essais de plume (v. 1550), IV, 2855, p. 195.
Du Val (Jean), médecin ordinaire du roi : volume lui ayant appartenu, 772.
Duval (Jean), *La Sorbonne au roy sur de nouvelles theses contraires à la verité* (1669), IV, 3153, p. 539.
Du Val (Magdalaine), compose des vers pour le *Puy du souverain amour* (1543), 804.
Du Val (Marie), compose des vers pour le *Puy du souverain amour* (1543), 804.
Du Val (Nicole), se prononce au parlement pour la tolérance envers les protestants (1559), IV, 3101.
Du Val (Pierre), [de Rouen], publie *Le Puy du souverain amour* (1543), 804.
Du Val (Pierre), évêque de Séez : vers à lui adressés par François Habert (1549), IV, 2868. — Vers dans les *Traductions de latin* (1550), 808.
Du Val (Pierre ?) : vers à lui adressés par Joachim Du Bellay (1559), IV, 2896.
Du Val (Pierre), de Caen : essais de plume (v. 1550), IV, 2855, p. 195.
Du Val (Pierre), géographe : *Carte de l'Islande* (1663), II, 1925.

Du Val (Thibault), libr. à Paris (1622), II, 1728.
Du Vent (Flory) : sonnet à Anne d'Urfé (1580), V, 3375.
Du Verdier (Antoine), sieur de Vauprivas : *Les Omonimes* (1572), 749. — *Diverses Leçons* (1580), V, 3375. — *Bibliotheque* (1585), III, 2516 ; (1772-1773), 2517. — *Supplementum Epitomes Bibliothecae Gesnerianae* (1585), 2516 ; (1773), 2517. — *Son portrait* (1585), 2516. — Vers à lui adressés par Joachim Blanchon (1583), IV, 2938. — Vers à Jean Godard (1594), 760.
Du Verdier (Gilbert Saulnier, sieur). Voy. Saulnier.
Du Verger, avocat du roi à Bourges (1549), IV, 2868.
Du Verger (Mlle), citée par M. Guy, de Tours (1598), IV, 2948.
Du Verger (E.), impr. à Paris (1832), II, 1348 ; (1836), II, 1354, 1653 ; (1837), II, 1374, 1633.
Duveyrier (Honoré-Nicolas-Marie) : *La Cour plénière* (1788), 2296. — *Supplément à la Cour Plénière* (1788), ibid. — *Apologie de la Cour plénière* (s. d.), ibid.
Du Vignay (Jehan), traducteur. Voy. Vignay (Jehan de).
Du Vin, grav., III, 2524.
Du Vivier, violoniste (1671), IV, p. 611.
Dyck (Antoine van), peintre, III, 2506.
Dyck (Justus August von) : inscription dans un album (1620), V, 3370.
Dyck (Pierre van), pseudonyme de François Foppens, impr. à Bruxelles (1664), III, 2282.
Dzierzecki (Kr.) : *Descriptio ludorum et spectaculorum quae sunt Constantinopoli peracta* (1583), III, 2734.

Earle (Gilles) : G. Conti lui dédie son édition de *La Gerusalemme liberata* (1771), 1034.
Eberstein (Philippe, comte d'), combat avec les Espagnols à Saint-Quentin (1557), III, 2146.
Eberstein (Le comte d'), remporte une victoire sur les Impériaux (1641), III, 2420, art. 105.
Ebert, cité par Guill. Du Peyrat (1593), IV, 2945.
Ebert (Jakob) : inscription dans un album (1593), V, 3370.
Eberts (I.-H.) : *Suite d'Estampes pour servir à l'histoire des mœurs et du costume* (1774-1783), III, 2569.
Ebner (Christoph), Tyrolien : inscription dans un album (1567), V, 3365.
Ebran, *Chansons* (1549-1552), 980.

Echansons (*Grands*) *de France*, III, 2493, art. 36.
Echard (Lawrence), *Histoire romaine* (1744), II, 2082.
Echaubard, rel. à Paris, III, 2702.
Eck (Johann), attaqué par P. Stubenfol (1525), II, 2128.
Eckel (Friedrich), dit Nausea : vers à Erasme (1553), III, 2568, art. 11.
Eckert (Hendrick) de Homberg, impr. à Anvers (v. 1500), IV, 2736.
Eclipse (1539), IV, 2760.
Ecole (Nouvelle) publique des finances (1707), IV, 3074.
Écosse : *Description* par Estienne Perlin (1558), III, 2365. — *Histoire*, par André Du Chesne (1666), III, 2366. — *Histoire de la guerre de 1548-1550*, par Jan de Beaugué (1556), III, 2367. — *Declaration des causes qui ont meu les ducs, comptes, etc., à prendre les armes* (1582), III, 2194, p. 35. Voy. Marie Stuart.
Ecouen (Château d'), 248.
Écrouelles, touchées par Henri II (1547), III, 2142.
Écumoire (L') (1735), II, 1563.
Ecuiers (*Grands*) *de France*, III, 2493, art. 34.
Edelinck (Gérard), grav., III, 2507.
Edelinck (J.), grav., 51 ; II, 2094.
Eder (Christoph), de Salzbourg : inscription dans un album (1567), V, 3365.
Édimbourg, Impr. et Libr. Voy. Nafeild (John), 1588. — Waltem (Thomas), impr. imaginaire, 1572.
Edme (Edme Rapenot, dit), libr. à Paris (1772), II, 1916, art. 7 ; (1777), III, 2322.
Édouard III, sujet d'une tragédie de Gresset (1747), II, 1334.
Édouard (Les enfants d'), sujet d'une tragédie de Casimir Delavigne (1833), II, 1349.
Effen (Juste van), traduit, avec Themiseul de Saint-Hyacinthe, *La Vie et les Avantures surprenantes de Robinson Crusoe* (1720-21), II, 1758 ; (1770), 1759. — Traduit de Swift, *Le Conte du Tonneau* (1732), II, 1852.
Effiat (Antoine Rusé, marquis d') : Mme d'Aulnoy lui dédie son *Recueil des plus belles pieces des poëtes françois* (1692), 979.
Effiat (Ruzé, marquis d'), figure dans un ballet (1635), IV, p. 611.
Effigies Des. Erasmi Roterodami (1553), III, 2568.
Egbert-Ier, roi des Saxons, III, 2493, art. 17.
Efforts (Les) et Assauts faicts et donnez à Lusignen (1575), V, 3284.
Egenolph (Christian) : *Anthologia gnomica* (1579), 393. — Les héritiers,

libr. à Francfort-sur-Mein (1594), cités, III, 2518 ; (1626), III, 2520.

Eggimann (Ch.) et C¹ᵉ, libr. à Genève (1893), cités, V, 3341.

Église (L') des mauvais (v. 1528), III, 2542.

Eglogue de deux bergers demonstrant comme la ville de Lyon a esté reduite à la Religion... (1564), V, 3268.

Eglogue latine et françoise, avec autres vers recitez devant le roy (1578), IV, 2968.

Eclogues (Deux) ou Bergeries, contenant, l'une l'institution et office du bon Pasteur (1563), V, 3267.

Egmond (C.), libr. imaginaire à Cologne (1694), cité, II, 2095, art. 18.

Egmont (George d'), évêque d'Utrecht : Jean Berot lui adresse le *Commentarium expeditionis Tuniceæ* (1547), III, 2416.

Egmont (Lamoral, comte d'), combat avec les Espagnols à Saint-Quentin (1557), III, 2146. — Sa mort (1568), III, 2377.

Egmont (Pierre ab), pseudonyme de Ph. Vleugart, impr. à Bruxelles (v. 1669), III, 2289.

Égypte. Voy. Vartema (Lodovico de), *Itinerario* [1501] (1518), II, 1941. — Chesneau (Jean), *Voyage du seigneur d'Aramon* (1546-1555), II, 2095, art. 1. — Lambert (Cæsar), *Relation de ce qu'il a veu de plus remarquable au Caire, Alexandrie*, etc., de 1627 à 1632 (1651), II, 1922. — Albert (Jacques), *Estat de l'Ægypte en 1634* (1651), II, 1922. — Seguezzi (Santo), *Estat des revenus d'Ægypte en 1635* (1651), II, 1922. — Wissche (Peter), *Relation de la riviere du Nil* (1674), II, 1923.

Ehem (Christophe), assiste au couronnement du roi des Romains (1562), III, 2419.

Ehinger (Karl) von Balzhamm : inscription dans un album (1567), V, 3365.

Eichler, grav., II, 1608.

Eydieu (d'), danseur (1669-1671), IV, p. 611.

Eidous (Marc-Antoine), collabore à l'*Encyclopédie* (1751-1777), III, 2523, p. 281.

Eylenberg (Johann Georg) : *Protestations faictes à l'Empereur par les Bourgeois... de Prague* (1620), 2420, art. 44.

Eymar (Joseph d'), président au parl. de Bordeaux : vers à lui adressés par P. de Brach (1576), IV, 2931.

Eymery (Alexis), libr. à Paris (1816), 1006.

Einkirch (Peter) : inscription autrefois existante dans un album (v. 1564), V, 3366.

Einodt (Crispinian) : inscription autrefois existante dans un album (v. 1564), V, 3366.

Enreylen (Das) des Konigs von Franckreich in Jenua (1507), II, 2106.

Eisen (Charles) : seize dessins originaux pour lui, *Contes* de La Fontaine (1762), 925. — Dessins pour *Irza et Marsis, Les Cerises* et *Sélim et Sélima*, de Dorat (1769), 931. — Dessins pour les *Baisers* de Dorat (1770), 222. — Figures dessinées par lui, 177, 402, 409, 843, 856, 857, 1033 ; II, 1335, 1459, 1531, 1565, 1678, 1678 *bis*, 1741, 1745, 1764, 1909, 2015, 2080, 2094 ; III, 2408.

Eysengrein (Wilhelm), « de Nemeto » : inscription dans un album (1567), V, 3365.

Eysses : abbaye de Saint-Gervais et Saint-Protais, IV, 3096, art. 35.

Eitner : *Bibliographie des Musik-Sammelwerke*, citée, 411, art. 73.

Elant (Hendrik), graveur, 12.

Elbaditaeus. Voy. Esbaudit (d').

Elbeuf (Charles de Lorraine, duc d'), figure dans le *Ballet du roy* (1619), II, 1449 ; IV, p. 611.

Elbeuf (Duchesse d') : son éloge par Jules de Richy (1616), V, 3290.

Elbeuf (de Lorraine, prince d'), dénoncé comme voleur (1707), IV, 3074.

Elbeuf (Marie-Marguerite de Lorraine, dite Mˡˡᵉ d'), danse dans des ballets (1664-1665), IV, p. 611.

Elbeuf (René de Lorraine, marquis d'), accompagne Henri III en Pologne (1574), III, 2425. — Il est cité par Estienne Forcadel (1579), IV, 2879.

Election (L') nouvelle de l'empereur [*Ferdinand II*] (1619), III, 2420, art. 9.

Election (La nouvelle) de N. S. P. Gregoire XV (1621), III, 2642.

Election (La nouvelle) de N. S. P. Urbin VIII (1623), III, 2645.

Elegie à la royne de Navarre (1575), IV, 3025, art. 4.

Elegie au jesuite qui lit gratis en l'université à Paris (1565), IV, 2957.

Elegie (L') douloureuse (1568), 807.

Elegie satyrique sur la mort de Gaspar de Colligny (1572), IV, 3190.

Éléonore d'Autriche, « la reine Alienor » : poème sur sa naissance par Jehan Molinet (1498), 471, art. 37. — *Le Venite nouveaument faict a la noble royne de France* (1530), IV, 2857. — *Épistre de la venue de la royne Alienor* (1530), IV, 2857. — *Le Sacre et Coronement* (1531, n. s.),

V, 3345. — Entrée à Rouen (févr. 1532, n. s.), V, 3346. — Entrée à Marseille (12 oct. 1533), III, 1410. — Elle est louée par Jehan Du Pré (v. 1534), IV, 2862. — Jehan Bouchet lui dédie *Les Triumphes de la noble et amoureuse dame* (1535), 509. — Ses armes ornent le verso du titre des *Lettres nouvelles contenant forme de provision...* (1536), II, 1842. — Elle est louée par Nic. Bourbon (1538), IV, 2788. — Après son veuvage, Jean Le Viel lui adresse des vers (1559), III, 2724.

Éléonore de Portugal, reine d'Aragon, seconde femme de Pierre IV : son *Obit* (1348), III, 2529, art. 327.

Elephant (V.), « Elephas » : inscription autrefois existante dans un album (v. 1564), V, 3366.

Élian, cité (1579), IV, 2789.

Élien : lettres en grec (1499), II, 1873.

Elin (Marie d') : vers sur sa mort par Flaminio de Birague (1585), IV, 2939.

Élisabeth, reine d'Angleterre : *Protestation par laquelle elle declare les justes et necessaires occasions...* (1562), citée, III, 2156, *Additions*. — Jacques Grevin lui dédie ses *Deux livres des venins* (1568), 197. — *Le Reveille Matin des François* lui est dédié (1574), IV, 3125. — *Histoire veritable de la conspiration de Guill. Parry* (1584), III, 2194, p. 33. Cf. p. 40. — *La vraye Copie d'une lettre envoyée au Seigneur maire de Londres* (18 août 1586), III, 2194, p. 37. — Elle est citée par Jean Dorat (1586), IV, 2789. — *Extraict et Aphorismes de la harangue de M. de Believre pour la royne d'Escosse* (1587), III, 2194, p. 37. — Elle est attaquée par Adam Blackwood (1588), III, 2373. — *Cantique d'action de graces pour la deffaicte et dissipation de l'armée d'Espagne* (1588), 990. — *De l'Armée d'Angleterre... pour aller contre le roy d'Espagne* (1589), III, 2194, p. 44.

Élisabeth d'Autriche, reine de France : son couronnement à St-Denis (25 mars 1571), IV, 3117, art. 2. — Son entrée à Paris, *ibid.*, art. 3. — Épître à elle adressée par Arnauld Sorbin (1574), 339. — Vers à elle adressés par Guy Le Fèvre de La Boderie (1579), IV, 2930 ; — par Jean Dorat (1586), IV, 2789.

Élisabeth de France, fille de Henri II, reine d'Espagne : Jacques Du Boys lui dédie la *Comedie et Resiouyssance de Paris* (1559), III, 2621. — *Ample Discours* de son arrivée à Saint-Jean de Luz, etc. (1565), réimpr., II, 2095, art. 9 d. — Son entrevue avec Charles IX à Bayonne (1565), III, 2163. — Inscription à elle dédiée par Joachim Du Bellay (1559), V, 3258. — Son *Tombeau* (1569), 814.

Élisabeth de France, fille de Henri IV, plus tard reine d'Espagne : le *Ballet de Madame* est composé pour elle (1615), II, 1448 ; IV, p. 611. — Sa réception à Saint-Jean de Luz et à Roncevaux (1615), III, 2270 ; — son mariage (1615), 2271.

Elkan (Albert), IV, 3125, 3126, art. 3.

Ellebode (Nicasius) : inscription dans un album (v. 1567), V, 3365.

Elliger (O.), ou Elgers, dessin., 12.

Eloy (Legende de saint), II, 2020.

Elphide, femme de Boèce, hymne trad. par Guy Le Fèvre de La Boderie (1578), IV, 2930.

Elucidarius carminum... (v. 1505), V, 3227 ; (v. 1510), 3225.

Elysius (Jean) : vers sur la mort de N. Rapin (1610), IV, 2944.

Elzevier (Bonaventure et Abraham), impr. à Leide (1640), II, 1960 ; (1642), 936 ; II, 1117, 1903 ; (1643), III, 2177 ; (1648), II, 2104 ; (1651), 972.

Elzevier (Daniel), impr. à Amsterdam (1667), 8, 416 ; (1671), 74 ; (1673), III, 1219, 1220.

Elzevier (Gilles), impr. à La Haye (1623), III, 2420, art. 12.

Elzevier (Isaak), impr. à Leide (1628-1630), II, 1960.

Elzevier (Jean et Daniel), impr. à Leide (1631), II, 2081 ; (1638), 403, 404 ; (1646), 149 ; (1653), 4 ; (v. 1653), 56.

Elzevier (Louis), libr. à Amsterdam (1619), III, 2405, art. 1 ; (1643), II, 1840.

Elzevier (Louis et Daniel), impr. et libr. à Amsterdam (1655), 239 ; (1656), 395 ; (1661), II, 1904 ; III, 2235 ; (1663), II, 1517 ; (1664), 104.

Embermont (Roberte d'), IV, 2855, p. 194.

Embouchement (L') de nostre sainct pere le pape, l'empereur et le roy, faict a Nice (1538), IV, 3108. Cf. III, 2674.

Embrasement (L') espouvantable de trois eglises en Lombardie (1619), III, 2446.

Embrasement (L'horrible et espouventable) fait en l'armee du Marquis de Spinola pour secourir la ville de Breda (1625), III, 2405, art. 8.

Émeray (Mlle d'), citée par Michel Guy, de Tours (1598), IV, 2948.

Émery (d'), conseiller d'État. Voy. Thou (Jacques-Auguste de).
Émery (Germain) : épître à Jehan Bouchet et réponse (1545), 511.
Émery (Jean) : sonnet à H. de Sainct-Didier (1573), 292.
Émery (Pierre), seigneur de Romesac (1549), IV, 2868.
Émery (Pierre), ou Émery père, libr. à Paris (1687), 175 ; (1688), 178 ; (1690), II, 2069 ; (1694), 2069 ; (1695), 951 ; (1697), 63.
Émery (Pierre-François), ou Émery fils, libr. à Paris (1720-1726), II, 2006.
Émy, dessin., 1014.
Emichaenus (Gratianus) : vers à Jean Godard (1594), 760.
Emichaenus (Janus) : vers à Jean Godard (1594), 760.
Émile (Paul) : sa vie par Plutarque (1567), II, 1899. Cf. III, 2735.
Emmanuel-Philibert, duc de Savoie : *Epithalame* à lui dédié par Du Bellay (1558), 681 (1559), V, 3257 ; (1561), IV, 2898. — *Epithalame*, par Marc-Claude de Buttet (1559), 708. — *Discours* à lui adressé par P. de Ronsard (1559), 674. — Inscription à lui dédiée par Joachim Du Bellay (1559), V, 3258. — Artus Desiré lui dédie son *Contrepoison des cinquante deux chansons de Cl. Marot* (1560), V, 3204.
Emotion populaire en la Haute-Austriche... Auec l'execution d'iceux Rebelles (1626), 2420, art. 77.
Empereurs d'Occident : leur généalogie par J. Chevillard (1711), III, 2493, art. 10.
Emprisonnement (L') D. C. D., présenté au roy (v. 1624), 790.
Énault (Louis), traducteur du *Werther* de Goethe (1855), cité, II, 1767.
Encyclopédie (1751-1780), III, 2523. — Prospectus inséré dans le *Mercure de France* (1781), III, 2524, p. 316.
Énée : lettres prétendues, en grec (1499), II, 1873.
Enfans (Des) qui desirent la mort du pere et de la mere (v. 1540), IV, 2808. Cf. 458.
Enfans (Les) trouvés, parodie (1735), II, 1321.
Enfant (L') blasphemant Dieu, lequel moral povrement, 458.
Enfant (L') sans soucy (1682), II, 1816.
Engel (Samuel), collabore à l'*Encyclopédie* (1751-1777), III, 2523, p. 281.
Engelmann et Graf, chromolithogr. à Paris, 1014.
Engelscald (Paul) : inscription autrefois existante dans un album (v. 1564), V, 3366.

Enghien (Charles de Bourbon, comte d') : complainte par Est. Forcadel (1579), IV, 2879.
Enghien (François de Bourbon-Vendôme, duc d'), cité par J. Dorat (1586), IV, 2789.
Enghien (Henri-Jules de Bourbon, duc d'), puis prince de Condé. Voy. Condé.
Enghien (Jehan d'), seigneur de Castregat (v. 1457). Voy. Castregat.
Enghien (Louis de Bourbon, duc d'), puis prince de Condé. Voy. Condé.
Enghien (Louis-Antoine-Henri de Bourbon, duc d'), sujet d'un roman d'Éd. d'Anglemont (1832), II, 1620.
Engle (Mile d'), comte de Blois, III, 2623.
Enndern (Karl), von Serchacky : inscription dans un album (1597), V, 3370.
Ennetières (A. d'), contresigne les *Lettres du roy [d'Espagne] aux estats d'Artois* (1579), III, 2384. — Lettre au baron de Rassenghien (1582), III, 2395.
Énoc (Jeanne), citée par Pierre, son frère (1572), IV, 2927.
Enoc (Louis), m. en 1570, père de Pierre, IV, 2927. — Françoise Minet, sa femme, morte en 1571, *ibid*.
Enoc (Pierre), *Opuscules poëtiques* (1572), IV, 2927. — Sonnet à Philippe de Pas (1574), V, 3268.
Enroux, prêtre, cité par Guy Le Fèvre de La Boderie (1578), IV, 2930.
Enschede, impr. à Haarlem (1868), cité, III, 2432.
Ensom, grav., II, 1180.
Ente, femme chantée par Michel Guy, de Tours (1598), IV, 2948.
Entraigues du Pin : notice généalogique, III, 2495.
Entrée de Charles IX à Paris (1571), IV, 3117.
Entrée de Henri II à Reims (1547), IV, 3113 ; — à *Paris* (1549), IV, 3114.
Entrée de la reine Elisabeth d'Autriche à Paris (1571), IV, 3117, art. 3.
Entrée des Bourguignons et Siege de Peronne, citée, III, 2597.
Entree (La superbe et magnifique) de la royne en la ville de Tours (1616), III, 2272.
Entrée (La joyeuse et magnifique) de monseigneur François, duc d'Anjou, en la ville d'Anvers (1582), III, 2392.
Entrée (L') du marquis Spinola au Palatinat (1620), 2420, art. 36.
Entrée (L') du pape, du roy, de la royne, etc., en la noble cité de Marseille (1533), III, 2410.

Antree (L') du roy à Milan (1509), II, 2108.
Entree (L') du roy nostre sire a Romme, traduite en latin (1495), III, 2653, art. 3.
Entree (L') du treschrestien roy de France Louys, douziesme de ce nom, en la ville de Gennes (1507), citée, II, 2106.
Entree (L') du tresnoble duc de Savoye en la cité de Bologne la grasse (1530), III, 2410.
Entree (La triumphante) et Couronnement de Fernant de la royale majesté de Honguerie et de Boheme (1527), V, 3381.
Entree (L') magnifique de Monseigneur Françoys, filz de France... en sa metropolitaine et fameuse ville de Gand (1582), III, 2398.
Entree (L'), Sacre et Couronnement du roy Charles IX en la ville de Reims (1561), V, 3351.
Entrees (Les) de la royne et de mgr. le daulphin a Rouen (1532, n. s.), V, 3346.
Entree (L') triumphante et sumptueuse de.., madame Lyenor d'Austriche... en la... cité de Paris (1531), II, 2137.
Entreprise (L') de Venise (1509), 496 ; IV, 2823.
Entreprises (Les folles) (1505), 495 ; (1508), IV, 3172.
Entretien des bonnes compagnies (1644), II, 1826.
Entretiens (Les) de M. de Voiture et de M. Costar (1654), II, 1857.
Entretiens sur la pluralité des mondes (1686), V, 3216.
Entre-veue (L') du comte de Mansfeld et du marquis Spinola (1623), III, 2405, art. 3.
Épernay, imprimeur imaginaire. Voy. Tarabin Tarabat (1589). — Voy. Espernay.
Épernon. Voy. Espernon.
Épiménide, sujet d'une pièce de Goethe (1815), II, 1481.
Épinay (Le comte d'), sculpteur (v. 1885), III, 2528, p. 325.
Épinal, assiégé par Charles le Téméraire, IV, 2781, p. 66.
Episcopius (Nicolaus), impr. à Bâle. Voy. Bischoff.
Epistola (Admirabilis) noviter ex urbe Roma Parrhisius delata (1514), 209, art. 15.
Epistre a Marot, a Sagon et a La Hueterie (1537), III, 2594, art. 9 ; (1539), 621, art. 10.
Epistre contrefaite et ridicule du pape Estienne, 1589 (1758), III, 2194, p. 40.
Epistre de la persecution meue en Angleterre contre l'Eglise chrestienne (1582), II, 2010.
Epistre de la venue de la royne Alienor (1530), IV, 2857.
Epistre (L') de madame la daulphine de France, fille du roy d'Angleterre, a la royne (1518), IV, 2841 et Additions.
Epistre de messire André Misogyne (1551), IV, 2951.
Epistre (L') douloureuse de l'amant a son amoureuse (1568), 807.
Epistre d'ung amant envoyee a sa dame par maniere de reproche (1539), V, 3249.
Epistre d'une damoiselle françoise sur la mort de Leonor de Roye (1564), citée, V, 3269.
Epistre du sieur d'Engoulevent (1593), citée, IV, 3003.
Epistre en vers françois envoyee de Rome sur la venue de mgr. le mareschal de Brissac (1556), V, 3261.
Epitre envoiee au Tigre de la France (1560), IV, 3116.
Epistre envoyée du Champ elisée par feu Henry, autresfois roy d'Angleterre, 511.
Epitre, ou Cantique de Jeremie (v. 1575), IV, 2979.
Epistre responsive au Rabais de Sagon (1537), citée, 621 ; III, 2594, art. 15 et Additions.
Epistres (Sept) de nouveau corrigees [par Jehan Favre], ms. (v. 1540), V, 3250.
Epitaphe (L') de feu Pheleppes d'Austrice (1506), 488.
Epitaphe (L') du comte de Sales, poème désavoué par Cl. Marot (1534), 600, 601, 603, 605.
Epitaphes a la louange de Madame mere du roy (1531), IV, 2786, 2787.
Epitafes de feu Mgr. Anne de Joieuse (1587), 685.
Epitaphes (Les) des feuz roys Loys XI. de ce nom et de Charles son filz.. (v. 1498), IV, 2842.
Epitaphes sur le trespas du feu messire Charles de Cossé (1564), 813.
Epitaphia latina et gallica in Lodoicae Regis Matris mortem (1531), IV, 2786.
Equation (Intégrale d'une), IV, 2757.
Equipage (Le grand) des gens de guerre du Marquis de Spinola (1620), III, 2420, art. 33.
Érasme, *Enarratio in primum Psalmum davidicum* (1515), V, 3207. — *Die Epitel wider etlich die sich fälschlich berümen evangelisch sein* (1530), cité, III, 2713. — *Ecclesiastae sive de ratione concionandi libri IV* (1535), IV, 2745. — Antoine Du Saix traduit d'après lui un traité de Plutarque : *La Touche*

naïfve pour esprouver l'amy (1537), V, 3330. — Vers de lui dans les Nugae de Nicolas Bourbon (1538), IV, 2788. — Le Chevalier chrestien, traduction de l'*Enchiridion militis christiani* (1542), IV, 2748. — Ses Grâces sont traduites par François Habert (1549), IV, 2868. — Ses *Apophthegmes*, translatez par l'esleu Macault (1556), IV, 3076. — Distique sur Rome (v. 1640). 965. — *Colloques* (1720), II, 1855. — Ses ouvrages sont censurés, 108. — Il est cité comme érudit par Guy Le Fèvre de La Boderie (1578), IV, 3183. — Epitaphe par Hugues Salel (1579), IV, 2879. — *Effigies* (1553), III, 2568. — Autre portrait (1581), II, 2039.

Eraste, imité par Gabriel Chappuy (1584), II, 1701.

Erastus (Thomas). Voy. Lieber.

Erections (Les anticques) des Gaules (1535), II, 2091.

Eriamel, anagramme de Jehan Le Maire, III, 2432.

Erlbeck (Christoph) von Sinnigen und Kirchensittenbach : inscription dans un album (1567), V, 3365.

Eroberung (Keyserlicher Majestat) des Königreychs Thunisi (1535), III, 2412.

Erreurs amoureuses (1555), IV, 2909. — *Continuations* (1551), IV, 2908.

Erotopolis, lieu imaginaire. Imprimeur supposé. Voy. Harpocrates, 1776.

Ertinger (F.), grav., 381 ; III, 2524.

Eschevert (d'), cité par Guill. Du Peyrat (1593), IV, 2945.

Eschole (L') de Salerne (1651), 972.

Esclave (L'), fortuné. Voy. Amboyse (Michel d').

Escorbiac (Jean d'), sieur de Bayonnette, *La Christiade* (1613), 821.

Escorbiac (Jean d'), fils : vers à son père (1623), 821.

Escraignes (Les) dijonnoises (1614), II, 1779; (1662), II, 1780.

Escures (d') : Simon Rouzeau lui dédie *L'Hercule quepin* (1605), 770.

Esdras : *Prenostication* à lui révélée (v. 1530), IV, 3165.

Eslite (L') des chansons plus belles et amoureuses de nostre temps (v. 1611), 992.

Esbalditaeus. Voy. Esbaudit.

Esbauldit (Arnauld d') « Elbalditacus, Desbalditaeus », cité par J. Dorat (1586), IV, 2789.

Esbauldit (Gérard d') « Esbalditaeus », cité par J. Dorat (1586), IV, 2789.

Esmangart : *Commentaire sur les œuvres de Rabelais* (1823), II, 1520.

Esnault et Rapilly, marchands d'estampes à Paris (1778-1785), 242; (1778), 260.

Esope, *Fables, mises en rithme* (par Gilles Corrozet) (1544), 639. — Sa *Vie* par Jean de La Fontaine (1668), 911.

Espagne. Voy. Aulnoy (Marie-Catherine Jumelle de Berneville, comtesse d'). *Relation du voyage d'Espagne* (1691), II, 1926 — (1699), 1927. — Gautier (Théophile), *Tra los montes* (1843), II, 1928, — Histoire. Voy. III, 2130-2440.

Espagne (Mlle d'), citée par M. Guy, de Tours (1598), IV, 2948.

Espaignolz (L'Ave Maria des), v. 1523, IV, 2831.

Espence (Claude d'), cité par Fr. Habert (1549), IV, 2868. — Vers dans *Le Tombeau de Marguerite de Valois* (1551), 628. — Vers sur la mort de Joachim Du Bellay (1560-1575), 680. — *Oraison funebre et Obseques de tres-haute... Princesse Marie... Royne douairiere d'Escoce* (1561), III, 2368. — Epitaphe d'Anne de Montmorency (1567), IV, 2966, art. 25. — Oraison de Manassès, traduite par Hier. Hennequin (1569), IV, 2923. — Vers dans *Le Tombeau de Gilles Bourdin* (1570), 815. — Il est cité comme orateur par Guy Le Fèvre de La Boderie (1578), IV, 3183. — Il est cité par Jean Dorat (1586), IV, 2789.

Esperit (L') trouble (v. 1537), IV, 2963. Cf. IV, 2799 passim.

Espernay: les reitres sont défaits près de cette ville (1575), III, 2193.

Espernon (Jean-Louis de La Valette de Nogaret, plus tard duc d') : P. Le Loyer lui dédie ses *Œuvres* (1579), 746. — Norry lui dédie *L'Univers* (1583), 754. — Vers à lui adressés par Joachim Blanchon (1583), IV, 2938. — Son entrevue avec le roi de Navarre (juill. 1584), III, 2242, art. 3. — Il est cité par Jean Dorat (1586), IV, 2789. — *Articles et capitulation faitte avec messieurs les chef et conducteurs de l'armee estrangere* (8 déc. 1587), III, 2194, p. 40. — Ce qui se passe entre lui et les habitants d'Angoulême (août 1588), III, 2221, art. 16 — *Lettre du roy* à lui adressée (août 1588), III, 2221, art. 17. — P. H. D. T., c'est-à-dire Pierre Boucher lui dédie l'*Histoire de Pierre de Gaverston* (1588), III, 2222, art. 1. — *Les Regretz, Complaintes et Confusion de Jean Vallette, dit de Nogaret...* (1589), III, 2222, art. 4. — *La grande Diablerie de Jean Vallette, dit de Nogaret* (même pièce), 796. — *La Con-*

fession et Repentance... (1589), 797.
— *Rencontre de M. le duc d'Espernon et de François Ravaillac* (1610), III, 2236, art. 5. — Portrait (1623), 668.
Espie : notice généalogique, III, 2195.
Espieu (d') : madrigal à lui adressé par Tristan L'Hermite (1648), 831.
Espinac (Pierre d'), ou Epinac, archevêque de Lyon, est sans doute l'auteur de la *Responce de par messieurs de Guise à un advertissement* (1585), III, 2202, 2194, p. 31. — Sa Conférence avec le roi et le cardinal de Gondi en 1590 (1709), III, 2251, p. 87.
Espinay (Charles d'), évêque de Dol, aide Ch. de La Mothe à publier les *OEuvres* de Jodelle (1574), 696.
Espinay (Jeanne de Cossé, femme de François d') : Guy Le Fèvre de La Boderie lui dédie des vers (1578-79), IV, 2930.
Espinel (Vicente), imité par Le Sage dans l'*Histoire d'Estevanille Gonzalez* (1734-1741), II, 1552, et dans *Le Bachelier de Salamanque* (1736-38), 1554.
Espinoy (Louis de Melun, prince d') : La Fosse lui dédie *Polixene* (1696), II, 1285.
Espinoy (Pierre de Melun, prince d') : *Chanson lamentable contenant ses infortunes* (1581), 411, art. 56 ; 987.
Esprit : vers à lui adressés par Bérenger de La Tour (1551), V, 3254.
Esprit (L) trouble (v. 1537), IV, 2963. Cf. IV, 2799 *passim.*
Esprit (Jacques), libr. à Paris (1776), II, 1916, art. 3 ; (1777), 917.
Essais (Les) de Mathurine (v. 1623), II, 1796, art. 5.
Essais de poesie dediee à Henry le Grand (1623), III, 2243, art. 20.
Essai sur la musique [par J. B. de La Borde et l'abbé Roussier], 1780, 272.
Essé (André de Montalembert, sieur d'), sa descente en Écosse (1548), III, 2367.
Essenaud : vers à lui adressés par Joachim Blanchon (1583), IV, 2938.
Essling (François-Victor Massena, prince d') : volumes lui ayant appartenu, 448, 653 ; II, 1508, 2097 ; V, 3094.
Estaing (Antoine d'), évêque d'Angoulême, prend part au concile de Pise (1511), IV, 3095.
Estaing (François d'), évêque de Rodez, prend part au concile de Pise (1511), IV, 3095.
Estaintot (Le vicomte R. d'), III, 2189.
Estampes (Anne d'), dite Mlle de La Ferté : son *Tombeau* par Christofle de Beaujeu (1589), IV, 2942.
Estampes (C. d'), s^r de La Ferté-Imbault : sonnet à Christofle de Beaujeu et vers à lui adressés (1589), IV, 2942.
Estampes (ducs d'), III, 2493, art. 24.
Estampes (Louis, comte d') : vers à lui adressés par Cl. Marot (v. 1535), IV, 2964, art. 60.
Estampes de Vallançay (Leonor d'), vers à J. Bertaut (1606), 820.
Estat (De l') de la France (1671), V, 3359.
Estats (Les) tenus à la Grenouilliere (1623), II, 1804.
Estauge (Jacques Cadier ou Quadier, dit), Parcus, ou Kundig, impr. à Bâle (1516), V, 3248.
Este (Alfonso Ier d') : son emblème, IV, 3077.
Este (Alfonso II d'), prince, puis duc de Ferrare : vers à lui adressés par Ch. Fontaine (1557), IV, 2877. — Il a pour secrétaire M. de Lucé (1558), V, 3251.
Este (Alfonso II d') : Batt. Pittoni lui dédie ses *Imprese* (1562), IV, 3077. — Son emblème, *ibid.*
Este (Alfonso d'), prince de Ferrare (1557), IV, 2877. — Il est cité par Jean Dorat.
Este (Anna d'), duchesse douairière de Guise, puis duchesse de Nemours : Lettres à elle adressées par le cardinal de Lorraine sur la mort du duc de Guise (1563), III, 2688 ; V, 3352. — Anagramme à elle dédiée par Jean de La Taille (1573), V, 3317. — Vers à elle adressés par Flaminio de Birague (1585), IV, 2939.
Este (Ercole d'), duc de Ferrare : discours que lui adressent les ambassadeurs de Charles VIII (1495), V, 3338.
Este (Francesco d'), duc de Modène : son portrait (1657), 833.
Este (Ippolito d'), cardinal de Ferrare : vers à lui adressés par Ch. Fontaine (1546), IV, 2876. — L'auteur de *La Magnificence des triumphes faictz à Rome* lui adresse sa relation (1549), III, 2143. — Federigo Grisone lui dédie les *Ordini di cavalcare* (1550), V, 3216. — B. de Salignac lui adresse une relation du *Voyage du roy au Pays Bas* (1554), II, 2685. — Il est cité par Jean Dorat (1586), IV, 2789.
Este (Luigi d'), cardinal : son emblème (1562), IV, 3077.
Este (Rinaldo d'), cardinal : son portrait (1657), 833.
Estellan (Le bailli d') : rondeau, IV, 2964, art. 31.

Estelle : notice généalogique, III, 2495.
Esther, sujet d'une tragédie de P. Du Ryer (1644), III, 1114 ; sujet d'une tragédie de Racine (1689), II, 1239, 1241, 1265.
Estiard (Pierre), impr. à Lyon (1596), II, 1516.
Estienne (Frère Antoine) : *Remonstrance charitable aux dames* (1577), 54.
Estienne (Charles), impr. à Paris (1553), III, 2683 ; (1554), III, 2684. — Nicolas Bourbon lui adresse des vers (1538), IV, 2788. — *La Guide des chemins de France* (1553), II, 2089.
Estienne (Henri II), impr. à Paris (1554), 396 ; — impr. à Genève (1578), 323. — Traduction d'Anacréon (1554), 396 ; (1556), 397. — Traduction des idylles de Moschus, de Bion et de Théocrite (1556), 400. — *Dialogues du nouveau langage françois italianizé* (1578), 323. — *Anthologia gnomica* (1579), 393. — Vers sur la main d'Estienne Pasquier (1584, 1610), 737. — *Apologie pour Herodote* (1735), II, 1845. — *Discours merveilleux de la vie de Catherine de Medicis* (1744), III, 2188.
Estienne (Henri III) : vers en tête de *La seconde Sepmaine* de Du Bartas (1589), V, 3270.
Estienne (Jacques), libr. à Paris (1712), 388 ; (1717), II, 1674 ; (1718), II, 1859, 1860. — Marie-Anne-Guyard, sa veuve (1733), III, 2455 ; — associée avec Jacques II Guyard, son fils (1745), 52.
Estienne (Robert I*r), impr. à Paris (1537), III, 2672 ; cité, 2138 ; (1543), 185, 335 ; III, 2678 ; (1544), II, 1060 ; III, 2681, 2682 ; (1544-1545), 37 ; (1547), III, 2142 ; IV, 3112 ; — impr. à Genève (1552), 89.
Estienne (Robert II), impr. à Paris (1556), 397, 400 ; (1559), 336, 708 ; III, 2148 ; (1560), 681, 710 ; (1561), 692 ; (1565), III, 2550 ; (1567), IV, 2914 ; (1569), 320, 673, 674, 814 ; IV, 2791 ; (1570), 815. — Mamert Patisson conserve la marque de Robert, dont il avait épousé la veuve (1583), II, 1098 ; (1585), 1095 ; (1603-1604), V, 3206. — *Les Censures des theologiens de Paris* (1552), 89. — *Grammaire*, citée en 1562, V, 3229. — *Traicté de la grammaire françoise en français et en latin* (1569), 321. — Son portrait (1581), II, 2039.
Estienne (Robert III), impr. à Paris (1573), II, 1096 ; (1574), II, 1097 ; (1575), IV, 2773 ; (1610), III, 2243, art. 14. — Vers dans le *Tumulus R. Bellaquei* (1577), 695. — Vers grecs et français à Robert Garnier (1585), II, 1095. — Pièces diverses sur la mort de Ronsard (1586), IV, 2889 ; (1623), 668. — Épigramme sur le *Jobus* de J.-A. de Thou (1592), 423. — Il revoit divers ouvrages de Ronsard (1623), 668.
Estièvre : notice généalogique, III, 2495.
Estissac (Loys d') : J. Bouchet lui dédie *Les Angoysses et Remèdes d'amours* (1536 ?), 1545.
Estissac (Marie d') : son épitaphe par Fr. Robertet (1534), 597, 599, 600 ; (1535), 601.
Estival, chanteur (1663-1671), IV, p. 612.
Estoc (Antoine), libr. à Paris (1617), 935.
Estopinhan (Bernard d') : épître à Gratien Du Pont (1534), III, 2596.
Estouteville (Ducs d'), III, 2493, art. 24.
Estouteville (Andrienne d'), comtesse de Saint-Paul, François Habert lui dédie *Le Temple de Vertu* (1542), IV, 2866.
Estouteville (Marie de Bourbon, princesse d'), citée par Ch. Fontaine (1557), IV, 2877.
Estrades (d'), évêque de Condom : lettre à lui adressée par Rangouze (1649), II, 1879.
Estrées (d'), *Le Contreblason de faulces amours* (1512), IV, 2812. Cf. III, 2579.
Estrées (La comtesse d'), figure dans un ballet (1661), IV, p. 612.
Estrées (César, cardinal d'), cité, II, 1883, art. 73.
Estrées (Christine d'), figure dans un ballet (1654), IV, p. 612.
Estrées (Diane d') : vers à elle adressés par S. G., sr de La Roque (1609), IV, 2943.
Estrées (François-Annibal, duc d') : *Memoires d'Estat* (1666), III, 2264.
Estrées (Jean V), archevêque de Cambrai : volume lui ayant appartenu, IV, 2939.
Estrées (Victor-Marie, comte d'), maréchal de France : son portrait (1719), III, 2409.
Estrennes (Les) royalles à tous nobles et vaillans chevaliers, etc. (v. 1570), V, 3281.
Estresses : généalogie, III, 2495.
Estuer (Jehan d'), seigneur de La Barde (v. 1457). Voy. La Barde.
Établissement de la foy dans la Nouvelle-France (1691), II, 1973.
État (L'), de la France (1749), III, 2358.
État (L') de servitude ou la Misere des domestiques, cité, II, 1796, art. 14.

Etat des troupes (1762), III, 2363.
Etats d'oraison (Instruction sur les). Voy. Bossuet (Jacques-Bénigne).
Etats généraux de Hollande : Jean Leger leur dédie son *Histoire des eglises vaudoises* (1669), II, 2031.
Éthiopie. Voy. Vartema (Lodovico de), *Itinerario* (1518), II, 1941. — Alvarez (Francisco de), *Ho Preste Joam das Indias* (1540), II, 1944. — *Extrait de l'histoire de l'Ethiopie écrite en portugais par le P. Balthasar Telles* (1674), II, 1923.
Éthiou, grav., II, 1909.
Étienne (saint), roi de Hongrie, héros d'une tragi-comédie (1605), II, 1102.
Étienne (Charles-Guillaume) : une pièce de lui et de La Chabaussière dans les *Chants et Chansons popul. de la France* (1843), 1014.
Etonnement (Le grand) donné à la ville d'Anvers... par la puissante armée de M. le Prince d'Orange (1634), III, 2405, art. 26.
Etrennes aux gens d'Eglise (1774), 961.
Etrennes Nationales (1790), III, 2297.
Etrobius (Jean), traducteur du *Commentarium, seu potius Diarium expeditionis Tuniceæ* (1547), III, 2416.
Etymologisation de Paris, IV, 2796, n° 18.
Eugène IV, pape, bulle sur l'érection de l'université de Poitiers (1431), III, 2342.
Eugenio (Marcantonio), jurisconsulte (1570), V, 3364.
Eumène : sa vie par Plutarque (1567), II, 1899. Cf. III, 2735.
Eunuque (L'), comédie (1654), II, 1230.
Euphrone, Avis au Lecteur de l'*Origine des Masques* par Cl. Noirot (1609), III, 2543.
Eurial (J.) : épitaphe par Est. Forcadel (1579), IV, 2879.
Euriant (La belle), II, 1501.
Euripide : *Hecuba* (1544), II, 1060 et Additions.— Lettres, en grec (1499), II, 1873.
Eusèbe : *Evangelicae praeparationis Lib. XV* (1544) ; — *Evangelicae demonstrationis Libri X* (1545), 37.
Eustace, confesseur des religieuses de Port-Royal : le *Cas de conscience* lui est attribué (1703), IV, 3079, p. 455.
Eustace (Guillaume), libr. à Paris (1508), V, 3313, 3314 ; (1509), 484 ; (1512), 504 ; (1514), II, 1507.
Eustathe : *Etymologicon*, 316.
Eutrapelophile : épître à Scarron, II, 1906.
Euvre nouvellement translatee de italienne rime [de Simone Litta, dit Simon de Milan] (1509), III, 2591 et Additions.
Evangelista : signature sur un passeport délivré à Gio. Giorgio Trissino (1526), IV. 3078.
Ève (Les), relieurs à Paris, cités, III, 2528.
Ève (Clovis), libr. et rel. du roi à Paris (v. 1600), II, 1101 ; (1621), III, 2472.
Évêques de France en 1691 et 1721, III, 2493, art. 8.
Everaert (Nicolas), dit Grudius : vers de lui dans les *Icones* de N. Reusner (1589), V, 3370.
Éverat (Ad.), impr. à Paris (1832), II, 1361, 1713 ; (1833), II, 1349, 1376, 1713 ; (1834), 271 ; II, 1369, 1370, 1632, 1641 ; (1835), 874, 1590, 1592, 1647 ; (1838), 884 ; V, 3321 (portrait) ; (1839), II, 1584.
Eversfield (Anthony) : inscription dans un album (1592), V, 3368.
Évora, imprimeur. Voy. Burgos (Andrés de), 1557.
Évreux : abbaye de Saint-Taurin, IV, 3095, art. 61. — Imprimeur. Voy. Le Marié (Antoine), 1601.
Evrier (T.), dessin., III, 2310.
Examen de tout ce qui s'est fait pour et contre le Cid (1637), II, 1142, art. 15.
Execution et Punition remarquable et veritable d'une femme (1680), 998.
Execution remarquable de la Voisin (1680), 997.
Execution (La memorable) de quarante trois traistres et rebelles faicte en la ville de Prague (1621), III, 2420, art. 54.
Exemplaria literarum quibus et christianissimus rex Franciscus... defenditur, etc. (1537), cités, II, 2138.
Exemplum litterarum amici... de vera origine conflagrationis pyramidis et templi Paulini Londinensis (1561), cité, III, 2369.
Exercices (Les) et Passefantasies du contristé, ms. (1578), IV, 2933.
Exeter (Henry, marquis d'), plénipotentiaire anglais (1525), III, 2665.
Exhortation chrestienne, extraicte des sainctes Escritures (1566), IV, 3159.
Exhortation de la Couronne de France au dauphin Louis, IV, 2796.
Exhortation du peuple de Paris, faict au roy pour poursuyvre l'extermination des heretiques (1572), IV, 3193.
Exortation et Plainte lamentable de l'estat... que on voit en l'Eglise (1517), III, 2635, p. 445, art. 1.
Exhortation et Remonstrance faite

d'un commun accord par les Françoys catholiques et pacifiques, 1586 (1589), III, 2194, p. 40.

Exhortation notable aux roys, princes et estats qui se disent chrestiens (1589), III, 2194, p. 44.

Exhortation pour le salut de l'ame (1516), III, 2562, art. 18.

Exiles (d'). Voy. Prévost (l'abbé) d'Exiles.

Expilly (Claude d'): vers à Montaigne (1602), 142; volume lui ayant appartenu, 425.

Exploicts (Les) de guerre... du comte de Mansfeld, en la Comté d'Embden (1623), 2420, art. 72.

Exploictz des galeres de France es costes de Barbarie (1620), IV, 3148.

Exposition (Fidelle) sur la Declaration du duc de Mayenne, contenant les exploicts de guerre qu'il a fait en Guyenne (1587), III, 2220, 2194, p. 37.

Extraict de Lettres d'Allemagne (1620), 2420, art. 38.

Extrait de quelques-unes des plus dangereuses propositions de la morale des nouveaux casuistes, [1656], 78.

Extraict d'un conseil secret tenu à Rome (1585), III, 2196; (1587), 2194, p. 33.

Faber. Voy. Le Fèvre et Schmidt.

Fabius Maximus: sa vie par Plutarque (1567), II, 1899. Cf. III, 2735.

Fables (Douze) de Fleuves ou Fontaines (1585), III, 2600; (1586), II, 1778.

Fabre (Ad.), cité, II, 1796, art. 14.

Fabre (J. de): vers à J. d'Escorbiac (1613), 821.

Fabre (Le P. Jean-Claude), continue l'*Histoire ecclesiastique* de Cl. Fleury (1725-1737), II, 2006.

Fabre (Pierre), *Traitté duquel on peut apprendre en quel cas il est permis à l'homme chrestien de porter les armes* (1576), IV, 3126, art. 2.

Fabre d'Églantine (Philippe-François-Nazaire): une pièce de lui dans les *Chants et Chansons populaires de la France* (1843), 1014.

Fabri (Benoist), cité par Antoine Du Saix (1537), 516.

Fabri (Madeleine), femme de Pierre Séguier. Voy. Séguier.

Fabri (Pierre): *Art de plaine rethoricque* (1539), 426. — Il est cité comme une autorité orthographique (1529), IV, 2767. — Pièce reproduite par lui, IV, 2799, p. 106.

Fabricius (Franciscus). Voy. Smidt (Franz).

Fabricius (Georgius). Voy. Goldschmidt (Georg).

Fabricius Peter). Voy. Schmidt.

Fabris (Evangelista de), noble romain (1546), V, 3334.

Facenet (N.), signe l'approbation de *L'Origine des Masques* par Claude Noirot (1609), III, 2513.

Facciotti (Guglielmo), impr. à Rome (1606), V, 3333.

Facetus en français (1535), IV, 2779.

Factum pour le curé de Forest en Vexin... (v. 1634), IV, 3153, p. 532.

Factum pour maistre Urbain Grandier (1634), IV, 3153, p. 531.

Fadrin, nom supposé par Estienne Forcadel (1579), IV, 2879.

Faelli (Gio. Battista de'), impr. à Bologne (1530), III, 2716.

Faerno (Gabriel): épitaphe de Gonzalve de Cordouc (1550), III, 2510.

Faettato (Francesco): son emblème (1562), IV, 3077.

Fagius (Paul Buchheim, dit): son portrait (1581), II, 2039.

Fagnion, grav., V, 3321.

Fay (Antoine de), impr. à Dijon (1711), 387, art. 2.

Fay (Joannes Beatus): inscription dans un album (1564), V, 3365.

Faictz (Les grans et merveilleux) de Nemo (v. 1530), V, 3374; (v. 1540), 565, 566.

Faitz (Les) du chien insaciable... (1526), cités, III, 2714.

Faictz (Des) et gestes du Roy Francoys premier (1544), III, 2656.

Faitz (Les), Institutions et Ordonnances pour messeigneurs les cardinaulx, archevesques, etc., par eulx ordonnez... dedens la ville de Pise (1511), IV, 3095.

Faitz (Les) merveilleux de Virgile (v. 1525), II, 1493. Cf. 1492.

Faydit de Saint-Bonnet (L'abbé Pierre-Valentin). Voy. *Recueil de Pieces curieuses* (1694-1696), III, 2632.

Faiguet de Villeneuve (Joachim), collabore à l'*Encyclopédie* (1751-1777), III, 2523, p. 281.

Fain, impr. à Paris (1819), II, 1343, 1581; (1821), II, 1344; (1828), 1011; (1829), II, 1930.

Faintises (Les) du Monde (v. 1500), 564 et *Additions*; (1532), 493.

Faÿoles (Le capitaine), le puiné: J. de La Péruse lui adresse des vers (v. 1557), IV, 3022.

Faius. Voy. Du Fay.

Falaise, prise par Henri IV (1590), III, 2236, art. 18.

Falantin: notice généalogique, III, 2495.

Falconet (Camille): notes sur les *Bibliotheques* de La Croix du Maine et de Du Verdier (1772-1773), III, 2517.

Falconet (P.), fils, dessin., III, 2523.
Faleto (Niccolò) : vers latins en tête des *Opera jocunda* de Giorgio Alione (1521), IV, 3058.
Faletti (Girolamo), comte de Trignano : son emblème (1562), IV, 3077.
Faliero (Marino), sujet d'une tragédie de Cas. Delavigne (1829), II, 1347.
Falkenberg (Gérard), de Nimègue : autographe dans un album, V, 3372.
Fallet (Nicolas), rédacteur de la *Gazette* (1791), IV, 3153, p. 547.
Fallius. Voy. La Faille (Jean de).
Famechon (Seigneurs de) : leur chronologie, III, 2493, art. 51.
Farce de Calbain, citée, 1021, art. 1.
Farce de Colin, filz de Thenot le maire, IV, 3020, art. 2.
Farce de maistre Pathelin (v. 1500), II, 1083 ; (v. 1525), II, 1084.
Farce de pied à boulle, citée, II, 1087.
Farce de sainct Pansard (v. 1535), IV, 3021.
Farce de Toanneau du Treu (1594, 1604), 1024.
Farce du nouveau Patelain (1748), II, 1085.
Farce du Savetier, citée, 1021, art. 1.
Farce du Testament de Carmentrant (v. 1540), II, 1086.
Farce du Testament de Pathelin (v. 1525), II, 1084.
Farce du Savetier, citée, 1021, art. 1.
Farce du Vendeur de livres, 1021, art. 1.
Farce joyeuse et recreative d'une femme qui demande les arrerages à son mary, IV, 3020, art. 6.
Farce joyeuse, tresbonne et recreative pour rire, du Savetier..., imitée par Giorgio Alione (1521), IV, 3058, p. 413.
Farce nouvelle a trois personnages : le Badin, la Femme, la Chambriere, citée, IV, 2965, art. 174.
Farce nouvelle contenant le debat d'un jeune moine et d'un vieil gendarme, IV, 3020, art. 7.
Farce nouvelle de deux Saveliers, IV, 3020, art. 3.
Farce nouvelle de l'Antechrist, IV, 3020, art. 5.
Farce nouvelle des cinq sens de l'homme, imitée par Giorgio Alione (1521), IV, 3058, p. 413.
Farce nouvelle des femmes qui ayment mieux suivre et croire Folconduit..., IV, 3020, art. 4.
Farce nouvelle nommee la Folie des Gorriers (ms., xvᵉ s.), IV, 3007.
Farce nouvelle et recreative du medecin qui guarist de toutes sortes de maladies, IV, 3020, art. 1.
Farce nouvelle et fort joyeuse du Pect, imitée par Giorgio Alione (1521), IV, 3058.
Farce nouvelle de Tout, Rien et Chascun, citée, IV, 2963, art. 13.
[*Farce ou*] *Discours facetieux des hommes qui font saler leurs femmes...* (v. 1600), II, 1087.
Farce plaisante et recreative sur un trait qu'a joué un porteur d'eau (1632), II, 1796, art. 35.
Farces françaises et italiennes par Giorgio Alione (1521), IV, 3058.
Farci : généalogie, III, 2495.
Fardeau, notaire à Paris (1607), II, 1702.
Fardoil (Nicolas) : sonnet à Ch. Bauter (1605), II, 1101.
Fare (Sainte) : son *Panégyrique* par Bossuet (v. 1665), IV, 3079, p. 447.
Farel (Guillaume) : mandat donné en sa faveur par le conseil de ville de Bâle (1524), II, 2047 ; — lettre écrite en sa faveur par Ulrich, duc de Wurtemberg, au gouverneur de Besançon (1524), 2048. — *Pro G. Farello... Defensio Nicolai Gallosii* (1545), 86. — *Le Glaive de la parolle* (1550), 87. — *Brief Traité de Purgatoire* (1551), 88 et *Additions*. — Ses ouvrages sont censurés, 108, 110. — Son portrait (1581), II, 2039.
Faremoutiers, abbaye, IV, 3112.
Farct (Nicolas) : préface aux *Œuvres* de Saint-Amant (1642), 964.
Farin (François) : *Histoire de la ville de Rouen* (1731), III, 2337.
Farison (Gauvin Penel, dit), négociant à Gand, III, 2605.
Farnese (Alessandro). Voy. Paul III, pape (1534-1549).
Farnese (Alessandro), cardinal, a pour secrétaire François de Billon (1533), II, 1837. *Additions*. — Lettres à Gio. Giorgio Trissino (1548), IV, 3078. — Son emblème (1562), IV, 3077.
Farnese (Alessandro), duc de Parme : *Certaine lettre close aux prevost, etc., de la cité de Cambray* (1580), III, 2712. — Le cardinal de Granvelle et Francisco Guillamas lui adressent des lettres (1582), III, 2395. — Factum contre lui (1582), III, 2397. — *Articles et Conditions du traicté faict entre lui et la ville d'Anvers* (17 août 1585), III, 2194, p. 35. — *Discours sur la venue en France, proggres et retraicte du duc de Parme* (1590), II, 2236, art. 15. — *Sommaire Discours de ce qui est advenu en l'armée du roy, etc.* (1590), ibid., art. 16. — *Memoire de ce qui est advenu en la retraitte et deslogement du duc de Parme...* (1590), ibid., art. 17.
Farnese (Ottavio), duc de Parme,

cité par J. Dorat (1586), VI, 2789.
Farnese (Ranuccio), cardinal : lettres à Gio. Giorgio Trissino (1545-1546), IV, 3078.
Farrenc, bibliophile : volume lui ayant appartenu, 629.
Farris (Domingo de), impr. à Venise (1569), cité, III, 2377.
Fasitelli (Onorato) : vers de lui dans les *Icones* de N. Reusner (1589), V, 3370.
Fasquel : mélodie de lui dans les *Chants et Chansons populaires de la France* (1843), 1014.
Fatalité (La) de Saint-Cloud (1709), III, 2251, p. 87.
Fatto (El) d'arme del... re di Franza contra Syuizari (1525), IV, 3002.
Faucci (Carlo), peintre, II, 1913.
Fauchery (A.), grav., II, 1288, 1913.
Faucon (de) : Scévole de Sainte-Marthe lui dédie le second livre de ses *Imitations* (1569), 715, p. 495.
— Scévole parle de lui (1600), IV, 2921.
Faucon (Isabeau) : *Le Livre du Faucon* est composé pour elle (v. 1525), 571.
Fauconnet de Vildé (Jean-Claude), l'un des personnages auxquels est dédié le *Plan de Paris* (1734), III, 2312.
Fauconniers (Grands) de France, III, 2493, art. 37.
Faucoulleau (Antoine), ermite (1532), IV, 3091.
Faulceté (La), Trayson et les Tours de ceulx qui suivent le train d'amours, IV, 2843.
Faulche (Samuel), impr. à Neuchâtel (1765), III, 2523.
Faulong : notice généalogique, III, 2495.
Faulquier (Janne de), baronne de Seignelay, épitaphe de Ronsard (1586), IV, 2889.
Fauquel (Anthoine), *Discours du testament de la prinse de la ville de Guines* (1558), 666.
Faure (François), *Oraison funèbre de la reyne mere* (1666), 356, art. 2.
Faure (Jacques), impr. à Lyon (1556), V, 3203.
Faurin : *Journal sur les guerres de Castres* (1541-1601), II, 2095, art. 15.
Faussart. Voy. Fossart.
Faustus, étudiant (v. 1510), V, 3228.
Fautes (Les) remarquees en la tragicomedie du Cid (1637), II, 1142, art. 1.
Fauveau, notaire royal à Troyes (1732), II, 1883, p. 370, n° 7.
Fauvelaye : vers à Béroalde de Verville (1599), II, 1522.
Favart (Charles-Simon), *Théâtre* (1763), II, 1335. — *Hippolite et Aricie* (1759). — *Les Amants inquiets* (1751). — *Les Indes dansantes* (1759). — *Les Amours champêtres* (1759). — *Fanfale* (1759). — *La Coquette trompée* (1758). — *Tircis et Doristée* (1759). — *Baiocco et Serpilla* (1760). — *Raton et Rosette* (1759). — *Zéphire et Fleurette* (1754). — *La Bohémienne* (1759). — *Le Caprice amoureux* (1759). — *Les Chinois* (1759). — *La Noce interrompue* (1760). — *La Soirée des Boulevards* (1760). — *Supplément* (1760). — *Petrine* (1759). — *Soliman second* (1762). — *Les Amours de Bastien et Bastienne* (1759). — *La Fête d'amour* (s. d.). — *Les Ensorcelés* (1758). — *La Fille mal gardée* (1758). — *La Fortune au village* (1761). — *Annette et Lubin* (1762). — *Moulinet premier* (1729). — *La Servante justifiée* (1744). — *La Chercheuse d'esprit* (1756). — *Le Prix de Cythere* (1761). — *Don Quichotte* (1760). — *Le Cocq de village* (1752). — *Les Bateliers de Saint-Cloud* (1744). — *La Coquette sans le sçavoir* (1759). — *Acajou* (1753). — *Les Amours grivois* (1751). — *L'Amour au village* (1762). — *Thesée* (1745). — *Le Bal de Strasbourg* (1744). — *Cythere assiegée* (1760). — *Les jeunes Mariés* (1747). — . *L'Amour impromptu* (1756). — *Les Nymphes de Diane* (1755). — *Le Mariage par escalade* (1757). — *La Répétition interrompue* (s. d.). — *La Parodie au Parnasse* (1759). — *Le Retour de l'Opéra-Comique* (1759). — *Le Départ de l'Opéra-Comique* (1759). — *Le Bal bourgeois* (1762), II, 1335. — Trois romances et une mélodie dans les *Chants et Chansons populaires de la France* (1848), 1014.
Favart (Marie-Justine-Benoît Duronceray, dame), *Les Amours de Bastien et Bastienne* (1759), II, 1335. — *La Fête d'amour* (s. d.), II, 1335. — *Les Ensorcelés* (1758), II, 1335. — *La Fortune au village* (1761), II, 1335. — *Annette et Lubin* (1762), II, 1335. — Dessins de costumes pour cette dernière pièce (1762), II, 1462.
Favereau (Guy), sʳ de La Grange, ami de M. Guy, de Tours (1598), IV, 2948.
Favereau (Jacques) : vers sur la main d'Estienne Pasquier (1584, 1610), 737.
Favier, danseur (1661-1671), IV, p. 612.
Favier, enfant (1661), *ibid*.
Favier, cadet (1669-1671), *ibid*.
Favier, violon (1669), IV, p. 612.
Favyer (Nicolas), *Figure et Exposition des pourtraictz et dictons con-*

tenuz es medailles de la conspiration des rebelles (1572), IV, 3120.
Favorino (Guarino) ou Camers, Épître en tête du *Thesaurus cornucopiae* (1496), 316.
Favre, danseur (1671), IV, p. 612.
Favre (Anthitus), traduit le *Passetemps de la fortune des dez* de Lor. Spirito (1574), 312.
Favre (Antoine), *Les Gordians et Maximins* (1596), II, 1100.
Favre (Jehan), *Sept Epistres [de Marguerite d'Angoulême] nouvellement corrigees*, ms. (v. 1540), V, 3250. — Traduction du psaume, 108 (1541), IV, 2737. — Avis en tête du *Tiers Livre* de Rabelais (1547), IV, 3202.
Fay de Villiers, notice généalogique, III, 2495.
Faye (Barthélemy), *Coustumes de la Cité et Ville de Rheims* (1586), III, 2545.
Faye (Charles) d'Espeisses, *Consolatio de morte Errici Magni* (1610), 891, art. 5.
Faye d'Espesses (Jacques) : vers sur la main d'Estienne Pasquier (1584-1610), 737.
Fayet : notice généalogique, III, 2495.
Feau (Charles): *Comedie de l'Interez* (1663), 1022.
Febo (Ser), prêtre : vers dans les *Trionfi Carri, ecc.* (1559), 1028.
Febvrier, danseur (1657), IV, p. 612.
Febvrier (Jean), libr. à Paris (1582), IV, 2885.
Fécamp : abbaye de la Trinité, IV, 3096, art. 89.
Fedeli (Gio. Battista), jurisconsulte (1570), V, 3364.
Fedringer (Johann) : inscription dans un album (1583), V, 3368.
Fées (Les), comedie (1697), II, 1297.
Fées (Les illustres) (1698), II, 1735.
Fehrt (A.-J. de), grav., III, 2506.
Feyerabend (Johann), libr. à Francfort-sur-Mein (1598-1599), cité, III, 2518.
Feyerabend (Karl) : inscription dans un album (1590), V, 3369.
Feyerabend (Sigmund), libr. à Francfort-sur-Mein (1563), 411 ; (1579), 393.
Feillet (Alphonse), éditeur des *Mémoires du cardinal de Retz* (1870-1896), III, 2285.
Félibien (Jean-François) : *Relation de la feste de Versailles en 1668* (1679), II, 1209. — *Description du chasteau de Versailles* (1685), III, 2326.
Felibien (Dom Michel) : *Histoire de l'abbaye Royale de Saint-Denys* (1706), III, 2328. — *Histoire de la ville de Paris* (1725), III, 2315.
Fellens et Dufour, libr. à Paris (1847), 886.

Femme (La) infidelle (1786), II, 1916, art. 24.
Fénelon (François de Salignac de La Mothe) : *Education des filles* (1687), 175. — Il refuse d'approuver l'*Instruction sur les estats d'oraison* de Bossuet (1697), IV, 2749, p. 20. — *Explication des Maximes des saints* (1697), 63. — Ses quatre définitions (1697), IV, 3079, p. 453. — Négociations poursuivies contre lui à Rome par Bossuet, II, 1883, sér. I ; IV, 3079, sér. I et V. — *Lettre à Louis XIV* (v. 1694), IV, 3081. — Lettre à Bossuet (1694), IV, 3080. — Voy. Bossuet (Jacques-Bénigne) : *Divers Ecrits ou Memoires sur le livre intitulé : Explication des Maximes des Saints* (1698), 64. — *Réponses aux Lettres et Ecrits de Mgr. l'archev. de Cambray* (1699), 65. — *Lettre à la comtesse de Montberon* (1703), IV, 3081. — *Lettre au marquis de Fénelon* (1704), IV, 3082. — *Suite du quatrieme Livre de l'Odyssée [Télémaque]* (1699), II, 1671-1673 ; — *Les Avantures de Telemaque* (1717), II, 1674, 1674 bis ; (1783), II, 1918, art. 1 ; (1785), II, 1675 ; (1796), II, 1676. — Dessins de Ch. Monnet pour cet ouvrage (1773), 227. — *Dialogue des morts* (1716), V, 3326 ; (1718), II, 1860. — *Dialogues sur l'eloquence* (1718), II, 1859. — *Fables* (1826), II, 1919, B, art. 1. — Portraits, II, 1674, 1676.
Fénelon (Gabriel-Jacques de Salignac, marquis de La Mothe) : lettre à lui adressée par son oncle, l'archevêque de Cambrai (1704), IV, 3082. — Il publie *Les Aventures de Telemaque* (1717), II, 1674, 1674 bis. — Il publie les *Dialogues sur l'eloquence* et les *Dialogues des morts* (1718), II, 1859, 1860.
Fenin : lettre à lui adressée par Jehan Molinet, 471, art. 9.
Fénis de La Prade : notice généalogique, III, 2495.
Fenollar : demande adressée par lui à Ausias March (xvᵉ siècle), IV, 3003.
Fer (de). Voy. Defer.
Feramus (Charles) : vers en tête du *Virgile travesti* de Scarron, II, 1906.
Ferboz (Catherine). Voy. Voltaire, *La guerre civile de Geneve* (1768), 909.
Ferchell (Bernhardt) : inscription dans un album (1567), V, 3365.
Fercour (Le chevalier de), danse dans un ballet (1657), IV, p. 612.
Ferdinand le Catholique, prend Grenade (1492), V, 3382.
Ferdinand, prince d'Autriche : la rela-

tion de la bataille de Pavie lui est dédiée (1525), II, 2125. — Il est couronné roi de Hongrie et de Bohême (1527), IV, 3138; V, 3381. — Comme roi des Romains, il entre dans la ligue contre les Turcs (1533), III, 2459. — Comme empereur, il est harangué par Ibrahim-Pacha (1563), III, 2419. — Il est cité par Jean Dorat (1586), IV, 2789.

Ferdinand II empereur : *Manifeste* (1619), III, 2420, art. 8. — Il est élu le 21 août (1619), *ibid.*, art. 9. — Il réduit la Hongrie (1619), *ibid.*, art. 19. — *Les Sieges et Massacres faicts en diverses villes d'Allemagne* (juill. 1619), 2420, art. 10. — *Lettres... sur l'estat present de l'empire* (août-sept. 1619), 2420, art. 11. — *Manifeste envoyé aux princes de la Chrestienté* (1620), *ibid.*, art. 21. — *Monitoire signifié au comte palatin* (1620), *ibid.*, art. 23. — *Colloque*, *ibid.*, art. 27. — *Trefve accordee au prince palatin* (1620), *ibid.*, art. 29. — *Nouvelle Lettre de Rome envoyee à l'empereur* (1620), *ibid.*, n° 32. — *Conférence avec l'électeur palatin* (1620), *ibid.*, n° 35. — *Lettres à divers personnages* (1621), *ibid.*, n° 58. — Traité de paix avec Gabriel Bethlen (1622), *ibid.*, n° 59. — Sa mort (1637), *ibid.*, n° 103.

Ferdinand III, roi de Hongrie, puis empereur : son échec devant Ratisbonne (1634), III, 2420, art. 99 et 100. — Il négocie avec les Turcs (1641), III, 2481.

Ferdinand d'Aragon, roi de Naples : discours que lui adressent les ambassadeurs de Charles VIII (1495), V, 3338.

Ferdinand et Isabelle, rois catholiques, protecteurs de Christophe Colomb (1493), II, 1947.

Ferdinand, évêque de Paderborn : N. Heinsius lui dédie son édition des œuvres de Prudence (1667), 416. — P. Richelet lui dédie son *Dictionnaire* (1680), 328.

Ferdinand, peintre et dess., II, 1892 ; III, 2506.

Feré (Jehan), compose des vers pour le *Puy du souverain amour* (1543), 804.

Fergeot : notice généalogique, III, 2495.

Ferget (Pierre), reviseur de la traduction du *Proprietaire des choses* par Jehan Corbichon, 198.

Fergon (Estienne) : Guillaume Paradin lui adresse des vers (1566), III, 2352.

Fergon (François de), cité par Sc. de Sainte-Marthe (1600), IV, 2921.

Feria (Le duc de), (1634), III, 2420, art. 94.

Ferier, flûtiste (1669-1670), IV, p. 612.

Ferlato (J.), grav., 183.

Ferlet (Barbe), mère de Restif de La Bretonne : son portrait (1788), II, 1916, art. 13.

Fernández de Avellaneda (Alonso), publie une suite de *Don Quichotte* (1614), IV, 3069. — Cette suite est traduite en français par Le Sage : *Nouvelles Avantures de Don Quichotte* (1704), II, 1753.

Fernández de Castro (Pedro), comte de Lemos, etc. : Cervantes lui dédie la seconde partie de *Don Quichotte* (1615), IV, 3069, ainsi que ses *Novelas exemplares* (1613), II, 1754.

Fernández de Córdova (Francisco), impr. à Valladolid (1562), II, 1748.

Fernández de Córdova (Gonzalo) : l'édition des *Obras* d'Ausias March lui est dédiée (1555), IV, 3003.

Fernando Manrique (Juan de), marquis de Santiago, plénipotentiaire de l'empereur (1538), III, 2674.

Fernel (Jean), médecin : vers à lui adressés par Ch. Fontaine (1557), IV, 2877. — Il est cité comme mathématicien et médecin par Guy Le Fèvre de La Boderie (1578), IV, 3183. — Son *Tombeau*, par Antoine de Cotel (1578), 745.

Fernier : *Oraison funebre d'Anne d'Autriche* (1666), 356, art. 5.

Fernon aîné, chanteur (1669-1671), IV, p. 612.

Fernon cadet, chanteur (1669-1671), IV, p. 612.

Feros, danseur (1653), IV, p. 612.

Ferrand, dessin., III, 2506.

Ferrant, filz du roy de Portingal (1478), III, 2626.

Ferrand (David), dit le jeune, impr. à Rouen (1620), II, 1787 ; (1634), II, 1795. — Ode à Bruscambille (1620), II, 1787. — La *Muse normande*, citée, II, 1808. *Additions.*

Ferrand (François), vers dans la *Remonstrance à Sagon* (1537), III, 2594, art. 10 ; (1539), I, 621.

Ferrare (Francesco da), *Copie dune lettre mandée de Thunis de la prinse de la gollette* (1535), III, 2111.

Ferrare : recueil de poésies qui y est formé par Jehan Gueffier (1535-1541), IV, 2964. — La ville est ravagée par un tremblement de terre (1570), III, 2448.

Ferrari : mélodie de lui dans les *Chants et Chansons populaires de la France* (1843), 1014.

Ferrari (Giorgio), impr. à Rome (1582), cité, II, 2010.

Ferrari (Girolamo) : *Emendationes in Philippicas Ciceronis* (1543), 335.
Ferréol (Alexis) : volume lui ayant appartenu, III, 2237.
Ferrero (Giovanni) « Ferrerius » : vers latins à lui adressés par Adam Blackwood (1564), IV, 2790.
Ferrier, trésorier, cité par Ch. Fontaine (1557), IV, 2877.
Ferrier, joueur de sacquebute (1671), IV, p. 612.
Ferrier (Ogier) : *Henrici II Gallorum regis Epitaphia* (1559), IV, 3114, art. 4.
Ferrier (Paul), cité, II, 1796, art. 18.
Ferrier (Théodore), cité par J. Dorat (1586), IV, 2789.
Ferrières : abbaye de Saint-Pierre, IV, 3096, art. 37.
Ferrières (de), curé de S⁺ Nicolas des Champs à Paris (1578), IV, 2930.
Ferrières (Henry de) : *Le Livre du roy Modus*, 297 et *Additions*.
Ferrières (Renée-Catherine de) : manuscrit lui ayant appartenu, III, 2582.
Ferriol (Antoine), comte de Pont-de-Veyle. Voy. Pont-de-Veyle.
Ferron (Les), sieurs de La Ferrière : vers à eux dédiés par J. de Vitel (1588), V, 3275.
Ferron, conducteur de ballets, célèbre avant 1635, IV, p. 612.
Fervacques (Le maréchal de). Voy. Hautemer.
Fessard (Et.), grav., II, 2094 ; III, 2506.
Fessard (S.), grav., 258 ; II, 1335, 1564, 1892.
Festeau : romance et mélodie de lui dans les *Chants et Chansons populaires de la France* (1843), 1014.
Feste (La) de Chantilly (sept. 1688), III, 2524.
Festes (Les) de *l'Amour et de Bacchus*, pastorale (1672), IV, 3045.
Feuchère, peintre, 271.
Feuchter (Joseph) : inscription dans un album (1564), V, 3365.
Feugré, violoniste (1669), IV, p. 612.
Feuardant (François), cité par Guy Le Fèvre de La Boderie (1578), IV, 2930.
Feugé (Robert), libr. à Paris (1623), III, 2374, art. 7.
Feuillet (Octave), *La Tentation* (1860), II, 1420. — *Montjoye* (1864), II, 1421.
Fevraeus (Franç.). Voy. Le Febvre (François), III, 2343.
Févret de Fontette (Charles-Marie), augmente la *Bibliothèque historique* du P. Lelong (1768-1778), V, 3337.
Fewer. Voy. Pfäffers.
Fezandat (Michel), impr. à Paris (1549), IV, 2868 ; — associé de Robert Grandjon (1551), 628, 647 ; seul (1552), 411, art. 3 ; II, 1514 ; (1552-1553). V, 3289 ; (1662), 707.
Fiancé (Antoine) « Phyanceus », médecin, cité par J. Dorat (1586), IV, 2789. — *Larmes et Soupirs sur sa mort*, par J.-A. de Chavigny (1582), 753.
Ficino (Marsiglio) : *Livre de la vie saine*, *Livre de la vie longue*, trad. par Jehan Beaufilz (1542, n. s.), V, 3372. — Portrait dans les *Icones* de N. Reusner (1589), V, 3370.
Ficquet (Etienne), grav., 925, 1033 ; II, 1287, 2094 ; III, 2506.
Field (Richard), libr. à Londres (1588), cité, III, 2219, art. 5.
Fiennes (Elisabeth de), danse dans des ballets (1665-1666), IV, p. 613.
Fiennes (Thibault de Luxembourg, seigneur de), l'un des auteurs des *Cent Nouvelles nouvelles* (v. 1457), II, 1694.
Fierabras (1552), IV, 3060.
Fiesque (Charles Léon, comte de), danse dans un ballet (1636), IV, p. 613.
Fiesque (Jean-Louis, comte de) : *Histoire de sa conjuration* (1547), par le cardinal de Retz (1665), III, 2447 ; (1781), III, 2285 ; (1825), II, 1919, art. 1. — Sujet d'une tragédie de Schiller (1784), II, 1475.
Fiesque (Jean-Louis, comte de), danse dans un ballet (1681), IV, p. 613.
Fiesque (Sinibaldo, comte de Fieschi, ou de) : son emblème (1562), IV, 3077.
Fiesque (Stefano Fieschi, « Fliscus », ou) : *Synonyma* (v. 1490), V, 3224.
Fieux (Le marquis de) : *Mémoires* (1735), II, 1320.
Figaro (Le), publie un article d'Ourliac sur *César Birotteau* (1837), II, 1594.
Figueiredo (Cipriâo de) : Philippe II lui adresse une lettre (1582), III, 2395.
Figures de l'Apocalipse (1547), IV, 2739 ; (1574), IV, 2740.
Filandier (Guillaume), dit Philander, cité par Ch. Fontaine (1557), IV, 2877 ; — cité comme architecte par Guy Le Fèvre de La Boderie (1578), IV, 3183. — Portrait dans les *Icones* de Nic. Reusner (1589), V, 3370.
Filatjer (Eustache) : son voyage en Chine en 1674, II, 1924.
Filev (Antoine) : son voyage en Chine en 1670, II, 1924.
Filelfo (Francesco), cité par Guy Le Fèvre de La Boderie (1579), IV, 2930. — Portrait dans les *Icones* de Nic. Reusner (1589), V, 3370.

Filiabus Sion, carmen gallico-latinum (1560), 1019.
Filleau (Jean), docteur régent à droits en l'université de Poitiers (1643), III, 2342.
Filleau de Saint-Martin, traduit de Cervantes l'*Histoire de l'admirable Don Quixotte* (1677-78), II, 1749, 1750; (1768), II, 1752. — Il est peut-être l'auteur du *Tome cinquième* (1695), II, 1751.
Filles envoyées au Canada (1606), IV, 3005, p. 365.
Filleul, grav., 616; II, 2094; III, 2506.
Filleul (Nicolas), *Les Theatres de Gaillon* (1566), V, 3316. — *Vœu à la royne* (1568), 727. — Vers à Guy Le Fèvre de La Boderie (1578), IV, 2930. — Il est cité par le même (1578), IV, 3183.
Filon (F.) : vers à J. d'Escorbiac (1613), 821.
Filz (Les quatre) Aymon (1531), II, 1486.
Fimarcon (Françoise de), femme de Jean de Montpezat, figure sans doute dans l'*Heptameron* sous le nom de Nomerfide (v. 1541), II, 1697.
Fin (A la) tout se paye (1657), II, 1757.
Finden (W.), grav. (1822), V, 3324.
Finé (Oronce), *Theorique des ciels* (1528), cité, IV, 2738, p. 8. — *Epistre exhortative touchant la perfection et commodité des ars liberaulx mathematiques* (1532), III, 2595. — Il est cité comme mathématicien par Guy Le Fèvre de La Boderie (1578), IV, 3183.
Finel, nom supposé (1579), IV, 2879.
Finet, acteur (1671), IV, p. 613.
Finet (Jehan), revoit le *Libellus regiminis et constructionis* de Tymann Kemener (1511), V, 3226.
Fiorentino (Cristoforo), portrait dans les *Icones* de N. Reusner (1589), V, 3370.
Fyot (Jacques), seigneur de Barain, danse dans un ballet (1627), IV, p. 613.
Firens (Pierre), grav., II, 1605.
Firenzuola (Angelo di) : sonnet à lui adressé par N. Martelli (v. 1543), IV, 3000, p. 358. — Vers dans les *Trionfi, Carri, ecc.* (1559), 1028. — Il est imité par Gabriel Chappuy (1584), II, 1701.
Firinus (Eucharius), de Homberg : inscription dans un album (v. 1567), V, 3367.
Firley (Jan et Andreas), barons de Dambrowicz : Antoine de La Faye leur dédie sa *Vie de Théod. de Beze* (1606), II, 2061.
Firling (Kaspar), de Glogau : vers de lui dans les *Icones* de N. Reusner (1589), V, 3370.
Firman (Jean), l'un des gardes suisses du roi (1598), IV, 3127, art. 12.
Fisch (Esaias), « Piscis » : inscription dans un album (1600), V, 3370.
Fischbach (Heinrich), de Wilmergen : inscription dans un album (1565), V, 3365.
Fischer (Johann), pasteur de Mylldorf : inscription dans un album (1568), V, 3365.
Fischer (Johann), « Piscator » : inscription dans un album (1600), V, 3371.
Fisher (John), cardinal : portrait dans les *Icones* de N. Reusner (1589), V, 3370.
Fistemberg. Voy. Fürstenberg.
Fita, conseiller du roi : C. de Sercy, N. Pepingué et J. Guignard lui dédient l'*Abrégé des Antiquitez... de Paris*, par Fr. Colletet (1664), III, 2306.
Flach (Martin), impr. à Strasbourg (1521), cité, IV, 2766, p. 45.
Flacotomus. Voy. Drahtschneider.
Flacourt (Etienne de), dictionnaire de la langue de Madagascar (1658) ; — *Petit Recueil de plusieurs dictions*, etc., II, 1946.
Flaix : abbaye de Saint-Germe, IV, 3096, art. 74.
Flament (Françoise), ép. Louis Regnier de La Planche (1574), III, 2149.
Flameng (Guillaume), *Devote Exortation* (v. 1500), 474 ; 541, art. 14. — *Le grant Jugement general* (mème pièce ; 1535), IV, 2754, p. 28, art. 3.
Flameng (Jacques), joue dans la *Passion de Valenciennes* (1547), IV, 3010, p. 377.
Flameng (Léopold), grav., IV, 2970.
Flamen (Nicaise), joue dans la *Passion de Valenciennes* (1547), IV, 3010, p. 376.
Flamini (Francesco), IV, 3000, p. 361.
Flamini (Marcantonio) : *Poësies, mises en françoys* (1568), 420. — Vers de lui dans les *Icones* de Nic. Reusner (1589), V, 3370. — Il est cité par Sc. de Sainte-Marthe (1600), IV, 292.
Flaminius (T. Q.) : sa vie par Plutarque (1567), II, 1899. Cf. III, 2735.
Fland (H.), grav., 12.
Flandre, dévastée par des inondations (1530), IV, 3134. — Comtes de Flandre, III, 2493, art. 24. — *Le Pater noster des Flamans* (v. 1543), IV, 2851.
Flandre (La) a monseigneur (1682), 990, note.
Flavigny : abbaye de Saint-Pierre, IV, 3096, art. 68.

Flavigny (de) : notice généalogique, III, 2495.
Fleau (Le) de Henry, soy disant roy de Navarre (1589), III, 2244.
Fleau (Le) des putains et courtisannes (1612), II, 796, art. 34 ; 1797, art. 6. Voy. *Response et Reprimande.*
Flécelles : notice généalogique, III, 2495.
Flesche d'or : vers à Jean d'Intras (1609), II, 1524.
Fléchier (Esprit) : *Oraison funebre de Madame de Montausier* (1672), 362. — *Oraison funebre de Madame Marie de Wignerod, duchesse d'Aiguillon* (1675), 365, art. 2. — *Oraison funebre de Turenne* (1676), 366, art. 2. — *Oraison funebre de M. de Lamoignon* (1679), 367, art. 2. — *Oraison funebre de Marie Therése d'Austriche* (1684), 369, art. 3. — *Oraison funebre de Le Tellier* (1686), 372, art. 3. — *Oraison funebre de Marie-Anne-Christine de Baviere, dauphine* (1690), 374, art. 2. — *Oraison funebre du duc de Montausier* (1690), 375, art. 1. — *Oraisons funebres* (1691), 361.
Fleming (Mathias), d'Aix-la-Chapelle : inscription dans un album (1564), V, 3365, p. 145.
Flesselles (Philippe de), médecin, cité par Guy Le Fèvre de La Boderie (1578), IV, 3183.
Fleur de toute joyeuseté (v. 1530), citée, V, 3249.
Fleur (La) des antiquitez singularitez et excellences... de Paris (1533), III, 2303.
Fleur (La) des Commandemens de Dieu (1525), III, 2538.
Fleuranges. Voy. La Marck (Robert de), seigneur de Fleuranges.
Fleuranges : vers à Thomas Sonnet, sieur de Courval (1621), 938.
Fleury, notice généalogique, III, 2495.
Fleury (Mme A.) : George Sand lui dédie *Jacques* (1834), II, 1632.
Fleury (L'abbé Claude), transcrit un traité de Bossuet, IV, 3079, p. 452. — Il donne à la Bibliothèque du roi le ms. des *Memoires* de Ch. Perrault, III, 2290. — *Les Mœurs des Israëlites* (1681), II, 2068 ; (1690), 2069. — *Les Mœurs des chrétiens* (1691), II, 2070. — *Les Devoirs des maitres et des domestiques* (1688), 178. — *Histoire ecclesiastique* (1720-1758), II, 2006. — Portrait, II, 2069.
Fleury (Le duc de), sollicité par Voltaire (1745), II, 1324.
Fleury (Estienne), « Floridus » : vers à lui adressés par N. Rapin (1610), 2944.

Fleury (Jehan), copiste (1461), cité, II, 1079.
Fleuriau (Jean), impr. à Poitiers (1660), II, 1025.
Fleurs (Les) de poësie françoise (1536), citées, 803, p. 540 et *Additions.*
Fleurus : victoire qu'y remporte le maréchal de Luxembourg (juillet 1690), III, 2524, *Additions.*
Fleutelot (Claude ?) : vers en tête du *Dictionnaire des rimes* de Jean Le Fèvre (1588), 431.
Flibustiers, II, 1976.
Flipart (J.-J.), grav., 151, 402, 925 ; II, 1246, 1247, 1335, 1572, 1741.
Fliscus (Stephanus). Voy. Fiesque.
Floquet (Amable) : manuscrits de Bossuet lui ayant appartenu, IV, 3079.
Floquet (Jean-André), ingénieur, forme une compagnie pour l'exécution du canal de Provence (1751), III, 2350.
Flora, femme de Charles Fontaine (1554), IV, 3084, art. 4 ; (1557), IV, 2877 ; (1576), IV, 2876.
Florat (Balthasar), Bavarois : inscription dans un album (1567), V, 3365.
Flore, peintre, 271.
Flore, dame chantée par Pierre Le Loyer (1579), 746.
Flore (Jeanne) : vers sur la mort de sa petite chienne par Pontus de Tyard (1555), IV, 2909.
Florence : discours qu'y prononcent les ambassadeurs de Charles VIII (1495), V, 3338. — Oldradi, *Nuovi Avvisi del diluvio* (1557), V, 3362. — Imprimeurs et Libraires. Voy. Carlo (Giovanni Stefano di), *vers* 1506. — Giunta (Filippo Ier), 1503-1517. — Giunta (Filippo II), 1598. — Torrentino (Lorenzo), 1550-1590. — Impression anonyme (1767), II, 1897.
Florette (Guillaume, Jean et Philibert), frères : vers à eux adressés par Adam Blackwood (1564), IV, 2790.
Florette (Jean) : Adam Blackwood lui dédie un poème latin (1564), IV, 2790.
Floretus en françois (v. 1500), IV, 2778.
Flory (Jehan), « Florius », cité par Nic. Bourbon (1538), IV, 2788.
Florian (Jean-Pierre Claris de) : quatre pièces de lui dans les *Chants et Chansons populaires de la France* (1843), 1014.
Floriane, sœur de Charlemagne, III, 2623.
Floridan et la belle Ellinde (1518, n. s.), IV, 3062.

Floride, II, 1981, 1982.
Floridor (Josias de Soulas, sieur de) : vers à maître Adam Billaut (1644), 829. — Il est cité comme acteur (1664), IV, p. 613.
Floridus. Voy. Fleury.
Flösser (Johann Erasmus), de Nuremberg : inscription dans un album (1567), V, 3365, p. 145.
Flügel von Goldenstern und Neuenkeming (Karl) : inscription dans un album (1567), V, 3365, p. 145.
Focheran (Alexandre de), seigneur de Pont Aimery. Voy. Pont Aimery.
Fogliano (Sigismundo) (1589), 1049, 1050.
Foglieta (Uberto) : extrait de son Histoire (1620), II, 2096.
Foignard aîné, danseur (1668-1671), IV, p. 613.
Foignard cadet (1670-1671), *ibid.*
Foigny (Jean de), impr. à Reims (1563), 337 ; (1564), V, 3239 ; (1578), II, 1748 ; (1581), 752. — Date de sa mort, III, 2545. — Sa veuve (1586), III, 2545.
Foigny (Simon de), impr. à Reims (1610), 891, art. 2.
Foillet (Jacques), impr. à Montbéliard (1598), 281. — Epître à Sibylle, duchesse de Wurtemberg et de Teck (1598), *ibid.*
Foire (La) Saint Laurent, sujet d'une comédie de Le Grand (1742), II, 1303.
Foix (Diane de), de Candale : P. de Brach lui dédie ses *Poëmes* et lui adresse des vers (1576), IV, 2931.
Foix (François de), seigneur de Candalle : vers à lui adressés par P. de Brach (1576), IV, 2931. — Il est cité comme mathématicien par Guy Le Fèvre de La Boderie (1578), IV, 3183.
Foix (Françoise de), dame de Chasteaubriant, citée par Nic. Bourbon (1538), IV, 2788.
Foix (Frédéric de), captal de Buch : vers à lui adressés par P. de Brach (1576), IV, 2931.
Foix (Gaston III de), dit Phébus, *Des Deduiz de la chasse*, v. 1500, 296.
Foix (Gaston de), duc de Nemours : Pierre de La Vacherie lui dédie *Le Gouvernement des trois estatz* (v. 1510), 568. — Son épitaphe par Jehan Le Maire (1512), II, 2090, art. 3. — Son épitaphe par Jehan Bouchet (1515), 510. — Sujet d'une tragédie de Claude Billard (1610), II, 1105.
Foix (Gaston-Jean-Baptiste de Foix, duc de Randan, dit le duc de), danse dans un ballet (1663), IV, p. 613 ; (1664), *ibid.*

Foix (Madeleine-Charlotte d'Ailly d'Albert, duchesse de), danse dans un ballet (1664), IV, p. 613.
Foix (Henri de), seigneur de Lautrec, cité par Nic. Bourbon (1538), IV, 2788.
Foix (Henri de), comte de Candale : Recueil de poésies offert par lui à Marie de Montmorency, sa future femme (v. 1565), IV, 3197.
Foix (Jehan de) : ballade à lui adressée par J. Molinet, 471, art. 11.
Foix (Paul de), se prononce au parlement pour la tolérance envers les protestants (1559), IV, 3101. — Il est cité par J. Dorat (1586), IV, 2789. — *Lettres* (1628), II, 1877.
Fokke, grav., II, 1752.
Folcmbray : château, 248.
Folengo (Teofilo), dit Merlin Coccaie : Fragment de la *Moschea* traduit par Bérenger de La Tour (1558), 661, *Additions*. — *Poëma macaronicum de gestis Baldi* (1651), 972.
Folie (La) des gorriers, ms., IV, 3007.
Folie (La) fainte de l'amant loyal (1597), IV, 3064.
Folkard, grav., V, 3321.
Folkema (Jean), grav., II, 1519, 1752, 1906.
Folliet (Frère Antoine), pèlerin en Terre sainte (1532), IV, 3091.
Fonbonne, grav., 244, III, 2317.
Fonck (Jean), président du conseil de Flandres en Espagne : Jaspar Schetz et Frédéric d'Yve, abbé de Saint-Bertin lui adressent des lettres (1580), III, 2387. — *Deux lettres interceptes* (1580), III, 2388.
Fondolo (Girolamo), cité par Nic. Bourbon (1538), IV, 2788. — Epitaphe par Lazare de Baïf (1544), II, 1060.
Fonnenot (Verle de), dit aussi Carne Juvenal, voyageur en Palestine (1532), IV, 3091, p. 471.
Fonsolle, grav., II, 1909.
Fontaine (La) d'amour (1546), IV, 2876.
Fontaine (La) de vie (1564), V, 3209.
Fontaine, cité par Nic. Rapin (1610), IV, 2944.
Fontaine, dessin. ou grav., 1014 ; III, 2506.
Fontaine (Charles), compose des vers pour Marot dans la querelle de celui-ci avec Sagon (1537), III, 2594, art. 2, 4, 5, 8 ; (1539), 621, art. 4, 11. — Vers à Nicolas Bourbon (1538), IV, 2788. — *La Contr'Amye de court* (1543), IV, 2875 ; (1547), 806 ; (1568), 807. — *La Fontaine d'amour* (1546), IV, 2876. — Quatrain à la Sainte de Guillaume Des Autelz (1550), 654. — *Le Quintil Hora-*

tian (1551) lui est attribué à tort, 428 et *Additions*. — *Les nouvelles et antiques Merveilles*, accompagnées de vers (1554), IV, 3084. — *Odes, Enigmes et Epigrammes* (1557), IV, 2877.
Fontaine (Jacques), cité en 1557, IV, 2877.
Fontaine (Jean), l'un des régisseurs de la *Passion* de Valenciennes (1547), IV, 3010, p. 375.
Fontaine (Jean), cité en 1557, IV, 2877.
Fontaine (Nicolas), n'est pas le trad. du *Pseautier* de 1698, 7. Voy. Royaumont,
Fontainebleau : vues du château, 248, 249. — *Description*, par l'abbé Guilbert (1731), III, 2333. — *Discours veritable de la conference tenue à Fontainebleau* (1600), II, 2062. — Pedro de Toledo y fait son entrée (19 juill. 1608), III, 2255. — *Le Voyage de Fontaine Bleau, faict par monsieur Bautru et Desmarets* (1623), II, 1798, art. 9. — *Le Pasquil du rencontre des cocus à Fontainebleau* (1623), 1796, art. 4 ; 1798, art. 9 ; 1805. — Le contrat de mariage du roi de Pologne Ladislas VII y est signé (1645), IV, 3153, p. 535. — On y joue le *Ballet des Saisons* (1661), IV, 3052. — Imprimeur. Voy. Jacquin (E.), 1845-1848.
Fontaine-Guérin (Mme de) : son éloge par Jules de Richy (1616), V, 3290.
Fontaines (Geoffroy de), gloses sur les *Synonyma* de Jehan de Garlande (1512 n. s.), V, 3223 ; — gloses sur les *Aequivoca* du même (1511), 3225.
Fontana (Publio), *In adventum Henrici tertii Galliarum et Poloniae Regis* (1574), III, 2577.
Fontanelle (Joseph-Gaspard Dubois de), rédacteur au *Mercure de France* (1778-1784), III, 2524, p. 314.
Fontanges : notice généalogique, III, 2495.
Fontanges. Voy. *Le Passe-Tems royal, ou les Amours de Mlle de Fontange* (v. 1734), II, 1685 (1754), 1686.
Fontanus. Voy. Fontaine (Charles).
Fontcius (Jo. Baptista) : inscription dans un album (1569), V, 3365.
Fontcius (Jo. Melchior) : inscription dans un album (1565), V, 3365.
Fontenay (de), secrétaire du roi de Navarre : vers à lui adressés par François Habert (1558), V, 3251.
Fontenay (de), prince de Bretagne, défend Lusignan (1573), V, 3284.
Fontenay (Mme de) : lettres (supposées) à elle adressées par Mme de Maintenon (1752), II, 1893.

Fontenelle (de), figure dans un ballet (1645), IV, p. 613.
Fontenelle (Bernard Le Bovier de) : *Histoire des oracles* (1686), II, 2005. — *Entretiens sur la pluralité des mondes* (1686), V, 3217. — Il est cité dans le *Recueil de pieces curieuses* (1694), III, 2632, p. 441. — Il approuve *La Vie de M. de Moliere* par Grimarest (1705), II, 1225. — Vers sur ses ouvrages par Baraton (1705), 846. — *Eloge de M. Tournefort* (1717), II, 1934. — *Thetis et Pelée*, opéra parodié par Favart (1751), II, 1335.
Fontenettes (Louis de), *Hippocrate dépaïsé* (1654), 971.
Fonteny (Jacques de) : sonnet à J. de Vitel (1588), V, 3275.
Fontenilles (La Nymphe de), par S. G., s^r de La Roque (1609), IV, 2943.
Fontgeoyse : vers à lui adressés par Joachim Blanchon (1583), IV, 2938.
Foos (Jean), bourgeois de Metz, IV, 3079, p. 456.
Foppens (François), impr. à Bruxelles (1654), II, 1135 ; (1664), III, 2282, 2283 ; (1696), 330 ; (1709), III, 2251.
Forbin (Melchior, chevalier de), danse dans des ballets (1657-1661), IV, p. 613.
Forbin-Janson (Toussaint, cardinal de) : Lettre à l'abbé Bossuet (1699), II, 1883, V, art. 3.
Forbonnais (Fr. Véron de), collabore à l'*Encyclopédie* (1751-1777), III, 2523, p. 281.
Forcadel (Estienne), *Le Chant des Seraines* (1548), IV, 2878. — *Œuvres* (1579), 2879. — Il est cité comme érudit par Guy Le Fèvre de La Boderie (1578), IV, 3183.
Forcadel (Jeanne d'Azalbert, femme d'Estienne) : épitaphe (1579), IV, 2879.
Forcadel (Imbert, père d'Estienne : épitaphe (1579), IV, 2879.
Forcadel (Isabelle de Cabestain, femme d'Imbert) : épitaphe (1579), IV, 2879.
Forcadel (L. P.), publie les *Œuvres* d'Estienne Forcadel, son père (1579), IV, 2879.
Forcadel (Pierre) : vers en tête de l'*Hymne de clemence* de Cl. Pellejay (1571), 732. — Il est cité par Guy Le Fèvre de La Boderie (1579), IV, 2930.
Forest (E.), dessin., II, 1072.
Forest (La) et Description des.. philosophes. Voy. Tignonville (Guill. de).
Forest (G. B. de), bibliophile, IV, 2745, p. 17.
Forest (Samuel) : inscription dans un album (1602), V, 3372.

Forestier (Antoine), dit Sylviolus : vers à Quinziano Stoa (1515), II, 1067.
Forget : vers à lui adressés par Du Bellay (1559), IV, 2896.
Forget (François), seigneur de Fresnes, conseiller du parlement : vers à lui adressés par Guill. Du Peyrat (1593), IV, 2945. — Pierre de Brach lui dédie la traduction du chant XII de la *Hierusalem* de T. Tasso (1596), IV, 3001. — Il est cité par Sc. de Sainte-Marthe (1600), IV, 2921. — Vers à lui adressés par N. Rapin (1610), IV, 2944.
Forget (Pierre) : Jean Godard lui dédie ses *Trophées* (1594), 760.
Forget (Pierre), *Sentimens* (1630), 825.
Forget (Vulcain) : vers sur la mort d'Ant. Fiancé (1582), 753.
Forme (S'ensuyt la) du traicté et appointement fait entre... Françoys premier... et Maximilian Sforce (1515), II, 2124.
Forme et Maniere de la punctuation (1560), 656.
Formey (Jean-Henri-Samuel), publie et dédie au roi de Prusse le *Dictionnaire* de Ménage (1750), 318.
Formond (Jehan) : son épitaphe par J. Bouchet (1545), 510.
Fornaris (Fabrizio de), *Angelica* (1585), II, 1473.
Fornazeris (J. de), grav., 73.
Forquevaulx : note ms. sur un volume (1632), V, 3357.
Fors (Le marquis de), danse dans un ballet (1639), IV, p. 613.
Fors, danseur (1670), IV, p. 613.
Forster, grav., II, 1520.
Forster (Johann) : son portrait (1581), II, 2039.
Förter (Sebastian) : inscription dans un album (1567), V, 3367.
Fortia (Marie de), recueille les poésies d'Anne de Marquet (1605), IV, 2918.
Fortiguerra (Scipione) ou Carteromachos : vers grecs en tête du *Thesaurus cornucopiae* (1496), 316.
Fortin (Frère François), religieux de Grammont, *Les Ruses innocentes* (1660), 306.
Fortin (Lambert), curé de Morteaux : épitaphe (1579), IV, 2930.
Fortin (T.), proviseur du collège d'Harcourt, approuve la traduction de Josèphe d'Arnauld d'Andilly (1666), II, 2066.
Fortini (Francesco) : vers dans les *Trionfi, Carri, ecc.* (1559), 1028.
Fortman (Hermann) : inscription dans un album (1567), V, 3365.
Fortunat, hymne trad. par Guy Le Fèvre de La Boderie (1578), IV, 2930.

Fortune (La) d'amours (v. 1530), 567.
Fossart, flûtiste (1670-1671), IV, p. 613.
Fossart, violoniste (1669-1671), IV, p. 613.
Fossé d'Arcosse : volume lui ayant appartenu, 1005.
Foucault (Hilaire), libr. à Paris (1719), III, 2499.
Foucault (La veuve d'Hilaire), libr. à Paris (1724), III, 2499 ; (1725), 143.
Foucault (Nicolas), impr. à Paris (1656), 832 ; (1657), 833.
Foucault (Nicolas-Joseph), intendant de Caen : épître à lui adressée par Simon de Valhébert en tête du *Dictionnaire* de Ménage (1694), 318.
Foucaut (P.), docteur en médecine : vers à lui adressés par J. Le Masle (1580), IV, 2933.
Fouchac (Bernard), libr. à Toulouse (1648), 407.
Foucheret (Benedict) : vers dans la *Replicque des amys de Marot* (1537), III, 2594, art. 19.
Fouchy (Jean-Paul Grand-Jean de), nommé secrétaire perpétuel de l'Académie des Sciences en 1743, 2757, p. 31.
Fouchier (Hardouin) : vers à Jacques Le Vasseur (1608), 772.
Foucques : notice généalogique, III, 2495.
Fouet (Jean), libr. à Paris (1614), II, 1749 ; IV, 3068.
Fouet (Robert), libr. à Paris (1604), 768 ; (1609), II, 1523-1526.
Fougeret : notice généalogique, III, 2495.
Foulerie : vers à Thomas Sonnet, sieur de Courval (1621), 938.
Foulon (Clément), en religion Claude d'Abbeville, capucin (1614). Voy. Claude.
Fouquessoles (Jacques de), l'un des auteurs des *Cent Nouvelles nouvelles* (v. 1457), II, 1694.
Fouquet (Barthélemy), peintre (1521), IV, 2763.
Fouquet (Henri), collabore à l'*Encyclopédie*, art. *Sensibilité* (1765), III, 2523, p. 281.
Fouquet (Nicolas) : son portrait (1657), 833. — Pierre Corneille lui dédie *Œdipe* (1659), II, 1163. — Jean de la Fontaine lui dédie ses *Poësies diverses* (1671), 912. — Lettres de Mme de Sévigné relatives au procès de Fouquet (1756), II, 1890. — Voy. *Tableau de la vie et du gouvernement*, etc. (1693), 950.
Fouquet (Pierre) junior, libr. (?) à Amsterdam (1777), 270.
Fourbet (Germain), libr. à Paris (1572), IV, 3191.

Fourcy (Henry de), comte de Chessy, prévôt des marchands : Le Maire lui dédie *Paris ancien et nouveau* (1685), III, 2308.
Fourcroy (L'abbé de). Voy. *Recueil de pieces curieuses* (1694-1696), III, 2632.
Fourdrinier (P.), grav., II, 1216; III, 2500.
Fourmenois (Gabriel) : chanson signée G. F. (?), (1575). V, 3297.
Fourmont (L'abbé Étienne) : critique de son *Examen pacifique de la querelle de M*^{me}* Dacier et de M. de La Motte sur Homere* (janv. 1716), III, 2524.
Fournas de La Brosse : notice généalogique, III, 2495.
Fournaud (Jean) : vers à Charles Fontaine (1557), IV, 2877.
Fournier (B.) : vers à Gabriel Bounin (1586), 755.
Fournier (Édouard), réimprime *Le Roman bourgeois* de Furetière (1854), II, 1532. — Correction à ses *Variétés historiques et littéraires*, 790. — Envoi autographe à lui adressé par Émile Augier (1866), II, 1417. — Il réimprime *Le Livre commode* de Nicolas Blégny, III, 2321. — Cité, 808. *Additions*; II, 1796, 1834, 1842; IV, 3005.
Fournier (H.), ou Fournier jeune, impr. à Paris (1825), II, 1355, 1356; (1829), II, 1608; (1830), II, 1357; (1832), II, 1609; (1833), II, 1610, 1611; (1836), II, 1350.
Fournier et Cie (1837), 955; (1839), 867.
Fournier (Humbert) : épître à Symphorien Champier (1509), II, 2090.
Fournier (Méry), fourrier de la reine (1549), IV, 2868.
Fournier (S.-P.), grav. pour la typographie (1744), II, 1978.
Fournier de Villecerf. Voy. *Recueil de Pieces curieuses* (1694-1696), III, 2632.
Foussier (Édouard) : *Les Lionnes pauvres* (1858), II, 1414. — *Un beau Mariage* (1859), II, 1415.
Fousteau : notice généalogique, III, 2495.
Fox (John) : *Le Triomphe de Jesus-Christ* (1562), V, 3312.
Fracanzano de Montalboddo : *Petit Traicté touchant les isles et terres neuves* (1517), III, 2635, p. 445, art. 4.
Fracastori (Girolamo) : pièce latine dans les *Canti* de Matt. Bandello (1545), 1032. — Vers de lui dans les *Icones* de Nic. Reusner (1589), V, 3370. — Portrait, *ibid.*
Frachot (Jean), vers en tête du *Dictionnaire des rimes* de Jean Le Fèvre (1588), 431.

Fradin (Pierre), impr. à Lyon (1558), IV, 3198, *Additions* ; (1560), II, 1844.
Fragmens (Les) de Moliere (1682), II, 1221.
Fragonard (Jean-Honoré), peintre, III, 2523.
Fraguier (Claude), traduit en latin des poésies de Boileau (1701), 842. — Vers à Mme Dacier (1717), II, 1064.
Fromery, rédacteur au *Mercure de France* (1788-1792), III, 2524, pp. 316, 317.
Franc (Martin). Voy. Le Franc.
Français (François-Louis), peintre (1838), V, 3321.
Françaises (Les) (1786), II, 1916, art. 21.
Franc Archer (Le) de Cherré (1524, réimpr. v. 1580), IV, 2844. Cf. 570.
Francastel (de) : lettre à lui adressée par Bossuet (1673), II, 1883, I, art. 4.
France : histoire générale, II, 2088-2095; III, 2149-2301 ; 2651 ; IV, 3103 ; V, 3337. — *Chronologie des rois et reines*, par J. Chevillard (1701), III, 2493, art. 12. — *Les Dauphins de France*, III, 2493, art. 20. — *Regents et Regentes*, par J. Chevillard (v. 1715), III, 2493, art. 18. — Histoire par époques, II, 2096-2141 ; III, 2142-2301 ; IV, 3104-3131 ; V, 3338-3355. — Histoire des provinces. III, 2302-2355, 2709 ; IV, 3132, 3133 ; V, 3356, 3357. — Histoire militaire, III, 2359-2364. — Mélanges historiques, III, 2356-2358, 2710 ; V, 3358, 3359. — *Ducs vivans en 1701* [et 1723], III, 2493, art. 21.
France (La) devenue italienne (1754), II, 1686.
France (La) galante, ou les Amours de Mme* de Montespan* (1754), II, 1686.
Francfort-sur-Mein : Maximilien d'Autriche y est couronné roi des Romains (21 sept. 1562), III, 2419. — Divers rebelles y sont exécutés (1616). III, 2420, art. 1. — L'empereur Ferdinand II y est élu (21 août 1619), III, 2420, art. 9. — Impr. et Libraires. — Voy. Arnaud (Frédéric), 1697. — Bassé (Nicolas), 1592-1625. — Brachfeld (Paul), 1595-1598. — Corvinus (Georg), 1563-1579. — Egenolph (Les héritiers de Christian), 1594-1625. — Fabricius (Peter), ou Schmidt, 1590. — Feyerabend (Johann), 1598-1599. — Feyerabend (Siegmund), 1563-1579. — Hahn (Les héritiers de Weigand), dit Gallus, 1563. — Kopff (Pierre), 1602. — Latomus (Siegmund), art. Maurer. — Maurer (Siegmund), dit Lato-

mus, 1608-1617. — Ostern (Balthasar), 1625. — Rottenberg, impr. imaginaire (?), 1697. — Saur (Johann), 1599-1608. — Wechel (Les héritiers d'André), 1583. — Wechel (André II), 1620.
Francfort-sur-Oder. Libraire. Voy. Brachfeld (Paul), 1595-1598.
Franchet (Jean) : vers en tête du *Dictionnaire des rimes* de Jean Le Fèvre (1588), 431.
Franchetti (Le baron) : volumes lui ayant appartenu, III, 2428, 2574.
Francheville (P. de) : J. de La Péruse lui adresse des vers (v. 1557), IV, 3022.
Franchini (Francesco) : portrait dans les *Icones* de N. Reusner (1589), V, 3370.
Francine, maîtresse de J.-A. de Baïf : J. de La Péruse parle d'elle (v. 1557), IV, 3022.
Francine (Tommaso Francini, dit), ingénieur et architecte, fait exécuter des machines pour les ballets de la cour (1615-1619), II, 1448 ; IV, p. 613.
Francine, figure dans un ballet (1681), IV, p. 613.
Francinet, danseur (1635-1636), IV, p. 613.
Francion (1623), III, 2628 ; (1636), III, 2629.
Franciscains, II, 2022-2024.
Franciscis (Agostino de), Vénitien (1524), IV, 2764.
Francisco (Emanuel), marin portugais servant dans l'armada espagnol (1588), III, 2219, art. 5.
Franck (Jacob) : *Le Mercure allemand* (1620), III, 2420, art. 48.
Franco : *Lettera di Constantinopoli* (1554), V, 3363.
François (Saint) d'Assise : sa *Vie et Legende* (v. 1510), II, 2022. — Conformités de sa vie avec celle de Jésus-Christ, ouvrage latin de Bart. degli Albizzi (1510), IV, 3100 ; (1513), II, 2023. — *L'Alcoran des cordeliers*, extrait du recueil précédent (1734), II, 2024. — *Oraison* à lui adressée, IV, 2820, p. 144.
François (Saint) de Sales : *Introduction à la vie devote* (1666), 62.
François I*er*, d'abord comte d'Angoulême. Voy. Dolet (Estienne), *Francisci Valesii... Fata* (1539), II, 2113. — *Les Gestes de Françoys de Valois* (1540), III, 2115 ; (1543), 2116, 2117. — L'original et la traduction sont dédiés à François I*er*. — *Des faictz et gestes du roy Françoys...* (1544), III, 2656. — Du Bellay (Martin), *Memoires*, et Guillaume Du Bellay, fragments de ses *Ogdoades* (1572), II, 2118. — *Esjouissance* sur sa naissance par Octavien de Saint-Gelais, III, 2582, art. 17. — Son mariage avec Claude de France est l'objet d'un poème de Fausto Andrelini (1506), IV, 2782. — Il préside aux joûtes qui ont lieu à Paris lors du second mariage de Louis XII (1514), II, 2113. — *La Publication des joustes* (15 janvier 1515, n. s.), II, 2119. — *L'Ordre du sacre et couronnement* (25 janvier 1515, n. s.), II, 2120 ; cf. III, 2584. — *Les Noms des archevesches, evesches, duchez...; avec les noms des princes qui ont assisté au sacre* (1515), II, 2121. — Passage des Alpes (1515), II, 2122. — *Lettre à madame sa mère sur la défaite des Suisses à Marignan*, 1515 (1744), III, 2188. Cf. 2584. — *El Fatto d'arme del... re di Franza contra Sguizari* (1515), IV, 3002. — Vers sur la bataille de Marignan par Gio. Alione (1521), IV, 3058, pp. 413-414. — *L'Ordonnance faicte a l'entree du roy dedans Millan* (16 oct. 1515), II, 2123. — *La Forme du traicté et appointement fait entre... Françoys premier... et Maximilian Sforce* (1515), II, 2124. — *Du roy Françoys*, (événements de l'année 1515) (1517), III, 2635, p. 446, art. 5. — *Oratio habita Bononie coram Leone X, pont. max., ipso rege Christianissimo presente a Cl. viro, Antonio Prato, magno Gallie cancellario* (déc. 1516), III, 2657. — *Concordata inter D. N. papam Leonem decimum et Christianissimum regem* (1517), III, 2658. — Claude de Seyssel lui adresse *La grant Monarchie de France* (1519), III, 2710. — *Le Livre et Forest de Bernardin Rince, contenant l'appareil, les jeux et le festin de la Bastille* (1518), III, 2659. — *L'Epistre de ma dame la daulphine de France, fille du roy d'Angleterre, a la royne..., composee par le Serviteur* (1518), IV, 2841. — *Oratio oratorum Francisci regis Gallorum principibus electoribus* (juin 1519), III, 2660. — *Werbung der Potschafften der König Karolus von Hyspanien und Franciscus von Franckreich an die Churfürsten* (1519), III, 2661. — *L'Ordonnance et Ordre du tournoy, joustes, etc. [du camp du drap d'or]* (1520), V, 3340. — *La Description et Ordre du camp et festins et joustes* (1520), III, 2662. — Monluc (Blaise de), *Commentaires* (v. 1520-1547), II, 2131, 2132. — *Le Messaige du heraut d'Angleterre fait au treschrestien roy de France* (mai 1522), III, 2663. — *L'Ave Maria des*

Espagnols (v. 1528), IV, 2831. — Épitre adressée au roi au-delà des monts par les dames de Paris (1525), IV, 2964, art. 87. — Taegio (Francesco), *Narratio obsidionis Papiae* (1525), V, 3341. — Stubenfol (Peter), *Die Belegrung der Stat Pavia* (1525), II, 2128. — *La Bataille faicte par dela les mons devant la ville de Pavie* (24 févr. 1525), IV, 3106. — *Anzaygendt Newzeytlung wie es aygendtlich mit der Schlacht vor Pavia ergangen* (1525), III, 2664. — *Schlacht vor Pavia* (1525), II, 2125-2127. — *Den Strijdt gheschiet voer de stadt van Pavye* (1525), II, 2130. — Back (Hans) von Wirtzburg, *Eyn schönes Lied von der Schlacht vor Pavia* (1525), II, 2129. — *Le Traicté de la paix perpetuelle du roy... avec Henry huytiesme, roy d'Angleterre* (9 juin 1525), 2665. — *Thomae Philologi de liberatione Francisci, Francorum regis...* (oct. 1525), III, 2666. — *Apologia Madriciae conventionis...* (juill. 1526), III, 2667. — Ducher (Gilbert), *Epistola ad D. Gulielmum Pratianum super pompa in funere Claudiae Francorum reginae* (nov. 1526), IV, 3107. — *Arest du proces criminel faict a l'encontre de Jacques de Beaulne, baron de Samblançay* (1527), V, 3342. — *Responce du puissant empereur Charles le .V. sur les lettres du roy de France aux princes electeurs* (1527), III, 2668. — L'édition de la *Chronique de Turpin* lui est dédiée (1527), II, 1485. — *La Maniere de la deffiance faicte par les heraulx des roys de France et d'Engleterre a l'empereur* (22 janvier 1528), II, 2133. — *En ceste maniere a esté deffijés l'empereur de par le herault du roy de France* (1528), III, 2669. — *Abclag beder Königen von Franckreych und Engelandt, auch Röm. Kays. Mayestät* (1528), II, 2134. — *La Deffense du roy Treschrestien contre l'esleu en empereur...* (1528), III, 2670. — Thibault (Jehan), *La Triumphe de la paix celebree en Cambray* (1529), II, 2135. — *Le Recœul du triumphe solempnef faict et celebré en la tresnoble cité de Cambray...* (1529), III, 2671. — Cenau (Robert), *Oraison de la paix faicte a Cambray* (1529), V, 3343. — *La Reduction et Delivrance de nosseigneurs les enfans de France* (1530), V, 3344. — *Le Venite nouveaument faict a la noble royne de France* (1530), IV, 2857. — *Épistre de la venue de la royne Alienor* (1530), IV, 2857. — *La grant Triumphe faicte des nobles princes, monsieur le daulphin, etc., en la noble... cité de Lyon* (1er juill. 1530), II, 2136. — *Le Sacre et coronement de la royne* (mars 1531, n. s.), V, 3345. — *L'Entree triumphante et sumptueuse de... madame Lyenor d'Austriche... en la cité de Paris* (1531), II, 2137. — *Extraict de Parlement. La confirmation des grans previleges... aux seigneurs, bourgeoys et habitans de la ville de Paris* (13 sept. 1531), III, 2318. — *Ordonnances sur l'estat des tresoriers* (1532), V, 3347. — Oronce Finé lui dédie l'*Epistre exhortative* (1532), III, 2595. — *L'Entrée du pape, du roy, de la royne, etc., en la noble... cité de Marseille* (12 oct. 1533), III, 2410. — Il dénonce au pape les progrès des luthériens (1533), II, 2049. — Pièces à lui adressées par Cl. Marot (v. (1534-1535), IV, 2964, art. 58, 76. — Jehan Bouchet lui dédie ses *Genealogies* (1536), II, 2092. — Jehan Le Blond compose un Dizain à sa louenge (1536), III, 2597. — Du Bellay (Guillaume), *Double d'une lettre envoyee a ung Alemant touchant les differens, etc.* (1536), IV, 3109. — *Recueil d'aucunes lectres et escriptures...* (1536), II, 2138. — *Exemplaria literarum quibus christianissimus Galliarum rex defenditur...* (1537), III, 2672. — *Nouvelle Deffence pour les Françoys a l'encontre de la nouvelle entreprinse des ennemys* (1537), III, 2673. — L'élu Macault lui dédie sa traduction des *Apophthegmes* d'Érasme (1537), IV, 3076. — Ant. Du Saix lui dédie *La Touche naïfve pour esprouver l'amy*, trad. de Plutarque (1537), V, 3330 (exempl. de dédicace, impr. sur vélin). — Vers dédiés au roi par Pierre Busseron (1538), IV, 2742. — Il est loué par Nicolas Bourbon (1638), IV, 2788. — *L'abouchement de N. S. P. le pape, J'empereur et le roy, faicte* [sic] *a Nice* (juin 1538), III, 2674. — *L'Embouchement de N. S. P. le pape, l'empereur et le roy, faict a Nice* (1538), IV, 3108. — *Coppie des lettres du... roy... envoyees a... l'archevesque de Rouen* (18 juill. 1538), II, 2139. — Diverses pièces de vers de lui dans l'*Hecatomphile* (1539), 803. — *Triumphes d'honneur faitz par le commandement du roy a l'empereur en la ville de Poictiers* (9 déc. 1539), III, 2675. — *Triumphe ende Eere ghedaen by bevele vanden Coninck van Vranckerijcke der K. M. binnen der stede van Poictiers* (10 déc. 1539); *Eere ende Triumphe der selvere K. M. qhedaen te Parijs* (1ᵉʳ janv. 1540), II, 2140. — *Warhaffte, auch gantz glaubwirdige newe Zeytung wie Keyserlich Maiestat... zu Paris... ankummen ist* (1ᵉʳ janv. 1540), II, 2141. — *Le Vol de l'Aigle en France*, [par Jean Boiceau, seigneur de La Borderie] (1540), IV, 2865. — *Le Voyage du roy F. I. en sa ville de La Rochelle* (1542), IV, 3111. — *Translation de l'epistre du roy a N. S. P. Paul troisiesme...* (oct. 1542), III, 2678. — *Epistre du roy envoyee aux electeurs de l'Empire assemblez a Nurenberg* (mars 1543), III, 2679. — *Edict touchant la jurisdiction des prelatz et inquisiteurs* (23 juill. 1543), V, 3348. — Epistre à lui envoyée par Marguerite d'Angoulême (1543), IV, 2861. — Ant. Heroet lui dédie *L'Androgyne de Platon* (1543), 650. — Sonnet à lui adressé par N. Martelli (v. 1543), IV, 3000, p. 360. — *La Deffaicte et Destrousse du conte Guillaume devant Luxembourg* (24 déc. 1543), III, 2080. — *Le Pater Noster des Flamans* (1543), IV, 2851. — *Dialogue nouveau a trois personaiges: l'embassadeur de l'empereur, dame Paix*, etc. (1544), IV, 3019. — *Trialogue, ou Ambassade du roy François I. en enfer* (1544), II, 1082. — *Discours de la bataille de Cerizolles* (1544), réimpr., II, 2095, art. 9 ; — *L'Ordonnance de la bataille faicte a Syrizolles* (1544), *ibid.* ; — *Aultres Lettres de la deffaicte des Espaignols a Syrizolles* (1544), *ibid.* — *Defense pour le roy de France a l'encontre des injures et detractions de Jacques Omphalius*, [par Jean Du Bellay] (1544), III, 2681. — *Response a une epistre envoyee de Spire par un secretaire allemand...* [par Jean Du Bellay] (1544), III, 2682. — *Le Retour de la paix en France*, [par Gilles Corrozet] (1544), IV, 2863. — *Edict faict sur certains articles faictz par la faculté de theologie* (juin 1545). 108. — *Histoire memorable de la persecution et saccagement du peuple de Merindol et Cabrieres en 1545* (1556), II, 2033. — Vers à lui adressés par Ch. Fontaine (1546), IV, 2876. — Epitre à lui adressée en tête des *OEuvres* de J. Pelletier (1547), 699. — *Deploration de la mort de feu... Françoys de Valois* (1547), IV, 2838. — *Le Libera du deffunct roy Françoys* (1547), IV, 2845. — *Chant elegiacque sur sa mort* par Bér. de La Tour (1547), IV, 2884 ; (1551), V, 3254. — *Trespas, Obseques et Enterrement* (1547), IV, 3112. — *Deploration sur sa mort* par Fr. Habert (1549), IV, 2868. — Épitaphes par Est. Forcadel (1579), IV, 2879. — Il est loué par Joachim Du Bellay (1549, 1561), IV, 2890. — Il est loué comme protecteur des sciences par Guy Le Fèvre de La Boderie (1578), IV, 3183. — Vers sur lui par S. G., sieur de La Roque (1609), IV, 2943. — Vers de lui dans le *Recueil de poësie françoyse* (1550), 809. — Rondeaux, IV, 2964, art. 21, 22, 69. — Huitains, IV, 2965, art. 41, 78, 100, 146, 162, 208. — Dizains, IV, 2965, art. 49, 50, 52, 84, 155, 187, 188. — Epitre, IV, 2965, art. 51. — Chanson, IV, 2965, art. 104. — Portraits : (1544), III, 2656 ; (1581). II, 2039. — Volume lui ayant appartenu, III, 2574.

François, dauphin de France, est fiancé à Marie Tudor (1518), IV, 3105. — Il rentre de captivité (1530), V, 3344. — Il fait son entrée à Rouen (févr. 1532, n. s.), V, 3346. — Il fait son entrée à Marseille (12 oct. 1533), III, 2410. — Jehan Le Blond et Michel d'Amboise composent des vers sur sa mort (1536), III, 2597. — Il est loué par Nicolas Bourbon (1538), IV, 2788. — Invective contre son prétendu empoisonneur (1542), IV, 2830. — Epitaphe par Jehan Bouchet (1545), 510. — Son enterrement (1547), IV, 3112. — Il est cité par Jean Dorat (1586), IV, 2789.

François II, roi de France : églogue sur sa naissance par Cl. Marot (1544), 611, 612. — François Habert lui adresse des vers (1547), IV, 2867. — Il est loué par Charles Fontaine (1547), IV, 2877. — Loys Le Roy lui dédie sa traduction du *Symposé* de Platon (1558), V, 3213. — Joachim Du Bellay lui adresse des vers (1559), IV, 2896 ; (1560), V, 3259. — *Entreprise du roy-dauphin pour le tournoy*, pour le même (1559), V, 3258. — Son règne est raconté par Monluc, *Commentaires*, II, 2131, 2132. — *Epitre enroiee au Tigre de la France* (1560), IV, 3116. — *Arrest et Ordonnance de la court de parlement sur l'injunction à tous officiers de faire profession de leur foy... catholique* (15 juill. 1562), III, 2619. — *Histoire de l'estat de France..., sous le regne de François II* (1576), III, 2149. — *Oraison au senat de Paris pour la cause des chrestiens*, par Anne Du Bourg (1560), III, 2149. — *Defences à toutes personnes de ne reprocher les uns aux autres d'estre lute-*

riens, etc. (1560), II, 2054. — Il est loué par Sc. de Sainte-Marthe (1600), IV, 2921. — Quatrain sur lui par Jacques de La Taille (1573), V, 3317. — Portrait (1623), 668.

François (M.-J.), dess., 1003.

François (Nicolas-Louis), dit de Neufchâteau : trois Romances dans les *Chansons* de La Borde (1773), 1002 ; une pièce de lui dans les *Chants et Chansons populaires de la France* (1843), 1014.

François (Simon), grav., III, 2506, 2507.

François Xavier (Le P.) : ses missions aux Indes, III, 2638.

Françoise de Rimini, sujet d'un drame de Gust. Drouineau (1830), II, 1359.

Francolin (Jean de), assiste au couronnement du roi des Romains (1562), III, 2419.

Francophile (Le) (1591), III, 2243, art. 4.

Francourt (Le gouverneur), est tué à la Saint-Barthélemy (1572), IV, 3191.

Frank (Félix), cité, II, 1697, 1699.

Franque Vie (Gobert Morielle, dit), de Valenciennes (1547). Voy. Morielle.

Frardoil : vers dans *Les Marguerites poétiques* d'Esprit Aubert (1613), 816.

Fraunberg (Heinrich Georg) : inscription dans un album (1565), V, 3365.

Frédégonde : son tombeau, IV, 3096, art. 34 *ter*.

Frédéric III, empereur : poème sur sa mort par J. Molinet (1493), 471, art. 100.

Frédéric V, électeur palatin : Lettre aux princes allemands (22 mars 1619), III, 2420, art. 6. — Il est élu roi de Bohême (sept. 1619), III, 2420, art. 11 et 12. — Il notifie au roi de France son élection (20 oct. 1619), III, 2420, art. 14. — Il fait son entrée à Prague (21 oct. 1619), III, 2374, art. 3 ; 2420, art. 14. — Il est couronné roi de Bohême (4 nov.), III, 2420, art. 14. — *Declaration contenant les raisons de son acceptation de ceste couronne* (7 nov. 1619), III, 2420, art. 16. — L'empereur Ferdinand lui adresse un *Monitoire* (20 avril 1620), III, 2420, art. 23. — *Colloque* (1620), III, 2420, art. 27. — L'empereur Ferdinand lui accorde une trêve (juin 1620), III, 2420, art. 29. — Il est mis au ban de l'Empire (juin 1620), III, 2420, art. 33. — Sa conférence avec l'empereur (juillet 1620), III, 2420, art. 35. — *Articles faites sur les presentes affaires d'Allemagne* (sept. 1620), III, 2420, art. 39. — Il ordonne un jeûne (août 1620), III, 2420, art. 38. — Sa fuite (oct. 1620), III, 2420, art. 44 et 42. — *Declaration des protestants d'Allemagne au roy d'Angleterre* (fin de 1620), III, 2420, art. 47. — Il est assiégé dans Brin ou Brünn en Moravie (déc. 1620, impr. 1621), III, 2420, art. 50. — Il fait de nouveaux armements (juill. 1621), III, 2420, art. 55. — Son arrivée dans le Palatinat (avril 1622), III, 2420, art. 60.

Frédéric II, roi de Prusse : *Poësies diverses* (1760), 853. — Formey lui dédie son édition du *Dictionnaire* de Ménage (1750), 318. — Le P. Barre lui dédie son *Histoire d'Allemagne* (1748), III, 2408 (exemplaire de dédicace). — Portrait (1759), III, 2525.

Frédéric-Guillaume, électeur de Brandebourg : Abbadie lui dédie son *Traité de la verité de la religion chrétienne* (1684-1689), 45. — *L'Histoire abregée des martirs françois* lui est dédiée (1684), II, 2041.

Fredet : ballade, IV, 2799, p. 109.

Fredo (Geremia) : vers à Publio Fontana (1574), III, 2577.

Fregoso (Antonio Fileremo), *Le Ris de Democrite*, interprété par Michel d'Amboyse (1547), IV, 2999.

Fregoso (Battista II) : *Contr'amours* (1581), II, 1833 et *Additions*.

Fregoso (Cesare), protecteur de Matteo Bandello (1545), 1032.

Fregoso (Federico), archevêque de Salerne (1526, 1529), IV, 2770.

Fregoso (Giano) : vers sur sa naissance par Bandello (1545), 1032.

Fregoso (Ottaviano) : Pietro Bembo lui dédie ses *Rime* (1507, 1530), 1030.

Fregoso (Paolo), cardinal, cité, II, 1833.

Fregoso (Paolo Battista), épître à Gostanza Rangona e Fregosa, en tête des *Canti* de Bandello (1545), 1032.

Fréhel, est le véritable auteur du *Cas de conscience* (1703), IV, 3079, p. 455.

Frey (Jac.), pseud. de Conrad Lautenbach, dit Memmius (v. 1590), III, 2420, art. 48.

Freiburger (Johann) : inscription dans un album (1567), V, 3365.

Freyre (Antonio), approuve le *Don Quichotte* (1605), IV, 3066.

Frellon (François), éditeur des *Icones veteris Instrumenti* (1538), 15 ; cité par Nicolas Bourbon (1538), IV, 2788.

Frellon (Jean), libr. à Lyon, cité par Nicolas Bourbon (1538), IV, 2788. — Ouvrage publié par lui (1547), 16.

Frelon, nom donné à Fréron par Voltaire (1760), II, 1329.
Frélu, général de Lyon : vers à lui adressés par François Habert (1558), V, 3251.
Fremyn : notice généalogique, III, 2495).
Fremiot (André), archevêque de Bourges : son oraison funèbre par F. A. Nardot (1641), 345.
Fremiot (Claude) : F. A. Nardot lui dédie son *Discours d'honneur à la memoire d'André Fremiot* (1641), 345.
Fremiot (L. Memmius) : épigrammes lat. à M. A. de Muret (1552), II, 1069. — Vers à Pierre de Ronsard (1567), 667 ; (1623), 668.
Frémont : notice généalogique, III, 2495.
Frémont (René), impr. à Orléans (1622), III, 2420, art. 66 ; (1632), IV, 3153, p. 530.
Fremosa (Emanuel), marin portugais servant dans l'*Armada* espagnole (1588), III, 2219, art. 5.
Frénais (Joseph-Pierre), traducteur du *Voyage sentimental* de Sterne (1769), II, 1765.
Frénicle (Nicolas), *Œuvres* (1629), 824.
Frère (?). Voy. Adelphus.
Frère (Jean), lyonnais : vers sur la main d'Estienne Pasquier (1610), 737.
Fréron (Élie-Catherine) : vers sur les conquêtes et la convalescence du roi (1745), 907. — *Lettres sur quelques écrits de ce temps* (1749-1754), III, 2626. — *L'Année littéraire* (1754-1776), ibid. — Voltaire l'attaque dans *Le Caffé* (1760), II, 1329. — Laurent Gilbert lui dédie *Le dix-huitième siècle, satire* (1751), 952.
Fréron (Louis-Stanislas), obtient, tout enfant, le privilège de *L'Année littéraire* (1776), III, 2526, p. 322.
Fresne (Le comte de) : volumes lui ayant appartenu, III, 2594 ; IV, 2948, 3064.
Fresne (Mme de) : son éloge par Jules de Richy (1616), V, 3290.
Freton (Louis), seigneur de Servas, *Commentaires* (1600-1620), II, 2095, art. 16.
Freudenberg (S.), ou Freudeberg, dessin., II, 1698 ; III, 2569.
Frévaulx (L'abbé de), II, 1842.
Fréville (Ernest de), cité, III, 2255.
Fréville-Besogne. Voy. Besogne.
Frévol : notice généalogique, III, 2495.
Fribourg-en-Brisgau. Imprimeurs et Libraires. Voy. Faber (Joannes), art. Schmidt. — Metsker (Pierre), impr. imaginaire, v. 1660. — Schmidt (Johann), 1530.
Friche (Alexandre), vers à Pantaléon Thévenin (1582), IV, 2885.
Fricx (Eugène-Henry), imprimeur à Bruxelles (1701-1703), II, 2067.
Friedrich (Johann) : inscription dans un album (1594), V, 3370.
Fries (Hans), ou Fris, peintre (1465-1520 ?), cité, IV, 2763.
Fries (Johann), « Frisius » : inscription dans un album (1583), V, 3368. — Il est cité en 1588, III, 2516.
Fries (Johann-Jakob) ; « Frisius », id. (1584), V, 3368,
Frippelippes, soi-disant valet de Marot (1537), III, 2594, art. 6, 7 ; (1539), III, 621, art. 5.
Friquandouille (Maistre), V, 3264.
Frisius. Voy. Fries.
Frison, doyen de l'eglise de Reims : le duc de Mayenne lui adresse des instructions (25 mai 1589), III, 2251, p. 87.
Fritsch (Gaspar), libr. à Amsterdam (1717), II, 1064.
Froben (Jeremias), impr. à Bâle, associé de Nic. Bischoff ou Episcopius (1535), IV, 2475.
Froben (Justina), épouse en 1529 Nic. Bischoff, dit Épiscopius, IV, 2738, p. 9.
Froger (François), *Relation d'un voyage fait aux côtes d'Afrique, detroit de Magellan, Brezil, etc.* (1698), II, 1997.
Froissart (Jehan), cité, II, 2097, 2098.
Frognet (Frère Robert) : *Oraison funèbre d'Agnès de Théligny* (1515), IV, 2820, p. 146.
Frölich von Frölichsburg (Karl) : inscription dans un album (1568), V, 3365.
Fromage (R.), V, 3246.
Froment (Gaspard) : volume lui ayant appartenu, III, 2571.
Fromentières (Jean-Louis de) : *Oraison funebre de Hardouin de Perefixe* (1671), 360.
Fromentin (Adrian), sergent au Châtelet de Paris, est condamné aux galères comme complice de la mort de B. Brisson (1594), III, 2253.
Frönsperg (Jörg von) : *Schlacht vor Pavia* (1525), II, 2125-2127 ; III, 2664.
Frontenac (Louis de Buade, comte de) : Le P. Chr. Le Clercq lui dédie l'*Etablissement de la foy dans la Nouvelle France* (1691), II, 1973.
Frontenac (Mme de) : lettres (supposées) à elle adressées par Mme de Maintenon (1752), II, 1893.

TABLE ALPHABÉTIQUE GÉNÉRALE 383

Froschhauer (Christoph), impr. à Zurich (1538), II, 1068, art. 3 ; (1541), IV, 3162 ; (1549), II, 1068, art. 2.

rosne (Élisabeth), veuve de Denis Nyon, libr. à Paris (1690). Voy. Nyon.

Frosne (J.), grav., 833.

Frotté (Jehan), cité par Nicolas Bourbon (1588), IV, 2788.

Frotte-groing (Le) du Sagouyn (1537), III, 2594, art. 18. Cf. 621.

Froulay (Charles, comte de), figure dans des ballets (1651-1653), IV, p. 613.

Fuentes (Pedro Enriquez de Azevedo, comte de), commande l'armée espagnole en Artois (1595), IV, 3128.

Fues (Bernhard) : inscription dans un album (1594), V, 3370.

Füger (Johann) : inscription dans un album (1567), V, 3365.

Fugger (Justina Benigna) : inscription dans un album (1567), V, 3365.

Fugger (Marcus) : volumes lui ayant appartenu, II, 1507, 1870.

Fugger (Maximilian) : inscription dans un album (1566), V, 3365.

Fugger (Severin) : inscription dans un album (1567), V, 3365.

Fugger (Sigismund Friedrich) : inscription dans un album (1568), V, 3365.

Fuir (Johann), tué à Marignan (1515), IV, 3002.

Fuitte (La) du comte de Mansfeld hors des frontières du royaume de France (1622), III, 2420, art. 69.

Fulgose. Voy. Fregoso.

Fumano (Adamo) : vers de lui dans les *Icones* de N. Reusner (1589), V, 3370.

Fumée (Adam) : Marc-Antoine de Muret lui dédie *Les Œuvres de P. de Ronsard* (1567), 667, 668.

Fumée (Antoine), grand rapporteur (1557), IV, 2877 ; — se prononce au parlement pour la tolérance envers les protestants (1559), IV, 3101.

Fumée (Martin), sieur de Marly-le-Chastel : *Histoire generalle des Indes*, traduite de Francisco Lopez de Gomara (1580), II, 1958.

Furetière (Antoine) : *Le Roman bourgeois* (1666), II, 1532.

Fürstenau (Losrad) : inscription dans un album (1598), V, 3370.

Fürstenberg (Guillaume, comte de), sa défaite devant Luxembourg (1544), III, 2680.

Fürstenberg (Le comte de), ambassadeur de l'empereur Ferdinand II auprès de Louis XIII (1620), 2420, nos 17 et 18.

Fuselier (Louis), ou Fuzelier, éditeur du *Mercure* (1721-1752), III, 2524, pp. 299, 304, 307. — *Les Indes galantes*, opéra parodié par Favart, Romagnesi et Riccoboni fils (1759), II, 1335. — Dessin de costume pour ses *Amours des dieux* (1767), II, 1462. — *Cornélie vestale* (1768), II, 1336.

Fusi (Antoine), théologien, approuve les Psaumes traduits par Des-Portes (1603), V, 3206.

Fütlek (Michel) : inscription dans un album (1565), V, 3365.

Fuzy (Jean), libr. à Paris (1607), cité, IV, 3005, p. 365.

Gabeonites (Les), sujet d'une tragédie de Jean de La Taille (1573), V, 3317.

Gabotto (Ferd.), IV, 3058, p. 415.

Gabre (Dominique de), ou Du Gabre, cité, II, 1837, *Additions*.

Gabriac (Claude de) : vers à elle adressés par Bérenger de La Tour (1551), V, 3254.

Gachard, cité, 490, art. 6.

Gacy ou Gachi (Frère Jehan), pèlerin en Terre sainte (1532), IV, 3091.

Gacon (François). Voy. *Recueil de pieces curieuses* (1694-1696), III, 2632.

Gädicke frères, impr. à Weimar (1801), II, 1477, 1478.

Gadifer, empereur de Grèce, II, 1498.

Gadouleau (Michel), libr. à Paris (1583), V, 3269.

Gadret (Jacques) ou Quadré, est autorisé à faire dire la messe dans sa chapelle (1668), II, 1883 ; IV, art. 8.

Gage (Mlle de), citée par Claude de Taillemont (1556), IV, 2910.

Gagnet : armes de cette famille, III, 2532.

Gaguin (Robert), *Le Debat du Laboureur, du Prestre et du Gendarme* (v. 1490), 470. — *Le Passe temps d'oysiveté* (v. 1500), IV, 2817. — Il ne peut être l'éditeur de la *Chronique de Turpin* (1527), II, 1485.

Gay (Jules), libr. à Bruxelles (1865), II, 1838.

Gay (Nicolas), libr. à Lyon (1640), II, 1705.

Gaietté (L'évêque de), II, 1842.

Gaiffe (Adolphe) : volumes lui ayant appartenu, IV, 3000, 3145 ; V, 3245-3248.

Gaignat : volumes lui ayant appartenu, 14, 34, 90, 506, 640 ; II, 1742, 2023 ; III, 2583 ; IV, 2806, 3100.

Gailhac de Pailhès : notice généalogique, III, 2495.

Gailing (Johann) : inscription dans un album (1566), V, 3365.

Gaillard, grav., 242.

Gaillard (Augié) : *Lou Banquet* (1619), 1023.

Gaillard (Le P. Honoré Reynaud de) : *Oraison funebre de François de Harlay* (1696), 378. — *Oraison funebre de Henry Jules de Bourbon, prince de Condé* (1709), 386. — *Oraison funebre de Mgr. le Dauphin et de Mme la Dauphine* (1712), 389, art. 1.
Gaillard (Jacques), auteur probable de vers à P. Corneille (1634), II, 1136.
Gaillard (Pierre), rel. à Paris, cité, III, 2265.
Gaillard (Pierre), libr. imaginaire à Cologne (1701), II, 1695.
Gaillard (R.), grav., 242 ; II, 2094 ; III, 2506.
Gaillard de Boencourt : notice généalogique, III, 2495.
Gaillardes, 411.
Gaillon : château, 248. — *Théatres*, par Nicolas Filleul (1566), V, 3316.
Gaysberger (Johann Franz) : inscription dans un album (1563), V, 3365.
Gaitte, graveur (1843), 1014.
Gal (A.), distiques latins à la fin des œuvres de J. Marot (1534), 599 ; (1596), 614.
Galaad, fils de Lancelot du Lac, II, 1487.
Galamini (Le cardinal), candidat à la papauté (1621), III, 2642.
Galary (Gaspar), colonel suisse (1598), IV, 3127, art. 12.
Galba : sa Vie par Plutarque (1567), II, 1899. Cf. III, 2735.
Gallerie des modes et costumes français (1778-1785), 242.
Galy (Le Dr Édouard) : volume lui ayant appartenu, III, 2629.
Galilei (Galileo) : son système est résumé par Fontenelle (1686), IV, 3216, 3217. — Il est le sujet d'un drame de Ponsard (1867), II, 1407.
Galimard (C.-O.), grav., 251.
Galland (Antoine) : *Les Mille et une Nuits*, trad. en françois (1822), V, 3324.
Galland (Auguste) : Discours au roy sur... la ville de La Rochelle (1629), III, 2708.
Galland (Jean) : pièce latine sur la mort de Ronsard (1586), IV, 2889. — Vers dans le *Tombeau de Ronsard* (1623), 668. — Jacques-Auguste de Thou lui dédie une élégie sur la mort du poète (1586), IV, 2889.
Galland (Philippe), obtient un privilège pour la publication des Œuvres de Ronsard (1623), 668. — Il y joint une épître liminaire, *ibid*.
Galland (Pierre) : François Habert parle de lui (1558), V, 3251.
Gallar (Marie), mère de Nicolas Bourbon, citée par lui (1538), IV, 2788.

Gallas (Jean), Flamand : inscription dans un album (1566), V, 3365.
Galle (Corneille), grav., III, 2281.
Galler (Hieronymus), impr. à Oppenheim (1618), 216.
Gallerana (Cecilia), de' Bergamini, lettre à Gio. Giorgio Trissino (1512), IV, 3078.
Gallet (Georges), libr. à Amsterdam (1692), 979 ; (1699), II, 1709.
Galliffet (de) : notice généalogique, III, 2495.
Gallimassue (1556), IV, 3023.
Gallinario (Giovanni) : vers de lui dans les *Icones* de N. Reusner (1589), V, 3370.
Galliot, libr. à Paris (1822), V, 3324.
Galliot (François), cité par Nicolas Bourbon (1538), IV, 2788.
Gallo de Andrada (Juan), signe la taxe du *Don Quixote* de Cervantes (1602), IV, 3065.
Gallodon (Raphael), vers à Mme Des Roches (1582, 1610), 737.
Gallucio (Tarquinio) : *Oratio in funere Arnaldi cardinalis Ossati* (1604), II, 1878.
Gallus. Voy. Le Coq.
Galois (Barthelemy), de Chalon-sur-Saône : Philibert Guide lui dédie ses *Fables morales* (1583), IV, 2935. — Vers à lui adressés par Joachim Blanchon (1583), IV, 2938.
Galteri, écrivain (v. 1469), III, 2488.
Galvão (Duarte), envoyé portugais en Abyssinie, II, 1944.
Gama (Vasco da) : son premier voyage en 1497 (1508, 1521), II, 1950, 1951.
Gamaches (François ? de) : son *Tombeau* par Christofle de Beaujeu (1589), IV, 2942.
Gamaliel, de Bourges (1549), IV, 2868.
Gambara (Alda Pio da) : lettres à Gio. Giorgio Trissino (1505-1506), IV, 3078.
Gambara (Gio. Francesco da) : lettre à Gio. Giorgio Trissino (1505), IV, 3078.
Gambara (Uberto da), lettre à Gio. Giorgio Trissino (1505), IV, 3078.
Gambara (Veronica da), lettres à Gio. Giorgio Trissino (1505-1506), IV, 3078.
Gamon (Achille), *Mémoires sur les guerres civiles du haut Vivarais* (1558-1575), II, 2095, art. 6.
Gamon (Christophe de) : *Les Pescheries* (1599), 309. — *Le Jardinet de Poësie, avec la Muse divine* (1600), V, 3279. — Vers dans *Les Marguerites poëtiques* d'Esprit Aubert (1613), 816. — Vers à J.-P. Perrin (1618), II, 2030.
Ganay (Le marquis de) : volumes lui ayant appartenu, 59, 134, 217, 447,

498 ; II, 1514, 1518, 2023 ; III, 2188, 2233, 2385, 2653.
Ganay (Antoine de) : élève de Nicolas Du Puis, dit Bonne-Espérance (v. 1510), V, 3228.
Ganay (François de), id., *ibid.*
Ganay (Jehan de), ambassadeur de Charles VIII en Italie (1495) : discours qu'il y tient, V, 3338. — Fausto Andrelini lui dédie ses *Epistolae proverbiales* (v. 1507), II, 1875. — Lettre au parlement de Paris (1509), IV, 2847. — Livre des sept parolles que Jesuchrist dit sur l'arbre de la Croix (1528), cité, IV, 2738, p. 8.
Ganay (Marguerite de) : son épitaphe par Jehan Bouchet (1545), 510.
Gancia (G.) : volumes provenant de sa vente, 1054 ; IV, 2932.
Gand : entrée de François, duc d'Anjou (1582), III, 7398. — Imprimeurs et Libraires. Voy. Annoot (C.), 1841. De Keysere (Pierre), 1520, 1540. De Rekenare (Corneille), 1582. Manilius (Gautier), 1579. Mareschal (Jean), libr. supposé (?), 1579. Vanden Steene (J.), 1582.
Gandouin (Julien-Michel), libr. à Paris (1729-1733), III, 2501.
Gandouin (Pierre), libr. à Paris (1732), 126 ; (1738), II, 1270 ; (1739), II, 1549 ; (1742), II, 1303. — Sa veuve (1747), II, 1549.
Ganeau (Etienne), libr. à Paris (1719), III, 2499 ; (1724), III, 2499 ; (1725), 143 ; (1728), 176 ; (1731), 203 ; (1732), II, 1551, 1776. — Marie Rabat, sa veuve (1744), II, 1978.
Ganeau (Louis-Etienne), libr. à Paris (1739), II, 1549 ; (1742), II, 1303 ; (1747), II, 1549 ; (1763), 131 ; (1770), 131.
Ganellon (L'Apparition de)... (1542), IV, 2830.
Ganieu (Philippe), avocat au bailliage de Forez : sonnet à Ant. Du Verdier (1580), V, 3375.
Ganly (Mlle), citée par Cl. de Taillemont (1556), IV, 2910.
Gantés : notice généalogique, III, 2495.
Garamond, graveur de caractères à Paris (1544), 37.
Garance (Mlle de). citée par Michel Guy, de Tours (1598), IV, 2948.
Garant (Le) des dames contre les calomniateurs de la noblesse feminine, cité, 529.
Garaudé (A. de) : mélodie de lui dans les *Chants et Chansons populaires de la France* (1843), 1014.
Garbin (Loys Cruse, dit), impr. à Genève (1487), cité, IV, 2765, p. 41 ; (s. d.), 1491 ; cité, 463, p. 266.

García : *A monseigneur Le Cogneux* (1630), IV, 3153, p. 531.
Garcin (Claude), impr. à Marseille (1665), 1022.
Gardane, musicien : *Cantique* (1552), V, 3299. — *Chansons* (1553), 981.
Gardeloupe, pour Guadeloupe, II, 1986.
Gardes des sceaux de France, III, 2493, art. 27.
Gardette (Mlle), citée par Michel Guy, de Tours (1598), IV, 2948.
Gardette (Victor), lieutenant général en Touraine : vers à lui dédiés par Michel Guy (1598), IV, 2948.
Gardien (Jean), fonde une colonie au Brésil (1556), II, 1989.
Garei (Jomet), d'Apt : *Blason du bras* (1550), 810 ; (1807), 811. — *Epigrammes* (1550), 810.
Garet (Jehan), chapelain d'Arras, copie les œuvres de Jehan Molinet, 471.
Gargantua : Brunet (J.-Ch.), *Notice sur deux anciens romans intitulés Les Chroniques de Gargantua* (1834), II, 1521. Voy. Rabelais.
Gargilius, cité par Nicolas Bourbon (1538), IV, 2788.
Garguille (Gautier), cité vers 1540, II, 1775.
Garguille (Hugues Guéru, dit Fléchelle, dit Gautier), approuve les œuvres de Tabarin (1629), II, 1794.
Garlande (Jehan de) : *De natura verborum* (v. 1510), V, 3219. — *Dictionarium* (1509), V, 3221. — *Liber synonymorum* (1512, n. s.), V, 3223. — *Vocabulorum equivocorum Interpretatio* (1511), V, 2225. — On lui attribue sans preuves le *Floretus*, IV, 2778, p. 59.
Garnier, receveur des tailles : vers à lui adressés par François Habert (1558), V, 3251.
Garnier, emprisonné à Besançon (1575), III, 2190.
Garnier : ode à S. G., s^r de La Roque (1609), IV, 2943. — Voy. Garnier (Claude).
Garnier, chanteur (1657), IV, p. 613.
Garnier, miniaturiste, cité par l'abbé de Marolles (1657), III, 2265.
Garnier, grav. (1843), 1014.
Garnier frères, libr. à Paris (1843), 1014 ; (1856), II, 1639.
Garnier (Antoine) : vers dans les *Margueritez poëtiques* d'Esprit Aubert (1613), 816.
Garnier (Barth.), dessin., II, 1682.
Garnier (Charles), cité par G. Des Autelz (1550), 654.
Garnier (Charles-Georg s-Thomas), publie les *Œuvres* de Regnard (1789-1790), II, 1287.
Garnier (Claude) : vers à Jean Ber-

taut (1608), 820. — Ode à S. G., sʳ de La Roque (1609), IV, 2943. — *A monsieur de Souvré*, ode (1609), V, 3288. — Tombeau de Henri le Grand (1610), 890, art. 11. — Vers en l'honneur de Ronsard (1623), 668.
Garnier (Jean), pasteur de Strasbourg (1546), V, 3255.
Garnier (P.), vers de lui en tête du *Dictionnaire des rimes* de Jean Le Fèvre (1588), 431.
Garnier (Robert), *Hymne de la Monarchye* (1567), IV, 2920. — Sonnet à Ronsard (1567), 667. — *Tombeau d'Elisabeth de France* (1569), 814. — Sonnet sur la mort de Jacques de La Chastre (1569), IV, 2791. — *Hippolyte, tragedie* (1573), II, 1096. — *Cornelie, tragedie* (1574), II, 1097. — Sonnets signés R. G., sur la mort de Charles IX (1574), V, 3354. — Vers en tête de la *Bergerie* de Remi Belleau (1576, 1585), 690. — Il est cité par Guy Le Fèvre de La Boderie (1578), IV, 3183. — *Les Juifves, tragedie* (1583), II, 1098. — *Tragedies* (1585), II, 1095. — Il est cité par Jean Dorat (1586), IV, 2789. — Élégie sur la mort de Ronsard (1586), IV, 2889 ; (1623), 668. — Vers dans *Les Marguerites poëtiques* d'Esprit Aubert (1613), 816.
Garon (L'abbé) : une pièce de lui dans les *Chants et Chansons populaires de la France* (1843), 1014.
Garon (Louis), *Histoire nouvelle et facetieuse de la femme d'un tailleur d'habits* (1625), II, 1796, art. 26, 1806. — Il traduit la *Relation de la pompeuse entrée faicte à Venise... à Messire Charles, sire de Créquy* (1634), III, 2453. — Sonnet au duc de Créquy (1634), *ibid.* — Il est cité, IV, 3005, p. 364.
Garot de Paloizel, financier, dénoncé comme voleur (1707), IV, 3074.
Garrault, cité par Scévole de Sainte-Marthe (1600), IV, 2921.
Garrigues La Devèze : notice généalogique, III, 2495.
Garrone (Gio. Bartolomeo), compagnon d'Alione (v. 1520), IV, 3058, p. 415.
Gasnier (Mˡˡᵉ), citée par Michel Guy, de Tours (1598), IV, 2948.
Gasparinus Pergamensis. Voy. Barzizza (Gasparino).
Gasparro (Le P.), ses missions aux Indes, III, 2638.
Gaspésie, II, 1972, 1973.
Gasq (François de), conseiller au parl. de Bordeaux : vers à lui adressés par P. de Brach (1576), IV, 2931.

Gasser (Andreas) : volumes lui ayant appartenu au xvɪᵉ siècle, IV, 3161, 3164.
Gassot (Jules) : Remy Belleau lui dédie sa traduction des *Odes* d'Anacréon (1578), 399. — Epître à lui adressée en tête des *Œuvres* de Belleau (1585), 690.
Gastelier de La Tour (Denis-François), collabore à l'*Encyclopédie* (1751-1777), III, 2523, p. 281.
Gaston III de Foix. Voy. Foix.
Gattamelata, 1042.
Gattey, libr. à Paris (1789), II, 2076.
Gaucher (C.-E.), graveur et dessinateur, 401, 609, 925, 1003, 1056 ; II, 1247, 1474, 1531, 1676.
Gauchet (Françoys) : huitain à la suite de la *Remonstrance à Sagon* (1537), II, 2594, art. 10 ; (1539), 621, art. 9 — Vers dans la *Replicque des amys de Marot* (1537), III, 2594, art. 19.
Gauchet (Claude) : *Le Plaisir des champs* (1583), 299 ; (1604), 300. — Il est cité par Jean Dorat (1586), IV, 2789.
Gaudet : lettre à lui adressée par Isaac Chasot (v. 1660), IV, 3079, p. 460.
Gaudet (Pierre), de La Rochelle, étudiant (1513), V, 3226.
Gaudicher (Jean), notaire à Paris (1572), III, 2170.
Gaudin (Alexis), médecin à Blois (1557), IV, 2877.
Gaudin (J.) : vers à Louis Herron (1636), 826.
Gaudin (Pierre), sergent royal (1563), III, 2586, art. 2.
Gaudon, musicien (1657), IV, p. 613.
Gaudon, auteur (1671), IV, p. 613.
Gaudreau, relieur de la reine (v. 1770), 1247.
Gaufridy (Louis) : arrêts rendus contre lui (1611). Voy. Parlement de Provence. — Son histoire est racontée par François de Rosset (1619), II, 1724.
Gaugy : notice généalogique, III, 2495.
Gauguery, libr. à Paris (1769), II, 1765.
Gaulard : *Apophtegmes ou Contes* (1586, 1615, 1662). Voy. Tabourot (Estienne Iᵉʳ).
Gaulme (Françoise), 1ʳᵉ femme de Jean de Foigny, impr. à Rheims, III, 2545.
Gaulmyn : notice généalogique, III, 2495.
Gault (Mˡˡᵉ), citée par Michel Guy, de Tours (1598), IV, 2948.
Gault (de), fils, dessin., II, 1914.
Gaulteron (Guillaume) de Cenquoins, traduit de Paolo Giovio, *Scander-*

beg, commentaire d'aucunes choses des Turcs (1544), IV, 3141.
Gaultherot (Vivant), libr. à Paris (1549), 646.
Gaultier (Maistre), cité dans les pièces jointes au Vergier d'honneur (v. 1520), 479.
Gaultier, avocat : exemplaire de l'Encyclopédie à lui offert par la cour des Comptes, Aides et Finances de Montpellier (v. 1780), III, 2523.
Gautier, grav., II, 1909 ; III, 2524.
Gautier (Adrien?), cité comme théologien par Guy Le Fèvre de La Boderie (1578), IV, 3183.
Gautier (Claude), impr. à Troyes (1574), III, 2189.
Gautier (Claude), libr. à Paris (1578), IV, 2932.
Gaultier (François de), sieur de Camiran, conseiller au parl. de Bordeaux : vers à lui adressés par P. de Brach (1576), IV, 2931. — Sonnet sur la mort de Ronsard (1586), IV, 2889. — Vers à lui adressés par Nicolas Rapin (1610), IV, 2944. — Vers à J. Prévost (1614), II, 1106.
Gaultier (Léonard Walter, dit), dessin. et grav., 201, 668, 816 ; II, 1101, 1724, 1878, 2096, 2101 ; III, 2356, 2567, 2704 ; IV, 2968, p. 312.
Gaultier (Paul), de Mâcon : vers à Nic. Bourbon (1538), IV, 2788.
Gaultier (Pierre), compose des vers pour le Puy du souverain amour (1543), 804.
Gaultier (Pierre), impr. à Paris (1561), cité, V, 3204.
Gautier (Raulin), impr. à Rouen (1511), V, 3225 ; (1512, n. s.), V, 3223 ; (v. 1515), IV, 2811.
Gautier (Raulin), impr. à Paris (1563), III, 2539.
Gautier (Théophile) : Poésies (1830), 882. — Albertus (1833), 883. — Mademoiselle de Maupin (1835-36), II, 1648. — Il collabore au Monde dramatique (1835-1839), II, 1072. — Fortunio (1838), 1649. — La Comédie de la Mort (1838), 884. — Tra los montes (1843), II, 1928. — Les Grotesques (1844), III, 2509. — Zigzags (1845), II, 1650. — Les Roués innocents (1847), II, 1651. — Emaux et Camées (1852), 885. — Baudelaire lui dédie Les Fleurs du mal (1858), 887.
Gautier (Théophile), avocat, lettre à M. Ed. Turquetty (1836), 882 et Additions, t. V, p. 191.
Gautier Map : Lancelot du Lac (1533), II, 1488.
Gautier de Sibert : Histoire des ordres du Mont Carmel et de Saint-Lazare (1772), II, 2015.
Gaurico (Pomponio) : portrait dans les Icones de Nic. Reusner (1589), V, 3370.
Gauteret (Gaspard), chanoine, cité par Charles Fontaine (1546), IV, 2876 ; (1557), IV, 2877.
Gautherin (Jonas), libr. à Lyon (1609), 114.
Gautier. Voy. Gaultier.
Gavard, grav., II, 1072.
Gavarni, dessin., II, 1072.
Gaveaux (Pierre) : quatre mélodies de lui dans les Chants et Chansons populaires de la France (1843), 1014.
Gavestone ou Gaverstone (Pierre de) : son histoire (1588), III, 2222, art. 1 ; 2240, art. 1.
Gayant (Louis), conseiller au parlement, est un des juges d'Anne Du Bourg (1559). IV, 3101.
Gayardon : notice généalogique, III, 2495.
Gaye (Jean), chanteur (1668-1671), IV, p. 613.
Gayon : notice généalogique, IV, 2495.
Gaza (Théodore) : portrait dans les Icones de Nic. Reusner (1589), V, 3370.
Gazeau (Guillaume), impr. à Lyon, associé de Jean de Tournes (1550), 654 ; (1551), V, 3254 ; (1554), II, 1931 ; (1557), 657.
Gazeau de Champagné : notice généalogique, III, 2495.
Gazet (Guillaume), censeur à Arras (1596), IV, 2977.
Gazeta Antwerpiensis, poème de Th. Renaudot (1637), IV, 3153, p. 532.
Gazetin (Le), 1790-1791, IV, 3153, p. 546.
Gazette (La) de France (1630-1791), IV, 3153.
Gazul (Clara), prétendue comédienne espagnole, Théâtre, composé par Mérimée (1825), II, 1355 (1826), 1356 (1830), 1357.
Gédoyn, danseur (1645), IV, p. 614.
Geffelin (Schäufelin), peintre, cité, IV, 1763, p. 38.
Geffroy (A.), cité, II, 1893.
Geisler in Polsdorf und Golsdorf (Andreas) : inscription dans un album (1620), V, 3370, p. 164.
Geiss (Hermann), est exécuté à Francfort-sur-Mein (1616), III, 2420, art. 1.
Gelai (Jean) : vers à lui adressés par Jean-Edouard Du Monin (1583), V, 3272.
Gelbhaar (Greg.), impr. à Vienne (1616), cité, III, 2466.
Gelborn (Friedrich von) : inscription dans un album (1602), V, 3370.
Geldenhaver (Girard), dit Noviomagus, vers à Erasme (1553), III, 2568, art. 4.

Gelenius (Sigismund), ami d'Erasme (1535), IV, 2745.
Geleus. Voy. La Guelle.
Géliot (Louvan) : *Indice armorial* (1635), cité, III, 2491.
Gelli (Gio. Battista) : vers dans les *Trionfi, Carri, ecc.* (1559), 1028.
Gellia, citée par Nic. Bourbon (1538), IV, 2788.
Gellinard, grav., 402.
Gello Fiorentino : portrait dans les *Icones* de N. Reusner (1589), V, 3370.
Gelonis, femme de Salmon Macrin, citée par Nic. Bourbon (1538), IV, 2788.
Gemma (X. et Corneille), cités comme mathématiciens par Guy Le Fèvre de La Boderie (1578), IV, 3183 ; (1579), IV, 2930.
Genay, musicien (1656), IV, p. 614.
Gendebien (J.-J.), publie une édition des *Lettres* de Mme de Sévigné (1726), II, 1888.
Gêne (Mlle de), citée par Michel Guy, de Tours (1598), IV, 2948.
Genealogie (La grande) de Frippelippes (1537), III, 2594, art. 7 ; (1539), 621, art. 5.
Genealogies (Les anciennes et modernes) des roys de France (1536), II, 2092 ; (1537), 2093.
Genealogies (Les), Effigies et Epitaphes des roys de France (1545), 510.
Genebrard (Gilbert) : vers hébreux et latins sur la mort d'Anne de Montmorency (1567), IV, 2966, art. 26, 27, 29. — Vers dans *Le Tumbeau de Gilles Bourdin* (1570), 815. — Il est cité par Guy Le Fèvre de La Boderie (1578), IV, 2930, 3183.
Général (Le) d'Enfance, II, 1842.
Généraux des galères de France (1695), III, 2493, art. 29.
Génerez : abbaye de Saint-Pé, IV, 3096, art. 126.
Gênes, *Le Jardin de Jennes* (v. 1506), IV, 3018. — *Das Einreyten des Konigs von Franckreich in Jenua* (1507), II, 2106. — *La Patenostre des Genevois ; L'Attollite portas de Gennes*, par André de La Vigne (1507), IV, 2822. — Charles Quint y est reçu (1530), IV, 3139. — Conjuration de Fiesque (1547), III, 2285, 2447. — *Articles accordez par le roy à la Republique* (1685), IV, 3153, p. 541. — Relation de ce qui a été fait devant cette ville (juin 1684), III, 2524.
Genest (L'abbé C. C.), *Penelope* (1702), II, 1231 ; (1703), II, 1232.
Genest (Edme-Jacques), Tables de la *Gazette* (1765-1769), IV, 3153, p. 546.

Genet (Esp.) : Vers dans *Les Marguerites poetiques* d'Esprit Aubert (1613), 816.
Genet (Nicolas), barbier de la maison de la reine (1549), IV, 2868.
Genève : *Cries faictes en 1560*, II, 2052. — Artus Desiré adresse une épître aux habitants (1560), IV, 3204. — A. Chanorrier s'y réfugie (1572), V. 3266. — La ville fait alliance avec les Suisses (1584), IV, 3026. — *La guerre civile de Genève*, par Voltaire (1768), 909. — Imprimeurs et Libraires. Voy. Aubert (Pierre), 1610-1630. Augy (Claude d'), 1583. Bade (Conrad), 1559-1561. Barbier (Nicolas), Barillot et fils, 1748-1750. Belot (Jehan), V, 1505. Berjon (Mathieu), 1605, 1618. Bonnefoy (Jean), 1562. Bousquet (Marc-Michel), 1726-1712. Brès (Jacques), 1560. Cartel (Jean), 1610. Cartier (Gabriel), 1583, Cercia (Antoine), 1559. Chouet (Jacques), 1591-1612. Chuppin (Antoine), 1580-1585. Courteau (Thomas), 1559-1561. Crespin (Jean), 1554-1561. Cruse (Loys), dit Garbin, 1487. Dehuchin (Cl.), 1563. Durant (Jean), 1569-1584. Durant (Zacharie), 1558. Eggimann (J.) et Cie, 1893. Estienne (Henri II), 1578. Estienne (Robert Ier), 1552. Garbin (Louis Cruse dit), art. Cruse. Girard (Jehan), 1539-1551. Hamelin (Philibert), 1552. Köln (Wigand), 1529-1536. Laimarie (Guillaume de), 1578. Laon (Jean de), 1581. Perrin (François), 1563-1569. Remy (Jean), 1580. Rivery (Adam et Jean), 1551. Robinet (Estienne), 1542. Steinschaber (Adam), vers 1490. Steer (Jacob), 1572. Tournes (Jean de), 1574-1613. Vignon (Eustache), 1577-1600. Vignon (Jean), 1611, Vivian (Jacques), 1517-1531. Impression anonyme (1654), V, 3281.
Geneviefve (Legende de madame saincte), II, 2020.
Geneviève (Jehan), copiste (1459), cité, II, 1079.
Genèvre, sujet d'une tragédie de Cl. Billard (1610), II, 1105.
Gengenbach (Pamphilus), impr. à Bâle (1519), III, 2713.
Génie (Le) de Montesquieu (1758), II, 1864.
Genlis, signe avec le prince de Condé, Coligny, etc., des récusations envoyées au parlement de Paris (18 juill. 1562), III, 2156, art. 10.
Genlis (Claude Brulart, marquis de), figure dans des ballets (1651-1665), IV, p. 614.
Genlis (Florimond Brulart, marquis de), danse dans un ballet (1645), IV, p. 614.

Genne (Mlle de), doit être l' « admirée » de J. Tahureau (1554), 702.
Genne (Francine de), maîtresse de J.-H. de Baïf, 702.
Gennes (de), *Relation* d'un voyage fait par lui aux côtes d'Afrique et en Amérique (1698), II, 1997.
Genouillac (François Gourdon de), seigneur d'Assier : épitaphe par Est. Forcadel (1548, 1579), IV, 2879.
Genouillac (Jean de), abbé de Saint-Quentin, cité par Nic. Bourbon (1538), IV, 2788.
Genouillac-Vaillac (Mme G. de Sainte-Anne de): son portrait, II, 2016.
Genret (Prudent), vers en tête du *Dictionnaire des rimes* de Jean Le Fèvre (1588), 431.
Genson, collabore à l'*Encyclopédie* (art. *Dessoler*), 1754, III, 2523, p. 281.
Gentian : *Chansons* (1549-1552), 980.
Gentil (Le président) : épitaphe, IV, 2858, art. 11.
Gentil, bibliophile : manuscrit ayant figuré en 1825 à la vente de ses livres, IV, 3081.
Gentil (Jehan), libr. à Paris (1554), 429.
Gentile (Scipione) : inscription dans un album (1598), V, 3370.
Gentili (Stefano) : Guill. de Poetou lui dédie l'*Hymne de la Marchandise et sa grant liesse* (1565), III, 2605.
Gentillet (François) : *Le Discours de la court* (1558), 653.
Gentilly : *La Fontaine de Gentilly* dans les œuvres de J. Godard (1594), 760. — *Les Assises tenues à Gentilly* (1623), II, 1803.
Gentilly (Le s^r et Mlle de) : P. Perrot de La Salle parle d'eux (1599), IV, 2949.
Gentilly (Le baron de), figure dans un ballet (1662), IV, p. 614.
Geoffrin (Marie-Thérèse Rodet, dame) : lettres écrites contre elle par Montesquieu (1767), II, 1897. — Elle est attaquée par Voltaire dans les *Voyages et Aventures d'une princesse babylonienne* (1768), II, 1571.
Geoffroy : notice généalogique, III, 2495.
Geoffroy, chanteur ou danseur (1654-1663), IV, p. 614.
Geoffroy (L'abbé), rédacteur de l'*Année littéraire* (v. 1785), III, 2526, p. 322.
Geoffroy, grav., 1014.
Geoffroy l'Anglais. Voy. Fontaines (Geoffroy de).
Georg (Johann) : inscription dans un album (1564), V, 3366.

George Ier, roi d'Angleterre : son blason (1714), III, 2493, art. 17.
George, pendu et anathémisé à Montpellier (v. 1550), V, 3254.
Georges de Trébisonde : portrait dans les *Icones* de N. Reusner (1589), V, 3370.
Gérard, confesseur du roi de Hongrie (1532), IV, 3091.
Gérard (de) : vers à maître Adam Billaut (1644), 829.
Gérard (Baron), peintre et dessin., II, 1577.
Gérard, grav. sur bois, II, 1822, 1823.
Gérard (Cécile), joue dans la *Passion* de Valenciennes (1547), IV, 3010, p. 377.
Gérard (F.), dessin., IV, 3167.
Gérard (L'abbé Philippe-Louis) : *Le comte de Valmont* (1774), II, 1575.
Gesner (Conrad), cité (1583), III, 2516. — Supplément à son *Epitome* (1773), III, 2517. — Son portrait (1581), II, 2039.
Gesselin (Jean), libr. à Paris (1597), 762 (1617), 822.
Gesta Romanorum : moralité qui en est tirée, IV, 3016.
Gestart de Valville : notice généalogique, III, 2495.
Gestes (Les) des solliciteurs (1530), 518 ; (1537), 519.
Gestes (Les), ensemble la *Vie du preux chevalier Bayard* (v. 1526), II, 1505.
Gesvres (Potier, duc de) : J. Chevillard lui dédie les *Noms, Qualitez et Armes des Gouverneurs.., de Paris* (1731), 2493, art. 47. — Il est sollicité par Voltaire (1748), II, 1324.
Geuffroy (David), impr. à Rouen (1627), II, 1794.
Gévaudan : voyage qu'y fait l'amiral de Joyeuse (1586), II, 2095, art. 5.
Gex : monologue sur la prise de cette ville (1589), 1024.
Gezeitigung (Newe) ausz romischer Kaiserlicher Majestat und des Künigs von Engellandt Here vor Terebona (1513), II, 2112.
Ghelen (Jan van), impr. à Anvers (1534), 106.
Ghendt (B. de), grav., 409, 845 ; II, 1501, 1909, 1914, 2002, 2015.
Ghendt (E. de), grav., 916, 931, 1033 ; II, 1179, 1679.
Ghent (Berthold van), de Nimègue : inscription dans un album (v. 1567), V, 3365.
Gherardo (Paolo), libr. à Venise (1547), IV, 3113.
Gherugros ? (Conrad), est exécuté à Francfort-sur-Mein (1616), III, 2420, art. 1.
Ghirlanda (Niccolò), de Carrare (1506), cité, IV, 2999.
Ghislieri (Michele). Voy. Pie V, pape.

Giacomini (P.) : vers dans le *Tombeau de Ronsard* (1623), 668.
Giambullari (Pierfrancesco) : vers dans les *Trionfi, Carri, ecc.* (1559), 1028.
Giametta (Bastiano) : Gabriel Chappuy lui dédie ses *Facetieuses Journées* (1584), II, 1701.
Gianizio (Gio. Vittorio), « Joannes Victurius », lainier vénitien (1524), IV, 2764.
Giapin (El signor) (1510), 1042.
Giberti (Gio. Matteo) : l'imprimeur Minizio Calvo lui dédie son édition de la relation du voyage de Magellan (1524), II, 1956. — Lettre à Gio. Giorgio Trissino (1525), IV, 3078.
Gibier (Eloy), impr. à Orléans (1562), III, 2156, *Additions* ; (1575 ?), V, 3296 ; (1581), 319.
Gyé (Pierre de Rohan, maréchal de). Voy. Rohan.
Gien. Libraire. Voy. Bruyère (Quantin), 1562.
Giffart (Pierre-François), grav., 252 ; II, 1674 ; III, 2328 ; IV, 3096, art. 3 *bis* et 9 *bis* ; — libr. à Paris (1719), III, 2499 ; (1724), *ibid.* ; (1725), 143 ; (1729), III, 2501 ; (1733), *ibid.* ; (1741), II, 1978.
Gigoux, peintre, 271.
Gilbert (C.), calligraphe : *Prieres saintes* (1703), 36.
Gilbert (Gabriel) : *Rodogune* (1646), II, 1119. — Vers au petit de Beauchasteau (1657), 833.
Gilbert (Nicolas-Joseph-Laurent) : *Le dix-huitième siècle, satire* (1775), 952.
Gilbourne (P.), libr. à Londres (v. 1670), 332.
Giliabo (Mathieu) : vers à lui adressés par J.-Éd. Du Monin (1583), V, 3272.
Gillardon (Mathieu) : vers sur la mort d'Ant. Fiancé (1582), 753.
Gillebert (P.) : *La Repentie et La Contre-Repentie* traduites par Joachim Du Bellay (1560), IV, 2894 ; (1600), V, 3294 ; (1617), IV, 2972.
Gillebert de La Jaminière : notice généalogique, III, 2495.
Gilles, juge royal et lieutenant, cité dans les pièces jointes au *Vergier d'honneur* (v. 1510), 479.
Gilles (Les trois demoiselles), citées par Michel Guy, de Tours (1598), IV, 2948.
Gilles (Gilles), libr. à Paris (1560), II, 1697 ; (1578), 399 ; (1585), 690.
Gillet, docteur en théologie, approuve les *Meditations* de B. Badere (1595), IV, 2947.
Gillet, chanteur (1670-1671), IV, p. 614.
Gillet de La Tessonnerie : vers à Regnault (1639), II, 1116. — Il emprunte à Bellan le sujet de la *Quizaire* (1640), II, 1756. — Vers à maître Adam Billaut (1644), 829.
Gillette (La royne), II, 1797, art. 2 ; 1796, art. 16.
Gilly, directeur de la Compagnie des Indes (1762), III, 2295.
Gilly (Pierre), ou Aegidius : Sir Thomas More lui dédie des vers (1553), III, 2568, p. 370, art. 12.
Gillot, secrétaire de Sully, III, 2238.
Gillot (Claude) : dessins originaux, II, 1460.
Gillot (Jacques), l'un des auteurs de la *Satyre menippée*, 1593-1594 (1709), III, 2251, p. 87. — Vers à lui adressés par Sc. de Sainte-Marthe (1600), IV, 2921. — Vers à lui adressés par N. Rapin (1610), IV, 2944. — Tombeau de N. Rapin, *ibid.*
Gilot (Philibert) : vers sur Est. Pasquier (1584, 1610), 737.
Gingan aîné, chanteur (1668-1671), IV, p. 614.
Gingan cadet, *ibid.*
Gingins (Anthoine de), seigneur de Divonne : Fr. Buffereau lui dédie *Le Mirouer du Monde* (1517), 434.
Gingot (Mlle), citée par M. Guy, de Tours (1598), IV, 2948.
Ginguené (Pierre-Louis), rédacteur au *Mercure de France* (1791), III, 2524, p. 317. — *Remarques sur Rabelais* (1823), II, 1520.
Giocondo (Frà Giovanni), traduit en latin le *Mundus novus* de Vespuce (v. 1502), II, 1948, 1949. — Il corrige les *Libri de re rustica* (1514), III, 2561.
Giolito (Gabriel) de' Ferrari, impr. à Venise (1546), II, 1465 ; (1565), II, 1471.
Giovanni (Frà) dal Piano del Carpino : *Itinerarii in Tartaria* (1537), IV, 3086. — *Voyage en Tartarie* (1634), II, 1935.
Giovanni (Andrea), évêque d'Aleria, publie l'*Historia naturalis* de Pline (1472), 183.
Giovio, marchand génois à Lyon (1625), II, 1796, art. 26.
Giovio (Benedetto) : portrait dans les *Icones* de Nic. Reusner (1589), V, 3370.
Giovio (Paolo) : *Scanderbeg, Commentaire d'aucunes choses des Turcs*, trad. par Guill. Gaulteron de Cenquoins (1544), IV, 3141. — *Vita di Consalvo Ferrando di Cordova*, tradotta per Lodovico Domenichi (1550), III, 2510. — Le cardinal J. de Lorraine lui promet une pension, IV, 3000, p. 360. — Son emblème (1562), IV, 3077. — Portrait dans les *Icones* de Nicolas

Reusner (1589), V, 3370. — Les *Icones* reproduisent en partie la collection réunie par Giovio, *ibid.*
Giraldi (Gio. Battista) Cinzio : vers de lui dans les *Icones* de N. Reusner (1589), V, 3370.
Girard d'Amiens : *Meliadus*, cité, II, 1489.
Girard, danseur (1670-1671), IV, p. 614.
Girard (André) : son portrait (1581), II, 2039.
Girard (Bernard de), seigneur du Haillan : vers à Pierre Boaistuau (1560-1564), II, 1721, 1722. — Vers à lui adressés par Pierre de Brach (1576), IV, 2931. — Vers à lui adressés par Guill. Du Peyrat (1593), IV, 2915. — Vers à lui adressés par Scévole de Sainte-Marthe (1600), IV, 2921.
Gyrard (Claude), de Berry (1519), IV, 2868.
Girard (François) : vers à lui adressés par Pierre de Brach (1576), IV, 2931.
Girard (Fulgence), collaborateur du *Monde dramatique* (1835-1839), II, 1072.
Girard (Jacqueline de), dame des baronnies de Vérigny, Frazé, etc. : Nicolas de Montreux lui dédie ses *Premieres Œuvres poëtiques* (1587), IV, 2940.
Girard (Jehan), impr. à Genève (1539), IV, 2860 ; (1544), 84 ; (1545), 86 ; (1550), 87 ; (1551), 88.
Girard (Jean) : vers à Robert Garnier (1574), II, 1097.
Girard (Jean), d'Auxonne : *Cantiques sur la Nativité* (1558), IV, 3198, *Additions*.
Girard (Philippe), dit Mondor. Voy. Mondor.
Girard (Théodore), libr. à Paris (1666), II, 1203, 1249, 1532 ; (1668), II, 1236, art. 3, II, 1251, 1252 ; (1672), II, 1236, art. 2 ; (1672-1697), III, 2524 ; (1678), II, 1708 ; (1685), III, 2308 ; (1688), II, 2005.
Girard de Langlade : notice généalogique, III, 2495.
Girardet, grav., 1014.
Girardet (A.), dessin. et grav., II, 1909.
Girardet (C.), dessin., II, 1072.
Girardières, graveur (?) : son nom est inscrit dans les encadrements de *L'Esperon de discipline* (1532), 515.
Girardin (Delphine Gay, dame de) : *La Canne de M. de Balzac* (1836), II, 1604.
Girardon, sculpteur : vers sur ses ouvrages, par Baraton (1705), 846.
Girardot de Préfond (Paul) : volumes lui ayant appartenu, 14, 85, 90 ; II, 1068, 1472, 1519, 1742 ; III, 2583 ; IV, 2750 ; V, 3315.
Giraud, dessin., 1014.
Giraud jeune, grav., II, 1287, 1459.
Giraud (Charles) : volumes lui ayant appartenu, 391, 515 ; II, 1250.
Giraud (D.) et J. Dagneau, libr. à Paris (1852), II, 1395, 1396, 1424 ; — seul (1853), II, 1425.
Giraud (E.) l'aîné, grav., II, 1916, art. 17 et 21.
Giraud de Crezol : notice généalogique, III, 2495, p. 251.
Giraud de Savine : volume lui ayant appartenu, IV, 2805.
Giraudet, grav., II, 1909, 5ᵉ article.
Giraudet (Gabriel) : *Discours du voyage d'outre mer au saint Sepulchre* (1585), IV, 3092.
Girault : lettres à lui adressées par L. Nublé (1648), II, 1681.
Girault (Mˡˡᵉ), figure dans des ballets (1670-1671), IV, p. 614.
Girault (Ambroise), libr. à Paris (1533), II, 2090 ; (1537-1540), cité, III, 2342.
Girault (Françoys) : *Le Moyen de soy enrichir* (v. 1525), 513, 514.
Girault (N.), Parisien : sonnet à Ch. Bauter (1605), II, 1101.
Girault (P.), Parisien : sonnet à Ch. Bauter (1605), II, 1101.
Giry (Estienne) : *Histoire des deux sieges de Sommieres* (1578), réimpr., II, 2095, art. 10.
Girodet (A.-L.), grav., II, 1577.
Gironde (Brandelis de) : Hugues Salel lui adresse une épître (1534), IV, 2862, p. 206.
Giroux, grav., 1014.
Giroux et Vialat, impr. à Lagny (1842), II, 1599 ; — à Saint-Denis-du-Port (1844), II, 1646 ; (1845), II, 1601 ; (1846), II, 1636.
Gissey (Henry-Simon-Pierre), impr. à Paris (1724), 107 ; (1736), II, 1554 ; (1738), III, 2611 ; (1750), 318.
Giudici (G.), traducteur italien des *Vies des Poetes provensaux*, de Jean de Nostre-Dame (1575), cité, III, 2504.
Giuggiola (Guglielmo, dit) : vers dans les *Trionfi, Carri, ecc.* (1559), 1028.
Giunta (Bernardino di Filippo di) : épître en tête du *De re militari* de Cornazano (1536), 1031.
Giunta (Bernardo di) : épître à Franc. Accolto en tête des Comédies d'Aristophane (1515), II, 1062.
Giunta (Filippo di), libr. à Florence (1503), 413 ; (1509), V, 3220 ; (1515), II, 1062 ; (1517), 334 ; (1519), cité, V, 3332.
Giunta (Filippo II), impr. à Florence (1598), III, 2622.

Giunta (Giovanni) ou Juan Junta, impr. à Burgos (1528), cité, II, 2133 ; — à Salamanque (1547), II, 1998.
Giustiniani (Agostino), évêque de Nebbio, humaniste (1520), IV, 3000, p. 360. — Extraits de son histoire (1620), II, 2096.
Giustiniani (Bernardo) : Giorgio Alessandrino lui adresse une épître (1514), III, 2561.
Givès : notice généalogique, III, 2495.
Givry : son *Tombeau* par Guillaume Du Peyrat (1594), V, 3277. — Epitaphe par S. G., sieur de La Roque (1609), IV, 2943.
Givry (Mme de) : le *Tombeau* de son mari lui est dédié par Guillaume Du Peyrat (1594), V, 3277.
Givry, tué en 1617, III, 2632.
Givry (Claude de Longwy, cardinal de). Voy. Longwy.
Glaive (Le) du geant Goliath (1561). Voy. Léopard.
Glanfeuil : abbaye de Saint-Maur, IV, 3096, art. 135.
Glanville (Barthélemy de) : *De proprietatibus rerum*, cité, 198, 206.
Glareanus. Voy. Löritz (Heinrich).
Glaumalis de Vezelet, anagr. de Guillaume Des Autelz, III, 2571.
Gleyse, dessin., III, 2347.
Gless (Bernhard von) : lettre à Gio. Giorgio Trissino (1516), IV, 3078.
Glissemauve (Nicolas de) : vers sur la main d'Estienne Pasquier (1584, 1610), 737.
Glotelet (Nicole), pseudonyme de Claude Collet (1537), III, 2594, art. 4 et 8 ; (1539), 621, art. 11.
Glyconius (Philippus) : vers à Nicolas Bourbon (1538), IV, 2788.
Gnevetus. Voy. Knevet.
Go (Susanne Oriet, femme de Renaut) : Didier Oriet lui dédie *La Susanne* (1581), V, 3271.
Gobelin (L'abbé) : lettres à lui adressées par Mme de Maintenon (1756), II, 1895.
Gobelle (Sandrin), joue dans la *Passion* de Valenciennes (1547), IV, 3010, p. 376.
Gobillon (N.), curé de Saint-Laurent, à Paris, et docteur de Sorbonne, approuve la traduction de l'*Imitation* par Isaac Le Maistre de Sacy (1662), 59. — Il approuve la traduction de Josèphe par Arnauld d'Andilly (1666), II, 2066.
Gobin, musicien, cité par Nicolas Bourbon (1538), IV, 2788.
Godart : *Chansons* (1549-1552), 980.
Godart (Jacques) : épître à lui adressée par Jehan Bouchet (1545), 511.
Godard (Jehan) : ses armes figurent sur le titre des *Droitz nouveaulx* de Coquillart (v. 1512), 460.

Godard (Jean) : *Œuvres* (1594), 760.
Godeau (Antoine) : vers en tête des *Œuvres* de N. Frénicle (1629), 824.
— Lettre à lui adressée par Rangouze (1649), II, 1879.
Godec (Prigent), impr. à Paris (1572), IV, 2958, 3198.
Godefroy, conseiller au Châtelet : vers à lui adressés par François Habert (1558), V, 3251.
Godefroy (A.), grav., 916, 1056 ; II, 1578, 1579, 1676, 1682, 1909.
Godefroy (Denis) : inscription dans un album (1584), V, 3368. — *Les Ceremonies observées au couronnement de Christine, reyne de Suede* (1650), IV, 3153, p. 536.
Godefroy (Jean), publie les *Memoires* de Pierre de L'Estoile (1719-1720), III, 2187 ; — publie *La veritable Fatalité de Saint-Cloud* (1744), III, 2188, tome III, art. 33 ; — publie *La Confession de Sancy* (1744), III, 2188, tome V.
Godefroy (Théodore), publie l'*Histoire de Mr Jean de Boucicaut* (1620), II, 2096.
Godefroy de Bouillon : ses *Passages de oultre mer* (v. 1515), II, 1503, et *Add.*, V, p. 192.
Godeheu, directeur de la Compagnie des Indes (1762), III, 2295.
Godet des Marais (Paul), évêque de Chartres : approbation donnée à Bossuet (1697), IV, 2749. — Lettres à Mme de Maintenon (1756), II, 1895.
Godin (Jean) : joue dans la *Passion* de Valenciennes (1547), IV, 3010, p. 375.
Godonnesche (N.) : dessins originaux pour les *Medailles du regne de Louis XV* (1736), 219.
Goeree (L.), dessin., 12.
Goethe (Wolfgang von) : *Werther* (1797), II, 1767. — *Mahomet, Trauerspiel* (1802), II, 1326. — *Tancred, Trauerspiel* (1802), II, 1330. — *Des Epimenides Erwachen* (1815), II, 1481. — *Faust*, traduit par Gérard de Nerval (1828), II, 1482.
Gœurot (Jehan) : *Sommaire* de toute medecine et chirurgie (1530), IV, p. 9.
Goguet, cité par Nic. Rapin (1610), IV, 2944.
Goguyer (Eustace), notaire à Paris (1572), III, 2170.
Gohin (F.), publie (1913) des vers de Marguerite d'Angoulême et de Claude de Bombelles, seigneur de La Vaux, IV, 2965, 2973, 3197 et *Additions*, V, p. 199.
Gohory (Jacques) : *Devis sur la vigne* (1549), 188. — Vers à lui adressés par Ch. Fontaine (1557), IV, 2877. — Vers à lui adressés par Joachim

Du Bellay (1559), IV, 2896. — Traduction des *Discours* de Nic. Machiavel sur la première Décade de Tite Live (1559), V, 3374.
Goibeau-Dubois (Philippe), traducteur des *Confessions* de saint Augustin (1688), 39.
Goiffon (Joseph) : *Harmonie des deux sphères* (1731), 203.
Goinus (Antonius). Voy. Des Gois (Antoine).
Goldoni (Carlo) : *Le Bourru bienfaisant* (1771), II, 1338. — *Il Burbero di buon cuore* (1789), II, 1338.
Goldschmidt (Georg), dit Fabricius : hymnes trad. par Guy Le Fèvre de La Boderie (1578), IV, 2930. — Vers de lui dans les *Icones* de N. Reusner (1589), V, 3370.
Goldschmidt (Michel), « Fabricius » : inscription dans un album (1598), V, 3372.
Goliath (Le Glaive du géant) (1561). Voy. Léopard (Charles).
Goliath (La Monomachie de David et de), par Du Bellay (1561), IV, 2900.
Golieu : vers à M. de Tournabons (1628), II, 1796, art. 11.
Golius (Jacques) : *Libri mss. arabici et alii quos pro Academia ex Oriente advexit* (v. 1629), III, 2519.
Gomain (François) : *L'Esperit troublé* (v. 1537), IV, 2963.
Gombauld (Jean-Ogier de) : vers à maître Adam Billaut (1644), 829. — *Poësies* (1646), 828.
Gomes (Le P. Antonio) : ses missions aux Indes, III, 2638.
Gómez de Ciudad Real (Alvaro) (1562), cité, II, 1748.
Gommicourt (Le Sr de), gouverneur de Maestricht : le sr Vormes lui adresse une lettre (1580), III, 2019.
Gonault (Jean), théologien (1610), II, 2027.
Gondi (Albert de), comte, puis duc et maréchal de Retz, cité par Jean Dorat (1586), IV, 2789.
Gondi (Claude-Catherine de Clermont, dite Mlle de Dampierre, femme d'Albert de) : Jean de La Péruse lui adresse des vers (v. 1557), IV, 3022. — Jean Dorat lui adresse des vers (1586), IV, 2789. — Guy Le Fèvre de La Boderie (1578), IV, 2930. — Estienne Forcadel lui adresse des vers (1579), IV, 2879.
Gondi (Charles de), marquis de Belle-Isle : son épitaphe par A. de L'Ortigue (1617), 822.
Gondi (Henri de), cardinal, évêque de Paris : Claude Billard lui dédie la tragédie de *Saül* (1610), II, 1105.
Gondi (Philippe-Emmanuel de), danse dans le *Ballet du roy* (1619), II, 1449.
Gondi (Pierre de), évêque de Paris : Charles IX lui écrit à l'occasion de la bataille de Lépante (1571), III, 2733. — Il se rend à Rome pour y négocier (1576), III, 2196. — Jean Dorat lui adresse des vers (1586), IV, 2789. — *Recueil de ce qui s'est passé en la conference des sieurs cardinal de Gondi et archevesque de Lion avec le roi*, 1590 (1709), III, 2251, p. 87.
Gondin (Le capitaine) : *Exploits de Mathieu Merle, baron de Salavas* (1576-1580), II, 2095, art. 3.
Gonesse : Charles IX enfant s'en dit seigneur, III, 2735.
Gongnies (de) : le cardinal de Granvelle lui écrit (1582), III, 2395.
Gonin (Maistre), nom traditionnel d'un farceur : François Habert parle de lui (1541), 643. — *Vraye Pronostication pour les mal-mariez* (1615), II, 1797, art. 9.
Gonnefroy (Madeleine), d'Orléans, citée par Michel Guy, de Tours (1598), IV, 2948.
Gonore (Le comte de), figure dans un ballet (1664), IV, p. 614.
Gontaud (Mlle), danse dans un ballet (1681), IV, p. 614.
Gontaud (Jehan de), baron de Biron : épitaphe de sa femme, IV, 2965, art. 1.
Gontery, danseur (1654-1658), IV, p. 614.
Gontier, correspondant poétique de Clément Marot (1534), 600.
Gonzaga (Federico), marquis de Mantoue : lettre à Gio. Giorgio Trissino (1525), IV, 3078. — Paolo Giovio lui dédie son *Commentario delle cose de' Turchi* (1531), IV, 3141. — Fernando Gonzaga lui annonce la prise de La Goulette (1535), III, 2719.
Gonzaga (Fernando), duc d'Arriano, auteur d'une relation de la prise de Tunis (1535), III, 2412, 2719.
Gonzaga (Francesco), donne l'hospitalité à Bart. De' Sacchi, dit Platina (v. 1470), 193. — Discours que lui adressent les ambassadeurs de Charles VIII (1495), V, 3338. — Gio. Da Ponte, dit Pontano, lui dédie son poème *De hortis Hesperidum* (1505), III, 2574.
Gonzaga (Francesco), fils de Federico : lettre à Gio. Giorgio Trissino (1549), IV, 3078.
Gonzaga (Francesco), fils du duc de Nevers : poème sur sa naissance par Léger Du Chesne (1576), IV, 2793.
Gonzaga (Gio. Lodovico) : lettre à Gio. Giorgio Trissino (1517), IV, 3078.

Gonzaga (Isabella d'Este, femme de Francesco) : lettres à Gio. Giorgio Trissino (1513-1538), IV, 3078.

Gonzaga (Lodovico), duc de Nevers : assiste au mariage de Henri de Bourbon, duc de Condé (déc. 1574), IV, 3122. — Vers à lui adressés par Flaminio de Birague (1585), IV, 2939. — *Journal des estats tenus à Blois en 1588* (1744), III, 2188, art. 10. — Lettre presentee au roy (6 août 1588), III, 2221, art. 11. — Il s'empare de Mauléon (12 nov. 1588), III, 2225.

Gonzaga (Lucrezia) di Gazzuolo : vers composés en son honneur par Bandello (1545), 1032.

Gonzaga (Maria), ou de Gonzague : portrait (1780), III, 2279.

González, bibliophile : volume lui ayant appartenu, 74.

González (Le P. Francisco) : ses missions aux Indes, III, 2638.

González (Estevanillo) : *Vida y Hechos*, imités par Le Sage (1731-1742), II, 1552.

González de Barcia (Andrés), cité (1749), II, 1996.

González de Córdova, s'empare de Stein (1621), III, 2420, art. 52. — Sa victoire sur le marquis de Bade, *ibid.*, art. 61, 63. — Sa victoire sur l'électeur palatin, *ibid.*, art. 62. — Sa victoire sur le duc de Brunswick, *ibid.*, art. 64. — Sa victoire sur le comte de Mansfeld, *ibid.*, art. 68-70. — Sa défaite à Emden (1623), *ibid.*, art. 72.

Goodrich (Thomas), évêque d'Ely, cité par Nic. Bourbon (1538), IV, 2788.

Gorbin (Gilles), libr. à Paris (1574), 735.

Gordes (de) : vers à lui adressés par Joachim Du Bellay (1559), IV, 2896.

Gordians (Les) et Maximins : sujet d'une tragédie d'Antoine Favre (1596), II, 1100.

Gordon (Alexander) : *Vie du pape Alexandre VI* (1732), II, 2007.

Gordon de Percel, pseudonyme de Lenglet du Fresnoy (1731), 616.

Gorrevod (Loys de), évêque de Maurienne : Jehan Le Maire lui dédie *La Legende des Venitiens* (1509), III, 2654.

Gorsas (Antoine-Joseph), auteur présumé du *Lever de Baville* (1788), III, 2296.

Gosford (Lord) : volume lui ayant appartenu, III, 2574.

Gosmond (A.), dessin., III, 2524.

Gosse (Leopoldt) : inscription dans un album (1567), V, 3365.

Gosse (Nicolas) : compose des vers pour le *Puy du souverain amour* (1543), 804.

Gosse (Pierre), libr. à La Haye, associé de J. Néaulme (1726), II, 1888 ; (1727), III, 2293 ; (1731), 616 ; (1734), 83 ; seul (1738), II, 1554 ; (1744), III, 2188 *bis*.

Gosse junior, libr. à La Haye, associé de Pinet (1770), II, 1916, art. 6 ; (1776), *ibid.*, art. 5 ; (1777), *ibid.*, art. 11 ; (1782), *ibid.*, art. 16 ; — seul (1789), *ibid.*, art. 26.

Gossec (François-Joseph) : mélodie de lui dans les *Chants et Chansons populaires de la France* (1843), 1014.

Gosselin (Charles), libr. à Paris : avertissement en tête des *Méditations* de Lamartine (1820), 865. — Éditions (1829), 873 ; (1831), II, 1365, 1588, 1606, 1713 ; (1833), II, 1589, 1623, 1713 ; (1839), 867.

Gosselin (Guillaume), bibliothécaire du roi, cité par Guy Le Fèvre de La Boderie (1578), IV, 3183.

Gosselin (Nicolas), libr., puis impr. à Paris (1712), II, 1771 ; (1719-1724), III, 2499 ; (1725), 143.

Gosselin de Boismontel : notice généalogique, III, 2495.

Gotero, capitaine espagnol (1555), V, 3349.

Götty (Ludwig), grav., 925.

Gouda, imprimeur. Voy. Leeu (Gérard), 1482.

Goudimel (Claude) : vers à lui adressés par Pierre Énoc ; ode mise en musique par lui-même (1572), IV, 2927.

Gouffé (Armand) : trois pièces de lui dans les *Chants et Chansons populaires de la France* (1843), 1014.

Gouffier (Artus), duc de Roannois : épitaphe par Jehan Bouchet (1545), 510.

Gouffier (Claude), seigneur de Boisy, puis duc de Roannois : Jean Le Féron lui dédie son traité *De la primitive institution des roys heraulds et poursuivans d'armes* (1555), IV, 3150. — Charles Fontaine lui adresse des vers (1557), IV, 2877.

Gouffier (Guillaume), seigneur de Bonnivet, prend part aux joutes qui ont lieu à Paris lors du second mariage de Louis XII (1514), II, 2113. — Il est chargé d'une ambassade près de la diète de Francfort (1519), III, 2660. — Il est tué à Pavie (1525), II, 2127. — Epitaphe par Jehan Bouchet (1545), 510.

Goujet, dessin., 928.

Goujet (L'abbé Claude-Pierre), collabore à l'*Histoire ecclesiastique* continuée par le P. Fabre (1725-1737), II, 2006. — Il publie une édition des *Mémoires de Marolles* (1755),

III, 2265. — Il publie les *Memoires du duc de Rohan* (1756), III, 2263. — Il publie les *Mémoires de la Ligue* (1758), III, 2195.
Goujon (M¹¹ᵉ), grav., 1014.
Goujon (Jean), cité comme architecte et sculpteur par Guy Le Fèvre de La Boderie (1578), IV, 3183.
Goujon (Jean) : vers grecs et latins en tête des *Commentaires* de Monluc (1592), II, 2131.
Goujon (Pierre), membre du bureau de l'Église réformée de Paris (1562), II, 2056.
Goulard (Simon), vers à Pierre Enoc (1572), IV, 2927. — *Epitaphe de B. de Montmeja* et *Imitations chrestiennes* (1574), V, 3268. — Traduction française du texte des *Vrais Portraits des hommes illustres* publiés par Théod. de Bèze (1581), II, 2039. — Sonnet en tête de *La Sepmaine de Du Bartas* (1583), V, 3269. — Notes et vers sur *La seconde Sepmaine* (1589), V, 3270. — Inscription dans un album (1588), V, 3368. — Il publie sous le nom de Du Lis, les tomes III-VI des *Mémoires de la Ligue* (1590-1599), III, 2194, p. 44, 2195. — Sonnet à Joseph Du Chesne, sieur de La Violette (1594), IV, 3187. — Traduction française d'une pièce latine de Jean Tagault, en tête de l'*Histoire des martyrs* de Jean Crespin (1597), II, 2040. — Christophe de Gamon lui dédie *La Muse divine* (1600), V, 3279. — *Thresor d'histoires admirables* (1610-14), cité, II, 1723.
Goulu (J.) : quatrain à Michel Guy, de Tours (1598), IV, 2948.
Goulu (L.), grav., 1909.
Goulu (Nicolas), dit Gulonius : distique grec à François d'Amboise (1571), IV, 2924. — Vers à Arnauld Sorbin (1574), 339. — Vers dans : *R. Bellaquei Tumulus* (1577), 695. — Vers grecs à Guy Le Fèvre de La Boderie (1578), IV, 2930. — Il est cité par Guy Le Fèvre de La Boderie (1578), IV, 3183. — Vers à Cl. Hesteau (1578), 743. — Vers sur la mort d'Ant. Fiancé (1582), 753. — Distiques grecs en tête de l'*Uranologie* de J.-Ed. Du Monin (1583), V, 3272. — Vers en tête des *Œuvres* de Belleau (1585), 690. — Il est cité par J. Dorat, [son beau-père] (1586), IV, 2789. — Epitaphe grecque de Ronsard (1586), IV, 2889 ; (1623), 668. — Distiques grecs en tête des *Exercices* de J. de Vitel (1588), V, 3275. — Vers grecs dans le *Tombeau de M. de Givry* (1594), V, 3277. — Ode grecque sur la mort de Henri IV (1610), 891, art. 3.

Goumecourt (Robechonnet de), copie le *Roman de la Rose* (xivᵉ siècle), IV, 2800, p. 115.
Goupil (Jacques) : vers à Ronsard (1550), 670. — Vers dans le *Tombeau de Marguerite de Valois* (1551), 628. — Il est cité comme médecin par Guy Le Fèvre de La Boderie (1578), IV, 3183.
Goupil (Richard), impr. à Rouen (1511), V, 3225 ; (1512), V, 3223.
Gourault (Claude), libr. à Paris (1639), II, 1809.
Gourault (Gilles), libr. à Paris (1664), II, 1196.
Gourdon (Henriette de) de Hontely, danse dans des ballets (1654-1661), IV, p. 614.
Gourgues (Augier de), conseiller d'état, m. en 1594, IV, 3133.
Gourgues (Dominique de) : voyage en Floride (1586), II, 1982. — Il est cité, II, 1964.
Goury (M¹¹ᵉ), citée par M. Guy, de Tours (1598), IV, 2948.
Goury de Changran (Charles-Jean) : *Almanach du chasseur* (1773), 302.
Gourmont (Benoist de), impr. à Paris (1537), III, 2594, art. 18; (1542), III, 2413 ; IV, 3140.
Gourmont (Gilles de), impr. à Paris (1508), V, 3331, marque reproduite (1526), II, 2018; (1529), III, 2570. — Il est cité, II, 1949. — Il paraît avoir pour successeur Antoine Bonnemère (1534), II, 1498.
Gourmont (Hiérosme de), libr. à Paris (1542), III, 2676.
Gourmont (Jehan), impr. à Paris (1518), III, 2659. — Il est cité, III, 2662 ; IV, 3105. — Sa veuve, Jehanne Néret, épouse Prigent Calvarin (1523), III, 2662, *Additions*.
Gourmont (Robert), impr. à Paris (1492), 401, art. 1 ; (1507), 421, art. 8 ; (s. d.), IV, 3088.
Gournay : prise de cette ville par Mayenne (7 sept. 1589), III, 2245.
Gournay (de) : vers à lui adressés par Du Bellay (1569), IV, 2896.
Gournay (Marie de) : édition des *Essais* de Montaigne (1595), 141. — *Proumenoir de M. de Montaigne* (1595), 145 ; (1599), 146. — Vers à maître Adam Billaut (1644), 829.
Goussier (Louis-Jacques), collabore à l'*Encyclopédie* (1751-1777), III, 2523, p. 281.
Goussier (L. T.), dessin., III, 252 3.
Gouthière (Jacques), ou Gutherius : vers à Gilles Durand, sieur de La Bergerie (1594), 757. — Vers sur la mort de Nic. Rapin (1610), IV, 2944.
Gouvea (Antonio) : *De jurisdictione Libri duo* (1551), cités, V, 3328
Gouwen, grav., 12.

Gouvernement (Le) des trois estatz du temps qui court (v. 1510), 568.
Gouverneurs, Lieutenans de roy, Prevôts des marchands de la ville de Paris (v. 1741), III, 2497.
Gouvets (Gilles de), sieur de Ménil Robert et de Clinchamp : Th. Sonnet, sieur de Courval, lui dédie sa Satyre menippée contre les femmes (1623), 939.
Gower (John): Confessio amantis (1485), 1055.
Goyer, danseur (1671), IV, p. 615.
Goyet, avocat du roi au châtelet de Paris (1550), IV, 2881. — Il est tué à la Saint-Barthélemy (1572), IV, 3191.
Goyet (Claude), femme de Nicolas Perrot (xvi° siècle), IV, 2949.
Gozlan (Léon) : articles dans le Monde dramatique (1835-1839), II, 1072. — Le Notaire de Chantilly (1836), II, 1642. — Rog, nouvelle publiée dans le Dodécaton (1837), II, 1714. — Les Méandres (1837), 1643. — Washington Levert et Socrate Leblanc (1838), 1644; Le Médecin du Pecq (1839), 1645 ; Aristide Froissard (1844), 1646.
Gozzi (Claudio Ermodoro), distiques latins à Guy Le Fèvre de La Boderie (1578), IV, 2930. — Vers latins en tête de La Galliade de Guy Le Fèvre de La Boderie (1578), IV, 3183.
Graal (Le saint), II, 1487.
Graces (Les) (1769), II, 2003.
Gracques (Les) : leur Vie par Plutarque (1567), II, 1899. Cf. III, 2737.
Graevius. Voy. de Graeve.
Graffenried (Emmanuel et Albert Emmanuel von): volume leur ayant appartenu, IV, 2738.
Graffigny (Françoise d'Isembourt d'Happoncourt, dame de) : lettres à elle adressées par Ph. Néricault des Touches (1750), IV, 3083. — Lettres d'une Péruvienne (1797), II, 1566.
Gray (C.), grav., V, 3321.
Graignard, capitaine au service d'Espagne : sa mort (1630), III, 2405, art. 20.
Grain de Or (Yves), joue dans la Passion de Valenciennes (1547), IV, 3010, p. 375.
Gramen, cité, IV, 3197, p. 589.
Grammaire generale et raisonnée (1660), 315.
Grammont (Le comte Ferdinand de), est peut-être l'auteur de Dom Gigadas (1840), II, 1595.
Grammont (Gabriel Barthélemy, sieur de), président au parlement de Toulouse : Le Clerc lui adresse un exemplaire de La Virginie romaine (1645), II, 1118.

Grammont (Scipion de), sieur de Saint-Germain : Relation du grand Ballet du roy (1619), II, 1449.
Gramont (Antoine I" de), lieutenant-général de Jeanne d'Albret (1571), 10.
Gramont (Antoine II de), veille Henri IV (1607), II, 1507.
Gramont (Antoine-Charles, chevalier de), danse dans un ballet (1653), IV, p. 615.
Gramont (Béatrice de Choiseul-Stainville, duchesse de) : volumes lui ayant appartenu (1761), II, 1573.
Gramont (Catherine-Charlotte de), plus tard princesse de Monaco, danse dans le Ballet de Psyché (1656), II, 1455 ; IV, p. 615.
Gramont (Elisabeth Hamilton, comtesse de), danse dans un ballet (1665), IV, p. 615. — C'est pour l'amuser que son frère, Antoine, comte de Hamilton, écrit des Contes, II, 1736, 1737.
Gramont (Gabriel de), cardinal de Sainte-Cécile, dénonce au pape les progrès des luthériens (1533), II, 2049.
Gramont (Philibert, comte de) : Mémoires de sa vie, par Antoine, comte de Hamilton (1713), II, 1693, 1693 bis.
Grancey (Elisabeth Boutel de), danse dans des ballets (1664-1669), IV, p. 615.
Grancey (Jeanne-Aimée de Rabodanges, marquise de), danse dans un ballet (1681), IV, p. 615.
Grandier (Urbain): Factum pour lui (1634), IV, 3153, p. 531. — Remarques et Considerations servans à la justification du curé de Loudun (v. 1634), ibid., p. 532.
Grandis Ligulei : Replicque par les Amys de l'auctheur de la Remonstrance faicte à Sagon (1537), III, 2594, art. 19. — Rondeau à Nicolas Denisot, ibid.
Grandjon (Robert), impr. à Paris, associé de Michel Fézandat (1551), 628 ; — impr. à Lyon (1558), 662 ; II, 1696 ; — impr. à Paris (1572), IV, 3181.
Grandmont, Geraert-Mont, ou Gheraerdsberghe : la Vie de saint Adrien est dédiée aux magistrats de cette ville par le P. M. Le Brun (1631), IV, 3097.
Grandmont (Mlle de) : vers à elle adressés par S. G., s^r de La Roque (1609), IV, 2943.
Grandon (C.), dessin., III, 2506.
Grand-Pré (Le comte de), gouverneur de Mouzon (1622), III, 2420, art. 67.
Grands Jours (Les) tenus à Paris par Mr Muet (1622), II, 1796, art. 11, 1802.

Voy. *Responce (La) de quelques mal contens.*
Grands Louvetiers de France, III, 2495, art. 37.
Grands Maistres de France, III, 2493, art. 33.
Grands Maistres des arbalestries et Grands Maistres de l'artillerie de France, III, 2493, art. 30.
Grands Pannetiers de France, III, 2493, art. 36.
Grands Queux de France, III, 2493, art. 36.
Grands Veneurs de France, III, 2493, art. 37.
Grandvel (Nicolas), libr. à Besançon (1768), 909.
Granet (L'abbé François), éditeur des *Œuvres diverses* de Pierre Corneille (1738), III, 2611.
Granet (N.), peintre, 271.
Granges (Le marquis de) de Surgères : *Répertoire de la Gazette de France* (1902-1906), IV, 3153, p. 548.
Grangier (Balthasar) : *La Comedie de Dante mise en ryme françoise* (1596-1597), V, 3302.
Grangier (Geoffroy), médecin, cité par Nic. Bourbon (1538), IV, 2788 ; — cité par Charles Fontaine (1546), IV, 2876 ; (1557), IV, 2877.
Grangier (Pierre), impr. à Dijon (1539 et s. d.), 777. — Vers en tête du *Dictionnaire des rimes* de Jean Le Fèvre (1588), 431.
Granollach (Bernardo de) : *Lunario* reproduit dans le *Reportorio de los tiempos* (1495), 204. — *Summario de la luna* (1514), III, 2564.
Granson (Othon de) : *Complaincte du bergier et Responce de la Pastorelle* (v. 1510), 444 et *Additions*. — *Ballades*, IV, 2796, art. 35-37 ; 2799, p. 106.
Granval (Claude de) : vers à lui adressés par François Habert (1558), V, 3251.
Granvelle (Antoine Perrenot, cardinal de). Voy. Perrenot.
Granville (Lord) : volume lui ayant appartenu, IV, 3066.
Granville, musicien (1657), IV, p. 615.
Granville de Drubec (François Mallet de), voy. Drubec.
Grapheus. Voy. De Schrijver.
Graphexecon de Pistariste, imprimeur imaginaire des *Mémoires* de Sully (v. 1638), III, 2238.
Grassay (Marie de) : note sur un ms. des *Œuvres* d'Alain Chartier, 440.
Grassi (B. de'), impr. à Rome (1584), II, 1577.
Gratet-Duplessis (Pierre-Alexandre), cité, II, 1769, 1866-1868. — Volumes lui ayant appartenu, IV, 2819, 2944.
Gratiot (Amédée) et Cie, impr. à Paris (1838), II, 1649 ; (1839), II, 1634 ; (1840), II, 1635.
Gratiot (Gustave), impr. à Paris (1850), II, 1382, 1385 ; (1851), II, 1387.
Grattelard (Le baron de) : ses *Rencontres* (1629, 1634), II, 1794, 1795.
Gratte-lard (Guillaume), libr. imaginaire à Paris (1622), II, 1796, art. 2.
Grave (Le marquis de) : ouvrage à lui dédié (1732), 126.
Gravé, sieur du Pont, de Saint-Malo, voyageur à la Nouvelle France (1603), II, 1964, 1966.
Gravelot (Fr. Bourguignon), dessin., III, 2408.
Gravelot (Hubert), dessin., 409, 925, 1034, 1037 ; II, 1247, 1335, 1339, 1557, 1572, 1711.
Gravier (Jean), secrétaire, cité par Ch. Fontaine (1546), IV, 2876 ; (1557), IV, 2877.
Gravina (Pietro) : vers de lui dans les *Icones* de N. Reusner (1589), V, 3370, p. 160.
Grazia, imité par Gabriel Chappuy (1584), II, 1701.
Graziani (Gaspard), ambassadeur du sultan Ahmed Ier auprès de l'empereur Mathias (1617), III, 2466, 2469.
Graziano « dela cità de Luca » : *Frotola nova contra Venitiani* (1508), 1039.
Graziano (Battista), lettre à Gio. Giorgio Trissino (1507 ?), IV, 3078.
Grazzini (Anton Francesco), dit il Lasca, épitre en tête des *Trionfi, Carri, ecc.* (1559), et vers dans le même recueil, 1028.
Gréaulme (Robert), médecin, cité par J. Dorat (1586), IV, 2789.
Greban (Arnoul), *Mistere de la Conception*, II, 1073. *Additions*. — *Mistere de la Passion* (v. 1525), III, 2618. — *La Resurrection de Nostre Seigneur* (v. 1520), III, 2619.
Greban (Arnoul et Simon) : *Mystere des Actes des Apostres* (1538, n. s.), II, 1074. — Ils sont cités par Geofroy Tory (1529), III, 2570.
Greban (Simon) : *Epytaphe du roy Charles Septiesme*, 436, art. 3.
Grec, laissé en blanc dans un livre imprimé (v. 1505), V, 3227.
Greco (Giorgio), impr. à Vicence (1584), II, 1466. — Vers à Vespasiano Logiano, *ibid.*
Grécourt (Jean-Baptiste-Joseph Willart de) : *Contes en vers* (1778), 927.
Greffet (E.) : Vers à P. de Deimier, (1600), 765.
Grégoire (Saint) le grand, pape : *Homelies* (1665-1669), 40. — *Hymne*, trad. par Guy Le Fèvre de La Boderie (1578), IV, 2930.
Grégoire (Saint), de Naziance : *Dis*-

cours contre les femmes fardees, trad. par Simon Du Lis (1574), V, 3268. — Passages extraits de ses œuvres par Bossuet (v. 1665), IV, 3079, pp. 447-448.

Grégoire de Nysse : passages extraits de ses œuvres par Bossuet (v. 1665), IV, 3079, p. 448.

Grégoire VII, pape, V, 3211, 3212, art. 6.

Grégoire IX, pape, cité par Jean Dorat (1586), IV, 2789.

Grégoire XIII, Buoncompagni, pape : lettres à lui adressées par le roi de Navarre, le cardinal de Bourbon et le prince de Condé (3 oct. 1572) ; brefs répondant à ces lettres (1ᵉʳ nov.), III, 2180, 2242, art. 7. — Bulle accordant une dispense à Henri de Bourbon, prince de Condé, pour son mariage (déc. 1572), IV, 3122. — Discours prononcé devant lui par Claude Arnoult (9 févr. 1573), III, 2182. — Marc-Antoine de Muret le harangue au nom de Charles IX (1573), III, 2693 ; (1576), IV, 3127, art. 2. — *Extraict d'un conseil tenu à Rome peu après l'arrivée de l'evesque de Paris* (1576), III, 2194, 2196, p. 33. — *Abrégé d'un discours fait avec sa Sainteté par aucuns de ses confidans après le departement de M. l'evesque de Paris*, 1576 (1589), III, 2194, p. 40. — Privilège accordé à Jacques Kerver, libraire à Paris, pour la publication des missels romains (1583), III, 2528, p. 324. — Bulle relative à la réforme du calendrier, *ibid.*

Grégoire XIV Sfondrate, pape : *Bulles contre toutes personnes ecclesiastiques suyvans le party de Henry de Bourbon* (1ᵉʳ mars 1590), 1591, III, 2243, art. 3. — P. Perrot de La Salle parle de lui (1599), IV, 2949.

Grégoire XV Ludovisi, pape : son élection (1621), III, 2642, 2643. — Le comte d'Oñate, ambassadeur d'Espagne à Vienne, lui écrit (1621), III, 2420, art. 58. — Il meurt (1623), III, 2644.

Grégoire. *Motion en faveur des Juifs* (1789), II, 2077. — *Essai sur la régénération des Juifs* (1789), II, 2075.

Grégoire et Cⁱᵉ, impr. à Paris (1835), II, 1072.

Grégoire (Jean), avocat (1549), IV, 2868.

Greysieu (Guillaume), promoteur de l'inquisiteur de la foi à Paris (1542), III, 2549.

Greysolon (Daniel) du Lhut, voyageur en Amérique, II, 1975.

Grelurette, citée par Michel Guy, de Tours (1598), IV, 2948.

Grenade, prise par les Castillans (1492), V, 3382.

Grenade, héraut d'armes, 488, 492. Voy. Ladam (Nicaise).

Grenaille (de), *Les Plaisirs des dames* (1643), II, 1840. — Vers à maître Adam Billaut (1644), 829.

Grénerin (Henri?), joueur de théorbe (1656-1661), IV, p. 615.

Grenier : notice généalogique, III, 2495.

Grenoble : *Chansons* sur le siège de cette ville (1564), IV, 2976. — Imprimeur. Voy. Philippes (R.), 1668.

Grenoille, mauvais poète (1549), IV, 2868.

Grésy : volumes lui ayant appartenu, II, 1519, 1676.

Gresset (Jean-Bapt.-Louis), *Vair vert* (1734), III, 2613. — *Edouard III* (1740), II, 1333. — *Le Méchant* (1747), II, 1334. — *Œuvres choisies* (an II), 854.

Grétry (André-Ernest-Modeste) : Mélodie dans les *Chansons* de Piis (1785), 1003. — Mélodie dans les *Chants et Chansons populaires de la France* (1843), 1014.

Greuze (Jean-Baptiste), peintre, 1033. — *La Cruche cassée*, conte sur un de ses tableaux, par Mˡˡᵉ Dionis (1777), II, 2004.

Grevedon, dessin., II, 1072.

Grévin (Jacques): *Chant de joie* (1559), 709. — *L'Olimpe* (1560), 710. — Ode à Pierre Boaistuau (1560-1564), II, 1721, 1722. — Vers sur la mort de Du Bellay (1560-1575), 680. — *Theatre* (1562), 711. — Deux discours publiés contre Pierre de Ronsard sous le pseudonyme de B. de Mont-Dieu (1563), 677. — *Proëme sur l'histoire des François et Medici* (1567), 712 ; IV, 2914. — Traduction des *Œuvres de Nicandre* (1567), 197. — *Deux Livres des venins* (1568), 197. — Sonnet sur les *Amours de Pierre de Ronsard mis en musique* (1578), 879.

Gribaldi (Matteo) : vers de lui dans les *Icones* de N. Reusner (1589), V, 3370.

Griffet (Le P. Claude), S. J. : Pièce d'éloquence couronnée par l'Académie française (1744), 391.

Griffet (Le P. Henri), S. J. : *Exercice de pieté* (1766), 71.

Griffon (Le P. Pierre), missionnaire (1625), II, 1986, art. 3.

Grigioni (Ferrante), sonnet italien sur la mort de Ronsard (1589), IV, 1889 ; (1623), 668.

Grignan (Adhémar de Monteil, mar-

quis de), figure dans un ballet (1663), IV, p. 615.
Grignan (Françoise-Marguerite de Sévigné, comtesse de) : Lettres à elle adressées par Mᵐᵉ de Sévigné, sa mère (1726), II, 1886-1888. — Lettres d'elle (1751), II, 1889 ; (1773), II, 1891.
Grillon, cité par P. Perrot de La Salle (1599), IV, 2949.
Grimaldi (Antonio), consul des Génois à Anvers (1565), III, 2605.
Grimaldi (Giovanni) : Guillaume de Poëtou lui dédie l'*Hymne de sa Marchandise et sa grand Liesse* (1565), III, 2605.
Grimaldi-Cavalleroni (Geronimo), cardinal : Lettre à lui adressée par Rangouze (1649), II, 1879.
Grimani (Giovanni) : son emblème (1562), IV, 3077.
Grimani (Marino), cardinal : lettres à Gio. Giorgio Trissino (1525-1546), IV, 3078.
Grimarest (Jean-Léonor Le Gallois, sieur de) : *Vie de M. de Moliere* (1705), II, 1225.
Grimauldet « Grimoaldus », cité par J. Dorat (1586), IV, 2789.
Grimm (Frédéric-Melchior, baron), collabore à l'*Encyclopédie* (art. sur le *Poême lyrique*), 1765, III, 2523, p. 281.
Grimm (Sigismund), impr. à Augsbourg (1519), III, 2660.
Grimoaldus. Voy. Grimauldet.
Gringore (Pierre) : rondeau de lui à la fin de *L'Art de bien parler* (v. 1500), 524. — *Le Chasteau de Labour* (1532), 493. — *La piteuse Complainte que fait la Terre sainte* (v. 1500), 494. — *Les folles Entreprises* (v. 1506), 495 ; (1508, n. s.). — *Les Abus du monde*, cités, 137. — *L'Entreprise de Venise* (1509), 496 ; IV, 2823. — *L'Union des princes* (v. 1509), IV, 2824. — *La Coqueluche* (1510), IV, 2825. — *La Complaincte de Trop Tard Marié* (v. 1535), 497. — *La Quenouille spirituelle* (v. 1525), 498. — *Heures* (1525), 499. — *Notables Enseignemens, adages et proverbes* (v. 1525), 500 ; (1534), 501. Cf. 190, p. 103, IV, 2738, p. 8. Un fragment de l'acrostiche qui termine l'ouvrage est reproduit ailleurs (v. 1540), II, 1861. — *Mariage de Roger et Trefve* (1538), III, 2674. — Traduction de divers psaumes (v. 1540), IV, 2737, p. 5. — Gringore n'est pas l'auteur des *Rondeaulx nouveaulx*, 587.
Gripiere de Moncroc : notice généalogique, III, 2495.

Grisalva (Juan), explorateur de Cuba (1511-1518), II, 1955.
Grisel (Jean) : *Premieres Œuvres poëtiques* (1599), 764.
Griselidis (1691), III, 2615.
Grisone (Federigo) : *Ordini di cavalcare* (1550), V, 3218.
Grissac (Balthasard de), appelé aussi Grissard, lieutenant, puis colonel des Suisses : Baptiste Badère lui dédie ses *Devotes Meditations* (1588), IV, 3277, art. 12. — Il réclame la confirmation des privilèges accordés par le roi (1598), IV, 3127, art. 12.
Gritti (Andrea), provéditeur de Venise (1510), 1042 ; doge (1526), IV, 2764 ; (1532), IV, 3091.
Griveau (Barthelemy), médecin, cité par Guy Le Fèvre de La Boderie (1579), IV, 2930.
Griveau (Georges), impr. à La Flèche (1627), 267, 268.
Grobbendonck (Le seigneur de), 1580. Voy. Schetz (Jaspar).
Groenewegen (J.), libr. à Londres (1726), II, 1888.
Groenland. Voy. La Peyrère (Isaac de), *Relation* (1647), II, 1963.
Groesbeeck (Gérard de), évêque de Liège : Ant. Tiron lui dédie sa traduction du *Promptuaire* de N. Hanape, (1569), 53.
Grognet (Pierre). Voy. Grosnet.
Grojan (J.) : vers à Philippe Des Portes (1600), 740. — Sonnet à S. G., sieur de La Roque (1609), IV, 2943.
Grolier (Clément), traducteur de Psaumes (1541), IV, 2737, p. 5.
Grolier (Estienne) : volume lui ayant appartenu, 597.
Grolier (Jean), cité par Geofroy Tory (1529), III, 2570 ; cité par Nicolas Bourbon (1538), IV, 2788. — Volumes lui ayant appartenu, III, 2498 ; IV, 2745.
Grometto (Secondino), compagnon d'Alione, vers 1510, IV, 3058, p. 415.
Gron (Denys) : son épitaphe par Jehan Bouchet (1545), 510.
Grondeur (Le), comédie (1693), II, 1282.
Grondil, cité par Nicolas Bourbon (1538), IV, 2788.
Grongnant (Martin), II, 1775.
Gronove (Jan-Fred.) : *Plauti Comoediae* (1684), II, 1063. — *Lectiones Plautinae* (1740), II, 1063.
Gropello : lettre à Gio. Giorgio Trissino (1550), IV, 3078.
Gros (Jean-Antoine) : B. Aneau lui dédie son *Histoire miraculense avenue au mont S. Sebastien* et son

Imagination poétique (1552), 641, 642.
Gros (Jean-Baptiste), impr. à Paris (1842), II, 1769.
Grosente, drapier, tué à Besançon (1575), III, 2190.
Grosier (L'abbé), rédacteur de *l'Année littéraire* (1776), III, 2526, p. 322.
Grosley (Pierre-Jean), collabore à l'*Encyclopédie* (1751-1777), III, 2523, p. 281.
Grosnet (Pierre), ou Grognet : *Motz dorez de Cathon* (1531), 415 ; cités, IV, 3017, p. 386.
Grotius. Voy. De Groot.
Grou (Jean-François), impr. à Paris (1717), III, 2524.
Groulart (Claude) : vers à lui dédiés par J. de Vitel (1588), V, 3275.
Groulleau (Estienne), impr. à Paris (1547), II, 1483 ; III, 2598, 2739 ; (1548), II, 1776, cité, IV, 3168, p. 563 ; (1550), 619, 808 ; (1551), cité, IV, 3076 ; (1553), cité, IV, 3076 ; (1554), II, 1776 ; (1556), 311 ; III, 2367 ; (1559), V, 3371. — Cité, III, 2726.
Groux, grav., 928.
Grudé (François), sieur de La Croix du Maine : sonnet à lui dédié par Jean-Edouard Du Monin (1583), V, 3272. — *Bibliotheque* (1584), III, 2515 ; (1772), 2517. — Il est cité par Jean Dorat (1586), IV, 2789.
Grudius (Nic.). Voy. Everaert.
Gruget (Claude) : vers à Robert Rivaudeau, sr de La Guillotière (1549), III, 2486. — Vers à lui adressés par Charles Fontaine (1557), IV, 2877. — Il publie l'*Heptameron des nouvelles* de Marguerite d'Angoulême (1560), II, 1697. — Il publie le *Dodechedron de Fortune* de Jehan de Meun (1556), 311.
Grün (Hans). Voy. Baldung.
Grün (Johann Jakob), « Grynaeus » : inscription dans un album (1583), V, 3368.
Grün (L.), « Grynaeus », cité par Nicolas Bourbon (1538), IV, 2788.
Grün (Samuel), « Grynaeus » : inscription dans un album (1563), V, 3365.
Grün (Simon), « Grynaeus », cité par Nicolas Bourbon (1538), IV, 2788. — Son portrait (1581), II, 2039.
Grünbeck (Joseph), ou Grünpeck, l'un des acteurs du *Ludus Diane* (1500), II, 1066. — *Propheties laquelle commence en l'an de xxxii*, 210 ; IV, 2759.
Grünwald, médecin, collabore à l'*Encyclopédie* (1751-1777), III, 2523, p. 281.

Grünwald (Johann) von Hoholting : inscription dans un album (1567), V, 3367.
Gruter (Jan), ou Gruytere, « Gruterus » : inscription dans un album (1600), V, 3371. — Notes sur Cicéron (1661), II, 1904.
Grynaeus. Voy. Grün.
Gryphius (Antoine Greiff, dit), impr. à Lyon (1566), III, 2357 ; (1572), 749.
Gryphius (Sebastian Greiff, dit), impr. à Lyon (1532), 515, *Additions* ; (1538), 605 ; IV, 2788 ; (1541), cité, III, 2593. — Il est cité par Nic. Bourbon (1538), IV, 2788, p. 79.
Grzymata (Albert) : George Sand lui dédie *Gabriel* (1840), II, 1635.
Guadagni (Paolantonio), cité par Nicolas Bourbon (1538), IV, 2788.
Guadeloupe, II, 1986.
Guay, grav., 239.
Guay (Nicolas), l'un des gardes suisses du roi (1598), IV, 3127, art. 12.
Gualdo (Girolamo) : lettre à Gio. Giorgio Trissino (1538), IV, 3078.
Gualy : notice généalogique, III, 2495.
Gualtherus (Rodolphus). Voy. Walther.
Guarini (Battista) : Aldo Manuzio lui dédie son recueil des œuvres de Théocrite, Caton, etc. (1496), 394.
Guarini (Gio. Battista) : son *Pastor fido* est joué au mariage de Philippe II (1599), III, 2436.
Guasco (L'abbé de), publie les *Lettres familières de Montesquieu* (1767), II, 1897.
Gué (P. de) : vers à Jean d'Intras (1609), II, 1525.
Gudin. Voy. *Recueil de pieces curieuses* (1694-1696), III, 2632.
Guébriant (Renée du Bec-Crespin, maréchale de), son ambassade en Pologne (1648), III, 2427.
Guédron (Pierre), musicien, cité par N. Rapin (1610), IV, 2944. — Il compose la musique du *Ballet de Tancrede* (1619), IV, p. 615.
Gueffier (François), libr. à Paris, est condamné aux galères comme complice de la mort du président B. Brisson (1591), III, 2253.
Gueffier (Jehan) : Recueil de poésies formé par lui à Ferrare (1535-1542), IV, 2964.
Gueynard (Estienne), *alias* Pinet, impr. à Lyon (1516), III, 2727 ; (1518), III, 2020.
Guélis (Germain Vaillant de). Voy. Vaillant.
Guelleus. Voy. La Guelle.
Guéméné (Charlotte-Elisabeth de Cochefilet, princesse de), danse dans un ballet (1681), IV, p. 615.

Guemené Sordiac (Cécile de), citée dans les pièces jointes au *Vergier d'honneur* (v. 1500), 479. — Son acrostiche, par André de La Vigne, IV, 2963, art. 3.
Gueneau (Jehan), II, 1775.
Gueneau de Montbeillard (Philibert), collabore à l'*Encyclopédie* (1751-1777), III, 2523, p. 281.
Guénin, violoniste (1669), IV, p. 615.
Guenot (Anthoine), III, 2541.
Guérard (A.), dessin. et grav., 369, art. 4; III, 2328.
Guercheville (La marquise de) : Jules de R ichy fait son éloge (1616), V, 3291.
Guerch , tué à la Saint-Barthélemy (1572), IV, 3191.
Guérente, médecin à Rouen : vers à Georges de Scudéry (1633), V, 3318. — Vers à Pierre Corneille (1634), II, 1136.
Guéret (G.) : *Carte de la cour* (1663), II, 1849. — *Le Parnasse reformé* (1671), II, 1871.
Guéry (Martial), vers à Joachim Blanchon (1583), IV, 2938.
Guérin, prieur de St-Ouen de Rouen, cité par Guy Le Fèvre de La Boderie (1579), IV, 2930.
Guérin, conducteur de ballets avant 1635, IV, p. 615.
Guérin, musicien (1664), IV, p. 615.
Guérin (Bertrand) : vers à lui dédiés par Jean de Vitel (1588), V, 3275.
Guérin (Gilberte), dame de Villebouche : vers à elle adressés par Fr. Habert (1542), 644.
Guérin (Hippolyte-Louis), libr. à Paris (1726), II, 2006 ; (1727), II, 1761 ; (1728), II, 2006 ; (1730), II, 1987 ; (1736), II, 2006 ; (1742) II, 2082 ; (1744), II, 2006, 2082 ; (1757), III, 2496 ; — associé de Delatour (1757), 103.
Guérin (Jacques), impr. à Paris, successeur de la veuve Coustelier (1727), II, 1761 ; (1730-1731), II, 1987 ; (1739), II, 1300 ; (1742, 1744), II, 2082.
Guérin (Jean), ministre : inscription dans un album (1584), V, 3368.
Guérin (La veuve de Louis), libr. à Paris (1726), II, 2006.
Guérin (Robert), dit Gros Guillaume. Voy. Guillaume.
Guérin de Frémicourt (Jean-Nicolas), *Les Ensorcelés* (1758), II, 1335.
Guérin de Sauville : notice généalogique, III, 2495.
Guerlins (Jehan de), impr. à Toulouse (v. 1491), 105.
Guéroult (Guillaume), libr. à Lyon (?) (1555-1556), IV, 2738, p. 9.
Guérout (Michel), libr. à Paris (1687-1691), III, 2524. — Sa veuve (1691-1692), *ibid.*
Guerra (Domenico et Gio. Battista), impr. à Venise (1571), V, 3307.
Guerreau (Joseph), impr. à Paris (1614), III, 2243, art. 21.
Guerri d'Izy : généalogie, III, 2495.
Guersens (Caye Jule de) : *Panthee, tragedie* (1571), IV, 3023. — Vers à lui adressés par Guy Le Fèvre de La Boderie (1579), IV, 2930. — Tombeau, par Jean de Vitel (1588), V, 3275.
Guerson de Villelongue (Guillaume), impr. à Paris (v. 1520), 1015, 1016.
Guéru (Hugues), dit Fléchelle, dit Gautier Garguille. Voy. Garguille.
Guet, grav., 271.
Gueudeville, traducteur français des *Colloques* d'Érasme (1720), II, 1855.
Gueulette (Simon), éditeur du *Nouveau Patelain* (1749), II, 1085.
Gueullart (Jean), impr. à Paris : sa devise, III, 2172.
Guevara (Antonio de) : *Le Mespris de la court* (1568), 807.
Guy (Michel), père du poète, m. en 1598, IV, 2948.
Guy (Michel), de Tours : *Premieres Œuvres poëtiques* (1598), IV, 2948. — Vers à Béroalde de Verville (1599), II, 1522.
Guy (X.), frère du poète, IV, 2948.
Guibaudet (François), éditeur et traducteur des *Austrasiae Reges et Duces* de N. Clement (1591), III, 2335.
Guibert : vers à lui adressés par Joachim Blanchon (1583), IV, 2938.
Guibours (Pierre), nom laïc du P. Anselme (1625-1694), III, 2487.
Guichart (Mme), actrice ou chanteuse (1659), IV, p. 615.
Guichard (L.) : mélodie dans les *Chansons de Piis* (1785), 1005.
Guiche (Antoine de Gramont, comte de), figure dans un ballet (1681), IV, p. 615.
Guiche (Armand de Gramont, comte de), danse dans des ballets (1651-1662), IV, p. 615.
Guiche (Louise-Marguerite-Suzanne de Béthune, comtesse de), danse dans des ballets (1662-1669), IV, p. 615.
Guiche (François de) : soigne le chevalier de Villegagnon à Rome (1542), III, 2723.
Guidacci (Gio. Battista) : sonnet à lui adressé par N. Martelli (v. 1543), IV, 3000, p. 359.
Guide (La) des chemins de France (1553), II, 2089.
Guide (Philibert), dit Hegemon : *La Colombiere et Maison rustique* (1583), IV, 2935.

Guidetti (Francesco) : sonnet à lui adressé par N. Martelli (v. 1543), IV, 3000, p. 359.
Guidi Bagni (Gianfrancesco), nonce à Bruxelles : Caraffa, nonce à Vienne, lui écrit (1621), III, 2420, art. 58. — Lettre au cardinal Ludovisi, *ibid.*
Guido (J.). Voy. Brès (Guy de).
Guidon (Le) des guerres (1514), II, 1507.
Guiffrey (Georges), cité, 502.
Guygart, est probablement l'un des auteurs des *Menus Propos* (1461), 583.
Guignard (L'abbé), cité en 1697, IV, 3079, p. 457.
Guignard (Jean Ier), libr. à Paris (1628), III, 2332.
Guignard (Jean II), ou Guignard fils, libr. à Paris (1660), II, 1184 ; (1661), II, 1185 ; (1662), 130, 285 ; II, 1186 ; (1663), 918 ; II, 1187, 1189 ; (1664), III, 2306 ; (1666), II, 1174 ; (1668), II, 1880 ; (1673), II, 1170 ; (1694), II, 1229 ; (1696), II, 1734 ; (1697), II, 1974 ; — associé de René Guignard (1672), 915.
Guignard (René), libr. à Paris (1666), III, 2165 ; — associé de son frère Jean II (1672), 915.
Guilbert (L'abbé) : *Description historique de Fontainebleau* (1731), III, 2333.
Guilbert (Ch.), grav., II, 1768.
Guillain (Thomas), libr. à Paris (1685), II, 1228 ; (1686), II, 1280 ; (1687), II, 1281 ; (1688), II, 1275 ; (1693), II, 1282, 1283 ; (1694), 1289, 1291 (?) ; (1695), II, 1284, 1290 ; (1696), II, 1285, art. 1 ; 1291 (?).
Guillamas (Francisco) : lettre à Alessandro Farnese, duc de Parme (1582), III, 2395.
Guillart (Charles), ambassadeur de François Ier à la diète de Francfort (1519), III, 2660.
Guillard (Charles de), évêque de Chartres : Jacques Prevosteau lui dédie *La Description des appareilz*, etc. (1571), 786.
Guillard (Guillaume), libr. à Paris (1551), III, 2641.
Guillaume (Legende de saint) arcevesque, II, 2020.
Guillaume au Cornet, premier prince d'Orange (793), III, 2348.
Guillaume de Nassau, dit le Taciturne, prince d'Orange : *Chanson sur la victoire que le duc d'Albe obtient contre lui* (1568), 986, art. 7. — Il se soulève contre les Espagnols (1568-1572), III, 2377, 2378. — *Chanson nouvelle pour encourager les catholiques à se prevalloir contre lui* (1581), 988. — J. Jauregui tente de l'assassiner (18 mars 1582), III,
2393. — *Discours sur sa blessure* (1582), III, 2394. — Pièces publiées contre lui (1583), III, 2400-2406.
Guillaume III, prince d'Orange : C. Schrevel lui dédie son édition des œuvres de Cicéron (1661), II, 1904.
Guillaume III, roi d'Angleterre : le P. Louis Hennepin lui dédie son *Voyage* (1704), II, 1975.
Guillaume le Clerc : *Bestiaire*, IV, 2800, art. 3.
Guillaume : notice généalogique, III, 2495.
Guillaume, libr. à Paris (1811), II, 1916, art. 36.
Guillaume le Solitaire (1620), II, 1797, art. 13.
Guillaume (J.) : vers en tête du *Dictionnaire des rimes* de Jean Le Fèvre (1588), 431.
Guillaume (Robert Guérin, dit Gros), approuve les œuvres de Tabarin (1629), II, 1794.
Guillaume (Marchand, dit maître) : *Response et Reprimande sur la malfaçon du Fleau des putains et courtisannes* (1612), II, 1797, art. 7. — *Discours nouveau de la grande science des femmes* (1622), II, 1798, art. 4.
Guillemau (Abraham), libr. à Paris (1614), 933.
Guillemeau (Charles) : vers à J. Le Vasseur (1608), 772.
Guillemot (La veuve de Jean), impr. à Paris (1652), II, 2071, art. 3. — Cette veuve n'est pas citée par Lottin.
Guillemot (Mathieu), libr. à Tours (1599), II, 1522 ; — libr. à Paris (1604), 333 ; (1607), III, 2428. — Marie Le Voirier, sa veuve, libr. à Paris (1612), II, 1782.
Guillemot (P.), libr. à Paris (1807), 811.
Guilleragues (Gabriel-Joseph de La Vergne, comte de), écrit dans la *Gazette* (1675), IV, 3133, p. 547.
Guillery (C.), impr. à Paris (1687), III, 2524.
Guillermin (Hugues de) : vers à Cl. Hesteau (1578), 743.
Guilletat (François) : *Les Propos du vray chrestien* (1552), V, 3255. — *Discours chrestiens sur les conspirations dressees contre l'Eglise de Christ* (1552), *ibid.*
Guilliaud (Claude), chanoine d'Autun, III, 2410, *Additions*.
Guilliaud (M.) : *Chansons* (1549-1552), 980.
Guillier : notice généalogique, III, 2495.
Guillyn, libr. à Paris (1764), III, 2331 ; (1765), III, 2310 ; (1767), III, 2362.
Guillot, libr. de Monsieur, à Paris

(1785), II, 1916, art. 21 ; (1787), *ibid.*, art. 22 ; (1790), *ibid.*, art. 28.
Guillot le bedaut (paysan de Chaillot) : vers sur les conquêtes et la convalescence du roi (1745), 907.
Guillot le Songeur (1549), IV, 2868.
Guilloteau (Jehan), publie *La Jeunesse du Banny de lyesse* de Fr. Habert (1541), 643.
Guymara (A.) : nom supposé d'un adversaire de Jacques Grevin (1564), IV, 2913.
Guymarho (Bertran de) : vers à lui dédiés par Jean de Vitel (1588), V, 3275.
Guimard (Mlle) : Restif de La Bretonne public des vers à elle adressés par Marmontel (1793), II, 1916, art. 30.
Guinegate : relation allemande de cette bataille (1513), II, 2112.
Guines : *Discours sur la prise de cette ville* par A. Fauquel (1558), 666. — Vers de Joachim Du Bellay sur le même événement (1559), IV, 2897.
Guionnet (Pierre) : pièce latine à la suite des œuvres d'Ausone (1590), IV, 3169, p. 564.
Guiot : vers en tête du *Dictionnaire des rimes* de Jean Le Fèvre (1588), 431.
Guiot (Gratien), joue dans la *Passion* de Valenciennes (1547), IV, 3010, p. 375.
Guiot (Jean), joue dans la *Passion* de Valenciennes (1547), IV, 3010, p. 376.
Guiraud, de Marseille, bibliophile, IV, p. 17.
Guiraudet, impr. à Paris (1824), 870 ; (1829), II, 1796, art. 35.
Guiraudet (Le D^r), de Tours, bibliographe, 211.
Guirlande (La) de Julie (1826), II, 1919, art. 6.
Guirlande (La) et Responce d'Angoulevent... (1603), IV, 3004.
Guiscard : notice généalogique, III, 2495.
Guiscardus et Sigismonde (1539), V, 3249.
Guise : *Brief Discours et veritable des principales conjurations de ceux de la maison de Guyse contre le roy*, 1565 (1709), III, 2251, p. 87.
Guise (Charles de Lorraine, cardinal de), puis cardinal de Lorraine. Voy. Lorraine.
Guise (Claude de Lorraine, premier duc de), prend part aux joutes du 21 janvier 1515, II, 2119.
Guise (François de Lorraine, duc de) : vers adressés à lui et à sa femme, Anne d'Este, par Joachim Du Bellay (1549, 1561), IV, 2890. — Mémoire de son voyage en Italie (1556-1557), impr. en 1744, III, 2188. — Il est loué par Charles Fontaine (1557), IV, 2877. — Il s'empare de Calais (1558), III, 2147 ; 666. — Jean de Amelin lui dédie un *Hymne* (1558), 706. — Inscription à lui dédiée par Joachim Du Bellay (1559), V, 3258. — Il quitte la cour et se sépare de la reine-mère (1562), III, 2155. — Requeste presentée au roy par le triumvirat (4 mars 1562), III, 2156, art. 9. — *Copie des lettres que le cardinal de Lorraine a envoyé à Mme Guyse, sa belle-sœur, sur le trespas de feu son frere* (1563), III, 2688 ; V, 3352. — *Complainte lamentable sur sa mort* (1563), 583. — Son *Oraison funebre* par Bernard Dominici (1563), 337. — Vers à sa louange par Joachim Blanchon (1583), IV, 2938. — *Response à l'interrogatoire qu'on dict avoir esté fait à un nommé Jean de Poltrot, soy disant seigneur de Merey, sur la mort du feu duc de Guyse* (1562, v. s.), III, 2156, art. 14 ; — (1563), 2158. — *Declaration presentée au conseil privé par Mgr. le prince de Condé sur cet événement* (15 mai 1563), 2159. — Il est cité par Jean Dorat (1586), IV, 2789. — Son emblème (1562), IV, 3077.
Guise (Anna d'Este, duchesse de), puis duchesse de Nemours. Voy. Este.
Guise (Henri de Lorraine, duc de) : *Epithalame*, par Jean Dorat (1570), IV, 2904. — Il défait les reîtres (1575), III, 2193. — *Chant de joye à N.-D. de Liesse sur cette victoire* (1576), IV, 2905. — Vers à lui adressés par Joachim Blanchon (1583), IV, 2938. — Vers à lui adressés par Flaminio de Birague (1585), IV, 2939. — Vers à lui adressés par Jean Dorat (1586), IV, 2789. — *Discours sur le droit pretendu par ceux de Guise sur la couronne de France* (1583), III, 2194, p. 34. — *Declaration des causes qui ont meu mgr. le cardinal de Bourbon, etc. de s'opposer à ceux qui... s'efforcent de subvertir la religion catholique* (1585), III, 2194, p. 34. — *Responce aux declarations et protestations de messieurs de Guise faictes sous le nom de mgr. le cardinal de Bourbon* (1585), III, 2194, p. 34. — *Responce de par messieurs de Guise à un advertissement*, [attr. à Pierre d'Espinac] (1585), III, 2202, 2194, p. 34. — *Avis à lui donné par M. de La Chastre* (1585), III, 2188, t. III, n° 18. — *Lettre à M. de La Chastre sur l'entreprise de M. de*

Guise (1586, 1744), III, 2188, t. III, art. 21. — *L'Anti-Guisart* (1586), III, 2216 ; (1587), III, 2194, p. 37. — Vers à lui dédiés par François Le Poulchre (1587), V, 3274. — *La nouvelle Deffaicte des reistres par Mgr. le duc de Guyse* (22 nov. 1587), III, 2217. — *La nouvelle Deffaicte et Surprinse des reistres... dedans Aulneau* (24 nov.), 2218. — *Discours sur le projet formé par lui de se saisir de Paris* (mai 1588), III, 2194, p. 41. — *Histoire tres-veritable de ce qui est advenu en ceste ville de Paris* (7 mai-30 juin 1588), III, 2221, art. 2. — *Discours veritable sur ce qui est arrivé à Paris le 12. de may 1588*, III, 2221, art. 1. — *Coppie d'une lettre escrite au roy et Extraict d'une autre aux princes...* (17 mai 1588), III, 2221, art. 3 ; 2194, p. 41 ; 2251, p. 87. — *Extraict d'autres lettres*, 2251, p. 87. — Lettres à lui envoyées par le pape (15 juill. 1588), III, 2221, art. 5. — Henri III lui donne pouvoir de commander ses armées (14 août 1588), III, 2221, art. 4. — *Poesme françois sur l'anagramme de... Henry de Lorraine, duc de Guyse... O. D. M. S.* (1588), I, 793 ; III, 2221, art. 8. — Michel Quillian lui dédie son *Discours* (1588), 758. — Vers à lui adressés par Christofle de Beaujeu (1589), IV, 2942. — *Particularitez notables concernantes l'assassinat de Mgr. le duc de Guyse* (1589), III, 2701. — *Relation de la mort de messieurs le duc et cardinal de Guise*, par M. Miron (1588), III, 2188, t. III, art. 35. — *Discours deplorable du meurtre et assassinat de Henry de Lorraine, duc de Guyse, etc.* (1588), III, 2221, art. 7. — *Advis de ceulx qui ont esté à Bloys au temps du massacre...* (1589), III, 2702. — *Les Regrets et Lamentations faictes par M*me *de Guyse sur le trespas de M. de Guyse* (1589), III, 2702 (2). — *Lettres d'unyon pour estre envoyees par toute la chrestienté touchant le meurtre...* (janv. 1589), III, 2222, art. 8 ; 2194, p. 43. — *La double Tragedie des duc et cardinal de Guise* (1588), III, 2188, t. III, art. 39. — *La Guisiade*, par Pierre Matthieu, 1589, III, 2188, t. III, art. 38. — P. Perrot de La Salle parle du duc de Guise (1599), IV, 2949. — Portraits (1589), III, 2222, art. 8 ; (1623), 668.

Guise (Catherine de Clèves, duchesse de) : *Regrets et Lamentations sur le trespas de feu M. de Guyse* (1589), III, 2702. — Son éloge par Jules de Richy (1616), V, 3290.

Guise (Henri II de Lorraine, duc de), figure dans des ballets (1656-1664), II, 1455 ; IV, p. 615. — La Fontaine lui dédie ses *Fables nouvelles* (1671), 912.

Guise (Jacques de), suivi par Jehan Le Maire, II, 2090.

Guise (Louis de Lorraine, cardinal de) : J. Tahureau lui dédie ses *Premieres Œuvres* (1554), 702, 703. — Il est loué par Ch. Fontaine (1557), IV, 2877. — Il assiste au mariage de Henri de Bourbon, prince de Condé (1572), IV, 3122. — Il est cité par Est. Forcadel (1579), IV, 2879. — Pour les pièces relatives à sa mort, voy. Henri de Lorraine, duc de Guise.

Guise (Paris de Lorraine, chevalier de) : son épitaphe par A. de L'Ortigue (1617), 822.

Guislain : notice généalogique, III, 2495.

Guisoni (Ferrando) : sonnet italien à Flaminio de Biragues (1585), IV, 2939. — Vers à Guill. Du Peyrat et vers à lui adressés (1593), IV, 2945. — Il est probablement l'auteur d'une épitaphe italienne de Ronsard (1586) : cf. Grigioni (?).

Guitaut (Le chevalier de), navigateur (1629), II, 1945.

Guiton, captif chrétien au Maroc (1629), II, 1945.

Guyton de Morveau (Louis-Bernard), collabore à l'*Encyclopédie* (v. 1765-1777), III, 2523, p. 281.

Guitrandi, voy. *Recueil de pieces curieuses* (1694-1696), III, 2632.

Gulliver (Lemuel). Voy. Swift.

Gulonius. Voy. Goulu.

Gunst (P. a), grav., II, 1911.

Gunzberger : volume lui ayant appartenu, IV, 2944.

Gustave-Adolphe, roi de Suède : *Lettres escrites aux Electeurs de l'Empire* (1631), III, 2420, art. 80. — *Manifeste* (1630), *ibid.*, art. 81. — *Ursachen*, etc. (1630), cité, *ibid.* — Etat de son armée (1630), *ibid.*, art. 82. — S'empare de Greifenhagen et de Gartz (1631), *ibid.*, art. 83. — Son entrée à Francfort-sur-l'Oder (1631), *ibid.*, art. 84. — Ses victoires sur l'Elbe (1631), *ibid.*, art. 85. — Réduction de Brunswick (1631), *ibid.*, art. 86. — Bataille de Leipzig (1631), *ibid.*, art. 87. — Prise de Rostock (1631), *ibid.*, art. 88. — Son entrée à Francfort-sur-Mein (1631), *ibid.*, art. 89. — Combat à Altemberg (1632), *ibid.*, art. 90. — Bataille de Lützen. Sa *Harangue à ses soldats avant que mourir* (1632), *ibid.*, art. 91.

Gutenstern (Heinrich Friedrich, Graf

von), de Bohême, page de Ferdinand IV, roi des Romains (1654), V, 3367.
Gutta, Guttanus. Voy. Des Gouttes.
Guttenberg (Carl), graveur (1780-81) (1777), II, 1698 ; III, 2569.
Guttenberg (H.), grav, (1783), III, 2569.
Guyane, II, 1923, 1992-1995.
Guyard, grav., II, 1909.
Guyard (Le P. Bernard) : *La Fatalité de Saint-Cloud* (1709), III, 2251, p. 87. — Jean Godefroy lui répond, III, 2188, t. III, n° 33.
Guyart (Jehan), impr. à Bordeaux (1529), 518 ; (1530), 518 ; (1537), 519 ; s. d., IV, 3165.
Guyard (Marie). Voy. Marie de l'Incarnation.
Guyencourt, figure dans un ballet (1635), IV, p. 616.
Guyenne. Voy. *Remonstrances de M. de Monluc à la majesté du roy sur son gouvernement de Guienne* (1570), III, 2169. — *Discours de M. de La Chastre sur le voyage de M. de Mayenne en Guyenne* (1586), III, 2188, t. III, n° 19. — *Fidelle Exposition sur la Declaration du duc de Mayenne, contenant les exploicts de guerre qu'il a fait en Guyenne,* [par Ph. de Mornay] (1587), III, 2220, 2194, p. 37.
Guyenne, héraut de France : défi porté à l'empereur (1527), III, 2669.
Guyon (L'abbé C.-M.), traduit de l'anglais une partie de l'*Histoire romaine* de L. Echard (1736-1742), II, 2082.
Guyon (Jacques) : vers de lui en tête du *Dictionnaire des rimes* de Jean Le Fèvre (1588), 431.
Guyon (Jean) : *Chansons* (1549-1552), 980.
Guyon (Jeanne-Marie Bouvier de La Mothe, dame) : lettre au P. de La Combe (1683), copie, IV, 3079, p. 441 ; — lettre à Bossuet (1694), II, 1813, section I, art. 27. — Attestation à elle donnée par Bossuet (1695), IV, 3079, p. 455.
Guyon (Loys) : *Diverses Leçons*, citées, II, 1516.
Guyon de Sardière : volumes lui ayant appartenu, 483 ; II, 1081 ; IV, 2927.
Guyot, rédacteur au *Mercure de France* (1778), III, 2524, p. 314.
Guyot (Ad.), libr. à Paris, associé d'Urbain Canel (1832), 954 ; II, 1620 ; (1834), III, 2513.
Guyot de Villeneuve (Gustave), cité, 803, *Add.*, 810, *Add.* ; II, 2096, *Add.* ; III, 2363. — Volumes lui ayant appartenu, IV, 2763, 2781, 2786, 2880, 2939, 3022, 3038, 3045, 3079, p. 445, art. 72 ; 3080, 3081, 3082, 3130 ; V, 3330.

Guyot (Pierre) : vers en tête du *Dictionnaire des rimes* de Jean Le Fèvre (1588), 431.
Guyot-Desfontaines (L'abbé). Voy. Desfontaines.
Gyldenstiern (Laxmann) : J. Jacquemot lui dédie son *Ehud* (1601), II, 1070.
Gymnicus (Martin), impr. à Cologne (1545), II, 1068, art. 2.
Gyrovague (Le) simpliste : *Rymaille* (1649), 970.

Haag (Les frères), cités, V, 3205.
Haarlem. Imprimeurs. Voy. Enschedé, 1868. Romain (Gilles), 1588.
Habanc (V.) : *Nouvelles Histoires* (1585), citées, II, 1723.
Habert, remplit un rôle dans la *Tragedie de Kanut* (1575), IV, 3025.
Habert (François), paraît être l'auteur du *Passe temps et Songe du triste* (v. 1532), IV, 3177 ; (v. 1535), IV, 2850 ; — est probablement l'auteur de la *Bataille et Paix du glorieulx sainct Pensard* (v. 1535), IV, 3021. — *La Jeunesse du Banny de lyesse et La Suytte* (1541), 643. — *Le Livre des Visions fantastiques* (1542), 644. — *Le Philosophe parfaict* (1542), 645. — *Le Temple de vertu* (1542), 645, art. 2 ; IV, 2866. — *La nouvelle Juno* (1547), IV, 2867. — *Le Temple de Chasteté* (1549), IV, 2868. — *Les trois Livres de la Chrysopée* (1549), 646. — Il échange des vers avec Jean Le Moyne (1549), 656. — *L'Histoire de Titus et Gisippus* (1551), 647. Cf. II, 1742. — Sonnet à la fin du *Discours de la court* (1558), 655. — *Les divins Oracles de Zoroastre, plus la Comedie du Monarque* (1558), V, 3251. — *Les Regretz et tristes Lamentations sur le trespas du roy Henry II* (1559), 648. — *Union des sentences de philosophie* (1565), V, 3375. — *Les quatre Livres de Caton pour la doctrine de la jeunesse* (1567), V, 3373. — *Les Mots dores du grave et sage Caton* (v. 1590), IV, 3188. — Il est cité, II, 1060, *Add.*
Habert (Germain) : *Vie du cardinal de Berulle* (1646), II, 2013.
Habert ([Isaac]) : vers à Claude Billard (1610), II, 1105.
Habert (Martin), assiste au couronnement du roi des Romains (1562), III, 2419.
Habert (Pierre) : vers en tête des *Oracles de Zoroastre interpretez par François Habert* (1558), V, 3251.
Habin, ambassadeur de France à Rome (1577). Voy. Chastaigner (Louis) de La Rochepozay, sieur d'Abain.

Hachette (Louis), libr. à Paris (1855), II, 1767.
Hackius (François), impr. à Leyde (1656), 395 ; (1660), 957 ; (1661), II, 1904 ; (1666), 958.
Hacquebée (G.), prieur de Claye : lettre à lui adressée par Bossuet (1697), II, 1883, p. 365.
Haestens (Henry) : *La nouvelle Troye* (1615), citée, II, 1104, *Additions*.
Haffman (Jan), libr. à Amsterdam (1740), II, 1063.
Hagué, rel., IV, 2829.
Hahn (Les héritiers de Weigand), dit Gallus, libr. à Francfort-sur-Mein (1563), 411.
Hayeneufve (Simon), dit Simon du Mans, miniaturiste, probablement cité par Jehan Pèlerin (1521), IV, 2763.
Hayes, rel. à Oxford, 3015.
Haillard, tapissier (1648), II, 1883, V, art. 1.
Haincque : notice généalogique, III, 2495.
Hainczel (Tobias) : inscription dans un album (1591), V, 3369.
Hays (Jean) : *Premieres Pensées* (1598), 763.
Hainzelmann (S.), grav., III, 2524.
Halbou (L.-M.), grav., 858, 1056 ; II, 1287, 1341 *bis*, 1502, 1576, 1679, 1698, 1914, 1915 ; III, 2298, 2569.
Hakluit (Richard) : distiques latins en tête de l'*Histoire notable de la Floride* de Basanier (1586), II, 1982. — *Navigations* (1598), citées, II, 1935 ; IV, 3086.
Halais, violoniste. Voy. Allais.
Halévy (Ludovic) : *L'Invasion* (1872), II, 1717. — *Madame et Monsieur Cardinal* (1873), II, 1718. — *Les petites Cardinal* (1880), II, 1719. — *Un Mariage d'amour* (1881), II, 1720.
Hallé : J. Le Vasseur lui dédie ses *Antitheses* (1608), 772.
Hallé, dessin., III, 2315, 2328.
Hallencourt (Susane de) : sonnet à elle adressé par J.-Éd. Du Monin (1583), V, 3272.
Haller (Albert, baron), collabore à l'*Encyclopédie* (1751-1777), III, 2523, p. 281.
Haller (Bartholomaeus) von Hallerstein : inscription dans un album (1565), V, 3365.
Haller (Jakob) : inscription dans un album (1583), V, 3368.
Haller (Johann), impr. à Cracovie (1502), II, 1938.
Haller (Wolfgang) : inscription dans un album (1583), V, 3368.
Halluin (Mlle de), dite Mlle de Pienne, danse dans un ballet (1681), IV, p. 633.
Hals (Frans), peintre, III, 2506.

Ham (Jehan de) : *Deploration* sur sa mort, par Cristofle de Bordeaux (1562), III, 2602.
Hambrelin (Maistre), 781.
Hameau (Bernard), libr. à Paris (1610), 890, art. 4.
Hamel (G. van), IV, 2802.
Hamel (Jean) : vers sur la main d'Estienne Pasquier (1584, 1610), 737.
Hamel (Pasquier), astronome, cité par Guy Le Fèvre de La Boderie (1578), IV, 3183.
Hamelin (Jacques), Lochois : ode à Françoys Gruget (1556), II, 1938.
Hamelin (J. de), écrit Amelin, *Hymne* (1558), 706.
Hamelin (Philbert), impr. à Genève (1552), V, 3255.
Hamelot, poissonnière, IV, 3020, art. 5.
Hamen (Franç. G.) : distiques latins en tête du *Banquet d'honneur sur la paix faicte entre Cl. Marot*, etc. (1539), 621, 18°.
Hamilton (Beckford, duc de) : volumes lui ayant appartenu, III, 2634 ; IV, 3086.
Hamilton (Antoine, comte de), figure dans un ballet (1681), IV, p. 616. — *Mémoires de la vie du comte de Grammont* (1713), II, 1693, 1693 *bis*. — *Le Belier* (1730), II, 1736. — *Histoire de Fleur d'Epine* (1730), II, 1737. — *Les quatre Facardins* (1730), II, 1738. — *Œuvres mêlées* (1731), II, 1912.
Hamilton (James), comte d'Arran : Barth. Aneau lui dédie la traduction des *Emblemes* d'Alciat (1549), II, 1871.
Hamilton (Jean) : vers sur la mort d'Ant. Fiancé (1582), 753.
Hamilton (Lady) : mélodie dans les *Chansons* de La Borde (1773), 1002.
Hanape (Nicolas) : *Promptuaire des exemples* (1569), 53.
Hanau (Albert, comte de) : Nicolas Bassé lui dédie la 3ᵉ partie de son Catalogue des foires de Francfort (1592), III, 2518.
Hanau (Johann Reinhardt, comte de) : Bertelli lui dédie la 1ʳᵉ partie de ses *Diversarum Nationum Habitus* (1589), 240.
Hanau (Philipp-Ludwig, comte de) : Nicolas Bassé lui dédie la 1ʳᵉ partie de son Catalogue des foires de Francfort en latin (1592), III, 2518.
Hancart, musicien, IV, 2973, art. 17.
Hannart (Jehan), vicomte de Lombèque, baron de Likerke. Voy. Likerke.
Hannibal : sa vie par Plutarque (1567), II, 1899. — Son passage des Alpes, II, 2122.

Hannotin (Philippe), censeur à Mons (1606), IV, 3196.
Hanovre (Frédéric de Glocester, prince héréditaire de) : Gueudeville lui dédie sa traduction des *Colloques* d'Érasme (1720), II, 1855.
Hans, danseur (1654), IV, p. 616.
Hans, miniaturiste, cité par l'abbé de Marolles (1657), III, 2265. Cf. III, 2528, p. 325.
Hans, dessinateur, 833.
Hansy (Honoré-Clément de), libr. à Paris (1774-1775), II, 1916, art. 4.
Hantier (V.), grav., III, 2524.
Haquinot, cité dans les pièces jointes au *Vergier d'honneur*, 479. Cf. 540.
Harangue de monsieur le prevost des marchans, president pour le tiers estat (1588), IV, 3127, art. 7.
Harangue des ambassadeurs des princes protestans d'Allemagne faicte au roy (11 oct. 1586), III, 2194, p. 37.
Harangue pour les Estats [de 1588] (1788), III, 2194, p. 42.
Haraucourt (Le marquis d') de Longueval, figure dans un ballet (1681), IV, p. 616.
Harcadelt, musicien. Voy. Arcadelt (Jacques).
Harcourt (Alphonse-Henri-Charles de Lorraine, prince de) : S. Barbe lui dédie *Le Parfumeur françois* (1693), 200.
Harcourt (Françoise de Brancas, princesse de), danse dans un ballet (1669), IV, p. 616.
Harcourt (Charles de) : vers à lui dédiés par Guy Le Fèvre de La Boderie (1578), IV, 2930.
Harcourt (Henri de Lorraine, comte de) : G. Sagard lui dédie *Le grand Voyage du pays des Hurons* (1632), II, 1968. — Il figure dans des ballets (1635), IV, p. 616. — Saint-Amant lui dédie la seconde partie de ses *Œuvres* (1643), 964.
Harcourt (L. Vernon) : volume lui ayant appartenu, 1055.
Hardestain (Valtin) : inscription dans un album (1567), V, 3365.
Hardy, relieur à Paris, II, 1913, 2005 ; IV, 2872. — Hardy et Mennil, 487, 952 ; II, 1152, 1263, 1274, 1275, 1318, 1329, 2005 ; III, 2640 ; V, 3215, 3269.
Hardy (Alexandre), dramatise un épisode de la *Diana* de Montemayor (*Felismene*) (1613), II, 1748 ; — met sur la scène trois nouvelles de Cervantes, II, 1756. — *Dorise*, citée, II, 1723.
Hardy (Sébastien) : vers à lui adressés par Joachim Blanchon (1583), IV, 2938. — Sonnet sur la mort de Ronsard (1586), IV, 2889.

Hardi de La Trousse : généalogie, III, 2495.
Hardion : *Discours académique* (1744), 391.
Harel (R.), grav., IV, 3096, art. 112 *septies*.
Harguiniez, dessin., III, 2523.
Harlay (Achille Ier de), premier président du parlement de Paris : vers à Mme Des Roches (1582, 1610), 737.
— Vers sur la main d'Estienne Pasquier (1584, 1610), 737. — Vers à lui dédiés par François Le Poulchre (1587), V, 3274. — Vers à lui dédiés par Jean de Vitel (1588), V, 3275.
— Alexandre de Pontaimery lui dédie son *Discours d'estat sur la blessure du roy* (1595), III, 2243, art. 6. — Les *Œuvres* de N. Rapin lui sont dédiées et contiennent des vers à lui adressés (1610), IV, 2944.
Harlay (Achille II de), procureur général au parlement de Paris : le P. Du Tertre lui dédie l'*Histoire generale des Antilles* (1667), II, 1984.
Harlay (Achille III de), conseiller, puis (1689) premier président au parlement de Paris : les *Ouvrages de prose et de poësie des Srs de Maucroy et de La Fontaine* lui sont dédiés (1685), II, 1920. — Il reçoit de Mlle de Montpensier un manuscrit des *Mémoires* de cette princesse, III, 2286.
Harlay (Achille de), seigneur de Champvallon : vers à lui adressés par Nic. Rapin (1610), IV, 2944.
Harlay (Christophe de), président au parlement, se prononce pour la tolérance envers les protestants (1559), IV, 3101.
Harlay (François de), seigneur de Champvallon, archevêque de Rouen en 1616 : vers à lui adressés par Nic. Rapin (1610), IV, 2944. — Lettre à lui adressée par le sieur de Rangouze (1649), II, 1879.
Harlay (François II de), seigneur de Champvallon : lettre à lui adressée par le roi (1674), IV, 3153, p. 539. — Prétendue conspiration ourdie par lui contre Louis XIV (1683), IV, 3153, p. 541. — Jacques Chevillard lui dédie *La France chretienne* (1691), III, 2492, art. 8. — Son *Oraison funebre*, par le P. Gaillard (1696), 378.
Harlay (Louis de), marquis de Champvallon, figure dans un ballet (1669), IV, p. 616.
Harlay (Nicolas de) de Sancy : *Confession*, [par Th. Agrippa d'Aubigné] (1744), III, 2188, p. 27 ; — son portrait (1755), III, 2506.
Harman (Claude), impr. à Lyon (1625), II, 1796, art. 26 ; 1806.

Harmonie des deux spheres (1731), 203.
Harny de Guerville : *Les Amours de Bastien et Bastienne* (1759), II, 1335. — *Les Ensorcelés* (1758), II, 1335.
Harpin, danseur (1615), IV, p. 616.
Harpocratès, impr. imaginaire à Erotopolis (1776), II, 1916, art. 5.
Harrevelt (E. van), libr. à Amsterdam (1770), II, 1759.
Harrewijn (J.), grav., II, 1179, 1545 ; III, 2251.
Harrisse (Henry), cité, II, 1555, 1556, 1924, 1947-1950, 1969, 1973.
Harsy (Antoine de), impr. à Lyon (1574), 630 ; (1576), 680.
Harsy (Olivier de), impr. à Paris (1558), 666 ; (1559), III, 2576, 2621.
Hart, graveur, V, 3321.
Härthl (Ulrich) : inscription dans un album (1567), V, 3365.
Hartlieb (Adam), dit Walsporn : inscription dans un album (1591), V, 3369.
Hartmann (Georg), baron de Teufenbach : Bertelli lui dédie la 3ᵉ partie de ses *Diversarum Nationum Habitus* (1596), 240.
Harvey (Thomas), cité par Nic. Bourbon (1538), IV, 2788.
Harzer (Wolfgang), de Graz : album lui ayant appartenu, V, 3367.
Hasselt (André van), traducteur français de l'*Histoire et Aventures du baron de Münchhausen* (1842), II, 1769.
Hassenstein (Bohuslaw), baron de Lobkowitz : vers dᴏ. lui dans les *Icones* de N. Reusner (1589), V, 3370.
Hatte (Nicolas de), « Hattaeus » : vers latins adressés à Germain Audebert (1583), IV, 2794.
Hattstat (Claus von), combat avec les Espagnols à Saint-Quentin (1557), III, 2146.
Hatzfeldt (Franz von) : inscription dans un album (1564), V, 3365.
Haude et Spener, libr. à Berlin (1763), 124.
Haudent (Guillaume) : *Le Miroir de prudence* (v. 1550), IV, 2752. — *Les Propos fabuleux moralizes* (1556), IV, 2870.
Hauinstreit (Elias), de Görlitz : inscription dans un album (1565), V, 3365.
Haultcourt (Charles de), seigneur de Richeville : Cl. Colet lui dédie *L'Oraison de Mars aux dames de la court* (1544), 651.
Haulte Ryve (N. de) : vers à Jean Hays (1598), 763.
Haultin (Abraham), impr. à La Rochelle (1581), III, 2154.
Haultin (Denis), impr. à Montauban (1613), 821.

Haultin (Hiérosme), impr. à La Rochelle (1589), III, 2219, art. 13 ; V, 3297 ; (1597), II, 2219, art. 2 et 12 ; (1598), cité, II, 2062. — Ses héritiers (1605), II, 1957, art. 4.
Haultin (Pierre), impr. à La Rochelle (1571), 10 ; (1587), cité, III, 2194, 2199.
Haupas (Nicole de) : *Le premier Livre de la contemplation de nature humaine* (1555), II, 1796, art. 1.
Haus (de), joue dans la *Tragedie de Kanut* (v. 1575), IV, 3025.
Haussmann (Philipp Jakob) von Namendey : inscription dans un album (1565), V, 3365.
Hautcler (François) : distiques latins en tête de l'*Histoire d'Engolesme* de François de Corlieu (1566), IV, 3132.
Hautebruyère, abbaye, IV, 3112.
Hautefeuille (Le chevalier de), figure dans un ballet (1657), IV, p. 616.
Hautefort (Marie de), figure dans un ballet (1635), IV, p. 616.
Hauteman, musicien (1659), IV, p. 616.
Hautemer (Guillaume de), seigneur de Fervaques, comte de Grancey, plus tard maréchal de France, favori de François, duc d'Anjou (1582), III, 2399. — Sonnet à lui adressé (1584), IV, 2937. — Sonnet à Christofle de Beaujeu (1589), IV, 2942.
Hautemer (Loïse de) : *Epithalame*, par Jean Bonvoisin (1584), IV, 2937.
Hauterayes, dessinateur, III, 2523.
Hauterive (Le comte d') et le chevalier de Cussy : *Recueil des traités de commerce* (1733-1836), cité, III, 2460.
Hauteroche (de) : *L'Amant qui ne flate point* (1669), II, 1234.
Hauville : *Chansons* (1553), 981.
Havard (Gustave), libr. à Paris (1846), II, 1768.
Havard (Martin), impr. à Lyon (s. d.), 463, 466 *Add.*, 541 *Add.* ; III, 2590, 2627 ; 1505 (cité), IV, 3060. — *Supprimer* III, 2580, imprimé par Jehan de Vingle ; *ajouter* III, 2585.
Havelois (Christoflin), dit Des Maretz, travaille à la *Passion* de Valenciennes (1547), IV, 3010, p. 375.
Havré (Description de l'assiette, maison et marquisat d') (1606), IV, 3196.
Hawes (W.), libr. à Londres (v. 1670), 332.
Hazebart (Gilles), lieutenant des maîtres des postes d'Anvers (1565), III, 2605.
Heath (Alfred T.), grav., III, 2325.
Heath (Charles), grav., III, 2324.
Heath (Frederick), grav., III, 2324, 2325.

Hebbelinck : volume lui ayant appartenu, 13.
Heber (Richard) : volumes lui ayant appartenu, 98, 291, 448, 547, 640 ; II, 2097 ; III, 2583, 2602 ; IV, 2768.
Hébert, chanteur (1659-1671), IV, p. 616.
Hébert (L.), sonnet à Philbert Boyer (1594), 790, *Add.* ; IV, 2961.
Hécart (G.-A.-J.), IV, 3010, p. 377.
Hecatomphile (1539), 803.
Hecatongraphie (1543), 640.
Hecht (Kaspar) : inscription dans un album (1567), V, 3365.
Hector, précepteur du prince de Lorraine : François Habert parle de lui (1558), V, 3251.
Hédouin, chanteur (1669-1671), IV, p. 616.
Heere (Luc d'), auteur présumé de l'*Entrée* de François, duc d'Anjou, à Gand (1582), III, 2398.
Hees (Jan van), *Itinerarius* (v. 1510), IV, 3088.
Hegat (William) : vers latins à Scévole de Sainte-Marthe (1600), IV, 2921.
Hégémon (Philibert). Voy. Guide (Philibert).
Hegerbeets (Peeter) : inscription dans un album (1567), V, 3365.
Heidelberg : imprimeur. Voy. Mareschal (Jean), 1580.
Heilandt (Martin), de Breslau : inscription dans un album (1563), V, 3365.
Heile (Peeter van) : inscription dans un album (1599), V, 3371.
Heina, graveur, II, 1909.
Heinrich (Niclaus), impr. à Ursel (1574), III, 2183.
Heinsius (Daniel) : inscription dans un album (1598), V, 3372. — Vers latins à R. J. de Nérée (1607), II, 1104. — Vers à lui adressés par Nic. Rapin (1610), IV, 2944. — Révision du texte de Térence (1619), V, 3311. — Révision du texte de Virgile (1636), 403, 404. — Révision du texte de Tite-Live (1634), II, 2081. — Distiques latins à Jean de Laet (1640), II, 1960.
Heinsius (Nicolas) : son père, Daniel Heinsius, lui dédie une édition de Virgile (1636), 403, 404. — Il publie les œuvres de Prudence (1667), 416.
Heyperger (Karl) : inscription dans un album (1564), V, 3366.
Heirieux (Loys d'), propriétaire d'une maison à Lyon (1552), 641.
Heiss (Le baron d') : volume lui ayant appartenu, III, 2583.
Heiss (Cornelius), orfèvre, cité par Nic. Bourbon (1538), IV, 2788.
Heiss (E. C.), dessinateur, III, 2506.

Helaine (*La belle*) de *Constantinople* (v. 1510), II, 1496.
Held (Caspar) : *Album amicorum* (1564), V, 3366.
Held (Johann Walther), propriétaire au xviie siècle de l'album précédent, V, 3366, p. 152.
Helias (Jean), laquais de Vital d'Audiguier (1623), II, 1729.
Hélie (Bertrand) : vers à Gratien Du Pont (1534), III, 2596.
Hélin, avocat. Voy. Doson (Hélin).
Héliodore : *Histoire æthiopique* (1547), II, 1483.
Hellenvilliers (Jacques de), seigneur d'Avrilly : *Epithalame*, par Jan Bonvoisin (1584), IV, 2937.
Hellot : volume lui ayant appartenu, IV, 2964.
Helman, grav., 409, 1033 ; II, 1179, 1531 ; III, 2569.
Hémard (Charles) de Denonville, cardinal, cité par Nic. Bourbon (1538), IV, 2788.
Hémery : vers dans *Le Cabinet des Muses* (1619), 974.
Hémery, grav., 259.
Hemmès (François), cité par Pierre Enoc (1572), IV, 2927.
Hémon (Martin), comédien (1608), IV, 3005, p. 365.
Hénault, dit Henaldus, cité par Nic. Bourbon (1538), IV, 2788.
Hénaut, danseur (1635-1639), IV, p. 616.
Hénault (Charles-Jean-François) : Œuvres poétiques, ms., IV, 2969. — Il est sollicité par Voltaire (1748), II, 1324. — *Nouvel Abrégé chronologique de l'histoire de France* (1749), II, 2094. — *Cornélie vestale* (1768), II, 1336. — Volume lui ayant appartenu, III, 2352.
Hennepin (Le P. Louis) : *Voyage ou nouvelle Decouverte d'un tres-grand pays dans l'Amerique* (1704), II, 1975.
Hennequin : généalogie de cette famille, III, 2495.
Hennequin (Antoine), seigneur d'Assy : *Lettre au duc de Mayenne* (18 mai 1589), III, 2230.
Hennequin (Hiérosme) : vers à François d'Amboise (1568), 728. — Vers à Scévole de Sainte-Marthe (1569), 715. — *Tombeau d'Elisabeth de France* (1569), 814. — *Regrets sur les miseres advenues à la France* (1569), IV, 2923. — Vers à lui adressés par Sc. de Sainte-Marthe (1579), IV, 2921.
Hennequin (Jeanne), femme de Félix Vialas, citée par J. Dorat (1588), IV, 2789.
Hennin-Liétart (Le comte de) : le

cardinal de Granvelle lui écrit (1582), III, 2395.
Hennuyer, impr. à Paris (1852), II, 1424.
Hénon, dessinateur, 261.
Henri d'Albret, roi de Navarre, figure sans doute dans l'*Heptameron* sous le nom d'Hircan (v. 1541), II, 1697.
Henri III, roi d'Angleterre, fait écrire le *Livre du Brut*, II, 1489.
Henri VIII, roi d'Angleterre : *Traicté de la paix faicte entre Loys XII. et le roy d'Angleterre* (août 1514), V, 3339. — *L'Ordonnance et Ordre du tournoy, ioustes, etc.* [du camp du drap d'or] (1520), V, 3340.
Henri II, duc d'Orléans, dauphin, puis roi de France, rentre de captivité (1530), V, 3344. — Il fait son entrée à Marseille (12 oct. 1533), III, 2410. — Vers à lui adressés par Pierre Busseron (1538), IV, 2742. — Gilles Corrozet lui dédie ses *Fables* (1544), 639. — Vers à lui adressés par Ch. Fontaine (1546), IV, 2876. — Vers à lui adressés, avant son avènement, par François Habert, imprimés en 1549. IV, 2868. — Volume qui lui a peut-être appartenu quand il était dauphin, V, 3253. — *Intrata nella città di Rens* (1547), IV, 3113. — *Sacre et Couronnement* (1547), III, 2142. — Congratulation à lui adressée par J. Pelletier (1547), 699. — Histoire générale. Voy. Monluc, *Commentaires*, II, 2121, 2132. — *La Magnificence des triumphes faictz a Rome pour la nativité de monseigneur le duc d'Orleans* (1549), III, 2143. — *Ordre et Forme qui a esté tenue au sacre et couronnement de... Catherine de Medicis* (10 juin 1549), IV, 3114, art. 2. — *Articles contenans les causes qui ont meu le roy... a faire la procession generale a Paris* (4 juill. 1549), III, 2144. — *Prosphonematique et autres vers à lui adressés par Joachim Du Bellay* (1549, 1563), IV, 2890. — Robert Rivaudeau, s' de La Guillotière lui dédie *Les deux Livres de la Noblesse Civile*, traduits de I. Osorio (1549), III, 2486. — Vers à lui adressés par Pontus de Tyard (1551), IV, 2908. — *Le Siege de Mets en l'an 1552*, [par B. de Salignac], III, 2145. — *Complaincte de Germanie* (1552), V, 3282. — *Lettres escriptes aux princes et estats du Sainct Empire* (1553), III, 2683. — *Lettre aux souverains Estats du S. Empire* (1553), III, 2684. — Son *Voyage au pays bas de l'Empereur* (1554), IV, 2685. — *La Presa di Vulpiano per Mons. Bresacho* (1555), V, 3349. — *Discours au roy sur la trefve de l'an 1555*, par Joachim Du Bellay (1558), V, 3255 ; (1559), IV, 2893. — François de Billon lui dédie *Le Fort inexpugnable de l'honneur du sexe femenin* (1555), II, 1837. — *La Publication de la treve faicte entre Henry, Charles, empereur, et Philippe, son fils* (13 févr. 1556), V, 3350. — *Il felicissimo Accordo fatto tra la Cesarea Maestà et il re di Francia* (1556), V, 3304. — Son éloge par Guillaume Du Mayne (1556), V, 3261, 3263. — Vers à lui adressés par Jean de La Péruse (v. 1557), IV, 3022. — Vers à lui adressés par Charles Fontaine (1557), IV, 2877. — *Warhafftige Zeitungen... welchermassen die Kün. Würdin ausz Engeland vor Sant Quintin... glücklichen Syg... erlangt haben* (10 août 1557), III, 2146. — *Memoires de Gaspar de Colligny...*, où sont... contenues les choses qui sont passees durant le siege de S. Quintin (1643), III, 2177. — Estienne Perlin lui dédie un livre traitant du corps humain (1558), III, 2365. — *Le Discours de la guerre et descente que les Anglois et Flamans se sont efforcez faire en Bretaigne* (1558), IV, 3115. — *Le Discours de la prinse de Calais* (1558), III, 2147. — *Le Discours du testament de la prinse de la ville de Guines*, par Anthoine Fauquel (1558), 666. — Hymne adressé au roi par Du Bellay sur la prise de Calais (1559), IV, 2897. — Jacques Amyot lui dédie la traduction des *Vies* de Plutarque (1559), III, 2735 ; (1567), II, 1899. — Articles de la paix conclue avec Philippe II (1559), III, 2686. — *Chant pastoral de la paix*, par Remi Belleau (1559), 691 ; V, 1259 bis. — *Chant de joie de la paix faicte entre le roi de France et Philippe, roi d'Espagne* (1559), 709. — Jean Dorat lui dédie des vers latins imprimés en 1586, IV, 2789. — *Le Trespas et Ordre des obseques... de feu... le roy Henri II*, par François de Signac (1559), III, 2148. — *Les deux Sermons funebres es obseques... du feu roy*, par Jérome de La Rovère (1559), 336. — *Les Regretz et tristes Lamentations sur le trespas du... roy*, par François Habert (1559), 648. — *Ode funebre sur le trespas du roi*, par Marc-Claude de Buttet (1559), IV, 2912. — Joachim Du Bellay dédie au roi une inscription et déplore sa mort (1559), V, 3257. — *Complainte de l'Université sur sa mort*, par J. Coquillon (1559), III, 2602. — *Epi-*

taphes par Oger Ferrier (1559), IV, 3114, art. 4. — Artus Desiré compose une prière pour le roi (1559), V, 3204. — *Tumulus*, par Joachim Du Bellay (1561), IV, 2899. — *Deploration sur la mort du roi* (1572), V, 3296. — *Regrets* sur sa mort, au nom de Montgommery, par Jean de La Taille (1572), V, 3317. — *Tombeau du roi* dans les *Poësies* d'Antoine de Cotel (1578), 745. — Ode sur son tombeau, par Guy Le Fèvre de La Boderie (1579), IV, 2930. — Portrait du roi (1623), 668. — Son monogramme (1551), III, 2548. — Son emblème et sa devise, IV, 3077.

Henri III, duc d'Anjou, duc d'Orléans, puis roi de Pologne et roi de France. Voy. Perussis (Louis de), *Histoire des guerres du comté Venaissin*, etc. (1561-1581), II, 2095, art. 2. — Vers adressés au duc d'Orléans par Estienne Forcadel (1579), IV, 2879. — Arnaud Sorbin lui dédie *l'Histoire des Albigeois*, traduite de Pierre des Vaux de Cernay (1568), II, 2028 ; (1569), 2029. — Guy Le Fèvre de La Boderie lui dédie *L'Encyclie* (1571), 733. — J.-A. de Baïf lui dédie ses *Amours* (1572), 684 ; il lui adresse des *Estrenes* (1574), 686. — *Harangue faicte par Jean de Montluc, ambassadeur, par devers les seigneurs de Poulonne* (10 avril 1573), III, 2185. — Jean Dorat salue les ambassadeurs polonais venus à Paris (1573), V, 3238. — Blaise de Vigenère lui dédie les *Chroniques et Annales de Poloigne* (1573), III, 2423. — Son élection au trône de Pologne (1574), III, 2426. — Ses armes comme roi de Pologne, 53 ; III, 2422, 2423. — Chanson sur son élection en Pologne (1574), 986, art. 3. — Son voyage de France en Pologne (1574), III, 2425. — *Oraison au roy eleu de Poloigne*, par Jean Zamojski (1574), IV, 3127, art. 1. — Entree, Sacre et Couronnement à Cracovie (1574), III, 2424. — *Les Obseques et Funerailles de Sigismond-Auguste, roy de Pologne..., plus l'Entrée, Sacre et Couronnement de Henry, à present roy de Pologne* (1574), III, 2424. — *Les Honneurs et Triomphes faits au roy de Pologne*, etc. (1574), 2425. — *Discours au vray de tout ce qui s'est fait et passé pour l'entiere negociation de l'election du roy de Polongne* (1574), 2426. — Journal de Pierre de L'Estoile (1621), III, 2187. — (1744), 2188, 2188 bis. — *La Prinse de la ville de Sainct Lo* (10 juin 1574), III, 2189.

— *Les Regrets et tristes Lamentations du comte de Mongommery*, par Claude de Morenne (26 juin 1574), 742. — Persio (Ascanio) : *La Corona d'Arrigo III, re di Francia...* (1574), V, 3310. — *Premiere Salutation au roy sur son avenement à la couronne de France*, par J.-A. de Baïf (1574). I, 685. — *In Henrici III... foelicem reditum Versus*, [auctore I. Aurato] (14 sept. 1574). III, 2319. — *De jure magistratuum in subditos* (1580), traduction de : *Du droit des magistrats sur leurs subjects* (1574), IV, 3126, art. 4. — *Bref Discours sus la mort de feu M. le cardinal de Lorraine*, par Emond Auger (26 déc. 1574), III, 2191. — *Advertissement venu de Rheims du sacre, couronnement et mariage de Henri III*, par Nicolas Du Mont (févr. 1575), III, 2192. — Chanson sur le sacre du roi à Reims (1575), V, 3296. — Chansons sur le sacre et le mariage du roi (1575), 986, art. 17 et 20. — Chanson sur l'entrée du roi à Lyon (1575), V, 3296. — *Brefve Histoire touchant la surprise de la cité de Besançon* (20 juin 1575), III, 2190. — *Cantique sur la delivrance de Mgr. le duc d'Alençon* (15 sept. 1575), 984. — *La Defaite des reistres et autres rebelles* (10 oct. 1575), III, 2193. — Lamentation du roi à son peuple, chanson (v. 1575), 986, art. 5. — *Advertissement sainct et chrestien touchant le port des armes*, par Pierre Charpentier (1575), IV, 3126, art. 1. — *Traitté duquel on peut apprendre en quel cas il est permis de porter les armes*, par Pierre Fabre (1576), III, 3126, art. 2. — Amadis Jamyn lui dédie ses *Œuvres* (1575, 1582), 738, 739. — *Oraison prononcee pour Henry III devant N. S. P. le pape Gregoire XIII*, par Marc-Antoine de Muret (1576), IV, 3127, art. 2. — Lettres adressées au roi par Paul de Foix, ambassadeur auprès du pape Grégoire XIII (1628), II, 1877. — *Abregé d'un discours fait avec Sa Saincteté par aucuns de ses confidans après le departement de M. l'evesque de Paris*, 1576 (1589), III, 2194, p. 40. — *Chant de joye à N.-D. de Liesse pour la victoire du roy* (1576), IV, 2905. — Remi Belleau dédie au roi ses *Amours* (1576), 694. — Il lui dédie ses *Œuvres poëtiques* (1576-1585), 690. — *Lettres pour la convocation des Estats en la ville de Bloys* (6 août 1576), III, 2696. — *Edict sur la pacification des troubles* (1576), cité, III, 2696.

— *Exploits de Mathieu Merle, baron de Salavas*, par le capitaine Gondin (1576-1580), II, 2095, art. 4.
— *Chansons* sur le Merle, III, 2698. — Chansons sur le siège de La Charité (1577), 989, art. 6 et 7.
— Privilège accordé à Jacques Kerver, libr. à Paris (9 nov. 1577), III, 2528, p. 324. — *Histoire des deux sieges de Sommieres* (1578), par Est. Giry, II, 2095, art. 10. — *Eglogue et autres vers recités devant le roy à Paris, le 6 févr. 1578*, IV, 2968. — Il offre sa médiation entre les Pays-Bas et l'Espagne (août 1578), III, 2382. — Pièce à sa louange dans les *Œuvres de M*mes *Des Roches* (1578), 744. — Guy Le Fèvre de La Boderie lui dédie ses *Hymnes ecclesiastiques* (1578) et lui adresse des vers (1578-1579), IV, 2930. — *De la puissance legitime du prince sur le peuple* (1581), traduction des *Vindiciae contra tyrannos* (1579), IV, 3126, art. 3. — Chanson sur la rébellion de Livron (1579), 989, art. 1. — Chanson sur la prise de La Mure (1579), 989, art. 2. — Chanson sur la réduction de Carmagnolle (1579), 989, art. 3. — Chansons sur la prise de Château-Double (1579), 989, art. 4 et 5. *Articles generaux pour l'establissement de la paix* (1579), cités, III, 2696. — Ronsard dédie au roi le *Panegyrique de la Renommee* (1579), IV, 2888. — *Statuts de l'ordre de S. Michel* (v. 1580), III, 2489.
— *Diogenès, ou du moïen d'establir... une bonne et asseurée paix en France* (1581), 789. — Claude Fauchet dédie au roi son *Recueil* (1581), 425. — Beaujoyeulx lui dédie le *Balet comique* (1582), II, 1445. — Joachim Blanchon lui dédie ses *Premieres Œuvres poëtiques* et lui adresse des vers (1583), IV, 2938. — *Le grand et espouvantable Purgatoire des prisonniers*, [par Philbert Boyer] (1583), 790 et Add., 791. — *Journal sur les guerres de Besiers*, par L. Charbonneau (1583-1586), II, 2095, art. 11. — *Negociation de M. Duplessis vers le roi Henri III* (août 1583), III, 2195.
— *Remonstrance* adressée au roi par J.-Ed. Du Monin (1583), V, 3272. — *Lettre de discours sur les divers jugemens des occurrences du temps*, par Ph. de Mornay (18 mars 1584), III, 2195. — La Croix du Maine dédie au roi sa *Bibliotheque* (1584), III, 2515. — *Discours au roi sur les moyens de diminuer l'Espagnol* (24 avril 1584), III, 2195. — *Larmes et Regretz sur la maladie et trespas de Mgr. François de France* (10 juin 1584), par Jean de La Jessée, 751. — *Instruction [du roi de Navarre] à M. le comte de Laval et à M. Duplessis sur ce qu'ils auront à dire à S. M.* (13 sept. 1584), III, 2195. — *Double d'une lettre... contenante le discours de ce qui se passa au cabinet du roy de Navarre... lorsque M. le duc d'Espernon fut vers luy* (15 juill. 1584), III, 2242, art. 3. — *Le Boutefeu des calvinistes* (1584), III, 2242, art. 1. — *Readvis et Abjuration d'un gentil-homme de la Ligue* [en 1584] (1587), III, 2194, p. 34. — *Procez verbal de Nicolas Poulain*, 1585-1588 (1621), III, 2187, (1744), 2188, t. II. — *Declaration des causes qui ont meu Mgr. le cardinal de Bourbon et les pairs, princes, etc., de s'opposer à ceux qui... s'efforcent de subvertir la religion catholique* (21 mars 1585), III, 2200; (1587), 2194, p. 34. — *Édict sur la deffence des armes* (28 mars 1585), III, 2194, 2199, p. 34. — *Histoire veritable de la prinse de Marseille par ceux de la Ligue* (9-11 avril 1585), III, 2194, p. 34. — *Declaration de la volonté du roy sur les nouveaux troubles de ce royaume* (avril 1585), III, 2242, art. 4; 2194, p. 34. — *Discours sur le droit pretendu par ceux de Guise sur la couronne de France*, par Ph. de Mornay, sieur du Plessis Marly (1585), III, 2198, — (1587), 2194, p. 34. — *Responce aux declarations et protestations de messieurs de Guise faictes sous le nom de mgr. le cardinal de Bourbon*, par Ph. de Mornay (1585), III, 2201, — (1587), 2194, p. 34. — *Protestation des catholiques qui n'ont voulu signer à la Ligue* (1585), 2205, — (1587), 2194, p. 34. — *Le Veritable sur la sainte Ligue* (1585), 2206, — (1587), 2194, p. 34. — *Requeste au roy et derniere Resolution des princes, seigneurs, catholiques, presentee a la royne mere* (9 juin 1585), III, 2203, — (1587), 2194, p. 35. — *Instructions aux tresoriers generaulx de France establis à Poictiers...* (18 juin 1585), III, 2207, — (1587), 2194, p. 35. — *Lettre du roy de Navarre au roy* (10 juill. 1585), III, 2194, p. 35. — *Édict du roy sur la reunion de ses sujects à l'Église catholique* (18 juill. 1585), III, 2208; (1587), 2194, p. 35. — *Harangue faicte à messieurs de Paris* (11 août 1585), III, 2194, p. 35. — *Propositions des deputez du roy envoyes au roy de Navarre* (25 août 1585), III, 2194,

p. 35. — *Declaration et Protestation de M. le duc de Montmorency sur la prinse des armes* (1ᵉʳ oct. 1585), III, 2211. — *Declaration du roy sur son edict du mois de juillet dernier* (7 oct. 1585), III, 2194, p. 35. — *Lettres particulieres envoye[e]z au roy par un gentilhomme françoys* [Ph. de Mornay] (oct. 1585), III, 2212. — *Discours du premier passage de M. le duc de Mercure au bas Poictou, etc.* (oct. 1585), III, 2194, p. 39. — *Remonstrance au roy par la cour de parlement* (oct. 1585), III, 2194, p. 35. — *Mandement du roy contenant injonction à ses officiers de se saisir des personnes et biens de ceux qui ont porté les armes pour M. le prince de Condé* (11 nov. 1585), III, 2194, p. 36. — *Remonstrance du clergé de France* (19 nov. 1585), III, 2194, p. 36. — *Declaration du roy de Navarre sur les moyens qu'on doibt tenir pour la saisie des biens des fauteurs de la Ligue* (30 nov. 1585), III, 2194, p. 36. — *Reglement que le Roy veut estre observé, par les Baillifs et Seneschaux... pour l'execution de l'edict de S. M. sur la reunion de ses subjects à l'Eglise catholique* (23 déc. 1585), III, 2213, 2194, p. 36. — *Discours sommaire des choses plus memorables qui se sont passées es sieges... de l'isle de Maran en Onix* (1585-1588), III, 2194, p. 39. — Rob. Garnier dédie au roi ses tragédies (1585), II, 1095. — Flaminio de Birague lui dédie ses *Premieres Œuvres poëtiques* (1585), IV, 2939. — *Lettres du roy de Navarre à messieurs des trois estats de la France* (1ᵉʳ janv. 1586), III, 2194, p. 36. — *Lettres patentes de declaration du roy sur son edict du mois de juillet pour l'execution et saisie, etc.* (26 avril 1586), III, 2194, p. 36. — *Mandement touchant l'execution de ses edicts contre ceux de la nouvelle opinion* (mai 1586), *ibid.* — *Lettre d'un gentilhomme catholique françois* [Phil. de Mornay], *contenant breve ponce aux calomnies d'un certain pretendu Anglois* [Louis d'Orléans] (1586), III, 2214, 2194, p. 37. — *L'Anti-Guisart* (1586), III, 2216 ; (1587), III, 2194, p. 37. — *Remonstrance aux trois estats de France sur la guerre de la Ligue*, [par Ph. de Mornay] (1586), III, 2194, p. 37. — *Brieve Responce d'un catholique françois à l'Apologie... des Ligueurs*, [par Fr. Pithou ?] (1586), *ibid.* — *Lettre d'un gentilhomme françois à un sien amy estant à Rome,* 1586 (1589), III, 2194, p. 40. — *Advertissement à la republique sur le concile national demandé par le roy de Navarre,* 1586 (1589), III, 2194, p. 40. — *Au roy, mon souverain seigneur, sur les miseres du temps present* [1586], (1589), III, 2194, p. 40. — *Les Dangers et Inconveniens que la paix faite avec ceux de la Ligue apporte au roy,* [par Ph. de Mornay], 1586 (1589), III, 2194, p. 40. — *Exhortation et Remonstrance faite d'un commun accord par les Françoys catholiques et pacifiques,* 1586 (1589), III, 2194, p. 40. — *Harangue des ambassadeurs des princes protestans d'Allemagne faicte au roy ; — Responce du roy* (11 oct. 1586), III, 2194, p. 37. — *Lettres patentes sur le reglement de l'imprimerie* (12 oct. 1586), III, 2354. — *Ce qui est accordé entre la royne mere du roy et le roy de Navarre* (19 déc. 1586), III, 2194, p. 40. — Jean Dorat dédie au roi le recueil de ses poésies (1586), IV, 2789. — François Le Poulchre de La Motte-Messemé lui dédie ses *Honnestes Loisirs* (1587), V, 3274. — *Accort et Capitulation faict entre le roy de Navarre et le duc Cazimir pour la levée de l'armée des reistres* (11 janv. 1587), III, 2242, art. 6. — *Journal du voyage des reitres en France,* par La Huguerie (1587), II, 2095, art. 9 *f.* — *Cantique des affligez au royaume de France, implorans l'aide de Dieu contre la Ligue,* par Odet de La Noue (1587), IV, 3187. — *Memoires de ce qui s'est passé en Dauphiné* (avril-déc. 1587), III, 2194, p. 40. — *Edit du roy pour assembler son armée pour aller au devant des Allemands* (25 juin 1587), III, 2194, p. 40. — *Protestation et Declaration du roy de Navarre sur la venue de son armée en France* (14 juillet 1587), III, 2240, art. 2. — *Advertissement fait au roy de la part du roy de Navarre et de M. le prince de Condé touchant la derniere declaration de la guerre* (juill. 1587), III, 2242, art. 5. — *Fidelle Exposition sur la Declaration du duc de Mayenne, contenant les exploicts de guerre qu'il a fait en Guyenne,* [par Ph. de Mornay] (1587), III, 2220, 2194, p. 37. — *Siège de Sarlat en 1587,* II, 2095, art. 12. — *Cantique pour le roy de Navarre sur la signalée victoire* [de Coutras] (20 oct. 1587), III, 2194, p. 40, n° 13. — *Denombrement des places qui ont esté quittees, rendues ou prises... sur la riviere de l'Isle,*

1587, III, 2194, p. 40, n° 13. — *La nouvelle Deffaicte des reistres par Mgr. le duc de Guyse* (22 nov. 1587), III, 2217. — *La nouvelle Deffaicte et Surprinse des reistres faicte par Mgr. le duc de Guyse... dedans Aulneau* (24 nov. 1587), III, 2218. — *Action de graces à Dieu et Chant de triomphe au roy pour sa victoire* (24 nov. 1587), 1588, 792. — *Articles et Capitulation faitte... par M. d'Espernon..., avec MM. les chef et conducteurs de l'armée estrangere* (8 déc. 1587), III, 2194, p. 40. — *Declaration de M. de La Noue sur la prise des armes pour la juste deffence des villes de Sedan et Jamets* (janv. 1588), III, 2194, p. 41. — *Aucuns Articles proposez par les chefs de la Ligue en l'assemblée de Nancy* (févr. 1588), III, 2194, p. 41. — *Advertissement sur la mort de mgr. le prince de Condé* (5 mars 1588), III, 2194, p. 41. — *Vers adressés au roi par Christofle de Beaujeu* (1588), IV, 2942. — *Epitre à lui adressée par Jean Bonnefons* (1588), 756. — *Tombeaux des mignons du roi* (1588), III, 2304. — *Discours sur l'...entreprise de M. de Guise pour se saisir de... Paris* (mai 1588), III, 2194, p. 41. — *Amplification des particularitez qui se passerent à Paris lorsque M. de Guise s'en empara* (1588), III, 2194, p. 41. — *Histoire tres-veritable de ce qui est advenu en ceste ville de Paris depuis le 7. de may 1588 jusques au dernier jour de juin*, III, 2221, art. 2. — *Discours veritable sur ce qui est arrivé à Paris le 12. de may 1588*, III, 2221, art. 1. — *Propos que le roy a tenus à Chartres* (16 mai 1588), III, 2221, art. 15 ; 2194, p. 42. — *Lettres addressantes à Mgr. de Bois-Seguin, Lettres aux habitans des villes* (17 mai 1588), III, 2194, p. 41. — *Coppie d'une lettre escrite au roy et Extraict d'une autre aux princes... par Mgr. le duc de Guise* (17 mai 1588), III, 2221, art. 3 ; 2194, p. 41 ; 2251, p. 87. — *Copie des lettres que les habitans de Paris escrivent aux villes... de la religion romaine* (18 mai 1588), III, 2194, p. 41. — *Requeste presentée au roy par messieurs les cardinaux, princes, etc. ; Responce du roy* (29 mai 1588), III, 2194, p. 41. — *Remonstrance au roy par un vray catholique romain* (fin mai 1588), III, 2194, p. 41. — *La Declaration de la voulonté du roy faicte depuis son departement de Paris* (1588), III, 2221, art. 10. — *Discours de l'ordre tenu par les habitans de la ville de Rouen a l'entrée du roy* (11 juin 1588), III, 2221, art. 6. — *Coppie des lettres envoyées par N. S. P. le pape à Mgr. le cardinal de Bourbon, etc.* (15 juill. 1588), III, 2221, art. 5. — *Articles accordés entre le roi, la reine, sa mere, et M. le cardinal de Bourbon, etc.* (21 juill. 1588), III, 2194, p. 42. — *Edict sur l'union de ses sujects catholiques* (juill. 1588), III, 2194, p. 42 ; IV, 3127, art. 10. — *Responce aux principaux articles et chapitres de l'Apologie du Belloy...* (1588), III, 2240, art. 6. — *Discours de la reprise de l'isle de Marans* (1588), III, 2194, p. 42. — *Lettre présentée au roi par le duc de Nevers* (6 août 1588), III, 2221, art. 11. — *Lettre patente du roy de pouvoir donné à Mgr. le duc de Guyse de commander en ses armees* (14 août 1588), III, 2221, art. 4. — *Lettres patentes du roy declaratives des droicts de Mgr. le cardinal de Bourbon* (17 août 1588), III, 2221, art. 9. — *Traicté sur la Declaration du roy pour les droits de prerogative de Mgr. le cardinal de Bourbon* (17 août 1588), [par Ant. Hotman], III, 2240, art. 4. — *Responce aux principaux articles et chapitres de l'Apologie du Belloy* (1588), III, 2240, art. 6. — *Discours des dessains et entreprises vaines du roy de Navarre* (19 août 1588), III, 2221, art. 12. — *Lettre au roy par M. le duc d'Espernon* (août 1588), III, 2221, art. 17. — *Advertissement de l'armée que dresse le roy contre les heretiques de Poictou* (12 août 1588), III, 2221, art. 16. — *Discours faict par Michel Quillan* (1588), 758. — *L'auteur de l'Histoire de Pierre de Gaverston adresse au roi un sonnet* (1588), III, 2222, art. 1. — *Poësme françois sur l'anagramme de Henry de Lorraine, duc de Guyse...* par O. D. M. S. (1588), 793 ; III, 2221, art. 8. — *La Description du politicque de nostre temps*, [par Louis d'Orléans] (1588), 794. — *Excellent et libre Discours sur l'estat present de la France*, par Michel Hurault, sieur du Fay (1588), III, 2251, p. 87. — *Remontrance au roi par les étals de la France* (1588), III, 2194, p. 42. — *Au roy, mon bon maistre*, [pamphlet publié sous le nom de Chicot] (1588), III, 2221, art. 14. — *Ordonnance contre les blasphemateurs, berlandiers, etc.* (15 oct. 1588), III, 2221, art. 18. — *Discours de ce qui est arrivé à*

Blois jusques à la mort du duc et du cardinal de Guise (1588), III, 2251, p. 87. — *Harangue faite à l'ouverture... des... estats generaux... de Blois* (16 oct. 1588), III, 2194, p. 42 ; 2700, IV, 3127, art. 3. — *Remerciement faict au roy par M. l'archevesque de Bourges [Renaud de Beaune], au nom des Estats* (1588), IV, 3127, art. 5 ; III, 2194, p. 42. — *Remerciement faict au nom de la Noblesse, par le baron de Senecey* (1588), IV, 3127, art. 6 ; III, 2194, p. 42. — *Harangue de monsieur le prevost des marchans, [Michel Marteau], president pour le tiers estat* (1588), IV, 3127, art. 7 ; III, 2194, p. 42. — *Actes de la seconde seance des estats generaux* (18 oct. 1588), IV, 3127, art. 8. — *Declaration du roy sur son edict de l'union de tous ses subjects catholiques [du 18 juill.]* (18 oct. 1588), IV, 3127, art. 9 ; III, 2194, p. 42. — *Briefve Exhortation faicte aux estats par M. l'archevesque de Bourges [Renaud de Beaune]* (18 oct. 1588), IV, 3127, art. 11. — *Sommaire des demandes de messieurs les princes unis* (1588), III, 2194, p. 42. — *Discours sommaire du siege de Beauvoir* (oct. 1588), III, 2194, p. 42. — *Discours et Traité de la prise des ville et chasteau de Mauleon par M. le duc de Nevers* (12 nov. 1588), III, 2225. Cf. 2194, p. 42. — *Du siege de Montagu ; du siege de La Ganache*, III, 2194, p. 42. — *Du siege de la citadelle d'Orleans par M. le mareschal de Haulmont* (déc. 1588), III, 2194, p. 43. — *Discours deplorable du meurtre et assassinat... de... feu Henry de Lorraine, duc de Guyse, etc.* (24 déc. 1588), III, 2221, art. 7. — *Lettres aux gouverneurs des provinces, Lettre à M. de Tajan* (24 déc. 1588), III, 2194, p. 42. — *Discours pitoiable des execrables cruautés... commises par les heretiques... contre les catholicques de Nyort* (27 déc. 1588), III, 2222, art. 9. — *Prise de Niort par les huguenots* (fin de déc. 1588), III, 2194, p. 43. — *Declaration du roy portant oubliance et assoupissement des contraventions qui ont esté faites par aucuns de ses subjets catholiques* (2 janv. 1589), III, 2194, p. 43. — *Lettres d'unyon pour estre envoyées par toute la chrestienté touchant le meurtre commis... envers les personnes de M. le duc de Guyse, etc.* (janv. 1589), III, 2222, art. 8 ; 2194, p. 43. — *Declaration des princes catholiques... pour la remise et descharge d'un quart des tailles et onces* (19 janv. 1589), III, 2194, p. 43. — *Declaration faitte par la Ligue en forme de serment...* (30 janv. 1589), III, 2189, p. 43. — *Lettres patentes du roy sur le mandement de sa gendarmerie* (6 févr. 1589), III, 2194, p. 43. — *Declaration sur l'attentat, felonnie et rebellion du duc de Mayenne*, III, 2219, art. 11 ; 2194, p. 43. — *Declaration sur l'attentat, felonnie et rebellion des villes de Paris, Orleans, etc.* (févr. 1589), III, 2219, art. 9 ; 2194, p. 43. — *Édit du roy par lequel sa cour de parlement qui souloit seoir à Paris est transferée à Tours* (févr. 1589), III, 2194, p. 43. — *Declaration des consuls, echevins, manans et habitans de... Lyon* (24 févr. 1589). — *Articles de l'union jurée et promise par les consuls, echevins, manans et habitans catholiques de Lyon*, III, 2194, p. 44. — *Lettres patentes à M. le seneschal de Poictou* (22, 24 févr. 1589), III, 2194, p. 43. — *Vers adressés au roi par Christofle de Beaujeu* (1589), IV, 2942. — *Le bon François*, par Michel Du Rit (1589), III, 2226. — *La Ligue tres-sainte, tres-chrestienne et tres-catholique* (v. 1589), III, 2227. — *Origine de la maladie de la France* (1589), III, 2229. — *Du Coq à l'Asne sur les tragedies de France* (1589), 795. — *Les vrais Pieges et Moyens pour atraper ce fau heretique et cauteleux grison* (1589), III, 2228, 2243, art. 1. — *Recepte pour la toux du regnard de la France* (1589), 798. — *Le Tyrannicide*, [par Cl. de Kerquifinen] (1589), 799. — *Les Regretz, Complaintes et Confusion de Jean Vallette, dit de Nogaret..., duc d'Espernon* (1589), III, 2222, art. 4. — *La grande Diablerie de Jean Vallette, dit de Nogaret* (même pièce), 796. — *La Confession et Repentance d'Espernon* (1589), 797. — *Lettre du roy de Navarre aux trois estats de ce royaume...* (4 mars 1589), III, 2219, art. 10 ; 2194, p. 43. — *Le Remerciment des catholiques unis faict à la declaration... de Henry de Bourbon* (mars 1589), III, 2222, art. 5. — *Réduction d'Angers, de Nantes, de Rennes, etc.* (mars 1589), III, 2194, p. 44. — *Lettres patentes par lesquelles S. M. a transferée la recepte generalle... d'Auvergne... en la ville de Clermont* (17 avril 1589), III, 2194, p. 44. — *Lettres patentes par lesquelles S. M. a transferé la justice et jurisdiction des grands maistres, etc.* à *Tours* (18 avril 1589), III, 2194, p. 44. — *Declaration du roy de Navarre sur le traicté de la trefve* (24 avril 1589), III, 2194, p. 44. — *Declaration du roy sur la trefve accordée au roy de Navarre* (26 avril), *ibid.* — *Discours sur la treve accordée par le roy Tres-Chrestien au roy de Navarre* (26 avril 1589), III, 2240, art. 7. — *Edit par lequel S. M. declare tous les biens... des duc de Mayenne, duc et chevalier d'Aumalle..., confisquez* (27 avril 1589), III, 2194, p. 44. — *Ce qui se passa depuis le 28. d'avril, que le roy de Navarre partit de Saumur, jusques au 1. jour de may 1589,* III, 2194, p. 44. — *Discours ample et veritable de la defaite obtenue aux fauxbourgs de Tours sur les trouppes de Henry de Valois par Mgr. le duc de Mayenne* (8 mai 1589), III, 2222, art. 2. — *La nouvelle Deffaicte obtenue sur les trouppes d'Henry de Valois... le 8. may 1589, ibid.* — *Vray Discours sur la deffaicte des duc d'Aumalle et sieur de Ballagny... par le duc de Longueville* (17 mai 1589), III, 2219, art. 13. — *Lettre d'un medecin de Paris... contenant la nouvelle de la deffaicte des trouppes du sieur duc d'Aumalle devant Senlis* (17 mai 1589), III, 2230. — *Lettre del seignor Bernardino à M. du Mayne... par laquelle luy faict entendre toutes les particularitez... de la deffaicte de ceux de la Ligue pres Senlis,* III, 2231. — *Lettre d'un gentilhomme de Beausse* [La Place] *à un sien amy* (19 mai 1589), III, 2219, art. 14. — *Lettre du roy de Navarre à messieurs d'Orleans* (22 mai 1589), III, 2219, art. 15. — *Lettres des ligueurs au pape, aux cardinaux, etc.* (23 mai 1589), III, 2251, p. 87. — *Pouvoir des deputez de la Ligue* (24 mai 1589), III, 2251, p. 87. — *Memoires et Instructions à MM. le commandeur de Diou, Coquelei, conseiller, etc., de la part de Mgr. le duc de Mayenne* (25 mai 1589), III, 2251, p. 87. — *Conseil salutaire d'un bon François aux Parisiens...* (fin mai 1589), III, 2251, p. 87. — *Traitté necessaire pour toutes les autres villes et places faisant... profession de la Ligue* (1589), III, 2251, p. 87. — *Le Discours au vray sur la mort et trespas de Henry de Valois* (2 août 1589), III, 2232. — *Discours veritable... de la mort de Henry de Valois,* 1589 (1709), 2251. — *Recit de ce qui s'est passé à Paris, etc.,* 1589, *ibid.* — *La Fatalité de Saint-Cloud,* par le P. B. Guyart (1709), III, 2251, p. 87 ; — réponse à ce factum par J. Godefroy, III, 2188, p. 26, n° 33. — *Le Martyre de frere Jacques Clement,* [par Ch. Pinselet] (1589), III, 2233. — *Oraison funebre,* par Claude de Morenne (1595), V, 3233. — *Portraits* (1584), III, 2515 ; (1744), III, 2188. — Perrot de La Salle parle du roi (1599), IV, 2949. — Sc. de Sainte-Marthe publie des vers qu'il lui avait adressés (1600), IV, 2921.

Henri IV, d'abord duc de Beaumont, puis prince de Navarre, roi de Navarre, enfin roi de France : *Ode sur sa naissance* par Joachim Du Bellay ([1553], 1561), IV, 2892. — *Petit Sommaire de sa vie* (1610), III, 2234. — *Journal du regne,* par P. de L'Estoile (1741), II, 2236, 2236 bis. — *Histoire,* par Hardouin de Péréfixe (1661), III, 2235. — Jean de La Taille lui adresse un sonnet (1572), V, 3317. — *Discours du triomphe des nopces du roy de Navarre avec Mme Marguerite de France* (18 août 1572), III, 2240, art. 1. — *Lettre au pape* (3 oct. 1572). — *Bref à lui adressé par le pape* (1er nov. 1572), III, 2180, 2242, art. 7. — *Ordonnance par laquelle il veut que la religion catholique soit remise en tous les endroits de ses pays* (16 oct. 1572), III, 2179, 2242, art. 7. — Jacques de La Taille lui dédie un sonnet (1573), V, 3317. — *Discours prononcé pour lui,* par Claude Arnoult, devant le pape (9 févr. 1573), III, 2182. — *Declaration de tres-illustres princes les duc d'Alençon et roy de Navarre* (1574), III, 2186. — Florent Chrestien et Jean Dorat lui dédient une édition du poème d'Oppien (1575), IV, 2773. — Il est loué par Estienne Forcadel (1579), IV, 2879. — Stances à lui adressées par Christofle de Gamon (1600), V, 3280. — *Instruction pour traiter avec la reine d'Angleterre et autres princes étrangers protestans, baillée au sieur de Segur,* [réd. par Ph. de Mornay] (juill. 1583), III, 2195. — *Justification baillée au même, ibid.* — *Instruction à M. de Segur, ibid.* — *Lettres aux princes protestans de la confession d'Augsbourg* (31 juill. 1583), III, 2242, art. 1. — *Négociation de M. Duplessis vers le roi Henri III* (août 1583), III, 2195. — *Le Boutefeu des calvinistes* (1584), III, 2242, art. 1. — Lettres à lui adressées par Ph. de Mornay (20 févr., 9 mars 1584), III, 2195. — *Double d'une lettre contenante le* discours de ce qui se passa au cabinet du roy de Navarre... lorsque M. le duc d'Espernon fut vers luy (juill. 1584), III, 2242, art. 3. — *Instruction* à M. le comte de Laval et à M. Duplessis... de ce qu'ils auront à dire à S. M. (13 sept. 1584), III, 2195. — Flaminio de Birague lui adresse des vers (1585), IV, 2939. — *Declaration du roy de Navarre contre les calomnies publiées contre luy*, [rédigée par Ph. de Mornay] (10 juin 1585), III, 2204, 2240, art. 3 ; — (1587), 2194, p. 34. — *Lettre du roy de Navarre au roy* (10 juill. 1585), III, 2194, p. 35. — *Declaration et Protestation du roy de Navarre, de Mgr. le prince de Condé*, etc. (10 août 1585), III, 2209, — (1587), 2194, p. 35. — *Propositions des deputez du roy envoyez au roy de Navarre* (25 août 1585), III, 2194, p. 35. — *Coppie de l'opposition faicte contre l'excommunication* (6 nov. 1585), III, 2194, p. 36. — *Declaration du roy de Navarre sur les moyens qu'on doit tenir pour la saisie des biens des fauteurs de la Ligue* (30 nov. 1585), III, 2194, p. 36. — *Lettres à messieurs des trois estats de la France* (1er janv. 1586), III, 2194, p. 36. — Jean Dorat publie des vers adressés au roi (1586), IV, 2789. — *Advertissement* sur le concile national demandé par lui (1586), III, 2194, p. 40. — *Guerres de la Ligue en Languedoc* (1586-1592), II, 2095, art. 14. — *Ce qui est accordé entre la royne mere du roy et le roy de Navarre* (19 déc. 1586), III, 2194, p. 40. — *Accord et Capitulation faict entre le roy de Navarre et le duc Casimir...* (11 janv. 1587), III, 2242, art. 6. — *Advertissement fait au roy de la part du roy de Navarre et de M. le prince de Condé* (1587), III, 2242, art. 5. — *Protestation et Declaration sur la venue de son armée en France* (14 juill. 1587), III, 2240, art. 2. — *Cantique pour le roy de Navarre sur la... victoire* [de Coutras] (20 oct. 1587), III, 2194, p. 40, n° 13. — *Responce aux principaux articles et chapitres de l'Apologie du Belloy* (1588), III, 2240, art. 6. — *Discours des dessains et entreprises vaines du Roy de Navarre* (19 août 1588), III, 2221, art. 12. — B. de Loque lui dédie ses *Deux traitez* (5 oct. 1588), III, 2219, art. 2. — *Memoires du duc d'Angoulême en 1589*, II, 2095, art. 13. — *Lettre aux trois estats de ce royaume...* (4 mars 1589), III, 2219, art. 10 ; 2194, p. 43. — *Le Remerciment des catholiques unis*, faict à la Declaration de Henry de Bourbon (mars 1589), III, 2222, art. 5. — *Declaration sur le traicté de la trefve* (24 avril 1589), III, 2194, p. 44. — *Declaration du roy sur la trefve accordée au roy de Navarre* (26 avril), *ibid.* — *Discours sur la treve accordée par le roy Tres-Chrestien au roy de Navarre* (26 avril 1589), III, 2240, art. 7. — *Ce qui se passa depuis le 28. d'avril, que le roy de Navarre partit de Saumur, jusques au 1. jour de may 1589*, III, 2194, p. 44. — *Lettre à messieurs d'Orleans* (22 mai 1589), III, 2219, art. 15. — *Advertissement aux François catholiques* (1589), III, 2240, art. 8. — *Le Karesme et Mœurs du politique* (1589), III, 2241, art. 2. — *Lettre escrite à Mme de Tinteville par laquelle on cognoist le but des adherans de Henry de Bourbon...* (1589), III, 2241, art. 4. — *Declaration au passage de la... Loire* (21 août 1589), III, 2189, p. 44. — *Monologue sur la prise de Gex* (1589), 1024. — *Le Fleau de Henry, soy disant roy de Navarre* (1589), III, 2244. — *Metamorphose d'Henry de Bourbon, jadis roy de Navarre faussement... pretendant d'estre roy de France* (1589), III, 2242, art. 7. — *La Prinse de la ville et chasteau de Gournay par Mgr. le duc de Mayenne* (7 sept. 1589), III, 2245. — *Cantique des François implorans l'aide de Dieu contre les liqueurs après la mort du roy Henri III*, par Odet de La Noue (1589), IV, 3187. — *Arrest de la cour de parlement de Paris contre ceux qui tiennent le party de Henry de Bourbon...* (14 oct. 1589), III, 2242, art. 8. — *Les Cruautez commises contre les catholiques de la ville de Vendosme...* (19 nov. 1589), III, 2241, art. 7. — *Lettres de Mgr. le duc de Mayenne... à M. le seneschal de Lyon... pour choisir et eslire deputez...* (1er déc. 1589), III, 2246. — *La Desconfiture des huguenots en l'entreprinse qu'ils avoient dressé contre... Dampmartin* (6 janv. 1590), III, 2241, art. 6. — *La Prinse de la ville et chasteau de Solignac par les sieurs de Marminhac, de Pousols*, etc. (17 janv. 1590), III, 2247. — *Raisons des politiques qui veullent faire Henry de Bourbon roy de France* (1590), III, 2241, art. 3. — *Le Martire et cruelle Mort du prieur des jacobins de Paris*, faict à Tours (23 févr. 1590), III, 2241, art. 1. — *Bulles de N. S. P. le pape Gregoire*

XIIII... *contre toutes personnes suyvans le party de Henry de Bourbon...* (1ᵉʳ mars 1590, enregistrée le 3 juin 1591), III, 2243, art. 3. — *Discours veritable de la victoire obtenue par le roy en la bataille donnée près du village d'Evry* (14 mars 1590), III, 2236, art. 9. — *Discours de ce qui s'est passé en l'armée du roy depuis la bataille donnée pres d'Evry...* (1590), III, 2236, art. 10. — *Discours de ce qui s'est passé en l'armée du roy depuis le 13. du mois d'avril dernier jusqu'au 2. du mois de may* (1590), ibid., art. 11. — *Recit veritable de ce qui s'est passé au voyage du roy... de Dieppe jusques à son retour* (sept. 1590), par Ch. Du Chesne, III, 2236, art. 8. — *Articles accordez, jurez et signez à Melun par Henry de Bourbon...* (avril 1590), III, 2241, art. 5. — *Bref Discours et veritable des choses plus notables arrivees au siege... de Paris* (8 mai-30 août 1590) ; par P. Cornejo, 1590, III, 2248 ; — (1709), 2251, p. 87. — *La Souffrance de la ville de Paris*, (1591), III, 2249. — *Discours de ce qui s'est passé en l'armée du roy depuis son. arrivée devant Paris jusques au 9. de juillet 1590* (1741), III, 2236, art. 12. — *Discours de ce qui s'est passé en l'armée du roy depuis le 23. juillet jusques au 7. août 1590*, III, 2236, art. 13. — *Sommaire Discours de ce qui est advenu en l'armée du roy depuis que le duc de Parme s'est joinct à celle des ennemis jusques au 15. de... septembre 1590*, III, 2236, art. 16. — *Memoire de ce qui est advenu en l'armée du roy depuis le 15. septembre jusques au 4. novembre 1590*, III, 2236, art. 14. — *Discours sur la venue en France, proggrez et retraicte du duc de Parme* (1590), III, 2236, art. 15. — *Memoire de ce qui est advenu en la retraitte et deslogement du duc de Parme* (1590), III, 2236, art. 17. — *Continuation de ce qui est advenu en l'armée du roy depuis la reprinse des faux bourgs de Paris jusques à celle de la ville de Falaize* (1590), III, 2236, art. 18. — *Discours succinct du voyage de S. M. en Lorraine* (janv. 1591), III, 2236, art. 19. — *Le Francophile* [par André Maillard] (6 août 1591), III, 2243, art. 4. — *Discours au vray du siege et de la prise de la ville de Noyon* (26 juill.-19 août 1591), III, 2250. — *Discours sur la mort de M. le president Brisson* (15 nov. 1591), 1595, III, 2253. — *Le doux et gracieux Traictement des partisans du roy de Navarre à l'endroict des catholiques* (févr. 1593), III, 2243, art. 5. — *Arrest donné en la cour de parlement de Paris le 28. juin 1593*, III, 2251, p. 87. — *Copie des lettres du docteur Manclerc envoiées de Paris au docteur de Creil à Rome* (4 août 1593), III, 2251, p. 87. — *Apologie pour le roy Henri IV*, par la duchesse de Rohan, 1593 (1744), III, 2188, t. IV. — *L'Ordre des cérémonies du sacre et couronnement du... roy...* (27 févr. 1594), III, 2243, art. 8 — *Sermons de la simulée conversion... de Henry de Bourbon*, par Jean Boucher (1594), III, 2252. — *Dialogue d'entre le maheustre et le manant* (1594), III, 2251, p. 87. — *Le Testament de la Ligue* (1594), 800. — *Discours de tout ce qui s'est passé à la prise de la ville... de Paris. Ensemble la reduction de la ville de Rouen* (1594), III, 2706. — Nic. Richelet dédie au roi une *Ode sur la reduction de Paris* (1594), IV, 2946. — *Le Purgatoire des prisonniers* lui est dédié (1594), IV, 2961. — Jean Godard dédie ses *Œuvres* au roi (1594), 760. — *Apologie pour Jehan Chastel, Parisien, executé à mort...* ; par François de Verone (29 déc. 1594), III, 2254. — *Discours d'estat sur la blessure du roy*, [par Pontaimery] (1595), III, 2243, art. 6. — *Le Jeu de l'afflac* (1595), 801. — *Discours de la bataille, siege et prise des ville et chasteau de Dourlens* (31 juill. 1595), IV, 3128. — B. Badère lui dédie ses *Meditations* (1595), IV, 2917. — *Lettres patentes pour la confirmation des privileges octroyez... aux Recteurs, etc.. de l'Vniversité de Paris* (1595), III, 2555. — *Discours veritable des particularitez qui se sont passées en la reduction de la ville de Marseille* (1596), III, 2236, art. 20. — *Discours de ce qui s'est passé en la prise de... Marseille*, ibid., art. 21. — *Chanson nouvelle sur la prinse de Calais par les Bourguignons en apvril 1596*, IV, 2977. — *Divorce satyrique*, par P.-V. Palma Cayet (1744), III, 2188, t. IV. — *Stanses sur la venue du roy* [par J. Davy Du Perron] (v. 1597), IV, 2962. — Un anonyme lui dédie le 1ᵉʳ livre du *Verger poetique* (1597), 782. — *Lettres à lui adressées par le cardinal d'Ossat* (m. en 1604), II, 1878. — *Plaidoyé pour les treze Cantons suisses contre les fermiers du gros et huictiesme* (1598), IV, 3127, art. 12. — P. Perrot de La Salle parle du roi (1599), IV, 2949. — Jean Grisel lui dédie ses *Premières Œuvres* (1599), 760. — Noël-Léon Morgard lui présente ses *Propheties pour l'an 1600*, III, 2243, art. 7. — *Sur les nopces du roy et de la royne*, pris du latin de *M. Passerat par M. J. D.* (1600), IV, 2916. — *Discours ou Epithalame sur le mariage du roy* (1600), 802. — *Discours sur l'attentat à la personne du roy*, par Nicole Mignon, par le sieur Du Souhait (mai 1600), III, 2242, art. 12. — *Le Discours veritable de ce qui s'est passé au voyage de la royne depuis son departement de Florence* (1600), III, 2242, art. 10. — *Discours veritable de ce qui s'est passé en la guerre de Savoye* (1600), III, 2236, art. 22. — *Discours veritable de ce qui s'est passé en la guerre de Savoye...* (1600), III, 2240, art. 9 ; — réimpr., 2236, art. 22. — *Commentaires* de Louis Freton, seigneur de Servas (1600-1620), II, 2095, art. 16. — Le roi donne raison aux catholiques lors de la conférence de Fontainebleau (1600), II, 2062. — Vers adressés au roi par Sc. de Sainte-Marthe (1600), IV, 2921. — *Parenetic, ou Discours de remonstrances au peuple françois* (1602), III, 2240, art. 11. — *Arrest de la court de parlement donné contre M. le duc de Biron* (29 juill. 1602), II, 2236, art. 23. — *Regrets sur la mort de Madame, sœur unique du roy* (1604), III, 2261. — P. de Deimier lui dédie *La Nereide* (1605), 766. — Pierre-Victor Palma Cayet lui dédie la *Chronologie septenaire* (1605 et 1609), II, 2705, et la *Chronologie novenaire* (1608), 2704. — *Copie d'une lettre contenant la description de l'entrée triomphale de don Pedro de Tholedo faicte à Fontainebleau...* (19 juill. 1608), III, 2255. — *Le Triomphe du sacre et couronnement du roy*, par Rabouyn (1610), 889. — Vers à lui adressés par S. G., sr de La Roque (1609), IV, 2943. — Vers à lui adressés par N. Rapin (1610), IV, 2944. — Claude Billard lui dédie ses *Tragedies* (1610), II, 1105. — Honoré d'Urfé lui dédie *Astrée* (1610), II, 1528. — *Histoire des amours du grand Alcandre*, 1652 (1744), III, 2188, t. IV. — *Lettres à Mme la duchesse de Beaufort et à la marquise de Verneuil* (1744), III, 2188, t. IV. — *Discours veritable sur la mort de Henry le Grand*, par J. de La Fons (1610), III, art. 13. — Arrest de la court de Parlement contre Franç. de Ravaillac (27 mai 1610), III, 2256. — *Pompe funebre du tres-chrestien... Henry le Grand* [par Claude Morillon] (29 et 30 juin, 1er juill. 1610), III, 2243, art. 10. — *L'Ordre de la pompe funebre observée au convoy... de Henry le Grand* (1610), III, 2243, art. 11. — *Le Convoy du cœur de... Henry le Grand... jusque au college royal de La Fleche* (1610), III, 2243, art. 12. — *La Deploration de la mort lamentable de Henry le grand* (1610), 890, art. 1. — *L'heureuse Entrée au ciel du feu roy Henry*, par Charles de Navières (1610), 890, art. 2. — *Prosopopée de l'assassin* (1610), 890, art. 3. — *Larmes (Les) et Lamentations de la France sur le trespas de Henry IV* (1610), 890, art. 4. — *Monodiae professorum regiorum* (1610), 890, art. 5 ; 891, art. 3. — *Lamentations*, par Isaac de La Grange (1610), 890, art. 6 ; III, 2242, art. 5. — *Sonnet sur la mort de... Henry le Grand*, par Rabouyn (1610), 890, art. 7. — *Stances et Regrets sur la mort de Henry le grand*, par Anth. Cottevaille (1610), 890, art. 9. — *Stances sur la mort du roy*, par Anne de Rohan (1610), 890, art. 8 ; 891, art. 1 ; III, 2243, art. 15. — *Stances sur la mort de Henri le Grand* (1610), 890, art. 10. — *Tombeau de Henry le Grand*, par Claude Garnier (1610), 890, art. 11. — *Henrico magno Lacrymae*, par Jean Bonnefon (1610), 890, art. 12. — *Dirae in parricidam*, par Nicolas Bourbon (1610), 890, art. 14. — *Les Imprecations et Furies contre le parricide*, etc., traduictes du latin de N. Borbonius par J. Prevost (1610), III, 2243, art. 14. — *La Sallade des iniquistes* (1610), 890, art. 15. — Bertaut (Jean), *Stances* (1611), 890, art. 16. — *Tombeau de Henry le Grand*, par Metezeau (1611), 890, art. 17. — *Larmes de tristesse* (1611), 890, art. 18. — *Complaintes funebres*, par Jacques Dorat (1610), 891, art. 2. — *Vers sur le trespas de Henry le Grand* (1611), 891, art. 4. — *Consolatio*, par Charles Faye d'Espesses (1610), 891, art. 5. — Lalavane, *Henrici Magni Manes* (1610), 891, art. 6. — *Complainte sur la mort du roi* (1610), III, 2266. — *Chanson sur le même sujet* (1610), 991, art. 2. — *Larmes sur la memoire de Henry le Grand*, [par J. d'Aultruy] (1610), III, 2259. — *Discours lamentable sur l'attentat et parricide commis en la personne de... Henri IV* [par Pelletier] (1610), III, 2257, 2258. — *Observations mathematiques du nom.*

bre de quatorze... sur la naissance, mort et principales actions de feu Henry le Grand, par Estienne Deselles (1611), III, 2261. — Apotheose, par J. Prevost (1613), II, 1106. — Discours de la statue et representation d'Henry le Grand, par J. Ph. Varin (1614), III, 2243, art. 19. — Meteorologie, ou Excellence de la statue de Henry le Grand (1614), III, 2243, art. 21. — L'Assassinat du roy, ou Maximes du vieil de la montagne vaticane (1615), III, 2243, art. 18. — Portraits (1608), III, 2704 ; (1741), III, 2236.

Henri II, duc de Lorraine en 1608, d'abord marquis de Pont-à-Mousson : poème sur sa naissance, par Jean Tognart (1564), V, 3239. — D. Lombard lui adresse des vers (1591), III, 2335. — Fr. Gribaudet lui dédie la traduction des *Austrasiae Reges et Duces*, ibid.

Henry, musicien (1657-1671), IV, p. 616.

Henry, graveur (1780), 928.

Henry (Abraham), ministre : inscription dans un album (1592), V, 3368.

Henry (Albert), libr. à La Haye (1596), III, 2402 ; (1597), II, 2012 ; (1599), III, 2403 ; (1602), III, 2401.

Henry (Honoré) : *Commentaires* (1565). 719 et *Add.*, V, p. 189.

Henry (Pierre). Voy. *Recueil de Pieces curieuses* (1694-1696), III, 2632.

Henrichemont (Le prince d'), figure dans un ballet (1639), IV, p. 616.

Henricpetri (Johann), impr. à Bâle (1574), cité, III, 2416.

Henriette : vers à elle adressés par Nic. Rapin (1610), IV, 2944.

Henriette d'Angleterre. Voy. Orléans.

Henriette de France, épouse Charles I*er* roi d'Angleterre (1630), III, 2374, art. 9. — D. P. lui dédie le *Mausolée du cardinal de La Rochefoucault* (1645), IV, 3153, p. 534. — Son portrait (1657), 833.

Henri-Frédéric de Nassau, prince d'Orange, remporte un avantage sur le marquis de Spinola (1625), III, 2405, art. 10. — Le gouverneur de Breda lui adresse une lettre (1625), *ibid.*, art. 11. — Il assiège Bois-le-Duc (1629), *ibid.*, art. 16. — Il s'en empare, *ibid.*, art. 18 et 19. — Sa victoire sur une flotte espagnole (1631), *ibid.*, art. 22. — Il défait les Espagnols (1631-1634), *ibid.*, art. 23, 25, 26. — Liste des prisonniers détenus dans son camp (1631), *ibid.*, art. 24.

Henriot et Cie, libr. à Paris (1840), II, 1375.

Henriquez (B.-L.), grav., 1033, 1034 ; II, 1698.

Hephæstion : *Enchiridion*, II, 1061.

Heraclius, tragédie de P. Corneille (1647), II, 1152, 1153.

Hérard [= Héroard?] (Jean) : épitaphe de Ronsard (1586), IV, 2889.

Hérault : généalogie, III, 2495.

Héraclite : *Epistolae* gr. (1499), II, 1873.

Herberay (Nicolas de), seigneur des Essars : vers dans le *Recueil de poësie françoise* (1550), 809. — Epître en tête du *Tombeau de Marguerite de Valois* (1551), 628. — Vers à Jacques Gohory (1560, n. s.), V, 3374. — Vers à lui adressés par Du Bellay (1561), IV, 2900.

Herbert, vice-amiral anglais, combattu par Châteaurenault (1689), IV, 3153, p. 541.

Herbert (Marie) : son épitaphe par Jehan Bouchet (1545), 510.

Herbigny (d'), figure dans un ballet (1645), IV, p. 616.

Herbster (Johann), dit Oporinus, impr. à Bâle, cité par Nicolas Bourbon (1538), IV, 2788 ; (1553), III, 2568 ; (1556), cité, III, 2416. — Vers à Erasme (1553), III, 2568, p. 371. — Ses héritiers (1575), III, 2695.

Hercule, sujet d'une tragédie de J. Prevost (1613), II, 1106.

Hère (de), conseiller au parl. de Paris : vers à lui adressés par J. Le Masle (1580), IV, 2933.

Heredia (José-Maria de) : *Les Trophées* (1907), IV, 2970.

Hérenc (Baudet) : *Le Parlement d'amours*, IV, 2799, art. 13.

Herford (Charles H.), cité, V, 3312.

Héricourt (d') : lettres à lui adressées par M*me* de Simiane (1773), II, 1891.

Hering (A.) et Müller, relieurs, V, 3324.

Heris (Jean) : pièce latine pour la défense de Claude Colet (1537), III, 2594, art. 19.

Hérissant : *Chansons* (1553), 981.

Hérissant (Claude), impr. et libr. à Paris (1759), II, 2095 ; (1760-1764), III, 2360. — Charlotte Barbey, sa veuve (1775), II, 2073 ; (1778), III, 2360 ; (1780-1782), III, 1474.

Hérissant (Jean-Thomas), libr. à Paris (1748), III, 2408 ; (1750-1758), II, 2006 ; (1768-1771), V, 3337. — Sa veuve (1775-1778), V, 3337.

Hérisset (Antoine), graveur, 244, 250, 251, 255 ; II, 2006, 2082 ; III, 2310, 2315, 2317.

Hérissi (Jean de), sieur du Pont : vers à lui adressés par J.-Éd. Du Monin (1583), V, 3272.

Herlin (Michel), joue dans la *Passion*

de Valenciennes (1547), IV, 3010, p. 374.
Herlin (Robert de). Voy. Du Herlin.
Herluison, impr. à Orléans : réimpressions faites par lui (1860), 770 ; (1896), IV, 2980. — Volumes lui ayant appartenu, IV, 2930, 3059, 3073, 3158.
Herman (Jeannot), joue dans la *Passion* de Valenciennes (1547), IV, 3010, p. 376.
Hermier ([Jessé]) : sonnet à J.-Éd. Du Monin (1583), V, 3272.
Hermilly, collabore à la traduction de *La Vida del Buscon* de Quevedo par Restif de La Bretonne (1778), II, 1916, art. 8.
Herminjard, cité, II, 2047, 2048.
Hernais d'Orléans, III, 2628.
Hernandez de Córdoba (Gonzalo), ou Gonzalve de Cordoue : sa Vie par Paolo Giovio (1550), III, 2510. — Son épitaphe par Gabriel Faerno, *ibid.*
Hernandez de Oviedo (Gonzalo) : *Corónica de las Indias* (1547), citée, II, 1996.
Hernault (Anthoine), impr. à Angers (v. 1580), IV, 2844, 2852 ; (1594), III, 2706.
Herndt (Georg) : inscription dans un album (1567), V, 3367.
Héro : épître à Léandre, par S. G., sieur de La Roque (1609), IV, 2943.
Héroard (Jean) : épitaphe de Ronsard (1586), IV, 2889 ; (1623), 668 ; — *Journal*, cité, IV, 3005, p. 366.
Hérodien : extraits de ses ouvrages dans le *Thesaurus cornucopiae* (1496), 316.
Héroët (Antoine) de La Maison Neufve : épitaphe de Louise de Savoie (1531), IV, 2786, 2787. — *Blason de l'œil* (1539), 803 ; (1550), 810 ; (1807), 811. — *La parfaicte Amye* (1542), IV, 2874 ; (1543), 650 ; (1547), 806 ; (1568), 807. — Voy. *La Contr' Amye de court*, par Ch. Fontaine (1543), IV, 2875. — Huitains dans *L'Amour de Cupido et de Psiché* (1546), III, 2567. — *L'Androgyne de Platon* (1547), 806 ; (1559), V, 3213 ; (1568), 807. — *Invention extraicte de Platon*, ms., IV, 2965, art. 185. — *Complaincte d'une dame surprise nouvellement d'amour* (1547), 806 ; IV, 2965, art. 28 (ms.). — Vers adressés à Héroët par Du Bellay (1549, 1561), IV, 2890. — Vers dans les *Traductions de latin* (1550), 808. — Il est loué par Pontus de Tyard (1551), IV, 2908. — *L'Accroissement d'amour* (1568), 807. — Il est cité par Guy Le Fèvre de La Boderie (1578), IV, 3183.
Herolt (J.), dit le Disciple : *Promptuarium, Sermones*, cités, III, 2538.
Herpin (T.-G.) : volumes lui ayant appartenu, IV, 2867, 2868, 2876, 2877, 2878, 2910, 2948, 3000 ; V, 3275.
Herrera y Ribera (Rodrigo de) : *Del cielo viene el buen rey*, cité, IV, 3016.
Herron (Louys) : *La Liesse* (1636), 826.
Hersan (Antoine) : *Oratio in funere Michaëlis Tellerii* (1686), 372, art. 1. — Traduction française (1688), 372, art. 2.
Hersent, peintre et dessin., II, 1909.
Hersin (Simon), cité par Guill. de Poëtou (1565), III, 2605.
Herson (E.), dessin., II, 1072.
Hervé (Philippe) : vers latins à la fin du *Chronicon burdigalense* de Gabriel de Lurbe (1590), IV, 3169, p. 565.
Hervet (Gentien), épître à Jean-Louis Micqueau (1560), II, 2103 ; III, 2652. — Sa polémique avec le même, II, 2103.
Hervy (J.), curé de S. Jean-en-Grève, approuve le *Discours espouventable de l'horrible tremblement de terre*... (1579), III, 2341.
Hesbert (Clement), compose des vers pour le *Puy du souverain amour* (1543), 804.
Hésiode : *Theogonia, Scutum Herculis, Georgica* (1496), 394. — *Les Œuvres et les Jours*, traduits en vers français (1547), IV, 2772. — Paraphrase du premier livre, par Pierre Sorel (1566), 722.
Hesse (Louis, landgrave de), cité (1620), III, 2420, art. 35 et 36. — *Articles accordez entre le marquis de Spinola et les princes protestants* (1621), *ibid.*, art. 53. — *Vertrags Artikul, ibid.*
Hessein (Pierre), auteur présumé d'une traduction des *Novelas exemplares* (1700), II, 1756.
Hesselin (Louis), figure dans des ballets (1653-1658), IV, p. 616.
Hesteau (Clovis), sieur de Nuiscement : *Œuvres poëtiques* (1578), 743. — Vers récités devant le roi le 6 février 1578, IV, 2968. — Sonnet à la reine de Navarre (1578), IV, 2932. — Il est cité par Guy Le Fèvre de La Boderie (1578), IV, 3183. — Vers à Flaminio de Birague (1585), IV, 2939. — Sonnet dans le *Tombeau de M. de Givry* (1594), V, 3277.
Hetzel (Jules), dit en littérature, P.-J. Stahl, libr. à Paris (1842), III, 2300 ; (1851), II, 1394 ; (1856), II, 1408 ; (1857), II, 1408, publie, sous le pseudonyme de P.-J. Stahl, les

Maximes de Chamfort (1857), II, 1865.
Heuberger (Ursus), libr. à Soleure (1712), 849.
Heudicourt (Bonne de Pons, marquise d'), danse dans un ballet (1666), IV, p. 617.
Heudon (Audebert) : vers à Jean Godard (1594), 760.
Heudon (Jean) : vers à Jean Godard (1594), 760.
Heugé, musicien (1664), IV, p. 617.
Heukenkamp (Ferd.), cité, 577, *Add.*
Heuland, dessin., III, 2523.
Heuland (d'), grav. géographe (1730), II, 1987.
Heulhard (A.), cité, III, 2306.
Heuqueville (Jean de), libr. à Paris (1629), II, 1942. — Marguerite Meusnier, sa veuve (1634), II, 1935.
Heuqueville (Louis de), libr. à Paris (1634), II, 1935.
Heures abrégées (ms.), IV, 2751.
Heures à l'usage d'Amiens (v. 1508), 21 ; — à l'usage de Beauvais (v. 1502), IV, 2741 ; — à l'usage de Paris (v. 1488), 22 et *Add.* ; — à l'usage de Reims (v. 1513), 20 ; — à l'usage de Rome (1498), 17 ; (v. 1501), 18 ; (1503), 19.
Heures de la Vierge (ms. fin du xiv siècle), IV, 3154 ; — à l'usage de Rome (1491), 25 ; (1502), 26 ; (1504), 27 ; (1525), 28 ; (1538), 29 ; (1542), 30 ; — à l'usage de Rouen (ms.), 31 et *Add.* ; — à l'usage des chartreux (1514), 33.
Heureux (d'), danseur (1657-1664), IV, p. 617.
Heurn (Jan) : inscription dans un album (1598), V, 3372.
Heurtault de Lammerville : généalogie, III, 2495.
Heurtevin (Jean), cité par J. Dorat (1586), IV, 2789.
Heusinger (Andreas) : inscription autrefois existante dans un album (v. 1564), V, 3366.
Hevin (P.) : vers à J. Prévost (1614), II, 1106.
Hibbert (George) : volumes lui ayant appartenu, III, 2634 ; IV, 3094.
Hidieu, danseur. Voy. Eydieu.
Hieber (Daniel), d'Augsbourg : inscription dans un album (1564), V, 3365.
Hiéronyme de Lyon. Voy. Jérôme.
Higman (Nicolas), impr. à Paris (1517), III, 2635 ; (1533), II, 2090.
Hilaire (Henry), chanteur (1671), IV, p. 617.
Hilaire (Hilaire Du Puy, dite Mlle), chanteuse (1658-1671), IV, p. 617.
Hylaire (Laurent), impr. à Lyon (1515), II, 1067 ; cité, IV, 3161.
Hildebrand, pape, V, 3211, 3212, art. 6.

Himmelberg (Johann Andreas von), chevalier carinthien, page de l'archiduc Léopold (1657), V, 3367.
Hindterhoffer (Wolf), de Vörkelprunk : inscription dans un album (1572), V, 3365.
Hippocrate : *Epistolae* gr. (1499), II, 1873. — *Le Livre de la nature humaine* (1548), cité, III, 2318.
Hippocrate dépaïsé (1654), 971.
Hippolyte, sujet d'une tragédie de Robert Garnier (1573, 1585), II, 1096, 1095.
Hirlant (Robert) : épître à lui adressée par Jehan Bouchet (1545), 511.
Hissalènes (René d'), anagr. d'Henry de Sassefen (1543), 804.
Histoire abregée des martirs françois (1684), II, 2041.
Histoire admirable advenue en la ville de Thoulouse (1623), II, 1731.
Histoire amoureuse des Gaules (v. 1665), II, 1684 ; (v. 1734), 1685 ; (1754), 1686.
Histoire comique de Francion (1623), III, 2628 ; (1636), 2629.
Histoire (La vraye) contenant l'inique jugement et fausse procedure faite contre... Anne Du Bourg (1560), IV, 3101.
Histoire de ce qui est advenu depuis le partement du duc de Guise (1562), III, 2155.
Histoire de Constantinople (1672-1674), II, 2083.
Histoire de Guilleaume (v. 1760), II, 1819.
Histoire de la guerre civile en Languedoc (1560-1589), II, 2095, art. 7.
Histoire de l'amour feinte du roi pour Madame (v. 1724), II, 1685.
Histoire de l'ancien Tobie (v. 1720), 13 et *Add.*
Histoire de l'estat de France (1576), III, 2149.
Histoire de Mahomet IV depossedé (avril-mai 1688), III, 2524.
Histoire de Mrs Jean de Boucicaut (1620), III, 2096.
Histoire de nostre temps (1648), III, 2708.
Histoire des amours du grand Alcandre (1652, 1744), III, 2188, t. IV.
Histoire des deux derniers sieges de La Rochelle, [1573 et 1627] (1630), III, 2280.
Histoire des intrigues amoureuses de Moliere (1697), II, 1224.
Histoire des martyrs (1597), II, 2040.
Histoire des nouveaus presbyteriens anglois (1660), II, 2042.
Histoire de Soliman III (juin 1688), III, 2528.
Histoire des oracles (1686), II, 2005.
Histoire des troubles des Cevennes (1760), II, 2037.

Histoire des Traités de Paix de Westphalie (1739), III, 2544.
Histoire (La vraye et entiere) des troubles et choses memorables avenues... depuis l'an 1562 (1572), III, 2152 ; (1578), 2153.
Histoire du chevalier des Grieux et de Manon Lescaut (1731), II, 1555 ; (1733), 1556 ; (1753), 1557, 1558 ; (1797), 1559.
Histoyre (La plaisante et joyeuse) du grant geant Gargantua (1542), II, 1509.
Istoire (L') du noble Sampion, duc d'Orleans (ms. du XVIe siècle), III, 2623.
Histoire d'un pou françois (1781), II, 1820.
Histoire du roi de Bohême (1830), II, 1821.
Hystoire (L') du sainct Greaal (1516), II, 1487.
Histoire du siege de Bude (oct. 1686), III, 2524.
Histoire du siege de Luxembourg (juin 1684), III, 2524.
Histoire du siege de Toulon (oct. 1707), III, 2524.
Histoire du siege du Chasteau de Namur (juin 1692), III, 2524.
Histoire du soulevement des fanatiques dans les Sevenes (1713), II, 2034.
Histoire du Vieux et du Nouveau Testament, 1700. Voy. Martin (David).
Histoire ecclesiastique des Eglises reformées (1580), II, 2038.
Histoire et Aventures du baron de Munchhausen (1842), II, 1769.
Histoire (L') et Discours au vray du siege qui fut mis devant la ville d'Orleans le XII. jour d'octobre 1428 (1576), II, 2100 ; (1606), 2101 ; — sous un nouveau titre (1610), 2102.
Histoire (La vraye) et non fabuleuse du prince Syach Ysmaïl (1533), II, 2090. Cf. III, 2635, p. 445. Voy. aussi Rotta (Giov.).
Histoire horrible et effroyable d'un homme plus qu'enragé (1619), 120.
Histoire journaliere de quatre victoires du roy de Suede (1631), III, 2420, art. 85.
Histoire journaliere du siege de Bergues sur le Zoom (1623), III, 2405, art. 5.
Histoire lamentable d'une jeune damoiselle... de Bourdeaux (1618), 119.
Histoire memorable de la persecution et saccagement du peuple de Merindol et Cabrieres (1556), II, 2033 et Add.
Histoire merveilleuse et espouventable d'un monstre engendré dans le corps d'un homme... (1622), II, 1728.
Histoire miraculeuse avenue au mont S. Sebastien (1552), 641.
Histoire miraculeuse advenue en La Rochelle (1613), II, 1726.
Histoire miraculeuse et admirable de la comtesse de Hornoc... (1616), citée, II, 1725.
Histoire (L') moderne du prince Syac Ysmaïl. Voy. Rotta (Giovanni).
Histoire naturelle et morale des Antilles (1681), II, 1983.
Histoire nouvelle et facetieuse de la femme d'un tailleur d'habits (1625), II, 1796, art. 6 ; 1806.
Histoire prodigieuse et admirable arrivée en Normandie... (1618), III, 2338.
Histoire prodigieuse et admirable d'un homme, Provençal de nation (1618), II, 1727.
Histoire (Brefve) touchant la prise de la cité de Besançon (1575), III, 2190.
Histoire tragicque d'un jeune Gentilhomme et d'une grand'dame de Narbonne (1611), 116.
Histoire tragique et pitoiable sur la mort d'une jeune damoiselle (1623), 121.
Hystoire tresrecreative... du... chevalier Theseus de Coulongne (1534), II, 1498.
Histoire tres-veritable de ce qui est advenu en ceste ville de Paris depuis le 7. de may 1588 jusques au dernier jour de juin, III, 2221, art. 2 ; 2251, p. 87.
Histoire veritable de la Conspiration de Guillaume Parry en 1584 (1587), III, 2194, p. 33.
Histoire veritable de la duchesse de Chatillon (1699), II, 1688.
Histoire veritable de la prinse de Marseille par ceux de la Ligue, les 9-11 avril 1585 (1587), III, 2194, p. 34.
Histoire veritable du combat et duel assiné entre deux damoiselles (v. 1625), II, 1796, art. 23.
Histoire veritable du siege du Fort fait en Irlande, 1580 (1758), III, 2195.
Histoire veritable et lamentable d'un bourgeois de Paris, cruellement martyrisé par les juifs (1652), II, 2071, art. 2.
Histoire veritable et naturelle des mœurs et productions du pays de la Nouvelle France (1664), II, 1970.
Hystoires (Les cent) de Troye (1522), IV, 2803.
Histoires (Dix) du Nouveau Testament (1547), IV, 2739.
Historia (en italien). Voy. *Istoria*.
Hobier (Ith.): sonnet à M. Guy, de Tours (1598), IV, 2948.

Hoboken (Johann von) : inscription dans un album (1567), V, 3365.
Hobterre. Voy. Hottere.
Hocart : généalogie, III, 2495.
Hochart : dessins lui ayant appartenu, 229.
Hochereau, libr. à Paris, au Phénix (1765), III, 2310.
Hochfeder (Gaspard), impr. à Metz (1517), 529.
Hochfelden (Paul von) : inscription dans un album (1567), V, 3365.
Hodeneau de Brévignon : généalogie, III, 2495.
Hoë (Leonhard) : inscription dans un album (v. 1568), V, 3365.
Hoe (Robert) : volumes lui ayant appartenu, V, 3302, 3330.
Hoey (Nicolas d'), peintre flamand : portraits des quatre derniers ducs de Bourgogne de la maison de Valois (1587), III, 2353. — Portrait du sieur Gaulard (1614), II, 1779.
Hoet (Gerhard), dessin., 12.
Hoffmann : 2 pièces de lui dans les *Chants et Chansons popul. de la France* (1843), 1014.
Hoffmann (Ernst Theodor Wilhelm) : *Contes fantastiques* (1830-33), II, 1770 ; — sa *Vie* par Loève Veimars (1833), 1770 ; — son portrait, *ibid*.
Hofreiter (Isaac) : inscription dans un album (1565), V, 3365.
Hogenberg, dessin. et grav., IV, 3101.
Hohenfels (Wolfgang Philipp, Freiherr von), Herr in Reispolzkirch, etc. : inscription dans un album (1565), V, 3365.
Hohenlohe (George-Frédéric, comte de) : il est mis au ban de l'Empire (1621), 2420, n° 51.
Hoym (Le comte de) : Lenglet-Dufresnoy lui dédie son édition des *Œuvres* de Cl. Marot (1731), 616. — Volumes lui ayant appartenu, 335, 412, 469 ; II, 1241, 1514, 1518, 1535, 1903, 1905.
Holbach (Paul-Thyrry, baron d'), collabore à l'*Encyclopédie* (1751-1777), III, 2523, p. 281.
Holbein (Hans) le jeune, peintre, cité par Nic. Bourbon. — Portraits dessinés par lui (1538), 609, 615 ; III, 2506 ; IV, 2788. — Figures diverses, 15, 16, 237.
Holder (Wilhelm) : inscription autrefois existante dans un album (v. 1564), V, 3366.
Höldt (Johann) : inscription dans un album (1568), V, 3365.
Holehain (Le sieur d'), capitaine de Philippeville (1565), III, 2605.
Hollande : histoire, III, 2375-2407, 2711, 2712 ; IV, 3134, 3135. — Expéditions maritimes, II, 1922, 1962. — Inondations (1530), IV, 3134.

Hollyband (Claudius). Voy. Saint-Lien (Claude de).
Holoferne, tragédie jouée au mariage de Philippe III, roi d'Espagne (1599), citée, III, 2436.
Hologne (Grégoire de), dit Holonius : *Lambertias* (1556), II, 1068, art. 6. — *Laurentias* (1556), *ibid.*, art. 7. — *Chatharina* (1556), *ibid.*, art. 5.
Holywood (John), ou de Sacro Bosco : *Traicté de la spere* (v. 1525), 202.
Holpp (Ulrich) : inscription autrefois existante dans un album (v. 1564), V, 3366.
Holstein (X. de), femme de Louis de Rabutin, marquis de Prémonville (1684), IV, 3149.
Holster : *Epitaphes de Cossé-Brissac* (1564), 813.
Holtmans (Laurent), de Wesel : inscription dans un album (1564), V, 3365.
Höltzel (Hieronymus), impr. à Nuremberg (1500), II, 1066.
Holtzer (Johann) : inscription dans un album (1564), V, 3366.
Home (David) : *L'Assassinat du roy* (1615), III, 2243, art. 18.
Homère : *Ilias et Odyssea* (1656), 395. — *Le quatorziesme Livre de l'Iliade prins du grec* par Ant. de Cotel (1578), 745. — *Les XXIV Livres tradnits* par Hugues Salel et Amadis Jamin (1580), IV, 2771. — *Le premier et le second Livres de l'Odyssée*, trad. par J. Pelletier (1547), 699 ; (1580), IV, 2771. — Estienne Forcadel parle d'Homère (1570), IV, 2879. — Du Fresny le compare à Rabelais (1742), II, 1519.
Homme (L') aux quarante écus (1768), II, 1570.
Hondius. Voy. De Hond.
Hongre (Pierre), impr. à Lyon (v. 1490), cité, V, 3237.
Hongrie : le roi est défié par le sultan (1526), IV, 3142. — Les Turcs y sont défaits (1595), IV, 3142 ; (sept. 1687), III, 2524.
Honneurs (Les) et Triomphes faits au roy de Pologne (1574), III, 2425.
Honneurs (Les) funebres rendus à la memoire de... Condé (1687), 373, art. 2.
Honold (Jakob) : inscription dans un album (1635), V, 3366.
Honorat (Barthelemy), ou Bartolommeo Onorati, libr. à Lyon (1583), III, 2516 ; (1587), II, 1838 ; (s. d.), II, 2708.
Honoré (Le P.) de Paris, approuve l'*Histoire* publiée par le P. Claude d'Abbeville (1614), II, 1991.
Hoochstraten (Michel van), dit Hillenius, impr. à Anvers (1516), 492, art. 1 ; (1536), III, 2720.

Honte (La) de Babilon (1612). Voy. Chamier (Daniel).

Hoogheland (Jean de) : sonnet à Estienne Du Tronchet (1615), II, 1876.

Hoogenhuyse (André van), libr. à Amsterdam (1684), II, 2041.

Hope (William) : volumes lui ayant appartenu, 238.

Horace, *Opera* (v. 1471), 408. — Trois *Odes* traduites par Jacques Peletier (1547), 699. — *Ode* traduite en vers mesurés par Jean Passerat (s. d.), IV, 3197, p. 586. — *Art poétique*, traduit par Jacques Peletier (1545), IV, 2774. — *Œuvres* traduites en vers par le comte Siméon (1873-1874), III, 2573. — *Parallele d'Horace, de Boileau et de Pope*, par Voltaire (1764), 930.

Horaces (Les), sujet d'une tragédie de Pietro Aretino (1546), II, 1465 ; — sujet d'une tragédie de P. Corneille (1641), II, 1144 ; (1647), II, 1123.

Horst (Gregor) : inscription dans un album (1635), V, 3366.

Hotot (Saturnin et Laurens), impr. à Orléans (1610), III, 2258.

Hotterre, musicien (1659), IV, p. 617.

Hotterre (Colin), flûte et basson (1671), *ibid.*

Hotterre (Jean), flûte (1663-1668), *ibid.*

Hotterre (Louis), flûte et hautbois (1663-1671), *ibid.*

Hotterre (Martin), flûte et basson (1664-1671), *ibid.*

Hotterre (Nicolas), flûte et basson (1663-1671), *ibid.*

Hotterre (Les quatre) cités en 1664, *ibid.*

Houdenc (Jean), libr. à Paris (1622), II, 1796, art. 18.

Houdry (Mlle), citée par M. Guy, de Tours (1598), IV, 2948.

Houfflin, contresigne la *Responce des deputez des Estats generaux assemblés en Anvers* (1579), III, 2384.

Houic (Antoine), libr. à Paris (1572), IV, 3190.

Houlier : son *Oraison funebre* par le président Rebours (1596), V, 3234.

Houlier (Jacques), médecin, cité par Guy Le Fèvre de La Boderie (1578), IV, 3183.

Houllier (Jehan), secrétaire de l'évèque de Chalon (1532), IV, 3091.

Houlx (Le Verdier du), II, 1842.

Houry (Jean d'), libr. à Paris (1668), 148.

Hourlier, écuyer, sieur de Méricourt : Molière lui dédie le *Dépit amoureux* (1663), II, 1182.

Houssaye (Henry) : volume lui ayant appartenu, V, 3251.

Houst (Antoine), Luxembourgeois : inscription dans un album (1564), V, 3365.

Houzé (Jean), libr. à Paris (1584), II, 1701.

Hove (Jean van), d'Anvers : Gabriel Meurier lui dédie *La Perle de similitudes* (1583), II, 1866.

Howard (Catherine), sujet d'un drame d'Al. Dumas (1834), II, 1369.

Howe (Robert) : pièces latines en tête de la *Panthée* de C. J. de Guersens (1571), IV, 3023.

Hozier (d') : notice généalogique, III, 2495.

Hozier (Pierre-Louis d') : *Armorial général de la France* (1738-1768), III, 2495.

Hozier (Ambroise-Louis-Marie), essaie de continuer l'*Armorial général*, III, 2495.

Hozier de Sérigny (Antoine-Marie) : continuateur de l'*Armorial général de la France* (1752-1768), III, 2495.

Hu (A. de), de Metz, élève de Nicolas Du Puis (v. 1510), V, 3228.

Huart (Pierre-Michel), libr. à Paris (1726 ?), III, 2487 ; (1723), *ibid.* ; (1738), 325 ; (1739), II, 1549 ; (1742), II, 1303 ; — associé de Moreau fils (1748), II, 2080 ; (1747), II, 1549.

Hubant (La veuve de Robert), libr. à Amiens (1671), 74.

Huber (Martin), Epigramme latine à Posthius (1563), 411.

Hubert, tué à la Saint-Barthélemy (1572), IV, 3191.

Hubert, assassin (v. 1633), IV, 3153, p. 531.

Hubert (André), acteur (1664-1671), IV, p. 618.

Hubert (Françoise) : vers à Robert Garnier (1574), II, 1097.

Hubert (J.-J.), grav., 848 ; III, 2298.

Huby (François), impr. à Paris (1610), III, 2257 ; (1614), II, 1991 ; (1623), III, 2475.

Huby (Pierre), impr. à Paris (1602), III, 2240, art. 15.

Hubin, émailleur du roi (juin 1687), III, 2524.

Hübner (Bartholomaeus) : vers en tête des *Icones Germanorum* de Nicolas Reusner (1589), V, 3370.

Hübner (Peter) : inscription dans un album (1583), V, 3368.

Hudry-Menos, critique, II, 2035.

Hue (Renée), citée par Michel Guy, de Tours (1598), IV, 2948.

Huerta, cité (1676), II, 1828.

Huet (Jeannot), joue dans la *Passion* de Valenciennes (1547), IV, 3010, p. 376.

Huet (Paul), dessinateur et peintre, II, 1072 ; V, 3221.

Huet (Pierre), libr. à Paris, successeur de la veuve Barbin (1712), II,

1317 ; (1714), II, 1546 ; (1714-1715), III, 2524.
Huet (Pierre-Daniel), lettres autographes à Ménage (1660-1690), II, 1884. — *Traité de l'origine des romans* (1670), II, 1535, 1536. — *Etymologies*, 318. — *Diane de Castro* (1728), II, 1539.
Huet (Vincent), libr. à Nantes (1588), 1743.
Hugand (Vincent), élu de Mâcon (1546), IV, 2876.
Hügel (Carl) : épigramme latine à Posthius (1563), 411.
Hugo : notice généalogique, III, 2495.
Hugo (Victor) : *Odes* (1822). 870. — *Nouvelles Odes* (1824), 870. — *Le Sacre de Charles dix* (1824), 871. — *Odes et Ballades* (1826), 870. — *Bug Jargal* (1826), II, 1605. — *A la colonne de la place Vendôme* (1827), 872. — *Les Orientales* (1829), 873. — Préface pour le *Sylphe* de Ch. Dovalle (1830), 880. — *Hernani* (1830), II, 1360. — *Notre-Dame de Paris* (1831), II, 1606. — *Le Roi s'amuse* (1832), II, 1361. — Dessins de costumes pour le drame de *Lucrèce Borgia*, par Louis Boulanger (1833), II, 1463. — *Etude sur Mirabeau* (1834), III, 2513. — *Les Chants du Crépuscule* (1835), 871. — *Ruy Blas* (1838), II, 1362. — *Les Rayons et les Ombres* (1840), 876. — *Le Retour de l'empereur* (1840), 877. — *Les Burgraves* (1843), II, 1363. — *Les Contemplations* (1856), 878. — Vers dans *Le Parnasse satyrique du XIX⁰ siècle* (s. d.), 962. — *L'Ane* (1880), 879.
Hugon, musicien. Voy. La Chapelle (Hugon de).
Hugonis (Jacques), cité comme théologien par Guy Le Fèvre de La Boderie (1578), IV, 3183 ; — cité par Jean Dorat (1586), IV, 2789.
Hugon (Jean Hugonis, ou) : Ant. Valet lui dédie son *Chant triumphal* (1569), 730.
Hugot (Nicolas), dit de La Borde, complice de Salzedo (1582), III, 2396.
Huguenet aîné, violon (1661-1671), IV, p. 618.
Huguenet cadet, violon (1669-1671), *ibid.*
Hugues, peintre. Voy. Vander Goes.
Hugues, chef cévenol, pillé par Henri Arnaud dans son *Histoire de la glorieuse rentrée des Vaudois* (1710), II, 2035.
Hugues de Beaujeu : notice généalogique, III, 2495.
Huguet de Graffigny : armes de cette famille, III, 2532.

Huguetan (Gilles et Jacques), impr. à Lyon (1538), IV, 2742.
Huguier (Jehan) : épigrammes latines à la fin du *Rabais du caquet de Fripelippes et de Marot* (1537), III, 2594, art. 6 ; (1539), 621, art. 8.
Huyberts (C.), graveur, 12.
Huillard : volumes lui ayant appartenu, 603, 628 ; II, 1064.
Huillard (François), sieur de L'Aumonderie : son épitaphe (1623), 939.
Huys ter Eem, assiégé par le comte de Berg (1629), III, 2405, art. 16.
Huldrich (Jakob) : inscription dans un album (1583), V, 3368.
Huleu (Le), à Paris (1570), IV, 2957.
Hullier (Alain), jurisconsulte : son épitaphe (1579), IV, 2879.
Hullin (Maurice), cité par Fr. Habert (1549), IV, 2868.
Hulpeau (Jean), libr. à Paris (1569), III, 2607 ; IV, 3179 ; (1573), 788 ; cité, II, 2154.
Hulst, prise par les Espagnols (1596), 761.
Humbard (Claude), tué à Besançon (1575), III, 2190.
Humbert, danse dans un ballet à Dijon (1627), II, 1151 ; IV, p. 618.
Humblot (A.), dessin., II, 1978, 1987, 2082 ; III, 2347.
Humblot (Denis), libr. à Paris (1772), II, 1916, art. 7 ; (1776), *ibid.*, art. 10 et 11.
Hume, pseudonyme de Voltaire (1760), II, 1329.
Humières (Charles-Hercule de Crevant, marquis d'), figure dans le *Ballet du roy* (1619), II, 1449 ; IV, p. 618.
Humières (Louis de Crevant, marquis d'), plus tard maréchal et duc, figure dans des ballets (1653-1664), IV, p. 618.
Humières (Le marquis d'), danse dans un ballet (1681), IV, p. 618.
Hundt von Lauterbach (Jakob) : inscription dans un album (1566), V, 3365.
Hupfuff (Mathis), impr. à Strasbourg (1515), cité, IV, p. 45.
Huquier (G.), graveur et marchand d'estampes (v. 1725-1735), 254, 255.
Hurault (François) : épître sur sa mort (1590), citée, 628.
Hurault (Henry), cité par Jean Dorat (1586), IV, 2789.
Hurault (Jacques) de Cheverny, ambassadeur à Florence, assiste au concile de Pise (1511), IV, 3095.
Hurault (Michel), sieur du Fay : *Excellent et Libre Discours sur l'estat present de la France* (1588), III, 2194, p. 42 ; 2251, p. 87.
Hurault (Philippe), vicomte de Che-

verny, garde des sceaux, puis chancelier : Jean Le Masle lui dédie son *Brief Discours sur les troubles* (1578), IV, 3185. — Estienne Forcadel lui adresse des vers (1579), IV, 2879. — Jean Le Masle lui adresse des vers (1580), IV, 2933. — La Popelinière lui dédie *Les trois Mondes* (1582), II, 1959. — Joachim Blanchon lui adresse des vers (1583), IV, 2938. — Robert Garnier lui dédie *Bradamante* (1585), II, 1095. — Il est cité par Jean Dorat (1586), IV, 2789. — François Le Poulchre lui adresse des vers (1587), V, 3274. — Nic. Rapin lui adresse des vers (1610), IV, 2944.
Hurault (Raoul), cité par Jean Dorat (1586), IV, 2789.
Huré (Sébastien), libr. à Paris (1662), 62 ; (1683), II, 1975.
Hurel, joueur de théorbe (1661), IV, p. 618.
Huret (Gr.), grav., 187.
Hurluze : vers à M. de Tournabons (1628), II, 1796, art. 14.
Hurtado de Mendoza (Diego) : lettre à Gio. Giorgio Trissino (1540), IV, 3078. — P. Manuzio lui dédie son édition des œuvres philosophiques de Cicéron (1555), II, 1902, art. 2.
Hurus (Pablo), impr. à Saragosse (1495), 201.
Hus (Jan) : son portrait (1581), II, 2039.
Huss (Jean), de Liège : inscription dans un album (1565), V, 3365.
Husz (Mathieu), impr. à Lyon (v. 1490), cité, IV, p. 67.
Husse (d'), figure dans un ballet (1681), IV, p. 618.
Husson (P.), libr. à La Haye (1726-1731), III, 2544.
Huth (Alfred et Henry) : volume leur ayant appartenu, V, 3315.
Hütten (Ulrich von) : *Nemo* (1512 ou 1513), 566. — *Le Misaule* (1585), 181.
Hütten (Wolfgang Ludwig von) : Bertelli lui dédie la 2e partie de ses *Diversarum Nationum Habitus* (1592), 240.
Huvin (Jehan), libr. à Rouen (1508), cité, II, 2105.
Huvin (Pierre), libr. à Rouen (v. 1503), cité, II, 2105.
Huxatime : vers dans *Le Cabinet des Muses* (1619), 974.
Huzard (Jean-Baptiste) : volumes lui ayant appartenu, 304 ; III, 2563 ; V, 3278.
Huzard-Courcier, impr. à Paris (1824), III, 2514.
Hylacomylus (Martin). Voy. Waltzemüller.
Hymne de la paix (1614), 892.

Hymnes des principales festes de l'année, ms., 35.
Hymnes, traduites en vers par Ch. de Navières (1580), V, 3205.
Hymnes, traduites en vers par Ph. Des Portes (1603), V, 3206.
Hymnus de sancto Johanne Evangelista (1543), III, 2537.
Hyperius (F. André) : vers à Érasme (1553), III, 2568, art. 14.
Hypnerotomachia Poliphili (1499), II, 1743.

Iberville (d'), voyageur, II, 1974.
Ibrahim, sultan : ses visions (1641), III, 2181.
Ibrahim-Pacha : *Harengue à Ferdinand, l'empereur* (1563), III, 2419.
Icones Historiarum Veteris Testamenti (1538), 15 ; (1547), 16.
Iena. Impr. et Libraire. Beitmann (Jean), 1617.
Ignace (Saint) de Loyola : *Miracle fait par lui* (1610), II, 2027. — *Sa Vie*, par le P. Bouhours (1679), II, 2026.
Ignace (Dom), éditeur de l'*Histoire de la ville de Rouen* (1731), III, 2337.
Ilarian (Papin), traduit en romain l'*Histoire des troubles de Moldavie*, de J. Baret (1863), III, 2429.
Illiers (d') : vers à lui adressés par Du Bellay (1559), IV, 2896.
Illiers (Antoinette d'), baronne de Clervaulx : épitre à elle adressée par Jehan Bouchet (1545), 511.
Illiers (Le marquis d'), figure dans un ballet (1651), IV, p. 618.
Illusion (L') comique, comedie (1639), II, 1137.
Image (L') du monde (1517), 434.
Imbert (Barthélemy), collabore au *Mercure de France* (1778), III, 2524, p. 314 : en devient le principal rédacteur (1788), p. 316.
Imbert (Gérard-Marie) : vers à lui adressés par P. de Brach (1576), IV, 2931.
Imbert (Paul), pilote, captif au Maroc (1629), II, 1945.
Im Hof (Constantin) : inscription dans un album (1590), V, 3368.
Imitatione (De) Christi (vers 1653), 56 ; — trad. en vers français par P. Corneille (1656), 57, 58 ; — trad. par Le Maistre de Sacy (1690), 59 ; — trad. par l'abbé de Choisy (1692), 60.
Immaculée (L') Conception de Turpenay, abbaye, IV, 3096, art. 130.
Imprimerie de la Gazette de France (1764-1769), IV, 3153, p. 545.
Imprimerie de Monsieur, à Paris (1785), II, 1675 ; (1789), II, 1901 ; (1791), II, 1901. Voy. Didot (Pierre-François), le jeune.
Imprimerie de la Société typogra-

phique, à Paris (1802), II, 1916, art. 35.
Imprimerie du Cercle social à Paris, II, 1916, art. 33.
Imprimerie royale à Paris (1673), II, 1193; (1679), II, 1209; (1691), II, 2045; (1698), 64; (1699), 65; (1745), 908; (1749), 189; (1787), II, 1504; (1722), II, 2015.
Imprimeries particulières. Voy. Aubigné (Théodore-Agrippa d'), Sully (Maximilien de Béthune, duc de), Walpole (Horace).
Imprimeurs et Libraires imaginaires. Voy. Bontemps, à Cologne. Cupidon, à Paris. Gaillard (Pierre), à Cologne. Grattelard (Guillaume), à Paris. Harpocratès, à Érotopolis. La Babille (Martin), à Bergerac. Le Blanc (Jean), à Cologne. Le Gaillard (Jacques), à Amsterdam et à Paris. L'Enjoué (Nicolas), à Villefranche. Lou-Chou-Chou-Chu-La, à Pékin. Marteau (Pierre), ou Du Marteau, à Cologne. Metsker (Pierre), à Fribourg. Rabelais (François), à Chinon). Rottenberg, à Francfort. Sambix (Jean), à Cologne. Tarabin Taraba, à Épernay. Va-du-Cul, à Paris. Waltem (Thomas), à Édimbourg.
Imprimeurs unis à Paris (1845), II, 1656.
Im Wort (Christian) : inscription dans un album (1583), V, 3368.
Incas (*Les*) : dessin de costume pour un opéra de ce nom (1765), II, 1462.
Incendium calvinisticum (1584), cité, III, 2242, art. 1.
Incongneu (L'), composé des vers pour le *Puy du souverain amour* (1543), 804.
Inconnu (L') : vers au petit de Beauchasteau (1657), 833.
Inconnue (*L'*), comédie de Boisrobert (1655), II, 1121.
Indagine (Joannes de) : *Proposition astrologique* (1546), citée, III, 2722.
Inde. Voy. Marco Polo : *De le meravegliose cose del mondo* (1496), II, 1936; (1508), 1937; trad. française (1556), 1938. — Vartema (Lodovico de) : *Itinerario* (1518), II, 1941. — *Nouvelles d'Indie* (1549), III, 2638.
Index librorum prohibitorum (1570), 110.
Indigent (L') de sapience = Gilles Corrozet, 812, art. 11.
Indiscret (*L'*), (1652), 975.
Infortuné (L'), poète mentionné dans le *Jardin de plaisance*, IV, 2799, p. 114.
Infrainville (Charles de Piard, sieur d') de Touvent : vers dans *Les Marguerites poëtiques* d'Esprit Aubert (1613), 816. — Poésies diverses à la suite des *Satyres* de Regnier (1617), 935. — Vers dans *Le Cabinet des Muses* (1619), 974.
Ingénu (*L'*), (1767), II, 1569.
Ingénue Saxancour (1789), II, 1916, art. 25.
Ingouf junior, grav., 1056; II, 1914; III, 2569.
Initiales :
A., auteur d'un rondeau (1531), IV, 2786.
A., traducteur de Psaume (1541), IV, 2737, pp. 3 et 5.
A. A. D. *Description de l'assiette, maison et marquisat d'Havré* (1606), IV, 3196.
A. B. *La Magnificence des triumphes faictz à Rome* (1549), III, 2143.
A. B. *Épitaphes de Cossé-Brissac* (1564), 813.
A. B. : pièce latine adressée à R. Belleau (1578), 399.
A. B. : vers à T. de Lorme (1665), 835.
A. C. : vers à Guill. Bouchet (1608), II, 1702. — Vers dans *La Muse folastre* (1617), IV, 2972.
A. C. = A. Chappelain, ou Adam Campigny (?) : vers à P. Corneille (1634), II, 1136.
A. D. = Alphonse Del Bene (?) : *Ode* à Passerat (1563), 714.
A. D. : vers latins à Odet de La Noue (1588), V, 3275.
A. D. A. D. : vers à Antoine Favre (1596), II, 1100.
A. d'Amb. Th. (1583). Voy. Thomas (Artus), sieur d'Ambry.
A. D. B. = Antoine Du Breuil, *Les Muses gaillardes* (1609), 956.
A. D. C. = Antoine de Cotel, *Poësies* (1578), 745.
A. D. G. = Antoine Des Gois (?), traducteur d'une *Proposition astrologique* (1545), III, 2722, p. 505.
A. D. L. = Adrien de L'Aunay (?), *Complaincte* sur la mort de Louise de Savoie (1531), IV, 2787, p. 75.
A. D. L. = Antoinette de Loynes : vers dans *Le Tombeau de Marguerite de Valois* (1551), 628, p. 442.
A. D. L. Sonnet à Christofle de Beaujeu (1589), IV, 2942.
A. D. L., graveur (1811), 925.
A. D. L. B. : vers à Antoine Favre (1596), II, 1100.
A. D. L. C. = Antoine de La Chaussée, ou de Le Cauchie (1619), V, 3301.
A. D. M. : vers à Gilles Durand de La Bergerie (1588, 1594), 756, 757.
A. D. S. D. = Antoine de Saint-Denis (?), *Les Comptes du Monde adventureux* (1571), II, 1699.

TABLE ALPHABÉTIQUE GÉNÉRALE

A. F. M. P. = **A. F.** *moerens ponebat* (1589), V, 3370.
A. F. R. : vers dans les *Euvres* de Louise Labé (1555), 638.
A. G., cité par Pierre Énoc (1572), IV, 2927.
A. H. — B. B. — P. E. — B. — Initiales placées en tête de la préface du t. II du *Recueil contenant l'histoire des choses plus memorables advenues sous la Ligue* (1589), III, 2194, p. 38.
A. J. = Amadis Jamin : quatrain en tête de *La Franciade* de Ronsard (1572), 678. — Peut-être le même : vers dans le *Vray Discours des derniers propos du roy* (1574), V, 3354.
A. J. *Meditation* en vers (1574), V, 326.
A. L., docteur es droits : vers en tête du *Verger poëtique* (1597), 782.
A. M. = André Maillard, *Le Francophile* (1591), III, 2243, art. 4.
A. O., à la fin d'un sonnet, avec la devise : *Fatali nexu* (1547), 180.
Aulus Pl., cité par Nic. Bourbon (1538), IV, 2788.
A. P. : vers en tête d'un ouvrage du P. Valentin Gérard (1607). 73.
A. P., graveur = Antoine Paillet (1749), II, 2094.
A. R. = Abraham Remi (1644). Trad. latine du *Remerciment* de P. Corneille à Mazarin, II, 1149.
A. S. F. R. : quatrain dans la traduction française du livre de Marco Polo (1556), II, 1938.
Alf^d T. = Alfred Tattet, ami d'Alfred de Musset (1850), V, 3287.
A. T. A. F. = Adrianus Turnebus, Adriani filius : vers sur la mort de Ronsard (1586), IV, 2889.
A. V., ou A. Vig. *Traductions* (1550), 808.
A. W., dessinateur hollandais (1681), II, 1983.

B. : douzain latin sur la mort de Louise de Savoie (1531), IV, 2787.
B**** = Brice. *Description de Paris* (1684), III, 2307.
B****** (Le R. P.). Épitre à Hamilton (1731), II, 1912.
B. A. : vers dans *La Muse folastre* (1617), IV, 2972.
B. Alph. A. Argument de *La Nereide* de P. de Deimier (1605), 766.
B. A. A. P. : vers à Jean de Nostre-Dame (1575), III, 2504.
B. A. M. : sonnet à Jean de Léry (1611), II, 1990.
B. B. J. C. : vers latins dans *Le Tumbeau de Gilles Bourdin* (1570), 815.
B. C. *Traductions de latin* (1550), 808.
B. D. L. = Barthelemy de Laffemas, *Neuf Advertissements* (1601), III, 2240, art. 10.
B. D. M. *Les amoureux Devis* (v. 1560), 812, art. 5.
B. D. M. E. A. A. = Bernard de M..., établi à Amsterdam (?), éditeur des *Mémoires* de Retz (1719), III, 2285.
B. D. R. : sonnet à Jean de Léry (1611), II, 1990.
B. E. Gent. *Dictionary of the terms of the canting crew* (v. 1670), 332.
B. H. (étudiant allemand) : inscription dans un album (1561), V, 3367.
B. J. : vers à la louange du duc de Guise (1569, 1621), III, 2168.
B. L. R. : vers à Jean Baret (1620), III, 2429.
B. L., sieur de Bel Air : quatrain à S. Rouzeau (1605), 770.
B. P. V. = Battista Pittoni, Vicentino, *Imprese* (1562), IV, 3077.
B. R. = Bussy-Rabutin, *Maximes* (1666), 837.

C******, médecin, à qui Boursault dédie *Le Médecin volant* (1665), II, 1226.
C. A. : vers dans *La Muse folastre* (1617), IV, 2972.
C. B., Lyonnoise = Catherine Brondeau (?) : vers à elle adressés par Charles Fontaine (1557), IV, 2877.
C. B. = Claude Binet : argument de la *Medée* de J. de La Péruse (1593), II, 1088.
C. B. *Discours ou Epithalame sur le mariage du roy* (1600), 802.
C. B. = Charles Beys (?) : vers à P. Corneille (1634), II, 1136.
C. B. A. = C. Bouge, Augustin, éditeur du *Journal du regne de Henry IV*, par P. de L'Estoile (1741), III, 2236.
C. B. A. P. : sonnet à Ch. Bauter (1605), II, 1101.
C. B. D. C. : vers français et latins sur la mort de Jeanne d'Albret (1572), III, 2170.
C. C. = Catherine Cotel (?), femme dont parle J. de La Péruse (v. 1557), IV, 3022.
C. C. : vers à S. Rouzeau (1605), 770.
C. C. (1662). Voy. Le Cointe (Charles).
Cl. C. : vers latins au P. Valentin Gérard (1607), 73.
C. C. A. = Carolus Clusius, Attrebatensis [Charles de l'Escluse, d'Arras] (1598), II, 1962.

C. C. C. = Claude Colet, Champenois : vers dans les *Traductions de latin* (1550), 808.
C. C. T. : vers sur la mort de N. Rapin (1610), IV, 2944.
C. D., traducteur du Psaume XLIII (1541), IV, 2737, pp. 3 et 5.
C. D. = Charles d'Assoucy : vers à Toussaint Quinet (1648), 969.
C. D. B. L. = Clémence de Bourges, Lyonnoise : vers à elle adressés par Louise Labé (1555), 638.
C. D. G. = Christofle de Gamon, *Jardinet* (1600), V, 3279.
C. de L. = Choderlos de Laclos, *Les Liaisons dangereuses* (an II), II, 1576.
C. D. L. F. = Calvi de La Fontaine, *Estrennes chrestiennes* (1561), III, 2602.
C. D. M. = César de Missy, traducteur de Le Motteux (1742), II, 1519.
Ch. Du T. : vers à Christofle de Gamon (1599, 1600), 309 ; V, 3279.
C. D. V. : vers en tête du *Verger poëtique* (1599), 782.
C. G., *Lettres venant d'Anvers* (1583), III, 2400.
C. G. P. = Claude Gruget, Parisien : vers à Robert Rivaudeau (1549), IV, 2486.
C. L. M. L. : vers à Jean Leger (1669), II, 2031.
C. M. = Clément Marot : vers dans les *Traductions de latin* (1550), 808.
C. M. I. D. M. L. D. D. M. = Claude Morillon, imprimeur de madame la duchesse de Montpensier (1610), III, 2243, art. 10.
C. M. S., traducteur de *La Victoire des catholiques, etc.* (1620), III, 2648.
Charles P., cité par Nic. Bourbon (1638), IV, 2788.
C. P. C. : quatrains sur la mort de Ronsard (1586), IV, 2889.
C. P. M., cité par Nic. Bourbon (1538), IV, 2788.
C. S. = Carolus Samartanus, Charles de Sainte-Marthe : vers dans *Le Tombeau de Marguerite de Valois* (1551), 628.
C. M. F. A. : vers à Ch. de Massac (1605), 771.
C. V. = Clémence Viole, louée par Cl. de Taillemont (1556), IV, 2910.

D., traducteur du Psaume CXLII (1541), IV, 2737, pp. 3 et 5.
D*** = [Gabriel] d'Artis (?), *Histoire abrégée des martirs françois* (1684), II, 2041.
D****, *Remarques sur les Iphigenies de Racine et de Coras* (1750), II, 1245.
D. B. : vers dans les *Traductions de latin en françoys* (1550), 808.
D. B. : sonnet à Ch. Bauter (v. 1605), II, 1101.
D. B. R. : sonnets adressés à M. D. B. R. par G. de Scudéry (1633), V, 3318.
D. B. T. : vers à la fin de *La seconde semaine* de Du Bartas (1589), V, 3270.
D. C., *Histoire de la conqueste de la Floride*, trad. de F. de Souto (1685), II, 1981.
D. C. = de Callières (1692), II, 1851.
D. C., graveur (1726), II, 1888.
D. D. (M¹¹ᵉ) : vers à elle adressés par S. G., sieur de La Roque (1609), IV, 2943.
Du F*** = Du Fresny (1701, 1707), 1296.
D. F. D. M., traducteur des *Réponses aux Lettres portugaises* (1669), II, 1885.
Du F* R* = Du Fresny Rivière, *Le faux Instinct* (1707), II, 1296, art. 4.
D. G., *Exploicts des galeres de France es costes de Barbarie* (1620), IV, 3148.
D. G.** (Mᵐᵉ) (1696), II, 1734.
D. H., graveur sur bois (v. 1550), IV, 2752.
D. H. = David Home, *L'assassinat du roy* (1615), III, 2243, art. 18.
D. H. B. C. : préface du *Second Recueil contenant l'histoire des choses plus memorables advenues sous la Ligue* (1589), III, 2194, p. 38.
D. L. = Daluce Locet, anagramme de Claude Colet (1537), III, 2594, art. 10 ; (1539), 621, art. 9.
D. L. = Des Lauriers, dit Bruscambille (1610), II, 1785 ; (1618), II, 1786.
D. L. : vers à M. de Tournabous (1628), II, 1796, art. 14.
D. L. C. = De La Chapelle, *Zaïde*, tragedie (1681), II, 1277.
D. L. C. Th., *Meteorologie, ou Excellence de la statue de Henry le Grand* (1614), III, 2243, art. 21.
D. L. F. = de La Fontaine, *Le Soleil et les Grenouilles* (1672), 915.
D. L. F. = de La Fosse, *Polixene* (1696), II, 1285.
D. L. F. de S. Y. = de La Font de Saint-Yenne, avertissement en tête de la *Description de Paris* de Piganiol de La Force (1765), III, 2310.
D. L. G. = De La Garde, *Le Bal de Strasbourg* (1744), II, 1335.

D. L. M. Épître au maréchal de Chastillon (1642), III, 2177.

D. L. R. = de La Roque (?), épigramme (1609), IV, 2943.

D. L. R. = de La Rochefoucauld, *Memoires* (1664), III, 2282.

D. L. S. = de La Sablière, *Madrigaux* (1680), 839.

D. L. V. = de La Vallière (1668), II, 1689.

D. M.: vers dans les *Euvres* de Louise Labé (1555), 638.

D. M., *La Sallade des iniquistes* (1610), 890, art. 15.

D. M.: vers dans le *Recueil de diverses poësies* (1652), 975.

D. M.: vers à J. Loret (1659), 897.

D. M. D. T. Les tomes III-VI des *Memoires de la Ligue* lui sont dédiés (1593-1599), III, 2195.

D. M. F. D. L.: vers à Joseph de La Pise (1639), III, 2318.

D. M. M.*** = Dominique Martin Méon, *Blasons* (1807), 811.

D. P. = de Pinchesne, éditeur des *Œuvres* de Voiture (1660), II, 1905.

D. P., public et dédie à Henriette de France *Le Mausolée du cardinal de La Rochefoucauld* (1645), IV, 3153, p. 594.

De P. = de Pringy (?), *L'Amour à la mode* (1706), II, 1545.

D. P. (Le marquis) [= Antoine René Voyer d'Argenson, marquis de Paulmy], *Le Prix de Cythere* (1761), II, 1335.

D. P. de B. (Le marquis): vers à M* Adam Billaut (1644), 829.

D. R., *L'Incognu et veritable Amy de messieurs de Scudery et Corneille* (1637), II, 1141, art. 7.

D. R. D. M. M.: quatrain dans *Les Efforts et Assauts faicts et donnez à Lusignan* (1575), V, 3284.

D. S.: sonnet à Amadis Jamyn (1575, 1582), 738, 739.

D. S.: quatrain à Christofle de Gamon (1600), V, 3279.

D. S. M.: vers adressés à ce personnage par Joachim Blanchon (1583), IV, 2938.

D. S. Q. R. (Mlle): Jean d'Intras lui dédie *Le Martyre de la fidelité* (1609), II, 1523.

D. T. = de Tournabous, *Le Pont-Breton des Procureurs* (1624), II, 1796, art. 13.

D. T. R. A.: sonnet à François Rose (1571), V, 2926.

D. V. G., *Le Tombeau de la Melancholie* (1634, 1639), II, 1810, 1811.

D. V. Z. = *D'un vray zele*, devise de Jean de Vauzelles (1545), 637 et *Additions*.

Édouard B. = Édouard Bocher, ami d'Alfred de Musset (1850), V, 3288.

E. B.: sur une reliure aux armes du chancelier d'Aguesseau (1745), 907.

E. D.: vers à Jacques Dorat (1610), art. 2.

E. D. L. J. C. = Edmond de L'Alouette, jurisconsulte, masque de Pierre de Belloy, *Apologie catholique* (1585), III, 2240, art. 6. — Un auteur satirique traduit ces initiales par : Épicure, Diagoras, Lucien, impie, caffard (1589), 2242, art. 7.

E. D. M. (Mlle), *La Responce des dames et bourgeoises de Paris au Caquet de l'Accouchée* (1622), II, 1796, art. 3.

E. D. M. F., initiales placées à la fin de deux épigrammes de Philibert de Vienne à Claude Colet (1549, n. s.), 651.

E. Des Pl. Traduction des *Apophtegmata* d'Érasme (1532), citée, IV, 3076.

E. D. P. *Voyage de la Montagne* (1574), V, 3268.

E. F. = Estienne Forcadel, *Chant des Seraines* (1548), IV, 2878.

E. G.: vers français (1617), IV, 2972.

E. G., graveur (1682), 368.

E. G. D. = Jean Girard, d'Auxonne: *Cantiques sur la nativité de N. S. Jesus Christ* (1558), IV, 3198 et *Additions*.

E. S. V.: vers dans les *Epitaphia Petri de Cornibus* (1542), III, 2575.

E. L. S.: vers sur les conquêtes et la convalescence du roi (1745), 907.

E. M.: vers à Guillaume Du Peyrat (1593), IV, 2945.

E. R. = Estienne Rouzeau (?): vers à Simon Rouzeau (1605), 770.

E. V.: huitain adressé à Philibert Guide (1583), IV, 2935.

F. [= Favart], *Thesée*, parodie (1745), II, 1335. — *Le Bal de Strasbourg* (1744), ibid.

F. A. É. M. = Frère Antoine Estienne, mineur : *Remonstrance charitable aux dames* (1577), 54.

F. A. F. = Faustus Andrelinus Forojuliensis: *Libellus de obitu Julii pontificis maximi* (v. 1513), III, 2640 et *Additions*.

F. C., « gentilhomme G[antois?] et poëte tres insigne »: *Le Trophee de la Parole divine* lui est dédié (v. 1562), V, 3283.

F. C. : vers à la louange du duc de Guise (1569, 1621), III, 2168.
F. D. B. H. (peut-être pour F. D. B. C.) [François de Belleforest, Commingeois]. Vers dans : *R. Bellaquei Tumulus* (1577), 695.
F. d'Amb. = François d'Amboise (1569), IV, 2923.
F. D. B. P. Ferrand de Bez, parisien, *Deux Eclogues* (1563), V, 3266.
F. de G., demoiselle dont parle Jean de La Péruse (v. 1557), IV, 3022.
F. D. M. : vers à Guillaume Bouchet (1608), II, 1702.
F. D. P. A., *Le bragardissime et joyeux Testament de la Biere* (1611), II, 1797, art. 5.
F. D. R., *Discours de la guerre... que les Anglois et Flamans se sont efforcez faire en Bretaigne* (1558), IV, 3115.
F. D. S. F. : stances sur la mort de Henri IV (1610), III, 2243, art. 14.
F. D. V. D. Q. = François de Vernassal, de Quercy (1549), III, 2486.
F. F. F. R. D. G. = Frère François Fortin, religieux de Grammont : *Les Ruses innocentes* (1660), 306.
F. G. : vers au petit de Beauchasteau (1657), 833.
F. G. L. = François Gruget, Lochois (1556), II, 1938.
F. H. = François Habert ; *Mots dorez du grave Caton* (1567, v. 1590), V, 3373, IV, 3168.
F. J. A. : vers dans les *Epitaphia Petri de Cornibus* (1542), III, 2575.
F. Ju. D. = François Juret, Dijonnois (1583), II, 1777 ; (1586), II, 1778 ; (1615), II, 1779.
F. J. M. : vers dans les *Epitaphia Petri de Cornibus* (1542), III, 2575.
F. J. V., id., *ibid.*
F. L. B. : vers à Guill. Bouchet (1608), II, 1702.
F. Le M. : pièce latine et sonnet à Ch. Bauter (v. 1605), II, 1101.
F. M. D. M. L. C. D. E. R., *Responce prophetique d'un gentilhomme françois* (1573), IV, 3195.
F. P. G. : vers dans les *Epitaphia Petri de Cornibus* (1542), III, 2575.
F. P. N. : avec la devise « J'espère ou j'aspire. » *Sonnet du mary de la perruquée* (1577), 54.
F. Q. : vers dans les *Epitaphia Petri de Cornibus* (1542), III, 2575.
F. R. : vers latins et grecs à Claude Colet (1549, n. s.), 651.
F. R., Parisien : *Epithalame* inséré dans l'*Advertissement venu de Rheims* (1575), III, 2192.
F. R. = Florimond de Ræmond : vers dans le *Tombeau de Monluc* (1592), II, 2131.
F. R. : vers français (1617), IV, 2972.
F. R., avocat en parlement : vers à Jean Loret (1658), 897.
F. R. D. : vers français (1617), IV, 2972.
F. S. F. : vers dans *Epitaphia Petri de Cornibus* (1542), III, 2575.
F. Th. : vers à Pierre Mathieu (1629), 774.

G. B. = Germanus Brixius, ou Germain de Bric, vers sur la mort de Louise de Savoie (1536), IV, 2786, 2787.
G. B. : vers à Jacques Dorat (1610), 891, art. 2.
G. C. = Germain Colin : vers dans les *Traductions de latin* (1550), 808.
G. C., graveur (1605), 767.
G. C. D. T. = Gabriel Chappuy, de Tours : *Facetieuses Journées* (1584), II, 1701.
G. D. : pièce latine en tête de la 2ᵉ partie de *La pieuse Alouette* (1621), V, 3301.
G. D. M. N. : vers en tête de la 2ᵉ partie de *La pieuse Alouette* (1621), V, 3301.
G. D. F. : vers dans le *Tombeau de Passerat* (1606), 713.
G. D. L. : vers latins en tête du *Tyrannicide* (1589), 799.
G. de La C. = G. de La Coulange (?) : vers en tête du *Verger poëtique* (1597), 782.
G. D. L. P. : sonnet à Du Bartas (1583), V, 3370.
G. D. P. : chanson (1596), V, 3296.
G. D. V. Id., *ibid.*
G. et L. : vers dans les *Traductions de latin* (1550), 808.
G. F. = Gabriel Fourmenois (?) ; *Chanson* (1575), V, 3296.
G. F. J. C., *Les Plaintes et Doleances des mal mariez* (1607), II, 1797, art. 4.
Gr. G. : vers latins (1607), 73.
G. J. : vers grecs sur la mort de Ronsard (1586), IV, 2889.
G. L. H. : dizain à Noël Du Fail (1547), II, 1776.
G. M. = Giampietro Mesmes, c'est-à-dire Jean-Pierre de Mesmes (1559), V, 3371.
G. M. = Gabriel Meurier (?) : vers en tête des *Rossignols spirituels* (1621), 1020.
G. M. PP. P. = peut-être Germain

Vaillant de Guélis, abbé de Pimpont, dans *Sillacii Castraei Tumulus* (1569), IV, 2791.
Gr. P., graveur (1734), III, 2361.
G. P. D. B. : sonnet à S. G., s' de La Roque (1609), IV, 2943.
G. R. F. = Giorgio Reverdi f., grav. à Lyon (1538), IV, 2742.
G. V., grav. à Lyon (1538), IV, 2742.

H., autrement dit L. M. N. = Héroët, autrement dit La Maison Neufve : vers dans les *Traductions de latin* (1550), 808.
H. = Harny de Guerville : *Les Ensorcelés* (1758), II, 1335.
H. B., graveur hollandais (1611), II, 1983.
Henriette B... Hamilton lui dédie *Le Bélier*, imprimé en 1730, II, 1736.
H. C., traduit une *Oraison* de Marc-Antoine de Muret (1576), IV, 3127, art. 2.
H. C. D. G. F. D. M. L. D. D. N., cité par Pierre Enoc (1572), IV, 2927.
H. D. B., *Carmen ad Remos* (1594), III, 2243, art. 9.
H. de la V. : vers à P. Borel, imprimés en 1750, 318.
H. D. M. = Honorat de Meynier : *La Perfection des femmes* (1625), II, 1796, art. 41.
H. D. R., Lyonnoise, dame citée par Ch. Fontaine (1557), IV, 2877.
H. D. T. : vers latins sur la mort de Jeanne d'Albret (1572), III, 2170.
H. F., publie une vue de la Toussaint d'Angers (v. 1700), IV, 3096, art. 78 *bis*.
H. G. C. P. : vers à L. de Fontenettes (1654), 969.
H. H. = Hiérosme Hennequin, *Regrets sur les miseres advenues à la France* (1569), IV, 2923.
H. J. = Henri Justel, *Recueil de divers voyages* (1674), II, 1923.
H. L. N., *Les Plaisirs de saint Germain* (1665), 836.
H. M. L. P. : inscription dans un album (Genève, 1589), V, 3368.
H. N. : vers à Thomas Sonnet, sieur de Courval (1623), 939.
H. R. R. H. : vers à Pierre de Ronsard (1567), 667.

Y. B. S. D. L. C. = Y. B., sieur de La Clyelle (1608), II, 1702.
I. Suite du *Virgile travesti* de Scarron (1674), II, 1906.

Jo. Ar. = Joannes Arnoullet, grav. : *Vue de Bourges* (1566), III, 2343.
J. A., dessinateur (1779), 916, p. 596.

J. A. B. = Jean-Antoine de Baïf : épitaphe grecque de Jeanne d'Albret (1572), III, 2170 ; sonnet (1569), IV, 2923.
J. A. D. B. = Jean-Antoine de Baïf, sonnet sur la mort de Jeanne d'Albret (1572), III, 2170.
J. A. D. L. F. = J.-A. de La Fargue : vers à Arnaud Sorbin (1568-1569), II, 2028, 2029.
J. A. L. P. R. : épitaphe latine de Jeanne d'Albret (1572), III, 2170.
J. A. T. Aem. = Jacques-Auguste de Thou, sieur d'Emery ; élégies latines sur la mort de Ronsard (1586), IV, 2889.
J. B. = Jehan Belot, impr. à Genève (v. 1505), V, 3237.
J. B. : vers latins dans le *Tumbeau de Gilles Bourdin* (1570), 815.
Job B. : sixain à Philibert Guide (1583), IV, 2935.
J. B. = Jean Bordes, Bourdelois (1586), II, 1778.
J. B., disciple du genereux Verboquet (1640), II, 1708.
J. B., graveur (1648), 830 ; (1650), 317.
J. B A. en P. = Jean Baret, advocat en parlement : *Histoire des choses advenues aux derniers troubles de Moldavie* (1620), IV, 2429.
J. B. A. S. = Johannes Baptista a Sessa, impr. à Venise (1496), II, 1936.
J. B. D. : vers à Antoine Favre (1596), II, 1100.
J. B. Par[isinus] : vers latins à Ch. Bauter (1605), II, 1101.
J. B. P. (peut-être le même) : vers sur la mort de N. Rapin (1610), IV, 2944.
J. B. S. = Johannes Baptista Sessa, impr. à Venise (1496), II, 1936.
J. C. = Jacques Colin : *Epistre amoureuse* (1547), 806.
J. C. = Jean Citois (1557), IV, 2877.
J. C. : vers en tête de la 2ᵉ partie de *La pieuse Alouette* (1621), V, 3301.
J. D., traducteur du poème de J. Passerat *In nuptias Henrici IIII* (1600), IV, 2916.
J. D. = Jacques Dorat, épigramme (1610), 891, art. 2.
J. D. B. : vers à P. de Deimier (1600), 765.
J. D. B. A. = Joachim Du Bellay, Angevin : vers dans le *Tombeau de Marguerite de Valois* (1551), 628, p. 442. — *Recueil de poësies* (1561), IV, 2890. — *Ode* (1561), IV, 2892.
J. D. C. = peut-être Joseph Du

Chesne: sonnet à Du Bartas (1583), V, 3370.
J. D. D. C., *Singulier Antidote* (1561), cité, V, 3204.
J. D. F.: vers à Guillaume Bouchet (1608), II, 1702.
Y. D. H.: vers en tête de la *Vie de Theodore de Beze* (1610), II, 2061.
J. D. L., traduit le manifeste de Frédéric V, comte palatin (1619), III, 2420, art. 7.
J. D. L. C. M. A. S. F. = J. de La Chaussée [ou de Le Cauchie]...: sonnets en tête de *La pieuse Alouette* (1619), V, 3301.
J. D. La G. = Jean de La Gessée, *Ode à Loys de Lorraine* (1578), II, 1748.
Jeanne D. L. R., amie de Gilles d'Aurigny (1553), 652.
J. D. N. Épître à Ronsard (1563), 677.
J. D. org. = Jehan Daniel, organiste: *Chantzons sainctes* (1524), IV, 2983.
J. D. P., *Tombeau d'Élisabeth de France* (1569), 814.
J. D. P. = Jean Du Perron: vers à Clovis Hesteau (1578), 743.
J. D. P., *Discours sur l'enterrement de M. le mareschal de Montmorency* (1579), III, 2197.
J. D. R.: vers à Th. Sonnet, sieur de Courval (1610, 1623), 201, 939.
J. D. R. G. S. D. R. [Jules de Richy, gentilhomme servant du roy], *Le Temple de Pudicité* (1616), V. 3290.
J. D. R. S. D. = Jean de Rieux, seigneur d'Asserac: vers à P. Boaistuau (1560, 1564), II, 1721, 1722.
J. de S.: sonnet à Cl. de Taillemont (1556), IV, 2910.
J. D. S. de Cholieres = Jean Dagonneau, sieur de Cholieres: sonnet à Estienne Tabourot (1586), II, 1778, p. 298.
J. D. V. = Jean de Vauzelles: épitaphe de Pernette Du Guillet (1545), 637.
J. D. V., *Bref Discours des faits plus memorables et de la mort de mgr... le duc de Joyeuse* (1588), IV, 2960.
J. G. = Jacques Grévin: *Response aux calomnies* (1564), IV, 2913.
J. G. = peut-être le même: *Ode* (1574), V, 3268.
J. G. A. E. P. = Jacques Gaillard, avocat en parlement (?): vers à P. Corneille (1634), II, 1136.
Julien H., cité par Nicolas Bourbon (1538), IV, 2788, p. 79.
J. H. P. = Jean Heudon, Parisien: vers à J. Godard (1594), 760.

J. J. B. A. A.: vers latins à François Le Poulchre (1587), V, 3274.
J. J. R. C. D. G. = Jean Jacques Rousseau, citoyen de Genève: lettre à lui adressée par Voltaire (1755), II, 1328.
J. L. C.: vers dans les *Traductions de latin* (1550), 808.
J. L. H.: épitaphes latines de Jeanne d'Albret et vers espagnols (1572), III, 2170.
J. L. M.: vers à Simon Rouzeau (1605), 770.
J. L. M.: vers à P. Borel, imprimés en 1750, 318, p. 176.
J. M. = Jean Mounier, grav. et libr. à Toulouse (1553), V, 3328.
J. M.: sonnet à Hiérosme Hennequin (1569), IV, 2923.
J. M. = Jacques Maniquet (1575), 680 et *Additions*.
J. M.: vers adressés à ce personnage par Joachim Blanchon (1583), IV, 2938.
J. M. = Jean Micard, libraire (1624), II, 1867.
J. M. dit L. P. A. = Jean Mangin, dit le Petit Angevin: vers à Robert Rivaudeau, sieur de La Guillotière (1549), III, 2486.
J. M. F.: vers cités dans les *Icones* de N. Reusner (1589), V, 3370.
J. P. L. (Mme): sonnets à elle adressés par J.- d. Du Monin (1583). Le nom doit être Prévôt, V, 3272.
J. P. M.: sonnet à Pierre Thierry, sieur de Mont-Justin (1597), IV, 3188.
J. P. T. = Jean Passerat, Troyen, IV, 2915.
J. R.: *Lettre d'un medecin de Paris à un sien amy de la cour* (1589), III, 2230.
J. R. = Jean Ruelle, graveur et libr. à Paris (v. 1550), IV, 2752.
Y. R. S. = Yves Rouspeau, Saintongeois, IV, 2935.
J. S.: vers à Louis Herron (1636), 826.
J. S. Ch. = Jean Sarrasin, Charolois (1574), V, 3268.
J. T. = Jean Touchard, *Discours sur les occurrences des guerres de ce royaume* (1572), IV, 3180.
J. Th. = Jean Thirmoys (1576), II, 1700.
J. T. F. = Jean Tagault, F.: pièce latine à Jean Crespin (1597), II, 2040.
J. V. D.: épître sur la mort de la princesse de Condé (1564), III, 2162.

L.: vers dans les *Traductions de latin* (1550), 808.

L. = Laujon : *Thesée* (1745), II, 1335.
L. B., dessin., II, 1657.
L. C. = Larivey, Champenois (?), (1599), II, 1473.
L. C. D. B. [le cardinal de Bernis], *Epitre aux Graces* (1769), II, 2003.
L. C. P. : vers à A. D. S. D., auteur des *Comptes du monde adventureux* [Antoine de Saint-Denis?] (1571), II, 1699.
L. D. = Laurent Desmoulins, *Epitaphes de Anne de Bretaigne* (1514), IV, 2784.
L. D. : vers dans les *Traductions de latin* (1550), 808.
L. D. D. F. (Mme la comtesse) : Hamilton lui dédie *Les quatre Facardins* imprimés en 1730, II, 1738.
L. D. D. G. : sonnet à la fin de la *Response à la Misere des clercs des procureurs* (1628), II, 1796, art. 15.
L. de F. = L. de Fontenettes : *Hippocrate depaïsé* (1654), 971.
L. D. F. = l'abbé Des Fontaines (1730), II, 1763.
L. de H. : vers à Borel, 318.
L. D. L. D. L. = l'abbé de L'Escluse des Loges, éditeur des *Memoires* de Sully (1745), III, 2238, 2239.
Λ. δ. σ. σ. = Laurent de Sainct Seigne, 411, art. 51, 55.
L. F. D. B. = L.-F. Du Bourg, dessinateur (1734), II, 1685.
L. F. D. B. = Louis-F. de Boulogne, dessinat. (1750), II, 1245.
L. H. : vers dans les *Traductions de latin* (1550), 808.
L. H., Parisien, docteur en medecine : vers en tête du *Verger poetique* (1597), 782.
L'H*** = L'Héritier (Mlle) (1696), II, 1734.
L. H. S. : vers dans les *Traductions de latin* (1550), 808.
L. J. [Lyon Jamet] : vers dans les *Traductions de latin* (1550), 808.
Louis Jac., cité par Nic. Bourbon (1538), IV, 2788.
L. L., graveur (1754), II, 1686.
Louise L.-D. = Louise Le Douceur, graveur (1754), 402.
L. M. : vers dans les *Traductions de latin* (1550), 808.
L. M. : *Complainte...* (1574), V, 3268.
L. M. N. = La Maison Neufve, c'est-à-dire Antoine Héroët de La Maison Neufve : vers sur la mort de Louise de Savoie (1531), IV, 2786, 2787. — Vers dans les *Traductions de latin* (1550), 808.

L. M. P. [Louis Mauduit, Parisien?] : vers à P. Corneille (1634), II, 1136.
L. N. [Louis Neufgermain, ou L. Nondon?] : vers à P. Corneille (1634), II, 1136.
Laonico P., cité par Nicolas Bourbon (1538), IV, 2788, p. 80.
Le P. = Le Pautre (?), dessinateur (1681), II, 2000.
L. P. A. : distiques français à Du Bartas (1583), V, 3270.
L. P. C. B. : P. Corneille lui dédie *Théodore* (1646), IV, 3035, 3036.
Le P. L. M. = Le Père Le Moyne (1666), III, 2264.
L. P. R. = le président Rebours : *Oraison funebre de feu M. Oulier* (1596), V, 3234.
L. R. : vers sur la mort de Louise de Savoie (1531), IV, 2786, 2787.
L. R. G. C. = peut-être Laurent Rouget, gentilhomme charolois : vers en tête du *Purgatoire des Prisonniers* (1583), 791.
L. S. D. D. D. B., traducteur de *La Despeche du postillon faicte par le comte de Bucquoy* (1621), III, 2420, art. 49.
L. S. D. P. [le sieur du Peschier], c'est-à-dire l'avocat de Barry, *La Comedie des comedies* (1630), II, 1108.
L. S. P. : vers à M. de Papillon (1597), 762.
L. T. : vers dans les *Traductions de latin* (1550), 808. — *Complainte lamentable* (1563), 783.
L. T. C. = Leon Trippault, conseiller (1576), II, 2100.
L. T. D. E. C., dame à qui Jean Rus dédie *La Description poetique de l'histoire du beau Narcissus* (1550), 649.
L. V., *Plaidoyé pour la deffense du prince des Sots* (1607), cité, IV, 3005, p. 366.

M. : vers dans les *Traductions de latin* (1550), 808. — Huitains mss., IV, 2965, art. 33, 35, 37, 46. — *Dizains, ibid.*, art. 42, 44.
M. : vers dans le *Tombeau de Passerat* (1606), 713.
M*** (La comtesse de) = la comtesse de Murat, *Memoires* (1697), III, 2292.
M* = Marivaux : *Le Pere prudent et equitable* (1712), II, 1317.
M. A. : vers sur Marot (1596), 614.
M. C. : *La vera Nova de Bressa* (1512), 1045.
M. D. B. = Marguerite de Bourges (1556), IV, 2910.
M. D. F. = Marguerite de France (1556), IV, 2910.

M. D. F. : trois romances dans les *Chansons* de La Borde (1778), 1002.

M. D. J. (Madame) : Jean Maugin, dit le Petit Angevin, lui dédie *Le Plaint du passionnaire infortuné* (1546), III, 2567.

M. D. L. : vers à Ph. Des Portes, accompagnés de la devise : *Et florida pungunt* (1609), 740.

M. D. L. : vers adressés à ce personnage par G. de Scudéry (1633), V, 3318.

M. D. M. = Marie de Montmorency (v. 1565), IV, 3197.

M. D. M. : vers à Claude Arnoult (1573), III, 2182. — Sonnet à Christofle de Beaujeu (1589), IV, 2942.

M. D. S. G. V., *Larmes de tristesse renouvelées, etc.* (1611), 890, art. 18.

M. F., ou F. M., *Histoire des nouveaus presbyteriens anglois* (1660), II, 2042.

M. F. C. M. F. E. : vers latins en tête de *La pieuse Alouette* (1619), V, 3301.

M. F. D. R., demoiselle à qui P. Corneille dédie *L'Illusion comique* (1639), II, 1137.

M. G. : vers dans les *Traductions de latin* (1550), 808.

M. J., demoiselle amie de l'auteur des *Comptes du monde adventureux* (1571), II, 1699.

M. J. D. P. D. C. : Remerciement à lui adressé par G. de Scudéry (1633), V, 3318.

M. le jeune. grav. (1699), II, 1672.

M. L. L. : vers sur les conquêtes et la convalescence du roi (1745), 907.

M. L. M. D. D. = M. le maréchal duc d'Estrées (1666), III, 2264.

M. L. M. J. (Mlle) : vers à elle adressés par Béroalde de Verville (1599), II, 1522.

M. L. P. : quatrain à S. Rouzeau (1605), 770.

M. M. : traduction de la *Responce aux principaux articles ...de l'Apologie du Belloy* (1588), III, 2240, art. 6.

M. M. M. : Pierre Corneille lui dédie *Andromede* (1651), II, 1154, 1155.

Marguerite N., citée par Nic. Bourbon (1538), IV, 2788.

M. N. [= Antoine Héroët, dit La Maison Neufve], *Discours* (ms.), IV, 2965, art. 28.

M. N., *Lettre sur la deffaicte des troupes du sieur d'Aumalle* (1589), III, 2219, art. 14.

M. N. M. C. : pièces de vers accompagnant les Lettres du cardinal de Lorraine à Mme de Guise (1563), V, 3352.

M. O. S. = Melchior Ottaviano Sessa, impr. à Venise (1508), II, 1937.

M. P. : vers à M. de Papillon (1597), 762.

M. P. D. A. : sonnet italien sur la mort de Jeanne d'Albret (1572), III, 2170.

M. R. : lettre sur le siège de Senlis (1589), III, 2219, art. 13.

M. Sc. [= Maurice Scève], IV, 2910.

M. S. : vers dans les *Icones* de N. Reusner, 2e partie (1589), V, 3370.

M. T. : vers dans les *Traductions de latin* (1550), 808.

M. T., graveur (1842), II, 1769.

N. : traduction des Psaumes 128 et 138 (1541), IV, 2737. — Vers dans les *Traductions de latin* (1550), 808.

N. : *Elegie* (v. 1565), IV, 3197, p. 587.

N. : notice sur les *Chants et Chansons popul. de la France* (1843), 1014.

N. B. : vers dans les *Traductions de latin* (1550), 808.

N. B. = Nicolas Bonfons : *Antiquitez de Paris* (1586), III, 2304.

N. B. = Nicolas Bourbon : vers à Jacques Dorat (1610), 891, art. 2.

N. C. I. R. : *La Folie fainte de l'amant royal* (1597), IV, 3064.

N. D. B. : sonnet à la louange de Jean de Léry (1611), II, 1990.

N. F. : quatrain sur le sacre du roi (1594), III, 2243, art. 9.

N. G. : vers dans *Le Cabinet des Muses* (1619), 974.

N. I. : vers à Claude Colet (1549, n. s.), 651, art. 3.

N. J. R. [= R. J. de Nérée ?] (1611, 1612), II, 1104.

N. L. Anthoine Du Breuil lui dédie *Les Muses gaillardes* (1609), 956.

N. M. : vers à Simon Rouzeau (1605), 770.

N. N., graveur, II, 1741.

N. N. D. L. F. [Nicolas Natey de La Fontaine] : *Le Magnifiqne Triomphe et Esjouissance des Parisiens* (1571), 785.

N. P., cité par Nic. Bourbon (1538), IV, 2788.

N. P. A. : vers à la mémoire de Marie Stuart (1588), III, 2373.

N. R., cité par Nic. Bourbon (1538), IV, 2788.

N. R. : Nicolaus Reusner, *Icones*, 2e part. (1589), V, 3370.

N. R. P. = Nicolas Rapin, Poite-

TABLE ALPHABÉTIQUE GÉNÉRALE

vin : sonnet à la louange de Marie Stuart (1588), III, 2373.
N. V. G. C. [Nicolas Vergesse, Grec Contantinopolitain] : *Epitaphes de Cossé-Brissac* (1564), 813.

O. B., initiales inconnues (1547), 180.
O. B. C. G. : épitaphe de Th. Zwinger (1589), V, 3370.
O. D. L. N. = Odet de La Noue : *Resolution claire et facile sur la question de la prise des armes* (1575), III, 2695.
O. D. M. S. : *Poesme françois sur l'anagramme de... Henry de Lorraine* (1588), 793 ; III, 2221, art. 8.
O. F. : pièces latines sur la mort de Jeanne d'Albret (1572), III, 2170.

P. : *Lettre à M. de F.* (1587), III, 2188, t. III, art. 23.
P. (M. de) : le libraire Pissot lui dédie l'*Histoire de D. Juan de Portugal* par l'abbé Guyot-Desfontaines (1724), III, 2444.
P. [= Parvy] : *Thesée*, parodie (1745), II, 1335.
P. B., Xaintongeois : vers dans les *Traductions de latin* (1550), 808.
P. B. : distiques latins sur la mort de Jeanne d'Albret (1572), III, 2170.
P. B. P. = Pierre Bergeron, Parisien (1634), II, 1935.
P. B. Q. R. : sonnet (1576), II, 2100.
P. C. : vers dans les *Traductions de latin* (1550), 808.
P. C. : *Regale Monumentum* de Marie Stuart (1588), III, 2373.
P. C. : vers français (1617), IV, 2972.
P. C. = Pierre Corneille : *A monseigneur sur son mariage* (1679), 906.
P. C. D. F. : sonnet à Odet de La Noue (1588), V, 3275.
P. C. L. C. = le P. Chrestien Le Clercq : *Etablissement de la foy dans la Nouvelle France* (1691), II, 1973.
P. D. : distiques à Hiér. Hennequin (1569), IV, 2923.
P. D. C., grav., III, 2314.
P. D. F. : vers français (1617), IV, 2972.
P. D. L. : épitre en tête de l'*Ample Discours... des armées Chrestiennes et Turquesques* (1572), III, 2462.
P. D. L. = P. de Lurbe (1594), IV, 3133.
P. D. L. = Paul de L'Escluse : vers français (1617), IV, 2972.

P. D. M. P. : *Epitaphes de Cossé-Brissac* (1564), 813.
P. D. T. = Pontus de Tyard : vers dans les *Euvres* de Louise Labé (1555), 638 ; — autres vers (1585), III, 2600 ; (1586), II, 1778 ; — quatrain sur la Croix (?) (1588), V, 3276.
Ph. G. D. R. = Philippe Gautier de Roville, impr. à Paris et poète (1568), IV, 2967.
P. G. S. D. L. C. = P. G., sieur de La Coste (?) : *Les Efforts et Assauts faicts et donnez a Lusignen* (1575), V, 3284.
P. G. T. : sonnet dans le *Tombeau de Marguerite de Valois* (1551), 628.
P. H. D. T. (masque de Pierre Boucher), adresse au duc d'Espernon l'*Histoire... de Pierre de Gaverston* (1588), III, 2222, art. 1 ; 2240, art. 5.
P. I. D. P. : *La Confession et Repentance d'Espernon* (1589), 797.
P. L. L. : vers à Simon Rouzeau (1605), 770.
P. LS., graveur (1724), III, 2317 ; (1731), 2337.
P. N., cité par Nic. Bourbon (1538), IV, 2788.
P. P. = Pimpont, c'est-à-dire Germain Vaillant de Guélis, abbé de Pimpont : sonnet à Ronsard (1572), 678.
P. Prob., faute pour P. Rob[ert] (1615), II, 1779.
P. P., dessinateur (1754), II, 1686.
P. P. Ch., dessinateur, probablement le même (1754), II, 1686.
P. P. G. P. : *Stances sur la mort de Henry le Grand* (1610), 890, art. 10 ; III, 2242, art. 2.
P. P. = Paul Perrot, Parisien : *Le Contr' Empire des sciences* (1599), IV, 2949.
P. R. : vers dans les *Traductions de latin* (1550), 808.
P. R. : vers dans les *Icones* de N. Reusner, 2ᵉ partie (1589), V, 3370.
P. R. D. : vers à Jacques Le Vasseur (1608), 772.
P. Rob. J. C. = Philippe Robert, jurisconsulte (1583), II, 1777 ; — (1586), 1778 ; — (1615), 1779.
P. S. : *Contre Sagon et les siens* (1537), III, 2594, art. 14 ; (1539), 621, art. 13.
P. S., dessinateur (1682), 368.
P. T. : sonnets en tête et à la fin du *Cantique de victoire* de Loys d'Orléans (1569), IV, 3178.
P. T. N. G. : Pierre Corneille lui dédie *Médée* (1639), IV, 3030.
P. V., graveur (1549), II, 1871.

P. V. : vers à Philibert Guide (1583), IV, 2935.
P. V. B. C. : *Le Karesme et Mœurs du politique* (1589), III, 2241, art. 2.

R., évêque, cité par Nic. Bourbon (1538), IV, 2788.
R., personnage à qui Bruscambille adresse un quatrain (1620), II, 1787.
R. (Le P.), de l'Oratoire : vers sur les conquêtes et la convalescence du roi (1745), 907.
R. D***. = R. Delvaux (?), 928.
R. F. : vers français (1617), IV, 2972.
R. G. = Robert Garnier (?) (1574), V, 3354.

S. P. : élégie latine sur la mort de Jeanne d'Albret (1572), III, 2170.
S. R. = Saint Romard : vers dans les *Traductions de latin* (1550), 808.
S. S. : vers dans les *Traductions de latin* (1550), 808.
S. S. S. : vers à Jean de Lery (1574), III, 2184.

T. A. P. I. V. D. = Tiberius Almericus Pisaurensis, juris utriusque doctor (1570), V, 3364.
T. B. M. P. = Theodorus Beza : *Moerens ponebat* (1589), V, 3370.
T. B. V. = Theodorus Beza, Vezelianus (1572), IV, 2927.
T. C. : *Recueil des plus beaux airs* (1615), 994.
T. D. B. = Théodore de Bèze (1574), V, 3268.
T. D. B. D. V. = Théodore de Bèze de Vezelay (1572), IV, 2927.
Ti. D. Ch. = Timothée de Chillac : quatrain à Christophe de Gamon (1600), V, 3280.
T. I. [*lisez* T. T.] = Théodecte Tabourot (1583), II, 1777. — Le nom est écrit Théodecte T. en 1586 et en 1615, II, 1778, 1779.
T. L., graveur (1734-1735), IV, 2361.
T. M. : vers dans les *Icones* de N. Reusner (1589), V, 3370.
T. W. A. : *Rosarium* (1604), 72.

V. (Mlle de) : vers à elle adressés par Sc. de Sainte-Marthe (1600), IV, 2921.
V. : vers à Louis Herron (1636), 826.
V. B. = Victor Brodeau : vers sur la mort de Louise de Savoie (1531), III, 2786, 2787.
V. C. : *Epitaphe sur la mort de cent et cinquante crapaux, etc.* (v. 1562), V, 3283.
V. F. : vers italiens à Th. Sonnet, sieur de Courval (1623), 939.

V. LS., graveur (1724), III, 2314.
V. Q. Q. M. : pièce de vers, 411, art. 54.

W., graveur (1765), II, 1711.
W., amateur anglais, propriétaire d'un ms., IV, 2820, p. 143.

Z. B., grav. (1586), IV, 2789.

Innocence (L') *de la tresillustre Marie, royne d'Escosse* (1572), III, 2371.
Innocent III (Lothaire) : *De contemptu mundi*, paraphrasé en français, IV, 2813, 2814.
Innocent IV (Fieschi), charge frère Giovanni dal Piano di Carpino d'une ambassade auprès des princes mongols (1246), IV, 3086.
Innocent X (Pamfili) : *Lettre sur les presentes necessitez de la Chrestienté contre le Turc* (1645), IV, 3153, p. 534.
Innocent XI (Odescalchi), pape : lettre à lui adressée par Bossuet sur l'éducation du dauphin (1679), V, 3329. — Ses armes (1721), III, 2493, art. 3.
Innocent (L') egaré, surnom de Gilles d'Aurigny (1553), 652.
Inondations en Flandre (1530), IV, 3134 ; — dans le Comtat-Venaissin (1616), III, 2349 ; — en Italie (1557), V, 3302, 3305.
Inquisiteurs nommés en France par le pape (1533), II, 2049. — Edit royal les concernant (1543), V, 3348.
Inscriptiones antiquae (1525), III, 2498.
Inselin, graveur (1698), II, 1997.
Instruction aux tresoriers generaulx de France establis à Poictiers... (1585), III, 2207 ; (1587), 2194, p. 35.
Instruction pour tous estats (1559). Voy. Corlieu (Girard).
Instructions (Quatre) *fidèles pour les simples et les rudes* (1530), IV, p. 9.
Intras (Jean d') : *Le Martyre de la fidelité* (1609), II, 1523 ; — *Le Portraict de la vraye Amante* (1609), 1524 ; — *Le Lict d'honneur de Chariclée* (1609), 1525 ; — *Le Duel de Tithamante* (1609), 1526.
Intrata (La) *del re christianissimo Henrico II nella città di Rens* (1547), IV, 3113.
Introduction à la connoissance de l'Esprit humain (1746). Voy. Vauvenargues.
Invective moralle figurée (1516), III, 2562, art. 58.
Invention (L') *de traicter l'amour aux dames à la mode* (1622), II, 1797, art. 15.

Inville (d') : vers à G. de Scudéry (1633), V, 3318.
Yppenberger (Helias) : inscription dans un album (1567), V, 3365.
Yrail, capitaine ligueur (1590), III, 2247.
Irlande : *Histoire veritable du siege... du fort fait en Irlande par les Italiens et Espagnols* (nov. 1580), III, 2195.
Irlande (Bon.) : vers à Sc. de Sainte-Marthe (1596), 716.
Irrigation, II, 2095, art. 9 (*g*), p. 544.
Irza et Marsis (1769), 931.
Isaac, chanteur et danseur (1670-1671), IV, p. 618.
Ysabeau, femme décriée par Bérenger de La Tour (1551), V, 3254.
Isabey (Eugène), peintre et dessinateur (1806), II, 1577 ; (1838), V, 3321.
Isabelle la Catholique : son épitaphe par J. Molinet (1504), 471, art. 25.
Isabelle, infante d'Espagne, son mariage avec l'archiduc Albert d'Autriche (1599), III, 2436. — Son portrait (1632), III, 2281.
Isabelle : vers en son honneur dans un recueil ms., IV, 2565, p. 309.
Isabelle (Sœur) d'Espagne (1532), IV, 3091.
Isac (Jaspar), grav. (1632), II, 1698.
Iscour : vue du château, 249.
Isdenczi (André), envoyé de l'empereur Ferdinand III à Constantinople (1641), III, 2481.
Islande : *Description*, par La Peyrère (1663), II, 1925.
Islip (Adam), impr. à Londres (1732), 327.
Ysmaïl (Syach) : son histoire, par Jehan Le Maire (1511), II, 2008 ; (1533), 2090.
Isnard (Jacques), ou Ysnard : épître à lui adressée par Bérenger de La Tour (1551), V, 3254. — Vers de lui à La Tour (1558), 662.
Isocrate : *Epistolae* gr. (1499), II, 1873.
Isoret (Jean), libr. imaginaire à Rouen (1578), III, 2380.
Isqué (Berthe d'), marraine en 1537, IV, 2855, p. 194.
Issoire : abbaye de Saint-Austremoine, IV, 3096, art. 125.
Issoudun, basoche (v. 1530), IV, 3021.
Istoria nova che tracta tutte le guerre... (1512), 1043.
Historia nova della ruina de' Venetiani (1512), 1044.
Ysunça (P.) : lettre à Pedro de Olave (1582), III, 2395.
Itier (Léonard), théorbe et viole (1656-1664), IV, p. 618.
Itinerarium Antonini Aug. (1518), V, 3332.
Yve (Frédéric d'), abbé de Saint-Bertin : *Lettres au cardinal de Granvelles* (1580), III, 2387. — *Lettres au roy* (1580), *ibid.* — *Lettres au president Fonck* (1580), *ibid.*
Yvelstein, colonel hollandais (1630), III, 2405, art. 20.
Yver (Jacques) : *Le Printemps* (1576), II, 1700.
Yver (Joseph) : vers à son frère, Jacques Yver (1576), II, 1700.
Yver (Marie) : vers à son frère, Joseph Yver (1576), II, 1700.
Yver (P.), graveur (1750), II, 1245.
Yver de Saint-Aubin : notice généalogique, III, 2495.
Yverny (Mme d') : son éloge (1545), 805.
Yverny (Mlle d'), citée par François Habert (1549), IV, 2868.
Yversen de Saint-Fons : notice généalogique, III, 2495.
Ives (Legende de mgr. saint), II, 2020.
Yves, évêque de Chartres : *Epistre touchant le sacre des roys de France* (1594), III, 2243, art. 9.
Yves (Le P.) d'Evreux, missionnaire en Amérique (1612), II, 1991.
Yvon (L'abbé), collabore à l'*Encyclopédie* (1751-1777), III, 2523, p. 282.
Ivor (d'), secrétaire du roi : Ch. Fontaine lui dédie un recueil intitulé : *Les nouvelles et antiques Merveilles*, etc. (1554), IV, 3084.
Ivor (Mlle d'), citée par Cl. de Taillemont (1556), IV, 2910.
Yvrad (François), libr. à Lyon (1610), III, 2243, art. 15 ; (1618), 119.
Ivry : abbaye de Notre-Dame, IV, 3096, art. 140.
Ivry (Jehan d') : *Les Secretz et Loix de Mariage* (v. 1500), 483. — *Les Triumphes de France ; Les Faictz et Gestes de M. le Legat* (1509), 484 et *Additions*.
Izarn-Freissinet (Joseph, vicomte d') : Barbey d'Aurevilly lui dédie *Une vieille Maîtresse* (1853), II, 1663.

Jachouet (Jean) : vers à Me Adam (1644), 829.
Jackson (J.), graveur (1730, 1735), III, 2286, 2347, 2487.
Jacob (G.), imprimeur à Orléans (1874), II, 1665.
Jacob (Loyse), d'Issoudun, citée par Fr. Habert (1549), IV, 2868.
Jacob (Maître) : vers à Ch. Fontaine et réponse (1546), IV, 2876.
Jacob (Le P.) : additions au *Dictionnaire* de Ménage (1750), 318.
Jacob (P. L.), bibliophile. Voy. Lacroix (Paul).
Jacobi (Pierre), impr. à Saint-Nicolas-du-Port (1518), IV, 2781 ; (1521), 2763.

Jacobsz (Laurent), libr. à Amsterdam (1588), 990.
Jacobszoon (H.), impr. à La Haye (1619), III, 2405, art. 1.
Jacomot (Jean), ou Jacquemot, ministre : inscription dans un album (1585), V, 3368. — *Ehud* (1601), II, 1070.
Jacopi (Bernardino) : sonnet à lui adressé par N. Martelli (v. 1543), IV, 3000, p. 359.
Jacot, dessinateur (1835), II, 1072.
Jabot (Catherine), seconde femme de l'impr. Jean de Foigny à Reims (v. 1586), III, 2545.
Jacotin : *Chansons* (1553), 981 ; V, 3299.
Jacqueline, courtisane (1625), II, 1796, art. 27.
Jacquelot (L'abbé). Voy. *Recueil de pieces curieuses* (1694-1696), III, 2632.
Jacquemart (Jean-Ferdinand), graveur : ouvrage lui ayant appartenu, II, 1423.
Jacquemin (Arnoul) : *Ballades pour Dieppe*, IV, 2796, n°˙ 21, 23, 24.
Jacquemot (Jean). Voy. Jacomot.
Jacquerie (La) (1828), II, 1607.
Jacques I*ᵉʳ*, roi d'Angleterre : Lalavane lui dédie ses *Manes Henrici magni* (1610), 891, art. 6. — Il traite avec l'Espagne (1616), III, 2374, art. 1. — Il perd Anne de Danemark, sa femme (1619), *ibid.*, art. 2. — Les protestants d'Allemagne lui envoient une *Declaration* (1620), III, 2420, art. 47. — *Declaration contenant sa resolution proposee à sa Majesté Catholique* (1621), 2374, art. 3. — *Harangue prononcée à l'ouverture de ses Estats* (1624), *ibid.*, art. 8.
Jacques II, roi d'Angleterre : son oraison funèbre par H. Emm. de Roquette (1702), 381.
Jacques III, prétendant au trône d'Angleterre, dit le chevalier de Saint-Georges : le *Journal du siege de Brisac* lui est dédié (1703), III, 2524, *Additions*. — Volume lui ayant appartenu, 179.
Jacques I*ᵉʳ* le Conquérant, roi d'Aragon : son *obit* (1276), III, 2529, p. 326.
Jacques V, roi d'Écosse, m. en 1542, avait épousé Marie de Lorraine, III, 2368.
Jacques VI, roi d'Écosse : Th. de Bèze lui dédie *Les vrais Pourtraits des hommes illustres* (1580), II, 2039. — Son portrait, *ibid.*
Jacques (Grand), impr. à Lyon (1529-1556). Voy. Moderne (Jacques).
Jacques (Claude), Suisse (1598) : IV, 3127, art. 12.

Jacquier, danseur (1635-1653), IV, p. 618.
Jacquier (Jean) : vers sur Est. Pasquier (1584, 1610), 737. — Elégie latine sur la mort de Ronsard (1586), IV, 2889. — Vers à Jean Bonnefons (1588), 756. — Vers à Gilles Durand de La Bergerie (1588, 1594), 756, 757. — Vers sur la mort de N. Rapin (1610), IV, 2944.
Jacquin (E.), impr. à Fontainebleau (1845), II, 1600 ; (1848), II, 1603.
Jacquin (François), impr. à Paris (1610), III, 2259.
Jacquin (Julian), impr. ou libr. à Paris (1625), II, 1796, art. 41 ; (1629), 1964 ; (1646), IV, 3153, p. 534.
Jadin, peintre, 271.
Jäger (Esaias), « Venator » : inscription dans un registre (v. 1564), V, 3366.
Jagonneau (Loys) : épitaphe, IV, 2964, art. 58.
Jalabert (Dom Nic.) : *L'Etat de la France* (1749), III, 2358.
Jalesnes (N. de) : vers à lui adressés par J. Le Masle (1580), IV, 2933.
Jallesmes (Le chevalier de), navigateur (1629), II, 1945.
Jamaïque : *Description de l'isle* (1674), II, 1923.
Jamais Saou (Pierre), II, 1775.
Jambe de Fer (Philibert) : *Chansons* (1549-1552), 980.
Jambon de Saint-Cir : généalogie, III, 2495.
Jamec (Pierre). Voy. Japes.
James : *Chansons* (1549), 980.
James (Jacques), impr. imaginaire à Edimbourg (1574), IV, 3125.
Jamet (Charles), huissier à la cour des Monnaies (1567-1571), III, 2546, art. 6-8, 10, 11.
Jamet (Lyon) : épître à lui adressée par Cl. Marot, IV, 2858, art. 3. — Vers dans les *Traductions de latin* (1550), 808.
Jamette (Bastien). Voy. Giametta'.
Jamin (Amadis) : vers grecs et français sur la mort d'Anne de Montmorency (1567), IV, 2966, art. 17. — Vers composés pour l'entrée de Charles IX à Paris (1571), IV, 3117, art. 1. — Arguments et vers français et latins en tête de *La Franciade* de Ronsard (1572), 678. — Sonnet à H. de Sainct-Didier (1573), 292. — ? Epitaphe de Charles IX, signée A. J. (1574), V, 3354. — Vers à Robert Garnier (1574), II, 1097. — *OEuvres poetiques* (1575, 1582), 738, 739. — Il est cité comme poète par Guy Le Fèvre de La Boderie (1578), IV, 3184. — Vers en tête de *La Bergerie* de Belleau (1576), 690. — Vers dans le *Tumulus Rem.*

Bellaquei (1577), 695. — Pièce à lui dédiée par Belleau (1578), 399. — Traduction des chants XII-XXIV de l'*Iliade* (1580), IV, 2771. — Vers sur la main d'Estienne Pasquier (1584, 1610), 737. — Stances sur la mort de Ronsard (1586), IV, 2889 ; (1623), 668. — Il est cité par Jean Dorat (1586), IV, 2789. — *Chanson*, IV, 2994, art. 3. — Il est cité par Sc. de Sainte-Marthe (1600), IV, 2921.

Jamin (Benjamin), cité comme poète par Guy Le Fèvre de La Boderie (1578), IV, 3183.

Jamme, chanteur (1657-1671), IV, p. 618.

Jamont, graveur, II, 1909, p. 385.

Jane, dame dont parle J. de La Péruse (1557), IV, 3022.

Janes (El signor), 1042.

Janet (Louis), libr. à Paris (1831), II, 1712.

Janin, nom supposé (1579), IV, 2879.

Janin (Jules) : *Mon Voyage à Brindes*, publié dans le *Dodécaton* (1837), II, 1714. — *Un Hiver à Paris* (1843), III, 2324. — *L'Eté à Paris* (1844), III, 2325. — Introduction à la *Correspondance de Boileau* (1858), 844. — Georges Moreau-Chaslon lui dédie son édition de *L'Entrée de Danton aux enfers de J.-B. Salle* (1865), 910.

Jannequin (Clement) : *Chansons* (1549-1552), 980. — Il est cité par Guy Le Fèvre de La Boderie (1578), IV, 3184.

Jannet (Pierre), éditeur de *L'Histoire notable de la Floride* (1853), II, 1982.

Janon (Jean), impr. à Sedan (1612), 94 ; (1628 ?), II, 1796, art. 14.

Janon (Pierre), impr. à Sedan (1644), 95.

Janot (Denys), impr. à Paris (v. 1525), III, 2542 ; (1529), III, 2558 ; (1532), 503 ; cité, III, 2303 ; (1533), II, 1490, 1508 ; (1535), II, 2091 ; (v. 1535), IV, 2850 ; (1537), III, 2673 ; (1538), 1026 ; (1540), V, 3327 ; (1541), 643 ; (1542), 644, 645 ; IV, 2866 ; V, 3374 ; (1543), 133, 640 ; (1544), 639 ; IV, 3141 ; V, 3325. — Jeanne de Marnef, sa veuve (1545), citée, V, 3076 ; (1546), IV, 2876 ; citée, IV, p. 9 ; (1547), IV, 2739.

Janot (Estienne), ou Jehannot, impr. à Paris (v. 1490), III, 2587. Ajouter 470 ; IV, 2843.

Janot (Jehan), ou Jehannot, impr. à Paris (1515), II, 2120 ; (1516), III, 2562 ; (s. d.), 310 ; II, 1500 ; III, 2617, 2618 ; V, 3315 ; cité, III, 2563. — Sa veuve (s. d.), IV, 3072.

Jansens (H.), graveur (v. 1700 ou 1715), III, 2492, art. 19 et 27.

Jansson (J.), impr. à Amsterdam (1649), 100.

Jansson (Willem), impr. à Amsterdam (1619), V, 3311.

Jansson van Waesberge, libr. à Amsterdam. Voy. Waesberge.

Janus (*Le*) *à deux faces* (1622), II, 1797, art. 14.

Janvier : vers à maître Adam Billaut (1644), 829.

Japes (Pierre), ou Jamec : *Le Debat du Vin et de l'Eaue* (v. 1500), I, 544 ; (v. 1530), IV, 2836.

Jaquet (Gabriel), Lyonnais : vers à M. Guy, de Tours (1598), IV, 2948.

Jaquinot : vers en tête du *Dictionnaire des rimes* de Jean Le Fèvre (1588), 431.

Jaquinot (Le P.), dit Armand de La Paix : le P. R. Breton lui fournit des mémoires (vers 1660), II, 1986.

Jaquot, danse dans un ballet à Dijon (1627), II, 1451.

Jardeau (François) : vers en tête du *Dictionnaire des rimes* de Jean Le Fèvre (1588), 431.

Jardin (*Lou*) *deys musos* (1665), 1022.

Jardin (*Le*) *de Jennes* (v. 1506), IV, 3018.

Jardin (*Le*) *de plaisance* (v. 1525), IV, 2799. Cf. 471, art. 17 et 88.

Jardin (*Le plaisant*) *des belles Chansons* (1580), 986. Cf. 411, art. 69.

Jardin (*Le*) *des vertus* (1589), III, 2563, I, art. 26.

Jardinet (*Le*) *de poësie de C. D. G.* (1600), V, 3279.

Jardinet (*Le*), *ou plaisant Verger d'amours* (v. 1560), 812, art. 12.

Jarnac. Voy. Chabot.

Jarry (Nicolas), calligraphe : manuscrits exécutés par lui, 34 (1652), 35 (?).

Jarzay, tué à Tours le 8 mai 1589, III, 2222, art. 3.

Jassin (L'abbé de) : lettre à lui adressée par Rangouze (1649), II, 1879.

Jaubert : notice généalogique, III, 2495.

Jaucourt (Louis, chevalier de), collabore à l'*Encyclopédie* (1751-1777), III, 2523, p. 281.

Jault (A.-F.), éditeur du *Dictionnaire* de Ménage (1750), 318.

Jauregui (Jean) : sa tentative d'assassinat contre le prince d'Orange (1582), III, 2393.

Jausselin de Brassay : notice généalogique, III, 2495.

Javerzac (de) : vers au petit de Beauchasteau (1657), 833.

Jean Ier, roi d'Aragon : son *obit* (1396), III, 2529, p. 326.

Jean, prince des Asturies : poème sur ses fiançailles avec Marguerite

d'Autriche, par J. Molinet (1496), 471, art. 24.
Jean sans peur, duc de Bourgogne : son épitaphe par Jehan Bouchet (1545), 510. — Son portrait (1587), III, 2353.
Jean XII, duc de Bretagne, III, 2339.
Jean, duc de Lorraine : Ant. de La Salle lui dédie *Le petit Jehan de Saintré* (1459), IV, 3062.
Jean (Prêtre). Voy. Prêtre Jean.
Jean-Baptiste (Saint) : hymne, IV, 3154, art. 21.
Jean (Saint) Chrysostome : *Liber contra gentiles* (1528), 38. — Fragments extraits de ses œuvres par Bossuet (v. 1680), IV, 3079, pp. 450, 451.
Jean Basilic, ou Héraclide, plus tard prince de Moldavie, *De Morini quod Terouanam vocant atque Iledini expugnatione* (1555), III, 2416 et *Additions*.
Jean Le Blanc, nom donné par les protestants à l'hostie (1575), V, 3212, art. 6.
Jean Le Gris, *ibid*.
Jean l'Enfumé, *ibid*.
Jean Le Noir, *ibid*.
Jean de Milan : *L'Eschole de Salerne* (1651), 972.
Jean de Nivelle, IV, 3020, art. 3.
Jehan (Le petit) de Saintré (1518, n. s.), IV, 3062.
Jean (Catherin), maître de la poste de Lyon (1546), IV, 2876. — Vers à lui adressés par Ch. Fontaine (1557), IV, 2877.
Jean-Casimir, roi de Pologne, épouse Marie-Louise de Gonzague (1649), III, 2427.
Jean-François, nom contenu dans un acrostiche, IV, 3197, p. 587.
Jean-Frédérich, duc de Wurtemberg, *Articles accordez, entre le Marquis de Spinola, et les Princes Protestants* (1621), III, 2420, art. 53. — *Vertrags Artikul* (1621), cité, *ibid*. — Sa défaite à Wimpfen (1622), *ibid.*, art. 63.
Jean-Georges, électeur de Brandebourg : lettre au Dr Chemnitz (1583), III, 2242, art. 1.
Jean-Georges Ier, duc et électeur de Saxe (1620), III, 2420, art. 33.
Jeanne, papesse supposée, 446, V, 3211, 3212, art. 6.
Jeanne d'Albret, princesse, puis reine de Navarre : Vers de Ch. Fontaine en son honneur (1557), IV, 2877. — Épître à elle adressée par François Billon (1550), II, 1837. — Jacques Pelletier lui dédie son *Dialogue de l'ortografe* (1555), 322. — Cl. de Taillemont lui dédie des vers et la traduction d'un épisode du *Furioso* (1556), IV, 2910. — Vers à elle adressés par Joachim Du Bellay (1559), IV, 2896. — Cl. Gruget lui dédie son édition de l'*Heptameron des nouvelles* de Marguerite d'Angoulême (1560), II, 1697. — Vers à elle adressés par Anne de Marquets (1561), IV, 2918. — Lettre à elle adressée par le cardinal Georges d'Armagnac et réponse (1563), III, 2160. — Jean de Liçarrague lui dédie la traduction basque du *Nouveau Testament* (1571), 10. — *Brief Discours sur sa mort* (1572), III, 2170, 2171. — *Testament* (1572), 2170, 2172. — Elle est louée par Estienne Forcadel (1579), IV, 2879. — Dizain composé par la reine, IV, 2965, art. 203. — Sonnets [1561], IV, 2892.
Jeanne de Bourgogne, reine de France : Jean de Vignay traduit pour elle le *Miroir hystorial* de Vincent de Beauvais (v. 1320), II, 1999. — Elle fait traduire la *Legende dorée*, II, 2021.
Jeanne de Flandre, III, 2626.
Jeannin (Pierre), président au parlement de Bourgogne : Estienne Tabourot lui dédie son édition du *Dictionnaire des rimes* de Jean Le Fèvre (1588), 431. — Nic. Rapin lui adresse des vers (1610), IV, 2944. — Lescarbot lui dédie l'*Histoire de la Nouvelle France* (1612), II, 1964, (1617), 1965.
Jehannot (Estienne), impr. à Paris. Voy. Janot.
Jehannot (Jehan), impr. à Paris. Voy. Janot.
Jefferys (Thomas), géographe, collabore à l'*Encyclopédie* (1777), III, 2523, p. 279.
Jehotte, graveur, (1823-1826), II, 1520.
Jenson (Nicolas), impr. à Venise (1471), III, 2503 ; (1472), 183.
Jérémie : *Lamentations*, traduites en vers par Bérenger de La Tour (1551), V, 3254. — *Cantique* (v. 1575), IV, 2979.
Jérôme de Lyon, astrologue : *Oscuratione dil sole* (1539), IV, 2760.
Jérôme Paturot (1845), II, 1661, 1662.
Jérôme de Prague : son portrait (1581), II, 2039.
Jérusalem (Voyages à), II, 1939, 1940 ; III, 2633-2637 ; IV, 3087-3093.
Jessé (Le P.), provincial des cordeliers, pendu à Vendôme (nov. 1589), III, 2241, art. 7.
Jésuites, II, 2010, 2012, 2026, 2027. — Vie et Miracle de leur fondateur, S. Ignace, II, 2026, 2027. — Ils sont persécutés en Angleterre (1577 ?), II, 2010. — Le P. Jacques Sales est tué à Aubenas avec un frère coadjuteur (3 févr. 1593), III, 2243,

art. 5. — Les pères sont condamnés par le parlement de Paris (29 déc. 1594), III, 2254. — Plaidoyer de Simon Marion contre eux (1597), II, 2012. — *Le Passe-partout des peres jesuites*, [par César de Plaix, sieur de L'Ormoye] (1607), III, 2242, art. 11. — Ils désavouent divers ouvrages (1633), IV, 3153, p. 531. — Prétendue conspiration ourdie par eux contre Louis XIV (1683), IV, 3153, p. 541.

Jeu (Le) de l'afflac (1595), 801.

Jeu (Le) de l'amour et du hasard, comedie (1730), II, 1319.

Jeu (Le) des eschez moralisé (1504), II, 1506.

Jeux partiz des eschectz (v. 1525), 310.

Jeusnes (Les) commandees de l'Eglise (1589), III, 2563, I, art. 8.

Jezler (Johann), ministre : inscription dans un album (1583), V, 3368.

Joachim, auteur de prophéties, 209, art. 3.

Job, consolateur des malades, IV, 2820, p. 145.

Jobelin (Thomas) : épitaphe par Est. Forcadel (1579), IV, 2879.

Jobert (G.), cité par Jacques Gohory (1549), 188.

Jocaste, sujet d'une tragédie de Lodovico Dolce (1549), II, 1470.

Joconde, sujet traité en même temps par Bouillon et par La Fontaine (1663), 918.

Jocundus. Voy. Giocondo (Fra Giovanni).

Jodelle (Estienne) : G. Des Autels lui dédie l'*Éloge de la guerre* (1550), 655. — Épigramme latine à M. A. de Muret (1552), II, 1069. — Ode et sonnet à Nic. Denisot (1553), 1018, *Additions*. — Vers à lui dédiés par Jacques Tahureau (1554), 702. — Autres par Ch. Fontaine (1557), IV, 2877. — *Recueil des inscriptions ordonnées en l'hostel de ville à Paris* (1558), 697 ; IV, 3114, art. 3. — Vers à lui adressés par Du Bellay (1559), IV, 2896. — Epitre à Marguerite de France, duchesse de Savoie (1567), 667. — Vers dans le *Tumbeau de Gilles Bourdin* (1570), 815. — *Œuvres* (1574), 696. — Chansons jointes au *Recueil* de Daniel Drouin (1575), 985. — Il est cité par Guy Le Fèvre de La Boderie (1578), IV, 3183. — Vers à lui adressés par le même (1579), IV, 2930. — Il est cité par Estienne Forcadel (1579), IV, 2879. — Huitain à la louange de Salel (1580), IV, 2771. — Epitaphe latine de l'amiral Chabot (1588), III, 2304. — Vers à lui adressés par N. Rapin. Il est appelé « Juitellus »

(1610), IV, 2944. Ode à Estienne Pasquier (éd. de 1610), 737.

Johanneau (Eloi), éditeur des *Essais* de Montaigne (1818), 144. — Commentaires sur les œuvres de Rabelais (1823), II, 1520.

Johannot (A.), peintre, (1834), 271.

Johannot (Mathieu), père et fils, fabricants de papier à Annonay (1783-1788), II, 1918.

Johannot (Tony), dess. et grav., II, 1361, 1588, 1616, 1621, 1821, 1909 ; V, 3321. — Portrait, II, 1821.

Joigny (Le comte de), général des galères : ses exploits sur les côtes de Barbarie (1620), IV, 3148.

Joigny (La comtesse de) : son éloge par Jules de Richy (1616), V, 3290.

Joly, médecin à Saint-Omer (1610), II, 2027.

Joly, danseur (1670), IV, p. 618.

Joly, grav., 261.

Joly, rel. à Paris, III, 2427, 2504, 2540, 2587, 2624, 2633, 2635.

Joly (Claude), *Mémoires* (1738), III, 2285. — *Histoire de l'église de Paris*, citée, *ibid*.

Jolly (F.), est probablement l'auteur du *Petit Sommaire de la vie, actes et faits de ...Henry IIII* (1610), III, 2234.

Joly (François), libr. à Amsterdam (1750), II, 1892.

Joly (Guy) : *Mémoires* (1738), III, 2285.

Joly (Jacques) : vers à J. Le Vasseur (1608), 772.

Jolis (Jean), peintre, est peut-être cité par Jehan Pèlerin (1521), IV, 2763.

Joly (Timothée), éditeur supposé par Restif de La Bretonne (1780), II, 1916, art. 14.

Joly ou Jolly (Thomas), libr. à Paris (1660), II, 1129 ; (1663), 918 ; II, 1166, 1187, 1189, 1925 ; (1664), II, 1130, 1131, 1134, 1248 ; (1665), II, 1131, 1168, 1174, 1532 ; III, 2366 ; (1667), 903 ; II, 1984 ; (1668), 902 ; II, 1133, 1251, 1253 ; (1671), II, 1133, 1169, 1850, 1984 ; (1679), 905 ; II, 1170.

Jollain (J.), graveur (1681), II, 2000.

Jollat (Jean), graveur, peut-être cité par Jehan Pèlerin (1521), IV, 2763.

Jollet (Daniel), impr. à Paris (1703-1716), III, 2524 et *Additions*, p. 196.

Jolliet (Louis) : son voyage dans la vallée du Mississipi (1681), II, 1924.

Jolly. Voy. Joly.

Jombert (Charles-Antoine), libr., puis impr. à Paris (1737-1738), 245 ; (1752), 251 ; (1754-1758), III, 2524 ; (1756), 251 ; (1771), 1065. — Epitre dédicatoire à M. de Vandières (1752), 251.

Jombert (Claude-Antoine), dit le fils, libr. à Paris (1771), II, 1065.

Jombert (N. d'Houry, veuve de Jean I*ᵉʳ*), libr. à Paris, en la boutique de Claude Barbin (1711), II, 1771.
Jombert (Louis-Alexandre), dit le jeune, libr. à Paris (1782), 861.
Jonas (Justus): son portrait (1581), II, 2039.
Joncourt (P. de): *Alciphron*, traduit de l'anglais (1734), 83.
Joppecourt (Charles de), auteur de mémoires sur la Moldavie (1620), III, 2429.
Joppitre (Mˡˡᵉ), citée par M. Guy, de Tours (1598), IV, 2948.
Jordan, dessin., II (1846), 1768.
Joret, conseiller au grand conseil : regrets sur sa mort (1598), IV, 2948.
Joret (Les demoiselles), citées par M. Guy, de Tours (1598), IV, 2948.
Joret (Charles), II, 1932.
Jorry (Sébastien), impr. et libr. à Paris (1759-1764), III, 2524.
Jorsspeckh (Hiliprundt) zu Labensperg : inscription dans un album (1565), V, 3365.
Josaphat : abbaye de Notre-Dame, IV, 3096, art. 71.
Josas, cité par Nic. Bourbon (1538), IV, 2788.
Joseph (Saint), sermon sur lui par frère Nicolas Denise (v. 1510), IV, 3155. — Panégyrique, par Bossuet (1656), IV, 3079, p. 446.
Joseph d'Arimathie, II, 1487.
Joseph II, empereur : le *Deutscher Merkur* lui est dédié (1780), II, 1058.
Joseph, Indien venu en Europe (1508-1521), II, 1950, 1951.
Josèphe : *Histoire des Juifs*, traduite par Arnauld d'Andilly (1668), II, 2066 ; (1701-1703), 2067. — Extrait de son ouvrage (1573), V, 3317.
Josias, sujet d'une tragédie de M. Philone (1583), II, 1092.
Josquin, graveur (1842), II, 1769.
Josse (Georges), libr. à Paris (1634), II, 1935 ; (1658), 1946 ; (1666), 356, art. 5.
Josse (Georges et Louis), libr. à Paris (1693), 77.
Josse (Jacques), impr. à Paris (1718), III, 2524.
Josse (Jean-François), impr. à Paris (1730), II, 1736-1738 ; (1731), 1912.
Josset (Elie), libr. à Paris (1698), 7.
Jossier (David) : *Poësie* (1604), V, 3281.
Jouan, danseur (1668-1670), IV, p. 618.
Jouan (Abel) : *Voyage de Charles IX en France en 1564 et 1565* (éd. de 1759), II, 2095, art. 3.
Jouaust (Damase), impr. à Paris (1863), 937 ; (1865), 910 ; (1867), 331 ; (1873-1874), III, 2373.

Joubert (Les demoiselles), citées par M. Guy, de Tours (1598), IV, 2948.
Joubert, chanteur et danseur (1671), IV, p. 618.
Joubert : *Lettre aux auteurs du Mercure sur le comte de Warwick, tragédie nouvelle* (1763), III, 2524, p. 310.
Joubert (Hiérosme), danseur et violon (1664-1671), IV, p. 618.
Joubert (Laurent) : vers à B. de La Tour (1558), 662. — Vers à lui adressés par Jean Le Masle (1580), IV, 2933. — Il est cité par Jean Dorat (1586), IV, 2789.
Joubert (Luc) : vers à lui adressés par J.-Ed. Du Monin (1583), V, 3272.
Joubert (Nicolas), sieur d'Angoulevent : *Guirlande et Responce à l'archipoëte des pois pillez* (1603), IV, 3004.
Jouin (Michel), libr. à Paris (1589), 798.
Joullain, grav., 220 ; (1728), II, 1464.
Jourdain, poète qui passe pour avoir compilé *Le Jardin de plaisance*, IV, 2799, p. 114.
Jourdain, graveur (1843), 1014.
Journal (Le) de ce qui s'est passé au siège et à la prise de Cambray (1677), IV. 3153, p. 540.
Journal de la campagne de Piémont, avec le détail de la bataille donnée à la Marsaille (nov. 1693), III, 2524, p. 292.
Journal de politique et de littérature (1776), cité, III, 2524, p. 314.
Journal du siege de Brisac (1703), III, 2524, *Additions*.
Journal encyclopédique (1756-1792), III, 2525.
Journal historique de tout ce qui s'est passé depuis les premiers jours de la maladie de Louis XIV (oct. 1715), III, 2524.
Journal historique du voyage de l'Ambassadeur de Perse en France (fév. 1715), III, 2524.
Journal politique de Bruxelles (1778-1789), III, 2524, p. 314.
Journées (Les) facetieuses (1584), II, 1701.
Jours (Les) et Heures perilleux de l'année, v. 1515, 208 ; 411, art. 74.
Jousse (Mathurin). *La fidelle Ouverture de l'art de serrurier* (1627), 267 ; — *Le theatre de l'art de charpentier* (1627), 268.
Jousseaulme, sieur de Guignefolle, cité par M. Guy, de Tours (1598), IV, 2948.
Jouvancy (Simon de), menuisier à Paris (1702), III, 2636, p. 447.
Jouvenet (Jean), peintre, III, 2523, p. 276.
Jove (Michel), impr. à Lyon (1567),

III, 2603 ; (1569), 784 ; (1571), III, 2169 ; (1572), 2173 ; (1577), cité, III, 2698.
Joviani Superbia, castigata, pièce de théâtre (1642), citée, IV, 3016.
Jovianus, citée, IV, pièce de théâtre (1675), 3016.
Jovianus castigatus, pièce de théâtre (1623), citée, IV, 3016.
Jovin : son tombeau à Reims, IV, 3096, art. 42 *bis*.
Jóvys (Mlle), citée par M. Guy, de Tours (1598), IV, 2978.
Joye (L'évêque de), II, 1842.
Joyes (Les quinze) de mariage (v. 1490), II, 1841.
Joyes (Les quinze) Nostre Dame, III, 2534, 2535.
Joyeuse (Anne, duc de) : *Balet comique* composé lors de son mariage avec Marguerite de Lorraine (1581), II, 1445. — J.-A. de Baïf lui dédie ses *Mimes* (1581), 688. — Vers à lui adressés par Joachim Blanchon (1583), IV, 2938. — Cl. Gauchet lui dédie *Le Plaisir des champs* (1583), 299. — Rob. Garnier lui dédie *Les Juifves* (1585), II, 1095. — Fabrizio de Fornaris lui dédie *Angelica* (1585), II, 1473. — *Voyage en Gevaudan* (1586), II, 2095, art. 5. — Vers à lui adressés par Jean Dorat (1586), IV, 2789 ; — par François Le Poulchre (1587), V, 3274 ; — par Nic. Rapin (1610), IV, 2944. — *Épitafes* par J.-A., de Baïf (1587), 685. — *Bref Discours de ses faits et de sa mort*, par J. D. V. (1588), IV, 2960. — Son *Convoy*, par Christofle de Beaujeu (1588), IV, 2941 ; (1589), 2942. — *Discours sur ses faits plus memorables*, par J. D. V. (1588), IV, 2960. — Son portrait (1623), 668.
Joyeuse (Marguerite de Lorraine, duchesse de) : Baïf lui dédie ses *Epitafes* (1587), 685.
Joyeuse (Guillaume, vicomte de) : vers à lui dédiés par Est. Forcadel (1579), IV, 2879.
Joyeuse (Jean de), seigneur d'Arques (1579), IV, 2879.
Joyeuse (Françoise de Voisins, femme de Jean de) : épitaphe par Est. Forcadel (1579), IV, 2879.
Joyeuse (Louis de Lorraine, duc de), figure dans des ballets (1653-1654), IV, p. 619.
Joyeux (de), danseur (1651-1659), IV, p. 619.
Joyeux (Jean), impr. imaginaire à Montélimar (1586), V, 3211.
Joyeus (Pierre) : sonnet à Scévole de Sainte-Marthe (1570), 718. — Il échange des vers avec le même (1600), IV, 2921.

Juan (Don) d'Autriche. Voy. Autriche (Don Juan d').
Juan (Dom) de Portugal : son *Histoire*, par l'abbé Guyot-Desfontaines (1724), III, 2444.
Juan Bautista (Frère), approuve les *Novelas exemplares* de Cervantes (1613), II, 1755.
Jubinal (Achille), collaborateur du *Monde dramatique* (1835-1839), II, 1072.
Jugement (Le) de Paris, par S. G., s^r de La Roque (1609), IV, 2943, p. 268, art. 16.
Jugement (Le) du Cid, composé par un bourgeois de Paris (1637), II, 1142, p. 60, art. 16.
Jugement (Du) final (1516), III, 2562, art. 57.
Jugement general (Le grand), par Guillaume Flameng (1535), IV, 2754.
Jugerie (de), médecin du cardinal de Lorraine (1557), IV, 2877.
Juif (Le) errant (1609), III, 2631. — Chanson sur ce personnage (v. 1611), 991.
Juifves (Les), sujet d'une tragédie de R. Garnier (1583, 1585), II, 1098, 1095.
Juigneret, graveur (1824), II, 1180.
Juillet, graveur (1777), 258.
Juin (Jean-Baptiste), papetier à Paris (1739), II, 1549.
Juitellus. Voy. Jodelle.
Jules II [Della Rovere], pape ; supplique à lui adressée en faveur d'Andrea Andrelini (1506), IV, 2782. — Harangue prononcée devant lui par Guillaume Briçonnet (1507), II, 2107. — Ouvrages composés coutre lui par ordre de Louis XII, II, 2008 ; V, 3313, 3314. — *Le memoranda Presa di Peschera*, ecc. (1509), 1041. — *Il Lamento de Italia universale* (1510), 1042. — *Guerre che sono state a Bologna* (1512), 1043. — *Historia novà della ruina de' Venetiani* (1512), 1044. — *Prophetia de uno imperadore* (1512), 1046. — *Libellus de morte Julii P. M.*, [auctore F. Andrelino] (v. 1518), III, 2640. — Portrait (1755), III, 2506.
Jules III [Del Monte], pape, accorde un privilège pour l'impression des *Vite* de Vasari (1550), III, 2505, et de la *Vita di Consalvo di Cordova*, par Paul Jove (1550), 2510. — Sa pompe funèbre (1555), III, 2641. — Jean Dorat parle de lui (1586), IV, 2789.
Julianis : notice généalogique, III, 2495.
Julien l'Apostat : *Epistolae* gr. (1499), II, 1873.

Julien (Guillaume), libr. à Paris (1583), V, 3272 ; (1586), III, 2463.
Juliers : réduction de cette ville par l'armée catholique (1622), III, 2405, art. 2.
Juliers (Adolphe, duc de), III, 2722.
Juliers (Gérald, duc de), III, 2722.
Julien (Guillaume, duc de), III, 2722.
Juliot (C.-F.) : *Catalogue des vases, colonnes, etc. de feu M. Randon de Boisset* (1777), 270.
Julliéron (Guichard), impr. à Lyon (1595), III, 2243, art. 6 ; (1599), 2436.
Julliéron (Jean), impr. à Lyon (1632), III, 2457.
Julliéron (Nicolas), impr. à Lyon (1610), III, 2243, art. 13.
Julliot (François), impr. à Paris (1617), III, 2466.
Jumauville (Le seigneur de) : vers à lui dédiés par François Le Poulchre (1587), V, 3274.
Jumeaux (de) : Pierre Solomeau lui dédie son édition française de la *Vie de Theod. de Beze* (1610), II, 2061.
Jumièges, abbaye, IV, 3096, art. 4.
Junonie, ou les Amours de Mme* de Bagneux* (v. 1734), II, 1685 ; (1754), 1686.
Junta (Juan), impr. à Burgos, puis à Salamanque. Voy. Giunta.
Jurbert (Loys de), quatrains en tête et à la fin du second livre des *Touches* d'Estienne Tabourot (1586), II, 1178. — Vers en tête du *Dictionnaire des rimes* de Jean Le Fèvre (1588), 431.
Juré (Alexis), de Quiers (1546), IV, 2876.
Jure (De) magistratuum in subditos (1580), IV, 3126, art. 4.
Juret (Ben.) : vers en tête du *Dictionnaire des rimes* de Jean Le Fèvre (1588), 431.
Juret (François) : épigramme latine en tête des *Bigarrures* d'Est. Tabourot (1583), II, 1777 ; (1586), 1778 ; (1613), 1779. — Vers en tête des *Touches* du même auteur (1586), II, 1778. — Autres vers à Tabourot (1587), III, 2353. — Vers en tête du *Dictionnaire des rimes* de Jean Le Fèvre (1588), 431. — Vers à lui adressés par N. Rapin et vers de lui sur la mort de Rapin (1610), IV, 2944.
Jurieu (Pierre) : *Réflexions sur la cruelle persécution que souffre l'Eglise reformée de France* (1686), II, 2065. — Voy. Bossuet (Jacques-Bénigne) : *Avertissement aux protestans sur les Lettres du ministre Jurieu* (1688-90), II, 2045.
Juste (Françoys), impr. à Lyon (1534), 597, 600 ; IV, 3063 ; (1535), 602 ; IV, 3063 ; (1536) 602 ; IV, 3109 ; (1538), III, 2674 ; (1539), 607 ; (1542), II, 1510 ; (1547), III, 2415 ; (s. d.), II, 1775 ; il est cité, III, 2359.
Justel (H.) : *Recueil de divers voyages faits en Afrique et en l'Amerique* (1674), II, 1923.
Juvara (Francisco de) : *Copie d'une lettre n'aquieres venue de Malte* (1565), II 2019, art. 5.
Juvenal (Carne), d'Aix. Voy. Fonnenot (Verle de).

Kaelwegh, graveur (1700), 12.
Kalthüber (Bartholomaeus) : *Album amicorum*, ayant servi aussi à Johann Rüdiger (1566-1567), V, 3367.
Kanut, roy de Donnemarch, tragedie (1575), IV, 3025.
Karesme (Le) et Mœurs du politique (1589), III, 2241, art. 2.
Karr (Alphonse), collabore au *Monde dramatique* (1825-1839), II, 1072.
Kauffmann (Theod.), impr. à Anvers (1575), III, 2630.
Kean, sujet d'une comédie d'Al. Dumas (1836), II, 1371.
Keerberg (Jean), libr. à Anvers (1604), 72.
Kehl. Voy. Société littéraire.
Kellen (Artus), cité par Guill. de Poëtou (1565), III, 2605.
Keller (André) : inscription dans un album (1571), V, 3365.
Kemener (Tymann) : *Regiminis et constructiônis Libellus* (1513), V, 3226.
Kempen (Thomas van), ou a Kempis : *De imitatione Christi* (v. 1653), 56.
Kent (G.), dessin (1768), II, 1752.
Kerbach (de), cité, III, 2420, art. 47.
Kercq (Ch. de) : vers à Guill. Du Peyrat (1593), IV, 2945.
Kerner (Les héritiers de Mathias), pseudonyme de François Foppens, imprimeur à Bruxelles (1709), III, 2251.
Kerquifinen (Ch. de) : *Complainte* dans le *Tombeau de M. de Givry* (1594), V, 3277.
Kerkifinen (Claude de) : vers à Gilles Durand de La Bergerie (1588, 1594), 756, 757.
Kerquifinen (Claude de), fils, est probablement l'auteur du *Tyrannicide* (1589), 799 et *Additions*.
Kerver (Jacques Ier), libr. à Paris (1535), 409 ; (1549), II, 2486.
Kerver (Jacques II), libr. à Paris (1583-1585), III, 2528.
Kerver (Thielman), impr. à Paris (1502), 26 ; (1504), 27.
Kervinch : généalogie, IV, 2855, p. 194.
Kessergat. Voy. Castregat.

Ketteritz, lieutenant-colonel au service d'Espagne (1629), III, 2405, art. 17.
Khevenhüller (Franz Christoph), Graf von Frankenburg, page de Ferdinand IV, roi des Romains (1654), V, 3367.
Khörgl (Karl) in Furth und Süspach : inscription dans un album (1567), V, 3365.
Kierher (Johann) : son éloge par Erasme (1515), V, 3207.
Kiermer (Sebastian), de Ratisbonne : inscription dans un album (v. 1564), V, 3366.
Kyffin (Maurice) : *Apologie ou Defense de l'honorable sentence... de defuncte Marie Steuard derniere Royne d'Escosse* (1588), III, 2372.
King (Gr.), dit Rouge-Dragon, héraut d'armes : Liste ms. des chevaliers créés par Charles II d'Angleterre (1687), V, 3369.
Kints (Merard), impr. et libr. à Liège (1734-1735), III, 2361 ; (1756-1759), 2525.
Kirchmeir (Eustachius) : inscription dans un album (1564), V, 3366.
Kirchmaier (Thomas), dit Naogeorgus : vers à Gilbert Cousin (1553), III, 2568, p. 371, art. 23.
Kis István, dit Szegedi István : portrait dans les *Icones* de N. Reusner (1589), V, 3370.
Klewein (Joachim), de Nuremberg : inscription dans un album (1591), V, 3369.
Kling (Melchior), assiste au couronnement du roi des Romains (1562), III, 2419.
Knapen (Achille-Maximin-Philogone), dit le fils, libr. à Paris (1788), II, 2074.
Knapen (André-François), libr., puis impr. à Paris (1765), III, 2310 ; (1780-1783), 2526.
Kneller (G.), dessin., 1056 ; III, 2506.
Knevet (Henry), dit Gnevetus, ou Cnevetus, cité par Nic. Bourbon (1538), IV, 2788.
Knight (White), pseudonyme du marquis de Blandford, 810, *Additions*.
Knipp (Johann) : épigramme à lui adressée (1579), 393.
Knogler (Georg), de Munich : inscription dans un album (1571), V, 3365.
Knox (Andrew B.) : volume lui ayant appartenu, 14.
Knox (John) : son portrait (1581), II, 2039.
Kohjanov (Grégoire) : son voyage en Chine (1670), II, 1924.
Kohlburger (Heinrich), ou Brassicanus, de Schmalkalde : inscription dans un album (1566), V, 3367.

Kohlein (Georg) : inscription dans un album (1566), V, 3365.
Köhler, relieur à Paris, 443, 474, 544, 556, 582, 647, 805 ; II, 2138 ; III, 2921 ; IV, 2995.
Kohler (Johann Jakob), « Colerus », ministre : inscription dans un album (1583), V, 3368.
Kolb, graveur (1843), 1014.
Kölhoff (Johann), impr. à Cologne (v. 1510), III, 2653, *Additions*.
Köller (Johann), de Nuremberg : inscription dans un album (1591), V, 3369.
Köllin (David) : inscription dans un album (1635), V, 3366.
Köllin (Wolfgang) : inscription dans un album (1635), V, 3366, p. 153.
Kollonitz (Ferdinand Emerich, Graf von), page de Ferdinand IV, roi des Romains (1654), V, 3367.
Kollonitz (Leopold Wilhelm, Graf von), id., *ibid*.
Köln (Wygand), impr. à Genève (1519), III, 2714 ; (1526), IV, 3142 ; (1532), IV, 2759. — Il traduit en français *Le Coronnement du tres-illustre roy de Behemen* (1527), IV, 3138, la *Prenostication* de Joseph Grünpeck (1532), IV, 2759.
König, graveur (1824), II, 1909.
König (Ludwig), libr. à Bâle (1601), 281.
Königsberger (Johann), autrement dit Jean de Montroyal : *Prediction* (1588), 215.
Kopernicki (Nicolas), dit Copernic, cité par Guy Le Fèvre de La Boderie (1579), IV, 2930.
Kopff (Pierre), libr. à Francfort (1602), III, 2519.
Kopler (Balthasar) : inscription dans un album (1567), V, 3365.
Köppel (Matthaeus), de Salzbourg : inscription dans un album (1664), V, 3365.
Koraut (Baron) : exécuté à Prague (1621), III, 2420, art. 54.
Korecki (Le prince), son évasion de Constantinople (1620), III, 2429. — J. Baret lui adresse une ode latine, *ibid*.
Korecki (Samuel), comte de Korec : R.-J. de Nerée lui dédie *Le Triomphe de la Ligue* (1607), II, 1104.
Kraemer (Thomas) : son portrait (1581), II, 2039.
Krapf (Peter), d'Oppenheim : inscription dans un album (v. 1564), V, 3366.
Kreig (Hanns Adrian von), Freiherr zu Parstain und Hornberg : inscription dans un album (1567), V, 3365.
Kremmer (Matthias Uriel) : inscription dans un album (1567), V, 3365.

Kremmer (Michel) : inscription dans un album (1567), V, 3365.
Krinprechtinger (Sigismund) : inscription dans un album (1568), V, 3365.
Kroner (Henri), éditeur de Catalogues des foires de Francfort (1616-1617), III, 2518.
Kruse (Gall), dit Chrysius, cité par Nic. Bourbon (1538), IV, 2788.
Kueffstein (Lobgott, Graf von), page de Ferdinand IV, roi des Romains (1654), V, 3367.
Kueffstein (Ehrgott, Graf von), id., ibid.
Kunst (Christian Ludwig), impr. à Berlin (1760), 853.
Kundig, un des noms de l'imprimeur Jacques Cadier, Quadier, dit Estauge, ou Parcus (1546), V, 3248.
Kupferschmid (Jakob) : inscription dans un album (1564), V, 3366.

La Babille (Martin), impr. imaginaire à Bergerac (1615), II, 2788.
La Barde (Jehan d'Estuer, seigneur de), l'un des auteurs des Cent Nouvelles nouvelles (v. 1457), II, 1694.
La Barre (Mlle de) : son épitaphe par S. G., s^r de La Roque (1609), IV, 2943.
La Barre, danseur et musicien (1635-1661), IV, p. 619.
La Barre cadet (1664), ibid.
La Barre (Mlle de), chanteuse (1656-1664), ibid.
La Barre : Air à boire (1694), III, 2632.
La Barre (Jehan de), comte d'Estampes, prévôt de Paris (1527), IV, 3059 ; (1528), II, 2099 ; (1530), 502 ; (1531), IV, 2786.
La Barre (Nicole de), impr. à Paris (1500), 477.
Labassée, grav. de musique, (1757), III, 2524, p. 308.
Labassée (Mlle), id., ibid.
La Bauderie, cité par Estienne Forcadel (1579), IV, 2879.
La Baume (Antoine de), « protenotaire du Pérez », abbé de Baume : J.-Ed. Du Monin lui dédie le l. III de l'Uranologie (1583), V, 3272.
La Baume (François de), comte de Tende, combat en Dauphiné (1564), IV, 2976.
La Baulme (Joachim de) : G. Roussat lui dédie son Livre de l'estat et mutation des temps (1550), 211.
La Baulme (P. de), Dauphinois : pièce latine adressée à J. Dorat (1586), IV, 2789.
La Baume (Pierre-Prosper de), évêque de St-Flour, accompagne Henri III en Pologne (1574), III, 2425.
Labé (Louise) : Œuvres (1555), 638.

La Beaumelle (Laurent Angliviel de), publie les Lettres de Mme de Maintenon (1752), II, 1893 ; (1753), 1894 ; (1756), 1895. — Mémoires pour servir à l'histoire de Mme de Maintenon (1756), 1896.
Labedollière (Emile Gigault de), collabore au Monde dramatique (1835-1839), II, 1072.
La Bédoyère (Le comte H. de), traducteur du Werther de Goethe (an XII), cité, II, 1767. — Volumes lui ayant appartenu, 11, 83, 223-226, 615, 750 ; II, 1520, 1577, 1828, 1901, 1915 ; III, 2251.
La Belle (La Bella, ou), dessinateur, II, 1460.
La Bénestaye. Voy. Le Poulchre.
Labequin (Guillaume), joue dans la Passion de Valenciennes (1547), IV, 3010, p. 375.
Labequin (Nicole), jeune fille, id., ibid., p. 377.
La Berge, danseur (1635), IV, p. 619.
La Bergerie (Gilles Durand, sieur de). Voy. Durand.
La Beuyère (Le capitaine), cité par Antoine Du Saix (1537), 516.
La Bigne (Gace de), ou La Buigne : Poëme sur la chasse (v. 1500), 296.
La Bigne (Marguerin de), cité comme théologien par Guy Le Fèvre de La Boderie (1578), IV, 3183.
Labissiński (Georges Latolski, comte) : inscription dans un album (1584), V, 3368.
La Bletonniere (Antoine de) : vers à la fin du 1er livre et du 3e livre des Touches d'Est. Tabourot (1586), II, 1778. — Distiques sur la mort de Ronsard (1586), IV, 2889.
La Blocquerie, occupe Haguenau pour le roi de France, III, 2520, art. 97.
Laboë (Gervais), impr. à La Flèche (1664), IV, 2994.
Laboë (Jacques), impr. à La Flèche (1680), III, 2408.
La Boëtie (Estienne de) : un extrait de son Discours de la servitude volontaire se lit dans Le Reveille-Matin des François (1574), IV, 3125.
La Boicière (N. L. R. de) : sonnet en tête de la Medée de J. de La Péruse (1557), IV, 3022 ; (1598), II, 1088.
La Boissière (peut-être le même) : vers à lui adressés par Joachim Blanchon (1583), IV, 2938.
La Boissière (de), grav., III, 2524.
La Borde : Relation de l'origine, mœurs, etc., des Caraïbes (1674), II, 1923.
Laborde (Le comte Alexandre de), IV, 2819, 2973, Additions, V, p. 199.
La Borde (Jean-Benjamin de) : Choix de Chansons mises en musique, ornées d'estampes par J.-M. Moreau.

Dédiées à Madame la Dauphine (1773), 1002. — Avec l'abbé Roussier : *Essai sur la musique ancienne et moderne* (1780), 272. — *Lettre de Marion de Lorme aux Auteurs du Journal de Paris* (1780), III, 2279. — *Pieces du Procès de Henri de Tallerand* (1781), *ibid.* — *Mémoires historiques sur Raoul de Coucy* (1781), cités, *ibid.* — Il publie l'*Histoire secrète de Bourgogne* de Mlle de La Force (1782), V, 3322.

La Borde (Léonard de), huissier à la cour des Monnaies (1568-1572), III, 2546, art. 8, 12, 15.

La Borderie, capitaine français (1620), cité, 2420, art. 39.

La Borderie (Arthur de), cité, 463 ; II, 1776.

La Borderie (Bertrand de) : *Le Discours du voyage de Constantinople* (1542), IV, 2872 ; (1547), 806. — *L'Amie de court* (1542), IV, 2873 ; (1568), 807.

La Borie (François de) : *Antidrusac* (1564), cité, 624.

Laboureurs (Chanson sur les) (v. 1570), 986, art. 14.

La Boutière (Georges de), ami de Ch. Fontaine (1557), IV, 2877.

La Brodière, sauteur (1664), IV, p. 619.

La Brosse (François Gilbert de), « Brossaeus », cité par Jean Dorat, IV, 2789.

La Broue (Pierre) : *Oraison funèbre de Marie Anne Christine de Bavière, dauphine* (1690), 374, art. 1.

La Bruère (Charles-Antoine Le Clerc de) : vers sur les conquêtes et la convalescence du roi (1745), 907. — Dessins de costumes pour son opéra de *Dardanus* repris en 1763, II, 1462.

La Bruyère « Briarius », lieutenant civil en la prévôté de Paris, cité par Jean Dorat (1586), IV, 2789.

La Bruyère (Jean de) : *Caractères* (1688), 159-162 ; (1689), 163 ; (1690), 164 ; (1691), 165 ; (1692), 166 ; (1694), 167 ; (1696), 168 ; (1699), 169. — *Dialogues posthumes sur le Quiétisme* (1699), 66.

Labirynth (Le) de Fortune (1522), 507.

La Caille (Jacques), dit Callia, cité par Nic. Bourbon (1538), IV, 2788.

La Caille (Robert J.-B. de), impr. à Paris (1694), 948, art. 1.

La Caisse. Voy. La Quaisse.

La Calprenède (Gautier de Costes, sieur de), cité par Guéret (1663), II, 1849.

Lacarelle, bibliophile. Voy. La Roche Lacarelle.

Lacauchie, dessinat. (1835-39), II, 1072.

La Cave (F.-M.), graveur (v. 1734), II, 1685.

La Chabaussière (Etienne-Xavier Poisson de) : une pièce de lui et d'Etienne dans les *Chants et Chansons populaires de la France* (1843), 1014.

La Chairnais (de) : vers à Me Adam (1644), 829.

La Chaise (Le P.), cité (1694), II, 1690.

La Chaise-Dieu : abbaye de Saint-Robert, IV, 3096, art. 59.

La Chambre (Aimé-Jean de), baron de Ruffey : vers à lui dédiés par J. de Vitel (1588), V, 3275.

La Chambre (Philippe de), cardinal, évêque de Bologne, cité par Nic. Bourbon (1538), IV, 2788.

La Chambre (Pierre Cureau de), cité (1676), II, 1828.

La Chapelle : notice généalogique, III, 2495.

La Chapelle, musicien ou danseur (1653), IV, p. 619.

La Chapelle, est sur le point d'obtenir le privilège de la *Gazette* (1750), IV, 3153, p. 547. — Peut-être le même que le suivant.

La Chapelle (L'abbé de), collabore à l'*Encyclopédie* (1751-1777), III, 2523, p. 281. — Peut-être le même que le précédent.

La Chapelle (C. E. de) : vers à Ch. d'Assoucy (1648), 969.

La Chapelle (Hugon de), ou Capella, musicien : *Chansons* (1549-1552), 980. — Il est cité par Nic. Rapin (1610), IV, 2944.

La Chapelle (Jean de), n'a pas prêté sa plume à J.-B. Tavernier (1675), II, 1932. — *Zaïde* (1681), II, 1277. — Epître à Hamilton (1731), II, 1912.

La Chapelle (René Bellet, sieur de), 1569. Voy. Bellet.

La Chapelle (Vincent) : *Le Cuisinier moderne* (1735), 288.

La Chapelle-Marteau. Voy. Marteau.

La Chapelle-Milon (Henri de Bessé, sieur de), est probablement l'auteur du *Discours* qui précède les *Reflexions* de La Rochefoucauld (1665), 150. Cf. 156. — *Relation des campagnes de Rocroi et de Fribourg* (1826), II, 1919, art. 5.

La Charité : chansons sur le siège de cette ville (1577), 989, articles 6 et 7.

La Charlonie (Gabriel de), s^r de La Vergne : vers à Guill. Du Peyrat et sonnet à lui adressé (1593), IV, 2945.

La Chassaigne, conseiller, puis maitre des requêtes : vers à lui adressés par Du Bellay (1559), IV, 2896 ; — par Jean Dorat (1586), IV, 2789.

La Chasteigneraye. Voy. Vivonne (François de).

La Chastre (Edme, comte de) : *Memoires* (1664), III, 2282 ; — réfutés par le comte de Brienne (1664), 2283.

La Chastre (Gaspard de) : *Avis* (1578) ; — *Avis donné à M. de Guise* (1585) ; — *Discours sur le voyage de M. de Mayenne en Guyenne* (1586) ; — *Lettre à M. de La Chastre sur l'entreprise de M. de Guise sur la ville de Sedan* (1586) ; — *Lettre au prevost des marchands de Paris* (1588), III, 2188, p. 26.

La Chastre (Gabrielle de Batarnay, femme de Gaspard de) : vers à elle adressés par Guy Le Fèvre de La Boderie (1578), IV, 2930. — Fr. Béroalde de Verville lui dédie *La Pucelle d'Orleans* (1599), II, 1522.

La Chastre (Jacques de), seigneur de Sillac : son *Tumbeau* (1569), IV, 2791.

La Chattiere (M. de) : vers à lui dédiés par J. de Vitel (1588), V, 3275.

La Chaussée, graveur (v. 1780), 262 ; (1765), III, 2523, p. 277.

La Chaussée (Le P. Antoine de) : *La pieuse Alouette* (1619-1621), V, 3301.

La Chaussée (Pierre-Claude Nivelle de) : vers sur les conquêtes et la convalescence du roi (1745), 907.

Lachenea. Voy. La Chesnaye (Magdeleine de).

Lachenet : *Chansons* (1553), 981.

La Chesnaye, auteur des vers chantés dans le *Balet comique* (1582), II, 1445.

La Chesnaye, danseur (1639-1657), IV, p. 619.

La Chesnaye (Magdeleine de), dite Lachenea, citée par Nic. Bourbon (1538), IV, 2788.

La Chesnaye (Nicole de) : *La Nef de santé, avec la Condampnation des Bancquetz* (v. 1508), II, 1081 ; (v. 1515), V, 3315 ; — citée, IV, 2973, B, p. 315, art. 6.

La Chesnellière (Mme de) : son éloge par Jules de Richy (1616), V, 3290.

Lachevardière, impr. à Paris (1826), II, 1605 ; (1830), II, 1360, 1367 ; (1832), II, 1620 ; (1833), II, 1623.

La Chièze (J. de) : vers dans la *Chronique bourdeloise* de Gabriel de Lurbe (1594), IV, 3133.

La Cise (Henri de) : volume lui ayant appartenu (1499), II, 1873.

La Clavelle, secrétaire de Sully, III, 2238.

La Clavelle, conducteur de ballets avant 1635, IV, p. 619.

La Clayette (Philippe de), seigneur de Vougy : vers à lui adressés par Antoine Du Saix (1532), 515.

La Clyelle : le second et le troisième livre des *Serées* de Guill. Bouchet lui sont dédiés (1608), II, 1702 ; — vers à la louange de Bouchet, *ibid.*

La Coche, tué à la Saint-Barthélemy (1572), IV, 3191.

Lacollombe (de), graveur (1705), 278.

La Combe (Le P. de) : lettre à lui adressée par Mme Guyon (1683), IV, 3079, p. 441.

Lacombe (Mme de), impr. à Paris (1840), II, 1375 ; (1841), 1354.

Lacombe (Jacques), libr. à Paris (1766-1769), III, 2326 ; (1768-1778), III, 2524, p. 311; (1773), II, 1891 ; (1777), 917 ; III, 2322.

Lacombe (Paul), III, 2323 ; IV, 2829.

La Conche, Dauphinois : vers à lui adressés par Bérenger de La Tour (1551), V, 3254.

La Condamine (Charles-Marie de), collabore à l'*Encyclopédie* (1751-v. 1774), III, 2523, p. 281.

Lacornée (J.-B.), impr. à Bordeaux (1759), II, 2071.

La Coste : vers espagnols au petit de Beauchasteau (1657), 833.

Lacoste jeune, grav. (1839), II, 1657 ; (1838), V, 3321.

Lacoste (Clara), grav. (1836-39), 1822.

La Coste (Le marquis de) : volume lui ayant appartenu, IV, 3010, p. 368.

La Coste (Lambert de), libr. à Liège (1600), cité, II, 1939.

La Coste (Nicolas et Jean de), libr. à Paris (1634), II, 1810.

La Coste (La veuve de Jean de), libr. à Paris (1674), 830. — Cette veuve n'est pas citée par Lottin.

La Couche, Dauphinois : vers à Bérenger de La Tour (1558), 662.

La Coudraie (François de), est, d'après La Croix du Maine, le traducteur du *Pourquoy d'amour* de N. Leoniceno (v. 1540) II, 1835. — Jacques Pelletier lui dédie *La Louange du fourmi* (1581), 701. — Vers à Mme Des Roches (1582, 1610), 737.

La Coulange : son frère, l'auteur du *Verger poetique*, lui dédie un hymne (1597), 782.

Lacour, grav., II, 1909.

Lacoux (Le seigneur de), cité par Antoine Du Saix (1537), 516.

Lacrampe et Cie, impr. à Paris (1842), III, 2300 ; (1843), 2324 ; (1844), 2323 ; (1846), II, 1768.

Lacrampe fils et Cie, impr. à Paris (1847), 886.

La Creux, capitaine au service d'Espagne (1629), III, 2405, art. 17.

La Croix : généalogie, III, 2495.

La Croix, valet de chambre du roi : Pierre Tollet lui dédie sa traduction de l'*Epistre du roy de France aux electeurs de l'empire* (1543), III, 2679.

La Croix : vers à lui adressés par son neveu, Bérenger de La Tour (1551), V, 3254.
La Croix (de), dessin. (1768), III, 2523, p. 277.
La Croix (Alart de), cité par Guillaume de Poëtou (1565), III, 2605.
La Croix (Jean de), joue dans la Passion de Valenciennes (1547), IV, 3010, p. 377.
La Croix (Nicolas de), id., ibid., p. 374.
La Croix (Paul de), consul de Cahors (1586), V, 3357.
Lacroix (Paul), dit le bibliophile Jacob : Soirées de Walter Scott à Paris (1829), II, 1613. — Les deux Fous (1830), 1614. — Contes (1831), II, 1712. — La Danse macabre (1832), 1615. — Un Divorce (1832), 1616. — Les francs Taupins (1834), 1617. — Pignerol (1836), 1618. — Les Aventures du grand Balzac (1839), 1619. — Notices sur les Chants et Chansons populaires de la France (1843), 1014. — Note sur le livre d'heures d'Estienne Dolet, 28. — Il est cité : II, 1120, 1196, 1224, 1226, 1278, 1473, 1798, art. 1, 1838 ; III, 2303.
La Croix (Pierre de), cité par Guill. de Poëtou (1565), III, 2605.
La Croix de Castres : généalogie, III, 2495.
La Croix du Maine (François Grudé, sieur de). Voy. Grudé.
Lactance, cité par Estienne Forcadel (1579), IV, 2879.
Lactanzio, 1042.
Lacube (Claude de), avocat en Berry (1541), IV, 3021, p. 394 ; (1549), IV, 2868.
La Cuesta (Juan de), impr. à Madrid (1605), II, 1749 ; IV, 3065 ; (1608), IV, 3067 ; (1613), II, 1754 ; (1614), 1054 ; (1615), IV, 3069 ; (1618), II, 1552.
Ladam (Nicaise) : Epitaphe de... Phelippes d'Austrice, roy de Castille (1506), 488. — La Paix faicte a Chambray (1508), 489. — Cronicques abregiez (1519), 490. — Epistre de la cité de Rodes (1522), 491. — Epistel van de stadt van Rodes (1522), 492. — Autres ouvrages, cités, 492. — Il est peut-être l'auteur de la Complainte faicte pour ma dame Marguerite, archeduchesse d'Austriche (1530), 537.
Ladame (G.), grav. (1661, 1666), II, 1131, 1848.
Ladislas VII, roi de Pologne : son contrat de mariage avec Marie de Gonzague (1645), IV, 3153, p. 535.
Ladulfi (Léon). Voy. Du Fail (Noël).
Ladvocat, libr. à Paris (1818), 862 ; (1819), II, 1343, 1581 ; (1822), 863 ; (1823), II, 1345 ; (1824), 870, 871 ; II, 1582 ; (1826), 870 ; (1827), 864, 1004 ; II, 1919, B, art. 2 ; (1828), II, 1346 ; (1829), II, 1347 ; (1830), 880 ; (1833), II, 1379.
La Ereingirom. Voy. La Morignière.
Laet (Jehan), impr. à Anvers (1549), III, 2638.
La Fay (de), Lyonnais (1546), IV, 2876.
La Faille (Jean de), dit Faillius : vers à Gilbert Cousin (1553), III, 2568, p. 371, art. 27.
La Fare (A. de) : sonnet en tête des Odes de Ronsard (1550), 671.
La Fare [ou La Farre] (Charles-Auguste, marquis de), figure dans un ballet (1653), IV, p. 619. — Poésies (1755), 847.
La Fare (Estienne-Joseph de), évêque de Laon : son blason (1723), III, 2493, art. 22.
La Fargue (J.-A. de) : vers à Arnaud Sorbin (1568), II, 2028, 2029.
La Farre (marquis de). Voy. La Fare (Ch.-Aug. marquis de).
La Fautrière (de) : vers sur les conquêtes et la convalescence du roi (1745), 907.
La Fava (Hernando de la), ou de La Febve, possédé (1622), II, 1728.
La Faveur (Mlle de), paraît dans des ballets (1659-1661), IV, p. 619.
La Faye, licencié ès lois : vers à lui adressés par Bér. de La Tour (1551), V, 3254.
La Faye : vers à lui adressés par Joachim Blanchon (1583), IV, 2938.
La Faye (Antoine de), ministre : inscriptions dans des albums (1583), V, 3368 ; (1584), ibid. ; (1598), 3370. — Brief Discours de la vie et mort de M. Theodore de Beze (1610), II, 2061.
La Fayette (Aymée Motier de), dame de Longray, figure sans doute dans l'Heptameron sous le nom de Longarine (v. 1541), II, 1697.
La Fayette (Mme de), figure dans un ballet (1635), IV, p. 619.
La Fayette (Marie de La Vergne, comtesse de) : Zayde (1670-1671), II, 1535. — La Princesse de Clèves (1678), 1537. — Cf. Lettres à Mme la marquise de *** sur le sujet de la Princesse de Clèves (1678), 1538. — Histoire de Mme Henriette d'Angleterre (1720), III, 2288. — Lettres publiées par Perrin (1751), II, 1889. — On lui attribue à tort les Memoires de Hollande (1678), II, 1541.
La Fayolle : épître à lui adressée par Jehan Bouchet (1545), 511.
La Ferrière (de). Voy. Recueil de pieces curieuses (1694-1696), III, 2632.

La Ferté, Manceau : sonnet à S. G., sr de La Roque (1609), IV, 2943.
La Ferté (Les jeunes), membres de la famille d'Estampes (1589), IV, 2942.
La Ferté (Marie-Isabelle-Gabrielle-Angélique de La Mothe-Houdancourt, duchesse de), danse dans un ballet (1681), IV, p. 619. — Voy. *Les Amours de la maréchale de La Ferté* (1754), II, 1686.
La Ferté (Papillon de), intendant des Menus (1762), II, 1460.
La Ferté-Sénectère (Le marquis de) : volume lui ayant appartenu, IV, 2995.
La Feulhade : vers à lui adressés par Joachim Blanchon (1583), IV, 2938.
La Fevrerie. Voy. *Recueil de pieces curieuses* (1694-1696), III, 2632.
Laffemas (Berthelemy de) : *Neuf Advertissements pour servir à l'utilité publicque* (1601), III, 2240, art. 10.
Laffemas (J. de), sieur de Humont : sonnet à Ch. Bauter (1605), II, 1101. — Vers dans *Les Muses illustres* (1658), 976.
Lafillée (Pierre), médecin, cité par J. Dorat (1586), IV, 2789.
Lafin, aide Du Plessis-Mornay à réfuter Du Perron (1600), II, 2062.
Lafitte (Jacques), dessin., II, 1305, 1577 ; V, 3321.
Lafitte (Jean-Baptiste), collaborateur du *Monde dramatique* (1835-1839), II, 1072.
La Fizelière (A. de), réimprime la *Rymaille sur les plus celebres bibliotieres* (1868), 970.
La Flèche : Le cœur de Henri IV y est porté (1610), III, 2243, art. 12. — Imprimeurs. Voy. Griveau (Georges), 1627 ; Laboë (Gervais), 1664 ; Laboë (Jacques), 1680.
La Fleur, brigand (1607), 113.
La Florentina, peintre, III, 2506.
La Fon (André), fonde une colonie au Brésil (1556), II, 1989.
La Fondrière (Mlle de) : son *Tombeau* par Christofle de Beaujeu (1589), IV, 2939.
La Fons (Jacques de) : sonnet à Sc. de Sainte-Marthe (1600), IV, 2921. — *Discours veritable sur la mort de Henry le Grand* (1610), III, 2243, art. 13.
La Font, l'un des secrétaires de Sully, III, 2238.
La Font, danseur (1659-1661), IV, p. 619.
La Font de Saint-Yenne (de), éditeur de la *Description historique... de Paris* de Piganiol de La Force (1765), III, 2310.

La Fontaine, violon (1661-1671), IV, p. 619.
La Fontaine (Calvi de), ami de Marot (1537), III, 2594, art. 2 ; (1539), 521, art. 11. — Compose des vers pour *Les Disciples et Amys de Marot* (1537), 2594, art. 8. — Il est peut-être l'auteur des *Estrennes chrestiennes* (1561), III, 2602.
La Fontaine (Jehan de) : *La Fontaine des Amoureux* (v. 1530), III, 2578 ; (1861), citée, *ibid*.
La Fontaine (Jean de) : *L'Eunuque*, comedie (1654), II, 1230. — *Contes et Nouvelles* (1665-1666), 919 ; (1667), 920 ; (1669), 921 ; (1671), 922, 923 ; (1674), 924 ; (1762), 925, 926 ; (1778), 927 ; (1780), 928. — *Contes* qui lui sont attribués (v. 1855), II, 1909. — *Fables choisies* (1668), 911. — *Fables nouvelles* (1671), 912. — *Fables* (1678-1679), 913 ; (1694), 913 ; (1787), 914 ; (1787), II, 1918, art. 4. — Cf. *L'Advertissement du monstre du Danube*, par P. Sorel (1566), 722. — *Les Amours de Psiché et de Cupidon* (1669), II, 1669 ; (1797), 1670. — *Le Soleil et les Grenouilles* (1671), 915. — *Recueil de poësies* (1671), 977 ; (1682), 978. — *Poëme du quinquina* (1682), III, 2612. — *Ouvrages de prose et de poësie de La Fontaine et de Maucroy* (1685), II, 1920. — Quatre pièces de lui dans le *Recueil de pieces curieuses* (1694-1696), III, 2632. — *Je vous prens, sans verd*, comedie (1699), II, 1232. — *Pieces de théatre* (1702), II, 1231. — *La Coupe enchantée*, comedie (1710), II, 1233. — *Œuvres* (1726), II, 1908 ; (1822-1823), 1909. — *Œuvres postumes* (1696), II, 1910. — Vers sur ses ouvrages, par Baraton (1705), 846. — *Histoire de sa vie*, par Walckenaer (1824), II, 1909.
La Fontaine (Louis de), dit Wicart, joue dans la *Passion* de Valenciennes (1547), IV, 3010, p. 374.
La Force (Mlle de) : *Histoire secrete de Bourgogne* (1782), V, 3322.
La Force (Jacques Nompar de Caumont, duc de), maréchal de France : assiège Bitsch (1634), III, 2420, art. 98.
La Forest, chanteur (1671), IV, p. 619.
La Forest (Louis de), baron de Gris (1578), IV, 2930, p. 252.
La Forest (Pierre de), médecin, cité par Guy Le Fèvre de La Boderie (1578), IV, 3183.
La Forge (Georges de) : *Les Triumphes de Petrarque* (1538), 1026.
La Forge (Jehan de), libr. à Tournai (1532), 494 ; IV, 2818.
La Fosse (Antoine de), *Œuvres* (1700), II, 1285. — *Polixene* (1696), II, 1285.

— *Manlius Capitolinus* (1698), II, 1285. — *Thesée* (1700), II, 1285. — *Coresus et Callirhoé* (1704), II, 1285. — Vers sur ses pièces de théâtre, par Baraton (1705), 846.
La Fosse (Ch. de), peintre : vers sur ses ouvrages, par Baraton (1705), 846.
La Fosse (J.-B.-J. de), graveur (1747), 843 ; (1748), II, 2080 (?).
La Fosse (J.-C. de), 2080 (?). Voy. aussi Delafosse.
La Fosse (J.-F.), médecin, collabore à l'*Encyclopédie* (1751-1777), III, 2523, p. 281.
La Frette (Mme de) : son éloge par Jules de Richy (1616), V, 3290.
La Galatha (Philibert de), cité par Ant. Du Saix (1537), 516.
La Ganache : siège de cette ville (1588), III, 2194, p. 42.
La Garde (De), rédacteur au *Mercure* (1761), III, 2524, p. 310.
La Garde (De), bibliophile à Lyon, III, 2559.
La Garde (Antoine Escalin Des Aimars, baron de). Voy. Des Aimars.
La Garde (Guy de) : *Histoire et Description du Phœnix* (1550), IV, 2880.
La Garde (Jehan de), libr. à Paris (1516), III, 2355 ; (1517), cité, II, 1939 ; (1518), IV, 2828 ; (1526), IV, 2805.
La Garde (Philippe Bridard de) : *Le Bal de Strasbourg* (1744), II, 1335.
La Gastellinière, cité par Ant. Du Saix (1537), 516.
Lage, cité par Sc. de Sainte-Marthe (1600), IV, 2921.
La Geneste, traduit en français *L'Aventurier Buscon* de Quevedo (1633), II, 1916^8.
La Gessée (Jean de). Voy. La Jessée.
Lagkhmer (Franz), de Vienne : inscription dans un album (1566), V, 3365.
La Glaiole : vers à lui adressés par Joachim Blanchon (1583), IV, 2938.
Lagneau (Thomas-Léonard), échevin de Paris (1741), III, 2497.
Lagny : abbaye de Saint-Pierre, IV, 3096, art. 60. — Imprimeurs. Voy. Giroux, 1842-1846. Laurent (Auguste), 1841. Varigault (A.), 1864. Vialat, associé de Giroux, 1842.
La Gogonnière (Les demoiselles de), citées par M. Guy, de Tours (1598), IV, 2948.
La Gorce : vers à lui adressés par Joachim Blanchon (1583), IV, 2938.
La Goulette, prise par Charles Quint (1535), III, 2718, 2719.
La Goutte : vers dans le *Recueil de diverses poësies* (1652), 975.
La Grange : généalogie, III, 2495.

La Grange, graveur (1700), III, 2507.
La Grange (Adélaïde-Édouard Le Lièvre, marquis de) : manuscrit lui ayant appartenu, IV, 3010.
La Grange (Charles Varlet de), acteur (1664-1671), IV, p. 619 ; — publie, avec Vinot, les *Œuvres* de Molière (1682), II, 1177.
La Grange (Isaac de) : *Lamentation et Regrets sur la mort de Henry le Grand* (1610), 890, art. 6 ; III, 2242, art. 9.
La Grange (Joseph de Chancel de) : privilège pour l'impression de ses *Œuvres* (1735), II, 1553.
La Grasse : abbaye de Notre-Dame, IV, 3096, art. 122.
La Gravette (Mayolas de). Voy. Mayolas.
La Gravière (Laurent de) : vers à Bérenger de La Tour (1558), 662.
La Grève (Ponce de) : épître à lui adressée par Jehan Bouchet (1545), 511.
La Griffonnière, chanteur (1671), IV, p. 619.
La Grille, chanteur (1663-1671), IV, p. 620.
La Guelle (Jacques de) « Geleus, Guelleus », cité par J. Dorat (1586), IV, 2789. — *Lettre sur le sujet de la mort du roy* (1589, impr. en 1744), III, 2188. — Vers à lui adressés par Nic. Rapin (1610), IV, 2944. — J. Prévost lui dédie ses *Tragedies* (1614), II, 1106.
La Guépierre (de), dessinateur (1772), III, 2523, p. 278.
La Guerche (Le vicomte de), s'empare des places des Egaux, Charrieres, et Château d'Angle (1588), III, 2221, art. 15.
La Guesle (Charles de) : vers dans le *Tombeau de Ronsard* (1586), IV, 2889 ; (1623), 668.
La Guette (Estienne de) : Élégie à H. de Sainct-Didier (1573), 292.
La Guiche (Mme de) : son éloge par Jules de Richy (1616), V, 3291.
L'Aguilla (Don Juan de), amiral espagnol (1596), III, 2435, art. 2.
La Guillotière (Robert Rivaudeau, sieur de). Voy. Rivaudeau.
La Haye. Imprimeurs et libraires. Voy. Alberts (R.-C.), 1723. Changuion (Daniel-Jean), 1789. De Groot (Ant.), 1735. De Hondt (François), 1727-1739. Dole (Antoine van), 1735. Du Sauzet (Henri), 1715-1717. Elzevier (Gilles), 1622. Gosse (Pierre), 1726-1744. Gosse junior, 1770-1789. Henry (Albert), 1596-1602. Husson (P.), 1726-1731. Jacobsszoon (Hill.), 1619. Levier (Charles), 1726-1731 ; sa veuve, 1739. Maire

(Jean), 1639. Merville (M.-G. de), 1727. Meuris (Arnold), 1619. Moetjens (Adrian), 1681-1702. Néaulme (Jean), 1726-1762. Niegard (Guillaume), 1734. Pinet, 1770-1782. Prévost, 1725. Rogissart (A. de), 1727. Scheurleer, 1845. Steucker (Louis et Daniel), 1673. Vaillant (Les frères), 1741. Vlacq (Adrien), 1656. — Ouvrages publiés sous la rubrique de La Haye, 846, 856, 861, 916, 931 ; II, 1732, 1739, 1740, 1916, art. 2, 4, 8, 9, 11, 19 ; III, 2188 et 2188 *bis*, 2293.

La Haye : généalogie, III, 2495.

La Haye (Jacques et Jean de), cités par Guillaume de Poëtou (1565), III, 2605.

La Haye (Jean de), baron des Coutaux : *Les Memoires et Recherche de France et de la Gaule Aquitanique* (1643), III, 2342.

La Haye (Marie de) : sonnet à elle adressé par Cl. de Boissière (1555), 429. — Étrennes à elle adressées par Du Bellay (1561), IV, 2900.

La Haye (Robert de) : vers latins en tête du *Tombeau de Marguerite de Valois* (1551), 628 ; autres vers, *ibid.* — Vers à lui adressés par Du Bellay (1559), IV, 2896 ; (1561), IV, 2900. — Vers latins sur la mort de Du Bellay (1561-1575), 683, 680 ; traduits en françois par Jacques Grévin, 706.

La Haye (Simon de), publie les *Marguerites de la marguerite des princesses* (1547), 626.

La Hayeur, danseur (1635 et 1671), IV, p. 620.

La Harpe (Jean-François de), paraît avoir écrit la *Préface* qui précède les *Lettres nouvelles... de la marquise de Sévigné*, etc. (1773), II, 1891 ; — est un des directeurs du *Mercure* (1778-1789-1792), III, 2524, p. 314-317. — Une pièce de lui dans les *Chants et Chansons populaires de la France* (1843), 1014.

La Héronnière : ses épitaphes satiriques (1598) ; IV, 2948.

La Hire (Laurent de), peintre, III, 2523, p. 276.

La Hogue (Jacques de) : Traduction du *Facetus* en vers français (1535), IV, 2779. — *Comploration sur le trespas de deffuncte Madame la Regente* (1535), *ibid.* — *Champ royal, Ballade et Rondeau en l'honneur de la Vierge Marie*, quatrains alphabétiques (1535), *ibid.* — *Vie de Robert le Diable* en vers, IV, p. 62.

La Hueterie (Charles de), *Response a Marot* (1539), 621, art. 6. — *Contreblasons de la beauté des membres du corps humain* (1550), 810. — (1807), 811. — *Debat du corps et de l'ame* (1550), 810. — *Dixain* (1550), 810.

La Huguerie : *Journal du voyage des reitres en France* (1587), II, 2095, art. 9 f.

Lay de complainte pour les guerres, IV, 2796, art. 5.

Lay de guerre, IV, 2796, art. 11.

Lay de paix (anonyme), IV, 2796, art. 10.

Lai (Le) des .III. chevaliers, IV, 2800, art. 5.

Lay (Konrad), de Crailsheim : inscription dans un album (1566), V, 3367.

L'Aigle (de) : sonnet à H. de Sainct-Didier (1573), 292.

L'Aigle (Jean de) : vers à M⁰ Adam (1644), 829.

Laigu, chanteur (1669), IV, p. 620.

Laillet (Katherine) : vers présentés au *Puy du souverain amour* (1543), 804.

Laimarie (Guillaume de), impr. à Genève (1578), cité, II, 2024.

Laing, graveur (1838), V, 3321.

Laings : volume lui ayant appartenu, 506.

Laisné, graveur (1838), V, 3321.

L'Aisné (Thomas), libr. à Rouen (v. 1500), cité, III, 2620.

Lainiers de Venise, IV, 2764.

Laire (de). Voy. Leyre.

L'Aisné (Hélie), distiques latins en tête de l'*Histoire d'Engolesme* de François de Corlieu (1566), IV, 3132.

Laisné (La veuve de Séraphin), libr. à Paris (1714), II, 1753.

Laisné de Parville : généalogie, III, 2495.

L'Aistre (Remy de) et Jehan Pychore, impr. à Paris (1503). Voy. Pychore.

Laiszan (Pierre de), du canton de Fribourg (1527), IV, 3127, art. 12.

Lait (Pierre de) : vers sur la Main d'Estienne Pasquier (1584, 1610), 737.

La Jessée (Jean de) : vers sur la défaite des reitres (1575), III, 2193. — Vers latins sur la mort de Marguerite de France (1575), V, 3260. — Distique à Marc-Claude de Buttet (1575), V, 326f. — Vers à lui adressés par Pierre de Brach (1576), IV, 2931. — Vers dans le *Tumulus R. Bellaquei* (1577), 695. — Ode au cardinal de Lorraine (1578), II, 1748. — *Premieres Œuvres françoyses* (1583), 750. — *Larmes et Regretz sur la maladie et trespas de François de France* (1584), 751. — Vers en tête des *Œuvres* de R. Belleau (1585), 690. — Il est cité, III, 2172.

La Jeunesse (Le cadet), assassin (1598), II, 1726 ; (1607), 113.
Lalain (M¹¹ᵉ de), sujet d'un quatrain, IV, 3197, p. 586.
Lalaing (Le comte de) : portrait (1540), IV, 2871, p. 213.
Lalaing (Philippe, comte de), m. en 1582 : ms. lui ayant appartenu (1578), IV, 2934.
La Lande, mari malheureux (1535), 805.
La Lande ou Lingendes : *L'Estat de la France* (1653), cité, III, 2358.
La Lande (Joseph-Jérôme Le Français de), signe le *Certificat* de l'*Encyclopédie* (1760), III, 2523. — Il y collabore (1760-1777), *ibid.*, p. 281.
La Lane (Finette de Pontac, dame de) : Jean d'Intras lui dédie *Le Portraict de la vraye Amante* (1609), II, 1524.
La Lane (Sarran de), président au parl. de Bordeaux : vers à lui adressés par P. de Brach (1576), IV, 2931.
La Lanne, danseur (1635, 1664-1669), IV, p. 620.
La Laurencie : généalogie, III, 2495.
Lalavane : *Henrici magni Manei* (1610), 891, art. 6.
Laleu, danseur (1654-1664), IV, p. 620.
Laleu fils (1654), *ibid.*
Laliseau (Raoul), libr. à Paris (1506), IV, 2782.
Lalive (de) : *Catalogue de son cabinet* (1764), 269.
Lalemant (Le P.) : *La Mort des justes* (1693), 77.
Lallemand, graveur (1843), 1014.
L'Allemant (Jehan), seigneur de Bouclans, répond au nom de Charles Quint, au défi des rois de France et d'Angleterre (1528), II, 2133 ; III, 2668-2670.
L'Allemant (Jehan), est chargé d'une instruction à Dieppe (1560), II, 2054.
L'Allemant (Nicolas) « Alemanus », cité par Jean Dorat (1586), IV, 2789.
La Loëre : généalogie, III, 2495.
La Londe (Marie de), citée par M. Guy, de Tours (1598), IV, 2948.
L'Alouette (Edmond de), auteur présumé de l'*Apologie catholique* (1585), III, 2240, art. 6.
L'Alouette (François de), membre du bureau de l'Eglise réformée de Paris (1562), II, 2056.
La Loupe (M¹¹ᵉ de), figure dans un ballet (1653), IV, p. 620.
La Loupe (Vincent de), avocat (1546), IV, 2876.
La Luce (Bertrand de) : *Nouvelle Deffence pour les Françoys* (1537), III, 2673.

Lalun, danseur (1636-1651), IV, p. 620.
La Luzerne (M¹¹ᵉ de) : son *Tombeau* par Moisant de Brieux (1671), II, 1907.
La Luzerne : volumes lui ayant appartenu, II, 2095.
La Magdalène (G. de), traducteur de Psaumes (vers 1540), IV, p. 5.
La Meilleraye (de) : vers adressés à Regnault (1639), II, 1116.
La Maison-Fort (Mᵐᵉ de) : P. Corneille lui dédie *La Vefve* (1634), II, 1136.
La Maison Neufve (Antoine Héroët, dit). Voy. Héroët.
La Maison Neufve (Jean de) : *Colloque social* (1559), III, 2601.
La Mante (Alex. Sal. de), distiques à Flaminio de Birague (1585), IV, 2939.
La Marche (Olivier de) : *Le Chevalier deliberé*, mss., IV, 2797, 2806.
La Marck (Antoinette de), citée par J. Dorat (1586), IV, 2789.
La Marck (Jehanne de), comtesse de Montfort et Rothenfels : volumes lui ayant appartenu, II, 1488, 1489.
La Marck (Marie-Françoise de), danse dans un ballet (1666), IV, p. 620.
La Marck (Robert III de), seigneur de Fleurenges, dit le Jeune Adventureux, prend part aux joutes de janvier 1515, II, 2119. — Il a pour procureûr Philippe de Champarmoy (1536), IV, 3091. — Epitaphes (1537), IV, 2963, art. 2, 19 ; V, 3241.
La Marck (Robert de), duc de Bouillon (1557), IV, 2877. — Il a pour écuyer Ch. de Navières (v. 1575), V, 3205.
La Mare, graveur (1700), III, 2507.
La Marque-Tilladet, censeur : ouvrages approuvés par lui (1703, 1716), III, 2328 ; V, 3226.
La Marre, danseur (1657-1664), IV, p. 620.
Lamarre (Abbé de) : *Titon et l'Aurore*, opéra parodié par Favart (1759), II, 1335.
La Martelière : généalogie, III, 2495.
La Marthe (Le chevalier de), figure dans des ballets (1656-1661), IV, p. 620.
Lamartine (Alphonse Prat de) : *Nouvelles Méditations* (1823), 866. — Honoré de Balzac lui dédie *César Birotteau* (1838), II, 1594. — *Recueillements poétiques* (1839), 867. — Lettre à lui adressée par Musset (1840), V, 3286. — Notice sur la *Marseillaise* (1843), 1014.
La Martinière (Ant.-Aug. Bruzen de), *Histoire de Scarron* (1737, 1752), II, 1906.
La Martonie (Geofroid de), évêque d'Amiens : vers à lui dédiés par J.-Ed. Du Monin (1583), V, 3272.

La Mascade, graveur (1745), 244.
La Mauvissière (Michel de Castelnau, sieur de). Voy. Castelnau.
La Mazelle (Martin de), chanoine : vers sur sa mort par Joachim Blanchon (1583), IV, 2938.
Lambany (Jehan), impr. à Lyon (v. 1530), cité V, 3249.
Lambert : généalogie, III, 2495.
Lambert, libr. à Bruxelles (1705), 846.
Lambert (L'abbé), rajeunit les *Mémoires* des Du Bellay (1753), II, 2118.
Lambert, grav., II, 1909.
Lambert (Anne-Thérèse de Marguenat de Courcelles, marquise de) : *Avis d'une mère* (1728), 176.
Lambert (Cæsar) : *Relation de ce qu'il a vu de plus remarquable au Caire* (1651), II, 1922.
Lambert (Florentin), libr. à Paris (1664), II, 1970.
Lambert (François) : ses ouvrages sont censurés, 108.
Lambert (Jehan), impr. et libr. à Paris (1493), 469 ; cité II, 1948.
Lambert (Jean-Baptiste), *Privileges concedez à l'Ordre de S. Jean de Hierusalem* (1625), II, 2017.
Lambert (Jean Gaspard de) : vers à Marc Cl. de Buttet (1561), 707.
Lambert (Louis), personnage inventé par H. de Balzac (1833), II, 1589.
Lambert (Michel ?), musicien (1651-1663), IV, p. 620. — Vers au petit de Beauchasteau (1657), 833.
Lambert (Michel), libr., puis impr. à Paris (1752), II, 1322 ; (1755), II, 1328 ; (1755-1788), III, 2524 ; (1765), III, 2310 ; (1770), 856 ; (1772), III, 2517 ; (1773), II, 1179 ; (1774), II, 1531 ; (1775), II, 1542 ; (1777), 919.
Lambilli : généalogie. III, 2495.
Lambin (Antoine), impr. à Paris (1687), 373, art. 1 ; III, 2524 ; (1692), II. 1851, 1863.
Lambin (Denis) : épitaphe latine d'Anne de Montmorency (1567), IV, 2966, art. 30. — Pièce latine sur la mort de Jacques de La Chastre (1569), IV, 2791. — *Tombeau d'Elisabeth de France* (1569), 814. — Edition de Cornelius Nepos (1569), III, 2503.
Lambin (Jehan), ou Lauvin, l'un des auteurs des *Cent Nouvelles nouvelles* (v. 1457), II, 1694.
Lamblin, auteur du *Rossignol* (?) (1762), 925, 926.
Lambrusca (Compà) (1589), 1049, 1050.
La Meillcraye (Armand-Charles de La Porte, marquis de), maréchal de France : Téophr. Renaudot lui dédie la *Gazette* de 1640, IV, 3153, p. 533.

— Il figure dans des ballets (1651-1655), IV, p. 620. — Volume lui ayant appartenu, II, 1878.
La Menor. Voy. Audiguier (Vital d'), sieur de La Menor.
Lamentation (La) de Venise (v. 1509), 569 et *Additions*, V, p. 188.
Lamentation (La) du povre serviteur sans guerdon, IV, 2799, art. 18.
Lamentacion (Compendieuse) sur les rois et princes crestiens (1517), III, 2635, p. 445, art. 2.
Lamento (Il gran) che fa Turchetto (v. 1556), V, 3303.
Lamento delo sfortunato reame de Neapoli (v. 1504), 1038.
La Mer (Jacques de), huitain sur Hésiode (1547), IV, 2772.
La Mer (Loys de), s' de Mattas : épitaphe par Guill. Du Peyrat (1593), IV, 2945.
La Mesnardière, IV, 2927. Voy. Enoc (Pierre).
Lamesle (Gilles I''), impr. à Paris (1710), II, 1233 ; (1710-1714), III, 2524.
Lamesle (Jean-Baptiste), impr. à Paris (1722), II, 1457 ; (1723), 82 ; III, 2524 ; (1724), 107.
La Mesnardière (Hippolyte-Jules Pilet de) : *Poëtique* (1640), 430. — Il paraît être l'auteur de *La Pucelle d'Orleans*, tragedie (1642), IV, 3027. — *Poësies* (1656), 832. — Vers au petit de Beauchasteau (1657), 833. — Vers dans *Les Muses illustres* (1658), 976. — Vers latins sur les *OEuvres* de Voiture (1660), II, 1905.
Lamy : volume lui ayant appartenu, II, 2023.
Lami (Eugène) : *Dessins pour Manon Lescaut* (1869), 232. — *Dessins pour les Contes de Perrault*, (1874), 233. — *Maison militaire du Roy*, 234. — *Les six Régiments de Hussards*, 235. — Gravures d'après ses dessins, III, 2324, 2325.
Lamy (Pierre), libr. à Paris (1658), II, 1122 ; (1660), 306.
Lamy (Pierre-Michel), libr. à Paris (1781) ; II, 1733 ; (1789-1791), II, 1901.
La Migue (J.). Voy. *Recueil de Pieces curieuses* (1694-1696), III, 2632.
Lamyne (Jean de), joue dans la *Passion* de Valenciennes (1547), IV, 3010, p. 375.
Lamyne (Vincent de), id., ibid., p. 377.
Lamirault : généalogie, III, 2495.
Le Myre : généalogie, III, 2495.
Lamoignon (Chrétien-François II de) : ouvrage lui ayant appartenu, II, 2132.
Lamoignon (Guillaume I'' de) : *Orai*

son *funèbre* par Bernard Colon (1679), 367, art. 1 ; par Fléchier (1679), 367, art. 2.
Lamoignon (Guillaume II de) : volume lui ayant appartenu, 111.
Lamoignon (Pierre de) : vers latins adressés à Germain Audebert (1583), IV, 2794.
La Moyssie (Catherine de), veuve du sieur d'Aspremont : sonnet à La Pujade (1604), 768.
La Molle, II, 1731.
La Molle (Édouard de). « Mollaeus », cité par J. Dorat (1586), IV, 2789.
La Monetterie, gentilhomme breton (1624), III, 2420, art. 96.
La Monnoye (Bernard de) : *Dissertation sur Le Moyen de parvenir* (v. 1700), II, 1783. — Édition des *Œuvres poëtiques* de Saint-Gelais (1719), 632. — Notes sur les *Bibliothèques françoises* de La Croix du Maine et de Du Verdier (1772-1773), III, 2517. — *Contes en vers* (1778), 927. — Il est cité, 211 ; II, 1483.
La Montagne, chanteur et danseur (1670-1671), IV, p. 620.
La Morandière, médecin d'Alençon, cité par Jacques Gohory (1549), 188.
La Morandière, financier dénoncé comme voleur (1707), IV, 3074.
La Moricière (François de), seigneur de Viques : vers à lui adressés par J. de Vitel (1588), V, 3275.
La Moricière (Jacques de) : vers latins à Ch. Toutain (1557), II, 1089.
La Morignière (La Ereingirom) : épître à lui adressée en tête du *Voyage du roy F. I. en sa ville de La Rochelle* (1542), IV, 3111.
La Morlière (Charles-Jacques-Louis-Auguste Rochette, chevalier de), auteur présumé d'*Angola* (1571), II, 1565.
La Morozière : vers à P. Le Loyer (1579), 746.
Lamort (Claude), impr. à Metz (1789), II, 2075.
La Mothe, le jeune, cité par Sc. de Sainte-Marthe (1600), IV, 2921.
La Mothe (Charles de), publie les *Œuvres* de Jodelle (1594), 696.
La Mothe (Charlotte de) : acrostiche à elle adressé par J. de La Péruse (v. 1557), IV, 3022.
La Mothe-Argencourt (Mlle de), danse dans des ballets (1664-1669), IV, p. 620.
La Mothe-Fénelon (Bertrand de Salignac, marquis de), 1553, 1571. Voy. Salignac.
La Mothe-Houdancourt (Mlle de), danse dans un ballet (1661), IV, p. 620.
La Motte-Houdancourt (Philippe, comte de), assiège Tarragone (1641), III, 2440.
La Motte : vers sur ses poésies par Baraton (1705), 846.
La Motte (François de) : sa *Complainte* (1608), 114.
La Motte (Guillaume de), impr. à Rouen (1538), II, 2050 ; (v. 1541), 617.
La Motte (Houdard de) : *Omphale*, opéra parodié par Favart et Marcouville (1759), II, 1335. — Dessins de costumes pour son opéra de *Scanderbeg* (1763), II, 1462 — *Les Graces*, ode (1769), II, 2003. — Romance dans les *Chansons* de La Borde (1773), 1002. — Une pièce de lui dans les *Chants et Chansons populaires de la France* (1843), 1014.
La Motte (Martin de), impr. à Rouen (1616), II, 1789.
La Motte au Groing (Marc, vicomte de), seigneur de La Marinière : Jehan Bouchet lui dédie ses *Genealogies* (1536), II, 2092, 2093.
La Motte-Conflant, collabore à l'*Encyclopédie* (1751-1777), III, 2523, p. 281.
La Motte le Noble : *Les Sexes des esprits* (1676), II, 1828.
La Motte Le Vayer : La Peyrère lui dédie la *Relation du Groenland* (1647), II, 1963.
La Motte Le Vayer (F.) le fils : vers à Ch. d'Assoucy (1648), 969.
La Motte Messemé. Voy. Le Poulchre (François).
La Motte Roullant. Voy. Roullant, sieur de La Motte.
La Mouche (B. dit) : vers à Mr Adam (1644), 829.
La Mure : chanson sur le siège de cette ville (1579), 989, art. 2.
Lancefoc (Jacquette de), femme d'Antoine de Viguier, II, 1838.
Lancelot du Lac (1533), II, 1488.
Lancelot, censeur (1727), III, 2341.
Lancelot (Claude), *Grammaire generale* (1660), 315.
Lanchart (Louis), impr. à Lyon (v. 1515), 184, 207, 208.
Lanci : notice généalogique, III, 2495.
Lancilotto (Gio : Paolo), jurisconsulte (1570), V, 3364.
Lancilotto (Le P. Niccolò) : ses missions aux Indes, III, 2638.
Landi (Annibale) : Jean Szegedi lui adresse une lettre de Constantinople (1586), III, 2463.
Landi (Ortensio) : on lui attribue, probablement à tort, *La Pazzia* (1541), II, 1827. — *Regrets facetieux et plaisantes Harengues funebres sur la mort de divers animaux* (1576), II, 1824.

Landi (Vergiusio) : vers latins à Germain Audebert (1583), IV, 2794.
Landini (Cristoforo) : *Formulario di lettere* (1492), cité, V, 3220.
Landois (Paul), collabore à l'*Encyclopédie* (1751-1777), III, 2523, p. 281.
Landois (Pierre) : épitaphe par Jehan Bouchet (1545), 510.
Landry (P.), graveur (1674), 840 ; (1701), 841, 842.
Landriani (Antonio) : Santo Brascha lui dédie son *Itinerario* (1481), III, 2634.
La Neufve Brasserye (Jean de), joue dans la *Passion* de Valenciennes (1547), IV, 3010, p. 375.
La Neuville. Voy. *Recueil de pieces curieuses* (1694-1696), III, 2632.
La Neuville, voyageur, cité, II, 1924.
Lange (Mlle), citée par M. Guy, de Tours (1598), IV, 2948.
Lange, Lévy et Cie, impr. à Paris (1838), II, 1072 ; (1845), II, 1556.
Lange (Johann), de Liegnitz : *Album amicorum* (1592-1620), V, 3370.
Lange (Lion et Vidal), de Bordeaux (1759), II, 2072.
Lange von Welenburg (Matthäus), cardinal, assiste à la remise des insignes cardinalices à Albert de Brandebourg (1518), IV, 3136. — Maximilien de Transylvanie lui dédie sa relation du voyage de Magellan (1524), II, 1956.
L'Angelier (Abel), libr. à Paris (1574), 703 ; (1578), 743, 744 ; (1584), II, 1099 ; III, 2515 ; (1585), II, 1473 ; (1588), 140, 756 ; (1594), 757 ; (1595), 141, 145 ; (1596), IV, 3001 ; (1599), 146 ; (1602), 142 ; (1604), 300 ; (1606), 810.
L'Angelier (Arnoul), libr. à Paris, avec Charles L'Angelier (1538), III, 2674 ; IV, 3108 ; seul (1553), 658.
L'Angelier (Charles), libr. à Paris (1538), avec Arnoul l'Angelier, IV, 3108 ; cité, III, 2674 ; (1541), III, 2593 ; (1543), 810 et *Additions*, V, p. 191 ; (1550), 810.
L'Angelier (Nicolas), évêque de Saint-Brieuc : *Remonstrance du clergé de France faicte au roi* (19 nov. 1585), III, 2194, p. 36.
Langenmantel (Georg Christoph) : inscription dans un album (1566), V, 3365.
Langerad (L. A. van), cité, V, 3210.
L'Angevin (1559), V, 3371. Voy. Maugin (Jean).
Langez, ou Langeais, chanteur (1670-1671), IV, p. 620.
Langhiac, abbé de Chézy, cité par Ant. Du Saix (1532), 515.
Langle : généalogie, III, 2495.
Langlade (François de) : on lui attribue la traduction française de l'*Antithesis de Christi et papae facinoribus* de Simon Du Rosier (1584), V, 3212, art. 6. Cf. 3211.
Langlade (Jacques de), baron de Saumières : *Memoires de la vie de F.-M. de La Tour d'Auvergne, duc de Bouillon* (1692), V, 3355.
Langlée-Wavrain (Alexandrine de), comtesse de Hoochstrate, etc. : l'imprimeur Jean Vervliet lui dédie la seconde partie de *La pieuse Alouette* (1621), V, 3301.
Langlois, musicien (1639-1663), IV, p. 620.
Langlois jeune, graveur (1789-1790), II, 1287.
Langlois (Bertrand) : épitre à lui adressée par Jehan Bouchet (1545), 511.
Langlois (Denis) (1610), II, 1105.
Langlois (Ernest), cité, 471 *Additions* ; IV, 3795, 2800, p. 115 ; 2801, 2841.
Langlois (Jacques), impr. à Paris (1695), II, 1692.
Langlois (Jean-Baptiste), libr. à Paris (1690), III, 2521.
L'Anglois (Michel), « Anglicus » : vers à Nic. Du Puis (v. 1510), V, 3228.
Langlois (Ph.), graveur (1843), 1014.
Langlois (P.), sieur de Belestat, « Anglicus Belstatius » : ode à François Le Poulchre, sieur de La Motte-Messemé (1587), V, 3274.
Langlois (P.-G.), grav. (1793), II, 1914.
Langlois (V.), grav. (1792), III, 2298.
Langoiran, tué à la Saint-Barthélemy (1572), IV, 3191.
Langrand, impr. à Paris, associé de Schneider (1847), II, 1602.
Langres : *Chronologie des evesques* (1724), III, 2493, art. 22. — Imprimeurs et Libraires. Voy. Chauvetet (Jean), 1609. Du Pré (Philippe), 1599. Des Preyz (Jean), 1596. Tours (Jean de), 1591.
Languedoc : *Histoire* de cette province par dom Devic et dom Vaissète (1730-1745), III, 2347. — *Histoire de la guerre civile* (1560-1589) et autres pièces publiées par le marquis d'Aubais et Léon Ménard (1759), II, 2095.
Languet : généalogie, III, 2495.
Languet (Hubert). Voy. *Discours simple et veritable*, etc. (1573), III, 2176. — Il paraît bien être l'auteur des *Vindiciae contra tyrannos* (1579), IV, 3126, art. 3. — Cette opinion a été nouvellement reprise et développée par M. Jos. Barrère dans la *Revue d'hist. littéraire*, avril-juin 1914. — Il est cité, 196 ; III, 2518.
Languet de Gergy (J.-J.) : *Discours académique* (1714), 391.

Lannel (J. de) : *Recueil de plusieurs harangues* (1622-1623), cité, III, 2177.
Lanngdorffer (Christoph) : inscription dans un album (1568), V, 3365.
Lannoy (Guilbebert de), cité, III, 2590.
Lannoy (Raoul de), ambassadeur de Charles VIII en Italie : discours qu'il y tient (1495), VIII, 3338.
Lannox (Jean de) : sonnet à David Jossiér (1604), V, 3280.
La Norville : vue du château, 249.
La Noue (Mlle de), citée par M. Guy, de Tours (1598), IV, 2948.
La Noue, secrétaire du roi, dénoncé comme voleur (1707), IV, 3074.
Lanoue (de) : vers sur les conquêtes et la convalescence du roi (1745), 907.
La Noue (Les Deux) : [François et Odet] : vers à eux adressés par Sc. de Sainte-Marthe (1579), IV, 2921.
La Noue (François de) : son fils, Odet de la Noue, lui dédie le *Paradoxe sur les adversités* (1588), V, 3275. — *Declaration sur la prise des armes pour la juste defense de Sedan et Jamets* (1588), III, 2224, 2219, art. 1 ; 2194, p. 41. — Il essaie de reprendre Dammartin (6 janv. 1590), III, 2241, art. 6. — Sonnet sur sa mort par Guillaume Du Peyrat (1593), IV, 2945. — Il est cité, III, 2241, art. 6.
La Noue (Mme de), femme de François de : les *Poësies chrestiennes* de son fils Odet lui sont dédiées (1594), IV, 3187.
La Noue (Guillaume de), libr. à Paris (1573), III, 2154.
La Noue (Odet de), seigneur de Téligny : *Paradoxe* (1588), V, 3275. — Il paraît être l'auteur de la *Resolution claire et facile* sur la question de la prise des armes (1575), III, 2695. — *Poësies chrestiennes* (1594), IV, 3187.
Lansac (Saint-Gelais, seigneur de). Voy. Saint-Gelais.
Lantan (Hans de), dit Heid, colonel suisse (1598), IV, 3127, art. 12.
Lanteschi (Bartolommeo), dit Borghese, exécuté à Paris en 1608, III, 2255.
Lantin (Jean-Baptiste) : lettre à lui adressée par Bossuet (1671), IV, 3079, p. 440.
Laon : *Chronologie des evesques* (1723), III, 2493, art. 22. — Abbaye de Saint-Jean-Baptiste, IV, 3096, art. 79.
Laon (Antoine de), précepteur de Jacques et de Jehan de Taix (1513), V, 3226.

Laon (Jean de), impr. à Genève (1581), II, 2039.
Laon (Philippe de), l'un des auteurs des *Cent Nouvelles nouvelles* (v. 1457), II, 1694.
La Palherie : vers à lui adressés par Joachim Blanchon (1583), IV, 2938.
La Palice (Jacques de Chabannes, seigneur de) prend part aux joûtes qui ont lieu à Paris lors du second mariage de Louis XII (1514), II, 2113. — Il est tué à Pavie (1525), II, 2127. — Les relations allemandes font de lui deux personnages : Pellitze, Poliza, ou Ballitze et Schambantz, Schaubands Sisambautz.
La Palice, brigand (1607), 113.
La Palus (Jean de), dit Palusius, médecin, cité par Nic. Bourbon (1538), IV, 2788.
La Patrière (Georges de) : vers latins à Louis Des Masures (1560), 406.
La Peyrère (Isaac de), *Relation du Groenland* (1647), II, 1963. — *Relation de l'Islande* (1663), II, 1923.
La Peltrie (Mme de), se fait ursuline au Canada (1639), II, 1971.
La Perrière (C. de) : vers à Bérenger de La Tour (1558), 662.
La Perrière (Guillaume de) : épître à Gratien Du Pont (1534), III, 2596. — *Le Theatre des bons engins* (1540), V, 3327. — Vers à lui adressés par Bérenger de La Tour (1551), V, 3254. — Epitaphe de Marguerite d'Angoulême traduite de lui par Bérenger (1551), V, 3254 ; (1556), 661. — *La Morosophie* (1553), V, 3328. — Il est cité, II, 1869.
La Perte (Hector de), « Pertius » : vers à Bérenger de La Tour (1558), 662.
La Peruse (Jean de) : vers à lui adressés par J. Tahureau (1554), 702, *Medee*, tragédie (1557), IV, 3022 ; (1598), II, 1088. — Il est l'ami de Jean Boiceau de La Borderie, IV, 2865. — *Chansons* (1575), V, 3297. — Il est cité par Guy Le Fèvre de La Boderie (1578), IV, 3183.
La Pierre (Mme de) : son éloge par Jules de Richy (1616), V, 3290.
La Pierre, aîné, danseur et violoniste (1657-1671), IV, p. 621.
La Pierre cadet, danseur (1669), *ibid*.
La Pise (De), père, commence l'*Histoire d'Orange* (v. 1600), III, 2348.
La Pise (Joseph), *Tableau de l'Histoire des Princes et Principauté d'Orange* (1639), III, 2348.
La Pise (Vincent de), Pisanus : ministre : inscription dans un album (1583), V, 3368.
La Pivardière : notice généalogique, III, 2495.

La Place: *Lettre d'un gentilhomme de Beausse à un sien amy* (mai 1589), III, 2219, art. 14.
La Place, violon (1669-1671), IV, p. 621.
La Place, rédacteur du *Mercure* (1760-1768), III, 2524, pp. 309, 311.
Laplace (M*me* de): Jules Sandeau lui dédie *Catherine* (1846), II, 1625.
La Plaine, trompette (1670-1671), IV, p. 621.
La Planche, ministre, cité par Th. de Bèze (1561), III, 2149. C'est peut-être Regnier de La Planche.
La Planche, dessinateur (1752-1756), 251.
La Planche (Adam de), « Plancius », inscription dans un album (1584), V, 3368.
La Planche (Régnier de). Voy. Régnier.
La Planche de Mortières: généalogie, III, 2495.
La Planche, brigand (1607), 113.
La Pointe (F. de), grav., III, 2524.
La Poirée: vers à M* Adam (1644), 829.
La Pomme (Claude), impr. à Lyon, cité, III, 2698.
La Pommeraye (Gilles de), cité par Nic. Bourbon (1538), IV, 2788.
La Popelinière (Lancelot Voisin, sieur de). Voy. Voisin.
La Porte (M*lle* de), figure dans le *Ballet de Psyché* (1656), II, 1455; IV, p. 621.
La Porte (Amador de): Théophr. Renaudot lui dédie l'*Inventaire des addresses du Bureau de rencontre* (1630), IV, 3153, p. 529.
Laporte (Antoine-Louis-Guillaume-Catherine), libr., puis impr. à Paris (1789), III, 2524.
La Porte (Charles de), ami de Ch. Fontaine (1557), IV, 2877.
La Porte (Eustache de), se prononce au parlement pour la tolérance envers les protestants (1559), IV, 3101.
La Porte (Jehan de), impr. à Paris (1513), V, 3226.
La Porte (Luc de): *Epithetes* (1571), 432.
La Porte (La veuve de Maurice de), libr. à Paris (1552), II, 1069; (1553), 1018.
La Porte de Lissac: généalogie, III, 2495.
L'Apostre (Georges), cité par Jean Dorat (1586), IV, 2789.
La Primaudaye (Pierre de): vers à lui adressés par Guill. Du Peyrat (1593), IV, 2945.
La Pujade (Antoine de): *Œuvres chrestiennes* (1604), 768. — *La Ma-*

riade (1605), 767. — Vers à Jean d'Intras (1609), II, 1525.
La Pujade (Bernard de): vers à Ant de La Pujade, son père (1605), 767.
La Quaisse aîné, violon (1659-1671), IV, p. 621.
La Quaisse cadet (1669-1671), *ibid.*
Laquehay (Jean), impr. à Paris (1623), III, 2374, art. 4.
La Quinte (Le capitaine), brigand: sa *Complainte* (1607), 113.
La Ramée (Pierre de), dit Ramus: vers à lui dédiés par Ch. Toutain (1557), II, 1089. — François Habert parle de lui (1558), V, 3251. — *Gramere* (1562), V, 2229. — *Libri duo de veris sonis literarum* (1564), *ibid.* — Il est attaqué par Jacques Charpentier, IV, 2913. — Il est tué à la Saint-Barthélemy (1572), IV, 3191. — Epitaphes, par Léger Du Chesne (1572), IV, 3186, art. 2 et 3. — Il est cité par Guy Le Fèvre de La Boderie (1578), IV, 3183; — par Jean Dorat (1586), IV, 2789. — Portrait dans les *Icones* de N. Reusner (1589), V, 3370.
Larchant (M*me* de): son éloge par Jules de Richy (1616), V, 3290.
Larcher, ouvrier relieur, pendu en 1694, II, 1690.
Larcher, graveur (1823), II, 1520.
L'Archer (Françoys), clerc des Comptes (1546), IV, 2876; — ami de Ch. Fontaine (1554), IV, 3084, art. 4; (1557), IV, 2877.
Larcher (Jean), « Arcerius »: inscription dans un album (1598), V, 3372.
Larcher (Michel), cité par Jean Dorat (1586), IV, 2789.
Larchier (Claude), conseiller au parlement: vers latins à lui adressés par Adam Blackwood (1564), IV, 2790.
Larchier (Estienne), impr. à Nantes (1493-1494), cité, 463.
Larchier (Guillaume), avocat à Saint-Lô: ms. lui ayant appartenu, IV, 2751.
L'Archevêque (Adrien de), de Rouen: ms. lui ayant appartenu, IV, 2751.
La Regnerie: sonnet à Franç. Béroalde de Verville (1612), II, 1782.
La Reynie (Nicolas-Gabriel de), lieutenant général de police: permissions d'imprimer données par lui (1672), IV, 2971; (1683), III, 2327; (1687), 373, art. 2. — Il proscrit les *Contes* de La Fontaine (1675), 924. — Volumes lui ayant appartenu, III, 2524.
La Renaudie (Godefroi de Barry, seigneur de), cité en 1561, III, 2149.
La Réole: abbaye de Saint-Pierre, IV, 3096, art. 26.

La Resnière (Mᵐᵉ de) : son éloge par Jules de Richy (1616), V, 3290.
Largent (Jean de), impr. à Paris (1588), III, 2221, art. 4.
Largillière (Nicolas), peintre, III, 2499. — Vers sur ses ouvrages par Baraton (1705), 846.
La Richardie (Claude de), chevalier de Malte : sa mort (1625), III, 2471.
La Richardière, danseur (1639), IV, p. 621.
Larissa (Francesco Andrea, comte de), III, 2355.
Larivey (Pierre de), sonnets sur la mort de Gilles Bourdin (1570), IV, 2792. — Vers en tête des *Regrets facétieux sur la mort de divers animaux*; préface au devant de ce volume (1576), II, 1824. — Il imite le *Ragazzo* de Lod. Dolce, II, 1468. — On lui attribue sans preuves la traduction d'*Angelica* (1599), II, 1473. — Il est cité, II, 1784.
La Rivière (Mᵐᵉ de), femme du chancelier d'Alençon (1545), 805.
La Rivière, secrétaire de La Rochefoucauld, est tué à la Saint-Barthélemy (1572), IV, 3191.
La Rivière (L'abbé de) : lettre à lui adressée par Rangouze (1649), II, 1879.
La Rivière, trompette (1664-1671), IV, p. 621.
La Rivière (Adrien de), seigneur de Chépy : *Heures* lui ayant appartenu, 19.
La Rivière (Claude), libr. à Lyon (1650), II, 1813.
La Rivière (Guillaume de), impr. à Anvers (1580), III, 2387 ; — à Arras (1595), IV, 3128.
La Rivière (Marguerite de), dame d'Ormoy : vers sur sa mort par Christofle de Bordeaux (1589), IV, 2942.
La Rivière (Marguerite de), condamnée pour infanticide (1623), 121.
La Rivoire : *La Metamorphose d'Ovide figuree* lui est dédiée (1557), 410.
Larjot (Claude), impr. à Lyon (1619), II, 2102.
Larme (La sainte) de Vendôme, IV, 3096, art. 7 *bis*, 7 *ter*.
Larmes de tristesse renouvelées au retour du jour qui ravit le roy (1611), 890, art. 18.
Larmes (Les) et Lamentations de la France sur le trespas de Henry IV (1610), 890, art. 4.
Larmes sur la memoire de Henry le Grand (1610), III, 2259.
Larnas (de) : épigramme à lui adressée par Bér. de La Tour (1551), V, 3254.
La Roche : vues du château, 249.

La Roche, tué à la Saint-Barthélemy (1572), IV, 3191.
La Roche (Le capitaine de), id., *ibid.*
La Roche : vers à lui adressés par Joachim Blanchon (1583), IV, 2938.
La Roche : *Oraison funebre de Louis Boucherat* (1700), 379.
La Roche (N. de) : vers à Pantaléon Thévenin (1582), IV, 2885.
La Roche (Philippe Pot, seigneur de), l'un des auteurs des *Cent Nouvelles nouvelles* (v. 1457), II, 1694.
La Roche (Pierre de) : *Prosphonematique au roy sur son entree à Paris* (1571), IV, 2925. — Sonnet à la suite de l'*Hymne trionfal* de Claude Nouvelet (1572), IV, 3181.
La Roche-Chandieu. Voy. Chandieu.
La Roche d'Osseau : vers à Guillaume Bouchet (1608), II, 1702.
La Rochefoucauld (Ducs de), III, 2493, art. 24.
La Rochefoucauld (Antoine de), seigneur de Barbezieux, épouse Antoinette d'Amboise, veuve de Jacques d'Amboise, III, 2355. — Il est cité par Nicolas Bourbon (1538), IV, 2788.
La Rochefoucauld (Benjamin de), baron de Montignac : Jean Aubert lui dédie son *Discours* (1581), 752.
La Rochefoucauld (Elisabeth de), comtesse de Randan, veuve de Jean-Louis de La Rochefoucauld : Jules de Richy fait son éloge (1616), V, 3290.
La Rochefoucauld (François III, comte de) : André Thevet lui dédie sa *Cosmographie du Levant* (1554), II, 1931. — *Response à l'interrogatoire de Poltrot* (12 mars 1563), III, 2156, art. 14 ; 2158. — Il est tué à la Saint-Barthélemy (1572), IV, 3191. — Chanson sur sa mort (1572), 986, art. 10. — La Rochefoucauld (Silvia Pico, femme de François III de), citée par Fr. de Belleforest (1571), V, 3320.
La Rochefoucauld (François V, comte de), figure dans le *Ballet du Roy* (1619), II, 1449 ; IV, p. 621. — Abr. Mounin lui dédie une édition des *Annales d'Aquitaine* de J. Bouchet (1644), III, 2342. — Son portrait, *ibid.*
La Rochefoucauld (Gabrielle Du Plessis Liancourt, comtesse de), danse dans un ballet (1615), IV, p. 621.
La Rochefoucauld (François VI, duc de), cité par Guéret (1663), II, 1849. — *Memoires* (1664), III, 2282. — *Reflexions* (1665), 150 ; (1666), 151 ; (1671), 152 ; (1675), 153 ; (1678), 155 ; (1693), 156. — *Nouvelles Reflexions* (1678), 154. — Il collabore à *La Princesse de Cleves* (1678), II, 1537.

— Lettre publiée par Perrin (1751), II, 1889.
La Rochefoucauld (François, cardinal de) : son *Tombeau* (1645), IV, 3153, p. 534.
La Rochefoucauld (Françoise de), douairière de Candalle, veuve de Frédéric de Foix : vers à elle adressés par P. de Brach (1576), IV, 2931.
La Rochefoucauld (Jean de), comte de Roussy : Jean Aubert lui dédie un *Discours* (1581), 752.
La Roche-Guyon (François de Silly, comte de), figure dans le *Ballet du roy* (1619), II, 1449 ; IV, p. 621.
La Roche-Lacarelle (Le baron de) : volumes lui ayant appartenu, 127, 128, 455, 456, 468, 469, 512, 520, 526, 533, 544, 549, 551, 552, 571, 572, 607, 653, 664, 705 ; II, 2089, 2091 ; III, 2233 *bis*, 2543, 2579, 2581, 2585, 2586, 2588, 2591, 2592, 2617, 2618, 2619, 2633, 2634, 2635, 2636, 2679, 2730 ; IV, 2798, 2802, 2933, 3071, 3200.
La Rochelle : *Discours sur la naissance, progrès, etc. de La Rochelle*, par Auguste Galland (1629), III, 2708. — *Voyage du roy F. I en sa ville de La Rochelle* (1542), IV, 3111. — *Newe Zeitung von der Statt Roschell und derer Belägerung* (1572-73) (1574), III, 2183. — Chansons sur la prise de la ville par les huguenots (1573), 986, art. 12 et 16. — *Histoire des deux derniers sieges de La Rochele*, 1573 et 1627 (1630), III, 2280. — Chanson sur la prise la ville en 1629, 1025. — Imprimeurs et Libraires. Voy. Brenouzet (Jean), 1604. Chuppin (Antoine), 1578. Davantes (Pierre), 1573. Haultin (Abraham), 1581. Haultin (Hiérosme), 1589, 1598. — Ses héritiers, 1605. Haultin (Pierre), 1571-1587. Portau (Jean), 1576-1587. Villepoux (Marin), v. 1580. — Impressions anonymes (1585), III, 2198, 2210, 2212 ; (1586), III, 2211, 2213-2216, 2219, art. 3 ; (1587), III, 2194, 2220 ; (1588), 2219, articles 1, 2, 4-7, 10 ; (1589), III, 2194, 2219, art. 9, 11, 14, 15.
La Roche Pozay (Henry Louys de Chasteignier de), évêque de Poitiers : L. Herron lui dédie *La Liesse* (1636), 826.
La Roche-sur-Yon (Charles de Bourbon, prince de), cité par Ch. Fontaine (1557), IV, 2877.
La Roche-sur-Yon (François-Louis de Bourbon, prince de), danse dans un ballet (1681), IV, p. 621.
La Rochette en Maurienne. Voy. *Histoire miraculeuse* (1598), II, 1726.
La Roque : généalogie, III, 2495.

La Roque : sonnet à Flaminio de Birague (1585), IV, 2939. — Vers à G. Durand de La Bergerie (1595), 757.
La Roque (de), de Clermont en Beauvoisis (peut-être le même) : *Œuvres* (1609), IV, 2942. — Vers dans *Les Marguerites poëtiques* d'Esprit Aubert (1613), 816. — Vers dans *Le Cabinet des muses* (1619), 974.
La Roque (Le marquis de), figure dans un ballet (1681), IV, p. 621.
La Roque (Antoine de), éditeur du *Mercure* (1721-1744), III, 2524. — Obtient des privilèges en juillet 1721, en nov. 1724, en déc. 1736, *ibid.*
La Rovère (Jérôme de), *Les deux Sermons funebres es obseques... du feu roy* (1559), 336.
La Rozière (Louis-François Carlet, marquis de), collabore à l'*Encyclopédie* (v. 1760-1777), III, 2523, p. 281.
Larrard : généalogie, III, 2495.
Larrey : généalogie, III, 2495.
Larroque (Daniel de), traduit de l'anglais l'*Histoire romaine* de L. Echard (1728), II, 2082.
La Rue (de), dessinateur, III, 2523.
La Rue (Le P. Charles de) : *Poëme sur les victoires du roy*, trad. de latin par P. Corneille (1667), 903. — *Ludovico Magno Epinicium* (1672), IV, 2971. — Œuvres de lui dans le *Recueil de pieces curieuses* (1694-1696), III, 2632. — *Oraison funebre de Luxembourg* (1695), 377. — *Oraison funebre de Bossuet* (1704), 382. — *Oraison funebre d'Anne-Jule de Noailles* (1709), 304. — *Oraison funebre de Louis, dauphin* (1711), 387, art. 1. — *Oraison funebre de Louis, dauphin, et de Marie-Adélaïde de Savoye, son espouse* (1712), 389, art. 2.
La Rue (Dom Charles de), collaborateur de Bernard de Montfaucon (1719), III, 2499.
La Rue (Jacques de), sonnet à M. Guy, de Tours et ode à lui adressée (1598), IV, 2948. — Pièce sur sa mort, *ibid.*
La Rue (Jehan de), bourgeois de Bayeux, IV, 2855, p. 194.
Las (de) : épigramme à lui adressée par Bér. de La Tour (1551), V, 3254.
Las (Le) d'amour divine (v. 1490), III, 2620 ; (1833), cité, *ibid.*
La Sablière (Antoine de Rambouillet, sieur de), *Madrigaux* (1680), 839 ; (1825), II, 1919, art. 4.
La Sablière (Nicolas de Rambouillet, sieur de), publie les *Madrigaux* de son père (1680), 839.
La Sagerie, seigneurie (1598), IV, 2948, p. 276.

La Saita (Francesco de) : lettres (1517), III, 2635, p. 446, art. 4.
La Salla (François), *Epistre de l'Asne au coq* (1537), 528.
La Salle : généalogie, III, 2495.
La Salle (de) et des Termes : vers dans *Le Cabinet des Muses* (1619), 974.
La Salle (Anne de), citée par M. Guy, de Tours (1598), IV, 2948.
La Salle (Antoine de), l'un des auteurs des *Cent Nouvelles nouvelles* et probablement le compilateur du recueil (v. 1457), II, 1694. — *Les quinze Joyes de mariage* (v. 1490), II, 1841. — *Hystoire et Cronicque du petit Jehan de Saintré* (1518, n. s.), IV, 3062 ; (1791), II, 1502.
La Salle (Cavelier de). Voy. Cavelier.
La Salle (J. de) : vers à Gilles Durand de La Bergerie (1588-1594), 756, 757.
La Salle du Bois Jourdain (Mme de) : H. L. N. lui dédie *Les Plaisirs de Saint Germain* (1665), 836.
La Saulx, protonotaire (1557), IV, 2877.
La Sauve-Majeure : abbaye de Notre-Dame, IV, 3096, art. 111.
Lasca (Il). Voy. Grazzini (Anton Francesco).
Lascaris (Jean), publie l'*Anthologia graeca* (1494), 392. — Il publie les œuvres de Lucien (1496), II, 1900. — Alde lui dédie son édition de Sophocle (1502), II, 1059. — Lettre à Gio. Giorgio Trissino (1516), IV, 3078. — Vers de lui, traduits par Ant. Maiorano, dans les *Icones* de N. Reusner (1589), V, 3370. — Portrait, *ibid.*
Las Casas (Bartolome de), *Brevissima Relacion de la destruycion de las Indias* (1552), II, 1979, art. 1. — *Tyrannies et Cruautez des Espagnols*, traduictes par Jacques de Miggrode (1579), 1980. — *Treynta Proposiciones muy juridicas* (1552), 1979, art. 3. — *Remedios* (1552), 1979, art. 4. — *Disputa o Controversia con el doctor Gines de Sepulveda* (1552), 1979, art. 5. — *Principia quedam ex quibus procedendum est* (v. 1552), 1979, art. 6. — *Tratado que compuso por comission del Consejo real de las Indias* (1552), 1979, art. 7. — *Avisos y Reglas para los confessores* (1552), 1979, art. 8. — *Tratado comprobatorio del imperio soberano...* (1553), 1979, art. 9.
Lasche (Saint), II, 1775.
Lascure (de), docteur en théologie : vers à lui adressés par Joachim Blanchon (1583), IV, 2938.
La Serre : généalogie, III, 2495.
La Serre (De) : *Histoire de tout ce qui s'est passé à l'entrée de la royne mere du Roy dans les villes des Pays-Bas* (1632), III, 2281.
Laski (Jan), dit a Lasco : son portrait (1581), II, 2039.
L'Asne (Michel), grav., II, 1123-1125, 1128, 1139, 1528 ; III, 2265, 2506 ; V, 3318.
La Souche : vers de lui (1617), IV, 2972.
La Source, receveur du Lyonnais (1557), IV, 2877.
Lasphrise (Le capitaine). Voy. Papillon (Marc de).
Lassalle (Louis), dessinateur (1835-1839), II, 1072.
Lasser (Th.) von Lassereck : inscription dans un album (1568), V, 3365.
Lassere (Loys), chanoine de Tours : Jehan Beaufils lui dédie la traduction du second livre *De vita sana* de Marsiglio Ficino (1542, n. s.), V, 3375.
Lassus (Orlando de) : *Chansons* (s. d.), 411, art. 73 ; (1579-1583), 983. — Il assiste au couronnement du roi des Romains (1562), III, 2419. — Il est cité par Guy Le Fèvre de La Boderie (1578), IV, 3183 ; — par Jean Dorat (1586), IV, 2789.
L'Astre (de) : vers dans le *Cabinet des Muses* (1619), 974.
L'Astre (Jean de), libr. à Paris (1575), 779.
La Suze (Mme de), citée par Guéret (1663), II, 1849. — *Poésies* (1666), 837.
La Taille (Angélique de) : vers sur sa mort (1573), V, 3317.
La Taille (Jacques de) : vers sur la mort de Du Bellay (1560-1575), 680. — *Daire*, tragedie (1573), II, 1094 ; V, 3317. — *Alexandre*, tragedie (1573), V, 3317. — *La Maniere de faire des vers en françois* (1573), *ibid.* — Epitaphe, par Jean de La Taille, son frère (1572), *ibid.*
La Taille (Jean de) : *Remonstrance pour le roy* (1567), III, 2603 ; (1568), 2604 ; (1563 et 1580), citée, 2604. — *Saül*, tragédie (1572), V, 3317. — *La Famine*, tragédie (1573), *ibid.* — Il publie *Daire*, tragédie de son frère Jacques (1573), II, 1094. — *Histoire des singeries de la Ligue* (1709), III, 2251.
La Taille (Rose de) : Jean de La Taille, son cousin, lui dédie *Le Blason de la Rose* (1573), V, 3317.
La Tayssonnière (Guillaume de) : *Amoureuses Occupations* (1556), 663 ; — *Sourdine royale* (1569), 664.
Later, graveur (1700), 12.
Lateranus. Voy. Du Costé.
La Terrace (M. de), maître des requêtes : Rob. Garnier lui dédie *Porcie* (1585), II, 1095.

La Thorillière (Charlotte Le Noir de), actrice (1671), IV, p. 621.

La Thorillière (François Le Noir de), acteur (1664-1671), IV, p. 622.

La Thorillière (Pierre Le Noir de), fils du précédent (1671), *ibid.*

La Thuilerie, ambassadeur de France en Danemark (1647), II, 1963.

Latimer (Hugh), cité par Nic. Bourbon (1538), IV, 2788.

Latomus (Joannes): vers de lui dans les *Icones* de N. Reusner (1589), V, 3370. — Son nom vulgaire paraît avoir été Metselaar.

Latomus. Voy. Maurer.

La Torre (La comtesse de) : son éloge par Jules de Richy (1616), V, 3290.

La Touche, navigateur (1629), II, 1945.

Latouche (H. de): *Un Mirage* (1842), II, 1659.

La Tour, cité par Ch. Fontaine (1557), IV, 2877.

La Tour: vers à lui adressés par Joachim Blanchon (1583), IV, 2938.

La Tour, danseur (1653), IV, p. 622.

La Tour (Mme de), mentionnée par Bossuet (1694), IV, 3079, p. 442.

La Tour (Antoine de), contresigne la *Copia litterarum regis Francie publicatarum Florentie* (1495), III, 2652.

La Tour (Antoinette de), vers à S. G., s^r de La Roque (1609), IV, 2943.

La Tour (Bérenger de), *Chant elegiacque de la Republique sur la mort de ..... Francoys premier* (1547), IV, 2884. — *Le Siecle d'or* (1551), V, 3254. — *Choreïde* (1556), 661.

Latour (Maurice Quentin de), peintre, 228 ; III, 2506.

La Tour-Landry (Geoffroy de): *Le Chevalier de la Tour* (1514), II, 1507.

La Tour-Landry (Louis de), fils du comte de Chasteauroux: son *Tombeau*, par Gabriel Bounin (1586), 755.

La Tour Landry (Paul de), seigneur de Baussé et de Grandeffe : son *Tombeau* par Gabriel Bounin (1586), 755.

La Tourette (Jean de), libr. à Paris (1632), III, 2405, art. 25.

La Treyne (Jacques de): sonnet sur le duc de Joyeuse (1588), IV, 2960.

La Tremblaye (Frère Guillaume de), dessinateur (1677-1710), IV, 3096, art. 4, 7, 12, 91.

La Trémoille (Catherine-Charlotte de) : *Procedures et autres actes intervenus en la poursuite criminelle dirigée contre elle* (1588-96), III, 2188, p. 26, n° 27.

La Trémoille (Charles de), comte de Thouars, tué à Marignan en 1515, II, 2127. — Les relations allemandes l'appellent comte de Dondoure, de Dondorne ou de Terare. — Son épitaphe par Jehan Bouchet (1545), 510.

La Trémoille (Charles-René-Armand, duc de): on lui attribue *Angola* (1751), II, 1565.

La Trémoille (Charlotte-Brabantine de Nassau, femme de Claude de) : ouvrage à elle dédié (1612), 94.

La Trémoille (Guy de) : son épitaphe par Jehan Bouchet (1545), 510.

La Trémoille (Jehan de), évêque de Poitiers, id., *ibid.*

La Trémoille (Louis II de), tué à Pavie (1525), II, 2127. — Son épitaphe par Jehan Bouchet (1545), 510. -- Son emblème, IV, 3077.

La Trémoille (Gabrielle de Bourbon, première femme de Louis II de): vers à elle adressés et épitaphe par Jehan Bouchet (1545), 510.

La Troche (de), figure dans un ballet (1681), IV, p. 622.

La Tronche. Voy. *Recueil de pieces curieuses* (1694-1696), III, 2632.

La Trousse, danseur (1635), IV, p. 622.

Lutus (Pierre), impr. à Paris (v. 1615), II, 1793. Ne figure pas dans Lottin.

Lau (Nicolaus von) : inscription dans un album (1567), V, 3365.

L'Aubespine (Les seigneurs de): leurs *Tombeaux* par Ant. de Cotel (1578), 745.

L'Aubespine (Claude de): vers à lui adressés par François Habert (1549), IV, 2868.

L'Aubespine (François de), lieutenant général à Bourges (1549), IV, 2868.

L'Aubespine (Sébastien Ier de) : vers à lui adressés par Fr. Habert (1549), IV, 2868. — Il contresigne un édit (1556, n. s.), V, 3350.

L'Aubespine (Sébastien II de) : vers à lui adressés par Joachim Blanchon (1583), IV, 2938. — Il est cité par Jean Dorat (1586), IV, 2789.

Lauder (W.), accuse Milton d'avoir copié la *Sarcotis* de J. Masen (1753), III, 2409.

Laudonnière (René de) : *Histoire notable de la Floride* (1586), II, 1982. — Cité, II, 1964.

Lauffenholtzer (Wolfgang): inscription dans un album (1567), V, 3368.

Laujon (Pierre) : *Le Bal de Strasbourg* (1744), II, 1335. — *Thesée*, parodie (1745), II, 1335. — Dessins de costumes pour son opéra d'*Ismène et Ismenias* (1763), II, 1462.

Laun (Hieronymus), de Salzbourg : inscription dans un album (1568), V, 3367.

L'Aunay (Mlle de), citée par M. Guy, de Tours (1598), IV, 2948.

TABLE ALPHABÉTIQUE GÉNÉRALE 465

Launay (A. de), graveur (1779), 1056.
Launay (Adrien de), seigneur de Saint-Germain le Vieil : vers sur la mort de Louise de Savoie (1531), IV, 2786, 2787. — François Gruget lui dédie sa traduction du livre de Marco Polo (1556), II, 1938.
L'Aunay (Jacques de), ou de Alneto : épître en tête du *Libellus regiminis et constructionis* de Tymann Kemener (1511), V, 3226. — Distiques sur la mort de Louise de Savoie (1531), IV, 2786, 2786. — Il est cité par Nic. Bourbon (1538), IV, 2788.
Launay (Jean de), libr. à Paris (1662), 130.
Launay (L. de), graveur (1773), 1033.
Launay (N. de), grav., 409, 615, 855, 856, 916 ; II, 1179, 1676, 1698, 2003, 2004.
Launay (R. de), graveur (1797), II, 1566. — C'est probablement lui qui signe de Launay le jeune, II, 1914 ; III, 2569.
Launoy (de), figure dans un ballet (1670), IV, p. 622.
Launoy (Jehan, seigneur de), l'un des auteurs des *Cent Nouvelles nouvelles* (v. 1457), II, 1694.
Launoy (Mathieu de), traduit de Robert Pearsons, l'*Epistre de la persecution meue en Angleterre* (1582), II, 2010.
Laur (F.), cité par Nicolas Bourbon (1538), IV, 2788.
Lauraguais (Louis de Brancas, duc de) : volumes lui ayant appartenu, 14, 216.
Laure, chantée par Pétrarque, IV, 2996. — Epitaphes par François Ier (?), IV, 2965, art. 41 ; — par Lazare de Baïf (1544), II, 1060.
Laure, amie d'Alfred de Musset (1850), V, 3288.
Laurenceau (Jean), *Epithalamium Caroli Lotharingiae ducis* (1569), III, 2576.
Laurencin (Claude), seigneur de Rivière (1557), IV, 2877.
Laurent (Saint) : hymne traduite par Guy Le Fèvre de La Boderie (1578), IV, 2930.
Laurent (Frère) : *Somme des vertus*, citée, III, 2557. — *Chappellet des vertus* (v. 1525), ibid. — *Livre de saigesse* (v. 1530), 136.
Laurent, graveur (1769), III, 2523, p. 277.
Laurent (Le petit), imprimeur à Paris (v. 1500), III, 2556.
Laurent (Aug.), impr. à Lagny (1841), 1823.
Laurent (Georges), cité par J. Dorat (1586), IV, 2789.
Laurens (Hugues), apothicaire : huitain ms. (v. 1532), 596.

Laurenti ou des Laurents : généalogie, III, 2495.
Laureolli, graveur (v. 1733), 255.
Laurès : généalogie, III, 2495.
Laurette, graveur (1765), II, 1711.
L'Aurière (de), ou Lorière, conseiller au parlement de Paris : regrets sur sa mort (1598), IV, 2948.
L'Aurière (Mlle de), citée par M. Guy, de Tours (1598), IV, 2948.
Lauriol : un courrier de Mayenne y est surpris (1589), III, 2703.
Lauris : généalogie, III, 2495.
Lausa, femme de Lucio Stella, citée par Nicolas Bourbon (1538), IV, 2788.
Lausanne. Impr. et Libraires. Voy. Bousquet (Marc-Michel) et Cie, 1742-1747. Chiquelle (Jean), 1586. Rivery (Jean), 1551.
Lause (de), figure dans un ballet (1639), IV, p. 622.
Lautenbach (Conrad), dit Memmius ou Francus : *Le Mercure allemand* (1620), III, 2420, art. 48.
Lauterbach (Johann), assiste au couronnement du roi des Romains (1562), III, 2419. — Épigramme latine à Posthius (1563), 411.
Lautrec (Henri de Foix, seigneur de). Voy. Foix.
Lautret (Jean), libr. à Lyon (1619), II, 1449.
L'Auvergnat (Thomas), crieur juré à Paris (1589), III, 2242, art. 8.
Lauzon (F. de), cité par J. de La Péruse (v. 1557), IV, 3022.
Lauzun (Antonin Nompar de Caumont, duc de) : ses amours avec Mlle de Montpensier, III, 2286.
La Vacherie (Pierre de), *Le Gouvernement des trois estatz* (v. 1510), 568.
Laval (Le comte de), négocie avec Henri III pour le roi de Navarre (1584), III, 2195.
Laval (La comtesse de) : ouvrage à elle dédié (1604), 93.
Laval (Mlle de), danse dans un ballet (1661), IV, p. 622.
Laval (Le sieur de), pseudonyme de Louis-Charles d'Albert, duc de Luynes, 40.
Laval (Antoine Mathé de), cité par Jean Dorat (1586), IV, 2789.
Laval (Claude, dit Guy XVII de), cité par Nicolas Bourbon (1538), IV, 2788.
Laval (Jean de), seigneur de Chasteaubriant, cité par Nic. Bourbon (1538), V, 2788.
Laval (Jean de), marquis de Nesle, cité par J. Dorat (1586), IV, 2789.
Laval (Marie-Louise de), danse dans un ballet (1681), IV, p. 622.
La Val (Olimpie de) : épître composée

V.

30

pour elle par Bér. de La Tour (1551), V, 3254.
Laval (Urbain de), seigneur de Boisdaulphin : vers à lui adressés par Joachim Du Bellay (1541, 1561), IV, 2890. — Vers à Claude Pellejay (1571), 732.
La Valette (Ducs de), III, 2493, art. 24.
La Valette (Bernard de Nogaret, duc de), figure dans un ballet (1635), IV, p. 622.
La Valette (Gabrielle-Angélique de Verneuil, légitimée de France, duchesse de), figure dans un ballet (1635), IV, p. 622.
La Valette (Jean-Louis de) de Nogaret, duc d'Espernon. Voy. Espernon.
La Vallée : vers dans *Les Marguerites poëtiques* d'Esprit Aubert (1613), 816.
La Vallée, danseur (1657-1669), IV, p. 622.
La Vallée (Mlle de), figure dans un ballet (1664), *ibid.*
La Vallée (Pierre de), impr. libraire à Cologne (1657), 78.
La Valletrye : sonnet à Sc. de Sainte-Marthe (1600), IV, 2921.
La Vallette (Jean de), *Lettre envoyée à la sainteté du pape Pie IV* (1565), II, 2019, art. 3.
La Vallière (François de La Baume Le Blanc, duc de) : ses armes (1783), III, 2493, art. 21.
La Vallière (Jean-François de La Baume Le Blanc, marquis de), figure dans un ballet (1663), IV, p. 622.
La Vallière (Louis-César de La Baume Le Blanc, duc de) : volumes lui ayant appartenu, 524, 584, 748 ; II, 1076, 1081, 1107, 1504, 1514, 1518, 2023, 2026, 2097 ; III, 2183, 2317, 2633 ; IV, 2750, 2806, 2864, 2868, 2880, 2981, 2983, 2984, 2985-2987, 3019, 3025, 3062, 3130 ; V, 3251, 3279. — Cité, II, 1744.
La Vallière (Françoise-Louise de La Baume Le Blanc, duchesse de), danse dans des ballets (1661-1663), IV, p. 622. Voy. *La Requête des filles d'honneur persécutées à Mme de La Valière* (1668), II, 1689 ; (1754), 1686. — *Le Portraict de Mlle D. L. V.* (v. 1668), II, 1689. — Sermon prêché pour sa profession par Bossuet (1675), IV, 3079, p. 448, art. 13. — On lui attribue les *Réflexions sur la misericorde de Dieu* (1710), 70. — Voy. *Le Palais Royal, ou les Amours de Mlle de La Vallière* (v. 1734), 1685 ; (1754), 1686.
La Vallière (Gabrielle Glay de La Cotardaie, marquise de), danse dans des ballets (1669), IV, p. 622.

Lavardin, tué à la Saint-Barthélemy (1572), IV, 3191.
Lavardin (Jacques de) : distique latin en tête de la *Franciade* de Ronsard (1572), 678. — Vers latins au roi de Navarre et ode adressée à Lavardin (1575), IV, 2773.
La Varenne (René de), marquis de La Varenne : Mathurin Jousse lui dédie son *Theatre de l'art de charpentier* (1627), 268.
Lavau (de), mari malheureux (1535), 805.
La Vauguyon (Jean de Peyrusse des Cars, comte de) : vers à lui adressés par Joachim Blanchon (1583), IV, 2938.
Lavauldière (de) : quatrain à M. Guy, de Tours (1598), IV, 2948.
La Vaulx (Claude de Bombelles, seigneur de). Voy. Bombelles.
La Vaupallière (La marquise de) : l'abbé Le Monnier lui dédie sa traduction de Térence (1771), II, 1065.
Lavaur de Graignac : généalogie, III, 2495.
La Veprie (Jehan de), « de Vepria » : *Proverbes*, traduits en latin (1606), 326.
Laverdet (Auguste), publie la *Correspondance entre Boileau et Brossette* (1858), 844.
L'Averdi (Clément-François de) : volumes reliés à ses armes, V, 3337.
Laverdière (L'abbé), cité, II, 1967.
La Vergne de Montenard de Tressan (Louis de), évêque du Mans : Louis Aubery du Maurier lui dédie ses *Memoires* (1680), III, 2406.
La Vernade (Olivier de) : vers à Bérenger de La Tour (1558), 662.
La Verne : vers en tête du *Dictionnaire des rimes* de Jean Le Fèvre (1588), 431.
La Vie (Jean de) : inscription dans un album (1584), V, 3368.
Lavier : généalogie, III, 2495.
La Vieuville, ou La Viéville (L'abbé), ami d'Antoine Bossuet (1697), IV, 3079, p. 458.
La Vieuville (Mme de) : lettres à elle adressées par Mme de Maintenon (1756), II, 1895.
La Vigne aîné, violon (1659-1663), IV, p. 622.
La Vigne jeune, violon (1661), *ibid.*
La Vigne (Adam ? de) : vers de lui, V, 2964, art. 91.
La Vigne (André de) : *Epitaphe de Charles VIII* (1498), IV, 2842. — *Le Vergier d'honneur* (éd. publiée v. 1520), 479. Cf. III, 2582. — *La Louenge des roys de France [avec La Patenostre des Genevois et l'Atollite portas de Gennes]*, (1507), IV, 2822. Cf. 540. — *Sotise à*

huit personnaiges (1508), V, 3313. — *Le Nouveau Monde* (1508), V, 3314. — *Les Ballades de Bruyt commun* (1509), 480 et *Additions*, V, p. 187. — *Le Dit de Chascun* (v. 1540), 570. — *Rondeaux*, IV, 2799, p. 107 ; 2964, art. 24. — *Ballades*, IV, 2799, p. 109 ; 2963, art. 3, 8, 9, 10, 27, 28. — Il est cité comme un modèle par Guillaume Crétin (1512), II, 2090, art. 5.

La Vigne (Gace de). Voy. La Bigne.

La Vigne (Louys de), évêque et comte d'Uzès : Esprit Aubert lui dédie ses *Marguerites poetiques* (1613), 816.

La Vigne (Frère Pierre de), publie *Les Illustrations de Gaule* de Jehan Le Maire (1533), II, 2090.

La Ville (Claude), impr. à Valence (1547), IV, 3202.

La Villestreux (de) : ouvrage lui ayant appartenu, 100.

La Villette, bailli de Bugey, cité par Antoine Du Saix (1532), 515.

Lavinius (Petrus). Voy. La Vigne (Pierre de).

Lavirotte (Louis-Anne), médecin, collabore à l'*Encyclopédie* (1751-1759), III, 2523, p. 281.

L'Avocat (Christofle), sieur des Feugères : sonnet lui dédié par J.-Éd. Du Monin (1583), V, 3272, p. 63.

Lavoignat, graveur (1838), V, 3321.

La Vrillière (Louis Phelypeaux, marquis de) : J. Chevillard lui dédie *Les Secretaires d'Estat par departement* (1722), 2493, art. 43.

La Vrillière (Phelypeaux, duc de) : Bret lui dédie son édition des *Œuvres* de Molière (1773), II, 1179.

Law : généalogie, III, 2495.

Laya (Léon) : *Le duc Job* (1860), II, 1402.

Laye (M. de) : vers à P. de Deimier (1600), 765.

Lebahy (Michel), est nommé curé de Plessis-Grimoult (1692), II, 1883, p. 368, IV, art. 7.

Le Bachelier des Vigneries : généalogie, III, 2495.

Lebarbier (J.-J.-F.), *Dessins pour les Œuvres de J.-J. Rousseau* (1774-1783), 229. — Gravures d'après ses dessins, 401, 1002, 1003 ; II, 1576, 1679.

Le Bas : notice généalogique, III, 2495.

Le Bas, graveur (1739), 290 ; (1763), II, 1335.

Le Bas (Jacques), impr. à Caen (1609), III, 2508.

Le Bas (J.), graveur (1742), II, 2082, p. 532.

Le Bas (J.-P.), grav., 855 ; II, 1179, 1557 ; III, 2408.

Le Bas (Louis-Dominique) de Courmont, titulaire du privilège de la *Gazette* (1751), IV, 3153, p. 547.

Le Beau, grav., 916, 1056 ; II, 1914, 1915 ; III, 2409.

Le Beau (Mme), graveur et coloriste (1778), 242.

Le Bec, abbaye, IV, 3096, art. 12.

Le Bey (Denis) : vers à Estienne Pasquier (1584, 1610), 737. — Elegies sur la mort de Th. Zwinger (1589), V, 3370.

Le Bègue (Alphonse), libr. à Bruxelles (1856-1857), II, 1408.

Le Besgue (Jules Cesar) : sixain à Gabriel Bounin (1586), 755.

Le Bel (Le P.) : *Relation de la mort du marquis de Monaldeschi*, 1657 (1664), III, 2283.

Lebelski (Georges), *Description des jeux et magnifiques spectacles representez à Constantinople* (1583), III, 2734.

Leber (Constant), cité, 794. — Dessins lui ayant appartenu, II, 1460.

Leber (Pierre), impr. à Paris (1529), III, 2558 ; (1532), III, 2595 ; (1533), 462.

Le Bert, graveur (1781), III, 2279.

Lebeuf (L'abbé) : *Histoire de la Ville et de tout le Diocese de Paris* (1754-57), III, 2316.

Lebeuf de Montgermont, cité, II, 1237. — Volumes lui ayant appartenu, 8, 427, 501, 502, 515, 516, 635, 636, 654, 685, 701, 738, 741, 979 ; II, 1071, 1088, 1135, 1702, 2069 ; IV, 2940 ; V, 3282, 3339, 3343, 3344, 3346.

Le Bigot, lieutenant général à Baugé : vers à lui adressés par J. Le Masle (1580), IV, 2933.

Le Bigot (Frère Clément) : vers à lui adressés par J. Le Masle (1580), IV, 2933.

Le Bigot (Yolande). Voy. Le Masle (Jean).

Le Binois, prêtre (1578), IV, 2930, p. 252.

Le Blanc, dit Albus, cité par Nic. Bourbon (1538), IV, 2788.

Le Blanc (Gasse) : *Meliadus* (1528), II, 1489.

Le Blanc (Jean), impr. à Paris (1571), II, 2098 ; (1596), III, 2434.

Le Blanc (Jean) : vers dans le *Tombeau de Passerat* (1606), 713.

Le Blanc (Jean), libr. imag. à Cologne (1694), II, 1690. — Voy. aussi Jean le Blanc.

Le Blanc (Mathieu), libr. à Paris (1623), III, 2467.

Le Blanc (P.), dit Candidus, 273.

Le Blanc (Richard), traducteur d'Hésiode (1547), IV, 2772.

Leblond, bibliophile : volumes lui ayant appartenu, II, 1514.
Le Blond, grav. (xviii° s.), 250.
Le Blond (Alexandre), dessin., III, 2315, 2328.
Le Blond (Guillaume), ingénieur, collabore à l'*Encyclopédie* (1751-1777), III, 2523, p. 281.
Le Blond (Jehan), curé et seigneur de Branville : *La Deploration sur le trespas de feu monseigneur le Daulphin de France... Ensemble l'Epitaphe du Comte Dampmartin* (1536), III, 2597.
Le Bon, pseudonyme de P. Nicole, 130.
Le Bon (Guillaume), « Bonus », cité par J. Dorat (1586), IV, 2789.
Le Bon (Jean) : *Le Tumulte de Bassigni* (1573), III, 2694.
Le Bon (Jean) : *De l'origine et invention de la rhyme* (1582), IV, 3171.
Le Bossu, grav. à Dijon (1685), 371.
Le Bossu (Mathieu), dit Bossulus : J.-Ed. Du Monin lui dédie le livre IV de l'*Uranologie* (1583), V, 3272.
Le Boulanger de Chalussay : *La Critique du Tartuffe* (1670), II, 1198.
Le Bouteux, dessin. (1773), 1002.
Le Bouteux fils, grav. (xvii° s.), 249.
Le Bouthilier (Claude), surintendant des finances : Théophraste Renaudot lui dédie *Le Mercure françois* (1646), III, 2708.
Le Bouthillier (Victor), archevêque de Tours : François Fortin, religieux de Grammont, lui dédie *Les Ruses innocentes* (1660), 306.
Le Bouvier (Gilles), dit Berry : *Croniques du roy Charles VII* publiées sous le nom d'Alain Chartier (1528), II, 2099 ; réimprimées en 1617, 442.
Le Bret, chef d'orchestre, dirige le *Ballet de Madame* (1615), II, 1448 ; IV, p. 622. — Vers à Ch. d'Assoucy (1648), 969.
Le Bret, violon (1659-1671), IV, p. 622.
Le Bret (La veuve de Guillaume), libr. à Paris (1551), citée, IV, 3076.
Le Bret (Julien) : volume acheté par lui (1580), V, 3352.
Le Breth : vers en tête du *Dictionnaire des rimes* de Jean Le Fèvre (1588), 431.
Le Breton, l'un des auteurs des *Cent Nouvelles nouvelles* (v. 1457), II, 1694.
Le Breton (André-François), libr., puis impr. à Paris (1751-1772), III, 2523 ; (1755), III, 2506 ; (1760), II, 1246 ; (1765), III, 2506 ; (1767), II, 1339.
Le Breton (Jehan) : Bertrand de La Luce lui adresse une épître (1537), III, 2673.

Le Breton (Nicolas), de Langres, cité par Nic. Bourbon (1538), IV, 2788.
Le Breton (Nicolas) : l'imprimeur Ph. d'Anfrie lui dédie *Le Discours de la court* (1558), 658. — Vers à lui adressés par Du Bellay (1559), IV, 2896.
Le Breton (Nicolas-François), libr. à Paris (1712), II, 1307 ; (1713), II, 1308 ; (1715), II, 1309, 1310 ; (1716), II, 1311 ; (1718), 1312 ; (1730), II, 1763 ; (1732), II, 1313. — Les demoiselles Le Breton, libraires en 1730 (II, 1763), pouvaient être ses filles.
Le Breton, libr. à Paris, au coin de la rue Gist-le-Cœur, à la Fortune (1737), II, 1298. — Peut-être le même que le précédent ?
Le Breton (Renée), fiancée de Jean Robin (1598), IV, 2948, p. 277.
Le Breton de la Doineterie : généalogie, III, 2495.
Le Brodeur (Pierre), libr. à Paris (1518), IV, 2828.
Le Brun : vers au petit de Beauchasteau (1657), 833.
Le Brun, rel. à Paris, III, 2589.
Le Brun (Charles), peintre et dessin., 832 ; II, 1144, 1237, 1262 ; III, 2328, 2523. — Vers sur ses ouvrages, par Baraton (1705), 846.
Le Brun (Claude) : vers à Jean Godard (1594), 760.
Le Brun (Estienne), dit Brunus, de Tours, cité par Nic. Bourbon (1538), IV, 2788.
Le Brun (G.), dessin., III, 2491.
Le Brun (Jean), d'Issoudun (1541), IV, 3021, p. 394.
Le Brun (Le P. Martin) : *Recueil de la vie de saint Adrien* (1631), IV, 3097.
Le Brun (Ponce-Denis-Écouchard) : *Ode et Lettres à M. de Voltaire* (1762), 852.
Le Cadet : vers à M° Adam Billaut (1644), 829.
Le Caillier (Corneille), impr. imaginaire à Venise (1609), III, 2255.
Le Camus, violon (1635-1659), IV, p. 622.
Le Camus (peut-être le même) : vers au petit de Beauchasteau (1657), 833.
Le Camus (Nicolas) : J. Chevillard lui dédie *Les Noms et qualitez... de Nosseigneurs de la Cour des Aides de Paris*, 2493, art. 45.
Le Canu, grav. (s. d.), 258 ; (1763), III, 2523.
Le Carlier : généalogie, III, 2495.
Le Caron (Le P.), récollet, missionnaire au Canada, II, 1973.
Le Caron (Loys) : *Poësie* (1554), 705. — Pièce signée de sa devise *En clairté l'œil s'esblouit*, en tête de

L'Art poëtique de Claude de Boissière (1554), 429, *Additions*. — Vers à lui adressés par S. G., sʳ de La Roque (1609), IV, 2943.
Le Caron (Michaut), dit Taillevent : *Le Debat du Cueur et de l'Œil*, IV, 2799, art. 8. — *Le Psaultier des villains*, ms., IV, 2796, art. 6. — *Le Regime de Fortune*, ms., IV, 2796, art. 8.
Le Caron (Pierre), impr. à Paris (s. d.), 164, 526, 586. — Cité, II, 2020, 2105 ; III, 2302, 2303 ; IV, 2821, 2833 ; V, 3214. — Marion de Malaunay, sa veuve (v. 1500), II, 1083.
Le Carpentier (Jean) « Carpentcius », cité par J. Dorat (1586), IV, 2789.
Le Carpentier (Jean), libr. à Leide (1669), II, 2031.
Le Cauchie (Le P. Antoine de) ou La Chaussée, V, 3301.
Lecey (G. de) : vers en tête du *Dictionnaire des rimes* de Jean Le Fèvre (1588), 431.
Le Cene (Michel Charles), libr. à Amsterdam : *Catalogue de ses livres* (1720), III, 2288.
Le Chandelier (Baptiste) : épître à Jehan Bouchet et réponse (1545), 511.
Le Chandelier (Pierre), paraît avoir rédigé la table de l'*Histoire des troubles* de La Popelinière (1572), III, 2152.
Le Chandelier (Pierre), impr. à Caen (1580-1591), III, 2152.
Le Chantre, danseur (1661-1671), IV, p. 622.
Le Chantre (Robert) : *Genealogie de Notre Sauveur* (1698), III, 2493, art. 2.
Lechard, grav. (1843), 1014.
Lecharron (François) : *Discours funebre sur le sujet des obseques de... Philippe III, Roy d'Espagne* (1621), III, 2438.
Le Charron (Jean), prevôt des marchands : Jean Dorat lui (?) adresse des vers en l'honneur de Henri III (1574), III, 2319.
Le Chat (Pierre), dit Chataeus : distiques latins à Adam Blackwood (1572), IV, 3170.
Leché (Marin), libr. à Paris (1656), 996.
Le Chevalier, enfant, figure dans un ballet (1659), IV, p. 623.
Le Chevalier (Antoine) : vers à lui adressés par J.-Éd. Du Monin (1583), V, 3272.
Le Chevalier (Fr.-Fr.) : *Carte geographique des abbayes de la congregation de Sᵗ Maur* (1710), IV, 3095, art. 1.
Le Chevalier (Magdelaine) : son épitaphe (1623), 939.

Le Chevalier (Robert) : vers à lui adressés par J.-Éd. Du Monin (1583), V, 3272.
Le Cirier, président aux enquêtes du parl. de Paris : vers à lui adressés par J. Le Masle (1580), IV, 2933.
Leckpruick (Robert), impr. à Saint-Andrews (1572), cité, III, 2370.
Leclair (Mˡˡᵉ), grav. de musique, III, 2524.
Le Clerc, conseiller au parlement (1549), IV, 2869.
Le Clerc, docteur ès droits : élégie sur la mort d'El. Vinet (1590), IV, 3169, p. 564.
Le Clerc, fermier du gros et huitième de la ville de Paris (1598), IV, 3127, art. 12.
Le Clerc (L'abbé) : *Oraison funebre d'Anne d'Autriche* (1666), 356, art. 4.
Le Clerc, dessin. (v. 1780), 242.
Le Clerc, libr. à Paris (1862), II, 1909, art. 9.
Le Clerc (Charles), trésorier des guerres : Jean Le Maire lui adresse une épître (1507), III, 2432.
Leclerc (Charles), libr. et bibliographe à Paris, cité (1877), II, 1986.
Le Clerc (Charles-Antoine), dit de La Bruère, éditeur du *Mercure* (1744, 1748), III, 2524, p. 304.
Le Clerc (Charles-Guillaume), libr. à Paris (1763), III, 2310 ; (1766), II, 1179.
Le Clercq (Le P. Chrestien) : *Nouvelle Relation de la Gaspesie* (1691), II, 1972. — *Etablissement de la foy dans la Nouvelle France* (1691), 1973.
Lecler (Claude-André), seigneur de Chasteau du Bois : le P. Raymond Breton lui dédie le *Petit Catéchisme* trad. en la langue des Caraïbes (1664), le *Dictionnaire caraïbe françois* (1665) et la *Grammaire caraïbe* (1667), II, 1986, art. 1, 2 et 4.
Le Clerc (David), impr. à Paris (1605), cité, IV, 3005, p. 365.
Le Clerc (Jean), dit Clercius : Simon Vallambert lui dédie les *Epitaphes de mgr. le duc d'Orleans* (1549), IV, 2869.
Le Clerc (Jean) « Clericus » : vers latins sur la mort de Ronsard (1586), IV, 2889 ; (1623), 668.
Le Clerc (Jean), grav., impr. et marchand d'estampes à Paris (1578), IV, 2968, p. 312 ; (1605), 282.
Le Clerc (Jean) : *Negociations secretes touchant la Paix de Munster et d'Osnabrug* (1725-1726), III, 2544.
Le Clerc (Joseph-Victor), cité, 434.
Le Clerc (Michel) : *Epicedion Henrici IIII* (1610), 890, art. 13. — Vers grecs à Jean d'Escorbiac (1613), 821.

Le Clerc (Michel) : *La Virginie romaine* (1645), II, 1118. — Sonnet à Paul Boyer (1654), II, 1992. — Vers au petit de Beauchasteau (1657), 833.
Le Clerc (Nicolas), libr. à Paris (1694), 948, art. 2 ; (1698), III, 2291 ; (1726-1733), III, 2487.
Le Clerc (Sébastien), peintre et grav., 11, 75, 243, 351, 352, 353, 366, art. 1 ; 369, art. 3 ; 370, 372, art. 3 ; II, 1237, 1241, 1243, 1262, 1265, 1267, 1460 (dessins originaux), 1908, 2006, 2094 ; III, 2487, 2499, 2507.
Lecœur, dessin., IV, 3167.
Le Cogneux, chancelier de Gaston d'Orléans : épitre à lui adressée (1630), IV, 3153, p. 531.
Lecointe, libr. à Paris (1823-1827), III, 2299, — et Pougin, libr. à Paris (1832), II, 1368.
Le Cointe (Charles) : *Relation de Rome* (1662), III, 2456.
Le Compasseur : généalogie, III, 2495.
Le Comte, violoniste et danseur (1654-1663), IV, p. 623.
Le Comte (Christophe) : distiques grecs à la suite des œuvres d'Ausone (1590), IV, 3169, p. 564.
Le Compte (Gilles) : vers à lui adressés par J. de Vitel (1588), V, 3275.
Le Comte (P.) : vers à l'auteur de *La Reduction de la ville de Brunsvic* (1631), 2420, art. 86.
Le Conquest (1558), IV, 3115.
Le Coq (Catherine), dame de La Vaujour : B. Aneau lui dédie *Alector* (1560), II, 1844.
Le Coq (Jean), dit Gallus, cité par Nic. Bourbon (1538), IV, 2788. — Vers à Claude Colet (1549, n. s.), 651, art. 3.
Le Coq (Jean), impr. à Troyes (s. d.), 593.
Le Coq (Noël), libr. à Paris (1575), IV, 2928.
Le Coq (Philibert), libr. à Cambrai (1508), 489.
Lecou (V.), libr. à Paris, associé de H.-L. Delloye (1836), II, 1351.
Lect (Jacques), « Lectius » : inscription dans un album (1584), V, 3368.
Le Curieux (Jacques), impr. imaginaire à Amsterdam (1666), 973.
Le Daim (Olivier) : son épitaphe par Jehan Bouchet (1545), 510.
Ledesme (Le P.) : *Doctrine chrestienne*, traduite en langage canadois par le P. Brebœuf (1632), II, 1967.
Le Dieu (L'abbé), secrétaire de Bossuet, II, 1883 ; IV, 3079, pp. 441, 444-449, 453 ; V, 3329. — Lettre à lui adressée par M. de Valincourt (1695), II, 1883, p. 365. — Lettre à lui adressée par Bossuet (1702), *ibid.*, p. 367. — Notes biographiques sur Bossuet, *ibid.*, p. 368.
Ledignan : vers au petit de Beauchasteau (1657), 833.
Le Doy (Mlle), citée par M. Guy, de Tours (1598), IV, 2948.
Le Double (P.) : vers à Anth. La Pujade (1600), 767 ; (1604), 768.
Le Douceur (Louise), grav., signe : *Louise L.-D.* (1754), 402.
Le Doulcet : notice généalogique, III, 2495.
Le Doux, musicien (1671), IV, p. 623.
Ledoux (Abel), libr. à Paris (1834), 271.
Le Douxton (Jehan), pseudonyme (?) : vers à la louange de Jacques Alphutic, ou Chipault (v. 1561), III, 2609.
Le Doyen, grav. (1661-1666), II, 1131 ; (1665), V, 3319 ; (1697), 827.
Le Dru (Pierre), impr. à Paris (1505), 495 ; (1508), II, 1080 ; IV, 3172 ; (v. 1509), IV, 2824 ; (1510), IV, 2825 ; (s. d.), IV, 3009.
Le Duc : volumes lui ayant appartenu, 536, 555.
Le Duc (D.), Parisien : vers à Ch. Bauter (1605), II, 1101.
Le Duc, danseur (1671), IV, p. 623.
Le Duchat (François), ou Ducatius : vers sur Estienne Pasquier (1584, 1610), 737. — Vers à Jean Bonnefons (1588), 756.
Le Duchat (Jacob) : édition de la *Satyre menippée* (1709), III, 2251 ; — des *Œuvres de Rabelais* (1711), II, 1518, 1518 *bis* ; (1741), 1519. Cf. 1520 (1823-1826). — Édition de l'*Apologie pour Herodote* d'Henri Estienne (1735), II, 1845. — Notes sur la *Confession de Sancy* (1744), III, 2188, p. 27. — *Etymologies* (1750), 318.
Le Dur, dit Durus, cité par Nic. Bourbon (1538), IV, 2788.
Leers (Reinier), libr. à Rotterdam (1681), II, 1983 ; (1689), 45 ; (1695), III, 2502.
Leeu (Gérard), ou Lyon, impr. à Gouda (1482), II, 1854.
Le Fanu (Estienne), de Caen (1579), IV, 2930, p. 252.
Le Féron (Jean) : *De la primitive institution des roys, herauldz et poursuivans d'armes* (1555), IV, 3150. — *Le Simbol armorial des armoiries de France, etc.* (1555), *ibid.*
Le Fessier du Fay : généalogie, III, 2495.
Le Fèvre, ou Faber, musicien, cité par N. Rapin (1610), IV, 2944.
Le Fèvre, danseur (1657), IV, p. 623.
Le Febvre, danseur, peut-être le même (1671), *ibid.*

Le Fèvre, grav. (1708), II, 1286, art. 1.
Le Fèvre, dessin. (1764), 269.
Lefèvre, libr. à Paris (1818), 144 ; (1821), 844 ; (1821-1823), II, 1909 ; (1824), II, 1180 ; (1826), II, 1913.
Le Febvre (Abraham), libr. à Paris (1612), II, 1797, art. 7.
Lefèvre (A.) dit aussi : l'aîné, grav. (1822), II, 1288 ; (1826), 1520.
Le Febvre (C.), dessin. (xvıı° siècle), III, 2506, 2507.
Le Febvre (Cole), joue dans la *Passion* de Valenciennes (1547), IV, 3010, p. 375.
Le Febvre (François) : épître latine en tête de l'*Histoire de Berry* de J. Chaumeau (1566), III, 2343.
Le Fèvre (H.), dit Faber, médecin de Soissons : vers à Bérenger de La Tour (1558), 662.
Le Fèvre (Hippocras) de La Boderie, cité par Guy, son frère (1578), IV, 2930.
Le Fèvre (Jacques), d'Étaples : traduction du *Nouveau Testament* (1525), IV, 2738. — Son portrait (1581), II, 2039.
Le Fèvre (Jacques), de Moulins : *Hyperaspistes pro sacrosancto Missae sacrificio* (1563), IV, 2750.
Le Febvre (Jacques), impr. à Paris (1691), II, 2031 ; (1705), II, 1225.
Le Fèvre (Jehan), de Ressons : traduction des *Dits de Caton*, mss., IV, 2755, 2777. — *Le Resolu en mariage*, autrement dit *Le Livre de Leesce*, ou *Rebours de Matheolus* (v. 1505), IV, 2802. — Son *Respit de la mort* est remanié par Jehan Beaufilz (1533), cité, V, 3374.
Le Fèvre (Jean) : traduction des *Emblemes* d'Alciat (1548), II, 1870. — Vers latins à lui adressés par son élève Adam Blackwood (1564), IV, 2790. — *Dictionnaire des rimes* (1588), 431.
Le Fèvre (Jean), ministre à Genève (1554), 85.
Lefèvre (L.-J.), dessin. (1796), II, 1676 ; (1797), II, 1559, 1566, 1579, 1762 ; (1798), II, 1681.
Le Fèvre (Nicolas ?), « du grand roy precepteur », cité par Guy Le Fèvre de La Boderie (1578), IV, 3183.
Le Fèvre (Tanegui) : son portrait (1715), III, 2521.
Le Febvre de Beauvray (Pierre), collabore à l'*Encyclopédie* (1751-1777), III, 2523, p. 281.
Le Fèvre de Fontenay, éditeur du *Nouveau Mercure galant* (1714-1716), III, 2524.
Le Fèvre de La Boderie, père d'Anne, de Guy, d'Antoine, d'Hippocras, de Jean, de Nicolas et de Pierre ; Anne de Mombray, sa femme, IV, 2930, p. 252.
Le Fèvre de La Boderie (Anne) : son anagrammatisme par Guy Le Fèvre de La Boderie (1571), 733. — Elle est citée par lui (1578), IV, 2930.
Le Fèvre de La Boderie (Antoine) : ode et sonnets en tête de *La Galliade* de son frère Guy (1578), IV, 3183.
Le Fèvre de La Boderie (Guy) : sonnet à Jean Vauquelin de La Fresnaye (1567), 726. — *L'Encyclie* (1571), 733. — *La Galliade* (1578), IV, 3183. — *Hymnes ecclesiastiques* (1578), IV, 2930. — *Diverses Meslanges poëtiques* (1579), *ibid.* — Il est cité par Jean Dorat (1586), IV, 2789.
Le Fèvre de La Boderie (Jean), cité par Guy, son frère (1578), IV, 2930.
Le Fèvre de La Boderie (Nicolas) : distique à son frère Guy ; son anagrammatisme par le même Guy (1571), 733. — Ode en tête de *La Galliade* (1578), IV, 3183. — Vers à son frère Guy (1578) ; vers sur son frère Pierre (1579), IV, 2950.
Lefèvre de Villebrune, traducteur des *Novelas* de Cervantes (1775), II, 1756 ; — traducteur du *Banquet des savans* d'Athénée (1789-1791), II, 1901.
Le Fizelier (Robert), libr. à Paris (1583), IV, 2935 ; (1584), IV, 2936 ; (1589), III, 2233, 2233 bis.
Le Forestier (Jacques), libr. à Rouen (v. 1510), IV, 2780 ; V, 3219.
Le Forestier (Thomas), paraît être l'auteur du *Traité des eaues artificielles*, 198, *Additions*, t. V, p. 185.
Le Fort (Philippe), membre de l'échevinage parisien (1739), III, 2312.
Le Franc (Martin), *Le Champion des Dames* (v. 1485), 446 ; — (1530), 447. — *L'Estrif de Fortune et de Vertu* (v. 1477), 448 ; (1505), 449.
Le Franc (Paul), édite les *Mémoires du duc de Bouillon* (1666), III, 2165.
Le Franc, marquis de Pompignan : généalogie, III, 2495.
Le Franc de Pompignan (Jean-Georges), archevêque de Vienne, auteur supposé du *Lever de Baville* (1788), III, 2296.
Le Franc (J.-J.), marquis de Pompignan : *Discours* (1762), 852.
Le Frère (?), Voy. Adel[phus].
Le Frère (Jean) : *La vraye et entiere Histoire des troubles et guerres civiles* (1573), III, 2154. — Vers à Jean Le Masle (1573), IV, 3185 ; (1578), 445. — Vers dans : *R. Bellaquei Tumulus* (1577), 695. — Vers à Pierre Le Loyer (1579), 746. —

Vers échangés avec Jean Le Masle (1580), IV, 2933.
Le Gaigneur (Guillaume), peintre et poète : vers à lui adressés par J. Le Masle (1580), IV, 2933.
Le Gay (Pierre), traducteur des *Psaumes* (v. 1540), cité, IV, p. 5.
Le Gay Hier : *Chansons* (1549-1552), 980.
Le Gaillard (Jacques), libr. imaginaire à Amsterdam (1680), 1708 ; — à Paris (1722), 1000.
Le Galloys, compose des vers pour le *Puy du souverain amour* (1543), 804.
Le Gascon, brigand (1607), 113.
Le Gascon, relieur à Paris, 34 ; II, 2013 ; III, 2237.
Legat testamentaire du prince des Sots (v. 1615), cité, IV, 3005, p. 365.
Legataire (Le) universel, comedie (1708), II, 1286, art. 1.
Le Gault (Frère Ignace), récollet (1632), II, 1968.
Le Geay, grav. (1745), 244.
Legende (La) doree (1518), II, 2020.
Legende dorée, ou Sommaire de l'histoire des freres mendians (1734), II, 2024.
Legende veritable de Jean Le Blanc (1575), citée, V, 3212, art. 6.
Le Gendre, l'un des secrétaires de Sully (1745), III, 2238.
Le Gendre (Jean), musicien : *Chansons* (1549-1552), 980. — *Psaumes* (1552-1553), V, 3299.
Le Gendre (Louis) : *Vie du cardinal d'Amboise* (1726), III, 2511.
Le Georgelier (Claude), conseiller au parl. de Rouen, cité par Guy Le Fèvre de La Boderie (1579), IV, 2930.
Léger, violon (1669-1671), IV, p. 623.
Léger (Jacques), ou Ligerius : vers à Robert Garnier (1574), II, 1097.
Léger (Jean) : *Histoire generale des Églises evangeliques des vallées de Piemont* (1669), II, 2031.
Leges .XII. Tabularum (1525), III, 2498.
Leges pontificiae romanae, ibid.
L'Églantier. Voy. *Recueil de pieces curieuses* (1674-1676), III, 2632.
Legnano (Giovanni, ou Zoanne da), libr. à Milan (1499), 14.
Legnano (Giovan Giacomo e fratelli da), libr. à Milan (1508), II, 1950.
Le Gois, musicien et danseur (1636-1639), IV, p. 623.
Le Gouaz (I.), grav., 916.
Le Goux, tente, avec quelques gentilshommes protestants, de surprendre Besançon (juin 1575), III, 2190.
Le Goux (Le président) : volume lui ayant appartenu, 388.

Le Goux (Guillaume), sieur de Vallepesle : vers à Estienne Tabourot (1586, 1587), II, 1778 ; III, 2353. — Vers en tête du *Dictionnaire des rimes* de Jean Le Fèvre (1588), 431.
Le Goulx (Prudent) : vers en tête du *Dictionnaire des rimes* de Jean Le Fèvre (1588), 431.
Le Goulx de La Berchère (Charles), archevêque de Narbonne, engage les Etats de Languedoc à faire écrire l'histoire de la province (1708), III, 2347, p. 146.
Le Grand : vers à lui adressés par Flaminio de Birague (1585), IV, 2939.
Le Grand (Albert) : *Blason de l'oreille* et *Blason du cœur* (1539), 803 ; (1550), 810 ; (1807), 811.
Le Grant (Constantin) : épigramme à la fin des *Treves de Marot et de Sagon* (1537), III, 2594, art. 16 ; (1539), 621, art. 14.
Le Grand (Jean), ou Magnus : J.-Éd. Du Monin lui dédie le livre IV de l'*Uranologie* (1583), V, 3272.
Le Grand (Louis), grav. (XVIIIe s.), 177, 409, 916, 931 ; II, 1179, 1246, 1711, 1741, 1745.
Le Grand (Marc-Antoine) : *Théâtre* (1742), II, 1303.
Le Grand (Nicolas), secrétaire de l'archiduc Ferdinand : inscription dans un album (1567), V, 3365.
Le Grand (Nicolas), médecin, cité par Guy Le Fèvre de La Boderie (1578), IV, 3183 ; — cité par Jean Dorat (1586), IV, 2789.
Legrand d'Aussy : *Fabliaux* (1829), 433.
Le Gras (Henry), libr. à Paris (1640), III, 2313 ; V, 3356.
Le Gras (Jacques), avocat au parlement de Rouen : sonnet à P. Le Loyer (1578), 746. — Vers à La Croix du Maine (1584), III, 2515. — Sonnet sur la mort de Ronsard (1586), IV, 2889.
Le Gras (Madeleine Loudinot, veuve de Jean-Baptiste-Théodore), libr. à Paris (1757), III, 2496.
Le Gras (Nicolas), libr. à Paris (1666), II, 1203 ; (1684), III, 2307.
Le Grec, violoniste (1659-1671), IV, p. 623.
Le Gros, chanteur (1657-1671), IV, p. 623.
Le Gros, violoniste (1671), *ibid*.
Le Gros, dessin. (1755-65), III, 2506.
Le Gros (Jehan), pèlerin à Jérusalem (1532), IV, 3091.
Le Gros de La Neuville : mélodie dans les *Chants et Chansons populaires de la France* (1843), 1014.
Le Hagaye (André), peintre à Caen, IV, 2855, p. 194.

Le Hay (D[elle] Chéron, femme de X.) : vers composés pour elle par Baraton (1705), 846.

Lehaine, dessin. (1835-39), II, 1072.

Le Happere (Jehan), publie *L'Art et Science de bien parler* (1527), 525.

Le Hault (Jean), « Altus », principal du collège des Bons Enfants : vers latins à lui adressés par Adam Blackwood (1564), IV, 2790.

Le Havre : *Discours sur sa reduction à l'obeissance du roy* (2 août 1563), III, 2161.

Le Hericy (Jacques), seigneur de Baudrilly et du Mesnil : sonnet à Claude Gauchet (1583), 299.

Le Heudier (François), libr. à Paris (1588), V, 3276.

Lehon (Léopold) : volume lui ayant appartenu (1547), 629.

Le Huen (Frère Nicole), traduit *Le grant Voyage de Jherusalem*, par B. de Breydenbach (1517), III, 2635.

Le Hullin (Perrette), veuve de Geofroy Tory, grav., III, 2537 ; citée, 2594, art. 1.

Leibnitz (Willhelm Gottfried) : correspondance avec Bossuet (1691-1701), II, 1883, p. 366 ; — avec Mme de Brinon (1693), *ibid.*, p. 364.

Leyde : catalogue des mss. orientaux que Golius y apporte (v. 1629), III, 2519. — Imprimeurs et Libraires. Basson (Thomas), 1585-1607. Chrestien (Guillaume), 1638. De Heger (François), 1643. Elzevier (Bonaventure et Abraham), 1640-1651. Elzevier (Isaac), 1628-1630. Elzevier (Jean et Daniel), 1634-1653. Hackius (François), 1656-1666. Le Carpentier (Jean), 1669. Lopés (Félix), 1682. Maire (Jean), 1633-1645. Mathys (Severyn), v. 1650. Severszoon (Jan), v. 1509. Vander Aa (Baudouin Jansson), 1720. Vander Aa (Pierre), 1720.

Leyde (Lucas de), peintre, cité par Jehan Pèlerin (1521), IV, 2763. — Son portrait (1765), III, 2506.

Leygh (Richard), exécuté pour crime de lèse-majesté (1588), III, 2219, art. 5.

Leipzig. Imprimeurs et Libraires. Voy. Arkstée et Merkus, 1750-1768. Avenarius, 1839. Brachfeld (Paul), 1595-1598. Brockhaus, 1839. Buschel, 1780. Lotter (Melchior), 1495. Merkus, associé d'Arkstee, 1750-1768. Vogt, 1568.

Leyre (Alexandre de), collabore à l'*Encyclopédie* (1751-1777), III, 2523, p. 281. — Une pièce de lui dans les *Chants et Chansons populaires de la France* (1843), 1014.

Leisnier, grav. (1823-26), II, 1520.

Leyste : autographe lui ayant appartenu, IV, 3079, p. 452.

Leyva (Antonio de) : Francesco Taegio lui dédie sa *Narratio obsidionis Papiae* (1525), V, 3341. — *Apparition de Ganellon, de Anthoine de Leve, etc.* (1542), IV, 2830. — Auteur supposé d'une *Epistre envoyee des enfers* (1542), III, 2677.

Le Jay (Edme-Jean), libr. à Paris (1772-1776), III, 2526 ; (1776), II, 1916, art. 10.

Le Jay (Jean) : Jean Dorat lui dédie des vers en l'honneur du roi Henri III (1574), III, 2319.

Le Jay (Nicolas), sieur de La Touche : inscription dans un album (1585), V, 3368.

Le Jars (Louis), cité par J. Dorat (1586), IV, 2789, p. 86.

Le Jeune, violon (1671), IV, p. 623.

Le Jeune (Adriaan De Jonghe, ou) : *Nomenclator* (1606), 326, p. 182.

Le Jeune (Hiérosme) : vers pour le *Discours merveilleux... de Bescourt* (1578), III, 2330. — Chansons diverses, *ibid.*

Le Jeune (Jean), ami de Ch. Fontaine (1557), IV, 2877.

Le Jeune (Martin), impr. à Paris (1557), II, 1089 ; (1571), III, 2565 ; (1581), II, 1833.

Le Jeune (Le P. Paul) : *Relation de ce qui s'est passé en la Nouvelle France* (1637), II, 1969.

Le Jeune de Créquy : généalogie, III, 2495.

Le Jolle (Pierre) : *Description de la ville d'Amsterdam* (1666), 973.

Le Jouvre (Nicolas), dixains à Ch. Fontaine et réponses (1546), IV, 2876. — Vers échangés avec François Habert (1549), IV, 2868.

Le Jumel (Pierre), seigneur de Lisores (1578-1579), IV, 2930.

Le Laboureur (Jean) : *Histoire et Relation du voyage de la royne de Pologne* (1648), III, 2427. — Edition de la seconde partie des *Memoires de Sully* (1662), III, 2238. — *Discours sur la vie du roy Henri III* (1744), III, 2188.

Le Languedoc (Laurent), *Pièces et Ornements d'arquebuzerie* (1705), 278.

Leleux, dessin. (1835-39), II, 1072.

Le Lieur, mari malheureux (1535), 805, p. 544.

Le Lieur (Jacques), dit Ligarius, cité par Nic. Bourbon (1538), IV, 2788. — *Chant royal*, 31, art. 17. — *Blason de la cuisse* (1539, 1550, 1807), 803, 810, 811. — *Oraison*, 31, art. 20. — Epîtres échangées avec Jehan Bouchet (1545), 511.

Lelio (Ippolita), femme aimée par Fr. Colonna (1467), II, 1743.
Leloir (B.), grav. (1836-39), II, 1822.
Lelong (Le P. Jacques): *Bibliothèque historique de la France* (1768-1778), V, 3337.
Le Lorrain (Jean), éditeur de l'*Histoire de la Ville de Rouen* par Fr. Farin (1710), III, 2337.
Le Lorrain (L.), dessin. (1754), 402.
Le Loyer (Marguerite) : vers à Pierre Le Loyer, son frère (1579), 746.
Le Loyer (Pierre) : *Œuvres* (1579), 746.
Le Maçon (Antoine), trésorier de l'extraordinaire des guerres (1550), IV, 2881. — Traduction du *Decameron* de Boccace (1757-1761), II, 1741.
Le Maignen (Charles), de Laval : épitre à ses élèves (v. 1511), V, 3226.
Le Maire : *Paris ancien et nouveau* (1685), III, 2308.
Le Maire (M¹¹ᵉ), chanteuse et danseuse, dénoncée comme voleuse (1707), IV, 3074.
Le Maire (Charles), chanteur (1671), IV, p. 623.
Le Maire (Jehan) : *Pompe funeralle des obseques du feu roy dom Phelippes* (1507), III, 2432. — *Chant nouvel touchant l'aliance d'Angleterre.* — *Epitaphe de George Chastelain et Jehan Molinet*, ibid. — *La Legende des Venitiens* (1509), II, 2008 ; III, 2654. — *Epitre à Claude Thomassin*, 2654, art. 1. — *La Plainte du desiré*, ibid., art. 2. — *Les Regrets de la dame infortunée*, ibid., art. 3. — *Traictié de la difference des scismes et des conciles* (1511), II, 2008 ; (1533), 2090. — *Le Promptuaire des conciles* (1547), 2009. — *Comptes de Cupido et de Atropos*, 487. — *Les Illustrations de Gaule* (1533), II, 2090. — *La vraye Hystoire du prince Syach Ismaïl*, traduite de Gio. Rotta (1511), III, 2635, p. 445, art. 3. — *La vraye Histoire du prince Syach Ysmaïl*, *Le Blason des armes des Venitiens*, *L'Epistre du roy a Hector de Troye* (1533), II, 2090. — Il est cité comme un modèle par Guill. Crétin (1512), II, 2090, art. 5. — Il est cité comme une autorité orthographique (1529), IV, 2767. — Il est cité, IV, 2826, p. 156.
Le Maire (Jeannot), joue dans la *Passion* de Valenciennes (1547), IV, 3010, p. 376.
Le Maistre, conseiller au parlement, demande des poursuites contre les protestants (1559), IV, 3101.
Le Maistre (Le président) : son différend avec le duc de Mayenne (28 juin 1593), III, 2251, p. 87.
Lemaître, grav. (v. 1830), II, 1909.
Le Maistre (Antoine) : traduction du *Nouveau Testament* (1667), 8.
Le Maistre (Claude), Lyonnais (1546), IV, 2876.
Lemaître (H.), IV, 2984.
Le Maistre de Sacy (Louis-Isaac). Voy. Sacy.
Le Mangnier (Robert), libr. à Paris (1558), V, 3213, note ; (1560), II, 1721 ; (1569), IV, 3178 ; (1572), IV, 3123 ; (1575), 738 ; (1578-1579), IV, 2930.
Lemann (Burckhard), de Zürich : inscription dans un album (1601), V, 3371.
Le Mans : liens qui rattachent à cette ville Guillemette de Luxembourg, IV, 2798, art. 8. — *Remonstrance envoyée au roy par les habitans* (29 avril 1562), III, 2156, art. 6. — Abbaye de N.-D. de la Couture, IV, 3096, art. 101. — Abbaye de Saint-Vincent, IV, 3096, art. 49. — Imprimeurs : Voy. Olivier (François), v. 1590. — Olivier (Gervais), v. 1590-1615. — Olivier (La veuve de Hiérome), 1608-1615. — Impression anonyme (1564), citée, II, 1834.
Le Marchand, violon. Voy. Marchand.
Le Marchant (Claude), seigneur du Bouchet : l'édition des œuvres de Jehan Régnier lui est dédiée (1526), IV, 2808, p. 125.
Lemardeley, rel. à Paris, IV, 3002.
Le Marié (Antoine), impr. à Évreux (1601), cité, II, 2063.
Le Marquis, danseur (1635), IV, p. 623.
Le Masle (Jean) : *Chant d'allegresse sur la mort de Gaspar de Colligni* (1572), copie ms., IV, 3186, art. 1. — *Brief Discours sur les troubles* (1573), IV, 3185. — *Exhortation aux rebelles et seditieux* (1573), IV, 3186. — *Le Discours contre les huguenots* (1573) lui est attribué sans preuves, IV, 3194. — *Le Temple des vertus* (v. 1575), 748. — Il revoit *Le Breviaire des nobles* d'Alain Chartier (1578), 445. — *Nouvelles Recreations poëtiques* (1580), IV, 2933.
Le Masle (Yolande Le Bigot, femme de Jean) : vers à elle adressés (1580), IV, 2933.
Le Masle (René) : vers à lui adressés par Jean Le Masle, son père (1580), IV, 2933.
Lemberg (Johann Friedrich, comte de) : album lui ayant appartenu, V, 3367.

Le Mercier, danseur (1664), IV, p. 623.
Le Mercier, libr. à Paris (1790), III, 2297.
Le Mercier (André Cuyret, dit), (1566). Voy. Cuyret.
Le Mercier (Jean) et Jean de l'Espine : *Lettres* (25 févr. 1586), III, 2194, p. 36.
Le Mercier (Pierre-Gilles), libr. à Paris (1750), II, 2006.
Lemery (de) : vers pour son portrait par Baraton (1705), 846.
Le Merle, capitaine huguenot (1577), III, 2698.
Lemerre (Alphonse), libr. à Paris (1876), II, 1707 ; (1878), 1776.
Le Mesgissier (Martin), libr. à Rouen (1560), II, 2054 ; (1572), III, 2173 ; (1573), 788 ; (1574), 735.
Le Métel (Antoine), sieur d'Ouville. Voy. Ouville.
Le Métel (François), abbé de Boisrobert. Voy. Boisrobert.
Le Micrre : généalogie, III, 2495.
Le Mignon (Henri), évêque de Digne, assiste au mariage de Henri de Bourbon, prince de Condé (1572), IV, 3122. — Il est cité par Guy Le Fèvre de La Boderie (1578), IV, 2930.
Le Mire (Mlle), graveur en lettres (1758), III, 2493, art. 38.
Le Mire (N.), grav. et marchand d'estampes (xvIII^e s.), 402, 409, 925 ; II, 1246, 1247, 1335, 1572, 1678, 1678 *bis*, 1711, 1741, 1914, 1915.
Lemnius (Simon) : vers à Gilbert Cousin (1553), III, 2568, p. 371, art. 21.
Le Moine, théorbe (1659-1664), IV, p. 623.
Le Moyne (Jean) : vers à lui adressés par Fr. Habert et vers de lui (1549), IV, 2868. — *L'Instruction de bien et parfaitement escrire* (1560), 656.
Le Moine (J.-B.), peintre (1755-1765), III, 2506.
Le Moigne (Lucas) : *Noël*, IV, 2981, art. 4 ; 2982, art. 4.
Le Moyne (Pasquier) : *Le Couronnement du roy François premier* (1520), III, 2584. — *L'ardant Miroir de grace* (1519), cité, *ibid.*
Le Moyne (Le P. Pierre) : *Lettre écrite à une personne de qualité* (1666), III, 2264.
Le Monnier, relieur du duc d'Orléans, III, 2523.
Le Monnier (l'abbé) : *Les Comédies de Térence* (1771), II, 1065.
Lemonnyer (J.), libr. à Rouen (1880), II, 1797, art. 12.
Le Monnier (Pierre), libr. à Paris (1671), II, 1214, 1215, 1217 ; (1672), 1236, art. 7 ; 1259.

Le Monnier (Pierre-Charles), médecin, collabore à l'*Encyclopédie* (1751-1777). III, 2523, p. 281.
Le Mostus. Voy. Le Moueste.
Le Motteux : *Remarques sur Rabelais* (1742, 1823), II, 1519, 1520.
Le Moueste (Jean), dit Le Mostus, cité par Nic. Bourbon (1538), IV, 2788.
Lempereur (L.), grav. (xvIII^e s.), 925 ; II, 1246, 1247, 1572, 1741.
Lempereur (Mme), grav., II, 1741.
L'Empereur (Martin), impr. à Anvers. Voy. De Keysere.
Lempereur de Morfontaine : généalogie, III, 2495.
Le Mur (Pierre), impr. à Paris (1617), 442.
Le Natier (Thibault), « bon biberon » (1549), IV, 2868, p. 210.
L'Enclos (Anne, dite Ninon de) : *Lettres [supposées] au marquis de Sévigné* (1750), II, 1892. — Son portrait (1788), III, 2279.
Lené (A.) : épitaphe (1579), IV, 2879.
Lenet (Le P.), traduit en français le traité de Bossuet sur la doctrine du concile de Trente, IV, 3079, p. 454.
— *Oraison funebre de François d'Aligre* (1712), 388.
Le Neuf : généalogie, III, 2495.
L'Enfant, secrétaire du cardinal de Lorraine : vers à lui adressés par François Habert (1558), V, 3251.
L'Enfant, danseur (1669), IV, p. 623.
L'Enfant (Jean), comédien (1608), IV, 3005, p. 365.
L'Enflé (Thibaud), farceur (?), II, 1775.
Lenglet, traduit en latin des pièces de Boileau (1701), 842.
Lenglet du Fresnoy (L'abbé Nicolas), publie les *Œuvres* de Cl. Marot (1731), 616 ; — publie le *Journal* de Pierre de l'Estoile (1744), III, 2188 ; — publie la *Confession de Sancy* (1744), *ibid.* ; — collabore à l'*Encyclopedie* (1751, v. 1755), III, 2523, p. 281. — Il est cité, 190, p. 97 ; II, 1546.
Lenglez (L.) : sonnets sur la mort de Ronsard (1586), IV, 2889.
L'Enjoué (Nicolas), libr. imaginaire à Villefranche (1682), II, 1816.
Le Noble : auteur de la *Chanson sur la prise de Chasteau Double en Dauphiné* (1579), citée, III, 2172.
Le Noble, danseur (1659), IV, p. 623.
Le Noble (Eustache). Voy. *Recueil de pieces curieuses* (1694-1696), III, 2632.
Le Noir : vers au petit de Beauchasteau (1657), 833.
Le Noir (Guillaume), impr. à Paris (1554), IV, 3084.

Le Noir (Michel), impr. à Paris (1502), cité, III, 2556 ; (1506), 449 ; (1508), 457 ; (1509), cité, III, 2556 ; (1516), II, 1487 ; (1518), 1503 et *Additions* ; IV, 3062 ; (1519), 198 à la note ; (1522), II, 1504 ; IV, 2803 ; (1523), IV, 2775 ; (s. d.), 431, 479, 544 ; II, 1694 ; III, 2557 ; IV, 3018 ; V, 3208.

Le Noir (Philippe), impr. à Paris (1525), III, 2538 ; (1533), II, 1488.

Lenoncourt (Jean de), abbé d'Essommes : volume lui ayant appartenu, III, 2583.

Lenoncourt (Robert de), dit Devacurtius, évêque de Châlons-sur-Marne, puis cardinal, cité par Nic. Bourbon (1538), IV, 2788 ; cité par Ch. Fontaine (1557), IV, 2877.

Le Normant, libr. à Paris (1805), II, 1682.

Le Normant, impr. à Paris (1850), V, 3287.

Lens (P. de), évêque de Porto Allegre, certifie que le roi de Tanor a été baptisé (1549), III, 2638 ; — signe le privilège donné pour l'impression de l'*Entree de Philippe, prince d'Espagne, à Anvers* (1550), III, 2376.

Lentolo (Paolo), médecin : inscription dans un album (1592), V, 3368.

Lenzoni (Carlo) : vers dans les *Trionfi, Carri, ecc.* (1559), 1028.

Leomel (Hermann) : *Spongia*, ouvrage désavoué par les jésuites (1633), IV, 3153, p. 531.

Léon (Saint), pape : *Prière*, 411, art. 75.

Léon X Médicis, pape, accorde un privilège général à Aldo Manuzio (1513), III, 2561. — Lettre à Lod. Ariosto (1515), 1033. — Lettres adressées ou relatives à Gio. Giorgio Trissino (1515-1517), copies, IV, 3078. — *Bulle de la Croisade* (1516), III, 2727. — Concordat avec François I*er* (1516), III, 2657 ; (1538), 2658. — Pietro Martire lui dédie ses *Decades* (1516), II, 1955. — Lettres à lui adressées au sujet des Turcs (1516), III, 2635, p. 446, art. 6. — Il élève Albert de Brandebourg au cardinalat (8 mars 1518), IV, 3136. — Il est loué par Guillaume Michel (1518), IV, 2828, art. 9 *bis*. — Son emblème, IV, 3077.

Léon le Grammairien, traduit par le président Cousin (1672), II, 2083.

Léon, bon compagnon : épitaphe par Jehan Bouchet (1545), 510.

Léon (Jean) : *Historiale Description de l'Afrique* (1556), citée II, 1938.

Leon (Ponce de), explorateur (1539), II, 1981.

Léonard. Voy. Vinci.

Léonard (Le P.) de Paris, approuve l'*Histoire* publiée par le P. Claude d'Abbeville (1614), II, 1991.

Léonard : *Recueil de traités de paix* (1692), cité, II, 2133.

Léonard (Frédéric I*er*), impr. à Paris (1666), 62 ; (1667), 356, art. 6 ; 943 ; (1668), 944, 945 ; (1671), 360 ; (1672), 364, art. 1 ; (1682), 51.

Léonard (Frédéric II), impr. à Paris (1706), III, 2328 ; (1726-1733), III, 2491, 2492.

Leonardi (Frà Dionisio de'), définiteur des franciscains, IV, 3100.

Leoni (Pietro) : portrait dans les *Icones* de N. Reusner (1589), V, 3370.

Leoniceno (Nicolò) : *Le Pourquoy d'amour* (v. 1540), II, 1835. — Portrait dans les *Icones* de N. Reusner (1589), V, 3370.

Léopard (Charles) : *Le Glaive du geant Goliath* (1561), 97. — *Le Magnificat du pape* (1586), V, 3211.

Léopold, archiduc d'Autriche (1619), III, 2420, art. 15 ; (1620), *ibid.*, art. 36.

Léopold I*er*, empereur d'Allemagne ; envoie une ambassade à Constantinople. 1665-66 (1672), III, 2482 ; — donne pouvoir à l'évêque de Neustadt, Christophe de Spinola, de réunir les églises chrétiennes (1691), II, 1883, p. 367, art. 1.

Lep. [= Le Pautre ?], graveur (1726), II, 2016.

Lepage, cité, 502.

Lépante (Bataille de), 766 ; III, 2733 ; V, 3307, 3308.

Le Parmentier, graveur géographe (XVIII*e* s.), II, 1987, 1994 ; III, 2347.

Le Paulmier (Julien), médecin, cité par Guy Le Fèvre de La Boderie (1578), IV, 3183.

Le Pautre (Jacques), dessin. et grav. (XVII*e* s.), 252, 369, art. 2 ; II, 1460 (dessins originaux) ; III, 2524.

Le Pautre (P.), dessin. et grav. (1727), 250 (1756), 251.

Le Pé (Jacques et Jean), cités par Guillaume de Poëtou (1565), III, 2605.

Le Peintre, violoniste (1664-1671), IV, p. 623.

Le Peletier (Le président Claude) : volume lui ayant appartenu (1689), 43.

Le Père et Avaulez, marchands d'estampes à Paris (v. 1780), 262.

Le Petit (Claude) : *Paris ridicule* (1693), 950.

Le Pers (Le P. Jean-Baptiste), missionnaire à Saint-Domingue (v. 1705), II, 1987.

Le Petit (François), cité par Guill. de Poëtou (1565), III, 2605.

Le Petit (Jean-François), auteur pré-

sumé du *Discours sur la blessure de Mgr. le Prince d'Orange* (1582), III, 2394. — Luzarche lui attribue sans preuves le *Cantique d'action de graces pour la deffaicte et dissipation de l'armée d'Espagne* (1588), 990.
Le Petit (Jules): volumes lui ayant appartenu, V, 3215, 3275, 3325.
Le Petit (Michel), libr. à Paris (1671), II, 1257, 1258.
Le Petit (Pierre), impr. à Paris (1642), II, 1123: (1646), II, 2013; — impr. ordinaire du roi (1653), III, 2522; (1665), 40; (1666), 356, art. 1; 357; (1668), II, 2066; (1669), 40; (1670), 11; (1671), 971. — Supprimer l'article 7. Voy. *Additions*.
Le Petit Laurens, impr. à Paris. Voy. Laurent (Le petit).
Le Picart, conseiller du parlement de Paris: vers à lui adressés par Jean Le Masle (1580), IV, 2933.
Le Picart (Antoine): vers à Claude Colet (1549, n. s.), 651.
Le Picard (Philippe), sieur de Rien en bourse (1579), II, 1704.
Lépicié (B.), grav. (1749), II, 2094; (1755-65), III, 2506.
Lepido (Pier Giorgio): vers à Francesco Taegio (1525), V, 3341.
Le Pippre de Noeufville (Simon Lamoral), *Abregé chronologique... de l'Origine, du Progrès, et de l'Etat actuel de la Maison du Roi* (1734-1735), III, 2361.
Le Plessis, danseur (1669), IV, p. 624.
Le Plessis Prévost: vers à Marc de Papillon (1597), 762.
Le Porché (Gillot), impr. à Strasbourg (1587), III, 2242, art. 6.
Le Poulchre (Charles), dit Pocrius, ou Pucrius, seigneur de La Bénestaye, cité par Nic. Bourbon (1538), IV, 2788.
Le Poulchre (François), seigneur de La Motte-Messemé: *Honnestes Loisirs* (1587), V, 3274.
Le Poultre (Jacques): volume lui ayant appartenu, III, 2156.
Le Prestre, danseur (1669-1670), IV, p. 624.
Le Prévost, théologien, cité par Guy Le Fèvre de La Boderie (1578), IV, 3183.
Le Prevost (Geuffray), compose des vers pour le *Puy du souverain amour* (1543), 804.
Le Prevost (Jehan), compose des vers pour le *Puy du souverain amour* (1543), 804.
Le Prévost (Frère Jean), est présenté par Bossuet à la cure de Saint-Vigor de Mézerets (1684), IV, 3079, p. 455.

Le Prévost (Thomas): épître à lui adressée par Jehan Bouchet et réponse (1545), 511.
Le Prieur: onze romances de lui dans les *Chansons* de La Borde (1773), 1002.
Le Prieur (Alexandre), impr. à Paris (1751), II, 2006; (1764), 269; (1765), II, 1711.
Le Prince, impr. à Lyon. Voy. Nourry (Claude) et Saincte-Lucie (Pierre de).
Le Prince, dessin. (XVIII° s.), 409.
Le Quien de la Neufville: généalogie, III, 2495.
Lerambert, musicien et danseur (1654-1663), IV, p. 624.
Le Rat, musicien: *Chansons* (1549-1552), 980; (1553), 981.
Léry (Jean de): *Histoire memorable de la ville de Sancerre* (1574), III, 2189. — *Histoire d'un voyage faict en la terre du Bresil* (1578), II, 1989 et *Additions*; (1611), 1990.
Le Ricque (Josse), joue dans la *Passion* de Valenciennes (1547), IV, 3010, p. 376.
Lériget de La Faye: généalogie, III, 2495.
Leris (A.), grav. (1740), II, 2006.
Lerm (Anne de Calonges, dame de): Jean d'Intras lui dédie *Le Duel de Tithamante* (1609), II, 1526.
Le Roy, trésorier de l'Épargne: vers à lui adressés par Joachim Blanchon (1583), IV, 2938.
Le Roy, musicien (1657), IV, p. 624.
Le Roy, danseur (1668-1671), *ibid.*
Le Roi, grav. (1776), II, 1916, art. 19.
Le Roi (Adenet): *Le Livre de Clamades*, cité, III, 2625.
Le Roy (Adrien): *Chansons* (1573), 983.
Le Roy (Adrien) et Robert Ballard, impr. à Paris (1573), 983; (1578), 679; (1582), II, 1445; (1584), 983.
Le Roy (Charles), médecin, collabore à l'*Encyclopédie* (1751-1777), III, 2523, p. 281.
Le Roy (Charles-Georges), collabore à l'*Encyclopédie* (v. 1760-1777), III, 2523, p. 281.
Le Roy (François), *Meditations et Oraisons devotes en ryme* (v. 1500), 475. — *Le Laict de devotion*, ms., IV, 2820.
Le Roy (Guillaume), ou de Koning, impr. à Lyon (s. d.), 435, 446, 476 (?), 577 (?), 578; III, 2581; cité, V, 3237.
Le Roy (J.), grav., 259, 409, 916, 1034, 1037; II, 1287, 1698.
Le Roy (Jacques), libr. à Paris (1612), II, 1796, art. 34; 1797, art. 6.
Le Roy (Jehan): épître à Jehan Le Maire (1509), II, 2090. — Il est cité

sous le nom de Rex par Nic. Bourbon (1538), IV, 2788.
Le Roy (Loys), dit Regius : traduction du *Symposc* de Platon (1559), V, 3213. — Traduction de l'*Oraison de Jean de Zamoscié au roy esleu de Poloigne* (1574), IV, 3127, art. 1. — Son *Tombeau*, par Antoine de Cotel (1578), 745.
Le Roy (Pierre), un des auteurs de la *Satyre menippée*, 1593-1594 (1709), III, 2251, p. 87.
Le Roy (Sébastien), dessin., II, 1909.
Le Roy (Toussains), *Noëlz nouveaux pour... mil six cens huict*, IV, 2991 ; — *Noëlz nouveaux pour... mil six cens unze*, 2992 ; — *Noëlz nouveaux* (1615), 2993 ; — *Cantiques de noëls* (1644), 2994.
Le Roy de Macey : généalogie, III, 2495.
Le Romain, collabore à l'*Encyclopédie* (1754), III, 2523, p. 281.
Le Rond (Robert), avocat : épitaphe (1579), IV, 2930.
Le Rouge (François) : épître à lui adressée par Jehan Le Maire (1512), II, 2090, art. 5.
Le Rouge (Pierre), impr. à Paris (1488), cité, III, 2639 ; (1490), cité, II, 2105 ; (1491), 25.
Le Rouillé (Guillaume), *Le Recueil de l'antique preexcellence de Gaule* (1551), IV, 3103.
Le Roux aîné, violoniste (1659-1671), IV, p. 624.
Le Roux jeune (1659-1671), *ibid.*
Le Roux, dessin. et grav. (XIXᵉ s.), II, 1180, 1288, 1520, 1909 ; III, 2524.
Le Roux (Louis), seigneur de La Roche des Auliers : épitaphe par Jean de La Taille (1572), V, 3317.
Le Roux (Pierre), impr. [à Rouen] (1616), II, 1796, art. 25.
Leroux (Pierre), traducteur du *Werther* de Goethe (1839), cité, II, 1767. — George Sand lui dédie *Spiridion* (1839), II, 1634.
Le Roux de Lincy : notice sur les *Chants et Chansons populaires de la France* (1843), 1014. — Cité, II, 1505, 1694, 1697. — Volume lui ayant appartenu, III, 2592.
Le Roux, seigneurs du Chastelet : généalogie, III, 2495.
Le Roux, seigneurs de Kerninon, id., *ibid.*
Le Sage, tué à Besançon (1575), III, 2190.
Le Sage, jurisconsulte, cité par Guy Le Fèvre de La Boderie (1578), IV, 3183.
Le Sage (Alain-René) : *Nouvelles Avantures de Don Quichotte*, traduites d'Avellaneda (1704), II, 1753. — *Crispin rival de son maitre* (1707), II, 1301. — *Le Diable boiteux* (1707), II, 1547 ; (1756), 1548 ; — *Turcaret* (1709), 1302. — *Les Avantures de M. Robert Chevalier* (1732), II, 1976. — *Recueil des pieces mises au Théatre françois* (1739), II, 1300. — *Meslange amusant* (1743), II, 1818. — *Gil Blas de Santillane* (1747), 1519. — Dessins de J. Worms pour les *Aventures de Gil Blas*, 236. — Dessins de C.-P. Marillier pour les *Œuvres de Le Sage* (1783), 223. — Voy. *Vie de don Alphonse Blas de Lirias* (1754), 1550.
Le Sage (David), *Les Amours dou bergié Florizeos, L'Embarquement de Caramantran* (1665), 1022.
Le Saige (Jacques), *Gistes, Repaires et Despens de Douay a Hierusalem* (v. 1523), IV, 3089.
Le Savetier (Nicolas), impr. à Paris (1532), III, 2303.
L'Escaillé (Jehan), libr. et impr. à Paris (1520), V, 3340.
Lescaldin (D. M.), pseudonyme (?) : *Replique sur la response faite par messire P. Ronsard* (1563), 677.
L'Escallay (Pierre), seigneur de Dauval, sonnet à Claude Gauchet (1583), 299.
Lescarbot (Marc) : *Harangue d'action de graces pour la Paix* (1598), III, 2707. — *Les Muses de la Nouvelle France* (1611), II, 1964 ; (1618), 1965. — *Histoire de la Nouvelle France* (1612), II, 1964 ; (1617), 1965 et *Additions*. — *Les Bains de Fewer* (1613), IV, 2950.
Lescarre (Nicole) : *Chant royal*, 31, art. 19. — Des vers de lui sont cités par Pierre Fabri, 426.
Lesche (X. de La Fontaine, dite Mˡˡᵉ de), figure dans un ballet (1635), IV, p. 624.
L'Escluse (Charles de), dit Clusius, cité par Guill. de Poëtou (1565), III, 2605. — Traduction de deux des vies de Plutarque (1567), II, 1899. — Traduction latine des *Navigations* de Gerrit De Veer (1598), II, 1962. — Inscription dans un album (1599), V, 3372.
L'Escluse (Guillaume de), cité par Guillaume de Poëtou (1565), III, 2605.
L'Escluse (P. de), *Elegie sur la mort d'un perroquet* (1617), IV, 2972.
L'Escluse des Loges (L'abbé de) : pièce d'éloquence couronnée par l'Académie française (1744), 391. — Édition des *Memoires de Sully* (1745), III, 2238 ; (1767), 2239.
Lescot (Pierre), sieur de Clagny, architecte, cité par Guy Le Fèvre de La Boderie (1578), IV, 3183. —

Vers sur Estienne Pasquier (1584, 1610), 737.
L'Escrivain (Frère Jean-Marie), récollet (1632), II, 1968.
L'Escuy (Jean-Baptiste), abbé de Prémontré : volumes lui ayant appartenu, II, 1772.
L'Esc[uyer?] (Clément), traduit des *Psaumes* (v. 1540), IV, 2737, p. 5.
L'Eseuyer (Gerard) : J. Grévin lui dédie son *Olimpe* (1560), 710.
Lescuyer (Nicolas), libr. à Rouen (1583), II, 1862 ; (s. d.). 590, art. 1-4 ; II, 1775 ; IV, 2956. — Sa marque est copiée par François Foppens à Bruxelles (1709), III, 2251.
Lescuyer (Sébastien), libr. à Paris (1623), 117, 121 ; II, 2731.
Lesdiguières (François de Bonne, duc de) : J.-P. Perrin lui dédie son *Histoire des Vaudois* (1618), II, 2030.
Lesdiguières (Gabrielle-Victoire de Rochechouart-Mortemart, duchesse de) : le P. de Charlevoix lui adresse la relation des voyages exécutés par lui à la Nouvelle-France en 1720 et 1722 (1744), II, 1978. — *Lettre sur la beauté et les graces*, à elle adressée par le chevalier de Méré (1769), II, 2003.
Les Égaux, en Limousin, sont occupés par les troupes royales (1588), III, 2221, art. 15.
Le Sénéchal de Carcado : généalogie, III, 2495, p. 251.
Leshénaut de Bouillé : généalogie, III, 2495, p. 251.
Leslie (Walter), comte du Saint-Empire : son ambassade à Constantinople en 1665-66 (1672), III, 2482.
Le Souget. Imprimeur. Voy. Torguc (Jean), 1576.
L'Espaguet (Jean) : vers à Raimond de Massac (1605), 771.
Lespinace (Claudine de), citée par Ant. Du Saix (1537), 516.
Lespinay : généalogie, III, 2495, p. 252.
Lespinay de Marteville : généalogie, III, 2495, p. 251.
L'Espine, violon (1669-1671), IV, p. 624.
L'Espine ([Charles] de) : vers dans le *Cabinet des Muses* (1619), 974.
L'Espine (Jehan de), dit du Pont-Alais : *Contredictz de Songecreux* (1530), 502 ; (1532), 503. — Il est cité dans une pièce facétieuse (v. 1536), II, 1842 ; par François de Billon (1555), IV, 2951 ; dans une chanson, IV, 2985, art. 4.
L'Espine (Jean de) : *Traité de la justice chrestienne* (1577), 91.
L'Espine (Jean de) et Jean Le Mercier : *Lettres* (25 févr. 1586), III, 2194, p. 36.
L'Esprit (Laurens). Voy. Spirito.
Lesselin (Alexandre), impr. à Paris (1666), II, 1689.
Les Sergents (Mlle), enfant, figure dans un ballet (1656), IV, p. 624.
Lestang : généalogie, III, 2495.
L'Estang (de), aîné, danseur (1659-1671), *ibid*.
L'Estang (de), cadet, danseur (1661-1671), *ibid*.
Leste (France de), joue dans la *Passion* de Valenciennes (1547), IV, 3010, p. 376.
L'Estoile, conseiller (1546), IV, 2876.
L'Estoile (Claude de) : sonnet à la suite des stances adressées par Boisrobert à Richelieu (v. 1633), IV, 3153, p. 531. — *La Comedie des Tuileries* (1638), II, 1171, 1172. — *L'Aveugle de Smyrne* (1638), II, 1173. — Vers à Me Adam Billaut (1644), 829. — Vers dans *Les Muses illustres* (1658), 976. — Il est cité, III, 2187.
L'Estoille (Pierre de), recueille l'épitre *Du coq à l'asne* (1589), 795. — Vers à lui adressés par Guill. Du Peyrat (1593), IV, 2945. — *Journal des choses memorables advenues durant le regne de Henry III* (1621), III, 2187. — *Journal du regne de Henri III* (1744), 2188, 2188 *bis*. — *Journal du regne de Henry IV* (1741), III, 2236, 2236 *bis*. — Il est cité, 114 ; V, 3234.
L'Estonnac (Richard de), conseiller au parl. de Bordeaux : vers à lui adressés par P. de Brach (1576), IV, 2931.
L'Estrange (C. de), abbé de La Celle, vers à B. de La Tour (1558), 662.
L'Estrange (F. de), évêque d'Alet : B. de La Tour lui dédie *L'Amie des Amies* (1558), 662 ; vers à B. de La Tour, *ibid*.
Le Sueur (Eustache), peintre, III, 2507. — Vers sur ses ouvrages par Baraton (1705), 816.
Le Sueur (Liénard), libr. à Paris (1574), V, 3354.
Le Sueur (Nicolas), dit Sudorius : vers à Amadis Jamyn (1575, 1582), 738, 739.
Lesueur (N.), grav. (1743), 244.
Leszczinski (Vinceslas), évêque de Warm, III, 2427.
Letanie Secundum usum romanum, IV, 2736.
Le Tartrier (Adrien), cité par Guy Le Fèvre de La Boderie (1578), IV, 2930.
Le Tartrier (Yves), chanoine de Troyes, frère d'Adrien (1578), IV, 2930.

Le Tellier (F.-C.), marquis de Courtenvaux : ouvrages lui ayant appartenu, III, 2233, 2244, 2376, 2701.
Le Tellier (Michel), chancelier de France : Donneau de Visé lui dédie le t. IX du *Nouveau Mercure galant* (1677), III, 2524. — *Les Desordres de la bassette* lui sont dédiés (1682), II, 1542. — *Oraison funebre* par Bossuet (1686), 353 ; par Ant. Hersan (1686), 372, art. 1 et 2 ; par Fléchier, 372, art. 3.
Letha (François), grav. (1754), III, 2336.
Leto (Giulio Pomponio) : portrait dans les *Icones* de N. Reusner (1589), V, 3370.
Le Tourneux (Nicolas) : *Pseautier* (1698), 7.
Le Tréport : abbaye de Saint-Michel, IV, 3096, art. 110.
Le Trésor de Fontenay : généalogie, III, 2495.
Lettre à .. sous le nom d'Ariste* (1637), II, 1141, art. 8 ; 1142, art. 11.
Lettre au nom d'un Estranger au sujet de la paix entre la France et l'Espagne, 1661 (1664), III, 2283.
Lettre contenant l'éclaircissement des actions et deportemens de Monsieur... duc d'Anjou (1578), III, 2380.
Lettre de Guillaume sans peur envoyee aux desbandez de la cour (1615), IV, 3129.
Lettre de l'ambassadeur de Suede à celuy dv roy de Hongrie (1641), III, 2420, art. 106.
Lettre de madame de N... à madame la marquise de... sur la satyre de M. D*** contre les femmes (1694), 948, art. 2.
Lettre (Nouvelle) de Rome envoyee à l'empereur (1620), III, 2420, art. 32.
Lettre d'escorniflerie, citée, 98, art. 3.
Lettre des Estats de l'Empire tenus à Ratisbonne à ceux de Suede (1641), III, 2420, art. 104.
Lettre du des-interessé au sieur Mairet (1637), II, 1141, art. 14 ; 1142, art. 18.
Lettre du gouverneur de Breda au comte Henry de Nassau (1625), III, 2405, art. 11.
Lettre du marquis de Vistempenard au baron d'Anconarez (1632), IV, 3153, p. 529.
Lettre d'un cardinal envoyee à la royne de Navarre (1563), III, 2160.
Lettre d'un curé de Rouen (1656), 78.
Lettre d'un ecclesiastique de Rouen (1656), 78.
Lettre d'un Flament, catholique zelé, demeurant à Londres (1588), III, 2433.
Lettre d'un gentilhomme catholique à un de ses amis de la Religion pretendue reformee (1586), III, 2219, art. 3.
Lettre d'un gentilhomme catholique françois, contenant breve responce aux calomnies d'un pretendu Anglois (1586), III, 2194, p. 37. 2214, *Lettre d'un Gentil-Homme de Beausse à un sien amy* (1589), III, 2219, art. 14.
Lettre d'un gentilhomme françois à un sien amy estant à Rome, 1586 (1589), III, 2194, p. 40.
Lettre d'un gentil-homme françois estant en l'armee du roy de Boheme (1620), 2420, n° 20.
Lettre escrite à Mme de Tinteville, par laquelle on cognoist le but des adherans de Henry de Bourbon... (1589), III, 2241, art. 4.
Lettre et Advis de l'assignation donnée par messieurs les princes protestans à monsieur d'Angoulesme (1620), 2420, art. 24.
Lettre heroïque (1652), 975.
Lettre moderée sur la chute et la critique du Barbier de Séville (1775), II, 1340.
Lettre pour monsieur de Corneille contre les mots de la lettre sous le nom d'Ariste (1637), II, 1141, art. 10 ; 1142, art. 12.
Lettre sur les Observations d'une comedie du s^r Moliere intitulée : Le Festin de Pierre (1665), II, 1202.
Lettre sur les occurrences des Pays-Bas (1632), IV, 3153, p. 530.
Lettres à madame la marquise*** sur le sujet de la Princesse de Cleves (1678), II, 1538.
Lettres angloises, ou Histoire de Miss Clarisse Harlove (1766), II, 1764.
Lettres de Cailleau l'Enfondu, citées, 98, n° 3.
Lettres de la deffaicte des Espaignolz a Syrizolles (1544), réimpr., II, 2095, art. 9.
Lettres de lord Austin N** à lord Humphrey de Dorset (1769), II, 1916, art. 3.
Lettres de Milan, de Lorraine et d'Allemagne sur l'estat present de l'Empire (1619), III, 2420, art. 11.
Lettres des Estats d'Artois (1579), III, 2384.
Lettres des liqueurs au pape, etc., 1589 (1709), III, 2251, p. 87.
Lettres d'unyon pour estre envoyées par toute la chrestienté touchant le meurtre commis envers les personnes de M. le duc de Guyse, etc., (1589), III, 2222, art. 8 ; 2194, p. 43.
Lettres escrites de Paris à un grand seigneur (28 mai 1588), III, 2194, p. 41.

Lettres interceptes de quelques patriots masqués (1580), III, 2387.
Lettres nouvelles, contenant forme de provision... (v. 1536), II, 1842.
Lettres particulieres envoyez [sic] *au roy par un gentilhomme françois* (1585), III, 2212.
Lettres persanes (1721), II, 1853.
Lettres portugaises (1669), II, 1885.
Lettres venant d'Anvers d'ung amy incognu (1583), III, 2400.
Le Turc (Robert), impr. imaginaire à Paris (1707), IV, 3074.
Le Turquier de Cardonville : généalogie, III, 2495.
Leu (P. de), grav., III, 2506.
Leu (Thomas de), grav. (1555-65), 305, 668, 713, 737; II, 2094; III, 2506; V, 3302. — Guillaume Du Peyrat lui adresse des vers (1593), IV, 2945.
Leugière (de) : épître à lui adressée par Bér. de La Tour (1551), V, 3254.
Leurtre (Antoine de) : vers à Esprit Aubert (1613), 816.
Leuville (Mlle de), danse dans un ballet (1615), IV, p. 624.
Le Vacher, danseur (1645-1661), IV, p. 624.
Le Vacher de La Chaise : généalogie, IV, 2495.
Le Vasseur : Franç. Béroalde de Verville lui dédie *Le Moyen de parvenir* (1612), II, 1782.
Le Vasseur, rel. à Paris (v. 1655), cité, 1.
Le Vasseur (C.), grav. (xviiie s.), II, 1247, 1339.
Le Vasseur (Jacques) : vers à Raimond de Massac (1605), 771. — *Le Bocage de Jossigny* (1608), 772. — *Antitheses* (1608), *ibid.*
Le Vasseur (Jean), joue dans la *Passion* de Valenciennes (1547), IV, 3010, p. 376.
Le Vasseur (Jean), Lillois, cité par Guillaume de Poëtou (1565), III, 2605.
Le Vavasseur (A.), libr. à Paris (1830), II, 1364, 1587, 1843; V, 3293; (1831), II, 1583.
Le Vayer de Boutigny (Roland) : *Tarsis et Zélie* (1774), II, 1531.
Le Vayer de Marsilly, traduit la *Diana* de Montemayor (1705), II, 1748.
Le Veau (J.-J.), grav. (xviiie s.), 409, 916, 925, 1034; II, 1179, 1339, 1474, 1711, 1741.
Le Veneur (Gabriel), évêque d'Évreux : Charles Toutain lui dédie son *Agamemnon* (1557), II, 1089. — Jacques Gohory lui dédie la traduction des *Discours* de Machiavel (1560, n. s.), V, 3373.
Le Ventru (Philebert), II, 1775.

Le Ver (Le marquis) : volume lui ayant appartenu (1573), 698.
Lever (Le) de Baville (1788), cité, III, 2296.
Le Verrier (Jehan) et Pierre Bontier, *Histoire de la premiere descouverte et conqueste des Canaries* (1630), II, 1942.
Le Verrier (Oudart), clerc au greffe de Lyon (1546), IV, 2876.
Levesque, grav., III, 2524; IV, 3096, art. 7.
Lévêque (Mme) : Restif de La Bretonne lui dédie *Le Pied de Fanchete* (1786), II, 1916, art. 2.
Lévesque (L'abbé), cité, IV, 3079, p. 440.
L'Evesque (Renée), femme de Guillaume de Hautemer, seigneur de Fervaques, comte de Grancey (1584), IV, 2937.
Levet (Pierre), impr. à Paris (1486), 31, art. 5 ; (1489), III, 2579.
Lévy, impr. à Paris, associé de Lange et Cie (1838), II, 1072; (1845), II, 1656.
Lévy (Calmann), libr. à Paris (1873), II, 1718; (1878), II, 1419, 1423; (1880), 879; II, 1423, 1719; (1881), II, 1433, 1720.
Lévy (Gustave), bibliophile, IV, 2745, p. 17.
Lévy (Michel) frères, libr. à Paris (1847), II, 1626; (1848), II, 1662; (1849), II, 1627, 1628, 1638, 1662; (1851), II, 1629; (1852), II, 1403, 1409; (1853), II, 1404, 1410; (1855), II, 1411, 1412, 1426; (1856), 878; II, 1405; (1857), II, 1865; (1858), II, 1413, 1414; (1859), II, 1399, 1415; (1860), II, 1402, 1406; (1861), II, 1416; 1434; (1862), II, 1400, 1435; (1863), II, 1436; (1864), II, 1437, 1438, 1664; (1865), II, 1439; (1866), II, 1417; (1867), II, 1407, 1440, 1441; (1868), II, 1418, 1423, 1438; (1869), II, 1442; (1870), II, 1423; (1872), II, 1431, 1443, 1717; (1873), II, 1432; (1875), II, 1444.
Le Viel (Jean) : *De Obitu Caroli Quinti imperatoris Oratio* (1559), III, 2724. — Traduction de l'ouvrage de Lancelot de Carle : *De Francisci Lotharingi, Guisii ducis, postremis dictis ac factis* (1563), cité, III, 2692.
Levier (Charles), libr. à ·Rotterdam (1720), III, 2502 ; — libr. à La Haye (1726-1731), III, 2544. — Sa veuve, libr. à La Haye (1739), III, 2544.
Sa veuve, libr. à La Haye (1739), 2544.
Le Villain, grav. (1774), II, 1575.
Le Villain (Claude), libraire à Rouen (1615), II, 1876.

V.

Levinstone (Alexander) : vers à lui adressés par J.-Éd. Du Monin (1583), V, 3272.

Le Viste (Le président) : son épitaphe par Ant. Du Saix (1537), 516.

Le Voirrier (Pierre), impr. du roi ès mathématiques à Paris (1588), IV, 2941.

L'Héritier (François), cité par Guillaume de Poëtou (1565), III, 2605.

L'Héritier (Marie-Jeanne) : Œuvres meslées (1696), II, 1734. — L'adroite Princesse (1712), II, 1732 ; (1781), 1733.

L'Héritier (Nicolas), libr. à Paris (1542), III, 2414.

L'Hermite (Frère Claude de) : épitaphe par M. Guy, de Tours (1598), IV, 2948.

L'Hermite de Soliers (Tristan) : vers à Mᵉ Adam (1644), 829. — Vers à Ch. d'Assoucy (1648), 969. — Vers heroïques (1648), 830. — Vers en tête du Virgile travesti de Scarron, II, 1906. — Vers dans Les Muses illustres (1658), 976. — Poësies galantes (1662), 831.

L'Homme (Claude), quartenier de Paris : son blason, 2493, art. 50.

L'homme (Jehan), impr. à Rouen (1537), 622 ; (1538), II, 2139 ; (1542), III, 2730 ; (1543), III, 2679 ; (1544), 623.

L'Homme (Martin), impr. à Paris (1559), III, 2418.

L'Honoré et Châtelain, libr. à Amsterdam (1720), II, 1758 ; (1721), 1758 ; (1726), III, 2544.

L'Hospital (Michel de), lieutenant particulier de Bourges, etc. : vers à lui adressés par Fr. Habert (1549), IV, 2868. — Maître des requêtes (1557), IV, 2877. — Vers à lui adressés par Du Bellay (1559), IV, 2896. — Comme chancelier, il rédige l'ordonnance d'Orléans (31 janv. 1562), III, 2151. — Jean Chaumeau lui adresse une épitre (1566), III, 2343. — Poëme de lui traduit par Du Bellay (1568), IV, 2901. — Il est cité par Jean Dorat (1586), IV, 2789. — Vers à lui dédiés par Nic. Rapin (1610), IV, 2944. — Portrait (1581), II, 2039.

L'Huillier, musicien : Chansons (1549-1552), 980.

L'Huillier, contresigne une Protestation du roy de Navarre (1587), III, 2240, art. 2.

L'Huillier (La « controoleure »), citée par M. Guy, de Tours (1598), IV, 2948, p. 277.

L'Huillier (Mˡˡᵉ), citée par le même (1598), ibid.

L'Huilier (Antoine) : Breve Confession de foy..., avec le remede contre le poyson (1563), III, 2539.

L'Huillier (Germaine) : son anagrammatisme par Guy Le Fèvre de La Boderie (1571), 733.

L'Huillier (Nicolas), cité par J. Dorat (1586), IV, 2789.

L'Huillier (Pierre), impr. à Paris (1572), II, 2098 ; III, 2118, 2173, 2179 ; (1573), III, 2180 ; (1582), II, 1797, art. 2 ; 1959 ; (1584), V, 3230 ; cité, 3270 ; (1588), III, 2221, art. 13 ; cité, III, 2539 ; — impr. à Blois, (1589), III, 2700 ; V, 3232 ; — impr. à Paris (1595), V, 3233.

Li (Andrés de) : Reportorio de Los tiempos (1495), 204.

Liaisons (Les) dangereuses (an II), II, 1576.

Liancourt : vue du château, 249.

Liancourt (Roger Du Plessis, seigneur de), figure dans des Ballets (1619), II, 1449 ; (1635), IV, p. 624.

Liancourt (Mᵐᵉ de), danse dans un ballet (1635), V, p. 624.

Libanius : Epistolae gr. (1499), II, 1873.

Libelle (Le) des cinq villes d'Itallye (1509), cité, 480, Additions.

Liber (Mirabilis) (v. 1525), 209.

Liber conformitatum (1510), IV, 3100 ; (1513), II, 2023.

Libera (Le) du deffunct roy Françoys (1547), IV, 2849.

Libéral, impr. à Lyon (1658-1665), 896.

Liberati (François) : Discours de la Comete commencee a apparoir sur Paris le XI. jour de Nouembre mil cinq cens septante-sept (1577), III, 2566.

Liberge (Marin) : Le Siege de Poictiers (1621), III, 2168.

Libert (Jean), libr. à Paris (1610), 890, art. 5, 10-12 ; 891, art. 4 ; III, 2242, art. 9 ; (1612), 424.

Libraires (Les) associés, à Paris. Voy. Compagnie.

Librairie académique à Strasbourg (1789), II, 2075.

Librairie de la Revue des Deux Mondes à Paris (1834), II, 1376.

Librairie nouvelle à Paris (1854), II, 1666 ; (1855), II, 1398 ; (1857), II, 1658. Voy. Lévy (Michel).

Librairie théâtrale à Paris (1854), II, 1397.

Libri (Guglielmo) : volumes lui ayant appartenu, 1031 ; IV, 3094.

Libri de re rustica (1543), 185.

Liburnio (Niccolò) : Les Sentences et Authoritez de plusieurs sages princes, etc. (1546), citées, IV, 3073. — Propos memorables traduits par Gilles Corrozet (1583), II, 1862, Additions.

Liçarrague (Jean de) : *Testamentu Berria* (1571), 10.
Licques (Jacqueline de), baronne de Pecques, etc. : l'imprimeur J. Vervliet lui dédie *La pieuse Alouette* (1619-1621), V, 3301.
Liébault, graveur (1732), 243.
Liébault, chargé du Dépôt de la Guerre, collabore à l'*Encyclopédie* (1751-1777), III, 2523, p. 281.
Liébault (Olympe Estienne, dame) : *Les Miseres de la femme mariée*, citées (xviii° s.), II, 1796, art. 14, p. 312.
Liébaux, grav. géographe (1691), II, 2032 ; III, 2524.
Lieber (Thomas), dit Erastus : inscription dans un album (1583), V, 3368.
Lied (Ein new) von dem gottsverrähterischen Mörder inn Franckreich (1573), III, 2178.
Lied (Ein schön new) von dem Krieg inn Franckreich (1568), III, 2166.
Liège. Imprimeurs et Libraires. Voy. Kints (Everard), 1756-1759. La Coste (Lambert de), 1600. Streel (Léonard), 1610-1625.
Liénard, graveur (1785), II, 1341 *bis*.
Lienart (Jean), joue dans la *Passion de Valenciennes* (1547), IV, 3010, p. 376.
Liesvelt (Jacques van), impr. à Anvers (1528), cité, II, 2133.
Liévin (Ghisbert) : volume lui ayant appartenu, IV, 3010.
Liga (La) de la illustrissima signoria de Venetia (1513), 1047.
Ligaeus. Voy. Ligée.
Ligarius. Voy. Le Lieur.
Ligée ou Lygée (Jehan), dit Ligaeus : *Ad Gallos et Germanos de pace et bello* (1538), III, 2674. — Il est cité par Nic. Bourbon (1538), IV, 2788.
Liger (L.) : *Le voyageur fidele, ou le Guide des etrangers dans la ville de Paris* (1716), III, 2309.
Lignan, localité inconnue (Dinant ?), 471, art. 101, p. 280.
Lignant (Pierre), impr. à Rouen (1552), cité, IV, 2951, p. 280.
Ligneris (...de), bibliophile : volumes lui ayant appartenu, V, 3340-3342, 3345, 3347, 3350.
Lignerolles (Le comte Raoul de), bibliophile, cité, 517 ; II, 1996, 2133.
— Volumes lui ayant appartenu, IV, 2754, 2767, 2773, 2779, 2786, 2798, 2802, 2817, 2821, 2822, 2831, 2834, 2834 *bis*, 2838, 2841, 2842, 2845, 2851, 2856, 2858, 2861, 2863, 2865, 2869, 2882, 2884, 2950, 2952, 2956, 2957, 2961, 2968, 2972, 2976, 2981-2989, 2991-2994, 2996, 3005, 3012, 3017, 3020, 3027-3029, 3031-3036, 3039-3044, 3046-3056, 3062, 3089, 3091-3093, 3097, 3101-3103, 3105, 3106, 3110-3112, 3125-3127, 3313, 3345, 3359.
Ligneville (Jean de) : *La Meutte et Venerie pour le chevreuil*, 1655, 304.
Ligny (Dominique de), évêque de Meaux : acte de lui (1668), II, 1883, IV, art. 8.
Ligny (Louis de Luxembourg, comte de) : *Plainte* sur sa mort par Jehan Le Maire (1505), II, 2008.
Lignières (F.-P. de) : vers au petit de Beauchasteau (1657), 833.
Lignon, grav., 844, 925. Voy. Delignon.
Ligon (Richard) : *Histoire de l'isle des Barbades* (1674), II, 1923.
Ligne (*Chant de la*), 989, art. 2.
Ligue (La) tres-sainte, tres-chrestienne et tres-catholique (v. 1589), III, 2227.
Likerke (Jehan Hannart, baron de), ou Linkerke, ambassadeur de l'empereur en France : lettres à lui adressées par Charles-Quint (1535), III, 2718 ; (1536), II, 2138, art. 1, 2, 10.
Lilien (Ludwig von), « a Liliis » : inscription dans un album (1565), V, 3365, p. 147.
Lilius (Ludovicus). Voy. Du Lys (Louis).
Lille : *Coustumes* (1534, n. s.), 106. — Imprimeur. Voy. Willem (Michel), 1533.
Lillebonne (François-Marie de Lorraine, comte de), figure dans un ballet (1651), IV, p. 624.
Lillebonne (Mlle de), danse dans un ballet (1681), IV, p. 624.
Lillierbroot (La baronne de) : le libraire Moetjens lui dédie les *Pieces de theatre* de La Fontaine (1702), II, 1231.
Lima (Rodrigo de), voyageur en Abyssinie, II, 1944.
Lymasson (Le) (1516), III, 2562, art. 49.
Limbourg : les Hollandais s'en emparent (1632), III, 2405, art. 25.
Limoges : impression anonyme (1712), II, 1317.
Limosin d'Alheim : généalogie, III, 2495.
Lingée (L.-C.), graveur (xviii° s.), 856, 915, 1034 ; II, 1341 *bis*, 1342, 1679; III, 2569.
Lingée (Mme), 928.
Lingendes (Jean de) : vers à J. Bertaut (1606), 820. — Vers dans *Les Marguerites poëtiques* d'Esprit Aubert (1613), 816. — Vers dans *Le Cabinet des Muses* (1619), 974.
Lingendes (Jean de), évêque de Sar-

lat : lettre à lui adressée par Rangouze (1649), II, 1879.
Lingendes (Le sieur de), appelé aussi La Lande : *L'Estat de la France* (1653), cité, III, 2358.
Linières (Fr. Payot de) : vers dans *Les Muses illustres* (1658), 976.
Linocier (Geoffroy), cité par J. Dorat (1586), IV, 2789.
Linocier (Guillaume), libr. à Paris (1585), 181 ; (1586), IV, 2789.
Linon, gentilhomme lyonnais imaginaire (1589), 797.
Linsmair (Johann), de Vienne : inscription dans un album (1566), V, 3365.
Liobard (Anne de), femme de Charles de Lucinge, III, 2528, p. 325.
Lyon, ville. Voy. plus loin, à l'ordre alphabétique traditionnel.
Lion (Antoine de), conseiller au parlement de Paris, cité par Nic. Bourbon (1538), IV, 2788.
Lionnois (Pierre), figure dans un ballet (1671), IV, p. 624.
Liot, dessinateur (1774), II, 1575.
Liotard (Charles) (1865), cité, II, 1702.
Liotard (J.-E.), dessinateur (1763), II, 1335.
Liottier (Mlle), graveur (1777), 259.
Lippe (Simon, comte de), de Stern et de Schwalenberg : H. Germberg lui dédie sa révision du *Nomenclator* d'Adr. Le Jeune (1599), 326.
Lipse (Juste) : inscription dans un album (1596), V, 3371.
Lipsen (Jean), l'un des régisseurs de la *Passion* de Valenciennes (1547), IV, 3010, p. 375.
Lique, violon (1669-1671), IV, p. 624.
Liques (Le baron de), est fait prisonnier à Weesel (1629), III, 2405, art. 17.
Lyre : abbaye de Notre-Dame, IV, 3096, art. 75.
Lisbonne : une rixe y a lieu entre les chrétiens et les juifs (v. 1530), II, 2070. — Imprimeurs. Voy. Rodriguez (Jorge), 1615. Rodriguez (Luis), 1540-1542.
Lisburne (Wilmot, comte de) : volume lui ayant appartenu, IV, 3066.
Liset (Pierre), premier président du parlement de Paris, cité par Nic. Bourbon (1538), IV, 2788. — *Complainte sur le trespas de son feu nez* (1560), V, 3264.
Liseux (Isidore), libr. à Paris (1879), II, 1845 ; (1883), II, 1743.
Lisle : généalogie, III, 2495.
Lisle (Le chevalier de) : une pièce de lui dans les *Chants et Chansons populaires de la France* (1843), 1014.
L'Isle (François de). Voy. Régnier de La Planche.
L'Isle (François de) : vers latins sur la mort de Ronsard (1586), IV, 2889.
L'Isle (J. de) : vers à J. Le Vasseur (1608), 772.
L'Isle Chantdieu (de) : vers au petit de Beauchasteau (1657), 833.
Lisleman, médecin : Dufour de La Crespelière lui dédie ses *Recreations poëtiques* (1669), 959.
L'Isola (François de) : vers au sieur de La Serre (1632), III, 2281.
Lissalde : notice généalogique, III, 2495.
Liste de messieurs les gardes de l'orphevrerie de Paris (1656), 273.
Liste des edicts verifiez en la chambre des Comptes le unziesme septembre (1645), IV, 3153, p. 535, art. 6.
Liste des edicts qui ont esté verifiez en la cour de parlement de Paris le 7. jour de septembre 1645, IV, 3153, p. 535, art. 5.
Liste des predicateurs qui doivent prescher... dans... Paris (1635, 1645, 1649, 1654, 1656), IV, pp. 532, 534, 536, 537.
Litta (Simeone), ou Simon de Milan : *Lamento de' Venetiani* ; *La Lamentation de Venise* (v. 1509), 569 et Additions. — *Opera novamente composta...* ; *Œuvre nouvelle contenant l'advenement de Loys .XII. a Millan* (1509), III, 2591 et Additions. — *Plusieurs belles Nouueaultez joyeuses* (v. 1525), 314.
Littret (C.-A.), graveur (xviiie s.), 258, 261 ; II, 1335 ; III, 2523.
Livarot (Arces, baron de). Voy. Arces.
Live (Tite) : *Discours* de N. Machiavelli sur la premiere Decade (1560, n. s.), V, 3373. — *Historiae* (1634), II, 2081.
Lyverdis (de) : vers à lui adressés par Christofle de Beaujeu (1589), IV, 2942.
Livet (Ch.-L.), II, 1224, 1848 ; III, 2522.
Livre (Le) appelé Mandeville (1480), III, 2633.
Livre d'allois en or et en argent (1656), 273.
Livre (Le) de Baudouin, comte de Flandre (1478), III, 2626.
Livre (Le) de Clamades (1502), III, 2625.
Livre de cuysine (v. 1540), 284.
Livre (Le) de Chascun (v. 1540), 570.
Livre de Facet (1535), IV, 2779.
Livre (Le) de la Deablerie. Voy. Amerval (Eloy d').
Livre (Le) de l'estat et mutation des temps (1550), 211.
Livre de l'Ordre de treschrestien roy de France Louis XIe, a l'onneur de sainct Michel, ms., III, 2488.

Livre (Premier, Second) de Psalmes et Cantiques en vulgaire françoys (1552-1553), V, 3299.
Livre (Le) de saigesse (v. 1530), 136 ; cité, III, 2557.
Livre (Le) des marchands, cité, III, 2552.
Livre (Le) des statuts et ordonnances de l'ordre du benoist Sainct Esprit (v. 1580), III, 2489.
Livre (Le) des Visions fantastiques (1542), 644.
Livre (Le) de vraye et parfaicte oraison (1529), IV, p. 8.
Livre (Le) du Faulcon des dames (v. 1525), 571 et *Additions*.
Livre (Le) et Oraison a la louenge du mariage de monsieur le daulphin des Gaulles (1518). Voy. Rincio (Bernardino).
Livre nouveau nommé le Difficile des receptes (s. d.), 199 et *Additions*.
Livret nouveau auquel sont contenuz .XXV. receptez (v. 1540), 308.
Livron : chanson sur la rébellion de cette ville (1579), 989, art. 1.
Lobel, cité par Nic. Bourbon (1538), IV, 2788.
Lobineau (Dom Guy-Alexis), éditeur de l'*Histoire de la Ville de Paris* par Felibien (1725), III, 2315.
Lobkowitz. Voy. Hassenstein, baron de Lobkowitz.
Lochmaier (Michel), cité (1507), II, 1949.
Lochom (Michel van), grav. et marchand d'estampes à Paris (1632), III, 2708, pp. 489-490 ; (1638), 187.
Lockington (John), grav. (1777), 265.
Locom (L'abbé de), correspondant de Mme de Brinon (1694), IV, 3079, p. 442, art. 40.
Locqueneux (Marc), libr. et impr. à Paris (1573), III, 2154 ; (1588), 411, art. 9.
Locquin (Félix), impr. à Paris (1843), 1014.
Lodena (Hernando de) : vers à Cervantes (1613), II, 1754.
Lodicq : généalogie, IV, 2495.
Loë, ou Loy (Jean), impr. à Anvers (1553), IV, 3166 ; (1559), III, 2686.
Loeve-Veimars : Traduction des *Contes* de Hoffmann (1830-33), II, 1770. — *La Vie de E.-T.-A. Hoffmann* (1833), 1770. — *Belphégor*, nouvelle publiée dans le *Dodécaton* (1837), II, 1714.
Lodoïcus. Voy. Loys.
Logique (La) (1662), 130.
Loy (Jean), impr. à Anvers. Voy. Loe.
Loignon (M.), Paul Dupont et Cie, impr. à Clichy près Paris (1869), II, 1442.
Loynes (Antoinette de), femme de Jean de Morel : traduction partielle du *Tombeau de Marguerite de Valois* (1551), 628. — Nic. Denisot lui dédie les *Cantiques du premier advenement de Jesu-Christ* (1553), 1018. — Elle est louée par Du Bellay (1559), V, 3257. — Vers sur la mort de Du Bellay (1560, 1575), 680.
Loir du Lude : généalogie, III, 2495.
Loys (Jacques), dit Lodoicus, de Reims, cité par Nic. Bourbon (1538), IV, 2788.
Loys (Jean), impr. à Paris (1542), III, 2723.
L'Oiseau-Tourval : vers à Cotgrave (1632), 327.
Loisel (Antoine) : vers sur Mme Des Roches (1582, 1610), 737. — Vers sur Estienne Pasquier, *ibid*. — Pièce latine sur la mort de Ronsard (1586), IV, 2889 ; (1623), 668. — Vers à lui adressés par Nic. Rapin, qui l'appelle Lozellius (1610), IV, 2944.
Loiselet (F.), graveur (1788), II, 1916, art. 23.
L'Oyselet (George), impr. à Rouen (1560), II, 2054 ; (1566), V, 3316 ; (s. d.), IV, 3184.
L'Oyselet (Pierre), impr. à Rouen (1600), III, 2769.
L'Oyseleur (Jean), membre du bureau de l'Eglise réformée de Paris (1562), II, 2056.
L'Oyseleur (Pierre), seigneur de Villiers, a peut-être pris part à la publication des *Vindiciae contra tyrannos* (1579), IV, 3126, art. 3.
Loyson (Estienne), libr. à Paris (1660), II, 1184 ; (1662), 285 ; IV, 3038 ; (1663), II, 1187, 1189, 1190, 1812 ; (1666), II, 1174 ; (1668), 313 ; (1674), II, 1220 ; (1677-1678), III, 2524 ; (1679), II, 1170 ; (1672), II, 1134.
Loison (Guillaume), libr. à Paris (1628), III, 2332.
Loison (Henry), libr. à Paris (1669), 959 ; (1674), III, 2524.
Loison (Jean-Baptiste), libr. à Paris (1648), 830 ; (1662), 831 ; (1663), II, 1849 ; (1669), 959 ; II, 1885 ; (1673), II, 1222.
Loisson : généalogie, III, 2495.
Loittre de Tenot a Piarrot (1660), 1025.
Lomanie (de), baron de Terride : Pierre Charpentier lui dédie son *Advertissement touchant le port des armes* (1575), IV, 3126, art. 1 ; — Pierre Fabre lui dédie sa réponse (1576), *ibid.*, art. 2.
Lomazzo (Gio. Paolo) : *Rabisch dra academiglia dor compa Zavargna* (1589), 1049 ; (1627), 1050.
Lombaerts (Fernand) : inscription dans un album (1590), V, 3369.

Lombard (N.) : vers à Henri de Lorraine, marquis de Pont-à-Mousson (1591), III, 2335.
Lombard (Urbain), rémois : vers au cardinal d'Armagnac (1556), 123.
Lomellini (A.), publie deux actes pontificaux (1555), V, 3335.
Lomellini (Jacques) : Boursault lui dédie *Les Mots à la mode* (1694), II, 1229.
Loménie, tué à la Saint-Barthélemy (1572), IV, 3191.
Loménie (Mlle de), danse dans un ballet (1615), IV, p. 624.
Lomenie (Henry de) : C. Oudin lui dédie ses *Proverbes espagnols* (1624), II, 1867.
Loménie de Brienne (Étienne-Charles de), archevêque de Sens et cardinal, président du conseil des finances (1788), III, 2296. — Volume lui ayant appartenu, IV, 3094.
Loménie, comte de Brienne (Henri-Auguste de) : *Response aux Memoires de M. le comte de La Chastre* (1644), III, 2283. — C'est lui qui publie en réalité le *Recueil de poésies* qui porte le nom de La Fontaine (1671), 977, 978.
Lommeaud (P. de) : vers sur Mme Des Roches (1582, 1610), 737.
L'Ommeau (Robert de) : vers à lui adressés par J. Le Masle (1580), IV, 2933.
Lon (Pierre de), libr. à Paris (1618), III, 2450.
Londres. Imprimeurs et Libraires. Voy. Alde (John), 1562 ou 1563. Baillière, 1834. Barker (Christophe), 1584-1586. Berthelet (Thomas), 1538. Bowle (Carrington), 1777. Bowle and Carver, v. 1780. Colburn (H.), 1816. Day (John), 1561-1579. Davis (W.), 1670. Davison (T.), 1816. Field (Richard), 1588. Gilbourne (P.), v. 1670. Groenewegen (J.), 1726. Hawes (W.), v. 1670. Islip (Adam), 1732. Mac Queen, 1843. Millar (A.), 1753. Motte (Benjamin), 1726. Murray (John), 1816. Nourse (John), 1769-1776. Prévost (N.), 1726. Snelling, 1769. Tonson (Jacob), 1709. Vautroullier (Thomas), 1577-1588. Wyer (Richard), 1550. Wyer (Robert), 1532. Windet (John), peut-être imaginaire, 1587. Worde (Wynkin de), 1535. — Fausse rubrique de Londres (1745), III, 2238 ; (1767), 2239.
Longastre (Regnier de), joue dans la *Passion* de Valenciennes (1547), IV, 3010, p. 376.
Longepierre (Hilaire-Bernard de Roqueleyne, baron de) : volumes lui ayant appartenu, 12, 24, 70, 217 ; II, 2045.

Longino (Vincenzo) : *Ludus Diane* (1500), II, 1066.
Longis (Jean) (1528), II, 2099 ; (1530), III, 2624 ; (1531), 415, 472 ; (1533), II, 1508 ; (1534), II, 1498 ; (1537), II, 2093 ; (1544), IV, 3141 ; (1556), II, 1938 ; (1558), V, 3213, note ; (1560), II, 1721 ; V, 3373 ; (s. d.), IV, 2848, 2850.
Longnon (Auguste), cité, II, 1486.
Longray (Aymée Motier de La Fayette, dame de), v. 1541. Voy. La Fayette.
Longueil, chanteur (1671), IV, p. 624.
Longueil (Mlle de), enfant, figure dans un ballet (1656), IV, p. 624.
Longueil (Joseph de), grav., 177, 409, 856, 857, 916, 925, 931, 1033 ; II, 1287, 1335, 1459, 1502, 1531, 1698, 1711, 2003, 2015 ; III, 2298.
Longueil (Christophe de), cité par Nic. Bourbon (1538), IV, 2788 ; cité parmi les érudits par Guy Le Fèvre de La Boderie (1578), IV, 3183. — Portrait dans les *Icones* de N. Reusner (1589), V, 3370.
Longueil (Mathieu de), cité par J. Dorat (1586), IV, 2789.
Longuejoue (Philibert de) : vers à lui adressés par J. Le Masle (1580), IV, 2933.
Longueval : généalogie, III, 2495.
Longueval (Mlle de), danse dans un ballet (1666), IV, p. 624.
Longueval (M. de) : *Double et Copie a monseigneur d'Orleans* (1542), III, 2676.
Longueville (Mlle de) : son éloge par Jules de Richy (1616), V, 3290.
Longueville (Anne-Geneviève de Bourbon-Condé, duchesse de), seconde femme du précédent : Le Clerc lui dédie *La Virginie romaine* (1645), II, 1118.
Longueville (Catherine de Gonzague), veuve du précédent : son éloge par Jules de Richy (1616), V, 3290.
Longueville (Charles-Paris d'Orléans, duc de) : son *Oraison funebre* par l'abbé Bauyn (1672), 364, art. 1 ; — par Gilbert de Choiseul (1672), *ibid.*, art. 2.
Longueville (Henri Ier d'Orléans, duc de), défait le duc d'Aumale (17 mai 1589), III, 2219, art. 13.
Longueville (Henri II d'Orléans, duc de), figure dans un ballet (1635), IV, p. 625.
Longueville (Léonor d'Orléans, duc de), mort en 1573, cité par J. Dorat (1586), IV, 2789.
Longueville (Louis II d'Orléans, duc de), avait épousé Marie de Lorraine, III, 2368.
Longueville (Louise de Bourbon, duchesse de), femme du précédent,

danse dans un ballet (1635), IV, p. 625.
Longueville (Marie de Bourbon, duchesse d'Estouteville et duchesse de), femme du précédent : épigramme à elle adressée par Jacques de La Taille (1573), V, 3317. — Vers à elle adressés par Christofle de Beaujeu (1589), IV, 2942.
Longueville (Marie d'Orléans, dite Mlle de). Voy. Nemours.
Longus : *Pastoralia* (1598), III, 2622. — *Les Amours pastorales de Daphnis et Chloé* (1718), II, 1484.
Lonlay : abbaye de Notre-Dame, IV, 3096, art. 104.
Longwy (Claude de), cardinal de Givry, évêque de Langres, cité par Nic. Bourbon (1538). IV, 2788. — Il a pour secrétaire Jean Le Fèvre (1548), II, 1870.
Loo (Michel van), peintre, II, 2015, 2094.
Loon (H. van), graveur (xviie s.), IV, 3096, art. 1 et 91.
Lopez, ministre espagnol, est tué à la Saint-Barthélemy (1572), IV, 3191.
Lopés (Félix), libr. à Leide (1682), II, 1278.
Lopez (Ignacio), comte de Tendile, vice-roi de Grenade : Pietro Martire lui dédie une de ses *Decades* (1516), II, 1955.
Lopez de Gomara (F.) : *Histoire generalle des Indes occidentales*, trad. par Fumée (1580), II, 1958.
Lopez de Sequeira (Diogo), gouverneur des Indes (1515), II, 1944.
Loppé (C. de) : distiques sur la mort de Ronsard (1586), IV, 2889.
Loque (Bertrand de), *Deux Traitez, l'un de la Guerre, l'autre du Duel* (1588), III, 2119, art. 2 ; — *Traité de l'Eglise* (1577), cité, *ibid*. — *Les principaux Abus de la messe* (1597), cités, *ibid*. — *Response aux trois discours du jésuite Richeome* (1600), citée, *ibid*.
L'Orange, trompette (1659-1671), IV, p. 625.
Lore, danseur (1635), IV, p. 625.
Lore (Le petit), danseur (1635), *ibid*.
Loredano (Leonardo), doge de Venise : lettres de créance à lui adressées par Léon X en faveur de Gio. Giorgio Trissino (1517), IV, 3078. — Il est cité (1518), II, 1941 ; (1524), IV, 2764.
Lorentz, dessin. (1842), III, 2300.
Lorentz (Kaspar), ou Gasp. Laurentius : extrait de la préface du *Corps des confessions des Eglises reformées* (1660), II, 2042.
Loret (Jean), *La Muze historique* (1650), 894 ; (1651-1654), 895 ; (1657-1664), 896 ; (1658-1664), 897. — Vers au petit de Beauchasteau (1657), 833. — Cité, II, 2071, art. 4.
Lorge (de), vers à Jean d'Intras (1609), II, 1524.
Lorge (de) père, musicien (1654-1657), IV, p. 625.
Lorge (de) fils, musicien et danseur (1657-1671), *ibid*.
Lorge (de) enfant (1664), *ibid*.
Lorgeril (de) : généalogie, III, 2495.
Lorieux (F.-B.), grav. (1778), 228.
Lorinchow (Florent), lecteur au gymnase de Dortmund (1546), II, 1068, art. 3.
Lorion (M. de), de Metz, amant infidèle (1623), 121.
Löritz (Heinrich), dit Glareanus : *De geographia Liber unus* (1528), cité, III, 2713.
L'Orme (Janet de) : épitaphe satirique par Bér. de La Tour (1551), V, 3254.
Lorme (Jean de) : sonnet à la suite de l'*Hymne trionfal* de Cl. Nouvelet (1572), IV, 3181.
Lorme (Marion de) : son portrait (1780), III, 2279. — Lettre adressée sous son nom aux auteurs du *Journal de Paris* (1780), III, 2279.
Lorme (Philibert de), architecte, cité par Guy Le Fèvre de La Boderie (1578), IV, 3183.
Lorme (T. de), *La Muse nouvelle* (1665), 835.
Lormel (de), impr. à Paris (1773), 1002.
Lormier (Charles), de Rouen : volumes lui ayant appartenu, IV, 2756, 2775, 2810, 2819.
Lormois : vers à Marc de Papillon (1597), 762.
Lorraine : ouvrages divers relatifs à cette province, III, 2335, 2336 et note.
Lorraine (Charles, cardinal de Guise, puis de) : vers à lui adressés par Du Bellay (1549, 1563), IV, 2890. — Louis Des Masures lui dédie ses *Œuvres poétiques* (1557), 657. — Il est loué par Ch. Fontaine (1557), IV, 2877. — Du Bellay lui adresse des vers italiens et des *Inscriptions* (1559), V, 3257 ; (1561), IV, 2898. — Représentation qui devait avoir lieu chez lui en 1559, 674. — J.-L. Micqueau lui dédie l'*Obsidio Aureliae urbis* (1560), III, 2652 ; II, 2103. — Discours prononcé au colloque de Poissy (1561), II, 2055, 2056. — *Copie des lettres que Mgr. le cardinal a envoyé à Mme de Guyse...* (1563), III, 2688 ; V, 3352. — *Lettre d'un seigneur du païs de Haynault* (1565), III, 2691. — Pamphlet contre lui (1565), III, 2692. —

Sonnet à lui dédié par Jean Dorat (1570), IV, 2904. — *Le Tumulte de Bassigni* (1573), III, 2694. — J. Du Lac lui dédie le *Brief Discours de l'accident aduenu par feu en la ville de Venise* (1574), III, 2449. — *Discours sur sa mort*, par Edm. Auger (1575), III, 2191. — Il est cité par Jean Dorat (1586), IV, 2789.
Lorraine (Charles de), marquis d'Elbeuf : Remi Belleau lui dédie sa *Bergerie* (1576), 690.
Lorraine (Charles de), évêque de Metz : Pantaléon Thévenin lui dédie une édition commentée de *L'Hymne de la Philosophie de Ronsard* (1582), IV, 2885.
Lorraine (Charles, duc de). Voy. Charles.
Lorraine (Charles, prince de), figure dans un ballet (1662), IV, p. 625.
Lorraine (Charles, prince de) : J. Chevillard lui dédie les *Grands Ecuiers de France* (1718), III, 2493, art. 34.
Lorraine (Claude de), duc d'Aumale. Voy. Aumale.
Lorraine (François de), tué à Pavie (1525), II, 2127.
Lorraine (François de), duc de Bar : *Epithalame*, par J. Mallard (1540), IV, 2871.
Lorraine (François de), fils du duc de Guise : *Hymne sur sa naissance* par Sc. de Sainte-Marthe (1560), 717.
Lorraine (Charles III, duc de). Voy. Charles.
Lorraine (Henri, duc de). Voy. Henri.
Lorraine (Jean, cardinal de) : Barthélemy de Salignac lui dédie son *Itineraire de Terre Sainte* (1525), IV, 3096. — Il est cité par Nic. Bourbon (1538), IV, 2788. — Niccolò Martelli lui dédie un recueil ms. de ses poésies (v. 1543), IV, 3000. — Il est loué par Ch. Fontaine (1546), IV, 2876. — Il protège André Thevet (1549), II, 1931. — Vers à lui adressés par François Habert (1549), IV, 2868.
Lorraine (Louis, cardinal de). Voy. Guise.
Lorraine (Louise de) : J. Polman lui dédie *Le Chancre* (1635), 55.
Lorraine (Marguerite de), dite Mlle de Vaudemont : *Balet comique* composé lors de son mariage avec le duc de Joyeuse (1581), II, 1445.
Lorraine (Philippe d'Armagnac, dit le chevalier de) : Préchac lui dédie la 2ᵉ partie de ses *Nouvelles galantes* (1678), II, 1708.
Lorraine (Renée de), femme de Guillaume, duc de Bavière (1579), IV, 2879.
Lorris (Guillaume de) : *Roman de la Rose*, mss. (xive s.), IV, 2800, 2801 ; impr. (v. 1486), 435 ; (v. 1500), 436 ; (1529), 437 ; — *moralisé* (v. 1500), 438.
Lortic, rel. à Paris, II, 1676 ; IV, 2780, 3138-3140.
L'Ortigue (Annibal de). Voy. Ortigue (Annibal d').
Losange (M.-A.) : vers à Jean d'Intras (1609), II, 1526.
Losco (Gio. Girolamo) : lettre à lui adressée par Gio. Giorgio Trissino (1517), IV, 3078.
Los Santos (Le moine de), III, 2434.
Lostal (Pierre de) : sonnet et quatrains à Du Bartas (1583), V, 3269.
Lothaire, empereur d'Occident : sa statue, IV, 3096, art. 17 ter.
Lothaire, pape. Voy. Innocent III.
Lotrian (Alain), libr. à Paris (1532), V, 3346 (marque reproduite) ; (1539), II, 1076 ; V, 3249 ; (1543), II, 2117 ; (s. d.), 136. 543, 567, 585 ; II, 1939, 2021 (?) ; III, 2542 ; IV, 2747, 2836, 2851, 3011 ; V, 3376.
Lotter (Melchior), impr. à Leipzig (v. 1495), V, 3338 (avis au lecteur très singulier).
Lottin : *Recherches historiques sur Orléans*, citées, 457.
Louan (Frère Paul) : épître à frère Françoys Le Roy (v. 1515), IV, 2820, p. 145 ; épître à lui adressée par frère Augustin Senxi, *ibid*.
Loube (Mlle de), danse dans un ballet (1681), IV, p. 625.
Louenge (La) des dames (v. 1492), 572 ; (v. 1495), V, 3242. Cf. 529.
Louenge (La) des femmes, invention extraite des Commentaires de Pantagruel (1551), IV, 2951.
Louenge (La) des roys de France (1507), IV, 2822.
Louanges (Les) de la Folie (1575), II, 1827.
Loudon (de), cité par Ch. Fontaine (1546), IV, 2876.
Loudun (Le baron de) : épigramme à lui adressée par Bérenger de La Tour (1551), V, 3254, p. 52.
Louis III d'Outremer : vers à lui par Fr. Guibaudet (1591), III, 2335.
Louis IX : *Legende de saint Loys*, II, 2020.
Louis XI : *Exhortation de la Couronne de France* à lui adressée comme dauphin, IV, 2796. — On croit à tort que *Les cent Nouvelles nouvelles* ont été composées pour lui, II, 1694. — Livre de l'ordre de sainct Michel, ms. (1469), III, 2488. — *Chronique scandaleuse*, [par Jehan de Roye] (1572), II, 2098. — Sujet d'une tragédie de Casimir Delavigne (1832), II, 1348.
Louis XII, d'abord duc d'Orléans :

Octavien de Saint-Gelais compose des vers sur sa délivrance (1490), III, 2582, art. 9. — *Chronique* anonyme (1572), II, 2098. — Voy. Champier (Symphorien), *Gestes de Bayard* (v. 1526), II, 1505. — *La Proposition et Harengue au roy d'Angleterre*, par Claude de Seyssel (1506), IV, 3104. — Fausto Andrelini lui dédie l'épithalame de François I*er* et de Claude de France (1506), IV, 2782. — *Le Jardin de Jennes*, moralité (1506), IV, 3018. — Le roi inspire des pièces dramatiques hostiles au pape (1507-1508), V, 3313, 3314. — Son passage des Alpes, II, 2122. — *Das Enreyten des Konigs in Jenua* (1507), II, 2106. — *Coram Julio secundo... pro... rege Ludovico XII... Appologia, per... Gulielmum Briçonnetum habita* (1507), II, 2107. — *La Paix faicte a Chambray* (1508), 489. — *Louenges*, par Claude de Seyssel (1508), II, 2105. — *Le Debat des dames de Paris et de Rouen sur l'entree du roy* (1508), IV, 2835. — *La Rescription des dames de Millan à celles de Paris et de Rouen* (v. 1509), IV, 2854. — *Les Ballades de Bruyt Commun*, par André de La Vigne (1509), 480. — *L'Entreprise de Venise*, par Pierre Gringore (1508), 496. — *Frotola nova contra Venitiani di Graziano da Lucca* (1508), 1039. — *Frotoleta contra Veniciani di Betuzzo da Cottignola* (1508), 1040. — *La Lamentation de Venise*, [traduite de Simeone Litta] (1509), 569. — *La Complainte de Venise*, par Pierre Gringore (1508), V, 2832, 2833. — *La Mauvaistié et Obstinacion des Veniciens* (v. 1508), IV, 2847. — *L'Antree du roy a Millan* (1509), II, 2108. — Traduction du poème de Simeone Litta sur cet événement (1509), III, 2591 et *Additions*. — Vers sur la conquête du Milanais par Gio. Giorgio Alione (impr. en 1521), IV, 3058, p. 413. — *Lettres envoyees à Paris... en sa court de parlement touchant les batailles et victoires faictes par les Françoys* (1509), II, 2109 et *Additions*. — *La memoranda Presa de Peschera* (30 mai 1509), 1041. — *La tresnoble et tresexcellente Victoire du roy... sur les Venitiens a la journee de Caravalz*, etc. (1509), II, 2110 ; — trad. en allemand, 2111. — *La Victoire du roy contre les Veniciens* (1509), par Claude de Seyssel (1510), III, 2655. — *L'Armee du roy qu'il avoit contre les Venitiens* (1509), trad. en allemand, II, 2111. — *Les Triumphes de France*, trad. de Charles Curre par Jehan d'Ivry (1509), 484. — *Epistre au roy* composée par Fausto Andrelini pour la reine Anne et traduite par Guillaume Crétin (1509), 486. — Le roi envoie à Saint-Denis les enseignes des Vénitiens (1509), IV, 2783. — *Faitz, Institutions et Ordonnances... ordonnez dedens la ville de Pise pour commencer le concille* (1511), IV, 3095. — Jehan Le Maire lui dédie son *Traictié de la difference des scismes* (1511), II, 2008. — *Istoria nova che tracta tutte le guerre...* (1512), 1043. — *Historia nova della ruina de' Venetiani* (1512), 1044. — *La vera Nova de Bressa* (1512), 1045. — *La vera Prophetia de uno imperadore* (1512), 1046. — *Le Contreblason de faulces amours* renferme la louange du roi (1512), IV, 2812. — *Donnet baillet au roy Loys* par Jehan Molinet, 471, art. 88. — Rondeau sur sa première rupture avec Henri VIII (v. 1512), IV, 2758. — *La Diliberation des Trois Estatz de France sur l'entreprinse des Angloys et Suysses*, [par Pierre Vachot] (v. 1513), IV, 2837. — *Newe Gezeitigung ausz romischer Kaiserlicher Majestat und des Künigs von Engellandt Here vor Terebona* (1513), II, 2112. — Ordonnance de Blois sur les libraires, relieurs, etc., de l'Université de Paris, 1513 (v. 1520 ?), III, 2547. — *Traicté de la paix faicte entre Loys XII et le roy d'Angleterre* (août 1514), V, 3339. — *Le Pas des armes... tenu a l'entree de la royne a Paris*, par Guillebert Chauveau, dit Montjoye (1513), II, 2113, 2114. — Gilles de Delft dédie au roi ses *Versus Psalmorum penitentiæ* (s. d.), IV, 2736. — Son emblème, IV, 3077.

Louis XIII : alors qu'il est dauphin, P. de Deimier lui adresse des vers (1605), 766. — Pierre-Victor Palma-Cayet lui dédie la 2e partie de la *Chronologie novenaire* (1608), III, 2704. — Vers à lui adressés par S. G., sieur de La Roque (1609), IV, 2943. — Sur son règne, voy. *Commentaires de Louis Freton, seigneur de Servas* (1600-1620), II, 2095, art. 16. — *Memoires contenant ce qui s'est passé en France de plus considerable depuis l'an 1608 jusqu'en l'année 1636* [par le duc d'Orléans] (1685), III, 2262. — *Memoires du duc de Rohan*, 1610-1629 (1756), III, 2263. — *Memoires de Michel de Marolles*, 1611-1643 (1656-57), III, 2265. — *Memoires d'Estat*, [par le duc d'Estrées] (1666), III, 2264. — *Tableau de la vie et du gouvernement de messieurs les cardinaux Richelieu et Mazarin...* (1693), 950. — *Consolation de la paix et Couronnement de la royne et de Louis XIII* (1610), III, 2266. — *Chanson sur le couronnement* (1610), 991, art. 3. — Jean Savaron lui dédie son *Traicté de l'espee françoise* (1610), V, 3380. — Nic. Rapin lui dédie ses *Vers mesurez* (1610), IV, 2944. — Marc Lescarbot lui dédie l'*Histoire de la Nouvelle-France* (1612), II, 1964. — *L'Hymne de la paix* (1614), 892, art. 1. — *Le Cantique de la paix* (1614), 892, art. 2. — *Alegresse pour le bonheur de la reunion de messieurs les princes* (1614), 892, art. 3. — *La Resjouissance des Harangeres et Poissonnieres des halles de Paris sur les discours de ce temps* (1614), II, 1796, art. 22. — La traduction du *Don Quichotte* lui est dédiée (1614), IV, 3068. — D. L. C. Th. lui dédie la *Meteorologie* (1614), III, 2243, art. 21. — Les *Satyres* de Mathurin Régnier lui sont dédiées (1614), 933-936. — *Le Triomphe de la Fleur de lys* lui est présenté à son entrée à Orléans (8 juillet 1614), III, 2267. — *Arrest de la cour de parlement du 2. janvier 1615 touchant la souveraineté du roy au temporel*, III, 2243, art. 17. — *Advertissement du sieur Bruscambille sur le voyage d'Espagne* (1615), II, 1790. — *Lettre de Guillaume sans peur envoyee aux deshandez de la cour* (1615), IV, 3129. — *Le Courrier picard* (v. 1615), III, 2243, art. 2. — *Chanson poetevine sur l'entrée du roy à Poitiers* (1615), 1025. — *Les Magnificences faites en la ville de Bourdeaux à l'entrée du roy* (7 oct. 1615), III, 2268. — *L'Ordre prescrite des ceremonies faictes... à S. Jean de Lus à l'echange des infantes de France et d'Espagne* (1615), III, 2269. — *Les Pompes, Magnificences et Ceremonies faictes dans l'eglise S. André... de Bordeaux pour le mariage de Philipes, prince d'Espagne, avec Mme Elisabeth de France* (1615), III, 2271. — *La superbe et magnifique entrée de la royne en la ville de Tours* (25 janv. 1616), III, 2272. — *Les Ceremonies faictes à l'entrée du roy et de la royne en leur bonne ville d'Orleans* (8 mai 1616), III, 2273. — *L'Ordre tenu à la reception du roy et de la royne en leur bonne ville de Paris* (16 mai 1616), III, 2274. —*La Conjuration de Conchine* (attr. à P. Mathieu, 1618), III, 2275. — *Resjouissance publique sur l'arrivée de la royne mere en la ville de Tours* (6 sept. 1619), III, 2276. — *Reception faicte à la royne mere du roy en la ville de Tours* (6 sept. 1619), III, 2277. — *Peripatetiques Resolutions et Remonstrances sentencieuses du docteur Bruscambilles aux perturbateurs de l'Estat* (1619), II, 1791. — Il dansc dans le *Ballet du roy* (1619), II, 1449. — Fr. de Rosset lui dédie ses *Histoires des amans volages* (1619), II, 1723. — Frédéric de Bavière, comte palatin, lui notifie son élection au trône de Bohême (1619), III, 2420, art. 14. — *La Conference entre l'empereur et le comte Palatin, arrestée par l'entremise du roy de France* (1620), III, 2420, art. 35. — *Recit veritable de ce qui s'est passé en la frontière de Champagne* (1620), III, 2420, art. 67. — Champlain lui dédie ses *Voyages* (1620), II, 1966. — Jean Belot lui dédie ses *Centuries prophetiques* (1621), IV, 2762. — *Affaires de Guienne*, par B. de Vignolles, dit La Hire (1621-1622), II, 2095, art. 17. — *La Retraite du comte de Mansfeld et de toute son armée hors des frontieres... de France* (1622), III, 2420, art. 68-69. — Séjour du roi à Lyon (décembre 1622), II, 1450. — *Le Caquet des Poissonnieres sur le departement du roy et de la cour* (1623), II, 1796, art. 9. — *Stances satiriques adressées au roi à la suite du Passe partout des Ponts bretons* (1624), 911. — *Supplications du sieur de Soubize faittes au... prince Charles I, roy d'Angleterre* (1625), III, 2278. — Gervais Alliot lui dédie son édition de la *Chasse royale* (1625), 298. — *Pieces du procés de Henri de Tallerand, comte de Chalais, décapité en 1626* (1781), III, 2279. — *Pour le roy allant chastier la rebellion des Rochelois...* [par Malherbe] (1628), 819. — *Histoire des deux derniers sieges de La Rochelle, 1573 et 1627-28* (1630), III, 2280. — Auguste Galland lui adresse un *Discours sur la ville de La Rochelle* (1629), III, 2708. — *Articles de la Paix accordée entre Louis le Juste et le roy de Marroque* (1631), III, 2484. — Ode adressée au roi par Georges de Scudéry (1633), V, 3318. — Il danse dans le *Ballet des Triomphes* (1635), II, 1452. — Il fait jouer le *Ballet de la Marine* (1635), II, 1453. — *Memoires et Instructions pour servir à justifier l'innocence de mess. François-Auguste de Thou*, ms. (1642), IV, 3130. — Desmarets de Saint-Sorlin lui dédie la tragi-comédie de *Mirame* (1642), II, 1117. — *Liste des edicts qui ont esté verifiez en la cour de parlement de Paris le 7. jour de sept. 1645*, IV, 3154, p. 535. — *Liste des edicts verifiez en la chambre des Comptes* (1645), ibid. — Volumes ayant appartenu au roi et à la reine Anne d'Autriche, 173 ; II, 1777.

Louis XIV. Généralités de son règne. *Memoires de M. D. L. R.* [de La Rochefoucauld], 1630-1652 (1664); *Memoires de M. de la Chastre*, 1642-1643 (1664), III, 2282. — *Memoires du duc de Navailles et de La Valette*, 1635-1683 (1701), III, 2284. — *Memoires de Mlle de Montpensier*. 1637-1685 (1735), III, 2286. — *Recueil de diverses pieces curieuses pour servir à l'histoire*, 1643-1661 (1664), III, 2283. — *Memoires de Guy Joly*, 1643-1665 (1738), III, 2285. — *Histoire de Mme Henriette d'Angleterre* ..., par Mme de La Fayette. 1644-1670 (1720), III, 2288. — *Le Tableau de la vie et du gouvernement de MM. les cardinaux Richelieu et Mazarin et de M. Colbert* (1693), 950. — *Memoires du cardinal de Retz*, 1648-1655 (1731), III, 2285. — *Memoires de Mme la duchesse de Nemours*, 1649-1652 (1738), III, 2285. — *La Muze historique*, par Jean Loret (1650-1665), 894-897. — *Histoire amoureuse des Gaules*, par Bussy-Rabutin (v.1665), II,1684-1686. — Détails historiques. Le roi danse dans des ballets : rôles qu'il y remplit (1651-1670), IV, p. 625. — Salnove lui dédie sa *Venerie royale* (1655), 303. — *Lettre envoyee à MM. les Prevost des marchands et eschevins de Paris sur l'exaltation de N. S. P. le pape Alexandre VII* (1655), IV, 3153, p. 537. — *Le cardinal Mazarin joué par un Flamand* (14 mai 1658), III, 2287. — A l'occasion du mariage du roi, le marquis de Sourdéac fait représenter *La Toison d'or* de P. Corneille (1661), II, 1164. — Lettres en vers par Mayolas de La Gravette (1665-1666), 898. — *La Muse dauphine* par Subligny (1665-1666), 901, 902. — Racine dédie au roi la tragédie d'*Alexandre* (1666), II, 1249. — *Ode du dieu d'Amour au dieu Mars*, par Mayolas de La Gravette (1666), 900. — Lettres en vers, par Ch. Robinet (1666-1667), 899. — Discours adressé au roi par Boileau (1666), 942 ; (1667), 943 ; (1668), 944. — *Oraison funebre d'Anne d'Autriche* par Jules Mascaron (1666), 355 ; — par le P. J. Fr. Senault (1666), 356 ; — par Fr. Faure (1666), 356 ; — par André Carmagnole (1666), 356 ; — par l'abbé Le Clerc (1666), 356 ; — par M. Fernier (1666), 356 ; — par l'abbé de Drubec (1667), 356. — *Ode aux muses sur le portrait du roy* par le comte de Modène (1667), 838. — *Poëme sur les victoires du roy*, par P. Corneille (1667), 903. — *Histoire de l'amour feinte du roi pour Madame* (v. 1734), II, 1685. — *Le Passe-Tems royal sur les Amours de Mlle de Fontange* (v. 1734), II, 1685 (1754), 1686. — Placet adressé au roi par Molière au sujet du *Tartuffe* (1669), II, 1195. — *Lettres en vers à Mgr. Talon* (1669), 904. — *Le Bourguignon intéressé* (v. 1669), III, 2289. — *Oraison funebre de Henriette Anne d'Angleterre*, par J.-B. Bossuet (1670), 350 ; — par J. Mascaron (1670), 355. — *Les Victoires du roy sur les estats de Hollande*, en français par P. Corneille, et en latin (1672), IV, 2971. — Donneau de Vizé dédie au roi *Le Mercure galant* (1672), III, 2524. — Confiscation de la principauté d'Orange (1673), III, 2348. — *Eloge du roy sur ses conquestes*, par Mayolas de La Gravette (1673), III, 2614. — *Les Triomphes du roy, ou la Suitte de ses conquestes* par le même (1673), III, 2614. — *Lettre à Mgr. l'archevesque de Paris pour faire chanter le Te Deum...* (19 août 1674), IV, 3153, p. 539. — *Les Portraits de Mgr. le dauphin* [par Ch. Robinet] (1679), 905. — *A Monseigneur, sur son mariage* [par P. Corneille] (1680), 906. — Voyage du roi en Flandre (1680), III, 2524, p. 287. — Fêtes données à Versailles (1683), III, 2327. — *Oraison funebre de Marie-Therese d'Autriche*, par J.-B. Bossuet (1683), 351 ; — par Therville (1683), 369 ; — par J. de Bollogne (1683), 369 ; — par Flechier (1683), 369 ; — par Des Alleurs (1683), 369. — *Réflexions sur la cruelle persecution que souffre l'Eglise reformée de France* [par P. Jurieu] (1685), II, 2065. — Soulier dédie au roi son *Histoire du Calvinisme* (1686), II, 2043. — Voyage du roi à Luxembourg (1687), III, 2524, p. 290. — *Memoires de ce qui s'est passé de plus considerable pendant la guerre* (1688-1698), par M. de Massiac (1688), III, 2291. — *Oraison funebre de Marie Anne Christine de Baviere*, dauphine, par P. de La Broue (1690), 374 ; — par E. Flechier (1690), 374 ; — par Du Jarry (1690), 374 ; — le P. Jean Benoist lui dédie son *Histoire des Albigeois et des Vaudois* (1691), II, 2032. — Lettre à lui adressée par Fénelon (v. 1694), IV, 3081. — *Scarron a paru à M*me *de Maintenon* (1694), II, 1690. — *Memoires de M*me *la comtesse de M**** [Murat] (1697), III, 2292. — *Memoires de Ch. Perrault* (1759), III, 2290. — Robert Le Chantre lui dédie l'*Arbre de la genealogie de Notre Sauveur* (1698), III, 2493, art. 2. — Jacques Chevillard lui dédie la *Chronologie des Rois et Reines de France* (1701), ibid., art. 12. — Duval (Franç.), *Histoire du soulevement des fanatiques dans les Sevenes*, 1702-1705 (1713), II, 2034. — *Histoire des troubles des Cevennes, ou de la guerre des Camisars* [par Ant. Court] (1760), II, 2037. — *Oraison funebre de Louis, dauphin*, par le P. de La Rue (1711), 387; — par Mathieu (1711), ibid. — *Oraison funebre de Mgr. le dauphin et de M*me *la dauphine*, par le P. Gaillard (1712), 389; — par le P. de La Rue (1712), 389. — *Journal de la maladie de Louis XIV*, III, 2524, p. 297. — *Oraison funebre*, par Edme Mongin (1715), 390. — Portrait (1657), 833. — Description de ce qui a été praticqué pour fondre... sa figure equestre, 1743, 244. — Volume relié à ses armes, III, 2328.

Louis, dauphin, fils de Louis XIV : Subligny lui dédie *La Muse dauphine* (1667-1668), 901, 902. — Voy. *La campagne de la reyne, ou Lettre galante écrite à des dames de la cour de Mgr. le dauphin* (1668), II, 1689. — La Fontaine lui dédie ses *Fables* (1668), 911; (1678), 913. — Devoirs corrigés par Bossuet (v. 1670), IV, 3079, p. 448. — L'*Histoire du Vieux et du Nouveau Testament du sieur de Royaumout*, c'est-à-dire de Nic. Fontaine et de Louis-Isaac Le Maistre de Sacy lui est dédiée (1670), 11. — Donneau de Vizé lui dédie *Le Mercure galant* (1678), III, 2524, p. 285. — Lettre sur son éducation, par Bossuet, ms. autogr. (1679), V, 3329. — Ses *Portraits*, par Charles Robinet (1679), 905. — Son mariage (1680), III, 2524, p. 286. — *A Monseigneur sur son mariage* (1680), 906. — Mavelot lui dédie son *Nouveau livre de chiffres* (1680), 263. — Bossuet compose pour lui le *Discours sur l'histoire universelle* (1681), II, 2000. — Il danse dans un ballet (1681), IV, p. 626. — Fête donnée pour lui à Chantilly (1688), III, 2524, p. 290. — Sa campagne de Philippsbourg (1688), *ibid.* — *Les Amours de Mgr. le dauphin avec la comtesse du Roure* (v. 1734), II, 1685; (1754), 1686. — J. Chevillard lui dédie *Les dauphins de France* (v. 1700), III, 2493, art. 20. — Son *Oraison funebre* par le P. de La Rue (1711), 387, art. 1; — par Mathieu (1711), *ibid.*, art. 2. — Volumes lui ayant appartenu, II, 1177, 2043.

Louis, duc de Bourgogne, puis dauphin : ses campagnes en 1702, III, 2524, p. 294. — J. Chevillard lui dédie la *Genealogie de messeigneurs les princes ducs de Bourgogne* (v. 1700), III, 2493, art. 19. — Son *Oraison funebre* par le P. Gaillard (1712), 389, art. 1; — par le P. de La Rue (1712), *ibid.*, art. 2.

Louis XV, roi de France : Relation de son avènement (1715), III, 2524, p. 297. — Le marquis de Fénelon lui dédie *Télémaque* (1717), II, 1674. — Le P. Daniel lui dédie l'*Histoire de la milice françoise* (1721), III, 2359. — Son sacre (1722), III, 2493, art. 11, 2524, p. 299; IV, 3153, p. 543. — Chansons sur cet événement, 1000. — Jacques-Louis Chevillard lui dédie le *Dictionnaire heraldique* (1722), III, 2494. — Son mariage (1725), 2524, p. 300. — L'*Histoire genealogique* par le P. Anselme lui est dédiée (1726-1733), III, 2487. — *Memoires présentés à Mgr. le duc d'Orléans, regent*, par le comte de Boulainvilliers (1727), III, 2293. — D. Bernard de Montfaucon lui dédie *Les Monumens de la Monarchie françoise* (1729-1733), III, 2501. — Son portrait, *ibid.* — Le Pippre de Nœufville lui dédie son *Abrégé chronologique de l'origine de la Maison du roi* (1734), III, 2361. — Portraits (1734-1738), III, 2361, 2495. — P. d'Hozier lui dédie l'*Armorial general* (1738), III, 2495. — Fuzelier et Le Clerc de La Bruère lui dédient le *Mercure* (1744), III, 2524, p. 304. — *Recueil de pieces choisies sur les conquêtes et la convalescence du roy* (1745), 907. — *Poëme de Fontenoy* [par Voltaire] (1745), 908. — *Lettres patentes en faveur des Juifs, ou nouveaux chrétiens avignonois établis à Bordeaux* (mai 1759), II, 2072. — *Memoire pour la Compagnie des Indes contre le sieur Dupleix* (1762), III, 2295. — Rigoley de Juvigny lui dédie son édition des *Bibliotheques françoises* de La Croix du Maine et de Du Verdier (1772), III, 2517. — *Anecdotes sur M*me *la comtesse Du Barri* (1775), III, 2294. — Volumes lui ayant appar-

tenu, II, 1835, 1934 ; III, 2312, 2350.
Louis, dauphin de France, fils de Louis XV : De Roussel lui dédie l'*Essai historique sur le régiment Dauphin* (1766), III, 2362. — Roze de Chantoiseau lui dédie l'*Almanach dauphin* (1777), III, 2322. — Volume lui ayant appartenu, 391.
Louis-Joseph-Xavier de France, duc de Bourgogne, est enterré à Saint-Denis (1761), III, 2329.
Louis XVI : *Brevet qui ordonne à Didot l'ainé d'imprimer pour l'éducation de M. le dauphin différentes éditions* (1er avril 1783), II, 1918, art. 1. — *La Cour pleniere* (1788), III, 2296. — *Les Messeniennes*, par C. Delavigne (1818-1827), I, 862-864. — Volumes lui ayant appartenu, 270.
Louis-Philippe, duc d'Orléans, puis roi des Français. Casimir Delavigne lui dédie l'*Ecole des vieillards* (1823), II, 1345. — Voy. *Némésis*, par Barthélemy (1832), 953. — *Le Retour de l'empereur*, par V. Hugo (1840), 877. — *Revue rétrospective* (1848), III, 2301.
Louis Ier, roi d'Espagne : son *Oraison funebre* par Edme Mongin (1724), 390.
Louis II, roi de Hongrie : *Summa litterarum ad pontificem Leonem X* (1521), 209, art. 17. — Soliman lui adresse une lettre de défi (1526), III, 2458 ; IV, 3142.
Louis le More, duc de Milan. Voy. Sforza.
Louis, libr. à Paris (1793), II, 1916, art. 30 ; (1794), *ibid.*, art. 29.
Louis (Le petit), cité dans les pièces jointes au *Vergier d'honneur* (v. 1505), 479.
Louis (Le petit), figure dans un ballet (1635), IV, p. 626.
Louis (Antoine), chirurgien, collabore à l'*Encyclopédie* (1751-1777), III, 2523, p. 281.
Louise, fille de François Ier, morte en 1517, citée par J. Dorat (1586), IV, 2789.
Louise de Lorraine, reine de France : J.-A. de Baïf lui dédie son *Epistre au roy* (1575), 685. — Jean de Nostre-Dame lui dédie les *Vies des poëtes provençaux* (1575), III, 2504. — Elle fait composer le *Balet comique* (1582), II, 1145. — Joachim Blanchon lui adresse des vers (1585), IV, 2938. — Gabriel Giraudet lui dédie le *Discours du voyage d'outre-mer au saint Sepulchre* (1585), IV, 3092. — Flaminio de Birague lui adresse des vers (1585),
IV, 2939. — Volume lui ayant appartenu, III, 2489.
Louise de Savoie : Symphorien Champier lui dédie *Les grans Croniques de Savoye* (1517, n. s.), III, 2355. — Elle publie le traité de paix conclu entre la France et l'Angleterre (1525), III, 2665. — Jehan de Bourdigné lui dédie l'*Hystoire agregative d'Anjou* (1529), III, 2340. — Elle est louée par Jehan Du Pré (1534), IV, 2862. — Vers sur sa mort par divers auteurs (1531), IV, 2786, 2787 ; — par Clément Marot (1534), 599. — *Comploration sur sa mort* (1535), IV, 2779, p. 62. — Épitaphe par Nic. Bourbon (1538), IV, 2788. — Elle figure probablement dans l'*Heptameron* sous le nom d'Oisile ou Osile (v. 1541), II, 1697.
Louise d'Orléans, reine d'Espagne : son mariage avec Charles II (1679), III, 2524.
Louyse (Sœur), religieuse d'Orléans, probablement Louise Boucher, IV, 2820, p. 144.
Louisiane, décrite par le P. Louis Hennepin (1704), II, 1975. — On y expédie les vagabonds et des filles perdues (v. 1720), 1000.
Loupvent (Nicolas), *Le Jeu et Mister monsieur sainct Estiene* (1548), II, 1077.
Louvain. Imprimeurs et Libraires. Voy. Batius (Jacques), 1547. Martens (Thierry), 1515. Phalese (Pierre), 1547. Rademaker (Martin) ou Rotarius (Martinus), 1547, article Rademaker Sassenus (Servaes), 1550.
Louvain (Nicolas), libr. à Paris (1597), IV, 2948.
Louvel (Jean), abbé de Montmorel : tombeau, par J. de Vitel (1588), V, 3275.
Louvencourt (François de), sieur de Vauchelles : vers à Jean Hays (1598), 763.
Louvet : Notice sur Ch. Dovalle (1830), 880.
Louviers, tué à la Saint-Barthélemy (1572), IV, 3191.
Louvigny (Antoine-Charles de Gramont, comte de), figure dans un ballet (1653), IV, p. 626.
Louvois : vues du château, 249.
Louvois (François-Michel Le Tellier, marquis de) : Boursault lui dédie ses *Lettres* (1669), II, 1880. — Volume lui ayant appartenu, 81.
Louvre : vues, 248, 249.
Loviot (Louis), bibliophile et bibliographe, V, 3249, 3323.
Löwenstein (Jean et Casimir, comtes de), seigneur de Scharpfeneck :

Jean Masset leur dédie son *Acheminement à la langue françoise* (1606), 326.
Loyac-La Bachellerie : généalogie, III, 2595.
Loyautté (La) des femmes (v. 1530), 573, 574.
Loyautté (La) des hommes (v. 1540), 535.
Lozano (Francisco), gouverneur de Weesel (1629), III, 2405, art. 17.
Lozbeck (C. A) : volume lui ayant appartenu en 1760, V, 3366.
Lozellius. Voy. Loisel.
Lozenne (Le maréchal de) : *Les Remedes et Medecines pour guerir tous chevaulx* (v. 1530), V, 3215.
Lubbert (Sibrand) : inscription dans un album (1598), V, 3272.
Lubert (Mlle de) : *Le Prince glacé* (1743), II, 1739. — *La princesse Lionnette* (1743), 1740.
Lubin (Jacques), grav., III, 2507.
Luc, peintre, cité par Jehan Pélerin (1521), IV, 2763.
Luc (Barthélemy de) : vers à lui adressés et réponse (1538), IV, 2742.
Luc (Robinet de) : *La fleur de toutes joyeusetez*, citée, IV, 2799, p. 113.
Lucain (Denis) : vers sur Estienne Pasquier (1584, 1610), 737.
Lucas de Leyde. Voy. Leiden.
Lucas (Claude), graveur (xviiie s.), 244, 250, 251 ; III, 2310, 2312, 2315, 2317, 2328, 2347.
Lucas (Jacques), colporteur à Orléans (1590), III, 2241, art. 1.
Lucas (Jean), libr. à Rouen (1671), II, 1707.
Lucas (Paul), dit le P. Simplicien, publie l'*Histoire généalogique* du P. Anselme (1726-1733), III, 2487, p. 242 ; — publie l'*Estat de la France* (1727), III, 2358.
Lucé (de), secrétaire d'Alfonso II d'Este : vers à lui adressés par François Habert (1558), V, 3251.
Luce du Jau ou du Gast, *Meliadus* (1528), II, 1489 ; — *Tristan* (1533), 1490.
Lucel (Jean), cité par Est. Forcadel (1579), IV, 2879.
Luchtenburg (J. van), grav. (1700), 12.
Lucie, citée par Nic. Bourbon (1538), IV, 2788.
Lucien : *Opera gr.* (1496), II, 1900. — *La Mouche et la Maniere de parler et se taire*, trad. par Geofroy Tory (v. 1533), II, 1917. — *Le Menteur*, trad. par Louis Meigret (1548), III, 2571. — Il est cité par Est. Forcadel (1579), IV, 2879.
Lucifer demande frians et gourmans pour les damner (v. 1540), IV, 2807. Cf. 458.

Lucinge (Charles de), cité, III, 2528, p. 325.
Lucinge (Charlotte de), cité par Ant. Du Saix (1537), 516.
Lucinge (Sœur Marie de), citée par Ant. Du Saix (1537), 516.
Lucinge (René de), seigneur des Alymes : *Missel* enluminé et relié pour lui (1586), III, 2528. — *Le premier Loysir* (1586), cité, 2560. — *De la naissance, durée et cheute des empires* (1588), III, 2560. — Il est probablement l'auteur de la *Remonstrance d'un conseiller du duc de Savoye* (1588), III, 2219, art. 6.
Lucotte, dessin. (xviiie s.), III, 2523.
Lucrèce, chantée par Jean Godard (1594), 760 ; — sujet d'une tragédie de P. Du Ryer (1638), II, 1111.
Lucrèce : *Della natura delle cose* (1754), 402.
Lucullus : sa vie par Plutarque (1567), II, 1899. Cf. III, 2735.
Lud (Gautier), impr. à Saint-Dié (1507), cité, II, 1948, 1953, 1954.
Ludovico (Il conte), capitaine vénitien (1510), 1042.
Ludovisi (Gregorio), cardinal : L'archevêque Guidi Bagni, nonce à Bruxelles, lui écrit (1621), III, 2420, art. 58. — Lettre à l'évêque Caraffa, nonce à Vienne, *ibid.* — Voy. Grégoire XV, pape.
Ludre (Marie-Isabelle de), danse dans un ballet (1666), IV, p. 626.
Ludre (Philippe de), femme de François Le Poulchre, seigneur de La Motte-Messemé, V, 3274.
Ludus Diane (1500), II, 1066.
Luer (Pierre) : vers dans le *Tombeau de Ronsard* (1623), 668.
Lugler (Jakob), de Memmingen : inscription dans un album (1590), V, 3369.
Luycken (Jan), dessinateur et graveur (1700), 12.
Luyne (Guillaume de), libr. à Paris (1654), II, 1748 ; (1655), II, 1121, 1127, 1161, 1164 ; (1656), II, 1757 ; (1657), 833 ; II, 1757 ; (1660), II, 1129, 1183 ; (1661), II, 1131, 1185 ; (1662), 1165, 1186, IV, 3037 ; (1663), II, 1166, 1187, 1189 ; (1664), II, 1130, 1148 ; (1665), II, 1167 ; (1666), II, 1168, 1174 ; (1668-1670), II, 1133 ; (1671), II, 1133, 1169 ; (1672-1675), II, 1133 ; (1677), II, 1700 ; III, 2524, (1679), II, 1170 ; (1682), II, 1134, 1134 *bis* ; (1685), II, 1543 ; V, 3319 ; (1686), II, 2005 ; (1693), II, 1544.
Luynes (Charles d'Albert, duc de), figure dans un ballet (1619), IV, p. 626. — Il remplit une mission en Allemagne (1620), III, 2420, art. 24.
Luynes (X. de Béthune-Charost, seconde femme de Charles-Phi-

lippe d'Albert, duc de), sollicitée par Voltaire (1748), II, 1324.
Luynes (Louis-Charles d'Albert, duc de), figure dans un ballet (1645), IV, p. 626; traduit les *Homilies et Morales de S. Gregoire le Grand* (1665-1669), 40; — participe à la traduction du *Nouveau Testament* (1667), 8.
Luynes (Anne de Rohan, duchesse de), femme du précédent, figure dans des ballets (1661-1664), IV, p. 626.
Luynes (Marie-Henriette-Thérèse d'Albert de): lettres à elle adressées par Bossuet (1690-1695), II, 1833, pp. 363-365 ; IV, 3079, pp. 441-443.
Luynes (Paul d'Albert de), évêque de Bayeux, *Discours de réception à l'Académie Françoise*, 1744, 391.
Lulli (Battista), figure lui-même dans les ballets ; rôles qu'il y remplit (1653-1666), IV, p. 626. — Il compose la musique de *L'Amour malade* (1657), IV, 3048; — du *Ballet de la Raillerie* (1659), 3050 ; — du *Ballet des Saisons* (1661), 3052 ; — des *Amours desguisez* (1664), 3055 ; — des *Festes de l'Amour et de Bacchus* (1668), II, 1209 ; (1672), IV, 3045; d'*Alceste* (1674), II, 1209 ; d'*Acis et Galathée* (1718), II, 1456 ; — du *Ballet des Saisons* (1722), II, 1457.
Luna (Alvaro de), connétable de Castille, III, 2431.
Lundorp (Johann): épigramme grecque en tête de l'*Anthologia gnomica* (1579), 393.
Lune (Traité sur les mouvements de la), ms., IV, 2757.
Lune (Le cardinal de), badin, II, 1842.
Lune (Pierre de) : *Nouveau et parfait Maistre d'hostel* (1662), 285.
Luneau de Boisgermain: *Œuvres de Racine, avec commentaires* (1768), II, 1247.
Lunel: le comte de Berg cherche vainement à s'en emparer (1625), III, 2405, art. 15.
Lupillus (Frater Paulus). Voy. Louan.
Lupin, conseiller au parlement : vers à lui adressés par François Habert (1558), V, 3251.
Lupo (Baldassarre) : Giorgio Alione lui dédie une pièce macaronique (1521), IV, 3058, p. 412.
Lupo (Manfredo Barbarino) : inscription dans un album (1564), V, 3365.
Luppé (Le bâtard de), prévôt de la cour (« Provos am Hoff »), est tué à Pavie (1525), II, 2127.
Lurbe (Gabriel de), *Chronicon rerum Burdigalensium* (1590), IV, 3169. — *Chronique bourdeloise* (1594), IV, 3133.
Lurbe (P. de) : vers dans la *Chronique bourdeloise* (1594), IV, 3133.
Lurde (Le comte de), bibliophile : volumes lui ayant appartenu, IV, 2848, 2849, 3065, 3069.
Lurine (Louis), collaborateur du *Monde dramatique* (1838-1839), II, 1072.
Lusignan : Chanson poitevine sur le siège de cette ville (1574), 1025. — *Efforts et Assauts faicts et donnez à Lusignan* (1575), V, 3284.
Lusignan, Angevin : vers à Jean d'Intras (1609), II, 1526.
Lussan (Marguerite de) : *Les Veillées de Thessalie* (1741), II, 1710.
Lusse (Mme de), grav. (xviiie s.), III, 2523.
Lussyen (Jean), conduit les chœurs dans la *Passion* de Valenciennes (1547), IV, 3010, p. 376.
Lustrac : généalogie, III, 2495.
Luther : ses ouvrages sont censurés (1542), 108. — Artus Désiré l'invective dans *Le Miroer des Francz Taulpins* (1547, n. s.), V, 3253. — Il est dénoncé par Pierre Du Chastel (1549), III, 2144. — Portrait (1581), II, 2039.
Luthériens : ordonnance de Charles Quint contre eux (1531), V, 3360. — Bulle publiée contre eux par Clément VII (1533), II, 2049.
Luton, dit Durival. Voy. Durival.
Lutton, commis au *Mercure* (1754-1792), III, 2524, pp. 307, 308 ; — Agent du *Journal Encyclopédique*, à Paris (1758-1792), III, 2525.
Lutz (Hans Georg), libr. à Augsbourg (1614-1616), cité, III, 2518.
Lutz (Thobias), libr. à Augsbourg (1577-1613), cité, III, 2518.
Lützelburger (Hans), dit Franck, grav. (1538), 15 ; (1547), 16.
Luxembourg : histoire du siège de cette ville (juin 1684), III, 2524.
Luxembourg (François-Henry de Montmorency, duc de) : J. Chevillard lui dédie *Ses Noms, qualitez, Armes et Blazons des Mareschaux de France*, III, 2493, art. 28. — Sa victoire à Fleurus (1er juillet 1690), III, 2524, p. 291, et *Additions*, t. V, p. 196. — Sa victoire à Neerwinden (août 1693), III, 2524. — Son *Oraison funebre* par le P. de La Rue (1695), 377.
Luxembourg (Ch.-François de Montmorency, duc de Piney et de): volumes lui ayant appartenu, 143.
Luxembourg (Guillemette de) : note dans un ms., IV, 2798, art. 8, p. 104.
Luxembourg (Isabeau de), femme de

Charles d'Anjou, duc du Maine, IV, 2798, p. 104.
Luxembourg (Jacques de), seigneur de Saint-Pol (v. 1457). Voy. Saint-Pol.
Luxembourg (Louis de), comte de Ligny : *La Messe pontificale*, lettre traduite en latin (1495), III, 2653. art. 9. — Il est cité dans les pièces jointes au *Vergier d'honneur* (v. 1505), 479. — Son emblème, IV, 3077.
Luxembourg (Louis de), comte de Roussy, épouse la veuve de Jacques d'Amboise et d'Antoine de La Rochefoucauld, III, 2355.
Luxembourg (Philippe, cardinal de), IV, 2798, art. 8.
Luxembourg (Thibault de), seigneur de Fiennes (v. 1457). Voy. Fiennes.
Luxembourg (Thibault de), évêque du Mans (1468), IV, 2798, art. 8.
Luxembourg (Sébastien de), comte de Martigues : Fr. de Belleforest compose des vers à l'occasion de sa mort (1569), III, 2607.
Lycurgue : sa vie par Plutarque (1567), II, 1899. Cf. III, 2735.
Lydius (Balthasar) : inscription dans un album (1598), V, 3372.
Lydius (Martin), id., *ibid.*
Lyon : vues de la ville, 249. — *La Reformation des dames de Paris, faicte par les dames de Lyon.* — *La Replicque faicte par les dames de Paris* (v. 1525), III, 2592. — *La grant Triumphe faicte des nobles princes... en la noble... cité de Lyon* (1ᵉʳ juillet 1530), II, 2136. — *Histoire miraculeuse avenue au mont S. Sebastian*, par Barth. Aneau (1552), I, 641. — *La Polymachie des marmitons* (1562), I, 98, art. 1. — *Eglogue de deux bergers demonstrant comme la ville a esté reduite à la Religion...* (1564), V, 3268. — Lettre du roi Charles IX au lieutenant général de Lyon (20 oct. 1565), II, 2019, art. 7. — Chanson sur l'entrée de Henri III (1575), V, 3296. — *Declaration des consuls, echevins, manans et habitans* (24 févr. 1589) ; — *Articles de l'union jurée et promise par eux*, III, 2194, p. 44. — Pierre Baglioni y défend la cause du roi (1589), III, 2222, art. 7 ; — le duc de Mayenne invite la ville à nommer des députés aux états généraux (1ᵉʳ déc. 1589), III, 2246. — *Les plaisans Devis recitez par les supposts du seigneur de la Coquille* (1594), IV, 3006. — Les Suisses qui y tiennent garnison voient des prodiges dans le ciel (12 sept. 1621), III, 2351. — Marie de Médicis et Anne d'Autriche y font danser un ballet (1622), II, 1450. — *Histoire nouvelle et facetieuse de la femme d'un tailleur d'habits* (1625), II, 1796, art. 26 et 1806. — *Preuves et quartiers des comtes de Lyon*, II, 2095, art. 20. — Impr. et Libraires. Voy. Abraham (Noël), 1509. Aigue (Claude d'), V, p. 186, n° 450. Amaulry (Thom.), 1678-1714. Ancelin (Barthélemy), 1613. Ancelin (Thib.), 1585-1608. Armand (Cl.), dit Alphonse, 1621-1622. Arnoullet (Balthazar), 1549-1550. Arnoullet (Olivier), 1525-1534. Aubry (François), 1599. Ausoult (Jean), 1553. Avost (Claude d'), 1509. Ballet (Pierre), 1515. Barbou (Jehan), 1539. Barricat (Eustace), 1555. Beringen (Geoffroy), 1538. Berjon (Jacques), 1549. Berthelot (Pierre), 1496. Blanchard (Antoine), 1526, v. 1532. Bonhomme (Macé), 1549-1555. Boulle (Guillaume), 1534. Boullon (Martin), v. 1525. Bouquet (Basile), 1574. Buyer (Barthélemy), 1478-1480. Cayne (Claude), 1634. Cambray (Jehan de), art. Moylin. Candy (Jean-Aimé), 1655-1657. Chabin (Jean), 1552. Chaussard (Barnabé), v. 1520. — Sa veuve, 1532. — Ses héritiers, 1532-1545. Citoys (Jean), 1557. Clavet (Loys), 1608. Cloquemin (Abraham), 1607. Cœursilly (Vincent de), 1623. Constantin (Antoine), 1544. Coral (Benoist), 1665. Cotier (La veuve de Gabriel), 1570. Dantin, 1657. Dauphin (Pierre), 1594. Didier (François), 1568. Dolet (Estienne), 1539-1543. Durelle (Françoys), 1570-1571. Du Ry (Antoine), 1526. Du Rosne (Anthoine), 1560. Estiard (Pierre), 1596. Faure (Jacques), 1556. Fradin (Pierre), 1560. Frellon (Jean), 1547. Frellon (Jean et François), 1538. Frosne (Elisabeth), veuve de Denis Nyon, art. Nyon, 1690. Fugy (Jean), 1607. Gay (Nicolas), 1640. Gautherin (Jonas), 1609. Gazeau (Guillaume), 1550-1554. Grandjon (Robert), 1558. Gryphius (Antoine Greiff, dit), 1566-1572. Gryphius (Sebastian Greiff, dit), 1538-1541. Gueynard (Estienne), *alias* Pinet, 1516-1518. Guéroult (Guillaume), 1555-1556. Harman (Claude), 1625. Harsy (Antoine de), 1574-1575. Havard (Martin), v. 1495-1505. Hylaire (Laurent), 1515. Hongre (Pierre), v. 1490. Honorat (Bartolommeo Onorati, dit Barthélemy), 1587. Huguetan (Gilles et Jacques), 1538. Husz (Mathieu), v. 1490. Yvrad (François), 1610-1618. Jacques (Grand), art. Moderne (Jacques). Jove (Michel), 1567-1577. Jullièron

(Guichard), 1596-1599. Julliéron (Jean), 1632. Julliéron (Nicolas). 1610. Juste (François), 1534-1547. Lambany (Jehan), v. 1530. Lanchart (Louis), v. 1515. La Pomme (Claude). La Rivière (Claude), 1650. Larjot (Claude), 1619. Lautret (Jean), 1619. Le Prince, art. Nourry (Claude), Sainte-Lucie (Pierre de). Le Roy (Guillaume), v. 1490. Libéral, 1658-1665. Maillet (Jacques), v. 1485. Mareschal (Pierre), 1520 et Barnabé Chaussard, 1504. Marguerite (Jean), 1595. Marsigli (Alessandro), 1576. Martin, 1705. Martin (G.), 1574. Mathevet (Charles), 1665-1666. Mayer (Michel), 1631. Merant (Pierre), 1565. Meunier (James), v. 1520 (?). Michel (Estienne), 1580. Moderne (Jacques), 1529-1556. Morillon (Claude), 1600-1610. Mousnier (Jehan), 1530. Nourry (Claude), 1501-1532. — Claude Carcano, sa veuve, 1534. Ogerolles (Jeand'), 1584. Olyer (André), 1663. Ollier (Jacques), 1661. Ortvin (Gaspard), v. 1485. Pailly (Guichard), 1620-1621. Papillon (André), 1597. Patrasson (Jean), 1589. Perrin (Louis), 1874. Pharine (J.), 1576. Pillehotte (Jean), 1589-1591. Portonariis (Vincent de), 1507. Poyet (Jean), 1610. Ratoyre (Jacob), 1589. Remy (J.), 1521. Rigaud (Benoist), 1556-1588. Rollet (Philibert), 1553. Roussin (Estienne), 1547. Roussin (Pierre), 1572. Roville (Guillaume), 1547-1570. Sabon (Sulpice), 1544. Saincte Lucie (Pierre de), 1544-1552. Saugrain (Jean), 1556-1564. Septgranges (Corneille de), 1556. Syber (Jehan), v. 1490. Sylvius (Michel). Tabbart (Michel), v. 1675. Temporal (Jean), 1551-1556. Tholosan (Jean), 1594. Thomas (Didier), 1502. Thomas (Jehan), 1514. Tinghi (Filippo). 1577. Tournes (Jean de), 1542-1557. Tours (Pierre de), 1542-1548. Trechsel (Melchior et Gaspard), 1538. Trotti (Bartolommeo), ou Trot, v. 1505-1526. Ville (Jean-Baptiste de), 1668. Villiers (Gilbert de), 1525. Vincent (Antoine), 1563-1566. Vingle (Jehan de), 1502-1509. — Impressions anonymes (1562), V, 3209; (1572), V, 3295; (1656), 346.

Lysandre : sa vie par Plutarque (1567), II, 1899. Cf. III, 2735.

Lysis : *Epistolae gr.* (1499), II, 1873.

Mabillon (Dom Jean) : notes à lui remises par Bossuet, IV, 3079, p. 453.

Mabonneau (Claude), « lieutenant du Bourdedieux » (1549), IV, 2868.

Mabraeus (J.). Voy. Mabrée (Jacques de).

Mabre-Cramoisy (Sébastien), impr. à Paris (1667), 838 ; (1670), 350 ; cité, III, 2482 ; (1672), 77, 362 ; (1674), II, 1193 ; (1675), 365, art. 2 ; (1676), 366, art. 2 ; (1677), 77 ; (1678), 158 ; II, 1538 ; (1679), 367, art. 2 ; II, 2026 ; (1681), II, 2000 ; (1682), 81, 368 ; IV, 2743 (1683), 351 ; (1684), 369. art. 3 ; 370 ; (1685), 352 ; (1686), 353, 372, art. 3 ; (1687), 354 ; III, 2540 ; (1688), 174. — Sa veuve (1688), *ibid.* ; II, 2044 ; (1689), 43, 347 ; II, 2045 ; (1690), 374, art. 1 ; II, 2045 ; (1695), II, 1551.

Mabrée (Jacques de) : pièces latines à la suite de la *Remonstrance a Sagon* (1537), III, 2594, art. 10 ; (1539), 621, art. 9.

Mac Carthy Reagh (Le comte de), bibliophile : volumes lui ayant appartenu, 14, 17, 33, 34, 42, 90, 1028 ; II, 1069, 1519, 1742, 3094 ; III, 2583, 2602 ; IV, 2750, 2755 ; V, 3278 ; cité, 3315.

Macard (Jean), ministre à Genève, 85.

Macaut (Antoine) : vers sur la mort de Louise de Savoie (1531), IV, 2786-2787. — Vers en tête de la *Suite de l'Adolescence clementine* de Marot (1534), 598 ; (1535), 601 ; (1596), 614. — Vers dans le *Recueil de poésie françoyse* (1550), 809. — *Apophthegmes* traduits d'Erasme (1556), IV, 3076.

Macé (Charles), impr. à Caen (1605), 725.

Macé (Jehan), libr. à Caen (1509), V, 3221.

Macé (Jehan) : *Bons et tres utiles enseignemens* (?), 415.

Macé (René), cité par Geofroy Tory (1529), III, 2570 ; — par Antoine Du Saix (1532), 515.

Macé (Richard), libr. à Rouen (v. 1515), IV, 2810.

Macé (Robinet), impr. à Caen et à Rouen (s. d.), 524, 584 ; V, 3228.

Macé de Gastines : généalogie, III, 2495.

Macefer : vers sur Mᵐᵉ Des Roches (1582, 1610), 737.

Macerata (Frère Battista da), du mont de Sion (1532), IV, 3091, p. 472.

Machau (Guillaume de) : *Notice d'un ms. de ses poésies par l'abbé Rive* (1780), 272.

Machault (de), sieur de Romaincourt, communique à Théod. Godefroy un ms. de l'*Histoire de Boucicaut* (1620), II, 2096.

Machault (de), contrôleur général :

Germain lui dédie ses *Elements d'orfevrerie* (1748), 276.
Machiavelli (Filippo) : sonnet à lui adressé par N. Martelli (v. 1543), IV, 3000, p. 358. — Vers dans les *Trionfi, Carri, ecc.* (1559), 1028. — *Discours de l'estat de paix et de guerre*, traduits par Jacques Gohory (1560, n. s.), V. 3374. — Il est cité par Guy Le Fèvre de La Boderie (1579), IV, 2930.
Machon (Louis) : *Abrégé de l'histoire de Henri III* (1744), III, 2188.
Machuel (Robert), libr. à Rouen (1726), III, 2511.
Mac Queen, impr. à Londres (1843), III, 2324.
Macquer, de l'Académie des Sciences, rédacteur au *Mercure* (1778), III, 2524, p. 314.
Macret (C.), graveur (1779), 1056 ; (1822), II, 1305.
Macrin (Salmon) : vers latins sur la mort de Louise de Savoie (1531), V, 2786, 2787. — Vers en tête de *La Suite de l'Adolescence clementine* de Marot (1534), 598 ; (1535), 601 ; (1596), 614. — Vers à Nicolas Bourbon (1538), IV, 2788. — Vers à Robert Rivaudeau, sieur de La Guillotière (1549), III, 2486. — Vers dans *Le Tombeau de Marguerite de Valois* (1551), 628. — Vers à lui adressés par Joachim Du Bellay (1561), IV, 2900 ; — par Sc. de Sainte-Marthe (1579), IV, 2921. — Il est cité par Jean Dorat (1586), IV, 2789.
Madagascar. Voy. *Relations veritables et curieuses de l'isle de Madagascar*, etc. (1651), II, 1922. — *Dictionnaire de la langue de Madagascar* par Et. de Flacourt (1658), II, 1945.
Madeleine (Sainte) : Oraison à elle adressée, IV, 2820, p. 143. — *Les Larmes de la Magdeleine*, par S. G., sieur de La Roque (1609), IV, 2943.
Mader (Georg) : inscription dans un album (1571), V, 3365.
Madrid. Imprimeurs et libraires. Voy. La Cuesta (Juan de), 1605-1618. Madrigal (Pedro), 1592. Martinez (Miguel), 1614. Sanchez (Luis), 1627.
Madrid, près Paris : vues du château, 248, 249.
Madrigal (Pedro), impr. à Madrid (1592), cité, III, 2248.
Madrigaux sur diverses couleurs (1652), 975.
Madrignano, publie l'*Itinerarium* de Vartema (1508), II, 1941.
Madruccio (Cristoforo), cardinal : lettres à Gio. Giorgio Trissino (1548-1550), IV, 3078.
Maes (Antoinette), guérie par l'intercession de saint Ignace de Loyola (1610), II, 2027.
Maestricht : les Espagnols sont battus près de cette ville (1634), III, 2405, art. 27. — Imprimeurs et Libraires. Voy. Dufour (Jean-Edme), 1775-1779. Roux (Phil.), 1775-1779.
Maffei (Raffaele) dit Volaterranus, *Philologia*, citée, II, 1917.
Maffei (Scipione, marquis) : Voltaire lui dédie *La Merope française* (1744), II, 1327.
Maffeo (Pompeo), témoin d'un doctorat à Pérouse (1570), v. 3364.
Magalhaês (Hernando de), dit Magellan : récit de son voyage par Maximilien de Transylvanie (1524), II, 1956.
Magasin théâtral, librairie à Paris (1836), II, 1371.
Mage (André) de Fiefmelin : pièces diverses en tête et à la fin de *La seconde Sepmaine* de Du Bartas (1589), V. 3270.
Magen (Victor), libr. à Paris (1835), II, 1647 ; (1837), II, 1714 : — associé de Cormon (1841), II, 1612 ; — seul (1842), II, 1622 ; (1843) ; II, 1928 ; (1845), II, 1650 ; (1848), II, 1716.
Magimel, orfèvre, collabore à l'*Encyclopédie* (1751-1777), III, 2523, p. 281.
Magny, musicien (1659-1671), IV, p. 626.
Magny (Olivier de) : *Ode sur la naissance de* Mme *Marguerite de France* (1553), 658. — *Les Gayetez* (1554), 659. — Vers à lui adressés par Jean de La Péruse (v. 1557), IV, 3022 ; — par Ch. Fontaine (1557), IV, 2877. — Il est cité par François Habert (1558), V, 3251. — *Les Odes* (1559), 660. — Vers à lui adressés par Joachim du Bellay (1559), IV, 2896 ; (1560), 2894.
Magnificat, paraphrasé par Franç. Beroalde de Verville (1593), 759.
Magnificat (Le) du pape (1586), V, 3211.
Magnificence (La) des triumphes faicts à Rome pour la nativité de Mgr. le duc d'Orleans (1549), III, 2143.
Magnificences (Les) faites en la ville de Bourdeaux à l'entrée du roy (1615), III, 2268.
Magnin. Voy. *Recueil de pièces curieuses* (1694-1696), III, 2632.
Magnin (Charles), IV, 2797, art. 3.
Magnolo (Paolo) : lettres à Gio. Giorgio Trissino (1538 ?), IV, 3078.
Magnon (Jean), ne peut être l'auteur de *La Mort de Roxane* (1648), II, 1120. — Vers au petit de Beauchasteau (1657), 893.

Magon, directeur de la Compagnie des Indes (1762), III, 2295.
Magrè (Vincenzo) : lettre à lui adressée par Battista Graziano et lettre à Gio. Giorgio Trissino (1507), IV, 3078.
Magri (Giov. Andrea), libr. à Pavie (1655), cité, V. 3341.
Maguelonne (La belle), (v. 1510), II, 1497.
Maharin, engage Jean de Ligarrague à traduire le *Nouveau Testament* en basque (v. 1570), 10.
Mahel (Busso) : inscription dans un album (1568), V. 3365.
Mahieux, danseur. Voy. Mayeux.
Mahomet : *Alcoran* (1649), 100. — Épitaphe par Jehan Bouchet (1545), 510. — . Sujet d'une tragédie de Voltaire (1742), II, 1325, 1326.
Mahomet IV, sultan, III, 2482. — Son histoire (avril-mai 1688), III, 2524.
Mahoudeau : vers à Franç. Béroalde de Verville (1599), II, 1522.
May (Edouard), peintre, dess. et grav. (xixe s.), 271 ; II, 1072, 1366.
May (Henri), dess., II, 1072.
May (P. de), quatrain en tête et sonnet à la suite de l'*Hymne trionfal* de Cl. Nouvelet (1572), IV, 3181.
Maier (Michel) : *Atalanta fugiens* (1618), 216.
Mayer (Michel), libr. à Lyon (1674), II, 1071.
Maigrot (Henry), dit Henriot, dess., II, 1719.
Maillard (André) : *Le Francophile* (1591), III, 2243, art. 4.
Maillart (G.) accorde une permission (1514), V, 3339.
Maillart (Jehan), musicien : *Chansons* (1549-1552), 980. — *Psaumes* (1552-1553), V. 3299.
Maillard (J.) : vers en tête du *Dictionnaire des rimes* de Jean Le Fèvre (1588), 431.
Maillard (Frère Olivier), cité dans les pièces jointes au *Vergier d'honneur* (v. 1505), 479. — Des vers de lui sont cités par Pierre Fabri (1539), 426. — On lui a sans raison attribué la traduction du *Miroir d'or* de Denis de Leuw, dit Rickel (v. 1500), 61.
Maillard (Phelipes), cité dans les pièces jointes au *Vergier d'honneur* (v. 1505), 479.
Maille (Mlle), citée par M. Guy, de Tours (1598), IV, 2948.
Maillé. Imprimeur. Voy. Moussat (Jean), 1616-1620.
Maillé (Simon de), archev. de Tours : vers à lui adressés par J. Le Masle (1580), IV, 2933.
Maillet, impr. en taille-douce et graveur, à Paris (v. 1750), 261 (1780), 928.

Maillet (Jacques), impr. à Lyon (s. d.), 446, 476, 577, 578. *Additions.*
Mailly (de) : vers à lui adressés par Christofle de Beaujeu (1589), IV, 2942.
Mailly (Le chevalier de) : *Avantures* citées en 1698, II, 1735. — Il est peut-être l'auteur des *Illustres Fées* (1698), II, 1735. — Lenglet Du Fresnoy lui attribue *La Voiture embourbée* (1714), II, 1546.
Mailly (François de), archevêque de Reims : son blason (1710), III, 2493, art. 22.
Mailly (Loyse de), abbesse de Caen et du Lys : son épitaphe par P. de Ronsard (1555), 672.
Maimac : abbaye de Saint-André, IV, 3096, art. 142.
Maynard (François (de) : vers dans *Les Marguerites poetiques* d'Esprit Aubert (1613), 816. — Son nom se trouve à la fin du *Courtisan crotesque* (1624), II, 1796, art. 39 ; 1798, art. 2. — *Ode à monseigneur le Cardinal sur l'heureux succès du voyage du roy en Languedoc* (1633), IV, 3153, p. 530. — Vers dans *Le Cabinet satyrique* (1666), 958.
Maynard, conseiller du roi en ses conseils : préface en tête de la *Lyre* du petit de Beauchasteau et vers à lui adressés (1657), 833.
Maynard le fils : vers dans *Les Muses illustres* (1658), 976.
Mainardi (Arlotto), imité par Gabriel Chappuy (1584), II, 1701.
Mainardo (Agostino) : *Annotomia della Messa* (1552), IV, 2750.
Maine (Anne-Louise-Bénédicte de Bourbon, duchesse du): Destouches lui dédie *Le Medisant* (1715), II, 1309, 1310. — Marivaux lui dédie *La seconde Surprise de l'Amour* (1728), II, 1318. — Crébillon fils publie une satire contre elle (1735), II, 1563. — Mlle de Lussan lui dédie *Les Veillées de Thessalie* (1741), II, 1710 (exemplaire de dédicace).
Maine (Louis-Auguste de Bourbon, duc du) : Préchac lui dédie une *Suite du Roman comique* (v. 1685), II, 1906.
Maynet (Hiérosme), seigneur de La Vallée, conseiller à Rouen, mort avant 1579, IV, 2930.
Maintenon : vues du château, 249.
Maintenon (Françoise d'Aubigné, marquise de), *Lettres* (1752), II, 1893 ; (1753), 1894 ; (1756), 1895. — *Scarron aparu à Mme de Maintenon* (1694), II, 1690. — *Les Amours de Mme de Maintenon* (v. 1734), II, 1685 ; (1754), 1686. —*Mémoires pour servir à l'histoire de Mme de Maintenon*, par La Beaumelle (1756), II, 1896. — Elle

est représentée dans une des figures qui ornent la traduction de l'*Imitation de Jésus-Christ* par l'abbé de Choisy (1692), 60. — Volumes lui ayant appartenu, II, 2044.
Mainteterne (Jacques de), abbé de Chatrices et de Saint-Fuscien, assiste au mariage de Henri de Bourbon, prince de Condé (1572), IV, 3122.
Mainteterne (Loys de), abbé de Chatrisse (1579), IV, 2879.
Maynus (Gulielmus). Voy. Du Maine.
Maioli (Tommaso) : volume relié pour lui (1525), IV, 2768.
Maiorano (Antonio) : vers de lui dans les *Icones* de N. Reusner (1589), V, 3370.
Mairan (Jean-Jacques Dortous de), collabore à l'*Encyclopédie* (1751-v. 1770), III, 2523, p 281.
Maire (Bernard). Vers en tête du *Dictionnaire des rimes* de Jean Le Fèvre (1588), 431.
Maire (Jean), impr. à Leide (1633), 135 ; (1637), 129 ; (1639), III, 2348 ; (1645), IV, 3012.
Mairet (Jean) : vers à G. de Scudéry (1633), V, 3318. — Vers à P. Corneille (1634), II, 1136. — *Epistre familiere au Sr Corneille* (1637), II, 1141, art. 12. — *Lettre du desintéressé au sieur Mairet* (1637), ibid., art. 14.
Maison : vues du château, 249.
Maison (La) des jeux (1642), II, 1706.
Maison (La) des jeux academiques (1668), 313.
Maison (La) reglée (1692), 286.
Maisonfleur (Le sieur de) : Nicolas Filleul lui dédie *Les Ombres* (1566), V, 3316.
Maisonnier (Robert) : vers à lui adressés par Ch. Toutain (1557), II, 1089. — Sonnets en tête de la *Medee* de J. de La Péruse (v. 1557), IV, 3022 ; (1595), II, 1088. — Vers sur le capitaine Jean Alfonce (1559), II, 1957. — Sonnet à lui adressé par Sc. de Sainte-Marthe (1569), 715 ; (1600), IV, 2921.
Maisse (Hurault, seigneur de). Voy. Hurault.
Maisson (F.), Note sur une conspiration ourdie contre Louis XIV (1683), IV, 3153, p. 541.
Maitre (Le) « au Dé », grav., III, 2567.
Maistre Hambrelin, 781.
Major (R. H.), bibliographe anglais (1872), II, 1947.
Major (Thomas), grav. anglais (xviiie s.), 270 ; III, 2500.
Malade (Le) imaginaire, comedie (1673), IV, 3046.
Malain (de), frère du baron de Lux :

son *Tombeau* par Christofle de Beaujeu (1588), IV, 2941 ; (1589), 2942.
Malapan, grav., (1838), II, 1072, p. 9.
Malapeau (C.-N.), grav. (1780), 272 ; (1785), II, 1341, 1341 *bis*.
Malart : généalogie, III, 2495.
Malartine (Jean de) : vers à lui adressés par J.-Éd. Du Monin (1583), V, 3272.
Malaspina (P. Giacomo Teb.) : sonnet italien sur la mort de Ronsard (1586), IV, 2889 ; (1623), 668.
Malaspina (Tadea) : vers à elle adressés par Nicc. Martelli (v. 1543), IV, 3000, p. 357.
Malassiné (Claude), trompette (1563), III, 2546, art. 2.
Malatesta, de Rimini : Marco Bragadino lui adresse une lettre de Constantinople (1561), III, 2731.
Malatesta (Gio. Battista), impr. à Milan (1621), cité, III, 2420, art. 84.
Malatesta (Marco Tullio), impr. à Milan (1620-1621), cité, III, 2420, art. 43.
Malatesta (Pandolfo), impr. à Milan (1599), III, 2725 ; (1621), cité, 2420, art. 51.
Malatesta (Roberto), capitaine italien (1510), 1042.
Malaunay (Marion de), veuve de Pierre Le Caron, impr. à Paris (v. 1500). Voy. Le Caron.
Malbeste, grav. (xviiie s.), II, 1501, 1909 ; III, 2569.
Malbose de Miral ; généalogie, III, 2495.
Malchus, II, 1940.
Malcontent (Guillot), badin (1735), II, 1775.
Maldin (Jehan), cité par Nic. Bourbon (1538), IV, 2788.
Maldonado (Juan), jésuite (1578), IV, 2930.
Malductus. Voy. Mauduict.
Maledent : vers à lui adressés par Joachim Blanchon (1583), IV, 2938.
Malédiction (La) paternelle (1780), II, 1916, art. 14.
Malegonelle (Alessandro) : vers dans les *Trionfi, Carri, ecc.* (1559), 1028.
Malenberg (Teodor), IV, 2796, n° 9.
Maler (Bernhard), dit Pictor, impr. à Venise, associé d'Erhardt Ratdolt et de Peter Loslein (1478), II, 1921.
Malesian (Mathieu), ministre à Genève (1554), 85.
Malespert (Le sieur de), traducteur de la *Responce du Prince de Galles aux dernieres propositions du Roy d'Espagne, sur le faict de son mariage* (1623), III, 2374, art. 5.
Malessy (Mme de) : son éloge par Jules de Richy (1616), V, 3390.

Maleuvre (P.), grav. (1774), III, 2569.
Malezieu : Epître à Hamilton (1731), II, 1912.
Malherbe (François de) : vers sur Est. Pasquier (1584, 1610), 737. — Vers dans *Les Marguerites poétiques* d'Esprit Aubert (1613), 816. — Vers pour le *Ballet de Madame* (1615), II, 1448. — Quatrain à Annibal de l'Ortigue (1617), 822. — Vers dans *Le Cabinet des Muses* (1619), 974. — *Pour le roy allant chastier la rebellion des Rochelois* (1628), 819. — *Œuvres* (1630), 817 ; (1689), 818. — Vers dans *Les Muses illustres* (1658), 976.
Malibran (Marie-Félicité Garcia, dame) : stances à elle adressées par Musset (1840), V, 3286.
Malicorne (Mme de) : son éloge par Jules de Richy (1616), V, 3291.
Malin (François), est tué à Besançon (1575), III, 2190.
Malines : articles publiés dans cette ville (1529), III, 2711. — La place est prise par le duc d'Albe (1572), III, 2378. — Imprimeur. Voy. Cranenbroeck (Gilles), 1583.
Malingre (Claude), dit de St Lazare : *Annales generales de la Ville de Paris* (1640), III, 2313. — *Antiquites de la ville de Paris* (1640), V, 3356.
Malingre (Mathieu) : *Epistre envoyee a Clement Marot* (1546), V, 3248.
Mallard (Jean): *Epithalame de François de Lorraine.* ms. (1540), IV, 2871.
Mallard (Olivier), impr. du roi à Paris (1537), III, 2594, art. 1 ; (1538), 29 ; (1542), 30.
Mallard (Thomas), impr. à Rouen (1578), cité II, 1957, p. 439.
Mallery (C. de), grav. (1604), 768.
Mallesset (Catherine de) : vers à Amadis Jamyn (1582), 739.
Mallet (L'abbé Edme), collabore à l'*Encyclopédie*, (1751-vers 1755), III, 2523, p. 281.
Mallet-Du Pan (Jacques), rédacteur au *Mercure de France*, (1784-1792), III, 2524, p. 315, 316, 317.
Malleville : sonnet à Nicolas Frénicle (1629), 824.
Mallot (Gervais), libr. à Paris (1569), 730 ; (1571), IV, 2924 ; V, 3320.
Malmédy (Simon de), médecin, cité par Jean Dorat (1586). IV, 2789.
Mal me sert, surnom d'un joueur de farces (1523), 502, p. 313.
Maloisel : vers dans *Le Cabinet des Muses* (1619), 974. — Vers à maitre Adam Billaut (1644), 829. — Vers à Jean Loret (1658), 897.
Malon (Charles) : vers latins à Jean de Vitel (1588), V, 3275.

Malouin (Paul-Jacques), collabore à l'Encyclopédie (1751-1777), III, 2523, p. 282.
Maltas (M. de), baron de Ferrals, envoyé de Charles IX au pape Grégoire XIII, III, 2693.
Malte : pièces relatives au siège de 1565, II, 2019. — *Chant triomphal de la victoire obtenue par les chrestiens contre les Turcs*, par P. Tamisier (1565), III, 2606.
Malvezzi (Lucio), capitaine italien (1510), 1042, p. 661.
Malvin : généalogie, III, 2495.
Malvin (Geoffroy de), seigneur de Cessac : vers échangés avec Pierre de Brach (1576), IV, 2931.
Mame, libr. à Paris, associé de Delaunay-Vallée (1830), II, 1360, 1587. — Mame-Delaunay (1831), 1620.
Mamercus (Édouard) : vers à Nic. Bourbon (1538), IV, 2788.
Mamerot (Sébastien), est l'auteur des *Passages d'oultre-mer faits par les Françoys* (1518), II, 1503. *Additions.* Rectifier au t. III, l'article 2635, p. 445.
Man (J.), 680. Voy. Maniquet.
Manardo (Giovanni) : lettre à Gio Giorgio Trissino (1512), copie, IV, 3078. — Portrait dans les *Icones* de N. Reusner (1589), V, 3370.
Manceau, ou Manseau, danseur (1664-1671), IV, p. 627.
Manchicourt, musicien : mélodie de lui (1553), V, 3299.
Mancinelli (Antonio) : vers de lui dans les *Icones* de N. Reusner (1589), V, 3370.
Mancini (Marie), danse dans des ballets (1654-1656), IV, p. 627. — Le Métel, sieur d'Ouville, lui dédie la traduction de six nouvelles de Maria de Zayas y Sotomajor (1657), II, 1757.
Mancini (Marie-Anne), danse dans un ballet (1661), IV, p. 627.
Mancino (Matteo) : *La Presa di Vulpiano* (1555), V, 3349.
Mandat, lieutenant criminel à Tours, cité par Michel Guy (1598), IV, 2948.
Mandat von Aynem ersàmen weysen Radt der Stat Basel (1524), II, 2047.
Mandelaar (J.), dess. (1755-65), III, 2506.
Mandement (Le) de Jesus Christ à tous les chrestiens (1559), V, 3212, art. 1.
Mandement (Le) de l'abbé des Mal Prouffitans, cité, 98, art. 3.
Mandement (Le) de Lucifer a l'Antecrist, pape de Rome (1562), 98, art. 3 ; (1569). V, 3212, art. 2.

Mandeville (*Le livre appelé*), (1480), III, 2633.
Mandeville (Jehan de): *Le Lapidaire* (v. 1515), 184.
Mandewyl (Bernard) : inscription dans un album (1598), V, 3372.
Mandewyl (Michel), id. (1592), V, 3372.
Mandre (Le comte de), bibliophile : volume lui ayant appartenu, IV, 3131.
Manetti (Giovanni) : sonnet à lui adressé par N. Martelli (v. 1543), IV, 3000, p. 359.
Manfredi (Lelio), traducteur du *Carcel de amor* (1513), cité II, 1747.
Manfroni (Paolo), capitaine italien (1510), 1042.
Mangeant (Jacques), libr. à Caen (1615), 994.
Mangenot : une pièce de lui dans les *Chants et Chansons populaires de la France* (1843), 1014.
Mangot (Jacques) : vers sur Mme Des Roches (1582, 1610), 737.
Manhart (Bernhard) : inscription dans un album (1564), V, 3365.
Maniald (Estienne) : vers échangés avec Pierre de Brach (1576), IV, 2931. — Vers grecs et latins à la fin des Œuvres d'Ausone (1590), IV, 3169, p. 564. — Autres vers grecs et latins dans le *Tombeau de Monluc* (1592), II, 2131.
Manicamp (Bernard de Longueval, marquis de), figure dans un ballet (1651), IV, p. 627.
Maniere (En ceste) a esté deffijés l'empereur (1527), III, 2669.
Maniere (La) d'avoir de l'argent (v. 1525), 514.
Maniere (La) de la deffiance faicte par les heraulx des roys de France et d'Engleterre a l'empereur nostre sire (1528), II, 2133.
Maniere d'enter et planter en jardins (v. 1525), 186.
Manilius (Gautier), impr. à Gand (1579), III, 2383.
Maniquet (Hector), secrétaire de Mme de Saint-Paul : vers à lui adressés par François Habert (1558), V, 3251.
Maniquet (Jacques) : vers sur la mort de Du Bellay (1560-1575), 680. *Additions*.
Manlius (Jacobus). Voy. Mennel (Jakob).
Manlius Capitolinus, sujet d'une tragédie de la Fosse (1698), II, 1285.
Mannelli (Filippo) : sonnet à lui adressé par N. Martelli (v. 1543), IV, 3000, p. 359.
Manneville (Mlle de), danse dans le ballet de *Psyché* (1656), II, 1455.

Mannheim. Imprimeur et Libraire. Voy. Schwann, 1784-1800.
Manon Lescaut (1731), II, 1555 ; (1733), 1556 ; (1753), 1557, 1558 ; (1797), 1559.
Mansard (Jules Hardouin), architecte et dessin., 261. — Bérain lui dédie ses *Dessins de cheminées* (V. 1705), 252.
Manse (de), figure dans un ballet (1639), IV, p. 627.
Man (How the wise) taught his son, cité, 562.
Mansfeld (Pierre-Ernest, comte de) : le cardinal de Granvelle lui écrit (1580), III, 2416.
Mansfeld (Le vrai comte de), fils ou parent légitime du précédent est fait prisonnier (1622), III, 2420, art. 62.
Mansfeld (Ernest, comte de), fils naturel de Pierre Ernest, perd son lieutenant-colonel (1620), III, 2420, art. 23. — Il est battu par Tilly et Gonzales de Córdoba (1622), *ibid.*, art. 61, 63. — Il est défait en Lorraine (1622), *ibid.*, art. 65-67. — Il est forcé de fuir (1622), *ibid.*, art. 68-69. — Il est battu par Gonzales de Cordoba (1622), *ibid.*, art. 70-71. — Son armée est visitée par le marquis Spinola à la faveur d'un déguisement (1623), III, 2405, art. 3. — Il est victorieux à Emden (1623), III, 2420, art. 72. — Il arrive à Berg op Zoom (1625), III, 2405, art. 7. — Il écrit au duc de Montmorency, amiral de France (20 sept. 1625), III, 2420, art. 73. — Il est député par les Hollandais vers le roi de Danemark (oct. 1625), III, 2405, art. 15. — Il est défait à Dessau (avril 1626), III, 2420, art. 75. — Il meurt (20 nov. 1626), *ibid.*, art. 78.
Mansfeld (Robert) : lettre à Gio. Giorgio Trissino (1516), IV, 3078.
Mansion (Colard), impr. à Bruges (v. 1477), 448 ; (1482), II. — Bois employés par lui en 1484, IV, 2775. — Il traduit en français le *Dialogue des creatures* (1482), II, 1854 ; — l'*Ovide metamorphosé* (1484), IV, 2775.
Mantegazzi (Pietro Martire de'), impr. à Milan (1499), 14 ; (1506), cité, IV, 2999.
Mantegna (Andrea), peintre, cité par Jehan Pèlerin (1521), IV, 2763.
Mantouan (Le). Mantuanus. Voy. Spagnuoli (Battista).
Manuel (Francisco), II, 1913.
Manuel (Hieronymus), préfet bernois de Lausanne : Simon du Rosier lui dédie son *Antithesis de Christi*

et papae facinoribus (1558), V, 3366.
Manuel (Girard), personnage facétieux (v. 1540), II, 1775.
Manuscrits :
1. *Breviarium secundum ordinem Cistercensium* (v. 1400), III, 2529.
2-4. *Horae secundum usum romanum* (xv⁰ s.), III, 2530, 2531, 2532.
5. *Horae canonicae* (xv⁰ s.), III, 2533.
6-8. *Horae beatae Mariae Virginis* (xv⁰ s.), III, 2534-2536.
9. *Heures de Nostre Dame* (fin du xiv⁰ s.), IV, 3154.
10. *Heures de l'Immaculée. Conception en vers* (xvi⁰ s.), 31.
11. *Preces christianae* (Nicolas Jarry, 1652), 34.
12. *Hymnes des principales festes* (xvii⁰ s.), 35.
13. *Prieres pour Monseigneur* (C. Gilbert, 1703), 36.
14. *Le Regimen de l'ame par Robert Du Herlin* (1466), IV, 2746.
15. *La Coutume de Normandie* (xv⁰ s.), IV, 2751.
16. *Boëce de confort en françois* (xv⁰ s.), IV, 2753.
17. *Le Livre du gouvernement des roys et des princes, lequel fit Aristote. — Les Dits de Caton, traduits par Jehan Le Fevre* (xv⁰ s.), IV, 2755.
18. *Traités divers sur les mouvements de la lune, par d'Alembert* (xviii⁰ s.), IV, 2757.
19. *Capitulario del mestier de la lana nella cità de Venetia* (xvi⁰ s.), IV, 2764.
20. *Les Dits de Caton, traduits par Jehan Le Fèvre* (xv⁰ s.), IV, 2777.
21. *Germani Audeberti Venetias* (v. 1583), IV, 2794.
22-24. *Recueils de poésies françaises* (xv⁰ s.), IV, 2796-2798.
25. *Recueil de poésies du XVI⁰ siècle formé par Jehan Gueffier à Ferrare*, IV, 2964.
26. *Recueil de poésies du XVI⁰ siècle*, IV, 2965.
27. *Recueil de poésies offert à Marie de Montmorency* (v. 1565), IV, 3197.
28. *Cent cinq Rondeaux d'amour* xvi⁰ siècle), IV, 2855.
29-30. *Le Roman de la Rose* (xiv⁰ s.), IV, 2800, 2801.
31. *Œuvres poétiques d'Alain Chartier* (xv⁰ s.), 410.
32. *Le Chevalier delibéré, par Olivier de la Marche* (xvii⁰ s.), IV, 2806.
33. *Poème sur la peste* (xv⁰ s.), 579.
34. *Œuvres poétiques de Jehan Molinet* (xvi⁰ s.), 471.
35. *Œuvres poétiques de Jehan d'Anton* (xvi⁰ s.), IV, 2819.
36. *Œuvres d'Octavien de Saint-Gelais* (xvi⁰ s.), III, 2582.
37. *Cronicques abregiez* (1492-1510), par *Nicaise Ladam*, 490.
38. *L'Aveugle voyant* (xvi⁰ s.), V, 3240.
39. *Le Laict de devotion, par François Le Roy*, IV, 2820.
40. *Cantique de Marot* (1536) (xvii⁰ s.), III, 2393.
41. *Sept Epitres de Marguerite d'Angoulême, corrigées par Jehan Favre* (xvi⁰ s.), V, 3250.
42. *Epithalame de François de Lorraine, par J. Mallard* (1540), IV, 2871.
43. *Les Exercices et Passefantasies du contristé par Jacques de Sivry* (1578), IV, 2934.
44. *Chant d'allegresse sur la mort de Gaspar de Colligni, par Jean Le Mesle* (1572); — *De internecione Gasparis Collignii Sylva*, authore Leodegario a Quercu (1572) ; — *Exhortation au roy pour vertueusement poursuyvre ce que il a commencé contre les huguenots*, traduite de Leger Du Chesne (1572); — *Tumulus Gabrielis Mongommerii*, authore Leod. a Quercu (1574), copies d'imprimés, IV, 3186, art. 1-4.
45. *Sonnet de Didier Oriet en l'honneur d'Esther Oviet* (1605), V, 3271.
46-47. *Lettres en vers, par Jean Loret* (1650-1654), 894, 895.
48. *Œuvres poétiques du président Hénault* (xviii⁰ s.), IV, 2969.
49. *Recueil de chansons italiennes et françaises* (xvi⁰ s.), IV, 2973.
50. *Album contenant des chansons notées* (xvi⁰ s.), 411.
51. *Rime toscano di Niccolò Martelli* (v. 1543), IV, 3000.
52. *Farce nouvelle nommée la folie des gorriers* (xv⁰ s.), IV, 3007.
53. *Sottie nouvelle de l'Astrologue* (1498), IV, 3008.
54. *Fragment du Mystère de la Passion d'Arnoul Greban* (xv⁰ s.), II, 1073.
55. *Mystère de la Passion de Valenciennes* (1547), IV, 3010.
56. *Les Sermons de Mgr. sainct Paul et le Trespassement de la saincte Vierge* (xv⁰ s.), II, 1075.
57. *Le Jeu et Mister monsieur sainct Estienne, par Nicolas Loupvent* (1548), II, 1077.
58. *L'Istoire de la destruction de Troye le grant, par Jacques Milet* (1472), II, 1079.
59. *Recueil de pieces dramatiques du*

XIV⁰ et du XV⁰ siècle (copie du xviii⁰ s.), IV, 3013.
60. *Recueil de pièces dramatiques* (1575), IV, 3025.
61. *Le Roman de Ponthus* (xv⁰ s.), II, 1499.
62. *Lettere scritte a messer Gio. Giorgio Trissino* (xvi⁰ s.), IV, 3078.
63. *Lettres de Nubjd* (1648-1681), II, 1881.
64. *Lettres d'Emery Bigot* (1657-1658), II, 1882.
65. *Lettres de P.-D. Huet* (1660-1690), II, 1884.
66. *Lettres et Papiers de Jacques-Bénigne Bossuet*, II, 1883; IV, 3079.
67. *Lettre de Bossuet, sur l'éducation du dauphin* (1679), V, 3229.
68. *Lettre de Fénelon à Bossuet* (1694), IV, 3080.
69. *Lettre de Fénelon à Louis XIV* (v. 1694), IV, 3081.
70. *Lettre de Fénelon à M. le marquis de Fénelon* (1704), IV, 3082.
71. *Lettres de Philippe Néricault des Touches à Mᵐᵉ de Graffigny* (1750), IV, 3083.
72. *Le livre des oisivetez des emperieres*, [trad. de Gervais de Tilbury par Jehan Du Vignay]; *La Division frere Odoric des merveilles de la Terre Sainte* (xiv⁰ siècle), IV, 3085.
73. *Chronique de Jehan Molinet* (xvi⁰ siècle), III, 2334.
74. *Memoires et Instructions pour servir à justifier l'innocence de mess. Franç. Aug. de Thou*, par Pierre Du Puy, IV, 3130.
75. *Conspiration de Babeuf*, par Louis Reybaud (1842), IV, 3131.
76. *Memoire instructif concernant la nature et les avantages du canal de Provence* (1759), III, 2350.
77. *Agenda de marine* (1680), III, 2364.
78. *Histoire genealogique de la maison de Rabutin*, par Roger de Rabutin, comte de Bussy (v. 1684), IV, 3149.
79. *Vies d'Hannibal, de Scipion et de Pompée, traduites de Plutarque* par Simon Bourgouin (v. 1500), IV, 3151.
80. *Commentario di Vespasiano de' Bioticci della vita di messere Palla Strozzi* (xv⁰ siècle), IV, 3152.
81-88. *Albums d'amis* (xvi⁰-xvii⁰ s.), V, 3365-3372.
89. *Diplôme de docteur ès droits délivré à Tiberio Almerico par l'Université de Pérouse* (1570), V, 3364.
Manuzio (Aldo), impr. à Venise (1496), 316, 394; (1498), II, 1061; (1499), II, 1743, 1873; (1501), 414;
(1502), 412; II, 1059; (1513), 125, 419; (1514), III, 2561. — Il publie le *Thesaurus cornucopiae* (1496), 316. Il revoit le texte de Catulle, de Tibulle et de Properce (1501), 412, 413. — Vers de lui dans les *Icones* de Nic. Reusner (1589), V, 3370.
Manuzio (Les fils d'Aldo), impr. à Venise (1547), II, 1469; (1549), 1470.
Manuzio (Paolo; Girolamo Ferrari lui dédie ses *Emendationes in Philippicas Ciceronis* (1543), 335. — Il publie les œuvres de Cicéron (1555-1559), II, 1902.
Manzoli (Benedetto), évêque de Reggio, cité par J. Dorat (1586), IV, 2789.
Manzoli (Pierangelo), dit Marcello Palingeno, traduit par Sc. de Sainte-Marthe (1569), 715, 716.
Map (Gautier) : *Debat du Corps et de l'Ame*, 541, art. 8.
Mapello (Giovanni) publie une édition de l'*Opus conformitatum* de B. degli Albizzi (1513), II, 2023.
Maradan (Claude-François), libr. à Paris (1789), II, 1916, art. 25 et 26; (an II). II, 1576.
Maradas (Balthasar de), gouverneur de la Hongrie (1621, 1627), III, 2420, art. 50 et 79.
Maraffi (Bartolommeo), traducteur du *Traité de Arnalte et Lucenda* (1581), II, 1746.
Maraffi (Damiano), cité, *ibid.*
Maragnan (Ile de), II, 1991.
Marais, chanteur et danseur (1616-1639), IV, p. 627.
Maran : *Discours sommaire des choses plus memorables qui se sont passées es sieges... de l'isle de Maran en Onix*, 1585-1588, III, 2194, p. 39. — *Discours de la reprise de l'Ile de Marans* (juin 1588), III, 2194, p. 42.
Marana (Gio. P.) : épitaphe de Marie-Éléonore de Rohan (1682), 368.
Marandé, danseur (1615), IV, p. 627.
Marandon : quatrain à Restif de La Bretonne (1793), II, 1916, art. 30 et 32.
Marcassus : vers dans *Les Muses illustres* (1658), 976.
Marcel II Cervini, pape : son élection (1555). III, 2641.
Marcel : vers à Pierre Corneille (1634), II, 1136.
Marcel : vers français et latins à la louange de Molière (1682), II, 1177.
Marcel (Claude) : vers sur Estienne Pasquier (1584, 1610), 737.
Marcel (Denise) : *Epithalame* sur son mariage avec René Dolu, par R. Belleau (1569), 693; IV, 2907.

Marcellus : sa Vie par Plutarque (1567), II, 1899. Cf. III, 2735.
Marcellus, cité par Estienne Forcadel (1579), IV, 2879.
March (Ausias) : *Obras* (1555), IV, 3003.
Marchais (Antoine) : *L'Estat de la France* (1652), cité, III, 2358.
Marchand (Les demoiselles). citées par M. Guy, de Tours (1598), IV, 2948.
Marchand (Guyot), impr. à Paris (1500), cité 2562, art. 47 ; (s. d.), 541, *Additions*.
Marchant (Yves), médecin, cité par Jean Dorat (1586), IV, 2789.
Marchand (Jacques), impr. à Bordeaux (1615), III, 2271.
Marchand (Jehan), impr. à Paris (1504), 421, art. 4.
Marchant (Jean), publie une *Response aux calomnies... inventées contre J. G. [Jacques Grévin]* (1564), IV, 2913.
Marchant (P.), signe par ordre les *Lettres des Estats d'Artois* (1579), III, 2384.
Marchand (Pierre), ou Le Marchand, violoniste (1659-1671), IV, p. 627.
Marchand (Prosper), éditeur du *Dictionnaire* de Bayle (1720), III, 2502.
Marchandon : vers à lui adressés par Joachim Blanchon (1583), IV, 2938.
Marchangy : Réquisitoire contre Béranger (1821), 1008.
Marchans (Les sept) de Naples (v. 1520), IV, 2846 ; (v. 1540), 575.
Marches : généalogie, III, 2495.
Marchetti (Alessandro), traducteur italien de Lucrèce (1754), 402.
Marchéville (Compagnon de), cité, II, 1138.
Marcile (Theodore) : vers à J. Le Vasseur (1608), 772.
Marcillac (François VII de La Rochefoucauld, prince de), danse un ballet (1664), IV, p. 627.
Marcland (Dom Antoine Gabriel), commence une histoire du Languedoc (1708-1737), III, 2347, p. 146.
Marconnay (Louis-Olivier de), *Remerciment de Candide* (1760), II, 1568.
Marconville (Jean de) : *Recueil d'aucuns cas merveilleux* (1563), cité, II, 1723.
Marco Polo : *De le maraveglioso cose del mondo* (1496), II, 1936. — (1508), 1937. — *La Description geographique des provinces... de l'Inde orientale* (1556), 1938.
Marcourt (Antoine) : *Le Livre des marchands*, cité, III, 2552.
Mareschal. Sonnet à Scév. de Sainte-Marthe (1569), 715. — Il est cité par Nic. Rapin (1610), IV, 2944.
Maréchal, bibliophile (1850) : volume lui ayant appartenu, IV, 3169.
Mareschal, sieurs de la Bergerie : généalogie III, 2495.
Mareschal (Jean), libr. imaginaire à Gand (1579), III, 2383.
Mareschal (Jean), impr. à Heidelberg (1580), IV, 3126, art. 4.
Mareschal (Pierre), impr. à Lyon, associé de Barnabé Chaussard (1504), 558 ; (s. d.), 455, 494, 496, 538, 594 ; seul (1520), II, 2025 : (s. d.), 76 et *Additions*, 556 ; III, 2586.
Maréchaux de France (1759), III, 2493, art. 28.
Muret (Hugues), collabore à l'*Encyclopédie* (1751-1777), III, 2523, p. 282.
Mareuil : vers au petit de Beauchasteau (1657), 833.
Marfisa : vers à elle adressés par N. Martelli (v. 1543), IV, 3000, p. 357.
Margat : généalogie, III, 2495.
Margency (Adrien Quiret de), collabore à l'*Encyclopédie* (1751-1777), III, 2523, p. 282.
Margeret (Le capitaine) : *Estat de l'empire de Russie et grand duché de Moscovie* (1607), III, 2428, p. 252.
Marguerit : généalogie, III, 2495.
Marguerite (Sainte) : sa *Vie* en vers (fin du xiv° siècle), IV, 3154, art. 6. — *Vie et Passion* (v. 1550), 593.
Marguerite, maîtresse de M. A. de Muret : J. de La Péruse parle d'elle (v. 1557), IV, 3022.
Marguerite d'Angoulême, reine de Navarre : épître à elle adressée par Jehan Bouchet (1522), 507. — Fr. Charbonnier lui dédie l'édition des *Chants royaulx* de Guillaume Crétin (1527), 485. — *Miroir de l'ame pecheresse* (1531, 1533), cité IV, 2738, p. 9. — *Dialogue en forme de vision* (1533), cité *ibid*. — Jehan Du Pré lui dédie *Le Palais des nobles dames* (v. 1534), IV, 2862. — Jehan Barril lui dédie une édition des *Enseignements* d'Anne de Beaujeu (1535), IV, 2754. — Elle est citée par Nicolas Bourbon (1538), IV, 2788. — *Le Miroir* (1539), IV, 2860. — Guillaume de La Perrière lui dédie *Le Theatre des bons engins* (1540), V, 3327. — *Sept Epistres [corrigees par Jehan Favre]*, ms. (v. 1540), V, 3250. — Huitains échangés avec Claude de Bombelles, seigneur de La Vaux (v. 1540), IV, 2965, art. 5-27 ; 3197 et *Additions*. Poésies diverses (v. 1540), V, 3286, p. 74. — *Epistre en-*

voyee au roy (1543), IV, 2861. — Pièces italiennes à elle adressées par Nic. Martelli (v. 1543), IV, 3000, pp. 357 et 361. — Ant. Du Moulin lui dédie le *Recueil des œuvres de Bonav. Des Périers* (1544), 625. — Vers à elle adressés par Ch. Fontaine (1546), IV, 2876. — Dizain à elle adressé par Rabelais (1546, 1547), IV, 3199, 3202 ; II, 1511. — Sonnet à elle dédié par Jacques Pelletier (1547), 699. — *Marguerites* (1547), 626 ; (1554), 627. — Vers à elle dédiés par François Habert (1549), IV, 2868. — Epitre à elle adressée par Guillaume Le Rouillé au nom des rossignols du parc d'Alençon (1552), IV, 3103. — *Tombeau* (1551), 628. — Epitaphe latine par Guill. de La Perrière, traduite par Bér. de La Tour (1551), V, 3254 : (1556), 661. — Epitaphe par Estienne Forcadel (1579), IV, 2879. — Vers à elle dédiés par Jacques Tahureau (1554), 702. — *L'Heptameron des Nouvelles* (1560), II, 1697 ; (1780-1781), 1698. — Marguerite y figure sous le nom de Parlamente, 1697. — Vers à sa louange par Du Bellay (1561), IV, 2900. — Elle est citée par Guy Le Fèvre de La Boderie (1578), IV, 3183 ; — par Jean Dorat (1586), IV, 2789. — Portraits (1551), 628, reproduit p. 442 ; (1581), II, 2039.

Marguerite d'Anjou, reine d'Angleterre : George Chastellain compose pour elle *Le Temple Jehan Bocace*, 506.

Marguerite d'Autriche : poème sur ses fiançailles avec le prince Jean des Asturies, par J. Molinet (1496), 471, art. 24. — Pièce sur son naufrage, par le même, *ibid.*, art. 44. — Poème sur son retour de France, par le même, *ibid.*, art. 53. — Jehan Le Maire lui dédie *Les illustrations de Gaule* (1509), II, 2090. — Vers d'elle à Jehan Le Maire (1510), *ibid.* — Frère Nicole Le Huen lui dédie la traduction du *Voyage à Jherusalem* de P. de Breydenbach (1517), III, 2635. — Pietro Martire lui dédie son *Enchiridion* (1521), II, 1955. — Elle négocie la Paix des Dames (1529), II, 2135. Cf. III, 2671 ; V, 3343. — *Complainte* sur sa mort (1530), 537.

Marguerite II d'Autriche, femme d'Alessandro de' Medici : vers à elle adressés par Niccolò Martelli (v. 1543), IV, 3000, p. 357.

Marguerite d'Autriche : son arrivée en Espagne, son mariage avec le roi Philippe III (1599), III, 2436, 2725.

Marguerite de France, duchesse de Berry, puis de Savoie, fille de François I*er*, fait traduire l'*Enchiridion* de Pietro Martire (1533, n. s.), II, 1955. — Elle assiste à une procession expiatoire à Paris (1549), III, 2144. — Joachim Du Bellay lui dédie son *Recueil de poësie* (1549, 1561), IV, 2890. — Guy de La Garde lui dédie l'*Histoire et Description du Phœnix* (1550), IV, 2880. — Fr. de Billon lui adresse une épître (1550), II, 1837. — Vers à elle adressés par François Habert (1549), IV, 2868. — Nicolas Denisot lui dédie *Le Tombeau de Marguerite de Valois*, sa tante (1551), 628. — G. Aubert fait son éloge (1554), 627. — Guill. Du Mayne, son lecteur, lui dédie *Le Laurier* (1556), V, 3262. — Il fait son éloge et celui du roi (1556), V, 3263. — Stances à elle adressées par Cl. de Taillemont (1556), IV, 2910. — Elle est louée par Ch. Fontaine (1557), IV, 2877. — Estienne Perlin lui dédie la *Description des royaulmes d'Angleterre et d'Escosse* (1558), II, 2365. — *Epithalame* sur son mariage avec Emmanuel-Philibert, par Du Bellay (1558), 681 ; (1559), V, 3257 : (1561), IV, 2898. — Vers à elle adressés par Du Bellay (1559, 1561), IV, 2896, 2899, 2900 ; V, 3257. — Jacques Du Boys lui dédie la *Comedie et Resjouyssance de Paris* (1559), III, 2621. — Du Bellay lui dédie une inscription (1559), V, 3258. — *Chant pastoral* à elle dédié par Ronsard (1559), 674. — Marc-Claude de Buttet lui dédie ses *Vers* (1561), 707. — Jean Chaumeau lui dédie l'*Histoire du Berry* (1566), III, 2343. — Epitre à elle adressée par Estienne Jodelle (1567), 667. — *Tombeau*, par Marc-Claude de Buttet (1575), V, 3260. — Guy Le Fèvre de La Boderie la cite parmi les poètes (1578), IV, 3183. — Il déplore sa mort (1579), IV, 2930.

Marguerite de Valois, fille du roi Henri II : Olivier de Magny compose un *Hymne* sur sa naissance (1553), 658. — Anne de Marquetz lui dédie la traduction des poésies latines de M.-A. Flamini (1568), 420. — Elle épouse Henri de Bourbon, roi de Navarre, plus tard Henri IV (18 août 1572), III, 2240, art. 1. — Jean de La Taille lui dédie *La Famine, tragedie*, et une anagramme (1573), V, 3317. — Du Bartas lui dédie *La Judith* (1573, 1583), V, 3269. — *Elegie* à elle adressée par son père, le duc d'Alençon

(1575), IV, 3025, art. 4. — Guillaume Belliard lui dédie ses *Poèmes* (1578), IV, 2932. — Vers à elle adressés par Guy Le Fèvre de La Boderie (1579), IV, 2930 ; — par Joachim Blanchon (1583), IV, 2938 ; — par Flaminio de Birague (1585), IV, 2939. — Elle est citée par Jean Dorat (1586), IV, 2789. — Ant. La Pujade lui dédie ses *Œuvres chrestiennes* (1604), 768. — Il lui dédie *La Mariade* (1605), 767. — Le sieur de La Roque lui dédie ses *Œuvres* et lui adresse des vers (1609), IV, 2943. — *Memoires* (1628), III, 2237. — Volume qui paraît lui avoir appartenu, 696.
Marguerite, femme ou maîtresse de Valade : vers à elle adressés par P. de Brach (1576), IV, 2931.
Marguerite (Jean), libr. à Lyon (1595), 801.
Margues (Nicolas) : *Description du Monde desguisé* (1563), IV, 2919.
Mary (Charles), libr. à Paris (1830), 832.
Mary (John Hector) : inscription dans un album (1564), V, 3365.
Mariage (Le) de la reine de Monomotapa (1681), II, 1278.
Mariage forcé (Le), ballet (1664). Voy. Molière.
Marian, évêque, cité par J. Dorat (1586), IV, 2789.
Mariano, de Naples (1532), IV, 3091.
Maribert-Courtenay, auteur supposé par Restif de La Bretonne (1786), II, 1916, art. 24.
Marie (Le sieur) permet l'impression du *Dictionnaire françois-caraïbe* du P. Breton (1666), II, 1986, art. 3.
Marie (La demoiselle), citée par Guill. de Poëtou (1565), III, 2605.
Marie d'Angleterre, reine de France, seconde femme de Louis XII. — Voy. *Le Pas des armes tenu a l'entree de la royne a Paris* par Guillebert Chauveau, dit Montjoye (1514), II, 2113, 2114. — Épître adressée sous son nom au roi d'Angleterre, son frère (1515), 506, 511.
Marie de Bourgogne : son portrait (1755), III, 2506.
Marie, duchesse de Brabant, comtesse de Flandre : complainte sur sa mort par J. Molinet (1482), 471, art. 28.
Marie Leszczinska, reine de France : volume lui ayant appartenu, III, 2511. — Ses armes, III, 2493, art. 12.
Marie de Lorraine, reine douairière d'Écosse : Jean Le Féron lui dédie son *Simbol armorial des armoiries de France et d'Escoce* (1555), IV, 3150. — *Oraison funebre* par Claude d'Espence (1561), III, 2368.

Marie de Médicis, reine de France : *Le Discours veritable de ce qui s'est passé au voyage de la royne...* (1600), III, 2242, art. 10. — *Sur les nopces du roy et de la royne, pris du latin de M. Passerat par J.-D.* (1600), IV, 2916. — Vers à sa louange par P. de Deimier (1605), 766. — Jean Le Clerc lui dédie son édition de la *Pratique* de Mignerak (1605), 282. — Vers à elle adressés par S. G., sieur de La Roque (1609), IV, 2943. — Vers à elle adressés par Nic. Rapin (1610), IV, 2944. — Son couronnement (1610), III, 2266. — Vers à elle adressés à cette occasion par F. Jolly (1610), III, 2234 ; — par Rabouyn (1610), 890, art. 7. — André Du Chesne lui dédie *Les Tittres d'heur de Henry IV* (1610), III, 2260. — Sa régence (1610), III, 2264. — J. d'Escorbiac lui dédie *La Christiade* (1613), 821. — Le P. Claude d'Abbeville lui dédie son *Histoire de la mission des peres capucins en l'isle de Maragnan* (1614), II, 1991. — Jules de Richy lui dédie *Le Temple de Pudicité* (1616), V, 3290. — Elle se fait présenter un homme vivant sans manger (1618), II, 1727. — Elle arrive à Tours (30 août 1619), III, 2276, 2277. — Thomas Sonnet, sieur de Courval, lui dédie ses *Satyres* (1621). 938. — Elle fait danser un ballet à Lyon (1622), II, 1450. — *Histoire curieuse* de son entrée dans les Pays-Bas, par La Serre (1632), III, 2281. — Baro lui dédie une édition de l'*Astrée* d'H. d'Urfé (1633), II, 1528.
Marie de Navarre, reine d'Aragon, femme de Pierre IV : son *obit* (1317), III, 2529, p. 326.
Marie de Portugal, duchesse de Parme, femme d'Alessandro Farnese : P. Aldrobrandini lui adresse une lettre (1582), III, 2395.
Marie Stuart, reine d'Ecosse, louée par Ch. Fontaine (1557), IV, 2877. — Sonnet à elle dédié par Jacques Du Plessis (1558), IV, 3114, art. 5. — Louis Le Roy lui dédie la traduction du *Symposse* de Platon (1558), V, 3213. — Elle est citée (1558), III, 2365. — Vers à elle dédiés par Du Bellay (1559, 1561), 1156 ; V, 3257 ; IV, 2898 : — Claude d'Espence lui dédie l'*Oraison funebre de Marie de Lorraine, reine douairière d'Ecosse* (1561), III, 2368. — Vers latins à elle adressés par Adam Blackwood (1564), IV, 2790. — Anagramme à elle dédiée par Jean de La Taille (1572), V, 3317. — Son *Histoire*, [par George Bu-

chanan] (1572), III, 2370. — Son *Innocence*, [par François de Belleforest] (1572), III, 2371. — *Extraict et Aphorismes de la harangue de M. de Believre à la royne d'Angleterre pour la royne d'Escosse* (1587), III, 2194, p. 37. — Son *Apologie*, par M. Kyffin (1588), III, 2372. — *De la mort de la royne d'Escosse* (1588), III, 2194, p. 42. — Son *Martyre*, par Adam Blackwood; son *Oraison funebre*, ses *Epitaphes* (1588), III, 2373. — P. Perrot de La Salle parle d'elle (1599), IV, 2949. — Son portrait (1623), 668. — Elle est le sujet d'une tragédie de Regnault (1639), II, 1116; — d'une tragédie de Schiller (1801), II, 1478.

Marie Tudor, fiancée à François, dauphin de France (1518), III, 2659, 2662; IV, 3105. — Epitre adressée sous son nom à la reine de France (1518), IV, 2841. — Devenue reine d'Angleterre, elle prend part à la campagne de 1557 contre la France, III, 2146. — Jean Le Viel lui adresse des vers (1559), III, 2724.

Marie-Adélaïde de France, fille de Louis XV: Goldoni lui dédie *Le Bourru bienfaisant* (1771), II, 1338.

Marie-Adélaïde de Savoie, duchesse de Bourgogne, puis dauphine: son *Oraison funebre* par le P. Gaillard (1712), 389, art. 1; par le P. de La Rue (1712), 389, art. 2. — Volumes lui ayant appartenu, 62; II, 2069.

Marie-Anne d'Autriche, infante d'Espagne: son mariage projeté avec Charles, prince de Galles, plus tard roi d'Angleterre (1622), III, 2374, articles 4 à 7, 9.

Marie-Anne-Christine de Bavière, dauphine, paraît dans un ballet (1681), IV, p. 627. — Baron lui dédie *La coquette et la fausse Prude* (1687), II, 1281. — Pradon lui dédie *Regulus* (1688), II, 1275. — Son *Oraison funebre*, par P. de La Broue (1690), 374, art. 1; — par Fléchier (1690); *ibid.*, art. 2; — par Du Jarry (1690), *ibid.*, art. 3. — Dessin de son mausolée, 252.

Marie-Antoinette, dauphine, puis reine de France: M. de La Borde lui dédie son *Choix de chansons* (1773), 1002. — Le libraire Moutard lui dédie *Le comte de Valmont* (1774), II, 1575. — Dom André-Joseph Ansart lui dédie la traduction de l'*Eloge de Charles-Quint* par Jacques Masen (1774), III, 2409. — Son exécution est représentée à la fin des *Nuits de Paris* de Restif de La Bretonne (1794), II, 1916, art. 23. — Volumes lui ayant appartenu, 71, 850; II, 1895, 1896; III, 2409, 2485.

Marie-Isabeau de France, fille de Charles IX: son *Oraison funebre* par Arnauld Sorbin (1578), 342.

Marie-Louise de Gonzague, reine de Pologne: son contrat de mariage avec le roi Ladislas VII (1645), IV, 3153, p. 535. — *Relation de son voyage*, par Jean Le Laboureur (1648), III, 2427.

Marie-Louise d'Orléans, reine d'Espagne: dessin de son mausolée, 252.

Marie-Thérèse d'Autriche, reine de France, paraît dans des ballets (1662-1664), IV, p. 627. — Coypeau d'Assoucy lui dédie ses *Pensées* (1679), II, 1533. — Son *Oraison funebre* par Bossuet (1683), 351; — par Therville (1683), 369, art. 1; — par Jules de Bollogne (1683), 369, art. 2; — par Fléchier (1684), 369, art. 3; — par Des Alleurs (1684), 369, art. 4. — Son portrait (1683), III, 2524.

Marie-Thérèse d'Espagne, dauphine de France: volumes lui ayant appartenu, II, 2082.

Mariette fils (Denys?), fils aîné de Pierre Mariette qui était mort en 1657; frère aîné du suivant; graveur (1691), 361.

Mariette (Jean), fils puîné de Pierre-Mariette qui était mort en 1657; frère cadet du précédent; graveur et marchand d'estampes: *L'Architecture françoise* (1727), 250. — Gravures signées de lui (1688), 39; (1692), 60; [(1727), 250?;] (s. d., v. 1705), 252.

Mariette (Pierre-Jean), fils du précédent; libraire et collectionneur à Paris (1726), II, 2006; (1727), 67; (1731), 68; (1740), II, 2006.

Marignan (Bataille de), sujet d'un poème italien, IV, 3002.

Marigny (Le marquis de), traité de « prince des Sots » (1601), IV, 3005, p. 364.

Marigny (Abel-François Poisson, marquis de): d'abord M. de Vandières: Blondel lui dédie son *Architecture françoise* (1752), 251. — Fr. Gerbault lui dédie son édition de la traduction italienne de Lucrèce (1754), 402. — Patte lui dédie ses *Memoires sur... l'architecture* (1769), 247. — Volume relié à ses armes, 247.

Maryland (1681), II, 1983.

Marilhat, peintre (1834), 271.

Marillac (Charles de), ou Marillyac, cité par Nic. Bourbon (1538), IV,

2788 ; — par Jehan Bouchet (1545), 511.
Marillac (Guillaume de), cité par Jean Dorat (1586), IV, 2789.
Marillier (C.-P.) : dessin original pour *Irza* et *Marsis* de Dorat (1769), 931. — Dessins pour *Les Baisers* de Dorat (1770), 222 ; pour les *Fables* du même (1772), 916.— Dessins pour les *Romans et contes* de Voltaire (1778), 228. — Dessins pour les *Œuvres* de Le Sage (1783), 223. — Dessins pour les *Œuvres* de l'abbé Prévost (1784), 224. — Dessins pour *Le Cabinet des Fées* (1785-1789), 225. — Dessins pour *Les Voyages imaginaires* (1787-1789), 226. — Figures gravées d'après ses dessins, 846, 856, 858, 916, 1037, 1056 ; II, 1287, 1909, 1915 ; III, 2409.
Marin : généalogie, III, 2495.
Marin (Alexandre), cité par Guillaume de Poëtou (1565), III, 2605.
Marin (François) : *Les Dons de Comus* (1739), 290.
Maryn (Jehan) : épître à Jehan Bouchet et réponse (1545), 511.
Marine française : son état en 1680, III, 2364.
Marino (Bernardo di fù Bartolomeo), Vénitien (1524), IV, 2764.
Marion (Simon) : vers à lui adressés par François Le Poulchre (1587), V, 3274. — *Plaidoyé contre les jésuites* (1597), II, 2012.
Marion (Théophile), dit Dumersan. Voy. Dumersan.
Marius (Caius) : sa vie par Plutarque (1567), II, 1899. Cf. III, 2735.
Marius (Gilles) : vers sur la mort d'Ant. Fiancé (1582), 753.
Marivaux (P. Carlet de Chamblain de) : *Le Pere Prudent et equitable* (1712), II, 1317. — On lui attribue *La Voiture embourbée* (1714), II, 1546. — *La seconde surprise de l'amour* (1728), II, 1318. — *Le jeu de l'amour et du hasard* (1730), II, 1319. — *La Mere confidente* (1735), II, 1320. — *Discours de reception à l'Academie françoise* (1744), 391.
Markham, collabore à la traduction française des *Voyages de Gulliver* (1727), II, 1761.
Marland (Gilbert), élève de Nicolas Du Puy (v. 1510), V, 3228.
Marlborough (Le marquis de Brandford, duc de), bibliophile : volumes lui ayant appartenu, 267 ; IV, 3063.
Marle (Nicolas de) : Chansons (1549-1552), 980.
Marly : vues du château, 249.
Marliave : généalogie, III, 2495.
Marlié (E.), grav., III, 2506.
Marlin (P.), curé de Saint-Eustache à Paris, approuve la traduction de Joseph par Arnauld d'Andilly (1666), II, 2066 ; — approuve la traduction de l'*Imitation de Jesus-Christ* par Le Maistre de Sacy (1690), 59.
Marlorat (Augustin), attaque Villegagnon (1561), II, 1988. — *Remonstrance à la royne mere* (1565), citée, III, 2552. — Portrait (1581), II, 2039.
Marmet, assiste à l'entrevue de Nérac (juillet 1584), III, 2242, art. 3.
Marmier (Xavier), collabore au *Monde dramatique* (1835-1839), II, 1072.
Marminhac (de), s'empare de Solignac (1590), III, 2247.
Marmite (La) [papale] *renuersee*, IV, 3156.
Marmontel (Jean-François) : *Contes moraux* (1765), II, 1711. — *Le Huron* (1768), II, 1337. — Romance de lui dans les *Chansons* de La Borde (1773), 1002. — Il collabore à l'*Encyclopédie* (1751-1777), III, 2523, p. 282. — Il rédige le *Mercure de France* (1758-1792), III, 2524, pp. 308, 309, 314, 316, 317. — Vers à Mlle Guimard publiés par Restif de La Bretonne (1793), II, 1916, art. 30. — Portrait, II, 1711.
Marmoutiers, abbaye, IV, 3096, art. 54.
Marnay (Anselme? de), cité par J. Dorat (1586), IV, 2789.
Marnef (Enguilbert de), libr. à Paris et à Poitiers (1522), 507.
Marnef (Enguilbert et Jehan de), libr. à Paris (v. 1525), 209.
Marnef (Geoffroy de), impr. à Paris (v. 1500), 122 ; (1511), II, 2008 (chiffré à tort 2007).
Marnef (Hiérosme de), impr. à Paris (1572), IV, 3188 ; (1573), IV, 3194.
Marnef (Jean de), impr. à Poitiers (1559), II, 1957. — Vers en tête des *Voyages* du capitaine Alfonce (1559), II, 1957.
Marnef (Jean et Enguilbert de), impr. à Poitiers (1545), 510, 511 ; (1554), 702 ; (s. d.), IV, 3022.
Marnef (Jeanne de), veuve de Denis Janot, impr. à Paris. Voy. Janot.
Marnes : abbaye de Saint-Jouin (Deux-Sèvres), IV, 3096, art. 96.
Maro (Adrea) : vers en tête de l'*Hypnerotomachia Poliphili* (1499), II, 1743.
Maroc, II, 1945 ; III, 2483, 2484.
Marolles (Claude de) : son portrait (1656), III, 2265.
Marolles (Michel de), abbé de Villeloin : Préface aux *Chevilles* de Me Adam Billaut (1644), 829. — Lettre à lui adressée par Rangouze (1649),

II, 1879. — *Memoires* (1656-1657), III, 2265. — Portrait (1648), *ibid.*
Marolles (Magné de) : *La chasse au fusil* (1788), 307.
Marot (Clément), revoit et publie *Le Rommant de la Rose* (1530), 437. — *L'Adolescence clémentine* (1532), 596 ; (1534), 597, 599, 600 ; (1535), 601 ; (1536), 602, 603 ; (1538), 605 ; (1539), 606 ; V, 3244 ; (1544), 608. — *La Suite de l'Adolescence* (1534), 598-600 ; (1535), 601 : (1536), 602, 603 ; (1538), 604, 605 ; (1539), 606 ; IV, 3244 ; (1544), 608 et *Additions*. — *Œuvres* (1539), 607 ; (1544), 608, 609 ; (1546), 610, 611 ; (1547), 612 ; (1553), 613 ; (1596), 614 ; (1700), 615 ; (1731), 616. — Épitre en tête des *Œuvres* de Jehan Marot, son père (1533), 595. — *Premier Livre de la Metamorphose*, traduit d'Ovide (1534), 601, 602 ; (1536), 603 ; (1538), 604, 605 ; (1539), 606 ; V, 3245 ; (1544), 608 ; (1546), 610. — Nombreuses pièces de lui dans un recueil ms. formé par Jehan Gueffier à Ferrare (1535-1542), IV, 2961. — *Cantique à la royne de Navarre* (1536), III, 2593, p. 405 et *Additions*. — *Le Coup d'essay de Fr. de Sagon, contenant la responce a... Cl. Marot* (1537), III, 2594, art. 1 ; (1539), 621, art. 2. — *Deffense de Sagon contre Cl. Marot* (1537), III, 2594, art. 2. — *Elegie par Françoys de Sagon...* (1537), *ibid.*, art. 3. — *Pour les disciples de Marot* (1537), *ibid.*, art. 4 ; (1539), 621, art. 11. — *Le Valet de Marot contre Sagon* (1537), *ibid.*, art. 5 ; (1539), 621, art. 4. — *Le Rabais au caquet de Fripelippes et de Marot* (1537), III, 2594, art. 6 ; (1539), 621, art. 8. — *La grande genealogie de Frippelippes* (1537), III, 2594, art. 8 ; (1539), 621, art. 5. — *Epistre a Marot, a Sagon et a La Huterie* (1537), III, 2594, art. 9 ; (1539), 621, art. 10. — *Remonstrance a Sagon, a La Hueterie et au poëte champestre* (1537), III, 2594, art. 10. — *Appologie faicte par le grant abbé des conards...* (1537), III, 2594, art. 12. — *Responce a l'abbé des cognars de Rouen* (1537), 622 ; III, 2594, art. 13 ; (1539), 621, art. 15. — *Contre Sagon et les siens* (1537), III, 2594, art. 14 ; (1539), 621, art. 13 ; — *Epistre responsive au Rabais de Sagon* (1537), III, 2594, art. 15. — *De Marot et Sagon les Treves* (1537), III, 2594, art. 16 ; (1539), 621, art. 14. — *Epistre a Marot par François de Sagon* (1537), III, 2594, art. 17 ; (1539), 621, art. 20. — *Le Frotte-groing de Sagoyn* (1537), III, 2594, art. 18. — *Replique par les amys de l'autheur de la Remonstrance faicte a Sagon* (1537), III, 2594, art. 19. — *Rescript a Françoys Sagon et au jeune poëte champestre* (1539), 621, art. 7. — *Le Different de Cl. Marot et de Fr. Sagon* (1539), 621, art. 16. — *Le Banquet d'honneur sur la paix faicte entre Cl. Marot, Fr. Sagon, etc.*, (1539), 621, art. 18. — *L'Adieu envoyé aux Dames de court au moys d'octobre 1537*, 621, art. 19. — Nic. Bourbon parle de lui et traduit des vers de lui en latin (1538), IV, 2788, p. 80. — *Epigrammes* (1538), 630 : (1539), 606 ; (1544), 608. — *Le Dieu gard a la court* (1538), 604 ; (1539), 621, art. 3. — *La Chrestienté parlant a Charles, empereur et a Françoys, roy de France* (1538), III, 2674 ; IV, 3108 ; (1539), 621, art. 21. — *Sermon pour le jour de la dedicace* (1539), V, 3246. — Vers adressés à l'élu Macault (1539-1556), IV, 3076. — Vers à Hugues Salel (1540), 633. — François Habert compose sur lui diverses pièces (1541), 643 ; (1542), 644 ; (1551), V, 3251. — *Histoire de Leander et de Hero*, traduite de Musée (1541), III, 2593 ; (1544), 608. — Traduction des *Psaumes* (1541), IV, 2737 ; (1546), 608, 610 ; (1550), 619 ; (1552-1553), V, 3300 ; (1563), 6, 620 ; (1605), 2. — Extraits de cette traduction (1587), III, 2194, art. 42. — Artus Desiré l'attaque dans son *Contrepoison* (1561), V, 3204. — *Sermon du bon pasteur et du mauvais* (1541), IV, 2737. — Même pièce sous le titre de *Bergerie du bon pasteur* (v. 1541), V, 3247. — Cette pièce est censurée (1542, 1544), 108, 110, 614. — Epître à François Ier (1541), IV, 2737. — *Cantique a la deesse Santé* (ms.), IV, 2965, art. 201. — Il regarde la *Pastorelle de Granson* comme indigne d'Alain Chartier (1542), 444. — Chansons avec airs notés, 411, art. 4 et 7 ; — sans musique, 411, art. 68. — Rondeaux, 411, art. 71. — *L'Enfer* (1542), 618 ; (1544), IV, 2858. — *Deploration sur la mort de Cl. Marot* (1544), 623. — Epitaphe par Jehan Bouchet (1545), 510. — *Epistre de M. Malingre envoyee a Cl. Marot, avec la Responce* (1546), V, 3248. — Ch. Fontaine parle de lui (1546), IV, 2876. — Epitaphe par Estienne Forcadel (1548, 1759), IV, 2879 ; — par François Habert (1549), IV, 2868. — *Blason du Telin* (1550), 818 ; (1807), 811. — *Contreblason*

TABLE ALPHABÉTIQUE GÉNÉRALE

du Tetin, ibid. — Vers signés C. M. dans les *Traductions de latin* (1550), 808. — Vers dans le *Recueil de poësie françoyse* (1550), 809. — Epitaphes par M. G. et par Saint-Romard (1550), 808. — Autre par Gilles d'Aurigny (1553), 652. — *Le Riche en pauvreté* (1558), IV, 2859. — *La Complaincte d'un pastoureau* (1558), IV, 2859. — *Epistre à son amy abhorrant fol amour* (1568), 807. — Fragment d'une de ses épîtres joint aux *Œuvres poëtiques de M. de Saint-Gelais* (1574), 630 ; (1582), 631. — Il est cité par Guy Le Fèvre de La Boderie (1578), IV, 3183. — Portrait (1581), II, 2039.

Marot (Daniel) : *Œuvres* (1712), 253.

Marot (Jehan), cité comme un modèle par Guillaume Crétin (1512), II, 2090, art. 5. — *Sur les deux heureux voyages de Genes et Venise* (1532), 595. — *Œuvres* (1534), 599, 600 ; (1535), 602 ; (1536), 603 ; (1538), 604 ; (1539), V, 3245 ; (1731), 616. — Rondeaux, IV, 2964, art. 6, 8, 18, 28, 54, 55.

Marot (Jean), dessinateur et graveur (1752-56), 251.

Marot (Michel) : œuvres de lui jointes à celles de Clément Marot, son père (1596), 614 ; (1731), 616.

Marotte (Marie Ragueneau, dite Mlle), actrice (1671), IV, p. 627.

Marquer (Jean), de Vire : vers à Th. Sonnet, sieur de Courval (1621), 938.

Marques personnelles à des auteurs, reproduites dans le présent catalogue :
Barran (Henry de), IV, 3015.
Collet (Claude), 651.
Gringore (Pierre), 495, p. 305 ; IV, 2825, 3172, p. 567.
Le Maire (Jehan), II, 2008, p. 481.
Sorbin (Arnauld), II, 2028.
Tremblay (Lucas), 215.

Marques typographiques, reproduites dans le présent catalogue :
Berjon (Mathieu), à Genève, 2.
Blanchard (Antoine), à Lyon, IV, 3177.
Bonhomme (Macé), à Lyon, 642.
Borne (Thierry de), à Deventer, V, 3227.
Burges (Jehan), le jeune, à Rouen, IV, 3012.
Calvarin (Prigent), à Paris, III, 2662.
Cartier (Gabriel), à Genève, II, 1092.
Compagnie des libraires d'Amsterdam, II, 1555.
De Keysere (Martin), ou l'Empereur, à Anvers, II, 2138.
Eustache (Guillaume), à Paris, V, 3314, 3315.

Gaultier (Raulin), à Rouen, IV, 2811 ; V, 3223.
Gourmont (Gilles de), à Paris, V, 3331.
Granjon (Robert), à Lyon, II, 1696.
Gueynard (Estienne), à Lyon, III, 2727.
Guyard (Jehan), à Bordeaux, IV, 3165.
Haultin (Hierosme), à La Rochelle (?), III, 2194.
Havard (Martin), à Lyon, 463 ; III, 2627.
Hoochstraten (Michel van), à Anvers, III, 2720.
Hulpeau (Jean), à Paris, V, 3353.
Ilurus (Pablo), à Saragosse, 204.
Janot (Jehan), à Paris, III, 3072 ; V, 3331.
Juste (Françoys), à Lyon, 597, 600, 602 ; IV, 3063.
Lanchart (Loys), à Lyon, 184.
La Porte (Jehan de), à Paris, V, 3226.
Le Caron (Pierre), à Paris, 464.
Leeu (Gerard), à Gouda, II, 1854.
Le Forestier (Jacques), à Rouen, IV, 3780 ; V, 3219.
Levet (Pierre), à Paris, III, 2579.
L'Homme (Jehan), à Rouen, 623.
Linocier (Guillaume), à Paris, 181.
Lotrian (Alain), à Paris, III, V, 3346.
M., lettre énigmatique employée dans une impression d'origine lyonnaise, 466, p. 269.
Macé (Richard), à Caen, V, 3228.
Marchant (Jehan), à Paris, 421.
Mareschal (Pierre), à Lyon, 76, 556.
Mareschal (Pierre) et Barnabé Chaussard, à Lyon, III, 2587.
Martens (Thierry), à Anvers, V, 3207.
Mérenget (Sulpice), à Paris (?), III, 2318.
Millanges (Simon), à Bordeaux, IV, 3169, p. 565.
Moderne (Jacques), à Lyon, 190.
Peeters (Henry), à Anvers, III, 2669.
Perrin (François), à Genève, 1090.
Petit (Jehan), à Paris, 421 ; V, 3331.
Pigouchet (Philippe), à Paris, V, 3224.
Rousseau (Jacques), à Cahors, V, 3377.
Severszoon (Jean), à Leyde, V, 3222.
Tory (Geofroy), à Paris, V, 3347.
Tournes (Jean de), à Lyon, 626.
Trepperel (Jehan), à Paris, IV, 2834 ; V, 3382.
Vérard (Antoine), à Paris, II, 2105.
Vorsterman (Guillaume), à Anvers, II, 2133 ; III, 2518 ; IV, 2834.
Vostre (Simon), à Paris, IV, 2812.

Marques inconnues, 466, 591.

Marquet : généalogie, III, 2495.
Marquets (Anne de), *Six Sonets de l'assemblee tenue à Poissy* (1561), IV, 2918. — *Les Poesies de Marc-Antoine Flaminius mises en françois* (1568), 420.
Marquette (Le P.) : son voyage dans la vallée du Mississipi (1681), II, 1924.
Marquette (Jean de), joue dans la *Passion* de Valenciennes (1547), IV, 3010, p. 377.
Marquis (Pierre) et Faustine, sa femme, cités par Guill. de Poëtou (1565), III, 2605.
Marquise (La) de Salusses, ou la Patience de Griselidis, [par Ch. Perrault] (1691), III, 2615.
Marret (Paul), libr. à Amsterdam (1696), 200.
Marron (Claude), élu de Loches (1549), IV, 2868.
Marsan (Le comte de), figure dans des ballets (1661-1662), IV, p. 628.
Marsault des Galles (1549), IV, 2868.
Marseille : le pape, le roi et la reine, y font leur entrée (12 oct. 1533), III, 2410. — La ville est prise par les ligueurs (9-11 avril 1585), III, 2194, p. 34. — Elle est reprise par les troupes de Henri IV (1596), III, 2236, art. 20 et 21. — Marie de Médicis y fait son entrée (1600), III, 2242, art. 10. — Arrest rendu contre Louis Gaufridy. Voy. Parlement de Provence. — Imprimeur (1665). Voyez Garcin (Claude).
Marsy (L'abbé de) : *Remarques sur Rabelais* (1823), II, 1520.
Marsigli (Alessandro), libr. à Lyon (1575), III, 2504.
Marsile (Théodore), cité par Jean Dorat (1586), IV, 2789.
Marsilianus, cité par Nic. Bourbon (1538), IV, 2788.
Marsollier : une pièce de lui dans les *Chants et Chansons populaires de la France* (1843), 1014.
Marteau (Jean), ou Martelli : inscription, avec musique notée, dans un album (1565), V, 3365.
Marteau (Michel), sieur de La Chapelle-Milon, prévôt des marchands de Paris : *Harangue faite à Blois* (1588), III, 2194, p. 42; IV, 3127, art. 7.
Marteau (Pierre), impr. imaginaire à Cologne (1668), II, 1687 ; (1670), II, 1815 ; (1671), III, 2287 ; (1693), 950 ; (1699), II, 1688 ; (1709), II, 1691 ; (1713) ; II, 1693, 1693 *bis* ; (s. d.), II, 1796, art. 38 ; 1836. — Pierre de Marteau (1671), V, 3359.
Martel (Estienne) : quatrain à Jean de Vitel (1588), V, 3275.

Martel (J.), impr. à Montpellier (1697), II, 2095, art. 93.
Martel (Louis) : vers dans le *Tumulus R. Bellaquei* (1577), 695. — Vers à P. Le Loyer (1579), 746. — Vers latins, grecs et français sur la mort de Ronsard (1586), IV, 2889. — Vers à Jean Hays (1598), 763.
Martelli (Guglielmo) : sonnet à lui adressé par Nicc. Martelli (v. 1543), IV, 3000, p. 359.
Martelli (Lodovico), vers dans le *Tombeau de Ronsard* (1623), 668.
Martelli (Lodovico di Lorenzo), vers dans les *Trionfi, Carri, ecc.* (1559), 1028.
Martelli (Niccolò), *Rime toscane* (ms.), v. 1543, IV, 3000. — Vers dans les *Trionfi, Carri, ecc.* (1559), 1028.
Martelli (Pandolfo) : sonnet à lui adressé par N. Martelli (v. 1543), IV, 3000, p. 359.
Martelli (Ugolino) : sonnet à lui adressé par Nicc. Martelli (v. 1543), IV, 3000, p. 358.
Martelli (Vincenzo) : sonnet à lui adressé par N. Martelli (v. 1543), IV, 3000, p. 360.
Martenasi, grav. (1757-61), II, 1741.
Martens (Jean), inscription dans un album (1564), V, 3365.
Martens (Thierry), impr. à Anvers (1509), cité, IV, 2748, p. 19 ; — à Louvain (1515), V, 3207.
Marthory (Menault de), ou Martres, évêque de Coutances (1532), IV, 3091.
Marty-Laveaux (Charles), IV, 2905.
Martial : *Opera* (1501), 414. — Epigrammes traduites par Saint-Romard (1541), III, 2593 ; — Epigramme traduite par Jacques Pelletier (1547), 699.
Martial : vers à M* Adam Billaut (1644), 829.
Martigues (Sébastien de Luxembourg, comte de), m. en 1569. Voy. Luxembourg.
Martilloge (Le) des faulces lengues (1493), 469.
Martin de Valence (Le bienheureux), II, 1698.
Martin le Vieux, roi d'Aragon, puis roi de Sicile : Bréviaire exécuté pour lui vers 1400, III, 2529.
Martin (Frère), cité en 1549, IV, 2868.
Martin : vers à lui adressés par Joachim Blanchon (1583), IV, 2938.
Martin, chanoine, vers à Esprit Aubert (1613), 816.
Martin, chanteur (1657-1670), IV, p. 628.
Martin, libr. à Lyon (1705), II, 1551.
Martin, dessin. (1785), 242.

Martin (Aimé), publie les *OEuvres* de Molière (1824), II, 1180. — Volumes lui ayant appartenu, 85; II, 1084, 1490, 1514.
Martin (Bertrand), huissier à la cour des Monnaies (1567-1572), III, 2546, art. 6, 12.
Martin (Cl.): *Chansons* (1549-1552), 980.
Martin (Claude), *La Vie de la venerable mere Marie de l'Incarnation* (1677), II, 1971.
Martin (David): *Histoire du Vieux et du Nouveau Testament* (1700), 12.
Martin (Edme I*er*), libr. à Paris (1631), III, 2483.
Martin (Edme II), libr. à Paris (1650), IV, 3153, p. 536; (1661), cité, III, 2235. — Sa veuve, associée de Jean Boudot et d'Etienne Martin (1688), 372, art. 2; (1689), III, 2441.
Martin (Estienne), libr. à Paris, associé de la veuve Edme Martin et de Jean Boudot (1688), 372, art. 2; (1689), III, 2441.
Martin (G.), impr. ou libr. à Lyon (1574), cité, V, 3254.
Martin (Gabriel I*er*), impr. à Paris (1688), 372, art 2.
Martin (Gabriel II), libr. à Paris et bibliographe (1702), II, 1753; (1719), II, 2006; (1726), II, 2006; (1728), II, 1539; (1736), II, 2006; cité, II, 1546, 1753.
Martin (Guillaume): volume lui ayant appartenu, IV, 2803.
Martin (Henry), *Le Libelliste* (1833), II, 1652.
Martin (Jehan), seigneur de Bretonnières, l'un des auteurs des *Cent Nouvelles nouvelles* (v. 1457), II, 1694.
Martin (Jean), seigneur de Choisy, est loué par Pontus de Tyard (1551), IV, 2908. — Il est l'un des interlocuteurs du *Dialogue de l'ortografe*, de Jacques Pelletier (1555), 322. — Vers en tête du *Dictionnaire des rimes* de Jean Le Fèvre (1588), 431.
Martin (Jean), dit Palluau : épitaphe par M. Guy, de Tours (1598), IV, 2948.
Martin (Jean), libr. à Paris (1622), II, 1450; III, 2420, art. 62; (1623), II. 1730; (1625), III, 2405, art. 8, 9, 10, 13, 14, 16, 18, 19, 20, 23, 24; (1627), III, 2420, art. 79, 81; (1631), III, 2420, art. 80, 83, 88, 90, 93; (1634), III, 2344.
Martin (Jean-Baptiste), dessin. (1726-1733), III, 2487.
Martin (Joachim) : vers à lui adressés par Joachim Blanchon (1583), IV, 2938.

Martin (Louis), libr. à Paris (1631), IV, 3153, p. 529.
Martin (Louis): *L'Eschole de Salerne* (1651), 972.
Martin (Pierre), peintre, cité par Antoine Du Saix (1532), 515.
Martin (Sébastien), impr. à Paris (1652), 975.
Martin (Willem) : inscription dans un album (1598), V, 3372.
Martin (William), bibliophile : volumes lui ayant appartenu, 465, 512, 556; IV, 2779, 2932, 2942.
Martinant (Nicolas), libr. à Paris (1613), cité, IV, 3005, p. 365.
Martineau, musicien (1657), IV, p. 628.
Martineau (Loys), impr. à Paris (v. 1500), cité, 61.
Martinengo (Famille) : volumes portant ses armes (xv*e* siècle), 405 ; II. 1874.
Martinengo (Nestor) : *La vraye Histoire du siege et de la prinse de Famagoste* (1572), III, 2461 et *Additions*.
Martinet, dessin. et grav. (1781-83), II, 1459.
Martinet (M*lle*), grav. (1781), II, 1733.
Martinet, impr. à Paris, associé de Bourgogne (1837), II, 1390, 1391.
Martinez (Miguel), libr. à Madrid (1614), 1054.
Martinez (Sebastian), impr. à Valladolid (1555), IV, 3003.
Martini (Jean-Paul-Gilles Schwartzendorf, dit), Mélodie dans les *Chansons* de Piis (1785), 1003. — Mélodie dans les *Chants et Chansons popul. de la France* (1843), 1014.
Martini (P.-A.), dessin., et grav., (xvIII*e* s.) 228 (dessins originaux), 259, 1033 ; II, 1474 ; III, 2569.
Martinique (La), II, 1985.
Martino (Cesare de): *Osservazioni del successo nel Vesuvio* (1632), citées, III, 2457.
Martinot père, violoniste (1669-1671), IV, p. 628.
Martinot fils, violoniste (1669-1671), *ibid*.
Martyre (Le) de frere Jacques Clement (1589), III, 2233.
Martir (Le) et cruelle Mort du prieur des Jacobins de Paris (1590), III, 2241, art. 1.
Martyrologue (Le) des faulses langues (v. 1500), IV, 2815.
Martres (Menauld de), évêque de Couserans, cité par Nic. Bourbon (1538), IV, 2788, p. 80.
Marullo (Michele): vers de lui dans les *Icones* de Nic. Reusner (1589), V, 3370. — Portrait, *ibid*.
Marvye, grav. (xvIII*e* s.), 243, 251.
Marville, dessin. (1838), V, 3321.

Mascarène de Rivière : généalogie, III, 2495.
Mascaron (Jules) : *Oraison funebre de Turenne* (1676), 366, art. 1. — *Oraison funebre* (1704), 355.
Mascherry (Jacques), du canton de Fribourg (1598), IV, 3127, art. 12.
Masen (Jacques), *Eloge de Charles-Quint, empereur, traduit... par dom André-Joseph Ansart* (1774), III, 2409.
Masère (de), vers à Marc de Papillon (1597), 762.
Mas-Garnier : abbaye de Saint-Pierre, IV, 3096, art. 82.
Masin (Adrien), de Bruges : inscription dans un album (1567), V, 3365.
Masins (Thomas), d'Arras : inscription dans un album (1597), V, 3365.
Masparault (de), seigneurs de Buy, maître d'hôtel de la reine de Navarre (1578), IV, 2930.
Masparault (Martin de), seigneur d'Aubigny, conseiller du roi et maître des comptes à Paris : Guy Le Fèvre de La Boderie lui adresse des vers (1571), 733 ; (1578), IV, 2930, p. 252.
Masquelier (L.-J,), dessin. et grav. (xviii° s.), 272, 409, 856, 916, 1002 ; II, 1179, 1339, 1531, 1762, 2004 ; III, 2279.
Massa, menuisier : vers dans les *Trionfi, Carri, ecc.* (1559), 1028.
Massac (Charles de) : *Les Fontenes de Pougues, mises en vers françois* (1605), 771 ; — *Le treziesme Livre des Metamorphoses d'Ovide* (1605), 771.
Massac (Raimond de), médecin : vers à Léon Trippault (1581), 319. — Vers latins à Germain Audebert (1583), IV, 2794. — *Pugeae* ([1605]), 771. — *Les Fontenes de Pougues, mises en vers françois par Ch. de Massac* (1605), 771, — *Le treziesme Livre des Metamorphoses d'Ovide* (avec Ch. de Massac) (1605), 771.
Massacre (Le) commis en la ville imperiale de Vienne (1618), III, 2420, art. 4.
Massacre (Le) du Grand Turc (1622), III, 2474.
Massard (R.-U.), grav. (xviii° s.), 409, 856, 931, 1033 ; II, 1474, 1531, 1909, 2003, 2015.
Massé (Le P.), traduit l'*Oraison dominicale en langage des montagnards du Canada* (1632), II, 1967.
Masset (Jean) : *Acheminement à la langue françoise* (1606), 326.
Massy : vers au petit de Beauchasteau (1657), 833.
Massiac (G. de) : *Memoires* (1698), II, 2291.

Massialot (F.), *Nouveau Cuisinier* (1734), 287.
Massieu (L'abbé) : *Ode de Pindare sur les Graces*, trad. en français, *Dissertation sur les Graces* (1769), II, 2013.
Massilianus, cité par Nic. Bourbon (1538), IV, 2788.
Massillon (Le P. Joseph) : *Oraison funebre de François-Louis de Bourbon, prince de Conty* (1709), 385. — *Sermons* (1745), 52.
Massimo (Le duc Mario) : volume lui ayant appartenu, IV, 2760.
Massip (Durand), procureur au présidial de Cahors (1586), V, 3357.
Masson, syndic de la Compagnie des Indes (1762), III, 2295.
Masson (M.-N.) : vers à Pantaléon Thévenin (1582), IV, 2885.
Masson (Protogène) : vers latins sur la mort de Ronsard (1586), IV, 2889. — Épigrammes latines à Estienne Du Tronchet (1615), II, 1876.
Masson et Debonnelle, relieurs à Paris, II, 1083 ; III, 2713 ; IV, 2782 ; V, 3204.
Massongier (Chablais) : A. Chanorrier y est pasteur (1560), V, 3266.
Massue, grav. (1633), II, 1528.
Massurius, cité par Nic. Bourbon (1538), IV, 2788.
Masuccio : dix-neuf de ses nouvelles sont imitées dans *Les Comptes du Monde adventureux* (1571) ; II, 1699.
Mata (Le comte de), figure dans un ballet (1636), IV, p. 628.
Mathey (C.), grav. (xviii° s.), II, 1987 ; III, 2501, 2506, 2524.
Matheret (P.) : vers à Louis Herron (1636), 826.
Matheus (J.), grav. (xvii° s.), 938 ; II, 1129, 1131.
Mathevet (Charles), libr. à Lyon (1665), 898 ; (1666), 898.
Mathias (Saint), IV, 2736.
Mathias, empereur d'Allemagne, conclut un traité avec le sultan Ahmed (1616, 1617), III, 2466, 2467. — Il est couronné roi de Hongrie (1er juill. 1618), III, 2420, art. 3. — *Massacre commis en la ville impériale de Vienne* (1618), III, 2420, art. 4. — Sa mort (1619), III, 2374, art. 3 ; 2420, art. 5.
Mathieu, chanteur (1671), IV, p. 628.
Mathieu : *Oraison funebre de Louis, dauphin* (1711), 387, art. 2.
Matthieu (Mme), grav. (1843), 1014.
Mathieu (Jean), de Mâcon, cité par Nic. Bourbon (1538), IV, 2788.
Matthieu (Jean-Baptiste), publie l'*Histoire de France* écrite par son père (1631), II, 2085.

Matthieu (Pierre) : *La Guisiade*, 1589 (1744), III, 2188, p. 27, art. 38. — *Tablettes* (1613), 773 ; (1629), 774. — *La Conjuration de Conchine* lui est attribuée (1618), III, 2275. — *Histoire de France* (1631), II, 2085.
Mathilde (Sainte) : oraison à elle adressée, IV, 2820, p. 143.
Mathys (Severyn), impr. à Leide (v. 1650), II, 1781.
Mathon (Philippe) : vers à lui adressés par J.- Éd. Du Monin (1583), V, 3272.
Mathou (C.). cousin de Nic. Bargedé (1550), IV, 2881.
Mathous (*sic*, pour Matheus ?) grav. (1665), V, 3319.
Mathurin : vers à M⁰ Adam Billaut (1644), 829.
Mathurine, belle jeune fille citée par M. Guy, de Tours (1598), IV, 2948.
Mathurine, folle. Voy. *Essais* (*Les*) *de Mathurine* (v. 1623), II, 1796, art. 5.
Matignon (Jacques Goyon, comte de), prend Saint-Lô (10 juin 1574), III, 2189.
Matignon (Anne de Daillon du Lude, femme de Jacques III de), IV, 2930.
Matignon (Odet de), comte de Torigny : P. de Brach lui dédie la traduction du chant II de la *Hierusalem* de T. Tasso (1596), IV, 3001.
Matteo (Andrea) : *Nouvelles d'Indie* (1549), III, 2638.
Mattiuzzi (Frère Odorico), dit da Pordenone, *La Division des merveilles de la Terre Sainte*, ms. (xivᵉ siècle), IV, 3085.
Mattines en françoys (1490), 476.
Mattons (Jean de), cité par Guy Le Fèvre de La Boderie (1579), IV, 2930.
Mauclerc (Le docteur) : *Copie des lettres envoiees de Paris au docteur de Creil à Rome*, 1593 (1709), III, 2251, p. 87.
Mauclerc (Hilaire), impr. à Nantes (1635), IV, 3093.
Mauclerc (Michel) : vers à lui adressés par J. de Vitel (1588), V, 3275.
Maucroy et La Fontaine : *Ouvrages de prose et de poësie* (1685), II, 1920.
Mauduit (Le P.) : lettre à lui adressée par Bossuet (1691), IV, 3079, p. 442.
Mauduit, grav. (1826), 870 ; II, 1909.
Mauduit (Jacques), ou Malductus, musicien : vers à lui adressés par Guillaume Du Peyrat (1593), IV, 2945. — Il est cité par Nic. Rapin (1610), IV, 2944.
Mauduit (Louis) : vers à Nicolas Frénicle (1629), 824. — Il est peut-être l'auteur de vers adressés à Corneille (1634), II, 1136.
Maugé, enfant, figure dans un ballet (1671), IV, p. 628.
Mauger (F.), libr. à Paris (1665), III, 2177.
Maugin (Jean), dit le Petit Angevin : épître en tête de *L'Amour de Cupido et de Psiché* (1546), III, 2567. — *Le Plaint du Passionnaire infortuné* (*ibid.*). — Épître en tête des *Figures de l'Apocalypse* (1547), IV, 2739. — Vers pour *Les deux Livres de la Noblesse civile*, traduits de J. Osorio par R. Rivaudeau, sieur de La Guillotière (1549), III, 2186. — Sonnet à Jacques Gohory (1560), V, 3373. — Il paraît avoir gravé lui-même des figures, III, 2567 ; IV, 2739.
Maugiron : vers à M⁰ Adam Billaut (1644), 829.
Maugiron (François de) : son tombeau (1588), III, 2304.
Maugiron (Laurent de), combat en Dauphiné (1564). IV, 2976.
Maugiron (Louis de) : vers à lui adressés par Joachim Blanchon (1583), IV, 2938. — Il est cité par Jean Dorat (1586), IV, 2789.
Maugius, cité par J. Dorat (1586), IV, 2789.
Maugré (François), censeur à Arras (1595), IV, 3128.
Maulde et Renou, impr. à Paris (1841), II, 1612 ; (1843), II, 1928.
Mauléon : prise de cette ville par le duc de Nevers (1588), III, 2194, p. 42 ; 2225.
Mauléon (de), cité par Du Bellay (1559), IV, 2896 ; — cité par Est. Forcadel (1579), IV, 2879.
Mauléon (L'abbé Auger de), édite les *Memoires* de Marguerite de Valois (1628), III, 2237.
Mauléon (Catherine Garry de), ancienne fiancée de Bossuet (1682), II, 1883, p. 369. — Bossuet parle d'elle (1687), IV, 3079, p. 441.
Mauléon de Granier : *Memoires*, cités, III, 2177, p. 20.
Maulevaut (Jacques de) : dizain à Guillaume de La Perrière (1553), V, 3328.
Maulevrier (Cosme Savary, marquis de), figure dans un ballet (1635), IV, p. 628.
Maulsouppé (Guillaume), badin, II, 1775.
Maune : château, 248.
Mauny : vers à lui adressés par Du Bellay (1559), IV, 2896.
Maupas (Claude de), abbé de Laon : Claude Colet lui adresse une épître (1549, n. s.), 651, art. 4. — Françoys Habert lui adresse des vers (1549), IV, 2868, p. 211. — Gilles d'Auri-

gny lui dédie *Le Tuteur d'amour* (1553), 652.
Mauray, bibliophile du xvi⁰ siècle, IV, 2778.
Maurand (Jehan), impr. à Paris (1493), cité, II, 2001, 2105.
Maurc (Claude de), Breton, cité par Nic. Bourbon (1538), IV, 2788.
Mauregard (Jacquette de Long Babil, dame de), II, 1796, art. 20.
Maurepas (Phelippeaux, comte de) : le sieur de Fer lui dédie la *Relation du voyage de M. Gennes* (1698), II, 1997.
Maurepas (Jean-Frédéric Phélipeaux, comte de) : Le P. Charlevoix lui dédie son *Histore de l'Isle espagnole* (1730), II, 1987. — Il est sollicité par Voltaire (1748), II, 1324.
Maurer (Johann), « Latomus » : vers de lui dans les *Icones* de N. Reusner, 2ᵉ partie (1589), V, 3370.
Maurer (Sigismund), ou Latomus, impr. à Francfort (1608-1617), cité, III, 2518.
Maurry (Antoine), impr. à Rouen (1671), II, 1133 ; (1674), II, 1133 ; (1676), II, 1828.
Maury (Jean) : vers de lui en tête du *Dictionnaire des rimes* de Jean Le Fèvre (1588), 431.
Maurry (Laurent), impr. à Rouen (1645), II, 1150 ; (1646), IV, 3032, 3035 ; (1647), II, 1151, 1152 ; (1650), II, 1157, 1158 ; (1651), II, 1154, 1155, 1160 ; (1653), II, 1161, 1162 ; (1656), 57, 88 ; (1659), II, 1129, 1905 ; (1661), II, 1131, 1164 ; (1662), II, 1165 ; IV, 3037 (?) ; (1663), II, 1130, 1166 ; (1664), II, 1131, 1168 ; V, 3318 ; (1667), 147 ; (1668-1670), II, 1133.
Maurice, sauteur (1671), IV, p. 648.
Maurice de Nassau, prince d'Orange. Voy. Orange.
Maurice (Paul), *Response aux argumens de monsieur Doresse* (1610), IV, 3160.
Mauricius Lugdunensis fournit des renseignements sur l'armée de Charles VIII (1495), III, 2653.
Mausesser (Hans) : inscription dans un album (1571), V, 3365.
Mausolée (Le) de la Vertu, ou le Tombeau de l'Ém. cardinal de La Rochefoucault (1645), IV, 3153, p. 534.
Mauvaistié (La) et Obstinacion des Veniciens (v. 1509), IV, 2847.
Mavelot (Charles) : *Nouveau Livre de Chiffres* (1680), 263.
Maximes et Pensées diverses (1678). Voy. Sablé (Madeleine de Souvré, marquise de).
Maximien : *L'Arrest du roy des Rommains* (1508), 523. — *Le Debat des dames de Paris et de Rouen* (1508), IV, 2835. — *La Rescription des dames de Millan a celles de Paris et de Rouen* (v. 1512), IV, 2854. — *Huitains*, 500, art. 1 ; 543.
Maximilien Iᵉʳ, roi des Romains, puis empereur : le *Ludus Diane* est représenté devant lui (1500), II, 1066. — Martin Waltzemüller lui dédie sa *Cosmographiae Introductio* (1507), II, 1953, 1954. — *La Paix faicte a Chambray* (1508), 489. — Lettres à Gio. Giorgio Trissino, copies (1511-1516), IV, 3078. — *Prophetia de uno imperadore* (1512), 1046. — *La Liga de la signoria de Venetia...* (1513), 1047. — *Newe Gezeitigung ausz rom. Kaiserlicher Majestat und des Kunigs von Engellandt Here vor Terebona* (1513), II, 2112. — *La Pace da Dió mandata...* (1516), 1048. — Il assiste à la remise à Albert de Brandebourg des insignes cardinalices (1518), IV, 3136. — Portrait (1755), III, 2506.
Maximilien II, lettre à Gio. Giorgio Trissino (1548), IV, 3078. — Son couronnement à Francfort comme roi des Romains (1563), III, 2419. — Lettre de défiance à lui envoyée par Soliman ([1564] 1565), III, 2732.
Maximilien, nom que portait Charles IX, enfant, II, 2735.
Maximilien Iᵉʳ, duc, puis électeur de Bavière (1620), 2420, art. 33, 36, 40, 41, 42. — *Lettre escrite au prince electeur de Mayence sur la deffaicte de l'armée du prince Palatin* (1620), ibid., art. 45. — *Advis donné à l'archeduc de Flandres*, ibid., art. 46. — L'empereur lui envoie des *Commissions* (1621), ibid., art. 55.
Maximilien II (Emmanuel), électeur de Bavière : Donneau de Visé lui dédie le *Mercure galant* (sept. 1687), III, 2524. — Moreau de Brasel (ou Brasey ?) lui dédie sa *Suite du Virgile travesti* (1707), II, 1906.
Maximilien de Bavière, comte Palatin du Rhin : *Articles de l'accord... entre les princes et estats vnis, tant Catholiques qu'Evangelistes* (1620), III, 2420, art. 34. — Cf. art. 36.
Maximilien de Transylvanie, secrétaire de Charles Quint : *Epistola de Hispanorum in Orientem navigatione* (1524), II, 1956.
Mayenne (Charles de Lorraine, comte de) : son expédition contre les Turcs (1572), III, 2528, p. 325. — Il accompagne Henri III en Pologne (1574), III, 2425. — G. Chappuys lui dédie la traduction de la 2ᵉ partie de la *Diana* de Montemayor (1582), II, 1748. — Philibert Guide lui dédie *La Colombiere* (1583), IV, 2935. — Vers à lui adressés par Joachim Blanchon (1583), IV, 2938.

— *Discours de M. de La Chastre sur le voyage de M. de Mayenne en Guyenne* (1586), III, 2188, p. 26, n° 19. — *Fidelle Exposition sur la Declaration du duc de Mayenne, contenant les exploicts de guerre qu'il a fait en Guyenne* (1587), III, 2220, 2194, p. 37. — Il est déclaré rebelle par le roi (févr. 1589), III, 2219, p. 57, art. 11 ; 2194, p. 43 ; (avril 1589), 2194, p. 44. — Sa victoire sur les troupes royales (8 mai 1589), III, 2222, art. 2 et 3. — Lettre à lui adressée par Bernardino sur la bataille de Senlis (17 mai 1589), III, 2231. — Lettre à lui adressée par Antoine Hennequin (18 mai 1589), III, 2230. — *Memoires et Instructions à MM. le commandeur de Diou, Coquelei, conseiller, etc.* (25 mai 1589), III, 2251, p. 87, art. 9. — *Lettres envoyées au pape* (1589), III, 2703. — Il prend Gournay (7 sept. 1589), III, 2245. — *Lettres envoyées à M. le seneschal de Lyon pour choisir et eslire deputez* (1er déc. 1589), III, 2246. — Il ne réussit pas à sauver Noyon (août 1591), III, 2250. — Son différend avec le président Le Maistre (28 juin 1593), III, 2251, p. 87.

Mayer (Adalbert), bourgmestre de Bâle (1524), II, 2047.

Mayeu, ou Mayeux, danseur (1657-1671), IV, p. 628.

Mayolas de La Gravette : *Ode du dieu d'Amour au dieu Mars* (1680), 900. — *Lettres en vers* (1665-1666), 890. — *Eloge du roy* (1673), *Triomphes du roy* (1673), *Victoires du roy* (1674), III, 2614.

Mazade : généalogie, III, 2495.

Mazancourt (M. de) : vers sur sa mort par B. de Montmeja (1574), V, 3268.

Mazantin (Jean) : vers à lui adressés par Joachim Blanchon (1583), IV, 2938.

Mazarin (Jules), cardinal : P. Corneille lui dédie *Pompée* (1644), II, 1149. — Rangouze lui dédie ses *Lettres* (1649), II, 1879. — Voy. *Memoires* de La Rochefoucauld (1664), III, 2282. — *Avis sur les affaires de M. le cardinal de Retz* (1731), III, 2285. — Boisrobert lui dédie *L'Inconnue* (1655), II, 1121. — Hardouin de Péréfixe lui dédie l'*Histoire de Henry le Grand* (1661), III, 2235. — *Tableau de la vie et du gouvernement*, etc. (1693), 950. — *Portraits* (1649), II, 1879 ; (1657), 833. — Volume lui ayant appartenu, II, 1879.

Mazières (Raymond), libr. à Paris (1709), 385.

Mazuel, violon (1669-1671), IV, p. 628.

Mazuel (Charles), impr. et libr. à Paris (1692), III, 2524 ; (1694), cité, II, 1734.

Mazure, ancien curé de Saint-Paul à Paris, approuve la traduction de l'*Imitation de Jesus-Christ* par le Maistre de Sacy (1662), 59 ; — approuve la traduction de Josèphe par Arnauld d'Andilly (1666), II, 2066.

Mazzei : vers sur Estienne Pasquier (1584, 1610), 737.

Meautius, secrétaire de Henri VII, roi d'Angleterre, III, 2334.

Meaux : *Catechisme du diocese*, par J.-B. Bossuet (1687), III, 2340. — Abbaye de Saint-Faron, IV, 3096, art. 3.

Mecklembourg (Balthazar, duc de), pèlerin à Jérusalem (1479), IV, 3087.

Mecklembourg (Jean Albert de), comte de Güstrow : Gustave-Adolphe le rétablit dans ses États (1631), 2420, art. 88.

Mecklembourg-Schwerin (Adolphe-Frédéric Ier, duc de) : Gustave-Adolphe le rétablit dans son duché (1631), 2420, art. 88.

Mecontentement (Le) arrivé aux dames d'amour (1625), II, 1796, art. 28. Voy. aussi *Chasse (La) des dames d'amour* et *Contenu (Le) de l'assemblée*, etc.

Mécou, grav. (1806), II, 1577.

Médailles commémoratives de la Saint-Barthélemy (1572), IV, 3120.

Médailles du règne de Louis XV (dessins originaux), 219.

Medecine (La vraye) qui guarit de tous maulx (1575), 779.

Médée, sujet d'une tragédie de La Péruse (v. 1567), IV, 3022 ; (1598), II, 1088 ; — sujet d'une tragédie de P. Corneille (1639), IV, 3030.

Médicis : *Histoire des hommes illustres* de cette maison par J. Nestor (1564), III, 2454. — Ils sont loués par Jacques Grévin (1567), 712 ; IV, 2914. — Leurs armes sur un placard pontifical (1546), V, 3334. — Voy. Catherine et Marie.

Medici (Alessandro de'), duc de Florence : sonnet à lui adressé par N. Martelli (v. 1543), IV, 3000, p. 357.

Medici (Alessandro de'), archevêque de Florence et cardinal, plus tard Léon XI, pape. Il est légat en France (1598), III, 2707.

Medici (Cosimo Ier de') : sonnet à lui adressé par N. Martelli (v. 1543), IV, 3000, p. 358. — Vasari lui dédie ses *Vite* (1550), III, 2505. — Il accorde un privilège pour l'impression de la *Vita di Consalvo di Cor-*

dova par Paolo Giovio (1550), III, 2510. — *Oraison funebre* par Arnauld Sorbin (1574), 338.
Medici (Francesco de') : sonnet à lui adressé par N. Martelli (v. 1543), IV, 3000, p. 358. — Le Lasca lui dédie les *Trionfi, Carri, ecc.* (1559), 1028.
Medici (Giovanni de'). Voy. Léon X, pape.
Medici (Giulio de'). Voy. Clément VII, pape.
Medici (Lorenzo de') : Marsiglio Ficino lui dédie son premier livre *De vita sana*, V, 3374. — Portrait dans les *Icones* de N. Reusner (1589), V, 3370.
Medici (Maria de'), femme de Paolo Giordano Orsini, citée, III, 2510.
Medici (Maria Salviati de') : vers à elle adressés par Niccolò Martelli (v. 1543), IV, 3000, p. 357.
Medici (Piero de') : Jean Lascaris lui dédie l'*Anthologia graeca* (1494), 392. — Épitre à lui adressée par Guarino Favorino (1496), 316.
Meditations (Les) de la passion N. S. Jhesu-christ (1516), III, 2562, art. 50.
Meditations et Oraisons devotes en ryme (v. 1500), 475.
Meditations pour l'espace d'une basse messe (1535), IV, 2754.
Meerbeque (Jean de), libr. à Bruxelles (1631), IV, 3097.
Mège (Le chevalier de), éditeur de l'*Histoire generale de Languedoc*, par D. Devic et D. Vaissète (1840-46), III, 2347, p. 147.
Meglioranzo (Giovanni) : Stefano Fieschi lui dédie ses *Synonyma* (1456), V, 3224.
Megrer (Theobald) : inscription dans un album (1562), V, 3365.
Méhémet Effendi : portrait (1755), III, 2506.
Méhul (H.) : trois mélodies de lui dans les *Chants et Chansons populaires de la France* (1843), 1014.
Meier (Jakob) : inscription autrefois existante dans un album (v. 1564), V, 3366.
Meyer (Johann Konrad), bourgmestre de Schaffhouse : inscription dans un album (1583), V, 3368.
Meigret (Louis) : *Traité touchant le commun usage de l'escriture françoise* (1542 et 1545), cité, III, 2571. — *Le Menteur, ou l'Incredule de Lucian, traduit de grec* (1548), III, 2571. — *Le Tretté de la grammere francoeze* (1550), *ibid.* — *Apologie* à lui adressée par Jacques Pelletier (1555), 322. — *Reponse a l'Apologie de Jáqes Peletier* (1550). — *Defenses touchant son orthographie* (1550),

III, 2571. — *Déclaration de Ronsard en sa faveur* (1550), 671. — Il est cité (1562), V, 3229.
Meil (J.-W.), grav., 853.
Meilier : sonnet en l'honneur de Jean de Léry (1611), II, 1990.
Meynier : généalogie, III, 2495.
Meissonier (Ernest), peintre et dess. (1838), V, 3321 ; (1843), 1014.
Meissonier (Juste-Aurèle) : *Œuvre* (v. 1735), 255.
Mejia (Pedro), ou Pierre Messie : *Leçons*, citées, V, 3379.
Melagra, capitaine italien (1510), 1042.
Melanchthon (Philipp Schwarzerd, dit) : ses ouvrages sont censurés (1542), 108. — Il est dénoncé par Pierre Du Chastel (1549), III, 2144. — Vers à Érasme (1563), III, 2568, art. 2. — Portrait (1581), II, 2039.
Melani (Atto), musicien (1661), IV, p. 628.
Mélesville, vaudevilliste, est le fils de l'avocat H.-N.-M. Duveyrier, III, 2296.
Mélet : généalogie, III, 2498.
Mélet (P.) : sonnet à Jean de Léry (1578), II, 1989.
Meliadus de Leonnoys (1528), II, 1489.
Mélicerte, nom supposé (1579), IV, 2879.
Méliglosse, pseudonyme de Ch. Bauter (1605), II, 1101.
Méline, maîtresse de J.-A. de Baïf : J. de La Péruse parle d'elle (v. 1557), IV, 3022.
Mélinot (René), licencié ès droits : vers à lui adressés (1547), IV, 2739.
Melissa : *Epistolae* gr. (1499), II, 1873.
Melissander. Voy. Bienemann.
Melissus. Voy. Schede (Paul).
Mellan (Claude), grav. (xvii* s.), 608 ; III, 2265, 2506.
Mellet : vers en tête du *Dictionnaire des rimes* de Jean Le Fèvre (1588), 431.
Mellier (Nicole), lieutenant du juge de Lyon (1546), IV, 2876.
Melone, chanteur (1661), IV, p. 628.
Melun : *Histoire de cette ville*, par Séb. Rouillard (1628), III, 2332. — Henri IV s'en empare (17 avril 1590), III, 2241, art. 5. — Abbaye de Saint-Pierre, IV, 3096, art. 94.
Melun (Bourchard, comte de) : sa *Vie* par Odon (1628), III, 2332.
Melusine (v. 1505), II, 1495.
Membré (Anthoine), libr. à Valenciennes (1519), 492 ; (1522), 491.
Membré (Le P. Zénobe), *Relation des aventures de Cavelier de La Salle* (1691), II, 1973.

Memmeteau (Adrien), épitaphes d'Anne de Montmorency (1567, 1568), IV, 2966, art. 22 et 23 ; 2967.
Memmius. Voy. Lautenbach (Conrad).
Memoire de ce qui est advenu en l'armée du roy depuis le 15. septembre jusques au 4. novembre 1590 (1741), III, 2236, art. 14.
Memoire de ce qui est advenu en la retraitte et deslogement du duc de Parme, 1590 (1741), III, 2236, art. 17.
Memoire des ambassadeurs de France, donné à MM. les ambassadeurs des Provinces Vnies (1678), IV, 3153, p. 540.
Memoire instructif concernant la nature et les avantages du canal de Provence, ms. (1759), III, 2350.
Memoire pour la Compagnie des Indes. Contre le sieur Dupleix (1762), III, 2295.
Memoires de ce qui s'est passé en Dauphiné (1587-1589), III, 2194, p. 40, art. 13.
Memoires de Hollande (1678), II, 1541.
Memoires de la cour d'Angleterre (1695), II, 1692.
Memoires de la Ligue (1587-1589), III, 2194 ; (1758), 2195.
Memoires de la vie de Henriette-Sylvie de Moliere (1672-1674), II, 1540.
Memoires de la vie du comte de Grammont (1713), II, 1693, 1693 bis.
Memoires de litterature (1715-1717), III, 2521.
Memoires de madame la comtesse de M[urat] (1697), III, 2612.
Memoires du comte de Comminge (1735), II, 1560.
Memoires et Avantures d'un homme de qualité (1731), II, 1555 ; — *Suite* (1733), 1556.
Memoires et Instructions pour servir à justifier l'innocence de messire Fr. Aug. de Thou (ms.), IV, 3130.
Memoires historiques et secrets concernant les amours des rois de France (1739), II, 1683.
Memoires sur la vie de Jean Racine (1747), II, 1273.
Memont, danseur (1645), IV, p. 628.
Memorial de Paris et de ses environs (1749), III, 2311.
Mena (Juan), auteur d'après quelques-uns, de la *Celestine* (1499), IV, 3059.
Ménage (Gilles) : lettres à lui adressées par L. Nublé (1648-1681), II, 1881. — *Origines de la langue françoise* (1650), 317. — Lettres à lui adressées par Émery Bigot (1657-1658), II, 1882. — Lettres à lui adressées par P.-D. Huet (1660-1690), II, 1884. — Vers latins sur les Œuvres de Voiture (1660), II, 1905. — *Observations sur la langue françoise* (1672), 324. — Il publie les *Poësies* de Malherbe (1689), 818. — *Dictionnaire etymologique* (1750), 318. — Préface pour l'*Aminta* de T. Tasso (1781), 1036.
Ménandre, traduit par le président Cousin (1672), II, 2083.
Ménard, abbé de Haakmund en Hollande (1515), V, 3207.
Menard (Charles), dit Maenardus : pièce latine sur la mort de Ronsard (1586), IV, 2889 ; (1623), 668. — Vers sur la mort de Nic. Rapin (1610), IV, 2944.
Ménard (Jehan), impr. à Paris (1492), cité, II, 2105.
Ménard (Léon) : *Pieces fugitives* (1759), II, 2095.
Ménard (P. de), bourgeois de Cahors (1586), V, 3357.
Menard (Thomas), impr. à Paris (1619), III, 2420, art. 8.
Mendez (Don Luis de), grand maître de Malte : sa mort et ses funérailles (1623), III, 2647.
Mendoza (Bernardino de), ambassadeur d'Espagne en France : *Copie d'une lettre* à lui envoyée d'Angleterre (1588), III, 2219, art. 5 ; 2194, p. 42.
Mendoza (Gaspardo de) : Francesco da Ferrara lui adresse une relation de la prise de Tunis (1535), III, 2411.
Menelay (Le marquis de), gouverneur de Gournay pour les ligueurs (1589), III, 2245.
Menelogue (Le) de Robin (1660), 1025.
Menessier, termine le roman de *Perceval le Galloys*, III, 2624.
Menessier (M**) : vers à elle adressés par Alfred de Musset (1850), V, 3287.
Ménétrier (Casimir) : une pièce de lui dans les *Chants et Chansons populaires de la France* (1843), 1014.
Menestrier (Claude-François), *Les Honneurs funebres rendus à Condé* (1687), 373, art. 2. — *La Source glorieuse du sang de l'auguste maison de Bourbon* (1687), 373, art. 3. — Voy. *Recueil de pieces curieuses* (1694-1696), III, 2632.
Mengin : notice généalogique, III, 2495.
Menier. Voy. Mesnier.
Meniglaise, satyre voltigeur [danseur] (1671), IV, p. 628.
Menilglaise (Le chevalier de) : douze

romances de lui dans les *Chansons de La Borde* (1773), 1002.

Ménilmontant : vue (xvıı⁹ s.), 249.

Meniot (Pierre), conseiller au bailliage de Vitry : vers à Christofle de Beaujeu (1589), IV, 2942.

Ménisson, mari malheureux (1535), 805.

Mennel (Jakob), dit Manlius : *De inclito atque apud Germanos rarissimo actu ecclesiastico...* (1518), IV, 3136.

Menneville (Catherine de), danse dans des ballets (1656-1661), IV, p. 628. — Cf. Manneville.

Mennil, relieur à Paris. Voy. Hardy et Mennil.

Menours (Jacques de), publie le *Traité du jardinage* de Jacques Boyceau (1638), 187.

Mense (P.) : vers à Joseph de La Pise (1639), III, 2348.

Menteur (Le), comedie (1644). Voy. Corneille (Pierre).

Menus Plaisirs du roi. Dessins de costumes (xvıᵉ-xvıııᵉ ss.), II, 1460.

Menut, dessin. (1835-39), II, 1072.

Méon (Mˡˡᵉ), citée par M. Guy, de Tours (1598), IV, 2948.

Méon (D.-M.) : *Blasons* (1807), 811. — Volumes lui ayant appartenu, 770 ; II, 1544 ; IV, 2880, 2981, 2983-2987.

Méprise (La double) (1833), II, 1611.

Mer (La) des histoires (1536), III, 2639. — Extrait, 209, art. 18.

Mérant (Pierre), impr. à Lyon (1564), III, 2690 ; (1565), IV, 3075.

Meranus (Martin), ou Merare. Voy. Nuyts.

Mérard de Saint-Just (S.-P.) : *L'Occasion et le Moment* (1782), 861.

Merault (C.), sonnet à Nic. Richelet (1594), IV, 2946.

Mercier, sieur des Bordes, aide Du Plessis-Mornay à réfuter Du Perron (1600), II, 2062.

Mercier, violoniste (1664-1671), IV, p. 628.

Mercier, grav. (1843), 1014.

Mercier, relieur à Paris, II, 1146, *Additions*, t. V, p. 192.

Mercier (Antoine), bibliophile : volume lui ayant appartenu en 1606, III, 2571.

Mercier (Jean) : vers latins, grecs et hébreux à Guy de La Garde (1550), IV, 2880.

Mercier (Louis-Sébast.) : Gravures de Dunker pour le *Tableau de Paris* (1787), III, 2323.

Mercier (Pierre), impr. à Paris (1588), III, 2221, art. 12.

Mercier (Pierre), impr. à Orléans (1610), III, 2266.

Mercier de Saint-Léger (L'abbé Barthélemy) : notes mss. sur les *Bibliotheques françoises* de La Croix du Maine et Du Verdier, III, 2517.

Merckh (Johann Chunrad) : inscription dans un album (1635), V, 3366, p. 153.

Mercœur (La duchesse de) : son éloge par Jules de Richy (1616), V, 3290.

Mercœur (Louis de Vendôme, duc de), combat dans les rangs de l'armée hollandaise (1631), III, 2405, art. 22. — Il figure dans des ballets (1635-1651), IV, p. 628. — Pierre Du Ryer lui dédie *Clarigene* (1639), II, 1112.

Mercœur (Laure Mancini, duchesse de), danse dans un ballet (1656), IV, p. 628.

Mercœur (Nicolas de Lorraine, duc de) : Jean Le Masle lui dédie son *Temple des Vertus* (v. 1575), 748. — Vers à lui adressés par Joachim Blanchon (1583), IV, 2938. — *Discours du premier passage de M. le duc de Mercure au bas Poictou* (oct. 1585), III, 2194, p. 39.

Mercure (Le) (1721-1722), III, 2524 et *Additions*.

Mercure (Le nouveau) (1717-1721), III, 2524.

Mercure (Le) d'Allemagne (1619), III, 2420, art. 5.

Mercure de France (1723-1778), III, 2524 et *Additions*.

Mercure de France et Journal politique de Bruxelles (1778-1792), III, 2524.

Mercure (Le) françois (1619-1643), III, 2708.

Mercure (Le) galant (1672-1673, 1678-1714)*, III, 2524.

Mercure (Le nouveau) galant (1677), III, 2524 ; (1714-1716), *ibid*.

Mercure historique et politique de Bruxelles (1789-1792), III, 2524, p. 316.

Méré (Le chevalier de) : *Lettre à la duchesse de Lesdiguière sur la beauté et les graces* (1769), II, 2003.

Mere (L'aimable) de Jesus. Voy. Nieremberg.

Mérelle (P.), grav. (1700), III, 2507.

Mérevache, peintre mort à 80 ans avant 1579, IV, 2921.

Méry (Joseph) : *L'Assassinat* (1832), II, 1621. — *La Floride* (1842), 1622.

Mériadec (Hervé de), l'un des auteurs des *Cent Nouvelles nouvelles* (v. 1457), II, 1694.

Mérien, commis au *Mercure* (1751-1754), III, 2524, pp. 306, 307 ; — agent du *Journal encyclopédique* à Paris 1756-1758), III, 2525.

Mérieu (Antoine de), chevalier de Malte : sa mort (1625), III, 2476.

Mérigot (François-Gabriel), libr. à Paris (1776), II, 1916, art. 10.

Mérigot (Jean-Gabriel), dit le jeune, libr. à Paris (1777), III, 2526 ; (1782), II, 1916, art. 16 ; (1793), II, 1916, art. 30 et 31 ; (1794), II, 1916, art. 29.
Mérimée (Prosper) : *Théâtre de Clara Gazul* (1825), II, 1355 (1826), 1356 (1830), 1357. — *La Jacquerie* (1826), II, 1607. — *Chronique du temps de Charles IX* (1829), II, 1608 ; (1832), 1609. — *Mosaïque* (1833), II, 1611. — *Les Ames du Purgatoire*, nouvelle publiée dans le *Dodecaton* (1837), II, 1714. — *Colomba* (1841), II, 1612.
Mérindol : sa destruction (1545), II, 2033.
Merkus, libr. à Amsterdam, associé d'Arkstée (1750), II, 1245 ; (1758), II, 1864 ; III, 2195 ; (1768), II, 1752, 1756.
Merle (J.-T.), publie les *Chansons* de Desaugiers (1827), 1004.
Merle (Léon de), sieur de Monsalut : vers à lui adressés par P. de Brach (1576), IV, 2931.
Merle (Mathieu), baron de Salavas : ses *Exploits*, racontés par Gondin (1576-1580), II, 2095, art. 4.
Merle (Paul van), « Merula » : inscription dans un album (1599), V, 3372.
Merlin (Guillaume), libr. à Paris (1550), 619.
Merlin (Jacques), éditeur du *Discours de la tranquillité* (1604), 93.
Merlin (Joseph), libr. à Paris (1765), II, 1711 ; (1767), II, 1339 ; (1768), II, 1337.
Merlin (Pierre) : *Discours théologique* (1604), 93.
Mermande (Loys de Bueil, seigneur de) : épitaphe par Jehan Bouchet (4545), 510.
Mermet (Claude), *La Boutique des usuriers* (1575), IV, 2928.
Mérope (La) française (1744), II, 1327.
Mérovée, sujet d'une tragédie de Claude Billard (1610), II, 1105.
Merula. Voy. Merle (Paul van).
Merula (Anton Maria) : élégie à Matteo Bandello (1509), II, 1742.
Merveilles (Les nouvelles et antiques), plus un Traicté des douze Cesars... (1554), IV, 3084.
Merville (M.-G. de), libr. à La Haye (1727), III, 2293.
Meschinot (Gilles), enfant d'honneur d'Anne de Bretagne, cité, 463.
Meschinot (Jehan) : *Les Lunettes des princes* (v. 1495), 463, 464 ; (v. 1530), 465. — Des vers de lui sont cités par P. Fabri, 426.
Mesguet (Thomas), sieur de Vaubernard : épitaphe (1623), 939.
Meslé, revendique le privilège de la *Gazette* (1750), IV, 3153, p. 547.

Meslier (Denis), impr. à Paris, 443, *Additions* ; IV, 2829, p. 161.
Mesmes (Henry de), vicomte de Roissy (1579), IV, 2879.
Mesmes (Jacques de), ambassadeur de l'Ordre de Malte en France (1726), II, 2016.
Mesmes (Jean de), maître des requêtes, est un des juges d'Anne Du Bourg (1559), IV, 3101. — Il est cité par Jean Dorat (1586), IV, 2789.
Mesmes (Jean-Antoine de), comte d'Avaux. Voy. Avaux.
Mesmes (Jean-Jacques de), prévôt de Paris, accorde des privilèges (1541), III, 2593 ; (1542, n. s.), V, 3375. — Vers à lui adressés par Françoys Habert (1542), 644.
Mesmes (Jean-Jacques de), Jean Passerat lui dédie ses *Kalendae* (1597-1606), 713.
Mesmes (Jean-Pierre de) : sonnet en tête des *Odes* de Ronsard (1550), 671. — Traduction italienne du *Tombeau de Marguerite de Valois* (1551), 628. — Sonnet italien à Jacques Gohory (1560, n. s.), V, 3374.
Mesnier (Alexandre), libr. à Paris (1829), II, 1608.
Mesnier (La veuve d'Antoine), impr. à Poitiers (1636), 826.
Mesnier (Isaac), libr. à Paris (1618), III, 2338, 2420, art. 4 ; (1619), 218, III, 2420, art. 5 ; 2445.
Menier (Maurice), impr. à Paris (1555), IV, 3150.
Mesnier (Pierre), libr. à Paris (v. 1600), II, 1087.
Mesnil, grav. (1771), 1034.
Mespris (Le) de la court (1568), 807.
Messa, cité par Nic. Rapin (1610), IV, 2944.
Messaige (Le) du heraut d'Angleterre (1522), III, 2663.
Messagier (Le) d'amours. Voy. Piquelin (Jehan).
Messey (Claude de), dit « le prevost de Watennes », l'un des auteurs des *Cent Nouvelles nouvelles* (v. 1457), II, 1694.
Messimieu (Bussillet, sieur de), *La Relation de l'Isle imaginaire* lui est dédiée (1659), II, 1530.
Mestral (Claude) : vers à Esprit Aubert (1613), 816.
Mestard (Thomas), impr. à Rennes (1544), 198 (voir la note).
Metamorphose de Ceyx et d'Alcyoné (1652), 975.
Metamorphose des yeux de Philis (1652), 975.
Metamorphose d'Henry de Bourbon, jadis roy de Navarre (1589), III, 2242, art. 7.

Metastasio (Pietro) : *Les Graces vengées* (1769), II, 2003. — *Opere* (1780-1782), II, 1474.
Metereologie, ou Excellence de la statue de Henry le Grand (1614), III, 2243, art. 21.
Metezeau : *Tombeau de Henry le Grand* (1611), 890, art. 17.
Metselaar (Jan), nom vulgaire probable de J. Latomus, V, 3370, p. 160.
Metsker (Pierre), impr. imaginaire à Fribourg (v. 1668), II, 1689.
Mettayer (Jamet), impr. du roi à Paris (1586), 3 ; (1588), IV, 3127, art. 10 ; — à Blois (1589), III, 2700 ; V, 3232 ; — à Paris (1595), V, 3233 ; (1596), V, 3234.
Mettayer (Jean), impr. à Paris, associé de Mathurin Challenge (1573), 292.
Mettayer (Pierre), impr. à Paris (1605), 766 ; (1610), 890, art. 2 ; 891, art. 5 ; (1615), III, 2243, art. 17 ; (1633), III, 2490 ; (1634), III, 2405, art. 26, 27 ; 2420. art. 94-96 ; (1635), III, 2420, art. 102.
Mettrey, relieur, IV, 3093.
Metz : *Le Siege de Metz en l'an 1552*, par B. de Salignac (1553), III, 2145. — Voy. *La Complaincte de Germanie* (1552), V, 3283. — *Complainte faicte par François de La Motte* (1608), 114. — *Histoire tragique et pitoiable sur la mort d'une jeune damoiselle* (1623), 121. — Imprimeurs et Libraires. Voy. Antoine (Jean), 1673. Devilly, 1789. Hochfeder (Gaspard), 1517. Lamort (Claude), 1789.
Metz (Gautier de) : *Le Mirouer du monde* (1517), 434.
Metzys (Quentin), auteur de portraits d'Érasme et de Pierre Gilly, III, 2568, p. 370, art. 12.
Meudon : vues du château, 249.
Meulan : prieuré de Saint-Nicaise, IV, 3096, art. 85.
Meulh : généalogie, III, 2495.
Meulin, imprimeur-chromolithographe (1843), 1014.
Meun (Jehan de), dit Clopinel : *Le Roman de la Rose*, mss. (xiv° siècle), IV, 2800, 2801. — (v. 1486), 435, (v. 1500), 436 (1529), 437 ; — moralisé (v. 1500), 438. — *Codicile et Testament*, 436 ; IV, 2801. — *Le Dodechedron de Fortune* (1556), 311. — Il est peut-être l'auteur de l'*Art et Science de bien parler* d'après Albertano de Brescia, 524. — Il est cité, IV, 2826, p. 156.
Meusnier, enquêteur d'Issoudun (1549), IV, 2868.
Meunier (James), impr. à Lyon (v. 1520-1540 ?), 458, art. 2 et 4, IV, 2807, 2808.

Meunier de Querlon (Anne-Gabriel), publie *Les Graces* (1769), II, 2003.
Meusnier Saint Elme, chanteur (1656), IV, p. 628.
Meurice (Paul) : *Les beaux Messieurs de Bois-Doré* (1862), II, 1400.
Meurier (Gabriel) : *La Perle de similitudes* (1583), II, 1866.
Meuris (Arnold), impr. à La Haye (1619). cité, III, 2405, art. 1.
Meurs (Le comte de) : portrait (1540), IV, 2871, p. 213.
Meurtre (Le) de la Fidelité, cité (1609), II, 1749.
Meusel (Abraham), dit Musculus : portrait (1581), II. 2039. — Inscription dans un album (1583), V, 3368.
Mexique : sa conquête (1520), II, 1955.
Meyer (Paul), cité, 550 ; II, 1489, 1496, 1830, 1856.
Mezeray (D. de) : épitaphe latine de Molière (1682), II, 1177.
Mezeray (François de) : vers à M° Adam Billaut (1644), 829.
Mezeret, musicien (1659), IV, p. 628.
Mi... (Jehan ?), 508.
Miard (Jules), libr. à Paris (1865), 910.
Micaeli (Angelo), chanteur (1669), IV, p. 628.
Micard (Claude), libr. à Paris (1573), 172 ; (1579), 747.
Micard (Jean), libr. à Paris (1610), II, 1527.
Micery (M¹¹°), citée par Cl. de Taillemont (1556), IV, 2910.
Michaelis (M.) : vers français à Jean Leger (1669), II, 2031.
Michallet (Estienne), impr. à Paris (1671), II, 1257, 1258 ; (1678), II, 1541 ; (1681), II, 1924 ; (1684), 369, art. 4 ; (1687), 373, art. 2 et 3 ; (1688), 159-162 ; (1689), 163 ; (1690), 164 ; (1691), 165 ; (1692), 166 ; (1694), 167 ; (1696), 168 ; (1699), 169.
Michaud (E.), libr. à Paris (1843), II, 1363.
Michaut (Pierre) : *Le Passe-temps*, ms., IV, 2796, art. 9. — Fragment de *La Dance aux aveugles*, 541, art. 6. — *La Deduction du procès de l'Honneur femenin*, IV, 2799, art. 26. — Il n'est pas l'auteur du *Pas de la Mort*, IV, 2797, art. 1.
Michault (R.), grav., III, 2524.
Michaut Taillevent. Voy. Le Caron.
Michel, directeur de la C¹° des Indes (1762), 2295.
Michel (Charles), impr. à Mons (1605), II, 1102 ; (1606), IV, 3196.
Michel (Estienne), impr. à Lyon (1580), V, 3378.
Michel (Francisque), cité, II, 1935 ; IV, 2800, art. 5.

Michel (Guillaume), *Le Penser de royal memoire* (1518), IV, 2828.
Michel (Jehan), remanie le *Mystere de la Passion* d'Arnoul Greban, III, 2618. — *Vision* (1495), citée, III, 2653, art. 11. — *Prophecie de la prosperité et victoire du roy*, ibid.
Michel (Jehan), impr. à Genève (1539), V, 3246.
Michel (Kaspar), » cealophanus »; inscription dans un album (1566), V, 3367.
Michel (Marius), relieur et doreur à Paris, III, 2710 ; V, 3340.
Michel (N.) : vers sur Estiene Pasquier (1584, 1610), 737.
Michel (René), sr de La Roche-Maillet : vers à lui adressés par J. Le Masle (1580), IV, 2933, p. 257.
Michelle, lingère de la cour (1549), IV, 2868.
Michelot (Toussaint) : quatrain à Estienne Tabourot (1586), II, 1778. — Vers en tête du *Dictionnaire des rimes* de Jean Le Fèvre (1588), 431.
Michelotti (Bernardo), évêque de Forlì : Eufrosino Bonino lui dédie son édition des *Discours* d'Aristide (1517), 234.
Micheux, dessin., II (1728), 1464.
Michon, cité par N. Rapin (1610), IV, 2944.
Michon (Pierre). Voy. Bourdelot (L'abbé).
Michonnet, cité par Nic. Rapin (1610), IV, 2944.
Micqueau (Jean-Louis), *Aureliae urbis memorabilis ab Anglis Obsidio* (1560), II, 2103 ; III, 2652.
Miechowski (Mathias) : François Gruget annonce une traduction française de la *Descriptio Sarmatiae* (1556), II, 1938.
Midenet (François), sergent du domaine de Mirecourt (1644), IV, 3079, p. 456.
Myerve (Le seigneur de) : épître à lui adressée par Jehan Bouchet (1545), 511.
Mifant (David), traducteur du *Livre des offices* de Cicéron (v. 1500), III, 2556.
Mifant (David, ou Jacques) : *Comedie de fatalle destinee*, citée, ibid.
Mifant (Jacques), traducteur du *Tyrannique* de Xénophon, cité, ibid.
Migeon (Gaspar), libr. imaginaire à Mons (1674), 924.
Migeot (Gaspard), libr. à Mons (1667), 8.
Miger (S.-C.), grav. (xviiie s.), 259, 409.
Miggrode (Jacques de), traduit de Bart. de Las Casas, les *Tyrannies et Cruautez des Espagnols* (1579), II, 1980.

Mignard (Nicolas), peintre, III, 2506, 2507.
Mignard (Pierre), peintre : vers sur ses ouvrages, par °Baraton (1705), 846.
Mignardise (La) plaisante d'amours (v. 1560), 812, art. 3.
Mignerak (Mathias) : *Pratique de l'aiguille industrieuse* (1605), 282.
Mignon, commis du marquis de Croissy, obtient un privilège pour la publication des traités diplomatiques (1684), IV, 3153, p. 541.
Mignon (Louis-Claude-Victor) et sa femme Marie-Anne Restif, publient les *Histoires des compagnes de Maria* (1811), II, 1916, art. 36.
Mignon (Maurice), IV, 3058, p. 415.
Mignon (Nicole), attente à la vie de Henri IV (1600), III, 2242, art. 12.
Mignot, commissaire, cité par Jehan Bouchet (1545), 511.
Mikelovič (Le baron), exécuté à Prague (1621), III, 2420, art. 54.
Milan : *Antree du roy* [Louis XII] (1509), II, 2108. — *La Rescription des dames de Millan a celles de Paris et de Rouen* (v. 1512), IV, 2854. — *L'Ordonnance faicte a l'entree du tres chrestien roy de France... dedans ...Millan* (16 oct. 1515), II, 2123. — *La Pace da Diò mandata* (1516), 1048. — Galeazzo Capella, *Commentarii de rebus gestis pro restitutione Francisci II* (1538), III, 2726. — *Entrée de Charles Quint* (1541), III, 2721. — *La Complaincte des citoyens de Milan envoyée à l'empereur.* (1542), III, 2413. — *Response aux remonstrances faictes a l'empereur...* (1542), 2414. — Imprimeurs et Libraires. Voy. Calvo (Andrea), 1541. Castellono (Juan Antonio de), 1546. Castiglione (Zanotto), 1513. Collège Ambrosien, 1621. Da Ponte (Gottardo), ou Pontico, 1509-1539. Legnano (Zoanne da), 1499. Legnano (Gio. Giacomo e fratelli da), 1508. Malatesta (Gio. Battista), 1621. Malatesta (Marco Tullio), 1620-1621. Malatesta (Pandolfo), 1599-1621. Mantegazzi (Pietro Martire de'), 1499-1506. Pachel (Leonhard), 1481-1496. Pontico (Gottardo), art. Da Ponte. Scinzenzeler (Gio. Angelo), 1508. Scinzenzeler (Ulrich), 1481.
Milan (Symon de). Voy. Litta (Simeone).
Milanais (Dialecte), 1049, 1050 ; IV, 3058.
Milder, grav. (1700), 12.
Milesio da Ponta (Le P. Giacomo), *Recit veritable du miserable et memorable accident arrivé en la*

descente de la tres-renommée Montagne de Somma (1632), III, 2457.
Milet (Jacques): *La Destruction de Troye la grant par personnaiges* (ms. du xve s.), II, 1079 ; (v. 1520), IV, 3014.
Milhac (Pierre de): épitaphe par Jehan Bouchet (1545), 511.
Millan (A.), impr. à Saragosse (1552), cité, II, 1958.
Millanges (Simon), impr. à Bordeaux (1576), IV, 2931 ; (1580), 138 : (1586), III, 2219, art. 3 ; (1588), cité, 2095, art. 12 ; 2219, art. 4 ; (1590), IV, 3169 ; (1592), II, 2131 ; (1594), IV, 3133 ; (1605), 767.
Millar (A.), libr. à Londres (1773), II, 2500.
Mille (Les) et un jour [sic]: contes traduits par Pétis de La Croix 1710-1713), II. 1771.
Mille (Les) et une Nuits (1822), V, 3324.
Millet (Jacques). Voy. Milet.
Millet (Jean), laboureur à Bescourt (1578), III, 2330.
Millet (Philibert), évêque de Maurienne (1613), II, 1726.
Millière, figure dans un ballet (1627), IV, p. 628.
Millon (Henri), quartinier de Paris (1739), III, 2312.
Millot (Didier), libr. à Paris (1587), III, 2217, 2218 ; (1588), III, 2221, art. 1 ; (1589), IV, 2942 ; (1590), III, 2248.
Millot (Jean), libr. à Paris (1609), II, 1784 ; (1610), 201 ; II, 1785 ; (1611), II, 1904 ; (1612), II, 1704, 1964.
Millotet (Marc-Antoine) : vers en tête du *Dictionnaire des rimes* de Jean Le Fèvre (1588), 431.
Milovanov (Ignace) : son voyage en Chine en 1670 (1681), II, 1924.
Milton (John), est accusé par W. Lauder d'avoir copié la *Sarcotis* de J, Masen (1753), III, 2409.
Mimeur (J.-L. Valon, chevalier de), figure dans un ballet (1681), IV, p. 628.
Mynard, mari malheureux : éloge de sa femme (1535), 805.
Minard (Antoine), président au parlement de Paris, demande des poursuites contre les protestants (1559), IV, 3101. — Son *Tombeau*, par Du Bellay (1559, 1561), IV, 2899.
Minerve (L'église de la) à Rome : privilège accordé par le pape à la confrérie du S. Corps de Jésus (1546), 3334.
Minières (Jean de), impr. à Angoulême (1566), IV, 3132.
Minimes de Paris : sermon prononcé chez eux par Bossuet (1660), IV, 3079, p. 446.
Ministres d'État : leur *Chronologie*, III, 2493, art. 39.
Mynsinger (Joachim) : vers à Érasme (1553), III, 2568, art. 5.
Mintzer (Gaspar) : *Schlacht vor Pavia* (1525), II, 2126, 2127.
Minut (Charlotte de). publie le livre de son frère *De la Beauté* (1587), II, 1838.
Minut (Gabriel de) : Du Bartas lui dédie *L'Uranie* ([1573], 1583), V, 3269. — *De la Beauté* (1587), II, 1838.
Minuty, dessin., III, 2524.
Minuzi (Demetrio de') : *De ponderibus, De mensuris* (1525), III. 2498.
Mion (Mlle), citée par Cl. de Taillemont (1556), IV, 2910.
Mirabeau (Honoré-Gabriel de Riquetti, comte de) : son ouvrage sur les Juifs (1788), II, 2074. — *Étude* sur lui par Victor Hugo (1834), III, 2513. — Volumes lui ayant appartenu, II, 1514, 1518.
Mira-Brunet, tue Dovalle en duel (1829), 880.
Miracle, chanteur. Voy. Du Miracle.
Miracle et bataille sanglante veue au Ciel... par la garnison des Suisses de Lyon (1621), III, 2351.
Miracle fait par le bienheureux P. Ignace (1610), II, 2027.
Miracles (Les) de Nostre Dame de Lyesse (v. 1560), III, 2709.
Miraillet, épitaphe, par Jehan Bouchet (1545), 510.
Miralius, Μιράλιος. Voy. Du Mirail (Estienne).
Mirame, tragi-comedie (1642), II, 1117.
Mirarius. Voy. Des Mireurs.
Miremont (Anthoine de), protonotaire, élève de N. Du Puis (v. 1510), V, 3228.
Mireour du Monde, cité, III, 2562, art. 17.
Mirepoix (Gaston-Jean-Baptiste de Lévis, marquis de), figure dans des ballets (1653-1666), IV, p. 628.
Mirepoix (Gaston-Jean-Baptiste II de Lévis et de Lomagne, comte de), figure dans un ballet (1681), IV, p. 629.
Mireval (Le baron de), étudiant : épigramme à lui adressée par Bér. de La Tour (1551), V, 3254.
Mirys, dessin. (1780), 272.
Miroir (Le) de Prudence, IV, 2752.
Miroer (Le) des Francz Taulpins (1547, n. s.), V, 3253.
Miroir (Le) des moines mondains (v. 1615), IV, 2816.
Miroir (Le) d'or de l'ame pecheresse (v. 1500), 61.

Mirouer (Le) du Monde (1517), 434 ; cité, III, 2562, art. 31.
Mirouer (Le) du Monde, titre d'une pièce sur les *Trois Morts*, 541, art. 9.
Myron (François), sieur du Tremblay, prévôt et lieutenant civil à Paris : vers à Gilles Durand de La Bergerie (1588, 1594), 756, 757. — Il délivre une permission d'imprimer (1600), III, 2242, art. 10. — Ch. Bauter lui dédie *La Rodomontade* (1605), II, 1101. — Pierre Bonfons lui dédie *Les Fastes de Paris* (1607), III, 2305. — Il est cité par Nic. Rapin (1610), IV, 2944.
Miron (Marc), premier médecin du roi : lettre à lui adressée par Henri III (1588), III, 2188, p. 26, art. 29. — *Relation de la mort de messieurs le duc et cardinal de Guise*, 1588 (1744), III, 2188, p. 26, art. 35. — Vers à lui adressés par Nic. Rapin (1610), IV, 2944.
Mirteo (Pietro) : vers de lui dans les *Icones* de N. Reusner (1589), V, 3370. — Portrait, *ibid.*
Myrthale, courtisane (1615), II, 1796, art. 29.
Mischomini (Antonio), impr. à Florence (1492), cité, III, 2396.
Mise en scène des mystères, IV, 3010.
Miseré (Mlle de), fille de M. Moulin : vers à elle adressés par Christofle de Beaujeu (1589), IV, 2942.
Misere (La) des clercs des procureurs (1628), II, 1796, art. 14. Voy. *Resporce.*
Miseres (Les sept principales) des dampnez, III, 2558.
Misogyne (André), IV, 2951, art. 2.
Missy (César de), traducteur des *Remarques* de Le Motteux, sur Rabelais (1742), II, 1519.
Mississipi, exploré par Louis Jolliet, le P. Marquet, Cavelier de La Salle, II, 1924. Cf. 1973, 1975.
Missot (Gérard de), médecin, cité par Jean Dorat (1586), IV, 2789.
Mistere. Voy. *Mystère.*
Mitantier, musicien, mélodie du *Benedicite* de Cl. Marot (1552), V, 3299.
Mitou (Jehan Daniel, dit maistre). Voy. Daniel.
Mitton, trésorier de l'Extraordinaire des guerres en Picardie : Ch. Cotolendi lui dédie sa traduction des *Novelas exemplares* de Cervantes (1678), II, 1755.
Mizière (François), publie les *OEuvres* de Cl. Marot (1596), 614.
Mniszek (Anna Hanska, comtesse Georges) : H. de Balzac lui dédie *Pierrette* (1840), II, 1598.

Mochet (Marguerite), mère de Bossuet (1642), IV, 3079, p. 456.
Modelbuch (New) (1601), 281.
Modena (El conte Guido de), capitaine italien (1510), 1042.
Modène. Imprimeur et Libraire. Voy. Bergalli (Antonio), 1525.
Modène (Esprit de Raimond de Mormoiron, comte de) : *Ode aux Muses* (1667), 838.
Moderne (Jacques), de Pinguente, impr. à Lyon (s. d.), 190, 199, 293, 303, 458, 481, 520 (?), 530, 535, 546, 550, 553, 554, 565, 570, 575, 588, 1021, *Additions* ; II, 1774, 1775, 1832, 1835, 1861 ; IV, 3176 ; V, 3298. Voir surtout la note sur le n° 190, pp. 100-102.
Modo (El) da insegnare compitare (v. 1500), cité, V, 3220.
Modus eligendi, creandi, incoronandi imperatorem (1519), III, 2713.
Moebius réfute les *Oracula veterum ethnicorum* d'A. van Dale, II, 2005.
Moerman (Thomas), impr. à Bruges (1582), cité, III, 2396.
Moetjens (Adrian), libr. à La Haye (1681), 70 ; (1694-1696), III, 2632 ; (1700), 615 ; (1702), II, 1231.
Moëtte (Charles), libr. à Paris (1724), III, 2314.
Mohammed Hodabend, chah de Perse : guerre avec les Turcs (1578), III, 2734.
Moylin (Les successeurs de Jehan), dit de Cambray, impr. à Lyon (1542), III, 2677 ; IV, 2830.
Moyne (Le) sans froc. Voy. Le Moyne (Pasquier).
Moynet (Simon), publie une édition de *l'Eschole de Salerne* de Louis Martin (1651), 972.
Moins (Le) que rien. Voy. Bargedé (Nicole).
Moyreau (Pierre), compagnon imprimeur à Paris (1546), IV, 2876, p. 216.
Moyron (Jacques), baron de Saint-Trivier : *Testament et Oraison funèbre* par A. Cl. Voysin (1656), 346.
Moisant de Brieux : *Recueil de pieces en prose et en vers* (1671), II, 1907.
Moysson (Jacques) : vers à P. Tamisier (1565), III, 2606. — Epitaphe d'Anne de Montmorency (1567), IV, 2966, art. 24. — Sonnet à Franç. de Belleforest (1567), 724. — Sonnet à Franç. d'Amboise (1568), 728. — Sonnet à Louis de Tournon, seigneur d'Arlan (1569), IV, 3179. — Sonnet à Sc. de Sainte-Marthe (1569), 715. — Anagramme dans le *Tombeau de Gilles Bourdin* (1570), 815. — Deux sonnets en tête de *La Pyrenée* de Franç. de Belleforest (1571), V, 3320. — *Chansons* (1572), V, 3295, 3296. — Autre sonnet à

Franç. de Belleforest (1574), III, 2181. — Sonnet à la fin des *Propos memorables* de Gilles Corrozet (1583), II, 1862. — Vers dans le *Nouveau Recueil de plusieurs chansons* (1597), III, 2616.

Moitte (P.-E.), grav: (1757-61), II, 1741 ; (1755-65), III, 2506.

Mol (Pol de) : poëme sur son mariage par Jehan Molinet, 471, art. 103.

Molan, trésorier de l'Épargne : vers à lui adressés par Joachim Blanchon (1583), IV, 2938.

Moland, cité par Ant. Du Saix (1537), 516.

Molaville (Mlle de), citée par M. Guy, de Tours (1598), IV, 2948.

Molé (Edouard), conseiller au parlement : vers à lui adressés par N. Rapin (1610), IV, 2944.

Molé (Mathieu) : André Du Chesne lui dédie son édition des *Œuvres* d'Alain Chartier (1617), 442.

Molesme : abbaye, IV, 3096, art. 81, 128.

Molète (de), mari malheureux (1535), 805.

Molier (de), « chef de la troupé des comediens de Monsieur » (1662), IV, 3039. Voy. Molière.

Molier (Louis de), musicien (1651-1664), IV, p. 629.

Molier (Marie-Blanche de), figure dans des ballets (1654-1659), IV, p. 629.

Molière (Jean-Baptiste Poquelin de) : *L'Estourdy* (1663), II, 1181. — *Depit amoureux* (1663), II, 1182. — *Les Precieuses ridicules* (1660), II, 1183. — *Le Procez des Pretieuses*, [par Somaize] (1660), II, 1184. — *Sganarelle* (1662), IV, 3038. — *L'Escole des maris* (1661), II, 1185. — *Les Facheux* (1662), II, 1186. Cf. 1192. — *L'Escole des femmes* (1663), II, 1187, 1188. — *La Critique de l'École des femmes* (1663), II, 1189. — *Le Portrait du peintre, ou la Contre-Critique de l'Escole des femmes*, [par Edme Boursault] (1663), II, 1190. — *Le Mariage forcé, ballet du roy* (1664), IV, 3039 ; comedie-ballet (1668), II, 1191. Cf. 1192. — *La Princesse d'Elide* (1664), II, 1192 ; (1673), 1193. — *Le Tartuffe* (1669), II, 1194, 1195. Cf. 1192. — *L'Homme glorieux* [factum contre *Le Tartuffe*], par Pierre Roullé (1664), II, 1196. — *Lettre sur la comedie de l'Imposteur* (1667), II, 1197. — *La Critique du Tartuffe*, [par Le Boulanger de Chalussay ?] (1670), II, 1198. — *Le Festin de pierre* (1683), II, 1199. — *Observations sur le Festin de pierre*, par Rochemont (1665), II, 1200. — *Responce aux Observations touchant le Festin de pierre* (1665), II, 1202. — *L'Amour medecin* (1666), II, 1203 ; (1669), 1204. — *Le Misanthrope* (1667), II, 1205. — *Le Medecin malgré luy* (1667), II, 1206. — *Le Sicilien* (1668), II, 1207. — *Amphitryon* (1668), II, 1208. — *Les Festes de l'Amour et de Bacchus* (1672), IV, 3045 ; (1679), II, 1211. — *George Dandin* (1669), II, 1210. Cf. 1209. — *L'Avare* (1669), II, 1211. — *Monsieur de Pourceaugnac* (1670), II, 1212 ; (1671), 1213. — *Le Divertissement royal* (1670), IV, 3040, 3043. — *Le Bourgeois gentilhomme* (1670), IV, 3041 ; (1671), II, 1214 ; (1673), IV, 3042. — *Psiché* (1671), IV, 3044 ; II, 1216. Cf. IV, 3043. — *Les Fourberies de Scapin* (1671), II, 1217. — *Les Femmes sçavantes* (1673), II, 1218. — *Ballet des ballets* (1671), IV, 3043. — *La Comtesse d'Escarbagnas* (1671), IV, 3043. — *La Pastorale comique* (1671), IV, 3043. — *Le Malade imaginaire* (1673), II, 1219 ; Intermèdes, IV, 3046 ; (1674), II, 1220. — *Les Fragmens de Moliere* (1682), II, 1221. — *Œuvres* (1666), II, 1174, (1673), II, 1175, (1674-1675), II, 1176, (1682), II, 1177, (1694), II, 1178, (1773), II, 1179, (1824), II, 1180. — *Dessins de François Boucher pour les Œuvres* (1734), 220. — Rôles remplis par Molière dans les ballets (1664-1671), IV, p. 629. — *Le Medecin volant*, par Boursault, cité, II, 1226. — Molière est attaqué par Montfleury dans *L'Impromptu de l'hostel de Condé* (1661), II, 1276. — *L'Ombre de Moliere et son Epitaphe*, [par d'Assoucy] (1673), II, 1222. — *Sur la mort imaginaire et veritable de Moliere* (1673), II, 1223. — *Histoire des intrigues amoureuses de Moliere* (1697), II, 1224. — *La Vie de M. de Moliere*, par Grimarest (1705), II, 1225. — Portrait de Molière (1666), II, 1174. — Son éloge par Fr. de Callières (1692), II, 1863. — Sa *Vie* par Voltaire (1764), 930. — Il est cité, 320.

Molière (Armande-Grésinde-Claire-Elisabeth Béjart, femme de J.-B. Poquelin de) : rôles qu'elle remplit dans les ballets (1664-1671), IV, p. 629.

Molière (Henriette-Sylvie de) (1672-1674), II, 1540.

Molières : généalogie, III, 2495.

Molin (Sébastien), impr. à Tours (1599), II, 1522.

Molinet (Augustin), révise la *Chro-*

nique de son père, Jehan Molinet (1506), III, 2334.
Molinet (Jehan) : *Œuvres poétiques* (ms.), 471. — *Faictz et Dictz* (1531), 472. — *Le Temple de Mars* (v. 1495), 473 ; (1502), III, 2580 et *Additions* ; (1526), 487. — *Le Romant de la Rose moralisé* (v. 1500), 438. — *Les neuf Preux de gourmandise* (s. d.), 573, 574. — *La Complaincte de la Terre Saincte* (1532), IV, 2818. — *L'Art et Science de rethorique* (v. 1520), IV, 2795. — *Le Sermon saint Billouart* (v. 1595), 590, art. 4. — *Dictier presenté a monseigneur de Nasso*, joint aux œuvres de Cl. Marot (1534), 599. — *Chronique* (ms.), III, 2334. — *Pater noster* en vers, 31, art. 3. Voy. *Additions*. — Ballades, 471, art. 8 ; IV, 2963, art. 4. — *Chanson*, IV, 2973, art. 30. — Des vers de lui sont cités par Pierre Fabri, 426. — Il est l'auteur du *Mistere de S. Quentin*, 471, art. 8, et *Additions*. — Epitaphe par Jehan Le Maire (1507), III, 2432.
Molini (Gio. Claudio), libr. à Paris (1771), 1034 ; (1773), 1033 ; (1781), 1036 ; (1783), 1035.
Molini (P.), libr. à Paris (1773), 1033.
Molinier (Estienne). Voy. Moulinié.
Molino (Antonio) : Lodovico Dolce lui dédie *Marianna* (1565), II, 1471.
Molins (Nicole de) : vers à Jean d'Intras (1609), II, 1526.
Mollaeus. Voy. La Molle.
Möllensperg (Theodor), de Juliers : inscription dans un album (1567), V, 3365.
Mollion (Georges), parricide savoyard (1606), 112.
Molza (Francesco Maria) : sonnet à lui adressé par N. Martelli (v. 1543), IV, 3000, p. 358. — Ses nouvelles sont imitées par Gabriel Chappuy (1584), II, 1701. — Vers de lui dans les *Icones* de N. Reusner (1589), V, 3370. — Portrait, *ibid*.
Mombec, IV, 3197, p. 589.
Mombray (Anne de). Voy. Le Fèvre de La Boderie.
Mombrun (Le seigneur de) : épître à lui adressée par Jehan Bouchet (1545), 511.
Monachon (Frère Claude), cité par Antoine Du Saix (1537), 516.
Monaco (Grimaldi, prince de) : ses aventures galantes (1709), II, 1691.
Monaco (de Matignon-Grimaldi, prince de), accusé de fausseté par le duc de Valentinois, son proche parent (v. 1750), 170.
Monaldeschi (Giovanni) : relation de sa mort en 1657 (1664), III, 2283.
Monasticon gallicanum (1677-1710), IV, 3096.

Monberon (Adrian de), épitaphe par Jehan Bouchet (1545), 510.
Monbleru (Guillaume de), l'un des auteurs des *Cent Nouvelles nouvelles* (v. 1457), II, 1694.
Moncaud (François de) : vers échangés avec Pierre de Brach (1576), IV, 2931.
Monceau : vue du château, 249.
Monceau (Claude) : *Epitaphes de Cossé-Brissac* (1564), 813.
Monchy (Antoine de), dit Democharès, inquisiteur, est un des juges d'Anne Du Bourg (1559), IV, 3101.
Monchy (Madeleine de Suse, femme de Jean de), seignour de Sénarpont : épitaphe par S. G., sʳ de La Roque (1609), IV, 2943.
Moncy (Denis de), membre du bureau de l'Eglise réformée de Paris (1562), II, 2056.
Moncontour : relation de la bataille qui y fut livrée en l'année 1569 (1621), III, 2168.
Moncornet (Balthasar), grav. (1630), II, 1942 ; III, 2708.
Moncrif (Paradis de) : *Zélindor*, opéra parodié par Favart (1754), II, 1335. — Cinq romances de lui dans les *Chansons* de La Borde (1773), 1002. — *Contes en vers* (1778), 927. — Une pièce de lui dans les *Chants et Chansons populaires de la France* (1843), 1014.
Monde (Le nouveau), avec *l'Estrif du Pourveu et de l'Ellectif* (1508), V, 3314.
Monde (Le) dramatique (1835-1839), II, 1072.
Mondière (Melchior), libr. à Paris (1615), III, 2270.
Mondin (Claude) : pièce latine adressée à Du Tronchet (1615), II, 1876.
Mondor (Philippe Girard), dit « le maître de Tabarin » (1629), II, 1794.
Mondorge : Dessins de costumes pour ses *Talents lyriques* (1739), II, 1462. — L'acte d'Eglé de cette pièce est parodié par Favart (1756), puis par Mᵐᵉ Favart et Bertin d'Andilly (1761), II, 1335.
Mondory : vers à Georges de Scudéry (1633), V, 3318.
Moneke (Jean-Antoine), marin flamand, dépose sur le naufrage de l'invincible Armada (1588), III, 2219, art. 5.
Mongé, danseur, probablement fils du suivant (1653-1657), IV, p. 629.
Mongey (de), figure dans des ballets (1627-1635), IV, p. 629.
Mongeot : généalogie, III, 2495.
Mongin (Edme) : *Œuvres* (1745), 390.
Mongisson (Claude de) : sonnets en tête des *Lettres* d'Est. Du Tronchet (1615), II, 1876.

Monglas : vers à M⁰ Adam Billaut (1644), 829.
Monglas (Mᵐᵉ de) : son éloge par Jules de Richy (1616), V, 3290.
Mongolie. Voy. Giovanni (Frà) dal Piano del Carpino, *Itinerario* (1246, impr. 1537), IV, 3086.
Moni (Jean), grav. (1573), III, 2636.
Monier, chanteur (1669), IV, p. 629.
Monier (Mar.) : vers à Pierre de Brach (1576), IV, 2931. — Vers latins à la fin des œuvres d'Ausone (1590), IV, 3169, p. 564. — Vers en tête du *Chronicon burdigalense* de Gabr. de Lurbe (1590), *ibid*. — Vers dans le *Tombeau* de Monluc (1592), II, 2131.
Monin, tué à la Saint-Barthélemy (1572), IV, 3191.
Monin, grav. (1843), 1014.
Monitoire publié contre les Juifs (1652), II, 2071, art. 3.
Monlieu (Mᵐᵉ de) : vers à elle adressés par P. de Brach (1576), IV, 2931.
Monluc (Blaise de) : *Remonstrance à la Majesté du roy sur son gouvernement de Guyenne* (1570), III, 2169. — *Commentaires* (1592), II, 2131 : (1661), 2132.
Monluc (Jean de), ambassadeur à Venise, a pour secrétaire Guillaume Gaulteron de Cenquoins (1544), IV, 3141. — Paolo Manuzio lui dédie son édition du *De oratore* et de l'*Orator* de Cicéron (1559), II, 1902, art. 6. — *Harangue faicte et prononcee de la part du roy Tres-Chrestien* [en Pologne] (1573), III, 2185.
Monluc (Jean de), dit le chevalier, plus tard maréchal de Balagny : vers à lui adressés par Pierre de Brach (1576), IV, 2931. — Il est défait par le duc de Longueville (17 mai 1589), III, 2219, art. 13. — Il est blessé devant Senlis (mai 1589), III, 2230. — Il bat les Espagnols en Hainaut (1596), III, 2435, art. 3.
Monmerqué (Louis-Jean-Nicolas) : volume lui ayant appartenu, II, 1060.
Monnerault (Jean), apothicaire d'Issoudun (1549), IV, 2868.
Monnerot de Sèvres, financier, dénoncé comme voleur (1707), IV, 3074.
Monnet (Charles) : *Dessins pour les Aventures de Télémaque* (1773), 227. — *Dessins pour les Romans et Contes de Voltaire* (1778), 228. — Figures gravées d'après ses dessins, 227, 228, 409, 917, 1033 ; II, 1675, 1909.
Monnier (Henry), écrivain et dessinateur : *Scènes populaires* (1836-1839), II, 1822. — *Scènes de la ville et de la campagne* (1841), 1823. — *Mémoires de monsieur Joseph Prudhomme* (1857), II, 1658.
Monodiae professorum regiorum (1610), 890, art. 5 ; 891, art. 3.
Monologue de messire Jean Tantost (1562), V, 3212, art. 5.
Monologue de Providence divine (1561), II, 1876 ; IV, 2917.
Monologue (Le) des nouveaulx sotz de la joyeuse bende (v. 1530), IV, 2848.
Monologue nouveau et fort joyeulx de la Chamberiere desproveue (sic) *du mal d'amours* (v. 1530), IV, 3176.
Monologue nouveau, fort joyeulx, de la chambriere despourveue du mal d'amours (v. 1520), IV, 2849.
Monona (Giov. Antonio di), marin italien servant dans l'armada espagnole (1689), III, 2219, art. 5.
Mons : *Tragicomedie de S. Estienne*, représentée par les élèves des jésuites dans cette ville (1605), II, 1102. -- Marie de Médicis y fait son entrée (1631), III, 2281. — Imprimeurs. Voy. Migeon (Gaspar), imaginaire, 1674. Migeot (Gaspard), 1667.
Mons : généalogie, III, 2495.
Mons, musicien : mélodie de lui dans les *Chansons de Piis* (1785), 1003.
Mons (J. de) : vers à lui adressés par P. de Brach (1576), IV, 2931.
Monseau (Claude) : Épigramme à Jean Nicot et distiques (1566), 422.
Monseigneur (A) sur son mariage (par P. Corneille, 1680), 906.
Monselet (Charles) : vers de lui dans *Le Parnasse satyrique du XIXᵉ siècle* (s. d.), 962.
Monsiau, dessin. (1793-1800), II, 1914.
Monsieur (A) de Souvré, ode (1609), V, 3288.
Monsigny (P.-Alex.) : mélodie de lui dans les *Chants et Chansons populaires de la France* (1843), 1014.
Monstrellet (Enguerrand de) : *Cronicques* (v. 1501), II, 2097 ; (1572), 2098. — Extraits de ses chroniques par Bossuet, IV, 3079, p. 448.
Monstreuil. Voy. Montreuil, Montereul.
Monstr'œil (Claude de), impr. à Paris (1579), 411, art. 63 ; cité, III, 2698; (1588), 793 ; III, 2221, art. 8 ; (1594) IV, 2961 ; (1595), III, 2263 ; (1596), III, 2435, art. 1-3 ; (1604), 888. — Catherine de Nyverd, sa veuve (1609), IV, 2943.
Montagu. Voy. Montaigu.
Montaiglon (Anatole de), [1824-1895], II, 1704 ; IV, 2793, art. 1 ; 2802 ; V, 3212, art. 6 ; 3243, 3284.
Montaigne (André). Voy. Mantegna.
Montaigne (Michel Eyquem, seigneur de) : vers à lui adressés par P. de

Brach (1576), IV, 2931. — *Essais* (1580), 138 et *Additions* ; (1587), 139 ; (1588), 140 et *Additions* ; (1595), 141 ; (1602), 142 ; (1725), 143 ; (1818), 144. — Extrait précédant le *Cinna* de Corneille (1643), II, 1145. — *Proumenoir*, par Mlle de Gournay (1595), 145 ; (1599), 146. — *Responce à plusieurs injures et railleries contre Montaigne*, par Guill. Bérenger (1667), 147 ; (1668), 148.
Montaigu. Siège de cette ville (1588), III, 2194, p. 42.
Montaigu, danseur (1615), IV, p. 629.
Montaigu (Le duc de), marquis de Ponthernier : Silvestre lui dédie une édition des *Œuvres* de Saint-Evremond (1709), II, 1911.
Montaigu (Flottar de), s^r de Voulue : sonnet à Flaminio de Birague (1585), IV, 2939.
Montagu (Philippe de), conseiller au parlement de Rouen (1579), IV, 2930.
Montalant, impr. à Paris (1758), II, 1998.
Montalbano (Pietro) : Cesare Vecellio lui dédie ses *Habiti antichi e moderni* (1590), 241.
Montalembert (Le Cte de), publie l'*Histoire de la guerre d'Escosse* de Jean de Beaugné (1862), III, 2367, *Additions*, t. V, p. 195.
Montemayor (Jorge de) : *La Diane* (1587), II, 1748.
Montalte (Louis de) : *Lettres à un provincial* (1657). Voy. Pascal.
Montalto, cardinal : lettre à lui adressée par les ligueurs (23 mai 1589), III, 2251, p. 87.
Montan, chanteur et danseur (1635-1639), IV, p. 629.
Montano (Pietro) : portrait dans les *Icones* de N. Reusner (1589), V, 3370.
Montanus : épigrammes (1537), III, 2594, art. 16.
Montargis : vue du château, 248.
Montauban. Imprimeurs. Voy. Haultin (Denis), 1613. Rabier (Loys). Tours (Jean de), 1590.
Montauban (de) : vers au petit de Beauchasteau (1657), 833.
Montaubert, tué à la Saint-Barthélemy (1572), IV, 3191.
Montausier (Charles de Sainte-Maure, marquis, puis duc de) : l'édition des *Memoires* de Comines publiée par les Elzevier en 1648 lui est dédiée, II, 2104. — *La Guirlande de Julie* (1826), II, 1919, art. 6. — Donneau de Vizé lui dédie *Le Mercure galant* (1677), III, 2524. — D'Assoucy lui adresse une épître à la fin de la *Prison* (1679), II, 1533. — *Oraison funebre*, par Fléchier (1690), 375,

art. 1 ; — par Du Jarry (1590), 375, art. 2.
Montausier (Julie-Lucine d'Angennes de Rambouillet, duchesse de) : son oraison funèbre par Fléchier, 1672, 362.
Montausier (Marie-Julie de Sainte-Maure, dite Mlle de), danse dans des ballets (1661-1664), IV, p. 629.
Montaut (de) : vers à lui adressés par Guill. Du Peyrat (1593), IV, 2945.
Montbazon (Hercule de Rohan, duc de) : Claude Gauchet lui dédie *Le Plaisir des champs* (1604), 300 ; — approuve *La Meutte et Venerie pour le chevreuil*, de Jean de Ligneville (1636), 304.
Montbazon (Anne de Rohan, princesse de Guéméné, duchesse de), danse dans un ballet (1635), IV, p. 630.
Montbazon (Anne de Rohan, dite Mlle de), danse dans un ballet (1661), IV, p. 630.
Montbel : généalogie, III, 2495.
Montauruol (Jacques de), jeune toulousain : épigramme à lui adressée par Bér. de La Tour (1551), V, 3254.
Montbéliard. Imprimeur et libraire. Voy. Foillet (Jacques), 1595.
Montbrizon (Le comte de) : Fauvelet du Toc lui dédie son *Hist. des secretaires d'Estat* (1668), V, 3358.
Montchal, archevêque de Toulouse : lettre à lui adressée par Rangouze (1649), II, 1879.
Mont Dieu (B. de), pseudon. de Jacques Grévin (?) : *Response aux calomnies contenues au Discours... sur les miseres de ce temps* (1563), 677.
Montdor : généalogie, III, 2495.
Montdoré (Pierre de) : Elie André lui dédie sa traduction latine d'Anacréon (1555), 397. — Il est cité par Jean Dorat (1586), IV, 2789.
Montdorge (Antoine Gautier de), collabore à l'*Encyclopédie* (1751-1777), III, 2523, p. 282.
Monte (Albrecht de) : inscription dans un album (1567), V, 3365.
Monte Alboddo (Fracanzio da), publie les *Paesi novamente retrovati* (1508), II, 1950 ; (1521), 1951.
Montecuccoli (Ernest, comte de), s'empare d'Amersfoort (1629), III, 2405, art. 16.
Montecuccoli (Sebastiano de) : *L'Apparition de Ganellon, de Anthoine de Leve et de Sebastien de Monte Cuculo...* (1542), IV, 2830.
Montefosco (Alfonso), chevalier de Malte : sa mort (1625), III, 2476.
Montelimar. Imprimeur imaginaire. Voy. Joyeux (Jean), 1586.
Montemayor (Jorge de) : *La Diane*

(1587), II, 1748 et *Additions*. — Sonnet en tête, et huitains à la fin des *Obras* d'Ausias March (1555), IV, 3003.

Montenor, figure dans des ballets (1635), IV, p. 630.

Montereuil-Bonyn (Mme de) : épître à elle adressée par Jehan Bouchet (1545), 511.

Montereul (Jacques de), ou Monstreuil, poète : vers à lui adressés par N. Rapin (1610), IV, 2944. — Vers dans *Les Marguerites poétiques* d'Esprit Aubert (1613), 816.

Montescot (Michel de), ministre à Rouen : inscription dans un album (1584), V, 3368.

Montespan (Françoise-Athénaïs de Rochechouart de Mortemart, marquise de), danse dans des ballets (1664-1666), IV, p. 630. — *La France galante, ou les Amours de Mme de Montespan* (1754), II, 1686. — Voy. aussi Mortemart.

Montespedon (Jehan de), seigneur de Beauvoir, l'un des auteurs des *Cent Nouvelles nouvelles* (v. 1457), II, 1694.

Montesquieu (Charles de Secondat, baron de La Brède et de) : *Lettres persanes* (1721), II, 1853. — *Le Temple de Gnide* (1727), II, 1677 ; (1772), 1678, 1678 bis ; (1796), 1679. — *Considérations sur les causes de la grandeur des Romains et de leur decadence* (1734), II, 2079 ; (1748), 2080. — *Esprit des Loix* (1748), 101. — *Defense de l'Esprit des Loix* (1750), 102. — *Observations* [par Cl. Dupin] (1757), 103. — Son éloge dans l'*Encyclopédie* (1755), III, 2523. — *Le Génie de Montesquieu*, par Alex. Deleyre (1758), II, 1864. — *Lettres familieres* (1767), II, 1897. — *Arsace et Isménie* (1783), II, 1680 ; (1796), 1679. — *Œuvres* (1826), II, 1913. — Portraits, II, 1679, 1913.

Montesquiou, figure dans un ballet (1645), IV, p. 630.

Montesson (Le comte de) : volumes lui ayant appartenu, 56, 74, 453 ; II, 1508, 1509, 1511, 1515.

Montessus (de), s^r d'Escuelles : vers à lui adressés par Philibert Guide (1583), IV, 2935.

Montfaucon (Dom Bernard de) : *L'Antiquité expliquée* (1719), III, 2499. — *Supplement* (1724), ibid. — *Les Monumens de la Monarchie Françoise* (1729-1733), 2501.

Montferrand (J. de), protonotaire, élève de Nicolas Du Puis (v. 1510), V, 3228.

Montferrat (Le marquis de), prend Ancise ; Alione célèbre cet événement (1521), IV, 3053, p. 413.

Montferrier (De), syndic gérant des Etats de Languedoc (1727), III, 2347, p. 147.

Montfleury (Antoine Jacob, dit), *Œuvres* (1705), II, 1276.

Montfleury (Mlle de), actrice (1664), IV, p. 630.

Montfort : généalogie, III, 2495.

Montfort (Claude de) : vers à lui adressés par J.-Ed. Du Monin (1583), V, 3272.

Montfort (Simon de), exalté par Pierre des Vaux de Cernay, II, 2028.

Montgalland : vers de lui dans *Les Marguerites poétiques* d'Esprit Aubert (1613), 816.

Montgermont. Voy. Lebeuf de Montgermont.

Montgesoie (Aimé de), *Le Pas de la Mort*, IV, 2796, art. 1.

Montglas (François de Paule de Clermont, marquis de), figure dans des ballets (1645-1653), IV, p. 630.

Montgolfier père et fils, fabricants de papier à Annonay (1785), II, 1675.

Montgommery (Gabriel de Lorges, comte de), blesse mortellement le roi Henri II (1559), III, 2148. — Regrets pour lui à la mort du roi Henri II par J. de La Taille (1572), V, 3317. — Ses *Regrets et tristes Lamentations*, par Cl. de Morenne (1574), 742. — Voy. Du Chesne (Leger), *Tumulus Gabrielis Mongommerii* (1574), IV, 3186, art. 4. — Chanson sur son exécution (1574), 986, art. 2.

Montgommery (Jacques de) et sa 1re femme, cités par J. Dorat (1586), IV, 2789.

Montherbu (de) : vers à lui adressés par J. Le Masle (1580), IV, 2933.

Montholon, garde des sceaux, *Remonstrance* (1588), IV, 3127, art. 4. — Vers à lui adressés par N. Rapin (1610), IV, 2944. — Épitaphe, IV, 2858, art. 10.

Montibaut : vers au petit de Beauchasteau (1657), 833.

Montier (Pierre), tué à Besançon (1575), III, 2190.

Montigné : vers à lui adressés par Joachim Du Bellay (1559), IV, 2896.

Montigny : généalogie, III, 2495.

Montigny (Le comte de) : une *Chanson sur le prince d'Epinoy lui est dédiée* (1581), 987. — Le cardinal de Granvelle lui écrit (1582), III, 2395. — Il combat en Hainaut (1596), III, 2435, art. 3.

Montigny : *Semiramis*, tragédie (1749), II, 1324.

Montigny (? d'Amoncourt, dite Mlle de), fille d'honneur de Marguerite de Valois : épitaphe par le sieur de La Roque (1609), IV, 2943.

Montigny (Charles-Claude de), collabore à l'*Encyclopédie* (v. 1775), III, 2523, p. 282.
Montigny (Eustache de) : épigramme à la fin de l'*Art poetique* de Cl. de Boissière (1555), 429.
Montijo (Francisco), explorateur de Cuba (1511-1518), II, 1955.
Montillet : généalogie, III, 2495.
Montjoly, figure dans des ballets (1635), IV, p. 630.
Montjosieux (Louis de), ingénieur, cité par Jean Dorat (1586), IV, 2789.
Montjoye, roi d'armes (1499-1515). Voy. Chauveau (Guillebert).
Montjustin, figure dans un ballet (1635), IV, p. 630.
Montlaur (Mlle de), enfant, figure dans un ballet (1664), IV, p. 630.
Montlyard : vers dans *Les Marguerites poetiques* d'Esprit Aubert (1613), 816.
Montlouët (Mme de), danse dans un ballet (1654), IV, p. 630.
Mont-Louis (Vue du château de), 249.
Montmajour, abbaye, IV, 3096, art. 58.
Montmartin (M. de), III, 2435, art. 3.
Montméja (B. de) : *Poëmes chrestiens* (1574), V, 3268.
Montmélian, est occupé par les troupes de Henri IV (1600), III, 2236, art. 22 ; 2240, art. 9.
Montmirail : vues du château, 249.
Montmorency (Anne, duc et connétable de), traite avec les Impériaux (1538), III, 2674. — Vers à lui adressés par Nic. Bourbon (1538), IV, 2788. — Vers à lui adressés par Joachim Du Bellay (1549, 1561), IV, 2890 ; — par Ch. Fontaine (1557), IV, 2877. — Pièce sur sa bienvenue, par Ronsard (1559), 673. — Jacques Du Boys lui adresse une *Odelette* (1559), III, 2621. — Il a pour confident Jean Du Tillet (v. 1560), III, 2149. — *Requeste presentée au roy par le Triumvirat* (4 mars 1562), III, 2156, art. 9. — Il fait massacrer les protestants (1562), 202. — *Epitaphes*, par Jean Dorat et autres (1567), IV, 2966 ; (1568), 2967 ; — par Philippe Des Portes (1567), IV, 3197, p. 587 ; — par François d'Amboise (1568), 728. — Epitaphe de son cœur, par Jean de La Taille (1572), V, 3317. — *Tombeau*, par Ant. de Cotel (1578), 745. — Vers à lui adressés par Est. Forcadel (1579), IV, 2879. — Il est cité par Jean Dorat (1586), IV, 2789. — Son portrait (1755), III, 2506. — Son emblème et sa devise, IV, 3077.
Montmorency (Magdeleine de Savoie, femme d'Anne de) : vers à elle adressés par Est. Forcadel (1579), IV, 2879.
Montmorency (César de), évêque de Carcassonne : vers à lui dédiés par Est. Forcadel (1579), IV, 2879.
Montmorency (François, duc et maréchal de) : Jan de Beaugué lui dédie l'*Histoire de la Guerre d'Escosse* (1558), III, 2367. — Comme gouverneur de Paris, il disperse l'escorte du cardinal de Lorraine entrant dans la ville (1565), III, 2691. — Ses funérailles (1579), III, 2197.
Montmorency (Guillaume de) : Jean Le Moyne lui dédie son *Instruction de bien escrire* (1560), 656.
Montmorency (Henri, duc et maréchal Damville, puis de) : c'est peut-être à lui qu'est dédié en 1579 *Le Chant des trois sereines* d'Est. Forcadel, IV, 2879. — M. Fumée lui dédie l'*Histoire generalle des Indes occidentales* (1580), II, 1958. — *Declaration* faite avec le roi de Navarre et le prince de Condé sur la paix faite avec la maison de Lorraine (10 août 1585), III, 2209 ; (1587), 2194, p. 35. — *Declaration et Protestation sur la prinse des armes* (1er oct. 1585), III, 2211. — Jean Dorat parle de lui (1586), IV, 2789.
Montmorency (La duchesse de), connétable de France, femme du précédent : son éloge par Jules de Richy (1616), V, 3290.
Montmorency (Henri II, duc de), amiral, vice-roi de la Nouvelle-France, II, 1967.
Montmorency (Maria-Felice Orsini di Bracciano, duchesse de), femme du précédent, danse dans un ballet (1615), IV, p. 630.
Montmorency (Marie de) : Recueil de poésies à elle offert par Henri de Foix (v. 1565), IV, 3197.
Montmorency-Laval (Le duc de), syndic de la Compagnie des Indes (1762), III, 2295.
Montmorency-Luxembourg (Charlotte-Anne-Françoise, duchesse de) : volumes lui ayant appartenu, II, 1563.
Montoiche (Guillaume de), auteur d'une relation de l'expédition de Charles-Quint contre Tunis (v. 1560), III, 2416.
Montoron, trésorier de l'Epargne : P. Corneille lui dédie *Horace* (1641), IV, 3032 et *Cinna* (1643), II, 2145.
Montoudon : vers à lui adressés par Joachim Blanchon (1583), IV, 2938.
Montpellier. Libraires. Voy. Coulet, 1875. Martel (J.), 1697.
Montpensier (Anne-Marie-Louise d'Orléans, dit Mlle de) : *Relation de*

l'*Isle imaginaire* (1659), II, 1530 ; (1735), III, 2286. — Le Maistre de Sacy lui dédie sa traduction de l'*Imitation de Jésus-Christ* (1662), 59. — Elle figure dans un ballet (1662), IV, p. 630. — *Le Perroquet, ou les Amours de Mademoiselle* (v. 1734), II, 1685 ; (1754), 1686. — *Memoires, Lettres à madame de Motteville, Histoire de la princesse de Paphlagonie, Divers Portraits* (1735), III, 2286. — Portraits (1657), 833 ; (1735), III, 2286. — Volume lui ayant appartenu, II, 1863.

Montpensier (François de Bourbon, duc de) : G. de Chevalier lui dédie *Le Decez ou Fin du monde* (1584), IV, 2936.

Montpensier (Gilbert de Bourbon, comte de), mort en 1496 : ballade à lui adressée par Jehan Molinet, 471, art. 11.

Montpensier (Louis III de Bourbon, duc de), attaque Lusignan (1575), V, 3284. — Vers à lui adressés par Estienne Forcadel (1579), IV, 2879. — Il est cité par Sc. de Sainte-Marthe (1600), IV, 2921.

Montpensier (Jacqueline de Longwy, duchesse de), première femme du précédent, louée par Ch. Fontaine (1557), IV, 2877.

Montpensier (Catherine de Lorraine, duchesse de), seconde femme du précédent : vers à elle adressés par Flaminio de Birague (1585), IV, 2939. — [Rectifier la note du Catalogue, qui la confond avec Jacqueline de Longwy.] — Elle charge don Bernardino d'une mission auprès de Mayenne (mai 1589), III, 2231.

Montpensier (Marie de Bourbon, dite Mlle de), danse dans un ballet (1615), IV, p. 630.

Montpensier (Philippe d'Orléans, duc de) : le libraire Lamy lui dédie une édition des *Contes* de Perrault (1781), II, 1733.

Montpezat (Jean de), figure sans doute dans l'*Heptameron* sous le nom de Saffredent et Françoise de Fimarcon, sa femme, sous celui de Nomerfide (v. 1541), II, 1697.

Montréal (Les demoiselles de): épître à elles adressée par Bér. de La Tour (1551), V, 3254.

Montréal (Georges, comte de), ambassadeur de Savoie (1578), IV, 2930.

Montreuil, cité par Guéret (1663), II, 1849.

Montreux (Nicolas de), dit Olenix du Mont-Sacré : *Premieres Œuvres poëtiques* (1587), IV, 2940.

Montrocher (Claude-Joseph-Léopold, baron de), Bourguignon, page de l'archiduc Léopold (1657), V, 3367.

Montrond : généalogie, III, 2495.

Montrosat (Françoise de), femme de René de Lucinge (1586), III, 2528, p. 325.

Montrose (Le duc de) : Al. Gordon lui dédie *The Life of Pope Alexander VI* (1729), II, 2007.

Montrouge : vues du château, 249.

Mont-Sainct (Thomas), *Histoire miraculeuse des Eaux rouges comme sang, tombees dans la ville de Sens* (1617), III, 2354.

Mont Saint-Michel, abbaye, IV, 3096, art. 9, 9 *bis*.

Mont Saint-Quentin, abbaye, IV, 3096, art. 8.

Monts (Pierre Du Guast, sieur de), explorateur et lieutenant-général pour le roi à la Nouvelle-France (1603-1612), II, 1964, 1966.

Montsoreau (La dame de) : son histoire racontée par Fr. de Rosset (1619), II, 1724.

Montvert (de), médecin : épigramme à lui adressée par Bér. de La Tour (1551), V, 3254.

Monvel : une pièce de lui dans les *Chants et Chansons populaires de la France* (1843), 1014.

Morainville (Estienne de), seigneur de La Mezengère et Du Couldray : R. Le Blanc lui dédie sa traduction d'Hésiode (1547), IV, 2772.

Morales (Le P. Emanuel) : ses missions aux Indes, III, 2638.

Moralité de Bien Advisé et Maladvisé, IV, 2797, art. 3.

Moralité du Cœur et des Cinq Sens (copie du xviiie s.), IV, 3013, art. 3.

Moralité faite au college de Navarre le jour St Antoine 1426 (copie du xviiie s.), IV, 3013.

Moralité sur l'amour, IV, 2799, art. 6.

Moralité sur la France (1575), IV, 3025.

Morand, signe le Certificat de l'*Encyclopédie* (1760), III, 2523.

Morand (Sauveur-François), chirurgien, collabore à l'*Encyclopédie* (1751-1777), III, 2523, p. 282.

Morante (La Cortina, marquis de) : volumes lui ayant appartenu, 96 ; II, 2024 ; III, 2575 ; IV, 2785, 3169.

Morat, assiégé par Charles le Téméraire, IV, 2781, p. 66.

Morcato, capitaine espagnol (1555), V, 3349.

More (John), évêque d'Ely : ouvrage à lui dédié (1712), 134.

More (Sir Thomas), dit Morus, plénipotentiaire anglais (1525), III, 2665. — Vers à Érasme (1553), III, 2568, art. 12. — Epitaphe, par Jehan Bouchet (1545), 510. — Portrait dans les *Icones* de Nic. Reusner (1589)

V, 3370. — Volume annoté par lui et portant sa signature, 316.
Moreau, commis au *Mercure* (1721), III, 2524.
Moreau, grav. (v. 1740-1750), 244, 261.
Moreau (Frère Antoine) : vers à lui adressés par J.-Ed. Du Monin (1583), V, 3272.
Moreau (Catherine), plaide contre François Picot, son mari (1625), II, 1796, art. 17.
Moreau (Denis), libr. à Paris (1619), II, 1723 ; (1632), II, 1968.
Moreau (Fanchon), actrice (1709), II, 1691.
Moreau (Jean I⁺ʳ), libr. à Paris (1559), 648 ; (1573), IV, 3124.
Moreau (Jean III), libr. à Paris (1708), cité, II, 2034.
Moreau (Jean), impr. à Troyes (1590), III, 2241, art. 7 ; cité, III, 2248.
Moreau (Jean-Baptiste) : Chœurs de la Tragedie d'*Esther* (1689), II, 1267 ; (1696), 1268.
Moreau (Jean-François), impr. à Paris (1743), II, 1994.
Moreau (Jean-Michel) : *Dessins pour les Romans et Contes de Voltaire* (1778), 228. — *Dessins pour les Œuvres de J.-J. Rousseau* (1774-1783), 229. — *Dessins pour les Œuvres de Voltaire* (1801-1804), 230. — *Dessins pour les Œuvres de Pierre et de Thomas Corneille* (1817), 231. — Figures gravées d'après ses dessins, 238, 409, 433, 854, 855, 925, 1002, 1033 ; II, 1179, 1237, 1474, 1501, 1502, 1531, 1574, 1577, 1670, 1745, 1764, 1909, 2002, 2003 ; III, 2298.
Moreau (Nicolas), seigneur d'Auteuil, cité par J. Dorat (1586), IV, 2789.
Moreau (Nicolas-François), dit le fils, libr. à Paris, associé de Pierre-Michel Huart (1748), II, 2080.
Moreau (Silvestre), libr. et colporteur à Paris (1600), III, 2242, art. 10 ; (1615), III, 2269 ; (1616), V, 3290 ; (1619), III, 2279, 2420, art. 9 et 15 ; (1620), III, 2420, art. 23, 29, 32, 33, 35, 44 ; (1621), III, 2420, art. 50.
Moreau (Pierre), *Histoire des derniers troubles du Bresil* (1651), II, 1922.
Moreau (René) : *Anticalotta* (1614), citée, 424.
Moreau-Chaslon (Georges), publie *L'Entrée de Danton aux enfers* de J.-B. Salle (1865), 910.
Moreau de Brasey (Jacques) : *Journal de la campagne de Piémont* (1691-1692), III, 2524, p. 291. — *Suite du Virgile travesti* de Scarron (1752), II, 1906.
Moreau de Neufviz : sonnet à Michel Guy, de Tours, et sonnets de celui-ci à Moreau (1598), IV, 2948.

Morel, artificier (1619), IV, p. 630.
Morel, chanteur (1670-1671), IV, p. 630.
Morel. receveur des tailles à Bordeaux (1759), II, 2072.
Morel, de Lyon, bibliophile : volumes lui ayant appartenu, IV, 2065, 3005.
Morel (Camille de), fille de Jean, chante avec ses sœurs l'*Epithalame d'Emmanuel-Philibert*, composé par Du Bellay (1558), 681 ; (1559), V, 3257. — Vers sur la mort de Du Bellay (1560, 1575), 680. — Elle est citée par Guy Le Fèvre de La Boderie (1578), IV, 2930.
Morel (Charles) : *Clauses composees sus* (sic) *Ecce ancilla Domini*, 31, art. 10 ; 476.
Morel (Claude) : vers en tête du *Dictionnaire des rimes* de Jean Le Fèvre (1588), 431. — Vers dans le *Tombeau de M. de Givry* (1594), V, 3277.
Morel (Claude), impr. à Rouen (1600), V, 3294.
Morel (Claude), libr. à Paris (1606), 713.
Morel (Clément) : *Chansons* (1549-1552), 980.
Morel (Diane de), troisième fille de Jean, chante avec ses sœurs, l'*Epithalame d'Emmanuel-Philibert* par Du Bellay (1558), 681 ; (1559), V, 3257.
Morel (Fédéric Iᵉʳ), impr. à Paris (1556), 664 ; (1558), 681, 706 ; IV, 3114 ; V, 3276 ; (1559), III, 2724 ; IV, 2893, 2896, 2899 ; IV, 3114 ; V, 3257, 3258 ; (1560), 717 ; II, 1599 ; IV, 2894 ; V, 3259 ; (1561), 682 ; IV, 2890-2892, 2898-2900 ; (1562), IV, 2895 ; (1567), 726 ; (1568), III, 2604 ; (1569), 715 ; (1570), 718 ; — imprimeur ordinaire du roi (1571), III, 2553 ; (1572), IV, 3121 ; V, 3317 ; (1573), II, 1094 ; V, 3238 ; (1574), 685 ; III, 2186, 2319 ; IV, 3127, art. 1 ; (1575), 685 ; IV, 2902 ; (1576), IV, 2905, 3127, art. 2 ; (1578), 736 ; V, 2968.
Morel (Fédéric II), impr. ordinaire du roi à Paris (1584), 751 ; (1585), III, 2242, art. 4 ; V, 3235 ; (1586), III, 2554 ; V, 3231 ; (1588), III, 2221, art. 9 ; IV, 3127, art. 3-12 ; (1594), II. 1796, art. 7 ; IV, 2948 ; (1595), III, 2555 ; (1598), III, 2707 ; V, 3273 ; (1610), 891, art. 3 ; (1611), 115 ; (1615), III, 2243, art. 17 ; (1620), IV, 3148. — Vers grecs et latins sur la mort de Ronsard (1586), IV, 2889 ; (1623), 668. — Distiques latins en tête de *La seconde Sepmaine* de Du Bartas (1589), V, 3270. — Vers grecs dans le *Tombeau de M. de Givry* (1594), V, 3277. — Vers en

tête des *Kalendae* de Jean Passerat (1606), 713. — Vers à Jean Bertaut (1606), 820. — Vers latins sur la mort de Henri IV (1610), 890, art. 5 ; 891, art. 3. — Traduction française de ces vers par Isaac de La Grange (1610), 890, art. 6 ; III, 2242, art. 9.
Morel (Françoys), greffier à Lyon (1546), IV, 2876.
Morel (Guillaume), impr. à Paris, avec Robert Estienne (1556), 397 ; seul (1574), 735.
Morel (Jean de), Embrunois : vers dans *Le Tombeau de Marguerite de Valois* (1551), 628. — Vers à lui adressés par Joachim Du Bellay (1559, 1561), IV, 2896, 2899. — Du Bellay lui dédie les fragments qu'il traduit de l'*Enéide* ; Morel y joint un sonnet (1561), IV, 2891. — Vers sur la mort de Du Bellay (1561, 1575), 680. — Guillaume Aubert lui dédie une élégie sur le même sujet (1561), 683. — Il est cité par Sc. de Sainte-Marthe (1600), IV, 2921.
Morel (Antoinette de Loines, femme de Jean de). Voy. Loines.
Morel (Jean), vicomte de Falaize, seigneur du Breuil et de La Cour Bonnet : son anagrammatisme par Guy Le Fèvre de La Boderie (1571), 733.
Morel (Jean), principal du collège de Reims à Paris : vers à Charles de Navières (1610), 890, art. 2. — *La Calotte françoise* (1612), 424.
Morel (Jean-Baptiste), d'Amiens : volume lui ayant appartenu en 1707, III, 2574.
Morel (Lucrèce de), seconde fille de Jean, chante, avec ses sœurs, l'*Epithalame d'Emmanuel-Philibert*, par Du Bellay (1558), 681 ; (1559), V, 3257.
Morel (Magdelaine), épouse Moïse Varnier (v. 1604), V, 3280.
Morel (Frère Pierre), martyrisé au Maroc (1681), III, 2483.
Morel de Vindé (Charles Gilbert, vicomte) : *Primerose* (1797), II, 1578 ; — *Zélomir* (1801), 1579. — Volumes lui ayant appartenu, 220 ; IV, 2806, 3079, 3114.
Morelet (Jean) : vers à lui adressés par Jean Aubert (1581), 752.
Morelet (L'abbé André), collabore à l'*Encyclopédie* (1751-1777), IV, 2523, p. 282.
Morelet du Museau (Jean) (1546), IV, 2876, p. 216.
Morello (Jacomo) : *Sprolico in lengua pavana* (1553), 1051. — *Le Lalde e le Shampuorie della Ziralda* (1553), 1052.
Morenne (Claude de) : *Regrets et tristes Lamentations du comte de Montgommery* (1574), 742. — *Oraison funebre de Henry III* (1595), V, 3233.
Morco (Le commandeur) : lettre à Philippe II (1589), citée, III, 2231.
Moret, ou Morret, graveur (1786-92), IV, 3167.
Moret (Antoine de), sieur des Réaux, est vainement désigné pour porter secours à Jametz (1588), III, 2224.
Moret (Frère Vincent), provincial des récollets (1632), II, 1968.
Morette (Du Solier, seigneur de), tué à Pavie (1525), II, 2127.
Moretti (Giorgio) : volume lui ayant appartenu, V, 3253.
Moretto (Antonio) : Giovanni Calfurnio lui dédie l'édition des *Regulae* de Niccolò Perotti (1509), V, 3220.
Moretus (Balthasar), impr. à Anvers (1632), III, 2281.
Morgant, colonel au service de la Hollande (1631), III, 2405, art. 22.
Morgar, cité par Nic. Bourbon (1538), IV, 2788.
Morgard (Noël Léon) : *Propheties* pour 1600, III, 2243, art. 7.
Moria, grav. (1773), 1002.
Morielle (Gobert), « dict Franque Vie » joue dans la *Passion* de Valenciennes (1547), IV, 3010, p. 375.
Morillon, traducteur de la *Narratio obsidionis Papiae* de Fr. Taegio (1525), V, 3341.
Morillon (Claude), impr. à Lyon (1600), 765 ; V, 3279 ; (1610), III, 2243, art. 10. — *Pompe funebre du Tres-Chrestien Henry le Grand* (1610), III, 2243, art. 10.
Morillon (Maximilien), prévôt d'Ayre, grand archidiacre de Malines : le cardinal de Granvelle lui adresse des lettres (1580), III, 2388, 2389 ; — (1582), 2395.
Morin, cité par Sc. de Sainte-Marthe (1600), IV, 2921.
Morin l'aîné, figure dans un ballet à Dijon (1627), II, 1451 ; IV, 630.
Morin (Benoît), impr. à Paris (1783), 1035.
Morin (C.) : vers à Nic. Frénicle (1629), 824.
Morin (Edmond), dessin. (1873), II, 1718.
Morin (Jehan), prévôt de Paris, puis lieutenant criminel (1526), IV, 2805, p. 121 ; (1530), IV, 2857, p. 197 ; (1535), II, 2091.
Morin (Jehan), libr. à Paris (1537), III, 2594, art. 5, 11, 13.
Morin (Martin), impr. à Rouen (v. 1510), V, 3155.
Morin de La Terrasse (J.) : *Roger Bontemps* (1670), II, 1815.
Morinet (Mlle), citée par M. Guy, de Tours (1598), IV, 2948.

Moris (le sieur de), gentilhomme savoyard (1589), 2241, art. 6.
Moriset, joue dans la *Tragedie de Kanut* (1575), IV, 3025.
Morisot (Claude-Barthélemy), publie les *Relations veritables et curieuses de l'isle de Madagascar*, etc. (1671), II, 1922.
Morlaye (Guillaume), joueur de luth, publie des *Psalmes et Cantiques* (1552-1553), V, 3300.
Morlan (Bernard) : inscription dans un album (1586), V, 3368.
Morlot (Claude), libr. à Paris (1637), III, 2420, art. 103 ; (s. d.), IV, 3153, p. 535.
Mornable : *Chansons* (1553), 981.
Mornac (Antoine) : vers sur Estienne Pasquier (1584, 1610), 737. — Vers latins et grecs sur la mort de Ronsard (1586), IV, 2889. — Vers à Jean Bonnefons (1588), 756. — Vers à Guillaume Du Peyrat, qui lui répond (1593), IV, 2945. — Vers à Gilles Durand de La Bergerie (1594), 757. — Il plaide pour les Cent Suisses (1598), IV, 3127, art. 12. — Vers à lui adressés par Nic. Rapin (1610), IV, 2944.
Mornay (Philippe de), sieur de Plessis-Marly : *Discours si le roy de Navarre doit aller en cour ou non*, 26 déc. 1562 (1758), III, 2195. — *Avertissement sur la reception et publication du concile de Trente* (31 janv. 1583), ibid. — *Instruction pour traiter avec la reine d'Angleterre*, etc., baillée par le roi de Navarre au sieur de Segur (juill. 1583), ibid. — *Justification des actions du roi de Navarre* (6 juillet 1583), ibid. — *Instruction à M. de Segur*, ibid. — *Négociations vers le roi Henri III* (août 1583), ibid. — *Lettres au roi de Navarre* (20 févr., 9 mars 1584), ibid. — *Lettre de discours sur les divers jugemens des occurrences du temps* (18 mars 1584), ibid. — *Instruction à M. le comte de Laval et à M. Duplessis de ce qu'ils auront à dire à S. M.* (13 sept. 1584), ibid. — *Discours sur le droit pretendu par ceux de Guise sur la couronne de France* (1585), III, 2198 ; (1587), 2194, p. 34. — *Responce aux declarations et protestations de messieurs de Guise faictes sous le nom de Mgr. le cardinal de Bourbon* (1585), III, 2201 ; (1587), 2194, p. 34. — *Declaration du roy de Navarre contre les calomnies* (10 juin 1585), III, 2204, 2240, art. 3 ; (1587), 2194, p. 34. — *Lettre du roy de Navarre au roy* (10 juillet 1585), III, 2194, p. 35. — *Declaration et Protestation du roy de Navarre, de Mgr. le prince de Condé*, etc. (10 août 1585), III, 2209 ; (1587), 2194, p. 35. — *Lettres particulieres envoye[e]z au roy par un gentilhomme françoys* (oct. 1585), III, 2212. — *Lettres du roy de Navarre à messieurs des trois estats de France* (1er janv. 1586), III, 2194, p. 36. — *Remonstrance aux trois estats de France sur la guerre de la Ligue* (1586), III, 2194, p. 37. — *Lettre d'un gentilhomme catholique françois, contenant breve response aux calomnies d'un certain pretendu Anglois* [Louis d'Orléans] (1586), III, 2214, 2194, p. 37. — *Les Dangers et Inconveniens que la paix faite avec ceux de la Ligue apporte au roy*, 1586 (1589), III, 2194, p. 40. — *Exhortation et Remonstrance faite... par les Françoys catholiques et pacifiques*, 1586 (1589), III, 2194, p. 40. — *Protestation et Declaration du roy de Navarre sur la venue de son armée en France* (14 juill. 1587), III, 2240, art. 2. — *Fidelle Exposition sur la Declaration du duc de Mayenne, contenant les exploicts de guerre qu'il a fait en Guyenne* (1587), III, 2220, 2194, p. 37. — *Response à un ligueur masqué du nom de catholique anglois* (1587), citée, III, 2214. — *Discours de la reprise de l'isle... de Marans* (juin 1588), III, 2194, p. 42. — *Lettre du roy de Navarre aux trois estats de ce royaume* (4 mars 1589), III, 2219, art. 10 ; 2194, p. 43. — *Declaration du roy de Navarre au passage de la... Loire* (21 août 1589), III, 2194, p. 44. — Vers adressés à Mornay par Guill. Du Peyrat (1598), IV, 2945. — Mornay est l'éditeur, peut-être même l'auteur des *Vindiciae contra tyrannos* (1579) et de la traduction française (1581), IV, 3126, art. 3. — *De l'institution, usage et doctrine du sainct sacrement de l'Eucharistie* (1598), cité, II, 2062. — *Discours veritable de la conference tenue à Fontainebleau* (1600), II, 2062. — *Advertissement à messieurs de l'Eglise romaine* (1601), II, 2063. — *Testament, Codicille, dernieres Actions et Mort heureuse* (1624), II, 2064.
Mornay-Soult (Le comte de) : volume lui ayant appartenu, III, 2359.
Moron (Jean-Jacques), poète, cité par Guill. de Poëtou (1565), III, 2605.
Morris, bibliophile : volumes lui ayant appartenu, 443, 474, 578, 582.
Morris et Cⁱᵉ, impr. à Paris (1855), II, 1426.

Morront (Adrien), libr. à Rouen (v. 1615), IV, 2816.
Mors (Fr. Joannes), abbé de Bernts, signe les articles de la capitulation de Bois-le-Duc (1629), III, 2405, art. 19.
Morsan (de), président au parlement de Paris, assiste aux grands jours de Troyes (1584), 737.
Morsolo (Bernardo), IV, 3078, p. 436.
Mort (La) de Bethleen Gabor, Prince de Transsylvanie (1621), III, 2420, art. 57.
Mort (La) de deux ducs de Venise (1618), III, 2450.
Mort (De la) de la royne d'Escosse (1588), III, 2194, p. 42.
Mort (La) deplorable du comte de Bucquoy (1621), III, 2420, art. 56.
Mort (La) de Roxane, tragedie (1648), II, 1120.
Mort (sur la) imaginaire et veritable de Moliere (1673), II, 1223.
Mort prodigieuse de Gaspart de Coligny (1572), IV, 3191.
Mortemart (Ducs de), III, 2493, art. 24.
Mortemart (Françoise Athénaïs de Rochechouart dite Mlle de), danse dans des ballets (1654-1663), IV, p. 630. Voy. Montespan.
Mortemart (Gabriel de Rochechouart, marquis de), figure dans un ballet (1635), IV, p. 630.
Mortemart (Diane de Grandseigne, marquise de), figure dans un ballet (1635), *ibid*.
Mortemart (Marie-Anne Colbert, duchesse de), danse dans un ballet (1681), IV, p. 631.
Mortier (Pierre), libr. à Amsterdam (1732), II, 2007 ; (1749), II, 1324 ; (1750), III, 2526.
Morvilliers (Jean de), évêque d'Orléans : Lodovico Dolce lui dédie *Giocasta* (1549), II, 1470. — Épitaphe (1579), IV, 2930.
Mosaïque (1833), II, 1610.
Mosbourg (Le comte de) : volumes lui ayant appartenu, III, 2569, 2653 ; IV, 3114, 3117.
Moscellus (P.), vers à Nic. Bourbon (1538), IV, 2788.
Moschus : *Idyllia* (1556), 400. — Traduction française par Gail (an III), 401.
Moses (Beatus) : inscription dans un album (1564), V, 3365, p. 147.
Mosheim (Otto Sigismund von) : id., *ibid*.
Mosheim (Seyfried von) : id., *ibid*.
Mosorg (Johann), de Vienne, id. (1566), *ibid*.
Motifs de la France pour la guerre d'Allemagne (1645-1646), III, 2283.
Motin (Pierre) : sonnet à S. G., sieur de La Roque (1609), IV, 2943. — Ode à Claude Billard (1610), II, 1105. — — Vers à Mathurin Régnier (1614), 933-935. — Poésies diverses à la suite des *Satyres* de Régnier (1617), 935. — Vers dans *Le Cabinet des Muses* (1619), 974. — Vers dans *Le Cabinet satyrique* (1666), 958.
Mots (Des) à la mode (1692), II, 1851.
Mots (Des bons) et des bons Contes (1692), II, 1863.
Motte (A.), relieur à Paris, 52, 145, 154, 280, 286, 288, 303, 330, 434, 449, 451, 454, 477, 494, 495, 504, 519, 531, 538, 558, 562, 577, 594, 597, 621, 634, 665, 710, 711, 719, 727, 728, 731, 732, 747, 763, 765, 777, 778, 789, 798, 834, 838, 842 *bis*, 856, 973, 976, 995, 1019 ; II, 1090, 1091, 1117, 1119, 1137, 1138, 1140, 1141, 1144, 1147, 1157, 1171, 1173, 1178, 1341 *bis*, 1506, 1534, 1690, 1695, 1697, 1700, 1722, 1736-1738, 1747, 1753, 1758, 1787, 1798, 1810, 1811, 1824, 1861, 1890, 1910, 1912, 1924, 1938, 1940, 1942, 1961, 1963, 1976, 1992, 1994, 2014, 2030, 2035, 2050, 2080, 2115, 2130, 2131, 2137, 2139 ; III, 2142, 2145, 2163, 2248, 2281, 2286, 2326, 2339, 2340, 2375, 2378, 2417-2419, 2422-2424, 2429, 2447, 2573, 2613 ; IV, 2817, 2884 ; V, 3311, 3342.
Motte (Benjamin), libr. à Londres (1726), II, 1760.
Mottet, grav. (XIXe s.), II, 1520, 1909.
Motteville (Françoise Bertaut, dame de) : lettres à Mademoiselle (1735), III, 2286.
Mottier (Jean), libr. à Rhodez (1556), 47, 123.
Mottram (C.), grav. (XIXe s.), III, 2324, 2325.
Mottram (J.), grav. (XIXe s.), III, 2325.
Mouchar (Jean), impr. imaginaire à Reims (1577), cité, III, 2695.
Mouchet (Denis), libr. à Paris (1726-1733), III, 2487.
Mouchy (Philippe de Noailles, dit le maréchal de) et Anne-Alexandrine-Louise d'Arpajon, sa femme : volumes leur ayant appartenu (1774), II, 1575.
Mouchon : table de l'*Encyclopédie* (1780), III, 2523.
Mouy (Le comte de), figure dans un ballet (1681), IV, p. 631.
Moulart (Matthieu), évêque d'Arras : *Declaration* relative à la pacification de Gand (1579), III, 2384.
Moulceau (Le président de) : lettres à lui adressées par Mme de Sévigné (1773), II, 1891.
Moulinet second, parodie par Favart (1729), II, 1335.
Moulinié (Estienne), musicien (1635), IV, p. 631.

Moulins de Rochefort : généalogie, III, 2495.
Mounier (Jean), grav. et libr. à Toulouse (1551), V, 3328, p. 109.
Mounier (Jehan), libr. à Lyon, peut-être le même (1530), cité, 587.
Mounin (Abraham), impr. et libr. à Poitiers, éditeur des *Annales d'Aquitaine* de Jehan Bouchet (1643-1644), III, 2342.
Mouret : mélodie dans les *Chants et Chansons populaires de la France* (1843), 1014.
Mousquetaire (Un) : vers sur les conquêtes et la convalescence du roi (1745), 907.
Moussat (Jean), impr. à Maillé (1616-1620), II, 2086.
Mousset (Fr. Antonin), provincial des frères prêcheurs, vicaire général de la congrégation de Saint-Louis (1667), II, 1986, art. 4. — Il donne au P. Du Tertre une permission d'imprimer (1672), II, 1984.
Moussy (Regnaud) : épitaphe par Jehan Bouchet (1545), 510.
Moussin (A.), impr. à Coulommiers (1817), II, 1602 ; (1848), 1603 ; (1864), 1664.
Moutard (Nicolas-Léger), impr. et libr. à Paris (1774), II, 1575 ; (1778), V, 3337 ; (1787-1791), III, 2524.
Moutardier (Le) spirituelle (xviii° s.?), II, 1796, art. 38.
Moutier-Saint-Jean (Côte-d'Or), IV, 3096, art. 45.
Mouton, musicien (1572), IV, 2975, art. 35.
Mouton (Jehan), pèlerin en Terre-Sainte (1532), IV, 3091.
Mouvement (Du) journel que font les sept planettes (1589), III, 2563, II, art. 7.
Movilă (Alexandre), cité, III, 2429.
Movilă (Jérémie), III, 2429.
Moyen (Le) de parvenir (v. 1610), IV, 3071 ; (v. 1650), II, 1781 ; (v. 1700), 1783. Cf. 471, art. 42.
Moyens (Les) de pacifier le trouble qui est en ce royaume envoyez à la royne par M. le prince de Condé (2 mai 1562), III, 2156, art. 8.
Moyens (Les) tres-utiles et necessaires pour le monde paisible (1615), 576.
Mozart (J.-C.-W.-A.) : portrait (1824), III, 2514.
Muccio (Timoteo) da Monte San Sabino (1570), V, 3364.
Muet (Le), comedie (1693), II, 1283.
Muette (La) ingratte (1852), 975.
Muffat (René), libr. à Paris (v. 1860), 526 ; (1861), 593.
Mugnerot, directeur-caissier de la *Gazette* (1775), IV, 3153, p. 547.
Muguier (Jean) : vers en tête du *Dictionnaire des rimes* de Jean Le Fèvre (1588), 431.
Muguet (François), impr. à Paris (1666-1667), 899 ; (1668), 9 ; (1672), IV, 3045 ; (1674), IV, 3153, p. 539 ; (1683), 75 ; (1686), 372, art. 1.
Muguet (N.), impr. à Paris (1687), cité, III, 2524.
Muguet (Théodore), impr. à Paris (1696), 378.
Mulder, grav. (1700), 12.
Muley-Abd-el-Melek, sultan du Maroc : ses cruautés (1631), III, 2483.
Muley el Galid el Fatimi et Khasni, sultan du Maroc, *Articles de la Paix accordée entre Loüis le Iuste Roy de France & de Nauarre, et le Roy de Marroque* (1631), III, 2484.
Mulei Hamid, bey de Tunis (1573), IV, 3146.
Mulei Hassan, bey de Tunis (1573), IV, 3146.
Müllenheim (Blasius von) : inscription dans un album (1564), V, 3365.
Müller, relieur, 191.
Muller (Emile), bibliophile : volumes lui ayant appartenu, III, 2569.
Muller (Fred.), libr. à Amsterdam (1867), II, 1962.
Müller (Hans), bailli de Hohenkrein : inscription dans un album (1565), V, 3365, p. 148.
Müller (H.-C.), grav. (xix° s.), II, 1288, 1913.
Müller (Heinrich), dit Milius, assiste au couronnement du roi des Romains (1562), III, 2419.
Müller (J.-S.), grav. (1753), III, 2500.
Müller (T. M.), junior, grav. (1753), III, 2500.
Müller (Theobald) : vers de lui dans les *Icones* de N. Reusner, 2° partie (1589), V, 3270.
Münding (Mathias von), maître des pages de Ferdinand IV, roi des Romains et de l'archiduc Léopold : album lui ayant appartenu et liste de ses élèves (1654, 1657), V, 3367.
Mundus novus (v. 1502), II, 1948, 1949.
Munier (Jehan) : des vers de lui sont cités par P. Fabri, 426. — *Etymologisation de Paris*, IV, 2796, art. 18 ; — *Champ royal*, ibid., art. 19 ; — *Ballades et Dyalongue contre Dieppe*, ibid., art. 20, 22, 25 ; — *Lettre aux bourgeois de Dieppe*, ibid., art. 26 ; — *Dieppe etymologisé*, ibid., art. 27.
Muniers, capitaine (1572), V, 3295.
Muñoz (Jerónimo), trad. par Guy Le Fèvre de La Boderie (1574), cité, IV, p. 251.
Münster (Ludwig) : inscription dans un album (1564), V, 3366.

Münster (Sebastian): portrait (1581), II, 2039.
Munzel aîné, impr. à Sceaux (1856), II, 1639.
Murad III, sultan, fait la guerre aux Persans (1578), III, 2734. — *Traité fait entre le roy de France et le Grand Seigneur* (1575). — *Nouvelle Confirmation et Commandement du grand seigneur* (1575 et 1581). — *Confirmation faite par sultan Murat* (1581). — *Relation des ambassadeurs envoyez vers le roi Henri III* (1581), III, 2188, p. 26. — Ses prétendues visions (1589), III, 2464.
Murat (Antoine de), l'un des secrétaires de Sully, III, 2238.
Murat (Nicolas, comte de), est marié en 1670, III, 2292.
Murat (Henriette-Julie de Castelnau, comtesse de). Voy. *Recueil de pieces curieuses* (1694-1696), III, 2632. — Mlle Lhéritier lui dédie *L'adroite Princesse* (1696), II, 1734. — *Memoires* (1697), III, 2292. — Romance d'elle dans les *Chansons* de La Borde (1773), 1002.
Muratori (Lodovico Antonio): *Vita di Al. Tassoni* (1766), 1037.
Murcia (Francisco) de La Llana, approuve le *Don Quichotte* (1604, 1615), IV, 3065, 3069.
Muret (Marc-Antoine de): *Chansons* (1549-1552), 980 ; (1553), 981. — *Juvenilia* (1552), II, 1069. — Sonnet à Nic. Denisot (1553), 1018, *Additions*. — Sonnet joint à la *Medée* de Jean de La Péruse (1557), IV, 3022 ; (1598), II, 1088. — Il publie les Œuvres de P. de Ronsard (1567), 667, 668. — *Oraison prononcée devant le pape Gregoire XIII* (1573), III, 2693. — *Oraison pour Henry III. roy de France* (1576), IV, 3127, art. 2. — Il est cité comme poète par Guy Le Fèvre de La Boderie (1578), IV, 3183. — Vers à lui adressés par Joachim Blanchon (1583), IV, 2938. — *Harangue funebre sur le trespas de Paul de Foix* (1584), II, 1877. — Il est cité par Jean Dorat (1586), IV, 2789. — Il est cité par Sc. de Sainte-Marthe (1600), IV, 2921.
Murger (Henry): *Le bonhomme Jadis* (1852), II, 1422.
Murray (Charles Fairfax), bibliophile, cité, IV, 2745, p. 17 ; 2862, p. 206, 3035.
Murray (John), libr. à Londres (1816), 1057.
Musaeus, poète grec. Voy. Musée.
Musaeus : *Contes populaires de l'Allemagne* (1846), II, 1768.
Musconio (Gio. Tommaso): vers de lui dans les *Icones* de N. Reusner (1589), V, 3370.
Musculus. Voy. Meusel.
Muse (La) folastre (1600), V, 3294 ; (1617), IV, 2972.
Musée : *Histoire de Leander et de Hero*, traduite par Cl. Marot (1541), 617 ; III, 2593 ; (1544), 608.
Musée (Le), revue du salon de *1834*, 271.
Muses (Les) gaillardes (1609), 956.
Muses (Les) illustres de messieurs Malherbe, Theophile, etc. (1658), 976.
Musier (Jean-François), dit le père, libr. à Paris (1777), 270.
Musier (Jean-Baptiste-Guillaume), dit le fils, libr. à Paris (1774), II, 1531 ; (1775), II, 1342.
Musilac (Jacques de), chanoine de Vannes : vers à lui adressés par J. de Vitel (1588), V, 3275.
Musino (A. de), Parisien : sonnet et ode à Ch. Bauter (1605), II, 1101.
Muson : *Epistolae*, gr. (1499), II, 1873.
Musschenbroek (P. v. van) : album lui ayant appartenu, V, 3371.
Musset (Alfred de) : *Contes d'Espagne et d'Italie* (1830), V, 3294. — *Un Spectacle dans un fauteuil* (1833-1834), II, 1376. — *La Confession d'un enfant du siècle* (1836), II, 1653. — *Faire sans dire*, nouvelle publiée dans le *Dodecaton* (1837), II, 1714. — *Poésies complètes* (1840), V, 3286. — *Nouvelles* (1848), II, 1716. — *Comédies et Proverbes* (1848), 1377. — *Un Caprice* (1847), 1378. — *Il faut qu'une porte soit ouverte ou fermée* (1848), 1379. — *Il ne faut jurer de rien* (1848), 1380. — *Le Chandelier* (1848), 1377, 1381 (1850), 1382, (1872), 1383. — *Louison* (1849), 1384. — *Poésies nouvelles* (1850), V, 3287. — *André del Sarto* (1850), 1385 ; cf. 1376, 1377. — *Les Caprices de Marianne* (1851), 1386 ; cf. 1376, 1377. — *Bettine* (1851), 1387. — *On ne badine pas avec l'amour* (1861), 1388 ; cf. 1376, 1377. *Carmosine* (1865), 1389. — *Fantasio* (1866), 1390 ; cf. 1376, 1377. — Vers dans *Le Parnasse satyrique du XIXe siècle* (s. d.), 962.
Mustapha Ier (sultan) : son avènement (1622), III, 2474.
Musurus : épître en tête des Comédies d'Aristophane (1498), II, 1061. — Il publie les lettres de saint Basile le Grand, de Libanius, etc. (1499), II, 1873. — Edition de Pausanias (1516), citée, II, 1900. — Pièce grecque en tête des œuvres de Platon (1513), 125. — Portrait dans les

Icones de N. Reusner (1589), V, 3370.
Mutel, grav. (1745), 244.
Mya : *Epistolae*, gr. (1499), II, 1873.
Mistere (Le) de la conception... de la benoiste vierge Marie (v. 1525), III, 2617.
Mystere de la Passion, fragments mss. (xv° s.), II, 1073.
Mistere de la Passion, ms. (Valenciennes, 1547), IV, 3010.
Mystère de S. Estienne (1518), ms., II, 1077.
Mystère de S. Paul, ms. (xv° s.), II, 1075.
Mystère de sainte Barbe (v. 1530), IV, 3012 ; (v. 1535), II, 1078.
Mystere des actes des apostres (1538, n. s.), II, 1074. — Fragments d'un autre mystère, III, 1075.
Mystère de Troye (ms.), II, 1079 ; (v. 1520), IV, 3014.
Mistere (Le) du Viel Testament (v. 1500), IV, 3009. Cf. 476.
Mistere et Passion du Banquet (v. 1500), cité V, 3315.

Nacquart (Jean-Baptiste), médecin : H. de Balzac lui dédie *Le Lys dans la vallée* (1836), II, 1593.
Nadal (L'abbé Augustin). Voy. *Recueil de pieces curieuses* (1694-1696), III, 2632.
Nadaud (Gustave) : vers de lui dans *Le Parnasse satyrique du XIX° siècle*, 962.
Nâdir-Chah (Thamasp-Kouli-Khan) : son portrait (1755), III, 2506.
Nafeild (Jean), impr. imaginaire à Edimbourg (1588), III, 2373.
Naigeon, dessin. (xvIII° s.), IV, 3167.
Naigeon (Jacques-André) : volumes lui ayant appartenu, II, 1518, 1903.
Nakol (de). : *Confession* (1562), 98, art. 9.
(Namur : siège du château), 1692, III, 2524, p. 292.
— *Relation de ce qui s'est passé au siege de Namur*, par J. Racine (1747), II, 1273.
Namur, nom d'une demoiselle (v. 1565), IV, 3197, p. 589.
Namur, grav. (1696-1700), III, 2507.
Nançay (Hector de) : Médard Bardin lui dédie l'*Elegie de feu Vatable* (1547), III, 2598.
Nancey (Le comte de), figure dans un ballet (1635), IV, p. 631.
Nancel (Pierre de) : distique latin dans le *Tombeau de M. de Givry* (1594), V, 3277. — Vers à Béroalde de Verville (1599), II, 1522. — Vers dans le *Tombeau de Passerat* (1606), 713. — Vers à J. Bertaut (1606), 820. — Vers à Jean Baret (1620), III, 2429.

Nancy : *Nanceis*, poème de Pierre de Blarru sur la mort de Charles le Téméraire en 1477 (1518), IV, 2781.
— Persécutions contre les protestants (1559), IV, 2883. — Les chefs de la Ligue s'y assemblent (janv. 1588), III, 2194, p. 41. — Le duc d'Angoulême y est reçu (1620), III, 2420, art. 25. — Imprimeurs et Libraires. Voy. Charlot (Antoine), 1655. Deilleau, 1752-1753. Garnich (Jacob), 1622.
Nangis (Le marquis de), figure dans un ballet (1681), IV, p. 631.
Nani (Bernardo) : son emblème, IV, 3077.
Nantes : prise de cette ville par l'armée royale (mars 1589), III, 2194, p. 44. — Imprimeurs et Libraires. Voy. Huet (Vincent), 1588. Larchier (Estienne), 1493, 1494. Mauclerc (Hilaire), 1635.
Nantes (M¹¹° de). Voy. Bourbon (Louise-Françoise de).
Nanteuil (Célestin), dessin. et grav. (xix° s.), 271 ; II, 1072, 1369, 1370.
Nanteuil (Robert), peintre (xvII° s.), II, 2506, 2507.
Naples : *Rois des deux Siciles*, par J. Chevillard (1714), III, 2493, art. 16. — *Lamento delo sfortimato reame de Neapoli* (v. 1504), 1038. — Imprimeurs et Libraires. Voy. Beltrano (Ottavio), 1631. Scorrigio (Lazaro), 1631. Suganappo (Gio : Paolo), 1550.
Napoléon I⁰ʳ : *Histoire de l'empereur*, par H. de Balzac (1842), III, 2300. — Chanson de Desaugiers contre lui (1815), 1005. — *A la colonne de la place Vendôme*, par Victor Hugo (1827), 872. — *Le Retour de l'empereur*, par le même (1840), 877.
Napoléon (Le prince) Bonaparte : Émile Augier et Edouard Fournier lui dédient *Les Lionnes pauvres* (1858), II, 1414. — Volumes lui ayant appartenu, 98, 99.
Narbonne : concile tenu dans cette ville contre les Albigeois, II, 2029.
— *Histoire tragicque d'un jeune gentil-homme et d'une grand dame de Narbonne* (1611), 116. — *Recit veritable...* (1623), 117.
Narbonne (Georges de), protonotaire, élève de Nic. Du Puis (v. 1510), V, 3228.
Nardi (Jacopo) : vers dans les *Trionfi, Carri, ecc.* (1559), 1028.
Nardin (Michel) : vers à Hugues Salel (1540), 633.
Nardin (Th.), traducteur de J. Conestaggio (1596), cité, II, 1858.
Nardot (F.-A.), *Discours d'honneur à la memoire* d'André Fremiot (1641), 345.

Nargeot, dessin. et grav. (1843), 1014.
Nargeot (Julien), accompagnement pour la *Marseillaise* (1843), 1014.
Narration du roy de Tanor (1547), III, 2638.
Narration (La vraye, pure, simple) et Recit du faict de question entre Charles V. empereur et Guillaume, duc de Cleves (1541), III, 2722.
Narsize, femme aimée de S. G., sieur de La Roque (1609), IV, 2943.
Narso (Jehan) : l'auteur du *Discord des troys chevaliers* lui dédie son ouvrage, III, 2590.
Nassau (Le comte de) : *Ditier* sur son retour en France, 471, art. 71.
Nassau (Charlotte de), princesse en Orange, duchesse de Thouars, veuve de Claude, duc de La Trémoille (1612, 1616). Voy. La Trémoille.
Nassau (Ernest-Casimir, comte de) : inscription dans un album (1589), V, 3368.
Nassau (Frédéric-Henri de), prince d'Orange : Joseph de La Pise lui dédie le *Tableau de l'histoire des princes et principauté d'Orange* (1639), II, 2348.
Nassau (Guillaume Iᵉʳ, comte de), prince d'Orange, dit le Taciturne, lutte contre les Espagnols (1568), III, 2377. — Il est battu par le duc d'Albe (1572), 2378. — *Chanson nouvelle pour encourager les catholiques à se prevaloir contre lui* (1581), 988. — Il est blessé par un assassin (1582), III, 2393, 2394, 2396. — Son histoire par Louis Aubery Du Maurier (1680), III, 2406.
Nassau (Guillaume-Charles-Henri-Frison, prince d'Orange et de) : La Chapelle lui dédie son *Cuisinier moderne* (1735), 288. — Barbeyrac lui dédie l'*Histoire des anciens traitez* (1739), III, 2544.
Nassau (Guillaume-Henri de), perd la principauté d'Orange (1673), III, 2348.
Nassau (Henri-Frédéric, comte de) : anagramme à sa louange (1611), II, 1990. — Lettre à lui adressée par le gouverneur de Breda (1625), III, 2405, art. 11. — Son histoire, par Louis Aubery Du Maurier (1680), III, 2406.
Nassau (Louis-Gontier, comte de) : inscription dans un album (1589), V, 3368.
Nassau (Louise de Coligny, 4ᵉ femme de Guillaume Iᵉʳ de), prince d'Orange ; une édition du *Voyage fait en la terre du Bresil* par Jean de Léry lui est dédiée (1611), II, 1990. — Son histoire par Louis Aubery Du Maurier (1680), III, 2406.

Nassau (Louise-Juliane de), électrice palatine : Jacques Couët lui dédie son *Traité de la predestination* (1599), 92.
Nassau (Maurice, comte de), prince d'Orange : un parti de ses cavaliers est battu par Spinola (1622), III, 2405, art. 4. — Il remporte un avantage sur Spinola (mai 1625), III, 2405, art. 10. — Son histoire est racontée par Louis Aubery Du Maurier (1680), 2406.
Nassau (Philippe-Guillaume, comte de), prince d'Orange : son histoire et celle d'Eléonore de Bourbon, sa femme, par Louis Aubery Du Maurier (1680), III, 2406.
Nassau-Saarbruck (Jean-Frédéric de) : inscription dans un album (1564), V, 3365.
Nassau-Saarbruck (Jean-Louis de) : id., *ibid.*
Nassau-Siegen (Jean, comte de), général au service d'Espagne, est blessé près de Weesel (1630), III, 2405, art. 20.
Nasuh, grand-vizir (1614), III, 2466.
Natan (La veuve), de Bordeaux (1759), II, 2072.
Nations (Les dix) chrestiennes (1516), III, 2562, art. 62.
Nativité (La) et merveilleuses Choses de Virgille (v. 1520), II, 1492. Cf. 1493.
Nattier (J.-M.), peintre (1755-65), III, 2506.
Nature (La) des douze signes (1516), III, 2562, art. 36.
Naurois (Le comte Albert de) : volume lui ayant appartenu, IV, 2748.
Nausea. Voy. Eckel.
Navaeus (Janus) : vers sur Estienne Pasquier (1584, 1610), 737.
Navagero (Andrea) : *Vœux rustiques* imités par Joachim Du Bellay (1560), IV, 2894. — Portrait dans les *Icones* de N. Reusner (1589), V, 3370.
Navailles (Philippe de Montaut de Bénac, duc de) : *Memoires* (1701), III, 2284.
Navarre (Collège de), à Paris : Poésies adressées par les élèves à Bossuet et au grand aumônier de France (1698), 349.
Navarre, héraut d'armes, auteur des *Histoires d'Outremer*, IV, 2855, p. 194.
Navarro (Le comte Pedro) : son emblème, IV, 3077.
Navier : généalogie, III, 2495.
Navières (Charles de), *Psalmes mis en vers* (1580), V, 3205. — *Hymnes anciens mis en vers* (1580), *ibid.* — *L'heureuse Entrée au ciel du feu*

roy *Henry le Grand* (1610), 890, art. 2.

Navières (Estienne de) : sonnet sur la traduction d'Homère par Hugues Salel (1580), IV, 2771.

Navires : familles qui en portent dans leurs armes, III, 2493, art. 56.

Neapolitaines (Les), comedie (1584), II, 1099.

Neaulme (Etienne), libr. à Utrecht (1735), II, 1321.

Neaulme (Jean), libr. à La Haye, seul (1725-1726), III, 2544 ; associé de Pierre Gosse (1726), II, 1888 ; (1727), III, 2293 ; (1731), 616 ; (1734), 83 ; seul (1735), II, 1560 ; (1739), II, 1561 ; III, 2544 ; (1762), 177.

Nebrija (Antonio de), cité (1516), II, 1955. — Portrait dans les *Icones* de N. Reusner (1589), V, 3370.

Necker (Jacques), collabore à l'*Encyclopédie* (1751-1777), III, 2523, p. 282.

Nédonchel (Robert de) : inscription dans un album (1567), V, 3365.

Née (D.), grav., (xviii° s.), 409, 856, 916, 1002, 1031, 1037 ; II, 1179, 1247, 1339, 1531, 2004.

Needham (Peter), commentateur de Théophraste, 134.

Neef (Corneille), « Nepos » : inscription dans un album (1598), V, 3372.

Nef (La) de santé (v. 1508), II, 1081 ; (v. 1510), V, 3315.

Negelin (Adam) : inscription dans un album (1567), V, 3365.

Negro (Francesco) : *Tragedie du roy Franc Arbitre* (1558), II, 1472.

Nemo (Les grans et merveilleux Faictz de) (v. 1530), V, 3374 ; (v. 1540), 565, 566.

Nemours *(Ducs de)*, III, 2493, art. 24.

Nemours (Charles-Emmanuel de Savoie, duc de), défend Paris (1590), III, 2248, 2249.

Nemours (La duchesse de) : Pierre Cornejo lui dédie le Bref *Discours du siege de Paris* (1590), III, 2248.

Nemours (Jacques d'Armagnac, duc de) : manuscrit lui ayant appartenu, IV, 2755.

Nemours (Jacques de Savoie, duc de), loué par Ch. Fontaine (1557), IV, 2877. — Lettre à lui adressée par le roi (20 oct. 1565), II, 2019, art. 7.

Nemours (Louise-Marie-Françoise Elisabeth de Savoie, dite Mᴵˡᵉ de), danse dans des ballets (1662-1664), IV, p. 631.

Nemours (Marie d'Orléans, dite Mˡˡᵉ de Longueville, plus tard duchesse de) : Loret lui dédie *La Muze historique* (1650-1664), 894-897. — Mayolas de La Gravette lui dédie ses *Lettres* (1665-1666), 898. — *Mémoires* (1738), III, 2285.

Neobar (Conrad), impr. à Paris (1586), cité, III, 2463.

Neodicus (Johann) : inscription dans un album (1567), V, 3365.

Nepos (Cornelius) : *De vita excellentium virorum Liber* (1471), III, 2503.

Nepos (Corneille). Voy. Neef.

Nepveu (A.), libr. à Paris (1824), II, 1909.

Nérac : vers de Du Bartas sur l'entrée qu'y fait le roi de Navarre (1583), V, 3269. — Celui-ci y a une entrevue avec le duc d'Espernon (juillet 1584), III, 2242, art. 3.

Nerbard, avare dont parle Jean Le Masle (1580), IV, 2933.

Nerdrus (Hendrik Anton) : inscription dans un album (1598), V, 3372.

Nérée (R.-S. de), cité par M. Guy, de Tours (1598), IV, 2948. — *Le Triomphe de la Ligue* (1607), II, 1104 et *Additions*.

Néret (Jehanne), veuve de Jehan de Gourmont, épouse Prigent Calvarin (1523), III, 2662, *Additions*.

Néricault des Touches (Philippe). Voy. Des Touches.

Nervèze : vers à Jean Baret (1620), III, 2429.

Nervi (H.-G.) ? : quatrain à Jean Durand (1583), III, 3368.

Nesle (Hôtel de), à Paris : grande planche le représentant illuminé (1739), III, 2524, p. 303.

Nesmond (F.), lieutenant général d'Angoumois : François de Corlieu lui dédie son *Histoire d'Engolesme* (1566), IV, 3132.

Nesmond (François de), président au parlement de Bordeaux : vers à lui adressés par P. de Brach (1576), IV, 2931.

Nesmond (François de), évêque de Bayeux (1684), IV, 3079, p. 455.

Nesselrode (Wilhelm) : inscription dans un album (1564), V, 3365.

Nesson (Pierre de) : ballade à la Vierge, 22, art. 65, *Additions*. — *Aulcunes Petitions et Demandes que font bergers* (1516), III, 2563, art. 59. — Il est cité par Geofroy Tory (1529), III, 2570.

Nestor (Jean), *Histoire des Hommes illustres de la maison de Medici* (1564), III, 2454.

Neufchâteau (François, dit de) : *Contes en vers* (1778), 927.

Neufchâtel. Imprimeurs et Libraires. Voy. Faulche (Samuel), 1760. Vingle (Pierre de), v. 1533-1535.

Neufchastel (Claude-François de) : Guillaume de Montoiche lui dédie une relation de l'expédition de Charles-Quint contre Tunis (v. 1560), III, 2416.

Neufforge (J.-F. de) : *Recueil élémentaire d'architecture* (1757-1780), 246.

Neufgermain (Louis de), est peut-être l'auteur de vers adressés à P. Corneille (1634), II, 1136.

Neufvevillenaine (Le sieur de) : *Commentaires sur le Sganarelle* de Molière (1662), IV, 3038 (1673), II, 1176.

Neufvy (Mme de), traduit la *Diane* de Montemayor (vers 1600), II, 1748, *Additions*.

Neufville (Catherine de), dite Mlle de Villeroy, danse dans des ballets (1654-1656), IV, p. 641.

Neufville (Charles de) de Villeroy, marquis d'Alaincourt, cité par Jean Dorat (1586), IV, 2789. — Claude Morillon lui dédie la *Pompe funebre du Tres-Chrestien Henry le Grand* (1610), III, 2243, art. 10.

Neufville (François de), marquis de Villeroy, figure dans des ballets (1653-1670), IV, p. 641.

Neufville (Nicolas de), seigneur de Villeroy : vers à lui adressés par Joachim Blanchon (1583), IV, 2938 ; « — par Jean Dorat (1586), IV, 2789. — Extrait de son *Apologie* (1588-1744), III, 2188, p. 26, art. 17. — *Remonstrance faite au roy Henri IV touchant sa conversion*, 1588 (1744), *ibid.*, art. 28. — Lettres à lui adressées par le cardinal d'Ossat (1594-1604), II, 1878. — Vers à lui adressés par Christofle de Beaujeu (1589), IV, 2942 ; — par Nic. Rapin (1610), IV, 2944.

Neufville (Nicolas VI de), marquis d'Alaincourt, plus tard duc de Villeroy, figure dans un ballet (1681), IV, p. 599.

Neuhuis (Reiner) : pièce latine en l'honneur de Schrevel (1661), II, 1904.

Neuillan (Mlle de), danse dans le *Ballet de Psyché* (1656), II, 1455 ; IV, p. 631.

Neuschwert (Mathias), Autrichien : inscription dans un album (1567), V, 3367.

Neustetter (Erasmus), dit Sturmer. Voy. Sturmer.

Neuvecotte (Nicolas de) : inscription dans un album (1567), V, 3365.

Newzeyttung (Anzaygendt), wie es aygendtlich mit der Schlacht vor Pavia... ergangen (1525), III, 2664. — Cf. *Zeittung*.

Nève (J. de), « Nevius, Lilianorum gymnarsiarcha » (1513), V, 3207.

Nevelet (Pierre), seigneur d'Osch : vers sur Estienne Pasquier (1584, 1610), 737. — Épitaphes de Th. Zwinger (1589), V, 3370.

Nevers. Imprimeur. Voy. Roussin (Pierre), 1594.

Nevers (Charles de Gonzague, duc de) et de Rethel, prince de Mantoue, etc. : R. de Massac lui dédie ses *Pugeae* (1605), 771. — Claude Billard lui dédie sa tragédie de *Guaston de Foix* (1610), II, 1105. — Il doit être lieutenant général de l'Empire (1619), III, 2420, art. 5.

Nevers (Catherine de Lorraine, duchesse de), femme du précédent : Ch. de Massac lui dédie *Les Fontenes de Pougues* (1605), 771. — Claude Billard lui dédie sa tragédie de *Panthée* (1610), II, 1105. — Vers sur sa mort par Mlle de Rohan (1618), 893.

Nevers (Engilbert de Clèves, comte de), cité dans les poésies jointes au *Vergier d'honneur* (v. 1505), 479.

Nevers (François Ier de Clèves, duc de) : Fr. Habert lui dédie *L'Histoire de Titus et Gisippus* (1551), 647. — Il est loué par Charles Fontaine (1557), IV, 2877. — Son épitaphe par Jean de La Taille (1572), V, 3317.

Nevers (Marguerite de Bourbon, duchesse de), femme du précédent. — pitre à elle adressée par François de Billon (1550), II, 1837. — Epître à elle adressée par François Habert (1551), 647. — Elle est louée par Ch. Fontaine (1557), IV, 2877.

Nevers (François II de Clèves, duc de) : son épitaphe par Jean de La Taille (1572), V, 3317. — Il avait pour secrétaire François de Belleforest, III, 2422.

Nevers (Louis de Gonzague, duc de), accompagne Henri III en Pologne (1574), III, 2425. — Baïf lui adresse des *Étrénes* (1574), 686.

Nevers (Henriette de Clèves, duchesse de), femme du précédent : Jean de La Taille lui dédie un discours *De l'art de la tragœdie* et une anagramme (1573), V, 3317. — Vers à elle adressés par Est. Forcadel (1579), IV, 2879 ; — par Flaminio de Birague (1585). IV, 2939.

Nevers (Marie d'Albret, comtesse de) : poème qui paraît avoir été composé pour elle (v. 1525), V, 3240.

Nevers (Philippe-Jules-François Mazarini Mancini, duc de) : son blason (1721), III, 2193, art. 21.

Nevers (Philippe-Julien Mancini-Mazarin, duc de) : épître à l'abbé Bourdelot (1683), III, 2327. — Voy. *Recueil de pieces curieuses* (1694-1696), III, 2632.

Neveu (Madeleine), dame des Roches. Voy. Des Roches.

Neville (Henry), baron d'Aburgavenny : inscription dans un album (1592), V, 3368, p. 157.

Newton (Francis) : inscription dans un album (v. 1567), V, 3365.
Newton (W.) : volumes lui ayant appartenu (1709), II, 1911.
New York, cité en 1681, II, 1983.
Nicaise (Saint) : son tombeau à Reims, IV, 3096, art. 42 *bis*.
Nicaise (Messire), cité dans les *Satyres de la cuisine papale* (1560), V, 3264.
Nicandre : *Œuvres* traduites en vers français par Jacques Grévin (1567), 197.
Nice : *L'Abouchement* (ou *L'Embouchement*) *de N. S. P. le pape, l'empereur et le roy faict a Nice* (1526), III, 2674 ; IV, 3108. — Libraire. Voy. Cavillon (François), v. 1525.
Nicéphore (Saint), traduit par le président Cousin (1672), II, 2083.
Nicéphore Bryenne, id., *ibid.*
Nicétas, id., *ibid.*
Nicholls, grav. (1846), II, 1768.
Nicias : sa *Vie* par Plutarque (1567), II, 1899. Cf. III, 2735.
Nicolay : notice généalogique, III, 2495.
Nicolaï, musicien (1659), IV, p. 631.
Nicolaï (Marguerite) : épitaphe par Estienne Forcadel (1579), IV, 2879.
Nicolay (Nicolas de), cité par Jean Dorat (1586), IV, 2789.
Nicolas (*Vie de sainct*), (v. 1520), III, 2542.
Nicolas, musicien (1572), IV, 2973, art. 23 ; 2975, art. 16.
Nicolas : pièce à lui dédiée par Remi Belleau (1578), 399.
Nicolas, cité par Jean Dorat (1586), IV, 2789.
Nicolas (Le P.), récollet, missionnaire en Amérique (1624), II, 1968.
Nicolas (Cornille), impr. à Anvers. Voy. Claesz (Cornelis).
Nicolas (Guillaume), sieur de Popincourt : Estienne Tabourot lui dédie *Les Contes facecieux du sieur Gaulard* (1614), II, 1779.
Nicolas (Simon) : Estienne Tabourot lui dédie le 3ᵉ livre des *Touches* (1586), II, 1778.
Nicolas de La Coste : généalogie, III, 2495.
Nicolau : généalogie, III, 2495.
Nicole (Pierre) : pièces jointes aux *Provinciales* de Pascal (1657), 78. — *Grammaire generale* en collaboration avec Lancelot et Ant. Arnauld (1660), 315. — *Logique*, en collaboration avec Arnauld (1662), 130. — *Nouveau Testament*, en collaboration avec Le Maistre de Sacy, Arnauld, Ant. Le Maistre et le duc de Luynes (1667), 8. — Vers sur son portrait par Baraton (1705), 846.
Nicolier (Hélène) (1598), II, 1726.

Nicolier (Pierre), notaire ducal à La Rochette en Maurienne (1598), II, 1726.
Nicolini (Francesco), vice-légat d'Avignon (déc. 1678), III, 2524.
Nicolini (Giov. Antonio de'), da Sabbio, impr. à Venise, avec ses frères (1530), 1030 ; seul (1537), IV, 3086.
Nicolini (Pietro de') de Sabbio, impr. à Venise (1536), 1031.
Nicolò da Bergamo : *Le Dyaloge des creatures* (1482), II, 1854.
Nicomede, tragédie de Pierre Corneille (1651), II, 1160 ; (1653), II, 1161.
Nicot (Jean) : épître à Jacques Sygée (1566), 422. — *Dictionnaire* (1606), 326. — Extraits, 318.
Niedrée, relieur à Paris, 103, 220, 228, 230 ; II, 1089, 1092, 1497, 1500, 1936 ; IV, 2810, 2819, 3005, 3183.
Niegard, libr. à La Haye (1734), III, 3613.
Niellig (Charles), de Wesel : inscription dans un album (1600), V, 3372.
Nierenberg (Juan Eusebio de) : *L'aimable Mere de Jesus* (1671), 74.
Nyères (de), chanteur (1635), IV, p. 631.
Nigaud (Jean), libr. à Paris (1611), 890, art. 18.
Nîmes : François Iᵉʳ s'y trouve le 18 juillet 1538, II, 2139.
Niño (Alonzo) : son voyage en Amérique (1508, 1521), II, 1950 ; 1951.
Niodat, grav. (xviiiᵉ s.), III, 2523.
Nyon (Élisabeth Frosne, veuve de Denis), libr. à Paris (1690-1691), III, 2320 ; (1692), 2321.
Nyon (Jean), libr. à Orléans (1606), II, 2101. Cf. 2102.
Nion (Jean-Geoffroy), dit l'aîné, libr. à Paris (1712), II, 1771 ; (1719-1724), III, 2499 ; (1725), 143 ; (1726-1733), III, 2487.
Nion (Jean-Luc Iᵉʳ), libr. à Paris (1713), II, 2034.
Nyon (Jean-Luc II), dit le fils, libr. à Paris (1738), 325 ; (1739), II, 1549 ; (1742), II, 1303 ; (1747), II, 1549 ; (1753), cité, II, 2118 ; (1765), III, 2310.
Nyon (Jean-Luc III), dit l'aîné, libr. à Paris (1767), III, 2421 ; (1772-1773), III, 2517 ; (1778), V, 3337.
Niort : prise de cette ville par les huguenots (27 déc. 1588), II, 2194, p. 43, art. 42 ; 2222, art. 9, p. 64. — Imprimeur. Voy. Portau (Thomas).
Nioul, grav. pour la typographie (1744), II, 1978.
Niquet, grav. (xviiiᵉ-xixᵉ s.), II, 1909.
Nivelon, violon (1671), IV, p. 631.
Nivelle (Nicolas), impr. à Paris

(1589), III, 2222, art. 2 ; 2242 ; (1590), II, 2241, art. 6.
Nivelle (Robert), libr. à Paris (1591), III, 2243, art. 3 et 5 ; (1594, III), 2222.
Nivelle (Sébastien), libr. à Paris (1575), IV, 3126, art. 1 ; (1577), 54.
Niven (Martin), « Aemsterodus, virginum Gertrudensium moderator » : Com. Crocus lui dédie son *Joseph* (1546), II, 1068, art. 1.
Nyverd (Guillaume Ier), impr. à Paris (s. d.), 498, 550, 571, *Additions* ; IV, 2833.
Nyverd (Guillaume II de), impr. à Paris (1542), IV, 3111 ; (1556), V, 3350 ; (1557), cité, V, 3362 ; (1561), IV, 3145 ; (1562), III, 2549 ; (1570), III, 2448 ; (1571), 785 ; (1572), III, 2378 ; (s. d.), 213 ; V, 3281.
Nyverd (Jacques), impr. à Paris (1530), V, 3344, (s. d.), 447 ; IV, 2981.
Nivernois (Louis-Jules Mancini-Mazarini, duc de) : *Discours de reception à l'Academie françoise* (1744), 391.
Noaillé : abbaye de Saint-Junien, IV, 3096, art. 2.
Noailles (Anne, duc de), figure dans un ballet (1664), IV, p. 631.
Noailles (Anne-Jules, duc de) : Donneau de Visé lui dédie le *Mercure galant* (avril 1688), III, 2524. — Lettres à lui adressées par Mme de Maintenon (1756), II, 1875. — Son *Oraison funebre* par le P. de La Rue (1709), 384.
Noailles (La duchese de) : Donneau de Visé lui dédie le *Mercure galant* (mai 1688), III, 2524.
Noailles (Gilles de), abbé de Lisle, accompagne Henri III en Pologne (1574), III, 2425.
Noailles (Louis-Antoine de), cardinal, archevêque de Paris : approbation donnée à Bossuet (1697), IV, 2749. — Lettres à lui adressées par Bossuet (1698-1702), IV, 3079, pp. 444-446. — L'acte de soumission de l'abbé Couët lui est envoyé (1703), *ibid.*, p. 455. — Lettres à lui adressées par Mme de Maintenon (1756), II, 1895. — Volume lui ayant appartenu, 82.
Noailly (Antoine), procureur à Lyon (1546), IV, 2876.
Nobili (Giacinto de') : *Le Vagabond* (1644), II, 1826.
Noblet : généalogie, III, 2495.
Noblet, chanteur et danseur (1665-1671), IV, p. 631.
Noblet, correspondant d'Antoine Bossuet (1697), IV, 3079, p. 457.
Nocret (C.), peintre, III, 2506.
Nodier (Charles) : *Thérèse Aubert* (1819), II, 1581. — *Notice historique sur Antoine Galland* (1822), V, 3324. — Il publie avec Delangle une *Collection des petits classiques français* (1825-1826), II, 1919. — *Poésies diverses* (1827), *ibid.*, B, art. 2. — *Histoire du roi de Bohême* (1830), II, 1821. — *Des matériaux dont Rabelais s'est servi* (1835), II, 1521. — *Les quatre Talismans* (1838), II, 1715. — Honoré de Balzac lui dédie *Les deux Frères* (1842), II, 1599. — Portrait, II, 1821. — Volumes lui ayant appartenu, 135, 140, 192, 217, 443, 456, 474, 526, 544, 545, 556, 567, 571, 578, 618, 632, 636, 654, 656, 657, 781, 985, 991, 992 ; II, 1446, 1689, 1783 ; IV, 2778, 2822, 2867, 2880, 2909, 3158, 3173, 3174.
Noël fait en maniere de dyalogue, IV, 2980.
Noël nouveau sur le chant. Pensez-vous que mon cœur... (v. 1589), IV, 2990.
Noel (A.) : vers à T. de Lorme (1665), 835.
Noel (Léon), dess., II, 1072.
Noëls joyeulx (v. 1525), IV, 2984.
Noelz nouveaulx (v. 1530), IV, 2987.
Noëlz nouveaulx (Les grans) (v. 1525), IV, 2981.
Noëlz (S'ensuyvent plusieurs) nouveaulx (v. 1525), IV, 2985.
Noelz tres excelens et contemplatifz que chantent les filles rendues (v. 1520), 1016.
Noelz vieux et nouveaux en l'honneur de la nativité de Jesus Christ (1557), IV, 2988.
Nogaret (Ber. de), baron de La Valette : Estienne Forcadel lui adresse des vers (1579), IV, 2879.
Nogaret (Jean de), baron de Caumont : vers à lui adressés par Est. Forcadel (1579), IV, 2879.
Nogent (Le chevalier de), figure dans un ballet (1663), IV, p. 631.
Nogent (Le comte de), figure dans des ballets (1654-1663), IV, p. 631.
Nogent-sous-Coucy : abbaye de Notre-Dame, IV, 3096, art. 80.
Noiret (Michel), trompette juré à Paris (1566-1572), III, 2456, art. 5, 6, 8-12 ; (1571), IV, 3117, art. 1 ; (1572), 3121.
Noyret (Philippe), trompette juré à Paris (1589), III, 2242, art. 8.
Noirmoutier (La comtesse de) : son éloge par Jules de Richy (1616), V, 3290.
Noiron, géant (1635), IV, p. 631.
Noirot (Claude) : *L'origine des masques* (1609), III, 2543.
Noirot (V.) : volume lui ayant appartenu, IV, 2885.
Nolin (J.-B.), dessin. et grav. (xviiie s.), 220 ; III, 2347.
Nollet (Jean-Antoine), signe le certi-

ficat de l'*Encyclopédie* (1760), III, 2523.
Nompire de Pierrefitte : généalogie, III, 2495.
Noms des Archevesches, Evesches, etc. (1515), II, 2121.
Nondon (L.), est peut-être l'auteur de vers adressés à P. Corneille (1634), II, 1136.
Nopces (Les) de vilage, mascarade (1663), IV, 3054.
Norberg : lettre à lui adressée par Voltaire (1744), II, 1327.
Noresius. Voy. Norris.
Norfolk (Thomas, duc de), plénipotentiaire anglais (1525), III, 2665.
Normandie : ouvrages sur cette province, III, 2337, 2338 et note du n° 2341. Voy. aussi, *Coutume, Charte.*
Normandie, héraut d'armes, publie la paix de 1514, V, 3339.
Norment (Vincent), libr. à Paris (1564), II, 1722.
Norry (Guillaume de) : heures lui ayant appartenu à la fin du xv° siècle, 25.
Norry (Miles de) : *L'Univers* (1583), 754. — Sonnet à Jean Dorat et vers de celui-ci à Norry (1586), IV, 2789.
Norris (Henry), dit Noresius, cité par Nic. Bourbon (1538), IV, 2788.
Nort (Le capitaine Hans), surnommé « Hansnort », ingénieur hollandais (1624), III, 2405, art. 6.
Nostitz (C. Walwitz, comte de) : volumes lui ayant appartenu, IV, 2763, 2844, 2852.
Nostre-Dame (Jean de), *Les Vies des plus celebres et anciens Poetes provensaux* (1575), III, 2504.
Nostre-Dame (Michel de), dit Nostradamus : *Prophetie merveilleuse* (v. 1560), 213. — Vers à lui adressés par Sc. de Sainte-Marthe (1579), IV, 2921 ; par S. G., sieur de La Roque (1609), IV, 2943. — *Centuries* (1668), 214. — Il est cité, III, 2565.
Notice sur deux anciens romans intitulés Les Chroniques de Gargantua (1534), II, 1521.
Notre-Dame d'Ambronay, abbaye, IV, 3096, art. 84.
Notre-Dame d'Argenteuil, abbaye, IV, 3096, art. 77.
Notre-Dame de Beaumont en Auge, abbaye, IV, 3096, art. 116.
Notre-Dame de Bernay, abbaye, IV, 3096, art. 25.
Notre-Dame de Bonne-Nouvelle d'Orléans, abbaye, IV, 3096, art. 117.
Notre-Dame de Breteuil, abbaye, IV, 3096, art. 70.
Notre-Dame de Coulombs, abbaye, IV, 3076, art. 88.

Notre-Dame de Josaphat, abbaye, IV, 3096, art. 71.
Notre-Dame de La Daurade à Toulouse, prieuré, IV, 3096, art. 18.
Notre-Dame de la Grasse, abbaye, IV, 3096, art. 122.
Notre-Dame de la Sauve-Majeure, abbaye, IV, 3096, art. 111.
Notre-Dame de Liesse. Voy. Beludet, *Miracles* (v. 1560), III, 2709.
Notre-Dame de Lyre, abbaye, IV, 3096, art. 75.
Notre-Dame de Lonlay, abbaye, IV, 3096, art. 104.
Notre-Dame de Nogent-sous-Coucy, abbaye, IV, 3096, art. 80.
Notre-Dame de Noyers, abbaye, IV, 3096, art. 105.
Notre-Dame de Pontlevoy, abbaye, 3096, art. 36.
Notre-Dame de Rethel, abbaye, IV, 3096, art. 16.
Notre-Dame de Sorrèze, abbaye, IV, 3096, art. 62.
Notre-Dame de Souillac, abbaye, IV, 3096, art. 109.
Notre-Dame de Tuffé, abbaye, IV, 3096, art. 78.
Notre-Dame d'Yvry, abbaye, IV, 3096, art. 140.
Noue (Edmond de), compose des vers pour la *Replicque des amys de Marot* (1537), III, 2594, art. 19.
Nougaret, auteur supposé par Restif de La Bretonne (1781), 1916, art. 15.
Nourry (Claude), impr. à Lyon (1501), III, 2651 ; (1519), 541 ; (1523), 542 ; (1526), III, 2665 ; (1531), III, 1486 ; (1532), III, 1508 ; (s. d.), III, 2559. — Claude Carcano, sa veuve (1534), IV, 2862.
Nourrisson (C.) : pièce latine sur la mort de Jacques de La Chastre (1569), IV, 2791.
Nourse (John), libr. à Londres, associé de Snelling (1769), II, 1916, art. 3 ; — seul (1776), *ibid.*, art. 5.
Nouveau (de), secrétaire du roi (1578), IV, 2930.
Nouvelet (Claude), *Hymne trionfal au roy sus l'equitable justice que sa Majesté feit des rebelles* (1572), IV, 2862.
Nouvelle-Zemble (La). Voy. De Veer (Gerrit), *Trois Navigations* (1599), II, 1962.
Nouvelles galantes du temps (1681), II, 1708.
Nouvelles (Les cent) nouvelles (v. 1510), II, 1694 ; (1701), 1695 ; — remaniées par Roulland, sieur de La Motte (1570), V, 3323.
Nouvelles (Les dernieres) d'Allemagne, de Hongrie & de Hollande (1627), III, 2420, art. 79.
Nouvelles de ce qui s'est passé en Espagne depuis la descente de l'armée

Angloise à Calix (1596), III, 2435, art. 2.
Nouvelles de maistre Gaspar, de l'isle de Ormuz (1549), III, 2638.
Nouvelles (Dernieres) de Malte (1565), II, 2019, art. 6.
Nouvelles de Rome touchant l'empereur (1536), III, 2720. 3181.
Nouvellet (Joseph) : ouvrage lui ayant appartenu, III, 2560.
Nouvion (André Potier, marquis de). Voy. Potier.
Nova (La vera) de Bressa (1512), 1045.
Novati (Francesco), 528. *Additions.*
Noviomagus (Girard). Voy. Geldenhaver.
Novion, figure dans un ballet (1657), IV, p. 631.
Novion, dessin. (1842), III, 2300.
Noyon : prise de cette ville, par Henri IV (19 août 1591), III, 2250. — *Chronologie des evesques* (v. 1710), III, 2493, art. 23. — Abbaye de Notre-Dame, IV, 3096, art. 105.
Nublé (Louis), Lettres autographes à Girault et à Ménage (1648-1681), II, 1881.
Nucerriensis (J. Aegidius). Voy. Nuits (Gilles de).
Nugent, bibliophile, cité, IV, p. 17.
Nuisement (Le sieur de). Voy. Hesteau (Clovis).
Nuits (Gilles de), Traduction latine des proverbes de J. de La Veprie (1606), 326.
Nuyts (Martin), ou Nutius, dit Meranus, ou Vermeere, libr. à Anvers (1539), cité, III, 2722.
Nully ou Nuilly (Estienne de) : vers à lui adressés par Sc. de Sainte-Marthe (1579), IV, 2921 ; —par Jean Dorat (1586), IV, 2789.
Nully (Jean-Jacques de), libr. à Paris (1728-1755), III, 2524 ; (1738), 325.
Nully de Grosserve : recueil de pièces gothiques lui ayant appartenu, IV, 2758.
Nuits (Les) de Paris, ou Le Spectateur nocturne (1788-94), II, 1916, art. 23.
Numa Pompilius : sa *Vie* par Plutarque (1567), II, 1899. Cf. III, 2735.
Nuremberg. Imprimeurs et Libraires. Voy. Höthel (Hieronymus), 1500. Peypus (Friedrich), 1524. Petreius (Johannes), art. Steiner. Schmid (Adam), 1736. Steiner (Johann), dit Petreius, 1538.
Nutius. Voy. Nuyts (Martin).
Nuxius, cité par N. Rapin (1610), IV, 2944.
Nys (Frans), de Maestricht : inscription dans un album (v. 1565), V, 3365.

Nysomantius (Clodovaeus), cité par J. Dorat (1586), IV, 2789.

O majuscule, orné de l'aigle impériale, IV, 2829.
O (François, marquis d'), vers contre lui (1589), 796.
Obéy, cité par François Habert (1549), IV, 2868.
Obeilh (Le P.) : *L'aimable Mere de Jesus*, traduite de l'espagnol (1671), 74.
Obelle, grav. (v. 1733), 255.
Oberon, ein Gedicht (1780), 1058.
Obizi (Antonio degli), lettre à Gio. Giorgio Trissino (1506), IV, 3078.
Obseques (Les) d'Amour (1545), 805.
Obseques (Les) et Funerailles de Sigismond Auguste, roy de Pologne (1574), III, 2424.
Obseques (Les) et grandes pompes funebres de l'Empereur Charles cinquième, faictz à la ville de Bruxelles (1559), III, 2418 et *Additions.*
Observations sur le Cid (1637), II, 1141, art. 1.
Observations sur un livre intitulé : De l'Esprit des Loix (1757). Voy. Dupin (Cl.).
Occasion (L') et le Moment (1782), 861.
Ochino (Bernardo), censuré (1551), III, 2548. — *Dialogue* (1559), 90.
Odde (C.) de Trins : *Le Bannissement et Adieu des ministres des huguenotz* (1573), IV, 3182.
Oddi (Alessandro degli), témoin d'un doctorat à Pérouse (1570), V, 3364.
Ode aux Muses (1667), 838.
Ode historiale de la bataille de Sainct Gile (1563), 98, art. 11.
Odicuvre, grav. et marchand d'estampes à Paris, *L'Europe illustre* (1755-1765), III, 2506. — Figures diverses, II, 2094 ; III, 2237.
Odiot, bibliophile : volumes lui ayant appartenu, 23, 140, 318, 435, 476, 478, 507, 542, 609 ; II, 1177, 1445, 2138 ; III, 2237, 2251, 2285, 2295, 2357 ; V, 3337.
Odon, religieux de Saint-Maur des Fossés, *La vie de M. Bourchard, conte de Melun, Corbeil et Paris* (1628), III, 2332.
Odorico (Frère) da Pordenone. Voy. Mattiuzzi.
Œcolampade (Johann Hausschein, dit) : ses ouvrages sont censurés (1543-1545), 108. — Il est dénoncé par Pierre Du Chastel (1549), III, 2144. — Son portrait (1581), II, 2039.
Œdipe, sujet d'une tragédie de J. Prevost (1614), II, 1106 ; — sujet

d'une tragédie de P. Corneille (1659), II, 1163.
Œsterreicher (Wenzel Christoph) : inscription dans un album (1564), V, 3366, p. 152.
Œuvres (Les) de misericorde, 320, art. 6 et 7.
Offenberg : colonel au service d'Espagne : sa mort (1630), III, 2405, art. 20.
Office du S. Sacrement (1693), 24.
Office de la Semaine sainte (1716), 23.
Offray (A.), Suite du Roman comique (1752), II, 1906.
Ogané, roi d'Abyssinie, II, 1944.
Oger (Guillaume) : vers à lui adressés par François Habert (1558), V, 3251. — Il est cité comme orateur par Guy Le Fèvre de La Boderie (1578), IV, 3183.
Ogerolles (Claude d') dit Dogirolius, cité par Nic. Bourbon (1538), IV, 2788.
Ogerolles (Jean d'), impr. à Lyon (1584), III, 2516.
Ogier : son tombeau à Saint-Faron de Meaux, IV, 3096, art. 3 bis, 3 ter.
Ogier (François) : Vers dans Les Muses illustres (1658), 976. — Oraison funebre de Philipes IV (1666), 357.
O' Keeffe : généalogie, III, 2495.
Okeghem (Jehan), musicien, loué par Jehan Le Maire, 1512, II, 2090, art. 5.
Olave (Pedro de) : P. Ysunça lui adresse une lettre (1582), III, 2395, p. 174.
Olden Barneveldt (Jean), son arrêt de condamnation (1619), III, 2405, art. 1.
Oldradi : Nuovi Avvisi del diluvio di Roma... (1557), V, 3362.
Olenix du Mont-Sacré. Voy. Montreux (Nicolas de).
Olyer (André), libr. à Lyon (1663), II, 1812.
Olymant de Kerneguès : généalogie, III, 2495.
Olivares (Gaspard Guzman, comte d'), Mémoires au prince de Galles, cités (1623), III, 2374, art. 5.
Olivarius, médecin à Bergues (1610), II, 2027.
Olivet (d'), danseur (1654-1671), IV, p. 631.
Olivet (d') fils, danseur (1670-1671), ibid.
Olivet (Pierre-Joseph Thoulier, abbé d'), publie l'Histoire de l'Academie Françoise par Pellisson (1729, 1730, 1743), III, 2522 ; — publie le Banquet de Platon, traduit un tiers par feu M. Racine, etc. (1752), 126. — Remarques de grammaire sur Racine (1738), II, 1270 (1766), 1271.

Voy. Racine vengé (1739), II, 1272. Edition des Œuvres de Racine (1750), II, 1245.
Olivier : généalogie, III, 2495.
Olivier (Antoine), cité par Nic. Bourbon (1538), IV, 2788.
Olivier de Castille (v. 1492), II, 1491.
Olivier (Françoys), chancelier de France : Guill. Le Rouillé lui dédie son Recueil de l'antique preexcellence de Gaule (1551), IV, 3103. — Vers à lui adressés par Ch. Fontaine (1557), IV, 2877 ; — par Du Bellay (1559), IV, 2896. — Antoine Héroët et Louis Le Roy sont au nombre de ses familiers, V, 3213.
Olivier (François), impr. au Mans (v. 1590), IV, 2982.
Olivier (Gaston), cité par Nic. Bourbon (1538), IV, 2788.
Olivier (Gervais), libr. au Mans (v. 1590), IV, 2982 ; (1615), 2993.
Olivier (La veuve Hiérosme), libr. au Mans (1608), IV, 2991 ; (1615), 2992.
Olivier (Frère Jacques) : L'Epigramme des enseignes des Veniciens envoyés a Sainct Denis par le roy (1509), IV, 2783. — Pièces latines en son honneur par B. Dardano (1512), 504.
Olivier (Jacques), libr. à Paris (v. 1530), IV, 2987.
Olivier (Jehan), ancien chancelier de Milan, protecteur de B. Dardano (1512), 504.
Olivier (Jehan), libr. à Paris (avant 1530), IV, 2987.
Olivier (Jean), évêque d'Angers, cité par Nic. Bourbon (1538), IV, 2788. — Son épitaphe par Marot, imprimée en 1550, 808.
Olivier (Jean) : Chansons (1549-1552), 980.
Olivier-Merson (Luc), peintre et dessin. (1907), IV, 2970.
Olivieri (Domenico), traducteur des Articles accordez par le Grand Seigneur (1570), III, 2460.
Ollier (Jacques), impr. à Lyon (1661), IV, 3153, p. 538.
Ollivier, libr. à Paris (1839), II, 1657.
Olonne (M⁰⁰ d'), danse dans un ballet (1654), IV, p. 632.
Ombre (L') de Moliere (1673), II, 1222.
Omme (L') pecheur par personnages (1508), II, 1080.
Omphal (J.-Fr. von), Bedenken, etc. (1639), cité, III, 2681.
Omphalius (Jacques) : Le cardinal Jehan Du Bellay répond à ses attaques contre François I⁰⁰ (1544), III, 2681.
Oñate (Comte), ambassadeur d'Espagne à Vienne : lettre au pape

Grégoire XV (1621), III, 2420, art. 58.
Onction (L'extreme) de la Marmite papale (1563), 99.
Onfroy (Eugène), libr. à Paris (1780), 272 ; (1792), III, 2298.
Ongoys (Jean d'), impr. à Paris (1574), 312 ; (1579), III, 2341.
Unze belles Chansons nouvelles (v. 1515), IV, 2974.
Opaliński (Christophe), palatin de Posnanie, III, 2427.
Opera nova intitolata Dificio di ricette (1541), citée, 199, *Additions*.
Ophove (Fr. Michel), évêque de Bois-le-Duc, signe les articles de la capitulation de cette ville (1629), III, 2405, art. 19.
Oporinus (Johannes), impr. et humaniste à Bâle. Voy. Herbster.
Oppède (Famille d'), obtient le privilège du canal de Provence (1507-1710), III, 2350.
Oppède (Meynier d'), fait exécuter l'arrêt rendu contre les Vaudois (1545), II, 2033.
Oppenheim. Imprimeurs et Libraires. Voy. Bry (Jean-Théodore de), 1618. Galler (Hieronymus), 1618.
Oppenord (Gilles-Marie), architecte : Œuvre (v. 1725), 254. — Planches gravées sur ses dessins, 261 ; III, 2328.
Oppien d'Anazarbe: *Venerie*, traduite en vers français (1575), IV, 2773.
Opterre. Voy. Hotterre.
Opus auree... bonitatis et continentie, conformitatum scilicet vite beati Francisci ad vitam... Jesu Christi (1513), II, 2023.
Opuscules d'amour (1547), 806.
Oraisons à la Vierge, 21, p. 18 ; IV, 2754.
Oraisons et Prieres en forme de ballades et rondeaux (1516), III, 2562, art. 53.
Orange. Imprimeur. Voy. Du Mont (Adam), 1573. — Princes. Voy. Chalon et Nassau.
Orange, trompette. Voy. L'Orange.
Orat. Voy. Aurat.
Oratio oratorum Francisci Regis Gallorum Principibus Electoribus (1519), III, 2660.
Oratione devotissima del glorioso sancto Rocho (v. 1525), V, 3376.
[*Orationes oratorum Caroli Francorum regis ad Venetos, ad Ludovicum Sforcia*, etc.] (1495), V, 3338.
Oratoriens, II, 2013.
Oravé (Honoré) : J.-Éd. Du Monin lui dédie deux quatrains (1583), V, 3272.
Orbais : abbaye de Saint-Pierre, IV, 3097, art. 131.
Orchan : *Resolution de ceux du parti de la Ligue assemblés à Orchan* (1586), III, 2188, p. 26, n° 20.
Ordene (L') de chevalerie (1504), II, 1506.
Ordonnance (L') de la bataille faicte a Syrizolles (1544), réimpression (1759), II, 2095, art. 9 b.
Ordonnance (Sensuyt l') des Royaulmes... appartenans à la Ma. Imperiale Charles, tousjours Auguste (1519), III, 2714.
Ordonnance (L') et Ordre du tournoy [du Camp du Drap d'or] (1520), V, 3340 ; citée, III, 2662.
Ordonnance faicte par tous les Princes et estatz de l'empire touchant la guerre... contre le Turcq (1542), III, 2730.
Ordonnances faictes par le roy... touchant le fait de la justice du pays de Languedoc (v. 1491), 105.
Ordonnances generalles d'amour* (1618), II, 1834.
Ordonnantie ende Edict des Keysers Kaerle die V (1550), 109.
Ordre (L') de la pompe funebre observee au convoy de Henry le Grand (1610), III, 2243, art. 11.
Ordre de Saint-Jean de Jérusalem : Noms et armes des grands maîtres (1697), III, 2493, art. 9. — Pièces diverses sur l'Ordre de Malte, II, 2016-2019 ; III, 2647.
Ordre de Saint-Lazare, II, 2015.
Ordre de Saint-Michel : *Statuts* (ms. du XV° s.), III, 2488.
Ordre (L') des ceremonies du sacre et couronnement du... roy... Henry IIII (1594), III, 2243, art. 8.
Ordre (L') des cocus reformez (1626), II, 1796, art. 8.
Ordre (L') des Estats generaux tenus à Bloys (1589), III, 2700.
Ordre (L') des joustes faictes a Paris (1514), II, 2114.
Ordre (L') du camp des Venitiens (1509), II, 2110 ; — trad. en allemand, 2111.
Ordre du mont Carmel, II, 2015.
Ordre (L') du sacre et couronnement du roy (1515, n. s.), II, 2120.
Ordre du Saint-Esprit : *Statuts* (v. 1580), III, 2489 ; — reception (1633), III, 2490. — Armes des chevaliers jusqu'en 1759, III, 2493, art. 38.
Ordre (L') et Ceremonies observees à l'Enterrement de la royne d'Angleterre (1619), III, 2374, art. 2.
Ordre (L') et Ceremonies obseruées au Baptesme du prince d'Angleterre (1630), III, 2374, art. 9.
*Ordre (C'est l') et Forme qui a esté tenu au couronnement de M*** Elizabet d'Austriche, roine de France* (1571), IV, 3117, art. 2.
Ordre (C'est l') et Forme qui a esté

tenue au sacre et couronnement de... *Catherine de Medicis* (1549), IV, 3114, art. 2.

Ordre (*L'*) *et le Reglement qui doit estre observé entre nos troupes et celles des Espagnols, des Hollandois, etc.* (1678), IV, 3153, p. 540.

Ordre (*L'*) *prescrite des Ceremonies faictes... à S. Jean de Lus, à l'Echange des Infantes de France et d'Espagne* (1615), III, 2269.

Ordre (*C'est l'*) *qui a esté tenu a la nouvelle et joyeuse entree que... Henry II a faicte en sa ville de Paris* (1549), IV, 3114.

Ordre (*L'*) *tenu à la reception du Roy et de la Royne en leur bonne ville de Paris* (1616), IV, 3114.

Ordres religieux, II, 2011-2019, III, 2647; IV, 3096.

Orcilles (Rigaud d'), ambassadeur de Charles VIII en Italie (1495), discours prononcés par lui, V, 3338.

Oresme (Nicole) : *Traicté de la sphere*, traduit de John Holywood (v. 1525), 202.

Orgemont (D') : *Lettre sur l'estat present des affaires de Turquie* (1628), III, 2480.

Orgemont (Mlle d'), Vers à Me Adam (1644), 829.

Orgueil (*De l'*) *et Presumption de l'empereur Jovinien* (v. 1580), IV, 3016.

Oriet (Didier) : *La Susanne* (1581), V, 3271.

Oriet (Esther) : sonnet ms. en son honneur (1605), V, 3271.

Oriet (Suzanne), femme de Renaut Go (1581), V, 3271.

Origine de la maladie de la France (1589), III, 2229.

Origine des Graces (1777), II, 2004.

Origines (*Les*) *de la langue françoise* (1650), 317.

Orlandi (Giovanni), *Incendio del monte di Somma*, cité (1631), III, 2457.

Orléans : *Histoire et Discours au vray du siege de 1428* (1576), II, 2100; (1606), 2101 ; (1619), 2103. — *Aureliae urbis Obsidio*, authore J.-L. Micquello (1560), II, 2103. — Ordonnance célèbre rendue dans cette ville le 21 janv. 1562, III, 2151. — Le prince de Condé y séjourne en 1562 au début des guerres civiles ; il y publie diverses pièces politiques, III, 2156 et *Additions*. — A. Chanorrier y est pasteur (v. 1565), V, 3266. — Massacres des protestants en 1568 et 1571, II, 2060. — Le bailli d'Orléans et son bâtard sont tués à la Saint-Barthélemy (1572), IV, 3191. — Tremblement de terre (26 janv. 1579), III, 2341. — Siege de la citadelle par le maréchal d'Aumont (déc. 1588), III, 2194, p. 43. — La ville est déclarée rebelle au roi (févr. 1589), III, 2219, art. 9 ; 2194, p. 43. — Lettre adressée par le roi de Navarre aux autorités de la ville (22 mai 1589), III, 2219, art. 15. — Entrée de Louis XIII dans cette ville (8 juill. 1614), III, 2267. — Louis XIII et Anne d'Autriche y font leur entrée (8 mai 1616), III, 2273. — *L'Hercule Guespin*, par S. Rouzeau (1605), 770. — Monastère de la Madeleine, IV, 2820. — Abbaye de Notre-Dame de Bonne-Nouvelle, IV, 3096, art. 117. — Imprimeurs et Libraires. Voy. Boynard (Olivier), 1606-1610. Frémont (René), 1622-1632. Gibier (Eloy), 1581. Hotot (Saturnin), 1576-1605. Hotot (Saturnin et Laurens), 1610. Jacob (G.), 1874. Lucas (Jacques), 1590. Mercier (Pierre), 1610. Nyon (Jean), 1606. Paris (Maria), 1641. Treperel (Pierre), 1560. — Impressions anonymes (1562-1563), III, 2156 et *Additions*.

Orléans : généalogie, III, 2495. — Cf. III, 2493, art. 24.

Orléans (Charles d'), ballades, IV, 2799, pp. 109, 113 ; 2963, art. 7.

Orléans (Charles de Valois, duc d'), fils de François Ier : Vers à lui adressés par Pierre Busseron (1538), IV, 2742 ; — par Nicolas Bourbon (1538), IV, 2788, p. 80. — Jacques Du Clerc lui dédie son *Colloque du vray amour* (1544), V, 3325. — Lettre à lui adressée par M. de Longueval (1542), III, 2676. — *Epitaphes* par Simon Vallambert (1545), IV, 2869. — Ch. Fontaine lui dédie *La Fontaine d'amour* imprimée en 1546, et lui adresse des vers, IV, 2876. — Son enterrement (1547), IV, 3112. — Il est cité par Jean Dorat (1586), IV, 2789.

Orléans (Claude d'), élu en Berry (1549), IV, 2868.

Orléans (Gaston, duc d'), Pierre-Victor Palma Cayet lui dédie la 3e partie de la *Chronologie novenaire* (1608), III, 2704. — Vers à lui adressés par S. G., sieur de La Roque (1609), IV, 2943 ; — par Nic. Rapin (1610), 2944. — Il figure dans un ballet (1635), IV, p. 632. — Saint-Amand lui dédie une *Epistre heroïcomique* (1644), 967. — Gilbert lui dédie sa *Rodogune* (1646), II, 1119. — *Memoires* (1685), III, 2262. — Portrait (1657), 833.

Orléans (Jean-Philippe, bâtard d'), grand prieur de France : Romance dans les Chansons de La Borde

(1773), 1002. — Portrait, II, 2016. — Volume lui ayant appartenu, II, 1458.

Orléans (Louis I*r, duc d'): Christine de Pisan lui dédie les *Hystoires de Troye*, IV, 2803. — Son épitaphe par Jehan Bouchet (1545), 510.

Orléans (Louis II, duc d'). Voy. Louis XII, roi de France.

Orléans (Lous III, duc d'), second fils de Henri II : réjouissances qui ont lieu à Rome lors de sa naissance (1549), III, 2143.

Orléans (Louis IV, duc d'), fils du régent : volumes lui ayant appartenu, 189 ; II, 1304.

Orléans (Louis d'), avocat : épitaphe d'Anne de Montmorency (1567-1568), IV, 2966, art. 21 ; 2967. — *Cantique de victoire* (1569), IV, 3178. — Sonnet sur la mort de Jacques de La Chastre (1569), IV, 2791. — Phil. de Mornay répond au pamphlet publié par L. d'Orléans sous le titre d'*Advertissement des catholiques Anglois* (1586), III, 2214, 2194, p. 37. — Epitaphe de Ronsard (1586), IV, 2889 ; (1623), 668. — *Description du politicque* (1588), 794. — Distiques latins à A. de L'Ortigue (1617), 822. — Vers à Jean Baret (1620), III, 2429.

Orléans (Louis-Philippe I*r, duc d') : Dreux du Radier lui dédie l'*Europe illustre* (1755), III, 2506.

Orléans (Philippe, duc d'Anjou, puis d'), dit Monsieur : danse dans des ballets (1651-1665), IV, p. 632. — Son portrait (1657), 833. — Etienne Loyson lui dédie *La Maison des Jeux* (1668), 313. — Donneau de Visé lui dédie le *Mercure galant* (décembre 1686), III, 2524. — Son *Oraison funebre* par Fr. de Clermont-Tonnerre (1701), 380. — Dessin de son mausolée, 252.

Orléans (Henriette d'Angleterre, duchesse d'), première femme du précédent, danse dans des ballets (1654-1666), IV, p. 616. — Charles Robinet lui dédie ses *Lettres en vers* (1666-1667), 899. — Racine lui dédie *Andromaque* (1668), II, 1251. — *Oraison funebre* par Bossuet (1670), 355, art. 2.— *Oraison funebre*, par Mascaron (1670), 355. — Son *Histoire*, par M*me* de La Fayette (1720), III, 2288. — *Histoire de l'amour feinte du roi pour Madame* (v. 1734), II, 1687. — *La Princesse, ou les Amours de Madame* (v. 1734), II, 1687 ; (1754), 1688.

Orléans (Charlotte-Elisabeth de Bavière, duchesse d'), seconde femme du précédent: le *Ballet des ballets* est donné en son honneur (1671),
IV, 3043. — Volumes lui ayant appartenu, II, 1456, 1457.

Orléans (Philippe II, duc d'), le régent, a pour gouverneur le duc de Navailles, III, 2284. — M*me* d'Aulnoy lui dédie sa *Relation du voyage d'Espagne* (1691), II, 1926, 1927. — La Fosse lui dédie *Thesée* (1700), II, 1285. — Jacques Chevillard lui dédie les *Regents et Regentes du royaume de France* (v. 1715), III, 2493, art. 18. — Il publie une édition de *Daphnis et Chloé*, avec figures dessinées par lui (1718), II, 1484. — N. Destouches lui dédie *L'Obstacle imprevù* (1718), II, 1312. — Le libraire Michel Böhm lui dédie le *Dictionnaire de Bayle* (1720), III, 2502. — Le comte de Boulainvilliers lui adresse ses *Mémoires* imprimés en 1727, III, 2293. — Portrait (1720), III, 2502.

Orléans (Françoise-Marie de Bourbon, dite M*lle* de Blois, duchesse d'), femme du précédent ; l'abbé Genest lui dédie *Penelope* (1703), II, 1235. — Volumes lui ayant appartenu, 23.

Orley (Barend van), peintre, cité par Jehan Pèlerin (1521), IV, 2763.

Orley (R. van), dessinateur (1701-1703), II, 2067.

Ornano (Alfonso d') : instructions à lui données par le roi (1588), II, 2188, t. III, art. 36.

Orneau (Jehan) : épitaphe par Jehan Bouchet (1545), 510.

Orologgi (Le chevalier) : son emblème, IV, 3077.

Orologgi (Giuseppe), id., ibid.

Orry, ministre d'Etat : Boffrand lui dédie la *Description de ce qui a été pratiqué pour fondre la figure equestre de Louis XIV* (1743), 244.

Orry (Marc), libr. à Paris (1587), V, 3374 ; (1588), III, 2560 ; (1609), II, 1867.

Orsini : discours que les ambassadeurs de Charles VIII adressent aux membres de cette famille (1495), V, 3338.

Orsini (Le cardinal) : rôle qu'il joue au conclave de 1621, III, 2643.

Orsini (Gio. Francesco), comte de Pitigliano, capitaine vénitien (1509), II, 2111. — Son emblème, IV, 3077.

Orsini (Paolo Giordano) : volumes reliés pour lui, 1031 ; III, 2510.

Orsini (Valerio), lettre à Gio. Giorgio Trissino (1548), IV, 3078.

Orsini (Virginio) : son emblème, IV, 3077.

Orthez. Imprimeur, voy. Rabier (Louis), 1585. — Impression ano-

nyme, qui doit être aussi de Rabier, III, 2240, art. 3.
Orthographe réformée par un anonyme (v. 1530), IV, 2767 ; — par Jehan Favre (v. 1545), V, 3250 ; — par Louis Meigret (1550), III, 2571 ; — par Pierre de la Ramée (1562) et plusieurs autres grammairiens, V, 3229 ; — par P. Corneille (1663), II, 1130. — Distinction entre *i* et *j*, entre *u* et *v* (1572), II, 2118. — Distinction entre *u* et *v* ; emploi de nombreux accents par un imprimeur parisien (1611), II, 1964. — Distinction d'*i* et de *j*, d'*u* et de *v* (1615), III, 2243, art. 18 ; (1616-1620), II, 2086. — *Maniere d'ecrire des François modernes* (1738), III, 2285.
Orthographie gallicane (Tresutile et compendieulx Traicté de l'art et science d'), s. d. (v. 1530), IV, 2767.
Ortigue (Annibal d'), ou L'Ortigue, *Poëmes divers* (1617), 822.
Ortigue (P. d'), de Vaumorière, cité par Guéret (1663), II, 1849. — *Agiatis* (1685), II, 1543.
Ortoman (Nicolas), cité par N. Rapin (1610), IV, 2944.
Ortvin (Gaspard), impr. à Lyon (v. 1485-1490), 446, 476, 577, 578, *Additions.*
Orville (Philippe d'), joue dans la *Passion* de Valenciennes (1547), IV, 3010, p. 374.
Osman, sultan : ses négociations avec l'Empire, et sa mort (1614), III, 2469.
Osmont : généalogie, III, 2495.
Osmont (Charles I*er*), libr. à Paris (1678), III, 2524.
Osmont (Charles II), libr. à Paris (1694), 948, art. 1 ; (1699), 66.
Osmont (Jean), impr. à Rouen (1631), cité, V, 3318.
Osorio (Francisco) : épître à lui adressée par Lodovico Domenichi (1550), III, 2510.
Osorio (Jerónimo) : *Deux Livres de la noblesse civile* (1549), III, 2486.
Ospital (L') d'amours (v. 1485), 577 et *Additions*, 578, 1039.
Ossa, commissaire impérial : ses *Plaintes* (1634), III, 2420, art. 101.
Ossat (Arnauld, cardinal d') : *Lettres* (1624), II, 1878.
Osservatione dil sole (1539), IV, 2760.
Ostende : un Flamand promet à Mazarin de lui livrer cette place (1658), III, 2287.
Ostern (Balthasar), libr. à Francfort-sur-Mein (1625), III, 2520.
Osterwald (G.), dessin. (1846), II, 1768.
Osterwald (J.-F.) : volume lui ayant appartenu, 87.

Othelin : sonnet à lui adressé par J.-Ed. Du Monin (1583), V, 3272.
Othmar, impr. à Augsbourg (1504), cité, II, 1948.
Othon : sa vie par Plutarque (1567), II, 1899. Cf. III, 2735. — Sujet d'une tragédie de Pierre Corneille (1665), II, 1167.
Ott (Andreas C.), IV, 2807.
Ottaviano (Le comte) : vers à lui adressés par Gio. Giacopo Belloni (1515), II, 1067.
Otto (Le comte), général suédois : sa victoire sur le duc de Lorraine (1634), III, 2420, art. 97.
Ottonaio (Dell'). Voy. Dell' Ottonaio.
Ottrer (Johann) : inscription dans un album (1567), V, 3365.
Oubrier (J.), grav. (1755-1765), III, 2506.
Oudet d'Angecourt : généalogie, III, 2495.
Oudin (César), traduit le *Don Quichotte* en français (1614), IV, 3068. Cf. II, 1749. — *Refranes o Proverbios castellanos* (1624), II, 1867.
Oudot, chanteur (1669-1671), IV, p. 632.
Oulier. Voy. Houllier.
Oultré (L') d'amour pour amour morte, ms., IV, 2799, art. 30, pp. 113-114.
Oultreman (Hery d'), joue dans la *Passion* de Valenciennes (1547), IV, 3010.
Ourches (L. d') : volume lui ayant appartenu, 134.
Ourika (1824), II, 1582.
Ourliac (Edouard) : notice sur *César Birotteau* d'Honoré de Balzac (1837), II, 1594.
Ourry : notices dans les *Chants et Chansons populaires de la France* (1843), 1014.
Oursel (La veuve), libr. à Rouen (1733), II, 1773.
Ouverture du theatre du Palais Cardinal (1642), II, 1117.
Ouville (Antoine Le Metel, sieur d') : vers dans *Le Cabinet des Muses* (1619), 974. — Vers à Pierre Corneille (1634), II, 1136. — *Contes* (1644), II, 1707. — Il traduit les *Nouvelles* de Maria de Zayas y Sotomayor (1656), II, 1757.
Ouvrier (I.), grav. (1757-61), II, 1741 ; (1761), 1572.
Ovide : *Metamorphoses* (1767-1771), 409. — *Bible des poëtes, Metamorphose* (1523), IV, 2775. — *Metamorphose figurée* (1557), 410 et *Additions* ;— *Johan. Posthii Tetrasticha* (1563), 411. — *Le premier Livre de la Metamorphose translaté par Cl. Marot* (1534), 601, 602 ; (1536), 603 ;

(1538), 604, 605; (1539), 606, 607; V, 3245; (1544), 608. — *Premier et Second Livres* (1546), 610. — Deux de ses fables : *Piramus et Thisbé* et *Narcissus*, traduites par François Habert (1541), 643. — *Fable de Caunus et Biblis* traduite par L. de Baïf (1544), II, 1060. — *L'Histoire du beau Narcissus*, traduite par Jean Rus (1550), 649. — *Le Ravissement d'Orithye*, imité par B. Tagault (1558), 665. — *Le Combat d'Hercule et d'Acheloys*, traduit par Joachim Du Bellay (1560), IV, 2894. — Il est traduit ou imité par Guillaume Belliard (1578), IV, 2932. — *Le treziesme Livre des Metamorphoses mis en vers françois par Raimund et Charles de Massac* (1605), 771. — *La sixiesme Elegie*, traduite par Saint-Romard (1541), III, 2593. — *De arte amandi en françoys*, cité, IV, 2829, p. 161. — *La Clef d'aymer* (v. 1500), IV, 2776. — Il est cité par Estienne Forcadel (1579), IV, 2879.

Oye (Le baron d') (1629), III, 2405, art. 16.

Oye (Le comté d') : *Hymne* sur sa réduction, par Jacques Du Plessis (1558), IV, 3114, art. 5.

Pac (Mathieu): vers dans le *Tombeau de Marguerite de Valois* (1551), 628.

Pacard (Abraham), libr. à Paris (1620), II, 2098.

Pace (La) da Dio mandata (1516), 1048.

Pachel (Leonhard), impr. à Milan (1481), III, 2634 ; (1496), II, 1833.

Pacheleb (Karl) zu Ober-Waltersdorf: inscription dans un album (1566), V, 3365.

Pachymère, traduit par le président Cousin (1672), II, 2083.

Pacollet, surnom d'un mari trompé (1598), IV, 2918.

Padeloup, relieur à Paris, III, 2502.

Padeloup le jeune, relieur, 412.

Padioleau (Albert), *De l'antiquité, fondation, etc. de Jerusalem* (1635), IV, 3093.

Padouan (Dialecte), 1051, 1052.

Padoue. Imprimeurs et Libraires. Voy. Alciat (Alciato) et Pietro Bertelli, 1589-1596. Fabiano (Giacomo), 1549.

Paën (Jan), seigneur de Charray, cité par Pierre Enoc (1572), IV, 2927.

Paffraet (Richard), impr. à Deventer (1499), cité, IV, 3088; (1501), cité, V, 3227.

Paganini (Filippo), impr. à Tusculum (Fracasti) (1521), cité, V, 3332.

Pagano (Giovanni), de Milan, grav. sur bois (1499), 14.

Pageau (René), avocat au parlement (1682), II, 1883, art. 11, p. 369.

Pagès : généalogie, III, 2495.

Pagès (Simon), chanteur (1669), IV, p. 632.

Pagès (Thierry), chanteur (1669), *ibid.*

Paget : stances à Paul Boyer (1654), II, 1992.

Paget, figure dans un ballet (1669), IV, p. 632.

Pagliaro (Bernardino), joueur de farces, compagnon d'Alione (v. 1510), IV, 3058, p. 415.

Pagnant, rel. à Paris, V, 3319, 3373, 3375, 3378,

Pagnier (N.) : *Chansons* (1549-1552), 980.

Pagnini (Guglielmo) (1653), IV, 2770.

Pagnini (Sante) : *Hebraicae Institutiones* (1526), IV, 2770.

Pagois (A.), [Pagoesus]; vers latins en tête du *Balet comique* de B. de Beaujoyeulx (1582), II, 1445.

Paignon-Dijonval : dessins lui ayant appartenu, 220.

Paillasson, dessin. (xviii* s.), III, 2523.

Paillet (A.-T.), dessin. (xvii* s.), 842; II, 1130, 2094.

Paillet (Eugène), notes bibliographiques, 916, 925. — Il est cité, 238. — Volumes lui ayant appartenu, 404; II, 1666: IV, 2809, 3071.

Pailly (Guichard), impr. à Lyon (1620), III, 2420, art. 30 ; (1621), III, 2351.

Pain (Joseph) : une pièce de lui dans les *Chants et Chansons popul. de la France* (1843), 1014.

Paynet (Augustin), de Turin : inscription dans un album (1567), V, 3365.

Païsan, danseur (1663-1671), IV, p. 632.

Paisible, flûtiste (1661-1671), IV, p. 632.

Paix (La) accordee entre l'empereur et Bethleen Gabor (1622), III, 2420, art. 59.

Paix (La) faicte a Chambray (1508), 489.

Pajot, trésorier : vers à lui adressés par J. Le Masle (1580), IV, 2933 : — par Jean (Dorat) (1586), IV, 2789.

Pajou fils, dessin. (1809), II, 2002.

Palais (Le) des curieux (1612), II, 1782.

Palais Royal (Le) (1790), II, 1916, art. 28.

Palais-Royal (Le) ou les Amours de Mme de La Vallière (v. 1734), II, 1685 ; (1754), 1686.

Palaprat (Jean de) : *Le Grondeur*

(1693), II, 1282. — *Le Muet* (1693), II, 1283.
Palas, grav. (1789-90), II, 1287.
Palercée, nom précisé de Louis Des Masures, 98, *Additions*.
Palestine. Voy. Jérusalem.
Pailhasse : généalogie, III, 2495.
Palingenus (Marcellus). Voy. Manzolli (Pierangelo).
Palisot (Jean-François), seigneur de Beauvais, III, 2524.
Palladio (Andrea) : *Architecture* (1752), 243.
Palladio (Blosio) : vers de lui dans les *Icones* de N. Reusner, 2ᵉ partie (1589), V, 3370.
Palladio (Domizio) : vers de lui dans les *Icones* de N. Reusner (1589), V, 3370.
Palladius (Rutilius Taurus Aemilianus): *De re rustica* (1514), III, 2561.
Pallavicini (Sforza) : son emblème, IV, 3077.
Pallet (Jean) : vers grecs, français et latins à Pierre de La Roche (1571), IV, 2925.
Palliot (Pierre) : *La vraye et parfaite Science des armoiries* (1664), III, 2491-2492. — Volumes imprimés par lui et ornés de figures, à Dijon (1641), 345 ; (1664), III, 2491, 2492.
Palluau (Jean Martin, dit). Voy. Martin.
Palm (Georg), de Nuremberg : inscription dans un album (1567), V, 3365.
Palme (Philippe), cité par Guill. de Poëtou (1565), III, 2605.
Palot, capitaine de navire (1629), II, 1915.
Paludanus. Voy. Des Marais.
Palusius. Voy. La Palus.
Pamfili (Ambrogio), cité par Nic. Bourbon (1538), IV, 2788.
Pamphile, IV, 2951, art. 2.
Pamphile (Le), surnom de Gilles d'Aurigny, 652.
Pamphilus Maurilianus : son *Liber de amore* est imité par Jacques Du Clerc (1544), V, 3325.
Pan (Les amours de), par S. G., sʳ de La Roque (1609), IV, 2943.
Panciatichi (Bartolommeo) : sonnet à lui adressé par N. Martelli (v. 1543), IV, 3000, p. 358.
Panckoucke (Charles-Joseph), libr. à Paris (1763-1766), III, 2526 ; (1765), III, 2310 ; (1777-1780), III, 2523 ; (1778-1786), III, 2524. — Il prend à bail le privilège de *La Gazette* (1787-1791), IV, 3153, p. 547.
Pandolfini (Filippo) : sonnet à lui adressé par N. Martelli (v. 1543), IV, 3000, p. 358.

Panegyric des damoyselles de Paris (1545), 805.
Panel (Le Dʳ), de Rouen, cité, 198, *Additions*.
Panier de Saint-Bal, syndic de la Compagnie des Indes (1762), III, 2295.
Panigarola (Francesco) : *Oratione in morte dell' illᵐᵒ Carlo Borromeo* (1585), V, 3235. — Il excite les Parisiens contre Henri IV (1590), III, 2249.
Panjas (Jean de Pardaillan, protonotaire de). Voy. Pardaillan.
Pannard (Ch.-Fr.) : deux romances de lui dans les *Chansons de La Borde* (1773), 1002. — Quatre pièces de lui dans les *Chants et Chansons populaires de la France* (1843), 1014.
Pannier (Léopold) : cité, II, 1856.
Pannys : vers à lui adressés par Joachim Blanchon (1583), IV, 2938.
Pansa (Paolo) : vers de lui dans les *Icones* de N. Reusner (1589), V, 3370.
Pansard (Saint), IV, 3021.
Pantagruel (v. 1533), II, 1508 ; (1542), 1509 ; — cité (1551), IV, 2951. Voy. Rabelais (François).
Pantaleone : *Pillularium* (1526, n. s.), IV, 3164.
Panthée, citée par Guill. Du Peyrat (1593), IV, 2945 ; — sujet d'une tragédie de Cl. Billard (1610), II, 1105.
Pape (Pièces contre le), 96-99 ; V, 3211, 3212, 3266.
Papes (Chronologie des), par Jacques Chevillard (1724), III, 2493, art. 3. — *Papes françois*, ibid., art. 4.
Papillon, dessin. et grav. (v. 1730), III, 2487, 2524.
Papillon (Almanque), *La Victoire et Triomphe d'argent contre le dieu d'amours* (1535), IV, 2964, art. 78. — *Le Nouvel Amour*, ms., IV, 2965, art. 3 ; (impr. 1547), 806 ; (1568), 807.
Papillon (André), impr. à Lyon (1597), IV, 3064.
Papillon (Etienne), libr. à Paris (1711), 387, art. 1 ; (1712), 389, art. 2.
Papillon (Jean), cité par Nic. Bourbon (1538), IV, 2788.
Papillon (Jean-Michel), graveur, collabore à l'*Encyclopédie* (1751-1777), III, 2523, p. 282.
Papillon (Marc de), dit le capitaine Lasphrise : *Premieres œuvres* (1597), 762.
Papillon (Nicolas), prince du puy de Rouen : vers à lui adressés et réponse (1579), IV, 2930.
Papin (Denis) : liste de ses ouvrages (1723), 82.

Papin (Isaac): *Recueil* de ses ouvrages (1723), 82.
Papin (Anne Viart, dame), publie le *Recueil des ouvrages* de son mari 1723), 82.
Par (Charles de), abbé de Saint-Amand : Jean Vervliet lui dédie *Les Rossignols spirituels* (1621), 1020.
Parabosco (Girolamo), imité par Gabriel Chappuy (1584), II, 1701.
Parade, danseur (1635-1636), IV, p. 632.
Paradin (Guillaume), cité par Nic. Bourbon (1538), IV, 2788. — *Annales de Bourgogne* (1566), III, 2352. — Vers sur le portrait d'Antoine Du Verdier (1580), V, 3378.
Paradis, bibliophile : volumes lui ayant appartenu, 512, 556, 656 ; II, 1031, 1676.
Parchappe de Vinay : généalogie, III, 2495.
Parcieux (Antoine de), signe le *Certificat* et l'*Approbation de l'Encyclopédie* (1760), III, 2523.
Parcus (Jacobus), un des noms de l'imprimeur Cadier, Quadier, ou Estauge (1546), V, 3248.
Pardaillan (Les trois), sont tués à la Saint-Barthélemy (1572), IV, 3191.
Pardaillan (Jacques de Ségur de), ambassadeur du roi de Navarre en Allemagne (1583), III, 2242, art. 1. — Il signe le traité conclu entre le roi de Navarre et le duc Jean-Casimir (11 janv. 1587), III, 2242, art. 6.
Pardaillan (Jean de), dit le protonotaire de Panjas : vers à lui adressés par Du Bellay (1559), IV, 2896.
Pardaillan de Gondrin (de), archevêque de Sens : lettre à lui adressée par Rangouze (1649), II, 1879.
Pardaillan de Gondrin d'Antin (Pierre de), évêque de Langres : son blason (1724), III, 2493, art. 22.
Pardianus (Claude), cité par Nic. Bourbon (1538), IV, 2788.
Paré (Ambroise), *Deux Livres de chirurgie* (1573), 196. — Il est cité par Guy Le Fèvre de La Boderie (1578), IV, 3183 ; — par Jean Dorat (1586), IV, 2789, p. 86.
Parelle, éditeur des *Œuvres* de Montesquieu (1826), II, 1913.
Parœnetique à la noblesse, sonnet (1575), III, 2695.
Parenetic, ou Discours de remonstrances au peuple françois (1602), III, 2240, art. 11.
Parent (François) : Discours latins sur la mort de Henri IV (1610), 891, art. 3.
Parenti (René), cité par Nic. Bourbon (1538), IV, 2788.
Parfait (Guillaume) : Jean Dorat lui adresse des vers en l'honneur de Henri III (1574), III, 2319.
Parfumeur (Le) françois (1696), 200.
Paris. Eloges. *Etymologisation de Paris*, par Jehan Munier (xv⁰ siècle), IV, 2796, art. 18. — *Ballade à sa louange*, par Gillas Corrozet (1535), II, 2091. — *Ode pour Dieu gard à la ville de Paris*, par Ch. Fontaine (1554), IV, 3084, art. 4. —
Descriptions. *La Fleur des antiquitez de Paris*, [par Gilles Corrozet] (1533), III, 2303. — *Les Antiquitez, Croniques et Singularitez de Paris*, par Gilles Corrozet, augmentées par N. B. [Nic. Bonfons] (1586-88), III, 2304. — *Les Fastes, Antiquitez et Choses plus remarquables de Paris*, par Pierre Bonfons (1607), III, 2305. — *Les Antiquitez de la ville de Paris*, par Claude Malingre (1640), V, 3356. — *Abrégé des antiquitez de la ville de Paris*, [par Fr. Colletet] (1664), III, 2306. — *Description nouvelle de ce qu'il y a de plus remarquable dans la ville de Paris*, par M. B**** [Brice] (1684), III, 2307. — *Paris ancien et nouveau*, par M. Le Maire (1685), III, 2308. — *Le Voyageur fidele, ou le Guide des etrangers dans la ville de Paris* [par L. Liger] (1716), III, 2309. — *Description historique de la ville de Paris et de ses environs*, par Piganiol de La Force (1765), III, 2310. — *Memorial de Paris et de ses environs*, [par Ann. Antonini, revu par Guill.-Th. Raynal] (1749), III, 2311. — *Plan de Paris*, gravé sous les ordres de Turgot (1739), III, 2313. — *Vues de Paris*, gravées par Pérelle (xvii⁰ siècle), 249 ; — gravées par divers (xviii⁰ siècle), 250. — *Hôtel de Nesle, illuminé* (1739), III, 2524, p. 303. — *Place Louis XV* (1763), III, 2524, p. 310. — *Les Rues et Eglises de Paris* (v. 1520), III, 2302. — Histoire générale. *Les Annales generales de la ville de Paris*, [par Claude Malingre] (1640), III, 2313. — *Histoire et Recherches des antiquités de Paris*, par H. Sauval (1724), III, 2314. — *Histoire de la ville de Paris*, par D. Michel Félibien (1725), III, 2315. — *Noms et Armes des gouverneurs, capitaines et lieutenants généraux, prévôts des marchands, echevins*, etc., par Chevillard (1722-1731), III, 2493, art. 47-50. — *Gouverneurs, Lieutenans du roy, Prevôts des marchands, Echevins*, etc. (v. 1741), III, 2497. — Histoire ecclésiastique. *Histoire de la ville et de tout le diocese de Paris*, par l'abbé Lebeuf (1754-1757), III, 2316. — *Histoire de l'ab-*

baye royale de S. Germain des Prez, par D. Jacques Bouillart (1724), III, 2317. — *Vues de Saint-Germain des Prés*, IV, 3096, art. 34-34 quater. — *Regle, Constitutions, etc., pour les folles penitentes* (v. 1500), 122. — Détails de l'histoire. *Le Pas des armes tenu a l'entree de la royne a Paris*, [par Guillebert Chauveau] (1514), II, 2113, 2114. — *La Publication des joustes publiées a Paris* (1515), II, 2119. — *Le Livre et Forest de messire Bernardin Rince..., contenant... l'appareil, les jeux et le festin de la Bastille* (1518), III, 2659. — *Rescription des dames de Paris au roy Françoys estant dela les monts* (1525), IV, 2964, art. 87. — *Le Venite nouveaument faict A la noble royne de France, Des prisonniers du Chastelet...* (1530), IV, 2857. — *L'Enfer de Paris*, par Cl. Marot, IV, 2964, art. 84. — *L'Entree triumphante... de... madame Lyenor d'Austriche... en la... cité de Paris* (1531), II, 2137. — *Extraict de parlement. La Confirmation des grans previleges, etc.* (sept. 1531), III, 2318. — Entrée de Charles-Quint, relation néerlandaise de Corneille Romijn (1ᵉʳ janv. 1510), II, 2140 ; — relation allemande, 2141. — Entrée de Henri II (16 juin 1549), IV, 3114. — *Articles contenans les causes qui ont meu le roy... a faire la procession generale a Paris* (4 juill. 1549), III, 2144. — *Le Recueil des inscriptions, figures et masquarades ordonnées en l'hostel de ville, à Paris, le jeudi 17. de fevr. 1558*, par Est. Jodelle, 697. — *Le Trespas et Ordre des obseques, funerailles et enterrement de Henri II*, par Fr. de Signac (1559), III, 2148. — Entrée de Charles IX à Paris (mars 1571), 785, 786 ; IV, 3117. — Chanson sur cette entrée (1572), V, 3295. — Poèmes de François d'Amboise, de Pierre de La Roche et de François Rose sur l'entrée de Charles IX à Paris (6 mars 1571), IV, 2924-2926. — Entrée de la reine Elisabeth d'Autriche (avril 1571), IV, 3117, art. 3. — Pièces diverses sur la Saint-Barthélemy (24 août 1572), 787 ; III, 2173-2176, 2608 ; IV, 3119-3121, 3123-3125, 3185, 3186. — *Exhortation du peuple de Paris, faict au roy pour poursuyvre l'extermination des heretiques* (1572), IV, 3193. — Entrée des ambassadeurs polonais (1573), V, 3238. — Vers récités devant le roi au festin donné par la ville le 6 févr. 1578, IV, 2968. — *Harangue du roy faite à messieurs de Paris* (11 août 1585), III, 2194, p. 35. — *Histoire tres-veritable de ce qui est advenu en ceste ville de Paris depuis le 7. de may 1588 jusques au dernier jour de juin*, III, 2221, art. 2 ; — 2251, p. 87. — *Discours veritable sur ce qui est arrivé à Paris le 12. de may 1588*, III, 2221, art. 1. — *Discours sur l'...entreprise de M. de Guise pour se saisir de... Paris* (mai 1588), III, 2194, p. 41. — *Lettres que les habitans escrivent aux villes... de la religion romaine* (18 mai 1588), III, 2194, p. 41. — *Amplification des particularitez qui se passerent à Paris lorsque M. de Guise s'en empara* (1588), III, 2194, p. 42 ; 2251, p. 87. — *Propositions faittes à toute la faculté de theologie de Paris par les magistrats de ladite ville contre le roy* (7 janv. 1589) ; *examen de la resolution [de] messieurs de la faculté de theologie*, III, 2194, p. 43, art. 48, 49. — La ville est déclarée par le roi félonne et rebelle (févr. 1589), III, 2219, art. 9 ; 2194, p. 43. — *Journal des Choses advenues à Paris depuis le 23 déc. 1588 jusqu'au dernier jour d'avril 1589* (1744), III, 2188. — *Conseil salutaire d'un bon François aux Parisiens...* (fin mai 1589), III, 2251, p. 87. — *Discours de ce qui s'est passé en l'armée du roy depuis son arrivée devant Paris jusques au 9. de juillet 1590* (1741), III, 2236, art. 12. — *Recit de ce qui s'est passé à Paris après la mort du roy Henry III.* (août 1589), III, 2251, p. 87. — *Continuation de ce qui est advenu en l'armée du roy depuis la prinse des faux bourgs de Paris* (1590), III, 2236, art. 18. — *Bref Discours et veritable des choses plus notables arrivées au siege de Paris* (5 mai-30 août 1590), par Pedro Cornejo (1590), III, 2248. — (1709), 2251. — *Brief Traité des miseres de la ville de Paris* (1590), III, 2251, p. 87. — *La Souffrance de la ville de Paris* (1591), III, 2249. — *Discours de tout ce qui s'est passé à la prise de la ville et bastille de Paris* (1594), III, 2706. — *Ode au roi sur la reduction de Paris*, par Nicolas Richelet (1594), IV, 2946. — *La triste et lamentable Complainte du capitaine La Quinte et de ses compagnons justiciez dans Paris et à Chalon sur Saone* (1607), 113. — Exécution de François de La Motte (1608), 114. — Pièces diverses sur l'assassinat de Henri IV et sur ses funérailles (1610), III, 2257, 2258, 2243, articles 10 et suiv. — La statue de Henri IV y est élevée (1614), III, 2243, art. 19, 21. — Louis XIII et Anne d'Autriche y sont reçus (16 mai 1616), III, 2274. — Apparition advenue à la personne de Jean Helias (1623), II, 1729. — Exécution de la Voisin (1680), 997, 998. — Histoire de l'Université et des Bibliothèques. *Elegie au jesuite qui list gratis en l'université*, [traduite de Turnèbe] (1565), IV, 2957. — *Rymaille sur les plus celebres bibliotiers de Paris* (1649), 970. — Tableaux de mœurs. *Chanson de tous les cris de Paris* (1572), V, 3295. — *Le Debat des dames de Paris et de Rouen sur l'entree du roy* (1508), IV, 2835. — *La Rescription des dames de Millan a celles de Paris et de Rouen* (v. 1512), IV, 2854. — *La Reformation des dames de Paris faicte par les dames de Lyon* (v. 1512), III, 2592. — *La Replicque faicte par les dames de Paris* (v. 1512), ibid. — *Deploration et Complaincte de la mere Cardine..., gouvernante du Huleu* (1570), IV, 2957. — *Le Banissement de l'esperance des chambrieres de Paris* (v. 1595), II, 1796, art. 20. — *La Resjouissance des harangeres et poissonnieres des halles de Paris* (1614), II, 1796, art. 22. — *Le Reveil du chat qui dort*, etc. (1616), 1796, art. 25. — *Les Regrets des filles de joie de Paris sur le subject de leur bannissement* (v. 1620), II, 1796, art. 30. — *Arrest de querelle des serviteurs de la ville de Paris contre leurs maistres* (v. 1620), 1796, art. 21. — *Recueil general des caquets de l'acouchée* (1623), II, 1796. — *La Responce des dames et bourgeoises de Paris* (1622), 1796, art. 3. — *Les Grands Jours tenus à Paris par M. Muet* (1622), II, 1796, art. 11 ; 1802. — *Les Assises tenues à Gentilly par le sieur Baltazar* (1623), II, 1803. — *Les Estats tenus à La Grenouilliere* (1623), II, 1804. — *Le Caquet des femmes du faux-bourg Montmartre, avec la Responce des filles du faux-bourg Sainct Marceau* (1622), III, 1796, art. 2. — *Le grand Procez et la Querelle des femmes du faux-bourg S. Germain avec les filles du faux-bourg de Montmarte* (1623), II, 1797, art. 18. — *Le Caquet des poissonnieres sur le departement du roy et de la cour* (1623), II, 1796, art. 19. — *L'Affliction des dames de Paris sur le despart de leurs serviteurs* (1623), II, 1796, art. 24. — *Histoire comique de Francion*, [par Ch. Sorel] (1623, 1636), III, 2628, 2629. — *La Chasse des dames d'amour* (1625), II, 1796,

art. 27. — *Reigles, Statuts et Ordonnances de la Caballe des filous reformez* (v. 1625), II, 1807. — *Procez nouvellement intenté entre messieurs les Savatiers... et les Courtissans de la Necessité* (1634), II, 1808. — *La Deffence des servantes de Paris sur la conservation de leurs moustaches* (1639), II, 1809. — *Le Roman bourgeois* [par Furetière] (1666), II, 1532. — *La Deroute et l'Adieu des filles de joye de la ville et faubourgs de Paris* (1668), II, 1689 ; (v. 1734), 1685 ; (1754), 1686. — *Tableau de Paris*, par Mercier, gravures de Dünker (1787), III, 2323. — *Les Nuits de Paris*, [par Restif de La Bretonne] (1788-94), II, 1916, art. 23. — *Le Palais-Royal*, [par le même] (1790), II, 1916, art. 28. — *Les Parisiennes*, [par Restif de La Bretonne] (1787), II, 1916, art. 22. — *Tableaux de la bonne compagnie*, [par Restif de La Bretonne] (1787-1788), 1916, art. 27. — *Sakontala à Paris*, par Eusèbe de La Salle (1833), II, 1623. — *Scènes de la vie parisienne*, par H. de Balzac (1835), II, 1592. — *Histoire de la grandeur et de la décadence de César Birotteau*, par H. de Balzac (1838), 1594. — *Un grand Homme de province à Paris*, par H. de Balzac (1839), 1596. — *Splendeurs et Misères des courtisanes*, par H. de Balzac (1845), 1601. — *Un Hiver à Paris*, par J. Janin (1843), 2324. — *L'Eté à Paris*, par le même (1844), 2325. — Histoire du commerce. *Les Adresses de la ville de Paris*, par Nic. Blégny (1691), III, 2320. — *Le Livre commode*, par le même (1692), 2321. — *Almanach dauphin* (1777), 2322. — *Liste de messieurs les gardes de l'Orphevrerie*, etc. (1655), 273. — *Marques des canoniers de Paris* (1788), 307. — Relations d'une émeute causée par les fripiers juifs (1652), II, 2071. — Liberté de commerce accordée aux Juifs (1775), II, 2073. — Imprimeurs et Libraires. Voy. Alexandre (Nicolas), 1615-1625. Alissot (Jehan), 1486. Alix (Barthélemy), 1736. Allyer (Jan d'), art. Dallier. Allin (La veuve Remy d'), 1625. Alliot (Gervais), 1625-1644. André (Jehan), 1537-1551. Anfrie (Philippe d'), 1558-1559. Angot (Charles), 1675. Anisson (Jean), 1691-1699. Attaingnant (Pierre), 1531. — Sa veuve, 1553. Aubert et Cie, 1842-1843. Aubouin (Pierre), 1687-1697. Aubry (Auguste), 937. Aubri (Bernard), 1530. Audebert (François), 1619. Audin, 1823. Audinet (Claude), 1677. — Sa veuve,

TABLE ALPHABÉTIQUE GÉNÉRALE

1684. Augereau (Antoine), 1532. Auroy (Amable), 1688-1691. Auvray (Guillaume), 1586. Bacot (Adrian), 1626. Bade (Josse), 1517. Baillet (Pierre),1631.Bailly (Guill.-L.), 1769. Ballard(Christophe), 1673-1718. Ballard (Robert), 1573-1584. Ballard (Robert II), 1654-1673. Balligault (Félix), v. 1490. Balzac (Honoré de), 1828. Baragnes (Rollin), 1617. Barba (J.-N.), 1819-1837. Barbé (Guillaume), 1562. Barbier (A.), 1830-1838. Barbier (Jehan), 1509. Barbin (Claude), 1660-1697. — Sa veuve, 1699-1707. Barbote (Pierre), 1622-1625. Barbou (Jean-Joseph), 1726-1733. Barbou (Joseph-Gérard), 1766-1774. Barois (Jacques) fils, 1739-1765. Barrois (Théophile), 1788-1791. Basan, 1767. Bats (Pierre de), 1668. Bauche (J.-B. Claude II), 1749-1765. Bauchon (Catherine), femme de Noël Pissot, art. Pissot. Baudouin fils, 1818. Baudouin (Alexandre et N.....), frères, 1821-1822. Baudouin (François-Jean), 1783-1784. Baudouin (P.), 1838-1839. Béchet (veuve Charles), 1832-1835. Bechet (Denys), 1666. Beys (Gilles), 1579-1589. — Madeleine Plantin, sa veuve, apr. 1595. Belart, v. 1500. Belin (François), 1782-1789. Belin-Leprieur (J.), 1845. Bénard (Simon), 1672. — Sa veuve, 1695-1704. Berjon (Jean), 1619. Bertault (Pierre), 1602. Besongne (Augustin), 1646-1668. Besongne (Cardin), 1640. Besongne (Jacques), 1621. Besongne (Nicolas), [1658-1698]. Bessin (Jacques), 1614. Bessin (Jean), 1622-1643. Béthune et Plon, 1836-1843. Bezou (V.), 1836-1839. Bichon (Guillaume), 1588. Bignon (Jean), 1544. Billaine (Louis), 1661-1677. Billaine (Pierre), 1623-1639. Billet (Challot)-imaginaire (?), 1564. Bineaulx (Guillaume), 1509. Binet (Denis), 1689. Blageart (Claude), 1677-1683. — Sa veuve, 1685-1686. Blageart (Michel), 1631-1634. Blaublom (Loys), dit Cyaneus, 1535. Bleuet (Claude), 1774. Bleuet (Pierre-François), dit le jeune, 1797. Blihart (Claude), 1562-1563. Blin (Pierre), 1786-1792. Blondeau (Ad.),1842.Blot (Edouard), 1859. Bogard (Jacques), 1546. Bonfons (La veuve Jean), s. d. Bonfons (Nicolas), 1573-1607. Bonfons (Pierre), 1600. Bonnaire (Félix), 1834-1840. Bonnemère (Anthoine), 1525-1538. Bonneville (Nicolas), 1796. Bordeaux (Jean de), 1570-1572. Bordeaux (Jean II de), 1610-1629. Bordelet, 1739-1747. Borel (Jean), 1576. Bossange (Hector), 1829. Bossozel (Guillaume), 1533. Boucheron (Auguste), 1834. Boudet Antoine, 1743. Boudot (Jean), 1688-1703. Bouillerot (Joseph), 1618-1622. Boulanger (Louis), 1636. Boulé et Cie, 1838. Boulland (Auguste) et Cie, 1824. Bourgogne et Martinet, 1837. Bouriquant (Fleury), 1608-1620. Bouriquant (Jean), 1616. Boutonné (Rolet), 1621. Bretet (René), 1622. Breton (Richard), 1559. Breville (Mathurin), 1558. Breyer (Lucas), ou Breyel, 1568-1605. Briasson (Antoine-Claude), 1730-1772. Brie (Eustache de), 1507-1508. Brière (Aunet), 1551-1560. Brissot-Thivars, 1828. Brumen (Thomas), 1573-1585. Bruneau (Jeanne), veuve de Vincent Sertenas, 1564. Brunet (veuve Bernard), 1762. Brunet (Jean), 1614-1634. Brunet (Michel II), 1692-1693. Brunet (Michel III), 1693-1711. Buffet (Michel), 1574. Buffet (Nicolas), 1545-1556. — Sa veuve, 1557-1559. Buisson (François), 1786. Bullot (Joseph), 1744-1754. Buon (Gabriel), 1559-1586. Buon (Nicolas), 1623. Cadot (Alexandre), 1853-1864. Caillaut (Anthoine), v. 1500. Cailleau (André), 1731. — Sa veuve, 1751. Cailleau (André-Charles), ou Caillau, 1756-1779. Calvarin (Prigent), 1520. Camusat (Jean), 1638. — Sa veuve, 1646. Canel (Urbain), 1823-1834. Canivet (Jean), 1569. Capiomont, 1872-1876. Casimir, 1836. Caveiller (Estienne), 1539-1542. Caveiller (Jean), 1556. Cavelier (Guillaume II), 1694-1726. — Sa veuve, 1727. Cavelier (Guillaume III), 1718-1745. Cavellat (Guillaume), 1550-1573. Cavellat (Hiérosme), 1586. Cavellat (Léon), 1600. Cazin (M.-H.),1753-1781. Cellier (Claude), 1693. Cellot (Louis), 1757-1771. Chaix (A.) et Cie, 1881. Challenge (Mathurin) et Jean Mettayer, 1573. Chalonneau (Benoist), 1600. Chambellan (David), 1636. Chamhoudry (Louis), 1652-1658. Champenois (Antoine), 1615-1621. Chanson (J.-L.), 1807. Chappellain (Charles), 1607-1613. Chardon (Jacques), 1718-1762. Charlieu, 1857-1859. Charmot (La veuve), 1694. Charpentier, 1834-1866. Charpentier et Cie, 1872. Charpentier (Georges), 1876-1877. Charpentier (Henry), 1726-1733. Chaubert (Hugues-Daniel), 1752-1766. Chauchet (Benoist), 1582. Chaudière (Claude), 1550. Chaudière (Guillaume), 1569-1599. Chaudière (Regnauld), 1519-1550. Chereau (F.); sa veuve, 1748. Chereau, (N.....) 1752. Chesnault (Charles), 1657-1666. Chesneau (Nicolas), 1563-1583. Chevalier (Michel), 1605-1607. Chevalier (Pierre), 1599-1619. Chevallon

(Ch.) ; sa veuve [Ch. Guillard], 1539-1543. Chevance, 1694. Chevillot (Pierre), 1579-1586. Chlendowski (Louis), 1847-1848. Citerne (Guillaume), 1623-1630. Claudin (Anat.), 1874. Claye (Jules) et C¹ᵉ, 1851-1875. Clousier (Charles), 1687-1697. Clouzier (François), 1664. Clouzier (Gervais), 1675-1681. — Sa veuve, 1681. Clousier (Jacques), 1738-1742. Clousier (Jacques-Gabriel), 1774-1778. Clouzier (Michel), 1713. — Sa veuve, 1724-1730. Codoré (Olivier), 1571. Coignard (La veuve de Charles ?), 1706. Coignard (Jean-Baptiste Iᵉʳ), 1688. Coignard (Jean-Baptiste II), 1691-1721. Coignard (Jean-Baptiste III), 1733-1747. Colines (Simon de), 1523-1543. Collier (Ph.), 1836. Collombat (Jacques), 1738. Colnet, an XII. Colombel (Mathieu), 1634-1656. Colombel (Robert), 1581-1584. Commin (Vincent), 1491. Comon et C¹ᵉ, 1845. Compagnie des libraires associés, 1702-1773. Corbon (Jehan), v. 1530. Cormon, 1841. Corrozet (Gilles), 1535-1565. Costard, 1771. Cot (Pierre), 1709. Cotinet (Arnould), 1661-1662. Cottard (Pierre), 1683. Coulombel (Robert), art. Colombel. Coulon, 1639. Courbé (Augustin), 1633-1668. Coustelier (Antoine-Urbain), 1719. Couteau (Anthoine), 1526-1531. Couteau (Gillet), 1492. Couteau (Nicolas), 1527-1538. Couterot (Edme), 1686. Couterot (Jean), 1682. Cramoisy (Sébastien), 1627-1637. Crapart, 1790. Crapelet (G.-A. 1816-1852. Crespy, 1702. Cupidon, imaginaire, v. 1700, 1872. Curmer (Louis), 1843-1844. Cusson (Jean), 1668. Dagneau (J.), 1852. Dalibon, 1823-1826. Dallier (Jean), 1549-1572. Damoneville, 1726-1756. Danfrie (Philippe), art. Anfrie (d'). Daufresne (Robert), 1623. Daumont, v. 1775. Dauthereau, 1827. David (Christophe), 1705. David (Michel-Antoine), dit l'aîné, 1745-1769. David (Michel-Etienne), dit d'abord l'aîné, 1726-1747. Debray, 1808. De Broise, 1858-1860. De Bure (Guillaume), fils aîné, 1777-1783. De Bure (Jean), l'aîné, 1736-1758. De Bure (L.), 1824. Decourchant, 1830-1834. Defer de Maisonneuve, 1793. — Sa veuve, 1796. Dehay (Timothée), 1830. Delaguette (La veuve) et fils, 1788. Delalain (Auguste), 1768-1776. Delangle (N.), 1825-1826. Delangle frères, 1827-1830. Delas (Leger), 1597. Delatour (Louis-Denis), 1732. — Sa veuve, Marie-Anne Mérigot, 1738-1758. Delatour (Louis-François), 1757. Delaulne (Les), 1698. Delaulne (Florentin), 1716-1719. — Sa veuve, 1725. Delaunay, 1829. Delaunay-Vallée, 1830. Delaunois, 1834. Delcambre (A.), 1857. Delespine (Charles-Jean-Baptiste), 1747. Delespine (Jean-Baptiste), 1705. Delloye (H.-L.), et V. Lecou, 1836. Delloye (H.-L.), 1837-1840. Delormel (Pierre), 1728. Demonville, 1771-1804. De Nain (Robert), 1648. Deneuilly, 1726-1733. Deninville (Nicolas), 1600. Denys (Toussaint), 1515. Denise (Estienne), 1558. Dentu (E.), 1867-1874. Dépée (E.), 1836-1853. De Potter (L.), 1845. Desaint (Jean), 1726-1734. Desaint et Charles Saillant, 1738-1758. Desaint (Nicolas), 1766. Des Champs (Hector), v. 1500. Desessart, 1838-1847. Desessartz (Jean), 1725. Des Hayes (Pierre Iᵉʳ), 1574-1589. Des Hayes (Pierre II), 1620-1648. Despilly (Jean-Baptiste), 1765. Desprez (Guillaume Iᵉʳ), 1662-1690. Desprez (Guillaume II), 1743. Desprez (Guillaume-Nicolas), 1765. Des Prez (Nicolas), 1513. Dezallier (Antoine), 1683-1712. Didier (Eugène), 1852. Didot (Ambroise-Firmin et Hyacinthe), frères, 1844. Didot (Firmin), dit le jeune, 1785-1824. Didot (François), 1726-1756. Didot (François-Ambroise), dit l'aîné, 1765-1787. Didot (Henri), 1797. Didot (Jules) l'aîné, 1823-1833. Didot (Pierre), dit l'aîné, 1792-1823. Didot (Pierre-François), dit le jeune, 1778-1799. Dondey-Dupré père et fils, 1828. Dondey-Dupré (Prosper), 1834. — Sa veuve, 1836-1855. Dorat (Jean), éditeur de ses œuvres, 1570. Doré (Jean-Didier), 1776. Douceur (David), 1606-1608. Doyen (G.), 1827-1832. Drobet (George), 1596-1597. Dubochet et C¹ᵉ, 1842. Du Bois (Simon), 1525-1529. Du Bray (Toussaint), 1605-1633. Du Breuil (Anthoine), 1600-1620. Du Breuil (Anthoine) le jeune, 1615-1620. Du Carroy (François), 1611. Du Carroy (Jean), 1598. Du Carroy (Veuve), 1622-1627. Ducessois, 1830-1833. Du Chemin (Nicolas), 1549-4565. Du Chesne (François), v. 1625 (?). Du Chesne (Jean-Nicolas), 1794-1802. Du Chesne (Nicolas), 1750-1763. — N. Cailleau, sa veuve, 1767-1793. Du Chesne (Veuve) et fils, 1789-1799. Du Clou (Françoise Gétard, veuve de Jacques), 1618-1619. Du Coudret (Laurent), 1583. Du Crocq (Pierre), 1610. Dufaure-Fondamente, 1653. Dufour (J.-E. Gabriel), 1797-1799. Dufour (Pierre), 1761. Dugast (Jacques), 1633-1645. Du Hamel (Richard), 1637-1640. Du Mesnil (Gilles-Paulin), 1698. Du Mesnil (Pau-

TABLE ALPHABÉTIQUE GÉNÉRALE

lus), 1710-1737. Dumont, 1836-1842. Dumont (Nicolas), 1571. Dupont (Ambroise) et Cⁱᵉ, 1827-1839. Du Pré (Denis), 1566-1584. Du Pré (Galliot Iᵉʳ), 1514-1547. Du Pré (Galliot II), 1568-1573. Du Pré (Jehan), v. 1490-1540. Du Puy (Henry), 1832. Du Puis (Grégoire), 1704-1724. Du Puys (Jacques), 1557-1566. Dupuis (La veuve de Jean), 1676. Durand (Laurent), 1743-1758. Durand (Pierre-Etienne), dit Durand neveu, 1762-1771. Durey, 1823-1827. Duriez et Cⁱᵉ, 1848. Duval (Denys), 1574-1606. Duval (Thibault), 1622. Duverger (E.), 1832-1837. Edme (Edme Rapenot, dit), 1772-1777. Eymery (Alexis), 1816. Emcry (Pierre), dit Emery père, 1687-1697. Emery (Pierre-François), dit Emery fils, 1720-1726. Esnault et Rapilly, 1778-1785. Esprit (Jacques), 1776-1777. Estienne (Charles), 1553-1554. Estienne (Henri II), 1554. Estienne (Jacques), 1712-1718. — Marie-Anne Guyard, sa veuve, 1733-1745. Estienne (Robert Iᵉʳ), 1537-1547. Estienne (Robert II), 1556-1570. Estienne (Robert III), 1573-1610. Estoc (Anthoine), 1617. Eustace (Guillaume), 1508-1514. Eve (Clovis), v. 1600-1621. Everat (Ad.), 1832-1839. Fain, 1819-1829. Febvrier (Jean), 1582. Feugé (Robert), 1623. Fezandat (Michel), 1549-1562. Fillens, 1847. Foucault (Hilaire), 1719. — Sa veuve, 1724-1725. Foucault (Nicolas), 1656-1657. Fouet (Jean), 1614. Fouet (Robert), 1604-1609. Fourbet (Germain), 1572. Fournier (Henri), dit Fournier jeune, 1825-1839. Gadouleau (Michel), 1583. Galliot, 1822. Gandouin (Julien-Michel), 1729-1735. Gandouin (Pierre), 1732-1742. — Sa veuve, 1747. Ganeau (Etienne), 1719-1732. — Sa veuve, Marie Rubat, 1744. Ganeau (Louis-Etienne), 1739-1770. Garamond, 1544. Garnier frères, 1843-1856. Gattey, 1789. Gauguery, 1769. Gaultherot (Vivant), 1549. Gautier (Claude), 1578. Gaultier (Pierre), 1560. Gautier (Raulin), 1563. Gentil (Jean), 1554. Gerlier (Durand), 1508. Gesselin (Jean), 1597-1617. Giffart (Pierre-François), 1719-1741. Gilles (Gilles), 1578-1585. Girard (Théodore), 1666-1686. Girault (Ambroise), 1533-1537. Giraud (D.) et J. Dagneau, 1852 ; — seul, 1853. Gissey (Henry-Simon-Pierre), 1724-1750. Godec (Prigent), 1572. Gorbin (Gilles), 1574. Gosselin (Charles), 1829-1842. Gosselin (Nicolas), 1712-1725. Gourault (Claude), 1639. Gourault (Gilles), 1664. Gourmont (Benoist de), 1537-1542. Gourmont (Gilles de), 1508-1529. Gourmont (Hiérosme de), 1542. Gourmont (Jehan), 1518. Gourmont (Robert), 1492-1507. Grandjon (Robert), 1551-1572. Gratiot (Amédée), 1538-1540. Gratiot (Gustave), 1550-1551. Grattelard (Guillaume), libr. imaginaire, 1622. Grégoire et Cⁱᵉ, 1835. Gros (Jean-Baptiste), 1842. Grou (Jean-François), 1717. Groulleau (Estienne), 1533-1556. Gueffier (François), 1594. Guérin (Hippolyte-Louis), 1726-1757. Guérin (Jacques), 1727-1744. Guérin (La veuve de Louis), 1726.-Guérout (Michel), 1687-1691. — Sa veuve, 1691-1692. Guerreau (Joseph), 1614. Guerson (Guillaume) de Villelongue, v. 1520. Gueullart (Jean), v. 1552. Guignard (Jean Iᵉʳ), 1628. Guignard (Jean II), 1660-1697. Guignard (René), 1666-1672. Guillain (Thomas), 1685-1696. Guillard (Guillaume), 1555. Guillaume(L.-M.), 1811. Guillemau (Abraham), 1614. Guillemot (La veuve de Jean), 1652. Guillemot (Mathieu), 1599-1604. — Sa veuve, 1612. Guillemot (P.), 1807. Guillery (C.), 1687. Guillyn, 1764-1767. Guillot, 1785-1790. Guiraudet, 1824-1829. Guyot (Ad.), 1832-1834. Hachette (Louis), 1855. Hameau (Bernard), 1610. Hansy (Honoré-Clément de), 1774-1775. Harsy (Olivier de), 1558-1559. Havard (Gustave), 1846. Hennuyer, 1852. Henriot et Cⁱᵉ, 1840. Hérissant (Claude), 1759-1764. — Sa veuve, Charlotte Barbry, 1775-1782. Hérissant (Jean-Thomas), 1748-1771. — Sa veuve, 1775-1778. Hernault (Anthoine), 1594. Hetzel (Jules), 1842-1857. Heuqueville (Jean de), 1629. — Marguerite Meusnier, sa veuve, 1634. Heuqueville (Louis de), 1634. Higman (Nicolas), 1517-1533. Hochereau, 1765. Horthemels (Daniel), 1687. Houdenc (Jean), 1622. Houic (Anthoine), 1572. Houry (Jean d'), 1668. Houzé (Jean), 1584. Huart (Pierre-Michel), 1726 (?)-1747. Huby (François), 1614-1623. Huet (Pierre), 1712-1716. Hulpeau (Jean), 1573. Humblot (Denis), 1772-1776. Huquier (G.), v. 1725-v. 1735. Huré (Sébastien), 1662-1683. Huzard-Courcier, 1824. Imprimerie de la *Gazette de France*, 1764-1769. Imprimerie de Monsieur (1785-1791). Imprimerie de la Société typographique, 1802. Imprimerie du Cercle social, 1796. Imprimerie royale, 1673-1772. Imprimeurs unis, 1845. Jacquin (François), 1610. Jacquin (Julian), 1625-1646. Janet (Louis), 1831. Jannet (Pierre), 1853-1857. Janot (Denys), v. 1525-1545. — Jeahne de Marnef, sa veuve, 1545-1547. Janot (Estienne), ou Jehannot, v. 1490. Janot (Jehan), 1515-1516. — Sa veuve, s. d. Jollet (Daniel), 1710-1716. Jolly (Thomas), 1660-1679. Jombert (Charles-Antoine), 1737-1771. Jombert (Charles-Antoine), fils, 1771. Jombert (N. d'Houey, veuve de Jean), 1711. Jombert (Louis-Alexandre), dit le jeune, 1782. Jorry (Sébastien), 1759-1764. Josse (Georges), 1634-1666. Josse (George et Louis), 1693. Josse (Jacques), 1718. Josse (Jean-François), 1730-1731. Josse (Louis), 1705-1709. Josset (Elie),1698.Jouaust (Damase), 1863-1874. Jouin (Michel), 1589. Julien (Guillaume), 1583-1586. Julliot (François), 1617. Kerver (Jacques I*r), 1535-1549. Kerver (Jacques II), 1583-1585. Kerver (Thielman), 1502-1504. Knapen (Achille-Maximin-Philogone), dit le fils, 1788. Knapen (André-François), 1765-1783. La Barre (Nicole de), 1500. La Caille (Robert J.-B. de), 1694. Lachevardière, 1826-1833. Lacombe (Jacques), 1766-1777. Lacombe (Mme de), 1840-1841. La Coste (Nicolas et Jean de), 1634. La Coste (La veuve de Jean de), 1674. Lacrampe et Cie, 1842-1846. Lacrampe fils et Cie, 1847. Ladvocat, 1818-1833. La Garde (Jehan de), 1516-1526. Laisné (La veuve de Séraphin), 1714. L'Aistre (Rémy de), 1503. Laliseau (Raoul), 1506. Lambert (Florentin), 1664. Lambert (Jehan), 1493. Lambert (Michel), 1752-1777. Lambin (Antoine), 1687-1692. Lamesle, 1710-1714. Lamesle (J.-B.), 1722-1724. Lamy (Pierre), 1658-1660. Lamy (Pierre-Michel), 1781-1791. Lange, Lévy et Cie, 1838-1845. L'Angelier (Abel), 1574-1606. L'Angelier (Arnoul), 1538-1553. L'Angelier (Charles), 1538-1550. Langlois (Denis), 1610. Langlois (Jacques), 1695. Langlois (Jean-Baptiste), 1690. Langrand, 1847. La Noue (Guillaume de), 1572-1573. Laporte (Antoine-Louis-Guillaume-Catherine), 1789. La Porte (Jehan de), 1513. La Porte (La veuve de Maurice de), 1552-1553. Laquehay (Jean), 1623. Largent (Jean de), 1588. L'Astre (Jean de), 1575. La Tourette (Jean de), 1632. Latus (Pierre), 1618. Launay (Jean de), 1662. Laurent (Le petit), v. 1500. Leber (Pierre), 1529-1533. Le Blanc (Jean), 1571-1596. Le Blanc (Mathieu), 1623. Le Bret (La veuve de Guillaume), 1551. Le Breton (André-François), 1751-1767. Le Breton (Les demoiselles), 1730. Le Breton (Nicolas-François), 1712-1737. Le Brodeur (Pierre), 1518. Le Caron (Pierre), v. 1490. — Marion de Malaunay, sa veuve, v. 1500. Leché (Marin), 1656. Leclerc, 1862. Leclerc (Charles-Guillaume), 1766. Le Clerc (David), 1605. Le Clerc (Jean), 1605. Le Clerc (Nicolas), 1694-1733. Lecointe, 1823-1827. Lecointe et Pougin, 1832. Lecou (V.), 1836. Ledoux (Abel), 1834. Ledru (Pierre), 1505-1510. Lefèvre, 1818-1826. Le Febvre (Abraham), 1612. Le Febvre (Jacques), 1691-1705. Le Fizelier (Robert), 1583-1589. Le Gallard (Jacques), impr. imaginaire, 1722. Le Gras (Henry), 1640. Le Gras (Marie-Madeleine Loudinot, veuve de Jean-Baptiste), 1767. Le Gras (Nicolas), 1668-1684. Le Heudier (François), 1588. Le Hullin (Perrette), art: Tory (Geofroy). Le Jay (Edme-Jean), 1772-1776. Le Jeune (Martin), 1557-1581. Le Mangnier (Robert) 1558-1579. Le Mercier, 1790. Le Mercier (Pierre-Gilles), 1750. Lemerre (Alphonse), 1876-1878. Le Mire (N.), 1767-1772. Le Mur (Pierre), 1617. Le Noir (Guillaume), 1554. Le Noir (Michel), 1502-1523. Le Noir (Philippe), 1525-1533. Le Normant, 1805. Léonard (Frédéric Ier), 1666-1682. Léonard (Frédéric II), 1706-1726. Le Père et Avaulez, v. 1780. Le Petit (Michel), 1671. Le Petit (Pierre), 1642-1671. Le Petit-Laurens, art. Laurent. Le Prieur (Alexandre), 1751-1765. Le Roy (Adrien), 1573-1584. Le Roy (Jacques), 1612. Le Rouge (Pierre), 1488-1491. Le Savetier (Nicolas), 1532. L'Escaillé (Jehan), 1520. Lescuyer (Sebastien), 1623. Lesselin (Alexandre), 1666. Le Sueur (Liénard), 1574. Le Turc (Robert), impr. imaginaire, 1707. Le Vavasseur (A.), 1830-1831. Levet (Pierre), 1486-1489. Lévy, associé de Lange, 1838-1845. Lévy (Calmann), 1876-1881. Lévy (Michel) frères, 1847-1873. Le Voirrier (Pierre), 1588. L'Heritier (Nicolas), 1542. L'Homme (Martin), 1559. L'Huillier (Pierre), 1572-1588. Libert (Jean), 1610-1612. Libraires (Les) associés, art. Compagnie. Librairie de la Revue des Deux Mondes, 1834. Librairie nouvelle, 1854-1857. Cf. Lévy (Michel) frères. Librairie théâtrale, 1854. Cf. Charlieu. Linocier (Guillaume), 1585. Liseux (Isidore), 1879-1883. Lochom (Michel van), 1638. Locqueneux (Marc), 1573-1588. Locquin (Félix), 1843. Loys (Jean), 1542. Loyson (Estienne), 1660-1682. Loison (Guillaume), 1628. Loison (Henry), 1669-1674.

TABLE ALPHABÉTIQUE GÉNÉRALE

Loyson (Jean-Baptiste), 1648-1673. Lon (Pierre de), 1618. Longis (Jehan), 1528-1560. Lormel (de), 1773. Lotrian (Alain), 1539-1543. Louis, 1793-1794. Louvain (Nicolas), 1595. Luyne (Guillaume de), 1654-1693. Mabre-Cramoisy (Sébastien), 1667-1688. — Sa veuve, 1688-1695. Magasin théâtral, 1836. Magen et Cormon, 1841. Magen (Victor), 1835-1848. Maillet, v. 1750. Malaunay (Marion de), veuve de Pierre Le Caron, art. Le Caron. Mallard (Olivier), 1537-1542. Mallot (Gervais), 1569-1571. Mame, 1830. Mame-Delaunay, 1831. Maradan (Claude-François), 1789-1793. Marchand (Guyot), 1500. Marchand (Jehan), 1504. Mary (Charles), 1830. Marnef (Enguilbert de), 1522-v. 1525. Marnef (Geffroy de), v. 1500-1511. Marnef (Hiérosme de), 1572-1573. Marnef (Jean et Enguilbert de), 1545-v. 1557. Marnef (Jeanne de), veuve de Denis Janot, art. Janot. Martin (Edme), 1631. Martin (Edme II), 1650-1661. — Sa veuve, 1688-1689. Martin (Estienne), 1688-1689. Martin (Gabriel), 1688. Martin (Gabriel II), 1702-1736. Martin (Jean), 1622-1634. Martin (Louis), 1631. Martin (Sébastien), 1652. Martinant (Nicolas), 1613. Martineau (Loys), v. 1500. Martinet, 1837. Mauger (F.), 1665. Maulde et Renou, 1841-1843. Maurand (Jehan), 1493. Mazières (Raymond), 1709. Mazuel (Claude), 1694. Ménard (Jehan), 1492. Ménard (Thomas), 1619. Mercier (Pierre), 1588. Mérenget (Sulpice), 1648. Mérigot (François-Gabriel), 1776. Mérigot (Jean-Gabriel), dit le jeune, 1777-1782. Merlin (Guillaume), 1550. Merlin (Joseph), 1765-1768. Meslier (Denis), v. 1500-v. 1510. Mesnier (Alexandre), 1829. Mesnier (Isaac), 1618-1619. Menier (Maurice), 1555. Mesnier (Pierre), v. 1600. Mettayer (Jamet), 1588, 1595-1596. Mettayer (Jean), 1573. Miard (Jules), 1865. Millot (Didier), 1588-1590. Millot (Jean), 1609-1612. Moëtte (Charles), 1724. Molini (Gio: Claudio), 1771-1783. Molini (P.), 1773. Mondière (Melchior), 1615. Monstr'œil (Claude de), 1579-1604. — Catherine Nyverd, sa veuve, 1609. Montalant, 1778. Moreau (Denis), 1619-1632. Moreau (Jean Iᵉʳ), 1559-1573. Moreau (Jean III), 1708. Moreau (Jean-François), 1743. Moreau (Nicolas-François), 1748. Moreau (Silvestre), 1600-1621. Morel (Claude), 1606. Morel (Fédéric Iᵉʳ), 1556-1578. Morel (Fédéric II), 1584-1620. Morel (Guillaume), 1556-1574. Morin (Benoît), 1783. Morin (Jehan), 1537. Morlot (Claude), 1637. Morris et Cⁱᵉ, 1855. Mouchet (Denis), 1726-1732. Moutard (Nicolas-Léger), 1774-1787. Muffat (René), v. 1860-1861. Muguet (François), 1666-1686. Muguet (N.), 1687. Muguet (Théodore), 1696. Musier (Jean-François), 1777. Musier (Jean-Baptiste-Guillaume), dit le fils, 1774-1775. Neobar (Conrad), 1586. Nepveu (A.), 1824. Nigaud (Jean), 1611. Nyon (Elisabeth Frosne, veuve de Denis), 1691-1692. Nion (Jean-Geoffroy), dit l'aîné, 1712-1733. Nion (Jean-Luc Iᵉʳ), 1713. Nyon (Jean Luc II), dit le fils, 1738-1765. Nyon (Jean-Luc III), 1767-1773. Nyon (Jean-Luc) aîné, 1778. Nivelle (Nicolas), 1589-1590. Nivelle (Robert), 1591-1594. Nivelle (Sébastien), 1575-1577. Nyverd (Guillaume Iᵉʳ), v. 1507-1519. Nyverd (Guillaume II), 1542-1572. Nyverd (Jacques), 1530. Norment (Vincent), 1564. Nully (Jean-Jacques de), 1728-1755. Odieuvre, 1755. Ollivier, 1839. Onfroy (Eugène), 1780. Ongoys (Jean d'), 1574-1579. Orry (Marc), 1588-1609. Osmont (Charles Iᵉʳ), 1678. Osmont (Charles II), 1694-1699. Pacard (Abraham), 1620. Panckoucke (Charles-Joseph), 1763-1778. Papillon (Etienne), 1711-1712. Patisson (Mamert), 1574-1600. — Denise Barbé, sa veuve, 1603-1604. Patisson (Philippe), 1606. Pautonnier (Pierre), 1601. Pélicier, 1824. Pépie (Nicolas), 1712-1716. Pépingué (Edme), 1654. Pépingué (Nicolas), 1662-1669. Percheron (Claude), 1611. Périer (Adrian), 1617-1618. Périer (Charles), 1564. Périer (Daniel), 1588. Périer (Jérémie), 1598-1608. Périer (Thomas), 1583-1585. Perrin (Estienne), 1613. Perronneau (La veuve), 1815. Perrotin, 1832-1864. Pétion, 1848. Petit (Jehan), 1504-1535. Petit-Pas (Jean), 1610-1629. Pychore (Jehan), 1503. Pierres (Ph. de), 1780-1785. Piget, 1743. Pigouchet (Philippe), v. 1500-1501. Pihan-Delaforest, 1835. Pillet fils aîné, 1843. Pinard (J.), 1823-1837. Pissot (Noël), 1724. — Catherine Bauchon, sa veuve, 1728-1753. Pissot (Noël-Jacques), 1753-1780. Plassan, 1797-1834. Plon, 1836-1843. Plumion (La veuve François), 1588. Pohier (Jean), 1696. Pollet, 1622. Portier (Nicolas), 1648. Potier (Laurent), 1852. Pougin, 1832. Poulet, 1816. Poulet-Malassis, 1858-1860. Poupy (Jean), 1576-1581. Poussin (Mᵐᵉ), 1833-1839. Pralard (André), 1701-1711. Prault (Laurent-François), dit Prault fils, 1735-1780. Prault (Laurent François

II), 1781-1782. Prault (Marcel), 1768. Prault (Pierre), dit Prault père, 1726-1768. Preud'homme (Claude), 1639. Prévost (Benoist), 1549-1560. Prévosteau (Estienne), 1582-1595. Promé (Pierre), 1673. Quantin (A.), 1876-1880. Quillau (François-Augustin), 1767-1789. Quillau (Gabriel-François), dit le fils, 1726-1747. Quillau (Jacques), dit le père, 1726. Quinet (Gabriel), 1661-1683. Quinet (Toussaint), 1638-1652. Raçon (Simon) et C¹ᵉ, 1852-1866. Raflé (Antoine), 1696. Rambault, 1694. Ramier (Pierre), 1586-1590. Ramier (Pierre II), 1610-1625. Rapenot (Edme), 1768-1778, art. Edme. Rapilly, 1826. Ratoyre (Pierre), v. 1530. Réal (Jean), 1549. Recoquillée, 1766-1772. Regnard (Marie-Catherine-Angélique Regnard, veuve d'Antoine-Louis), 1771. Regnault (Barbe), 1560. Regnault (Françoys), 1517-1528. Regnault (Louis-Emmanuel), 1783. Remacle (Gilles), 1502. Rembolt (Berthold), v. 1500-1502. Remy (Christophe), 1702. Renduel (Eugène), 1829-1837. Renou, 1841-1861. Renouard (Ant.-Augustin), 1809. Renouard (Jules), 1829. Renouard (Paul), 1829. Renouard (Philippe), 1907. Restif (La veuve Marion), 1797. Restif (Nicolas-Edme) de La Bretonne, 1793-1802. Rezé (François), 1610. Rezé (Jacques), 1600. Ribou (Jean), 1660-1681. Ribou (Pierre), 1698-1718. — Sa veuve, 1722. Ribou (Pierre-Jacques), 1735. Richard (Thomas), 1563-1564. Richer (Estienne), 1613-1637. Richer (Jean Iᵉʳ), 1573-1596. Richer (Jean II), 1588-1619. Ricour (La veuve), 1710. Rignoux, 1823-1833. Robinot (Antoine), 1725. Robinot (Gilles), 1556-1578. Robinot (Gilles II), 1600. Robustel (Claude), 1726-1733. Robustel (Jean-François), 1742-1746. Rocé (Denis), v. 1495-1507. Rocolet (Pierre), 1618-1656. Roffet (André), dit le Faucheur, 1533-1549. Roffet (Estienne), 1540. Roffet (Nicolas), 1579. Roffet (Pierre), 1532-1533. — Sa veuve, 1533-1536. Roffet (Ponce), 1542. Roigny (Michel de), 1572-1575. Rolan (Dominique), 1617. Rollin (Jacques II), dit le fils, 1726-1751. Rondet (Laurent Iᵉʳ), 1679. Roret (J.-P.), 1832. Rosa, 1815. Roulland (Lambert), 1692. Roulland (La veuve de Louis), 1723. Rousset (Anthoine), 1625. Rousset (Nicolas), 1612-1625. Roville (Philippe-Gautier de), 1562-1568. Royer (Christofle), 1561. Royer (Jean-François), 1789. Rozet (Benoist), 1769. Ruault (Nicolas), 1775. Ruelle (Jean Iᵉʳ), 1544-1568. Ruelle (Jean II), 1573. Saillant (Charles), 1738-1773. Sainct-Denys (Jehan), 1530. — Sa veuve, 1531. Saint-Gilles (Gilles de), 1577. Sanxon (Guillaume), 1514. Sara (Jean), 1615-1618. Sara (Robert), 1635. Saugrain (Abraham), 1618-1622. — Espérance Cellier, sa veuve, 1629. Saugrain (Claude-Marin), 1720-1733. Saugrain (Claude-Marin II), 1793-1797. Saugrain (Guillaume), 1698. Saugrain (Joseph), 1744. Saulnier (Adam), 1543. Sautelet (A.) et C¹ᵉ, 1825-1826. Savetier (Nicolas), 1530. Savoye (Veuve), 1765. Savreux (Charles), 1662. Schneider, 1847. Selligue, 1830. Senant (Olivier), s. d. Sercy (Charles de), 1651-1697. Sercy (Nicolas de), 1642. Sergent (Pierre), 1533-1544. Sertenas (Vincent), 1534-1563. — Jeanne Bruneau, sa veuve, 1564. Sevestre (Charles), 1633. Sylves (Sylvain), 1579. Silvestre, 1834-1836. Simart (Nicolas), 1709-1725. Simier, 1825. Simon (Claude), 1729-1751. Simon (Claude-François), dit le fils, 1739-1745. — Elisabeth Des Hayes, sa veuve, 1770-1771. Simon (Claude II), 1770-1778. Société (La), 1725. Soly (Michel), 1629-1634. Sommaville (Antoine de), 1632-1656. Sonnius (Laurens), 1621. Sonnius (Michel), 1580. Soquand (Guichart), v. 1514-1527. Soubron (André), 1655-1656. Souverain (Hippolyte), 1835-1844. Stoupe (Jean-Georges-Antoine), 1763-1789. Tabart (François), 1575-1589. Tardieu (Ambroise), 1824. Targa (François), 1630-1639. Tastu (J.), 1824-1830. Taupinart (Adrien), 1628. Tavernier (Gabriel), s. d. Techener (Jules), 1833-1858. Tenré (I.), 1832. Terzuolo, 1836-1839. Thévenin (Michel), 1612. Thévenon, veuve de Claude), 1679. Thiboust (Claude-Louis), 1719. Thiboust (Guillaume), 1546. Thiboust (Samuel), 1612-1616. Thierry (Denis), 1666-1701. Thierry (Pierre), 1554. Thierry (Rolin), 1589-1611. Tory (Geofroy), 1525-1533. Tournelle, 1765. Trabouillet (L.), 1699-1718. Trabouillet (Nicolas), 1632-1637. — Sa veuve, 1640. Trabouillet (Pierre), 1663-1696. Trépeau (François), 1558. Trepperel (Jehan), v. 1495-v. 1500. — Sa veuve, 1516. Trepperel (Jehan II), v. 1510-v. 1526. Tresse (Ch.), 1840-1841. Treuttel et Würtz, 1816. Tross (Edwin), 1863-1870. Tross (Les frères Edwin et Hermann), 1868. Troudé (Symon), 1513. Urtubie, Worms et C¹ᵉ, 1837. Va du cul, impr. imaginaire, 1619. Valleyre (Gabriel), 1735-1739.

Vanlochom, art. Lochom. Varangles (Jacques de), ou Varangue, 1588-1589. Varennes (Olivier de), 1610-1647. Varennes (Olivier II de), 1673-1675. — Sa veuve, 1677-1678. Vascosan (Michel de), 1545-1574. Vaugon (Michel), 1685. Velu (Hubert), 1589-1603. Vendosme (Louis), 1681. Vérard (Antoine), 1486-1513. Vérard (Antoine II), 1519. Vérard (Jacques), v. 1515. Vidoué (Pierre), 1526-1535. Viéville et Capiomont, 1872-1876. Villeri (Jacques), 1695. Vilette (Anthoni) 1685. Villette (Jean), 1693. Vincent (Jacques), 1730-1758. Vitré (Antoine), 1618-1666. Vostre (Simon), v. 1501-v. 1513. Walder, 1857-1858. Waréc (Charles), 1842. Waterloes (Jehan), 1511. Wechel (André), 1550-1573. Wechel (Chrestien), 1545-1551. Werdet (Ed.), 1836-1839. — Impressions anonymes : après 1506, 488 ; v. 1509, 489 ; v. 1525, 522 ; v. 1530, 589. — Arrêts du Parlement de Paris concernant les imprimeurs (1562-1566), III, 2549, 2551, 2552. — Volumes reliés aux armes de la ville, III, 2312, 2313 ; V, 3356.

Paris, médecin : vers à lui adressés par Joachim Blanchon (1583), IV, 2938.

Paris (C.), d'Orléans : vers à J. Le Vasseur (1608), 772.

Paris (Gaston), cité, II, 1073, *Additions* ; 1940 ; IV, 2856.

Paris (Henry), tué à Besançon (1575), III, 2190.

Paris (Jehan de), cité comme un modèle par Guill. Crétin (1512), II, 2090, art. 5. — Il s'agit peut-être de Jehan Perréal.

Paris (Johan de), pèlerin en Terre-Sainte (1532). Voy. Le Gros.

Paris (Maria), impr. à Orléans (1541), III, 2420, art. 104-106 ; 2439, 2440, 2481.

Paris (Nicole), impr. à Troyes (1542), IV, 2874.

Paris (Paulin), cité, II, 1486 ; IV, 2800, art. 4, 5.

Paris de Meyzieu (Jean-Baptiste), collabore à l'*Encyclopédie* (1751-1777), III, 2523, p. 282.

Paris d'Illens : volumes lui ayant appartenu, II, 1535 ; IV, 3094.

Parisien (Le), journal, II, 1601.

Parisiennes (Les) (1787), II, 1916, art. 22.

Parison : volumes lui ayant appartenu, 67, 318.

Parisot : généalogie, III, 2495.

Paritz (Johann) : inscription dans un album (1612), V, 3370.

Parizeau, dessin. (1767-71), 409.

Parlement (Le) d'amours, IV, 2799, art. 13.

Parlement de Paris : premiers présidents jusqu'en 1724, III, 2493, art. 40 ; membres en 1693, 1723, *ibid.*, art. 44. — *Arest du proces criminel faict a l'encontre de Jacques de Beaulne, baron de Samblançay* (1527), V, 3342. — *Confirmation des grans privileges... de Paris* (sept. 1531), III, 2318. — Procès d'Anne Du Bourg (1559), IV, 3101. — *Oraison* prononcée par Anne Du Bourg (1560), II, 2053. — *Arrest et ordonnance... sur l'injunction a tous Officiers Royaux et autres de faire profession de leur foy et religion catholique* (1562), III, 2649. — *Arrest touchant le faict des imprimeurs et libraires* (1562), III, 2549. — Le prince de Condé et ses adhérents envoient à la cour diverses récusations (18 juillet 1562), III, 2156, art. 10. — *Arrest contenant defenses d'imprimer ne vendre certains livres defendus* (1565), III, 2552. — *Arrest portant defenses à tous imprimeurs, libraires, etc., d'imprimer et vendre livres sans estre reveuz* (1566), III, 2551. — *Arrest contre Gaspart de Colligny* (13 sept. 1569), III, 2167. — *Arrest contre Gaspart de Colligny mis en huict langues* (1569), IV, 3118. — *Arrest contre Briquemault et Caragnes* (26 oct. 1572), IV, 3186, art. 4. — *Arrest contre Gaspart de Coligny* (29 oct. 1572), *ibid.* — *Arrest contre Geoffroy Vallée* (8 févr. 1574), III, 2188, t. III, art. 4. — *Remonstrance au roy* (oct. 1585), III, 2194, p. 35. — Le roi ordonne le transfert de la cour à Tours (févr. 1589), III, 2194, p. 43. — *Arrest contre ceux qui tiennent le party de Henry de Bourbon* (14 oct. 1589), III, 2242, art. 8. — Enregistrement des bulles de Grégoire XIV contre Henri IV (3 juin 1591), III, 2243, art. 3. — *Arrest donné le 28. juin 1593*, III, 2251, p. 87. — Arrêt contre les Jésuites (29 déc. 1594), III, 2254. — *Arrest contre M. le duc de Biron* (29 juill. 1602), III, 2236, art. 23. — *Arrest contre François Ravaillac* (27 mai 1610), III, 2256. — *Arrest touchant la souveraineté du roy au temporel* (2 janv. 1615), III, 2243, art. 17. — *Arrest du 12. aoust 1616* [ordonnant une enquête sur les dires de P. Du Jardin], III, 2236, art. 6. — Édits vérifiés par la cour le 7 sept. 1645, IV, 3153, p. 535.

Parlement de Provence : arrêt contre Cabrières (18 nov. 1540), cité, II

2033. — *Arrest contre messire Louys Gaufridy* (1611), 118.
Parme (Alessandro Farnese, duc de). Voy. Farnese.
Parme (Marie de Portugal, duchesse de), dite aussi Madame, gouvernante des Pays-Bas (1582), III, 2395.
Parmentier (Jehan) : épître à lui adressée par Jehan Bouchet (1545), 511.
Parmentier (N.), peintre (1709), II, 1911.
Parnasse (Le) des Muses (1633), 995.
Parnasse (Le) satyrique (1660). Voy. Viau (Théophile de).
Parnasse (Le) satyrique du dix-neuvième siècle (s. d.), 962.
Parnasse (Le nouveau) satyrique du XIX° siècle (1866), 963.
Parny (Évariste, chevalier de) : *Opuscules* (1781), 859. — *Œuvres* (1808), 860.
Parr (Thomas), centenaire anglais : son portrait (juin 1587), III, 2524.
Parrasio (Giano) : lettres à Gio. Giorgio Trissino (1507-1508), IV, 3078. — Vers dans *Les Disciples et Amys de Marot* (1537), III, 2594, art. 8 ; (1539), 621, art. 11.
Parry (William) : sa conspiration (1584), III, 2194, pp. 33, 40.
Parthenay-L'Archevêque (Anne de), citée, III, 2582, p. 388.
Parthenay-L'Archevêque (Catherine de) : sonnet à elle dédié par Jean de La Taille (1572), V, 3317.
Parthenie, chantée par P. de Deimier (1600), 765.
Particularitez notables concernantes l'assassinat et massacre de monseigneur le duc de Guyse et monseigneur le cardinal son Frere (1589), III, 2701.
Parvy : *Thesée*, parodie (1745), II, 1335.
Parvilliers (Le P. Adrien) : *La Devotion des predestinez*, ms. (1675), III, 2636.
Pas (Philippe de), publie les *Poëmes chrestiens de B. de Montmeja et autres* (1574), V, 3268.
Pas (Le) de la Mort, IV, 2797, art. 1.
Pas (Le) des armes de l'arc triumphal... tenu a l'entree de la royne a Paris (1514), II, 2113, 2114.
Pascal, dessin. (1843), 1014.
Pascal (Blaise) : *Les Provinciales* (1657), 78 et *Additions*. — *Pensées* (1670), 79, 80. — Sa Vie et son portrait (1696), III, 2507.
Paschal (Charles) : vers à Guy Le Fèvre de La Boderie (1571), 733. — Celui-ci parle de lui (1579), IV, 2930. — Vers à lui adressés par Jean Le Masle (1580), IV, 2933 ; — par Nic. Rapin (1610), IV, 2944. — *Thermae faverianae* sont imitées par Marc Lescarbot (1613), IV, 2950.
Paschal (Pierre), historiographe de France : Olivier de Magny lui dédie ses *Gayetez* (1554), 659. — Ch. Fontaine lui adresse des vers (1557), IV, 2877. — Du Bellay lui adresse des vers (1559), IV, 2896. — Pièce latine et pièce grecque sur la mort d'Élie Vinet (1590), IV, 3169, p. 564.
Pascal (Thesée) : vers à Antoine Favre (1596), II, 1100.
Pasini (Maffeo), impr. à Venise, associé de Francesco Bindoni (1541), II, 1468.
Pasithée, citée par Joachim Blanchon (1583), IV, 2938.
Pasqualigo (Pietro) : lettre sur le premier voyage de Cortereal (1501, 1508, 1521), II, 1950, 1951 ; (1517), III, 2635, p. 446, art. 4.
Pasquet (André), avis au lecteur en tête des *Bigarrures* de Tabourot (1583), II, 1777 ; (1586), 1778 ; (1615), 1779.
Pasquete (Clémence), acrostiche, IV, 2799, p. 110.
Pasquier (Estienne), *La Jeunesse*, avec les *Jeus poetiques* et *La Main* (1610), 737. — *L'Elegie au jesuite* (1565) n'est pas de lui, IV, 2957. — Epitaphes d'Anne de Montmorency (1567, 1568), IV, 2966, art. 18, 19 ; 2967, art. 10. — *Tombeau d'Elisabeth de France* (1569), 814. — Sonnet sur la mort de Jacques de La Chastre (1569), IV, 2791. — *Au roy, Congratulation de la paix* (1570), IV, 3117, art. 4. — Vers dans *Le Tumbeau de Gilles Bourdin* (1570), 815. — Vers sur l'entrée de Charles IX à Paris (1571), IV, 3117, art. 1. — Vers sur M°° Des Roches (1582, 1610), 737. — Ode sur ses *Recherches* par R. Belleau (1578), 399. — Vers latins et français sur la mort, ou à la louange de Ronsard (1586), IV, 2889 ; (1623), 668. — — Estienne Tabourot lui dédie le second livre de ses *Touches* (1586), II, 1778. — Le même lui adresse une épigramme latine et Pasquier répond, *ibid*. — Vers de lui dans les *Icones* de N. Reusner (1589), V, 3370, p. 160. — Vers à lui adressés par Guill. Du Peyrat (1593), IV, 2945. — Vers à Sc. de Sainte-Marthe (1596), 716. — Vers à lui adressés par Sc. de Sainte-Marthe (1600), IV, 2921. — *Recherches de la France*, éd. de 1621, III, 2356. — Les *Recherches* sont mises à profit par P. Bonfons (1607), III, 2305. — Vers à Nicolas Rapin (1610), IV, 2944. — *Ordonnances generalles*

d'amour (1618), II, 1834. — Portrait (1621), III, 2356.
Pasquier (Jacques), « Pascharius »: vers de lui dans les *Icones* de N. Reusner, 2ᵉ partie (1589), V, 3370.
Pasquier (Jean), « Pascharius »: vers en tête des *Icones Germanorum* de N. Reusner (1589), V, 3370.
Pasquier (J.-J.), grav. (xviiᵉ s.), 177, 276, 1037; II, 1557, 1711, 1741, 1764.
Pasquier (L.), bibliophile: volumes lui ayant appartenu, 1, 4, 67; II, 1063, 1904.
Pasquier (René): vers sur Est. Pasquier (1584, 1610), 737.
Pasquier de Franclieu: généalogie, III, 2495.
Pasquil (Le) du rencontre des cocus à Fontaine-Bleau (1623), II, 1796, art. 4; 1798, art. 10; 1805.
Pasquil satyrique du duc de*** (1623), II, 1797, art. 17.
Passages (Les) de oultre mer du noble Godefroy de Buillon [sic] (v. 1515), II, 1503 et *Additions*.
Passamezzo, 411, art. 30, 32.
Passano (Gio. Gioacchino da), seigneur de Vaux, plénipotentiaire de France (1525), III, 2665.
Passe, violon (1671), IV, p. 632.
Passefantasies du contristé, ms. (1578), IV, 2934.
Passe par tout, cité, V, 3264.
Passe-partout (Le) des peres jesuites (1607), III, 2242, art. 11.
Passe-partout (Le) des Ponts bretons (1624), 941.
Passerat (Jean): *L'Adieu à Phœbus et aux Muses* (1559), IV, 2915. — *Hymne de la paix* (1563), 704; reproduit dans *Le Cabinet des Muses* (1619), 974. — Diverses pièces de lui dans un recueil (v. 1565), IV, 3197. — Vers latins et français sur la mort de Jacques de La Chastre (1569), IV, 2791. — Vers latins en tête de la *Franciade* de Ronsard (1572), 678. — Vers dans le *Tumulus R. Bellaquei* (1577), 695. — Il est cité par Guy Le Fèvre de La Boderie (1578), IV, 3183. — Sixain à Flaminio de Birague (1585), IV, 2939. — Vers latins et français sur la mort de Ronsard (1586), IV, 2889; (1623), 668. — *Satyre menippée* (1593-1594) (1709), III, 2251. — *Sur les nopces du roy et de la royne, pris du latin par M. J. D.* (1600), IV, 2916. — *Œuvres poëtiques* (1606), 713. — *Kalendae januariae* (1606), 713. — Vers à lui adressés par Nic. Rapin (1610), IV, 2944. — Vers de lui dans *Les Marguerites poëtiques* d'Esprit Aubert (1613), 816.

Passe Temps (Le) de Jean Le Blanc (1575), cité, V, 3212, art. 6.
Passe Temps (Le) de tout homme et de toute femme (v. 1530), IV, 2813; (v. 1535), IV, 2814.
Passe Temps (Le) d'oysiveté (v. 1500), IV, 2817.
Passe Temps (Le) et le Songe du triste (v. 1532), IV, 3177; (v. 1535), IV, 2850.
Passe-Temps (Le) royal, ou les Amours de Mˡˡᵉ de Fontange (v. 1734), II, 1685; (1754), 1686.
Passe-Vent, cité, V, 3264.
Pastel: lettre à lui adressée par Bossuet (1696), II, 1883, p. 365, art. 35.
Pasteur (Le bon), IV, 2737; V, 3267.
Pastissier (Le) françois (1655), 289.
Pastorel (Jehan): épitaphe, IV, 2964, art. 98.
Pastorelle (La) de Granson: Marot déclare cette pièce indigne d'Alain Chartier (1542), 444 et *Additions*.
Pastorius (Friedrich): inscription dans un album (1607), V, 3370.
Pastoureau (André), cité par J. Dorat (1586), IV, 2789.
Patas, grav. (xviiiᵉ s.), 228, 1034; II, 1679, 1914, 2015; III, 2569.
Patenostre (Declaration de la) (1516), III, 2562, art. 20 et 21.
Patenostre (La) des Genevois (1507), IV, 2822; citée, 540.
Patenostre (La) des verollez (v. 1520), V, 3243; (v. 1535), IV, 2964, art. 81.
Pater (Le) et Ave des solliciteurs de procès (v. 1530), 520.
Pater noster (en prose), 320, art. 1.
Pater noster (en vers), IV, 2979.
Pater (Le) noster au bon homme, IV, 2796, art. 16.
Pater noster (Le) des catholiques (v. 1615), V, 3290.
Pater noster (Le) des Flamans (v. 1543), IV, 2851.
Pathelin (Maistre Pierre) (v. 1500), II, 1083; (v. 1525), II, 1084; — représenté, IV, 2836, p. 172. — *Le nouveau Patelain* (1748), II, 1085.
Patin (Guy): Simon Moynet lui dédie une édition de *L'Eschole de Salerne* (1651), 972. — L. de Fontettes lui dédie son *Hippocrate dépaïsé* (1654), 971.
Patin (Jacques), peint les décors du *Balet comique* (1582), II, 1445. — Dessins, II, 1460.
Patissier (Le) de Madrigal (1696), III, 2434.
Patisson (Mamert), impr. à Paris (1574), 696; (1575), IV, 2773; (1576), 694; (1577), 695; (1578), 738; (1579), 716; (1582), 739; II, 1445; (1583), 344; II, 1098; (1585), II, 1095; (1586), II, 2095, art. 6; (1597), 688; II, 2012; (1600), 740. — Denise

Barbé, sa veuve (1603-1604), V, 3206.
Patisson (Philippe), impr. à Paris (1606), 820. — Volume donné par lui en 1605, 321.
Patrasson (Jean), impr. à Lyon (1589), cité, III, 2241, art. 4.
Patrice (Le Purgatoire sainct) (v. 1520), II, 2021.
Patricius. Voy. La Patrière (Georges de).
Patru (Olivier), compose pour les Elzevier une épître à Richelieu (1640), II, 1960. — Notes sur Vaugelas (1738), 325.
Patte (Pierre), graveur et architecte (v. 1750), 251. — *Mémoires sur les objets les plus importants de l'architecture* (1769), 247.
Patté (Gérard), libr. à Douai (1635), 55.
Patté (Pierre), éditeur des *Mémoires* de Charles Perrault (1759), III, 2290.
Pauernfeindt (Andreas) : *Ergründung ritterlicher Kunst der Fechterey*, traduite en français (1516), 291.
Paul (Saint) : exposition de son épître aux Galates par Bossuet (v. 1670), IV, 3079, p. 450. — C'est le consolateur des malades, IV, 2620, p. 145. — *Revelation*, en espagnol (v. 1520), III, 2527.
Paul III Farnese, pape, s'unit à Charles Quint et aux Vénitiens contre les Turcs (1533), III, 2459. — Il est sollicité à la fois par Charles Quint et par François I*er* (1536), II, 2138. — *L'Abouchement* (ou *l'Embouchement*) *de N. S. P. le pape, l'empereur et le roy faict a Nice* (1538), III, 2674 ; IV, 3108. — Confédération contre les Turcs (1538), III, 2728. — *Consilium datum imperatori in Belgis pro Lutheranis* (1541), cité, III, 2723. — *Ad Carolum V, imperatorem Epistola* (1543), citée, III, 2678. — François I*er* lui adresse une lettre, *ibid*. — *Privilegia confraternitati Sacrat. Corporis J. C. in ecclesia... super Minervam concessa* (1546), V, 3334. — Pietro Aretino lui dédie *L'Horatia* (1546), II, 1465. — Lettre à Aloïsia Sygée (1547), 422. — Vers à lui adressés par Joachim Du Bellay (1549, 1561), IV, 2890. — Son emblème, IV, 3077.
Paul IV Caraffa, pape : bulle révoquant les pouvoirs donnés aux nonces en Grande-Bretagne (1555), V, 3335.
Paul V Borghese, pape : Alessandro Pesanti lui dédie son traité *De immunitate ecclesiasticæ* (1606), V, 3333. — *Colloque entre le pape, l'empereur, etc., et les jésuites* (1620), III, 2420, art. 27. — Le sultan Ahmed I*er* lui adresse une lettre (1623), III, 2469. — Volume relié à ses armes, 73.
Paul, artiste non identifié que cite Jehan Pélerin (1521), IV, 2763.
Paul (Le P.), ses missions, aux Indes, III, 2638.
Paul, enfant, figure dans un ballet (1664), IV, p. 632.
Paul Diacre : hymne traduite par Guy Le Fèvre de La Boderie (1578), IV, 2930.
Paul (Jean), grav., IV, 3096, art. 78 *bis*.
Paule (Sainte) : notes sur cette sainte tirées de saint Jérome par Bossuet (v. 1685), IV, 3079, p. 451.
Paule-Graphie (1587), II, 1838.
Pauli (Lazarus) : inscription dans un album (1612), V, 3370.
Paulin (Saint), Pontius Meropius Paulinus : lettres à Ausone (1590), IV, 3169.
Paulin, patriarche d'Aquilée : hymne traduite par Guy Le Fèvre de La Boderie (1578), IV, 2930.
Paulin (Victor), libr. à Paris (1833), 883 ; (1842), III, 2300 ; (1845), II, 1661 ; (1848), III, 2301.
Paulmy (Antoine René Voyer d'Argenson, marquis de) : *Le Prix de Cythère* (1761), II, 1335.
Paulmier (Antoine), cité par Nic. Bourbon (1538), IV, 2788.
Paulmier (Pierre), évêque de Vienne, id., *ibid*.
Paulo (Antoine de), grand maître de Malte (1623), son élection, III, 2647.
Paulus (A.), grav. (1632), III, 2281.
Paulus du Mesnil, impr. à Paris. Voy. Du Mesnil.
Paumgartner (Karl), von Paumgarten, Freiherr zu Hohenschwangen und Erbach : inscription dans un album (1566), V, 3365.
Paumgartner (Maximilian), von Paumgarten, Freiherr zu Hohenschwangen und Erbach : id., *ibid*.
Pauneau : vers à Béroalde de Verville (1599), II, 1522.
Pauquet (Hippolyte et Polydor), tous deux fils du suivant ; grav. et dess. (après 1822?), II, 1909, art. 6 (?) et 11 ; (1843), III, 2324.
Pauquet (Louis), père des précédents ; grav. (1793), II, 1914 ; (1794), II, 1576 ; (avant 1822?), II, 1909, art. 6 (?).
Pautonnier (Pierre), impr. et libr. à Paris (1601), III, 2240, art. 10.
Pavie : bataille de 1525, V, 3341 ; IV, 3106 ; II, 2125-2130 ; III, 2664. — Imprimeur. Voy. Borgofranco (Giacomo da), 1525.

Pavie (Martin de), peintre cité par Jehan Pelerin (1521), IV, 2763.
Pavillon (Estienne). Voy. *Recueil de pieces curieuses* (1694-1696), III, 2632.
Pavillon (Nicolas-Georges): vers sur Estienne Pasquier (1584, 1610), 737.
Pavillon (S.-G.), traducteur de la *Diana* de Montemayor (1603), cité, II, 1748.
Paya (J.-B.), libr. à Toulouse (1840-1844), cité, III, 2347.
Payan : généalogie, III, 2495.
Payen, lieutenant général à Meaux : lettre à lui adressée par Bossuet (1699), IV, 3079, p. 445.
Paien (Guillaume), notaire à Paris (1547), IV, 2855, p. 194.
Payen (Thibaud), libr. à Lyon (1549), cité, IV, 3076.
Payer (Hans), de Schaffouse : inscription dans un album (1590), V, 3369.
Pays-Bas : leur histoire, III, 2375-2407. — Négociations avec la France (1678), IV, 3153, p. 540.
Pazuhin (Boris Andrejevič), explorateur de l'Asie centrale, II, 1924.
Pazzi (Cosimo de'): sonnet à lui adressé par N. Martelli (v. 1543), IV, 3000, p. 359.
Peace (Richard) : *Oraison en la louenge de la paix* (1518), citée, III, 2662.
Péan (Gilles), auditeur des Comptes, cité par M. Guy, de Tours (1598), IV, 2948.
Péan (Laurent), frère de Gilles, cité, *ibid.*
Pearsons (Robert): *Epistre de la persecution meue en Angleterre contre l'Eglise chrestienne* (1582), II, 2010.
Pécourt, danseur (1671), IV, p. 632.
Pedie (Pierre), impr. à Verdun (1578), III, 2330.
Pedioneus (J.): vers de lui dans les *Icones* de N. Reusner (1589), V, 3370.
Pedro (Dom) de Portugal, mari d'Ines de Castro, III, 2444.
Peetersen (Hendrick) van Middelboerch, impr. à Anvers (1527), III, 2669 ; (1528), cité, II, 2133 ; (1540), II, 2140.
Pefaur (François) : inscription dans un album (1586), V, 3368.
Peine (La) et Misere des garçons chirurgiens (1715), citée, II, 1796, art. 14.
Peine (Pierre), « Paenaeus », cité par Jean Dorat (1586), IV, 2789.
Peines (Les) d'enfer (1516), III, 2562, art. 19. Cf. art. 33.
Peypus (Friedrich), impr. à Nuremberg (1524), II, 1955.
Peysser (Theodor), de Landshut : inscription dans un album (1566), V, 3365.
Pelarg (Ch.) : inscription dans un album (1592), V, 3370.
Pelée (Julien) : vers à lui adressés par J. de Vitel (1588), V, 3275. — *Plaidoyé pour la principauté des Sots* (1608), cité, IV, 3005, p. 365.
Pelée (P.), grav. (xixᵉ s.), II, 1520, 1770 ; V, 3321.
Pelerin (Jehan), dit Viator : *De artificiali perspectiva* (1521), IV, 2763. — Il paraît avoir revu l'*Hystoire agregative d'Anjou* de Bourdigné (1529), III, 2340.
Pelet de Salgas : généalogie, III, 2495.
Peletier. Voy. Pelletier.
Pelhaimer (Chr.) : inscription dans un album (1565), V, 3365.
Pélicier, libr. à Paris (1824), 870.
Pelissier, trompette (1671), IV, p. 632.
Pelissier, grav. (1778), 242.
Pellas de Maillane : généalogie, III, 2495.
Pellegrin (L'abbé) : *Le Jugement de Paris* (1718), II, 1458. — *Hippolyte et Aricie*, opéra parodié par Favart (1759), II, 1335.
Pellejay (Claude) : *Hymne de clemence* (1571), 732. — Il est cité par Sc. de Sainte-Marthe (1600), IV, 2921. — Vers à lui adressés par Nic. Rapin (1610), IV, 2944.
Peletier : vers à lui adressés par P. de Brach (1576), IV, 2931.
Pelletier : *Discours lamentable sur l'attentat et parricide commis en la personne de... Henry IV* (1610), III, 2257, 2258. — Il est cité par Guéret (1663), II, 1349.
Pelletier (Jacques) : *OEuvres poëtiques* (1547), 699 ; (1581), 701. — *Apologie* (1549), citée, III, 2571. — *Dialogue de l'ortografe* (1555), 322 ; cf. III, 2571. — *L'Amour des amours* (1555), 700. — Vers à lui adressés par Ch. Fontaine (1557), IV, 2877 ; — par Joachim Du Bellay (1559), IV, 2896. — Passage de sa traduction de l'*Art poétique* d'Horace (1559), V, 3213. — Il est cité comme mathématicien et comme poète par Guy Le Fèvre de La Boderie (1578), IV, 3183. — Vers à lui adressés par Estienne Forcadel (1579), IV, 2879. — Il est peut-être l'auteur d'une partie des nouvelles publiées en 1568 sous le nom de B. Des Periers, II, 1696.
Pelletier (J.-C.), dessin. et grav. (xviiiᵉ s.), 262 ; II, 1564, 1764 ; III, 2506.
Pellevé (Nicolas), cardinal-archevêque de Sens, est le porte-parole des Guise à Rome (1576), III, 2196.

Pellevé (Nicolas), ou Pelvé, comte de Flers : Thomas Sonnet lui dédie la *Satyre contre les charlatans* (1610), 201.
Pellevé (Robert), évêque de Pamiers, assiste au mariage de Henri de Bourbon, prince de Condé (1572), IV, 3122.
Pellican (Le P. Pierre), missionnaire (1635), II. 1986, art. 3.
Pellisseri : vers au petit de Beauchasteau (1677), 833.
Pellisson (Jean), cité par Nic. Bourbon (1538), IV, 2788.
Pellisson (Paul) : *Relation contenant l'histoire de l'Academie Françoise* (1653), III, 2522. — Prologue des *Facheux* de Molière (1662), II, 1186. — Lettres à lui adressées par Bossuet et par Leibnitz (1692), II, 1883, p. 367 ; IV, 3079, p. 442.
Pelopidas : sa Vie par Plutarque (1567), II, 1899. Cf. III, 2735.
Peloux (François), ouvrier puisatier lyonnais (1552), 641.
Pelusin (Le). Voy. Vannucci.
Pelvé. Voy. Pellevé.
Pempelfurd (Heinrich), de Düsseldorf : inscription dans un album (1564), V, 3365.
Penchenier, médecin, collabore à l'*Encyclopédie* (1751-1777), III, 2523, p. 282.
Pene : généalogie, III, 2495.
Penet (Hilaire), musicien (1559), IV, 2975, art. 35.
Pénicauld (Claude) « Penicalhe » : vers sur sa mort par Joachim Blanchon (1583), IV, 2938.
Penningen (D.), grav. (1702), II, 1709.
Penon (Le P. François), vicaire général des frères prêcheurs (1664), II, 1986, art. 3.
Penséee (Les premieres) (1598). Voy. Hays (Jean).
Pensées d'août (1837), 881.
Pensées pieuses (1711). Voy. Quesnel.
Penser (Kaspar) : inscription dans un album (1596), V, 3370.
Penser (Le) de royal memoire (1518). IV, 2828.
Pensylvanie, II, 1983.
Penthièvre (Ducs de), III, 2493, art. 24.
Penthièvre (Louis-Jean-Marie de Bourbon, duc de) : le P. de Charlevoix lui dédie son *Histoire et Description generale de la Nouvelle-France* (1744), II, 1978.
Pepi (Bonaccursi) : Benedetto de Florence lui dédie son édition de Catulle, Properce et Tibulle (1503), 413.
Pepi (Neri) : vers dans les *Trionfi, Carri, ecc.* (1559), 1028.

Pépie (Nicolas), libr. à Paris (1712), cité, II, 2034 ; (1716), 23.
Pépin (Perrin), miseur de Rennes (v. 1440), IV, 2797, art. 3.
Pépingué (Edme), libr. à Paris (1654), 971.
Pépingué (Nicolas), libr. à Paris (1662), II, 1707 ; (1664), III, 2306 ; (1665), II, 1200, 1226 ; (1669), II, 1707.
Pérard (Antoine), dit Rucianus : vers à Nicolas Bourbon (1538), IV, 2788. — Vers à Charles Fontaine (1557), IV, 2877.
Perceval, libraire, joue dans la *Passion* de Valenciennes (1547), IV, 3010, p. 376.
Perceval le Galloys (Tres plaisante et recreative Hystoire de) (1530), III, 2624.
Percheron (Claude), libr. à Paris (1611), 116.
Perchot, chanteur (1671), IV, p. 632.
Percier, dessin., II, 1909.
Percin de Montgaillard (Pierre-Jean-François), évêque de Saint-Pons-de-Tommières : Bossuet parle de lui (1684), IV, 3079, p. 441, art. 13.
Perdix (J.), sieur de La Barre, mis en scène par Jacques Gohory (1549), 188.
Perdrier (Jacques) : Jean Dorat lui adresse des vers en l'honneur de Henri III (1574), III, 2319.
Perdulcis [Pardoux ?], médecin : vers à lui adressés (1589), III, 2241, art. 2.
Pere (Le) prudent et equitable, comedie (1712), II, 1317.
Péréfixe (Hardouin de Beaumont de), archevêque de Paris : *Histoire du roy Henry le Grand* (1661), III, 2235. — Il condamne le *Nouveau Testament* de Mons (1667), 8. — *Oraison funebre* par J.-L. de Fromentières (1671), 360.
Pérégrin, cité par Cl. Marot, IV, 2964, art. 108.
Perelle : *Veues des plus beaux lieux de France et d'Italie*, 249.
Perellus. Voy. Perreau.
Perera (Jean de), ambassadeur de Portugal en France : Jean Le Viel lui dédie son *Oratio de Obitu Caroli Quinti* (1559), III, 2724.
Peretti (Felice). Voy. Sixte Quint, pape.
Péreuse. Voy. Perreuse.
Perez (Alonso), auteur d'une suite de la *Diana* de Montemayor, traduite par G. Chappuys (1564), II, 1748.
Pérez (Gonsalvo) : son emblème, IV, 3077.
Perfection (La) des femmes (1625), II, 1796, art. 41.

Pergolese (Gio. Batt.) : mélodie de lui dans les *Chants et Chansons populaires de la France* (1843), 1014.
Pericart (François), évêque d'Avranches : vers à lui adressés par J. de Vitel (1588), V, 3275.
Péricart (Georges), évêque d'Avranches : vers à lui adressés par J. de Vitel (1588), V, 3275.
Péricard (Guillaume), conseiller au parl. de Rouen (1578), IV, 2930.
Periclès : sa vie par Plutarque (1567), II, 1899. Cf. III, 2735.
Périer (Adrian), libr. à Paris (1610), V, 3380 ; (1617), II, 1965 ; (1618), II, 1964, 1965.
Périer (Charles), libr. à Paris (1564), III, 2454.
Périer (Daniel), libr. à Paris (1588), IV, 2960.
Périer (Jérémie), impr. à Paris (1598, 1608), II, 1702. — Vers sur la mort de Guillaume Bouchet, et préface en tête de la 3ᵉ partie des *Serées* (1608), *ibid.*
Périer (Thomas), libr. à Paris (1583), IV, 2938 ; (1585), 2939 ; (1586), cité, III, 2560.
Periers (de), sieur du Bouchet : vers à lui adressés par J. Le Masle (1580), IV, 2933.
Perini (Domenico) : sonnet à lui adressés par Nic. Martelli (v. 1543), IV, 3000, p. 359.
Périon (Joachim), cité comme orateur par Guy Le Fèvre de La Boderie (1578), IV, 3183. — Vers à lui adressés par N. Rapin (1610), IV, 2944.
Perkins, bibliophile : volumes lui ayant appartenu, 22, 173.
Perlin (Estienne) : *Description des Royaulmes d'Angleterre et d'Escosse* (1558), III, 2365.
Péron (N.) : vers dans *Le Tombeau de Marguerite de Valois* (1551), 628.
Péronne : siège de cette ville (1536), III, 2597.
Pérot (Crétofle), sénéchal du Maine : épître à lui adressée (1545), IV, 2774.
Perotto (Niccolò) : *Regulae* (1509), V, 3220. — Portrait dans les *Icones* de N. Reusner (1589), V, 3370.
Pérouse (Université) : diplôme délivré à Tiberio Almerico (1570), V, 3364.
Perpignan (Moyse), cité en 1775, II, 2073.
Perrault (Charles) : *La Marquise de Salusses* (1691), III, 2615. — Contes et ouvrages divers dans le *Recueil de pieces curieuses* (1694-1696), III, 2632. — *Les Hommes illustres qui ont paru en France pendant ce siecle* (1696-1700), III, 2507. — Mˡˡᵉ Lhéritier lui adresse une protestation (1696), II, 1734. — *Histoires ou Contes du temps passé* (1742), II, 1732. — *Contes des fées* (1781), 1733. — *Contes en vers* (1778), 927. — *Memoires* (1759), III, 2290. — Portrait (1696), III, 2507.
Perrault (Mˡˡᵉ) : Mˡˡᵉ Lhéritier lui dédie *Marmoisan* (1696), II, 1734.
Perrault (P.) : sonnet à la louange de Ronsard (1623), 668.
Perrault (Pierre) : *Réflexions sur La Secchia rapita* de Tassoni (1766), 1037.
Perreal (Jehan), dit de Paris : épître à lui adressée par Jehan Le Maire (1510), II, 2090.
Perreau (Jean), dit Perellus, médecin, cité par Nic. Bourbon (1538), IV, 2788.
Perreau (Louis de), seigneur de Castillon, dit « Catilius », cité par Nic. Bourbon (1538), IV, 2788.
Perreau (Marguerite de), femme de M. d'Isqué, marraine en 1537, IV, 2855, p. 194.
Perrenin (A.), secrétaire de Charles-Quint (1536), II, 2138.
Perrenot (Antoine), plus tard cardinal de Granvelle, lettres à Gio. Giorgio Trissino (1548-49), IV, 3078. — Ses cruautés (v. 1562), V, 3283. — Frédéric d'Yve, abbé de Saint-Bertin, et Jaspar Schetz, seigneur de Grobbendonck, lui adressent des lettres (1580), III, 2387. — *Diverses lettres interceptes à divers personnages du party des malcontens* (1580), III, 2388 ; cf. 2389. — Jean Sceyve lui adresse des *Responces* (1580), III, 2389. — *Lettres interceptes* (1582), III, 2395 ; cf. 2394.
Perrens (F.), III, 2255.
Perret : *La Verité decouverte* (v. 1670), V, 3292.
Perreuse (Nicolas-Hector, seigneur de) et de Beaubourg, prévôt des marchands de Paris : vers à lui dédiés par François Le Poulchre (1587), V, 3274. — Lettre à lui adressée par M. de La Châtre (déc. 1588), III, 2188, art. 30, p. 26.
Perrigny (Mᵐᵉ de) : son éloge (1545), 805.
Perrigny (Le président de) : *Les Amours deguisez*, ballet (1664), IV, 3055. — *Les Festes de l'Amour et de Bacchus* (1672), IV, 3045.
Perrin (Denis-Marius, chevalier de), publie un *Recueil de lettres* de Mᵐᵉ de Sévigné, etc. (1751), II, 1889.
Perrin (Estienne), libr. à Paris (1613), 773.

Perrin (François), impr. à Genève (1563), 3; (1565), II, 2051; (1566), II, 1090, 1091; (1569), 98, *Additions*; 731.
Perrin (Jean), grav. et libr. à Toulouse (1551), V, 3328.
Perrin (Jean), seigneur de Chervé : sonnet à Estienne Du Tronchet (1615), II, 1876.
Perrin (Jean-Paul) : *Histoire des Vaudois* (1618), II, 2030.
Perrin (Louis), impr. à Lyon (1874), cité, III, 2341.
Perrin de Sanson : volume lui ayant appartenu, III, 2237.
Perrinet d'Orval (Jean-Charles), collabore à l'*Encyclopédie* (1751-1777), III, 2523, p. 282.
Perron (J. D.). Voy. Davy Du Perron (Jacques).
Perroneau (Veuve), impr. à Paris (1815), 1005.
Perronet (Jean-Rodolphe), collabore à l'*Encyclopédie* (1751-1777), III, 2523, p. 282.
Perronius (J. D.), 1578. Voy. Davy du Perron (Jacques).
Perroquet (Le), ou les Amours de Mademoiselle (v. 1734), II, 1685 ; (1754), 1686.
Perrot (Aimée), femme de Pierre de Brach (1576), IV, 2931.
Perrot (Charles) : inscription dans l'album de son cousin J. Durand (1584), V, 3368. — Vers sur Estienne Pasquier (1584 ; 1610), 737.
Perrot (Cyprian) : vers à lui adressés par J.-Ed. Du Monin et vers à celui-ci (1583), V, 3272.
Perrot (Nicolas), cité par Jean Dorat (1586), IV, 2789. — Vers à lui adressés par Nic. Rapin (1610), IV, 2944.
Perrot (Paul), sieur de La Sale, fils du précédent : *Le Contr'Empire des sciences* (1599), IV, 2919.
Perrot (Timothée) : inscription dans un album (1592), V, 3368.
Perrotin, libr. à Paris (1832), 953 ; (1833), 1012 ; (1861), 1013 ; (1864), 1013.
Perse. Voy. Vartema (Lodovico de), *Itinerario* (1518), II, 1941. — Chesneau (Jean), *Voyage du seigneur d'Aramon* (1546-1555), II, 2095, art. 1. — Guerre de 1578, III, 2734. — Sherley, *Relation d'un voyage faict es années 1598 et 1599* (1651), II, 1922.
Persée, sujet d'une tragédie de Quinault reprise en 1770, II, 1162.
Persio (Ascanio) : on lui attribue, probablement à tort, *La Pazzia* (1541), II, 1827. — *La Corona d'Arrigo III* (1574), V, 3310.

Perspectiva (De artificiali) (1521), IV, 2763.
Perth (Le duc de), lettre à Bossuet (1689), IV, 3079, p. 441.
Pertharite, tragédie de Pierre Corneille (1653), II, 1162.
Pertius (Hector). Voy. La Perte.
Pertuis : généalogie, III, 2495.
Pérugin (Le). Voy. Vannucci.
Perussis (Loys de) : sonnet à la cité d'Avignon (1565), 719, *Additions*. — *Histoire des guerres du comté Venaissin* (de 1561 à 1581) (1759), II, 2095, art. 2.
Peruzzi (Cristoforo), chevalier de Malte : sa mort (1625), III, 2476.
Pesan aîné, musicien et danseur (1664-1671), IV, p. 632.
Pesan cadet, danseur (1669-1671), *ibid*.
Pesanti (Alessandro) : *Tractatus de immunitate ecclesiastica* (1606), V, 3333.
Pesaro (Carlo di Leonardo da) : Paolo Manuzio lui dédie son édition des *Lettres* de Cicéron (1559), II, 1902, art. 4.
Peschiera : *La memoranda Presa di Peschera* (1509), 1041.
Pesenti (Michele), musicien (xv⁰ s.), IV, 2973, art. 1.
Peski (Jakob) : inscription dans un album (1620), V, 3370.
Pesne (Antoine), grav. (1755-1765), III, 2506.
Pessard, musicien, cité (1885), II, 1796, art. 18.
Pesselier (Charles-Étienne) : vers sur les conquêtes et la convalescence du roi (1745), 907. — Il collabore à l'*Encyclopédie* (1751-1777), III, 2523, p. 282.
Peste : poème sur les moyens de s'en préserver, ms. (xv⁰ s.), 579. — Remède composé par les médecins de Bâle (v. 1520), IV, 3163. — *Le Thresor du remede preservatif de la peste*, par Jehan Thibault (1531), 194. — *Advis et Remedes souverains* (1558), 195.
Pétau (Paul) : vers à lui adressés par Nic. Rapin (1610), IV, 2944. — Ms. exécuté pour lui, IV, 2806.
Peter (Paul) : inscription dans un album (1590), V, 3369.
Petigliano (Le comte de), ou Pitigliano. Voy. Orsini.
Petigny, figure dans un ballet (1657), IV, p. 632.
Pétion, libr. à Paris (1848), II, 1602.
Petiot (de), juge à Limoges : vers à lui adressés par Joachim Blanchon (1583), IV, 2938.
Pétis de La Croix : *Les mille et un jours* (1710-1712), II, 1771.
Petit : généalogie, III, 2495.

Petit, grav. (xviiie s.), 259 ; III, 2506, 2524 ; V, 3329.
Petit, rel. à Paris, successeur de Simier, 429, 489 ; V, 3157.
Petit (Ernest), IV, 2803, p. 125.
Petit (Guillaume) : *Pater noster en vers*, 31, art. 4. *Additions*. — *Oraisons tres devotes a l'honneur de la... vierge Marie*, 21. — *Noël fait en maniere de dialogue* (v. 1515), IV, 2980.
Petit (Jehan), libr. à Paris (1504), 421, art. 4 ; (1505), *ibid.*, art. 7 ; (1508), V, 3331 (marque reproduite) ; (1513), 421, art. 3 (marque reproduite) ; (1519), cité, 198 ; (1525), 499 ; (1531), III, 2339 ; (1532), II, 1999 ; (1535), II, 1488 ; (s. d.), 421, art. 6 ; 439 ; II, 1495, 1875, cité 1949 ; III, 2556 ; IV, 3009.
Petit (Jean Ier), impr. à Rouen (1543), 804.
Petit (Jean II), impr. à Rouen (1612), 993. — Sa veuve (1612), 592.
Petit (Jean), de Pontaudemer : vers à lui adressés par J.-Ed. Du Monin (1583), V, 3272.
Petit (Joseph), cité en 1775, II, 2073.
Petit (Jules), éditeur de *La Pompe funeralle* composée par Jehan Le Maire (1868), III, 2432 ; — du *Pas de la Mort* (1869), IV, 2797, art. 1.
Petit (L.), grav., II, 1576.
Petit (Lion), de Bordeaux (1759), II, 2072.
Petit (Nicolas), abbé de Bellosane : épître à Jacques Valla, de Caen (1535), 509. — Jehan Bouchet lui dédie ses *Genealogies* (1537), II, 2093. — Epître à lui adressée par Jehan Bouchet ; éloge funèbre par le même (1545), 511.
Petit (Nicolas), ministre à Genève (1554), 85.
Petit (R.), rel. à Paris, 223-227, 238 ; III, 2608.
Petit (Salomon), cité en 1775, II, 2073.
Petit Angevin (Le). Voy. Maugin (Jean).
Petit Bernard (Le). Voy. Salomon (Bernard).
Petit-Jean, acrobate (1671), IV, p. 632.
Petit-Jean (Enguerrand), sr de La Garlandière : vers à lui adressés par J. Le Masle (1580), IV, 2933.
Petit Laurent (Le), impr. à Paris. Voy. Laurent.
Petitot (Ennemond-Alexandre) : *Suite de vases* (1764), 256.
Petit-Pas (Jean), libr. à Paris (1610), 737 ; III, 2260 ; (1614), III, 2366 ; (1621), III, 2356 ; (1629), 774.
Petitpied (N.), docteur de Sorbonne (1682), 59.

Petit-Puy (Paul Boyer, sieur de). Voy. Boyer.
Petrarca (Francesco) : vers de lui traduits en latin par Nic. Bourbon (1538), IV, 2788. — *Triumphes* (1538), 1026. — *Les Parolles joieuses et Dictz memorables des nobles et sages hommes* (v. 1540), II, 1861. — Douze sonnets traduits par Jacques Pelletier (1547), 699. — Sonnets traduits par Estienne Forcadel (1548, 1579), IV, 2879. — *Euvres mises en françoys* par Vasquin Philieul (1555), IV, 2996. — *Coronnement*, traduit de Senuccio Del Bene par Bapt. de Barlemont (1565), IV, 2997. — Hymne traduite par Guy Le Fèvre de La Boderie (1578), IV, 2930. — Deux triomphes et une canzone traduits ou imités par Guillaume Belliard (1578), IV, 2932. — Chanson imitée de lui, IV, 2944, art. 67. — Portrait dans les *Icones* de Nic. Reusner (1589), V, 3370.
Pétrarquistes : satire contre eux par Joachim Du Bellay (1560), IV, 2894.
Pètre, trompette (1671), IV, p. 632.
Petrei (Antonio) : sonnet à lui adressé par N. Martelli (v. 1543), IV, 3000, p. 358.
Petreius (Johannes), impr. à Nuremberg. Voy. Steiner.
Petri (Adam), impr. à Bâle (1521), cité, II, 1955.
Pétrinal (Jean), libr. à Paris (1645), IV, 3153, p. 534.
Petrograd, ou Saint-Pétersbourg. Libraires. Voy. Bellizard et Cie, 1834.
Pétrovitch (Georges-T.), IV, 3141.
Petrowsky (Stanislaw) : inscription dans un album (s. d.), V, 3367.
Petting, grav. (1700), 12.
Peu d'acquest, surnom d'un joueur de farces, 502.
Peupin, grav. (1846), II, 1768.
Peuter (Michel), assiste au couronnement du roi des Romains (1562), III, 2419.
Peutinger (Conrad) : Alciat lui dédie ses *Emblemata* (1531), II, 1869.
Pez (Dom Bernhard), V, 3341.
Pfäffers, « Thermae Faverianae », IV, 2950.
Pfanner (Johann) : inscription dans un album (1635), V, 3366, p. 153.
Pfeiffer (Haumhardt) : inscription dans un album (1578), V, 3367.
Pfitzer, grav. (1843), 1014.
Phalaris : *Epistolae*, gr. (1499), II, 1873.
Phalese (Pierre), libr. à Louvain (1547), III, 2416.
Pharamonde, fille de Charles de Bretagne, III, 2623.

Pharine (J.), impr. à Lyon (1576), III, 2196.
Phebus. Voy. Foix (Gaston de).
Phélipeaux : vers à lui adressés par Guill. Du Peyrat (1593), IV, 2945.
Phelipeaux (L'abbé de), lettre à Bossuet (1699), IV, 3079, p. 445.
Phyanceus. Voy. Fiancé.
Philadelphe (Eusèbe), pseudonyme de François Hotman (1574), IV, 3125.
Philander. Voy. Filandier (Guillaume).
Philangelus (Laurentius), cité par Nic. Bourbon (1538), IV, 2788.
Philbert, flûtiste (1668-1671), IV, p. 633.
Philémon : son *Destin*, par S. G. sieur de La Roque (1609), IV, 2943.
Philibert-Emmanuel, duc de Savoie. Voy. Emmanuel-Philibert.
Philicinus. Voy. Campson (Pierre).
Philidor (André Danican), dit cadet, hautbois (1671), IV, p. 633.
Philidor (André Danican, dit) : Musique des *Femmes vengées* (1775), II, 1342. — Mélodie de lui dans les *Chansons* de Piis (1785), 1003.
Philidor (Michel Danican, dit) aîné, flûte et basson (1670-71), IV, p. 633.
Philieul (Vasquin) : *Euvres de Petrarque mises en françoys* (1555), IV, 2996. — Ballade dédiée à Fabrizio Serbelloni (1565), 719, *Additions*.
Philipp (Frère), dominicain : inscription dans un album (s. d.), V. 3367
Philippe, roi de Macédoine : *Epistolae* gr. (1499), II, 1873.
Philippe le Bel, roi de France : prologue à lui adressé en tête de certains mss. de la *Consolation* de Boëce, IV, 2753.
Philippe II, dit le Hardi, duc de Bourgogne, son portrait (1587), III, 2353.
Philippe III, dit le Bon, duc de Bourgogne, nomme Jehan Regnier bailli d'Auxerre (1424), IV, 2805, p. 125. — Martin Le Franc lui dédie *Le Champion des dames* (v. 1441), 446. — C'est pour lui que sont composées *Les cent Nouvelles nouvelles* (v. 1457) ; II, 1694. — Lui-même est un des auteurs du recueil. — Portrait (1587), III, 2353.
Philippe le Beau, roi de Castille : poème sur son départ pour l'Espagne, par Jehan Molinet, 471, art. 104. — Ses relations avec le duché de Gueldre, III, 2722. — Relation de sa mort (1506), III, 2334, p. 136. — Poème de Molinet sur cet événement, 471, art. 4. — Ses obsèques (1507), III, 2432.— Epitaphe, par Nicaise Ladam, 488.

Philippe II, roi d'Espagne : événements des Pays-Bas de 1555 à 1568, III, 2375. — Comme « roi d'Angleterre », il conclut une trêve avec Henri II (13 févr. 1556, n. s.), V, 3350. — Traité de Câteau-Cambrésis (1559), III, 2686. — Pièces sur son mariage, par Jacques Du Boys (1559), III, 2621. — Il est loué par Joachim Du Bellay (1559), V, 3257 ; — par Remi Belleau (1559), 691. — *Edictum de librorum prohibitorum catalogo* (1570), 110. — *Lettres aux Estats d'Artois* (7 févr. 1579), III, 2384. — Pamphlet publié contre lui dans les Pays-Bas (1579), III, 2383. — Les Etats généraux des Provinces-Unies proclament sa déchéance (26 juill. 1581), III, 2390. — Lettre à C. de Figueiredo (14 déc. 1581), III, 2395 — Dom Antonio de Portugal déclare continuer la guerre contre lui (15 mai 1582), III, 2443. — *Copie d'une lettre envoyée d'Angleterre à D. Bernardin de Mendoze* (mai 1588), III, 2219, art. 5 ; 2194, p. 42. — *Brief et simple Discours des grands appareils de Philippe*, etc. (1588), III, 2194, p. 42. — *Advertissement certain contenant les pertes advenues en l'armee d'Espagne vers le Noest* (1588), III, 2433. — *De l'armée d'Angleterre contre le roy d'Espagne* (1589), III, 2194, p. 44. — *Cantique d'action de grâces pour la défaite de l'invincible armada* (1588), 990. — Prétendue lettre à lui envoyée par sultan Murad (1589), III, 2464. — Son fils don Carlos est cru vivant en France (1594), III, 2434 — *Discours de la bataille et prise de Dourlens* (1595), IV, 3128. — Son emblème, IV, 3077, — Quatrain sur sa devise : *Plus oultre*, IV, 2949. — Tapisseries représentant ses victoires (1625), III, 2477.
Philippe III, roi d'Espagne. Son mariage avec Marguerite d'Autriche (1599), III, 2436. — Il traite avec Jacques I*er*, roi d'Angleterre (1616), III, 2374, art. 1. — Il envoie des troupes en Hongrie (1618), III, 2420, art. 4. — Ses obsèques (1621), III, 2438.
Philippe IV, roi d'Espagne, son mariage (1615), III, 2271. — Son avènement au trône (1621), III, 2437. — L'empereur Ferdinand lui écrit (1621), III, 2420, art. 58. — Il reçoit à sa cour Charles, prince de Galles (1623), III, 2374, art. 4, 5, 7. — Sultan Murad IV lui envoie des présents (1625), III, 2477. — Ses troupes sont défaites près d'Anvers et de Breda (1625), III, 2405, art. 13, 14.

— Ses troupes s'emparent d'Amersfoort et de Huyster Eem (1629), III, *ibid.*, art. 16. — Sa flotte est défaite à Tertote (1631), *ibid.*, art. 22. — Ses troupes sont battues près de Maestricht (1634), *ibid.*, art. 27. — Son *Oraison funebre*, par Fr. Ogier (1666), 357.
Philippe V, roi d'Espagne : Jacques Chevillard lui dédie la *Succession chronologique des Rois et Reines de Castille* (1701), III, 2493, art. 14. — Donneau de Visé lui dédie le mois de novembre 1701 du *Mercure galant*, III, 2524.
Philippe de Gueldre, duchesse de Lorraine, citée dans les pièces jointes au *Vergier d'honneur* (v. 1500), 479.
Philippe II, duc de Savoie, cité dans les pièces jointes du *Vergier d'honneur* (v. 1500), 479.
Philippe, clerc, traduit les *Secreta* attribués à Aristote, IV, 2755, p. 29 ; 192.
Philippe de Grève, chancelier de l'église de Paris. *Cordis et oculi Altercatio*, IV, 2798, art. 8.
Philippe (Charles), seigneur de Champarmoy, termine et publie la relation du voyage de Denis Possot (1536), IV, 3091.
Philippes (Pierre) : accompagnements pour *Les Rossignols spirituels* (1621), 1020.
Philippes (R.), libr. à Grenoble (1668), 358.
Philippot ou Phelippot (Jehan), alias d'Arras, *Vie de saint Roch*, jointe à *La Legende dorée* (1518), II, 2020.
Philipps (Peter) (1684), grav., II, 1063.
Phillipps (Sir Thomas) : mss. lui ayant appartenu, IV, 2755, 2964.
Philipphsohn (Johann). Voy. Steidanus.
Philisbourg : ouvrages faits sur la prise de cette ville (déc. 1688), III, 2524.
Philon : son ambassade sous Caligula, trad. par Arnauld d'Andilly (1668), II, 2066.
Philone (M.) : *Josias* (1583), II, 1092. *Adonias* (1586), II, 1093.
Philopœmen : sa vie par Plutarque (1567), II, 1899. Cf. III, 2735.
Philoponus (Janus) : vers à Nic. Bourbon (1538), IV, 2788.
Philosophe (Un) parisien : vers sur les conquêtes et la convalescence du roi (1745), 907.
Philosophie de Monsieur Nicolas (1796), II, 1916, art. 33.
Philostrate : *Epistolae* gr. (1499), II, 1873.
Phlégon de Tralle : *Epistola de Moribus Ægyptiorum* (1525), III, 2498.

Phocion : sa vie par Plutarque (1567), II, 1899. Cf. III, 2735.
Phocylide : *Poema ad monitorium* (1496), 394.
Phrygius (Paulus). Voy Seidensticker (Paul).
Phrisius (Ulsenius), un des acteurs du *Ludus Diane* (1500), II, 1066.
Phyllis, femme aimée de S. G., s' de La Roque (1609), IV, 2943.
Phillis : vers à elle adressés par N. Rapin (1610), IV, 2944.
Physiologie du mariage (1830), II, 1843.
Phizonomie (La) des bergiers (1516), III, 2562, art. 42.
Piacenza (Fra Amerigo da) : Pietro de' Crescenzi lui dédie ses *Libri commodorum ruralium* (v. 1305), V, 3215.
Piaffe (La) des filles (1573), 986, art. 3, p. 631.
Piaget (Arthur), 444, *Additions* ; IV, 2796, 2797, art. 1 ; 2799, art. 13, 14, 22, 25 ; 2809, 2812, 2813, 2814.
Pianto (L'acerbo) della moglie di Caracossa (v. 1571), V, 3309.
Piard (Charles de), sieur d'Infrainville de Touvant. Voy. Infrainville.
Piatti (Piatino de'), cité dans le *Contramours*, II, 1833, *Additions*.
Pibrac (Guy Du Faur, seigneur de). Voy. Du Faur.
Pic (Jean) : *Discours sur la bienséance* (1688), 174.
Pic (N.) : *Ballet des Saisons* (1722), II, 1457.
Picard (Anthoine), poète. Voy. Le Picard.
Picard (Bernard), dessin. et graveur (XVIII° s.), 12, 384, 925 ; II, 1064, 1474, 1519, 1758, 1759, 2007 ; III, 2502, 2506, 2544.
Picard (Etienne), grav. (1665), 150.
Picard (François), cité comme orateur par Guy Le Fèvre de La Boderic (1578), IV, 3183.
Picard (Jean) (XVII° s.), grav., 317, 828 ; III, 2708.
Picard (N.), grav. (1642), 964.
Picard (Nicolas), médecin, cité par Jean Dorat (1586), IV, 2789.
Picardie : *Nobiliaire* (1720), III, 2493, art. 52.
Picardot (N.) : vers en tête du *Dictionnaire des rimes* de Jean Le Fèvre (1588), 431.
Piccini (Niccolò) : mélodie de lui dans les *Chansons de Piis* (1785), 1003.
Piccolomini (Enea Silvio). Voy. Pie II.
Pichard, ou Bichard, grav. (v. 1780), 262.
Pichault (J.), d'Oisemont en Normandie, auteur probablement imaginaire (1561), 778.

Pichel (Roch), curé de N.-D. de Guibray (1578), IV, 2930.
Pichereau, cousin de Jehan Bouchet, 511.
Pichon (Le baron Jérôme): volumes lui ayant appartenu, 60, 70, 111, 128, 220, 251, 284, 291, 469, 502, 517, 524, 547, 584, 586, 602, 653, 656, 725, 726, 770, 991, 992; II, 1081, 1177, 1241, 1503, 1707, 1848, 1903; III, 2304, 2521, 2602; IV, 2798, 2805, 2809, 2829 *bis*, 2830, 2850, 2933, 2973, 2981, 2987, 3002, 3011, 3025, 3115, 3134. *Additions*, 810, 1021.
Pychore (Jehan), impr. à Paris, associé de Remy de L'Aistre (1503), 19.
Pichot (Amédée): Paul Lacroix lui dédie *Un Divorce* (1832), II, 1616.
— *Le Perroquet de Walter Scott* (1834), II, 1641.
Pico (Giovanni), comte de La Mirandola, cité par Guy Le Fèvre de La Boderie (1579), IV, 2930. — Portrait dans les *Icones* de N. Reusner (1589), V, 3370.
Picon (Jam), 1042.
Picot, danseur (1635-1636), IV, p. 633.
Picot (Emile), cité, 211, 482, 495, 499, 804, 1025, 1775, 1924, 1910; IV, 2794, 2796, art. 19; 2812-2814, 2818, 2849; V, 3272, 3279, 3313.
Picot (François), plaide contre Catherine Moreau, sa femme (1625), II, 1796, art. 17.
Picot de Closrivière: généalogie, III, 2495.
Picquenot, grav. (1780), 272.
Picquet, grav. (1623), 668.
Pidansat de Mairobert, est peut-être l'auteur des *Anecdotes sur Mme la comtesse du Barri* (1775), III, 2294.
Pie II (Enea Silvio Piccolomini, pape sous le nom de): *Le Remede d'amour, translaté en françois* (v. 1515), IV, 3072. — Dialogue tiré de ses œuvres [*Le Misaule*] (1585), 181.
Pie V (Ghislieri, pape sous le nom de): Bulle relative à la publication du missel romain (1570), III, 2528, p. 324. — Il est cité par Jean Dorat (1586), IV, 2789.
Pieces du Procès de Henri de Tallerand, comte de Chalais (1781), III, 2279.
Pieces fugitives pour servir à l'histoire de France (1759), II, 2095.
Pied (Le) de Fanchete (1786), II, 1916, art. 2.
Piédefer (F.), « Pes Ferreus », élève de Nic. Du Puis (v. 1510), V, 3228.
Pied-de-Vache (Yvon), II, 1775.

Piedevant (N.), *Factum contre les moynes de Sainct Wandrille* (v. 1634), IV, 3153, p. 532.
Pieges (Les vrais) et Moiens pour atraper ce fau heretique et cauteleur grison (1589), III, 2228; 2243, art. 1.
Piémont: campagnes faites dans ce pays (1690-1693), III, 2524, pp. 291, 292.
Piémont, héraut d'armes (1556), V, 3350.
Piennes (Halluin, seigneur de). Voy. Halluin.
Pierius (Urban): inscription dans un album (1593), V, 3370.
Pieroni (Giovanni), vers au petit de Beauchasteau (1657), 833.
Pierre (Saint) Nolasque: son *Panegyrique* par Bossuet (1665), IV, 3079, p. 447.
Pierre II, roi d'Aragon, son *Obit* (1213), III, 2529, p. 326.
Pierre III, roi d'Aragon, son *Obit* (1283, *lisez* 1285), III, 2529, p. 327.
Pierre IV, le Cérémonieux, roi d'Aragon: son *Obit* (1387), III, 2529, p. 326.
Pierre (Frère), compilateur employé par Antoine Vérard, IV, 2813.
Pierre (Messire), peut-être le même que le précédent cité dans les pièces jointes au *Vergier d'honneur* (v. 1500), 479.
Pierre (Maistre) Babillet, IV, 3173.
Pierre de Bretagne (v. 1440), IV, 2797, art. 3.
Pierre de Provence (v. 1510), II, 1497.
Pierre des Vaux de Cernay, *Histoire des Albigeois* (1568), II, 2028; (1569), 2029.
Pierre Diacre: *De notis Romae* (1525), III, 2498.
Pierre (Jean), ou Petrus: vers dans les *Epitaphia* de Peter de Cornibus (1542), III, 2575.
Pierres (Jean), sieur de La Jarne, lieutenant général à La Rochelle: ordonnance sur la convocation des Etats à Blois (1576), III, 2696.
Pierres (Ph.-D.), impr. à Paris (1780), 272; (1785), 1003.
Pierrevive (Sylvie de): Jean d'Aultruy lui dédie les *Larmes sur la memoire de Henry le grand* (1610), III, 2259.
Pierron (François): les *Epithetes* de M. de La Porte lui sont dédiées (1571), 432.
Pierrot, chanteur (1670), IV, p. 633.
Piesche, flûte et hautbois (1659-1671), IV, p. 633.
Piesche fils aîné, flûte (1669-1671), *ibid.*
Piesche cadet, chanteur (1671), *ibid.*

Piesche (M¹¹ᵉ) aînée, chanteuse (1671), *ibid*.
Piesche (M¹¹ᵉ), cadette, chanteuse (1661), *ibid*.
Piètre, musicien (1657), IV, p. 633. Cf. Petre.
Pietre (Simon), médecin, cité par Jean Dorat (1586), IV, 2789.
Pietro, sicilien (1532), IV, 3091.
Pietro Martire : *Extraict ou Recueil des isles nouvellement trouvees en la grand mer Oceane* (1533, n. s.), II, 1955. — Portrait (1581), II, 2039.
Pigafetta (Girolamo) : Matteo Bandello lui adresse une épître (1509), II, 1742.
Piganiol de La Force (Jean-Aymar) : *Description historique de la ville de Paris* (1765), III, 2310.
Pigault-Lebrun (Charles) : une pièce de lui dans les *Chants et Chansons populaires de la France* (1843), 1014.
Pigeot, grav. (XIXᵉ s.), 925 ; II, 1305, 1909 ; V, 3321.
Piget, libr. à Paris (1743), II, 1994.
Pygmet (T.) : épitaphe par Estienne Forcadel (1579), IV, 2879.
Pigna (Gio. Battista Nicolucci dit) : son emblème, IV, 3077.
Pigné (N.), grav. (1724), III, 2317.
Pignerol. Imprimeurs et Libraires. Voy. Chiantore et Mascarelli, 1880.
Pigouchet (Philippe), impr. à Paris (v. 1500-1501), 18, 61, 474, *Additions* ; V, 3224.
Pigré (de) : *Lettres sur les occurrences des Pays-Bas* (1632), IV, 3153, p. 530.
Piguerre (Paul-Emile), collaborateur de Jean Le Fèvre (1581), III, 2154.
Piban-Delaforest, impr. à Paris (1835), II, 1072.
Piis (Auguste de) : *Chansons nouvelles* (1785), 1003.
Pilaveyne (Guillaume), parrain en 1537, IV, 2855, p. 194.
Pile (de), tué à la Saint-Barthélemy (1572), IV, 3191.
Piles (de), abbé d'Orbais : le duc de Mayenne lui adresse des instructions (25 mai 1589), III, 2251, p. 87.
Piles (Roger de), peintre (1700), III, 2507.
Pilger : *Die Dramatisierungen der Susanna*, cité, II, 1068, art. 4.
Pilger (Peter) : inscription dans un album (1598), V, 3370.
Pilinski (Adam), II, 1080.
Pillard (Laurent), chanoine de Saint-Dié : épitaphe de Pierre de Blarru (1518), IV, 2781, p. 67.
Pillastre, avocat : vers à Pierre Corneille (1634), II, 1136.

Pillehotte (Jean), impr. à Lyon (1589), III, 2222, art. 7 ; 2242, art. 7 ; (1590), III, 2246, 2247 ; (1591), 794 ; cité, III, 2698.
Pillement fils, grav. (1806), II, 1577.
Pillet, protonotaire : vers à Esprit Aubert (1613), 816.
Pillet, grav. (1780), II, 1698.
Pillet, fils aîné, impr. à Paris (1843), 1014 ; (1862), II, 1435 ; (1863), 1436.
Pillet (Fabien) : une pièce de lui dans les *Chants et Chansons popul. de la France* (1843), 1014.
Pilliot, médecin : Léon Gozlan lui dédie *Le Médecin du Pecq* (1839), II, 1645.
Pilman, grav. (1793), II, 1914.
Pilon (Germain), cité par Jean Dorat (1586), IV, 2789. — Épitaphe dans *Le Cabinet des Muses* (1619), 974.
Pilost (Estienne), ou Pilostius : vers à Nic. Bourbon (1538), IV, 2788.
Pilot (Jean), cité (1562), V, 3229.
Pilvelin, nom altéré. Voy. Piquelin.
Pimpernelle (Claude), vers à Jean Godard (1594), 760.
Pinard : *Chronologie militaire* (1760-1778), III, 2360.
Pinart (Claude), sieur de Cramailles, secrétaire d'État, contresigne un édit (23 décembre 1585), III, 2213.
Pinard (J.), impr. à Paris (1823), II, 1345 ; (1824), 870, 1582 ; (1827), 1004 ; (1831), 550, p. 363, art. M ; (1834), II, 1541 ; (1857), II, 1714.
Pinat (M¹¹ᵉ), citée par Cl. de Taillemont (1556), IV, 2910.
Pinauld (Jean), ministre : inscription dans un album (1585), V, 3368.
Pincé (Jacques de), vers sur Est. Pasquier (1584, 1610), 737.
Pincé (René), cité par J. Dorat (1586), IV, 2789.
Pinchesne (E. Martin de), publie les *Œuvres* de Voiture (1660), II, 1905.
Pinchon (Marguerite), femme de Jehan Burges le jeune, libr. à Rouen (v. 1530), IV, 3012, p. 382.
Pindare : *Ode sur les Graces*, trad. par l'abbé Massieu (1769), II, 2003.
Pineas (?), grav. (1828), II, 1482.
Pineau, dessin. (1727), 250.
Pinelle père, musicien (1656-1659), IV, p. 633.
Pinelle fils, musicien (1666), *ibid*.
Pinelle frère, dit le jeune (1659), *ibid*.
Pinelli, impr. à Venise (1634), cité, III, 2483.
Pinelli (Giovanni), cité par Nic. Bourbon (1538), IV, 2788.
Pinelli (Maffeo) : volume lui ayant appartenu, 241.
Pinerelle (Les demoiselles de), citées

par M. Guy, de Tours (1598), IV, 2948.
Pinet, libr. à La Haye, associé de Gosse junior (1770), II, 1916, art. 6 ; (1776), *ibid.*, art. 5 ; (1777), *ibid.*, art. 11 ; (1782), *ibid.*, art. 16.
Pineton (Pierre), médecin : inscription dans un album (1583), V, 3368.
Pingon (Antoine-Louis de) : vers à Antoine Favre (1596), II, 1100.
Pinot : vers à lui adressés par Joachim Blanchon (1583), IV, 2938.
Pins (Jehan de), « Pinus », *Divi Rochi Vita* (1517), V, 3336.
Pinselet (Charles), *Le Martyre de frere Jacques Clement* (1589), III, 2233, 2233 *bis.*
Pinson (Jakob) von Steinhuyssen : inscription dans un album (1566), V, 3365.
Pinson de La Martinière, *L'Estat de la France* (1649 et 1650), cité, III, 2358.
Pinssio, grav. (xvIIIᵉ s.), II, 1892, 2094 ; III, 2506.
Pinvert (Lucien), IV, 2913.
Pinzon (Les frères) : leur voyage en Amérique (1508, 1521), II, 1950, 1951.
Pio (Annibale) : lettres à Gio. Giorgio Trissino (1505-1506), IV, 3078.
Pio (Enea) : lettre à Gio. Giorgio Trissino (1515), IV, 3078.
Pio (Graziosa Maggi) : lettres à Gio. Giorgio Trissino (1505-1514), IV, 3078.
Pio (Rodolfo), cardinal de Carpi, lettres à Gio. Giorgio Trissino (1548), IV, 3078.
Piochet (François), cité par Nic. Bourbon (1538), IV, 2788.
Pyon, marchand à Troyes (1532), IV, 3091.
Pionnier (Le) de Seurdre (v. 1580), IV, 2852.
Piot (Eugène) : Théophile Gautier lui dédie *Tra los montes* (1843), II, 1928.
Pipart (Daniel) : inscription dans un album (1598), V, 3372.
Pipee (La) du dieu d'amours, IV, 2799, art. 23.
Pipon (Jehan de), « Piponius », cité par Nic. Bourbon (1538), IV, 2788.
Piquelin (Jehan) : *Le Messagier d'amours* (v. 1490), III, 2581. — *Vie de saincte Regne* (1500), 477.
Piquon (G.), avocat au parl. de Bordeaux : vers à lui adressés par P. de Brach (1576), IV, 2931.
Pyraltus (Pierre), de Nantes, cité par Nic. Bourbon (1538), IV, 2788.
Pirame et Tysfé, par Guill. Belliard (1578), IV, 2932.

Pyrame et Tisbee, par S. G., sʳ de La Roque (1609), IV, 2943.
Pirer (Jean), ministre à Genève (1554), 85.
Pires da Veyga (Ruy) permet l'impression du *Don Quichotte* à Lisbonne (1605), IV, 3066.
Piro (de), approuve la *Tragedie de Colligny* par Fr. de Chantelouve (1574), IV, 3024.
Pirolon, conseiller des amoureux (1536), II, 1842.
Piron (Alexis), vers sur les conquêtes et la convalescence du roy (1745), 907. — *Contes en vers* (1778), 927.
Pirot, docteur de Sorbonne, approuve *Les Mœurs des Israëlites*, de Cl. Fleury (1681), II, 2068 ; — approuve *Les Mœurs des chrétiens*, du même (1682), 2069.
Pirovano (Maffeo) : lettre au comte Marco da Thiene (1550), IV, 3078.
Pisa (Frà Bartolommeo da). Voy. Albizzi (Bartolommeo degli).
Pisa (El gobbo da) : vers dans les *Trionfi, Carri, ecc.* (1559), 1028.
Pisan (Christine de) : *Melibee et Prudence* (1504), II, 1506 ; (1514), 1507. — *Les cent Hystoires de Troye* (1522), IV, 2803. — *Ballades*, IV, 2963, art. 32 ; 2799, p. 109.
Pisani (Jean de), marquis de Vivonne, cité par M. Guy, de Tours (1598), IV, 2948. — Il vit sans boire, II, 1727.
Pisanus (Vincentino). Voy. La Pise.
Piscator (Johannes). Voy. Fischer.
Pischini (Piccini ?), chanteur (1661), IV, p. 633.
Piscis. Voy. Poisson et Fisch.
Pise : concile de 1511, IV, 3095.
Pise (Antoine de), cité par Ch. Fontaine (1546), IV, 2876.
Pise (Philippe de), élu à Mâcon (1546), IV, 2876.
Pissart (Pasquier), impr. à Anvers (1544), II, 1082.
Pisseleu (Charles de) : épître à lui adressée dans les *Hymnes* de P. de Ronsard (1555), 672.
Pissot (Noël), libr. à Paris (1722-1727), III, 2524 ; (1724) ; III, 2444. — Catherine Bauchon, sa veuve (1728-1753), III, 2524 ; (1741), II, 1710.
Pissot (Noël-Jacques), libr. à Paris (1753-1760), III, 2524 ; (1773), 302 ; (1777), II, 1767 ; (1780), 858.
Pistoia (Bastiano da) : lettre à Gio. Giorgio Trissino (1516), IV, 3078.
Pistoia (Giovanni da), vers dans les *Trionfi, Carri, ecc.* (1559), 1028.
Pithou (Les), cités par Nic. Rapin (1610), IV, 2944.
Pithou (François), paraît être l'auteur de *la Brieve Responce d'un catho-*

lique françois à *l'Apologie des ligueurs* (1586), III, 2194, p. 37.
Pithou (Jean), de Troyes, cité par Nic. Bourbon (1538), IV, 2788.
Pithou (Pierre): vers à Mme Des Roches (1582-1610), 737. — Vers latins sur la mort de Ronsard (1586), IV, 2889; (1623), 668. — Il est l'un des auteurs de la *Satyre menippée*, 1593-1594 (1709), III, 2251, p. 87. — Vers à lui adressés par Nic. Rapin (1610), IV, 2944.
Pitigliano (Le comte de). Voy. Orsini.
Pitiscus (Bartholomaeus), inscription dans un album (1598), V, 3370, p. 166.
Pitois : généalogie, III, 2495.
Pitre, grav. (1757), II, 1741.
Pittau (N.), grav. (xviiie s.), 385, 386 ; III, 2506.
Pittoni (Battista), *Imprese di diversi prencipi* (1562), IV, 3077. — Son emblème, *ibid.*
Pixerécourt (René-Charles-Guilbert de) : volumes lui ayant appartenu, 90 ; II, 1544 ; III, 2188, 2521.
Placcart des Estats Generaux des Provinces Unies du Païs Bas (1581), III, 2390.
Placcart sur le faict des monstres (La Haye, 1599), III, 2403.
Place (La) royalle, ou l'Amoureux extravagant (1637). Voy. Corneille (Pierre).
Plaideurs (Les), comedie (1669), II, 1254.
Plaidoyer (Le) de l'Indien hollandois, contre le prétendu pacificateur espagnol (1608), III, 2404.
Plaidoyer d'un mary desesperé (1594), II, 1796, art. 7 ; (1617), 1797, art. 11.
Plaidoyé pour les privileges des treze Cantons suisses contre les fermiers du gros et huitiesme (1598), IV, 3127, art. 12.
Plaidoyé sur la principauté des Sots (1608), cité, IV, 3005, p. 365.
Plaidoyé sur lequel a esté donné contre les jésuites l'arrest du 16 octobre 1597, II, 2012.
Playes (Les cinq) nostre seigneur, III, 2534, 2535.
Plaintes (Les) d'Ossa, commissaire general, voulant quitter le service de l'Empereur (1634), III, 2420, art. 101.
Plaintes (Les) et Doleances des mal mariez (1607), II, 1797, art. 4.
Plaisirs (Les) de l'Isle enchantée (1664), II, 1192, 1209 (1673), 1193.
Plaisirs (Les) de Saint Germain (1665), 836.
Plaisirs (Les) troublez, mascarade (1657), IV, 3049.
Plaix (Cesar de), sieur de L'Ormoye,

Le Passe-partout des peres jesuites (1607), III, 2242, art. 11.
Plance (E.), mis en scène par Jacques Gohory (1549), 188.
Planche (Gustave), collaborateur du *Monde dramatique* (1835-1839), II, 1072.
Plancy, mari malheureux : éloge de sa femme (1535), 805.
Plancy (Mlle de), citée par Fr. Habert (1549), IV, 2868.
Plancius (Adamus). Voy. La Planche.
Planck (Martin), de Linz : inscription autrefois existante dans un album (v. 1564), V, 3366.
Plannck (Stephan), impr. à Rome (1493), II, 1947.
Plançon ou Planson, médecin à Paris : vers à lui adressés par Charles Fontaine (1557), IV, 2877. — Il est cité par Guy Le Fèvre de La Boderie (1578), IV, 3183.
Plancus, cité par Nic. Bourbon (1538) IV, 2788.
Planètes (Mouvement des), IV, 2757.
Planson. Voy. Plançon.
Planta (Rodolphe), s'empare de la Valteline (1620), III, 2648.
Plantin (Christophe), impr. à Anvers (1559), cité, III, 2418 ; (1560), 197 ; (1564), V, 3209 ; (1568), 197 ; (1570), 110 ; (1571), 753 ; (1572), III, 2173 ; (1578), III, 2379, 2384 ; (1580), III, 2387-2389 ; (1581), III, 2390 ; (1582), III, 2392-2395, 2399 ; (1583), 750 ; (1585), cité, III, 2194, p. 35. — Son anagrammatisme, par Guy Le Fèvre de La Boderie (1571), 733.
Plantin (Madeleine), femme : 1° de Gilles Beys, 2° d'Adrian Périer, citée, II, 1965. — Son anagrammatisme par Guy Le Fèvre de La Boderie (1571), 733.
Planude: *Anthologia* gr. (1494), 392.
Plassan (Pierre), impr. à Paris (1797), II, 1670.
Plassan (Joseph-Raymond), impr. à Paris (1825), 1010 ; (1834), II, 1640.
Plat d'argent (Le cardinal du), II, 1842.
Plate Bourse (L'evesque de), II, 1842.
Plater (Félix) : inscription dans un album (1585), V, 3368.
Platier (Philipot), joueur de farces (?), II, 1775.
Platin (Frère Claude) : *Le Debat de l'Homme et de l'Argent* (s. d.), 543.
Platina (Battista). Voy. Sacchi (Bartolommeo de').
Platon : *Opera* gr. (1513), 125. — *Epistolae* gr. (1499), II, 1873. — *L'Androgyne*, imitation par Antoine Héroët (1543), 650. — *Symposé* (1559), V, 3213. — *Eutiphron*,

Hippias, Euthimedus, traduits par Maucroy (1685), II, 1920. — *Banquet*, traduit un tiers par feu M. Racine, etc. (1732), 126.
Plaute : *Comoediae* (1684), II, 1063. — Joh. Fred. Gronovii, *Lectiones Plautinae* (1740), *ibid.*
Pleghaphaeta. Voy. Pigafetta.
Plessen (Wolrad von) : épitaphe de Th. Zwinger (1589), V, 3370.
Plessis, figure dans un ballet (1645), IV, p. 633.
Plessis-Grimoult, II, 1883, p. 368.
Plet (Le) de Jon Michea (1660), 1025.
Pleuer (Johann) : inscription dans un album (1567), V, 3365.
Pline : *Historia naturalis* (1469), 182 ; (1472), 183.
Pline le jeune : lettre à Cornelius Priscus, sur Martial, 414.
Plon (Philippe-Henri), impr. à Paris, associé de Béthune (1836), II, 1593 ; (1838), II, 1362 ; (1839), II, 1596 ; (1840), 876, 877 ; II, 1353 ; V, 3286 ; (1843), II, 1363.
Plosius (Adriaan) van Aamstel : D. Heinsius lui dédie une édition de Tite Live (1634), II, 2081.
Pluie de sang à Sens (1617), III, 2354.
Plumet, flûte et hautbois (1670-1671), IV, p. 633.
Plumeleau (de) : trois romances de lui dans les *Chansons* de La Borde (1778), 1002.
Plumion (La veuve François), libr. à Paris (1588), 704 ; citée, V, 3362.
Plurs, village du comté de Chiavenna, détruit par la chute d'une montagne (1618), III, 2445.
Plusbel de Saules : généalogie, III, 2495.
Plutarque : *Vies d'Hannibal, de Scipion et de Pompée*, traduites par Simon Bourgouin (ms.), IV, 3151. — *Les Vies des hommes illustres*, traduites par Amyot (1559), III, 2735 ; (1567), II, 1899. — *Les Vies de Hannibal et de Scipion l'Africain*, traduites par Ch. de l'Escluse (1567), *ibid.* — *Œuvres morales*, traduites par Amyot (1574), *ibid.* — *Opusculum* (v. 1517), 132. — *La Touche naïfve pour esprouver l'amy*, traduite par Antoine Du Saix (1537), V, 3330.
Pluvié de Ménéhouarn : généalogie, III, 2495, p. 251.
Pluyette (Louis), nommé curé de Saint-Martin de Condé-Saint-Libiaire (1687), II, 1883, p. 368.
Pocrius. Voy. Le Poulchre.
Podographe (1611), III, 2261.
Poësies diverses, par Frédéric II (1760), 853.
Poesme françois sur l'anagramme de Henry de Lorraine (1588), 793 ; III, 2221, art. 8.
Poème sur la peste (xv* siècle), 579.
Poëte (Le) champestre (1537), III, 2594, art. 7, 10.
Poëtevin'rie (La gente) (1660), 1025.
Poëtou (Gerard de), cité par Guillaume de Poëtou, son fils (1565), III, 2605.
Poëtou (Guillaume de) : *Suite du Labeur en liesse* (1566), 720. — *A Jesu Christ, cantique* (1566), 721. — *Hymne de la Marchandise* (1565), III, 2605. — *La grand Liesse* (1585), *ibid.*
Poget (Andreas) : album, lui ayant appartenu (1573), V, 3367.
Poggio Bracciolini, dit le Pogge : *Facecies* (v. 1510), II, 1773 ; citées, II, 1861. — Portraits (1589), V, 3370 ; (1715), III, 2521.
Poggio (Bernardo), de Lucques : vers à Guillaume de La Perrière (1553), V, 3328.
Poggio (Gio. Francesco) : vers de lui dans les *Icones* de Nic. Reusner (1589), V, 3370.
Pogny (M⁹⁸ de) : son éloge par Jules de Richy (1616), V, 3290.
Pohier (Jean), libr. à Paris (1696), II, 1910.
Poille (Jacques), ou Poëlle : vers à lui adressés par Nic. Rapin (1610), IV, 2944.
Poillechat (Benigne), vers en tête du *Dictionnaire des rimes* de Jean Le Fèvre (1588), 431.
Poinsinet (Ant.-Alex-Henri) : dessins de costumes pour son opéra d'*Ermelinde* (1767), II, 1462.
Poilly (François), grav. (1722), III, 2524, p. 299.
Poilly (J.-B. de), grav. (1706), III, 2328.
Poilly (N.-J.-B. de), grav. (1742), III, 2347.
Poinssard (G.), Auvergnat ; sonnet en l'honneur de Jean de Léry (1611), II, 1990.
Pointeau, orateur et poète (1598), IV, 2948.
Poirson (Charles-Gaspard), dit Delestre-Poirson : une pièce de lui et de Scribe dans les *Chants et Chansons popul. de la France* (1843), 1014.
Poissenot (Benigne) : *L'Esté* (1583), cité, II, 1700. — *Nouvelles Histoires tragiques* (1586), citées, II, 1723.
Poissy : *Ample Discours des actes du colloque* (1561), II, 2055, 2056. — Voy. Marquets (Anne de), *Six Sonets de l'assemblee... tenue à Poissy* (1561), IV, 2918.
Poisson, dit Piscis, cité par Nic. Bourbon (1538), IV, 2788.

Poisson (Abel-François), marquis de Marigny. Voy. Marigny.
Poisson (Raymond), signe *La Comedie sans titre* de Boursault (1685), II, 1228. — Privilège pour l'impression de ses *Œuvres* (1735), II, 1553.
Poissonnier : vers en tête du *Dictionnaire des rimes* de Jean Le Fèvre (1588), 431.
Poitiers : entrée de Charles-Quint (10 déc. 1539), II, 2190 ; III, 2675. — *Le Siege de Poictiers* (1569), par M. Liberge (1621), III, 2168. — Chanson poitevine sur ce siège (1569), 1025. — *Instruction aux tresoriers de France establis à Poictiers* (1585), III, 2207, 2194, p. 35. — *De l'Université de la ville de Poictiers*, etc. (1643), III, 2342. — Guillaume Bouchet dédie les *Serées* aux marchands de Poitiers (1608), II, 1702. — Abbaye de Saint-Cyprien, IV, 3096, art. 72. — Impr. et Libraires. Voy. Blanchet (Jean), 1596-1600. Bouchet (Guillaume), m. vers 1595. Bouchet (Jacques), 1522-1545. Bouchet (frères), 1554-1571. Courtois (Robert), 1676. Dupré (A.), 1848. Fleuriau (Jean), 1660. Marnef (Enguilbert de), 1522. Marnef (Jean et Enguilbert de), 1545-vers 1547. Marnef (Jean de), 1559. Mesnier (La veuve d'Antoine), 1636. Mounin (Abraham), 1643-1644. Thoreau (Julien), 1613-1621.
Poitiers (Mlle de), danse dans un ballet (1681), IV, p. 633.
Poitiers (Diane de) : son emblème (1551), III, 2548. — Cet emblème est porté par Henri II lors du sacre (1547), III, 2142. — Elle est louée par Ch. Fontaine (1557), IV, 2877. — Vers à elle adressés par Du Bellay (1559), IV, 2896.
Poitiers (Jean de), seigneur de Saint-Valier : son emblème, IV, 3077.
Poitou : *Discours de premier passage de M. le duc de Mercure au bas Poictou* (oct. 1585), III, 2194, p. 39. — Le roi y envoie une armée pour combattre les hérétiques (août 1588), III, 2221, art. 16. — *Lettres patentes du roy à M. le seneschal de Poictou* (22, 24 févr. 1589), III, 2194, p. 43.
Pol (Le chevalier), enfant, danse dans un ballet (1671), IV, p. 633.
Polan (Amandus), von Polansdorf : inscription dans un album (1597), V, 3370.
Pole (Andreas), Silésien : inscription dans un album (1596), V, 3370.
Pole (Reginald), cardinal : le pape Paul IV lui retire ses pouvoirs de nonce extraordinaire (1555), V, 3335 ; — portrait dans les *Icones* de N. Reusner (1589), V, 3370.
Polet (Andrieu), joue dans la *Passion* de Valenciennes (1547), IV, 3010, p. 376.
Polete (Jacques), de Zürich (1598). IV, 3127, art. 12.
Poly (Jacques) : vers échangés avec Charles Toutain (1557), II, 1089.
Police et Ordre gardes en la distribution des deniers aumosnes aux pauvres de l'Eglise reformee de Paris (1562), II, 2056.
Police subsidiaire de Lyon (1531), citée, IV, p. 28.
Polier (Annemond), procureur à Lyon (1546), IV, 2876.
Polignac (Anne de) : J. de La Péruse lui adresse des vers (v. 1557), IV, 3022.
Polignac (Françoise de), dame de Saint-Vallier : Jehan Favre corrige pour elle sept épîtres de Marguerite d'Angoulême (v. 1540), V, 3250. Cf. IV, 2737, p. 4.
Polimène : *Sur la mort imaginaire et veritable de Moliere* (1678), II, 1223.
Poliziano (Angelo) : *Thesaurus cornucopiae* (1496), 316. — Vers de lui traduits par Nic. Bourbon (1538), IV, 2788. — Portrait dans les *Icones* de N. Reusner (1589), IV, 2788.
Pollardan (de) : vers à Bér. de La Tour (1558), 662.
Pollet, libr. à Paris (1822), II, 1583.
Pollienay (de), cité par Ch. Fontaine (1557), IV, 2877.
Polman (Jean) : *Le Chancre* (1635), 55.
Polo (Gaspar Gil), auteur d'une suite de la *Diana* de Montemayor, traduite par Gabriel Chappuys (1587), II, 1748.
Pologne. Voy. *Description du royaume de Poloigne*, par Blaise de Vigenere (1573), III, 2422. — *Chroniques et Annales de Poloigne*, par le même (1573), 2423. — *Harangue faite et prononcee par Jean de Montluc par devers les seigneurs de Poulonne* (10 avril 1573), III, 2185. — *Oraison au roy esleu de Poloigne*, par Jean de Zamoscie (1574), IV, 3127, art. 1. — *Les Obseques et Funerailles de Sigismond-Auguste, roy de Pologne, plus l'Entree, Sacre et Couronnement de Henry, à present roy de Pologne* (1574), III, 2424. — *Les Honneurs et Triomphes faits au roy de Pologne à Miedzeris le 24 janvier 1574*, 2425. — *Discours au vray de tout ce qui s'est faict pour... l'election du roy de Polongne*, par Jehan Choisnyn (1574), 2426. — *Histoire*

et Relation du voyage de la royne de Pologne [Marie-Louise de Gonzague] *et du retour de M*^{me} *la mareschalle de Guébrian* par Jean Le Laboureur (1648), 2427.
Polyeucte martyr, tragédie par P. Corneille (1643). II, 1146; (1648), II, 1147; (1664), II, 1148.
Polymachie (La) des marmitons (1562), 98, art. 1.
Poltrot de Méré (Jean): *Response à son interrogatoire* (1563, n. s.), III, 2156, art. 14; (1563), 2158. Cf. III, 2688.
Polyxène, sujet d'une tragédie de Cl. Billard (1610), II, 1105.
Polixene, tragedie [par La Fosse] (1696), II, 1285.
Polonois, musicien, cité par N. Rapin (1610), IV, 2944.
Pomar (Claude), impr. à Chambéry (1596), II, 1100.
Pomart (Pierre), impr. à Chambéry (1606), 112.
Pomeny : vers de lui dans *Le Cabinet des muses* (1619), 974.
Pommeray (François), ou Pomeray, impr. à Paris (1622), III, 2420, art. 67 ; (1627), II, 1528.
Pommeraye (Dom), *Histoire de St-Ouen de Rouen* (1662), citée, IV, 3096, art. 112 *octies.*
Pompadour (Geoffroy de), évêque du Puy (1486-1514), pièces à lui adressées, IV, 2736.
Pompadour (Jeanne-Antoinette Poisson, marquise de), sollicitée par Voltaire (1748), II, 1324. — *Suite d'estampes* gravée par elle (1782), 239. — Volumes lui ayant appartenu, 329 ; II, 1548 ; III, 2233, 2244, 2363, 2708. Cf. III, 2350.
Pompa funebris Caroli Quinti (1619), citée, III, 2418.
Pompe funebre (*La magnifique et somptueuse*) *de l'Empereur Charles Quint* (1559), citée, III, 2418.
Pompe funebre du tres-chrestien... Henry le Grand (1610), III, 2243, art. 10.
Pompée : sa vie par Plutarque (1567), II, 1899. Cf. III, 2735.
Pompes funebres (Les grandes et solennelles) faictes en la ville de Bruxelles... de tres-magnanime Charles cinquiesme, empereur (1559), III, 2417.
Pompes (Les) Magnificences et Ceremonies faictes en l'église S. André... de Bordeaux pour le mariage de Philipes Prince d'Espagne (1615), III, 2271.
Pomponazzo (Pietro): portrait dans les *Icones* de N. Reusner (1589), V, 3370.
Pomponius Mela : *De situ orbis* (1471), II, 1921. — *De orbis descriptione* (1508), V, 3331 ; (1518), 3332.
Pomponne : vues du château, 249.
Pomponne (Simon Arnauld, marquis de): le libraire Damien Foucault lui dédie l'*Histoire de Constantinople* (1672-1674). Exemplaire de dédicace, II, 2083. — Lettres à lui adressées, par Mme de Sévigné (1756), II, 1890 : (1773), 1891.
Ponce (Le P. Bartolomé), cité, II, 1748.
Ponce (N.), grav. (xviiie-xixe s.), 272, 409, 845, 856, 858, 916, 1033, 1034, 1056 ; II, 1331, 1679, 1900, 1914.
Ponce (Mme), grav. (1773), 916.
Ponceau (Jacques), cité dans les pièces jointes au *Vergier d'honneur* (v. 1500), 479.
Poncelet, l'un des auteurs des *Cent Nouvelles nouvelles* (v. 1457), II, 1694.
Poncet (Benoist) : vers à Guillaume de La Tayssonnière (1556), 663.
Poncet (Maurice), théologien, cité par Guy Le Fèvre de La Boderie (1578), IV, 3183.
Pons : généalogie, III, 2495.
Pons (Mlle de), danse dans des ballets (1661-1665). IV, p. 633.
Pons (Antoine de), cité, III, 2582, p. 388.
Pons (François II, sire de) : ses armes sur un ms., III, 2582.
Ponsard (François), *Ulysse* (1852), II, 1403. — *L'Honneur et l'Argent* (1853), 1404. — *La Bourse* (1856), 1405. — *Ce qui plait aux femmes* (1860), 1406. — *Galilée* (1867), 1407.
Ponlac (Mme de), première présidente de Bordeaux : *La Relation de l'Isle imaginaire* lui est dédiée (1639), II, 1530.
Pontac (Arnauld de), évêque de Bazas : épitaphe hébraïque et latine d'Anne de Montmorency (1567), IV, 2967, art. 28. — Il est cité par Guy Le Fèvre de La Boderie (1578), IV, 2930.
Pontac (Arnaud de), beau-frère de François-Aug. de Thou (1642), IV, 3130.
Pont-à-Mousson, pris par Charles le Téméraire, IV, 2781, p. 66.
Pont-à-Mousson (Charles de Lorraine, marquis de), né en 1564. Voy. Henri, duc de Lorraine.
Pont Aimery (Alexandre de Focherau, seigneur de) : *Discours d'estat sur la blessure du roy* (1595), III, 2243, art. 6 ; — vers dans *Les Marguerites poetiques* d'Esprit Aubert (1613), 816 ; — dans *Le Cabinet des muses* (1619), 974.
Pontanus. Voy. Da Ponte.

Pontanus (Joh. Isaac). Voy. Vanden Brugge.
Pont-Authou (Raymond de) : *Marial*, cité, III, 2538.
Pont-Breton (Le) des Procureurs (1624), II, 1796, art. 13.
Pontcastel (de) : vers à lui adressés par P. de Brach (1576), IV, 2931.
Pontchartrain (Louis Phélyppeaux, comte de), chancelier de France : Tournefort lui adresse ses lettres du Levant (1700-1702), II, 1934. — Jacques Chevillard lui dédie *Les Noms et Armes des chanceliers de France*, III, 2493, art. 27.
Pontchartrain (Paul Phélyppeaux, seigneur de) : portrait (1696), III, 2507.
Pont-de-Veyle (Antoine Ferriol, comte de), *Memoires du comte de Comminge* (1735), II, 1560. — *Le Siège de Calais* (1739), 1561.
Pontécoulant (Mme de) : ses amours (1709), II, 1691.
Ponthalié, maison de la duchesse de Gramont (1730), II, 1736.
Ponthus, ms. (xve s.), II, 1499; — impr. v. 1520, 1500.
Pontico (Gottardo). Voy. Da Ponte.
Pontlevoy : abbaye de Notre-Dame, IV, 3096, art. 36.
Pontoise : abbaye de Saint-Martin, IV, 3096, art. 95. — Impression probablement supposée (1597), IV, 3188.
Pontous (Jehan de), cité dans les pièces jointes au *Vergier d'honneur* (v. 1500), 479. Cf. 540.
Pontoux (Claude de), traduit d'Ortensio Lando huit pièces intitulées *Harangues lamentables sur la mort de divers animaux* (1569), II, 1821. — Pièces de lui dans *Le Nouveau Recueil de plusieurs chansons* (1597), III, 2616. — *Chansons*, IV, 2994, art. 7 et 67.
Pool (M.), grav. (1700), 12 ; (1731), II, 1555.
Ponts-Bretons (Les), 940, 941.
Pope (Alexander): *Œuvres* (1779), 1056. — *Parallèle* d'Horace, de Boileau et de Pope, par Voltaire (1764), 930.
Popel de Likvic (Le baron Guillaume), cité (1621), III, 2420, art. 54.
Popelin (Claudius), cité, II, 1743.
Porcabeuf (Alfred), impr. en taille-douce (1907), IV, 2970.
Porcheres (François d'Arbaud de), vers dans *Les Marguerites poetiques* d'Esprit Aubert (1613), 816. — *Ballet du roy* (1619), II, 1419. — Il publie les *Œuvres* de Malherbe (1630), 817.
Porchères (Honoré de Laugier, escuyer de), vers dans *Le Cabinet des Muses* (1619), 974.
Porcia (Girolamo de' conti di), lettre à Gio. Giorgio Trissino (1517), IV, 3078.
Porcie, sujet d'une tragédie de Robert Garnier (1585), II, 1095.
Porporati, grav. (1780), II, 1474.
Porret, grav. (xixe s.), II, 1616, 1821 ; V, 3321.
Poršennikov (Ivan), voyageur en Chine (1674), II, 1934.
Porsius (Henri): *Briefve Histoire de la guerre de Perse* (1583), III, 2734.
Portail (Antoine), seigneur de Vaudreuil : ses armes, III, 2493, art. 40, 44.
Portalis (Le baron Roger) : volume lui ayant appartenu (1539), II, 1076.
Portau (Jean), impr. à La Rochelle (1576-1587), III, 2696.
Portau (Thomas), impr. à Niort (1596), 614; — impr. à Saumur (1601), II, 2063.
Portenbach (Les héritiers de Hans), libr. à Augsbourg (1577-1580), cités, III, 2518.
Portenbach (Hans Georg), libr. à Augsbach (1581-1599), cité, III, 2518.
Porte-oriflamme de France (1721), III, 2493, art. 31.
Portes (Emile) : vers latins à Pierre Enoc (1572), IV, 2927.
Portes (François) : vers à lui adressés par Jean Le Bon (1574), IV, 3171.
Porthais (Frère Jean) : vers à lui adressés par J. Le Masle (1580), IV, 2933.
Portier (Nicolas), libr. à Paris (1648), 830.
Portier (Pierre), rel. à Paris, cité par l'abbé de Marolles (1657), III, 2265.
Portonariis (Vincent de), de Tridino de Montferrat, libr. à Lyon (1507), II, 2107.
Portraict (Vrai) de la ville de Bergues sur le Zoom (1623), III, 2405, art. 5.
Portraict (Le) de Mlle de D. L. V. [de La Vallière] (1668), II, 1689.
Portraits (Les) de monseigneur le Dauphin (1679), 905.
Portraits des grands hommes (1786-1792), IV, 3167.
Pourtraits (Les vrais) des hommes illustres en pieté (1581), II, 2039. Voy. aussi *L'Europe illustre*, par Dreux du Radier (1755-1765), III, 2506.
Portraits: *Les hommes illustres qui ont paru en France* (1696-1700), III, 2507.
Pourtraits (Ensuiquent les) et Figures

des pieces qui se treuvent en ce Royaume et sont descriées (1572), 2546, art. 13.
Portraits reproduits au present catalogue : Belleforest (François de), V, 3353, p. 136. Billon (François de), II, 1837. Bourbon (Nicolas), IV, 2788. Bouton (Claude), sieur de Corberon (1540), IV, 2871. Bruscambille, II, 1787. Caracossa (La femme de), V, 3309. Charles Quint, II, 2133, III, 2714, 2717, 2728. Cousin (Gilbert), III, 2565. Crespin (Anthoine), Nostradamus, III, 2567. Dame aimée de Pontus de Tyard, IV, 2908. Dorat (Jean), IV, 2789. Érasme, III, 2568. François Ier, IV, 3111. Girard (Jean), d'Auxonne, IV, 3198. La Perrière (Guillaume de), V, 3328, p. 109. Marguerite d'Angoulême, 628. Muret (Marc-Antoine de), 667. Pagnini (Sante), IV, 2770. René, duc de Lorraine, IV, 2781. Rivière (Frager), 212. Ronsard (Pierre de), 667. Scève (Maurice), 635. Soliman, ou le roi de Cathaï, III, 2458; IV, 3142. Strozzi (Palla), IV, 3152. Tabarin, II, 1794. Tabourot (Estienne), II, 1778. Tremblay (Lucas), 215. Trippault (Léon), 319.
Port-Royal, abbaye, IV, 3096, art. 146 *bis*, 146 *ter*. — Cf. II, 2014.
Portugal : *Chronologie des rois* (1704), III, 2493, art. 15. — *Histoire des derniers troubles du Brésil entre les Hollandais et les Portugais*, par Pierre Moreau (1651), II, 1922.
Portus. Voy. La Porte.
Possevino (Antonio) : vers de lui dans les *Icones* de N. Reusner (1589), V, 3370.
Possevino (Gio. Battista), *Vie de S. Charles Borromée* (1511), citée, V, 3235.
Possot (Denis), *Description du voyaige de la Terre saincte* (1536), IV, 3091.
Postel (Guillaume), *De republica Atheniensium* (1645), IV, 3102; — cité par Nic. Bourbon (1538), IV, 2788; — cité parmi les érudits par Guy Le Fèvre de La Boderie (1578), IV, 3183. — Portrait (1715). III, 2521.
Postius (Johann) : assiste au couronnement du roi des Romains (1562), III, 2419. — *Tetrasticha in Ovidii Metamorphoseos libros* (1563), 411. — *Anthologia gnomica* (1579), 393. — Vers en tête des *Icones Germanorum* de Nic. Reusner (1589), V, 3370.
Posthumes (Les) (1802), II, 1916, art. 34.
Pot (Philippe), seigneur de La Roche. Voy. La Roche.

Pot (Le) *aux roses descouvert* (1625), II, 1796, art. 27. Voy. aussi *Blanque (La) des filles, ibid.*, art. 29
Pot-de-Vin (Gilles), joue dans la *Passion de Valenciennes* (1547), IV, 3010, p. 376.
Poterat : généalogie, III, 2495.
Potier (Laurent), libr. à Paris (1852), II, 1521. — Notes de lui, 915, 959 ; II, 1120. — Volumes provenant de ses ventes, 323. 524, 647 ; II, 1128, 1491, 1508, 1509, 1511, 1515, 1702; IV, 2779, 2963. — Volume offert par lui, II, 1196.
Potier de Gesvres (Léon), cardinal, son blason (1719), III, 2493, art. 4.
Potier, marquis de Nouvion (André) : ses armes (1723, 1729), III, 2493, art. 40, 44.
Potier de Nouvion (Nicolas) : Montfleury lui dédie *La Femme juge et partie* (1669), II, 1276.
Poucet de Montauban. Voy. Pousset.
Pouffier (Hector-Bernard), conseiller au parlement de Dijon (1706), II, 1883, p. 370.
Pouges (Alexandre), « Pogesius » : vers sur Estienne Pasquier (1584, 1610), 737.
Pougin, libr. à Paris, associé de Lecointe (1832), II, 1368.
Pougues : *Pugeae, Les Fontenes de Pougues*, par Raymond de Massac (1605), 771.
Poulain (J.), impr. à Strasbourg (1558), cité, 1032.
Poulain (Nicolas), huissier à la cour des monnaies (1572), III, 2546, art. 15. — *Procez verbal qui contient l'histoire de la Ligue* (s. d.), III, 2187; (1744), III, 2188.
Poulet, sauteur (1671), IV, p. 633.
Poulet, impr. à Paris (1816), 1006.
Poulet (Marcelot), seigneur de la Sottise (1605), IV, 3005, p. 364.
Poulet-Malassis, impr. à Alençon et libr. à Paris, associé de Debroise (1858), 887 ; (1860), II, 1829 ; — libr. à Bruxelles (1866), 962.
Poupart (Olivier), *Conseil divin touchant la maladie divine* (1583), cité, III, 2696.
Poupet (Jehan de) de La Chaux, évêque de Chalon. *Le grant Credo de Venise* lui est dédié (1509), 540.
Poupy (Jean), libr. à Paris (1576), II, 1824; (1578), II, 1743; (1579), 746; (1580), IV, 2933; (1581), III, 2154.
Poupin : vers à lui adressés par J. Le Masle (1580). IV, 2933.
Poupin (Abel), ministre à Genève (1554), 85.
Poupot (Pierre): vers à Estienne Tabourot (1586), II, 1778; (1615), 1779. — Vers en tête du *Dictionnaire des rimes* de Jean Le Fèvre (1588),

431. — Inscription dans un album (1590), V, 3368. — Sonnet à Jean de Léry (1611), II, 1990.
Pouquet, grav. (1783), II, 1916, art. 17.
Pour les disciples de Marot (1537), III, 2594. art. 4.
Pourquoy (Le) d'amour (v. 1540), II, 1835.
Pourtraits. Voy. Portraits.
Pour trouver les festes mobiles (1589), III, 2563, p. 363, art. 8 bis. — Cf. Id., 2562.
Pour trouver les quatre temps (1589), III, 2563, I, art. 7.
Pourvoyeur, grav., II, 1909, 1913, p. 363, art. 6. — Cf. Id., 2562.
Poussemie, héroïne de roman, IV, 3064.
Poussemothe : généalogie, III, 2495.
Pousset (Jacques), ou Poucet, de Montauban : vers à Regnault (1639), II, 1116. — Il développe un épisode de la *Diana* de Montemayor (1654), II, 1748.
Poussin (Mme), impr. à Paris (1833), 1652 ; (1835), 1648 ; (1836), 1618, 1648 ; (1839), 1645.
Poussin (Nicolas), peintre, III, 2523.
— Vers sur ses ouvrages par Baraton (1705), 846.
Pousols (de), s'empare de Solignac (1590), III, 2247.
Poutraincourt (Jean de Biencourt, sieur de), voyageur à la Nouvelle-France (1606), II, 1964, 1966. — Sa mort en 1615, 1965.
Poutraincourt, fils, voyageur en Amérique, II, 1965.
Pouvoir attribué aux femmes de cognoistre de causes legeres (1615), II, 1839.
Pouvoir des deputez de la Ligue, 1589 (1709), III, 2251.
Powis, grav. (1838), V, 3321.
Poyanne (Le marquis de), figure dans des ballets (1635-1636), IV, p. 633.
Poyet (Guillaume), président au parlement de Paris, cité par Nic. Bourbon (1538), IV, 2788.
Poyet (Jean), miniaturiste, cité peut-être par Jehan Pèlerin (1521), IV, 2763.
Poyet (Jean), libr. à Lyon (1610), 889 ; III, 2243, art. 11.
Potzcký (Charles-Jules), baron morave, page de l'archiduc Léopold (1657), IV, 3367.
Pracomtal : généalogie, III, 2495.
Pradher père : mélodie de lui dans les *Chants et Chansons populaires de la France* (1843), 1014.
Pradier, abbé de Notre-Dame de La Blanche : épître à lui adressée par Jean de Ligneville [1641], 304.
Pradier (Dom F.), *L'Etat de la France* (1749), III, 2358.

Pradines (Hubert de), pèlerin en Terre sainte (1532), IV, 3091.
Pradon (Nicolas) : *Phedre et Hippolyte* (1677), II, 1263. — *Statira* (1680), II, 1274. — *Triomphe* (1684), 946. — *Regulus* (1688), II, 1275. — *Reponse à la Satire X, du sieur D*** [-Despréanx]* (1694), 948, art. 1. — Voy. *Recueil de pieces curieuses* (1694-1696), III, 2632.
Praelio (De) Pragensi Pragaeque deditione (1621), cité, III, 2420, art. 43.
Practorius (Abdias), de Gottschalk, assiste au couronnement du roi des Romains (1562), III, 2419.
Prague : relation de la défenestration (23 mai 1618), III, 2420, art. 2. — Le comte palatin Frédéric V y fait son entrée (31 octobre 1619) ; il y est couronné (4 novembre), ibid., art. 14. — La ville est prise par les Impériaux (1620), ibid., art. 41-45.
— Imprimeur et Libraire. Voy. Behutský (Jonathan), de Hranice, 1619.
Praylting (Hans), d'Ulm : inscription dans un album (1567), V, 3365.
Pralard (André), libr. à Paris (1701), 380 ; (1711), 69.
Prassin de Croix (Marie-Catherine-Louise), femme de Jacques Martin, comte d'Espiennes, etc., IV, 3010.
Prateius (Pard.). Voy. Del Prato.
Pratensis (Esaias). Voy. Vander Weyden.
Prato (Michele da) : vers dans les *Trionfi, Carri, ecc.* (1559), 1028.
Prault (Laurent François Ier), dit Prault fils, libr. à Paris (1735), II, 1320 ; (1739), 290 ; II, 1549 ; (1742), II, 1303 ; (1744), II, 1327 ; (1747), II, 1549 ; (1749), II, 2094 ; (1751), II, 1335 ; (1766), 1037 ; (1767-1771), 409 ; (1768), III, 2495 ; (1769), II, 2003 ; (1773), 302 ; (1777-1780), III, 2569.
Prault (Laurent-François II), impr. à Paris (1781-1783), III, 2569 ; (1782), 239.
Prault (Marcel), libr. à Paris (1768), II, 1745.
Prault (Pierre), dit Prault père, libr., impr., puis simple libr. à Paris (1726), 851 ; (1726-1733), III, 2487 ; (1727-1728), II, 1318 ; (1734), II, 1552 ; (1736), II, 1818 ; (1740), II, 1332, 1333 ; (1741), II, 1315, 1552 ; III, 2195 ; (1743), II, 1818 ; (1750), II, 1316 ; (1752), III, 2495 ; (1754-1757), III, 2316 ; (1756), II, 1548 ; (1760-1768), III, 2524.
Préault, sculpteur et peintre (1834), 271.
Préaux : abbaye de Saint-Pierre, IV, 3096, art. 91.
Préaux (l'abbé de), envoyé en Alle-

magne (1620), III, 2420, art. 24 et 25.
— Sa mission auprès de Gabriel Bethlen (1621), *ibid.*, art. 50.
Preces christianae, ms. (1652), 34.
Precès criminel d'in Marcacin (1660), 1025.
Préchac (de) ou Preschac : *Nouvelles galantes du temps* (1681), II, 1708.
— *Desordres de la bassette* (1682), II, 1542. — *Suite du Roman comique*, II, 1906.
Précy (Guyon) : épitaphe par Est. Forcadel (1579), IV, 2879.
Predespoyr (Le) de l'amant (v. 1525), 580.
Préfontaine (de), figure dans un ballet (1645), IV, p. 633.
Preyss (Hans) : inscription dans un album (1567), V, 3365.
Premierfait (Laurent de), est probablement l'auteur de la traduction française de *La genealogie des dieux* de Boccace, II, 2001.
Prenel (De), commandant de l'armée impériale en Hongrie (1621), III, 2420, art. 50.
Prenostication (La) des hommes et des femmes, s. d., 206.
Prenostication (La) ou Revelation divine que Dieu revela au bon sainct Esdras (v. 1530), IV, 3165. Voy. *Pronostication*.
Presa (La memoranda) di Peschera (1509), 1041.
Presa (La) di Vulpiano (1555), V, 3349.
Presbourg (magy Pozsony) : l'empereur Mathias y est couronné roi de Hongrie (1ᵉʳ juill. 1618), III, 2420, art. 3.
Presens admirables du roy d'Espagne au prince de Gales (1623), III, 2374, art. 7.
Presens (Les) inestimables enuoyez par le grand Turc au roy d'Espagne (1625), III, 2477.
Presles : vues du château, 249.
Presse (La), journal, citée (1841-1847), II, 1599-1601, 1603.
Preti (Sandro) : vers dans les *Trionfi, Carri, ecc.* (1559), 1028.
Prêtre Jean (Le). Voy. Alvarez (Francisco), *Ho Preste Joam das Indias* (1540), II, 1944. — *Description de l'empire du Prete-Jean* (1674), II. 1923. — *Pronostication* (v. 1512), IV, 2758.
Preu (Sebastian) : inscription dans un album (1567), V, 3365.
Preud'homme (Claude), libr. à Paris (1639), II, 1811.
Preus (Peter) : inscription dans un album (1614), V, 3370.
Preux (Les neuf) de Gourmandise, 471, art. 21.
Prévost : généalogie, III, 2495.

Prévost, du Dorat : vers sur la mort de Nic. Rapin (1610), IV, 2944.
Prévost, acteur (1664), IV, p. 633.
Prévost, libr. à La Haye (1725), III, 2544.
Prévost (Antoine), dit le Desconforté, *Regretz d'amours* (1539), V, 3249.
Prévost (Antoine) de Sansac, archev. de Bordeaux : vers à lui adressés par P. de Brach (1576), IV, 2931.
Prevost (A.) : vers sur Est. Pasquier (1584, 1610), 737.
Prévost (Benoist), impr. à Paris (1549), 646 ; (1554), 627 ; (1555), cité, II, 2103 ; (1556), III, 2367 ; (1559), IV, 2915 ; (1560), II, 1697.
Prévost (B.-L.), grav. (xviiiᵉ s.), 855, 1033 ; II, 1247, 1474 ; III, 2523.
Prévost (Claude), prieur de Saint-Ladre d'Issoudun (1549), IV, 2868.
Prévost (Claudine) : madrigal à elle adressé par J.-Éd. Du Monin (1583), V, 3272.
Prevost, dit Bazinville (Guillaume), marchand de chevaux, condamné aux galères comme complice de la mort de B. Brisson (1594), III, 2253.
Prévost (Jacques) : épître à lui adressée par Jehan Bouchet (1522), 507.
— Son éloge funèbre par le même (1545), 511.
Prévost (Jean), archiprêtre de Saint-Séverin : *Oraison funebre de Christofle de Thou* (1583), 344.
Prévost (Jean) : *Les Imprecations et Furies contre le parricide...* trad. du latin de N. Bourbon 1610, III, 2243, art. 14. — *Apotheose du treschrestien roy... Henry IIII* (1613), II, 1106. — *Tragedies et autres Œuvres poëtiques* (1614), *ibid.*
Prévost (N.), libr. à Londres (1726), II, 1888.
Prévost (Philippe), sʳ Du Plessis : vers à lui adressés par Guill. Du Peyrat (1593), IV, 2945.
Prévost d'Exiles (L'abbé François) : *Memoires et Avantures d'un homme de qualité* (1731), II, 1555. — *Suite* (1733), 1556. — *Histoire du chevalier des Grieux et de Manon Lescaut* (1753), 1557, 1558 ; (1797), 1559. — *Lettres angloises ou Histoire de Miss Clarisse Harlove*, traduite de Richardson (1766), II, 1764. — *Dessins de C.-P. Marillier pour les Œuvres de l'abbé Prévost* (1784), 224. — *Dessins d'Eugène Lami pour Manon Lescaut* (1869), 232.
Prévosteau (Estienne), impr. à Paris (1582), 753 ; (1588), V, 3275 ; (1595), IV, 2947.
Prévosteau (Jacques) : *Epitaphes* de Charles de Cossé, comte de Brissac (1564), 813. — Sonnet en tête de l'*Elegie* de François d'Amboise

(1568), 728. — Sonnet dans le *Tumbeau de Gilles Bourdin* (1570), 815.
— *Description des appareils, arcs triumphaux, etc., dressez en l'honneur du roy* (1571), 786.
Prévostet (P.-C.), grav. (1727), 250 ; (1752), 251.
Pric (Priam de) : épître à lui adressée par Nic. Du Puis, dit Bonaspes (v. 1510), V, 3228.
Prie (René de), évêque de Bayeux, prend part au concile de Pise (1511), IV, 3095.
Priere a Dieu pour l'heureux succez des affaires de Son Altesse en ses Païs Bas (v. 1582), IV, 2959.
Prieres ordinaires des soldatz de l'armée conduite par Mgr. le Prince... (1562), citées, III, 2156. *Additions*.
Prieres saintes et chretiennes, ms. (1703), 36.
Primaticcio (Francesco), peintre, II, 1838.
Prince (Le). Voy. Nourry (Claude) et Saincte-Lucie (Pierre de).
Prince (Le) de Nattes, II, 1842.
Prince (Le) des sotz, II, 1842 ; IV, 3004, 3005.
Prince (Le) glacé et la Princesse étincelante (1743), II, 1739.
Prince (Le) Palatin assiegé en personne par le comte de Buquoy dans la ville de Brünn (1621), III, 2420, art. 50.
Princesse (La) de Cleves (1678), II, 1537.
Princesse (La) Lionnette et le Prince Coquerico (1743), II, 1740.
Princesse (La), ou les Amours de Madame (v. 1734), II, 1685 (1754), 1686.
Principes et Suittes de la probabilité expliquez par Caramouel, [1656] 78.
Principium malorum, 209, art. 6.
Prindl (Eustachius) : inscription dans un album (1567), V, 3365.
Pringy (Mme de), est probablement l'auteur de *L'Amour à la mode* (1706), II, 1545.
Prinse (La) de Biserte et nouveaux Advertissemens du succès des affaires de Tunes (1573), IV, 3146.
Prinse (La) et Reduction en l'obeissance du roy des places et forteresses des Egaux et Charrieres... par M. le Vicomte de La Guierche (1588), III, 2221, art. 15.
Prinse (La) de la ville et chasteau de Gournay (1589), III, 2245.
Prinse (La) de Naples (1495), relation traduite en latin, III, 2653, art. 10.
Prinse (La) de l'importante Ville... de Paderborn, sur l'Empereur (1633), III, 2420, art. 92.
Prinse (La) et Reduction de la Ville de Prague en l'obeïssance de l'Empereur (1620), III, 2420, art. 41.
Prinse (La) de la ville de Sainct Lo (1574), III, 2189.
Prinse (La) de la ville et Chasteau de Solignac (1590), III, 2247.
Priscus (Cornelius) : lettre à lui adressée par Martial, 414.
Prise (La) de la Ville de Francfort, par le Roy de Suede (1631), III, 2420, art. 89.
Prise (La tres celebrable, digne de memoire et victorieuse) de Granade (v. 1492), V, 3382.
Prise (La) de la Ville et Chateau de Heidelberg... par les Suedois (1633), III, 2420, art. 93.
Prise (La) de la ville de Rostoc par les ducs de Meklebourq (1631), III, 2420, art. 88.
Prise (La) de la Forteresse... de Stein, par Dom Gonzales de Cordova (1621), III, 2420, art. 52.
Prison (La) d'amours (1526), II, 1747.
Priuli (Antonio), doge de Venise, élu (1618), III, 2450.
Priuli (Lorenzo), ambassadeur vénitien (1583), IV, 2794.
Priuli (Pietro) : Giorgio Alessandrino lui adresse une épître (1514), III, 2561.
Privat, libr. à Toulouse (1874), cité, III, 2347.
Privé (Laurent) : vers à Érasme (1553), III, 2568, art. 18.
Privé (N.), « Privatus » : vers à Bérenger de La Tour (1558), 662.
Privilege (Le) des libraires et marchandz de livres (v. 1530), III, 2547.
Priviléges, Franchises et Libertés de la ville capitale de Boisbelle (1744), III, 2188, p. 27.
Probulinus (Eusebius) : distiques en tête de l'*Aediloquium* de Geofroy Torij (1530), IV, 2785.
Probus (Valerius), *De Notis Roma* (1525), III, 2498. — *De vita excellentium liber* (1471), 2503.
Procez de Jorget & de san vesin (1660), 1025.
Procès (Le) des femmes et des pulces (v. 1525), 581.
Procez (Le) des pretieuses (1660), II, 1184.
Procez et amples Examinations sur la vie de Caresme Prenant (1609), II, 1825.
Procez (Le) et la Querelle des femmes du fauxbourg S. Germain... (1623), II, 1797, art. 18.
Procez nouvellement intenté entre messieurs les Savatiers savatans... et les Courtisans de la Necessité (1634), II, 1808 et *Additions*.
Procope, traduit par le président

Cousin (1672), II, 2083. — *Epistolae gr.* (1499), II, 1873.
Proësses (Les grandes) du chevalier Tristan (1533), II, 1490.
Proësses et Vaillances faictes par le... roy... Charles VIII (1552), IV, 3060. — Voy. *Prouesses.*
Prologue faict par un messager savoyard (1596), IV, 2995.
Prologues non tant superlifiques que drolatiques (1610), II, 1784.
Promé (Pierre), libr. à Paris (1673), II, 1218.
Proms (Casimir) : inscription dans un album (1618), V, 3370.
Prognostication (Pantagrueline) (v. 1545), II, 1510 ; (1556), 1515 ; (1596), 1516.
Pronostication pour 1532-1540, IV, 2759. Voy. Grünpeck.
Pronostication pour 1542, IV, 2761.
Pronostication pour 1553, IV, 3109. Voy. Bogard (Arnault).
Prognostication (Vritable) do labourours (1660), 1025.
Pronostication (Vraye) de Mᵉ Gonnin pour les mal-mariez (1615), II, 1797, art. 9.
Prognostication (La) des prognostications (1537). Voy. Des Periers (Bonaventure).
Pronostication nouvelle, Composee par troys ou quatre (1533), IV, 2853.
Pronostication nouvelle Plus approuvée que jamais (v. 1540), 582.
Prognostications (Les grandes et recreatives) pour cette presente année 08145000470 (v. 1590), II, 1797, art. 1.
Pronostications. Voy. encore : Prenostication, Belot (Jean), Notre-Dame (Michel de).
Pronosticum ad annum futurum scilicet M.cccc.xcvi (1495), III, 2653, art. 11.
Properce : *Opera* (1502), 412 ; (v. 1502), V, 3236 ; (1503), 413. — Ballade sur une de ses élégies, par L. de Baïf (1544), II, 1060.
Prophetia (La vera) de uno imperadore (1512), 1046.
Prophetie (La) des petits enfans (1562), IV, 3158.
Propheties (Estranges) sur les mondanitez des femmes (1632), II, 1796 art. 36.
Propos (Les menus) (v. 1495), 583 ; (v. 1500), 584 ; (v. 1530), 585.
Propos (Les) fabuleux moralizez (1556), IV, 2870.
Propos (Les) que le roy a tenuz à Chartres (mai 1588), III, 2221, art. 13 ; 2194, p. 42.
Proposition (La) de monsieur de Bellievre faicte à Son Alteze (1578), III, 2382.
Propositions des deputez du roy envoyez au roy de Navarre (1585), III, 2194, p. 35.
Prosopopée de l'assassin du roy (1610), 890, art. 3.
Prost : généalogie, III, 2495.
Prot (J.-L.), grav. (1806), II, 1577.
Protat : vers de lui dans *Le Parnasse satyrique du XIXᵉ siècle* (s. d.), (1864), 962.
Protestation des catholiques qui n'ont voulu signer à la Ligue (1585), III, 2205 ; (1587), III, 2194, p. 34.
Protestations (Les) faictes à l'empereur par les bourgeois... de Prague (1620), III, 2420, art. 44.
Prouesses (Les) et Vaillances du... chevalier B. Du Guesclin (1522), II, 1504. — Voy. *Proësses.*
Proust (Estienne), gymnasiarque du Grand Pressigny (1530), IV, 2857, p. 198.
Proust (François) : inscription dans un album (1584), V, 3368.
Provençale (La), opéra comique, parodié par Favart (1758), II, 1335.
Provence : Histoire des guerres du Comté Venaissin, etc. ; de 1561 à 1581, par Louis de Perussis (1759), II, 2095, art. 22.
Provence (Louis-Stanislas-Xavier, comte de), plus tard Louis XVIII : Gautier de Sibert lui dédie son *Histoire des ordres du Mont-Carmel et de Saint-Lazare* (1772), II, 2015.
Provins. Imprimeur. Voy. Trumeau, v. 1561.
Prudence, « Aurelius Prudentius » : *Opera* (1667), 416. — Hymne traduite par Guy Le Fèvre de La Boderie (1578), IV, 2930.
Prudes (Les fausses), ou les Amours de Mᵐᵉ de Brancas (v. 1734), II, 1685, (1754), 1686.
Prud'homme, grav. (1823-26), 1520 ; (1833), 1349.
Prudhon (P.-P.), peintre, II (1806), 1577.
Prugger (Hans) : inscription dans un album (1567), V, 3365.
Prunier (Jean), receveur Lyonnais : vers à lui adressés par Ch. Fontaine (1557), IV, 2877 ; — par Estienne Forcadel (1579), IV, 2879.
Prunier de Saint-André : généalogie, III, 2495.
Prusse (Ferdinand, prince de), le marquis d'Argens lui dédie sa traduction de Timée de Locres (1763), 124.
Psalmes et Cantiques en vulgaire françoys, composez en musique (1552-1553), V, 3299.

Psaumes, en latin, en français, en prose et en vers. Voy. *Bible*.
Psaultier (Le) des villains, ms., IV, 2796, art. 6.
Psyché: *L'Amour de Cupido et de Psiché*, [publié par Jean Maugin] (1546), III, 2567. — *Psyché*, par S. G., sieur de La Roque (1609), IV, 2943. — Sujet d'un ballet de Bensserade (1656), II, 1455. — *L'Amour de Psiché et de Cupidon*, par La Fontaine (1669), II, 1669 ; (1797), 1670. — Sujet d'une tragédie-ballet, par Molière (1671), IV, 3049 ; II, 1215 ; (1673), 1216.
Ptolémée (Claude): portrait dans les *Icones* de N. Reusner (1589), V, 3370.
Publication de la treve faicte entre Henry, roy de France, Charles, empereur, et Philippe, son fils (1556), V, 3350.
Publication (La) des joustes publiées a Paris (1515, n. s.), II, 2119.
Publicola: sa vie par Plutarque (1567), II, 1899. Cf. III, 2735.
Pucci, chevalier de Malte : manuscrit lui ayant appartenu, IV, 2973.
Pucci (Lorenzo): sonnet à lui adressé par N. Martelli (v. 1543), IV, 3000, p. 358.
Pucci (Pandolfo) : sonnet à lui adressé par N. Martelli (v. 1543), IV, 3000, p. 358.
Pucci (Vittorio Creato de'), vers dans les *Trionfi, Carri, ecc.* (1559), 1028.
Pucelle (La) d'Orleans, tragedie (1642), IV, 3027.
Pucelle (La) d'Orleans, poëme (1755), 960.
Puch (Johann Baptist) : inscription dans un album (1598), V, 3370.
Pucher (Bernhard), id. (1568), V, 3365.
Pucrius. Voy. Le Poulchre.
Puget de Saint-Pierre : *Les Aventures de Periphas* (1761), II, 1573.
Puy (Le) du souverain amour (1543), 804.
Puymisson (Jacques de): épitaphe (1579), IV, 2879.
Puisieux (Madeleine de Neufville de Villeroy, marquise de), danse dans un ballet (1615), IV, p. 634. — Satires contre elle (1624), 940, 941 ; II, 1798, art. 6.
Puisieux (Brulard, marquis de), lieutenant général, puis ministre : Destouches lui dédie *Le Curieux impertinent* (1711), II, 1306. — Il lui dédie *La Force du naturel* (1750), II, 1316.
Puissance (De la) legitime du prince sur le peuple (1581), IV, 3126, art. 3.
Puytesson (Jacques) : épître échangée avec Jehan Bouchet (1545), 511.

Pulchérie, sujet d'une comédie héroïque de P. Corneille (1673), II, 1133.
Pullè (Giorgio), IV, 3036.
Pumex, cité par Nic. Bourbon (1538), IV, 2788.
Pumpler (Clement) : inscription dans un album (1568), V, 3365.
Punition (Exemplaire) du violement et assassinat commis par François de La Motte (1608), 114.
Punt (J.), grav. (XVIII° s.), II, 1245 ; III, 2544.
Purchas (Samuel), *Navigations* (1598), citées, II, 1935 ; IV, 3086.
Purgatoire (Le) d'amours, IV, 2799, art. 24.
Purgatoire (Le) des prisonniers (1583, 1594, v. 1625), 790 et *Additions* ; 791 ; IV, 2961. Voy. Boyer (Philbert).
Purgatoire (Le nouveau) des prisonniers (v. 1625), 791.
Purgatoire (Le) sainct Patrice (v. 1520), II, 2921.
Purkhais (Andreas) : inscription dans un album (1567), V, 3365.
Puschinger (Hieronimus), cité par Guill. de Poëtou (1565), III, 2605.
Puschnik (Paul) : album lui ayant appartenu, V, 3367.
Puteanus. Voy. Du Puis.
Putsch von Hacking in Gerenstain (Christoph Wilhelm) : inscription dans un album (1567), V, 3365.
Pynacker (Corneille), id. (1595), V, 3371.
Pyrrhus : sa Vie par Plutarque (1567), II, 1899. — Cf. III, 2735.
Pythagore : *Carmina* (1496), 394.

Quadragenaire (Le) (1777), II, 1916, art. 12.
Quadt (Bertram) : inscription dans un album (1567), V, 3365.
Quadt (Wilhelm), von Landskron : id. (1564), V, 3365.
Quantin (A.), impr. à Paris, successeur de Jules Claye (1876), II, 1718 (?) 1878, II, 1423 ; (1880), 879 ; II, 1423.
Quaquet (Le plaisant) et Resjouyssance des femmes pour ce que leurs maris n'yvrongnent plus en la taverne (v. 1590), IV, 2954 ; cité, V, 3303.
Quarré, danse dans un ballet à Dijon (1627), II, 1451.
Quarré d'Aligny : généalogie, III, 2496.
Quarté, figure dans un ballet (1627), IV, p. 634.
Quaternaire (Le) sainct Thomas, 41, p. 33.
Quatre choses, dictons, IV, 2964, art. 104, 107.

Québec (Bataille de), en 1690, II, 1973.
Quélin (Nicolas), conseiller au parlement (1546), IV, 2876.
Quélus. Voy. Caylus.
Quenouille (La) spirituelle (v. 1525), 498.
Quentel (Heinrich), impr. à Cologne (1506), cité, V, 3226.
Quentel (Peter), impr. à Cologne (1525), cité, V, 3341.
Quentin (Jehan) : *Le Horloge de la Passion* (1504), 19, art. 1 ; 25, art. 1 ; 450, *Additions*. — Cette pièce est citée sous le titre d'*Oreloge de devocion*, III, 2587. — *Oraison*, 19, art. 2 ; 22, art. 7 ; 25, art. 2 a.
Quentin (Jean), docteur regent en l'université de Paris : *Prologue et Eloge des Annales d'Aquitaine* par Jean Bouchet (1644), III, 2342.
Quercu (Leodegarius). Voy. Du Chesne (Leger).
Querculus. Voy. Chesneau.
Querelle (La) arrivée entre le Sr. Tabarin et Francisquine, sa femme (1622), II, 1796, art. 18.
Querelle (La folle), ou la Critique d'Andromaque (1668), II, 1253.
Querimonia Ecclesiae Anglicanae, ouvrage désavoué par les jésuites (1633), IV, 3153, p. 531.
Quéru, figure dans un ballet (1653), IV, p. 634.
Quesnay (François), collabore à l'*Encyclopédie* (1751-1777), III, 2523, p. 282.
Quesnel (Le P. Pasquier) : *Pensées pieuses* (1711), 69. — Voltaire prétend lui avoir emprunté *L'Ingénu* (1767), II, 1569.
Questembergh (Hermann), contresigne le *Manifeste de l'Empereur Ferdinand, envoyé aux princes de la chrestienté* (1620), III, 2420, art. 21.
Question (Une) et Responce que bergiers font (1516), III, 2562, art. 60.
Queux de Saint-Hilaire (Le marquis de) : manuscrit lui ayant appartenu, IV, 2969.
Quevauvilliers (de), grav. (1822), II, 1909.
Quevedo Villegas (Francisco de) : *Historia de la vida del Buscon llamado Don Pablos*, traduite par Restif de La Bretonne (1776), II, 1916, art. 8.
Queverdo, dessin. (1766), 1037 ; (1796), II, 1676.
Quevilliers (Gerson) : inscription dans un album (1602), V, 3372.
Quicherat (Jules), cité. 457.
Quickelberch (Samuel von), assiste au couronnement du roi des Romains (1562), III, 2419.

Quiétistes : leur condamnation (1697), IV, 2749.
Quiévrain (Philippe de Croy, seigneur de), l'un des auteurs des *Cent Nouvelles nouvelles* (v. 1457), II, 1694.
Quillau (François-Augustin), fils de Gabriel-François, impr. et libr. à Paris (1767), II, 1916, art. 1 ; (1771), 1034 ; (1789), II, 2076.
Quillau (Gabriel-François), dit le fils ; fils de Jacques et père de François-Augustin, impr. et libr. à Paris, d'abord associé de son père (1726), II, 2016 ; puis seul : (1733), III, 2187 ; (1737), II, 1998 ; (1742), 1303 ; (1744), 111 ; (1747), II, 1549.
Quillau (Jacques), dit le père ; père de Gabriel-François, impr. et libr. à Paris ; avec son fils (1726), II, 2016.
Quillian (Michel), sieur de La Touche, *Discours* (1588), 758.
Quinault (Mlle), amie de Ph. Néricault Des Touches (1750), IV, 3083.
Quinault (Philippe), *Psiché* (avec Molière et Th. Corneille, 1671), II, 1215 ; (1673), 1216. — *Les Festes de l'Amour et de Bacchus* (1672), IV, 3045. — *Alceste* (1674), II, 1209. — *Thesée*, opéra parodié par Favart, Parvy et Laujon (1745), 1335. — *Proserpine*, opéra parodié par Favart (1759), *ibid*. — *Alceste*, opéra parodié par Favart (1760), *ibid*. — Dessins de costumes pour son opéra de Persée (1770), 1462. — Voy. *Recueil de Pièces curieuses* (1694-1696), III, 2632.
Quincfaut (Pierre), sonnet à H. de Sainct Didier (1573), 292.
Quinet (Gabriel), libr. à Paris (1661), II, 1185 ; (1662), 1186 ; (1663), 1181, 1182, 1187, 1189 ; (1664), 1236, 1248 ; (1665), 417, 836 ; II, 1201, 1202 ; (1666), 1174, 1176 ; (1668), 1133 ; (1669), 1133, 1198, 1227, 1254 ; (1678), III, 2524 ; (1679), II, 1533 ; (1680), 1757 ; (1683), 301.
Quinet (Toussainct), libr. à Paris (1638), II, 1139 ; (1639), 1115, 1116 ; (1642), 964 ; (1643), II, 1145 ; (1644), 829, 967 ; (1645), II, 1118 ; (1646), 1119 ; IV, 3032, 3035 ; (1647), II, 1151, 1152, 1153 ; (1648), 969 ; (1652), II, 1124. — Vers à Me Adam (1644), 829.
Quinot (N.... de), vers au petit de Beauchasteau (1657), 833.
Quinquaboreus (Joannes). Voy. Cinq Arbres (Jean de).
Quintin, peintre. Voy. Metzys (Quintin).
Quintin (Jean), jurisconsulte, cité par Guy Le Fèvre de la Boderie (1578), IV, 3183.

Raab (Jakob), « Rabus » : inscription dans un album (1564), V, 3366.
Rabastens (N. de), seigneur de Coulomiés et de Bressols : Vales lui dédie son *Virgilo Deguisat* (1648), 407.
Rabaut (J.-P.) : *Précis historique de la Révolution française* (1792), III, 2298.
Rabe (Elias), « Corvinus » : inscription dans un album (1566), V, 3365.
Rabel, cité par Nic. Bourbon (1538), IV, 2788.
Rabel (Jean), peintre et grav., portr. de Jean Dorat (v. 1585), IV, 2789, p. 83. — *Antiquitez de Paris* (1588), III, 2304. — Il est cité par Guillaume Du Peyrat (1593), IV, 2945.
Rabel (Jean ? Il), grav. : figures de l'*Astrée* (1632), II, 1528.
Rabelais (François) : *Gargantua* (1535), IV, 3063 ; (1542), II, 1509, 1510. — *Pantagruel* (v. 1533), II, 1508 ; (1534), IV, 3063 ; (1542), II, 1509 ; (1546), 1511. — *Tiers Livre* (1546), IV, 3199 ; (1547), 200 ; (1552), II, 1514 ; IV, 3201, 3202. — *Quart Livre* (1548), II, 1512, 1513 ; (1552), 1514. — *Pantagrueline Proynostication* (v. 1531), 3063 ; (v. 1545), II, 1510. — *Œuvres* (1556), II, 1515 ; (1596), 1516 ; (1603), 1517 ; (1711), 1518, 1518 *bis* ; (1711), 1519 ; (1823-1826), 1520. — Il est cité par Nic. Bourbon (1538), IV, 2788. — Épitre échangée avec Jehan Bouchet (1545), 511. — Ses ouvrages sont censurés (1545), 108 ; (1570), 110. — *Sciomachie* (1549), citée, III, 2143. — On lui attribue *Le Voyage et Navigation des isles incogneues* (1556), IV, 3203. — Bérenger de La Tour lui dédie la *Naseïde* (1556), 661. Cf. 662. — Il est cité par Du Bellay (1559), IV, 2896. — Voy. Nodier (Ch.), *Des matériaux dont Rabelais s'est servi* (1833), II, 1521. — Brunet (Jacques-Charles), *Notice sur deux anciens romans intitulés Les Chroniques de Gargantua* (1834), II, 1521.
Rabelais (François), impr. imaginaire à Chinon (v. 1700), II, 1783.
Rabier (Loys), impr. à Orléans, à Montauban et à Orthez, (1571), 2156 ; — impr. à Orthez (1583), III, 2240, art. 3.
Rabin (François) : *Centuries infaillibles* (1622), II, 1798, art. 5.
Rabirio (Andrea) : vers à Publio Fontana (1574), III, 2577.
Rabisch drà academiglia dor compà Zavargna (1589), 1049 ; (1627), 1050.
Rabot (Laurent), conseiller au parlement de Grenoble, cité par Nic. Bourbon (1538), IV, 2788.
Rabouyn : *Le Triomphe du sacre et couronnement du roy* (1610), 889 ; — *Sonnet sur le sacre et couronnement de la royne* (1610), 890, art. 7.
Rabutin : généalogie de cette famille par Roger de Rabutin, comte de Bussy, IV, 3149.
Rabutin (Amé-Nicolas de), capitaine cavalerie (1683), IV, 3149.
Rabutin (L'abbé de) : *Préface aux Lettres de M*me *de Sévigné* (1726), II, 1886-1888.
Rabutin (Guy de), seigneur de Chantal : lettres à lui adressées par Charles IX et par Henri IV, IV, 3149.
Rabutin (Louis de), marquis de Prémonville, général au service de l'empereur (v. 1684), IV, 3149.
Rabutin (Roger de), comte de Bussy : *Histoire amoureuse des Gaules* (v. 1665), II, 1684 ; (v. 1734), 1685 ; (1754), 1686. — *Carte geographique de la cour* (1668), II, 1687. — *Maximes d'amour* (1668), II, 1687 ; (v. 1734), 1685 ; (1754), 1686. — *Lettre apologetique* (1754), 1686. — *Heures* (1754), 1686. — *Histoire généalogique de la maison de Rabutin*, ms. (v. 1684), IV, 3149. — Voy. *Recueil de pieces curieuses* (1694-1696), III, 2632. — Manuscrit lui ayant appartenu, IV, 3149.
Racan (Honorat de Bueil, seigneur de) : *Bergeries* (1627), 823.
Racine, grav. (1802), II, 1909.
Racine (Jean) : *Œuvres* (1674), II, 1236 ; (1675-1676), 1237 ; (1676), 1238, 1239 ; (1680), 1240 ; (1687), 1241, 1242 ; (1697), 1243 ; (1702), 1244 ; (1750), 1245 ; (1760), 1246 ; (1768), 1247 ; (1781), II, 1918, art. 2. — *La Thebayde* (1664), II, 1236, 1248. — *Alexandre le Grand* (1666), 1249 ; (1672), 1246, 1250. — *Andromaque* (1668), II, 1236, 1251, 1252. — *La folle Querelle, ou la Critique d'Andromaque*, par Subligny (1668), 1253. — *Les Festes de l'Amour et de Bacchus* (avec Quinault et Molière, 1668), II, 1209. — *Les Plaideurs* (1669), II, 1236, 1254. — *Britannicus* (1670), 1236, 1255. — *Berenice* (1671), 1236, 1256. — *La Critique de Berenice*, par l'abbé de Villars (1671), 1257, 1258. — *Bajazet* (1672), II, 1236, 1259. — *Mithridate* (1673), 1236, 1260. — *Iphigenie* (1675), 1236, 1261. — *Phedre et Hippolyte* (1677), 1238, 1239, 1262. — *Dissertation sur... Phedre et Hippolyte*, attribuée à Subligny (1677), II, 1264. — Il est attaqué dans *Le Triomphe de Pradon* (1684), 946. — *Esther* (1689), 1239, 1241, 1265, 1266. — *Chœurs de la tragedie d'Esther*, par J.-B. Moreau (1689), 1267 ; (1696), 1268. —

Athalie (1691), 1265 ; (1692), 1239, 1241, 1269. — Quatre pièces de lui dans le *Recueil de pieces curieuses* (1694-1696), III, 2632. — *Banquet de Platon*, traduit en français (1732), 126. — *Abrégé de l'Histoire de Port-Royal* (1742), II, 2014. — Vers sur ses ouvrages, par Baraton (1705), 846. — *Remarques de grammaire sur Racine*, par l'abbé d'Olivet (1738), II, 1270 ; (1766), 1271. — *Racine vengé*, par l'abbé Des Fontaines (1739), 1272. — *Memoires sur la vie de J. Racine*, par L. Racine, *Lettres* (1747), 1273. — *Reflexions sur trois pieces de Racine*, par Louis Racine (1750), II, 1245. — *Dessins de J. de Sève pour les Œuvres de Racine* (1760), 221.
Racine (Jean-Baptiste), publie un fragment de l'*Histoire de Port-Royal* de Jean Racine (1754), II, 2014.
Racine (Louis) : vers sur les conquêtes et la convalescence du roy (1745), 907. — *Memoires sur la vie de Jean Racine* (1747), II, 1273. — *Reflexions sur trois pieces de Racine* (1750), II, 1245. — Il dépose à la Bibliothèque royale un ms. de son père, II, 2014.
Raclot, traduit en français *Le Coureur de nuit* de Quevedo (1731), II, 1916, art. 8.
Raçon (Simon) et Cie, impr. à Paris (1852), 885 ; (1854), II, 1666 ; (1856-1857), II, 1408 ; (1861), II, 1388 ; (1864), 1013 ; (1866), II, 1390.
Raconis (Balarin de), traduit l'*Itinerario* de Varthema (v. 1525), II. 1941, *Additions*.
Raconis (François de), receveur de Château-Thierry (1549), IV, 2868.
Radaeus (Aegidius). Voy. Van den Rade.
Radclyffe (E.), grav. (1843), III, 2324.
Radel, dessin. (1772), III, 2523, p. 278.
Rademaker (Martin), ou Rotarius, impr. à Louvain (1547), III, 2416.
Radu (Le prince), cité, III, 2429.
Radziwill (Le prince Sigismond) : volumes lui ayant appartenu, 39, 272, II, 1535, 1908, 2000 ; III, 2407, 2499, 2501.
Ræmond. Voy. Raimond.
Raenerius. Voy. Reinier.
Raffar (Vincent) : vers à lui adressés par J.-Éd. Du Monin (1583), V, 3272.
Raffard (François), nom laïc du P. Ange de Sainte-Rosalie (1655-1726), III, 2487.
Raffet, dessin. et grav. (1830), II, 1367.
Rafflé, violon (1669-1671), IV, p. 634.

Raflé (Antoine), libr. à Paris (1696), 999.
Ragarue, fermier général dénoncé comme voleur (1707), IV, 3074.
Ragny (Le comte de), figure dans un ballet (1663), IV, p. 634. — Vers à lui adressés par T. de Lorme (1665), 835.
Ragot, maître des coquins de Paris : son épitaphe par Fr. Habert (1541), 643.
Ragot de Grandval (Nicolas) : *Le Vice puni* (1726), 851.
Ragueneau (M.-R.-D.) : vers à la louange de Guillaume Bouchet (1608), II, 1702. — Vers à maître Adam Billau' (1644), 829.
Rahir (Édouard), libr. à Paris, cité, IV, 2789, p. 83 ; V, 3374, 3379.
Rahlenbeck (Ch.), (1859), III, 2375.
Raillard (Jean), d'Épinal : ode à lui dédiée par Didier Oriet (1581), V, 3271.
Raimond de Capoue, *Vie de saincte Katherine*, traduite en français (1520), II, 2025, 2028 et *Additions*.
Raimond, comte de Toulouse : ses ordonnances, II, 2029.
Raymond, fermier général, dénoncé comme voleur (1707), IV, 3074.
Raimond (Florimond de), ou Ræmond : sonnets à P. de Brach et vers à lui adressés (1576), IV, 2931. — Il publie les *Commentaires* de Monluc (1592), II, 2131. — Lettre autographe au duc d'Espernon en tête d'un exemplaire de ce volume, *ibid*.
Raynal, chanteur (1653-1670), IV, p. 634.
Raynal (L'abbé Guillaume-Thomas) : *Dissertation sur l'origine des François* (1749), III, 2311. — Il publie le *Memorial de Paris* de l'abbé Antonini (1749), *ibid*. — Il rédige le *Mercure* (1750-1754), III, 2524, pp. 306, 307.
Raynaud (Gaston), cité, II, 1073, *Additions* ; 2141.
Raincy : vues du château, 133.
Raynel (Le marquis de), tué à la Saint-Barthélemy (1572), IV, 3191.
Raynier (Jean) : poème à la fin des *Francisci Valesii Fata* d'Est. Dolet (1539), II, 2115.
Rainoldo (Bernardo), (1589), 1049, 1050.
Raisons des politiques qui veullent faire Henry de Bourbon roy de France... (1590), III, 2241, art. 3.
Räkhenschinck (Thomas) : inscription dans un album (1568), V, 3365.
Raleigh (Sir Walter) : Basanier lui dédie l'*Histoire notable de la Floride* (1586), II, 1982.

Ralière, figure dans un ballet (1645), IV, p. 634.
Rallier des Ourmes (Jean-Joseph), collabore à l'*Encyclopédie* (1751-1777), III, 2523, p. 282.
Ralph, auteur supposé par Voltaire (1759), II, 1567, 1568.
Ram (Johann von), « Ramius » : inscription dans un album (1566), V, 3365.
Ramade de Friac : généalogie, III, 2495.
Ramat (J*) : vers dans le *Tombeau de Gilles Bourdin* (1570), 815.
Rambault, compositeur d'imprimerie, pendu en 1694, II, 1690.
Ramberti (Benedetto) : P. Manuce lui dédie son édition de divers ouvrages de Cicéron (1555), II, 1902.
Rambouillet (Messeigneurs de) : Robert Garnier leur dédie son *Hippolyte* (1573, 1585), II, 1096, 1095.
Rambouillet (d'Angennes de), sénéchal du Maine : Rob. Garnier lui dédie *Cornélie* (1574, 1585), II, 1097, 1095.
Rambouillet (Julie d'Angennes de), plus tard femme de Charles de Sainte-Maure, duc de Montausier. Voy. *La Guirlande de Julie* (1826), II, 1919, art. 6.
Rambouillet (Nicolas d'Angennes de), capitaine des gardes de Charles IX (1573), III, 2693.
Rambouillet. Voy. aussi Angennes.
Rambure (Mlle de), danse dans un ballet (1681), IV, p. 634.
Rambure (Charles de), figure dans un ballet (1635), IV, p. 634.
Rameau : *Le Maître à danser* (1748), 295.
Ramey, généalogie, III, 2495.
Ramier (Pierre Ier), libr. à Paris (1586), III, 2463 ; (1588), 792 ; (1590), cité, 628.
Ramier (Pierre II), impr. à Paris (1610), 890, art. 9 ; III, 2234 ; (1622), III, 2420, art. 61 ; (1625), II, 1796, art. 26, 1806 ; III, 2420, art. 74.
Rammermiller (Claude) : vers grecs à Louis Des Masures (1560), 406.
Rampalles : vers à M* Adam Billaut (1644), 829.
Ramus (Pierre). Voy. La Ramée.
Ramusio (Gio. Batt.), cité, II, 1938.
Rancé (Armand Le Bouthilier de) : *De la sainteté et des devoirs de la vie monastique* (1683), 75. — Cité, III, 2632, p. 441.
Ranconnet (Aimar de) : *Mots propres de marine, venerie, etc.* (1606), 326.
Randerant (Johann von) : inscription dans un album (1565), V, 3365.
Randon de Boisset : *Catalogue de son cabinet* (1777), 270. — Volumes lui ayant appartenu, 251.

Randour (Valentin), théologien de Douai (1635), 55.
Rangone (Costanza), femme de Cesare Fregoso : les *Canti* de Bandello lui sont dédiés (1545), 1032.
Rangone (Guido) : épître à lui adressée par Bandello (1545), 1032.
Rangone (Guido magno) : Tommaso Rangone lui dédie son traité *De liberatione Francisci regis* (1525), III, 2666.
Rangone (Tommaso), dit Philologus : *De liberatione Francisci, regis christianissimi* (1525), III, 2666.
Rangouse : sonnets sur les *Amours* de P. de Ronsard mis en musique (1578), 679.
Rangouze (de) : *Lettres panégyriques* (1649), II, 1879.
Ranson : *Œuvres* (1778), 260.
Ransonnet, chanoine de Liége, dénonce à la Sorbonne le *Journal encyclopédique*, III, 2525, p. 320.
Ransonnette, grav. (1843), 1014.
Raoult (M,) : *Chansons* (1549-1552), 980.
Raoux (Jean), peintre (1726), II, 2016 ; (1755), III, 2506.
Raparilie (Lion), cité par Guillaume de Poitou (1565), III, 2605.
Raparlier, rel. à Paris, III, 2247.
Rapenot (Edme), dit Edme, libr. à Paris (1768-1778). Voy. Edme.
Raphelenghien (François de), impr. à Anvers (1579), II, 1980 ; (1580), III, 2388. — Inscription dans un album (1600), V, 3371.
Raphion : volume lui ayant appartenu, IV, 2778.
Rapilly, libr. à Paris (1826), II, 1919, art. B 1.
Rapin (Maximin) : vers à lui adressés par Nicolas, son père (1610), IV, 2944.
Rapin (Nicolas) : vers à la louange du duc de Guise (1569, 1621), III, 2168, 2251. — Vers à Mme Des Roches (1582, 1610), 737. — Vers à Estienne Pasquier (1580, 1610), 737. — Ode sur la mort de Ronsard (1586), IV, 2889 ; (1623), 668. — Vers à la mémoire de Marie Stuart (1588), III, 2373 et *Additions*. — Il est un des auteurs de la *Satyre menippée*, 1593-1594 (1709), III, 2251. — Vers en tête des *Poemata* de Sc. de Sainte-Marthe (1596), 716. — Vers à lui adressés par Sc. de Sainte-Marthe (1600), IV, 2921. — *Œuvres latines et françoises* (1610), IV, 2944. — Vers dans les *Marguerites poétiques* d'Esprit Aubert (1613), 816.
Rapin (Nicolas), fils : distiques sur la mort de Ronsard (1586), IV, 2889 ; (1623), 668.

Rapin (Postumus), cité par N. Rapin (1610), IV, 2944.
Rapitius (Andreas), assiste au couronnement du roi des Romains (1562), III, 2419.
Rappresentazione del re superbo, citée, IV, 3016.
Raré (Mme de), danse dans un ballet (1669), IV, p. 634.
Rășcan (P.), a publié une traduction roumaine de la prise de Thérouane (1865), III, 2416, *Additions*.
Raretés (Les) qui se voyent dans l'eglise royale de S. Denis (1762), III, 2329.
Rasoir (Guillain), joue dans la *Passion* de Valenciennes (1547), IV, 3010, p. 376.
Rasoir (Jacques), id., *ibid*.
Rasoir (Jean), id., *ibid*.
Raspail, grav. (1843), 1014.
Raspe (Rudolph Erich): *Histoire et Aventures du baron de Münchhausen* (1842), II, 1769.
Rassan (Le marquis de), danse dans des ballets (1654-1670), IV, p. 634.
Russe des Nœux (François), médecin: volumes lui ayant appartenu, 202; II, 1957; V, 3252, 3256, 3257, 3259, 3259 *bis*, 3261-3263, 3264.
Rassenghien (Baron de): A. d'Ennetières lui adresse une lettre (1582), III, 2395.
Rassfeldt (Willibrand von): inscription dans un album (1564), V, 3365.
Rastely (Estienne), bourgeois de Cahors (1586), V, 3357.
Ratemberg (Mathias Ludwig von): inscription dans un album (1567), V, 3365.
Ratisbonne: diète tenue dans cette ville en 1538, II, 2050.
Ratoyre (Jacob), impr. à Lyon (1589), cité, III, 2219, art. 2.
Ratoyre (Pierre), impr. à Paris (v. 1530), IV, 3098.
Ratte (Boucher de). Voy. Boucher.
Rauchfuss (Konrad), dit Dasypodius: inscription dans un album (1597), V, 3370.
Rauchmaul (Heinrich), impr. à Jean (1613), IV, 2972.
Raumer (Philipp): inscription dans un album (1565), V, 3365.
Raupach (Johann), Silésien : id. (1564), *ibid*.
Ravaillac (François de): arrêt du parlement contre lui (27 mai 1610), III, 2256. — *Rencontre de M. le duc d'Espernon et de François Ravaillac*... (1610), III, 2236, art. 5.
Ravand de Bocgrimot (J.): sonnet à lui adressé par J.-Ed. du Monin (1583), V, 3272.
Ravenel: généalogie, III, 2495.

Ravenet, grav. (1749), II, 2094 ; (1755), III, 2506.
Raviquet (Nicolas), fonde une colonie au Brésil (1556), II, 1989.
Razilly (Le commandeur Isaac de), emmène des missionnaires en Amérique (1612), II, 1991. — Ses premières campagnes sur les côtes d'Afrique (1624, 1629), II, 1945. — Son expédition sur les côtes du Maroc (1631), III, 2483. — Il traite avec le Maroc (1631), III, 2484.
Ré (Ile de): on y prend un animal monstrueux (1645), IV, 3153, p. 535.
Ré (Romano), lettre à Gio. Giorgio Trissino (1504), IV, 3078.
Readvis et Abjuration d'un gentilhomme de la Ligue (1587), III, 2194, p. 34.
Réal (Jean), impr. à Paris (1549), cité, V, 3323.
Réault (de): vers à Mr Adam Billaut (1644), 829.
Réaumur (René-Antoine Ferchault de): *Art de faire éclore* (1749), 189.
Rebais: abbaye de Saint-Pierre, IV, 3096, art. 114.
Rebé (Claude de), archevêque de Narbonne: lettre à lui adressée par Rangouze (1649), II, 1879.
Rebel, chanteur (1669-1671), IV, p. 634.
Reboul (Antoine), impr. à Agen (1545), 1032.
Rebours (Claude): vers à Estienne Pasquier (1584, 1610), 737.
Rebours (Guillaume): *Oraison funebre de feu M. Oulier* (1596), V, 3234.
Recepte pour la toux du regnard de la France (1589), 798.
Reception (La) de Madame, sœur du roy, faicte par les deputez du roy d'Espagne (1615), III, 2270.
Reception faicte à la royne, Mere du Roy en la ville de Tours (1619), III, 2277.
Rechenberg (Konrad von): inscription dans un album (1561), V, 3365.
Rechignevoisin de Guron: généalogie, III, 2495.
Rechlinger (Quirinus): inscription dans un album (1567), V, 3365.
Recit de ce qui s'est passé à Paris après la mort du roy Henry III (1589, 1709), III, 2251.
Recit de la bataille d'entre les Imperiaux et les Suedois (1632), IV, 3153, p. 530.
Recit de la Bataille d'entre les Imperiaux et les Suedois, avec la Harangue du roy de Suede à ses soldats avant que mourir (1632), III, 2420, art. 91.
Recit de l'estat present des celebres

TABLE ALPHABÉTIQUE GÉNÉRALE 593

colonies de la Virginie, de Marie-Land... (1681), II, 1983.
Recit (*Bref et fidelle*) *des inhumaines et barbares cruautez de Moley Abdemelec, empereur de Maroque* (1631), III, 2483.
Recit *fidele en abbregé de toutes les particularitez qui sont dans l'Amerique* (1676), II, 1961.
Recit *veritable advenu en la ville de Narbonne* (1623), 117.
Recit *veritable de ce qui s'est fait et passé au siege de Breda* (1625), III, 2405, art. 7.
Recit *veritable de ce qui s'est passé à Nancy à la reception de Mgr. le duc d'Angoulesme* (1620), III, 2420, art. 25.
Recit *veritable de ce qui s'est passé à Prague* (1618), III, 2420, art. 2.
Recit *veritable de ce qui s'est passé ...depuis que l'armee du comte de Mansfeld est partie. du Palatinat* (1622), III, 2420, art. 67.
Recit *veritable de la derniere deffaitte de l'armée du comte de Mansfeld, par l'armée d'Espagne* (1622), III, 2420, n° 71.
Recit *veritable de la cruauté et tyrannie faicte en Angleterre, à l'endroit du Pere Edmond Arosmith* (1629), III, 2650.
Recit *veritable de la prise de Vezal* (1629), III, 2405, art. 16.
Recit *veritable de la grande Execution faite en la ville de Francfort* (1616), III, 2420, art. 1.
Recit *veritable de la sanglante rencontre advenue entre les armees de l'Empereur et le comte de Mansfeld* (1626), III, 2420, art. 75.
Recit *veritable de la vie et de la mort du comte de Mansfelt* (1627), III, 2420, art. 78.
Recit *veritable des visions espouventables apparues au Grand Seigneur* (1641), III, 2481.
Recit *veritable du siege de Breda* (1624), III, 2405, art. 6.
Recit *veritable et miraculeux de ce qui a esté veu en Hierusalem par un religieux* (1623), II, 1940.
Recit (*Le*) *veritable et prodigieux de la prise d'un animal monstrueux* (1645), IV, 3153, p. 535.
Recits (*Nouveaux*) *ou Comptes moralisez* (1575), III, 2630.
Reclus (Pierre), apothicaire (1546), IV, 2876.
Recoquillée, impr. de musique à Paris (1766-1772), III, 2524.
Recreation (*La*), *Devis et Mignardise amoureuse* (v. 1560), 812. Cf. II, 1774.
Recueil *contenant les choses memorables advenues soubs la Ligue* (1587-1589), III, 2194.

Recueil *d'aucunes lectres et escriptures par lesquelles se comprend la verité des choses passees entre l'empereur et François, roy de France* (1536), II, 2138.
Recueil (*Bref et sommaire*) *de ce qui a esté faist et de l'ordre tenue a la joyeuse entrée de Charles IX à Paris* (1571), IV, 3117.
Recueil *de ce qui s'est passé en la conference des Sieurs cardinal de Gondi et archevesque de Lyon avec le roy*, 1590 (1709), III, 2251.
Recueil (*Nouveau*) *de Chansons et Airs de cour* (1656), 996.
Recueil *de diverses Pieces curieuses pour servir à l'histoire* (1664), III, 2283.
Recueil *de diverses poësies* (1652), 975.
Recueil *de divers ouvrages faits à la gloire de Mgr. le Dauphin, sur la prise de Philisbourg* (déc. 1688), III, 2524.
Recueil *de divers voyages faits en Afrique et en l'Amerique* (1674), II, 1923.
Recueil (*Bref*) *de l'assassinat commis en la personne du... prince d'Orange* (1582), III, 2393.
Recueil (*Brief*) *de la substance... de la doctrine évangelique* (1525), IV, 2738, p. 8.
Recueil *de pieces choisies sur les conquétes et la convalescence du roy* (1745), 907.
Recueil (*Nouveau*) *de pieces comiques et facetieuses* (1663), II, 1812.
Recueil *de pieces contre le pape et l'Eglise romaine* (1562-1563), 98. — Autre (1559-1562), V, 3212.
Recueil *de pieces curieuses et nouvelles* (1694-1696), III, 2632.
Recueil *de pièces dramatiques* (ms. de 1575), IV, 3025.
Recueil *de pieces dramatiques du XIV° et du XV° siècle* (copie du XVIII° s.), IV, 3013.
Recueil *de pieces en prose et en vers* (1671), II, 1907.
Recueil *de pièces relatives au prince de Condé et à la première guerre de religion* (1562-1563), III, 2156.
Recueil *de pièces relatives au règne de Henri IV*, III, 2240; — autre, 2241; — autre, 2242; — autre, 2243.
Recueil *de pièces sur les évènements de l'année 1588*, III, 2221.
Recueil *de pièces sur les évènements des années 1586 à 1589*, III, 2219.
Recueil *de pièces sur les évènements des années 1588 et 1589*, III, 2222.
Recueil (*Nouveau*) *de plusieurs Chansons* (1597), III, 2616.
Recueil (*Le*) *de plusieurs chansons nouvelles* (1572), V, 3295.

Recueil de plusieurs farces (1612), IV, 3020.
Recueil de poësie françoise (1550), 809.
Recueil de poésies françaises du XV° siècle, ms., IV, 2796. — Autre, 2797. Autre, 2798.
Recueil de poésies françaises du XV° et du XVI° siècle, ms., V, 3285.
Recueil de poésies françaises du XVI° siècle, ms., IV, 2965.
Recueil de poésies du XVI° siècle, formé à Ferrare par J. Gueffier, ms., IV, 2964.
Recueil de poésies françaises, offert à Marie de Montmorency, ms. (v. 1565), IV, 3197 et Additions.
Recueil de quelques actions et paroles... de Henri le Grand (1744), III, 2188.
Recueil de romances avec airs notés pour la guitare (v. 1770), 1001.
Recueil des bonnes pièces qui ont esté faites pour et contre le Cid (1637), II, 1141.
Recueil des choses les plus remarquables faictes en Allemagne (1620), III, 2420, art. 30.
Recueil des choses notables qui ont esté faites à Bayonne (1566), III, 2163.
Recueil de sermons joyeux (v. 1595), 590.
Recueil des Gazettes de France (1759-1764). Voy. Gazette.
Recueil (Le) des hystoires des repeus franches. Voy. Villon (Françoys).
Recueil des Lettres, Actes et Pieces plus signalees du progrès et besongne faict en la ville d'Arras (1579), III, 2385.
Recueil des nouvelles ordinaires et extraordinaires (1658-1662). Voy. Gazette.
Recueil des pièces d'éloquence présentées à l'Académie Françoise (1744), 391.
Recueil des pièces en prose (1659-1662), doit compter 5 volumes, 837.
Recueil des plus beaux airs accompagnés de chansons à dancer (1615), 994.
Recueil (Nouveau) des plus beaux airs des opera (1696), 999.
Recueil (Le) des plus belles chansons de dances de ce temps (1615), 994.
Recueil des plus belles chansons de ce temps (1575), V, 3296.
Recueil des plus belles chansons des comediens françois ([1615]), 994.
Recueil des plus belles chansons et airs de cour (1722), 1000.
Recueil des plus belles pieces des poëtes françois (1692), 979.
Recueil d'estampes pour la Nouvelle Héloïse (1761), II, 1572.

Recueil (Le) du triumphe solëpnel faict et celebré en la tresnoble Cité de Cambray (1529), III, 2671 et Additions.
Recueil (Le) et suppliement des aultres (1542), IV, 2761.
Recueil general des Caquets de l'accouchée (1623), II, 1796.
Recueil oft Verhael van sommige brieven enn gescriften... (1536), cité, II, 2138.
Recueils de pièces facétieuses (1555-v. 1700), II, 1796; (1582-1624), 1797; (1615-1626), 1798.
Recusations (Les) envoyees à la cour de, parlement de Paris contre aucuns des presidens et conseillers d'icelle, par Mgr. le prince de Condé (1562), III, 2156, art. 10.
Rediger (Thomas): inscription dans un album (1567), V, 3365.
Redon : abbaye de Saint-Sauveur, IV, 3096, art. 24.
Redon : généalogie, III, 2495.
Redon, rel. à Paris, III, 2421.
Reduction (La) de la ville de Bois-le-duc aux Estats d'Hollande (1629), III, 2405, art. 18.
Reduction (La) de la ville de Brunsvic (1631), III, 2420, art. 86.
Reduction (La) de la ville de Julliey par l'armée catholicque (1622), III, 2405, art. 2.
Reduction (La) de la ville de Limbourg (1632), III, 2405, art. 25.
Reduction (La) et Delivrance de nosseigneurs les enffans de France (1530), V, 3344.
Reduction veritable de la ville de Breda (1625), III, 2405, art. 12.
Reffiet, violon. Voy. Raffié.
Reflexions, ou Sentences et Maximes morales (1665). Voy. La Rochefoucauld (François, duc de).
Réflexions sur la cruelle persécution que souffre l'Eglise reformée de France (1686), II, 2065.
Reflexions sur la misericorde de Dieu (1712), 70.
Reformation (La) des dames de Paris (s. d.), III, 2592.
Refuge (Christofle de), cité dans les pièces jointes au Vergier d'honneur (v. 1500), 479.
Reganhac (Pierre de), consul de Cahors (1586), V, 3357.
Reghettini (Arzolo), libr. à Venise (1627), II, 1826.
Regime contre la pestilence, composé par les medecins de Basle (v. 1510), IV, 3163.
Régis, philosophe : épigramme sur lui par Baraton (1705), 846.
Regius (Loys). Voy. Le Roy.
Règle (La), Constitutions, Professions

et aultres Doctrines pour les filles penitentes (v. 1500), 122.
Regnard (Marie-Catherine-Angelique Regnard, veuve d'Antoine-Louis), impr. et libr. à Paris (1771), III, 2485.
Regnard (Georges), capitaine lyonnais (1546), IV, 2876.
Regnart (Jacques) : Nouvelles tres certaines de la deffaicte de l'armee du Turc en Transilvanie (1595), IV, 3147.
Regnart (Jean), curé de St Etienne, à Lille : son frère, Jacques Regnart, lui donne des nouvelles de la guerre contre les Turcs (1595), IV, 3147.
Regnard (Jean-François) : Œuvres (1708), II, 1286; (1799), 1287 ; (1822), 1288. — Attendez-moy sous l'orme (1694), 1289 ; — Satyre contre les maris (1694), 940, reproduite dans le Recueil de pieces curieuses (1694-1696), III, 2632. — La Serenade (1695), II, 1290. — Le Bourgeois de Falaise (1694, sic pour 1696?), 1291. — Le Joueur (1696), parodié par Favart (1760); II, 1335. — Le Distrait (1698), II, 1292. — Democrite (1700), 1293. — Le Retour impreveu (1700), 1294. — Les Folies amoureuses (1704), 1295. — Le Legataire universel (1708), 1286, art. 1. — La Critique du Legataire (1708), 1286, art. 2.
Regnault : Marie Stuard, tragedie (1639), II, 1116.
Regnaut, violon (1671), IV, p. 634.
Regnault, peintre et dessin. (1797), II, 1679, 1914.
Regnault (Anne), IV, 2855, p. 195.
Regnault (Anthoine) : Discours du voyage d'outre mer (1573), III, 2636.
Regnault (Barbe), libr. à Paris (1560), 656.
Regnauld (D.), « Reginaldus », élève de Nic. Du Puis (v. 1510), V, 3228.
Regnault (Denys), IV, 2855, p. 195.
Regnault (Emile), éditeur imaginaire des Œuvres d'H. de Balzac (1837), II, 1586; (1840), 1595.
Regnault (Françoys), impr. à Paris (1517), III, 2635, 2658; (1528), II, 2099; (s. d.), 500; II, 1503.
Regnauld (Jean) : vers en tête du Dictionnaire des rimes de Jean Le Fèvre (1588). 431.
Regnault (Louis-Emmanuel), libr. à Paris (1783), II, 1916, art. 17.
Regnault (Pierre), impr. à Rouen (1512), 198.
Regnault de Montauban, II, 1486.
Regnauldin, permet l'impression du Dictionnaire françois-caraïbe du P. Breton (1666), II, 1986, art. 3.

Regnes : Chansons (1549-1552), 980.
Regnesson (N.), graveur (1654), II, 1857.
Regnier, ou Renier, chanteur (1670-1671), IV, p. 634.
Régnier (Adolphe), cité, II, 1886, 1888-1890.
Regnier (F.), lieutenant général d'Issoudun (1549), IV, 2868.
Régnier (François), avocat : volume lui ayant appartenu, II, 1815.
Régnier (Jehan), seigneur de Guerchy : Fortunes et Adversitez (1526), IV, 2805.
Régnier (Mathurin), vers dans le Tombeau de Passerat (1606), 713. — Il est cité par Nic. Rapin et compose des vers sur la mort de celui-ci (1610), IV, 2944. — Satyres (1614,) 933, 934 ; (1617), 935 ; (1642), 936; (1666), 958. — Vers de lui dans Le Cabinet des muses (1619), 974. — Il est cité dans le Recueil de pieces curieuses (1694-1696), III, 2632, p. 441. — Essai sur les Satires de Mathurin Régnier, par James de Rothschild (1863), 937.
Régnier (Pierre) : épitaphe par Jehan Bouchet (1545), 510.
Régnier de La Planche (Abel), cité, III, 2149.
Regnier de La Planche (Louis), auteur présumé de la Response a l'Epistre de Charles de Vaudemont, cardinal de Lorraine (1565), III, 2692. — La Legende de Charles, cardinal de Lorraine (1576 et 1579), citée, ibid. — Histoire de l'estat de France (1576), III, 2149.
Régnier de La Planche (Pierre), ibid.
Regnier des Marets (L'abbé François-Séraphin). Voy. Recueil de pieces curieuses (1694-1696), III, 2632.
Regretz (Les), Complaintes et Confusion de Jean Vallette, dit de Nogaret... duc d'Espernon (1589), III, 2222, art. 4.
Regretz (Les) d'amours faictz par ung amant dict le desconforté (1539), V, 3249.
Regrets (Les) de Sancho Pansa sur la mort de son asne (1714), cités, II, 1753.
Regrets (Les) des filles de joye de Paris sur le subject de leur bannissement (1620), II, 1796, art. 30.
Regrets (Les grans) du prebstre fortuné (v. 1520), V, 3244.
Regrets (Les) et Complainctes de Briguemault (1572), IV, 3192.
Regrets (Les) et Complaintes des gosiers alterez (1575), 780.
Regrets (Les) et Lamentations faictes par Madame de Guyse (1589), III, 2702.
Regrets facetieux et plaisantes Ha-

rengues funebres sur la mort de divers animaux (1576), II, 1824.
Regrets sur la mort de madame, sœur unique du roy (1604), 888.
Regrets sur les miseres advenues à la France... (1569), IV, 2923.
Rehman (Le baron de), capitaine de l'armée impériale (1620), III, 2420, art. 39.
Rey (Marc-Michel), libr. à Amsterdam (1749), II, 1735; (1761), II, 1572; (1765), II, 1898 et *Additions*; (1769), II, 1765; (1776), II, 1780; III, 2523
Reybaud (Louis) : *Jérome Paturot à la recherche d'une position sociale* (1845), II, 1661; — *Jérôme Paturot à la recherche de la meilleure des républiques* (1848-49), 1662. — *Conspiration de Babeuf* (ms.), IV, 3131.
Reich (Jakob) von Reichenstein : inscription dans un album (1565), V, 3365, p. 149.
Reich (Johann-Augustin) von Reichenstein : id. (1561), *ibid*.
Reichlin (Anton), curé de Dunzenheim : inscription dans un album (s. d.), V, 3367.
Reid (John) : vers latins à lui adressés par Adam Blackwood (1564), IV, 2790.
Reid (Walter), abbé de Kinlos : vers latins à lui adressés par Adam Blackwood (1564), IV, 2790.
Reignarg : lettres autographes lui ayant appartenu, II, 1881.
Reigles, Statuts et Ordonnances de la Caballe des filous reformez (v. 1625), II, 1807.
Reymersdale : généalogie, IV, 2855, p. 194.
Reims : François Iᵉʳ y est couronné (1515), II, 2120-2121. — Henri II y fait son entrée et y est couronné (1547), IV, 3113; III, 2142. — Sacre et Couronnement de Charles IX (1561), V, 3351. — Chanson sur le sacre de Henri III (1575), V, 3296. — Sentence du chapitre de Reims en faveur de la Ligue, 1588 (1758), III, 2194, p. 42; — *Chronologie des archevesques* (1710), III, 2493, art. 22. — Abbaye de Saint-Rémy, IV, 3096, art. 17, 17 *bis*, 17 *ter*. — Abbaye de Saint-Nicaise, IV, 3096, art. 42. — Imprimeurs et Libraires. Voy. Bacquenois (Nicolas), 1557. Collebert (Gérard), 1557. Foigny (Jean de), 1563-1581. — Sa veuve, 1586, Foigny (Simon de), 1610. Mouchar (Jean), impr. imaginaire, 1577.
Reinach (Johann Erhardt von), « Rinach » : inscription dans un album (1565), V, 3365, p. 149.

Reinach (Melchior von) : id. (1565), *ibid*.
Reynard, ermite, auteur de prophéties, 209, art. 5.
Reynaud des Monts : généalogie, III, 2495.
Reiner (Quirinus), professeur au gymnase de Dortmund (1546), II, 1068, art. 5.
Reines : généalogie, III, 2495.
Reinhardt (Andreas), grav. (1700), 12.
Reinhardt (Andreas), fils, grav. (1742), II, 1852.
Reinier (Jean), « Raenerius » : vers à Nic. Bourbon (1538), IV, 2788.
Reinsart (Théodore), libr. à Rouen (1598), 763.
Reinsch (R.), IV, 2800, art. 3.
Reinwald (Elias), Silésien : inscription dans un album (1591), V, 3368.
Reisserius, Alemannicus, auteur présumé du *Facetus*, IV, 2779.
Reitres : défaites que leur inflige le duc de Guise (22, 24 novembre 1587), III, 2217, 2218.
Réjouissance, voy. *Resjouissance*.
Rekenarius. Voy. De Rekenare.
Relation contenant l'histoire de l'Academie françoise (1653), III, 2522.
Relation de la bataille donnée auprès de Fleurus (1ᵉʳ juillet 1690), III, 2524, *Additions*.
Relation de la ceremonie du sacre et couronnement du roy (1722), IV, 3153, p. 543.
Relation de la conspiration de Valstein (1664), III, 2283.
Relation de la cour de Savoye (1667), II, 1689.
Relation de la feste de Versailles [en 1668] (1679), II, 1209.
Relation de la Guiane (1674), II, 1923.
Relation de la journée de Crémone (févr. 1702), III, 2524.
Relation de la notable deffaicte des trouppes Espagnoles (1631), III, 2405, art. 22.
Relation de la pompeuse Entree faicte à Venise, par la serenissime Republique, a... Messire Charles, sire de Crequy (1634), III, 2453.
Relation de l'arriuée en la cour du roy d'Espagne du Serenissime Charles, prince de Gales (1623), III, 2374, art. 4.
Relation de l'Islande (1663), II, 1925.
Relation de l'Isle imaginaire (1659), II, 1530.
Relation des ambassadeurs envoyez par le grand Seigneur vers le roi Henri III [en 1581] (1744), III, 2188, p. 26, art. 8.
Relation des Assemblées faites à Versailles (1683), III, 2327.

Relation des malefices commis par le sieur de Soubize (1625), III, 2278,
Relation du combat de Steinkerke (1692), III, 2524, Additions.
Relation du combat donné par les vaisseaux du roy commandez par le comte de Chateaurenault (1689), IV, 3153, p. 541.
Relation du debat de l'Amant et de la Dame, IV, 2799, art. 15.
Relation du grand Ballet du roy (1619), II, 1449.
Relation du Groenland (1647), II, 1963.
Relation d'un gentilhomme arrivé de Jerusalem (v. 1600), citée, II, 1940.
Relation du siege de Vienne (oct. 1683), III, 2524.
Relation du voyage d'Espagne (1691), II, 1926; (1699), 1927.
Relation du voyage fait sur les costes d'Afrique en 1670-71 (1674), II, 1923.
Relation et Memoire des Munitions qui ont esté trouvées dans la ville de Vezel (1629), III, 2405, art. 17.
Relation historique... de la derniere Revolution arrivée à Constantinople (1731), III, 2524.
Relation historique de la découverte de l'isle de Madere (1671), II, 1943.
Relation historique de tout ce qui a été fait devant Génes (juin 1684), III, 2524.
Relation veritable de ce qui s'est passé au Conclave... en l'election de N. S. P. le pape Urbin VIII (1623), III, 2646.
Relation veritable de ce qui s'est passé en la Bataille de Boheme (1620), III, 2428, n° 43.
Relation veritable de la deliurance de dix-huict cens prisonniers, faite par le Cardinal Infant (1641), III, 2439.
Relation veritable de la fin de Breda (1625), citée, III, 2485, art. 12.
Relation veritable de la mort et trespas de... Gregoire XV (1623), III, 2644.
Relation veritable de l'horrible assassinat commis par les frippiers de la nation judaïque, [à Paris] (1652), II, 2071, art. 1.
Relation veritable du Combat entre le Roy de Suede, et le Duc de Fridlandt... à Allemberg (1632), III, 2420, art. 90.
Relation veritable de ce qui s'est fait et passé entre les armées de l'Empereur et celle du Roy de Suede (1630), III, 2420, art. 82.
Relation veritable de ce qui s'est passé pres de Wesel (1630), III, 2420, art. 20.
Relation veritable de la quantité des Officiers detenus prisonniers au camp du Prince d'Orange (1631), III, 2405, art. 23.
Relatione (Vera) della gran giustitia seguita... nella città vecchia di Praga (1621), citée, III, 2420, art. 54.
Relatione dall' entrata pomposa fatta in Venetia dall' ill. sig. de Crequy (1634), citée, III, 2453.
Relatione (Compita e vera) di tutto quello è occorso trà l'armate imperiale... con quella di Friderico, conte palatino (1621), citée, III, 2420, art. 43.
Relations veritables et curieuses de l'isle de Madagascar et du Bresil... (1651), II, 1922.
Reliures à compartiments de mosaïque du xvi° siècle, 419, 1031; III, 2528; — du xvii° siècle, 2; — du xviii° siècle, 14, 23, 69, 216, 403, 412 (Padeloup le jeune), 1028 (J.-A. Derome), II, 1484, 1742, 2023; IV, 3100; — du xix° siècle, 461, 596, 637, 638, 310; II, 1557 (toutes par Trautz-Bauzonnet); IV, 3140 (*Lortic*).
Reliures italiennes peintes du xvi° siècle, II, 1510, 1512.
Rello (Zerbino), de Corneto, témoin d'un doctorat à Pérouse (1570), V, 3364.
Remacle (Gillet), libr. à Paris (1502), 26.
Remarques et Considerations servans à la justification du curé de Loudun (1634), IV, 3153, p. 532.
Remarques sur les Iphigénies de Racine et de Coras (1750), II, 1245.
Rembolt (Berthold), impr. à Paris (v. 1500), 439; (v. 1502), II, 1949.
Rembure, astrologue, cité par Sc. de Sainte-Marthe (1579), IV, 2921.
Remede (Le) de l'ame (v. 1525), IV, 2747.
Remedes (Les) et Medecines pour guerir tous chevaulx (v. 1530), V, 3216.
Remedes segrets tirées [sic] *des plantes* (1558), IV, 2756.
Remerciment au roy [par P. Corneille] (1663), 834.
Remerciment de Candide (1760), II, 1568.
Remerciment (Le) des Catholiques unis fait a la declaration et protestation de Henry de Bourbon (mars 1589), III, 2222, art. 5.
Remy (L'abbé), rédacteur au *Mercure de France* (1778), III, 2524, p. 314.
Remi (Abraham), Traduction latine du *Remerciement* de P. Corneille à Mazarin (1644), II, 1149.

Remy (Christophe), libr. à Paris (1702), 381.
Remy (J.), impr. à Lyon (1521), cité, V, 3226.
Remy (Jean), impr. à Genève (1580), II, 2038.
Remy (Pierre), peintre : *Catalogue des tableaux de feu M. Randon de Boisset* (1777), 270.
Remin (Jehan de) : *Ung Enseignement moult piteux* (1504), III, 2383, art. 9.
Rémond : généalogie, III, 2495.
Rémond de Sainte-Albine (Pierre), rédacteur du *Mercure* (1748-1750), II, 2524, p. 306; — rédacteur de la *Gazette* (1748-1778), IV, 3153, p. 547.
Remonstrance à la royne mere, prohibée en 1565, III, 2552.
Remonstrance au peuple de France [par P. de Ronsard] (1563), 676.
Remonstrance au peuple françoys de son devoir en ce temps (1559), I, 635 ; IV, 2882.
Remonstrance au roi par les Etats de la France, 1588 (1758), III, 2194, p. 42.
Remonstrance aux Estats pour la Paix (1576), III, 2697.
Remonstrance des Catholiques des Provinces de Guyenne et Languedoc (1581), III, 2699.
Remonstrance aux princes françoys de ne faire point la paix (1567), 724.
Remonstrance aux trois estats de France sur la guerre de la Ligue, 1586 (1587), III, 2194, p. 37.
Remonstrance charitable (1577). Voy. Estienne (Frère Antoine).
Remonstrance de Mgr. le Prince de Condé et ses associez à la royne (1562), III, 2156, art. 11.
Remonstrance d'un conseiller du duc de Savoye a son Altesse (1588), III, 2219, art. 6 ; 2194, p. 42.
monstrance envoyée au Roy par les Habitans de la ville du Mans (1562), III, 2156, n° 6.
Remonstrance faicte par monsieur le garde des sceaux de France (1588), IV, 3127, art. 4.
Remonstrance tres-humble adressée au roi, 1588 (1758), III, 2194, p. 42.
Remonstrances faictes au roy par la noblesse de la Religion reformée... du Maine (1565), citées, III, 2552.
Remontrance à la France sur les maux qu'elle souffre (1588), III, 2219, art. 7.
Remontrance au roy, par un vray catholique romain (1588), III, 2194, p. 41.
Renard, bibliophile : volumes lui ayant appartenu, II, 1848 ; III, 2684 ; IV, 2995 ; V, 3242.
Renard (Louis), marchand d'estampes à Amsterdam (v. 1700), 264.
Renauld (Antoine), « escolier en theologie » : inscription dans un album (1583), V, 3368, p. 157.
Renaud (Nicolas) : vers dans les *Marguerites poetiques* d'Esprit Aubert (1613), 816.
Renaudin (Paul), pillé par Henri Arnaud dans son *Histoire de la glorieuse rentrée des Vaudois* (1710), II, 2035.
Renaudot (Eusèbe I*r*), rédacteur de la *Gazette* (1653-1679), IV, 3153, p. 547.
Renaudot (L'abbé Eusèbe II), ami et correspondant de Bossuet (1689-1695), IV, 3079, pp. 441, 443, 445.
Renaudot (François), rédacteur de la *Gazette* (1679), IV, 3153, p. 547.
Renaudot (Théophraste), *Inventaire des Addresses du Bureau de rencontre* (1630), IV, 3153. — *Gazette* (1631-1653), *ibid.* — *Le Mercure françois* (1646), III, 2708.
Rencontre de M. le duc d'Espernon et de François Ravaillac... (1610), III, 2236, p. 70.
Rencontre (La) faicte... du Juif errant (1615), citée, III, 2631.
Rencontres facetieux d'aucuns sçavans personnages (1565), V, 3376.
Rencontres (Les subtiles et facetieuses) de J. B. (1640), II, 1705.
Renduel (Eugène), libr. à Paris (1829), II, 1613 ; (1830), II, 1614, 1770 ; (1832), II, 1361, 1615, 1616 ; (1833), II, 1376, 1652, 1770 ; (1834), II, 1617, 1640 ; (1835), 874 ; II, 1648 ; (1836), II, 1618, 1648 ; (1837), 875. 881.
René d'Anjou, roi de Jérusalem, de Sicile et d'Aragon : *L'Abuzé en court* (v. 1495), 521 ; IV, 2829. — Robert Du Herlin lui dédie *Le Regimen de l'ame* (1466), IV, 2746. — Epitaphe par Jehan Bouchet (1545), 510. — Manuscrit lui ayant appartenu, IV, 2746.
René II d'Anjou, duc de Lorraine, cité dans les pièces jointes au *Vergier d'honneur* (v. 1500), 479. — Les *Navigationes* de Vespucce lui sont dédiées (1507), II, 1953. — Son portrait (1518), IV, 2781, p. 65.
Renée de Bourbon, duchesse de Lorraine, femme d'Antoine Le Bon : Pierre Gringore lui dédie ses *Heures* (1525), 499.
Renée de France, duchesse de Ferrare, donne asile à Daniel Toussaint, II, 2060 ; — accueille Clément Marot à sa cour, IV, 2858, art. 6. — Epitre à elle adressée par Marot (v. 1535), IV, 2964, art. 75. —

Elle est louée par Charles Fontaine (1557), IV, 2877.
Rennecher (Hermann) : inscription dans un album (1597), V, 3370.
Renner (Nicodemus) : inscription dans un album (1573), V, 3367, p. 154.
Rennes : prise de cette ville par l'armée royale (mars 1589), III, 2194, p. 44. — Abbaye de Saint-Mélaine, IV, 3096, art. 22. — Imprimeurs et Libraires. Voy. Baudouyn (Jehan), 1532. Berthelot (Marie Robin, veuve de Jacques), 1544. Mestrard (Thomas), 1544.
Renntz (Jeronimus): inscription dans un album (1565), V, 3365, p. 149.
Renou, impr. à Paris, associé de Maulde (1841), II, 1612 ; (1843), II, 1928 ; (1861), 1013.
Renouard, secrétaire de Sully, III, 2238.
Renouard (Antoine-Augustin), libr. à Paris (1809), II, 2002. — Volumes lui ayant appartenu, 221-231, 609, 628 ; II, 1059, 1246, 1472 ; III, 2221, 2222 ; IV, 3081 ; V, 3337.
Renouard (Jules), libr. à Paris (1829), 433.
Renouard (Nicolas) : vers à Jean Bertaut (1606), 820. — Vers dans Le Cabinet des muses (1619), 974.
Renouard (Paul), impr. à Paris (1829), 433, 873.
Renouard (Philippe), impr. à Paris (1907), IV, 2970 ; bibliographe, V, 3336.
Renould (Richard), compose des vers pour le *Puy du souverain amour* (1543), 804.
Rentio (Théodore), ou Renzio, de Chio : inscription dans un album (1566), V, 3365.
Reperdius. Voy. Reverdi.
Replicque faicte par les dames de Paris contre celles de Lyon (v. 1525), III, 2592.
Replicque par les amis de l'aucteur de la Remonstrance faicte a Sagon (1537), citée, 621.
Reponse à la satire X. du sieur D*** (1694), 948, art. 1.
Réponse. Voy. aussi Response ou Responce.
Réponses aux lettres portugaises (1669), II, 1885.
Reportorio de los tiempos (1495), 204.
Repos de plus grand travail (1550), 654.
Representation des occurrences d'Allemaigne (1619), III, 2420, art. 13.
Requeste au roy et derniere Resolution des princes, seigneurs, etc., presentee à la royne mere le 9 juing 1585, III, 2203 ; (1587), 2194, p. 35.

Requeste (La) des filles d'honneur persecutées, à Mme de La Valière (1668), II, 1689 ; (1754), 1686.
Requeste du Pont-Neuf (1652), 975.
Requeste (Tres-humble) presentée à sa Majesté imperialle par les Deputez... de la Basse Austriche (1620), III, 2420, art. 37.
Requeste presentee à Son Alteze... par les habitants des Païs Bas (1578), III, 2381.
Requeste presentee au Roy et à la royne par le triumvirat (1562), III, 2156, art. 9.
Requeste presentee au roy par Messieurs les cardinaux, princes, etc. (fin mai 1588), III, 2194, p. 41.
Requissan (Le chevalier de), figure dans un ballet (1657), IV, p. 634.
Resa (Juan de), publie les *Obras* d'Ausias March (1555), IV, 3003.
Rescript a Françoys Sagon (1539), 621, art. 7.
Rescription (La) des dames de Millan a celles de Paris et de Rouen (v. 1509), IV, 2854.
Resende (Andres), « Resendius », Tombeau d'Aloïsia Sygée (1566), 422.
Resecco (Fabrizio), vers latins à Germain Audebert (1583), IV, 2794.
Resy (Adrien), est tué à Besançon (1575), III, 2190.
Resjouissance (La) des femmes sur la deffence des tavernes et cabarets (1613), II, 1792.
Resjouissance (La) des Harangeres et Poissonnieres de Paris... (1614), II, 1796, art. 22.
Resjouissance publique sur l'arrivee de la Royne mere en la ville de Tours (1619), III, 2276.
Resolu (Le) en mariage, IV, 2802.
Resolution claire et facile sur la question... de la prise des armes (1575), III, 2695.
Resolucion (La) d'amours (v. 1490), 586.
Resolution de ceux du parti de la Ligue assemblés à Orchan (1586), III, 2188, p. 26, art. 20.
Resolution (La) de Ny Trop Tost ny Trop Tard Marié, IV, 2802.
Resolutions (Peripateliques) et Remonstrances sentencieuses du docteur Bruscambille (1619), II, 1791.
Respondation de Talebot (1660), 1025.
Responce a Labbe des Conars de Rouen (1537), III, 2594, art. 13.
Response a l'abbé des Cognars de Rouen (1537), 622 ; (1539), 621, art. 15.
Response (La) à la Misere des clercs des procureurs (1628), II, 1796, art. 15.

Response à la question si l'Empereur... peut estre Iuge competent du differend de la Couronne de Boheme (1620), III, 2420, art. 26.

Response a l'Epistre de Charles cardinal de Lorraine (1565). Voy. Regnier de La Planche (Louis).

Response a l'interrogatoire qu'on dict avoir esté fait à un nommé Jean de Poltrot soy disant seigneur de Merey (1562, v. s.), III, 2156, art. 14; (1563), 2158.

Response a Marot, dict Fripelippes (1539), 621, art. 6.

Response à plusieurs injures et railleries escrites contre... Montagne (1667). Voy. Bérenger (Guillaume).

Response a une epistre envoyee de Spire (1544). Voy. Du Bellay (Jehan).

Response à vn petit Livret... intitulé: Declaration de l'intention du seig^r Don Jehan d'Austrice (1578), III, 2379.

Response à vn quidam contre Messieurs de Guise (1565), citée, III, 2552.

Response aux calomnies n'agueres malicieusement inventeés contre J. G. (1564), IV, 2913.

Responce aux declarations et protestations de messieurs de Guise, faictes sous le nom de mgr. le cardinal de Bourbon (1585), III, 2201; — (1587), 2194, p. 34.

Response aux Lettres de Nicolas Durant, dict le chevalier de Villegaignon (v. 1566), II, 1988.

Response aux Observations touchant Le Festin de pierre (1665), II. 1201.

Responce aux principaux articles et chapitres de l'Apologie du Belloy (1588), III, 2240, art. 6.

Response aux Remonstrances faictes à l'Empereur par aulqun de ses subjectz... (1542), III, 2414.

*Responce de *** à *** sous le nom d'Ariste* (1637), II, 1141, art. 9.

Responce de par Messieurs de Guise à un advertissement (1585), III, 2202, — (1587), 2184, p. 34.

Responce (La) de quelques mal contens du Chastellet aux Grands-Jours et Plaidoyers de Mr Muet (1622), II, 1796, art. 12.

Responce des dames et bourgeoises de Paris au Caquet de l'accouchée (1622), II, 1796, art. 3.

Responce des deputez des Estats generaux assamblés en Anvers (1579), III, 2384.

Responce des Habitans de la Ville de Rouen à ce que M. le duc de Bouillon... leur a dict et remonstré (20 avril 1562), III, 2156, art. 5.

Responce du gentilhomme de la Religion à une autre lettre a luy escrite par un gentilhomme catholique (1588), III, 2319, art. 4.

Responce (Brieve) d'un catholique françois à l'Apologie... des Ligueurs, 1586 (1587), III, 2194, p. 37, art. 40.

Response d'un qui ne se nomme point a l'epistre de celuy qui ne s'est point nommé (1539), 621, art. 17.

Responce du prevost des marchands (1565), citée, III, 2552.

Response (La) et Contredict d'un barbu (1551), 776.

Response et Reprimandé de Mme Guillaume sur la mal façon du Fleau des putains et courtisannes (1612), II, 1797, art. 7.

Responce faicte à l'autheur du Discours du curé de Bersy (v. 1620), II, 1801.

Responce prophetique d'un gentilhomme françois... le jour de la feste saint Barthelemy (1573), IV, 3195.

Responsio ad falsum indicium quod professus est J. Poltrotius (1563), citée, III, 2158.

Ressayre (Jean), impr. à Dijon (1685), 371.

Restaurant (Le) des constipez de cerveau (v. 1618), II, 1793.

Restaurateur (Le) de l'Estat François (1588), III, 2219, art. 1.

Restif (Edme), père du romancier: sa vie et son portrait (1788), II, 1916, art. 13.

Restif (Nicolas-Edme) de La Bretonne: *La Famille vertueuse* (1767), II, 1916, art. 1. — *Le Pied de Fanchète* (1786), ibid., art. 2. — *Lettres de Lord Austin de N**</sup>* (1769), ibid., art. 3. — *La Fille naturelle* (1774-75), ibid., art. 4. — *Le Pornographe* (1776), ibid., art. 5. — *La Mimographe* (1770), ibid., art. 6. — *Adèle de Comm**</sup>* (1772), ibid., art. 7. — *Le Fin Matois* (1776), ibid., art. 8. — *Le Paysan perverti* (1776), ibid., art. 9. — *L'Ecole des pères* (1776), ibid., art. 10. — *Les Gynographes* (1777), ibid., art. 11. — *Le Quadragenaire* (1777), ibid., art. 12. — *La Vie de mon pere* (1788), ibid., art. 13. — *La Malédiction paternelle* (1780), ibid., art. 14. — *La Découverte australe* (1781), ibid., art. 16. — *L'Andrographe* (1782), ibid., art. 16. — *La dernière Avanture d'un homme de quarante-cinq ans* (1783), ibid., art. 17. — *La Prévention nationale* (1784), ibid., art. 18. — *La Paysanne pervertie* (1784), ibid., art. 19. — *Les Veillées du Marais* (1785), ibid., art. 20. — *Les*

Françaises (1786), *ibid.*, art. 21. — *Les Parisiennes* (1787), *ibid.*, art. 22. — *Les Nuits de Paris* (1788-94), *ibid.*, art. 23. — *La Femme infidelle* (1786[-1788]), *ibid.*, art. 24. — *Ingenue Saxancour* (1789), *ibid.*, art. 25. — *Le Thesmographe* (1789), *ibid.*, art. 26. — *Tableaux de la bonne compagnie* (1787-88), *ibid.*, art. 27. — *Le Palais Royal* (1790), *ibid.*, art. 28. — *L'Année des dames nationales* (1791), *ibid.*, art. 29. — *Le Drame de la vie* (1793), *ibid.*, art. 30. — *Théâtre* (1793), *ibid.*, art. 31. — *Monsieur Nicolas* (1794-97), *ibid.*, art. 32. — *Philosophie de Monsieur Nicolas* (1796), *ibid.*, art. 33. — *Les Posthumes* (1802), *ibid.*, art. 34. — *Les nouvelles Contemporaines* (1802), *ibid.*, art. 35. — *Histoire des campagnes de Maria* (1811), *ibid.*, art. 36. — Portraits, *ibid.*, art. 23, 30. — Impressions exécutées par lui (1793-1797), II, 1916, art. 30, 32; (1804), *ibid.*, art. 34.
Restif (La veuve Marion), fille de Restif de La Bretonne, impr. à Paris (1797), II, 1916, art. 32.
Restout (Jean), dess. (1730), III, 2347.
Rethel : abbaye de Notre-Dame, IV, 3096, art 16.
Retour (Le) de la paix en France (1544), IV, 2853.
Retour (Le) impreveu, comedie (1700), II, 1294.
Retraitte (La) du comte de Mansfeld... hors les frontieres du Royaume de France (1622), III, 2420, n° 68.
Retraicte (La veritable) du Roy de Hongrie, et la leuée du Siege de deuant la ville de Ratisbone (1634), III, 2420, art. 100.
Retz (Alberto de' Gondi, comte, puis duc de). Voy. Gondi.
Retz (Claude-Catherine de Clermont, duchesse et maréchale de). Voy. Gondi.
Retz (Jean-François-Paul de Gondi, plus tard cardinal de) : lettre à lui adressée par Rangouze (1649), II, 1879. — *La Conjuration du comte Jean-Louis de Fiesque* (1665), III, 2147; (1731), III, 2285; (1825), II, 1919, art. 1. — *Memoires* (1731), III, 2285. — *Sermon de S. Louis*, *ibid*. — *Lettre presentée au Sacré Collége*, *ibid*. — *Memoire touchant ses affaires avec la cour*, *ibid*. — *Avis à Monsieur le cardinal Mazarin*, *ibid*. — Lettre publiée par Perrin (1751), II, 1889. — Portrait, III, 2285.
Retz (Pierre de Gondi, duc de), marquis de Belle-Isle : Cl. Billard lui dédie la tragédie d'*Alboin* (1610), II, 1105. — Il figure dans un ballet (1619), IV, p. 634.
Retz (Catherine de Gondi, duchessé de), danse dans un ballet (1635), IV, p. 635.
Reusner (Johann) : inscription dans un album (1597), V, 3370.
Reusner (Nicolaus) : *Icones, sive Imagines vivae literis, cl. virorum Italiae, Graeciae*, etc. (1589), V, 3370. — *Icones aliquot clarorum virorum Germaniae*, etc. (1589), V, 3370.
Reuter (Quirinus) : inscription dans un album (1598), V, 3370.
Reveau (Martin), sieur des Cirières, lieutenant particulier en la sénéchaussée de Poitou, permet d'imprimer *Les Annales d'Aquitaine* de Jean Bouchet (1644), III, 2342.
Reveil (Le) du chat qui dort, par la cognoissance de la perte du pucelage... (1616), II, 1796, art. 25.
Reveil matin (Le facetieux) des esprits melancoliques (1643), cité, II, 1815.
Reveille-Matin (Le) des François (1574), IV, 3125.
Revel, grav. (xix° s.), II, 1909, V, 3321.
Revelacion (La) de sant Pablo (v. 1520), III, 2527.
Revelation (La) ou Pronostication du saint prophete Esdras (v. 1515), 207.
Revelles (Jean de), évêque de Vienne en Autriche, a pour secrétaire Jean Savorgnan (1524), II, 1955.
Reverdi (Georges), dit « Reperdius », peintre et grav. à Lyon (1538), IV, 2742. — Il est cité par Nic. Bourbon (1538), IV, 2788.
Révilliasc : généologie, III, 2495.
Révilliod (Gustave), cité, II, 2036.
Revocation (La) du bannissement de l'esperance des chambrieres (1599), II, 1797, art. 3. Voy. *Bannissement*.
Revoil (Ennemond) « Revolus », cité par J. Dorat (1586), IV, 2789.
Revolte (La grande) et Rebellion arrivée aux Estats du grand Turc (1623), III, 2475.
Révolution française. Voy. *Etrennes nationales* (1790), III, 2297. — *Précis historique de la Révolution française*, par J. P. Rabaut (1792), III, 2298. — *Histoire de la Révolution française* par M. A. Thiers (1823-27), III, 2239.
Revue (La) de Paris, citée (1835), II, 1593 ; (1851), 1713.
Revue des Deux Mondes, citée (1837-1850), II, 1626 à 1629; 1633, 1634, 1653. — Librairie de la *Revue des Deux Mondes* (1834-1837), II, 1376, 1632, 1647.

Revue retrospective (1848), III, 2301.
Rex. Voy. Le Roy.
Rezay : *Heures*, mss. ayant appartenu à un membre de cette famille, 31.
Rezé (François), libr. à Paris (1610), III, **2243**, art. 12.
Rezé (Jacques), libr. à Paris (1600), III, **2242**, art. 12.
Rhases : *De ratione curandi pestilentiam* (1528), cité, IV, p. 8.
Rheindorf (Peter), de Cologne : inscription dans un album (1564), V, 3365.
Rhenanus (Beatus). Voy. Bilde (Beatus).
Rhodes, II, 2018.
Rhodes (de) : vers à lui adressés par Joachim Blanchon (1583), IV, 2938.
Rhodes (Le marquis de), figure dans un ballet (1681), IV, p. 635.
Rhodez. Voy. Rodez.
Rhodt (Dietrich) : inscription dans un album (1563), V, 3365.
Rhuis : abbaye de Saint-Gildas, IV, 3096, art. 92.
Riant, avocat (1549), IV, 2868.
Riants (Armand-Jean de), chevalier, baron de Riverey, etc. : Molière lui dédie *L'Estourdy* (1663), II, 1181.
Ribaut (Jean), explorateur de la Floride (1562), II, 1982.
Ribault (J.-F.), grav. (xixᵉ s.), II, 1305, 1577.
Ribérac (de), figure dans un ballet (1656), IV, p. 635.
Ribérac (de), enfant, figure dans un ballet (1654), *ibid*.
Ribérac (Mˡˡᵉ de), figure dans des ballets (1654-1664), *ibid*.
Ribier (Guillaume), cité par N. Rapin (1610), IV, 2944.
Ribou (Jean), libr. à Paris (1660), II, 1847 ; (1661), 1848 ; (1663), II, 1191, 1263 ; (1667), II, 1205, 1206 ; (1669), II, 1194, 1195, 1210, 1211, 1217 ; (1670), II, 1212 ; (1675), II, 1237 ; (1680), II, 1274 ; (1681), II, 1277.
Ribou (Pierre), libr. à Paris (1698), II, 1285, art. 2 ; 1292 ; (1699), II, 1232 ; (1700), II, 1285, art. 3 ; 1293, 1294 ; (1703), II, 1296, art. 3 ; (1704), II, 1285, art. 4 ; 1295 ; (1707), II, 1296, art. 2 et 4 ; 1301 ; (1708), II, 1286, art. 1 et 2 ; 1296, art. 5 ; (1709), II, 1302, 1551 ; (1710), II, 1233 ; (1710-1719), III, 2524 ; (1711), II, 1306 ; (1714), II, 1296 ; (1716), III, 2309 ; (1717), II, 1299 ; (1718), II, 1456. — Sa veuve (1722), II, 1457.
Ribou (Pierre-Jacques), libr. à Paris (1735), II, 1553.
Riboutté (Fr.-Louis) : une pièce de lui dans les *Chants et Chansons popul. de la France* (1843), 1014.
Rycaut (Sir Paul), *Histoire de l'Etat present de l'Empire ottoman*, trad. par Briot (1672), III, 2482.
Ricci (Francesco), traduit en italien la description de la pompe funèbre de Charles Quint (1559), III, 2418, *Additions*.
Ricci (Marco Bruto), lettre à Gio. Giorgio Trissino (1507), IV, 3078.
Ricci (Seymour de), rédige la description du *Monasticon gallicanum*, IV, p. 485. — Volume donné par lui, V, 2990.
Riccoboni (Fr.), *Les Enfans trouvés* (1735), II, 1321.
Riccoboni (Luigi), *Histoire du Theatre italien* (1728), joint à *Dell'Arte rappresentativa* (1728), II, 1464.
Rich (Mᵐᵉ), d'Angleterre, citée par Guill. Du Peyrat (1593), IV, 2945.
Rich (Johann) von Richenstein : inscription dans un album (v. 1564), V, 3365, p. 149.
Richard, clavecin, ou théorbe (1659-1664), IV, p. 635.
Richard (Christophe), ministre : inscription dans un album (1583), V, 3368.
Richard (J.), médecin : volume lui ayant appartenu (1551), IV, 2951.
Richard (Jean), impr. à Rouen (1518), IV, 2841, *Additions*.
Richart (Jan), négociant à Gand (1565), III, 2605.
Richard (Jean) : vers en tête du *Dictionnaire des rimes* de Jean Le Fèvre (1588), 431.
Richard (J.-M.), archiviste, IV, 3010, p. 377.
Richard (Thomas), impr. à Paris (1563), 783, IV, 2919 ; (1564), 813, IV, 2790.
Richardière, miniaturiste, cité par l'abbé de Marolles (1657), III, 2265.
Richardière (Guillaume), miniaturiste III ; Missel décoré et relié par lui (1586), III, 2528.
Richardot, conseiller et maitre des requêtes à Malines : le cardinal de Granvelle lui adresse une lettre (1580), III, 2388. — Jean Sarrazin, abbé de S. Vaast lui écrit (1582), 2395.
Richardson (Samuel) : *Lettres angloises, ou Histoire de Miss Clarisse Harlove* (1766), II, 1764. — Portrait, *ibid*.
Richardson (Thomas) : inscription dans un album (1604), V, 3370.
Richarme, de Lyon : volume lui ayant appartenu, IV, 2919.
Riche (Le) de povreté, surnom. Voy. Le Moyne (Pasquier).

Riche (La) laide (1652), 975.
Richean (Baron Paul), [1621], III, 2420, art. 54.
Richelet (Nicolas), vers à Gilles Durand de La Bergerie (1594), 757. — *Ode au roy sur la reduction de sa ville de Paris* (1594), IV, 2946. — Vers dans le *Tombeau de M. de Givry* (1594), V, 3277. — Il est cité par N. Rapin et compose des vers sur la mort de celui-ci (1610), IV, 2944. — Commentaires sur les *Sonnets*, les *Odes* et les *Hymnes* de Ronsard, et vers à la louange du poète (1623), 668.
Richelet (Pierre) : *Dictionnaire* (1680), 328.
Richelieu (vues du château de), 249.
Richelieu (L'abbé de) : lettre à lui adressée par Rangouze (1649), II, 1879.
Richelieu (Alphonse-Louis du Plessis de), cardinal, archevêque de Lyon : lettre à lui adressée par Rangouze (1649), *ibid.*
Richelieu (François Du Plessis de), grand prévôt de l'armée de Henri IV (1589), III, 2241, art. 7.
Richelieu (Jean-Armand Du Plessis, cardinal, duc de) : ses griefs contre Benjamin de Soubise (1625), III, 2278. — Il envoie une expédition sur les côtes du Maroc (1631), III, 2483. — Armand Mustapha lui dédie les *Voyages d'Afrique* (1632), II, 1945. — *Advis* à lui présenté par Estienne Richot (1633), IV, 3153, p. 531. — Stances à lui adressées par Boisrobert (v. 1633), IV, 3153, p. 531. — Il fait danser le *Balet de la Vallée de Misere* (1634), IV, 3153, p. 532. — Il n'accorde aucune faveur à Louis Aubery du Maurier, son secrétaire, III, 2406. — Il est le protecteur de La Mesnardière, 430. — Il fait travailler sous sa direction les « Cinq Auteurs » et fait imprimer *La Comedie des Tuileries* et *L'Aveugle de Smyrne* (1638), II, 1171-1173. — Regnault lui dédie sa tragédie de *Marie Stuart* (1639), II, 1116. — P. Corneille lui dédie *Horace* (1641), II, 1144. — Il collabore à *Mirame* (1642), II, 1117. — Lettre supposée au cardinal Mazarin (1649), II, 1879. — Il est allégué par Bossuet, IV, 3079, p. 449. — *Tableau de sa vie et de son gouvernement*, etc. (1693), 950. — Portrait (1657), 833. — Volume lui ayant appartenu, II, 2078.
Richelieu (Jean-Baptiste-Amador de Wignerod Du Plessis, marquis de), figure dans des ballets (1651-1658), IV, p. 635.
Richelieu (Louis de Wignerod Du Plessis, marquis de), figure dans un ballet (1681), IV, p. 635.
Richelieu (Louis-François-Armand Du Plessis, duc de Fronsac, puis de), maréchal de France : *Discours academique* (1744), 391. — Voltaire lui dédie *L'Orphelin de la Chine* (1755), II, 1328.
Richeomme (Le P. Louis), provincial des jésuites en Lyonnais, 73. — Il est réfuté par B. de Loque (1600), III, 2219, art. 2.
Richer (Christophe) : Distiques latins en tête du *Valet de Marot*, (1537), III, 2594 ; art. 5 ; (1539), 621, art. 4. — Epigramme latine dans *Les Disciples et Amys de Marot* (1537), III, 2594, art. 8 ; (1539), 621, art. 11. — Vers à Nicolas Bourbon (1538), IV, 2788.
Richer (Estienne), impr. à Paris, publie *Le Mercure françois* (1613-1637), III, 2708.
Richer (Gilles) : vers à Jean Aubert (1581), 752.
Richer (Jean Iᵉʳ), impr. à Paris (1573), III, 2185, 2422, 2423 ; (1583), II, 1777 ; (1585), III, 2600 ; (1586), II, 1778 ; (1587), 139 ; (1588), 431 ; III, 2221, art. 8 ; (1594), IV, 2961 (le nom est écrit Riché) ; (1595), III, 2253 ; (1596), III, 2435, art. 3.
Richer (Jean II), impr. à Paris, *Le Mercure françois* (1619-1627), III, 2708.
Richer (Pierre), fonde une colonie au Brésil (1556), II, 1989.
Richer (P.) : vers à Mᵉ Adam Billaut (1644), 829.
Richy (Jules de) : *Le Temple de Pudicité* (1616), V, 3291.
Richman (Guillaume), impr. imaginaire à Anvers (1565), III, 2691.
Richmond (Charles de Lenos, duc de) : Baron lui dédie *L'Homme à bonne fortune* (1686), II, 1280.
Richmond (George H.), bibliophile, cité, IV, p. 17.
Richmond (Henri, duc de), fils de Henri VIII, cité par Nic. Bourbon (1538), IV, 2788.
Richot (Estienne), *Avis presenté à Mgr. l'eminentissime cardinal de Richelieu* (1633), IV, 3153, p. 531.
Rickel (Denis De Leuw, dit) : *Miroir d'or* (v. 1500), 61.
Ricoart (Yves), notaire apostolique (1572), IV, 3122.
Ricœur (La veuve), libr. à Paris, en la boutique de Claude Barbin (1710), II, 1771.
Richomme, grav. de mus. (xviiiᵉ s.), II, 1914 ; III, 2523.
Richter, grav. (1782), II, 1698.
Ricthter (Adrian Ludwig), dess. (1843), II, 1768.

Ridé, grav. (xviiiᵉ s.), IV, 3167.
Ridolfi (Lorenzo) : sonnet à lui adressé par N. Martelli (v. 1543), IV, 3000, p. 358.
Ridolfi (Niccolò), cardinal, lettres à Gio. Giorgio Trissino (1518-1548), IV, 3078.
Ridouet : généalogie, III, 2495.
Rye (Marc de), marquis de Varambon, gouverneur de l'Artois pour les Espagnols (1595), IV, 3128.
Riencourt (Simon de), obtient de Bossuet l'autorisation d'ouvrir une chapelle privée (1684), II, 1883, p. 368.
Rien ne vault, surnom d'un joueur de farces, 502.
Rienzi (Niccoló Gabrini, dit) : sa conjuration (1347-1733), III, 2455. — Sujet d'une tragédie de Gustave Drouineau (1826), II, 1358.
Rieter (Siebolt), pèlerin à Jérusalem (1479), IV, 3087.
Rieux (de), secourt Noyon assiégé par Henri IV (1591), III, 2250.
Rieux (Jean de), seigneur d'Asserac, etc. — P. Boaistuau lui dédie ses *Histoires prodigieuses* (1560, 1564), II, 1721, 1722 ; — J. de Rieux adresse des vers à Boaistuau, *ibid*.
Rieux (René de), seigneur d'Assérac, vers à P. Boaistuau (1560, 1564), II, 1721, 1722. — Epitaphe (1579), IV, 2930. — Marguerite de Conan, sa femme, IV, 2930.
Riffart : *Copie d'une Lettre escrite de Leopole en Pologne à Monsieur de Sancerre* (1621), III, 2472.
Rigaud, cité par Nic. Rapin (1610), IV, 2944.
Rigaud (Benoist), libr. à Lyon, associé de Jean Saugrain (1556), III, 2870 ; (1557), 411, art. 3 ; IV, 3203 ; seul (1561), III, 2687, 2731 ; (1563), II, 2688, 2689 ; (1565), II, 2019, art. 1-7 ; (1569), II, 1824 ; (1571), 786, 982 ; II, 1699 ; (1573), 787, 788 ; III, 2151, 2694 ; IV, 3146 ; cité, IV, 3182, 3194 ; (1577), III, 2566 ; (1580), 418 ; (1582), 631 ; IV, 3171 ; (1586), 411, art. 29 ; cité, III, 2698 ; (1588), 215 ; (s. d.), 411, art. 29 ; 566.
Rigaud (Hyacinthe), peintre, 843, 844, 925 ; II, 1287, 1670 ; III, 2495, 2506, 2507 ; V, 3329. — Vers sur ses ouvrages par Baraton (1703), 846.
Rigault (Nicolas) : vers à Scévole de Sainte-Marthe (1596), 716.
Rigaud de Vaudreuil : généalogie, III, 2495.
Rignaud (François) : épitaphe par Bérenger de La Tour (1551), V, 3254.
Rignoux, impr. à Paris (1823), 866 ; (1829), II, 1347 ; (1830), 882 ; (1833), 883.

Rigo (J.), dessin. (1835-39), II, 1072.
Rigoley de Juvigny (Jean-Antoine), éditeur des *Bibliothèques françoises* de La Croix du Maine et de Du Verdier, sieur de Vauprivas (1772-1773), III, 2517.
Rigollot : généalogie, III, 2495.
Rigosi (Florio) : vers à Nicolas Bourbon (1538), IV, 2788.
Rymaille sur les plus celebres bibliotieres (1649), 970.
Rimbaud : vers à lui adressés par Joachim Blanchon (1583), IV, 2938.
Rimini (Marco da), 1042.
Rince (Bernardin), ou Rincio : *Le Livre et Forest contenant l'appareil, les jeux et le festin de la Bastille* (1518), III, 2659. — *Le Livre et Oraison a la louenge du mariage de M. le daulphin* (1518), IV, 3105.
Rindfleisch (Daniel) : *Album amicorum* (1590-1591), V, 3369.
Rindfleisch (Daniel), le jeune, d'Amstorf : inscription dans l'album du précédent (1591), *ibid*.
Rindfleisch (Georg) : inscription dans l'album de son cousin (1591), *ibid*.
Ringmann (Martin), dit Philesius Vogesigena ; épigramme sur Vespuce (1505), citée, II, 1948. — Vers à Martin Waltzemüller (1507), II, 1953, 1954. — Epitaphe de Pierre de Blarru (1518), IV, 2781.
Riolan (Jean) : vers à lui adressés par J.-Ed. Du Monin (1583), V, 3272.
Riom : la recette générale de cette ville est transférée à Clermont (17 avril 1589), III, 2194, p. 44.
Riom de Prolhiac : généalogie, III, 2495.
Ripet (Claude), cité par Guill. de Poëtou (1565), III, 2605.
Riquéty : généalogie, III, 2495.
Ristelhuber (Paul), II, 1707, 1845.
Rithme du seigneur d'Engouleuent (1593), cité, IV, 3005.
Ritter (Eugène), cité, II, 1898, *Additions*.
Ritter (Peter) : inscription dans un album (1595), V, 3370, p. 167.
Rittershausen (Konrad von) : inscription dans un album (1598), V, 3370, p. 167.
Riva di Trento. Imprimeurs. Voy. Alciate (Pierantonio), 1563. Bozzolo (Gio. Battista), 1562-1563.
Rivani, figure dans un ballet (1661), IV, p. 635.
Rivasson (J.), vers à Clovis Hesteau (1578), 743.
Rivaudeau (Robert), sieur de La Guillotière, traducteur des *Deux Livres de la Noblesse Ciuile* par J. Osorio (1549), III, 2486. — Sonnet en tête des *Odes* de Ronsard (1550), 671.

Rive (L'abbé): *Notice d'un manuscrit de M. le duc de La Valliere* (1780), 272.
Rivery (Jean), impr. à Genève (1551). 96 et *Additions*.
Rivière (Les deux demoiselles de), citées par M. Guy, de Tours (1598), IV, 2948.
Rivière, figure dans un ballet (1656), IV, p. 635.
Rivière (Charles), dit Du Fresny (1648-1724). Voy. Du Fresny.
Riviere (Frager), *Prognostication pour l'an nouvelle*, 1550, 212.
Rivière (Pierre): son épitaphe par J. Bouchet (1545), 510.
Rivoulon, dessin. (1843), 1014.
Rizaulcourt (Christofle de), baron de Courson (1550), IV, 2881.
Roannez (Ducs de), III. 2493, art. 24.
Roannez (Artus Gouffier, duc de): poème en son honneur par Jehan Bouchet (1522), 507. — Son épitaphe par le même (1545), 510.
Roannez (Arthus Gouffier, duc de), figure dans un ballet (1645), IV, p. 635. — Il publie les *Pensées* de Pascal (1670), 79, 80.
Robatta (Michele, comte), page de Ferdinand IV, roi des Romains (1654), V, 3367, p. 155.
Robau, musicien (1657), IV, p. 635.
Röber (Élias): inscription dans un album (1595), V, 3370, p. 167.
Robert, généalogie, III, 2495.
Robert, chanteur (1615), IV, 635.
Robert de Blois: *Beaudous*, cité, III, 2627.
Robert (J.), grav. (1749), III, 2311.
Robert (J.), peintre (xviii° s.), II, 2094; III, 2506.
Robert (Jeanne), impr. à Châtillon-sur-Seine (1878), II, 1419.
Robert (Philibert), secrétaire du marquis du Maine (1549), IV, 2868.
Robert (Philippe): épigramme latine en tête des *Bigarrures* de Tabourot (1583), II, 1777; (1586), 1778; (1615), 1779. — Vers en tête du *Dictionnaire des rimes* de Jean Le Fèvre (1588), 431.
Robert (Philippe II): vers en tête du *Dictionnaire des rimes* de Jean Le Fèvre (1588), 431.
Robert de Vaugondy (Gilles), collabore à l'*Encyclopédie* (1751-v. 1766), III, 2523, p. 282. — Carte d'une *Partie du diocèse de Paris* (1754), III, 2316.
Robertet, joueur de vielle (1661), IV, p. 635.
Robertet (Claude), seigneur d'Allinges, secrétaire du roi, cité par Nic. Bourbon (1538), IV, 2788; — par François Habert (1549), IV, 2868. —

Vers à lui adressés par Joachim Du Bellay (1559), IV, 2896.
Robertet (Florimond), secrétaire du roi, contresigne des *lettres de Louis XII* (1514), V, 3339. — Complainte sur sa mort par Clément Marot (1532), 596.
Robertet (François II): *épitaphe de Marie d'Estissac* (1534), 597, 599, 600; (1535), 601.
Robertet (Jehan): *Dictier*, 471, art. 30, *Additions*. — Il est cité dans les pièces jointes au *Vergier d'honneur* (v. 1500), 479.
Robertet (Pierre), secrétaire du roi, contresigne des lettres de Charles VIII au duc de Bourbon (1495), III, 2653, art. 5 et 6; — publie le concordat entre le pape et le roi (1495), *ibid.*, art. 8.
Roberti, Dauphinois: épigramme à lui adressée par Bérenger de La Tour (1551), V, 3254.
Roberto (Felipe), libr. à Tarragone (1614), cité, IV, 3069.
Roberts (Ch.), grav. (1844), III, 2325.
Roberts (E.), grav., (1844), *ibid.*
Roberval, cité par Jacques Gohory (1549), 188.
Robichon, danseur (1636-1651), IV, p. 635.
Robillard de Beaurepaire (Eugène de), cité, 727; V, 3316.
Robin des Flustes (1549), IV, 2868.
Robin (Mlle), citée par M. Guy, de Tours (1598), IV, 2948.
Robin (Daniel), cité par M. Guy, de Tours (1598), *ibid.*
Robin (Jean): épithalame pour son mariage avec Renée Le Breton (1598), *ibid.*
Robin (P.), cité par Nicolas Bourbon (1538), IV, 2788.
Robin (Pascal), sieur du Faux: vers à Robert Garnier (1573), II, 1096. — Vers dans le *Tumulus R. Bellaquei* (1577), 595. — Stances à Jean Le Masle (1578), 445. — Vers à Pierre Le Loyer (1579), 746. — Vers à La Croix du Maine (1584), III, 2515. — Vers en tête des *Œuvres* de R. Belleau (1585), 690. — *Pindarelle* à François Le Poulchre (1587), V, 3274.
Robineau (Jean), sieur de Croissy, notaire et secrétaire du roi: inscription dans un album (1584), V, 3368, p. 157.
Robinet (Charles): vers au petit de Beauchasteau (1657), 833. — *Lettres en vers* (1666-1667), 899. — *Les Portraits de monseigneur le dauphin* (1679), 905. — Voy. *Recueil de pieces curieuses* (1694-1696), III, 2632.
Robinet (Estienne), libr. à Genève, cité en 1542, 638.

Robinot, de Poitiers : lettre non datée, signée : Bossuet, qui lui est adressée, II, 1883, p. 371.
Robinot (Antoine), libr. à Paris (1725), 143.
Robinot (Gilles Iᵉʳ), libr. à Paris (1556), 311.
Robinot (Gilles II), libr. à Paris (1600), III, 2242, art. 12.
Robinson (H.), grav. (1844), III, 2325.
Robinson (J.-H.), grav. (1822), V, 3324.
Robyon (André de Brancas, sieur de) : épitaphe par A. de L'Ortigue (1617), 822.
Robustel (Claude), libr. à Paris (1726-1733), III, 2487.
Robustel (Jean-François), impr. à Paris (1742), II, 1303 ; (1746), III, 2524.
Rocarberti (Jean-Thomas de), général des frères prêcheurs, permet l'impression du t. III de l'*Histoire des Antilles* du P. Du Tertre (1671), II, 1984.
Roccabruna (Claudius von), « Rocaprun » : inscription dans un album (v. 1566), V, 3365, p. 149.
Rocé (Denis), libr. à Paris (v. 1495), 421, art. 2 ; (v. 1500), *ibid.*, art. 5.
Roch (Saint) : Légende, II, 2020. — *Vita*, par Jehan de Pins (1517), V, 3336. — *Oratione devotissima del glorioso sancto Rocho* (v. 1525), V, 3378.
Rochard, dessin. et grav. (1795), 845.
Roche (Antoine) : madrigal à lui adressé par J.-Ed. Du Monin (1583), V, 3272.
Roche (François), id., *ibid.*
Rochebillière, cité, II, 1237.
Rochebrune (de) : vers à lui adressés par Joachim Blanchon (1583), IV, 2938.
Rochechouart (Marie-Madeleine-Gabrielle de) de Mortemart, abbesse de Fontevrault : *Le Banquet de Platon* (1732), 126. — Son *Oraison funebre* par l'abbé Ant. Anselme (1705), 383.
Rochecolombe (A. B. de) : B. de La Tour lui dédie sa *Naseide* (1558), 662.
Rochefort (Le chevalier de), cité par Ch. Fontaine (1546), IV, 2876.
Rochefort (de) : *Histoire naturelle et morale des Antilles* (1681), II, 1983.
Rochefort, collaborateur du *Monde dramatique* (1835-1839), II, 1072.
Rochefort (César de), ne doit pas être confondu avec l'auteur de l'*Histoire des Antilles* (1681), II, 1983.
Rochefort (Charles de), est peut-être l'auteur de *L'Abuzé en court*, 521.
Rochefort (Claude de), jurisconsulte, cité par Nicolas Bourbon (1538), IV, 2788.
Rochefort (Guy de), chancelier de France : Fausto Andrelini lui dédie sa *Livia* (1492), 421, art. 1. — Il lui adresse une épître (1504), 421, art. 4. — Il lui dédie ses *Elegiae* (s. d.), 421, art. 5. — Il lui dédie son poème sur la mort de Pierre Couard ou Courthardy (1505), 421, art. 9. — Il lui dédie son *Epithalamium Claudie* (1506), IV, 2782. — Il lui dédie ses *Épistolae familiares* et déplore la mort de son protecteur (v. 1507), II, 1875. — Epitaphe, 484.
Rochefort (Jean de), Lyonnais, et Marguerite Senneton, sa femme (1546), IV, 2876.
Rochefort (Jean de), ami de Ch. Fontaine (1557), IV, 2877.
Rochefort (Madeleine de Laval-Boisdauphin, marquise de), danse dans des ballets (1665-1666), IV, p. 635.
Rochemont : *Observations sur une comedie de Moliere intitulée Le Festin de pierre* (1665), II, 1200. — *Response aux Observations* (1665), II, 1201. — *Lettre sur les Observations* (1665), II, 1202.
Rochette, capitaine ligueur (1590), III, 2247.
Rochon (Jean), médecin : vers sur Est. Pasquier (1584-1610), 737. — Il est cité par Jean Dorat (1588), IV, 2789.
Rochony (Wolff Dietrich von) : inscription dans un album (1597), V, 3370, p. 167.
Rocoles (Jean-Baptiste de) : vers au petit de Beauchasteau (1657), 833.
Rocolet (Pierre), impr. à Paris (1618), III, 2275 ; (1620), III, 2420, art. 41, 42, 45 ; (1621), III, 2420, art. 18, 52, 55, 56, 70 ; 2643, 2644. — Imprimeur ordinaire du roi (1640), III, 2313 ; V, 3356 ; (1645), IV, 3153, p. 535 ; (1654), II, 1992 ; (1655), IV, 3153, p. 537 ; (1656), 57, 58.
Rodez : *Statuta Synodalia* (1556), 123. — Imprimeur ou Libraire. Voy. Mottier (Jean), 1556.
Rodier, danseur (1661), IV, p. 635.
Rodogune, sujet d'une tragi-comédie de Gilbert (1646), II, 1119 ; sujet d'une tragédie de Pierre Corneille (1647), II, 1151.
Rodolfe, trompette (1671), IV, p. 635.
Rodolphe II, empereur d'Allemagne : son couronnement (1572), III, 2378. — Il traite avec sultan Ahmed (1606), III, 2466.
Rodomontade (La) de Pierre Baillony (1589), III, 2222, art. 7.
Rodomontade (La), Mort de Roger, etc. (1605), II, 1101.

Rodriguez (Jorge), impr. à Lisbonne (1615), IV, 3066.
Rodriguez (Luis), impr. à Lisbonne (1540), II, 1944 ; (1542), cité, III, 2486.
Roettiers(Jacques), dessin. (1748), 276.
Rœux (Croy, comte de). Voy. Croy.
Roffay, directeur de la C¹ᵉ des Indes (1762), III, 2295.
Roffey (Jehan de), de Troyes, élève de Nic. Du Puis (v. 1510), V, 3228.
Roffet (Andry), dit le Faucheur, libr. à Paris (1533), II, 2049 ; (1535), cité, II, 2138 ; (1549), III, 2144.
Roffet (Estienne), libr. à Paris (1540), 633.
Roffet (Nicolas), libr. à Paris (1579), III, 2150.
Roffet (Pierre), dit le Faucheur, libr. à Paris (1532), 596 ; (1533), 595. — Sa veuve (1533), II, 2049 ; (1534), 598 ; (1535), 501 ; citée, II, 2138 ; (1536), 517.
Roffet (Ponce), libr. à Paris (1542), 644, 645.
Roffinello (Niccoló) : inscription dans un album (1569), V, 3365, p. 149.
Roger, sujet d'une tragédie de Ch. Bauter (1605), II, 1101.
Rogier, sʳ de Calais, cité par M. Guy, de Tours (1598), IV, 2948.
Rogier, seigneur du Buisson : Marivaux lui dédie *Le Pere prudent et equitable* (1712), II, 1317.
Roger (Le comte) : ouvrage lui ayant appartenu, III, 2672.
Roger (Antoinette) : son éloge (1545), 805.
Roger (B.), graveur (xixᵉ s.), II, 1180, 1577, 1913, 2002.
Rogier (C.), dessin. (1835), II, 1072.
Rogier (Charles), vers sur la mort de N. Rapin (1610), IV, 2944.
Roger (Louis), grav (1786), IV, 3167.
Roger Bontemps en belle humeur (1670), II, 1815. — Cf. *Enfant (L') sans soucy* (1682), 1816.
Roget, est probablement un des auteurs des *Menus Propos* (1461), 583.
Rogissart (A. de), libr. à La Haye (1727), III, 2293.
Rogré (Sœur Perrette), religieuse de la Madeleine d'Orléans, IV, 2820, p. 145.
Roguet, cité par Est. Forcadel (1579), IV, 2879.
Rohan (Mˡˡᵉ de), danse dans un ballet (1635), IV, p. 635.
Rohan (Mˡˡᵉ de), danse dans un ballet (1681), *ibid*.
Rohan (Mˡˡᵉˢ de), 1610. Voy. Anne et Catherine de Rohan.
Rohan (Anne de), *Stances sur la mort du roy* (1610), 890, art. 8 ; 891,

art. 1 ; III, 2243, art. 15. — Claude Billard lui dédie, à elle et à sa sœur Catherine, la tragédie de *Genevre* (1610), II, 1105. — *Vers sur la mort de Mᵐᵉ la duchesse de Nevers* (1618), 893.
Rohan (Anne-Marguerite de), abbesse de Jouarre : lettre à l'abbé Bossuet (1709), II, 1883, p. 370.
Rohan (Catherine de), duchesse de Deux-Ponts : épitaphe par S. G., sieur de La Roque (1609), IV, 2943.
Rohan (Catherine II, de) : Claude Billard lui dédie, à elle et à sa sœur Anne, la tragédie de *Genevre* (1610), II, 1103. — Vers sur la mort de Mᵐᵉ la duchesse de Nevers (1618), 893.
Rohan (Catherine de Parthenay L'Archevèque, femme de René, vicomte de), dite, après 1605, duchesse douairière de Rohan : *Apologie pour Henri IV*, 1593 (1744), III, 2188, p. 27.
Rohan (Claude de), cité par Nicolas Bourbon (1538), IV, 2788.
Rohan (Diane de) : dame et comtesse de Chastcauroux : son *Tombeau* par Gabriel Bounin (1586), 755.
Rohan (Éléonore de Rohan, femme de Louis VI de), princesse de Guémené : vers à elle adressés par Guy Le Fèvre de La Boderie (1578), IV, 2930, p. 253.
Rohan (François de), archevêque de Lyon : frère Pierre de La Vigne lui dédie une édition des œuvres de Jehan Le Maire (1533), II, 2090.
Rohan (Françoys de), seigneur de Gyé, parrain en 1538, IV, 2855, p. 194.
Rohan (Henri, duc de) : Cl. Billard lui dédie la tragédie de *Merovée* (1610), II, 1105. — David Home lui dédie l'*Assassinat du roy* (1615), III, 2243, art. 18. — Il figure dans un ballet (1619), IV, p. 635. — *Discours sur l'affaire de la Ligue* (1709), III, 2251. — *Mémoires, Discours politiques, etc.* (1756), II, 2263.
Rohan (Louis de), comte de Montbazon, cité par Guy Le Fèvre de La Boderie (1578), IV, 2930, p. 253.
Rohan (Louis de), dit le chevalier de Rohan, puis duc de Montbazon, figure dans des ballets (1654-1655), IV, p. 635.
Rohan (Marguerite de Béthune, duchesse de), femme du précédent : volume lui ayant appartenu, IV, 3067.
Rohan (Marguerite de), femme de Jehan d'Orléans, comte d'Angoulême, intervient dans le *Debat de*

la Noire et de la Tannee (v. 1450), IV, 2798, art. 1, p. 102.
Rohan (Marie-Eléonore de), abbesse de Malnoue : *Oraison funebre* par l'abbé Anselme (1682), 368.
Rohan (Pierre de), maréchal de Gyé, ambassadeur de Charles VIII en Italie (1495), V, 3338.
Rohan-Chabot (Anne de), religieuse de Jouarre : sa mort (1709), II, 1883, p. 370.
Rohan de Guémené (Armand-Gaston, cardinal de) : Crébillon fils publie une satire contre lui (1735), II, 1563.
Rohan de Guémené (Armand-Jules de), archevêque de Reims (1722), III, 2493, art. 22.
Rohan de Ventadour (Armand de), plus tard cardinal de Soubise : *Discours de réception à l'Académie françoise* (1744), 391.
Roy (Du) de Tanor (1549), III, 2638.
Roy (Le) Modus, des deduitz de la chasse (1560), 297.
Roy (Au), mon bon maistre (1588), III, 2221, art. 14.
Roy (Au), mon souverain seigneur, sur les miseres du temps present, 1586 (1589), III, 2194, p. 40.
Roy (C.), grav. (xviii° s.), II, 1341, 1341 bis, 2094 ; III, 2506.
Roy (Charles) : vers sur les conquêtes et la convalescence du roi (1745), 907. — Extrait de son *Ballet des Graces* (1769), II, 2003.
Roy (Emile), cité, IV, 3005, p. 366.
Roy (Jacques), de Châteaudun (1549), IV, 2868.
Roybet (C.-E.), pseudonyme de Charles Royer et d'Ernest Courbet (1873), II, 1702.
Roigny (Michel de), impr. à Paris (1572), IV, 3170, 3180 ; (1575), III, 2191 ; (s. d.), IV, 3073.
Royhier (Guillaume) : vers en tête du *Dictionnaire des rimes* de Jean Le Fèvre (1588), 431.
Roillet ou Rouillet (Claude), de Beaune : vers sur la mort de Du Bellay (1560, 1575), 680. — Vers à Pierre Boaistuau (1560, 1564), II, 1721, 1722.
Royrand (Nicolas) : épitaphe par Jehan Bouchet (2455).
Rojas (Francisco de) : *La Traicion busca el castigo, No ay amigo para amigo*, comédies imitées par Le Sage (1739), II, 1300.
Rojau, dessin. (1763), III, 2523, p. 276.
Roland, l'un des XII pairs de France : son épitaphe par J. Bouchet (1545), 510.
Roland (Mlle) : vers à elle adressés par S. G., sr de La Roque (1609), IV, 2943.

Rolan (Dominique), impr. à Paris (1617), III, 2354.
Roland (Estienne) : official de Vienne : distiques à lui adressés par P. Busseron (1538), IV, 2742.
Rolea divisi in beacot de peces (1660), 1025.
Rolicz (Florian Susliga) : Rud. Walther lui dédie son *Nabal* (1549), II, 1068, art. 2.
Rolin, danseur (1635), IV, p. 635.
Rollin, architecte et dessin. (1730), III, 2347.
Rolin (Charles) : Traduction latine de l'*Ode sur la prise de Namur*, par Boileau (1701), 841.
Rollin (Jacques II), dit le fils, libr. à Paris (1726), II, 2016 ; (1748), 295 ; (1751), II, 1889.
Roller (Georg) : inscription dans un album (v. 1567), V, 3367, p. 154.
Rollet (Maître), cité par François Habert (1551), IV, 2868.
Rollet (Philibert), impr. à Lyon (1553), III, 2684.
Rollos (Peter), grav. (v. 1700), II, 1872.
Rolls (Charles), grav. (1843), III, 2324.
Rolo (Théodore) : vers à Nicolas Bourbon (1538), IV, 2788.
Romagnesi : *Les Enfans trouvés* (1735), II, 1321.
Romain (Gilles), impr. à Harlem (1588), 990.
Romain (Nicolas), auteur de la *Salmée* et de *Maurice*, traducteur de la *Nancéide*, cité, IV, 2781, p. 68.
Roman (Adam), l'un des gardes suisses du roi (1598), IV, 3127, art. 12.
Roman (Le) bourgeois (1666), II, 1532.
Rommant (Le) de la belle Helaine (v. 1510), II, 1496.
Rommant (Le) de la Rose, Voy. Meun (Jehan de).
Romancero general (1614), 1054.
Romanet (A.), grav. (xviii° s.), 1656 ; III, 2569.
Romanov (Gabriel) : son voyage en Chine en 1674, II, 1924.
Rome : *Le Chemin de Rome* (1517), III, 2635, p. 446, art. 7 ; (v. 1520), II, 1929. — Vues de Rome, 249. — Conjuration de Rienzi (1347), racontée par le P. Du Cerceau (1733), III, 2455. — Entrée du roi Charles VIII (1495), III, 2653, art. 3. — Séjour de Charles Quint (1536), III, 2720. — *La Magnificence des triumphes faicts a Rome pour la nativité de monseigneur le duc d'Orleans* (1549), III, 2143. — Le maréchal de Brissac y arrive (1556), V, 3261. — *Nuovi Avvisi del diluvio*, par Oldradi (1557), V, 3362. — *Consiglio e Deliberatione del Tevere... d'innondar Roma* (1557), V, 3305. —

Le premier Livre des Antiquitez de Rome, par Joachim Du Bellay (1562), IV, 2895. — *Relation de Rome*, par Ch. Le Cointe (1662), III, 2456. — *Promenades dans Rome*, par Henri Beyle, dit Stendhal (1829), II, 1930. — Imprimeurs et Libraires. Voy. Blado (Antonio), 1546-1551. Calliergi (Zaccaria), v. 1517. Calvo (Minizio), 1824. Facciotti (Guglielmo), 1606. Ferrari (Giorgio), 1582. Grassi (B. de'), 1584. — Plannck (Stephan), 1493.
Rome (La) ridicule (v. 1640, 1642), 965, 966.
Romieu (Jacques de) : vers à lui adressés par J.-Ed. Du Monin (1583), V, 3272.
Romijn (Corneille) : *L'ere ende Triumphe der K. M. ghedaen te Parijs* (1540), II, 2140.
Romilly (Jean), horloger, collabore à l'*Encyclopédie* (1751-1777), III, 2523, p. 282.
Romirville (Cœlie de) : *La Louenge des femmes* lui est dédiée (1551), V, 2951. — Th. Sibilet lui dédie la traduction du *Contr'Amours* de Batt. Fregoso (1581), II, 1833.
Römoldt (Johann), auteur d'un drame sur Jovinien, IV, 3016.
Romulus : sa Vie par Plutarque (1567), II, 1899. Cf. III, 2735.
Romulus (Franciscus), masque de Roberto Bellarmino (?) (1567), III, 2240, art. 6.
Roncevaux : Elisabeth de France y est remise aux députés du roi d'Espagne (1615), III, 2270.
Rondeau de Peronne, cité, III, 2577.
Rondeau sur Henri VIII et Louis XII (v. 1512), IV, 2758.
Rondeaux (Cent cinq) d'amours, ms., IV, 2855.
Rondeaux en nombre trois cens cinquante (1527), IV, p. 8.
Rondeaulx nouveaulx (v. 1530), 587.
Rondelet (Guillaume) : vers à lui adressés par Scévole de Sainte-Marthe (1579), IV, 2921.
Rondet (Laurent Ier), libr. à Paris (1679), 905.
Rondet (Laurent II), impr. à Paris, cessionnaire du privilège de la *Gazette* par Bergeret et Mignon (1684), IV, 3153, p. 541. — Il imprime (1688), 178 ; (1691), II, 1972, III, 2321.
Rondet (Laurent-Etienne) : *Table de l'Histoire ecclésiastique* de Cl. Fleury (1758), II, 2006.
Rondot, cité dans les pièces jointes au *Vergier d'honneur*, 479. Cf. 540.
Ronsard (Nic. de), sieur de Roches : vers à Rob. Garnier (1573), II, 1096.

Ronsard (Pierre de) : *Ode à Jacques Pelletier* (1547), 699. — *L'Hymne de France* (1549), 669. — *Ode de la Paix* (1550), 670. — *Les quatre premiers Livres des Odes* (1550), 671. — Il est appelé Du Ronssart par Nicolas Bargedé (1550), IV, 2881. — Guillaume Des Autelz lui dédie *L'Eloge de la Paix* (1550), 655. — Vers dans le *Tombeau de Marguerite de Valois* (1551), 628. — Il est loué par Pontus de Tyard (1551), IV, 2908. — Vers à Olivier de Magny (1554), 659. — *Hymnes* (1555), 672. — *Hymne de Bacus* (1555), 672. — Vers à Remy Belleau (1556), 398, 399. — Vers à lui adressés par Charles Fontaine (1557), IV, 2877. — Epitaphe de Jean de La Péruse (1557), IV, 3022 ; (1598), II, 1088. — Vers à lui adressés par François Habert (1558), V, 3251. — *La Paix* (1559), 673. — *Discours à Mgr. le duc de Savoye* (1559), 674. — Vers à lui adressés par Joachim Du Bellay (1559), IV, 2896. — Vers en tête de *L'Olympe* de Jacques Grévin (1560), 710. — Du Bellay lui dédie l'*Hymne à la surdité* (1560), IV, 2894. — Elégie en tête du *Theatre* de Jacques Grévin (1562), 711. — *Elegie sur les troubles d'Amboise* (1563), 675. — *Remonstrance au peuple de France* (1563), 676. — *Discours des miseres de ce temps* [1563] (1568), IV, 2886. — *Response aux calomnies contenues au Discours et Suyte du Discours sur les miseres de ce temps*, par A. Lamariel [= Ant. de La Roche-Chandieu] et B. de Mont-Dieu [= Jacques Grévin] (1563), 677. — *Replique sur la responsable faite par P. de Ronsard*, par D.M.Lescaldin (1563), 677. — *La Promesse* (1563), IV, 2887. — *Epitaphe d'Anne de Montmorency* (1567), IV, 2966 ; (1568), IV, 2967. — Vers pour l'entrée de Charles IX à Paris (1571), IV, 3117. art. 1. — Vers pour l'entrée de la reine (1571), *ibid.*, art. 3. — *Les quatre premiers Livres de la Franciade* (1572), 678. — Pontus de Tyard lui dédie son *Poëmatium de coelestibus asterismis* (1573), 698. — Sonnet en tête des *Œuvres* de Pontus de Tyard (1573), 698. — Vers à Robert Garnier (1573), II, 1095 ; (1585), II, 1097. — Sonnet à Arnauld Sorbin (1574), 49. — *Chanson* (1575), V, 3296. — *Chanson* dans le recueil de Daniel Drouin (1575), 985. — *Chanson* notée (v. 1575), 411, art. 8 et 39. — Guy Du Faur de Pibrac lui dédie *Les Plaisirs de la vie rustique* (v. 1575), IV, 2929 ; (v. 1590), IV, 3184. — Vers à lui adressés par Pierre de Brach (1576), IV, 2931. — Vers à lui adressés par Guy Le Fèvre de La Boderie (1578), IV, 2930. — *Les Amours, mis en musique* par A. de Bertrand (1578), 679. — *Panegyrique de la Renommee* (1579), IV, 2888. — Vers en tête de la *Bergerie* de Remy Belleau (1576), 690. — Vers dans le *Tumulus R. Bellaquei* (1577), 695. — Il est cité par Guy Le Fèvre de La Boderie (1578), IV, 3183. — Vers à Pierre Le Loyer (1579), 746. — *Aux manes de Salel* (1580), IV, 2771. — *Ode* à Amadis Jamyn (1580), *ibid*. — Vers à lui adressés par Jean Le Masle (1580), IV, 2933. — *Hymne a la Philosophie* (1582), IV, 2885. — Vers à Amadis Jamyn (1582), 739. — Jean Le Bon lui dédie son traité *De l'origine de la rime* (1582), IV, 3171. — Vers à lui adressés par Joachim Blanchon (1583), IV, 2938. — Elegie à Jules Gassot (1585), 690. — Sonnet à Flaminio de Birague et vers de celui-ci à Ronsard (1585), IV, 2939. — *Oraison funebre*, par Jacques Davy du Perron (1586), V, 3231. — *Discours de sa vie*, par Claude Binet (1586), IV, 2889. — Vers sur sa mort par M. Guy, de Tours (1598), IV, 2948. — Il est cité par Jean Dorat (1588), IV, 2789. — Vers dans les *Antiquitez de Paris* de Gilles Corrozet (1588), III, 2304. — Extrait d'une lettre latine de lui à Baïf, impr. en 1596, 716. — Epitaphe par Guillaume Du Peyrat (1593), IV, 2945. — Pièces de lui dans le *Nouveau Recueil de plusieurs chansons* (1599), III, 2616. — *Folastries* (1600), V, 3294. — Vers à lui adressés par Sc. de Sainte-Marthe (1600), IV, 2921. — Ses vers à Anne de Marquets sont imprimés en 1605, IV, 2918. — *Gaillardises* (1609), 956. — Vers à lui adressés par Nic. Rapin (1610), IV, 2944. — Nombreuses pièces de lui dans *Les Marguerites poëtiques* d'Esprit Aubert (1613), 816. — *Les Œuvres* (1567), 667; (1623), 668. — Il est mis en scène dans le *Ballet des Triomphes* (1635), II, 1452.

Ropat (Adam) von Riffenberg: inscription dans un album (1595), V, 3370.

Rops (Félicien) dessin. et grav. (1864-1866), 962, 963.

Roquelaure (Antoine, baron de), assiste à l'entrevue de Nérac (juill. 1584), III, 2242, art. 3.

Roquelaure (Gaston-Jean-Baptiste, marquis, puis duc de), figure dans des ballets (1636-1663), IV, p. 635.

Roquelaure (Charlotte-Marie de Daillon du Lude, duchesse de), danse dans des ballets (1654-1656), IV, p. 635.

Roqueplan (Camille), peintre (1834), 271.

Roquetaillade (Jean de), 209, *Additions*.

Roquette (Gabriel de): *Oraison funebre de la princesse de Conty* (1672), 361.

Roquette (Henry-Emmanuel de): *Oraison funebre de Jacques II* (1701), 381.

Roret (J.-P.), libr. à Paris (1832), II, 1631.

Rosa, libr. à Paris (1815), 1005.

Rosan (Le cadet de), soldat (1598), II, 1726.

Rosar (J.), grav. (1735), 288.

Rosarium, sive Psalterium B. M. V. (1604), 72.

Roscamver, cité par J. de La Péruse (v. 1557), IV, 3022.

Roscio (Muzio), de Teramo, témoin d'un doctorat à Pérouse (1570), V, 3364.

Roscoët (Jean de): vers à lui adressés par J. de Vitel (1588), V, 3275.

Rose, femme aimée de J. Le Masle (1580), IV, 2933.

Rose, suissesse, amie de Christofle de Beaujeu (1589), IV, 2942.

Rose, de l'Académie française : le libraire Michallet lui dédie les *Memoires de Hollande* (1678), II, 1541.

Rose (François): *Hymne sur l'entrée du roy en sa ville de Paris* (1571), IV, 2926.

Rosenhan (comte de): D. Godefroy lui dédie *Les Ceremonies observées au couronnement de Christine, reine de Suede* (1650), IV, 3153, p. 536.

Rosenthal (Jacques), libr. à Munich, IV, 2763, p. 39.

Roset (Pierre) : vers à Nicolas Bourbon (1538), IV, 2788.

Rosières (François de) : *Stemmata Lotharingiae* (1588), cités, III. 2198.

Rosimont, est peut-être l'auteur de l'*Histoire des intrigues amoureuses de Moliere* (1697), II, 1224.

Rosmer (Le P. Théodore), jésuite (1610), II, 2027.

Rosny (Le marquis de), figure dans des ballets (1655-1658), IV, p. 635.

Rosoi (Barn. Farmian de): *Les Sens* (1766), 857.

Rossant (André), dit Derossantius: vers latins à Germain Audebert (1583), IV, 2794. — Vers à La Croix du Maine (1584), III, 2515. — Vers à Guillaume Du Peyrat (1593), IV,

2945. — Vers à Estienne Tabourot (1614), II, 1779.
Rosset (François de) : Traduction française de *Novelas* de Cervantes (1615), citée, II, 1756. — Traduction de la seconde partie de *Don Quichotte* (1618), IV, 3070. Cf. II, 1749. —*Histoires des amans volages* (1619), 1723. — *Les Histoires memorables et tragiques* (1619), 1724. — Vers dans *Le Cabinet des Muses* (1619), 974.
Rossi (Claudio di), d'Anvers : inscription dans un album (1567), V, 3365, p. 149.
Rossi (Sebastiano) : *La Sferza* (1664), 1053.
Rossignol, chanteur (1671), IV, p. 636.
Rossignol (Pasquier), crieur juré et sergent royal à Paris (1566-1572), III, 2546, art. 5-12, 15, IV, 3117, art. 1 ; 3121.
Rossignols (Les) spirituels (1621), 1020.
Rossini (Gioacchino) : sa *Vie* par Stendhal (1824), III, 2514. — Son portrait, *ibid.*
Rostain (Mlle de) la jeune : vers à elle adressée par Flaminio de Birague (1585), IV, 2939.
Rosweyd (Héribert) : *Vie de Thomas van Kempen* (v. 1653), 56.
Rot (Michel) : inscription dans un album (v. 1567), V, 3367, p. 154.
Rotan (J.-B.) : inscription dans un album (v. 1583), V, 3368, p. 157.
Rotarius (Martin), libr. à Louvain (1547). Voy. Rademaker.
Roth (Chrétien-Frédéric-Guillaume), *Essai d'une distribution généalogique des Sciences et des Arts* (1769), III, 2523.
Roth (Peter), de Freistadt : épître à lui adressée par Valentin Thilo (1589), V, 3370, p. 161.
Roth (Peter) : inscription dans un album (1597), V, 3370, p. 167.
Rothelin (Jacqueline de Rohan, marquise de) : Girard Corlieu lui dédie son *Instruction pour tous estatz* (1559), 171, 172.
Rothelin (Philippe, marquis de), l'un des auteurs des *Cent Nouvelles nouvelles* (v. 1457), II, 1694.
Rotmair (Georg) : inscription dans un album (1567), V, 3365, p. 149.
Rothschild (Le baron Charles Mayer de) : manuscrits lui ayant appartenu, III, 2529-2536.
Rothschild (Le baron James de) : *Essai sur les Satires de Mathurin Regnier* (1863), 937. — Il est cité, II, 1880 ; IV, 3009.
Rotrou (J. de), vers à P. Corneille (1634), II, 1136. — *La Comedie des Tuileries* (1638), II, 1171, 1172 ; —

L'Aveugle de Smyrne (1638), II, 1173. — Vers à Regnault (1639), II, 1116. — Vers à Me Adam Billaut (1644), 829.
Rotta (Giovanni) : *La Vita del sophi* (1508), citée, III, 2635, p. 445, art. 3. *Histoire moderne du prince Syca Ysmaïl* (1517), *ibid.*
Rottberg (Hans Christoph von) : inscription dans un album (1567), V, 3365, p. 149.
Rottenberg, libr. imaginaire à Francfort-sur-Mein (1697), II, 1224.
Rotterdam. Imprimeurs et Libraires. Voy. Röhm (Michel), 1720. Leers (Reinier), 1681-1695. Levier (Charles), 1720.
Röttinger (Sebastian) : inscription dans un album (1562), V, 3365, p. 149.
Rottkirch (Wolfgang von) in Panthenau : inscription dans un album (1598), V, 3370, p. 167.
Rouard (E.) : volume lui ayant appartenu, 283.
Rouard (Jean), de Tournon : vers à lui adressés par Joachim Blanchon (1583), IV, 2938. — Vers à Jean Dorat (1586), IV, 2789.
Roubaix (Le marquis de), gouverneur d'Artois : le cardinal de Granvelle lui écrit (1582), III, 2395.
Rouchas (Henry de), épigramme à Franç. Beroalde de Verville (1612), II, 1782.
Roucher de Ratte (Claude), collabore à l'*Encyclopédie* (1751-1777), III, 2523, p. 282.
Rouelle (Guillaume-François), collabore à l'*Encyclopédie* (1751-1777), III, 2523, p. 282.
Rouen. Voy. *Le Debat des dames de Paris et de Rouen sur l'entree du roy*, [par Maximien] (1508), IV, 2835. — *La Rescription des dames de Millan a celles de Paris et de Rouen* [par Maximien] (v. 1511), IV, 2834. — Entrées de la reine et du dauphin (févr. 1532, n. s.), V, 3346. — *Copie des lettres du... roy... envoyées a l'archevesque de Rouen pour faire processions generales* (1538), II, 2139. — *Le plaisant Quaquet et Resjouyssance des femmes pourceque leurs maris n'yvrongnent plus en la taverne*, pièce rouennaise de 1556, IV, 2954. [Cette pièce paraît avoir été imitée en Italie (voy. V, 3303, p. 88).] — *Response des habitans... à ce que M. le duc de Bouillon leur a dict et remonstré* (20 avril 1562), III, 2156, art. 5. — Entrée du roi Henri III (11 juin 1588), III, 2221, art. 6. — La ville se rend à Henri IV (1594), III, 2706. — Conards (1537), 622 ; III, 2594, art.

12, 13, 16. — Abbaye de Saint-Ouen, IV, 3096, art. 112-112 octies.
— Imprimeurs et Libraires. Voy. Amyot (Jacques), 1720. Angier (Michel et Girard), s. d. Aubert (Richard), s. d. Auzoult (Richard), s. d. Bernard (Guillaume), 1508. Berthelot (Jacques), s. d. Besongne (Jean), 1699. Besongne (J.-B.), 1708. Boissel (Henry), 1872. Burges (Jehan), v. 1503. Burges (Jehan), le jeune, s. d. Burges (Nicolas de), 1543. Cabut (Louis), 1680. Cailloué (Jacques), 1620-1629. Cailloué (La veuve), 1694. Costé (Loys), 1602. Cousin (Jacques), v. 1503. Cousturier(Abraham), v. 1600-1614. Du Bosc (Jean), 1614. Du Gort (Robert), 1558. Du Petit-Val (Raphaël), 1598-1619. Du Souillet (Louis), 1731. Ferrand (David) le jeune, 4620-1634. Gautier (Raulin), v. 1515. Geuffroy (David), 1627. Goupil (Richard), 1511-1512. Huvin (Jehan), 1508. Huvin (Pierre), v. 1503. Ysoret (Jean), 1578. Laisné (Thomas), v. 1500. La Motte (Guillaume de), 1538, v. 1541. La Motte (Martin de), 1626. Le Forestier (Jacques), v. 1510. Le Mesgissier (Martin), 1560-1574. Lemonnyer (J.), 1880. Lescuyer (Nicolas), 1583, s. d. Le Villain (Claude), 1615. L'Homme (Jehan), 1537-1544. Lignant (Pierre), 1552. L'Oyselet (George), 1560. L'Oyselet (Pierre), 1600. Lucas (Jean), 1671. Macé (Richard). Macé (Robinet), s. d. Machuel (Robert), 1726. Mallard (Thomas), 1578. Maurry (Antoine), 1671-1676. Maurry (Laurent), 1645-1670. Morel (Claude), 1600. Morin (Martin), v. 1510. Osmont (Jean), 1631. Oursel (La veuve), 1735. Petit (Jehan I*r*), 1543. Petit (Jean II), 1612. Sa veuve, 1612. Regnault (Pierre), 1512. Reinsart (Théodore), 1598. — Impressions rouennaises anonymes (1610), II, 1784 ; (1618), II, 1786 ; (1726), II, 1886.
Rouen (Jean de) : vers à lui adressés par J.-Ed. Du Monin (1583), V, 3272. — Vers à lui adressés par J. de Vitel (1588), V. 3275.
Rouge-Dragon, héraut d'armes. Voy. King (Gr.),
Rouge (Le) et le Noir (1831), II, 1583.
Rouget de L'Isle : La Marseillaise (1843), 1014.
Rougevalet (J. de), publie les Œuvres de J. Passerat et collabore à son Tombeau (1606), 713.
Rougevalet (Louis de), gentilhomme de la vénerie du roi, m. en 1606, 713.
Rouillac (Le marquis de) : Fr. de Rosset lui dédie ses Histoires memorables (1619), II, 1724.
Rouillart, tué à la Saint-Barthélemy (1572), IV, 3191.
Rouillard (J.), dessin. géographe (1692), II, 1973.
Rouillard (Sébastien), sonnet à M. de Montholon, garde des sceaux (1588), IV, 3127, art. 4. — Vers à Gilles Durand de La Bergerie (1588, 1594), 756, 757. — Vers à Jacques Le Vasseur (1608), 772. — Le Lumbifrage de Nicodeme Aubier (v. 1608), II, 1846. — Histoire de Melun (1628), III, 2332.
Rouillé, voy. Rovillé.
Rouillet (Claude), de Beaune, voy. Roillet.
Roullant : sieur de La Motte : Les facetieux Devis des cent et six Nouvelles nouvelles (1570) V, 3323.
Roullant, est autorisé à avoir une chapelle particulière (1692), II, 1883, p. 369.
Roulland (Lambert), impr. à Paris (1692), 286.
Roulland (La veuve de Louis), libr. à Paris (1723), 82.
Roullé, violon (1659-1671), IV, p. 636.
Roullé, second violon (1669), ibid.
Roullé (Pierre) : L'Homme glorieux (1664), II, 1196.
Roullet (J.-J.), grav. (xvii* s.), 353, 354, 372, art. 3 ; 377 ; II, 2044.
Rouspeau (Yves), Saintongeois, sonnet sur les quatre saisons (1583), IV, 2935.
Roussanes (G.) : vers à lui adressés par P. de Brach (1576), IV, 2931.
Roussart (Loys), sieur de La Poissonnière : épître à lui adressée par Jehan Bouchet, 511. — Epitaphe par le même (1545), 510.
Roussat (Richard) : Livre de l'estat et mutation des temps (1550), 211.
Rousse, curé de Saint-Roch à Paris : sommaire d'une harangue prononcée par lui (1656), 78.
Rousseau, musicien et danseur (1654-1656), V, p. 636.
Rousseau (Charles), dit Rousseus : distiques à la fin de l'édition de Pomponius Mela publiée par Geofroy Tory (1508), V, 3331.
Rousseau (Claude-Bernard), collabore à l'Histoire de Paris de Sauval (1724), III, 2314.
Rousseau (Jacques), est envoyé au Brésil par l'église de Genève (1556), II, 1989.
Rousseau (Jacques), impr. à Cahors (1586), V, 3357.
Rousseau (Jean-Baptiste), Œuvres (1712), 849 ; (1753), 850. — Il tourne en ridicule le Ballet des Saisons (1722), II, 1457. — Epître à Hamil-

ton (1731), II, 1912. — Epître en tête du *Banquet* de Platon (1732), 126. — *Lettre sur Racine* (1739), II, 1272.

Rousseau (J.-F.), grav. (xviii° s.), 409, 1034 ; II, 1065, 1247, 1711.

Rousseau (Jean-Jacques), collabore à l'*Encyclopédie* (1751-1777), III, 2523, p. 282. — *Le Devin du village* parodié par M™⁵. Favart et Harny (1759), II, 1335. — *Lettres de deux amans* [*La nouvelle Héloïse*] (1761), II, 1572. — *Emile* (1762), 177, 177 *bis*. — *Lettres écrites de la montagne* (1765), II, 1898 et *Additions*. — Voltaire répond à ses attaques à la suite de *La guerre civile de Genève* (1768), 909. — Romance dans les *Chansons* de La Borde (1773), 1002. — *Dessins de J.-M. Moreau et de J.-J.-F. Lebarbier pour les œuvres de Rousseau* (1774-1783), 229. — *Œuvres* (1793-1800), II, 1914. — Mélodie de lui dans les *Chants et Chansons populaires de la France* (1843), 1014,

Rousseau (Nicolas), épître aux maire et échevins d'Orléans en tête de l'*Histoire et Discours au vray du siege qui fut mis devant la ville d'Orléans en 1428* (1576), II, 2100.

Rousseau (Pierre), éditeur du *Journal encyclopédique* (1756-1780), III, 2525.

Rousseau (T.), grav. (xviii° s.), III, 2493, art. 9, 15, 18, 20, 24, 26, 29, 33, 45, 53.

Roussel : généalogie, III, 2495.

Roussel (De), *Essais historiques sur les regimens* (1765-1767), III, 2362.

Roussel (Abraham) : quatrain à David Jossier (1604), V, 3281 ; — épigramme à lui adressée par Jossier, *ibid*.

Roussel (Geneviève), épitaphe (1579), IV, 2930.

Roussel (Gérard), évêque d'Oléron, cité par Nicolas Bourbon (1538), IV, 2788.

Roussel (Jean) de Brethouville, vers latins en tête de *La Galliade* de Guy Le Fèvre de La Boderie (1578), IV, 3183. — Guy parle de lui (1579), IV, 2930.

Rousselet, flûte ou hautbois (1657-1669), IV, p. 636.

Rousselet fils, violon (1671), *ibid*.

Rousselet (Gilles), grav. (1656), 832.

Rousset, basson (1671), IV, p. 636.

Rousset (Anthoine), libr. à Paris (v. 1625), II, 1797, art. 20.

Rousset (Catherine), citée par François Habert (1549), IV, 2868.

Rousset (Jehan), impr. à Tours (1558), cité, III, 2147.

Rousset (Nicolas), libr. à Paris (1612), IV, 3020 ; (1617), cité, IV, 3005, p. 366 : (1622), III, 2474 ; (1624), III, 2405, art. 6 ; (1625), 298.

Rousset de Missy (Jean): *Supplement au Corps universel diplomatique du droit des gens. Le Ceremonial diplomatique* (1739), III, 2544.

Roussier (L'abbé) et J.-B. de La Borde : *Essai sur la musique* (1780), 272.

Roussillon (Le comte de), figure dans un ballet (1639), IV, p. 636.

Roussillon (Le comte de), figure dans un ballet (1681), *ibid*.

Roussillon, trompette (1671), IV, p. 636.

Roussin (Estienne), impr. à Lyon, associé de Jean Ausoult (1547), 612.

Roussin (François) : Dizain à la fin du *Rabais du Caquet de Fripelippes* (1537), III, 2594, art. 6 ; (1539), 621, art. 8.

Roussin (François) : volume donné par lui à l'abbaye de Saint-Faron de Meaux (1714), IV, 3132.

Roussin (Pierre), impr. à Lyon (1572), 749 ; à Nevers (1594), cité, II, 2099.

Rouvière des Erards : manuscrit lui ayant appartenu en 1647, IV, 3197,

Rouville, figure dans un ballet (1635), IV, p. 636.

Rouvré, tué à la Saint-Barthélemy (1572), IV, 3191.

Roux (Phil.), libr. à Maestricht, associé de Jean-Edme Dufour (1779), II, 1562.

Roux (Pierre), impr. à Avignon (1563-1564), cité, II, 2095 ; (1565), 719.

Roux de Gaubert : généalogie, III, 2495.

Roux de Sainte-Croix : généalogie, III, 2495.

Rouxel de Médavy (Hardouin de), abbé de Grancey : volume lui ayant appartenu, IV, 3153, p. 533.

Rouzeau (Estienne), vers à Simon Rouzeau (1605), 770.

Rouzeau (Simon) : *L'Hercule guespin* (1605), 770.

Roverella (Bartolomeo), cardinal : Platina lui dédie son traité *De honesta voluptate*, 193.

Rovillé (Guillaume), libr. à Lyon (1547), 612 ; (1549), II, 1871 : cité, IV, 3076 ; (1550), 211 (la note doit être rectifiée ; le nom primitif de Guillaume était bien *Rouillé*) ; (1553), 613 ; (1556), 663 ; (1565), cité, III, 2636 ; (1570), cité, 2636.

Rovillé (Philippe-Gautier de), libr. à Paris (1562), II, 2084 ; (1567), IV, 2966 ; (1565), 728. — Epitaphe d'Anne de Montmorency, en français et en latin (1567-1568), IV, 2966, art. 31, 32, 33 ; 2967.

Roxburghe (Le duc de) : volumes lui ayant appartenu, II, 2097.
Royaucourt (de) : vers sur les conquêtes et la convalescence du roi (1745), 907.
Royaumont (pseudonyme de Nicolas Fontaine et de Le Maistre de Sacy) : *Histoire du Vieux et du Nouveau Testament* (1670), 11.
Roye (Jehan de), et non Jehan de Troyes, auteur de *La Chronique scandaleuse*, II, 2098.
Roye (Leonor de), princesse de Condé. Voy. Condé.
Royer, danseur ou musicien (1671), IV, p. 636.
Royer (Alphonse), collaborateur du *Monde dramatique* (1835-1839), II, 1072.
Royer (B.), grav. (1829), 433.
Royer (Charles), cité, II, 1702.
Royer (Christofle), impr. ou libr. à Paris (1561), III, 2369, 2637.
Royer (Jean-François), libr. à Paris (1789), II, 2076.
Royère (Mlle) : *Lettres à Mme Rouph* (1723), 82.
Royet (Bartolomy), cité par Charles Fontaine (1546), IV, 2876.
Royou (L'abbé), rédacteur de l'*Année littéraire* (v. 1780), III, 2526, p. 322.
Roze, grav. (1843), 1014.
Roze de Chantoiseau : *Almanach dauphin* (1777), III, 2322.
Rozeau (Jean), exécuteur des sentences criminelles en la prévôté de Paris, est condamné à être pendu comme complice de la mort de B. Brisson (1594), III, 2253.
Rozet : généalogie, III, 2495.
Rozet (Benoît), libr. à Paris (1769), 247.
Ruault (Nicolas), libr. à Paris (1775), II, 1340 ; (1785), 1341.
Rubella, maîtresse de Nicolas Bourbon, citée par lui (1538), IV, 2788. — Elle traduit en français une épigramme composée par Bourbon pour Cl. Marot (1539), 607.
Rubempré (de), cité par Estienne Forcadel (1579), IV, 2879. — Il est mortellement blessé à Tours (8 mai 1589), III, 2222, art. 2 et 3.
Rubempré (de), réussit à conserver Gournay à Henri IV (sept. 1589), IV, 2879.
Rubens (Pierre-Paul), peintre, III, 2328.
Rubentel (Mathurin) : vers à lui adressés par J.-Ed. Du Monin (1583), V, 3272.
Rubigineus (Guilelmus). Voy. Le Rouillé (Guillaume).
Rubis (Mlle de), citée par Cl. de Taillemont (1556), IV, 2910.

Ruble (Le baron Alphonse de), cité, II, 1183, 1196, 1733, 2087, 2095, art. 98 ; IV, 2892. — Volumes lui ayant appartenu, IV, 2848, 2849, 3065, 3069 ; V, 3338, 3352.
Rubrouk (Guillaume de) ou Rubruquis : *Voyage en Tartarie* (1634), II, 1935.
Rucellai (Bernardo) : vers dans les *Trionfi, Carri, ecc.* (1559), 1028.
Rucellai (Cosimo) : lettre à Gio. Giorgio Trissino (1515), IV, 3078. — Machiavel lui dédie, à lui et à Zanobi Buondelmonti, ses *Discours sur Tite-Live*, IV, 3379.
Rucianus. Voy. Pérard.
Rudder, dessin. (v. 1835), II, 1072.
Rüdiger (Johann), *Album amicorum*, ayant servi aussi à Barth. Kalthüber, V, 3367 (1566-1567).
Ruef (Thomas) : inscription dans un album (1566), V, 3365, p. 149.
Rueil : vue du château, 249.
Ruelle (Jean), médecin (1529, n. s.), cité, IV, p. 8.
Ruelle (Jean Ier), libr. à Paris (1544), 127 ; (1546), 610 ; (1547), II, 2009 ; (1548), cité, IV, 2752, p. 23 ; (v. 1550), IV, 2752 ; (1553), 652 ; (1568), 807 ; grav., 2752, p. 25.
Ruelle (Jean II), libr. à Paris (1573), III, 2693 ; IV, 3182, 3195.
Rues (Les) et Eglises de Paris (v. 1520), III, 2302.
Ruetius (Jean de La Rue, dit Joannes) : pièces sur sa mort (1598), IV, 2948, p. 276.
Ruffec (La marquise de) : son éloge par Jules de Richy (1616), V, 3290.
Ruffo (Bartolommeo) : vers latins à Sante Pagnini 1526), IV. 2770.
Rufianela (v. 1515), IV, 2998.
Rugasso (Domenico) : sonnet à lui adressé par N. Martelli (v. 1543), 3000, p. 359.
Ruggieri (Cosimo), sonnet italien sur la mort de Ronsard (1586), IV, 2889 ; (1623), 668.
Ruggieri (E.-F.-D.) : volumes lui ayant appartenu, III, 2713 ; IV, 3138, 3139.
Ruhierre (E.), grav , II, 1909.
Ruhl, dessin. (1835-1839), II, 1072.
Ruys, échevin de Leide : Bel Isle lui dédie *Le Mariage de la reine de Monomotapa* (1682), II, 1278.
Rulich (Jakob) : inscription dans un album (1635), V, 3366, p. 153.
Rulmann (Anne) : vers latins à Du Bartas (1583), V, 3269.
Rupierre (Gabriel de), conseiller au parl. de Rouen : vers à lui dédiés par Guy Le Fèvre de La Boderie (1579), IV, 2930.
Ruqueville (M. de) : son *Tombeau* par

Moisant de Brieux (1671), II, 1907.
Rus (Jean) : *Description poetique de l'histoire du beau Narcissus* (1550), 649.
Rusca (Antonio): *De Inferno* (1621), 42.
Ruscelli (Girolamo) : son emblème, IV, 3077. — Avertissements sur l'*Orlando furioso* (1773), 1033.
Rusconi (Giorgio de'), impr. à Venise (1514), III, 2564; (1518), II, 1941; (1521), II, 1951.
Rusticien de Pise : *Meliadus*, II, 1489.
Rutebeuf : *Le Miracle de Theophile* (ms. du xviii° s.), IV, 3013.
Ruttennach (Hans Friedrich von), dit Mylandt: inscription dans un album (1561), V, 3365, p. 149.
Ruzante (Angelo Beolco, dit), *Opere* (1584), II, 1466. — *Rhodiana* (1584), 1466. — *Anconitana* (1551), 1467; (1584), 1466 ; *Piovana, Vaccaria, Moschetta Fiorina, Due Dialoghi Tre Orationi, Dialogo* (1584), II, 1466.
Ruzé (Guillaume), évêque d'Angers : Antoine Regnault lui dédie le *Discours du Voyage d'outre mer* (1573), III, 2636. — Vers à lui dédiés par Guy Le Fèvre de La Boderie (1578), IV, 2930. — *Maniere de profession de foy que doivent tenir ceux du dioceze d'Angers* (1585), III, 2194, p. 36.
Ruzé (Jehan), trésorier du roi : vers à lui adressés par Fausto Andrelini (1506), IV, 2782.
Ruzé (Jehan), avocat du roi à Paris (1526), IV, 2803, p. 124.
Ruzé (Martin), sieur de Baulieu, lit aux états de Blois une *Declaration du roy* et dresse un acte de serment général (1588), IV, 3127, art. 8-10.

Sabellus (H.). Voy. Savelli.
Sabeo (Fausto) : vers de lui dans les *Icones* de N. Reusner (1589), V, 3370, p. 160.
Sabino (Giorgio) : id., *ibid.*
Sabin (J.), bibliographe (1876), cité, II, 1975, 1980.
Sablé (Le marquis de) : M°° Ulrich lui dédie les *Œuvres postumes* de La Fontaine (1696), II, 1910.
Sablé (Madeleine de Souvré, marquise de), mère du précédent, danse dans un ballet (1615), IV, p. 636. — Elle est mise en scène par M¹¹° de Montpensier sous le nom de Parthénice (1659), II, 1530. — *Maximes* (1678), 158.
Sabon (Sulpice), impr. à Lyon (1544), II, 2095, art. 9°; (s. d.), 127.
Sabout (Josse) : vers à Gilbert Cousin et à Erasme (1553), III, 2568, p. 371, art. 28.

Sabrine (Jeanne) : épitaphe par Estienne Forcadel (1579), IV, 2879.
Sacchi (Bartolommeo de'), dit Platina: *De honesta voluptate* (v. 1474), 193. — Ses *Genealogies des papes* sont traduites par Jehan Beaufilz (1519), V, 3375. — Cf. l'article suivant.
Sacchi (Battista Fregoso ou Fulgoso de'), dit Platina : *Dialogue contre les folles amours* (1581), II, 1833. — Vers de lui dans les *Icones* de N. Reusner (1589), V, 3370, p. 160. — Portrait dans le même recueil, *ibid.*, p. 163. — Cf. l'article précédent.
Sachar (Johann): inscription dans un album (1597), V, 3370, p. 167.
Sachot, théologien de Genève, approuve la traduction de l'*Imitation de J.-C.* par Sacy (1662), 59.
Sachs (Hans) : *Julianus der Kaiser im Bad*, cité, IV, 3016.
Sacy (Claude-Louis-Michel de), collabore à l'*Encyclopédie* (v. 1775), III, 2523, p. 282.
Sacy (Louis-Isaac Le Maistre de): *Nouveau Testament* (1667), 8. — *Imitation de J.-C.* (1690), 59. — Voy. Royaumont.
Sacy (Ustazade Sylvestre de) : volumes lui ayant appartenu, 83, 131 ; II, 1246, 1901.
Sacierges (Pierre de), évêque de Luçon, prend part au concile de Pise (1511), IV, 3095.
Sacre (Le) et Coronement de la royne (1531, n. s.), V, 3345.
Sacre (Le) et Couronnement du Roy Henry deuxieme (1547), III, 2142.
Sacrifice (Le) d'Abraham, mystère, cité, 476.
Sacro Bosco (Johannes de). Voy. Holywood.
Sadeler (R.), grav. (1656), 273.
Sadler (Georg), transylvain : inscription dans un album (1594), V, 3370, p. 167.
Sadocho (Albino), *Nabateo* (1589), 1049.
Sadoleto (Jacopo), évêque de Carpentras, cité par Nicolas Bourbon (1538), IV, 2788. — Il intervient en faveur des Vaudois (1540), II, 2033. — Portrait dans les *Icones* de N. Reusner (1589), V, 3370, p. 163.
Saecurivagus (Jacobus), correcteur à Lyon : vers échangés avec Pierre Busseron (1538), IV, 2742.
Sagard (Frère Gabriel), *Le grand Voyage du pays des Hurons* (1632); *Dictionnaire de la langue huronne* (1632), II, 1968.
Sages (Les sept) : *Sentences* en lat. (1496), 394. — *Conseil* (v. 1550), IV, 2752.

Saget (M**me**), citée par M. Guy, de Tours (1598), IV, 2948.
Saget (M**lle**), id., *ibid.*
Sagon (François de), *Le Coup dessay* (1537), III, 2594, art. 1 ; (1539), 621. — Epistre a Fripelippes (1539), 621, art. 11. — *Deffense de Sagon contre Clement Marot* (1537), III, 2594, art. 2. — *Elegie* (1537), *ibid.*, art. 3. — *Epistre a Marot* (1537), *ibid.*, art. 17 (1539). 621, art. 20. — Autres pièces relatives à sa querelle avec Marot, III, 2594 ; 621, 622. — Il est cité par Nicolas Bourbon (1538), IV, 2788. — Epître à Jehan Bouchet et réponse (1545), 511. — *Epistre a La Hueterie* (1550), 810. — *Blason du pied, Blason de la grace* (1807), 811.
Saguez, généalogie, III, 2495.
Sahundt (Georg) : inscription dans un album (1597), V, 3370, p. 167.
Sahundt (Joachim) : inscription dans un album (1597), *ibid.*
Saiano (Carlo), témoin d'un doctorat à Pérouse (1570), V, 3364.
Sayboldt (Georg) : inscription dans un album (1571), V, 3365, p. 149.
Saignon, Sermgri ou Saignei, tué à Pavie (1525), II, 2127.
Saillant (M**lle** de), citée par Cl. de Taillemont (1556), IV, 2910.
Saillant (Charles), libr. à Paris, associé de Jean Desaint (1738), II, 2006 ; (1749), II, 2094, (1750-1758), II, 2006 ; — associé de Jean-Luc II Nyon (1772-1773), III, 2517.
Sainctot (Nicolas I**er** de), figure dans des ballets (1635-1654), IV, p. 636.
Sainctot-Lardenay dit le jeune, figure dans des ballets (1635), IV, p. 636.
Saint-Aignan, dit Saint-Chignan, abbaye, IV, 3096, art. 29.
Saint-Aignan (François-Honorat de Beauvilliers, comte, puis duc de), figure dans des ballets (1645-1669), IV, p. 636. — Louis Chamhoudry lui dédie le *Recueil de diverses poësies* (1652), 975. — Charles Le Cointe lui dédie la *Relation de Rome* (1662), III, 2456. — Racine lui dédie *La Thebayde* (1664), II, 1248. — D'Assoucy lui dédie *L'Ombre de Moliere* (1673), II, 1222. — Donneau de Vizé lui dédie le t. III du *Nouveau Mercure galant* (1677), III, 2524. — D'Assoucy lui dédie ses *Avantures d'Italie* (1679), II, 1533 ; — il lui adresse une épître à la fin de sa *Prison* (1679), *ibid.* — *Lettre apologétique* à lui adressée par Bussy-Rabutin (1754), II, 1686. — Portrait (1662), 831.
Saint-Aignan (François de Beauvilliers, comte de), le fils, figure dans des ballets (1651-1655), IV, p. 636.

— Donneau de Vizé lui dédie le *Mercure galant* (janv. 1687), III, 2524.
Saint-Alban (Albert de) : B. de La Tour lui dédie *L'Amie des amies* et *L'Amie rustique* (1558), 662.
Saint-Alban (Jean-Sulpice de). Voy. Verulanus.
Saint-Albin (Charles de), évêque de Laon (1722), III, 2493, art. 22.
Saint-Allyre de Clermont, abbaye, IV, 3096, art. 52.
Saint-Alphonse : cinq romances de lui dans les *Chansons* de La Borde (1773), 1002.
Saint-Amand (Marc-Antoine-Gérard, sieur de) : *Œuvres* (1642), 964. — *La Rome ridicule* (v. 1640), 965 (1643), 966. — *Epistre heroï-comique à Mgr. le duc d'Orleans* (1644), 967. — *Caprice* (v. 1644), 968. — Vers à M**e** Adam Billaut (1644), 829. — Notice, par Th. Gautier (1844), III, 2509.
Saint-Andéol (Jeanne d'Alin, dame de), *Lettre à M. Maurice* et réponse (1610), IV, 3160.
Saint-André, président du parlement de Paris est un des juges d'Anne Du Bourg (1559), IV, 3101.
Saint-André, chanoine de Paris : vers à lui adressés par Guy Le Fèvre de La Boderie (1578), IV, 2930.
Saint-André (peut être le même) : vers à lui adressés par Joachim Blanchon (1583), IV, 2938.
Saint-André aîné, danseur (1639-1671), IV, p. 637.
Saint-André cadet, danseur (1671), *ibid.*
Saint-André (Jacques d'Albon, maréchal de) : vers à lui adressés par Ch. Fontaine (1557), IV, 2877. — *Requeste presentée au roy par le triumvirat* (4 mars 1562), III, 2156, art. 9.
Saint-André (Jean de), ministre à Genève, approuve la condamnation de Servet (1554), 85.
Saint-André de Maimac, abbaye, IV, 3096, art. 142.
Saint-André de Villeneuve-lez-Avignon, abbaye, IV, 3096, art. 46.
Saint-Andrews. Imprimeur. Voy. Leckpreuick (Robert), 1572.
Saint-Aubin d'Angers, abbaye, IV, 3096, art. 113.
Saint-Aubin (Augustin de) : *Dessins pour les œuvres de Voltaire* (1801-1804), 230. — Gravures exécutées d'après ses dessins, 230, 231, 409, 917, 925 ; II, 1065, 1474, 1572, 1679, 1682, 1711, 1741, 2004.
Saint-Aubin (Horace de), pseud. d'Honoré de Balzac (1822), II, 1585 ; (1840), 1595.

Saint-Aubin (Pougin de), dessin. (1778), II, 1915.
Sainct-Aubin Saligny (Claude de), chevalier de Malte, sa mort (1625), III, 2476.
Saint-Audeuil (Mlle de), citée par Cl. de Taillemont (1556), IV, 2910.
Saint-Austremoine d'Issoire, abbaye, IV, 3096, art. 125.
Saint-Barthélemy (Massacre de la) (1572), III, 2173-2176 ; IV, 3119-3121, 3123-3125, 3180-3182 ; 3186, art. 1-3 ; 3189-3195.
Saint-Basle, abbaye, IV, 3096, art. 65.
Saint-Bénigne, de Dijon, abbaye, IV, 3096, art. 93.
Saint-Benoît de Fleury, abbaye, IV, 3096, art. 19.
Saint-Calais, abbaye, IV, 3096, art. 106.
Saint-Chignan, abbaye, IV, 3096, art. 29.
Saint-Christophe, île des Antilles : *Description* (1674), II, 1923.
Saint-Christophe (Mlle de), chanteuse (1663-1670), IV, p. 637.
Saint-Clément de Craon, abbaye, IV, 3096, art. 11.
Saint-Cler : vers à lui adressés par S. G., sieur de La Roque (1609), IV, 2943.
Saint-Cloud : vues du château, 249.
Saint-Corneille de Compiègne, abbaye, IV, 3096, art. 15 *bis*.
Saint-Crépin de Soissons, abbaye, IV, 3096, art. 76.
Saint-Cyprien de Poitiers, abbaye, IV, 3096, art. 72.
Saint-Cyr (Odet-Joseph de Vaux de Giry, abbé de) : *Discours de reception à l'Academie françoise* (1744). 391.
Saint-Denis en France, abbaye, IV, 3096, art. 40, 40 *bis*. — Plan de l'eglise (1705), III, 2493, art. 13. — *Histoire de l'abbaye royale*, par Félibien (1706), III, 2328. — Eléonore d'Autriche y est sacrée (5 mars 1531, n. s.), V, 3345. — François Ier y est enterré (1547), IV, 3112. — Catherine de Médicis y est couronnée (10 juin 1549), IV, 3114, art. 2. — Obsèques de Henri II (1559), III, 2148. — Couronnement de la reine Elisabeth d'Autriche (25 mars 1571), IV, 3117, art. 2. — Prodige qu'on observe à Saint-Denis lors de la conversion du roi Henri IV, IV, 3133. — Obsèques de Henri IV (1610), III, 2276, art. 10-12. — *Le Tresor de l'abbaye royale, Les Tombeaux, Les Raretés* (1762), III, 2329.
Saint-Denis (Antoine de), est peut-être l'auteur des *Comptes du monde adventureux* (1555), II, 1699.

Sainct-Denys (Jehan), libr. à Paris (1530), III, 2624 ; (s. d.), 513, 543, 587 ; IV, 2813, 2814, 3021. — Sa veuve (1531), 472. — Celle-ci a pour successeur Pierre Sergent, II, 1078. C'est Pierre qui doit être cité en 1544, 608.
Saint-Denis du Plessis-Hugon : généalogie, III, 2495.
Saint-Denis-du-Port. Imprimeur. Voy. Vialat, 1844-1846.
Sainct-Didier (Henry de) : *Traicté contenant les secrets de l'espée* (1573), 292.
Saint-Dié : entrée du duc René de Lorraine, IV, 2781, p. 66. — Imprimeur. Voy. Lud (Gautier), 1507.
Saint-Domingue. Voy. Charlevoix (Le P. de), *Histoire* (1730-1731), II, 1987.
Saint-Eloy, abbaye près de Noyon, IV, 3096, art. 38.
Saint-Etienne de Bassac, abbaye, IV, 3096, art. 132.
Saint-Etienne de Caen, abbaye, IV, 3096, art. 123.
Saint-Evremond (Charles-Marguerite de Saint-Denys de). Voy. *Recueil de pieces curieuses* (1694-1696), III, 2632. — Vers pour son portrait par Baraton (1705), 846. — *Œuvres meslées* (1709), II, 1911. — Epître à Hamilton (1731), II, 1902. — Portrait (1709), II, 1911.
Saint-Evroul, abbaye, IV, 3096, art. 27.
Saint-Faron de Meaux, abbaye, IV, 3096, art. 3. — Volume provenant de cette abbaye, IV, 3132.
Saint-Félix : une pièce de lui dans les *Chants et Chansons popul. de la France* (1843), 1014.
Saint-Firmin (de) : madrigal à G. de Scudéry (1633), V, 3318.
Saint-Florent ou Saint-Florentin de Saumur, abbaye, IV, 3096, art. 57. Manuscrit provenant de cette abbaye, IV, 2820, p. 143.
Saint-Florentin de Bonneval, abbaye, IV, 3096, art. 83.
Saint-Florentin, duc de La Vrillère (Louis Phélypeaux, comte de) : Dubuisson lui dédie l'*Armorial des principales Maisons du Royaume* (1757), III, 2496.
Saint-Foix (Germain-François Poullain de) : *Les Graces*, comédie (1769), II, 2003. — Epître à lui adressée par Dorat, *ibid*. — *Œuvres complettes* (1778), II, 1915.
Saint-Forgeux (Mlle de), citée par Cl. de Taillemont (1556), IV, 2910.
Saint-François, conseiller au parlement de Paris, épître à lui adressée par Remi Belleau (1567), 667.
Saint-François (Bernardin de), évêque

de Bayeux, cité par Guy Le Fèvre de La Boderie (1578), IV, 2930.

Saint-Fré, danseur (1654-1661), IV, p. 637.

Saint-Fré, enfant, figure dans des ballets (1654-1656), *ibid.*

Saint-Frique (de), figure dans un ballet (1645), *ibid.*

Saint-Frique (Le marquis de), figure dans un ballet (1681), *ibid.*

Saint-Fuscien-aux-Bois, abbaye, IV, 3096, art. 87.

Saint-Gelais, marquis de Lansac, figure dans un ballet (1636), IV, p. 620.

Saint-Gelais (Guy de), seigneur de Lansac : vers à lui adressés par Joachim Blanchon (1583), IV. 2938.

Saint-Gelais (Louis de), seigneur de Lansac : vers à lui adressés par Joachim Du Bellay (1549-1561), IV, 2890; — par Estienne Forcadel (1579), IV, 2879.

Saint-Gelais (Madeleine de), dame de Battresse, quatrain à Flaminio de Birague (1585), IV, 2939.

Saint-Gelais (Mélin de) : Symphorien Champier lui dédie *Les Gestes de Bayard* (1525), II, 1505. — Vers sur la mort de Louise de Savoie (1531), IV, 2786, 2787. — Il est cité par Nicolas Bourbon (1538), IV, 2788. — Diverses pièces de lui dans l'*Hecatomphile* (1539), 803. — Nicolas de Herberay, seigneur des Essars, lui dédie la traduction française d'*Arnalte y Lucenda* (1539), II, 1746. — Vers à Hugues Salel (1540), 833. — Une de ses chansons provoque une réponse de Pernette Du Guillet (1545), 637. — Huitains de lui dans *L'Amour de Cupido et de Psiché* (1546), III, 2567. — *Œuvres* (1547), 629 ; (1574), 630 ; (1582), 631 ; (1719), 632. — Epitre à lui adressée dans les *Œuvres* de Jacques Pelletier (1547), 699. — Vers à lui adressés par Joachim Du Bellay (1549, 1563), IV, 2890. — Il est cité par François Habert (1549), IV, 2868. — Vers à lui adressés par Guillaume Des Autelz (1550), 654. — Vers dans le *Recueil de poésie françoise* (1550), 809. — Vers dans les *Traductions de latin* (1550), 80x. — Il est loué par Pontus de Tyard (1551), IV, 2908. — Vers à lui dédiés par Jacques Tahureau (1554), 702 ; — par Charles Fontaine (1557), IV, 2877; — par François Habert (1558), V, 3251. — Vers adressés à son ombre par Scévole de Sainte-Marthe (1559), II, 1957. — Epitaphe par Oger Ferrier (1559), IV, 3114, art. 4. — Traduction de la *Sofonisba* de Gio. Giorgio Trissino (1559), IV, 3057. — Vers à lui dédiés par Joachim Du Bellay (1569), IV, 2896. — *Deploration de Venus sur la mort du bel Adonis*, V, 3296. — Il est cité par Guy Le Fèvre de La Boderie (1578), IV, 3183. — *Rondeaux*, IV, 2964, art. 70 ; 2965, art. 113. — *Huitain*, IV, 2965, art. 162. — *Dizains*, IV, 2965, art. 130, 144, 154, 155. — Sonnet en l'honneur de Ronsard (1623), 668. — Il ne peut être l'auteur des *Questions d'amour*, II, 1835.

Saint-Gelais (Octavien de), *Complainte et Epitaphe du roy Charles* [VIII] (v. 1500), IV, 2821. — *Œuvres poétiques* (ms. du xvi° s.), III, 2582. — *La Chasse et le Depart d'amours* (1509), cité, *ibid.* — *Le Sejour d'honneur* (1519), 478. — *Le Vergier d'honneur* (v. 1520), 479.

Saint-Georges (Mlle de), danse dans un ballet (1635), IV, p. 637.

Saint-Georges (Claude de), archevêque de Lyon : l'acte de soumission de l'abbé Couët lui est adressé (1703), IV, 3079, p. 455.

Saint-Georges de Boscherville, abbaye, IV, 3096, art. 107.

Saint-Géran (La comtesse de) : lettres (supposées) à elle adressées par Mme de Maintenon (1752), II, 1893 ; (1756), 1895.

Saint-Germain : vers à M. Adam Billaut (1644), 829. — Vers à Jean Loret (1659), 897.

Saint-Germain (Julien de), grand aumônier du roi de Navarre, assiste au mariage de Henri de Bourbon, prince de Condé (1572), IV, 3122. — Il est cité comme théologien par Guy Le Fèvre de La Boderie (1578), IV, 2930, 3183. — Comme abbé de Chaalis, il reçoit des vers de Jean de Vitel (1588), V, 3275.

Saint-Germain d'Apchon (Le comte de), figure dans un ballet (1669), IV, p. 637.

Saint-Germain d'Auxerre, abbaye, IV, 3096, art. 31.

Saint-Germain des Prés, à Paris, abbaye, IV, 3096, art. 34-34 *quater*. — *Histoire de l'abbaye*, par Dom J. Bouillart (1724), III, 2317. — Le mariage de Henri de Bourbon, prince de Condé, y est célébré (1572), IV, 3122.

Saint-Germain-en-Laye, vues du château, 248, 249. — *Les Plaisirs de Saint-Germain* (1665), 836. — Imprimeurs. Voy. Bardin (D.), 1880-1881. Toinon (L.), et Cie, 1864.

Saint-Germe de Flaix, abbaye, IV, 3096, art. 74.

Saint-Gervais et Saint-Protais d'Eysses, abbaye, IV, 3096, art. 35.

Saint-Gildas de Rhuis, abbaye, IV, 3096, art. 92.
Saint-Gilles : vers au petit de Beauchasteau (1657), 833.
Saint-Gilles, mousquetaire. Voy. *Recueil de pieces curieuses* (1694-1696), III, 2632.
Saint-Gilles (Gilles de), libr. à Paris (1577), cité, III, 2565.
Saint-Gois, dessin. (1767-1771), 409.
Saint-Guignolé de Landevenec, abbaye, IV, 3096, art. 53.
Saint-Héran : *La Mort miraculeuse du Merle* (1579), citée, III, 2698.
Saint-Hyacinthe (Paul Cordonnier, dit Themiseul de), traduit avec Juste van Effen, *La Vie et les Avantures surprenantes de Robinson Crusoe* (1720-21), II, 1758 (1770), 1759.
Saint-Ylie. Voy. Tesseau (J.-A. de).
Saint-Jacut, ou Saint-Jagu, abbaye, IV, 3096, art. 86.
Saint-Jean, dessin., III, 2506.
Saint-Jean-Baptiste de Château-Gontier, abbaye, IV, 3096, art. 139.
Saint-Jean-Baptiste de Laon, abbaye, IV, 3096, art. 79.
Saint-Jean d'Angély, abbaye, IV, 3096, art. 13. — Relation du siège de 1569, III, 2168. — Choses miraculeuses observées pendant le siège de la ville (1621), III, 2345, 2346.
Saint-Jean de Luz : les infantes de France et d'Espagne y sont échangées (1615), III, 2269.
Saint-Jean de Sordes, abbaye, IV, 3096, art. 127.
Saint-Josse-sur-Mer, abbaye, IV, 3096, art. 141.
Saint-Jouen de Marnes, abbaye, IV, 3096, art. 96.
Saint-Julien de Tours, abbaye, IV, 3096, art. 55.
Saint-Junien de Noaillé, abbaye, IV, 3095, art. 2.
Saint-Just, généalogie, III, 2495.
Saint-Lambert (Charles-François, marquis de) : romance de lui dans les *Chansons* de La Borde (1773), 1002. — *Les Saisons* (1775), 855. — *Contes en vers* (1778), 927.
Saint-Lary (Charles de), fils unique du maréchal de Bellegarde, cité par Guy Le Fèvre de La Boderie (1578), IV, 2930.
Saint-Laumer de Blois, abbaye, IV, 3096, art. 21.
Sainct-Laurens, chanteur, cité par Guy Le Fèvre de La Boderie (1578), IV, 3183.
Saint-Laurent : avant-propos en tête des *Chevilles* de M. Adam Billaut (1644), 829.
Saint-Lien (Claude de) dit Holliband traducteur de *La vraye copie d'une lettre envoyée par la royne d'Angleterre* (1586), III, 2194, p. 37. — Cité, II, 1746.
Saint-Lô : prise de cette ville (10 juin 1574), III, 2189.
Saint-Louis (Les dames de) : lettres à elles adressées par Mᵐᵉ de Maintenon (1756), II, 1895.
Saint-Louis (Pierre de) : notice par Th. Gautier (1844), III, 2509.
Saint-Luc (Mᵐᵉ de). Voy. Espinay.
Saint-Lucien, abbaye, près de Beauvais, IV, 3112.
Saint-Maard (Hugues de), vicomte de Blosseville, rondeau, IV, 2799, p. 107.
Saint-Macary, II, 1730.
Saint-Mahé de Finetterre, abbaye, IV, 3096, art. 99.
Saint-Maixent, abbaye, IV, 3096, art. 41.
Saint-Malin (Le sieur de), tué à Tours (8 mai 1589). III, 2222, art. 2.
Saint-Malo, abbaye, IV, 3096, art. 137.
Sainct-Malo : vers à Mᵉ Adam Billaut (1644), 829.
Saint-Marc (Charles-Hugues Lefebvre de), publie les *Œuvres* de Boileau (1747), 843.
Saint-Marc (Souriguière de) : romance dans les *Chansons* de La Borde (1773), 1002. — Une pièce de lui dans les *Chants et Chansons popul. de la France* (1843), 1014.
Saint-Marcel (Jean de), seigneur d'Avanson, président au conseil du roi : vers à lui adressés par Ch. Fontaine (1557), IV, 2877. — Olivier de Magny lui dédie ses *Odes* (1559), 660. — Vers à lui adressés par François Habert (1558), V, 3351. — Joachim Du Bellay lui dédie les *Regrets* (1559), IV, 2896. — Il lui adresse des vers, *ibid*.
Saint-Marcoul de Corbemy, abbaye, IV, 3096, art. 138.
Saint-Martin, prieuré à Bordeaux, IV, 3133.
Saint-Martin de Pontoise, abbaye, IV, 3096, art. 95.
Saint-Martin de Séez, abbaye, IV, 3096, art. 50.
Saint-Martin, syndic de la Compagnie des Indes (1762), III, 2295.
Saint-Martin (Jean de), pièces latines et vers grecs à la suite des œuvres d'Ausone (1590), IV, 3169, p. 564.
Saint Martin de Chassonville, traducteur des *Novelas exemplares* de Cervantes (1744, 1768), II, 1756.
Saint-Maur, vues du château, 248, 249. — Il est cité, II, 1691.
Saint-Maur de Glanfeuil, abbaye, IV, 3096, art. 135.
Saint-Maur (Le P. Joseph-Antoine

de) : Bossuet lui donne des pouvoirs ecclésiastiques (1700), IV, 3079, p. 455.
Saint-Maury, figure dans un ballet (1659), IV, p. 637.
Saint-Maurice (Louis-Marie-François, prince de): volumes lui ayant appartenu, II, 1903.
Saint-Maurin, abbaye, IV, 3096, art. 98.
Saint-Médard de Soissons, abbaye, IV, 3096, art. 56.
Saint-Mégrin (Paul de Caussade, seigneur de) : *Oraison funebre* par Arnauld Sorbin (1578), 343. — Son tombeau gravé par Rabel (1588), III, 2304.
Saint-Mélaine, de Rennes, abbaye, IV, 3096, art. 22.
Saint-Michel des Anges, abbaye, IV, 3096, art. 100.
Saint-Michel de Tonnerre, abbaye, IV, 3096, art. 129.
Saint-Michel du Tréport, abbaye, IV, 3096, art. 110.
Saint-Nicaise de Meulan, prieuré, IV, 3096, art. 85.
Saint-Nicaise de Reims, abbaye, IV, 3096, art. 42.
Saint-Nicolas : quatrain en tête de la *Franciade* de Ronsard (1572), 678.
Saint-Nicolas-aux-Bois, abbaye, IV, 3096, art. 148.
Saint-Nicolas d'Angers, abbaye, IV, 3096, art. 144.
Saint-Nicolas du Port : entrée de René II, duc de Lorraine, IV, 2781, p. 66. — Imprimeur. Voy. Jacobi (Pierre), 1518-1521.
Saint-Oyn (Charlotte de) : vers à elle adressés par M. Guy, de Tours (1598), IV, 2948.*
Saint-Ouen : vues du château, 249.
Saint-Ouen de Rouen, abbaye, IV, 3096, art. 112-112 *octies*.
Saint-Paul de Cormery, abbaye, IV, 3096, art. 120.
Saint-Pé de Génerez, abbaye, IV, 3096, art. 126.
Saint-Père, violon (1669-1671), IV, p. 637.
Saint-Petersbourg, voy. Petrograd.
Saint-Pierre (Jacques-Henri Bernardin de) : *Paul et Virginie* (1806), II, 1577 ; (1838), V, 3321.
Sainct-Pierre (Moïse de) : vers à Jean d'Intras (1609), II, 1526.
Saint-Pierre de Beaulieu, abbaye, IV, 3096, art. 121.
Saint-Pierre de Bourgueil, abbaye, IV, 3096, art. 32.
Saint-Pierre de Brantôme, abbaye, IV, 3096, art. 47.
Saint-Pierre de Caunes, abbaye, IV, 3096, art 124.
Saint-Pierre de Chézy, abbaye, IV, 3096, art. 115.

Saint-Pierre de Conches, abbaye, IV, 3096, art. 33.
Saint-Pierre de Ferrières, abbaye, IV, 3096, art. 37.
Saint-Pierre de Flavigny, abbaye, IV, 3096, art. 68.
Saint-Pierre de La Couture du Mans, abbaye, IV, 3096, art. 101.
Saint-Pierre de Lagny, abbaye, IV, 3096, art. 60.
Saint-Pierre de La Réole, abbaye, IV, 3096, art. 26.
Saint-Pierre de Mas-Garnier, abbaye, IV, 3096, art. 82.
Saint-Pierre de Melun, abbaye, IV, 3096, art. 94.
Saint-Pierre de Molesme, abbaye, IV, 3096, art. 128.
Saint-Pierre de Préaux, abbaye, IV, 3096, art. 91.
Saint-Pierre de Rebais, abbaye, IV, 3096, art. 114.
Saint-Pierre de Solignac, abbaye, IV, 3096, art. 6.
Saint-Pierre de Vierzon, abbaye, IV, 3096, art. 133.
Saint-Pierre d'Orbais, abbaye, IV, 3096, art. 131.
Saint-Pierre et Saint-Paul de Bèze, abbaye, IV, 3096, art. 118.
Saint-Pierre-le-Vif-lez-Sens, abbaye, IV, 3096, art. 67.
Saint-Pierre, ou Saint-Père, de Chartres, abbaye, IV, 3096, art. 90.
Saint-Pierre-sur-Dive, abbaye, IV, 3096, art. 134.
Saint-Pol (François de Bourbon-Vendosme, comte de), prend part aux joûtes du 15 janvier 1515, II, 2119. — Vers adressés à lui et à sa femme par Fr. Habert (1542), 644. — Fr. Habert lui dédie *Le Philosophe parfaict* (1542), 645. — Epitaphe (1549), IV, 2868.
Saint-Pol (Adrienne, duchesse d'Estouteville, femme de François de Bourbon, comte de), louée par Ch. Fontaine (1557), IV, 2877. — Elle a pour secrétaire Hector Maniquet (1558), V, 3251.
Saint-Pol (Jacques de Luxembourg, seigneur de), l'un des auteurs des *Cent Nouvelles nouvelles* (v. 1457), II, 1694.
Saint-Pons (M. de). Voyez Percin de Montgaillard (P.-J.-F. de), évêque de Saint-Pons-de-Tommières.
Saint-Prest (Jean-Yves de) : *Histoire des traités de paix* (1725), III, 2544.
Saint-Preuil, figure dans un ballet (1636), IV, p. 637.
Saint-Priest, conseiller au parlement de Grenoble (1697), IV, 3079, p. 457.
Saint-Privat (L. de) : vers en tête du

Dictionnaire des rimes de Jean Le Fèvre (1588), 431.
Saint-Quentin : relation allemande de la bataille de Saint-Quentin (10 août 1557), III, 2146. — *Memoires de Gaspar de Colligny où sont... contenues les choses qui sont passees durant le siege de S. Quintin* (1558), III, 2177.
Saint-Quentin, dessin. (1785), 1002 ; II, 1341, 1341 *bis*.
Saint-Quentin-sur-le-Homme (Le seigneur de) : vers à lui adressés par J. de Vitel (1588), V, 3275.
Sainct Ravy (M. de) : épitre à lui adressée par Jean de Ligneville (1636), 304.
Saint Réal (César Vichard de) : *Conjuration des Espagnols contre la Republique de Venise* (1674), III, 2451.
Saint-Remy de Reims, abbaye, IV, 3096, art. 17, 17 *bis*, 17 *ter*.
Sainct-Remy (Jean de), chevalier de Malte ; sa mort (1625), III, 2476.
Saint-Remy (Jean-Baptiste de), traduit en latin des poésies de Boileau (1701), 842.
Saint-Riquier, abbaye, IV, 3096, art. 108.
Saint-Robert de Cornillon, abbaye, IV, 3096, art. 102.
Saint-Robert de la Chaise-Dieu, abbaye, IV, 3096, art. 59.
Saint-Romain : volume à lui offert par Aubery du Maurier (v. 1680), III, 2406.
Saint-Romard : huitain joint aux *Amours de Leander et de Hero*, traduits par Marot (1541), 617 ; III, 2593. — Vers dans les *Traductions de latin* (1550), 808.
Saint-Salvadour (Catherine de) : vers à elle adressés par Pierre de Brach (1576), IV, 2931.
Saint-Sauveur d'Aniane, abbaye, IV, 3096, art. 43.
Saint-Sauveur de l'Évière, à Angers, abbaye, IV, 3096, art. 39.
Saint-Sauveur de Redon, abbaye, IV, 3096, art. 24.
Saint-Sauveur de Villeloin, abbaye, IV, 3096, art. 136.
Sainct-Saulveur : son *Tombeau* par Christofle de Beaujeu (1588), IV, 2941 ; (1589), 2942.
Saint-Savin de Tarbes, abbaye, IV, 3096, art. 10.
Saint-Savin, près Poitiers, abbaye, IV, 3096, art. 64.
Sainct-Seigne (Laurent de) : recueil de chansons manuscrites formé par lui, 411.
Saint-Serge d'Angers, abbaye, IV, 3096, art. 28.

Saint-Sever Cap de Gascogne, abbaye, IV, 3096, art. 69.
Saint-Simon (Claude de Rouvroy, duc de), figure dans des ballets (1635), IV, p. 637.
Saint-Simon (Diane-Henriette de Budos, duchesse de), danse dans des ballets (1654-1663), IV, p. 637. — *Oraison funebre* par Jean Des Lyons (1671), 359.
Saint-Simon (Gabrielle-Louise de), danse dans un ballet (1663), IV, p. 637.
Saint-Sulpice de Bourges, abbaye, IV, 3096, art. 51.
Saint-Sulpice de Gassicourt, prieuré (1703), II, 1883, p. 370.
Saint-Surin, combat dans les rangs de l'armée hollandaise (1631), III, 2405, art. 22.
Saint-Taurin d'Evreux, abbaye, IV, 3096, art. 61.
Saint-Thibéry, abbaye, IV, 3096, art. 73.
Saint-Thierry, près Reims, abbaye, IV, 3096, art. 23.
Saint-Thomas du Louvre : sermon prêché dans cette église par Bossuet (1668), IV, 3079, p. 448.
Saint-Vaast, abbaye : les états d'Artois s'y réunissent (1579), III, 2384.
Saint-Valery-sur-Somme, abbaye, IV, 3066, art. 66. — Chanson sur la mort d'un capitaine tué devant la ville (1568), 986, art. 13.
Saint-Victor (N... de), vers au petit de Beauchasteau (1657), 833.
Saint-Vigor de Mézerets : Bossuet présente à la cure (1684), IV, 3079, p. 455.
Saint-Vincent du Mans, abbaye, IV, 3096, art. 49.
Saint-Vincent près Laon, abbaye, IV, 3096, art. 63.
Saint-Wandrille, abbaye, IV, 3096, art. 44. — Procès fait aux moines par le curé de Forest en Vexin (v. 1634), IV, 532.
Saint-Wulmer, abbaye, IV, 3096, art. 119.
Saint-Yon (Antoine de), vers à Gilles Durand de La Bergerie (1594), 757.
Saint-Yon (Philippe de), l'un des auteurs des *Cent Nouvelles nouvelles* (v. 1457), II, 1697.
Saincte (Sœur), religieuse de la Madeleine d'Orléans, IV, 2820, p. 145.
Sainte, femme chantée par Nic. Rapin (1610), IV, 2944.
Sainte-Beuve (Charles-Augustin) : *Volupté* (1834), II, 1640. — *Pensées d'août* (1837), 881. — *Notice sur Paul et Virginie* (1838), V, 3321. — Volumes lui ayant appartenu, 625, 677 ; II, 1927.

Sainte-Catherine (Le s' de), agent de l'électeur palatin Frédéric V à Paris (1619), III, 2420, art. 14.
Sainte-Colombe de Sens, abbaye, IV, 3096, art. 48.
Sainte-Croix de Bordeaux, abbaye, IV, 3096, art. 20.
Sainte-Foy (Arnaud Sorbin, dit). Voy. Sorbin.
Saincte-Foy (François de), *Lettre d'vn gentilhomme françois, estant en l'armee du roy de Boheme* (1620), 2420, art. 20.
Sainte-Gertrude (Mme de), mentionnée par Bossuet (1694), IV, 3079, p. 442.
Sainte-Livrade, abbaye, IV, 3096, art. 97.
Saincte-Lucie (Pierre de), dit le Prince, impr. à Lyon (1544), III, 2680; (1552), IV, 3060; cité, III, 2559.
Sainte-Marthe (Les frères de) : vers à eux adressés par N. Rapin (1610), IV, 2944.
Sainte Marthe (Abel de) : deux petits poèmes latins traduits par J. Prévost (1613), II, 1106.
Sainte-Marthe (Charles de), cité par Françoys Habert (1549), IV, 2868. — Vers dans *Le Tombeau de Marguerite de Valois* (1551), 628. — Épître à la fin de *La Forme et Maniere de la punctuation* de Dolet, (1560), 656. — Ballade, citée, IV, 2963, art. 25. — Dizain, IV, 3197, p. 589.
Sainte-Marthe (Denis de), général de la congrégation de S. Maur (1722), III, 2317.
Sainte Marthe (Loys de), sonnet à la suite de l'*Hymne sur l'avant-mariage du roy* de Sc. de Sainte-Marthe (1570), 718. — Pièces latines en tête de la *Panthée* de C.-J. de Guersens (1571), IV, 3023. — Vers à Scévole de Sainte-Marthe (1596), 716. — Vers à Nic. Rapin (1610), IV, 2944. — Jean Prévost lui dédie la tragédie d'*Hercule* (1613), II, 1106.
Sainte-Marthe (R. de): vers à lui adressés par Sc. de Sainte-Marthe (1600), IV, 2921.
Sainte-Marthe (Sc. de) : Vers à Ronsard (1550), 670. — Vers dans *Le Recueil de poesie françoyse* (1550), 809. — Vers à lui dédiés par Ch. Toutain (1557), II, 1089. — Vers à l'ombre de Saingelais (1559), II, 1957. — *Hymne sur la naissance de Franç. de Lorraine* (1560), 717. — Sonnet en tête des *Œuvres françoises* de Du Bellay (1560-1575), 680. — *Tombeau d'Elisabeth de France* (1569), 814. — Premières *Œuvres* (1569), 715. — *Hymne sur l'avant-mariage du roy* (1570), 718. — Il est l'ami de Jean Boiceau de La Borderie (v. 1575), IV, 2865. — Vers en tête des *Amours* de Remi Belleau (1576), 694. — Belleau lui dédie dans sa *Bergerie*, l'*Epithalame* primitivement dédié à Dolu (1598), 693. — Traduction d'une des poésies de Catherine Des Roches (1578), 744. — *Œuvres* (1579), 716; (1600), IV, 2921. — Distiques latins sur Am. Jamyn (1580), IV, 2771. — Jacques Pelletier lui dédie la *Louange de l'honneur* (1581), 701. — Vers sur Estienne Pasquier (1584), 1610, 737. — Vers en tête des *Œuvres de Belleau* (1585), 690. — Sonnet à Flaminio de Biragué (1585), IV, 2939. — Vers à lui dédiés par François Le Poulchre (1587), V, 3274. — *Poëmata* (1596), 716. — Vers latins en tête de la *Gerusalemme* de T. Tasso traduite par Pierre de Brach (1596), IV, 3001. — Éloge de Passerat (1606), 713. — Vers à lui adressés par N. Rapin (1610), IV, 2944. — Il publie le *Tombeau* de N. Rapin et y joint des vers (1610), IV, 2944. — *Ode pindarique* traduite par Jean Prévost (1613), II, 1106. — Vers dans le *Tombeau de Ronsard* (1623), 668. — Éloge du cardinal d'Ossat (1624), II, 1878.
Sainte-Rosalie (Le P. Ange de), 1722. Voy. Rossard (Fr.).
Saintes (Claude de), évêque d'Évreux, vers à lui adressés par Guy Le Fèvre de La Boderie (1578), IV, 2930. — Celui-ci le cite comme théologien (1578), IV, 3183.
Sainteté (De la) et des devoirs de la vie monastique (1683). Voy. Rancé.
Saisons (Les), poème (1775), 855.
Sala (François), capitaine de Lyon (1546), IV, 2876.
Sallade (La) des iniquistes (1610), 890, art. 15.
Salamanque. Imprimeurs. Voy. Giunta (Giovanni), ou Juan Junta, 1547. Tavernier (Artus) (v. 1605).
Salambier ou plutôt Salembier, dessin. (1777), 258.
Salas Barbadillo (Alonso Gerónimo de), approuve les *Novelas exemplares* de Cervantes (1613), II, 1754.
Salazar (Baptiste de), cité par Nicolas Bourbon (1538), IV, 2788.
Salazar (Jehan de), archidiacre de Sens, id., *ibid*.
Salbret (de) : vers au petit de Beauchasteau (1657), 833.
Salcedo (Nicolas : Voy. Salzedo.

Salé, port d'Afrique, II, 1945.
Salel (Hugues), publie *Le Palais des nobles dames* de Jehan Du Pré et y joint plusieurs pièces, en particulier un *Dialogue de Jupiter et Cupido* (v. 1534), IV, 2862. — Dizain en tête du *Pantagruel* de Rabelais (1534), IV, 3063; (1542), II, 1509, 1510; (1547), IV, 3202. — *Œuvres* (1540), 633. — Vers à lui adressés par Charles Fontaine (1546), IV, 2876 ; — par François Habert (1549), IV, 2868 ; — par Pontus de Tyard (1551), IV, 2908 ; — par Joachim Du Bellay (1559), IV, 2896. — Il est cité par Guy Le Fèvre de La Boderie (1578), IV, 3183. — Traduction des onze premiers chants de l'*Iliade* (1580), IV, 2771.
Salernitano (Le) : ses contes sont imités par Gabriel Chappuy (1584), II, 1701.
Sales (Le P. Jacques), jésuite, est tué à Aubenas (févr. 1593), III, 2243, art. 5.
Saliat (Pierre), cité par Nicolas Bourbon (1538), IV, 2788. — Vers à lui adressés par Charles Fontaine (1546), IV, 2876. — Il est mentionné comme précepteur des frères d'Antoine de Crussol (1557), IV, 2877.
Saleignac, ou Salignac, docteur, c'est-à-dire théologien du cardinal de Lorraine (1548), IV, 2876. — Il est cité par François Habert (1558), V, 3251.
Salignac (Mme de) : son éloge par Jules de Richy (1616), V, 3290.
Salignac (Barthélemy de), *Itinerarii Terre sancte Descriptio* (1525), IV, 3090.
Salignac (Bertrand de) : *Le Siege de Mets* (1552), III, 2145. — *Le Voyage du roy au Pays Bas de l'empereur* (1554), III, 2685. — Il est ambassadeur en Angleterre et, comme tel, qualifié marquis de La Mothe Fénelon (1571), III, 2370.
Salignac (Louis de), évêque de Sarlat, cité par Jean Dorat (1588), IV, 2789.
Salinier (Pierre), impr. à Tours (1581), III, 2699.
Sallard : vers à Me Adam Billaut (1644), 829.
Salle (Éusèbe de), *Sakontala à Paris* (1833), II, 1623.
Salle (J.-B.), *L'Entree de Danton aux enfers* (1865), 910.
Sallengre (A.-H. de) : *Mémoires de littérature* (1715-1717), III, 2521.
Salm (Constance de Théis, princesse de) : une pièce d'elle dans les *Chants et Chansons populaires de la France* (1843), 1014.
Salm (Otto-Ludwig, comte de), fait prisonnier par les Suédois (1634), III, 2420, art. 97.
Salm (Samuel), de Leipzig : inscription dans un album (1697), V, 3370.
Salm, dessin., II, 1072.
Salm-Neufville (Frédéric, comte de), père d'Otto-Ludwig, III, 2420, art. 97.
Salmon, généalogie, III, 2495.
Salmon, aide Beaulieu à composer la musique du *Balet comique* (1582), II, 1445.
Salnove (Robert de) : *La venerie royale* (1655), 303.
Salomon (Bernard), dit le Petit Bernard, grav. (XVIe s.), 410, 411, 636, 642 ; II, 1070, 1870 ; III, 2567 ; IV, 2739, p. 11 ; V, 3366.
Salomon (Jean), dit Tabarin. Voy. Tabarin.
Salon (Israël), cité en 1775, II, 2073.
Salse (L.-C. de), traducteur du *Werther* de Goethe (1800), cité, II, 1767.
Saluces (Mlle de), danse dans un ballet (1661), IV, p. 637.
Saluste (Guillaume de), seigneur Du Bartas : vers à lui adressés par P. de Brach (1570), IV, 2931. — Il est rapproché de Ronsard par Pantaléon Thévenin (1582), IV, 2885. — *Louanges de la vie rustique* (1583), IV, 2935. — Vers à lui adressés par Philibert Guide, *ibid.*; par Joachim Blanchon (1583), IV, 2938. — *La Sepmaine* (1583), V, 3269. — *La seconde Sepmaine* (1589), V, 3270. — *La Judith* (1583), V, 3269. — Vers à Flaminio de Birague (1585), IV, 2939. — Il est cité par Jean Dorat (1586), IV, 2789. — Sonnet sur Christophe de Thou (1588), III, 2304. — Nombreux extraits de ses œuvres dans *Les Marguerites poetiques* d'Esprit Aubert (1613), 816.
Salutation (La) que fit *Gabriel a la vierge Marie* (1516), III, 2562, art. 22.
Salvard (Jean-François de), ministre : inscription dans un album (1584), V, 3368, p. 157.
Salve (Le) d'Alkimie (v. 1553), 777.
Salviate (Alamanno) : sonnet à lui adressé par N. Martelli (v. 1543), IV, 3000, p. 358.
Salviati (Antonmaria), assiste au mariage de Henri de Bourbon, prince de Condé (1572), IV, 3122.
Salviati (Giacopo ou Jacopo) : Paolo Dell'Ottonaio lui dédie les *Canzoni* de son frère, Gio. Batt. dell'Ottonaio (1560), 1028.
Salviati (Giovanni), cardinal : lettres à Gio. Giorgio Trissino (1519-1548), IV, 3078. — Sonnet à lui adressé

par N. Martelli (v. 1543), IV, 3000, p. 357.
Salvidio (Mauro), lettre à Gio. Giorgio Trissino (1547), IV, 3078.
Salvius, ambassadeur de Suède, Lettre à l'ambassadeur du roy de Hongrie, III, 2520, art. 106.
Salzedo (Nicolas): son attentat contre le duc d'Anjou (1582), III, 2396. — Discours tragique et veritable sur l'empoisonnement par lui entrepris (1582) ; — Copies de sa deposition (1582); — Relation particuliere de la conspiration de Salcede (1582), III, 2188, p. 26, art. 13 à 16.
Sambix (Jean), libr. imaginaire à Cologne (1674), II, 1220.
Samius (Joannes): vers à Nicolas Bourbon (1538), IV, 2788.
Samson, chanteur (1669), IV, p. 637.
Samson d'Orléans, roman, 2623.
Sancerre : Histoire memorable de la ville de Sancerre, contenant les entreprinses, siege, etc. (1573), par Jean de Lery (1574), III, 2184. — Chanson sur le siège de cette ville (1577), 986, art. 8.
Sancerre (M' de) : M. Riffart lui adresse une lettre écrite de Pologne (1621), III, 2472.
Sanchez (Gabriel) : Christophe Colomb lui adresse sa lettre relative à la découverte de l'Amérique (1493), II, 1947.
Sanchez (Luis), impr. à Madrid (1627), III, 2512.
Sancy (Nicolas de Harlay, sieur de). Voy. Harlay.
San Colombano (Frà Francesco da), épître en tête du Liber conformitatum de Bart. degli Albizzi (1510), IV, 3100.
Sand (Amandine-Lucile-Aurore Dupin, dame Dudevant dite George) : Valentine (1832), II, 1630. — Indiana (1832), 1631. — Jacques (1834), 1632. — Le Dieu inconnu, nouvelle insérée dans le Dodecaton (1837), II. 1714. — Spiridion (1839), II, 1634. — Gabriel (1840), 1635. — La Mare au diable (1846), 1636. — Lucrezia Floriani (1847), 1637. — La petite Fadette (1849), 1638. — Claudie (1851), II, 1393. — Le Mariage de Victorine (1851), 1394. — Les Vacances de Pandolphe (1852), 1395. — Le Démon du foyer (1852), 1396. — Mauprat (1854), 1397. — Maitre Favilla (1855), 1398. — Evenor et Leucippe (1856), II, 1639. — Marguerite de Sainte-Gemme (1859), II, 1399. — Les beaux Messieurs de Bois-Doré (1862), 1400. — Le Marquis de Villemer (1864), 1401. — Portrait (1837), II, 1633.
Saud (Thierry van), Sandius, inscription dans un album (1598), V, 3372, p. 170.
Sandeau (N...) : Jules Sandeau, son fils, lui dédie Marianna (1839), II, 1624.
Sandeau (Jules), Marianna (1839), II, 1624. — Catherine (1846), 1625. — Mademoiselle de La Seiglière (1847), 1626. — Madeleine (1849), 1627. — Un Héritage (1849), 1628. — Sacs et Parchemins (1851), 1629.
Sandrin, musicien, IV, 2965, art. 174.
Sanftleben (Veit) : inscription dans un album (1605), V, 3370, p. 167.
San Gallo (Antonio) : portrait dans les Icones de N. Reusner (1589), V, 3370, p. 163.
Sanguin, acteur ou danseur (1651), IV, p. 637.
Sanguin fils, id. (1662), ibid.
Sanguin (Antoine), cardinal de Meudon: Nic. Bargedé lui dédie ses Odes penitentes (1550), IV, 2881. — Charles Fontaine lui adresse des vers (1557), IV, 2877.
Sanlecque (Louis de). Voy. Recueil de pieces curieuses (1694-1696), III, 2632.
Sannazaro (Jacopo, dit Azzio Sincero) : épigramme latine sur Venise, que Germain Audebert traduit en grec (1583), IV, 2794. — Vers de lui dans les Icones de N. Reusner (1589), V, 3370, p. 163. — Portrait, ibid., p. 160.
Sannon (J.) : vers sur Estienne Pasquier (1584, 1610), 737.
San Pedro (Diego de) : La Prison d'amours (1526), II, 1747.
Sanry, grav. (1725), III, 2315.
Sansac (Antoine Prévost de), archevêque de Bordeaux. Voy. Prévost.
Sansay (René, comte de), Remonstrances tres-humbles faites à Blois, 1588 (1758), III, 2194, p. 42.
San Severino : lamentation sur sa mort (v. 1510), 1042.
San Severino (Francesco), comte de Gaiazzo : son emblème (1562), IV, 3077.
San Severino (Galeazzo di), grand écuyer de France, tué à Pavie (1525), II, 2127.
San Severino, cardinal : lettre à lui adressée par les ligueurs (23 mai 1589), III, 2251, p. 87.
San Severino (Margherita Pio) : lettres originales à Gio. Giorgio Trissino (1512-1520), IV, 3078.
Sanson, grav., II, 1072.
Sansovino (Francesco Tatti, dit). Voy. Tatti.
Santarelli, De Haeresi (1625), cité, III, 2478.
Santerre (Jean-Baptiste), peintre, II,

1247; III, 2506. — Vers composés pour lui par Baraton (1705), 846.
Santeuil (Jean-Baptiste): vers sur sa mort par Baraton (1705), *ibid.*
Santilly (Mgr de), l'un des auteurs des *Cent Nouvelles nouvelles* (v. 1457), II, 1694.
Sanuto (Marino) : Ald. Manuzio lui dédie son édition de Catulle (1502), 412.
Sanxon (Guillaume), libr. à Paris (1514), V, 3339.
Sanzio (Raffello), peintre, III, 2506, 2523, 2567. — Il est cité par Jehan Pèlerin (1521), IV, 2763.
Sapho : Ode traduite par Remi Belleau (1556), 398 ; (1578), 399.
Sapidus (Johannes). Voy. Witz (Johann).
Saporta de Chasteauneuf : généalogie, III, 2495.
Sara (Jean), libr. à Paris (1615), II, 1448 ; (1618), II, 1834.
Sard (Robert), libr. à Paris (1635), II, 1452.
Saragosse. Imprimeurs. Voy. Hurus (Paulo), 1495. Millan (A.), 1552.
Sardou (Victorien) : *Les Femmes fortes* (1861), II, 1434. — *Nos intimes* (1862), 1435. — *Les Ganaches* (1863), 1436. — *Les Diables noirs* (1864), 1437. — *Don Quichotte* (1864), 1438. — *Les vieux Garçons* (1865), 1439. — *Nos bons Villageois* (1867), 1440. — *Maison neuve* (1867), 1441. — *Séraphine* (1869), 1442. — *Rabagas* (1872), 1443. — *Andréa* (1875), 1444.
Sarlat : siège de 1587, II, 2095, art. 12.
Sarrabat, dessin. (1777), II, 1518.
Sarrasin (Jean) : vers à lui adressés par Pierre Enoc (1572), IV, 2927. — *In effigiem auream Religionis D. comiti palatino oblatam* (1574), V, 3268.
Sarrazin (Jean), abbé de Saint-Vaast : lettre à Richardot (1582), III, 2395.
Sarrazin (Jean-Antoine), probablement le même que Jean : vers à Pierre Enoc (1572), IV, 2927.
Sarrazin (Jean-François), dit Atticus secundus : vers en tête du *Virgile travesti* de Scarron, II, 1906. — Vers dans le *Recueil de diverses poësies* (1652), 975. — *Œuvres choisies* (1826), II, 1919, art. 8.
Sarrebrück (Aimé Iᵉʳ de), comte de Roucy. IV, 2798, n° 8.
Sarrebrück (Guillemette de), marraine en 1538, IV, 2855, p. 194.
Sarrebrück (Philippe de), marraine en 1536, IV, 2855, p. 194.
Sassefen (Remy de), dit René d'Hissafènes, compose des vers pour le

Puy du souverain amour (1543), 804.
Sassenus (Servaes), impr. à Louvain (1550), 109.
Satyre menippée de la vertu du catholicon d'Espagne (1709), III, 2251.
Satyres chrestiennes de la cuisine papale (1560), V, 3264.
Sattler (Wolfgang) : inscription dans un album (1600), V, 3371, p. 169.
Saucourt. Voy. Soyecourt.
Sauget (Denis), cité par Guillaume Des Autelz (1550), 654.
Saugrain (Abraham), libr. à Paris (1618), II, 1727 ; III, 2420, art. 3, 17, 31 ; (1619), III, 2374, art. 2 ; (1621), III, 2420, art. 57 ; 2470, 2471 ; (1622), III, 2405, art. 2 ; 2420, art. 59. — Espérance Cellier, sa veuve (1629), III, 2650.
Saugrain (Claude-Marin Iᵉʳ), libr. à Paris (1720-1726), II, 2006 ; (1726-1733), III, 2487 (1744), 111.
Saugrain (Claude-Marin II), libr. à Paris (1793), 854 ; associé de Henri Didot (1797), II, 1670.
Saugrain (Guillaume), libr. à Paris (1698), II, 1997.
Saugrain (Jean), libr. à Lyon, associé de Benoist Rigaud (1556), IV, 3203 ; — seul (1559), III, 2601 ; (1560), IV, 3159 ; (1563), III, 2161 ; (1564), V, 3267.
Saugrain (Joseph), impr. à Paris (1744), II, 1327.
Saül, sujet d'une tragédie de J. de La Taille (1572), V, 3317 ; — d'une tragédie de Claude Billard (1610), II, 1105 ; — d'une tragédie de Pierre Du Ryer (1642), II, 1113.
Saulieu : généalogie, III, 2495.
Saulnier (Adam), impr. à Paris (1542), III, 2575 ; (1543), IV, 2875.
Saulnier (Gilbert), sieur Du Verdier : *L'Estat de la France* (1654), cité, III, 2358. — *Histoire d'Angleterre, d'Escosse et d'Irlande* (1666), III, 2366.
Saulo (Filipo), de Gênes : M. Bandello lui dédie : *Titi Romani Egesippique Atheniensis Historia* (1509), II, 1742.
Sault (François-Emmanuel de Blanchefort de Bonne de Créquy, comte de), figure dans des ballets (1663-1665), IV, p. 637. — T. de Lorme lui dédie *La Muse nouvelle* (1665), 835.
Saultereau (Magdeleine) : vers à Joachim Blanchon (1583), IV, 2938.
Saume (Jehan), trésorier des guerres en Languedoc, III, 2590.
Saumur : abbaye de Saint-Florent, IV, 3096, art. 57. — Imprimeur. Voy. Portau (Thomas), 1601.

Saumur (Henry de), chevalier de Malte : sa mort (1625), III, 2476.
Saur (Johann), impr. à Francfort-sur-Mein (1599-1608), cité, III, 2518 ; (1602), 2519.
Sauroy : quatrain à Paul Boyer (1654), II, 1992.
Saut [ou Saux] de Tavannes (Nicolas-Charles de), évêque de Châlons : ses armes (1721), III, 2493, art. 23.
Sautelet (A.), et C¹⁰, libr. à Paris (1825), II, 1355 ; (1826), 1356.
Sautemont (Th. de) : traduction du *Simulacrum Religionis* de Jos. Scaliger et *Ode* (1574), V, 3268.
Sautyn (Nicolas) : J. Fréd. Bernard lui dédie l'édition des *Mémoires* de Guy Joly (1738), III, 2285.
Sauvaige : armes de cette famille, III, 2532.
Sauvage (Le comte de), bibliophile, II, 1183, 1196. — Volume lui ayant appartenu, 22.
Sauvage (Denis), seigneur du Parc : vers à lui adressés par Charles Fontaine (1546), IV, 2876. — Vers à Charles Fontaine (1547), 806. — Vers à lui dédiés par Guill. Des Autelz (1550), 654. — Il est un des interlocuteurs du *Dialogue de l'ortografe* de Jacques Peltetier (1555), 322. — Vers à lui adressés par Charles Fontaine (1557), IV, 2877. — Il publie les *Chroniques* de Monstrellet (1572), II, 2098.
Sauvage (Jacob et Henry), libr. à Anvers (1726), II, 1908.
Sauvaige (Pierre), joue dans la *Passion* de Valenciennes (1547), IV, 3010, p. 376.
Sauvageot (Charles), collectionneur : volume lui ayant appartenu, II, 445.
Sauvages de La Croix (L'abbé Pierre-Augustin Boissier de), collabore à l'*Encyclopédie* (1751-1777), III, 2523, p. 282(
Sauval (Henri), *Histoire et Recherches des Antiquités de Paris* (1724), III, 2314. — *Mémoires historiques et secrets concernant les amours des rois de France* (1739), II, 1683.
Sauvé (J.), grav. (1682), II, 1177.
Sauvigny (E. Billardon de). Voy. Billardon.
Savary : H. de Balzac lui dédie *La Peau de chagrin* (1831), II, 1588.
Savaron (Jean), *Traicté de l'espee françoise* (1610), V, 3380.
Savart, grav. (1711), II, 1518.
Savelli (Enrico ?), dit H. Sabellus, cité par Nicolas Bourbon (1538), IV, 2788.
Savetier (Nicolas), impr. à Paris (1530), IV, 2857.

Saveuse, subit un échec devant Chartres (mai 1589), III, 2231.
Savignac : vers à lui adressés par Joachim Blanchon (1583), IV, 2938.
Savigny (Jean de), bailli de Nancy (1559), IV, 2883.
Savigny de Moncorps (Le vicomte de), bibliophile, III, 2363.
Savyon (D.), sonnet à Cl. de Taillemont (1556), IV, 2910.
Savoie : *Chroniques*, par Symph. Champier (1517, n. s.), III, 2355. — Campagne qu'y fait Henri IV en 1600, III, 2236, art. 22, 2240, art. 9. — Voy. *Relation de la cour de Savoye* (1667), II, 1689.
Savoye (La veuve), libr. à Paris (1765), III, 2310.
Savoie (Claude de), comte de Tende : vers à lui adressés par Ch. Fontaine (1557), IV, 2877.
Savoie (Le prince Eugène de) : Montfleury lui dédie *La Fille Capitaine* (1672), II, 1276.
Savoie (Louise de), mère de François I⁰ʳ. Voy. Louise.
Savoie (Louise de), femme de Maurice de Savoie : son portrait (1657), 833.
Savoie (Philippe de), comte de Bresse, fait remanier par J. Servion les *Chroniques* de Cabaret (1464-66), III, 2355.
Savoisy (Loyse de) : note d'elle sur un ms. des *Œuvres* d'Alain Chartier, 440.
Savonarola (Girolamo) : *Revelatio*, 209, art. 14. — Portrait (1581), II, 2039 ; (1589), V, 3370, p. 163.
Savorgnan (Pierre de), traduit d'espagnol en latin les lettres de Cortés (1524), II, 1955.
Savornin, musicien, cité par Nic. Rapin (1610), IV, 2944.
Savourni, conducteur de ballets avant 1635 (peut-être le même que le précédent), IV, p. 638.
Savreux (Charles), libr. à Paris (1662), 59, 130.
Saxanus (Ant.). Voy. Du Saix (Antoine).
Saxe (Albert de), est peut-être l'auteur des *Secreta mulierum*, 190, p. 98.
Saxe-Weimar (Bernard, duc de), oblige Ferdinand III à lever le siège de Ratisbonne (1634), III, 2420, art. 99 et 100.
Sayavedra (Lujan de), publie une suite de *La Vida del picaro Guzman de Alfarache* (1602), II, 1551.
Scaliger (Joseph), vers à P. Boaistuau (1560-1564), II, 1721, 1722. — *Descriptio simulacri Religionis* (1574), V, 3268. — Traduction grec-

que d'une des poésies de Catherine Des Roches (1578), 744. — Il est cité par Sc. de Sainte-Marthe (1579), IV, 2921. — Vers sur Mᵐᵉ Des Roches (1582, 1610), 737. — Il est cité par Jean Dorat (1588), IV, 2789. — Vers à Jean Bonnefons (1588), 756. — *Ausonionarum lectionum Libri duo* (1590), IV, 3169. — Inscription dans un album (1595), V, 3371, p. 169. — Vers à lui adressés par Nic. Rapin (1610), IV, 2944. — Vers sur Rome (v. 1640), 965.

Scaliger (Jules-César della Scala, dit), cité par Nic. Bourbon (1538), IV, 2788. — Distiques latins en tête des *Stanze* de M. Bandello (1545), 1632. — Son tombeau par Oger Ferrier (1559), IV, 3114, art. 4. — Vers de lui dans les *Icones* de N. Reusner (1589), V, 3370, p. 160. — Portrait (1581), II, 2039.

Scalion de Virbluneau : notice par Th. Gautier (1844), III, 2509.

Scamozzi : *Architecture* (1752), 243.

Scanderbeg, voy. *Commentaire d'aucunes choses des Turcs*, trad. de Paolo Giovio, par Guill. Gaulteron de Cenquoins (1544), IV, 3141. — Sujet d'un opéra d'Houdart de La Motte (1763), II, 1462.

Scarron (Paul) : vers à Mᵉ Adam Billaut (1644), 829. — Vers à Ch. Coypeau d'Assoucy (1648), 969. — Louis Martin lui dédie son *Eschole de Salerne* (1651), 972. — Vers au petit de Beauchasteau (1657), 833. — Il traduit de Maria de Sayas y Sotomayor *Le Juge de sa propre cause* (1651), *La Precaution inutile* (1661), *Le Chastiment de l'avarice* (1661), II, 1757. — *Scaron aparu à Mᵐᵉ de Maintenon* (1694), II, 1690. — *OEuvres* (1752), II, 1906. — Notice par Th. Gautier (1844), III, 2509. — Portrait (1752), II, 1906.

Scarron (Pierre) : *Oraison funebre* par Nicolas de Dijon (1668), 358.

Scarron (Urbain), vers en tête du *Virgile travesti* de P. Scarron (1752), II, 1906.

Sceaux : vues du château, 249. — Imprimeur. Voy. Munzel aîné, 1856.

Sceyve (Jean), ancien chancelier de Brabant : *Responces sur certaines lettres du cardinal de Granvelle* (1580), III, 2389.

Scelles (Catherine) : ses *Amours* et son *Tombeau* par Ch. Bauter (1605), II, 1101.

Scépeaux (François de) : son portrait (1755), III, 2506.

Scepperus (Jacobus). Voy. De Sceppere (Jacques).

Scevasta (Joannes), recteur du gymnase de Dortmund : Jacques De Sceppere lui dédie sa *Voluptatis ac Virtutis Pugna* (1546), II, 1068, art. 3.

Scève (de), ou Sève, lieutenant général à Lyon (1619), II, 2102.

Scève (de), ou Sève, procureur général à Lyon (1674), II, 1071.

Scève (Guillaume), cité par Nic. Bourbon (1538), IV, 2788. — Ch. Fontaine lui adresse des vers alors que Scève est conseiller à Chambéry (1546), IV, 2876.

Scève (Maurice), cité par Nic. Bourbon (1538), IV, 2788. — *Blason du sourcil, Blason de la larme, Blason du front, Blason de la gorge, Blason du souspir* (1539), 803 ; (1550), 810 ; (1807), 811. — Traduction des *Psaumes* (v. 1540), citée, IV, p. 5. — Vers sur Claude Dolet (1540), 634. — *Delie* (1544), 635. — Epitaphe de Pernette Du Guillet (1545), 637. — Vers à lui adressés par Ch. Fontaine (1546), IV, 2876. — *Saulsaye* (1547), 636. — Sonnets en tête des *Marguerites de la marguerite des princesses* en tête de la *Suyte* (1547), 626 ; (1554), 627. — Sonnet à Philibert de Vienne (1547), 180. — Vers à lui adressés par Fr. Habert (1549), IV, 2868 ; — par Guillaume Des Autelz (1550), 654 ; — par Pontus de Tyard (1551), IV, 2908 ; (1555), IV, 2909. — Vers en l'honneur de Louise Labé (1555), 638. — Vers à lui adressés par Claude de Taillemont (1556), IV, 2910 ; — par Ch. Fontaine (1557), IV, 2877. — Il est cité par Guy Le Fèvre de La Boderie (1578), IV, 3183. — Il jouit de la faveur du public, II, 1869.

Schabeler (Johann), libr. à Bâle (1525), cité, IV, p. 8.

Schad (Johann-Hector) von Mittelberach : inscription dans un album (1566), V, 3365, p. 149.

Schaller (Kaspar), greffier de la ville de Bâle (1524), II, 2047.

Schard (Simon), dit Schardius, assiste au couronnement du roi des Romains (1562), III, 2419. — Il réimprime le *Commentarium* d'Etrobius (1574), III, 2416.

Scharpenberg (Peter), lecteur au gymnase de Dortmund (1546), II, 1068, art. 3.

Schaüfelein (Hans), peintre et graveur, probablement cité par Jehan Pèlerin (1521), IV, 2763.

Schede (Paul), dit Melissus : ode latine sur la mort de Ronsard (1586), IV, 2889. — Vers de lui dans les *Icones* de N. Reusner (1589), V, 3370, p. 161. — Inscription dans un album (1597), V, 3370, p. 167.

Schefer (Charles), cité, II, 1941, *Additions*; 2095; art. 1. — Volumes lui ayant appartenu, IV, 2872, 2958, 3083, 3090, 3141, 3143, 3144, 3147.
Schefer (Sébastian) : vers de lui dans les *Icones* de N. Reusner (1589), V, 3370, p. 161.
Scheffer (Ary), peintre, 271.
Scheffer (Werner) : inscription dans un album (1598), V, 3370, p. 167.
Schey (Urban) de Wiskersheim : inscription autrefois existante dans un album (v. 1564), V, 3266, p. 152.
Schellendorf (Friedrich von) : inscription dans un album (1607), V, 3370, p. 167.
Schelwig (Johann), inscription dans un album (1612), V, 3370, p. 167.
Schenau, dessin. (xviii° s.), III, 2523.
Schenck (P.), dessin.(1755), III, 2506.
Schenk (Jan), grav. (1739), III, 2544.
Scherm, grav. (1700), 12.
Schetz (Jaspar), sieur de Grobbendonck et de Wesemael : *Literae ad praesidem Fonckium* (1580), III, 2387. — *Lettre au cardinal de Granvelles* (1580), *ibid.*
Scheurleer (Henri), libr. à La Haye (1732), II, 1852; (1735), II, 1845.
Schilders (Richard), impr. à Middelbourg (1585), III, 2194, p. 34.
Schiller (Friedrich von) : *Die Verschwörung des Fiesko* (1784), II, 1475. — *Wallenstein* (1800), 1476. — *Macbeth* (1801), 1477. — *Maria Stuart* (1801), 1478. — *Die Jungfrau von Orleans* (1801), 1479. — *Wilhelm Tell* (1804), 1480.
Schleicher (Georg), de Nuremberg : inscription dans un album (1588), V, 3368, p. 157.
Schleinitz (Maximilian von), baron bohème, page de l'archiduc Léopold (1657), V, 3367, p. 155.
Schlestadt : éloge de cette ville par rasme (1515), V, 3207.
Schmaltz (Martin), de Nuremberg : inscription dans un album (1567), V, 3367, p. 154.
Schmettau (Le comte de), participe à la traduction française du *Werther* de Goethe (1777), II, 1767.
Schmid (Adam), impr. à Nuremberg (1736), cité, V, 3341.
Schmid (Hans Heinrich), de Zürich : inscription dans un album (1583), V, 3368, p. 157.
Schmidt (Charles), professeur à Strasbourg, IV, p. 19. — Volume donné par lui, 982.
Schmidt (C.-F.), grav. (1749), II, 2094.
Schmidt (Johann), impr. à Bâle (1528), à Fribourg en Brisgau (1530), cité, III, 2713.

Schmidt (Paul), bibliophile : volumes lui ayant appartenu. IV, 3009, p. 367; 3016, 3139, 3160, 3168, 3171, 3188, 3196.
Schmidt (P.-G.), grav. (1755), III, 2506.
Schmilauer (Peter), d'Iglau : inscription dans un album (1595), V, 3370, p. 167.
Schmit (Johann) : inscription dans un album (1604), V, 3370, p. 167.
Schmitz (H.-L.), grav. (1777), 917.
Schneider, impr. à Paris, associé de Langrand (1847), II, 1602.
Schneider (J. H.), libr. à Amsterdam (1768), II, 1568.
Schnide (Melchior) : inscription dans un album (1566), V, 3365, p. 149.
Schnurm (Adam Nicolaus) : inscription dans un album (1564), V, 3365, p. 149.
Schoel (Enrico van) : *Fogliami diversi* (v. 1580), 279.
Scholer (Reinhold), lecteur au gymnase de Dortmund (1546), II, 1068, art. 3.
Schomberg (Gaspard de) : lettre à Henri III (1587), III, 2188, p. 26.
Schomberg (Jeanne de Chastaigner, femme de Gaspard de), IV, 2930.
Schomberg (Henri, comte de), maréchal de France : Jean Baret lui dédie l'*Histoire sommaire des troubles de Moldavie* (1620), III, 2429. — *Relation envoyée au roy du combat fait entre les armes qu'il commande et l'armée de Monsieur* (1632), IV, 3153, p. 530.
Schönburgck (Johann Friedrich von) : inscription dans un album (1598), V, 3370, p. 167.
Schönburgck (Johann Mainhard von), id., *ibid.*
Schonenberg (Christian) : inscription dans un album (1594), V, 3370, p. 167.
Schonenburgk (Hugo Augustin et Gottfried von), frères : inscription dans un album (1564), V, 3365, p. 149.
Schönherr (G.), cité, II, 1748, p. 276.
Schönpichler (Karl), dit Caloburraeus, de Vienne : inscription dans un album (1567), V, 3367, p. 154.
Schönsperger (Hans), impr. à Augsbourg (1482), IV, 3087.
Schoonebeek (Adrien), grav. et libr. à Amsterdam : *Histoire des ordres religieux* (1695), II, 2011. — Figures gravées par lui, 979; III, 2326.
Schop (Conrad), est exécuté (1616). III, 2420, art. 1.
Schopper (Jakob), de Biberach : inscription dans un album (1564), V, 3366, p. 152.
Schougart (Georg) : inscription dans un album (1601), V, 3371, p. 169.

Schouten (Antoine), libr. à Utrecht (1695), II, 1975.
Schouvalow (Le comte de) : *Epître à Ninon* (1780), 858.
Schrader (Lorentz) ou Schradeus, assiste au couronnement du roi des Romains (1562), III, 2419.
Schreier (Apollonie), de Berne, vit plusieurs années sans manger, II, 1727.
Schrevel (Cornelis), éditeur d'Homère (1656), 395 ; — éditeur de Cicéron (1661), II, 1904.
Schroeder, grav. (1822), II, 1909.
Schröter (Jean), impr. à Bâle (1599), 92.
Schulte (Kaspar) : inscription dans un album (1608), V, 3370, p. 167.
Schulthaiss (Martin) : inscription autrefois existante dans un album (v. 1564), V, 3366, p. 152.
Schultz (Friedrich), de Stuttgart, id., *ibid.*
Schultz (Johann) : inscription dans un album (1598), V, 3370, p. 167.
Schultz (Kaspar), id. (1611), *ibid.*
Schultz (Peter), id. (1609), *ibid.*
Schultz (Weighard), id. (1620), *ibid.*
Schuppen (Jacques van), grav. (1696), III, 2507.
Schuppen (P. van), grav. (1696), 8 ; III, 2507.
Schürel (Johann), dit Sciurellus, médecin, cité par Nic. Bourbon (1538), IV, 2788.
Schürer (Mathias), imprimeur à Strasbourg : son éloge par Erasme (1515), V, 3207.
Schüssler (Johann), impr. à Augsbourg (1471), V, 3215.
Schwan, libr. à Mannheim (1784), II, 1475 ; (1800), 1476 (?).
Schwarzbach (Salomon) : inscription dans un album (1597), V, 3370, p. 167.
Schwartzbourg-Sondershausen (Gontier, comte de) : Ch. de Navières lui dédie sa traduction des Psaumes (1580), V, 3205.
Schwartzbourg-Sondershausen (Catherine de Nassau, comtesse de), V, 3205 (1580).
Schwartzenbach (Johann) de Zürich : inscription dans un album (1615), V, 3370, p. 167.
Schwartzentaller (Johann), id. (1565), V, 3365, p. 150.
Schwehrburg (Johann Constantin Wilhelm, Freiherr von) : id. (1636), V, 3366, p. 153.
Schweickhardt (Johann), électeur de Mayence : *Articles accordes entre le marquis de Spinola et les princes protestants* (1621), III, 2420, art. 53.
Schwin (Andreas Emerich) : inscription autrefois existante dans un album (v. 1564), V, 3366.
Schwob (Marcel) : volume lui ayant appartenu, IV, 2765.
Science (La noble) des joueurs d'espee (1538), 291.
Science salutaire et Jardin au champs des vertus (1516), III, 2562, art. 20.
Scinzenzeler (Gio. Angelo), impr. à Milan (1508), II, 1950.
Scinzenzeler (Ulrich), ou plus exactement Schinzenzeller, impr. à Milan (1481), III, 2634.
Scipion l'Africain : sa vie par Plutarque (1567), II, 1899. — Son Epitaphe par Jehan Bouchet (1545), 510.
Sciurellus. Voy. Schürel.
Scoepperus (Jacobus). Voy. De Sceppere (Jacques).
Scohier : *Généalogie de la maison de Croy*, III, 2493, art. 57.
S'Conincx (Arnoult), impr. à Anvers (1580), V, 3205.
Scotin (G.-J.-G.), l'aîné, graveur (XVIIIe s.), 252.
Scotin (G.), grav. (XVIIIe s.), III, 2317.
Scotin (J.-B.), grav. (XVIIIe s.), 851 ; II, 1551, 2006, 2082 ; III, 2310, 2333.
Scotofee, Lettres sur les occurrences des Pays-Bas (1632), IV, 3153, p. 530.
Scott (Sir Walter), *Soirées de Walter Scott à Paris* par Paul Lacroix (1829), II, 1613. — *Notice sur Hoffmann* (1830), II, 1770. — *Le Perroquet de W. Scott*, par Amédée Pichot (1834), II, 1641. — Volume lui ayant appartenu, III, 2735.
Scourjon (Hector) : volumes lui ayant appartenu, III, 2524, p. 317.
Scribe (Eugène), *La Camaraderie* (1837), II, 1374. — *Tonadillas* (1838), II, 1654. — *Carlo Broschi* (1840), 1655. — *La Calomnie* (1840), II, 1375. — Une pièce de lui dans les *Chants et Chansons populaires de la France* (1843), 1014. — *Maurice* (1845), II, 1656.
Scribonius Largus : *De compositionibus medicamentorum* (1528), cité, IV, p. 8.
Scudéry (Georges de) : *Le Trompeur puny* (1633), V, 3318. — Vers à Pierre Corneille (1634), II, 1136. — *Observations sur le Cid* (1637), II, 1141, art. 1. — *Les Fautes remarquées en la Tragi-comedie du Cid* (1637), II, 1142, art. 1. — *La Voix publique à M. de Scudery sur les Observations du Cid* (1637), II, 1141, art. 3 ; 1142, art. 3. — *Lettre apologetique du Sr Corneille, contenant sa response aux observations faites par le Sr Scudery* (1637), II, 1141, art. 4. — *La Preuve*

des passages alleguez dans les Observations sur le Cid (1637), II, 1141, art. 6 ; 1142, art. 14. — *L'incognu et veritable Amy de messieurs de Scudery et Corneille* (1637), II, 1141, art. 7 ; 1142, art. 4. — *Le Souhait du Cid en faveur de Scudery* (1637), II, 1141, art. 13. — *Lettre à l'illustre Academie* (1637), II, 1142, art. 13. — *Lettre de M. de Balzac à M. de Scudery* (1638), II, 1142, art. 19. — Vers en tête du *Virgile travesti* de Scarron, II, 1906. — Vers à M. Adam Billaut (1644), 829. — Notice, par Th. Gautier (1844), III, 2509.

Scudéry (Madeleine de), citée par Guéret (1663), II, 1849. — *Conversations nouvelles* (1684), II, 1858. — P. d'Ortigue lui dédie *Agiatis* (1685), II, 1543. — Mlle L'Héritier lui dédie *Le Triomphe de Mme Des Houlieres* (1696), II, 1734.

Scytha (Joh. Battista) : vers à Leonardo Crasso (1499), II, 1743.

Scytharca (Aurelius) : vers à Lod. Dolce (1565), II, 1471.

Sears (M. U.), grav. (1846), II, 1768.

Sébastien, roi de Portugal : un pâtissier de Madrigal cherche à se faire passer pour lui (1596), III, 2434.

Sébillet (Thomas). Voy. Sibillet.

Secalar (Paulin), navigateur (1544), II, 1957.

Sécard (Louis), impr. à Dijon (1687), cité, III, 2491.

Seckendorff, traducteur du *Werther* de Goethe (1776), cité, II, 1767.

Secours (Le grand et memorable) arrivé au Comte de Buquoy (1619), III, 2420, art. 15.

Secousse : volume lui ayant appartenu, II, 1076.

Secret (Le) ou Les Secretz des Secretz de Aristote, s. d., 191, 192.

Secreta mulierum (s. d.), 190.

Secrétaire (Le) des dames, 483. Voy. Ivry (Jehan d').

Secrétaires d'état : leurs noms et leurs armes (1718), III, 2493, art. 42, 43.

Secretz (Les) et Loix de Mariage, 483.

Sedaine (Michel Jean) : *Les Femmes vengées* (1775), II, 1342. — Trois pièces de lui dans les *Chants et Chansons populaires de la France* (1843), 1014.

Sedan : Charles de Navières s'y intitule capitaine de la jeunesse (v. 1575), V, 3205. — *Lettre à M. de La Chastre sur l'entreprise de M. de Guise sur la ville de Sedan* (1586), III, 2188, p. 26, art. 21. — François de La Noue déclare qu'il défendra cette place (févr. 1588), III, 2224, 2219, art. 8 : 2194, p. 41. — Imprimeurs. Voy. Janon (Jean), 1612-1628 (?). — Janon (Pierre), 1644.

Sedane (Pierre Gérard de), cité par Antoine Du Saix (1537), 516.

Sedulius : hymne traduite par Guy Le Fèvre de La Boderie (1578), IV, 2930.

Séez : abbaye de Saint-Martin, IV, 3096, art. 50.

Sega (Filippo), cardinal de Plaisance : Jean Boucher lui dédie les *Sermons de la simulée conversion de Henry de Bourbon* (1594), III, 2251.

Segarizzi, cité, V, 3809.

Segrais (Jean Renaud de), vers en tête du *Virgile travesti* de Scarron, 1906. — Il publie *La Relation de l'Isle imaginaire* (1659), II, 1530. — On lui attribue d'ordinaire le *Discours qui précède les Reflexions* de La Rochefoucauld (1665), 150. — Il collabore à *Zayde* (1670), II, 1535 ; à *La Princesse de Cleves* (1678), 1537.

Segré (Marguerite de Corandon, dame de), protectrice de frère Nicole Le Huen, III, 2635.

Seguéran (Le P.), jésuite : lettre à lui adressée par Victor des Montagnes (1632), IV, 3153, p. 530.

Seguezzi (Santo) : *Estat des revenus de l'Ægypte en 1635* (1651), II, 1922.

Séguier : deux romances de lui dans les *Chansons* de La Borde (1773), 1002.

Séguier (Antoine), lieutenant civil : vers à lui adressés par Joachim Blanchon (1583), IV, 2938, — J.-Ed. Du Monin lui dédie le livre II de *L'Uranologie* (1583), V, 3272. — Il est cité par J. Dorat (1588), IV, 2789.

Séguier (Dominique), évêque de Meaux : lettre à lui adressée par Rangouze (1649), II, 1879.

Séguier (Hiérosme) : vers sur Estienne Pasquier (1584, 1610), 737.

Séguier (Martin) : vers français et latins à Jehan Bouchet (1545), 511. — Vers dans le *Tombeau de Marguerite de Valois* (1551), 628.

Séguier (Pierre), prévôt de Paris accorde un privilège au libraire Jean Bogard (1547), IV, 2772. — Comme président au parlement de Paris, il se prononce pour la tolérance envers les protestants (1559), IV, 3101. — Il signe le privilège accordé à Nic. Favyer pour la publication des médailles commémoratives de la Saint-Barthélemy (1572), IV, 3120.

Seguier (Pierre II), président au parlement de Paris, cité par Jean Dorat (1588), IV, 2789.

Seguier (Pierre IV), chancelier de

France : Claude Malingre lui dédie *Les annales generales de la Ville de Paris* (1640), III, 2313. — Germain Habert lui dédie *La Vie du cardinal de Berulle* (1646), II, 2013 (exemplaire de dédicace). — Pierre Corneille lui dédie *Heraclius* (1647), II, 1152-1153. — *Oraison funebre* par Mascaron (1672), 355. — Portrait (1657), 833. — Volume relié à son chiffre et à ses armes, II, 2013.
Séguier (Pierre V Séguier, marquis de Saint-Brisson, ou de), figure dans des ballets (1656-1665), IV, p. 638.
Ségur (Jacques de), seigneur de Parduillan, est chargé par le roi de Navarre d'une mission auprès de la reine Elisabeth (1583), III, 2195.
Ségur (Joseph-Alexandre, vicomte de) : une pièce de lui dans les *Chants et Chansons popul. de la France* (1843), 1014.
Seidel (Bruno) : vers de lui dans les *Icones* de N. Reusner (1589), V, 3370, p. 161.
Seidensticker (Paul), dit Phrygius : son éloge par Erasme (1515), V, 3207.
Seignelai (Jean-Baptiste Colbert, marquis de): volume lui ayant appartenu, II, 1536.
Seignelay (Catherine-Thérèse de Matignon de Lonré, marquise de), danse dans un ballet (1681), IV, p. 638.
Seigneur (Roland), sieur de Buissay : quatrains à Du Bartas (1583), V, 3269.
Seigneur (Le) des Accordz. Voy. Tabourot (Estienne).
Seillière (Le baron Achille): volumes lui ayant appartenu, III, 2416, 2527, 2538, 2556-2558, 2639, 2681, 2735; IV, 2807, 2808, 2826, 3060, 3072, 3202, 3203.
Seymour (Anne, Marguerite et Jeanne), *Tombeau de Marguerite de Valois* (1551), 628.
Seyssel (Claude de), *Proposition et Harengue... au roy d'Angleterre* (1506), IV, 3104. — *Les Louenges du roy Louys XII° de ce nom* (1508), II, 2105. — *La victoire du roy contre les Veniciens* (1510), III, 2655. Cf. III, 2589. — *La grant Monarchie de France* (1519), III, 2710.
Seytz (Veit), *Album amicorum* (1560-1571), V, 3365.
Seliger (Daniel) : inscription dans un album (1613), V, 3370, p. 167.
Selim II, sultan : *Articles accordez par le grand Seigneur en faveur du Roy et de ses subjects* (1570), III, 2460. — *Les Tenebres du Grand Turc* (1572), IV, 2958. Voy. l'article Lépante.
Sélim et Sélima (1769), 931.
Sélincourt (Jacques Espée de) : *Le parfait chasseur* (1683), 301.
Selles (Le baron de), *Declaration relative à la pacification de Gand* (1579), III, 2384.
Sellier (Claude), pièce latine dédiée à Louis de Tournon (1569), IV 3179.
Selligue, impr. à Paris (1830), 880.
Selva (La procureuse) : son éloge (1535), 805.
Selve : vers à lui adressés par Joachim Blanchon (1583), IV, 2938.
Semblançay (Jacques de Beaulne, seigneur de), son épitaphe par J. Bouchet (1545), 510. Voy. Beaune.
Semilly, seigneur de Rubercy, IV, 2855, p. 194.
Semin de Bransac : généalogie, III, 2495.
Sémiramis, sujet d'une tragédie de Crébillon (1717), II, 1299. — Cette pièce est parodiée par Montigny (1749), II, 130.
Semonce (La) faicte a Paris des coquus en may (1535), 805.
Sempolo, ou Stempolo (Stefano), vice-capitaine de Famagouste (1532), IV, 3091.
Semur (Anne de), vers à Amadis Jamyn (1582), 739.
Senant (Olivier), libr. à Paris (s. d.), IV, 3088.
Senarega (Matteo di Ambrogio) : Paolo Manuzio lui dédie son édition des Lettres familières de Cicéron (1554-1558), II, 1902, art. 2.
Senarpont. Voy. Mouchy.
Senault (Jean-François) : *Oraison funebre d'Anne, infante d'Espagne, reine de France* (1666), 356, art. 1.
Sénecé (Mlle de), danse dans un ballet (1635), IV, p. 638.
Sénecé (Antoine Bauderon de). Voy. *Recueil de Pieces curieuses* (1694-1696), III, 2632. — *Satyres nouvelles* (1695), 951. — *Contes en vers* (1778), 927. — *OEuvres choisies*, II, 1919, art. 8.
Senecey (Claude de Bauffremont, baron de), est écrasé à Lyon (1540), 642.
Senecey (Claude de Bauffremont, baron de), bailli de Chalon : J. Du Choul lui dédie le *Dialogue de la ville et des champs* (1565), IV, 3075. — Il est cité par Jean Dorat (1588), IV, 2789. — *Remerciement fait au nom de la noblesse de France* (1588), IV, 3127, art. 6; III, 2194, p. 42. — *Harangue* prononcée aux Etats de Blois (1589), III, 2700.

Senechal (Pierre), cité par Guill. de Poëtou (1565), III, 2605.
Senéchaux (Grands), de France (1697), III, 2493, art. 26.
Sénégal. Voy. Ca da Mosto. Navigatione (1508-1521), II, 1950, 1951. — Alvarez Cabral(Pedro), Navigatione (1508-1521), II,*ibid*.
Senèque : un extrait de ses œuvres précède le *Cinna* de P. Corneille (1643), II, 1145. — *Motz dorez* (1527), cités, IV, p. 8.
Senet, cité par Est. Forcadel (1579), IV, 2879.
Senglet (Jacques), joue dans la *Passion* de Valenciennes (1547), IV, 3010, p. 374.
Senyghen (N. de) : des vers de lui sont cités par P. Fabri, 426.
Senil (Cipriano), lettre à Gio. Giorgio Trissino (1507), IV, 3078.
Senlis : relation de la bataille livrée devant cette ville (mai 1589), III, 2230, 2231, art. 17. — Levée du siège, III, 2219, art. 13.
Senneton (Antoine), cité par Ch. Fontaine (1546), IV, 2876.
Senneton (Jacques), id., *ibid*.
Senneton (Jean) : vers à lui adressés par Ch. Fontaine (1557), IV, 2877.
Senneton (Marguerite). Voy. Rochefort (Jean de).
Sens : on y observe une pluie de sang (1617), III, 2354. — Abbaye de Sainte-Colombe, IV, 3096, art. 48.
Sens (Les), poëme (1766), 857.
Senten (Theodor von) : inscription dans un album (1593), V, 3370, p. 167.
Sentence baillee contre la belle dame sans mercy, IV, 2799, art. 14.
Sentence decretable et condemnatoire au fait de la paillarde Papauté (1561), 98, art. 4 ; V, 3212, art. 3.
Sentence prononcée contre le sieur Angoulevent (1607), IV, 3005, p. 365.
Sententiae Septem Sapientum (1496), 394 ; cf. IV, 2752.
Sentis : généalogie, III, 2495.
Sept (Les) Douaires des sauvez, III, 2558.
Septgranges (Corneille de), impr. à Lyon (1556), 47, 123.
Sept (Les) Marchands de Naples (v. 1520), IV, 2846.
Sept (Les) principales Miseres des dampnez, III, 2558.
Sept (Les) Sages de la Grèce, IV, 2752.
Sepulveda (Gines de) : *Disputa o Controversia entre el obispo fray Bart. de las Casas y el doctor G. de Sepulveda* (1552), II, 1979, art. 5.

Serafino : *Comptes de Cupido et de Atropos* (1526), 487.
Serbelloni (Francisco Fabrizio de') : Honoré Henry lui dédie ses *Commentaires* (1565), 719.
Serbottendorf (Peter von) : inscription dans un album (1615), V, 3370, p. 167.
Sercy, gentilhomme écrasé à Lyon (1540), 638.
Sercy (Charles de), libr. à Paris (1651), II, 1154, 1155, 1160 ; (1657), 833 ; (1660), II, 1183 ; (1662), 285 ; II, 1186 ; (1663), 918 ; II, 1187, 1189, 1190 ; (1664), III, 2306 ; (1666), 356, art. 4 ; 837, III, 1174 ; (1668), V, 3368 ; (1669), II, 1234 ; (1673), III, 1175 ; (1677), III, 1264 ; (1678), III, 2524 ; (1694), 827.
Sercy (Nicolas de), libr. à Paris (1642), II, 1706.
Seré (N. de), seigneur de Courronssac : Augié Gaillard lui dédie *Lou Banquet* (1619), 1023.
Serenade (La) comedie (1695), II, 1290.
Serencourt (De). Voy. *Recueil de Pieces curieuses* (1694-1696), III, 2632.
Sergent, dessin., II, 1909.
Sergent (Antoine-François), dit Sergent-Marceau, *Portraits des grands hommes* (1786-1792), IV, 3167.
Sergent (Pierre), libr. à Paris (1533), 462 ; (1539), 803 ; (1544), 608 ; (s. d.), 284, 497, 575 ; II, 1078 ; IV, 3098.
Serhisey (Benoist de) : vers dans la *Remonstrance a Sagon* par Claude Colet (1537), III, 2594, art. 10, et dans la *Replicque*, etc., *ibid*., art. 19 ; (1539), 621, art. 9.
Séry (François de Beauvilliers, comte de), figure dans des ballets (1657-1665), IV, p. 638.
Sérignan, ou Cérignan, tué à la Saint-Barthélemy (1572), IV, 3191.
Sérignan, chanteur (1669-1671), IV, p. 638.
Serlio (Sebastiano), architecte, cité par Guy Le Fèvre de La Boderie (1578), IV, 3183.
Serment des associez de la Ligue (1568, 1744), III, 2188, p. 26, art. 3.
Sermon (Ung notable) contenant l'excellence et saincteté du pur et saint Vierge Joseph (v. 1510), IV, 3155.
Sermon (Le) de sainct Belin (v. 1540), 588.
Sermon du cordelier au soldat (1590, 1612), 808, *Additions*.
Sermon d'un fiancé qui emprunta un pain sur la fournée (v. 1595), 590, art. 1.
Sermon (Le) du poul et de la pusse (v. 1540), 588.
Sermon (Le) des frappeculz (v. 1520), IV, 2856.

Sermon (Le) fort joyeux de saint Raisin (v. 1595), 590, art. 3.
Sermon joyeulx de la patience des femmes (v. 1530), 589.
Sermon joyeux pour advertir la nouvelle mariée (v. 1595), 590, art. 2.
Sermon (Le) saint Billouart (v. 1595), 590, art. 4.
Sermon pour le jour de la Dedicace (1539), V, 3246.
Sermons (Les) de monseigneur sainct Paul (v. 1480), II, 1075.
Sernhim (Johann Christian von) : volumes lui ayant appartenu, IV, 3136, 3137.
Serone (Antonio) : vers de lui dans les *Icones* de N. Reusner (1589), V, 3370, p. 161.
Serre : généalogie, III, 2495.
Serre (Charles), de Tulle, cité par Nicolas Bourbon (1538), IV, 2788.
Serre (Honoré) : vers sur la mort d'Ant. Fiancé (1582), 753.
Serre (Jehan) : *Le Venite faict a la royne... Epistre de la venue de la royne Alienor* (1530), IV, 2857. — Epitaphe, IV, 2964, art. 96.
Serre (Thomas) : J.-A. de Chavigny lui dédie ses *Larmes et Souspirs* (1582), 753.
Serre de La Tour, *Le Gazetin* (1790-91), IV, 3153, p. 546.
Serres (Jean de) : vers grecs et français en tête de *La Sepmaine* de Du Bartas (1583), V, 3270. — Le P. Lelong lui attribue à tort *La Vie de Colligny*, III, 2177.
Serrian (Gédéon), vers latins en tête du *Cimetiere d'amour* de Pierre Thierry (1597), IV, 3188.
Sertenas (Vincent), libr. à Paris (1532), cité IV, 3076; (1534), II, 1498; (1547), II, 1483; (1549), 188; (1550), IV, 2881; (1554), 705; (1556), 311; II, 1938; (1557), cité, V, 3362; (1559), V, 3213; (1560), 297; II, 1721; V, 3259, 3374; (1561), III, 2541, 2602; (1562), 711; (1563), cité, V, 3352. — Jeanne Bruneau, sa veuve (1564), II, 1722.
Sertini (Tommaso), de Florence, cité par Nicolas Bourbon (1538), IV, 2788.
Serton. Voy. Certon.
Sertorius : sa vie par Plutarque (1567), II, 1899. Cf. III, 2735.
Sertorius, tragédie de Pierre Corneille (1662), II, 1165.
Servet (Michel) : *Declaration de Calvin au sujet de sa condamnation* (1554), 85. — Il est particulièrement visé dans *Le Salve d'alkimie*, 777.
Servin (L'abbé), cité par La Fontaine (1688), II, 1910.
Servien (Abel) : vers au petit de Beauchasteau (1657), 833. — Portrait, *ibid*.
Servien (Louis), avocat au parlement, puis avocat général : vers grecs sur Estienne Pasquier (1584, 1610), 737. — Vers à lui adressés par N. Rapin (1610), IV, 2944. — Les *Memoires* de l'Estoile lui sont d'abord attribués (1696), III, 2187.
Servières : une pièce de lui dans les *Chants et Chansons populaires de la France* (1843), 1014.
Servion (Jehan), remanie les *Chroniques de Savoye* de Cabaret (1464-1466), III, 2315.
Serviteur (Le), *L'Epistre de ma dame la daulphine de France* (1518), IV, 2841 et *Additions*. — *Ordonnance et Ordre du tournoy, joustes, etc.* [du camp du drap d'or] (1520), V, 3340.
Sessa (Gio. Battista da), impr. à Venise (1496), II, 1936.
Sessa (Gonzalo Hernandez di Cordova, duc de) : Paul Jove lui dédie la vie de Gonzalve de Cordoue (1547), III, 2510. — Lud. Domenichi lui dédie la traduction italienne de cet ouvrage (1550), *ibid*.
Sessa (Melchior), impr. à Venise (1508), II, 1937.
Seth (Légende de) : figure sur bois la reproduisant, II, 2021 (p. 492).
Sctser (Zacharias) : inscription dans un album (1597), V, 3370, p. 167.
Seuz (Peter) : inscription dans un album (1563), V, 3365, p. 150.
Sevasme (Jacqueline de), marraine en 1538, IV, 2855, p. 194.
Sevault : *Chansons* (1549-1552), 980.
Sève (J. de) : *Dessins pour les Œuvres de Racine* (1760), 221. — Gravures de ces dessins, II, 1246. — Fleuron dessiné par lui (1772), II, 2015.
Sévelinges (Ch.-L. de), traducteur du *Werther* de Goethe (1804), II, 1767.
Sévère (Saint) : *Prophetia*, 209, art. 4.
Severszoon (Jan), impr. à Leyde (v. 1509), V, 3222.
Severus (Cornelius), grav. (1709), III, 2251.
Sevestre (Charles), libr. à Paris (1633), 995.
Sévigné (Françoise-Marguerite de), plus tard comtesse de Grignan, danse dans des ballets (1663-1665), IV, p. 638.
Sévigné (Marie de Rabutin, marquise de) : Roger de Rabutin, comte de Bussy, lui dédie l'*Histoire généalogique de la maison de Rabutin* (1684), IV, 3149. — *Lettres à M*ᵐᵉ *la comtesse de Grignan* (1726), II, 1886-1888. — *Recueil de Lettres choisies pour servir de suite aux*

Lettres à M**e** de Grignan (1751), 1889. — Lettres à M. de Pomponne (1756), 1890. — Lettres nouvelles ou nouvellement recouvrées (1773), 1891. — Elle est citée, II, 1542. — Volume lui ayant appartenu, IV, 3149.
Séville. Imprimeurs. Voy. Cronberger (Jacome), 1552. Trugillo (Sebastian), 1742-1743.
Sevin (Guillaume), conseiller au parlement de Bordeaux : Joachim Du Chalard lui dédie l'*Exposition des ordonnances d'Orléans* (1562), III, 2151.
Sevin (Nicolas), membre du bureau de l'Église réformée de Paris (1562), II, 2056.
Sevin (P.), dessin. (1687), 354.
Sèvres. Imprimeur. Voy. Barbier (A.), 1834-1838.
Sfondrato (Le cardinal Celestino) : notes extraites d'un de ses écrits par Bossuet (1695), IV, 3079, p. 453.
Sfondrato (Francesco), cardinal, lettre à Gio. Giorgio Trissino (1547), IV, 3078.
Sforza (La duchesse) : c'est à elle qu'est adressée la relation d'un bal donné par le roi à Versailles (1683), III, 2327.
Sforza (Francesco II), duc de Milan : Galeazzo Capella lui dédie ses *Commentarii* (1538), III, 2726.
Sforza (Isabella d'Aragona, femme de Galeazzo) : lettre à Gio. Giorgio Trissino (1518), IV, 3078, p. 440.
Sforza (Guid' Ascanio), cardinal : lettre à Gio. Giorgio Trissino (1543), IV, 3078.
Sforza (Lodovico), duc de Milan, dit le More : discours que lui adressent les ambassadeurs de Charles VIII (1495), V, 3338. — Vers sur sa captivité par Fausto Andrelini (1505), 421, art. 7.
Sforza (Massimiliano) : *La Forme du traicté et appointement fait entre Françoys premier et Maximilian Sforce* (24 oct. 1515), II, 2124.
Sganarelle (1662). Voy. Molière.
Shakspeare (William) : *Macbeth*, drame traduit en allemand par Schiller (1801), II, 1477. — *Othello*, traduit en françois par Alfred de Vigny (1830), II, 1364.
Shelley (Richard) : inscription dans un album (1592), V, 3368, p. 157.
Sheppard, grav. (1726), II, 1760.
Sherley : *Relation d'un voyage en Perse es années 1598 et 1599* (1651), II, 1922.
Sherwood (Robert), *Dictionnaire anglois et françois* (1632), 327.
Siam : *Histoire*, par Turpin (1771), III, 2485. — Voyage du chevalier de Chaumont dans ce pays (juill. 1686), III, 2524. — Voyage des ambassadeurs de ce pays en France (sept., nov., déc. 1686, janv. 1687), III, 2524.
Sybert (Jehan), impr. à Lyon (v. 1515 ?) cité, 76, *Additions*.
Sibert : généalogie, III, 2495.
Sibert, figure dans un ballet (1657), IV, p. 638.
Siby, médecin, II, 1727.
Sibilet (Thomas), ou Sebilet : *Art poëtique* (1548), 427 ; (1551), 428. — Vers à lui adressés par Du Bellay (1559), IV, 2896. — Traduction du *Contr' amours* de Battista Fregoso et du *Dialogue contre ces folles amours* de Platina (1581), II, 1833. — Vers sur la mort de Ronsard (1586), IV, 2889.
Sibylle, duchesse de Wurtemberg et de Teck, comtesse de Montbéliard : Jacques Foillet lui dédie ses *Pourtraicts de point coupé* (1598), 281.
Sibylle (La) Érithrée : *Carmina de Christo* (1496), 394.
Sibylles (Dits des neuf), cités, IV, p. 24.
Sicard : généalogie, III, 2495.
Sicile (Le héraut) : *Blason des couleurs*, cité, 137.
Siciliano (Battista) : portrait dans les *Icones* de N. Reusner (1589), V, 3370, p. 163.
Sick (Peter), de Königsberg : inscription dans un album (1601), V, 3370, p. 167.
Sidère, femme chantée par Sc. de Sainte-Marthe (1600), IV, 2921.
Sidoyne, fille du roy de Bretaigne, II, 1500.
Siècle (Le), journal, II, 1597, 1598.
Sieder (Urban) : inscription autrefois existante dans un album (v. 1564), V, 3366, p. 152.
Siege (Le) de Calais (1739), II, 1561.
Siège de Sarlat en 1587, II, 2095, art. 12.
Sieges (Les) et Massacres faicts en diverses villes d'Allemagne (1619), III, 2420, art. 10.
Sieghart (Hieronymus) : inscription dans un album (v. 1610), V, 3370, p. 167.
Sienne : discours qu'y prononcent les ambassadeurs de Charles VIII (1495), V, 3338. — Siège de 1554, V, 3363.
Sygée (Aloysia) : *Syntra* (1566), 422.
Sygée (Jacques) : épître à Jean Nicot (1561), 422.
Sigismond (Auguste), roi de Pologne : ses *Obseques* (1574), III, 2424. — Election qui suit sa mort (1573), III, 2185.

Sigismond III, roi de Pologne, vient au secours de l'empereur (1619), III, 2420, art. 15.
Signac (François de), seigneur de La Borde : *Le Trespas et ordre des Obseques de feu le Roy Henri deuxiesme* (1559), III, 2148.
Signes (Les quinze), 511, art. 13; 542.
Signes (Les) prodigieux arrivez en divers endroits d'Allemagne (1620), III, 2420, art. 31.
Signot (Jacques) : *La totale Description de tous les passaiges par lesquelz on peut passer es Ytales* (1515), II, 2122.
Sigongne, Sigougne ou Sigognes : Vers dans *Le Cabinet satyrique* (1666), 958. — Poésies diverses à la suite des *Satyres* de Régnier (1614), 934 ; (1617), 935. — *Lettre et Advis de l'assignation donnée par Messieurs les Princes protestans à Mgr d'Angoulesme* (1620), III, 2420, art. 24. — *Le Balet des Andouilles* (1628), II, 1796, art. 31.
Sigonio (Carlo), cité par J. Dorat (1588), IV, 2789.
Silber (Adam), junior, von Silberstein und Pilnikow : inscription dans un album (1597), V, 3370, p. 167.
Silber (Johann), junior, von Silberstein und Pilnikow : id., *ibid.*
Sylberborner (Georg), de Worms : inscription dans un album (1564), V, 3366, p. 152.
Silhouette : généalogie, III, 2495.
Sillery (Pierre Brulart, marquis de), figure dans un ballet (1639), IV, 638.
Silly (Catherine de), femme de M. de Gyé (1536), IV, 2855, p. 194.
Silly (Jacques de), protonotaire, parrain en 1536, IV, 2855, p. 194.
Silva (Francesco de), impr. à Asti (1521), IV, 3058.
Sylva (Jean de), médecin. Voy. Du Bois.
Sylveld, grav. (1700), 12.
Sylves (Sylvain), impr. à Paris (1579), cité, III, 2698.
Silvestre, publie les *Œuvres* de Saint-Evremond (1709), II, 1911.
Silvestre (Israël), dessin. et grav. (XVIIe s.), 249; II, 1192, 1193, 1209; III, 2408, 2506.
Silvestre (Jean-Baptiste), libr. à Paris (1834), II, 1521 ; (1836), 482.
Sylviolus (Antonius), Parisien. Voy. Forestier.
Silvius (Guillaume), impr. à Anvers, cité par Guill. de Poëtou (1565), III, 2605.
Sylvius (Michel), impr. à Lyon, cité, III, 2172.
Simart (Nicolas), impr. à Paris (1709), 266 ; (1725), II, 1677.

Siméon (Le comte Henry) : traduction en vers des œuvres d'Horace (1873-1874), III, 2573.
Siméon (Jérôme) : le comte Henry Siméon, son petit-fils, lui dédie la traduction d'Horace (1873-1874), III, 2573.
Simeoni (Gasparo de'), contresigne une bulle du pape Innocent X (1645), IV, 3153, p. 534.
Simiane (Pauline d'Adhémar de Monteil de Grignan, marquise de) : *Lettre à M. de Bussy en lui envoyant le choix qu'elle avoit fait des lettres de Mme de Sévigné* (1726), II, 1886. — *Lettres nouvelles* (1773), 1891.
Simier, relieur du roi et libr. à Paris (1825), II, 1909.
Simyer (Mme de) : vers à elle adressés par S. G., s[r] de La Roque (1609), IV, 2943.
Simler (Josias), cité (1585), III, 2516. — Portrait (1581), II, 2039.
Simon : généalogie, III, 2495.
Simon, cité par Nicolas Bourbon (1538), IV, 2788.
Simon, grav. (1787), 914 ; II, 1909.
Simon : mélodie de lui dans les *Chants et Chansons populaires de la France* (1843), 1014.
Simon de Milan. Voy. Litta (Simeone).
Simon du Mans, miniaturiste. Voy. Hayeneufve.
Simon (Claude), impr. et libr. à Paris (1729-1733), III, 2501 ; (1736), 44; (1746), 170 ; (1751), II, 1889.
Simon (Claude-François), dit le fils, impr. à Paris (1739), 290; (1745), 390. — Elisabeth Des Hayes, sa veuve, associée de Claude II (1770), 131; (1771), II, 1338.
Simon (Claude II), impr. à Paris, associé de sa mère, Elisabeth Des Hayes (1770), 131; (1771), II, 1338 ; — seul (1778), II, 1915.
Simon (Diane), citée par N. Rapin (1610), IV, 2944.
Symon (Giraud), vers en tête du *Dictionnaire des rimes* de Jean Le Fèvre (1588), 432.
Simon (Henry) : vers à Claude Colet (1549, n. s.), 651, art. 3. — Il prend part à la publication des *Œuvres* de Jodelle (1574), 696.
Simon (Jehan) de Champigny, évêque de Paris, publie les *Constitutions pour les filles pénitentes* (1497), 122.
Symon (P.), *Chansons* (1549-1552), 980.
Simonet (Mlle), enfant, figure dans un ballet (1656), IV, p. 638.
Simonet (Jean-Baptiste), grav. (XVIIIe s.), 409, 835, 916, 925, 1033, 1034, 1037; II, 1179, 1247, 1287, 1474, 1501,

1576, 1676, 2002-2004; III, 2298, 2569.
Simonet jeune, grav. (1822), II, 1909.
Simoneta (Bartolommeo), poète italien (1506), cité, IV, 2999.
Simonin (Claude et Jacques) : *Pieces et Ornements pour les arquebuziers* (1693), 277.
Simonin (Jacques?) : *Pieces et Ornements d'arquebuzerie* (1705), 278,
Simonin (Jean), arquebusier à Lunéville (1627), 277. *Additions*.
Simonneau (C.), dit l'aîné, grav. (xviie s.), III, 2328, 2506.
Simonneau (Louis), grav. (xviie s.), III, 2507.
Simonneau (Philippe), dit le fils, grav. (xviiie s.), III, 2315, 2328, 2487.
Simonnot (François), impr. à Beaune (1666), 356, art. 3.
Simplicien (Paul Luces, dit le P.), publie l'*Histoire généalogique* du P. Anselme (1726-1733), III, 2487.
— Il revoit *L'Etat de la France* (1727), III, 2358.
Sympson (Richard), auteur supposé par Swift (1726), II, 1760.
Simson (Simon) : vers à lui adressés par J. de Vitel (1588), V, 3275.
Simulachres (Les) et historiées Faces de la mort (1538), 237.
Sincerus (Actius). Voy. Sannazaro (Jacopo).
Sincler (John), doyen de Restalerig : vers latins à lui adressés par Adam Blackwood (1564); IV, 2790.
Sindré (Le sieur de) : *Remonstrance au roi* (1588, 1758), III, 2194, p. 42.
Sinéty (Le comte de) : volume lui ayant appartenu, 270.
Singeries (Les) des femmes de ce temps descouvertes (1623), II, 1798, art. 8.
Sisco, grav. (1824), II, 1180.
Situation des vents (1589), III, 2563, p. 364, art. 6.
Sivry (Jacques de) : *Les Exercices et Passe-fantasies du contristé*, ms. (1578), IV, 2934.
Sixte Quint Peretti, pape : *Declaratio contra Henricum Borbonium assertum regem Navarrae* (9 sept. 1585), III, 2210. — *Declaration à l'encontre de Henry de Bourbon*, III, 2194, p. 35. — *Coppie des Lettres envoyées à Mgr. le cardinal de Bourbon*, (15 juill. 1588), III, 2221, art. 5. — Il est cité par J. Dorat (1588), IV, 2789. — Le duc de Mayenne lui envoie une ambassade composée du commandeur de Diou, de Coquelei, etc. (mai 1589), III, 2251, p. 87. — Lettre à lui adressée par Mayenne (1589), III, 2703.
Skulik (Le comte André), exécuté à Prague (1621), III, 2420, art. 54.
Slader, grav. (1838), V, 3321.

Sleidanus (Johann Philippsohn, dit) : portrait (1581), II, 2039.
Sloïste, dessin. (xviiie s.), 261.
Sluyter, grav. (1700), 12.
Smeyers (Henri), approuve la publication de *La pieuse Alouette* (1619), V, 3301.
Smith (G.), libr. à Amsterdam (1728-1739), III, 2544 ; (1735), III, 2286.
Smith (John), pseudonyme de Charles, prince de Galles (1623), III, 2374, art. 4.
Smyth (Nicolas) : ouvrage de lui désavoué par les jésuites (1633), IV, 3153, p. 531.
Smith (O.), grav. (1838), V, 3321.
Smith (Thomas), pseudonyme de Buckingham (1623), III, 2374, art. 4.
Smith (William), éditeur de l'*Histoire de la guerre d'Escosse* par Jean de Beaugué (1830), cité, III, 2367.
Smits (La veuve de Girard), libr. à Anvers (1580), V, 3205.
Sneyd (Le rév. William) : manuscrits lui ayant appartenu, III, 2320 ; IV, 2794.
Snelling, libr. à Londres, associé de Nourse (1769), II, 1916, art. 3.
Soarez (Le P. João), III, 2638.
Société (La) de librairie à Paris (1725), 143. Voy. Compagnie.
Société littéraire typographique de Kehl (1785), II, 1341, 1341 *bis*.
Société (Nouvelle) typographique à Berne (1780-1782), II, 1698.
Socour. Voy. Soyecourt.
Soderini (Pietro), gonfalonnier de Florence (1503), 413.
Sohier (Valentin), musicien : cantiques (1552-1553), V, 3299.
Soyres : généalogie, III, 2495.
Soissons : abbaye de Saint-Crépin, IV, 3096, art. 76. — Abbaye de Saint-Médard, IV, 3096, art. 56.
Soissons (Anne de Montafié, comtesse de), parait dans un ballet (1625), IV, p. 638.
Soissons (Charles de Bourbon, comte de) : G. Bry de La Clergerie compose une *Eglogue* sur son mariage (1602), 769.
Soissons (Louis de Bourbon, comte de), figure dans des ballets (1619-1636), IV, p. 638.
Soissons (Louis de Savoie, comte de), prince de Neuchâtel : *L'Amour à la mode* lui est dédié (1706), II, 1545.
Soissons (Olympe Mancini, comtesse de), femme d'Eugène-Maurice de Savoie, danse dans des ballets (1662-1664), IV, p. 638.
Solages : généalogie, III, 2495.
· Solagna (Frère Guglielmo da), rédige les notes de voyage de frère Odorico Mattiuzzi de Pordenone (1336), IV, 3085.

Solar (Félix) : volumes lui ayant appartenu, 3, 70, 72, 90, 98, 99, 149, 216, 293, 446, 453, 512, 520, 556, 587, 628, 629, 685, 781 ; II, 1062, 1084, 1131, 1508, 1509, 1511, 1544, 1742, 1759, 1904, 2049 ; III, 2414, 2594, 2684 ; IV, 2951, 3006. Cf. IV, p. 19.
Solding (Paul Paulin) : inscription dans un album (1598), V, 3370, p. 167.
Soleil (Félix) : volume lui ayant appartenu, III, 2652.
Soleil (Le) et les Grenouilles (1672), 915.
Soleinne : volumes lui ayant appartenu, 220, 517, 1021 ; II, 1075, 1081, 1084, 1460 ; IV, 2798, 2848, 2981, 2983-2987, 3005, 3007, 3018, 3019, 3024.
Soleure. Imprimeur. Voy. Heuberger (Ursus), 1712.
Soly (Michel), libr. à Paris (1629-1630), II, 1942 ; (1634), II, 1935.
Solié (Jean-Pierre Soulier, dit), mélodie dans les *Chants et Chans. popul. de la France* (1843), 1014.
Solignac : cette ville est prise par les ligueurs (17 janv. 1590). — Abbaye de Saint-Pierre, IV, 3096, art. 6.
Soliman II : *Lettre a monsieur le grant maistre de Rodes* (1522), 491, 492. — *Le Double de l'original qui a esté escript et mandé par le Grand Turcq* (1526), III, 2458 ; IV, 3142. — *Coppie d'unes Lettres de deffiance envoyees à Maximilian, empereur des Romains* (1565), III, 2732. — Sujet d'une pièce de Favart (1762), II, 1335.
Soliman III : son histoire (juin 1688), III, 2524.
Solime : vers à Jean d'Intras (1609), II, 1524.
Solin (1518), V, 3332.
Solis (Virgile), grav. (1563), 411.
Solis Mexía (Jean de) : vers à Cervantes (1613), II, 1754.
Solms (Ernest, comte de), seigneur de Müntzenberg et de Sonnenwald, inscription dans un album (1589), V, 3368.
Solms (Guillaume, comte de), id., *ibid*.
Solms (Othon, comte de), id., *ibid*.
Solms (Philippe, comte de), id., *ibid*.
Solms (Reinhard, comte de), id., *ibid*.
Solnis (Maistre), corruption pour Solin, 190, p. 98.
Solomcau (Pierre), traduit en français le *Brief Discours de la vie et mort de M. Theodore de Beze* d'Ant. de La Faye (1610), II, 2061.
Solon : sa vie par Plutarque (1567), II, 1899. Cf. III, 2735.
Somaise (Anthoine Baudeau, sieur de), *le Procez des pretieuses* 1660), II, 1184. — *Le grand Dictionnaire des pretieuses* (1660), II, 1847 ; (1661), 1848.
Somer (G.), grav., géographe (1669), II, 2031.
Somer (J. van), dessin., III, 2506.
Someren (Abraham van), libr. à Amsterdam (1698), II, 1975.
Sommaire (Petit) de la vie, actes et faits de... Henry IIII (1610), III, 2234.
Sommaire des articles qui sont en controverse (1565), cité, III, 2552.
Sommaire des demandes de Messieurs les princes unis (1588), III, 2194, p. 42.
Sommaire de tous les Recueils de chansons (1576), 411, art. 69.
Sommaire du livre des nouvelles isles (1554), IV, 3084, art. 1.
Sommaire veritable de ce qui s'est passé en Boheme (1619), III, 2420, art. 12.
Sommation (La) faite par le marquis de Spinola au Gouverneur de la ville de Breda (1625), III, 2405, art. 9.
Sommaville (Antoine de), libr. à Paris (1632-1633), II, 1528 ; (1635), II, 1453 ; (1636), II, 1109 ; (1637), II, 1141, art. 12 ; 1142, art. 13 ; (1638), II, 1110, 1111 ; 1112, art. 19 ; (1639), 430 ; II, 1112 ; (1640), 430 ; (1642), II, 1113 ; IV, 3027 ; (1643), II, 1146 ; (1644), II, 1114, 1149 ; IV, 3033, 3034 ; (1645), II, 1150 ; (1647), II, 1152 ; (1649), 100 ; (1655), 303 ; II, 1126, 1156 ; (1656), 57, 58, 832 ; III, 2265.
Sommerdijck : Fleury de Bellingen lui dédie *L'Etymologie ou Explication des proverbes* (1656), II, 1868.
Sommereul (Antoine), prêtre, est condamné aux galères comme complice de la mort de B. Brisson (1594), III, 2253.
Sommières : *Histoire des deux sieges*, par Est. Giry (1578), réimpr., II, 2095, art. 10. — Chansons sur ces sièges, 411, art. 63 ; 989, art. 5.
Sonan (de) : vers à Marc de Papillon (1597), 762. — Vers à Claude Billard (1610), II, 1105.
Songecreux, surnom de Jehan de L'Espine, dit Du Pontalais, ou Du Pont-Alletz, 502, 503.
Songes (Les) drolatiques de Pantagruel (1826), II, 1520.
Songeur (Le), surnom de Nicaise Ladam, 488, 492.
Sonyn (Jean), II, 1775.
Sonnet sur le sacre et couronnement de la royne (1610), 890, art. 7.
Sonnet, sieur de La Pinçonnière, père du poète Thomas Sonnet : épitaphe (1623), 939.

Sonnet (César) : vers à son père, Th. Sonnet, sieur de Courval (1621), 938.
Sonnet (Esther), vers à son frère Thomas Sonnet, sieur de Courval (1623), 939.
Sonnet (Jean), Vers à son frère Thomas Sonnet, sieur de Courval (1623), 939.
Sonnet (Michel) : Vers à son oncle Thomas Sonnet, sieur de Courval (1621), 938.
Sonnet (Thomas), sieur de Courval : *Satyre contre les charlatans* (1610), 201. — *Satyres* (1621), 938. — *Satyre menipée sur les poignantes traverses du mariage* (1621), 938; (1623), 939.
Sonets (Six) de l'Assemblee des prelats de France... tenue à Poissy (1561), IV, 2918.
Sonnius (Laurent), libr. à Paris (1621), III, 2356.
Sonnius (Michel), libr. à Paris (1580), II, 1958.
Sopha (Le), conte moral (1749), II, 1564.
Sophi, roi de Perse (1547), V, 3363.
Sophie de Wittelsbach, princesse de Brunswick-Lünebourg, duchesse de Hanovre : fêtes données à Versailles en son honneur (1683), III, 2327. — Fragment de lettre à Mme de Brinon (1691), II, 1883, p. 364. — Lettre à l'abbesse de Maubuisson (1671), *ibid.*
Sophocle : *Tragaediae* [sic] (1502), II, 1059.
Sophonisba, tragédie traduite de Gio. Giorgio Trissino (1559), IV, 3057.
Sophonisbe, sujet d'une trag. de P. Corneille (1663), II, 1166.
Soping (Geoffroi) : inscription dans un album (1592), V, 3371, p. 169.
Soquand (Guichart), impr. à Paris (1514), IV, 2784, 2827; (1527), 523; (s. d.), 513.
Sorano (Palladio), cité par Nic. Bourbon (1538), IV, 2788.
Sorbière (Samuel), premier éditeur des *Memoires* du duc de Rohan (1644), III, 2263.
Sorbin (A.), père d'Arnaud : son *Tombeau* par Franç. d'Amboise (1569), II, 2029.
Sorbin (Arnaud) : *Histoire des Albigeois*, traduite de Pierre des Vaux de Cernay (1568), II, 2028 ; — (1569), 2029. — *Conciles de Tholose, Besiers et Narbonne, rendus en françois* (1569), *ibid.* — *Allegresse de la France* (1569), 729. — *Sermons de la resurrection de la chair* (1574). 49. — *Oraison funebre de Cosme de Medicis* (1574), 338. Cf. III, 2172. — *Oraison funebre de Charles IX* (1579), 339; — *Seconde Oraison funebre de Charles IX* (1579), *ibid.* — *Oraison funebre de Mme Marguerite de France* (1575), 340. — *Oraison funebre de Claude de France* (1575), 341. — *Oraison funebre de Marie-Isabeau de France* (1578), 342. — *Oraison funebre de Paul de Caussade, seigneur de S.-Maigrin* (1578), 343. — *Exhortation à la noblesse* (1578), 50. — Il est cité comme prédicateur par Guy Le Fèvre de La Boderie (1578), IV, 2930. — Vers à lui dédiés par François Le Poulchre (1587), V, 3274. — Sonnet à Le Poulchre, *ibid.*
Sorbonne : elle se prononce contre Henri III (5 avril 1589), III, 2222, art. 6. — *La Dœmonologie de Sorbonne* (1593, 1709), III, 2251, p. 87.
Sorbonne (La) au roy sur de nouvelles theses contraires à la verité (1669), IV, 3153, p. 539.
Sorcellerie, II, 1728, 1729.
Sorcelleries (Les) de Henri de Valois, (1589, 1744), III, 2188, p. 26, n° 32.
Sordes : abbaye de Saint-Jean, IV, 3096, art. 127.
Sorel (Anne), citée par M. Guy, de Tours (1598), IV, 2948.
Sorel (Charles), sieur de Souvigny : l'*Histoire comique de Francion* lui est attribuée (1623), III, 2628; (1636), 2629. — *La Maison des jeux* (1642), II, 1706.
Sorel (Pierre), *Œuvres* (1566), 722.
Sorin (Tanneguy), régent à Caen (1579), IV, 2930.
Sornique (D.), grav. (XVIIIe s.), 402; II, 1246, 1335, 1741, 2094; III, 2501, 2506, 2524.
Sorrèze : abbaye de Notre-Dame, IV, 3096, art. 62.
Sotise a huit personnaiges (1508), V, 3313.
Sotisier (1717), II, 1817.
Sottie de la Folie des Gorriers, ms. (XVe s.), IV, 3007.
Sottie nouvelle de l'Astrologue, ms. (XVIe s.), IV, 3008.
Soubeyran, grav. (1737), 245.
Soubize, tué à la Saint-Barthélemy (1572), IV, 3191.
Soubise (Benjamin de Rohan, seigneur de) : *Supplications faictes à Charles I, roy d'Angleterre, etc.; avec la response* (1625), III, 2278.
Soubise (François de Rohan, prince de) : Boursault lui dédie *La Satire des satires* (1669), II, 1227.
Soubise (Vente du prince de), en 1788; volume en provenant, IV, 3022.
Soubron (André), libr. à Paris (1655); 303 ; (1656), 57, 58.
Souchay, procureur du roi à Tours (1598), IV, 2948.

Souchay, censeur (1741, 1743), III, 2347.
Soufflot (Jacques-Germain), architecte, collabore à l'*Encyclopédie* (1769), III, 2523, p. 277.
Souffrance (La) de la ville de Paris (1591), III, 2249 et *Additions*.
Souhait (Le) du Cid en, faveur de Scuderi (1637), II, 1141, art. 13 ; 1142, art. 5.
Souillac : abbaye de Notre-Dame, IV, 3096, art. 109.
Soulfour (P.-D.) : Vers sur Mme Des Roches (1582, 1610), 737.
Soulié (Frédéric), collaborateur du *Monde dramatique* (1835-1839), II, 1072. — *Memoires du Diable* (1839), II, 1584.
Soulier : *Histoire du calvinisme* (1686), II, 2043.
Source (La) glorieuse du sang de l'auguste maison de Bourbon (1687), 373, art. 3.
Sourdéac (Le marquis de), fait représenter *La Toison d'or* de P. Corneille (1661), II, 1164.
Sourdy (Mme de). Voy. Babou (Isabeau).
Souris (La) (1652), 975.
Soutman, dessin., III, 2506.
Souto (Fernando do) : *Histoire de la conqueste de la Floride* (1685), II, 1981.
Souverain (Hippolyte), libr. à Paris (1835), II, 1366 ; (1837), II, 1586 ; (1839), II, 1596 ; (1840), II, 1595, 1597, 1598 ; (1842), II, 1599 ; (1844), II, 1646.
Souvestre (Emile) : *Un dernier Amour*, nouvelle publiée dans le *Dodécaton* (1837), II, 1714.
Souville, danseur (1635-1664), IV, p. 638.
Souvré, « Souveré », cité par Estienne Forcadel (1579), IV, 2879.
Souvré (Gilles de), marquis de Courtenvaux : *Ode* à lui adressée par Cl. Garnier (1609), V, 3288.
Souvré (Jean de), marquis de Courtenvaux. Voy. Courtenvaux.
Soyecourt, vers à lui adressés par J.-Éd. Du Monin (1583), V, 3272 (il écrit Socour). — Il est cité par Jean Dorat (1588), IV, 2789.
Soyecourt (Le comte de) : volumes lui ayant appartenu, II, 2024.
Soyecourt (Maximilien de Belleforière, comte, puis marquis de) ou Saucour, figure dans des ballets (1654-1665), IV, p. 638.
Spadacina (La belle) : sonnet de N. Martelli sur sa mort (v. 1543), IV, 3000, p. 357.
Spagnuoli (Battista), dit le Mantouan, cité par Nic. Bourbon (1538), IV, 2788. — Vers de lui dans les *Icones*
de N. Reusner (1589), V, 3370, p. 161. — Portrait, *ibid.*, p. 163.
Spallart (Jacques), compose des vers pour le *Puy du souverain amour* (1543), 804.
Spamitius (Guillaume), médecin à Bourbourg (1610), II, 2027.
Spandel (Christoph), de Rosenberg, curé de Mühldorf : inscription dans un album (1568), V, 3365, p. 150.
Spaner (Johann) : inscription dans un album (1620), V, 3370, p. 167.
Spatar (Nicolas) Milescu : son voyage en Chine en 1675, II, 1924.
Spaur (Anton, baron de) : inscription dans un album (1567), V, 3365, p. 150.
Spaur (Johann Jakob, baron de), id. (1565), *ibid.*, p. 150.
Specht (Joachim) : inscription dans un album (1595), V, 3370, p. 167.
Speciale (Martin) dall' Agnolo : épître à lui adressée par Jacomo Morello (1553), 1052.
Speculum episcoporum et prelatorum (v. 1510), IV, 2744.
Spencer (Charles), troisième comte de Sunderland : volumes lui ayant appartenu, 470 ; III, 2593, 2651 ; IV, 3063, 3201.
Speroni (R. Sperone) : Vers dans le *Tombeau de Ronsard* (1623), 668.
Spiegel (Jakob), secrétaire de l'empereur (1518), IV, 3136. — Son éloge par Erasme (1515), V, 3207.
Spiegel (Johann), trésorier de Berne : Simon Du Rosier lui dédie son *Antithesis de Christi et papae facinoribus* (1558), V, 3366.
Spiegel (Otto), pèlerin à Jérusalem (1479), IV, 3087.
Spifame, sieur de Buysseaux : vers à lui adressés par François Le Poulchre (1587), V, 3274.
Spifame (Jean), conseiller au parlement : vers à lui adressés par N. Rapin (1610), IV, 2944.
Spiller (Marcus), Autrichien : inscription dans un album (1564), V, 3366, p. 152.
Spinelli (Gio. Battista), comte de Cariati : lettre à lui adressée par Léon X (1515), copie, IV, 3078, p. 438.
Spinola (Ambrogio, marquis), général de l'empereur Ferdinand II (1620), III, 2420, art. 33. — Son entrée dans le Palatinat, *ibid.*, art. 36. — Ses succès, *ibid.*, art. 42, 46 ; (1621), *ibid.*, art. 52. — Il signe une convention avec les princes protestants, *ibid.*, art. 53. — Son entrevue avec le Cte de Mansfeld (1623), III, 2405, art. 3. — Sa victoire sur les Hollandais devant Berg-op-Zoom (1622), *ibid.*, art. 4. — Il assiège Berg-op-Zoom (1622), *ibid.*, art. 5. — Il assiège Breda (1624), *ibid.*, art.

6, 7, 8, 9, 10, 12. — Baro lui dédie la *Continuation d'Astrée* (1632), II, 1528.
Spinola (Christophe Royas de), évêque de Neustadt: pouvoirs à lui donnés par l'empereur pour la réunion des églises chrétiennes (1691), II, 1883, p. 367, art. 1.
Spinoza, pâtissier de Madrigal (1594), III, 2434.
Spire (Jean de), impr. à Venise (1469), 182.
Spirinx (L.), grav. (1660), II, 1129, 1131.
Spirinx (Nicolas), grav. et impr. à Dijon (1629), cité, II, 1131; (v. 1632), cité, III, 2491.
Spirito (Lorenzo) : *Le Passetemps de la fortune des dez* (1574), 312.
Spiriteo (Prospero) : vers de lui dans les *Icones* de N. Reusner (1589), V, 3370, p. 161.
Spiritus ubi vult spirat, pièce morale en français (1525), IV, 2754.
Spirli, musicien (1661), IV, p. 639.
Spitz (Heinrich von) : inscription dans un album (1564), V, 3365, p. 150.
Splendore delle virtuose giovani (1563), 280.
Spolard (Joachim) : inscription dans un album (1598), V, 3370, p. 167.
Spon (Jacob) : lettre à lui adressée par Bossuet (1679), IV, 3079, p. 441.
Sponde (Jean de) : inscription dans un album (1583), V, 3368, p. 158.
Sponn (Matthäus), le jeune : inscription dans un album (1591), V, 3369, p. 159.
Sprecher (Fortuné), de Davos : volume lui ayant appartenu, IV, 2738.
Staal (G.), dessin. (1843), 1014.
Stab (Adam Veit) : inscription dans un album (1565), V, 3365.
Stabat mater, paraphrasé par G. de Scudéry (1633), V, 3318.
Stabius (Johann), vers à Maximilien, roi des Romains (1500), II, 1066.
Staburius (Laurentius) : vers à Nicolas Bourbon (1538), IV, 2788.
Stace : *Thebaïde* traduite par Pierre Corneille (1671), citée, II, 1133, art. 1; 1169.
Stackembroek (M. de), lieutenant-général de la cavalerie hollandaise; s'empare de Limbourg (1632), III, 2405, art. 25.
Stadion (Christoph von), évêque d'Augsbourg (1535), IV, 2745.
Staffe (The) of Christian Faith (1577), cité, V, 3210.
Stahremberg (Ernest-Rudiger, comte de); son portrait (oct. 1683), III, 2524.
Staines (R.), grav. (1843), III, 2324, 2325.

Stainheül. Voy. Steinheil.
Stammstrasser (Sebastian), noble viennois : inscription dans un album (1565), V, 3365, p. 150.
Stances sur la mort de Henry le Grand (1610), 890, art. 10 ; III, 2242, art. 2.
Stanses sur la venue du roy (v. 1597), IV, 2962.
Stanhope (Michel) : inscription dans un album (156 ?), V, 3365, p. 150.
Stanley (Henry), cité par J. Dorat (1588), IV, 2789.
Starckmann (P.), grav. (1724), III, 2317.
Statuta synodalia dioecesis Ruthenensis (1556), 123.
Stauff (Georg Leo, Freiherr von) : inscription dans un album (1565), V, 3365, p. 150.
Stecher (J.), éditeur des *Œuvres de Jehan Le Maire*, cité, III, 2432.
Steclin (Jean), joue dans la *Passion de Valenciennes* (1547), IV, 3010, p. 374.
Steels (Jehan), impr. à Anvers (1539), V, 3249 ; (1542), III, 2723 ; (1545), II, 1068, art. 1.
Steenhouwer (Josué), libr. à Amsterdam (1715), II, 1753.
Steiernagel (Peter), de Cronweissenbourg : inscription dans un album (1565), V, 3365, p. 150.
Stein (Simon) : inscription dans un album (1597), V, 3370, p. 167.
Steiner (Heinrich), impr. à Augsbourg (1531), II, 1869.
Steiner (Heinrich), de Zürich : inscription dans un album (1583), V, 3368, p. 158.
Steiner (Johann), dit Petreius, impr. à Nuremberg (1538), IV, 3161 ; cité, III, 2722.
Steiner (Johann), peintre (v. 1775), II, 1474.
Steinheil, dessin., 1014 ; V, 3321.
Steinheil (Lassar), « Stainheül », inscription dans un album (1567), V, 3365, p. 150.
Steinkerk. (Combat de) en 1692, III, 2524, Additions.
Steinschaber (Adam), impr. à Genève (s. d.), II, 1494.
Stella (Ambrogio), compagnon d'Alione (v. 1510), IV, 3058, p. 415.
Stella (Lucio), jurisconsulte : vers à Nicolas Bourbon (1538), IV, 2788.
Stendhal. Voy. Beyle (Henri).
Stengel (Edmond), fait reproduire *La Destruction de Troye*, de J. Milet (1883), II, 1079.
Stephan (Karl), d'Augsbourg : inscription dans un album (1567), V, 3365.
Sterck, trésorier-général de Philippe II aux Pays-Bas : le cardinal de

TABLE ALPHABÉTIQUE GÉNÉRALE 641

Granvelle lui écrit (1582), III, 2395.

Sterlin (Ernould), joue dans la *Passion de Valenciennes* (1547), IV, 3010, p. 376.

Sterne (Laurence) : *Voyage sentimental* (1769), II, 1765 ; (1801), 1766.

Steucker (Louis et Daniel), impr. à La Haye (1673), III, 2407.

Stevens (Hans), est exécuté (1616), III, 2420, art. 1.

Stiegel (Johann) : vers de lui dans les *Icones* de N. Reusner (1589), V, 3370, p. 161.

Stoa (Johannes Franciscus Quintianus). Voy. Conti (Gianfrancesco).

Stochain (Adolph von) : inscription dans un album (1591), V, 3368, p. 158.

Stock (Friedrich) : inscription dans un album (v. 1567), V, 3367, p. 154.

Stock (Richard) : inscription dans un album (1592), V, 3371, p. 169.

Stockholm : sac de cette ville en 1517, III, 2176.

Stocks (L.), grav. (1843), III, 2324.

Stoer (Jacob), impr. à Genève (1572), IV, 2927.

Stoffacher (L'Ombre de Garnier), tragicomedie par Joseph Du Chesne, sieur de La Violette (1584), IV, 3026.

Stöger von Butteberg (Wolfgang) : inscription dans un album (1564), V, 3365, p. 150.

Stoop (Nicolas), « Stopius », d'Alost : inscription dans un album (v. 1565), V, 3365, p. 150.

Storck : son éloge par Erasme (1515), V, 3207.

Stoupe (Jean - Georges - Antoine), impr. à Paris (1703), II, 1995 ; (1789), III, 2524.

Stralendorf, chancelier de l'empereur Ferdinand II : lettre à don Balthazar de Zuñiga (1620), III, 2420, art. 58.

Strambotti d'ogni sorte (v. 1500), 1029.

Strasbourg : François Guilletet y arrive en 1546, V, 3255. — *Articles proposez par les preteurs consuls et magistrat* (30 septembre 1681), IV, 3153, p. 540. — Imprimeurs et Libraires. Voy. Doulssecker, 1707-1708. Flach (Martin), 1521. Hupfuff (Mathis), 1513. Le Porché (Gillot), 1587. Librairie académique, 1789. Poullain (J.), 1558. Privat, 1874. Schürer (Mathias), 1515. Treuttel (J.-G.), 1792.

Strauss (Jakob) : inscription dans un album (1566), V, 3365, p. 150.

Strazeele (Jan), cité par Nicolas Bourbon (1538), IV, 2788, p. 81 ; — par Jean Dorat (1586), IV, 2789, p. 87.

Streel (Léonard), impr. à Liège (1601), II, 2027 ; (1625), III, 2405, art. 7.

Strein (Johann Georg), baron de Schwarzenau, page de Ferdinand IV, roi des Romains (1654), puis de l'archiduc Léopold (1657), V, 3367.

Stribech (Jean-Maximilien), baron Slivý, page de Ferdinand IV, roi des Romains (1654), V, 3367.

Strijdt (Den) gheschiet over tgheberchte voer de stadt van Pavye (1525), II, 2130.

Stryt (Von dem christenlichen) Kürtzlich geschehen zu Liszbona (v. 1530), II, 2070.

Stroehlin (Ernest), de Genève : volumes lui ayant appartenu, V, 3204, 3205, 3209, 3211, 3212, 3245-3248, 3250, 3253, 3255, 3264-3269, 3276, 3277, 3281, 3282, 3284, 3285, 3290, 3298, 3365-3372.

Strout (Pierre), impr. à Anvers (1568), IV, 2886.

Strozzi : ms. portant les armes de cette famille, IV, 3152.

Strozzi (Benedetto), IV, 3152.

Strozzi (Ercole) : *Poëmata* (1513), 419. — Vers de lui dans les *Icones* de N. Reusner (1589), V, 3370, p. 161. — Portrait, *ibid.*, p. 163.

Strozzi (Filippo) : Vespasiano de' Bisticci lui dédie la vie de Palla Strozzi (xve siècle), IV, 3152. — Vers dans les *Trionfi, Carri, ecc.* (1559), 1028.

Strozzi (Filippo II) loué par Estienne Forcadel (1579), IV, 2879 ; — par Jean Dorat (1588), IV, 2789.

Strozzi (Gio. Battista) : vers dans les *Trionfi, Carri, ecc.* (1559), 1028.

Strozzi (Gio. Battista II) : sonnet à lui adressé par N. Martelli et réponse (v. 1543), IV, 3000, p. 359.

Strozzi (Marcello), IV, 3152.

Strozzi (Matteo di Simone), IV, 3152.

Strozzi (Palla) : sa Vie par Vespasiano de' Bisticci (ms.), IV, 3152.

Strozzi (Piero), maréchal de France, reçoit l'ordre de Saint-Michel (1547), IV, 3113. — Il est cité (1557), IV, 2877. — *Lamento* sur sa mort (1558), V, 3306.

Strozzi (Tito Vespasiano) : *Poëmata* (1513), 419.

Stuart (Mlle), figure dans un ballet (1661), IV, p. 639.

Stuart (Béraud) : épître à lui adressée par C. Curre (1509), 484.

Stuart (David) : Epigramme latine à Jean Leger (1669), II, 2031.

Stuart (Jacqueline) : dizain, IV, 2965, art. 42.

Stuart (Jacques), comte de Murray, adversaire de Marie Stuart, III, 2370.

V.

Stuart (Louis), seigneur de Murs : épitaphe par A. de L'Ortigue (1617), 822.
Stuart (Marie). Voy. Marie.
Stuart (P.) : vers latins à Germain Audebert (1583), IV, 2794.
Stubenfol (Peter) : *Die Belegrung der Stat Pavia* (1525), II, 2128.
Stück (Johann Wilhelm), de Zürich : inscription dans des albums (1583), V, 3368; (1601), p. 158; V, 3371, p. 169.
Stuhlweissenburg (Sl. Stojni Biograd; magyar Székes Fehérvár) : Ferdinand Iᵉʳ y est couronné roi de Hongrie et de Bohème (1527), V, 3381.
Sturel (René), II, 1060, *Additions*.
Sturm (Christoph) de Werden : inscription dans un album (1598), V, 3370, p. 167.
Sturm (Friedrich) de Werden : id., *ibid.*
Sturm (Johann), cité par Nic. Bourbon (1538), IV, 2788. — Il assiste au couronnement du roi des Romains (1562), III, 2419.
Sturme (Jakob) : portrait (1581), II, 2039, art. 14.
Sturmer (Erasmus Neustetter, dit) : J. Posthius lui dédie ses *Tetrasticha in Ovidii Metam.* (1563), 411.
Sturte, dessin. (1726), II, 1760.
Stuursfoll (Wolf) : id. (1567), V, 3365, p. 150.
Stürzelig (Johann) de Holzheim : inscription autrefois existante dans un album (v. 1564), V, 3366.
Suard (Jean-Baptiste-Antoine), rédacteur au *Mercure de France* (1778), III, 2524, p. 314.
Suardi (Suardino) : Aldo Manuzio lui dédie la seconde partie de son édition de Pontanus (1505), III, 2574.
Suave (Orlando de), pseudonyme de Jacques Gohory (1549), 188.
Sublène (Mᵐᵉ), citée par M. Guy, de Tours (1598), IV, 2948.
Subligny (Thomas Perdou de), *La Muse de la cour* (1656), citée, II, 1455. — *La Muse dauphine* (1667), 901; (1668), 902. — *La folle Querelle* (1668), II, 1253. — Il est considéré comme le traducteur des *Lettres portugaises* (1669), II, 1885, 1943. — *La fausse Clelie* (1671), II, 1534. — Il est peut-être l'auteur des *Memoires de la vie de Henriette-Sylvie de Moliere* (1672-1674), II, 1540. — Il est probablement l'auteur de la *Dissertation sur les tragedies de Phedre et Hippolyte* (1677), II, 1264.
Sudelo (Georg), peut-être Zudeln : inscription dans un album (1564), V, 3366, p. 152.

Sudorius. Voy. Le Sueur.
Suétone : extrait relatif à Valerius Probus (1525), III, 2498. — *Vie de Térence* (1717), II, 1064.
Suffolk (Richard, duc de), dit Blancherose, prend part aux joutes qui ont lieu à Paris lors du second mariage de Louis XII (1514). II, 2113. — Il est tué à Pavie (1525), II, 2127.
Suganappo (Gio. Paolo), impr. à Naples (1550), V, 3218.
Sugny (Mˡˡᵉ de), citée par Claude de Taillemont (1556), IV, 2910.
Suisse. Voy. *Deliberation (La) des Trois Estatz de France sur l'entreprinse des Angloys et Suysses*, [par Pierre Vachot] (1513), IV, 2837. — *L'Ombre de Garnier Stoffacher, tragi-comedie*, par Joseph Du Chesne, sieur de La Violette (1584), IV, 3026. — Jean Leger dédie aux autorités des villes protestantes de Suisse son *Histoire des églises vaudoises* (1669), II, 2031.
Suite de la France galante (1784), II, 1686.
Suite de la Journée de Nimegue (1702), III, 2524, *Additions*.
Suite de l'Extrait de plusieurs mauvaises propositions (1656), 78.
Suite d'Estampes pour servir à l'histoire des Mœurs, 3 part. (1774-1783), III, 2569.
Suite (La) du Menteur, comédie de P. Corneille (1645), II, 1150, 1150 *bis*.
Suite (La) du Temple de la Mort (1652), 975.
Suitte (La) et le Mariage du Cid (1638), II, 1139.
Suite nouvelle et veritable de l'Histoire et des Aventures de Don Quichotte (1714), citée, II, 1753.
Suivante (La), comedie (1637). Voy. Corneille (Pierre).
Sully (Maximilien de Béthune, marquis de Rosny, puis duc de) : J. de Rougevalet lui dédie le *Recueil des œuvres de J. Passerat* (1606), 713. — Vers à lui adressés par S. G., sʳ de La Roque (1609), IV, 2943. — Vers à lui adressés par N. Rapin (1610), IV, 2944. — *Memoires* (1745), III, 2238; (1767), 2239. — *Panegyric*, par Adam Blackwood, traduit par J. Prévost (1613), II, 1106.
Sully (Maximilien-François de Béthune, duc de), figure dans des ballets (1664-1665), IV, p. 639.
Sully (Charlotte-Séguier, duchesse de), danse dans des ballets (1662-1669), IV, p. 639.
Sully (Marie-Antoinette Servien, duchesse de), danse dans un ballet (1681), IV, p. 639.
Sulpice (Saint) : son *Panegyrique*, par Bossuet (1664), IV, 3079, p. 447.

Sulzer (Johann Georg) : des fragments de sa *Théorie des beaux-arts* sont traduits dans l'*Encyclopédie* (1776-1777), III, 2523, p. 282.
Summa Legationis Guysiacae ad Pontificem Max. (1577), citée, III, 2196.
Sunderland (Le comte de). Voy. Spencer.
Superantius (C.), publie les *Vindiciae contra tyrannos* (1579), IV, 3126, art. 3.
Suréna, sujet d'une tragédie de Pierre Corneille (1675), II, 1133.
Surintendants des finances : leur chronologie, III, 2493, art. 39.
Surnoms poétiques ou chevaleresques : Admirée (L'), maîtresse de Tahureau (v. 1557), IV, 3022. Adolescent (L') (1543), 804. Adventureux (Le jeune), Robert III de La Marck, seigneur de Fleurange. Aimée (L'), femme de Pierre de Brach (1576), IV, 2031. Amant (L'), ou mieux l'Amman de Brucelles, Jehan d'Enghien, seigneur de Castregat (v. 1457), II, 1694. Amoureux (L') de vertu, Philibert de Vienne, 651, art. 3. Angevin (L'). Jean Maugin (1560), V, 3374. Angevin (Le petit), id. (1547), IV, 2739. Attend mieulx (L'humble), Hugues Laurent, 596. Atticus secundus, Sarrazin, II, 1906. Banny (Le) de lyesse, François Habert (1541), 643, etc. Voy. Habert. Chevalier (Le) chrestien (v. 1570), V, 3281. Contristé (Le), Jacques de Sivry (1578), IV, 2934. Desconforté (Le), Antoine Prévost (1539), V, 3249. Ente, femme chantée par M. Guy, de Tours (1598), IV, 2948. L'Esclave fortuné, Michel d'Amboise (1535), II, 2091 ; (1550), 810. Eutrapelophile, épître à Scarron, II, 1906. Esperonnier (L') de discipline, frère Antoine Du Saix (1532-1537), 515, 576 ; V, 3330. Flora, Flore, Incongnu (L') (1543), 804. Inconnu (L') : vers au petit de Beauchasteau (1657), 833. Indigent (L') de sapience, Gilles Corrozet, 812, art. 11, etc. Voy. Corrozet. *Infortuné* (L'), *Jardin de plaisance*, IV, 2799, p. 114. Meliglosse, Charles Bauter (1605), II, 1101. Melissus, Paul Schede (1597), V, 3370, p. 167. Mitou (Maistre), Jehan Daniel, 570, art. 5, etc. Voy. Daniel. Moyne (Le) sans froc, Pasquier Le Moine. Palercée, Louis des Maures, 98. *Additions*. Pamphile (Le), Gilles d'Aurigny (1553), 652. Riche (Le) de povreté, Pasquier Le Moyne, Sainte (La), Seigneur (Le) des Accords, Estienne Tabourot (1583, 1586), etc.

Serviteur (Le), III, 2662 ; (1519), IV, 2841 et *Additions*. Syncerius (Actius), Jacopo Sannazaro, V, 3370, p. 160. Songecreux, Jehan de l'Espine du Pontalais (v. 1530), 502. Songeur (Le), Nicaise Ladam, dit Béthune comme héraut d'armes (1506-1547), 488-492. Triste (Le), J. Moisson (1535), II, 2091. Vaudémont, Pierre Gringore comme héraut d'armes (1525), 490.
Surprise (La) et Fustigation d'Angoulvent (1603), citée, IV, 3004, p. 363.
Surugue, grav., III, 2506.
Susanne, sujet d'une tragédie anonyme (1614), II, 1107.
Susanne de Bourbon, acrostiche, III, 2537.
Sutor. Voy. Cordonnier.
Swammerdam, *Les Histoires naturelles de l'ephemere et du cancellus* (1681), II, 1924, art. 5. — Son *Cabinet*, *ibid.*, art. 6.
Swaning (Jakob) : inscription dans un album (1583), V, 3368, p. 158.
Swelinck (Jan), grav. (1612), II, 1964.
Swift (Jonathan) : *Travels into several remote Nations, by Lemuel Gulliver* (1726), II, 1760 ; — *Voyages de Gulliver* (1727), 1761 (1797), 1762. Cf. *Le nouveau Gulliver* (1730), 1763. — *Le Conte du Tonneau* ; *Traité des Dissensions entre les nobles et le peuple* ; *l'Art de ramper en poësie* ; *l'Art du mensonge politique* (1742), II, 1852.
Swingen (Henri van), impr. à Anvers (1596), 761.
Swiringhus (Nicolas), lecteur au gymnase de Dortmund (1546), II, 1068, art. 3.
Sylla : sa *Vie* par Plutarque (1567), II, 1899. Cf. III, 2785.
Sylvius. Voy. Du Boys.
Symmaque : lettre à Ausone (1590), IV, 3169.
Synesius : *Epistolae* gr. (1499), II, 1873.
Syrie. Voy. Vartemà (Lodovico de), *Itinerario* (1518), II, 1941.
Szegedi István. Voy. Kis István.
Szeghedi János, ou Jean Zeghedi : *Coppie d'vne lettre escripte de Constantinople* (1586), III, 2463.

Tabarin (Jean Salomon, dit) : *La Querelle arrivée entre le s^r Tabarin et Francisquine, sa femme* (1622), II, 1796, art. 18. — *Almanach prophetique pour l'année 1623* (1622), II, 1797, art. 16. — *Recueil general des œuvres et fantasies* (1629), II, 1794 ; (1634), 1795. — Un *Dialogue tabarinesque* est inséré dans le *Nouveau*

Recueil de pieces comiques (1663), II, 1812.
Tabart (François), libr. à Paris (1575), III, 2190.
Tableau de l'histoire des princes et principauté d'Orange (1639), III, 2348.
Tableau (Le) de la vie et du gouvernement de messieurs les cardinaux Richelieu et Mazarin, etc. (1693), 950.
Tableaux de la bonne compagnie (1787-88), II, 1916, art. 27.
Tablettes adressées aux dames de la cour (1624), II, 1797, art. 19.
Tabourot (Estienne), *Les Bigarrures* (1583), II, 1777; (1586), (1778), (1615), 1779; (1662), 1780; citées, 624. — *Les Touches* (1586); II, 1778; (1614), 1779; (1662), 1780. — Vers en tête de la *Bergerie* de R. Belleau (1578-1585), 690. — Epître à Pontus de Tyard (1585), III, 2600. — Il publie les *Douze fables de Fleuves ou Fontaines* du même (1585), III, 2600; (1586), II, 1778. — *Apophtegmes, ou Contes facecieux du sieur Gaulard* (1586), II, 1778; (1614), 1779; (1662), 1780. — *Les Escraignes dijonnoises* (1614), II, 1779 (1662), 1780. — *Icones et Epitaphia quatuor postremorum Ducum Burgundiae* (1587), III, 2353; — Il revoit le *Dictionnaire des rimes* de Jean Le Fèvre (1588), 431. — Son portrait (1584) reproduit, II, 1778. — Ms. lui ayant appartenu, cité, II, 1079.
Tabourot (Estienne II), inscription en l'honneur de son père Estienne I⁰ʳ (1583), II, 1777.
Tabourot (Guillaume), distique adressé à son père Estienne Tabourot (1586), II, 1778. — Vers en tête du *Dictionnaire des rimes* de Jean Le Fèvre (1588), 431. — Jean Des Preyz lui dédie son édition de l'*Orchesographie* (1596), 294.
Tabourot (Jacques): vers en tête du *Dictionnaire des rimes* de Jean Le Fèvre (1588), 431.
Tabourot (Jehan), dit Thoinot Arbeau: vers en tête du *Dictionnaire des rimes* de Jean Le Fèvre (1588), 431. — *Orchesographie* (1596), 294.
Tabourot (Pierre), fils d'Estienne: vers en tête du *Dictionnaire des rimes* de Jean Le Fèvre (1588), 431.
Tabourot (Théodecte): vers à son frère Estienne Tabourot (1583), II, 1777; (1586), 1778; (1615), 1779. — Vers en tête du *Dictionnaire des rimes* de Jean Le Fèvre (1588), 431.
Tabourot (Théodecte II), inscription en l'honneur de son père, Estienne I⁰ʳ (1583), II, 1777. — Il cite Paul Geffelin, IV, p. 38.
Tacuino (Giovanni), de Tridino, imprimeur à Venise (1525), III, 2498; IV, 2768.
Taddei (Andrea): sonnet à lui adressé par N. Martelli (v. 1543), IV, 3000, p. 359.
Taddei (Giovanni): sonnet à lui adressé par N. Martelli (v. 1543), IV, 3000, p. 359.
Tadinghen (Jacob), musicien, IV, 2973, art. 17.
Taegio (Francesco), *Narratio Papiae obsidionis* (1525), V, 3341. — *Le siege de Pavie* (1525), cité, III, 2714.
Taffin (Jean): inscription dans un album (1601), V, 3372.
Tagault (Barthelemy), *Le Ravissement d'Orithye* (1558), 665.
Tagault (Jean), vers dans *Le Tombeau de Marguerite de Valois* (1551), 628. — *Odes* (1574), V, 3268. — Pièce latine en tête de l'*Histoire des martyrs* de Jean Crespin (1597), II, 2040.
Tagliacarne (Benedetto), dit Theocrenus ou Teocreno, vers sur Louise de Savoie (1531), IV, 2786, 2787; vers à Nic. Bourbon (1538), IV, 2788; cité, ibid.
Tagliavacca, chanteur (1656-1664), IV, p. 639.
Taglioni (Mˡˡᵉ), danseuse (1835), II, 1072.
Tagus, médecin, cité par Nic. Bourbon (1538), IV, 2788.
Tahureau (Jacques), *Premieres Œuvres* (1554), 702. — Vers adressés à P. Tahureau, son frère (1555, 1574), 703. — J. de La Péruse lui adresse des vers (v. 1557), IV, 3022. — *Poesies* (1574), 703, 704.
Tahureau (P.): vers à lui adressés par J. Tahureau, son frère (1555, 1574), 703.
Taillefert de Soligny, financier, dénoncé comme voleur (1707), IV, 3074.
Taillem... (de), vers à Mᵐᵉ Choiselet (1628), II, 1796, art. 15.
Taillemont (Claude de), vers en l'honneur de Louise Labé (1555), 638. — *La Tricarite* (1556), IV, 2910.
Taillevent (Michaut Le Caron, dit). Voy. Le Caron.
Taillevent (Guillaume. Tirel, dit), *Le Livre* (1545), 283.
Taylor (Isidore-Severin-Justin, baron): Paul Lacroix lui dédie *La Danse macabre* (1832), II, 1615. — Livres lui ayant appartenu: 653; II, 1075, 1077; IV, 2846, 3007, 3008, 3013, 3018, 3019, 3024, 3179.

TABLE ALPHABÉTIQUE GÉNÉRALE 645

Taisner (Jean), assiste au couronnement du roi des Romains (1562), III, 2419.

Taix (Jacques de), étudiant (1511), V, 3226.

Taix (Jehan de), étudiant (1511), V, 3226.

Taix (Jehan de), chanoine de Vendôme (1511), V, 3226.

Tajan : lettre à lui adressée par Henri III (24 déc. 1588), III, 2194, p. 42.

Tajollet (Les demoiselles), enfants, figurent dans un ballet (1656), IV, p. 639.

Talani (Baccio), vers dans les *Trionfi, Carri, ecc.* (1559), 1028.

Talboem (Balde), prêtre, cité en 1487, IV, 2763, p. 38.

Talebart (Michel), impr. à Lyon (v. 1675), II, 1767.

Tall (Jo.), épitaphe d'Elie Vinet (1590), IV, 3169, p. 564.

Tallard (Roger d'Hostun, comte de), figure dans un ballet (1669), IV, p. 639.

Talleyrand-Périgord (Charles-Maurice de), prince de Bénévent, IV, 3153.

Talleman (L'abbé), compose des vers pour la *Relation des Assemblées faites à Versailles* (1683), III, 2327.

Tallemant (L'abbé), *Vie de Benserade* (1697), 827.

Tallouet (La petite), figure dans un ballet (1654), IV, p. 639.

Talmey (M. de), bailli de Laigle, son expédition contre les Turcs à l'île de Sainte-Maure (1625), III, 2476.

Talmont (Charles de La Trémoille, prince de): poème en son honneur par J. Bouchet (1517), 505. — Son épitaphe par J. Bouchet (1545), 510.

Talon (A. de), sonnet à J. Grevin (1560), 710.

Talon (Denis): Lettres en vers à lui adressées (1669), 904.

Talpin (Jean): *Institution d'un prince chrestien* (1567), 173. — *Examen et Resolution de la verité* (1567), 173.

Taltibius, médecin, cité par Nic. Bourbon (1538), IV, 2788, p. 81.

Tamisier (Pierre), *Chant triumphal de la victoire obtenue par les chrestiens contre les Turcz* (1565), III, 2606. — *La couronne de victoire* (1565), *ibid.* — Sonnet à Sc. de Sainte-Marthe (1569), 715. — Vers dans *Le Tumbeau de Gilles Bourdin* (1570), 815. — Sonnet en tête de *La Pyrenee* de Francois de Belleforest (1571), V, 3320. — Vers à Antoine Favre (1596), II, 1100.

Tamizey de Larroque (Philippe), cité, 649 ; II, 1702, 1940.

Tancarville (Jehan de): Gace de La Vigne lui dédie son *Poème sur la chasse*, 296.

Tancrède, sujet du *Ballet du roy* (1619), II, 1449 ; d'un opéra de Danchet (1702), repris en 1750, II, 1462 ; d'une tragédie de Voltaire, traduite par Goethe (1802), II, 1330.

Tanevot, vers sur les conquêtes et la convalescence du roi (1745), 907.

Tanguy (J. de), livre lui ayant appartenu, IV, 2778.

Tanier ou Tanerius (Christophe), vers sur Estienne Pasquier (1584, 1610), 737.

Tanjé (P.), graveur (1735), III, 2286 ; (1745), II, 1519 ; (1750), II, 1245.

Tanor (Le roi de), lettre à l'évêque de Goa (1549), III, 2638.

Tantin : vers à lui adressés par J. Le Masle (1580), IV, 2933.

Tanzio (Francesco) Cornigero (1506), cité, IV, 2999. — Vers à M. Bandello (1509), II, 1742. — Vers à Gianfrancesco Conti (1515), II, 1067.

Tapisserie de l'Eglise (1547), IV, 2739, p. 11.

Tarabin Tarabat, impr. imaginaire à Epernay (1589), 797.

Tarbes : abbaye de Saint-Savin, IV, 3096, art. 10.

Tarchant (M. de), fils aîné de M. de Montmorin (1593), IV, 2945.

Tardieu (Alexandre). Voy. Tardieu (Pierre-Alexandre).

Tardieu (Ambroise), graveur et libr. à Paris (1788-1841) ; (1824), 868 ; III, 2514 ; (1826), II, 1913.

Tardieu (Jacques-Nicolas), fils ; graveur (1716-1791) : (1743), 244 ; (1754), 406 ; (1755), III, 2506 ; (1760), II, 1246.

Tardieu (Max.), graveur (1809), II, 2002.

Tardieu (Nicolas-Henri), père ; graveur et dessinateur (1674-1749) : (1726), II, 1908 ; III, 2487 ; (1730), III, 2347.

Tardieu (Pierre-Alexandre), graveur (1756-1844) ; (1818), 144 ; (1826), II, 1913.

Tardieu (Pierre-François), graveur (v. 1714-v. 1775) : (1744), III, 2188 ; (1745), 244 ; (1751), II, 1565 ; (1757), II, 1741 ; (v. 1775), 258.

Tardieu (P.-M.), graveur (1789), II, 1287.

Tardif (Guillaume), traducteur des *Facecies* de Poge et de divers autres ouvrages (v. 1490), II, 1773.

Tarente (Charlotte d'Aragon, princesse de), citée dans les pièces

jointes au *Vergier d'honneur*, 479.
Targa (François), libr. à Paris (1630), III, 2280 ; (1634), II, 1136 ; (1637), II, 1138, 1139 ; IV, 3028, 3029 ; (1639), II, 1137 ; IV, 3030.
Tarin (Frère Pierre), pèlerin à Jérusalem (1519), IV, 3089.
Tarin (Pierre), médecin, collabore à l'*Encyclopédie* (1751-v. 1761), III, 2523, p. 282.
Taron (Jean) : Traduction latine d'une épigramme latine de J.-A. de Baïf (1554, 1574). 702, 703.
Tarragone : imprimeur (1614). Voyez Roberto (Felipe).
Tarsis et Zelie (1774), II, 1531.
Tartaret (François), sonnet à Pontus de Tyard (1555), IV, 2909.
Tartas, danseur ou musicien (1656-1664), IV, p. 639.
Tartelette (Jeannette), joue dans la *Passion* de Valenciennes (1547), IV, 3010, p. 377.
Taschereau (Jules) : éditeur de la *Revue rétrospective* (1848), III, 2301. — Livres lui ayant appartenu : 993 ; II, 1080, 1304 ; IV, 3200. — Cité : II, 1183, 1196.
Taschuz (Joseph) : inscription dans un album (1566), V, 3365.
Tassano (Jacomo) (1589), 1049, 1050.
Tasserie (Guillaume) : poème sur la Conception, 31, art. 6. Voyez aussi *Additions*, t. V, p. 183.
Tassy (Henry-Félix de), *Oraison funèbre de... Condé* (1687), 373, art. 1.
Tassis (Antoine de), maître des postes à Anvers : Guillaume de Poetou lui adresse un sonnet (1566), 721.
Tasso (Torquato), *La Hierusalem*, traduite par Pierre de Brach (1596), IV, 3001. — *La Gerusalemme liberata* (1771), 1034 ; (1783), 1035 ; *Aminta* (1781), 1036.
Tassoni (Alessandro), *La Secchia rapita* (1766), 1037.
Tastu (J.), impr. à Paris, 1824 : 871 ; 1826 : 869, 870, 1358 ; 1827 : 872 ; 1830 : 550, p. 363, art. L.
Tatars. Voy. Bergeron (Pierre), *Relation des voyages en Tartarie* (1634), II, 1935.
Tattet (Alfred), ami d'Alfred de Musset (1850), V, 3287.
Tatti (Francesco), dit Sansovino. peintre et sculpteur (1542), IV, 2770. — Son emblème, IV, 3077.
Tauffe (Francis), chevalier irlandais, page de l'archiduc Léopold (1657), V, 3367.
Taufkirchen (Wolfgang Christoph von) : inscription dans un album (1568), V, 3365, p. 150.
Taupinart (Adrian), libr. à Paris (1628), 2480.

Taurel (André-Benoît), grav. (1824), II, 1180.
Tavernes et Cabarets (v. 1556), V, 3303. — (Vers 1590), IV, 2954, 2955.
Taverny, lieutenant de la maréchaussée, est tué à la Saint-Barthélemy (1572), IV, 3191.
Tavernier (Artus), impr. à Anvers (1580), V, 3205.
Tavernier (Artus), impr. à Salamanque au commencement du xviiᵉ siècle, II, 1932.
Tavernier (Gabriel), impr. à Paris (s. d.), père du voyageur, cité, II, 1932.
Tavernier (Jean-Baptiste), *Nouvelle Relation de l'intérieur du serrail* (1675), II, 1932 ; (1678), 1933. — *Voyages* (1710), cf. II, 1233.
Tavernier (Nicolas), traduit en français l'oraison funèbre de Guill. de Lamoignon par Bernard Colon (1679), 367, art. 1.
Taxes et Impositions qui se levent dans le Pays et Duché de Brabant (1631), III, 2405, art. 21.
Taxis (Jean-Baptiste de), *Translat de certaine lettre Espaignolle* (1596), III, 2402.
Téagène, pseudonyme : vers sur les conquêtes et la convalescence du roi (1745), 907.
Teano (Michelangelo Cajetani, prince de) : H. de Balzac lui dédie *Les Parents pauvres* (1847-48), II, 1602.
Téard (Michel) de Barèze : vers à lui adressés par J.-Ed. Du Monin (1583), V, 3272.
Tebaldeo (Antonio) : vers de lui dans les *Icones* de N. Reusner (1589), V, 3370.
Tebaldo (Pierdomenico), de Pesaro, témoin d'un doctorat à Pérouse (1570), V, 3364.
Techener (Jacques-Joseph), libr. à Paris [1802-1873]. — Livres provenant de sa librairie : *Le Champion des Dames* (v. 1485), 446 ; — *Saingelais* (1547), 629 ; — *Olivier de Castille* (v. 1492), II, 1491. — *Melusine* (v. 1505), II, 1495 ; — *Roman de la Rose*, ms., IV, 2800. — Voir aussi ; II, 1521, 1544.
Techener (Joseph-Léon), libraire à Paris, fils du précédent (1832-1873). — Livres provenant de sa librairie : III, 2578 ; IV, 2748.
Te Deum, paraphrasé par Franç. Beroalde de Verville (1593), 759.
Tegularius. Voy. Thuilier.
Teillier (Bartassin), joue dans la *Passion* de Valenciennes (1547), IV, 3010, p. 377.
Teillier (Nicolas), joue dans la *Passion* de Valenciennes (1547), IV, 3010, p. 376.

Teyssier de Chaunac : notice généalogique, III, 2495.
Teyxera (Marcos), permet l'impression du *Don Quichotte* à Lisbonne (1605), IV, 3066.
Téligny (Louis de) [gendre de Coligny], tué à la Saint-Barthélemy (1572), IV, 3191.
Téligny (Le seigneur de). Voy. La Noue (Odet de).
Télin (Guillaume), secrétaire du duc de Guise (1546), IV, 2876.
Tell (Guillaume) : son histoire est racontée par Jos. Du Chesne (1584), IV, 3026. — Sujet d'une tragédie de Schiller (1804), II, 1480.
Telles (Le P. Balthazar), Extrait de son *Histoire de l'Esthiopie* (1674) II, 1923.
Tellier, dessinateur (1833), II, 1623.
Temixtitan, ville d'Amérique (1524), II, 1955.
Tempé (Jean), dit Tempius, cité par Nic. Bourbon (1538), IV, 2788, p. 81.
Temple (Le) de la Gloire (1662), 975.
Temple (Le) de Gnide (1725), II, 1677 ; (1772), 1678, 1678 *bis*; (1796), 1679.
Temple (Le) de Mars (v. 1495), 473 ; (1502), III, 2580.
Temple (Le) de Pudicité (1616), V, 3290.
Temple (Le) de Vertu (1542), I, 645, art. 2; IV, 2866.
Temporal (Jean), libr. à Lyon (1551) : 428 ; (1556) : 809 ; II, 1938 ; IV, 2910.
Tencin (M⁻ᵐᵉ de), *Memoires du comte de Comminge* (1735), II, 1560. — *Le Siège de Calais* (1739), 1561.
Tenebres (Les) du grand Turc (1572), IV, 2958.
Teneur (S'ensuyt la) des lettres contenant les lamentables inondations... au pays de Flandres (1530), IV, 3134.
Tenneleur (Arnould), joue dans la *Passion* de Valenciennes (1547), IV, 3010, p. 375.
Tenré (I.), libr. à Paris, 1832 : II, 1630.
Teocreno. Voy. Tagliacarne.
Teodoro, barbiero, *El Fatto d'arme del re di Franza contra Sguizari* (1525), IV, 3002.
Térence, *Comediae sex* (1619), V, 3311. — *L'Eunuque*, imité par La Fontaine (1654), II, 1230. — Comédies, trad. par Mᵐᵉ Dacier (1717), II, 1064 ; — trad. par l'abbé Le Monnier (1771), II, 1065.
Tergats (Mˡˡᵉ de), citée par M. Guy, de Tours (1598), IV, 2948.
Terlon (Claude de), quatrain à Flaminio de Birague (1585), IV, 2939.
Termes [ou Thermes] (Paul de La Barthe, maréchal de) : sa campagne en Ecosse (1549), III, 2367. — Cité (1557), IV, 2877.
Termes [ou Thermes] (Pierre de) : cité par J. Dorat (1588), IV, 2789. Vers latins dans le *Tombeau de Monluc* (1592), II, 2131.
Termes (Le marquis de), figure dans un ballet (1665), IV, p. 639.
Ternaux-Compans, cité, II, 1996.
Térouane : relation allemande sur le siège de cette ville en 1513, II, 2112.
Terray, de Lyon : volume lui ayant appartenu, IV, 3198.
Terrasson (L'abbé Jean) : *Histoire universelle* de Diodore de Sicile, traduite en françois (1658), II, 1998.
Terry (Garnet), dessinateur et graveur (v. 1780), 266.
Tersan (Charles-Philippe Campion, abbé de) : livre lui ayant appartenu, II, 1074.
Tertote : le prince d'Orange y défait une flotte espagnole (1631), III, 2405, art. 22.
Tertullien : extraits de ses œuvres par Bossuet, IV, 3079, pp. 448, 449.
Terzuolo, impr. à Paris (1836), 482 ; (1837), 875, 881 ; (1839), II, 1637.
Tesseau (J.-A. de), évêque de Bellay et de Nevers : volume lui ayant appartenu, 19.
Testament (Dix histoires du Nouveau) [1547], IV, 2739. — Voir aussi Bible et Martin (David).
Testament (Le) de Carmentrant (v. 1540), II, 1086.
Testament d'Excellente et Vertueuse Dame Leonor de Roye (1564), III, 2162.
Testament (Le bragardissime et joyeux) de la Biere (1611), II, 1797, art. 5.
Testament (Le) de la guerre, ms., 471, art. 101.
Testament (Le) de la Ligue (1594), 800.
Testament (Le) du martyr amoureux (v. 1625), II, 1797, art. 20.
Testament (Le) Pathelin (v. 1525), II, 1084.
Teste (Barthélemy), ami de Ch. Fontaine (1557), IV, 2877.
Testu (Charles), conseiller du Roi : Montfleury lui dédie *Le Mariage de rien* (1660), II, 1276.
Testu (L'abbé Jacques), cité par Guéret (1663), II, 1849. — *Stances chrestiennes* en tête du *Recueil de Poësies* publié sous le nom de La Fontaine (1682), 978.
Teuffel (Ferdinand-Christoph), Freiherr von Güntersdorf, page de Léopold, roi de Hongrie et de Bohême (1657), V, 3367.

Texeda (Hierónimo), auteur d'une suite de la *Diana* de Montemayor (1627), II, 1748.
Texier (Le P.), *Recit desmiraculeux effects qui sont arrivez en l'armée du roy* (1621), III, 2345, 2346.
Texier (François), de Beaugency, est condamné comme huguenot (1587), III, 2194, p. 40.
Texier (Joachim) : vers à lui adressés par J.-Ed. Du Monin (1583), V, 3272.
Thalemas (Mgr. de), l'un des auteurs des *Cent Nouvelles nouvelles* (v. 1457), II, 1694.
Thamasp Kouli-Khan. Voy. Nadir-Chah.
Thaumasius (Joannes). Voy. Thomas.
Thaumin, violon (1671), IV, p. 639.
Theano, 'Επιστολαί (1499), II, 1873.
Theatre (Le) françois [par Chappuzeau] (1674), II, 1071.
Theatre (Le) françois, ou Recueil... (1710), voyez II, 1233.
Thebayde (La), ou les Freres ennemis, tragedie (1664), II, 1248.
Theis (Laurent), cité par Nic. Bourbon (1538), IV, 2788.
Théligny ou Thiligny (Sœur Agnès de), *Le Secret de l'ame*, ms., IV, 2820, p. 146 ; — Son oraison funebre par frère Robert Frognet (1515), *ibid*.
Thémistocle : sa *Vie* par Plutarque (1567), II, 1899. Cf. III, 2735.
Theo... (Georg), peut-être Theobald (?) : inscription dans un album (1564), V, 3365.
Theocrenus. Voy. Tagliacarne.
Théocrite, *Eclogae* (1496), 394. — *Idyllia* (1556), 400. — Cité par Est. Forcadel (1579), IV, 2879. — Deux Idylles traduites par Jan de Vitel (1588), V, 3275.
Theodore, tragédie (1646). Voy. Corneille (Pierre).
Théodore, reine de Hongrie, sujet d'une tragi-comédie de Boisrobert (1658), II, 1122.
Théodore et Valentinien, lettre à Volusien (1581), IV, 3126, art. 3.
Théognide, *Sententiae* (1496), 394.
Théophile. Voy. Viau (Théophile de).
Théophraste : *Characteres gr. et lat.* (1712), 134. — *Caractères*, trad. du grec (1688), 159-162 ; (1689), 163 ; (1690), 164 ; (1691), 165 ; (1692), 166 ; (1694), 167 ; (1696), 168 ; (1699), 169.
Theophylacte, 'Επιστολαί (1499), II, 1873. — Traduit par le président Cousin (1672), II, 2083.
Thérèse Aubert [par Ch. Nodier] (1819), II, 1581.
Thérèse d'Entença, première femme d'Alphonse IV, roi d'Aragon, son *obit* (1327), II, 2529, Ip. 326.

Théry (N... de), d'Issoudun (1549), IV, 2868.
Thermes. Voy. Termes.
Therville (N... de), *Oraison funèbre de Marie Thérese d'Autriche* (1683), 369, art. 1.
Thesaurus cornucopiae (1496), 316.
Thesée : sa vie par Plutarque (1567), II, 1899. Cf. III, 2735. — Sujet d'une tragédie de La Fosse (1700), II, 1285. — Sujet d'une parodie de Favart, Parvy et Laujon (1745), II, 1335.
Theseus de Coulongne (1534), II, 1498.
Thesmographe (Le) (1789), II, 1916, art. 26.
Thevart, procureur, est tué à la Saint-Barthélemy avec sept des siens (1572), IV, 3191.
Théveneau de Morande (Charles), est peut-être l'auteur des *Anecdotes sur Mᵐᵉ la Comtesse du Barri* (1775), III, 2294.
Thévenin (Gilles), vers à son père Pantaléon (1582), IV, 2885.
Thévenin (Michel), libraire à Paris (1618), III, 2275.
Thevenin (Pantaléon), *L'Hymne de la Philosophie de P. de Ronsard commenté* (1582), IV, 2885. — Cité par J. Dorat (1588), IV, 2789.
Thévenot (Melchisédech), *Recueil des voyages* (1681), II, 1924.
Thevet (André), *Cosmographie du Levant* (1554), II, 1931. — Epitaphe française dans *Le Tumbeau de Gilles Bourdin* (1570), 815. — Cité par Guy Le Fèvre de La Boderie (1579), IV, 2930. — Cité par J. Dorat (1588), IV, 2789.
Thezé (Jean), Lyonnais (1546), IV, 2876.
Thianges (Marquise de) : Donneau de Vizé lui dédie le t. IV du *Nouveau mercure galant* (1677), III, 2524. — Elle donne une fête en l'honneur de Louis XIV (1683), III, 2327.
Thibaron (Jules), relieur : 229, 231 à 235, 319, 508 ; III, 2427, 2504 ; IV, 2934 ; V, 3264. — Associé avec Echaubard : 526, 603 ; II, 1143, 1853 ; III, 2702 ; IV, 3045, 3108 ; V, 3214. — Associé avec Joly : 21, 46, 54, 55, 87, 94, 110, 122, 281, 319, 333, 392, 407, 415, 422, 479, 499, 737, 774, 816, 827, 833, 836, 901, 965, 977 ; II, 1078, 1100, 1200, 1876, 1887, 1984, 2133 ; III, 2540, 2587, 2624, 2633, 2635, 2636 ; IV, 2743, 2950 ; V, 3209, 3284, 3297.
Thiard (Pontus de), voy. Tiard (Pontus de).
Thiard de Bissy (Henri), cardinal : ses armes (1715), III, 2493, art. 4.
Thibaud (Frère), personnage satirique (1560), V, 3264.

TABLE ALPHABÉTIQUE GÉNÉRALE 649

Thibauld, figure dans un ballet (1670), IV, p. 639.
Thibault, philologue, dixain en tête des *Gestes de Françoys de Valois* d'Est. Dolet (1540), II, 2115 ; (1543), 2116, 2117.
Thibault, censeur à Bouillon (1760-1774), III, 2525, p. 320.
Thibault (Florent), Epître à Jehan Bouchet et réponse, 511.
Thibault (François), Epître à Jehan Bouchet et réponse, 511.
Thibault [Thibaut, Tybault] (Frère Jean), médecin et astrologue, *La Prenostication* (avant 1512), citée, IV, 2758. — *La (sic) Triomphe de la paix celebree en Cambray* (1529), II, 2135. — Cité, III, 2671. — *Le Thresor du remede... de la peste* (1531), 194.
Thibaut de La Corte : notice généalogique, III, 2495.
Thihaut, enfant, figure dans un ballet (1671), IV, p. 639.
Thiboust (Mlle), dite Mlle de Rozay (1549), IV, 2868.
Thiboust (Claude-Louis), impr. à Paris (1719), 2524.
Thiboust (Guillaume), libr. à Paris (1546),608.
Thiboust (Jacques), seigneur de Quantilly, vers à Fr. Habert, et vers à lui adressés (1549), IV, 2868.
Thiboust (Maxime Thévenon, veuve de Claude), libr. à Paris (1679), 367, art. 1.
Thiboust (Samuel), libr. à Paris (1612),-1782 ; (1616), 443.
Thiébault, grav. (1838), V, 3321.
Thiébault (Elisabeth), grav. (1778), 228 ; (1780-81), 1698.
Thielens (Antoine), libr. à Anvers (1596), 761.
Thiene (Le comte Marco da) : lettre à lui adressée par Maffeo Pirovano (1550), IV, 3078, p. 439.
Thiene (Le comte Odoardo) : son emblème, IV, 3077.
Thienges (Christian de Digoyne, seigneur de). Voy. Digoyne.
Thierry, notice généalogique, III, 2495.
Thierry, chanteur (1671), IV, p. 639.
Thierry (Mlle), enfant, figure dans un ballet (1656), IV, p. 639.
Thierry: *Dissertation sur cette question : Est-il des moyens de rendre les Juifs plus heureux* (1788), II, 2074.
Thierry (Denis), libr. à Paris (1666), II, 1532 ; III, 2264 ; (1667), II, 2095, art. 13 (cité); (1668), 911, 912, 944, 945 ; (1669), 921 ; II, 1669 ; (1670), II, 1255 ; (1671), 922 ; (1674), 840 ; II, 1176 ; (1675), *ibid.* ; (1678), 913 ; (1679), *ibid.* ; (1682), II, 1177 ; III, 2612 ; (1685), II, 1981 ; (1687), II, 1241 ; (1689), II, 1239, 1241, 1265, 1267 ; (1691), II, 1265 ; (1692), II, 1239, 1241, 1269 ; (1694), 947 ; (1701), 841.
Thierry (Edouard), administrateur de la Bibliothèque de l'Arsenal, cité, II, 1565.
Thierry (Pierre), libr. à Paris (1554), 705.
Thierry (Pierre), sieur de Mont-Justin, *Le Cimetiere d'amour* (1597), IV, 3188.
Thierry (Rolin), libr. à Paris (1589), III, 2222, art. 2 ; 2242, art. 8 ; (1590), III, 2241, art. 6 ; (1591), III,2243, art. 3 et 5 ; (1594), III, 2252 ; (1611), 890, art. 17.
Thiers (Louis-Adolphe), *Histoire de la Révolution française* (1824-27), III, 2299.
Thilo (Valentin) : vers et épître de lui dans les *Icones* de N. Reusner (1589). V, 3370.
Thipiot (Jean) : tombeau par J. de Vitel (1588), V, 3275.
Thiriot publie les *Lettres* de Mme de Sévigné (1726), II, 1886.
Thirmoys (Jean), sonnet en tête de *La Pyrenee* de Fr. de Bellefrest (1571), V. 3320. — Vers à Jacques Yver (1576), II, 1700.
Thobol (Adam) : inscription dans un album (1584), V, 3368.
Thoinot Arbeau, anagramme de Tabourot (Jehan). Voyez ce nom.
Tholosan ou Tholozan (Jean), impr. à Lyon (1594), 760 ; à Aix (1611), 118.
Thomas (Saint) d'Aquin : *Enseignemens* (v. 1492), 41. — *Legende* (1518), II, 2020, — Extraits de ses œuvres (v. 1525), 209, art. 12. — *Hymne*, trad. par Guy Le Fèvre de La Boderie (1578), IV, 2930. — Allégué par Bossuet (v. 1660), IV, 3079, p. 449.
Thomas, gouverneur de la Jamaïque, *Observations* (1674), II, 1923.
Thomas (Artus), s^r d'Ambry, sonnet à G. de Chevalier (1584), IV, 2936. — *Description de l'isle des Hermaphrodites*, suivie du *Discours de Jacophile*, 1605 (1744), III, 2188, p. 27.
Thomas (Didier), impr. à Lyon (1502), III, 2625.
Thomas (Jean), impr. à Lyon (1514), IV, 2766.
Thomas (Jean), *Tetrasticha P. Mathaei latine reddita* (1629), 774.
Thomas (Joh.) : vers de lui dans les *Icones* de N. Reusner, 2e partie (1589), V, 3370.
Thomas (N.?) [né vers 1750, m. v. 1812], graveur (1783), III, 2569 ; II, 1287, 1576, 1676, 1914 ; (1809), 2002.

Thomas (Napoléon), dessinateur (1835-1839), II, 1072.
Thomas (Paul) : vers à lui adressés par N. Rapin (1610), IV, 2944.
Thomas (Simon), cité par Nic. Bourbon (1538), IV, 2788.
Thomassin (Claude), seigneur de Dammartin : Jean Le Maire lui adresse une épitre (1509), III, 2654.
Thomassin (Hugues), cité par Nic. Bourbon (1538), IV, 2788.
Thomassin (Jean-Jules), de Liège : inscription allemande dans un album (1565), V, 3365.
Thomassin (Louis de?), sa vie et son portrait (1696), III, 2507.
Thomassin (S.), graveur (xvıı˚-xvııı˚ s.) : 353 ; 372, art. 3 ; II, 2094 ; III, 2285, 2487.
Thompson, relieur, IV, 2753, 2800, 3085.
Thompson fils, relieur, IV, 2931.
Thomson, graveur (1832), II, 1621.
Thomson (Richard) : inscription dans un album (1596), V, 3371.
Thon (Johann Philippin von), « a Thono » : inscription dans un album (1567), V, 3365.
Thoner (Augustin), médecin : inscription dans un album (1635), V, 3366, p. 153.
Thony, *Response a Arnaud* (1589), 795.
Thonier : notice généalogique, III, 2495.
Thoré (...de), gouverneur de Senlis (1590), III, 2241, art. 6.
Thoreau (François), vers grecs à B. Tagault (1558), 665.
Thoreau (Julian), impr. à Poitiers (1613-1614), II, 1106 ; (1621), III, 2168.
Thory ou Thorys (François) « Thorius Bellio, Bellion » : vers latins sur la mort de Jacques de La Chastre (1569), IV, 2791. — Odes latine et française à François Le Poulchre de La Motte-Messemé (1587), V, 3274.
Thorigny (Nicolas-Lambert de) : Volume lui ayant appartenu (1600), 740.
Thorillon, enfant, figure dans un ballet (1671), IV, p. 639.
Thou (...de), avocat au parlement (1549), IV, 2868.
Thou (Adrien de), grand archidiacre de Paris : vers latins à lui adressés par Adam Blackwood (1564), IV, 2790.
Thou (Augustin de), conseiller puis président au parlement de Paris, cité par Nic. Bourbon (1538), IV, 2788. — Vers à lui adressés par N. Rapin (1610), IV, 2944.

Thou (Christophe de), président au parlement, se prononce pour la tolérance envers les protestants (1559), IV, 3101. — Vers latins à lui adressés par Adam Blackwood (1564), IV, 2790. — François d'Amboise lui dédie le *Tombeau de Gilles Bourdin* (1570), IV, 2792. — Assiste au mariage de Henri de Bourbon, prince de Condé (1572), IV, 3122. — Vers sur sa mort par J.-Éd. Du Monin (1583), V, 3272. — Son oraison funèbre par Jean Prevost (1583), 344. — *Coustumes de la cité et ville de Rheims* (1586), III, 2545 (édition posthume). — Honneurs posthumes : il est cité par J. Dorat (1586), IV, 2789. — Vers à lui dédiés par François Le Poulchre (1587), V, 3274 ; son tombeau à Saint-André-des-Arts, à Paris, cité par N. Bonfons (1588), III, 2304 ; sonnet de Du Bartas à sa louange, *ibid.* ; vers à lui dédiés par Sc. de Sainte-Marthe (1600), IV, 2921 ; par N. Rapin (1610), IV, 2944.
Thou (François de), cité par Nic. Bourbon (1538), IV, 2788.
Thou (François-Auguste de) : *Mémoires et Instructions pour servir à justifier son innocence* [par Pierre Du Puy] (1642, ms.), IV, 3130.
Thou (Jacques-Auguste de) : fait l'éloge de Dorat (1586), IV, 2789. — Mémoires rédigés en sa faveur (1586-1592), II, 2095, art. 14. — Cité par Dorat (1588), IV, 2789. — *Metaphrasis poetica* (1592), 423. — Vers à lui adressés par Guill. Du Peyrat (1593), IV, 2945 ; par Scév. de Sainte-Marthe (1600), IV, 2921 ; par N. Rapin (1610), IV, 2944. — Les *Œuvres* de N. Rapin lui sont dédiées (1610), *ibid.* — Traduction de l'*Epître* liminaire de son *Histoire universelle*, par N. Rapin (1610), *ibid.* — J. Prevost lui dédie une épître latine et une ode française (1613), II, 1106. — Vers dans le *Tombeau de Ronsard* (1623), 668. — Il fait l'éloge du cardinal d'Ossat (1624), II, 1878. — Extraits de son *Histoire universelle* par Bossuet (v. 1690), IV, 3079, pp. 418-449. — Volumes lui ayant appartenu : 185 ; II, 1503 ; III, 2343 ; IV, 2882, 2889, 3022, 3066, 3114, 3117, 3169.
Thou (Jacques-Auguste de), baron de Meslay, présente au roi une requête en faveur de son frère, François-Auguste (1642), IV, 3130.
Thou (Jean de), cité par N. Bourbon (1538), IV, 2788 ; par N. Rapin (1610), *ibid.*
Thou (Louise de), femme d'Arnaud de Pontac (1612), IV, 3130.

Thou (Nicolas de), conseiller clerc au parlement, puis évêque de Chartres : vers à lui adressés par Adam Blackwood (1564), IV, 2790 ; par N. Rapin (1610), IV, 2944.

Thouart (C. de), vers à Pantaléon Thévenin (1582), IV, 2885. — Sonnets en tête et à la fin de *La seconde Sepmaine* de Du Bartas (1589), V, 3270. — Sonnet sur la mort de Ronsard (1586), IV, 2889. — Son Epitaphe par Guill. Du Peyrat (1593), IV, 2945.

Thoulorge (Michel de) : vers à lui adressés par J. de Vitel (1588), V, 3275.

Thoury, danseur ou musicien (1657-1659), IV. p. 639.

Thouvenin, relieur à Paris : 580, 748, 985 ; II, 1501, 1502, 1520, 1577 ; III, 2571 ; IV, 2814, 2867, 2909, 3081 ; V, 3229.

Thouvenin (Mlle), graveur (XVIIIe s.), 261.

Thrésorier (Les trois frères) : épitaphe satirique par Bér. de La Tour (1551), V, 3254.

Thubé : Mélodie dans les *Chansons* de Piis (1785), 1003.

Thuilhier (Henry) : vers à lui adressés par J.-Ed. Du Monin (1583), V, 3272.

Thuilhier (René) : vers à lui adressés par J.-Ed. Du Monin (1583), V, 3272.

Thuilier (P.), dit Tegularius, médecin, cité par Nic. Bourbon (1538), IV, 2788.

Thuillier, vers à Gilles Durand de La Bergerie (1588, 1594), 756, 757.

Thumery (Jean de), s^r de Boissize : vers à lui adressés par N. Rapin (1610), IV, 2944.

Thun (Franz Augustin, Graf von), page de Léopold, roi de Hongrie et de Bohême (1657), V, 3367.

Thuret, marchand d'estampes à Paris, (v. 1705), 252.

Thysius (Antoine), publie une édition du traité de Postel, *De republica Atheniensium* (1645), IV, 3102.

Thysius (Christophe) : son cousin Ant. Thysius lui dédie la réimpression du traité de Postel, *De republica Atheniensium* (1645), IV, 3102.

Tiard, ou Tyard (Pontus de) : il est cité par Guill. des Autelz (1550), 654. — Il est loué par le même et lui répond (1551), III, 2572. — *Continuation des erreurs amoureuses* (1551), IV, 2908, 2909. — *Erreurs amoureuses* (1555), *ibid.* — Vers à Louise Labé (1555), 638, et Add. — Vers à lui adressés par Ch. Fontaine (1557), IV, 2877 ; par Du Bellay (1559), IV, 2896. — *Œuvres poetiques* (1573), 698. — *De coelestibus asterismis Poematium* (1573), *ibid.* — Vers à lui adressés par Guy Le Fèvre de La Boderie (1578), IV, 2930. — Cité par le même (1578), IV, 3183. — *Douze fables de Fleuves ou Fontaines* (1585), III, 2600 ; (1586), II, 4778. — Estienne Tabourot lui dédie ses *Touches* (1586), *ibid.* — Vers latins sur Ronsard (1586), IV, 2889. — Il est cité par J. Dorat (1588), IV, 2789. — Vers à lui adressés par Scév. de Sainte-Marthe (1600), IV, 2921. — Vers dans le *Tombeau de Ronsard* (1623), 668.

Tibergeau (Mme), épître à Hamilton (1731), II, 1912.

Tibulle, avec Catulle et Properce ; texte latin : (1502), 412 ; V, 3236 (1503), 413.

Tiedeman (Ph.), dessinateur (1700), 12.

Tiele, *Pamfletten* (1858), cités, III, 2378. — *Mém. bibliogr. sur les journaux des navigateurs hollandais* (1867), cités, II, 1962.

Tiepolo (Bajamonte) : son histoire racontée par Fr. de Rosset (1619), II, 1724.

Tiercelin (George), cité dans les pièces jointes au *Vergier d'honneur* (v. 1520), 479.

Tignac (Jean) [Joannes Tygnatius], juge à Lyon, cité (1538), IV, 2788 ; (1546), IV, 2876.

Tignonville (Guillaume de), *La Forest et Description des grans et sages Philosophes du temps passé* (1529), III, 2558. — *Les Ditz des philosophes*, cités, *ibid.*

Tilesius (Melchior) : inscription dans un album (1602), V, 3370.

Tilesius (Nathaniel) : inscription dans un album (1606), V, 3370.

Tiling (Johann) : inscription dans un album (1595), V, 3371.

Tilladet (Jean-Baptiste de Cassagnet, marquis de), figure dans un ballet (1663), IV, p. 639.

Tillart : épître à lui adressée par Jehan Bouchet, 511.

Tilly (Jean Tserclaes, comte de) : sa victoire sur le marquis de Bade-Durlach à Wimpfen (1622), III, 2420, art. 61 et 63. — Sur l'électeur palatin, *ibid.*, art. 62. — Sur le duc de Brunswick, *ibid.*, art. 64. — Sa défaite devant Emden (1623), *ibid.*, art. 72. — Sa *Desroute* (1625), *ibid.*, art. 74. — Il veut se retirer dans un cloître (1627), *ibid.*, art. 79. — Sa défaite à Leipzig (1631), *ibid.*, art. 87.

Tilliard (Hippolyte), impr. à Paris (1829), II, 1613.

Tilliard (J.-B.), grav. (xviiie s.), 227, II, 1675.
Tillier (Johann Anton) : inscription dans un album (1583), V, 3368, p. 158.
Tillier (Johann Franz), id., *ibid*.
Tillon (Robert), libr. à Paris (1615), 1839.
Timée de Locres *en grec et en françois* (1763), 124.
Timmerman (Bartholomaeus) : inscription dans un album (1596), V, 3370.
Timofille (Thierri de), pseudon. de François d'Amboise (1576), II, 1824.
Timoléon : sa vie par Plutarque (1567), II, 1899. Cf. III, 2735.
Tinghi (Filippo), imprimeur à Leon (1577), cité, III, 2248.
Tinteville. Voy. Dinteville.
Tinto (Francesco di Anastasio), vénitien (1584-7), IV, 2764.
Tirange (Le baron de) : sonnets à lui dédiés par David Jossier (1604), V, 3280.
Tyraqueau (André), conseiller au parlement de Paris : épître à lui adressée par Jehan Bouchet (1545), 511 ; cité par Jean Fontaine (1546), IV, 2876 ; cité par Guy Le Fèvre de La Boderie (1578), IV, 3183.
Tiraqueau (Hilaire), vers sur la mort de N. Rapin (1610), IV, 2944. — Cité par N. Rapin (1610), *ibid*.
Tirel (Guillaume), dit Taillevent. Voy. Taillevent.
Tiron : abbaye de la Trinité, IV, 3096, art. 30.
Tiron (Antoine) : trad. le *Promptuaire de Nicolas Hanape* (1569), 53.
Tyrsis (Complainte de), par S. G., sr de La Roque (1609), IV, 2943.
Tissandier (Pierre), vers à J. d'Escorbiac (1613), 821.
Tissart (Michel), théologien (1578), IV, 2930.
Tisseran (Jehan), cordelier, fondateur du couvent des Filles Repenties, à Paris, 122.
Tissu, chanteur et joueur d'instruments (1657-1664), IV, p. 639.
Titasson, vers à Clovis Hesteau (1578), 743.
Tite (Sir William) : livre lui ayant appartenu, II, 1484.
Tite et Bérénice, sujet d'une comédie hér. de P. Corneille (1671), II, 1169 ; (1679), II, 1170 ; — d'une tragédie de Racine (1671), II, 1236, 1256.
Titelman (Pierre), bourreau (v. 1562), V, 3283.
Titien (Tizziano Vecellio, dit Le), voir Vecellio.
Tivoli (Vue de), 249.

Tochetus, voy. Touchet.
Tognart (Jean) : *Caroli marchisii Lotharingi Genethlias* (1564), V, 3239.
Tognazzo (Barba) (1589), 1049, 1050.
Toinon (L.) et Cie, impr. à Saint-Germain-en-Laye (1864), II, 1437, 1438.
Toison (La) d'or, tragédie de Pierre Corneille (1661), II, 1164.
Toledo (Don Pedro de), son entrée à Fontainebleau (1609), III, 2255.
Tolet ou Tollet (Pierre), médecin à Lyon : *Ode à François Ier* (1539), II, 2115. — Il édite l'*Épistre du roy de France aux électeurs de l'Empire* (1543), III, 2679. — Cité par Ch. Fontaine (1546), IV, 2876, p. 217.
Tollet (Pierre de), abbé de Pleinpied : vers à lui adressés par Guill. Du Peyrat (1593), IV, 2945.
Tolomei (Claudio), protégé par le cardinal J. de Lorraine, IV, 3000, p. 360.
Tombeau [*Tumbeau*] (*Le*) *de messire Gilles Bourdin* (1570), 815.
Tombeau (Le) de Marguerite de Valois (1551), 628.
Tombeau (Le) de la Melancholie (1634), II, 1810 — (1639), 1811. — Il a été pillé par l'auteur de l'*Entretien des bonnes compagnies* (1644), II, 1826.
Tombeau (Le) de monsieur de Givry (1594), V, 3278.
Tombeau de tres-haut, tres auguste... prince Henry le Grand (1610), 890, art. 11.
Tombeau [*Tumbeau*] *de treshaulte ... Elisabeth de France, royne d'Espagne* (1569), 814.
Tombeau [*Tumbeau*] (*Le*) *du seigneur de La Chastre, dict de Sillac* (1569), IV, 2791.
Tombeaux [*Tumbeaux*] *des brisecroix* (1573), 787.
Tombeaux (Les) qui sont dans l'église royale de Saint-Denis (1762), III, 2329.
Tomeo (Leonico) : portrait dans les *Icones* de N. Reusner (1589), V, 3370.
Tomsa (Etienne), cité, III, 2429.
Tondi, chanteur (1656), IV, p. 639.
Tonnerre : abbaye de Saint-Michel, IV, 3096, art. 129.
Tonnerre (Le comte de), figure dans un ballet (1681), IV, p. 639.
Tonson (Jacob), libr. à Londres (1709) : II, 1911.
Tonti (Henri de), *Dernieres Decouvertes dans l'Amérique septentrionale* (1697), II, 1974.
Toqué (L.), peintre (1755-1765), III, 2506.
Torgue (Jean), impr. au Souget [à Sougé ?] (1576), III, 2697.
Tory (Geofroy), de Bourges, écri-

vain, graveur, libraire, puis imprimeur à Paris. — Ses écrits : Revision d'une édition de *Pomponius Mela* (impr. par Gilles de Gourmont, 1508), V, 3331. — *Champ fleury* (1529), III, 2570. — *Aediloquium ceu Disticha... Epitaphia septem de amorum aliquot passionibus* (1530), IV, 2785. — Vers sur la mort de Louise de Savoie (1531), IV, 2786, art. 6 ; 2787, art. 7, 8, 9. — Distique latin en tête de l'*Adolescence clementine* de Cl. Marot (1532), 596 ; (1534), 597, 599, 600 ; (1535), 601. — Traducteur de *La Mouche* et de *La Manière de parler et de se taire*, de Lucien (s. d., v. 1533), II, 1917. — Libraire, puis imprimeur à Paris : (1526), 28 ; (1529), III, 2570 ; (1531), IV, 2786, 2787 ; V, 3345 ; (1532), 596 ; V, 3347 ; (1533), 595 ; (s. d., 1533), II, 1917. — Ses gravures : (s. d. v. 1525), 499 (?) ; (de 1529 à 1533), voy. toutes les références ci-dessus indiquées. — Son successeur, Olivier Maillard, ainsi que Simon de Colines ont employé ses bordures, ses ornements et sa marque jusqu'en 1543 : 29, 30, 38 ; III, 2537 ; 2594, art. 1. — Il a été cité par Ant. Du Saix (1532), 515.

Torinus. Voy. Tory.

Torlet, grav. (1843), 1014.

Torquemada (Juan de) : extraits d'un de ses traités par Bossuet (v. 1683), IV, 3079, p. 451.

Torrentino (Van Beck, dit Lorenzo), impr. à Florence (1550), III, 2505, 2510 ; (1560), 1028.

Torrentinus (Hermannus). Voy. Beck (Hermann van).

Torres (Luis), témoin d'un doctorat à Pérouse (1570), V, 3364.

Torres (Marquez), approuve la seconde partie de *Don Quichotte* (1615), IV, 3069.

Tortebat, peintre (1696), III, 2507.

Tortereau (Julian) : son épitaphe par J. Bouchet (1545), 510.

Torvéon (Néry de), conseiller (1546), IV, 2876.

Toscano (Gio. Matteo), cité par J. Dorat (1588), IV, 2789. — Vers de lui dans les *Icones* de N. Reusner (1589), V, 3370.

Toscano (Lorenzo), (1589), 1049, 1050.

Tosi, bibliophile : livre lui ayant appartenu, II, 1491.

Tossanus, voir Toussaint (Daniel).

Tostain (C.), vers à Th. Sonnet, sieur de Courval (1621), 938.

Touchard (Jean), *Discours sur les occurrences des guerres de ce royaume* (1572), IV, 3180. — Il publie les *Lettres* du roi de Navarre, du cardinal de Bourbon et du prince de Condé, envoyées au pape (1573), III, 2180. — *Allegresse chretienne*, citée, *ibid*. — Vers à lui adressés par Est. Forcadel (1579), IV, 2879.

Touchet, lieutenant d'Orléans (1557), IV, 2877.

Touchet (Henri), dit Tochetus, cité (1538), IV, 2788.

Toulon (Mlle de), citée par Cl. de Taillemont (1556), IV, 2910.

Toulongeon (Le comte de), figure dans un ballet (1639), IV, p. 639.

Toulouse : concile tenu dans cette ville contre les Albigeois (1569), II, 2029. — *Histoire d'un gentilhomme qui s'est apparu... à sa femme* (1623), II, 1731. — Prieuré de la Daurade, IV, 3096, art. 18. — Imprimeurs et libraires, voy. Boude (François), 1648. Boudeville (Guion), 1547-1558. Colomiés (Arnaud et Jacques), frères, 1568. Colomiés (Jacques), 1534-1549. Fouchac (Bernard), 1648. Mounier (Jean), 1551. Paya (J.-B.), 1840-1846. Perrin (Jean), 1551. Vieillard (Nicolas), 1540.

Toulouse (Généalogie des comtes de), vers 1706-1712, III, 2493, art. 24.

Toulouse (Louis-Alexandre de Bourbon, comte de) : Donneau de Vizé lui dédie le *Mercure galant* (nov. 1686), III, 2524, p. 289 ; (juin 1692), *ibid*., p. 292. — J. Chevillard lui dédie ses *Noms, qualites, armes et blazons des grands Amiraux... de France* (1695), III, 2493, art. 29. — Livres lui ayant appartenu, II, 1544 ; IV, 3127.

Touraine (Claudin de), pseudonyme de Claude Cotereau (1539), 634.

Toureil : voy. *Recueil de pieces curieuses* (1694-1696), III, 2632, p. 441.

Toury (Mme de) : son éloge par Jules de Richy (1616), V, 3291.

Tournabons (de), *Le Pont-Breton des Procureurs* (1624), IV, 1796, art. 13 ; — *La Misere des clercs des procureurs* (1628), *ibid*., art. 14.

Tournai : exemplaire du livre de Gabr. de Minut, intitulé *De la Beauté* (1587), ayant appartenu à la bibliothèque de la cathédrale de Tournai, II, 1838. — Impr. et libr., voyez La Forge (Jehan de), 1532.

Tournebu (Adrien de), fils, vers par Est. Pasquier (1584, 1610), 737. — Vers sur la mort de Ronsard (1586), IV, 2889 ; (1623), I, 668.

Tournebut (Odet de), vers sur Mme Des Roches (1582, 1610), 737.

Tournefort (Joseph Pitton de), *Relation d'un voyage du Levant* (1717), II, 1934.

Tournehem (Charles-François Le Normand de) : Huquier lui dédie les *Œuvres* d'Oppenord, 254.
Tournelle, impr. de musique à Paris (1756-1765), III, 2524, pp. 308-311.
Tournemine (Le P.), *Défense du grand Corneille* (1738), 2611.
Tournes (Jean Ier de), impr. à Lyon (1542), IV, 2748. (1543), cité, V, 3209, p. 7. (1544), 625 ; cité, IV, 2748, p. 19. (1545), 637, 805 ; cité, IV, 2876. (1546), 611, (1547), 180, 626, 636, 806 ; II, 1776 ; IV, 2867 ; cité, *id*., 2772, p. 51. (1548), II, 1870 ; IV, 2878. (1549), II, 1776. (1550), 654 (avec Guill. Gazeau). (1551), III, 2572 ; IV, 2908 ; V, 3254 (avec Guill. Gazeau). (1554), II, 1746 ; *id*., 1931 (avec Guill. Gazeau). (1555), 322, 638, 700 ; IV, 2909. (1556), 661. (1557), 410 ; *id*., 657 (avec Guill. Gazeau) ; IV, 2988. (1560), 406. (1563), 620. (1564), IV, 2883.
Tournes (Jean II de), fils du précédent, impr. à Lyon et à Genève. — A Lyon (1574), 735. — Sans indication de lieu [à Genève] (1588), V, 3276 ; (1601), II, 1070 ; (1613), IV, 2950.
Tournet (Jean), avocat en parlement, vers à Th. Sonnet (1610), 201 ; à P. Mathieu (1629), 774.
Tourneux (Maurice), IV, 3154, p. 548.
Tourni (Aubert de), intendant de Guyenne (1759), II, 2072.
Tournon (André de), étudiant (1511), V, 3226.
Tournon (Antoine de), cité (1538), IV, 2788.
Tournon (Charles de), évêque de Rodez, puis de Viviers, cité (1538), IV, 2788.
Tournon (Claude de), évêque de Viviers, cité (1538), IV, 2788.
Tournon (François de), cardinal de Saint-Pierre et de Saint-Marcellin, archevêque de Bourges : Germain de Brie lui dédie une édition du *Liber contra gentiles* de saint Jean Chrysostome (1528), 38 *Additions*, V, p. 184. — Il dénonce au pape les progrès des luthériens (1533), II, 2049. — Cité (1538), IV, 2788. — Pierre Busseron lui adresse des vers (1538), IV, 2742. — Il fait exécuter l'arrêt contre les Vaudois (1545), II, 2033. — Il est loué par Ch. Fontaine (1546), IV, 2876 ; (1557), IV, 2877. — Vers composés par lui (s. d.), IV, 2965, articles 97, 124 (?) et 149.
Tournon (Jacques de), évêque de Castres, puis de Valence, cité (1538), IV, 2788.

Tournon (Just de), cité (1538), IV, 2788.
Tournon (Just-Loys, sr de), comte de Roussillon : Fr. de Belleforest lui dédie sa traduction du *Commentaire* d'Alonso de Ulloa (1570), III, 2377.
Tournon (Louis de), seigneur d'Arlan : Fr. de Belleforest lui dédie *La Pastorale amoureuse* (1569), IV, 3179.
Tours : Tremblement de terre (26 janv. 1579), III, 2341. — Le parlement de Paris y est transféré (févr. 1589), III, 2194, p. 43. — Les grands maîtres enquêteurs, etc., y sont transférés (18 avril 1589), III, 2194, p. 44. — Le duc de Mayenne y défait les troupes royales (8 mai 1589), III, 2222, art. 2 et 3. — Le P. Bourgoing, jacobin, y est brûlé (23 févr. 1590), III, 2241, art. 1. — Voy. *Discours lamentable de trois jeunes enfans... de Tours* (1611), 115. — La reine Anne d'Autriche y fait son entrée (25 janv. 1616), III, 2272. — Louis XIII y arrive (30 août 1619), III, 2276. — Marie de Médicis y fait son entrée (6 sept. 1619), 2276, 2277. — Abbaye de Saint-Julien, IV, 3096, art. 55. — Impr. et Libraires : Voy. Mettayer (Jamet), 1589-1593 ; Molin (Sébastien), 1599 ; Rousset (Jean), 1558.
Tours (Jean de), impr. à Montauban (1590), III, 2249, *Additions*.
Tours (Pierre de), impr. à Lyon (1542), IV, 2872 ; (1547), 629 ; IV, 3200 ; (1548), II, 1512, 1513 ; S. d., II, 1510.
Toussaint (L'abbaye de la), à Angers, IV, 3096, art. 78 *bis*.
Toussaint ou Toussain (Daniel), *L'Exercice de l'ame fidele* (1583), II, 2060. — Peut-être le même que le suivant.
Toussaint (Daniel), « Tossanus », inscription dans un album (1597), V, 3370, p. 168. — Peut-être le même que le précédent.
Toussaint (François-Victor), collabore à l'*Encyclopédie* (1751-1777), III, 2523, p. 282.
Toussaint (Jacques), dit « Tusanus » vers latins sur la mort de Louise de Savoie (1531), IV, 2787 ; vers à Nic. Bourbon (1538), IV, 2788 ; cité, *ibid*. — Son portrait (1581), II, 2039.
Toussaint (Paul), de Montargis : inscription dans un album (1592), V, 3368.
Toussy (Françoise-Angélique de La Mothe-Houdancourt, dite Mlle de), danse dans des ballets (1662-1669), IV, p. 639.
Toustain-Richebourg, censeur (1788), II, 2074.

Toustain. Voir Toutain.
Tout (Le) en tout des Bons [Ponts] *Bretons* (1624), 940.
Toutain ou Toustain (Charles), *Agamemnon* (1537), II, 1089. — Sonnet en tête de la *Médée* de J. de La Peruse (v. 1557), IV, 3022. — Ode latine à Guy Le Fèvre de La Boderie (1571), 733. — Vers latins en tête de *La Galliade* du même (1578), IV, 3183. — Loué par le même, *ibid.* — Cité par le même (1579), IV, 2930.
Toutain ou Toustain (Jean), dessinat. et grav. (1673-v. 1687), IV, 3096, articles 4, 112 *bis*, 112 *sexies*.
Touteville (...de). Voy. Estouteville (...d').
Touvant (Le sieur de). Voy. Infrainville (Charles de Piard, sieur d') de Touvant.
Touvoye (M⁰ de), douairière : son éloge par Jules de Richy (1616), V, 3291.
Touzé, grav. (1823-26), II, 1520.
Towneley (John), livre lui ayant appartenu, 506.
Toxites (Michel), assiste au couronnement du roi des Romains (1562), III, 2419.
Trabouillet (L. (?) ou J.), libr. à Paris (1699-1718), cité, III, 2358.
Trabouillet (Nicolas), libr. à Paris ; (1632), II, 1945 ; (1637), 1141 ; cité, III, 2313. — Sa veuve (1640), *id.*, *ibid.* ; V, 3356.
Trabouillet (Pierre), libr. à Paris (1663), II, 1849; (1666), II, 1203, 1249; (1669), II, 1204; (1672), II, 1250; (1677), III, 2524 ; (1679), II, 1170; (1680), II, 1240 ; (1682), II, 1134, 1177 ; (1684), II, 1241 ; (1692), V, 3355 ; (1696), II, 1243.
Tractatus succinctus ac valde utilis de arte et scientia perfecte vivendi beneque moriendi, s. d. [v. 1515), 76.
Traductions de latin en françoys (1550), 808.
Tragedie de Jeanne d'Arques (1606), II, 1103.
Tragedie de la chaste et vertueuse Susanne (1614), II, 1107.
Tragedie (La double) du duc et cardinal de Guise (1588, 1744), III, 2188, p. 27, art. 39.
Tragedie du roy Franc Arbitre (1558), II, 1472.
Tragedie françoise du bon Kanut, roy de Dannemarch (1575), IV, 3025.
Tragicomedie de S. Estienne (1605), II, 1102.
Trahison (La) conspirée par Pierre Baillony (1589), citée, III, 2222, art. 7.

Traicté (Très-utile et compendieulx) de l'art et science d'orthographie gallicane (v. 1530), IV, 2767.
Traicté de deux deluges advenuz, l'un à Rome..., cité (1557), V, 3362.
Traicté de la grammaire françoise, (1569), 321.
Traicté (Le) de la paix faicte entre Loys XII et le roy d'Angleterre (1514), V, 3339.
Traicté (Le) de la paix perpetuelle du roy treschrestien... avec Henry huytiesme (1525), III, 2665.
Traicté (Petit) servant d'instruction à Messieurs les Estatz [des *Pays-Bas*] (1579), III, 2383.
Traicté sur la declaration du roy pour les droits de prerogative de Mgr. le cardinal de Bourbon (1588), III, 2240, art. 4.
Traicté (Ung petit) touchant les isles et terres neuves que le roy de Portugal a trouvez (1517), III, 2635, p. 445, art. 4.
Traictement (Le doux et gracieux) des partisans du roy de Navarre à l'endroit des catholiques (1593), III, 2243, art. 5.
Traictez (Plusieurs) par aucuns nouveaulx poétes du different de Marot, Sagon et La Hueterie (1539), 621.
Traictez singuliers (1526, n. s.), 487, et *Additions*, V, p. 187.
Traité (Petit) de Arnalte et Lucenda (1581), II, 1746.
Traité de la Communion sous les deux Espèces (1682), IV, 2743.
Traité de la trève de Dauphiné (1589), III, 2194, p. 44.
Traité (Brief) de Purgatoire (1551), 88.
Traité (Petit) des douze premiers empereurs de Romme (1554), IV, 3084, art. 3.
Traité (Le) des eaues artificielles (v. 1510), 198.
Traité (Brief) des miseres de la Ville de Paris (1590, 1709), III, 2251, p. 87.
Traité et Capitulation accordée par S. M. Tres-Chrestienne aux prévost, doyen et chapitre de Cambray (1677), IV, 3153, p. 540.
Traité fait entre le roy de France et le grand Seigneur (1575, 1744), III, 2188, p. 26, art. 5.
Traitté necessaire pour toutes les autres villes... de la Ligue (1589, 1709), III, 2251. p. 87.
Traitté plaisant et sentenlieux de Figue, Noix et Chastaigne (v.) 1530), IV, 3017.
Translat de certaine lettre espaignolle escritte par Jean Baptista de Tassis (1596), III, 2402.

*Translation de l'epistre du roy François I*ᵉʳ *a N. S. P. Paul III* (1543), III, 2678.
Transylvanie : Les Turcs y sont défaits (1595), IV, 3147.
Trattato del' intrar in Milano, di Carlo V (1541), III, 2721.
Trautz-Bauzonnet (Georges), relieur à Paris : [Les chiffres accompagnés d'une étoile concernent les reliures remarquables (dorure aux petits fers, doublures, etc.) ; deux étoiles désignent les reliures à mosaïques.] 15*, 16, 19, 29*, 41, 48, 49, 50, 51, 56*, 60*, 61, 63, 74*, 76, 78, 79*, 80, 84, 89, 100*, 101, 106, 108, 114, 117, 120, 121, 127, 129, 132*, 133*, 136, 137, 138*, 141*, 142, 144, 146, 150, 151, 152, 153, 155, 156, 157, 158, 159*, 160, 161, 162, 163, 164, 165, 166, 167, 168, 169, 170 *bis*, 171, 172, 175, 177 *bis*, 180, 184, 186, 188, 192, 193, 195, 198, 200, 201, 202, 205, 206, 207, 208, 210, 211, 214, 237*, 240, 241, 273, 276, 279, 282*, 283*, 284*, 289*, 292, 294, 296*, 297*, 298*, 299*, 300*, 301*, 304*, 305, 310, 311-313, 314, 323, 328, 334, 338, 339, 340, 341, 342, 343, 347, 349*, 350, 351, 352, 353, 354, 393, 395, 404*, 406, 410, 414*, 417, 425, 427, 428, 432, 433, 435*, 436, 437*, 438*, 441*, 442, 444, 446*, 448*, 450*, 452*, 453*, 456, 460, 461**, 462* 463*, 464*, 465*, 468, 472, 473, 476, 478*, 480, 482, 483, 484, 485*, 486, 488, 491, 492, 493*, 496, 497, 500*, 501, 503*, 505, 507, 512, 513, 514, 515, 516, 517**, 521, 522, 523, 524, 525, 527, 528, 529*, 532, 533, 534, 536, 537, 539, 540, 541*, 542*, 543, 545, 547, 548, 549, 551, 552, 555, 557, 559, 560, 563, 564*, 566, 567, 568, 569, 571, 572, 573, 574, 576, 578, 581, 583, 585, 587, 589, 591, 592, 593, 595, 596***, 598*, 599*, 601*, 604*, 605*, 606*, 607*, 608, 611*, 615*, 616*, 617, 618*, 619, 620, 622, 623, 624*, 626*, 628*, 629*, 631, 633*, 636*, 637**, 638***, 642*, 644, 645, 646, 649, 650*-651*, 652*, 653, 654*, 658, 659, 660, 661, 662, 663, 664, 666, 669, 670, 671, 680, 687, 688*, 689, 698, 699, 700, 702, 703, 705, 707, 709, 713, 715, 718, 722, 725, 726, 729, 734, 735, 738, 739, 741, 742, 743*, 746, 750, 752, 753, 756, 762, 764*, 768, 770, 773, 775, 776, 779-784, 787, 788, 790, 795, 801, 806*, 808*, 809, 810***, 817, 820, 828, 835, 837, 840, 844, 846, 848, 849, 857, 892, 902, 903, 906, 910, 911*, 912*, 913*, 915, 917, 918, 919*, 920, 921*, 922*, 923*, 924*, 930, 933, 937, 938, 939, 942, 943, 945, 946, 950, 951, 956, 957*, 958*, 960, 963, 972*, 979, 984, 986-991, 994, 996, 999, 1000, 1005, 1013, 1015-1017, 1018*, 1020, 1022-1026, 1030, 1049-1053, 1054*, 1055*, 1058 ; — II, 1060, 1064, 1070, 1071, 1081*, 1084, 1088, 1093, 1101, 1103, 1104, 1106, 1109-1114, 1120, 1121, 1124*, 1125*, 1126*, 1129*, 1132*, 1133 *bis*, 1134 *bis*-1136, 1139*, 1142, 1145 *bis*, 1149, 1150' *bis*, 1151, 1153-1156, 1158, 1159, 1161-1163, 1165-1168, 1170, 1172, 1174*, 1175, 1176*, 1180, 1191, 1194, 1196, 1198, 1199, 1201, 1203-1208, 1210-1218, 1220-1223, 1225-1234, 1237*, 1238*, 1239*, 1240*, 1242*, 1243*, 1244, 1245, 1248, 1249, 1252, 1262, 1264-1266, 1268, 1269, 1277-1295, 1297, 1299-1302, 1305-1317, 1320-1324, 1326-1328, 1330, 1331, 1333, 1334, 1337-1339, 1341, 1342, 1376, 1377, 1449, 1465-1471, 1473, 1476-1480, 1483, 1485, 1486, 1488*, 1489*, 1490, 1491*, 1492, 1493*, 1495*, 1496, 1498*, 1504, 1505, 1507*, 1508, 1509*, 1511*, 1515*, 1516, 1518 *bis*, 1521, 1522, 1527, 1529*, 1530, 1532-1534, 1537, 1542, 1545, 1547, 1549*-1556*, 1557**, 1558, 1559, 1565, 1567, 1569-1571, 1669*, 1671*, 1672*, 1674 *bis*, 1677, 1678 *bis*, 1683, 1684, 1686, 1687, 1691, 1693, 1693 *bis*, 1696*, 1698, 1699, 1701*, 1702, 1704*, 1705*, 1707, 1708, 1709*, 1723, 1724, 1731, 1732*, 1744, 1749, 1752*, 1754, 1756*, 1757, 1760, 1761, 1763*, 1773*, 1776*, 1778-1780, 1781*, 1782, 1783, 1786, 1788, 1789, 1791, 1794, 1795, 1800, 1806, 1808, 1809, 1812-1814, 1815*, 1816*, 1817, 1818, 1825, 1830, 1831, 1834, 1836*, 1838*, 1841*, 1842, 1845*, 1847, 1849, 1854*, 1856, 1869-1872, 1880, 1885, 1888*, 1894, 1898, 1906, 1907, 1916, art. 9 ; 1916, art. 19 ; 1917, 1918, 1925, 1927, 1929, 1933*, 1937, 1939*, 1943, 1944*, 1945, 1948, 1949, 1950*, 1951, 1952*, 1953*, 1954*, 1955, 1956, 1957*, 1959, 1960, 1962, 1965-1967, 1970, 1972-1974, 1979-1982, 1986, 1989-1991, 1997, 2001, 2002, 2011, 2018, 2021, 2029, 2033, 2036, 2041, 2049, 2055, 2057, 2067, 2068, 2079, 2084, 2089, 2091-2093, 2099-2102, 2104, 2105*, 2108-2110, 2113, 2116, 2117, 2119-2121, 2123, 2124, 2136. — III, 2144, 2152, 2153, 2173, 2176, 2177*, 2184, 2189, 2245, 2249, 2280, 2282*, 2283, 2284, 2287, 2288, 2289, 2291, 2302, 2305, 2307, 2318, 2320, 2321, 2323, 2335, 2353, 2365, 2367, 2370, 2371*, 2373*, 2377, 2486, 2488*, 2505, 2543, 2563, 2570, 2579, 2585, 2586, 2588, 2591, 2592, 2594*, 2598, 2600, 2626*, 2631, 2653, 2672, 2679, 2730. — IV, 2748, 2752, 2754, 2766, 2771, 2785, 2786, 2795, 2799, 2802, 2822, 2826, 2834 *bis*, 2838, 2842, 2845, 2861, 2862, 2863, 2865, 2873, 2874, 2875, 2878, 2906, 2908*, 2910, 2938, 2940, 2948, 2951, 2952, 2961, 2963*, 2968, 2972*,

2988; 2991, 2992, 2993, 2994, 2996, 3006, 3012*, 3017, 3038, 3060, 3064*, 3065, 3069, 3073, 3075*, 3088, 3089, 3091, 3092, 3094, 3097, 3103, 3104, 3106, 3110, 3111, 3112, 3165, 3176. — V, 3242*, 3243*, 3260, 3266, 3286, 3287, 3288, 3297, 3302, 3313*, 3314*, 3325, 3340, 3351, 3355, 3359.
Travanet (Le marquis de) : une pièce de lui dans les *Chants et Chansons popul. de la France* (1843), 1014.
Travarzay, cité par Sc. de Sainte-Marthe (1579), IV, 2921.
Traves (Mᵐᵉ de) : son épitaphe par Ant. Du Saix (1537), 516.
Tre Canzoni sopra la guerra Turchesca (1571), V, 3307.
Trechateau (Erard Du Chastelet, marquis de) : son éloge funèbre par le P. Archange de Bourbon-Lancy (1685), 371.
Trechsel (Melchior et Gaspard), imprimeur à Lyon (1538), 15, 237.
Trefve, voy. Treve.
Trellon (Claude de), vers dans *Les Marguerites poetiques* d'Esprit Aubert (1613), 816. — Vers dans *Le Cabinet des Muses* (1619), 974.
Tremblay (Le capitaine), rend Dammartin aux ligueurs (1589) ; il essaye de la reprendre (janv. 1590), III, 2241, art. 6.
Tremblay (Lucas), *Prediction merveilleuse* (1588), 215.
Tremblement (Le grand) et espouventable Ruine qui est advenue en Jerusalem (v. 1561), III, 2637.
Trente (Le concile de) : sa doctrine est partiellement résumée par Bossuet, IV, 3079, p. 453.
Trépas, voy. Trespas.
Trepeau (François), impr. à Paris (1558), III, 2365.
Trepperel (Jehan Iᵉʳ), impr. et libr. à Paris (s. d., 1492) : V, 3382. — (S. d., avant le 25 octobre 1499) : 473, 523, 551, 552, 555, 564. — (S. d., entre 1500 et 1510) : 468, 522, *Additions* (?), 568 ; II, 1694, 2302, cité, 2303 ; IV, 2804, 2823, 2832, 2834 *bis*, 2835, 2974, 2975, 3061. — Sa veuve : (1516), III, 2562. — (S. d., après 1510) : 460, 495 ; II, 1406, 1497, 1773, 2021 ; III, citée, 2563 ; 2617, 2618, 2619 ; IV, 2826, 3014.
Trepperel (Jehan II), cité (v. 1520), IV, 2829, p. 161.
Trepperel *ou* Treperel (Pierre), impr. à Orléans (1560), III, 2652.
Tresor (Le) de l'Abbaye Royale de S. Denis (1762), III, 2329.
Tresor (Le) et Cabinet des plus belles et recreatives chansons (v. 1611), 991.
Trespas (Le lamentable) du roy Philippes de Castille (1506), III, 2334, p. 136.
Trespas (Le), Obseques et Enterrement de... François, roy de France (1547), IV, 3112.
Tressan (Louis-Elisabeth de La Vergne de Broussin, comte de), collabore à l'*Encyclopédie* (1751-1777), III, 2523, p. 282. — *Gerard de Nevers* (1792), II, 1501. — *Le petit Jehan de Saintré* (1791), II, 1502.
Tresse (Ch.), libr. à Paris, success. de J.-N. Barba et de V. Bezou (1840) : II, 1353, 1375 ; (1841), 1354.
Treuttel (J.-G.), libr. à Strasbourg (1792), III, 2298 ; associé avec Würtz, à Paris (1816), II, 1580.
Treutler (Hieronymus) : vers de lui dans les *Icones* de N. Reusner (1589), V, 3370.
Treve [Trefve] accordee (La) au Prince Palatin (1620), III, 2420, art. 29.
Treves (Les) de Marot et de Sagon (1537), III, 2594, art. 16 ; (1539), 621, art. 14.
Trevisano (Marcantonio), commandant vénitien à Famagouste (1532), IV, 3091.
Trévise [Trevy], II, 2109, 2110.
Trialogue, ou Ambassade du roy François I en enfer (1544-v. 1674), II, 1082. — Cf. IV, 3019.
Trianon (Vues de), 249.
Trianoro (Rafaele), pseudon. de frère Jacinto de' Nobili (1627), II, 1826.
Triboulet (Declaration et Epitaphe de), (v. 1512), IV, 2758.
Tricotel (Edouard), cité, 411, art. 62 ; 592 ; 890, art. 1.
Trye (Anne), femme de Jos. Du Chesne, sieur de La Violette, IV, 3026.
Trière (Ph.), grav. (xvIIIᵉ s.), 1056 ; II, 1287, 1474, 1914, 2002 ; III, 2569.
Trigler (Ernst) : inscription dans un album (1567), V, 3365.
Trigny, pseudonyme de Claude Lancelot (1660), 315.
Trigt (G. A. van), libr. à Bruxelles (1865), cité, V, 3345.
Trihory de Basse Bretaigne, IV, 2986, art. 9.
Trillebois, navigateur (1629), II, 1945.
Trimolet, dess. (1843), 1014.
Trinité (La) de Fécamp, abbaye, IV, 3096, art. 89.
Trinité (La) de Tiron, abbaye, IV, 3096, art. 30.
Trinité (La) de Vendôme, abbaye, IV, 3096, art. 7, 7 *bis*, 7 *ter*.
Trino (Comin da), de Montferrat, impr. à Venise (1547) : IV, 3113.
Triollet pour la Peronnelle (1536), cité, III, 2597.

Triols (Vues du château de), 249.
Triomphe (Le) de la Fleur de Lys (1614), III, 2267.
Triomphe (Le) de la Ligue, tragœdie (1607), II, 1104.
Triomphe [Triumphe] (Le) des Muses contre Amour (1545), 805.
Triomphe [Triumphe] (Le) des vestementz (v. 1545), 591.
Triomphe [Triumphe] (Le) du sacre et couronnement du roy (1610), 889.
Triomphe [Triumphe] (La grant) faicte des nobles princes, monsieur le daulphin, etc., en la noble... cité de Lyon (1530), II, 2136.
Triomphe (Le magnifique) et Esjouissance des Parisiens (1571), 785.
Triomphes [Triumphes] d'honneur faictz par le commandement du roy a l'empereur en la ville de Poictiers (10 déc. 1539), cités, II, 2140; III, 2675.
Trionfi (Tutti i), Carri, Mascherati ò Canti carnascialeschi (1559), 1028.
Tripier (L.), livres lui ayant appartenu, 639; II, 1515; V, 3297.
Triplot (N.), vers en tête du Discours de Jean Aubert (1581), 752.
Trippault (Léon), publie L'Histoire et Discours au vray du siege qui fut mis devant la ville d'Orléans (1576), II, 2100; (1606), 2101. — Celt' hellenisme (1581), 319.
Trissino (Les comtes): Bartol. Ziggiotti leur dédie le recueil des lettres originales adressées à Gio. Giorgio Trissino (1746), IV, 3078.
Trissino (Ciro): lettre à lui adressée par Michele de' conti Della Torre (1550), IV, 3078.
Trissino (Gasparo): lettre à lui adressée par frà Matteo Collaccio (1480), IV, 3078.
Trissino (Gio. Giorgio), Sophonisba, tragedie traduite par Mellin de Saint-Gelais (1559), IV, 3057.—Portrait dans les Icones de N. Reusner (1589), V, 3370, p. 163. — Recueil de lettres originales à lui adressées, IV, 3078.
Trissino (Girolamo): son épitaphe par frà Matteo Collaccio (1486), IV, 3078.
Trissino (Pompeo): lettre à lui adressée par Mario Bevilacqua (1583), IV, 3078.
Tristan (1533), II, 1490.
Tristan Du Houssoy; notice généalogique, III, 2495.
Triste (G. Moisson, dit Le) (1535), II, 2091.
Triumphe ende Eere ghedaen by bevele vanden Coninck van Vranckerijcke der K. M. (1540), II, 2140.
Triumphe.... Voy. Triomphe.

Trivulzio (Agostino), cardinal de Saint-Adrien, lettre à Gio. Giorgio Trissino (1519), IV, 3078. — Il dénonce au pape les progrès des luthériens (1533), II, 2049.
Trivulzio (Cesare), lettres à Gio. Giorgio Trissino (1512), IV, 3078.
Trivulzio (Gio. Jacopo), maréchal de France, entre à Milan avec Louis XII (1509), II, 2111. — Son emblème, IV, 3077.
Trivulzio (Pomponio): lettre à lui adressée par François I*r (1538), IV, 3108.
Troade (La), sujet d'une tragédie de R. Garnier (1585), II, 1095.
Troëmont (Guillaume de), cité par Ch. Fontaine (1546), IV, 2876.
Trolle (Gustave), prélat suédois, puni par le ciel, III, 2176.
Tromperie (La) faicte à un marchand par son apprenty (v. 1625), II, 1797, art. 20.
Trophée (Le) de la Parole divine victorieuse au Pays Bas (v. 1562), V, 3284.
Tross (Edwin), libr. à Paris (1863), IV, 2855; (1866), II, 1965; V, 3248; (1869), II, 1527; (1870), 528. — Avec son frère Hermann (1868), III, 2432.
Troterel: notice généalogique, III, 2495.
Trotti (Bartolommeo), ou Barthélemy Trot, impr. et libr. à Lyon (1526, n. s.), IV, 3164. — Cf. (v. 1505), V, 3236.
Troude (Symon), impr. à Paris, cité (1513), IV, 2837.
Trougnart (Philibert), cité par Ch. Fontaine (1546), IV, 2876.
Troussilh, sonnet en tête de La Franciade de Ronsard (1572), 678. — Vers dans R. Bellaqui Tumulus (1577), 695.
Trouvain, grav. (1682), III, 2524, p. 287.
Trouvé (Jean), notaire à Paris (1547), IV, 2855.
Troy (Jean de), peintre de portraits: vers sur ses ouvrages par Baraton (1705), 846. — Cité (1755), III, 2506; (1774), 848.
Troye (La Destruction de) la grant abregee (v. 1490; en vers), IV, 3175.
Troye (La grant Destruction de) avec la genealogie... (v. 1510), IV, 3061.
Troye (Le comte de), figure dans un ballet (1653), IV, p. 639.
Troyes. Impr. et Libraires. Voy. Du Ruau (Nicolas), v. 1580. Gautier (Claude), 1574. Jacquard (Jean), 1635. Le Coq (Jean), Le Coq (Noël), 1575. Moreau (Jean), 1590. Paris (Nicole), 1542. Trumeau (François), 1561.

Troyes (Jehan de), épître à Jehan Bouchet (1526), 508. — Auteur supposé de *La Chronique scandaleuse* (cette attribution provient d'une mauvaise lecture; il faut lire : Jehan de Roye), II, 2098.

Truchi (Jean-Baptiste), comte de Saint-Michel : Chappuzeau lui dédie *Le Théâtre françois* (1674), II, 1071.

Trugillo (Sebastian), impr. à Séville (1552-1553), II, 1979.

Trumeau (François), impr. à Troyes (1561), V, 3351 ; à Provins (vers 1561), III, 2609.

Truphème, maître des cérémonies impériales (1518), IV, 3136.

Tschudi (Théodore-Henri, baron de), collabore à l'*Encyclopédie* (1751-v. 1769), III, 2523, p. 282.

Tserclaes (Jean), comte de Tilly. Voy. Tilly.

Tübingen. Libraire. Voy. Cotta (J. G.), 1801-1804.

Tucher (Hans), *Reise nach Jerusalem* (1482), IV, 3087.

Tuffé : abbaye de Notre-Dame, IV, 3096, art. 78.

Tufton (Sir Richard) : volumes lui ayant appartenu, 632 ; II, 1084, 1488, 1489.

Tuileries (Palais des), à Paris, 248.

Tullieres : notice généalogique, III, 2495.

Tum (Gerard), grand maître de S. Jean de Jérusalem : son portrait, II, 2016.

Tumulus Sillacii Castraei (1569), IV, 2791.

Tunis : expédition de Charles quint contre Tunis (1535), III, 2718, 2719. — *Keyserl-Majestat Eroberung* (1535), III, 2412. — Relation de la prise de cette ville, par Francesco de Ferrara (1535), III, 2411. — *Commentarium, seu potius Diarium expeditionis Tunicaeae*, traduit par J. Etrobius (1547), III, 2416. — *La Prinse de Biserte et nouveaux Advertissemens du succès des affaires de Tunes* (1573), IV, 3146.

Turaine (Claude de), dame de Tournon, comtesse de Roussillon : sonnet à elle dédié par Jean Willemin (1569), IV, 3179.

Turbini (Pancrazio), vers à Nic. Bourbon (1538), IV, 2788.

Turco (Le P. Thomas), général des frères prêcheurs, approuve en 1648 l'*Histoire des Antilles* du P. Du Tertre (1667), II, 1984.

Turcs : leur histoire, III, 2458-2482 ; 2727-2734. — Guillaume Michel excite à la guerre contre eux (1518), IV, 2828. — *Le Double de l'original qu'il a esté escript et mandé par le grand Turck...* (1526), IV, 3142. — Scanderbeg, *Commentaire d'aucunes choses des Turcs*, trad. par Paolo Giovio par Guill. Gaulteron de Cenquoins (1544), IV, 3141. — *Brief Discours de l'entreprise et assemblee faicte par les princes chrestiens pour aller courir contre les Turcs* (1560), IV, 3144. — *Bref Discours du rencontre faict par les chrestiens et les Turqz* (1560), IV, 3143. — *Le Discours de la guerre esmeue envers le seigneur Grand Turc par l'esmotion d'aucuns ses sujetz* (1561), IV, 3145. — Siège de Malte (1565), II, 2019, art. 1 à 7. — *Chant triumphal de la victoire obtenue par les chrestiens contre eux*, par P. Tamisier (1565), III, 2606. — *La Prinse de Biserte et nouveaux Advertissemens du succès des affaires de Tunes...* (1573), IV, 3146. — Regnart (Jacques), *Nouvelles trescertaines de la deffaicte de l'armee du Turc en Transilvanie et Hongrie* (1595), IV, 3147. — *Exploicts des galeres de France es costes de Barbarie* (1620), IV, 3148. — *Lettre de N. S. P. le pape Innocent X sus les presentes necessitez de la Chrestienté contre le Turc* (1645), IV, 3153, p. 534. — Défaites des Turcs en Hongrie (sept. 1687), III, 2524. — Révolution à Constantinople (avril 1731), III, 2524. Voyez aussi Turquie.

Turenne (Antoinette de), femme du maréchal de Boucicaut, II, 2096.

Turenne (Henry de La Tour d'Auvergne, vicomte de) : son oraison funèbre par Mascaron (1675), 355, 366, art. 1 ; — par Fléchier (1676), 366, art. 2 ; — par Bauyn (1676), 366, art. 3. — Particularités de sa vie (1692), V, 3355. — Cité, II, 1196.

Turgot, marquis de Sousmons (sic) : ouvrage à lui dédié (1737), 245.

Turgot (Anne-Robert-Jacques), baron de L'Aulne : livre lui ayant appartenu, III, 2496.

Turgot (Etienne-François), marquis de Cousmont (sic), collabore à l'*Encyclopédie* (1751-1777), III, 2523, p. 282.

Turgot (Michel-Etienne), fait publier le plan de Paris (1739), III, 2312.

Turgot de Saint-Cler (Dom.-Barnabé). Voy. *Recueil de pieces curieuses* (1694-1696), III, 2632, p. 441.

Turin. Impr. et Libraires : Bevilaqua (Les héritiers de), 1580 ; Salinier (Pierre), 1581.

Turne, sujet d'une tragédie de J. Prévost (1614), II, 1106.

Turnèbe (Adrien). Distiques adres-

sés à Du Bellay (1559, 1561), IV, 2899. — Vers sur la mort de Du Bellay (1560, 1575), 680. — Vers latins à lui adressés par Adam Blackwood (1564), IV, 2790. — *Ad sotericum gratis docentem*, trad. en français (1565), IV, 2957. — *Elegie au jesuite*, traduite par Estienne Pasquier (1565), IV, 2957. — Vers à P. de Ronsard (1567), 667, 668. — Cité parmi les érudits par Guy Le Fèvre de La Boderie (1578), IV, 3183. — Cité par J. Dorat (1588), IV, 2789.
Turnèbe (Adrien), fils. Voy. Tournebu.
Turner (R. S.) : livres lui ayant appartenu, 85, 88, 90, 103, 241, 323, 481, 487, 488, 506, 532, 662, 994 ; II, 1074, 1472, 1490, 1496, 1497, 1500, 1826, 2006, 2097, 2118 ; 2432, 2633 ; IV, 3075. — Cité, 810.
Turpenay : abbaye de l'Immaculée Conception, IV, 3096, art. 130.
Turpin (François-René) : il collabore à l'*Encyclopédie* (1751-1777), III, 2523, p. 282. — *Histoire civile et naturelle du royaume de Siam* (1771), III, 2485.
Turpin (Jean), *Chronique* (1527), II, 1485.
Turquety (Edouard) : lettre à lui adressée par Th. Gautier, avocat, homonyme du poète (1830), 882. — Volume lui ayant appartenu, V, 3275.
Turquie. Voyez Tavernier (J.-B.), *Nouvelle Relation du serrail* (1675), II, 1932 ; (1678), 1933. — Tournefort, *Relation d'un voyage du Levant* (1717), II, 1934. — Voy. aussi Turcs.
Turrel, capitaine vaudois, considéré comme traître (1710), II, 2035.
Turrel (René) : vers à lui adressés par Philibert Guide (1583), IV, 2935.
Turrin (Claude), *Œuvres poetiques* (1572), 741.
Turso (Johann), Freiherr von Beuniz : inscription dans un registre (1565), V, 3365.
Tusan, Tusanus (Jacques Toussaint, dit) : voyez Toussaint (Jacques).
Tusculum, actuellement Frascati. Voy. Paganini, imprimeur (1521).
Tustanus (Carolus), 1578. Voy. Toustain (Charles).
Tutin, danseur (1664), IV, 639.
Tutin, enfant, id., *ibid*.
Tyrannicide (Le) (1589), 799 et *Add*. t. V, p. 190.

U distingué du V en typographie (1630), II, 1529. — Cf. Orthographe.
Ubaldi (Enea degli), témoin d'un doctorat à Pérouse (1570), V, 3364.
Ubelius, voy. Holbein.

Uccello (Paolo), peintre, est peut-être cité par J. Pèlerin (1521), IV, 2763.
Ugurgierius (Mutius) : *Virgilii Opera* (1650), 405.
Uytwerf (Herman), libr. à Amsterdam (1715), II, 1753.
Uytwerf (Meynard II), libr. à Amsterdam (1754), cité, II, 1550.
Ulbius, voy. Holbein.
Ulfeld (Christophe) : J. Jacquemot lui dédie son *Ehud* (1601), II, 1070.
Ulloa (Alonso de), *Commentaire... contenant le voyage du duc d'Albe en Flandres* (1570), III, 2377.
Ulrich, duc de Wurtemberg et de Teck, comte de Montbéliard, Lettre au gouverneur de Besançon (1524), II, 2048.
Ulrich (Mme), publie les *Œuvres postumes* de La Fontaine (1696), II, 1910.
Ulsen (Thierry), dit Ulsenius Phrisius, un des acteurs du *Ludus Diane* (1500), II, 1066.
Ulysse, sujet d'une tragédie de Ponsard (1852), II, 1403.
Unger (Johann Friedrich), libr. à Berlin (1801), II, 1479.
Union (L') des princes (v. 1509), IV, 2824.
Union des sentences de philosophie (1565), V, 3376.
Université (De l') de la Ville de Poictiers (1643), III, 2342.
Uranie, vers à T. de Lorme (1665), 835.
Uranie (L') ou nouveau Recueil de chansons spirituelles (1591), cité, III, 2194, p. 40.
Urbain VIII [Barberini], pape : son élection (1623), III, 2645, 2646. — Il blâme le livre de Santarelli : *De haeresi* (1626), III, 2748. — Bulle adressée aux missionnaires franciscains partant pour les Antilles (1635), II, 1986, art. 3.
Urbain. Voy. Sanzio.
Urban (Balthasar) : inscription dans un album (1616), V, 3370.
Urbano, collabore au *Thesaurus cornucopiae* (1496), 316.
Urbino (Guy, duc d') ; Leonardo Crasso lui dédie l'*Hypnerotomachia Poliphili* de Fr. Colonna (1499), II, 1743.
Urfé (Anne d'), marquis de Baugé : Ant. Du Verdier lui dédie ses *Diverses Leçons* (1580), V, 3379.
Urfé (Claude d'), gouverneur du dauphin (1557), IV, 2877.
Urfé (Geneviève d'), danse dans un ballet (1615), IV, p. 639.
Urfé (Honoré d'), *Astrée* (1607), II, 1527 ; (1633) avec la *Conclusion d'Astrée* par Baro, 1528. — H. d'Ur-

TABLE ALPHABÉTIQUE GÉNÉRALE

fé s'est inspiré de la *Diana* de Montemayor, II, 1748. — Un anonyme dédie à H. d'Urfé des *Vers sur le trespas de Henry le Grand* (1611), 891, art. 4. — Portrait (1633), II, 1528.

Urgel (Jacques d'Aragon, comte d') : son *Obit* (1347), III, 2529, p. 327.

Ursel, ville du duché de Nassau. Imprimeur (1574). Heinrich (Niclaus).

Ursin : vers à lui adressés par Du Bellay (1559), IV, 2896.

Ursulines (Sœurs), II, 1971.

Urtubie, Worms et C¹⁰, impr. à Paris (1837), II, 1072.

Ustrjalow, traducteur russe de l'*Estat de l'Empire de Russie* par Margeret (1837), cité, III, 2428.

Utenhove (Charles), vers français et latins à Du Bellay (1558), 681. — Vers à B. Tagault (1558), 665. — Sonnet en tête de l'*Epithalame d'Emanuel Philibert* par Joachim Du Bellay (1559), V, 3257. — Distique grec à Jacques Grevin (1560), 710. — Vers français et latins en tête de l'*Epithalame de Philibert-Emanuel* par Du Bellay (1561), IV, 2898. — Vers de lui dans les *Icones* de N. Reusner (1589), V, 3370.

Utrecht. Impr. et Libraires. Voy. Broedelet (Guillaume), 1697. Doorn (Jan van), 1639. Néaulme (Etienne), 1735. Schouten (Antoine), 1698.

Utterson (Edw. Vernon) : livres lui ayant appartenu, 335 ; II, 1484 ; IV, 3020.

Uzano (Niccolò da) : médecin : portrait dans les *Icones* de N. Reusner (1589), V, 3370.

Uzès (Charles de Crussol, vicomte d'), cité par Ch. Fontaine (1546), IV, 2876.

Uzès (Antoine ou Jacques, comte de Crussol, duc d') : Ambroise Paré lui dédie ses *Deux Livres de chirurgie* (1573), 196.

Uzès (Emmanuel de Crussol, duc d') : *Coq à l'asne* sur lui (1622), II, 1798, art. 3. — *Pasquil satyrique* sur lui (1623), 1797, art. 17.

V distingué de l'U en typographie. Voy. U.

Va du cul, imprimeur imaginaire à Paris (1619), II, 1791.

Vabres (Aymar de), vers à Estienne Forcadel et vers à lui adressés (1548, 1579), IV, 2879.

Vacchi (Battista), dit Platina : *Genealogies, Faictz et Gestes des papes*, etc. (1519), citées, V, 3372.

Vacé, médecin à Lyon (1546), IV, 2876.

Vachot (Pierre), *La deliberation des Trois Estatz de France sur l'entreprinse des Angloys et Suysses* (v. 1513), IV, 2837.

Vadé (Guillaume), 929, 930. Voy. Voltaire.

Vadé (Jean-Joseph) : Trois morceaux de lui daus les *Chants et Chansons popul. de la France* (1843), 1014.

Vadianus (Joachim von Watt, dit) : son portrait (1581), II, 2039.

Vaevraeus (Jean), cité par J. Dorat (1588), IV, 2789.

Vaffard (Fr.), dit le P. Ange de Sainte Rosalie, *L'Estat de la France* (1722), cité, III, 2358.

Vagabond (Le) (1644), II, 1826.

Vaginay, gouverneur de Lyon (1674), II, 1071.

Vagnard aîné, danseur et musicien (1656-1670), IV, 639.

Vagnard cadet, danseur (1664-1671), IV, p. 640.

Vavassore, impr. à Venise (1541), cité I, 199, *Additions*.

Vay (Gutpert), de Tübingen : inscription autrefois existante dans un album (v. 1564), V, 3366, p. 153.

Vaillant : notice généalogique, III, 2495.

Vaillant (Les frères), libr. à La Haye (1725), III, 2544 ; (1741), III, 2236.

Vaillant de Guélis ou de La Guesle (Germain), abbé de Pimpont, mort en 1587: vers latins, français et grecs sur la mort de Jacques de La Chastre (1569), IV, 2791. — Distiques lat. et sonnet franç. en tête de *La Franciade* de Ronsard (1572), 678. — Vers en tête des *Amours* de Belleau (1576), 694. — Vers dans *R. Bellaquei Tumulus* (1577), 695. — Ant. de Cotel lui dédie *Le Quatorziesme Livre de l'Iliade* (1578), 745. — Vers à lui adressés par Sc. de Sainte-Marthe (1579), IV, 2921. — Vers latins à Amadis Jamin (1580), IV, 2771. — Léon Trippault lui dédie son *Celt' hellenisme* (1581), 319. — Vers en tête des *OEuvres* de Belleau (1585), 690. — Epitaphe latine de Ronsard (1586), IV, 2889. — Vers à lui dédiés par François Le Poulchre (1587), V, 3274. — Il est cité par J. Dorat (1588), IV, 2789. — Vers à Phil. Des Portes (1600), 740. — Vers à J. Le Vasseur (1608), 772. — Vers à lui adressés par N. Rapin (1610), IV, 2944. — Vers dans le *Tombeau de Ronsard* (1623), 668.

Vayrene (de), licencié ès lois : épigramme à lui adressée par Bér. de La Tour (1551), V, 3254.

Vaissète (Dom Joseph), *Histoire generale de Languedoc* (1730-1745), III, 2347. — Cité, II, 2095, art. 6.

Val de Marino (Le comte Brandolino di) : son emblème, IV, 3077.

Valade, dessinateur (1755), III, 2506.
Valancier (Estienne), *Complainte de la France touchant les miseres de son dernier temps* (1568), IV, 2922.
Valavoir (Le capitaine), est tué à la Saint-Barthélemy (1572), IV, 3191.
Valck (G.), grav. (1700), 12.
Valdes (Alonso) : Erasme lui adresse une épître (1533), III, 2568, p. 370, art. 15.
Valdivielso (José de), approuve la seconde partie de *Don Quichotte* (1615), IV, 3069.
Valedin, nom d'un renégat, II, 1940.
Valence : entrée de la reine Marguerite d'Autriche (1599), III, 2725. — Imprimeur (1547), voy. La Ville (Claude).
Valence (Gui de), évêque de Tripoli : Philippe, un de ses clercs, lui dédie une traduction des *Secreta* attribués à Aristote, 192.
Valenciennes. Imprimeurs et libraires. Voyez Membré (Anthoine), 1519-1522; Vervliet (Jean), 1621.
Valentinien. Voy. Théodose.
Valentinois (Duc de), Note ms. dans l'*Introduction à la connoissance de l'esprit humain* (1746), de Vauvenargues, 170.
Valentinois (Catherine-Charlotte de Gramont, duchesse de), danse dans un ballet (1661), IV, p. 640.
Valeran, père, médecin, cité par J. Dorat (1588), IV, 2789.
Valeran (Philippe), vers latins adressés à J. Dorat (1586), IV, 2789; pièce à lui adressée, *ibid.*; cité par N. Rapin (1610), IV, 2944.
Valéry (Vues du château de), 248.
Valérie, ou la Rentrée des parlements (1788), III, 2296.
Valerio (Giovanni Pierio) : vers de lui dans les *Icones* de N. Reusner (1589), V, 3370.
Valerio (M.) : portrait dans les *Icones* de N. Reusner (1589), V, 3370.
Valernod, contresigne la *Declaration du duc de Montmorency* (1ᵉʳ oct. 1585), III, 2211.
Vales (El Sʳ de), *Virgilo deguisat* (1648), 407.
Valet (Antoine) : *Chant triumphal* (1569), 730. — Elégie latine sur la mort de Gilles Bourdin (1570), IV, 2792. — Vers à Guy Le Fèvre de La Boderie (1571), 733. — Vers à Joachim Blanchon (1583), IV, 2938. — Cité par J. Dorat (1588), IV, 2789. — Vers latins en tête des œuvres d'Ausone (1590), IV, 3169.
Valet (Le) de Marot contre Sagon (1539), 621, art. 4.
Valeton (Marguerite de) : épitaphe par Bér. de La Tour (1551), V, 3254.

Valhébert (Simon de), Additions au *Dictionnaire de Ménage* (1750), 318.
Valhuon (Le seigneur de), *Declaration relative à la pacification de Gand* (1579), III, 2384.
Valier : notice généalogique, III, 2495.
Valincourt (Jean-Baptiste Du Trousset de), *Lettres sur La Princesse de Cleves* (1678), II, 1538. — Lettre à l'abbé Le Dieu (1695), II, 1883, p. 365, n. 33 ; au même (v. 1703), IV, 3079, p. 446, n. 94. — Il est l'auteur de morceaux insérés dans le *Recueil de pieces curieuses* (1694-1696), III, 2632, p. 440. — Il est peut-être l'auteur du conte *Le Rossignol* faussement attribué à La Fontaine (1762), 925, 926.
Valla (Lorenzo) : ses *Apologues* sont traduits par Guillaume Tardif, II, 1773. — Cité, II, 1861; IV, 2788.
Valla (Nicolas), vers sur Est. Pasquier (1584, 1610), 737. — Vers grecs sur la mort de Ronsard (1586), IV, 2889.
Vallade : vers à lui adressés par P. de Brach (1576), IV, 2931.
Valladier (André), distiques latins à A. de L'Ortigue (1617), 822.
Valladolid. Imprimeurs. Voy. Fernandez de Cordova (Francisco), 1562. Martinez (Sebast.), 1555.
Vallambert (Simon), *Epitaphes de Mgr. le duc d'Orleans* (1545), IV, 2869. — Vers de lui dans les *Icones* de N. Reusner (1589), V, 3370, p.161.
Vallée (Geoffroy) : arrêt contre lui (1574), III, 2188, p. 26, art. 4.
Valleyre (Gabriel), libr. à Paris (1735), II, 1553 ; (1736), 1534; (1739), 1549.
Vallejo (Hernando de), taxe la seconde partie de *Don Quichotte* (1615), IV, 3069.
Vallemand (Pierre), impr. à Bâle (1573), III, 2176.
Vallepesle (Guillaume Le Goux, dit de). Voy. Le Goux.
Vallet (Guillaume), graveur (1664), II, 1130 ; (1701), 842.
Vallet de Viriville (Auguste), cité, 713 ; II, 2099.
Vallette (Jean de). Voy. La Vallette (Jean de).
Vallezergues (La ville du Mans, dite), II, 1834.
Vallon de Villeneuve, lithographe, II, 1909.
Vallot, graveur (1823-26), II, 1520.
Valois (Ducs et Duché de). — *Histoire* (1764)... [par l'abbé Carlier], III, 2331. — Cf. III, 2493, art. 24.
Valois, héraut d'armes (1556), V, 3350.
Valois (Charles de), fils de Charles

IX : vers à lui adressés par Est. Forcadel (1579), IV, 2879.
Valois (Françoise-Madeleine d'Orléans, dite M¹¹ᵉ de), danse dans un ballet (1662), IV, p. 640.
Valois (Baccio) : R. Colombani lui dédie la première édition du texte grec de Longus, *De Daphnide et Chloë* (1598), III, 2622.
Valori (Filippo) : Marsiglio Ficino lui dédie son second livre, *De vita sana*, V, 3374.
Vanbuggenhoudt (J.), impr. à Bruxelles (1857), II, 1865.
Vanden Brugge (Jan Isaac), dit Pontanus : *Album amicorum* (1591-1627), V, 3371.
Vandenesse (de), collabore à l'*Encyclopédie* (1751-1777), III, 2523, p. 282.
Vanden Rade (Gilles), « Radaeus », imprimeurs, inscription dans un album (1598), V, 3372, p. 170.
Vanden Steene (J.), libraire à Gand (1582), III, 2398.
Vander Aa (Baudouin Jansson) et Vander Aa (Pierre), libraires associés à Leide (1720), II, 1855.
Vander Cruis (Jacques), dit Crucius : *Album amicorum* (1598-1608), V, 3372.
Vander Does (Frans), dit Dousa : inscription dans un album (1597), V, 3371, p. 169.
Vander Does (Georges), dit Dousa : inscription dans un album (1599), V, 3372, p. 170.
Vander Does (Jan), dit Dousa : inscription dans un album (1595), V, 3371, p. 169 ; (1599), V, 3372, p. 170.
Vander Does (Jan), dit Dousa fils : inscription dans un album (1592), V, 3371, p. 169 ; (s. d., v. 1608), V, 3372, p. 170. — Vers en tête des *Poemata* de Sc. de Sainte-Marthe (1596), 716. — Cité par N. Rapin (1610), IV, 2944.
Vander Goes (A.), épigramme latine à Jean Leger (1669), II, 2031.
Vander Goes (Hugo), peintre, cité peut-être par J. Pèlerin (1521), IV, 2763.
Vander Gouwen (G.), grav. (1701), II, 1695.
Vander Haeghen (Ferdinand), cité, II, 2040.
Vander Hammen y Leon (Lorenzo), *Don Juan de Austria* (1627), III, 2512.
Vander Mandere : généalogie, IV, 2855, p. 194.
Vander Noot (Jean), chancelier de Brabant, portrait (1540), IV, 2871, p. 213. — Guillaume de Poetou lui dédie la *Suite du Labeur en liesse* (1566), 720.

Vander Plaes (David), grav. (1700), 12.
Vander Velde. Livre lui ayant appartenu, 448.
Vander Werff (Adrien), peintre, III, 2502, 2506.
Vander Weyden (Isaïe), « Pratensis », inscription dans un album (1608), V, 3372, p. 170.
Vander Wulp (J. K.), 1866, cité, III, 2376, 2378, et ss.
Vandy (M¹¹ᵉ de), mise en scène par M¹¹ᵉ de Montpensier sous le nom de « princesse de Paphlagonie » (1659), II, 1530.
Vandières (Abel-François Poisson de). Voy. Marigny.
Vanel : notice généalogique, III, 2495.
Vanel, traducteur des *Nouvelles* de Maria de Zayas y Sotomayor (1680), cité, II, 1757.
Vanini (Luciolo) : son histoire racontée par Fr. de Rosset (1619), II, 1724.
Vanlochom (Michel), libr. à Paris. Voy. Lochom (van).
Vannucci (Pietro), dit le Pérugin (le Pélusin), peintre, cité par Jehan Pelerin (1521), IV, 2763.
Vanolles : notice généalogique, III, 2495.
Vansittart (N.), ouvrage lui ayant appartenu, III, 2495.
Varade (Hiérosme de), médecin, cité par J. Dorat (1588), IV, 2789.
Varamond (Ernest), *Discours simple et veritable des rages exercées par la France* (1573), III, 2176 ; — *De furoribus gallicis* (1573), cité, *ibid.*
Varange : notice généalogique, III, 2495.
Varangue, Varangues ou de Varangles (Jacques), libraire à Paris (1588), 758 ; (1589), III, 2228, 2229 ; 2243, art. 1.
Varchi (Benedetto da Monte) : sonnet à lui adressé par N. Martelli et réponse (v. 1543), IV, 3000, p. 359.
Varchi (Benedetto), vers dans les *Trionfi, Carri, ecc.* (1559), 1028.
Vareddes (Le curé de) : lettre à lui adressée par Bossuet (1700), IV, 3079, p. 445.
Vareil (M¹¹ᵉ de), citée par M. Guy, de Tours (1598), IV, 2948.
Varennes (Olivier de), impr. à Paris (1610), IV, 2944.
Varennes (Olivier II de), fils du précédent, libr. à Paris (1639-1647), III, 2708, p. 490 ; (1673), II, 1223 ; (1675), II, 1932. — Sa veuve (1677-1678), III, 2524.
Vargas Macciucca (Duc Thomas), III, 2534.
Varhouem (Abraham), libr. et impr. à Anvers (1619), III, 2420, art. 10.

Variantes (Premières) de la Cour plénière, citées, III, 2296.
Varigault (A.), impr. à Lagny (1864), II, 1430.
Varin, violon (1657-1671), IV, p. 640.
Varin (Jean-Philippe), *Discours de la statue et représentation d'Henry le Grand* (1614), III, 2243, art. 19.
Varisio (Frá Raffaello da). définiteur des franciscains (1510), IV, 3100.
Varlet (Le) à louer (v. 1590), 781.
Varmond (N..... de), abbé de Vallète maître de la chapelle de plain chant du roi : Artus Desiré lui adresse une épître (1562), V, 3204.
Varnet (Thomas), curé de Saint-Nicolas-des-Champs à Paris, fait imprimer La petite Dyablerie (v. 1525), III, 2542.
Varnier (Marie), de Vitry-le-François : David Jossier lui dédie sa *Poësie* (1604), V, 3281.
Varnier (Moïse) : épithalame pour lui et pour Magdelaine Morel, par David Jossier (1604), V, 3281.
Varral (J.-C.), graveur (1843), III, 2324 ; (1844), 2325.
Varron (M. Terentius) : *Libri de re rustica* (1514), III, 2561 ; (1543), 185.
Vars (Jane de), demoiselle de Bort : vers à elle adressés par Joachim Blanchon (1583), IV, 2938.
Vartema ou Warthema (Lodovico de), *Itinerario ne lo Egypto....* (1518), II, 1941 et *Additions*. — François Gruget annonce une traduction française des voyages de Vartema (1556), II, 1938.
Vasario (Giorgio), *Le Vite de piu eccelenti architetti, pittori, et scultori Italiani* (1550), III, 2505.
Vascosan (Michel de), impr. et libr. à Paris (1545), IV, 2774 ; (1547), 699 ; (1549), 669 ; (1551), IV, 3103 ; (1555), II, 1796, art. 1 ; (1556), V, 3261-3263 ; (1559), III, 2735 ; (1560), II, 1899 ; (1561), III, 2368 ; (1567), 1899. (1574), *ibid.* ; III, 2613, — Cité (1538), IV, 2788.
Vaseccki (Baron), exécuté à Prague (1621), III, 2420, art. 54.
Vasey, graveur (1838), V, 3321.
Vassart : notice généalogique, III, 2495.
Vassaux : notice généalogique, III, 2495.
Vatable (François Watebled, dit) : Medard Bordin écrit des vers à sa mémoire (1547), III, 2598. — Cité parmi les érudits par Guy Le Fèvre de La Boderie (1578), IV, 3183. — Epitaphe par Est. Forcadel (1579), IV, 2879. — Son portrait (1581), II, 2039.
Vatiguerro (Joh. de), *Prophetia*, 209, art. 8.

Vaucel de Vaucardel : notice généalogique, III, 2495.
Vaucelas (Mme de) : son éloge par Jules de Richy (1616), V, 3290.
Vaucelles : notice généalogique, III, 2495.
Vaucenné : notice généalogique, *ibid.*
Vauchelles (François de Louvencourt, sieur de). Voy. Louvencourt.
Vaudémont (Comte de), cité (1620), III, 2420, art. 36.
Vaudémont (Mlle de) [1581], voy. Lorraine (Marguerite de).
Vaudémont (Charles de Lorraine, cardinal de) : Pantaléon Thévenin lui dédie une édition commentée de *L'Hymne de la Philosophie de Ronsard* (1582), IV, 2885.
Vaudemont (Pierre Gringore, dit), 499, 501. Voy. Gringore.
Vauderolle (de), poète lyrique (1598), IV, 2948.
Vaudetar (Roger de), conseiller au parlement : B. Tagault lui dédie *Le Ravissement d'Orithye* (1558), 665.
— Vers latins à lui adressés par Adam Blackwood (1564), IV, 2790.
Vaudois, II, 2030-2037.
Vaugelas (Claude Fabre de) : *Remarques sur la langue françoise* (1738), 325.
Vaugimois ou Vaugymois (N... de), figure dans un ballet (1627), IV, p. 640 ; à Dijon (1627), II, 1451.
Vaugon (Michel), libr. à Paris (1685), III, 2308.
Vaugondy (Robert de). Voy. Robert.
Vaulusien (N... de) : sonnet à H. de Sainct Didier (1573), 292.
Vaulx (Charles de Longueval, comte de Bucquoy, seigneur de). Voyez Bucquoy.
Vaumesnil ou Vauxmény (N... de), joueur de luth, cité par Guy Le Fèvre de La Boderie (1579), IV, 3183 ; « maistre de la chapelle de Monseigneur, fils unique du roy » (1578), IV, 2930, p. 253 ; son épitaphe par Guill. Du Peyrat (1593), IV, 2945, p. 274 ; cité par N. Rapin (1610), IV, 2944, p. 272.
Vauquelin (Antoine) : épitaphe par Guy Le Fèvre de La Boderie (1579), V, 2930.
Vauquelin (Gaspard de), stances à Jean Le Masle (1578), 445.
Vauquelin (Jean), sieur de La Fresnaye, vers à Toutain et vers à lui dédiés par le même (1557), II, 1089.
— Tombeau de J. de La Péruse, en tête des *Poésies* de celui-ci (1557), IV, 3022. — *Pour la monarchie* (1567), 726. — Son anagrammatisme et celui de sa femme, Anne de Bourgueville, par Guy Le Fèvre

de La Boderie (1571), 733. — Vers à Guy Le Fèvre de La Boderie (1578), IV, 2930. — Vers sur J. de La Péruse (1598), II, 1088. — Vers à lui adressés par Sc. de Sainte-Marthe (1600), IV, 2921. — *Diverses Poesies* (1605), 725.

Vauquelin (Nicolas), sieur des Yveteaux, vers à Ph. Des Portes (1600), 740. — Vers dans *Les Marguerites poetiques* d'Esprit Aubert (1613), 816. — Vers dans *Le Cabinet des Muses* (1619), 974.

Vauris (Guillaume), auvergnat, vers à Claude Billard (1610), II, 1105.

Vautorte (N... de), ambassadeur de France, à Ratisbonne, ses négociations (1645-1654, 1726), III, 2544.

Vautroullier (Thomas), impr. à Londres (1577), 91 ; cité (1588), III, 2219, art. 5.

Vauvenargues (Luc de Clapiers, marquis de) : *Introduction à la connoissance de l'esprit humain* (1746), 170, 170 *bis.*

Vauvert, près de Nîmes : François I*er* s'y trouve le 18 juill. 1538, II, 2139.

Vaux (Vues du château de), 249,

Vaux (N... de) : vers à lui adressés par Du Bellay (1559), IV, 2896.

Vaux (de), pseudonyme employé par Adrien de Monluc, comte de Cramail (1630), II, 1796, art. 39.

Vaux (M*lle* de) : Pierre Mathieu lui dédie la seconde centurie de ses *Tablettes* (1613), 773.

Vauzelles (Jean de), épître en tête des *Simulachres et historiées Faces de la mort* (1538), 237. — *Blason des cheveulx* (1539), 803 ; (1550), 810 ; (1807). 811. — Epitaphe de Pernette Du Guillet, signée D. V. Z. [= D'ung vray zèle] (1545), 637 et *Additions.* — *Blason de la mort* (1550), 810 ; (1807), 811. — Vers en l'honneur de Louise Labé (1555), 638. — Il est peut-être l'auteur des huitains joints à la *Metamorphose d'Ovide figurée* (1557), 410. — Cité (1531), IV, 2754, p. 28 ; (1538), IV, 2788, p. 82.

Vauzelles (Mathieu de), auteur présumé de *La grande genealogie de Fripelippes* (1537), III, 2594, art. 7 ; (1539), 621, art. 5. — Cité (1538), IV, 2788, p. 82.

Veau (Jean), ou Vitellus, vers sur Est. Pasquier (1584, 1610), 737.

Vebrius (Joannes), cité (1538), IV, 2788.

Vecellio (Cesare), *Degli habiti antichi et moderni*, 1590, 241.

Vecellio (Tiziano), dit le Titien : portrait du cardinal de Lorraine (1515), IV, 3000, p. 360. — Son emblème (1562), IV, 3077. — Son portrait dans les *Icones* de N. Reusner (1589), V, 3370, p. 163. — Un tableau de lui est offert au prince de Galles par le roi Philippe IV (1623), III, 2374, art. 7. — Portraits et dessins gravés d'après lui (1755-65), III, 2506 ; (1773), 1033.

Veert (J. D.), grav. (1749), II, 2094.

Vefve (La), ou le Traistre trahy, comedie (1634), II, 1136.

Vega (Lope de), Carpio : *Guardar y guardar se*, comédie imitée par Le Sage (1739), II, 1300.

Vegerio (Marco), cardinal de Sinigaglia : Giovanni Mapello lui dédie l'*Opus conformitatum* de B. degli Albizzi (1513), II, 2023.

Veillart (Jean-Jacques), chanoine de Paris : *Eusebii Pamphili Evangelica Praeparatio*, etc. (1544-1545), 37.

Veillées (Les) du Marais (1785), II, 1916, art. 20.

Veinant (Auguste) : livres lui ayant appartenu, 98, 135, 590, 735, 749, 779, 979 ; II, 1686, 1793 ; IV, 2779, 2857 ; V, 3280. — Cité, II, 1794.

Veines (N... de), sonnet à Jos. Duchesne (1584), IV, 3026.

Veines (Anne Griffon de) : inscription dans un album (1584), V, 3368, p. 158.

Veiras (Denis), *Projet pour arroser les plaines de Villedagne*, etc. (1697), réimpr., II, 2095, art. 93.

Velasquez (Diego), conquérant de Cuba (1511-1518), II, 1955.

Velez (Luis), de Guevara, *Le Diable boiteux* imité par Le Sage (1707), II, 1547 ; (1756), 1548.

Vélin (Livres imprimés sur), 17, 18, 19, 22, 25, 26, 33, 38, 408, 414, 910, 937, 1035, 1036 ; II, 1874 ; III, 2355 ; IV, 2802, 3094 ; V, 3330.

Vélin (L'abbé), auteur supposé de l'*Apologie de la « Cour Plénière »* (1788), III, 2296.

Velly (M. de), ambassadeur pour le roi : son argentier (1542), IV, 2761, p. 36.

Velpius (La veuve de Hubert Antoine, dit), imprimeur à Bruxelles (1631), III, 2405, art. 21.

Velpius (Rutger), impr. à Mons (1580), III, 2712 ; à Bruxelles (1599), III, 2465, 2725.

Velss (Christoph Otto Moritz Freiherr von) : inscription dans un album (1564), V, 3365, p. 150.

Velu (Gilles Cartrian, dit), de Valenciennes (1547). Voy. Cartrian.

Velu ou Velut (Hubert), libr. à Paris (1589), III, 2245, 2464 ; (1603), IV, 3004.

Venator (Esaias). Voy. Jäger.

Vendezie (Jehan et Jacques), accompagnent Jacques Le Saige de Douai à Lyon (1519), IV, 3089.
Vendôme. Henri IV s'empare de cette ville (19 nov. 1589), III, 2241, art. 7.
— Abbaye de la Trinité, IV, 3096, art. 7.
Vendôme (M¹¹ᵉ), graveur en lettres et en musique (1773), 1002.
Vendosme (Louis), libr. à Paris (1681), IV, 3153, p. 529.
Vendôme (Alexandre de Bourbon, chevalier de), grand prieur de France, figure dans un ballet (1619), IV, p. 640. — Livre relié à ses armes (1625), II, 2017.
Vendôme (Antoine de Bourbon, duc de) : vers à lui adressés par Joachim Du Bellay (1549-1561), IV, 2890.
Vendôme (Catherine-Henriette, légitimée de France, dite M¹¹ᵉ de), plus tard duchesse d'Elbeuf, danse dans un ballet (1615), IV, p. 640.
Vendôme (César, duc de), de Mercœur, etc. : Marc de Papillon lui dédie ses *Premieres Œuvres* (1597), 762. — Il combat dans les rangs de l'armée hollandaise (1631), III, 2405, art. 22. — P. Du Ryer lui dédie *Cleomedon* (1636, 1638), II, 1109, 1110. — Pierre Moreau lui dédie son *Histoire des derniers troubles du Bresil* (1651), II, 1922.
Vendôme (Charles de Bourbon, comte, puis [févr. 1515], duc de) prend part aux joûtes qui ont lieu à Paris lors du second mariage de Louis XII (1514), II, 2113. — Il prend part aux joûtes du 15 janvier 1515, II, 2119.
Vendôme (François de Bourbon, comte de) : Ballade à lui adressée par Jehan Molinet (avant 1531), 471, art. 11.
Vendôme (François de), vidame de Chartres (1557), IV, 2877.
Vendôme (Françoise d'Alençon, veuve de Charles de Bourbon, duc de) : vers à elle adressés par Joachim Du Bellay (1549, 1561), IV, 2890.
Vendôme (Loys de), vidame de Chartres : son épitaphe par J. Bouchet (1545), 510.
Vendôme (Louis de Bourbon, cardinal de), cité par Ch. Fontaine (1557), IV, 2877.
Vendôme (Louis de Bourbon, cardinal de), nonce apostolique : acte de lui (1668), II. 1883, p. 369, art. 8.
Vendôme (Louis-Joseph de Bourbon, duc de) : figure dans un ballet (1669), IV, p. 640. — Donneau de Visé lui dédie le *Journal de la campagne du Piémont* (nov. 1693), III, 2524, p. 292. — Houdart de La Motte lui dédie *Les Grâces*, ode (vers 1769), II, 2003.
Vendôme (Philippe, chevalier de), figure dans un ballet (1669), IV, p. 640.
Venel : notice généalog., III, 2495.
Venel (Gabriel-François), collabore à l'*Encyclopédie* (1751-1777), III, 2523, p. 282.
Vengeance (La) d'Aminte affrontée (1656), II, 1757.
Vengeance (La) et Destruction de Hierusalem par personnaiges (1539), II, 1076.
Veni creator, traduit en français (1588), V, 3276.
Venise : vues de cette ville (1521), II, 1951 ; (xvɪɪᵉ s.), 249. — Discours prononcé par les ambassadeurs de Charles VIII (1495), V, 3338. — *La Complainte de Venise* (v. 1508-1510), IV, 2832, 2833. — Graziano, « dela cità de Luca », *Frotola nova contra Venetiani* (1508), 1039. — Cotignola (Betuzzo da), *Frotoleta contra Veneciani* (1508), 1040. — Gringore (Pierre), *L'Entreprise de Venise* (1509), 496. — *La Mauvaistié et Obstinacion des Veniciens* (v. 1509), IV, 2847. — *Les Lettres envoyees a Paris de par le roy... touchant les batailles et victoires faictes par les François sur les marches des Veniciens* (1509), II, 2109. — *La tresnoble et tresexcellente Victoire du roy... Loys XII... sur les Venitiens, a la journee de Cavaralz*, etc. (1509), II, 2110 ; trad. en allemand, 2111. — *L'Ordre du camp des Venitiens* (1509), *ibid.*, trad. en allemand, *ibid.*
— *Le memoranda Presa de Peschera* (1509), 1041. — Les enseignes des Venitiens envoyées à Saint-Denis (1509), IV, 2783. — *Cosa nova. El Lamento de Italia universale* (1510), 1042. — *Historia nova della ruina de' Venetiani* (1512), 1044. — *La vera Nova de Bressa* (1512), 1045. — *La vera Prophetia de uno imperatore* (1512), 1046. — *La Liga de la illustrissima signoria de Venetia con il ...re di Franza* (1513), 1047. — *La Pace da Dio mandata* (1516), 1048. — Livre de la corporation des lainiers (1526-1581), IV, 2764. — Venise incendiée (1574), III, 2449. — Germain Aubert célèbre Venise dans sa *Venetias* (1583), IV, 2794. — Mort des doges Gio. Bembo et Nicc. Donato ; élection d'Antonio Priuli (1618), III, 2450. — *La Conjuration des Espagnols* (1618), par Saint-Réal (1674), III, 2451. — Arrêt contre Giorgio Cornaro (1628), III, 2452. — Entrée de Charles de Créquy (1634), III, 2453.

— Dialecte vénitien (1508), 1039 ; (1513), 1047; (1664), 1053. — Imprimeurs et Libraires. Voy. Aldo (art. Manuzio), 1496-1514. Alessi (Stefano di), 1551-1553. Alopa (Lorenzo di Francesco de), 1494-1496. Angelieri (Giorgio), 1572. Arrivabeni (Andrea degli), 1536. Asola (Andrea da), 1513-1518. Bindoni (Alessandro de'), 1516. Bindoni (Francesco di Alessandro), 1541. Bonfadio (Giovanni), 1587. Calepino (Girolamo), 1563. Cesano (Bartolommeo), 1551. Danza (Paolo da), 1512. Farris (Domenia de), 1569. Gherardo (Paolo), 1547. Giolito (Gabriel) de' Ferrari, 1546-1565. Guerra (Domenico et Gio. Battista), 1571. Jenson (Nicolas), 1471-1472. Le Caillior (Corneille), impr. supposé, 1609. Maler (Bernhardt), dit Pictor, 1478. Manuzio (Aldo), 1496-1514. Manuzio (Les Fils d'Aldo), 1547-1549. Nicolini (Giov. Antonio) da Sabio, 1530-1534. Nicolini (Pietro) da Sabio, 1536. Pasini (Maffeo), 1541. Pinelli, 1634. Reghettini (Arzolo), 1627. Rusconi (Zorzo de'), 1514-1521. Sessa (Giovan. Baptiste da), 1496. Sessa (Melchior), 1508. Spire (Jean de), 1469. Tacuino (Giovanni), 1525. Vavassore, 1541. Zamboni (Pietro), 1664. Zenaro (Damiano), 1590. — Imprimeur indéterminé (vers 1502), II, 1948.

Venite (Le) nouveaument faict a la noble royne de France (1530), IV, 2857.

Vens (N... de), cité par Ch. Fontaine (1557), IV, 2877.

Ventadour (Anne de Levis, duc de) : vers à lui dédiés par Christophe de Gamon (1600), V, 3280. — Cité (1624) comme vice-roi de la Nouvelle-France (av. 1622?), II, 1967.

Ventadour (N..., duchesse de) : lettres à elle adressées par Mme de Maintenon (1756), II, 1895.

Ventes (Les) d'amours (v. 1490), 549 ; (v. 1540), 550 : (v. 1570), 812, art. 5 et 6.

Venturius (Lucius) : épître à lui adressée par Cicéron Victurius, V, 3222.

Vera (Gerard de). Voy. De Veer (Gerrit).

Vérac (Honoré de), d'Arles, cité (1538), IV, 2788.

Veranphus (?) (Wolfgang) : inscription dans un album (v. 1565 ?), V, 3365.

Vérard (Anthoine), libraire à Paris. Livres datés : (1486), IV, 2765 ; (1498), 17 ; (1499), II, 2001 et IV, 394 ; (1504), II, 2156 ; (1508), II, 2105 ; (1510), III, 2655. — Livres sans date : (v. 1488), 22 et *Add.* ; (v. 1500), 296, 436 et 438 ; (v. 1501), II, 2097 ; (v. 1504), III, 2583 ; (v. 1505), IV, 2802 ; (v. 1508), II, 1081. — Livres cités : (1493), II, 2001 ; (v. 1501), IV, 2799, p. 114 ; (dates diverses), II, 2105. — Liste des livres imprimés « par lui » et « pour lui » (dates diverses), *ibid.* — Ses agissements littéraires frauduleux (dates diverses), 479 ; III, 2582, p. 388 ; 2583 ; IV, 2775, p. 54.

Vérard (Anthoine II), fils du précédent, libr. à Paris (1519), 478.

Vérard (Jacques), parent des précédents (?), libraire à Paris : (s. d., v. 1510 ?) IV, 2744.

Verazzano (Giovanni), explorateur de la Floride (1624), II, 1964.

Verbal, renégat bourguignon, II, 1940.

Verbec, danseur ou musicien (1656-1657), IV, p. 640.

Verboquet, *Les Delices* (1640), II, 1705.

Verceil (Georges de), « Vercellanus ». cité (1538), IV, 2788.

Verceil (Gérard de), bourguignon : vers sur la mort de Louise de Savoie (1531), IV, 2787.

Vercelin, dessinat. (1696-1700), III, 2507.

Vercelli (Alfonso), évêque de Lodève, assiste au mariage de Henri de Bourbon, prince de Condé (1572), IV, 3122.

Verclaers (Een warachtich ende naect) vande verschrickelijcke verraderije... (1585), citée, III, 2194, p. 34, art. 2.

Verdad (Don Baltazar de la), pseud., *L'Autheur du vray Cid espagnol* (1637), II, 1142, art. 8.

Verdelhan : notice généalog., III, 2495.

Verderonne (Mlle de), danse dans un ballet (1615), IV, p. 640.

Verdier (Edme), musicien (1671), IV, p. 640.

Verdier (Mlle), chanteuse (1675-1677), *ibid.*

Verdonk (Jean), vers latins à la fin du *Chronicon burdigalense* de Gabriel de Lurbe (1599), IV, 3169, p. 565.

Verdun. Imprimeur (1578), voy. Pedie (Pierre).

Verdun (Jean de), cité par Guy Le Fèvre de La Boderie (1578), IV, 3183.

Vergauwen (Fr.), bibliophile : livres lui ayant appartenu : III, 2669, 2715, 2717, 2722, 2728 ; IV, 3166. — Son *Catalogue*, cité, II, 2133.

Vergerio (Paolo), vers de lui dans les *Icones* de N. Reusner (1589), V, 3370.

Vergerius. Voy. Vergier (Eloy).

Verges : vers à lui adressés par Joachim Blanchon (1583), IV, 2938.
Vergesse (Nicolas), *Epitaphes de Cossé Brissac* (1564), 813. — Vers dans *Le Tumbeau de Gilles Bourdin* (1570), 815.
Vergy (N... de) : *Etymologies* (1750), 318.
Vergier (Eloy), « Vergerius », cité (1538), IV, 2788.
Vergier (Jacques), *Contes* (1762), 925, 926, (1778), 927. — Cité, II, 1909.
Vergnette : notice généalogique, III, 2495.
Verhael (Warachtlich) van tghene dat binnen der Stadt Brugge geschiet is (1582), cité, III, 2306.
Verheyen (Jacques), grav. (v. 1609), 956.
Veritable (Le) sur la sainte Ligue (1585), III, 2206 ; (1587), 2194, p. 34, art. 10 ; (1709), 2251, p. 87, art. 7.
Verité (La) decouverte (v. 1670), V, 3291.
Verjus (François), chanoine de Mâcon (1546), IV, 2876.
Verjus (Nicolas), lieutenant général au bailliage de Provins : J. Alphutic compose un *Traicté* sur sa mort (v. 1561), III, 2609. — Cf. 778 et Additions, t. V, p. 190.
Vermandois (Louis de Bourbon, comte de), figure dans un ballet (1681), IV, p. 640.
Vermeere, voy. Nuyts (Martin).
Vermeil (A. de) : Vers dans *Les Marguerites poetiques* d'Esprit Aubert (1613), 816 ; dans *Le Cabinet des Muses* (1619), 974.
Vermelian (Jean), Epigramme latine à M. A. de Muret (1552), II, 1069.
Vermeulen (C.), graveur (1687), 354 ; (1691), III, 2524, p. 291.
Vermond (L'abbé de), pseudonyme de H.-N.-M. Duveyrier ; voy. ce nom.
Verna (Dauphin de) : volume provenant de sa bibliothèque, V, 3330.
Vernassal de Quercy (François de) : vers à Robert Rivaudeau de La Guillotière (1549), III, 2486.
Verue (Denis), cité par Est. Forcadel (1579), IV, 2879.
Verneuil (Vues du château de), 248.
Verneuil (Eusèbe-Félix Chaspoux, marquis de), rédacteur de la *Gazette* (1747), IV, 3153, p. 547.
Verneuil (Gabrielle-Angélique, légitimée de France, dite Mlle de), danse dans un ballet (1615), IV, p. 640.
Verneuil (Jacques-Eusèbe Chaspoux, comte, puis marquis de), fils d'Eusèbe-Félix, rédacteur de la *Gazette* (1746), IV, 3153, p. 547.
Verneuil (Jean de) : sonnet à lui dédié par David Jossier (1604), V, 3281.

Verneul (Mathieu), fonde une colonie au Brésil (1556), II, 1989.
Vernon (Artuse de), dame de Teligny : son épitaphe par Ronsard (1555), 672.
Vernouillet (Adrien), impr. à Anvers (1620), III, 2420, art. 39.
Vérone, II, 2109.
Vérone (François de), auteur apocryphe de l'*Apologie pour Jehan Chastel* (1595), III, 2254.
Verpré, danseur (1635-1664), IV, p. 640.
Verpré (Mlle de), danseuse (1659-1664), *ibid.*
Verrue (Le comte de), figure dans un ballet (1681), IV, p. 640.
Verrue (Jeanne-Baptiste d'Albert de Luynes, comtesse de) : livres lui ayant appartenu, II, 1543, 1858.
Vers français mesurés : Traité de Jean de La Taille (1573), V, 3317.
Vers sur le trespas de Henry le Grand (1611), 891, art. 4.
Versailles, *Les Plaisirs de l'Isle enchantee* (1664), 1192, 1193, 1209. — *Relation de la Feste du 18 juillet 1668* (1679), II, 2209. — *Divertissements*, 1674, II, 1209. — *Description du chasteau*, par Félibien (1685), III, 2326. — *Relation des Assemblées faites à Versailles... pendant ce carnaval de l'an 1683*, III, 2327. — Vues du château, 249.
Versellanus. Voy. Verceil (Gérard de).
Versus Psalmorum penitentie cum letaniis (s. d., v. 1500), IV, 2736.
Verthamon : vers à lui adressés par Joachim Blanchon (1583), IV, 2938.
Vertot (René Aubert de), d'Aubœuf : *Histoire de la conjuration de Portugal* (1689), III, 2441. — *Histoire des révolutions de Portugal* (1711), III, 2442. — *Histoire des chevaliers hospitaliers de S. Jean de Jerusalem* (1726), II, 2016. Cf. 2018. — *Histoire des Revolutions de Suede* (1768), III, 2421 ; (1695-96), citée, *ibid.*
Vertu (La) du catholicon d'Espagne (1593), citée, III, 2251.
Vertue, dessinateur, III, 2506.
Vertunien (François), sieur de La Vau : vers à lui adressés par Sc. de Sainte-Marthe (1600), IV, 2921.
Vertunno (Giovan Antonio), gentilhomme de Naples, opuscule à lui dédié (1539), IV, 2760.
Vertus (Le comte de) : vers à lui adressés par J. Le Masle (1580), IV, 2933.
Vertus (Les) de Jesabel Angloise (1588), III, 2373.
Vertus (Les) des eaues et des herbes (v. 1510), IV, 3163.

Vertus (*Les .XII.*) *des nobles*, IV, 2796, art. 12.
Vertus (Les trois), figurées par Sully à l'aide de trois V verts (1638), III, 2238.
Verulanus (Sulpice de Saint-Alban dit), *Des bonnes meurs*, etc. (1555), 418.
Verville (Fr. Beroalde de). Voy. Béroalde.
Vervliet (Daniel), imprimeur à Anvers (1585), cité, III, 2194, p. 35.
Vervliet (Jean), imprimeur à Valenciennes (1619-1621), 1020; V, 3301.
Verzaychnusse (*Dye*) *des Heeres, so der Kunge von Franckreych wider die Venediger gehabt* (1509), II, 2111.
Vesc (Claude de), prévôt de Valence : Vers à Gratien Du Pont (1534), III, 2596 ; à B. de La Tour (1558), 662.
Vesc (Jehanne de), courtisée par Antoine Prévost (1539). V, 3249.
Vesins (Le P. Michel de), martyrisé au Maroc (1631), III, 2483.
Vespucci (Amerigo), *Mundus novus* (v. 1502), II, 1948, 1949. — *Paesi novamente retrovati* (1508), 1950 ; (1521), 1951. — *Lettera delle isole nuovamente trovate* (v. 1506), 1952. — *Quatuor Navigationes* (1507), 1953, 1954.
Vessier (Estienne), vers latins à la fin du *Chronicon burdigalense* de Gabr. de Lurbe (1590), IV, 3169, p. 565.
Vésuve : éruption (1631), III, 2457.
Vesvrotte (Le comte Richard de) : volume lui ayant appartenu, V, 3250.
Vetier (Catherine) : son mariage est fêté au *Puy du souverain amour* : elle y compose des vers (1543), 804.
Vetmelch (Vincent), ou Fettmilch (?) est exécuté (1616), III, 2420, art. 1.
Vetron, Voy. *Recueil de pieces curieuses* (1694-1696), III, 2632.
Vettori (Bernardo) : sonnet à lui adressé par N. Martelli (v. 1543), IV, 3000, p. 359.
Vetus. Voy. Le Viel (Jean).
Veure (Jean de), cité par G. des Autelz (1550), 654.
Vezeigneux (Jacqueline de), dame de Rizaulcourt, baronne de Courson (1550), IV, 2881.
Vialard (Félix) et Jeanne Hennequin, sa femme, cités par J. Dorat (1586), IV, 2789 ; (1588), *ibid*.
Vialat, associé de Giroux, imprimeurs à Lagny (1842), puis à Saint-Denis du Port (1844). Voy. Giroux.
Viallart (Antoine), prieur de S' Martin des Champs (1579), IV, 2930.
Vian (Louis), cité, II, 1853.

Vianey (Joseph), cité, IV, 2896.
Vianne, graveur (1700), 12.
Viantays (Mme de) : son éloge par Jules de Richy (1616), V, 3291.
Viardot (Louis), traducteur des *Novelas* de Cervantes (1838), cité, II, 1756.
Viart : généalogie, III, 2495.
Viaspres (N... de), de Troyes (1552), IV, 3091.
Viateur (Le). Voy. Pèlerin (Jehan).
Viau (Théophile de) : Vers dans *Le Cabinet des Muses* (1619), 974 ; dans *Les Muses illustres* (1658), 976. — *Le Parnasse satyrique* (1660), 957. — Notice sur lui par Th. Gautier (1844), III, 2509.
Vibius Sequester, géographe (1518), V, 3332.
Vibraye (Mme de) : son éloge par Jules de Richy (1616), V, 3291.
Vibraye (La marquise de), danse dans des ballets (1664-1665), IV, p. 640.
Vic (Dominique de), archevêque d'Auch : lettre à lui adressée par Rangouze (1649), II, 1879.
Vicen (Ange Engelhart) : inscription dans un album (1564), V, 3365, p.150.
Vicence. Imprimeur : (1584), Greco (Giorgio).
Vicenno (Tiburzio), de Reate, témoin d'un doctorat à Pérouse (1570), V, 3364.
Vice (*Le*) *puni, ou Cartouche* (1726), 851.
Vices (*Des*) *et des vertus* (1504), III, 2583, art. 4.
Vicourt, mari malheureux : éloge de sa femme (1535), 805.
Victoire de France : fille de Louis XV : livre lui ayant appartenu, II, 2006.
Victoire (*La*) *des Catholiques contre ceux de la Religion pretendue Reformée es Grisons* (1620), III, 2648.
Victoire (*De l'heureuse*) *des Chrestiens obtenue contre les Turqs en Vngrie* (1599), III, 2465.
Victoire (*La tresnoble et tresexcellente*) *du roy... Loys XII... sur les Venitiens, a la journee de Caravalz* (1509), II, 2110 ; trad. en allemand, 2111.
Victoire (*La grande et signalee*) *emportee... par l'armée catholique sur l'armée Protestante* (1622), III, 2420, art. 61.
Victoire (*La*) *obtenuë par le duc d'Albe sur le Prince d'Orange* (1572), III, 2378.
Victoire (*La grande et memorable*) *obtenue sur le prince Palatin par les ducs de Bavière et comte de Bucquoy* (1620), III, 2420, art. 42.

Victor (P.), *De regionibus urbis Romae* (1518), V, 3332.
Victor-Amédée II, duc de Savoie : Donneau de Vizé lui dédie le *Mercure galant* (juillet 1681), III, 2524. — Négociation de son mariage avec l'infante de Portugal, *ibid.*
Vida (Girolamo), hymne trad. par Guy Le Fèvre de La Boderie (1578), IV, 2930.
Vida (Marco Girolamo): portrait dans les *Icones* de N. Reusner (1589), V, 3370.
Vidal (G.), grav. (1778), 228.
Vidoué (Pierre), impr. à Paris (1526), III, 2667; IV, 3107; (1527), II, 1485; (1528), III, 2670 ; (1529), 441 ; (1530), 437, 447 ; (1533), IV, 2779. — Cité (1519), V, 3375.
Vie (*La*) *de monseigneur sainct Albain* (v. 1530), IV, 3098.
Vie (*La*) *et Legende de mgr. sainct François* (v. 1510), II, 2022.
Vie (*La*) *de saint Ignace* (1679), II, 2026.
Vie (*La*) *de sainct Nicolas* (v. 1520), III, 2542.
Vie (*La*) *ma dame saincte Barbe par personnaiges* (v. 1535), II, 1078.
Vie (*La*) *et l'Ystoire de... saincte Barbe par personnages* (v. 1530), IV, 3012.
Vie (*La*) *de ma dame saincte Katherine de Seine* (1520), II, 2025.
Vie sainte Margherite, en vers (fin du xive s.), IV, 3154, art. 6.
Vie (*La*) *et Passion de madame saincte Marguerite* (v. 1550), 593.
Vie (*La*) *de la venerable mere Marie de l'Incarnation* (1677), II, 1971.
Vie (*La*) *des Papes* (av. 1565), citée, III, 2552.
Vie (*La*) *du maulvais Antechrist*, 541, art. 12.
Vie (*La*) *de don Alphonse Blas de Lirias* (1754), II, 1550.
Vie (*La*) *de Messire Gaspar de Colligny* (1643), III, 2177.
Vie (*La*) *tres horrifique du grand Gargantua* (v. 1545), II, 1510.
Vie (*La*) *de puissante et tres-haute dame, madame Gueuline* (1612), 592.
Vie (*La*) *de E.-T.-A. Hoffmann* (1833), II, 1770.
Vie (*La*) *de M. de Moliere* (1775), II, 1225.
Vie (*La*) *de mon pere* (1788), II, 1916, art. 13.
Vie (*La*) *et deplorable Mort de la Pucelle d'Orleans* (1610), II, 2102.
Vie (*La*) *et les Aventures surprenantes de Robinson Crusoe* (1720-21), II, 1758 ; (1770), 1759.
Vie (*La*) *des Taboristes* (1563), citée, V, 3352.

Vieil (Antoine), des Andelys : vers latins (1586), IV, 2789.
Vieillard (Nicolas), impr. à Toulouse (1540), 566.
Vieille (*La*) *amoureuse* (1652), 975.
Viel, graveur (1777), 259.
Vienne, Autriche : massacre qui y a lieu (1618), III, 2420, art. 4. — Incendie (1620), *ibid.*, art. 31. — Siège (oct. 1683), III, 2524. — Imprimeurs et libraires, voyez: (1616), Gelbhaar (Gregor) ; (1516). Vietor (Hieronymus) ; (1621), Zeszlawen (Johann).
Vienne (M. de), vers à P. de Brach (1576), IV, 2931.
Vienne (Philibert de) : *Philosophie de court* (1547), 180. — Vers à Claude Colet (1549, n. s.), 651 ; pièce sur la *Response des dames à Mars*, *ibid.*
Vierzon : abbaye de Saint-Pierre, IV, 3096, art. 133.
Viète (François de) : vers à lui adressés par J. de Vitel (1588), V, 3275.
Viète (René de) : vers à lui adressés par J. de Vitel (1588), *ibid.*
Vietor (Hieronymus), impr. à Vienne, Autriche (1516), 291.
Vieux-Amant, danseur (1671), IV, p. 641.
Vieux-Chasteau, danseur (1645), *ibid.*
Vieuxchastel (C. de), « de Veteri Castre », élève de Nic. Du Puis (v. 1510), V, 3228.
Vieux-Marché : vers à Me Adam (1644), 829.
Vieuxpont (Mlle de), danse dans un ballet (1635), IV, p. 641.
Viéville et Capiomont, impr. à Paris (1872), II, 1383 ; (1876), II, 1667.
Vigarani (Carlo), ingénieur (1664-1668), IV, p. 641. — Il travaille aux *Festes de l'Amour et de Bacchus* (1671), IV, 3045.
Vigée (Louis), peintre (1755-65), III, 2506.
Vigenère (Blaise de), *La Description du royaume de Poloigne* (1573), III, 2422. — *Les Chroniques et Annales de Poloigne* (1573), III, 2423. — Vers à lui adressés par Scév. de Sainte-Marthe (1579), IV, 2921.
Viger (F.), Sonnet à Jean Hays (1598). 763.
Vigier, émailleur à Limoges (1583), IV, 2938, p. 263.
Vignay (Jehan de) : *Le Livre des oisivetez* traduit de Gervais de Tilbury (ms. xive s.), IV, 3085. — *Le Jeu des esches moralisé*, traduit de Jacques de Cessole (1504), II, 1506. — *La Legende doree*, traduite de Jacques de Voragine (1518), II, 2020. — *Le Miroir hystorial*, traduit de

Vincent de Beauvais (1532, n. s.), II, 1999.

Vignal (Pierre), vers hébreux sur la mort de Henri IV (1610), 890, art. 5 ; 891, art. 3.

Vignalz (Estienne de), épître à Gratien Du Pont (1534), III, 2596.

Vigny (Alfred, comte de), *Éloa* (1824), 868. — *Poëmes antiques et modernes* (1826), 869. — *Le More de Venise* (1830), II, 1364. — *La Maréchale d'Ancre* (1831), 1365. — *Chatterton* (1835), 1366. — *Servitude et Grandeur militaires* (1835), II, 1647. — *Quitte pour la peur*, nouvelle publiée dans le *Dodécaton* (1837), II, 1714.

Vigny (Denise de), dédie au parlement de Paris le *Discours sur la mort de M. le President Brisson* (1595), III, 2253.

Vignier (Antoine), est peut-être l'auteur de vers signés A. V., ou A. Vig. (1550), 808.

Vignier (Nicolas), acrostiche en tête des *Lettres* d'Est. Du Tronchet (1615), II, 1876.

Vignier (Nicolas), fils, *Legende doree, ou Sommaire de l'histoire des freres mendians* (1734), II, 2024.

Vignier (Philippe), l'un des auteurs des *Cent Nouvelles nouvelles* (v. 1457), II, 1694.

Vignier (Timoléon), l'un des auteurs des *Cent Nouvelles nouvelles* (v. 1457), II, 1694.

Vignole : *Architecture* (1752), 243.

Vignolles : généalogie, III, 2495.

Vignolles (Bertrand de), dit La Hire, *Memoires* (1621-1622), réimpr., II, 2095, art. 17.

Vignon, graveur (1764), III, 2331.

Vignon (C.), dessinateur (1648), 969.

Vignon (Eustache), impr. à Genève (1584), V, 3212, art. 6. — Cité (1577), III, 2219. — Ses héritiers (1594), IV, 3187. — Cités (1586-1600), II, 1990, 2040.

Vignon (Jean), impr. à Genève (1611), II, 1990.

Vigor (Simon), dit la messe au mariage de Henri de Bourbon, prince de Condé (1572), IV, 3122. — Il est cité comme théologien par Guy Le Fèvre de La Boderie (1578), IV, 3183. — Vers sur Est. Pasquier (1584, 1610), 737.

Viguet (J.-F.), grav. (1789), II, 1287.

Viguier (Antoine), père de la belle Paule (1587), II, 1838.

Viguier (Paule de), dite « la belle Paule » : vers à elle adressés par P. de Brach (1576), IV, 2931. — Voy. aussi Minut (Gabriel de), *De la Beauté* (1587), II, 1838.

Vilhena (Antonio Manoel de), grand-maître de Malte : l'abbé de Vertot lui dédie son *Histoire* (1726), II, 2016.

Villafranca : nom de lieu imaginaire, cité (1659), II, 2042. — Cf. Villefranche.

Villagon (sic), IV, 3140. Voy. Durand (Nicolas), seigneur de Villegagnon.

Villaines : généalogie, III, 2495.

Villandry : épître à lui adressée par Jehan Bouchet (1545), 511.

Villani (Filippo-Matteo), *Vie de Boccace* (1757), II, 1741.

Villani (Marcantonio), vers dans les *Trionfi, Carri, ecc.* (1559), 1028.

Villargeau (Mlle de), citée par Cl. de Taillemont (1556), IV, 2910.

Villars (Mme de), sollicitée par Voltaire (1748), II, 1324.

Villars (André de Brancas, sieur de), amiral de France : son épitaphe par A. de L'Ortigue (1617), 822.

Villars (Le comte de), « vy roy à Tholose » : vers sur son entrée par Bér. de La Tour (1551), V, 3254, p. 52.

Villars (L'abbé de Montfaucon de), *Le Comte de Gabalis* (1670), 217. — *La Critique de Bérénice* (1671), II, 1257, 1258. — *De la Délicatesse* (1671), 157.

Villarsel (Claude de) : inscription dans un album (1593), V, 3370.

Villaserf (Vues du château de), 249.

Ville (Jean-Baptiste de), libr. à Lyon, successeur de Claude La Riviere (1668), II, 1814.

Villebois (Louis), *Rerum in Arvernia gestarum... Luctuosa Narratio* (1577), III, 2698.

Villebresme (Macé de), cité comme un modèle par Guill. Crétin (1512), II, 2090, art. 5. — *Epistre de Cleriande la Rommaine a Reginus* (s. d. ; ms du xvie s.), IV, 2964, art. 86.

Villecoq (Marie de), damoiselle de Bragelonne : Vers sur Est. Pasquier (1584, 1610), 737.

Villédieu (Catherine-Hortense Des Jardins, dame de), citée par Gueret, (1663), II, 1849. — *Memoires de la vie de Henriette-Sylvie de Moliere* (1672-74), II, 1540.

Villefranche, nom de lieu imaginaire : imprimeur supposé Nicolas L'Enjoué (1682), II, 1816. — Cf. Villafranca.

Villegagnon (Nicolas Durand, chevalier de). Voy. Durand.

Villeloin : abbaye de Saint-Sauveur, IV, 3096, art. 186.

Villemenot (Estiennette), femme chantée par Philibert Guide (1583), IV, 2935.

Villemereau (N... de) : vers à hui

adressés par J. Le Masle (1580), IV, 2933.
Villemontée (Charles de), cité par J. Dorat (1588), IV, 2789. — Vers à lui adressés (« regius in Urbe procurator », 1610), par Nicolas Rapin, IV, 2944.
Villemontez : une pièce de lui dans les *Chants et Chansons populaires de la France* (1843), 1014.
Villemor (N... de), 1549, III, 2143, et *Additions*.
Villemort (N... de), maître des Comptes : vers à lui adressés par Joachim Blanchon (1583), IV, 2938.
Villènes (N.., de), vers à M⁰ Adam (1644), 829.
Villeneufve (Jean de), second président au parlement de Bordeaux : vers à lui adressés par P. de Brach (1576), IV, 2931.
Villeneuve (Gustave Guyot de). Voy. Guyot.
Villeneuve (J.-C.), vers à N. Frenicle (1629), 824.
Villeneuve-lez-Avignon : abbaye de Saint-André, IV, 3096, art. 46.
Villeneuve-le-Roi (Vue du château de), 249.
Villepoux (Marin), libr. à La Rochelle (v. 1580), cité, II, 1957.
Villequier (Antoine d'Aumont, marquis de), figure dans des ballets (1635), IV, p. 641.
Villequier (Louis-Marie-Victor d'Aumont, marquis de), figure dans des ballets (1651-1665), IV, p. 641 ; dans le *Ballet de Psyché* (1656), II, 1455.
Villequier (Madeleine-Fare Le Tellier, marquise de), danse dans des ballets (1661-1666), IV, p. 641.
Villequier (René de), cité par J. Dorat (1588), IV, 2789.
Villerey (A.), graveur (1796-1822), II, 1305, 1676, 1909.
Villeri (Jacques), libr. à Paris (1695), 951.
Villeroy, grav. (avant 1824), II, 1909.
Villeroy (Neufville de), voy. Neufville.
Villers-Cotterets (Vues du château de), 248, 249.
Villes (M. de), défend Noyon pour la Ligue (1591), III, 2250.
Villetrain (N... de). cité par M. Guy, de Tours (1598), IV, 2948.
Villette : généalogie, III, 2495.
Villette, cité par Ch. Fontaine (1557), IV, 2877.
Villette ou Vilette (Anthoni), libr. à Paris (1685), III, 2326.
Villette (Jean), libr. à Paris (1693), 24.
Villevault (Jean de) : Fr. de Belleforest lui dédie *La Pyrenée* (1571), V,

3320. — Sonnet à lui adressé par Jacques Moisson (1571), *ibid*.
Villiers, mari malheureux (1535), 805.
Villiers, comédien : vers au petit de Beauchasteau (1657), 833. — Il figure dans *L'Impromptu de l'hostel de Condé* (1663), II, 1276.
Villiers (Les frères de), graveurs (1814), 925 ; (avant 1823), II, 1909.
Villiers (Antoine, seigneur de), l'un des auteurs des *Cent Nouvelles nouvelles* (v. 1457), II, 1694.
Villiers (Gilbert de), impr. à Lyon (1525), II, 1505 ; IV, 3090.
Villiers (Jacques-François de), médecin, collabore à l'*Encyclopédie* (v. 1760), III, 2523, p. 282.
Villiers (Philippe de) de l'Isle Adam : lettre à lui adressée par Soliman (1522), 491, 492. — Jacques, bâtard de Bourbon, lui dédie *La grande... Oppugnation... de Rhodes* (1526), II, 2018.
Villiers (Pierre de), *Chansons* (1549-1552), 980.
Villiers (U. Philippe de), quatrain sur la mort de Ronsard (1586), IV, 2889.
Villiers-Houdan (M. de), III, 2435, art. 3.
Villing (Johann R.) : inscription dans un album (1635), V, 3366, p. 153.
Villon (François) : *Grant Testament* (v. 1490), 450 ; (v. 1505), 451. — *Sermon des repeus franches* (v. 1500), 454. — *Balade joyeuse des broulleurs de vin* (v. 1525), 580, art. 2. — *Balades* de lui ou à lui attribuées, impr. dans *Le Jardin de Plaisance* (v. 1525), IV, 2799, pp. 106, 107, 108, 112. — *Œuvres* (1532), 452 ; (1533), 453. — *Plusieurs Gentilesses* (1532), 456. — Une de ses ballades est copiée par l'auteur du *Sermon de sainct Belin* (v. 1540), 588. — Sa vie (1692), 979. — Notice sur lui, par Th. Gautier (1844), III, 2509.
Vimeur de Rochambeau : généalogie, III, 2495.
Vinay (Jehan de). Voy. Vignay.
Vincennes : Le château se rend à Henri IV (1594), III, 2706. — On y joue *Les Nopces de vilage* (1663), IV, 3054. — Vues du château, 248, 249.
Vincens (P.), vers à Jean d'Intras (1609), II, 1525.
Vincent (Le bienheureux), extrait de ses *Prenostica*, dans une édition du *Mirabilis Liber* (v. 1525), 209, art. 11.
Vincent : vers en tête du *Dictionnaire des rimes* de Jean Le Fèvre (1588), 431.
Vincent, chanteur (1657-1661), IV, p. 642.

Vincent de Beauvais, *Miroir hystorial* (1532, n. s.), II, 1999. — *Speculum historiale*, cité, XII, 1935 ; IV, 3086, p. 465.
Vincent (Saint) de Paul : lettre à lui adressée par Rangouze (1649), II, 1879. — Etienne de Flacourt lui dédie son *Dictionnaire de la langue de Madagascar* (1658), II, 1946. — Lettre sur sa canonisation par Bossuet (1702), IV, 3079, p. 445.
Vincent (Antoine), libr. à Lyon (1563), 6, 620 ; (1566), 205.
Vincent (Guillaume), épitre à Fr. Habert et réponse (1549), IV, 2868.
Vincent (Jacques), impr. et libr. à Paris (1730), III, 2347 ; (1758), II, 1864.
Vincent (Jean), Dauphinois, vers latins à J. Dorat et anagramme de Dorat sur le nom de Vincent (1586), IV, 2789.
Vincent (P.) de Vadillo, vers sur la mort d'Ant. Fiancé (1582), 753.
Vinci (Leonardo da), peintre, cité par J. Pèlerin (1521), IV, 2763. — Portrait dans les *Icones* de N. Reusner (1589), V, 3370, p. 163.
Vinciolo, *New Modelbuch* (1601), 281.
Vinet (Elie), cité par J. Dorat (1588), IV, 2789. — Commentaires sur Ausone (1590), IV, 3169. — Vie d'El. Vinet, *ibid*.
Vineux : vers à lui adressés par Du Bellay (1559), IV, 2896.
Vingarski. Voy. Wingarski.
Vingle (Jehan de), impr. à Lyon (v. 1490), III, 2580, *Additions* ; (1509), III, 2654.
Vingle (Pierre de), impr. à Neuchâtel (v. 1533-35), IV, p. 19.
Vynmann (Dietrich) : inscription dans un album (1563), V, 3365.
Vinot, publie avec La Grange les *Œuvres* de Molière (1682), II, 1177.
Vintimille (Prosper de), vers en tête du *Dictionnaire des rimes* de Jean Le Fèvre (1588), 431.
Vio (Tommaso), cardinal, porte à Albert de Brandebourg les insignes cardinalices (1518), IV, 3136.
Viole (Le président) : *La Mort de Roxane* lui est dédiée (1648), II, 1120.
Viole (Claude), se prononce au parlement pour la tolérance envers les protestants (1559), IV, 3101.
Viole (Clémence) : vers à sa louange par Cl. de Taillemont (1556), IV, 2910.
Viole (Jacques), *Coustumes de la Cité et Ville de Rheims* (1586), III, 2545.
Viole (Jacques), conseiller au parlement, cité par N. Rapin (1610), IV, 2944.
Viollet le Duc (Emmanuel) : livres lui ayant appartenu, 748 ; IV, 2740.
V.

Viques (Fr. de La Moricière, seigneur de), voy. La Moricière.
Viques (N... de), guidon de la compagnie de M. de Matignon (1578), IV, 2930.
Viret (Pierre) : son portrait (1581), II, 2039.
Virgile, *Opera* (1636), 403, 404 ; (1650), 405 ; traduction en vers français par Louis Des Masures (1560), 406 ; traduction en vers languedociens par Vales (1648), 407. — *Des Merveilles que Virgilles fist* (ms., xvᵉ s.), IV, 2753, art. 7. — *Faitz merveilleux* (v. 1520), II, 1492, 1493. — *Premiere Eglogue*, trad. par Marot (1546), 610. — *Premier Livre des Georgiques*, trad. par J. Pelletier (1547), 699. — Le *Moretum* traduit par Joachim Du Bellay (1560), IV, 2894. — Deux livres de l'*Enéide* traduits par Joachim Du Bellay (1561), VI, 2891. — Virgile est cité par Est. Forcadel (1579), IV, 2879. — *Aucuns Passages*, trad. par J. Pelletier (1581), 701. — Fragment de l'*Eneide* trad. par Mˡˡᵉ de Gournay (1599), 146. — *Virgile travesti* par Scarron, et suites (1752), II, 1906.
Virgin (Pierre), revoit *Le Romant des trois pelerinaiges* (v. 1500), 439.
Virginie, sujet d'une tragédie de Le Clerc (1645), II, 1118.
Virginie, Amérique (1681), II, 1983.
Virieu de Beauvoir : notice généalogique, III, 2495.
Virieu (Antoine), enquêteur à Lyon (1546), IV, 2876.
Vis (Jacques), de Zürich (1598), IV, 3127, art. 12.
Visagier (Jean), dit Vulteius, cité (1538), IV, 2788.
Visconte (Gio. Battista), auteur supposé (1589), 1049, 1050.
Visconti (Gio. Andrea), vers à M. Bandello (1509), II, 1742.
Visconti (Giuseppe Maria), « Vice Comes », page de l'archiduc Léopold (1657), V, 3367.
Visé (Jean Donneau de), *Lettre sur la comedie du Misantrope* (1667), II, 1205. — *L'Inconnu* (1676), II, 1133. — Voir aussi Donneau de Visé.
Visions (Les) admirables de Guillaume le Solitaire (1620), II, 1797, art. 13.
Vispré, dessinateur (1762), 925.
Visscher (Christoph) : inscription dans un album (1635), V, 3366, p. 153.
Vita (La) de la preciosa vergine Maria (1499), 14.
Vital Theron (P.), *Le Dauphin couronné*, trad. par J. Prevost (1613), II, 1106.

Vitali (Giano): vers de lui dans les *Icones* de N. Reusner (1589), V, 3370, p. 161.

Viteau : livre lui ayant appartenu, III, 2427.

Vitel (Jan de), *Premiers Exercices poëtiques* (1588), V, 3275.

Vitello (El signor), 1042.

Vitier, vers en tête du *Dictionnaire des rimes* de Jean Le Fèvre (1588), 431.

Vitrac (de), figure dans un ballet (1669), IV, 642.

Vitray (Antoine), traducteur de la suite de la *Diana* de Montemayor par Gil Polo (1623), cité, II, 1748.

Vitré (Mlle de), citée par Cl. de Taillemont (1556), IV, 2910.

Vitré (Mlle de) : vers à elle adressés par Christofle de Beaujeu (1589), IV, 2942.

Vitré (Antoine), libr. et impr. du roi, à Paris (1618), II, 1723 ; (1620), III, 2420, art. 34 ; (1621), *ibid.*, art. 51 ; III, 2438 ; (1652), 1 ; (1666), 356, art. 2.

Vitry (Jacques de), cité, III, 2538.

Vitry (Philippe de), *Dictz de Franc Gontier*, cités, 526.

Vitry-Blanc (Mlle de), danse dans un ballet (1615), IV, p. 642.

Vitrou, enfant, figure dans un ballet (1671), *ibid*.

Vittorio (Pietro), revise, pour Rob. Estienne, les éditions de Caton, de Varron et de Columelle (1543), 185.

Vivand (L'abbé), cité en 1698, IV, 3079, p. 459.

Vivant (Loys), angevin : Epigramme à Jean Lemasle (1578), 445. — Ses ouvrages (1578-1588), II, 1743. — Vers à P. Le Loyer (1579), 746. — Vers à lui (?) adressés par J. Lemasle (1580), IV, 2933. — *Extraict d'un traitté sur le tremblement de terre advenu le 25 de mars 1588*, III, 2194, p. 41, art. 18. — Livre lui ayant appartenu, II, 1743.

Vivarais. Voy. Gamon (Achille).

Vivefeuille (N... de). P. Mathieu paraît lui avoir dédié la première centurie de ses *Tablettes* (1613), 773.

Vives (Luis), cité (1538), IV, 2788. — Hymne traduit par Guy Le Fèvre de La Boderie (1578), IV, 2930.

Vivian (Baptiste), vers à G. Durand de La Bergerie (1594), 757.

Vivian (Jacques), impr. à Genève (1517), 434 ; (1532), 515.

Vivien (Jean), Angevin : tombeau par J. de Vitel (1588), V, 3275.

Vivien (Joseph), peintre (xviie-xviiie siècles), II, 1676 ; III, 2506.

Vivier, dessinateur (1787), 914.

Vivonne (André de), seigneur de La Mothe Saincte Heraye, de La Chasteigneraye, etc. : épître à sa mémoire et son épitaphe, par Jehan Bouchet (1545), 510, 511.

Vivonne (Anne de), femme de Pierre de Bourdeille, figure sans doute dans l'*Heptameron* sous le nom d'Ennasuicte (v. 1541), II, 1697.

Vivonne (Antoinette-Louise de Mesmes, comtesse de), danse dans un ballet (1665), IV, p. 642.

Vivonne (Charles de), sieur de La Chasteigneraye : l'abbé de Mauléon a cru à tort que les *Mémoires* de Marguerite de Valois lui sont dédiés (1628), III, 2237.

Vivonne (François de), seigneur de La Chasteigneraye : duel, IV, 2855, p. 194.

Vivonne (Louis-Victor de Rochechouart, comte de), figure dans les ballets (1651-1655), IV, p. 642.

Vix, colonel suisse (1598), IV, 3127, art. 12.

Vlacq (Adrien), libraire à La Haye (1658), II, 1868.

Vizé (Jean Donneau de), voy. Visé.

Vladislas IV, roi de Pologne, épouse Marie-Louise de Gonzague (1646), III, 2427.

Vleugart (Ph.), impr. à Bruxelles (1669), cité, III, 2289.

Vocabulayre en Angloys et Françoys. Voy. *Vocabularium Anglicis et Galicis verbis scriptum*.

Vocabulaire [latin-françois] (1486), IV, 2765.

Vocabularium Anglicis et Galicis verbis scriptum. Vocabulayre en Angloys et Françoys (v. 1525), IV, 2769.

Vocabularium latinis, Gallicis et Theuthonicis verbis scriptum (1514), IV, 2766.

Vodovic (Baron Vencel), exécuté à Prague (1621), III, 2420, art. 54.

Voerthus (Jean), assiste au couronnement du roi des Romains (1562), III, 2419.

Voet (Ferdinand), peintre ou graveur (1700), III, 2507.

Vogé, graveur (1765), II, 1711.

Vogt libr. à Leipzig (1568), V, 3365, p. 149.

Voille, vers à P. Corneille (1634), II, 1136.

Voillemier : vers en tête du *Dictionnaire des rimes* de Jean Le Fèvre (1588), 431.

Voysard (E.), grav. (1772), II, 2015 ; (s. d., av. 1777), 258 ; (1778), 242, 260.

Voysin (André Clément), *Oraison funèbre de Jacques Moyron, baron de Saint Trivier* (1656), 346.

Voisin (Catherine Des Hayes, veuve

Monvoisin, dite la) : complaintes sur son supplice (1650), 997, 998.

Voisins (Françoise de), femme de Jean de Joyeuse. Voy. Joyeuse.

Voisins (Lancelot de), seigneur de La Popelinière : *La vraye et entiere Histoire des troubles et choses memorables* (1572), III, 2152 ; (1578), 2153 ; pillée par Jean Le Frère (1573), 2154. — *Les trois Mondes* (1582), II, 1959.

Voisins (Philippe de), seigneur de Montaut, *Voyage à Jérusalem* (1547), cité, II, 1940.

Voyssan (François), chevalier de Malte : sa mort (1625), III, 2476.

Voit (Albrecht) : inscription dans un album (v. 1615), V, 3370, p. 168.

Voiture (La) embourbée (1714), II, 1546.

Voiture (Vincent), *Œuvres* (1660), II, 1905. — *Les Entretiens de M. de Voiture et de M. Costar* (1654), II, 1857. — Il est cité par Guéret (1663), II, 1849. — Son portrait, II, 1905.

Voix (La) publique à M. de Scudery sur les Observations du Cid (163), II, 1141, art. 3 ; 1142, art. 3.

Vojkov (Fedor Jakobovič) : son voyage en Chine en 1653, II, 1924.

Vol (Le) de l'Aigle en France (1540), IV, 2865.

Volpe (El cavallero de la), cité (1510), 1042.

Volpio (Dom Paul), Abbé de Curia Hugonis, épître à lui adressée (1518), IV, 2748.

Voltaire (François-Marie Arouet de) : *Candide* (1759), II, 1567, 1568 ; — cf. *Remerciment de Candide*, par L. O. de Marconnay (1760), 1568. — *L'Ingénu* (1767), 1569 ; — cf. Marmontel, *Le Huron* (1768), II, 1337. — *L'Homme aux quarante écus* (1768), 1570. — *Voyages et Aventures d'une princesse babylonienne* (1768), 1571. — Vers sur les conquêtes et la convalescence du roi (1745), 907. — *Le Poëme de Fontenoy* (1745), 908. — *La Pucelle d'Orleans* (1755), 960. — *Recueil de nouvelles pieces fugitives* (1762), 852. — *Contes de Guillaume Vadé* (1764), 929, 930. — *La Guerre civile de Genéve* (1768), 909. — Romance dans les *Chansons* de La Borde (1773), 1002. — *Contes et Nouvelles en vers* (1778), 927. — *Les Enfans trouvés*, parodie de Zaïre (1735), II, 1321. — *La Mort de Cesar* (1735), 1323. — *Semiramis*, parodie de la trag. de Voltaire (1749), 1324. — *Mahomet* (1742), 1325 ; — trad. en allemand par Goethe (1802), 1326. — *Mérope* (1744), 1327. — *Le Duc de Foix* (1752), 1322. — *L'Orphelin de la Chine* (1755), 1328. — *Le Caffé* (1760), 1329. — *Trancrede* trad. en allemand par Goethe (1802), 1330. — *Irene* (1779), 1331. — Il collabore à l'*Encyclopédie* (1751-1777), III, 2523, p. 282. — Remarques sur Rabelais (1823), II, 1520. — Dessins de Ch. Monnet, C.-P. Marillier, J.-M. Moreau et P.-A. Martini pour les Romans et Contes de Voltaire (1778), 228. — Dessins de J.-M. Moreau et d'A. de Saint-Aubin pour les Œuvres de Voltaire (1801-1804), 230.

Volterra (Piero da), vers dans les *Trionfi, Carri, ecc.* (1559), 1028.

Volupté (1834). II, 1640.

Volusian, vers en tête du *Balet comique* de B. de Beaujoyeulx (1582), II. 1445. — Vers à Pantaléon Thévenin (1582), IV, 2885. — Vers sur la mort de Ronsard (1586), IV, 2889.

Volusien, grand prévôt de l'empire, voy. Théodose.

Völz (Abraham) : inscription dans un album (1567), V, 3365, p. 150.

Vomel (Cyprian), correcteur du gymnase de Dortmund (1546), II, 1068, art. 3. — Il assiste au couronnement du roi des Romains (1562), III, 2419.

Vomeni (Isabeau de) : sonnet à elle adressé par J.-Ed. Du Monin (1583), V, 3272.

Von der Menz (Zacharias) : inscription dans un album (1620), V, 3370, p.168.

Voragine (Jacques de), *La Legende dorée* (1518), II, 2020.

Vorberg (Georg) : inscription dans un album (1597), V, 3370, p. 168.

Vorbolt (H.), signature autographe sur le titre d'un volume daté de 1554, IV, 3015.

Vormes (Le Sʳ), Lettre au sʳ de Gommicourt, gouverneur de Mastricht (1580), III, 2387.

Vorsterman (Guillaume), impr. à Anvers (1507), III, 2432 ; (1523), 2738, art. 2 ; (1524), *ibid.*, art. 6 ; (1525), II, 2130 ; IV, 3106 ; (1527), V, 3381 ; (1528), II, 2133 ; III, 2669 ; (1529), II, 2135 ; III, 2715 ; (1530), 2717 ; (1535), 2718 ; (1538), 291 ; III, 2728.

Vosc, « Voscus », épître à lui adressée par François Habert (1558), V, 3251.

Voss (Christian Friedrich), libr. à Berlin (1760), 853.

Vosterman, grav. (1630), 817.

Vostre (Simon), libr. à Paris (v. 1501), 18 ; (v. 1502), IV, 2741 ; (v. 1508), 21 ; (v. 1512), IV, 2712 ; (v. 1513), 20 ; (s. d.), cité, III, 2363. — Ses gravu-

res et ses ornements employés par Jehan Pychorc et Remy de L'Aistre (1503), 19.
Vouet (Simon), dessinateur (xviie s.), II, 1460.
Vougy (Jehanne Du Saix, dame de), citée par Ant. Du Saix (1537), 516.
Voyage (Le) de Fontaine Bleau. faict par M. Bautru et Desmarets (1623), II, 1798, art. 9.
Voyage (Le) de la saincte cité de Hierusalem (v. 1535), II, 1939.
Voyage des Ambassadeurs de Siam en France (sept., nov., déc. 1686; janv. 1687), III, 2524.
Voyage du puys sainct Patrix, cité, II, 2021.
Voyage (Le) du roy F. I. [François Ier] en sa ville de La Rochelle (1542), IV, 3111.
Voyage d'un ambassadeur que le tzaar de Moscovie envoya par terre à la Chine l'année 1653 (1681), II, 1924, art. 3.
Voyage (Le) et Expedition de Charles le quint empereur en Africque contre la ville de Argiere (1542), IV, 3140.
Voyage (Le) et Navigation des Isles incogneues (1556), IV, 3203.
Voyage (Le excellent et plus divin que humain) entreprins... par... Charles Cesar... pour son couronnement... (1530), IV, 3139.
Voyages d'Afrique faicts par le commandement du roy (1632), II, 1945.
Voyages de Gulliver (1726), II, 1760; (1727), 1761 ; (1797), 1762.
Voyages et Aventures d'une princesse babylonienne (1768), II, 1571.
Voyages imaginaires, 1787-1789 : dessins de Marillier pour ce recueil, 226.
Voyageur (Le) fidèle ou le Guide des Étrangers dans.. Paris (1716), III, 2309.
Voye (La) de paradis (v. 1500), 594.
Voyer (Famille de), cité par J. Dorat (1588), IV, 2789.
Voyer (de), seigneurs de Paulmy, loués par Guy Le Fèvre de La Boderie (1579), IV, 2930.
Voyer (Anne de) : épitaphe (1579), IV, 2930.
Voyer (René de), vicomte de Paulmy, sonnet à Guy Le Fèvre de La Boderie (1571), 733. — Pierre de La Roche lui dédie son Prosphematique au roy (1571), IV, 2925. — François Rose lui dédie son Hymne sur l'entree du roy en sa ville de Paris (1571), 2926. — Fr. de Belleforest lui dédie le Discours sur l'heur des presages (1574), III, 2181.

— Vers à lui adressés par Guy Le Fèvre de La Boderie (1576), IV, 2931. — Cité par J. Dorat (1588), IV, 2789.
Voyez l'aîné, grav. (1774), III, 2569.
Vran (Matthaeus), tué à Marignan (1515), IV, 3002.
Vrayet (Dom François), dess. (1676-77), IV, 3096, art. 3, 5, 38.
Vreju, tchaouch (1619), III, 2469.
Vrimursheim (Château de), V, 3284.
Vrints (J.-B.), grav. et impr. à Amsterdam (1584), II, 2023.
Vroye (Gilles-Eustache), impr. à Lille (v. 1720), 13.
Vuiet (Mlle), Mélodie dans les Chansons de Piis (1785), 1003.
Vulcanius (Bonau). Voy. de Smet.
Vulkaan (Bonaventure) : inscription dans un album (1599), V, 3372, p. 170.
Vulpiano, pris par Ch. de Cossé, comte de Brissac (1555), V, 3349.
Vulteius. Voy. Visagier.
Vumenot (Maugis), revise Les Voyages avantureux de Jan Alfonce (1559), II, 1957.
Vurry (Jean-Edouard) : vers à lui adressés par J.-Ed. Du Monin (1583), V, 3272.

Wachtendonck (Henri de), La Bellone belgique (1596), 761.
Wachtendonck (Jean de), évêque de Namur (1667), 8.
Waernewyck, Le Duc de Montmouth, tragédie (1702), II, 1231.
Waesberge (Jean), impr. à Anvers (1571), 411, art. 14.
Waesberge (Les Jansson de), libr. à Amsterdam (1668), 214; (1739), III, 2544.
Wagenaar (Jacques), libr. à Amsterdam (1671), II, 1534.
Wagn (Balthasar) in Wagnsperg, inscription dans un album (1566): V, 3365, p. 150.
Wayer (Andreas) : inscription dans un album (1597), V, 3370, p. 168.
Wailly (Charles de), architecte et dessinateur (v. 1772), III, 2523, p. 279.
Walckenaer (Charles-Athanase, baron), éditeur des Œuvres de La Fontaine (1822-23), II, 1909. — Editeur de l'Adonis de La Fontaine (1825), ibid. — Hist. de la vie et des ouvrages de J. de La Fontaine (1824), ibid. — Cité : II, 1684, 1888, 1910. — Livre lui ayant appartenu, II, 1511.
Walcourt (J.), Recueil et Eslite de plusieurs belles chansons (1576), 411, art. 14, 69.
Walder, impr. à Paris (1857), II, 1427; (1858), 1428.
Waldkirch (Konrad), impr. à Bâle (1589), V, 3370.

Waldner (Wolfgang) von Freundstein : inscription dans un album (1563), V, 3365, p. 150.
Waldstein (Albert Venceslas Eusèbe de), duc de Friedland : sa victoire à Dessau (1626), III, 2420, art. 75. — Combat d'Altemberg (1632), *ibid.*, art. 90. — Bataille de Lützen (1632), *ibid.*, art. 91. — Relation de sa conspiration (1664), III, 2283.
Waldstein (Annibal Freiherr von) : inscription dans un album (1594), V, 3370, p. 168.
Waldstein (Johann Christoph, Freihen von) : id., *ibid.*
Waldstein (Zdenko, Freiherr von) : id. (1597), *ibid.*
Walerande (J.-B. de), *Le Plaidoyer de l'Indien hollandais* (1608), III, 2404.
Walkenaer, voy. Walckenaer.
Walle (David) : épître à lui adressée par Jehan Molinet, 471, art. 43.
Walleys (Thomas), *La Bible des poètes metamorphosé* (1523), IV, 2775.
Wallenrodt (Heinrich von) : inscription dans un album (1597), V, 3370, p. 168.
Wallenstein, sujet d'une tragédie de Schiller (1800), II, 1476.
Wallier (Béat.-Jacques), secrétaire du roi en Suisse : vers à lui adressés par Christophe de Beaujeu (1589), IV, 2942.
Wallis (R.), grav. (1843-1844), III, 2324, 2325.
Wallis (William), grav. (1843-1844), *ibid.*
Walpole (Horace) : le président Hénault et Fuselier lui dédient *Cornélie vestale* (1768), II, 1336.
Walpot (Johann Reichardt) von Olprück : inscription dans un album (1564), V, 3365, p. 150.
Walsingham (Thomas) : ses chroniques, III, 2222, art. 1 ; 2240, art. 5.
Waltem (Thomas), impr. imaginaire à Edimbourg (1572), III. 2370.
Walther (Rudolph), *Nabal, comoedia sacra* (1549), II, 1068, art. 2. — Inscription dans un album (1583), V, 3368, p. 158.
Waltysill (Johann) von Bassenheim : inscription dans un album (1564), V, 3365, p. 150.
Waltzemüller (Martin), dit Hylacomylus, *Cosmographiae Introductio* (1507), II, 1953, 1954.
Wannesiegler (Philipp) : inscription dans un album (v. 1567), V, 3367, p. 154.
Ward (Thomas), ou « Custodia », ambassadeur d'Angleterre : épître à lui adressée par Fauste Andrelin, s. d., 421, art. 5.

Warée (Charles), libr. à Paris (1842), II, 1769.
Warham (William), archevêque de Canterbury, plénipotentiaire anglais (1525), III, 2665.
Warlencourt (Guill. de), cité par Guill. de Poëtou (1565), III, 2605.
Warlencourt (Pierre de), cité par Guill. de Poëtou (1565), III, 2605.
Waroquier (Le comte de), *L'Etat général de la France* (1789), cité, III, 2358.
Warrive (Jenne), citée par son fils, Guill. de Poëtou (1565), III, 2605.
Warwick (Le comte de), occupe le Havre (oct. 1562), III, 2161.
Wasp, nom donné à Fréron par Voltaire (1760), II, 1329.
Wastele (Gabriel), peintre (1521), IV, 2763.
Watebled (François). Voy. Vatable.
Watelet (Claude-Henri), *De la grâce* (1769), II, 2003. — Il collabore à l'*Encyclopédie* (1751-1777), III, 2523, p. 282. — Le fleuron ornant le titre de la quatrième édition du *Dictionnaire de l'Académie* (1762), porte sa signature, 329.
Watelet de tous mestiers, 781.
Watennes (Le prevost de), v. 1457. Voy. Messey (Claude de).
Waterford, ville imaginée par Restif de La Bretonne (1785), II, 1916, art. 20.
Waterloes (Jehan), libr. à Paris, cité (1511), II, 1949.
Watier (Jeannette), joue dans la *Passion* de Valenciennes (1547), IV, 3010, p. 377.
Watt (J.-H.), grav. (1822), V, 3324.
Watt (Joachim von). Voy. Vadianus.
Watteau (Fr.-L.-Jos.), fils, dessinat. (1778-1785), 242.
Wattier (Emile), grav. (1835-1839), II, 1072.
Wattier (G.), dessinat. (1835-1839), *ibid.*
Wauquelin (Jehan), *La belle Helaine de Constantinople* (v. 1510), II, 1496.
Wavrin (Jehan, seigneur de), l'un des auteurs des *Cent Nouvelles nouvelles* (v.1457), II, 1694.
Wech (Georg Ludwig) : inscription dans un album (1569), V, 3365, p. 150.
Wechel (André), imprimeur à Paris (1550), 655 ; (1555), 672 ; (1556), 398 ; (1558), 665, 697 ; IV, 3114 ; (1559), 660, 673, 691 ; IV, 2882, 2906 ; V, 3259 *bis* ; (1560), II, 2103 ; (1562), V, 3229 ; (1564), *ibid.* ; (1572), III, 2461 ; (1573), 196. — Cité (1592), III, 2518. — Ses héritiers, impr. à Francfort (1583), II. 2060 ; (1620), III, 2420, art. 48.

Wechel (Chrestien), père du précédent, impr. à Paris (1545), IV, 2869 ; (1546), II, 1511 ; (1548-1550), III, 2571 ; (1549), 651 ; (1551), IV, 3103.
Weckerlin (Jakob) : inscription dans un album (1564), V, 3366, p. 152.
Weckerlin ou Wekerlin (Jean-Baptiste-Théodore), cité (1896), IV, 2980.
Wedgwood, grav. (1824), II, 1180.
Weesel : prise de cette ville par les Hollandais (1629), III, 2405, art. 16, 17 ; les Espagnols sont battus dans les environs (1630), *ibid.*, art. 20.
Weyen (Herman), grav. (s. d.), II, 2026.
Weigatz. Voy. De Veer (Gerrit), *Trois Navigations* (1599), II, 1962.
Weilandt (Johann) : inscription dans un album (1567), V, 3365, p. 150.
Weimar. Imprimeurs. Voy. Gädicke frères (1801).
Weiss (Johann), « Albinus », inscription dans un album (1597), V, 3370, p. 168.
Weissenbruck, agent du *Journal Encyclopédique* à Liége (1759-1792), III, 2525.
Weitmoser (Esaias) : inscription dans un album (1567), V, 3365, p. 150.
Welsperg (Paul von) : inscription dans un album (1562?), V, 3365, p. 150.
Wentworth (Lord Raby) : Le Duchat lui dédie son édition des *Œuvres* de Rabelais (1711), II, 1518.
Werbung der Potschafften der... König Karolus von Hyspanien und König Franciscus von Franckreich (1519), III, 2661.
Werdena (Martinus de), impr. à Cologne (v. 1510), III, 2653, *Additions*, V, p. 198.
Werdet (Edm.), libr. à Paris (1836), II, 1593 ; (1837), 1591, 1693, 1713 ; (1838), 1644 ; (1839), 1642, 1645.
Werlé (Le comte A.). Livre lui ayant appartenu, IV, 3012.
Werth (Jean de), 1635, III, 2420, art. 102.
Wesembeke (Jacques de), *La Description de l'Estat, Succès et Occurences advenues au Pais Bas* (1569), III, 2375.
Wesenbeke (Peeter) : inscription dans un album (1598), V, 3370, p. 168.
Wesenbeke (Peeter), fils : id., *ibid*.
Wéssely (Johann) : inscription dans un album (1595), id., *ibid*.
Wessenberg (Christoph von) : inscription dans un album (1565), V, 3365, p. 150.
West (Nicolas), évêque d'Ely, plénipotentiaire anglais (1525), III, 2665.

Westall (R.), peintre et dess. (1822), V, 3324.
Westminster. Imprimeur. Voy. Caxton (William), 1483.
Wetstein (Henry), libr. à Amsterdam (1698), 349.
Wetstein (J.), libr. à Amsterdam (1735), III, 2286 ; (1752), II, 1906.
Wetstein (R. et G.), libr. à Amsterdam (1726-1739), III, 2544.
Weyerstraet (La veuve d'Élisée), libr. à Amsterdam (1668), 214.
Wicart (Louys de La Fontaine, dit). Voy. La Fontaine.
Wicart (Pierre), joue dans la *Passion* de Valenciennes (1547), IV, 3010, p. 376.
Wicart (Wilmet), joue dans la *Passion* de Valenciennes (1547), IV, 3010, p. 377.
Wiclef (John) : son portrait (1581), II, 2039.
Wicquefort (Abraham de), auteur présumé de l'*Advis fidelle aux veritables Hollandois* (1673), III, 2407.
Widerhold (Jean Hermann), libr. à Genève (1680), 328.
Wieland (Christian Martin), *Oberon* (1700), 1058.
Wyer (Richard), impr. à Londres (1550), II, 1856.
Wier (Robert), impr. à Londres (1532), 136.
Wierix (Hieronimus), grav. (1584), II, 2023.
Wif (How the goode) thaught hir doughter (1391), cité, 556.
Wigorn (Charles, comte de), plénipotentiaire anglais (1525), III, 2665.
Wijngaard (Jan van), « a Vinea » : inscription dans un album (1602), V, 3372, p. 170.
Wildre (Ph.), musicien (1572), IV, 2973, art. 21.
Wilhelm (Johann), annotateur de Cicéron : son éloge (1661), II, 1904.
Willandus (Phillips), « Archiducis consiliarius », vers à lui adressés (v. 1500), IV, 2736.
Wille (J.-G.), grav. (1749), II, 2094 ; (1752), 243 ; (1755-65), III, 2506.
Wille (P.-A.), grav. ; fils du précédent (1756), 857.
Willem (Michel), libr. à Lille (1533), 106.
Willemin (Jean), sonnet à Claude de Turaine, dame de Tournon, comtesse de Roussillon (1569), IV, 3179. — Vers sur la mort d'Ant. Fiancé (1582), 753. — Vers à lui adressés par J.-Ed. Du Monin (1583), V, 3272.
Willems (Alph.), cité, II, 1517, 1684 ; V, 3313, 3314.
Willer (Elie et Georges), libr. à Augsbourg (1564-1617), cité, III, 2518 ;

Georges Willer, rédacteur des *Catalogues des foires de Francfort* (1564-1592), *ibid.*
Willer (Joachim) : inscription dans un album (1592), V, 3370, p. 168.
Williams (Miss), grav. (1838), V, 3321.
Williams (Miss Mary Anna), grav., *ibid.*
Williams (Samuel), grav., *ibid.*
Williams (Th.), grav., *ibid.*
Willmore (J.-T.), grav. (1844), III, 2325.
Wilstet (Pierre), *La Teneur des lettres contenant les lamentables inundations...* de Flandres (1530), IV, 3134.
Wimpelin (Burckhard) : inscription autrefois existante dans un album (v. 1564), V, 3366, p. 153.
Wimpfeling (Jakob) : son éloge par Érasme (1515), V, 3207.
Winchelsea (Le comte de), ambassadeur d'Angleterre à Constantinople, III, 2482.
Winckelmann (L'abbé Jean), *Réflexions sur la grace dans les ouvrages d'art* (1769), II, 2003.
Winckh (Ferdinand von), Carinthien : inscription dans un album (1566), V, 3367, p. 154.
Windet (John), imprimeur [supposé?], à Londres (1587), III, 2372.
Wingarski (Jan) : inscription dans un album (1620), V, 3370.
Winter (Louis), impr. à Berlin (1763), 124.
Winterfelt (Wichmann von), inscription dans un album (1592), V, 3370, p. 168.
Wintzerer (Caspar), *Anzaygendt Neuzeyttung der schlacht vor Pavia* (1525). II, 2125-2127; III, 2664.
Wirsung (Marcus), impr. à Augsbourg (1519), III, 2660.
Wirtzburg (Hans von). Voy. Back (Hans).
Wisching (Franz Karl), baron autrichien, page de l'archiduc Léopold (1567), V, 3367.
Wisconsin, II, 1975.
Wisoc (J. de) : épitre à lui adressée par J. Molinet, 471, art. 62.
Wissche (Peter), *Relation de la rivière du Nil* (1674), II, 1923.
Witfeld (Arnold) : inscription dans un album (1595), V, 3371, p. 169.
Witz (Johann), dit Sapidus : son éloge par Érasme (1515), V, 3207.
Witzel (Georg), ou Wicelius, assiste au couronnement du roi des Romains (1562), III, 2419.
Woeriot (Pierre), grav. (1591), Vers à lui adressés par Ch. Fontaine, dont il fait le portrait (1557), IV, 2877. — Portraits gravés par lui (1591), III, 2335.

Wolf (F.), cité (1837), IV, 2800, art. 4, 5.
Wolf (Hieronymus) : vers de lui dans les *Icones* de N. Reusner (1589), V, 3370, p. 161.
Wolff, grav. (1843), 1014.
Wolfgang (Abraham), impr. à Amsterdam (1662, 1663, 1664, 1666, 1667, 1671), II, 1132; (1672), III, 2482; (1673, 1674, 1676, 1678), II, 1132; (1678), II, 1933; (1680), II, 1708.
Wolfhagen (Jakob), « Volphagius » : inscription dans un album (1611), V, 3370, p. 168.
Wolmar (Melchior) : son portrait (1581), II, 2039.
Wood (Robert), *Les Ruines de Palmyre* (1753), III, 2500 ; édition anglaise (1753), citée, *ibid.*
Worde (Wynkyn de), impr. à Londres (1535), 554.
Worms (J.) : *Dessins pour les Aventures de Gil Blas* (s. d.), 236.
Wright (Thomas), cité, II, 1694, 1935.
Wroth (Peter) : inscription dans un album (1592), V, 3368.
Wurmser (Philipp Jakob): inscription dans un album (1566), V, 3365, p. 151.
Wurtemberg (Eberhard Louis, duc de) et de Teck : H. Arnaud lui dédie son *Histoire de la glorieuse rentrée des Vaudois* (1710), II, 2036.
Würzdorn (Hans) : inscription dans un album (1567), V, 3365, p. 151.

Xénophon : *Hieron* (v. 1517), 132. — Il fournit à C.-J. de Guersens le sujet de sa *Panthee* (1571), IV, 3023.
Xerez (Francisco de), *Conquista del Peru* (1547), II, 1996.
Xiphilin. Un extrait de Xiphilin précède *Tite et Berenice* de P. Corneille (1671), II, 1169.

Yemeniz (N.), livres lui ayant appartenu : 426, 448, 455, 456, 467, 478, 529, 542, 544, 545, 567, 572, 599, 607, 618, 636, 654 ; II, 1854, 1934, III, 2562 ; IV, 2748, 2778, 2834, 2867, 3173, 3174, 3176, 3183 ; V, 3313.
Yorick, pseudon. de Sterne (1768), II, 1765, 1766.
York (Jacques, duc d'), figure dans des ballets (1653-1655), IV, p. 642.

Zacharie : son *Cantique* paraphrasé par Franç. Beroalde de Verville (1593), 759.
Zaehnsdorf, relieur, V. 3205.
Zahradecki (Henri) de Zahradek : inscription dans un album (1597), V, 3370, p. 168.
Zaïde, tragedie (1681), II, 1277.

Zalkind-Hourwitz. *Apologie des Juifs* (1789), II, 2076.
Zalt (Peeter Willem) : inscription dans un album (1598), V, 3372, p. 170.
Zamariel (A.), pseudon. d'Ant. de La Roche-Chandieu (1563), 677.
Zambone (Nadal) : *Canzone al christianiss. Henrico III* (1574), V, 3311.
Zamboni (Pietro Ant.), impr. à Venise (1664), 1053.
Zamojski (Jean),*O raison au roy eleu de Poloigne* (1574), IV, 3127. art. 7.
Zampini (Matteo), sonnet italien sur la mort de Ronsard (1586), IV, 2889 ; (1623). 668.
Zancaruolo (Carlo), épître à Lod. Dolce (1549), II, 1549.
Zanchi (Basilio) : vers de lui dans les *Icones* de N. Reusner (1589), V, 3370, p. 161.
Zanetto, chanteur (1661), IV, p. 642.
Zangrandi (Virgilio), impr. à Asti (1601) ; édition des *Poesies* d'Alione, cité, IV, 3058, p. 415.
Zani, comique italien, cité par Du Bellay (1559), IV. 2896.
Zanobre (Jules de) : livre lui ayant appartenu, III, 2246.
Zanotti, *Pensées sur la grace* (1769), II, 2003.
Zastrisel (Georges-Sigismond de) : inscription dans un album (1598), V, 3370, p. 168.
Zayas (Maria de) y Sotomayor, *Nouvelles amoureuses et exemplaires* (1656), II, 1756.
Zbaraz (Christophe, duc de), ambassadeur de Pologne à Constantinople (1623), III, 2475.
Zeghedi (Jean). Voy. Szegedi János.
Zeycht (Konrad), de Munderkingen : inscription autrefois existante dans un album (v. 1564), V, 3366, p. 153.
Zeittung und Bericht was... 1572... zwischen christlicher und türkischer Armada zerloffen (1572), cité, III, 2462.
Zeittung (Anzaygendt new) wie es eygendtlich mit der Schlacht vor Pavia.., ergangen (1525), II, 2125. Cf. 2126, 2127.
Zeitung aus Walachey (1622), cité, III, 2472.
Zeitung (Warhafftige newe) des Kayserlichen Sigs zu Galetta (1535), III, 2719 ; cité. III, 2442.
Zeytung (Waare) von dem grossen... Erdbidem so zu Ferrar... beschähen ist (1570), citée, III, 2448.
Zeytung (Schreckliche und betrawerliche) von dem... Mord an den Christen in Franckreich (1572), III, 8175.
Zeitung (Newe) von der statt Roschel vnd derer Belägerung (1574), III, 2183.
Zeylung (Warhaffte, auch gantz glaubwirdige newe) wie Keyserlich Maiestat... zu Paris... ankummen ist (1540), II, 2141.
Zeylung... Voy. aussi *Newzeytlung...*
Zeitungen (Warhafftige) und grundtliche Beschreibung welchermassen die Küng Wurdin ausz Engeland vor Sant Quintin... glücklichen Syg.,. erlangt haben (1557), III, 2146.
Zenaro (Damian), libr. à Venise (1590), 241.
Zeno (Frà Francesco), vicaire général des Franciscains (1510), IV, 3100.
Zerbi (Gabriello), *Summa lacticiniorum... Cautele médicorum...* (1526, n. s.), IV, 3164.
Zerchintes (Nicolaus) : inscription dans un album (1583), V, 3368, p. 158.
Zerotin (Charles, baron de) : Jos. Du Chesne lui dédie *L'Ombre de Garnier Stoffacher* (1584), IV, 3026. — Inscription dans un album (1597), V, 3370, p. 168.
Zeszlawen (Johann), impr. à Vienne (1621), cité, III, 2420, art. 51.
Ziegler (Hans), de Zürich : inscription dans un album (1583), V, 3368, p. 158.
Ziegler (J.), peintre (1834), 271.
Ziegler (Nicolas), commissaire de Charles Quint à la diète de Francfort (1519), III, 2661.
Ziggiotti (Bartolommeo), rassemble les lettres originales adressées à Gio. Giorgio Trissino (1746), IV, 3078.
Zimmermann (Wilhelm) : inscription autrefois existante dans un album (v. 1564), V, 3366, p. 153.
Zinckhod (Georg) : inscription dans un album (1620), V, 3370, p. 168.
Zingara (La), intermède, traduit par Favart (1759), II, 1335.
Ziralda, ballerine de Padoue : son éloge par Jacomo Morello (1553), 1052.
Zogiano (Vespasiano) : Ruzante lui dédie ses *Opere* (1584), II, 1466.
Zola (Emile), *L'Assommoir* (1877), II, 1668.
Zolinc (Frère Guillaume) : vers sur sa prédication par J.-Ed. Du Monin (1583), V, 3272.
Zoppo (Paolo), peintre, cité peut-être par J. Pèlerin (1521), IV, 2763.
Zoroastre, *Oracles interpretez en rime* par François Habert (1558), V, 3351.
Zoroastre, sujet d'un opéra de Cahusac (1749), II, 1462.

TABLE ALPHABÉTIQUE GÉNÉRALE

Zorzi (Alessandro), cartographe vénitien, cité, II, 1950.
Zuan Greco (v. 1510), 1012.
Zuber (Matthaeus) : inscription dans un album (v. 1609), V, 3370, p. 168.
Zuichem (Viglius van), auteur présumé de l'*Assertio juris imperat. Caroli V. in Geldriæ ducatu*, III, 2722.
Zuylichem (Huyghens de), conseiller et secrétaire du prince d'Orange. P. Corneille lui dédie *D. Sanche* (1650), II, 1157.
Zuñiga (Don Balthasar de) : L'empereur Ferdinand et son chancelier Stralendorf lui écrivent (1621), III, 2420, art. 58.
Zürich : son alliance avec Genève (1584), IV, 3026. Imprimeurs et Libr. Voy. Froschhauer (Christopher), 1530-1549. Gesner (Les), 1556.
Zwerg (Batholomaeus), « Pitiscus » : inscription dans un album (1598), V, 3370, p. 166.
Zwinger (Theodor) : inscription dans un album (1583), V, 3368, p. 158. — Portrait, épitaphes et *Elogia* dans les *Icones* de N. Reussner (1589), V, 3370, pp. 161, 163.
Zwingle (Ulrich), ses ouvrages sont censurés par la Faculté de théologie de Paris (1542), 108. — Il est dénoncé par Pierre Du Chastel (1549), III, 2144. — Son portrait (1581), II, 2039.
Zwinglius (Antonius), personnage imaginaire (1589), 797.
Zyvotin (Louis-François, baron de), page de Ferdinand IV, roi des Romains (1654), V, 3367, p. 155.

TABLE DU CINQUIÈME VOLUME

TROISIÈME SUPPLÉMENT

	Numéros.
THÉOLOGIE	3204
SCIENCES ET ARTS	3213
BELLES-LETTRES	
I. — Linguistique	3219
II. — Rhétorique	3230
III. — Poésie :	
Poètes latins	3236
Poètes français	3240
Poètes italiens	3302
IV. — Poésie dramatique :	
Théâtre latin	3311
Théâtre français	3313
V. — Romans et contes	3320
VI. — Facéties	3325
VII. — Philologie	3326
VIII. — Épistolaires	3329
IX. — Polygraphes	3330

HISTOIRE

    I. — Géographie 3331
    II. — Histoire :
        Histoire des religions...................... 3333
        Histoire de France......................... 3337
        Histoire d'Allemagne....................... 3360
        Histoire d'Italie........................... 3361
        Histoire des Turcs......................... 3363
    III. — Histoire littéraire........................ 3364

DERNIÈRES ACQUISITIONS........................... 3373
ADDITIONS ET CORRECTIONS................. Page 183
TABLE ALPHABÉTIQUE GÉNÉRALE................ — 201

FIN DU CINQUIÈME ET DERNIER VOLUME DU

CATALOGUE DE LA BIBLIOTHÈQUE

DE FEU M. LE BARON

JAMES DE ROTHSCHILD

RÉDIGÉ ET MIS EN ORDRE PAR

EMILE PICOT

Membre de l'Institut

MACON, PROTAT FRÈRES, IMPRIMEURS.

www.ingramcontent.com/pod-product-compliance
Lightning Source LLC
Chambersburg PA
CBHW050058230426
43664CB00010B/1364